A destruição dos judeus europeus

TRADUÇÃO

Carolina Barcellos

Laura Folgueira

Luís Protásio

Maurício Tamboni

Sonia Augusto

A destruição dos judeus europeus

RAUL HILBERG

Amarilys

Copyright © 1961, 1985, 2003 por Raul Hilberg.

Primeira edição em inglês publicada em 1961 pela Quadrangle Books, Chicago.

Edição revisada publicada em 1985 por Holmes & Meier, Nova York e Londres.

Terceira edição publicada em 2003 pela Yale University Press, New Haven e Londres.

Amarilys é um selo editorial Manole.

Este livro contempla as regras do Acordo Ortográfico de 1990, que entrou em vigor no Brasil.

Editor-gestor: Walter Luiz Coutinho
Editor: Enrico Giglio
Produção editorial: Luiz Pereira
Preparação: Lyvia Felix, Lívia Campos, Lindsay Góis, Susana Yunis
Revisão de prova: Gabriela Rocha Ribeiro, Michel Arcas Bezerra, Mônica Rodrigues,
    Pamela Juliana de Oliveira
Capa e projeto gráfico: Daniel Justi
Editoração eletrônica: Luargraf Serviços Gráficos

Dados Internacionais de Catalogação na Publicação (CIP)
        (Câmara Brasileira do Livro, SP, Brasil)
_____

    Hilberg, Raul
        A destruição dos judeus europeus / Raul
    Hilberg. -- Barueri, SP : Amarilys, 2016.

        Título original: The destruction of european
    jews.
        Vários tradutores.
        Bibliografia.
        ISBN 978-85-204-3998-2

        1. Alemanha - Política e governo - 1933-1945
    2. Holocausto judeu (1939-1945) 3. Judeus -
    Genocídio I. Título.
15-08528   CDD-940.531503924
_____

        Índices para catálogo sistemático:
        1. Judeus : Guerra Mundial : 1939-1945 :
            História 940.531503924

Editora Manole Ltda.
Av. Ceci, 672 – Tamboré
06460-120 – Barueri – SP – Brasil
Tel.: (11) 4196-6000 – Fax: (11) 4196-6021
www.manole.com.br / www.amarilyseditora.com.br
info@amarilyseditora.com.br

Impresso no Brasil / *Printed in Brazil*

Volume 1

Prefácio à terceira edição

HOJE EM DIA, O ASSUNTO DESTE LIVRO ESTÁ COBERTO POR TAMANHA quantidade de literatura que poderia ocupar uma biblioteca. O Holocausto é avidamente pesquisado na América e em outros continentes por homens e mulheres altamente competentes que fazem novas perguntas e exploram novas fontes disponíveis. Por que, então, deveria eu dar sequência a minha própria obra, que comecei mais de cinquenta anos atrás, depois da publicação de uma primeira edição em 1961 e de uma segunda em 1985? Afinal, é preciso parar em algum ponto, se por nenhuma outra razão, ao menos pelo cansaço. Contudo, eu tinha a consciência de não ter chegado ao fim e sabia que nenhum outro tópico me era mais importante. Fiquei determinado a examinar qualquer registro, qualquer coisa mesmo, que pudesse fornecer uma pista de algo que eu tivesse suspeitado ou quisesse saber. Assim, quando os arquivos do leste europeu foram abertos, não muito depois de 1985, meu ímpeto em continuar tornou-se ainda mais intenso.

Na maioria das vezes, um documento encontrado em uma pasta não revelava mais que um pequeno detalhe, e foi isso o que aconteceu em minha busca contínua. Mesmo assim, o valor de tal descoberta podia ser inestimável, pois talvez mudasse uma perspectiva, alterando, de forma sutil, o significado que eu atribuíra a um evento, ou talvez oferecesse uma ligação entre dois fatos aparentemente não relacionados. Também houve ocasiões em que novos materiais revelaram episódios importantes inteiramente novos. Nessas circunstâncias, pude ampliar o escopo de meu conhecimento e escrever um relato mais completo. À medida que o trabalho avançava, muito do que descobri em ambas as categorias foi acrescentado às traduções do livro para outras línguas, até que a edição norte-americana de 1985 tornou-se a mais datada.

Em um campo de pesquisa empírica, não há autor ou obra, tampouco edição de uma obra que possa ser considerada definitiva, mesmo que um editor pretenda dizer que é. Um livro de história é uma tarefa interrompida em determinado ponto, e seu conteúdo é sempre incompleto. Meu amigo mais antigo, Eric Marder, sentiu, porém, que a edição de 1985 não devia ser minha última palavra em língua inglesa e tornou esta publicação possível pela Yale University Press. Nada que eu disser pode expressar minha gratidão pelo que ele fez.

Este é o momento em que também penso em minha família. Minha esposa Gwendolyn, sempre ao meu lado, ajuda-me abnegadamente, revisando as provas de todo o texto recém-impresso. Meu filho, David, e minha filha, Deborah, mudaram-se há alguns anos, mas continuam sendo uma inspiração para mim, não importa quão longe estejam ou quão pouco eu os veja.

BURLINGTON, VERMONT
Junho de 2002

Prefácio à edição revista

O TRABALHO QUE CULMINOU NO CONTEÚDO DESTES VOLUMES COMEÇOU em 1948. Desde então já se passaram 36 anos, mas o projeto permaneceu comigo, do início da juventude ao fim da meia-idade – tendo sido por vezes interrompido, mas nunca abandonado – por causa de uma pergunta que fiz. Desde o início quis saber como os judeus da Europa foram destruídos. Queria explorar o próprio mecanismo da destruição e, conforme mergulhava no problema, via que estava estudando um processo administrativo posto em prática por burocratas em uma rede de escritórios espalhada por todo um continente. Compreender os componentes desse aparato, com todas as facetas de suas atividades, tornou-se a principal tarefa da minha vida.

O "como" do evento é uma forma de obter algum conhecimento sobre os criminosos, as vítimas e os espectadores. Os papéis dos três serão descritos nesta obra. Os oficiais alemães serão mostrados enquanto passam memorandos de mesa em mesa, debatendo definições e classificações, e redigindo leis públicas ou instruções secretas em sua incansável perseguição aos judeus. A comunidade judaica, presa nesse emaranhado de medidas, será vista em termos do que fez ou não fez em resposta ao ataque alemão. O mundo externo faz parte dessa história em razão de sua postura como observador.

Entretanto, o ato de destruição foi alemão e o foco primário deste retrato é, dessa forma, colocado sobre os criadores, iniciadores e implementadores alemães do Holocausto. *Eles* construíram o arcabouço dentro do qual colaboradores do Eixo e dos países ocupados fizeram suas contribuições à operação, e *eles* criaram as condições que colocaram o povo judeu em um gueto fechado, na roleta-russa de uma caça ou na entrada de uma câmara de gás. Investigar a estrutura do fenômeno é questionar-se, em primeiro lugar, sobre os alemães.

Procurei respostas em um grande número de documentos. Esses materiais não são simplesmente relatos de eventos, mas artefatos do próprio maquinário administrativo. O que chamamos de fonte documental foi, outrora, uma ordem, uma carta ou um relatório. Sua data, assinatura e expedição investiam-na de consequências imediatas. A folha de papel nas mãos dos participantes era um instrumento de ação. Hoje, a maior parte das coleções sobreviventes é alemã, mas também há algumas relíquias de conselhos judeus e outras agências não alemãs. Recorri a todas elas, não apenas buscando os fatos que contêm, mas também para recapturar o espírito no qual foram escritas.

Meu relato não é curto. O livro é longo e complexo, pois retrata uma tarefa enorme e intrincada. É detalhado, pois lida com quase todas as ocorrências importantes na arena da destruição, dentro e fora da Alemanha, de 1933 a 1945. Não tem cortes, para poder registrar com totalidade medidas que foram tomadas em totalidade.

A primeira edição desta obra foi publicada em Chicago há 23 anos. Ela ocupava oitocentas páginas em duas colunas e foi reimpressa várias vezes. Quando a versão original foi para a gráfica, sabia que inevitavelmente iria perceber erros, que havia furos na história e que afirmações analíticas ou conclusões iriam, um dia, parecer-me incompletas ou imprecisas. Sabia também que para alcançar maior precisão, equilíbrio e claridade eu teria de usar mais documentos.

Meus exames iniciais tinham se concentrado principalmente nas evidências de Nuremberg e nos muitos relatórios alemães interceptados disponíveis nos Estados Unidos à época. Em seguida, minha pesquisa se estenderia para cobrir diversos materiais que apareciam nos arquivos de vários países. Vagaroso como haveria de ser, esse trabalho forneceu informações sobre organizações e eventos até então ocultados ou sequer conhecidos. Entre os documentos encontrei telegramas das ferrovias alemãs marcando horários de trens da morte, documentos de representantes da comunidade judaica em Berlim tratando de suas reuniões periódicas com oficiais da Gestapo no tempo de guerra e arquivos que tinham acabado de ser abertos pelo Escritório de Serviços Estratégicos dos Estados Unidos a respeito do campo de concentração de Auschwitz. Cada lote de documentos estava escrito em uma língua própria, cada um continha um mundo próprio, e cada um escondia uma ligação que faltava ser feita.

A atmosfera em que trabalhei mudou consideravelmente. Nos anos 1940 e 1950, eu copiava documentos a mão, escrevendo o manuscrito em uma mesa improvisada, digitando em uma máquina de escrever manual. Naquele tempo, o mundo acadêmico não dedicava atenção ao assunto e os editores não o recebiam bem. Na verdade, fui muito mais aconselhado a não seguir nesse tópico do que a persistir nele. Muito depois, nos mal iluminados arquivos dos tribunais de Düsseldorf ou Viena, eu ainda copiava testemunhos em um bloco de anotações, mas a sensação de isolamento já não existia. O assunto, do qual não era mais proibido falar, havia mobilizado o público.

Felizmente, quando comecei com poucos recursos, recebi ajudas decisivas. Lembro-me de Hans Rosenberg, cujas palestras sobre burocracia organizaram meus pensamentos quando eu ainda estava na faculdade; do falecido Franz Neumann, cujo patrocínio me foi essencial nas fases iniciais de minha pesquisa quando eu era um candidato a doutorado na Universidade de Columbia; de William T. R. Fox, da mesma universidade, que interveio com atos de generosidade excepcional quando eu estava em dificuldade; do falecido Filip Friedman, que, acreditando em meu trabalho, me encorajou; e de meu falecido pai, Michael Hilberg, cujo senso de estilo e estrutura literária tornou-se meu também. Meu velho amigo, Eric Marder, ouviu-me ler para ele longas passagens de meus rascunhos escritos a mão. Com sua mente incrivelmente arguta, ele me ajudou a superar uma dificuldade após a outra. O falecido Frank Petschek se interessou pelo projeto ainda não finalizado. Ele leu linha por linha e, com um gesto único, tornou possível sua primeira publicação.

Um pesquisador é completamente dependente de arquivistas e bibliotecários. Não conheço o nome de alguns dos que me ajudaram, enquanto outros não poderiam nem mesmo se lembrar de mim. Não é possível recapitular todos aqueles cujo conhecimento especializado foi vital e, por isso, mencionarei apenas Dina Abramowicz do YIVO Institute, Bronia Klibanski do Yad Vashem, Robert Wolfe do National Archives e Sybil Milton do Leo Baeck Institute. Serge Klarsfeld da Beate Klarsfeld Foundation e Liliana Picciotto Fargion do Centro di Documentazione Ebraica Contemporanea enviaram-me suas valiosas publicações e conversaram comigo sobre os dados que possuíam. Muitos outros historiadores e especialistas ajudaram em minha pesquisa por fontes na Biblioteca Jurídica da Universidade de Columbia, na Biblioteca do Congresso, nos arquivos dos tribunais alemães, nos arquivos das ferrovias alemãs em Frankfurt e Nuremberg, no Institut für Zeitgeschichte em Munique, nos Arquivos Federais Alemães em Koblenz, no Zentrale Stelle der Landesjustizverwaltungen em Ludwigsburg, no Berlin Document Center dos Estados Unidos, no Centre de Documentation Juive Contemporaine em Paris, nos arquivos do American Jewish Committee e no Escritório de Investigações Especiais do Departamento de Justiça dos Estados Unidos.

Moro em Vermont desde 1956 e durante aquelas décadas trabalhei na Universidade de Vermont, que me deu o tipo de apoio que apenas uma instituição acadêmica que oferece estabilidade no cargo, períodos sabáticos e pequenas quantias ocasionais de dinheiro para pesquisa pode fornecer ao longo do tempo. Na universidade também tive colegas ao meu lado. O primeiro deles foi o falecido L. Jay Gould, que sempre foi paciente comigo, e, mais recentemente, Stanislaw Staron, com quem trabalhei no diário do líder do gueto de Varsóvia Adam Czerniaków; e Samuel Bogorad, com quem ministrei um curso sobre o Holocausto.

Devo a maior parte do reconhecimento recebido a H. R. Trevor-Roper, que escreveu vários ensaios sobre o livro em sua primeira publicação. Herman Wouk, romancista, e Claude Lanzmann, cineasta, que mostraram o destino judeu em obras de arte de grande escala, reforçaram minha própria busca em várias ocasiões.

Meu agente literário, Theron Raines, um homem de letras com entendimento sobre o assunto, fez esforços incansáveis em meu nome. Max Holmes, editor da Holmes & Meier, aceitou a tarefa de publicar a segunda edição com um conhecimento profundo do que eu estava tentando fazer.

Para minha família tenho uma declaração especial. Meu filho David e minha filha Deborah me deram propósito e paz. Minha esposa Gwendolyn me ajudou com sua presença carinhosa e sua fé em mim.

BURLINGTON, VERMONT
Setembro de 1984

Prefácio à primeira edição

PARA COMEÇAR, É PRECISO UMA PALAVRA SOBRE O ESCOPO DESSE LIVRO. Para que ninguém se confunda com a palavra "judeus" no título, deixemos claro que este não é um livro sobre judeus. É um livro sobre as pessoas que destruíram os judeus. Não há muito a ser lido aqui sobre as vítimas. O foco está nos criminosos.

Os capítulos a seguir descreverão a vasta organização da máquina nazista de destruição e os homens que exerciam funções importantes nessa máquina. Eles revelarão correspondências, memorandos e atas de conferência passados de mesa em mesa conforme a burocracia alemã tomava decisões drásticas e opressoras para destruir, total e completamente, os judeus da Europa. Eles lidarão com os obstáculos administrativos e psicológicos que de vez em quando bloqueavam a ação, e mostrarão como esses impedimentos eram removidos.

Por outro lado, não haverá ênfase nos efeitos das medidas alemãs sobre o judaísmo na Europa e em outros locais. Não vamos nos deter no sofrimento judeu, nem explorar as características sociais da vida no gueto ou da existência nos campos. Nos casos em que examinaremos instituições judaicas, isso será feito primariamente pelos olhos alemães: como ferramentas usadas no processo de destruição. Em resumo, este estudo não engloba os desenvolvimentos internos da organização e da estrutura social judaicas. Isso é história judaica. Aqui, a preocupação é com a tempestade que causou os escombros. Isso é parte da história ocidental. A história do Ocidente, por vezes, foi moldada pelos judeus. Não menos – e talvez mais – ela também foi modificada por aqueles que agiram contra os judeus, pois quando se faz algo a outrem, também o faz a si mesmo.

O significado total das medidas alemãs ainda não foi explorado; a destruição dos judeus europeus ainda não foi assimilada como evento histórico. Isso não equivale a uma negação geral do desaparecimento de milhões de pessoas, nem significa pôr em dúvida o fato de massas de pessoas terem sido fuziladas em fossas e envenenadas por gás em campos de concentração. No entanto, em um sentido acadêmico, o reconhecimento de um fato não significa aceitá-lo. Ocorrências sem precedente de tal magnitude só são aceitas academicamente quando são estudadas como testes de conceitos existentes sobre força, sobre relações entre culturas, sobre a sociedade como um todo. Apenas uma geração atrás, os incidentes descritos neste livro teriam sido considerados improváveis, impraticáveis ou até inconcebíveis. Agora, eles aconteceram.

A destruição dos judeus foi um processo de extremos. É precisamente por isso que ela é importante como um fenômeno de grupo. É por isso que pode servir como um teste de teorias sociais e políticas. Todavia, para fazer testes assim, não é suficiente saber que os judeus foram destruídos; também é preciso compreender como essa ação foi perpetrada. Essa é a história contada neste livro.

BURLINGTON, VERMONT
Outubro de 1960

A destruição dos judeus europeus

RAUL HILBERG

1

Precedentes

A DESTRUIÇÃO ALEMÃ DOS JUDEUS EUROPEUS FOI UM *TOUR DE FORCE*; o
colapso judeu sob o ataque alemão foi uma manifestação de fracasso. Ambos os
fenômenos foram o produto final de uma era anterior.

As políticas e ações antijudaicas não começaram em 1933. Por vários séculos
e em vários países, os judeus já tinham sido vítimas de ações destrutivas. Qual era
o objeto dessas atividades? Quais eram os objetivos daqueles que persistiam em
ações contra os judeus? Durante a história ocidental, três políticas consecutivas
foram aplicadas contra o judaísmo e sua dispersão.

A primeira política antijudaica começou no século IV d. C., em Roma.[1] No
início do século IV, durante o reinado de Constantino, a Igreja cristã ganhou poder na cidade e o cristianismo tornou-se a religião oficial. Desde esse período,

---

1 A Roma pré-cristã não tinha políticas antijudaicas. Roma tinha destruído o Estado independente da Judeia, mas os judeus *em* Roma desfrutavam de igualdade perante a lei. Eles podiam
executar testamentos, casar-se legalmente com cidadãos romanos, exercer os direitos de guarda
e ter empregos públicos. Otto Stobbe, *Die Juden in Deutschland während des Mittelalters* (Leipzig,
1902), p. 2.

o Estado passou a executar a política da Igreja. Pelos doze séculos seguintes, a Igreja católica prescreveu as medidas que deveriam ser tomadas em relação aos judeus. Diferentemente dos romanos pré-cristãos, que não reivindicavam o monopólio sobre a religião e a fé, a Igreja cristã insistia na aceitação de sua doutrina.

Para compreender a política cristã em relação ao judaísmo, é essencial perceber que a Igreja buscava a conversão não tanto para engrandecer seu poder (os judeus sempre foram poucos em número), mas por causa da convicção de que era obrigação dos verdadeiros fiéis salvar os infiéis da maldição do fogo eterno do inferno. O zelo na busca pela conversão era uma indicação da profundidade da fé. A religião cristã não era uma entre muitas, mas sim a religião verdadeira, a única. Os que não estavam em sua comunidade eram ignorantes ou viviam em erro. Os judeus, por sua vez, não podiam aceitar o cristianismo.

Nas fases muito iniciais da fé cristã, vários judeus consideravam os cristãos membros de uma seita judaica. Afinal, os primeiros cristãos ainda seguiam as leis judaicas, apenas adicionando algumas práticas não essenciais, como o batismo, à vida religiosa. No entanto, essa visão mudou abruptamente quando Cristo foi elevado à categoria de Deus. Os judeus só têm um Deus, e esse Deus é indivisível. Ele é um Deus ciumento e não admite outros deuses. Ele não é Cristo, e Cristo não é Ele. O cristianismo e o judaísmo, desde então, tornaram-se irreconciliáveis. A aceitação do cristianismo passou a significar o abandono do judaísmo.

Na Antiguidade e na Idade Média, os judeus não abandonaram o judaísmo facilmente. Com paciência e persistência, a Igreja tentou converter judeus obstinados, e a discussão teológica foi travada sem interrupção por 1.200 anos. Os judeus não se convenceram. Gradualmente, a Igreja começou a impor suas palavras. O papado não permitiu que judeus fossem pressionados individualmente; Roma proibiu conversões à força.[2] No entanto, de modo geral, o clero exercia sua pressão. Passo a passo, mas com cada vez maior eficácia, a Igreja adotou medidas "defensivas" contra suas vítimas passivas. Os cristãos eram "protegidos" das consequências "danosas" das relações sexuais com judeus pelas rígidas leis contra o casamento misto, pela proibição de discussões sobre assuntos religiosos e pelas leis contra dividir a mesma moradia. A Igreja "protegia" seus cristãos dos

---

2 Essa proibição tinha um problema: uma vez convertido, ainda que à força, um judeu ficava impedido de voltar à sua fé. Guido Kisch, *The Jews in Medieval Germany* (Chicago, 1949), pp. 201-2.

ensinamentos "danosos" dos judeus, queimando o Talmude e barrando a entrada destes em cargos públicos.[3]

Essas medidas danosas criaram precedentes. O pouco sucesso alcançado pela Igreja na conquista de seus objetivos é revelado pelo tratamento dado aos poucos judeus que sucumbiram à religião cristã. O clero não tinha certeza do sucesso – daí a prática generalizada, na Idade Média, de identificar prosélitos como ex-judeus;[4] a inquisição de cristãos-novos suspeitos de heresia;[5] e a emissão, na Espanha, de certificados de "pureza" (*limpieza*), sinônimos de ancestralidade cristã pura, e a especificação de "metade cristãos-novos", "um quarto cristãos-novos", "um oitavo cristãos-novos" e assim por diante.[6]

O fracasso da conversão teve consequências em longo prazo. A Igreja, malsucedida, começou a ver os judeus como um grupo especial, diferente dos cristãos, surdos para o cristianismo e perigosos para a fé cristã. Em 1542, Martinho Lutero, fundador do protestantismo, escreveu o seguinte:

> E se houvesse uma faísca de senso comum e entendimento neles, teriam verdadeiramente de pensar assim: Ó, meu Deus, isso não pode se sustentar e não vai bem para nós; nosso sofrimento é grande demais, longo demais, difícil demais; Deus nos esqueceu, etc. Não sou nenhum judeu, mas sinceramente não gosto de pensar sobre uma ira tão brutal de Deus contra esse povo, pois fico apavorado

---

3 Na verdade, não judeus que queriam se tornar judeus encontravam obstáculos formidáveis. Ver Louis Finkelstein, "The Jewish Religion: Its Beliefs and Practices", em Louis Finkelstein, ed., *The Jews: Their History, Culture, and Religion* (Nova York, 1949), vol. 2, p. 1376.

4 Kisch, *Jews in Medieval Germany*, p. 315.

5 *Ibid.*

6 Cecil Roth, "Marranos and Racial Anti-Semitism – A Study in Parallels", em *Jewish Social Studies* 2 (1940): 239-48. Médicos cristãos-novos eram acusados de matar pacientes. Um tribunal de Toledo emitiu uma decisão, em 1449, determinando que cristãos-novos não podiam ter cargos públicos e, em 1604, cristãos-novos foram barrados na Universidade de Coimbra (*ibid.*). Qualquer descendente de judeus ou mouros também não era elegível para servir na "Milícia de Cristo", o exército de Torquemada, que torturava e queimava "hereges". Franz Helbing, *Die Tortur – Geschichte der Folter im Kriminalverfahren aller Völker und Zeiten* (Berlim, 1902), p. 118.

com o pensamento que atravessa meu corpo e minha alma: o que acontecerá com a ira eterna no inferno contra todos os falsos cristãos e infiéis?[7]

Em resumo, se *ele* fosse judeu, teria aceitado o cristianismo há muito tempo.

Um povo não pode sofrer por 1.500 anos e ainda acreditar que é o escolhido. Todavia, esse povo era cego e tinha sido golpeado com a ira de Deus. Ele os tinha ferido com "desvario, cegueira e coração furioso, com o fogo eterno, sobre o que dizem os profetas: a ira de Deus se arremessará como um fogo que ninguém pode abafar".[8]

O manuscrito luterano foi publicado em uma época de ódio crescente em relação aos judeus. Investira-se muito, durante 1.200 anos, em políticas de conversão. Ganhara-se muito pouco. Do século XIII ao século XVI, os judeus da Inglaterra, França, Alemanha, Espanha, Boêmia e Itália receberam ultimatos que lhes deixavam apenas uma escolha: conversão ou expulsão.

A expulsão é a segunda política antijudaica da história. Em sua origem, ela se apresentava apenas como uma alternativa – mais que isso, como uma alternativa que restava aos judeus. Contudo, muito depois da separação entre Igreja e Estado, muito depois de o Estado ter deixado de executar as políticas da Igreja, a expulsão e a exclusão continuaram sendo o objetivo das atividades contra os judeus.

Os antissemitas do século XIX, divorciados de objetivos religiosos, casaram-se com a emigração dos judeus. Seu ódio contra os judeus estava imbuído de um sentimento de justiça e razão, como se eles tivessem adquirido o antagonismo da Igreja igual a especuladores que compram as ações de uma corporação falida. Com esse ódio, os inimigos pós-eclesiásticos do judaísmo também herdaram a ideia de que os judeus não podiam mudar, não podiam ser convertidos e não podiam ser assimilados: eram um produto final, inflexíveis em seus costumes, com noções e crenças fixas.

A política de expulsão e exclusão foi adotada pelos nazistas e tornou-se o objetivo de toda atividade antijudaica até 1941, ano que marca uma virada na

---

7 Martinho Lutero, *Von den Jueden und Jren Luegen* (Wittenberg, 1543), p. Aiii. Os números das páginas na edição original do livro de Lutero são colocados na parte de baixo de cada duas ou quatro páginas, da seguinte forma: A, Aii, Aiii, B, Bii, Biii, até Z, Zii, Ziii, começando de novo com a, aii, aiii.
8 Lutero, *Von den Jueden*, p. diii. A referência ao desvario é uma inversão. O desvario é um dos castigos por desertar o único e verdadeiro Deus.

história antissemita. Em 1941, os nazistas viram-se em meio a uma guerra completa. Vários milhões de judeus estavam presos em guetos. A emigração era impossível. Um projeto de última hora para enviar os judeus para a ilha africana de Madagascar tinha dado errado. O "problema judeu" tinha de ser "resolvido" de alguma outra forma. Nesse momento crucial, a ideia de uma "solução territorial" surgiu nas mentes dos nazistas. A "solução territorial", ou "solução final para a questão judaica na Europa", como se tornou conhecida, contemplava a morte do judaísmo europeu. Os judeus do continente seriam mortos. Essa foi a terceira política antijudaica da história.

Em resumo: desde o século IV d. C. houve três políticas antijudaicas: conversão, expulsão e aniquilação. A segunda apareceu como alternativa à primeira, e a terceira emergiu como alternativa à segunda.

A destruição dos judeus europeus entre 1933 e 1945 hoje nos parece um evento sem precedentes na história. De fato, em suas dimensões e configurações totais, não acontecera nada parecido antes. Como resultado de um empreendimento organizado, cinco milhões de pessoas foram mortas no curto espaço de alguns anos. A operação acabou antes que qualquer um pudesse compreender sua atrocidade e muito menos suas implicações futuras.

Ainda assim, se analisarmos esse levante maciço, descobriremos que a maior parte do que aconteceu naqueles doze anos já tinha acontecido antes. O processo de destruição nazista não veio do nada; foi a culminação de uma tendência cíclica.[9] É possível observar a tendência nos três objetivos sucessivos dos administradores antijudeus. Os missionários do cristianismo tinham dito, com efeito: vocês não têm o direito de viver entre nós como judeus. Os governantes seculares que se seguiram proclamaram: vocês não têm o direito de viver entre nós. Os nazistas alemães, finalmente, decretaram: vocês não têm o direito de viver.

Esses objetivos cada vez mais drásticos trouxeram como consequência um crescimento contínuo de ações e pensamentos antissemitas. O processo começou com a tentativa de converter os judeus para o cristianismo. O desenvolvimento

---

9 Uma tendência regular é inquebrável (por exemplo, o crescimento da população); uma tendência cíclica é observada em alguns fenômenos recorrentes. Podemos citar, por exemplo, um conjunto de guerras que se tornam progressivamente mais destrutivas, depressões cuja gravidade diminui, etc.

continuou para forçar as vítimas ao exílio. Ele terminou quando os judeus foram levados à morte. Os nazistas alemães, portanto, não descartaram o passado, mas construíram sobre ele. Eles não começaram um desenvolvimento novo, mas sim o completaram. Nos recônditos profundos da história antijudaica, encontramos muitas das ferramentas administrativas e psicológicas usadas pelos nazistas para implementar seu processo de destruição. Nos baixios do passado também descobriremos as raízes da resposta judaica característica a um ataque externo.

O significado dos precedentes históricos é mais facilmente entendido na esfera administrativa. A destruição dos judeus era um processo administrativo, e a aniquilação do judaísmo exigia a implementação de medidas administrativas sistemáticas em passos sucessivos. Não há muitas maneiras de uma sociedade moderna conseguir, rapidamente, assassinar um grande número de pessoas que vivem em seu ambiente. É um problema de eficiência de grandes dimensões, que coloca inúmeras dificuldades e incontáveis obstáculos. Contudo, ao revisar o registro documental da destruição dos judeus, fica-se imediatamente impressionado com o fato de que a administração alemã sabia o que estava fazendo. Com uma noção infalível de direção e uma habilidade nefasta para o pioneirismo, a burocracia alemã encontrou a estrada mais curta para chegar ao objetivo final.

Teoricamente, a própria natureza de uma tarefa determina a forma como ela será cumprida. Onde há uma vontade, há também um caminho, e se a vontade é forte o suficiente, o caminho será encontrado. No entanto, e se não houver tempo para experimentos? E se a tarefa precisar ser resolvida com rapidez e eficiência? Um rato em um labirinto no qual só um caminho leva ao objetivo aprende a escolher aquele caminho depois de várias tentativas. Os burocratas também, às vezes, ficam presos em um labirinto, mas não podem se dar o luxo de uma tentativa experimental. Pode não haver tempo para hesitações e paralisações. É por isso que o que aconteceu no passado é tão importante; por isso a experiência passada é tão essencial. Diz-se que a necessidade é a mãe da invenção, mas se os precedentes já estiverem formados, se um guia já tiver sido construído, a invenção não é mais necessária. A burocracia alemã era capaz de recorrer a esses precedentes e seguir esse guia, uma vez que seus funcionários podiam mergulhar em um vasto reservatório de experiências administrativas, abastecido pela Igreja e pelo Estado durante 1.500 anos de atividade destruidora.

No curso de sua tentativa de conversão dos judeus, a Igreja católica tinha tomado várias medidas contra a população judaica. Elas eram designadas a "proteger" a comunidade cristã dos ensinamentos judeus e, não por acaso, enfraquecer os judeus em sua "obstinação". É peculiar que, logo que o cristianismo tornou-se a religião do Estado em Roma, no século IV d. C., a igualdade de cidadania tenha acabado para os judeus. "A Igreja e o Estado cristão, decisões de concílio e leis imperiais, desde então, andaram de mãos dadas para perseguir os judeus."[10] Apesar de a maioria desses decretos não abranger toda a Europa católica desde o momento de sua concepção, eles se tornaram precedentes para a era nazista. A Tabela 1.1 compara as medidas antijudaicas básicas da Igreja católica e suas contrapartidas modernas promulgadas pelo regime nazista.[11]

Nenhum resumo da lei canônica pode ser tão revelador como uma descrição do gueto de Roma, mantido pelo Estado papal até a ocupação da cidade pelo Exército Real Italiano em 1870. Um jornalista alemão que visitou o gueto durante seus dias finais publicou uma descrição na *Neue Freie Presse*.[12] O gueto consistia de algumas ruas úmidas, escuras e sujas, nas quais 4.700 seres humanos haviam sido amontoados (*eingepfercht*).

Para alugar qualquer casa ou estabelecimento comercial fora das fronteiras do gueto, os judeus precisavam de permissão do Cardeal Vigário. A aquisição de imóveis fora do gueto era proibida. Comercializar produtos industriais ou livros era proibido. Fazer curso superior era proibido. Exercer as profissões de advogado, farmacêutico, tabelião, pintor e arquiteto era proibido. Um judeu podia ser médico, com a condição de restringir seu consultório a pacientes judeus. Nenhum judeu podia ter cargos públicos. Os judeus eram obrigados a pagar impostos como todo mundo e, além disso: (1) um estipêndio anual para a manutenção dos oficiais católicos que supervisionavam a administração financeira do gueto e a organização da comunidade judaica; (2) uma soma anual de 5.250 liras à Casa Pia para obras missionárias entre os judeus; (3) uma soma anual de 5.250 liras ao Claustro dos Convertidos, para o mesmo propósito. Por sua vez, o Estado papal gastava uma soma anual de 1.500 liras em trabalhos de bem-estar social. Contudo, não havia dinheiro público para educação ou cuidado dos doentes.

---

10 Stobbe, *Die Juden in Deutschland*, p. 2.

11 A lista de medidas da Igreja é reproduzida em sua totalidade de J. E. Scherer, *Die Rechtsverhältnisse der Juden in den deutsch-österreichischen Ländern* (Leipzig, 1901), pp. 39-49. Apenas a primeira data de cada medida é listada na Tabela 1.1.

12 Carl Eduard Bauernschmid, em *Neue Freie Presse*, 17 de maio de 1870. Reproduzido em *Allgemeine Zeitung des Judenthums* (Leipzig), 19 de julho de 1870, pp. 580-82.

TABELA 1.1 Medidas antijudaicas canônicas e nazistas

LEI CANÔNICA	MEDIDA NAZISTA
Proibição de casamento misto e relações sexuais entre cristãos e judeus (Sínodo de Elvira, 306)	Lei para Proteção do Sangue e da Honra Alemães, 15 de setembro de 1935 (RGBl I, 1146)
Não é permitido que judeus e cristãos comam juntos (Sínodo de Elvira, 306)	Judeus são barrados de vagões-restaurante (Ministro do Transporte para Ministro do Interior, 30 de dezembro de 1939, Documento NG-3995)
Não é permitido que judeus tenham cargos públicos (Sínodo de Clermont, 535)	Lei para o Restabelecimento do Serviço Civil Profissional, 7 de abril de 1933 (RGBl I, 175)
Não é permitido que judeus empreguem criados cristãos ou possuam escravos cristãos (3º Sínodo de Orléans, 538)	Lei para Proteção do Sangue e da Honra Alemães, 15 de setembro de 1935 (RGBl I, 1146)
Não é permitido que judeus circulem pelas ruas durante a Semana Santa (3º Sínodo de Orléans, 538)	Decreto que autoriza autoridades locais a barrar judeus nas ruas em certos dias (p. ex., feriados nazistas), 3 de dezembro de 1938 (RGBl I, 1676)
Queima do Talmude e de outros livros (12º Sínodo de Toledo, 681)	Queima de livros na Alemanha nazista
Não é permitido que cristãos frequentem médicos judeus (Sínodo Trulano, 692)	Decreto de 25 de julho de 1938 (RGBl I, 969)
Não é permitido que cristãos vivam em casas de judeus (Sínodo de Narbonne, 1050)	Diretiva de Göring, que determinava a concentração de judeus em casas, 28 de dezembro de 1938 (Bormann a Rosenberg, 17 de janeiro de 1939, PS-69)
Judeus são obrigados a pagar impostos para apoiar a Igreja assim como os cristãos (Sínodo de Gerona, 1078)	O "Sozialausgleichsabgabe", que determinava que judeus pagassem um imposto de renda especial em vez das doações aos propósitos do Partido impostas aos nazistas, 24 de dezembro de 1940 (RGBl I, 1666)
Proibição de trabalho aos domingos (Sínodo de Szabolcs, 1092)	
Não é permitido que judeus sejam querelantes ou testemunhas contra cristãos nos tribunais (3º Conselho de Latrão, 1179, cânone 26)	Proposta da Chancelaria do Partido para que judeus não possam instituir processos civis, 9 de setembro de 1942 (Bormann para Ministro da Justiça, 9 de setembro de 1942, NG-151)
Não é permitido que judeus neguem herança a descendentes que tenham aceitado o cristianismo (3º Conselho de Latrão, 1179, cânone 26)	Decreto que dá poder ao Ministro da Justiça para anular testamentos que ofendam o "julgamento legítimo do povo", 31 de julho de 1938 (RGBl I, 937)

(continua)

TABELA 1.1   Medidas antijudaicas canônicas e nazistas *(continuação)*

LEI CANÔNICA	MEDIDA NAZISTA
Marcação de roupas de judeus com uma insígnia (4º Conselho de Latrão, 1215, cânone 68, copiado da legislação do califa Omar II [634-644], que decretara que os cristãos usassem cintos azuis e os judeus, cintos amarelos)	Decreto de 1º de setembro de 1941 (RGBl I, 547)
Proibida a construção de novas sinagogas (Conselho de Oxford, 1222)	Destruição de sinagogas em todo o Reich, 10 de novembro de 1938 (Heydrich para Göring, 11 de novembro de 1938, PS-3058)
Não é permitido que cristãos frequentem cerimônias judaicas (Sínodo de Viena, 1267)	Relações amigáveis com judeus são proibidas, 24 de outubro de 1941 (diretiva Gestapo, L-15)
Não é permitido que judeus discordem de pessoas cristãs simples sobre os dogmas da religião católica (Sínodo de Viena, 1267)	
Guetos compulsórios (Sínodo de Breslau, 1267)	Ordem de Heydrich, 21 de setembro de 1939 (PS-3363)
Não é permitido aos cristãos vender ou alugar imóveis a judeus (Sínodo de Ofen, 1279)	Decreto que obriga a venda compulsória de propriedades de judeus, 3 de dezembro de 1938 (RGBl I, 1709)
A adoção por um cristão da religião judaica ou a volta de um judeu batizado à religião judaica é considerada heresia (Sínodo de Mainz, 1310)	A adoção da religião judaica por um cristão o coloca em perigo de ser tratado como judeu. (Decisão de Oberlandesgericht Königsberg, 4º Zivilsenat, 26 de junho de 1942.) (*Die Judenfrage* [*Vertrauliche Beilage*], 1º de novembro de 1942, pp. 82-83)
É proibida a venda ou a transferência de artigos cristãos a judeus (Sínodo de Lavour, 1368)	
Não é permitido aos judeus agir como agentes na conclusão de contratos, especialmente os de casamento entre cristãos (Conselho da Basileia, 1434, Sessão XIX)	Decreto de 6 de julho de 1938, que determina a liquidação de agências imobiliárias, de corretagem e de casamento judaicas que atendam a não judeus (RGBl I, 823)
Não é permitido aos judeus obter diplomas acadêmicos (Conselho da Basileia, 1434, Sessão XIX)	Lei contra a Superlotação de Escolas e Universidades Alemãs, 25 de abril de 1933 (RGBl I, 225)

O regime papal no gueto de Roma nos dá uma ideia do efeito cumulativo da lei canônica. *Esse* foi o resultado final. Além disso, a política da Igreja deu lugar não apenas a regulamentações eclesiásticas; por mais de mil anos, a vontade da Igreja também era aplicada pelo Estado. As decisões dos sínodos e conselhos tornavam-se guias básicos para a ação estatal. Todos os Estados medievais copiaram a lei canônica e trabalharam sobre ela. Assim, surgiu uma "lei internacional medieval judaica", que continuou a se desenvolver até o século XVIII. Os refinamentos e as elaborações do governo sobre o regime clerical podem ser brevemente notados na Tabela 1.2, que mostra também as versões nazistas.

Esses são alguns dos precedentes passados para a máquina burocrática nazista. É certo que nem todas as lições do passado ainda eram lembradas em 1933; boa parte tinha sido obscurecida pela passagem do tempo. Isso é particularmente verdadeiro em relação aos princípios negativos, como evitar rebeliões e *pogroms*. Em 1406, houve um incêndio no bairro judeu de Viena. A multidão, em vez ajudar no salvamento, procurou, em vez disso, atacar os judeus e saquear suas casas. No fim, os cristãos ficaram mais pobres, pois as casas de penhores judaicas, que viraram cinzas durante a queimada, continham suas próprias posses.[13] Essa experiência estava praticamente esquecida quando, em novembro de 1938, multidões nazistas mais uma vez atacaram as lojas de judeus. Quem perdeu mais, dessa vez, foram as seguradoras alemãs, que tiveram de pagar os proprietários alemães dos prédios danificados pelas janelas quebradas. Uma lição histórica teve de ser aprendida novamente.

Se algumas velhas lições tiveram de ser reaprendidas, devemos destacar também que muitas outras sequer haviam sido completamente compreendidas. Os precedentes criados pela Igreja e pelo Estado eram, por si só, incompletos. O caminho de destruição trilhado em séculos passados era um caminho interrompido. As políticas antijudaicas de conversão e expulsão só levavam as operações destrutivas até certo ponto. Elas não eram apenas objetivos finais: eram também limites ante os quais a burocracia tinha de parar, e para além dos quais ela não podia passar. Apenas a remoção dessas amarras podia trazer o desenvolvimento das operações destrutivas em sua potencialidade total. É por isso que os administradores nazistas tornaram-se improvisadores e inovadores; é por isso, também, que

---

13 Otto Stowasser, "Zur Geschichte der Wiener Geserah", *Vierteljahrschrift für Sozial-und Wirtschaftsgeschichte* 16 (1992): 117.

TABELA 1.2 Medidas antijudaicas pré-nazistas e nazistas

DESENVOLVIMENTO ESTATAL PRÉ-NAZISTA	MEDIDA NAZISTA
Tributo de proteção *per capita* (*der goldene Opferpfennig*) imposto aos judeus pelo rei Luís, o Bávaro, 1328-37 (Stobbe, *Die Juden in Deutschland*, p. 31)	
Propriedade de judeus mortos em uma cidade alemã é considerada propriedade pública, "pois os judeus com suas posses pertencem à câmara do Reich", provisão do código do século XIV *Regulae juris "Ad decus"* (Kisch, *Jews in Medieval Germany*, pp. 360-61, 560-61)	13ª Ordem da Lei de Cidadania do Reich, que determinava que a propriedade de um judeu fosse confiscada após sua morte, 1º de julho de 1943 (RGBl I, 372)
Confisco de reivindicações de judeus em relação a devedores cristãos no fim do século XIV em Nuremberg (Stobbe, *Die Juden in Deutschland*, p. 58)	11ª Ordem da Lei de Cidadania do Reich, 25 de novembro de 1941 (RGBl I, 722)
"Multas": por exemplo, a multa Regensburg por "matar criança cristã", 1421 (*Ibid.*, pp. 77-79)	Decreto para o "Pagamento de Reparação" por judeus, 12 de novembro de 1938 (RGBl I, 1579)
Pagamento pela muralha ao redor do gueto de Roma cobrado das vítimas, 1555 (Cecil Roth, *The History of the Jews of Italy* [Filadélfia, 1946], p. 297)	Pagamento pela muralha ao redor do gueto de Varsóvia cobrado das vítimas, 1941 (Ghetto Kommissar Auerswald para Líder do Conselho Judeu Czerniaków, 22 de outubro de 1941, JM 1112)
Marcação de documentos e papéis pessoais que identificavam o portador como judeu (Zosa Szajkowski, "Jewish Participation in the Sale of National Property during the French Revolution", *Jewish Social Studies*, 1952, p. 291n)	Decreto que obrigava o uso de cartões de identificação, 23 de julho de 1938 (RGBl I, 922)
Por volta de 1800, o poeta judeu Ludwig Börne teve seu passaporte marcado com "Jud von Frankfurt" (Heinrich Graetz, *Volkstümliche Geschichte der Juden* [Berlim-Viena, 1923], vol. 3, pp. 373-74)	Decreto que obrigava a marcação de passaportes, 5 de outubro de 1938 (RGBl I, 1342)
Marcação de casas, horários especiais para compras e restrições de movimentação, século XVII, Frankfurt (*Ibid.*, pp. 387-88)	Marcação de apartamentos judeus (*Jüdisches Nachrichtenblatt* [Berlim], 17 de abril de 1942) Decreto que proclamava restrições de movimentação, 1º de setembro de 1941 (RGBl I, 547)
Nomes judeus obrigatórios na prática burocrática do século XIX (Leo M. Friedman, "American Jewish Names", *Historia Judaica*, outubro de 1944, p. 154)	Decreto de 5 de janeiro de 1937 (RGBl I, 9) Decreto de 17 de agosto de 1938 (RGBl I, 1044)

a burocracia alemã sob Hitler causou infinitamente mais prejuízo em doze anos do que a Igreja católica foi capaz em doze séculos.

Os precedentes administrativos, porém, não são os únicos determinantes históricos que nos preocupam. Na sociedade ocidental, a atividade destrutiva não é apenas um fenômeno tecnocrático. Os problemas que surgem em um processo de destruição não são apenas administrativos, mas também psicológicos. Um cristão recebe a ordem de escolher o bem e rejeitar o mal. Quanto maior sua tarefa destrutiva, mais potentes são os obstáculos morais em seu caminho. Estes precisam ser removidos e o conflito interno precisa, de alguma forma, se resolver. Um dos principais meios que o criminoso usa para limpar sua consciência é cobrir sua vítima com o manto do mal, retratando-a como um objeto que precisa ser destruído.

Nos registros históricos encontramos vários desses tipos de retrato. Invariavelmente, eles estão pairando como nuvens através dos séculos e continentes. Não importa quais sejam suas origens e objetivos, a função desses estereótipos é sempre a mesma: são usados com justificativa para o pensamento destrutivo; são empregados como desculpas para a ação destrutiva.

Os nazistas precisavam desse estereótipo. Eles necessitavam de uma determinada imagem do judeu. Assim, é bastante significativo que quando Hitler chegou ao poder a imagem já estivesse lá. O modelo já estava fixado. Quando Hitler falou sobre o judeu, ele estava falando a mesma língua dos alemães. Quando ele insultou sua vítima, ressuscitou um conceito medieval. Quando gritou seus ferozes ataques antijudaicos, acordou os alemães como se estes estivessem em um sono profundo, para um desafio há muito esquecido. Exatamente quão antigas são essas acusações? Por que elas tinham um tom tão autoritário?

O retrato do judeu encontrado na propaganda e na correspondência nazistas tinha sido desenhado centenas de anos antes. Martinho Lutero já tinha esboçado os contornos principais desse retrato, e os nazistas, por sua vez, tiveram pouco a completar. Aqui estão alguns trechos do livro *Sobre os judeus e suas mentiras*, de Lutero. É preciso destacar, porém, que suas ideias eram compartilhadas por outros naquele século e que seu modo de expressão era o estilo da época. O trabalho de Lutero é citado aqui apenas porque ele foi uma figura imponente no desenvolvimento do pensamento alemão e a escrita de um homem desse porte não pode ser esquecida na escavação de uma conceituação tão crucial quanto essa. O tratado de Lutero sobre os judeus era direcionado especificamente ao público, e, nesse recital, as sentenças recaem sobre a audiência em uma verdadeira cascata. Logo, a passagem:

Com isso é possível ver como eles entendem e obedecem ao quinto mandamento de Deus, especificamente, que são sanguessugas sedentos e assassinos de toda cristandade, com toda a intenção, agora por mais de 1.400 anos, e de fato foram frequentemente queimados até a morte sob a acusação de terem envenenado águas e poços, roubado crianças e as rasgado e cortado em pedaços, para secretamente abrandar seu temperamento com sangue cristão.[14]

E:

Agora vejam que mentira grossa, gorda e ótima é o fato de reclamarem que são nossos prisioneiros. Passaram-se mais de 1.400 anos desde a destruição de Jerusalém, e agora faz quase trezentos anos que nós, cristãos, fomos torturados e perseguidos pelos judeus no mundo todo (como dito anteriormente), de modo que podemos reclamar agora que eles nos capturaram e assassinaram, o que é a pura verdade. Mais ainda, não sabemos até hoje qual demônio os trouxe até aqui, ao nosso país; não fomos procurá-los em Jerusalém.[15]

Mesmo agora, continuava Lutero, ninguém os segurava ali. Eles podiam ir para onde quisessem, pois eram um fardo pesado, "como uma peste, pestilência, infelicidade pura em nosso país". Eles tinham sido expulsos da França, "um ninho especialmente bom" e o "querido Imperador Carlos" os expulsara da Espanha, "o melhor ninho de todos". E naquele ano eles foram expulsos de toda a Coroa boêmia, incluindo Praga, "também um ótimo ninho". Isso também aconteceu em Regensburg, Magdeburg e outras cidades.[16]

Se uma pessoa não é bem-vinda em nossa terra ou em nossa casa, isso se chama prisão? Sim, eles mantêm a nós, cristãos, presos em nosso próprio país. Eles nos deixam trabalhar com o suor no nariz para ganhar dinheiro e propriedade para eles, enquanto se sentam atrás do forno, preguiçosos, abrem o gás, assam peras, comem, bebem, vivem tranquilamente e bem com nossa riqueza. Eles capturaram a nós e nossos bens por meio de sua maldita usura; fazem troça e cospem em

---

14 Lutero, *Von den Jueden*, p. diii.
15 *Ibid.*
16 *Ibid.*, pp. diii, e.

nós, pois trabalhamos e permitimos que eles sejam proprietários preguiçosos que detêm a nós e nosso reino; eles são, portanto, nossos senhores, e nós, seus criados, com nossa própria riqueza, suor e trabalho. Então eles maldizem nosso Senhor, como agradecimento e recompensa. O diabo também riria e dançaria podendo ter tal paraíso entre nós cristãos, devorando por meio dos judeus, seus seres sagrados, o que é nosso, e enchendo nossas bocas e nossos narizes como recompensa, fazendo troça e maldizendo Deus e o homem para completar.

Eles não poderiam ter tido em Jerusalém, com Davi e Salomão, dias tão bons em suas próprias terras como têm nas nossas – que eles roubam e tomam diariamente. Contudo, ainda assim reclamam que os fazemos prisioneiros. Sim, nós os prendemos e os mantemos como prisioneiros, bem como capturei meu cálculo, meu sangue grosso e todos os outros males.[17]

O que os cristãos fizeram, pergunta Lutero, para merecer tal destino? "Não chamamos as mulheres deles de prostitutas, não os xingamos, não roubamos e desmembramos seus filhos, não envenenamos sua água. Não queremos beber seu sangue." Não era diferente do que tinha dito Moisés. Deus os tinha ferido com "desvario, cegueira e coração furioso".[18]

Este é o retrato que Lutero fez dos judeus. Primeiro, eles querem dominar o mundo.[19] Segundo, são arquicriminosos, assassinos de Cristo e de toda a cristandade.[20] Terceiro, Lutero se refere a eles como "peste, pestilência e infelicidade

---

17 *Ibid.*, p. e.

18 *Ibid.*, p. eii.

19 O imperador Frederico II, ao excluir os judeus dos cargos públicos, afirmou em 1237: "Fiéis aos deveres de um príncipe católico, excluímos os judeus dos cargos públicos para que eles não abusem do poder oficial para oprimir os cristãos". Kisch, *Jews in Medieval Germany*, p. 149.

20 A seguinte passagem é de um livro de direito alemão do século xv, o código municipal de Salzwedel, par. 83-2: "Caso um judeu ataque ou mate um cristão, o judeu não pode responder de forma alguma, ele deve sofrer em silêncio o que a lei decidir, pois não tem direito à cristandade e é perseguidor de Deus e um assassino da cristandade". Kisch, *Jews in Medieval Germany*, p. 268. Kisch aponta que livros de direito mais antigos não continham essa discriminação.

A lenda dos poços envenenados (século xiv) e a lenda dos assassinatos rituais (século xiii) eram ambas condenadas pelos papas. Scherer, *Die Rechtsverhältnisse der Juden*, pp. 36-38. Por outro lado, o código castelhano do século xiii "Las siete partidas", partida septima, titulo xxiv (de los

pura".[21] Esse retrato luterano sobre o domínio judeu do mundo, assim como a criminalidade e a peste judaicas, tem sido bastante repudiado. No entanto, apesar de sua negação e exposição, as acusações sobreviveram. Em quatrocentos anos, esse cenário não mudou.

Em 1895, o Reichstag discutia uma medida, proposta pela facção antissemita, para a exclusão de judeus estrangeiros. O porta-voz, Ahlwardt, pertencia a essa facção. Aqui estão alguns trechos do discurso dele:[22]

> Está bastante claro que há muitos judeus entre nós sobre os quais não se pode dizer nada de mau. Se alguém designa todo o povo judeu como nocivo, o faz com o conhecimento de que as qualidades raciais desse povo são tais que, em longo prazo, não podem se harmonizar com as qualidades raciais dos povos germânicos e de que cada judeu que, neste momento, não fez nada ruim pode, ainda assim, sob as condições apropriadas, fazê-lo, pois suas qualidades raciais o levam a isso.
>
> Senhores, na Índia há certa facção, os Thugs, que elevou o assassinato a um ato político. Nessa facção, sem dúvida, há muitas pessoas que particularmente nunca cometeram um assassinato, mas os ingleses, na minha opinião, fizeram a coisa certa ao exterminar [*ausrotteten*] a facção inteira, sem se preocupar com a questão de se algum membro em particular tinha ou não cometido um assassinato, pois no momento certo todos os membros da facção fariam uma coisa assim.

---

judíos), ley II, faz referência ao crime capital de crucificar crianças cristãs ou imagens de cera na Sexta-Feira Santa. Antonio G. Solalinde, ed., *Antología de Alfonso X el Sabio* (Buenos Aires, 1946), p. 181. Quanto à visão legal sobre a usura, ver Kisch, *Jews in Medieval Germany*, pp. 191-97.

21 O 4º Conselho de Latrão invocava expressamente poderes seculares para "exterminar (*exterminare*) todos os hereges". Kisch, *Jews in Medieval Germany*, p. 203. Essa provisão foi a base de uma onda de queimadas em fogueiras durante as inquisições.

A história da décima peste, o assassinato do primogênito, deu origem à lenda do assassinato ritual, segundo a qual os judeus matavam crianças cristãs na Páscoa Judaica (Pessach) para usar o sangue para fazer matsá. Ver também a provisão na *partida septima*, em que a décima peste é combinada aos evangelhos para produzir a crucificação de crianças.

22 Reichstag, *Stenographische Berichte*, 53. Sitzung, 6 de março de 1895, p. 1296 e ss. O crédito pelo descobrimento desse discurso e sua inclusão no livro *Rehearsal for Destruction* (Nova York, 1949) cabe a Paul Massing.

Ahlwardt destacou que os antissemitas estavam brigando com os judeus não por causa da religião, mas por causa de sua raça. Ele então continuou:

Os judeus conseguiram o que nenhum outro inimigo conseguiu: eles expulsaram o povo de Frankfurt para os subúrbios. E é assim onde quer que judeus se reúnam em grandes números. Senhores, os judeus de fato são predadores [...]

O sr. Rickert [outro deputado, que se opunha à exclusão dos judeus] começou por dizer que já temos leis demais e que não devíamos nos preocupar com um novo código antijudeu. Esse é, de fato, o motivo mais interessante já usado contra o antissemitismo. Devemos deixar os judeus em paz porque temos leis demais?! Bom, acho que se nos livrássemos dos judeus [*die Juden abschaffen*] podíamos nos livrar de metade das leis que temos hoje nos livros.

Depois, o deputado Rickert disse ser mesmo uma pena – se foi isso mesmo que ele disse, eu não sei, pois não pude tomar notas –, mas o sentido foi que é uma pena que uma nação de 50 milhões de pessoas tivesse medo de alguns judeus. [Rickert citara estatísticas para provar que o número de judeus no país não era excessivo.] Sim, senhores, o deputado Rickert teria razão, se fosse uma questão de lutar com armas honestas contra um inimigo honesto; então seria natural que os alemães não temessem um punhado de pessoas assim. Todavia, os judeus, que operam como parasitas, são outro tipo de problema. O senhor Rickert, que não é tão alto quanto eu, tem medo de um único germe de cólera – e, senhores, os judeus são germes de cólera.

(Risos)

Senhores, o que está envolvido aqui é a infecciosidade e o poder exploratório do povo judeu.

Ahlwardt então convoca os deputados a "erradicar esses predadores [*Rotten Sie diese Raubtiere aus*]" e continua:

Se agora for enfatizado – e esse era, sem dúvida, o principal argumento dos dois porta-vozes anteriores – que o judeu também é humano, devo rejeitar isso totalmente. O judeu não é um alemão. Você pode dizer que o judeu nasceu na Alemanha, foi criado por enfermeiras alemãs, obedece às leis alemãs, teve de tornar-se um soldado – e que tipo de soldado, nem queremos falar sobre isso –,

(Risadas na seção direita)

cumpriu com todos os seus deveres, teve de pagar impostos também, mas tudo isso não é decisivo para a nacionalidade, e sim apenas a raça na qual ele nasceu [*aus der er herausgeboren ist*]. Permitam-me usar uma analogia banal, que já trouxe em discursos anteriores: um cavalo que nasce em um curral ainda assim não é uma vaca. (*Explosão de risadas*) Um judeu que nasce na Alemanha ainda assim não é um alemão; ele continua sendo um judeu.

Ahlwardt então comenta que isso não era motivo para risadas, mas um assunto seríssimo.

É necessário olhar o assunto a partir desse ângulo. Nem pensamos em ir tão longe quanto, por exemplo, os antissemitas austríacos no *Reichsrath*, que exijamos uma apropriação para recompensar todos que atirem em um judeu [*dass wir ein Schussgeld für die Juden beantragen wollten*], ou que decidamos que quem quer que mate um judeu herde sua propriedade. (*Risada, desconforto*) Não pretendemos aqui esse tipo de coisa; não queremos ir tão longe. Contudo, queremos, sim, uma separação tranquila e de comum acordo entre judeus e alemães. E, para fazer isso, primeiro é necessário fechar o alçapão, para que não possam entrar mais deles.

É impressionante que dois homens, separados por um período de 350 anos, ainda possam falar a mesma língua. O retrato de Ahlwardt dos judeus é, em suas características básicas, uma réplica do retrato luterano. O judeu ainda é (1) um inimigo que conseguiu o que nenhum inimigo externo conseguiu: ele expulsou o povo de Frankfurt para os subúrbios; (2) um criminoso, um gângster, um predador, que comete tantos crimes que sua eliminação permitiria ao Reichstag cortar o código penal ao meio; e (3) uma peste ou, mais precisamente, um germe de cólera. Sob o regime nazista, essas concepções dos judeus foram expostas e repetidas em um fluxo quase infinito de discursos, pôsteres, cartas e memorandos. O próprio Hitler preferia ver os judeus como inimigos, ameaças, antagonistas perigosos e astutos. Eis o que ele disse em um discurso em 1940, passando em revisão sua "luta pelo poder":

Foi uma batalha contra um poder satânico, que tinha se apossado de todo o nosso povo, que tinha tomado em suas mãos todas as principais posições da vida científica, intelectual, bem como política e econômica, e que mantinha guarda da nação inteira com o privilégio dessas posições-chave. Foi uma batalha contra um poder que, ao mesmo tempo, tinha a influência de combater com a lei cada homem que tentava lutar contra ele e cada homem pronto a resistir à expansão desse poder. Naquela época, um povo judeu todo-poderoso declarou guerra contra nós.[23]

Gauleiter Julius Streicher destacou a alegação de que os judeus eram criminosos. A seguir está um excerto de um típico discurso de Streicher à Juventude Hitlerista, feito em 1935.

Garotos e garotas, olhem para trás, para um pouco mais de dez anos atrás. Uma guerra – a Guerra Mundial – tinha causado um turbilhão nos povos da Terra e deixado, no fim, uma pilha de ruínas. Apenas um povo permaneceu vitorioso nessa guerra terrível, um povo cujo pai Cristo disse ser o diabo. Esse povo arruinou a nação alemã de corpo e alma.

No entanto, Hitler então se levantou e o mundo se encheu de coragem com o pensamento de que, a partir dali

a raça humana poderia novamente se ver livre desse povo que perambula pelo mundo há séculos e milênios, marcado com o sinal de Caim.

Garotos e garotas, mesmo que digam que os judeus outrora foram o povo escolhido, não acreditem, mas acreditem em nós quando dizemos que os judeus não são o povo escolhido. Pois não é possível que o povo escolhido aja com os povos como os judeus fazem hoje.

Um povo escolhido não entra no mundo fazendo os outros trabalharem para eles, sugando seu sangue. Não vai entre os povos para expulsar os camponeses da terra. Não vai entre os povos para fazer com que pais fiquem pobres e desesperados. Um povo escolhido não mata e tortura animais. Um povo escolhido não vive do suor dos outros. Um povo escolhido se junta às fileiras daqueles que vivem por seu próprio trabalho. Nunca se esqueçam disso.

Garotos e garotas, por vocês fomos presos. Por vocês temos sofrido. Por vocês tivemos de aceitar zombarias e insultos, e tornamo-nos lutadores contra o povo judeu, contra esse corpo organizado de criminosos mundiais, contra os quais lutou Cristo, o maior antissemita de todos os tempos.[24]

---

23 Discurso de Hitler, imprensa alemã, 10-11 de novembro de 1940.
24 Discurso de Streicher, 22 de junho de 1935, M-1.

Vários nazistas, incluindo Himmler, chefe da ss e da Polícia alemãs, o jurista e governador-geral da Polônia, Hans Frank, e o ministro da Justiça, Thierack, tendiam a ver os judeus como uma espécie inferior de vida, uma espécie de verme cujo contato infectava o povo alemão com doenças mortais. Himmler certa vez alertou seus generais da ss a não tolerar o roubo de propriedades que tinham pertencido a judeus mortos. "Só porque exterminamos uma bactéria", disse, "não queremos, no fim, ser infectados por essa bactéria e morrer disso".[25] Frank muitas vezes se referia aos judeus como "piolhos". Quando os judeus em seu domínio polonês foram mortos, ele anunciou que agora uma Europa doente ficaria novamente saudável.[26] O ministro da Justiça, Thierack, certa vez escreveu a seguinte carta a um preocupado Hitler:

> Uma judia completa, após o nascimento de seu filho, vendeu seu leite materno para uma médica, escondendo o fato de que era judia. Crianças de sangue alemão foram alimentadas com esse leite em uma clínica pediátrica. A acusada foi processada por fraude. Os compradores do leite sofreram prejuízos, pois o leite materno de uma judia não pode ser considerado alimento para crianças alemãs. A conduta insolente da acusada é também um insulto. Porém, não houve indiciamento formal, para que os pais – que não sabem dos fatos – fossem poupados de preocupações desnecessárias. Discutirei os aspectos de higiene de raça do caso com o Chefe de Saúde do Reich.[27]

Os nazistas do século xx, como os antissemitas do século xix e os clérigos do século xvi, consideravam os judeus hostis, criminosos e parasitas. No fim, até a palavra *judeu* (*Jude*) ficou impregnada de todos esses significados.[28] Contudo, também há uma diferença entre os escritos recentes e os antigos, que requer expli-

---

25 Discurso de Himmler, 4 de outubro de 1943, PS-1919.

26 Conferência de Saúde do *Generalgouvernement*, 9 de julho de 1943. Diário de Frank, PS-2233. Comentários de Frank registrados literalmente.

27 Thierack para Hitler, abril de 1943, NG-1656. O especialista responsável pelo caso foi o *Ministerialrat* dr. Malzan.

28 Ver a entrada *Jude* em Deutsche Akademie, *Trübners Deutsches Wörterbuch*, Alfred Götze, ed. (Berlim, 1943), vol. 4, pp. 55-57. Os estereótipos em geral não são muito originais e são facilmente atribuídos a várias nações. Note, por exemplo, o boato durante a 1ª Guerra Mundial de que os alemães crucificaram um soldado canadense. Paul Fussell, *The Great War and Modern Memory* (Nova York, 1975), p. 117.

cação. Nos discursos nazistas e antissemitas descobrimos referências à raça. Essa formulação não aparece nos livros do século XVI. Da mesma forma, na obra de Lutero, há repetidas menções ao escárnio de Deus, raios e trovões piores do que em Sodoma e Gomorra, desvario, cegueira e coração furioso. Tal linguagem desapareceu no século XIX.

Há, porém, uma relação funcional íntima entre as referências de Lutero aos golpes divinos e a insistência de Ahlwardt nas características raciais, pois ambos tentavam mostrar que os judeus não podiam mudar, que um judeu permanecia sempre sendo um judeu. "O que Deus não melhora com golpes tão terríveis, não conseguiremos melhorar com palavras e atos."[29] Havia algo maléfico no judeu que mesmo os fogos divinos, queimando altos e quentes, não conseguiam extinguir. Na época de Ahlwardt, essas qualidades maléficas, fixas e imutáveis, remontam a uma causa definitiva. Os judeus "não podem ajudar a si mesmos", porque suas características raciais os levam a cometer atos antissociais. É possível ver, assim, que até a ideia de raça se insere em uma tendência de pensamento.

O racismo antijudeu teve suas origens na segunda metade do século XVII, quando a "caricatura judaica" apareceu pela primeira vez em *cartoons*.[30] Essas caricaturas foram a primeira tentativa de descobrir características raciais nos judeus. O racismo, porém, adquiriu uma base "teórica" apenas nos anos 1800. Os racistas do século XIX começaram a afirmar de forma explícita que características culturais, boas ou ruins, eram produto de características físicas. Os atributos físicos não mudavam, logo, os padrões de comportamento social também tinham de ser imutáveis. Aos olhos dos antissemitas, os judeus passaram, então, a ser uma "raça".[31]

A destruição do povo judeu na Europa foi fundamentalmente trabalho de criminosos alemães e, por isso, é a eles que devemos devotar nossa atenção primária. O que aconteceu com os judeus não pode ser compreendido sem um vislumbre das decisões tomadas por oficiais alemães em Berlim e no campo. No entanto, a cada dia os esforços e os custos alemães eram afetados pelo comportamento das

---

29 Lutero, *Von den Jueden*, p. Aiii.

30 Eduard Fuchs, *Die Juden in der Karikatur* (Munique, 1921), pp. 160-61.

31 Para uma discussão nazista sobre raça, incluindo formulações como "substância racial" (*Rassekern*), "raça superior" (*Hochrasse*) e "declínio racial" (*Rasseverfall*), ver Konrad Dürre, "Werden und Bedeutung der Rassen", *Die Neue Propyläen-Weltgeschichte* (Berlim, 1940), pp. 89-118.

vítimas. Na medida em que uma agência só podia canalizar recursos limitados para uma tarefa em particular, o próprio progresso da operação e seu sucesso, no final, dependeram da resposta judaica.

A postura judaica frente à destruição não foi moldada de uma hora para a outra. Os judeus da Europa tinham sido confrontados à força muitas vezes em sua história e, durante esses encontros, desenvolveram uma série de reações que permaneceriam notavelmente constantes durante os séculos. Esse padrão pode ser representado pelo seguinte diagrama:

Resistência	Mitigação	Evasão	Paralisia	Aceitação

Ataque preventivo, resistência armada e vingança estiveram quase completamente ausentes na história de exílio dos judeus. A última e única grande revolta aconteceu durante o Império Romano, no início do século II, quando os judeus ainda estavam vivendo em assentamentos compactos no leste da região mediterrânea e imaginavam uma Judeia independente.[32] Durante a Idade Média as comunidades judaicas já não contemplavam a batalha. Os poetas medievais hebreus não celebravam as artes marciais.[33] Os judeus da Europa estavam se colocando sob a proteção da autoridade constituída, em uma dependência legal, física e psicológica.

A dependência psicológica dos judeus europeus é ilustrada por um incidente em particular. Em 1096, quando as comunidades judaicas da Alemanha receberam avisos, por cartas e emissários da França, de que os cruzados estavam chegando para matá-los, o líder judaico de Mainz respondeu: "Estamos muito preocupados com seu bem-estar. Quanto a nós, não há grande motivo para medo. Não ouvimos uma palavra sobre esses assuntos, nem nos foi indicado que nossas vidas estão

---

32 A rebelião, em 115-17 d. C. durante o governo de Trajano (em seguida à destruição do Templo por Roma, em 70 d. C., e antes da ascensão de Bar Kochba, em 132-35 d. C.), eclodiu em Cirenaica, no Egito e no Chipre, e seu fermento se espalhou para a Mesopotâmia e a própria Judeia. A direção e a convergência das forças judaicas indicam que o objetivo final era Jerusalém. Ver Shimon Applebaum, *Jews and Greeks in Ancient Cyrene* (Leiden, 1979), pp. 201-334 e especialmente pp. 336-37.

33 Ver David Segal, "Observations on Three War Poems of Shmuel Ha-Nagid", *AJSreview* 4 (1979): 165-203. Ha-Nagid foi o único poeta hebreu medieval de guerra.

ameaçadas pela espada". Logo os cruzados vieram, "batalhão após batalhão", e atacaram os judeus de Speyer, Worms, Mainz e outras cidades alemãs.[34] Mais de oitocentos anos depois, um presidente do conselho judeu na Holanda diria: "O fato de os alemães terem cometido atrocidades contra os judeus poloneses não era motivo para pensar que eles se comportariam da mesma maneira em relação aos judeus holandeses, primeiro porque os alemães sempre consideraram os judeus poloneses com descrédito e, segundo, porque na Holanda, diferentemente da Polônia, eles tiveram de se sentar e prestar atenção na opinião pública".[35] Na Holanda, bem como na Polônia, ao leste, o judaísmo foi sujeito à aniquilação.

Para os judeus da diáspora, atos de oposição armada tinham se tornado isolados e esporádicos. A força não voltaria a ser uma estratégia judaica até a vida da comunidade ser reconstituída em um Estado judeu. Durante a catástrofe de 1933-45, os episódios de oposição foram poucos e sem expressão. Acima de tudo eram, quando e onde quer que ocorressem, ações de última instância (nunca primeira).[36] Judeus perseguidos chegavam a rejeitar contra-ataques das comunidades judaicas em outros países contra os opressores, temendo que a situação em casa piorasse. Foi essa a reação dos judeus de Ancona, em 1556, quando mercadores judeus do Império Otomano tentaram organizar um boicote aos portos de Ancona e dos Estados papais como um todo.[37] De forma similar, em março de 1933,

----

34 Crônica hebraica anônima de Mainz (texto de um relato contemporâneo), em Shlomo Eidelberg, ed. e trad., *The Jews and the Crusaders* (Madison, Wisconsin, 1977), pp. 99-100.

35 Testemunho de D. Cohen, 12 de novembro de 1947, citado por Louis de Jong, "The Netherlands and Auschwitz", *Yad Vashem Studies* 7 (1968): 44.

36 A partir de 1789, os judeus readquiriram experiência militar nos exércitos da Europa continental. Em 1794 e 1831 eles lutaram em seus próprios destacamentos ao lado das forças polonesas em Varsóvia. Durante 1903-4, as unidades judaicas de autodefesa, armadas com tacos, confrontaram multidões embriagadas que invadiam os bairros judeus de várias cidades russas. No entanto, essas experiências, muitas vezes citadas pela literatura, foram precedentes limitados. Os soldados judeus dos exércitos alemães ou austríacos não usavam um uniforme judeu. Os destacamentos judeus em Varsóvia lutavam como residentes da Polônia, por uma causa polonesa. As unidades de autodefesa na Rússia não desafiaram o Estado russo. Mesmo assim, vale notar que as revoltas nos campos de concentração de Treblinka e Sobibor foram planejadas por presidiários judeus que haviam sido oficiais, que o principal levante de gueto aconteceu em Varsóvia, e que a atividade guerrilheira judaica era concentrada em partes da URSS ocupada.

37 Cecil Roth, *The History of the Jews of Italy* (Filadélfia, 1946), pp. 300-301.

uma organização de veteranos judeus na Alemanha declarou oposição pública a afirmações antialemãs feitas por emigrados judeus em outros países.[38]

Por outro lado, as tentativas de mitigação eram respostas típicas e instantâneas na comunidade judaica. Sob esse chapéu estavam incluídos petições, pagamentos de proteção, arranjos de resgate, submissão antecipada, auxílio, libertação, salvamento, reconstrução – em suma, todas as atividades que visavam evitar o perigo ou, no caso de a força já ter sido usada, diminuir seus efeitos. O que se segue são alguns exemplos.

A antiga cidade de Alexandria, no Egito, era dividida em cinco distritos: α, β, γ, δ e ε. Os judeus estavam fortemente concentrados no Delta (seção à margem do rio), mas também tinham residências em outras partes da cidade. No ano 38 d. C., o imperador Calígula desejava ser idolatrado como um semideus. Os judeus se recusaram a lhe prestar essa honraria. Como consequência, eclodiram rebeliões em Alexandria. Os judeus foram todos expulsos para o Delta, e a multidão invadiu apartamentos abandonados. A igualdade de direitos foi abolida temporariamente, o fornecimento de alimentos para o Delta foi cortado e todas as saídas foram fechadas. De tempos em tempos, um centurião da cavalaria romana entrava nas casas de judeus sob o pretexto de procurar armas. Sob essas condições, que tinham um sabor peculiarmente moderno, os judeus enviaram uma delegação à Roma para pedir auxílio ao imperador Calígula. A delegação incluía o famoso filósofo Fílon, que debateu a questão em Roma com a figura pública antijudaica Apion.[39] Esse é um dos mais antigos exemplos da petição diplomática dos judeus. Mais de 1.900 anos depois, em 1942, uma delegação de judeus búlgaros fez uma petição por motivo parecido: os judeus estavam tentando evitar ser expulsos de suas casas.[40]

Às vezes os judeus tentavam usar dinheiro para comprar proteção. Em 1384, quando o sangue judeu começou a ser derramado em Franken, a comunidade

---

38 Declaração do Reichsbund jüdischer Frontsoldaten em *Kölnische Volkszeitung*, RC-49.

39 Heinrich Graetz, *Volkstümliche Geschichte der Juden* (Berlim e Viena, 1923), vol. 3, pp. 600-669. Victor Tcherikover, *Hellenistic Civilization and the Jews* (JPS e Hebrew University, 1959), pp. 313-16. Excertos da descrição de Fílon em uma carta do imperador Claudius (41 d. C.), em Naphtali Lewis, *The Roman Principate* – 27 a. C.-285 d. C. (Toronto, 1974), pp. III-13. Claudius se refere à missão separatista judaica como "algo inédito".

40 Frederick Chary, *The Bulgarian Jews and the Final Solution*, 1940-1944 (Pittsburgh, 1972), pp. 73-74, 92-96, 144-52.

procurou se libertar. Rapidamente foram feitos combinados de pagamentos. A cidade de Nuremberg coletou a enorme soma de 80 mil florins. O rei Wenzel ficou com sua parte, 15 mil florins. Os representantes do rei, que participaram da negociação com outras cidades, receberam 4 mil florins. O lucro líquido para a cidade foi de 60 mil florins, ou 190 mil táleres.[41] Os judeus na Europa ocupada pelos nazistas, da Holanda ao Cáucaso, fizeram tentativas idênticas de comprar a proteção contra a morte com dinheiro e bens.

Uma das reações de mitigação mais sagazes no arsenal judeu era a submissão antecipada. A vítima, sentindo o perigo, combatia-o iniciando uma resposta conciliatória *antes* de ser confrontada com ameaças abertas. Assim, ela aceitava uma exigência, mas em seus próprios termos. Um exemplo dessa manobra foi o esforço das comunidades judaicas europeias antes de 1933, de iniciar uma mudança significativa na estrutura ocupacional dos judeus, do comércio e da lei à engenharia e trabalhos especializados e agrícolas. Esse movimento, que na Alemanha ficou conhecido como *Berufsumschichtung* (redistribuição ocupacional), foi iniciado com a esperança de que, em seu novo papel econômico, os judeus ficassem menos visíveis, menos vulneráveis e menos sujeitos a acusações de improdutividade.[42] Outro exemplo de antecipação é o autocontrole das firmas judaicas da Alemanha pré-1933 ao contratar funcionários judeus. Essas empresas já tinham se tornado empregadoras da maior parte dos assalariados judeus, mas algumas delas passaram a instituir cotas para evitar uma manifestação ainda maior de seu judaísmo.[43] Vários anos depois, na Europa já dominada pelos nazistas, os conselhos judeus gastaram várias horas tentando antecipar exigências e ordens alemãs. Os alemães, raciocinavam eles, não estavam preocupados com o impacto de uma medida econômica em particular nos judeus menos capazes de aguentar mais um golpe, ao passo que esses conselhos podiam ao menos tentar proteger os judeus

---

41 Stobbe, *Die Juden in Deutschland*, pp. 57-58.

42 Em duas cartas endereçadas a Adolf Hitler; em 4 de abril e 6 de maio de 1933, uma organização conservadora de veteranos de guerra judeus (*Reichsbund jüdischer Frontsoldaten*) apontou que há muito tempo estimulava uma *Berufsumschichtung* de buscas "intelectuais" para agricultura e comércio de artesanatos. Textos em Klaus Herrmann, *Das Dritte Reich und die deutsch-jüdischen Organisationen, 1933-1934* (Colônia, 1969), pp. 66-67, 94-98.

43 Esra Bennathan, "Die demographische und wirtschaftliche Struktur der Juden", em Werner Mosse, ed., *Entscheidungsjahr 1932* (Tubinga, 1966), pp. 88-131, especialmente pp. 110, 114.

mais fracos e necessitados dos efeitos danosos. Nesse aspecto, o Conselho Judeu de Varsóvia considerou confiscar pertences judeus desejados pelos alemães[44] e pela mesma razão criou um sistema para recrutar mão de obra judaica, com provisões que dispensavam judeus bem de vida em troca de uma taxa, dinheiro então usado para pagar as famílias mais pobres dos que trabalhavam sem salário nas agências alemãs.[45]

As mitigações que se seguiam ao desastre foram desenvolvidas em alto nível na comunidade judaica. Auxílio, resgate e salvamento eram velhas instituições judaicas. Os comitês e subcomitês de auxílio formados por judeus "proeminentes" (os *Prominente*), tão característicos da máquina do Apelo Judaico Unido pós--Segunda Guerra Mundial, eram comuns no século XIX. Já durante os anos 1860, coletas de judeus russos eram realizadas na Alemanha em escala relativamente grande.[46] A reconstrução – isto é, a retomada da vida dos judeus, seja em novos ambientes ou, após o fim da perseguição, no antigo lar – tem sido uma questão de ajuste automático por centenas de anos. A restauração é idêntica à continuidade da vida judaica. Grande parte de qualquer livro de história geral dos judeus é devotada à história das constantes mudanças, aos reajustes recorrentes e à eterna reconstrução da comunidade judaica. Os anos seguintes a 1945 foram marcados por um dos maiores esforços reconstrutivos.

O item seguinte na escala é a reação de evasão e fuga. No diagrama, a reação evasiva não é marcada tão fortemente como as tentativas de mitigação. Com isso, não queremos dizer que houve ausência de fuga, esconderijos e encobrimentos no padrão de resposta judeu. Queremos dizer, na verdade, que os judeus tinham

---

44 Raul Hilberg, Stanislaw Staron e Josef Kermisz, eds., *The Warsaw Diary of Adam Czerniakow* (Nova York, 1979), p. 99.

45 Ver o diário de Czerniaków, entradas de 13-24 de outubro de 1939; 2 e 13 de novembro de 1939; 9 de dezembro de 1939; e 21 e 23 de janeiro de 1940, *ibid.*, pp. 81-110, *passim*; Czerniaków para Plenipotenciário do Distrito-Chefe para a Cidade de Varsóvia, 21 de maio de 1940, *ibid.*, pp. 386-87.

46 Ver, por exemplo, a lista de contribuições em *Allgemeine Zeitung des Judenthums* (Leipzig), 2 de novembro de 1869, p. 897 e ss. Na virada do século essa atividade foi expandida para os judeus galegos e romenos. Ver itens de correspondência, 1899-1900, de organizações judaicas na Alemanha e na França, em Arquivos do Museu Memorial do Holocausto dos Estados Unidos, Acréscimo n° 1995 a 1268 (Berlin Jewish Community), rolo 3.

menos esperanças, menos expectativas e menos confiança nessas artimanhas. É verdade que esse povo sempre vagou de país em país, mas raramente o fez porque as restrições de um regime tinham se tornado pesadas demais. Os judeus migraram por duas razões principais: expulsão e depressão econômica. Raramente fugiram de um *pogrom* – e sim o suportaram. A tendência judaica não tem sido fugir, mas sobreviver aos regimes antijudeus. Vários documentos hoje confirmam o fato de que os judeus tentaram viver com Hitler. Em vários casos, não conseguiram escapar enquanto havia tempo e, mais frequentemente ainda, não foram capazes de sair do caminho quando os assassinos já estavam em cima deles.

Há momentos de desastre iminente quando praticamente qualquer estratégia pensável apenas pioraria o sofrimento ou apressaria as agonias finais. Em situações assim, as vítimas ficam paralisadas. É uma reação pouco visível, mas em 1941 um observador alemão notou o nervosismo sintomático da comunidade judaica na Galícia enquanto esperava pela morte, entre choques de operações de extermínio, em "desespero nervoso" (*verzweifelte Nervosität*).[47] Entre os judeus que estavam fora da arena de destruição, manifestou-se também uma postura passiva. Em 1941 e 1942, bem quando começaram os extermínios em massa, os judeus em todo o mundo observaram impotentes enquanto as populações judaicas de cidades e países inteiros desapareciam.

A última reação na escala é a aceitação. Para os judeus, a aceitação de leis ou ordens antijudaicas sempre fora equivalente à sobrevivência. As restrições eram combatidas com petições ou às vezes esquivadas, mas quando essas tentativas não tinham sucesso, a aceitação automática era o curso de ação mais comum. A aceitação era levada às últimas consequências mesmo nas situações mais drásticas. Em Frankfurt, em 1º de setembro de 1614, uma multidão liderada por Vincenz Fettmilch atacou o bairro judeu para matar e saquear. Muitos judeus fugiram para o cemitério. Ali eles se agruparam e rezaram, vestidos com as mortalhas rituais dos mortos e esperando os assassinos.[48] Esse exemplo é especialmente perti-

---

47 *Oberfeldkommandantur* 365 para *Militärbefehlshaber im Generalgouvernement*, em 18 de dezembro de 1941, T501, rolo 214.

48 Graetz, *Volkstümliche Geschichte der Juden*, vol. 3, pp. 388-89. A multidão os deixou fugir. Os judeus voltaram a suas casas dois meses depois, sob proteção imperial. Fettmilch foi rasgado em pedaços por quatro cavalos mediante ordens das autoridades – o imperador não gostava de *pogroms*. Em Erfurt, durante o século XIV, uma multidão recebeu permissão do conselho municipal para

nente, pois a assembleia voluntária em túmulos foi repetida várias vezes durante as operações de extermínio nazistas de 1941.

As reações dos judeus à força sempre foram a mitigação e a aceitação. É possível notar a reaparição desse padrão de tempos em tempos. É preciso enfatizar novamente que o termo "reações dos judeus" se refere apenas a judeus de guetos. Esse padrão de reação nasceu no gueto e morrerá nele. É parte integrante da vida no gueto e se aplica a *todos* os judeus de gueto, assimilados e sionistas, capitalistas e socialistas, heterodoxos e religiosos.

É preciso compreender mais um ponto. A resposta de mitigação-aceitação data, como vimos, de eras pré-cristãs. Começou com os filósofos e historiadores Fílon e Josefo, que negociaram em nome do povo judeu com os romanos e alertaram a comunidade para não atacar, com palavras ou ações, qualquer outro povo. O padrão de reação dos judeus garantiu a sobrevivência do judaísmo durante a maciça iniciativa de conversão da Igreja. A política judaica mais uma vez garantiu que a comunidade sob ataque tivesse uma posição fixa e uma chance de sobreviver durante períodos de expulsão e exclusão.

Portanto, se os judeus sempre ficaram à mercê do agressor, fizeram isso deliberada e calculadamente, sabendo que sua política resultaria em menos dano e prejuízo. Os judeus sabiam que as medidas de destruição eram autofinanciadas ou mesmo lucrativas até certo ponto e que, passando desse limite, podiam ser caras. Como disse um historiador: "Não se mata a vaca que se quer ordenhar".[49] Na Idade Média, os judeus exerciam funções econômicas vitais. Precisamente na usura de que tanto reclamaram Lutero e seus contemporâneos havia um catalisador importante para o desenvolvimento de um sistema econômico mais complexo. Também nos tempos modernos, os judeus foram pioneiros no comércio, nas profissões liberais e nas artes. Entre alguns deles cresceu a convicção de que o povo judeu era "indispensável".

---

matar cem judeus. Quando os rebeldes começaram a ameaçar os três mil judeus restantes, as vítimas correram para seus apartamentos, bloquearam as entradas e colocaram fogo em suas próprias casas, morrendo queimadas. Ludwig Count Ütterodt, *Günther Graf von Schwarzburg – Erwählter Deutscher König* (Leipzig, 1862), p. 33n.

49 Stowasser, "Zur Geschichte der Wiener Geserah", *Vierteljahrschrift für Sozialund Wirtschafts-geschichte* 16 (1922): 106.

No início dos anos 1920, Hugo Bettauer escreveu um romance fantástico intitulado *Die Stadt ohne Juden* (*A cidade sem judeus*).[50] Esse livro altamente significativo, publicado apenas onze anos antes da ascensão de Hitler ao poder, retrata uma expulsão dos judeus de Viena. O autor mostra como a cidade não pode funcionar sem eles. Finalmente, os judeus são chamados de volta. Era essa a mentalidade do judaísmo e das lideranças judaicas às vésperas do processo de destruição. Quando os nazistas tomaram o poder em 1933, o velho padrão de reação apareceu novamente, mas dessa vez os resultados foram catastróficos. A burocracia alemã não se deixou deter pelas súplicas dos judeus; não foi parada pela indispensabilidade dos judeus. Sem nenhuma preocupação com os custos, a máquina burocrática, trabalhando com cada vez mais velocidade e maiores efeitos destrutivos, avançou para aniquilar os judeus europeus. A comunidade judaica, incapaz de mudar para a resistência, aumentou sua cooperação com o ritmo das medidas alemãs, apressando, assim, sua própria destruição.

Em suma, tanto os criminosos como as vítimas fizeram uso de sua experiência milenar para lidar uns com os outros. Os alemães o fizeram com sucesso. Os judeus o fizeram desastrosamente.

---

50 Hugo Bettauer, *Die Stadt ohne Juden – Ein Roman von übermorgen* (Viena, 1922).

2

Antecedentes

O PRIMEIRO CAPÍTULO TRATOU DE PARALELOS HISTÓRICOS, EVENTOS E PADRÕES DOS tempos pré-nazistas, repetidos nos anos 1933-1945. Esses eventos foram precedentes ao processo de destruição. Agora, é preciso dizer algo sobre o clima no qual esse processo começou. As atividades cujo objetivo era criar esse clima são o que chamaremos de antecedentes.

A questão específica a ser respondida neste capítulo é a seguinte: qual era o estado de prontidão para a ação antijudaica em 1933? A concepção hostil ao povo judeu, uma imagem que pintava o judeu como inimigo, criminoso e parasita, já era bem antiga. Uma ação contra o judaísmo europeu já tinha sido tomada bem antes; a lei judaica era um produto da época medieval. E, em terceiro lugar, a Alemanha estivera há séculos desenvolvendo um aparato administrativo capaz de operar de forma eficiente em nível complexo. Assim, Hitler não precisou criar propaganda alguma. Ele não precisou inventar nenhuma lei. Ele não precisou montar uma máquina. Ele *só precisou chegar ao poder.*

A ascensão de Adolf Hitler à chancelaria foi um sinal para a burocracia começar a tomar ações contra os judeus. O que quer que o movimento nazista defendesse seria agora o objetivo de toda a Alemanha. Esta era a atmosfera geral e a expectativa de todos. O partido nazista, cujo nome completo era

Nationalsozialistische Deutsche Arbeiter Partei (Partido Nacional Socialista dos Trabalhadores Alemães) (NSDAP), tomou para si a tarefa de ativar a burocracia e a sociedade como um todo. O que o partido não forneceu, porém, foi um conjunto de especificações. Em quinze anos de atividade, não tinha desenvolvido um esboço detalhado de implementação.

O partido foi criado logo após a Iª Guerra Mundial. Alguns de seus fundadores desenharam um programa de 25 diretrizes, datado de 24 de fevereiro de 1920, que continha quatro parágrafos tratando direta ou indiretamente dos judeus. Esses artigos, que somavam toda a orientação fornecida pelo partido aos burocratas, eram os seguintes:

4. Apenas um membro da comunidade [*Volksgenosse*] pode ser cidadão. Apenas uma pessoa com sangue alemão, independentemente de sua fidelidade religiosa, pode ser membro da comunidade. Portanto, nenhum judeu pode ser membro da comunidade.

5. Quem não for cidadão só poderá viver na Alemanha como convidado, sujeito às leis aplicáveis aos estrangeiros.

6. O direito de determinar a liderança e as leis do Estado deve ser exercido apenas por cidadãos. Assim, exigimos que todos os cargos públicos, independentemente de sua natureza, no Reich, na província ou localidade, sejam ocupados apenas por cidadãos.

8. A imigração de não alemães deve sempre ser evitada. Exigimos que todos os não alemães que migraram para a Alemanha desde 2 de agosto de 1914 sejam forçados a sair do Reich imediatamente.[1]

O parágrafo 17 decretava a expropriação de propriedades privadas para propósitos comunitários. Essa cláusula, que incomodou proprietários apoiadores do partido nazista, foi autoritariamente interpretada por Hitler como se apenas as

---

1 Texto em Ludwig Münz, *Führer durch die Behörden und Organisationen* (Berlim, 1939), pp. 3-4. Em fevereiro, o partido ainda era chamado Deutsche Arbeiter Partei. Ele foi renomeado como NSDAP em março. Seu primeiro presidente (*I. Vorsitzender*) foi Anton Drexler, mas Hitler leu o programa em uma reunião aberta no dia 24 de fevereiro. Reginald Phelps, "Hitler als Parteiredner im Jahre 1920", *Vierteljahrshefte für Zeitgeschichte* II (1963):274 e ss.

propriedades de judeus pudessem ser afetadas.[2] Como nos informou Göring, o segundo na hierarquia de comando nazista, após a guerra, o programa havia sido elaborado por "pessoas muito simplórias". Nem Hitler nem Göring participaram dessa criação.[3]

Só no começo dos anos 1930 o partido aumentou o maquinário para incluir divisões legais e políticas. A Divisão de Política Interna, formada no fim de 1931, era liderada por funcionários civis – primeiro o dr. Helmut Nicolai e depois seu vice, Ernst von Heydebrand und der Lasa.[4] Os dois homens pelejaram com assuntos como cidadania, exclusões e registros. Não existem mais textos desse esboço, mas Heydebrand resumiu seus pensamentos preliminares em um jornal publicado em 1931. É significativo o alerta feito contra vincular às regulamentações iniciais consequências que podiam ser "demasiado horríveis" (*allzu grausige Folgen*).[5]

Em 6 de março de 1933, sete semanas após Hitler tornar-se chanceler, o secretário de Estado (*Staatssekretär*) Bang, do Ministério da Economia – um nacionalista –, escreveu de forma não oficial para Lammers, chefe da Chancelaria do Reich, sugerindo algumas ações antijudaicas (a proibição da imigração de judeus do Oriente Médio e a revogação de mudanças de nome).[6] Durante o mesmo mês, um comitê privado (*Arbeitsgemeinschaft*), possivelmente reunido pelo Ministério do Interior, trabalhou na versão preliminar de uma legislação antijudaica. O grupo, que continha apenas um ou dois antissemitas conhecidos, con-

2 Münz, *Führer*, p. 4.

3 Depoimento de Göring, *Trial of the Major War Criminals,* vol. 9, p. 273.

4 Regierungsrat Nicolai fora dispensado de sua posição no serviço civil em razão de atividades políticas. Uwe Adam, *Judenpolitik im Dritten Reich* (Düsseldorf, 1972), p. 28. Regierungsrat Heydebrand conseguiu a aposentadoria antecipada de seu posto por causa de problemas cardíacos. Eike von Repkow (Robert M. W. Kempner), *Justiz-Dämmerung* (Berlim, 1932), p. III (reproduzido pelo autor em 1963). A Divisão de Política Interna foi incorporada pela Divisão Legal (liderada por Hans Frank) em dezembro de 1932. Adam, *Judenpolitik*, p. 28n.

5 Kempner, *Justiz-Dämmerung*, p. 110.

6 Lammers enviou as sugestões de Bang para o ministro do Interior, Frick, em 9 de março de 1933, adicionando uma ideia própria (a deportação de judeus orientais de nacionalidade estrangeira). Frick respondeu a Lammers em 15 de março de 1933, dizendo que as propostas tinham sido encaminhadas para seus subordinados no ministério. Para a correspondência completa, ver o documento NG-902.

seguiu antecipar diversas medidas que seriam tomadas anos depois, incluindo demissões, proibição de casamentos mistos, revogação de mudanças de nome e a instituição do aparato da comunidade judaica. Ao revisar sua obra, o comitê ficou surpreso com o fato de que as propostas dariam às vítimas "um destino pesado, em parte não merecido, que teria, portanto, de ser mitigado tanto quanto possível [*ein schweres, zum Teil unverdientes und daher nach Möglichkeit zu milderndes Schicksal*]".[7]

Ainda há pouca evidência, porém, de que a burocracia ministerial tenha sido realmente afetada por essas iniciativas, ou mesmo de que estivesse constantemente consciente delas. Na realidade, essas investidas podem ser lidas como indicativos de uma convergência de pensamentos, dentro e fora do partido, sobre as direções a serem seguidas e os obstáculos a serem enfrentados em relação aos assuntos judeus. Os oficiais do governo não precisavam que lhes mostrassem o caminho. Eles não precisavam receber formulações e ideias. Assim, no dia 3 de outubro de 1932, quase quatro meses antes da ascensão de Hitler ao poder, o ministro do Interior do Reich, von Gayl, considerava um pedido de residência de vinte anos para a obtenção da cidadania alemã no caso de estranhos "pertencentes a uma cultura mais baixa" (*Angehörigen niederer Kultur*).[8] Ele se referia principalmente a judeus poloneses. No dia 23 de dezembro de 1932, enquanto os homens do partido interessados em expor e isolar os judeus exigiam que estes tivessem apenas nomes judeus, um oficial do Ministério do Interior Prussiano, Hans Globke, escreveu uma diretiva – apenas para uso interno – proibindo a aprovação de mudanças de nome requeridas por judeus que podiam estar querendo "disfarçar sua origem judaica [*ihre Abkunft (...) zu verschleiern*]".[9] Em março e abril de 1933, o trabalho dos ministros para banir os judeus de posições no serviço civil já estava levando às primeiras leis antijudaicas.

Ainda assim, o partido sentia que devia usar seus escritórios e formações para criar um clima que conduzisse a atividades antijudaicas por parte do governo,

---

7 Adam, *Judenpolitik*, pp. 33-38.

8 *Ibid.*, p. 43.

9 *Regierungsrat* Globke para *Regierungspräsidenten* (*Polizeipräsident* [chefe da Polícia] em Berlim) Landräte, administrações regionais de polícia (*staatliche Polizeiverwalter*) e escritórios de polícia local (*Ortspolizeibehörden*), 23 de dezembro de 1932. Arquivos Centrais (*Zentralarchiv*) da República Democrática Alemã, Zentralarchiv Potsdam, 15.01 RMdI 27403.

dos negócios e do público em geral. Com esse fim, engajou-se em exortações, demonstrações e boicotes. Ao menos nessas questões os homens do partido podiam reivindicar expertise exclusiva. Porém, eles não estavam livres das críticas.

A elite intelectual da Alemanha, em especial, sempre expressara um desgosto por "propaganda" e "perturbações". Linguagem ou argumentos rudes eram associados a pessoas comuns, simples e incultas. Por vezes a própria palavra *antissemita* ganhou conotação negativa.[10] Ainda que o advento do nazismo tenha dado origem a algumas tentativas de falar em tons antijudeus (em Oslo, um enviado aristocrático alemão, emocionado com o novo espírito, fez com que sua família lesse um antigo romance antissemita),[11] esse era um hábito difícil de adquirir e fácil de descartar. Por isso, muitos funcionários graduados proclamariam repetidamente, depois da guerra, que, em primeiro lugar, nunca tinham odiado os judeus.

Atividades de rua eram ainda menos palatáveis para a classe dominante alemã. No ano-novo judeu, em 12 de setembro de 1931, formações do partido (SA) em Berlim, identificadas por camisas pardas, tinham planejado ataques aos judeus na saída das sinagogas. Calculando mal a hora em que os serviços religiosos acabariam, a SA agendou sua operação para uma hora mais tarde, abordando vários não judeus. Foram abertos processos contra os organizadores dos distúrbios. Apesar de os juízes terem sido bastante brandos nas condenações das formações nazistas, o episódio não ajudou em nada a melhorar o prestígio do partido.[12]

Mesmo assim, em 1933 os homens do partido aproveitaram a oportunidade para lançar uma campanha de violência contra indivíduos judeus e proclamar um boicote antijudeu. Dessa vez, houve sérias repercussões em outros países.

----

10 Ver, por exemplo, a carta de Friedrich Nietzsche para Georg Brandes, em 20 de outubro de 1888. Friedrich Nietzsche, *Werke*, ed. Karl Schlechta, 3 vols. (Munique, 1956), vol. 3, pp. 1325-26. Quando o jovem Heinrich Himmler, de origem de classe média, encontrou livros antissemitas pela primeira vez, sua reação a esse tipo de literatura foi notavelmente contida. Ver Bradley Smith, *Heinrich Himmler – A Nazi in the Making* (Stanford, 1971), pp. 74, 92.

11 Diário de Ernst von Weizsäcker, entrada de 22 de abril de 1933, em Leonidas E. Hill, ed., *Die Weizsäcker Papiere 1933–1945* (Viena e Frankfurt, 1974), p. 31. O romance era o *Jud Süss*, de Wilhelm Hauff.

12 Arnold Paucker, "Der jüdische Abwehrkampf", em Werner Mosse, ed., *Entscheidungsjahr* (Tubinga, 1966), pp. 478–79. P. B. Wiener, "Die Parteien der Mitte", *ibid.*, pp. 303-4. Sobre o julgamento, ver Kempner, *Justiz-Dämmerung*, pp. 32-33, 54-57.

Iniciou-se um movimento de boicote contra as exportações alemãs, apoiado tanto por judeus como por não judeus. Em 27 de março de 1933, o vice-chanceler Papen foi forçado a escrever uma carta para o Conselho de Negócios para o Comércio Alemão-Americano, na qual destacava que o número de "excessos" cometidos contra americanos era "menos de uma dúzia", que centenas de milhares de judeus continuavam sem ser molestados, que as grandes editoras judaicas ainda estavam funcionando, que não havia Noite de São Bartolomeu, etc.[13]

Em junho de 1933, o ministro do Exterior alemão, von Neurath, visitou Londres. Em seu relatório para o presidente do Reich, von Hindenburg, o ministro afirmou que mal conseguia reconhecer a cidade. A questão dos judeus aparecia o tempo todo, e os contra-argumentos eram em vão. Os ingleses declararam que, ao julgar essa questão, os alemães eram guiados apenas pelo sentimento (*Gefühlsmässig*). Isso foi argumentado para von Neurath pelo próprio rei inglês, em uma "conversa muito sincera". Em conferências internacionais, von Neurath dissera que muitos governos eram representados por pessoas reconhecidamente judias, como uma espécie de protesto.[14]

Outra dificuldade foi criada pelo comportamento indisciplinado de membros do partido. Muitos judeus eram maltratados, e alguns foram mortos. Na Baviera, a polícia prendeu vários membros de uma formação uniformizada do partido, a *Schutzstaffeln (Formações Protetoras)* (ss), pelo maltrato de judeus. O escritório da ss na cidade de Aschaffenburg a partir de então declarou que nenhum membro da ss podia ser preso por policiais. Essa afirmação era tão nova que o ministro da Justiça bávaro, dr. Hans Frank, ele mesmo um grande nazista, questionou a declaração e pediu que o ministro presidente bávaro (Siebert) discutisse o assunto com o chefe da ss, Himmler, e o superior de Himmler, o chefe da sa, Röhm.[15]

---

13 Von Papen para o Conselho de Negócios do Comércio Alemão-Americano, 27 de março de 1933, D-635. *New York Times*, 29 de março de 1933. Sobre a molestação de americanos, ver relatório do Cônsul-Geral dos Estados Unidos, Messersmith, para o Secretário de Estado, 14 de março de 1933, L-198. Similar à carta de von Papen é o telegrama da filial de Colônia da Câmara de Comércio Americana na Alemanha para a Câmara de Comércio dos Estados Unidos, 25 de março de 1933, RC-49.

14 Von Neurath para von Hindenburg, 19 de junho de 1933, Neurath-11.

15 Frank para *Staatsminister* do Interior da Baviera, Adolf Wagner, 6 de setembro de 1933, D-923. A ss era então parte da formação maior do partido, a sa.

Pouco depois desse incidente, ocorreram alguns assassinatos no campo de concentração bávaro de Dachau. As vítimas foram dois alemães e um judeu (dr. Delwin Katz). Himmler e Röhm pediram que os processos contra os responsáveis da ss fossem revogados por razões "políticas de Estado". O *Staatsminister* [Ministro de Estado] do Interior da Baviera, Wagner (outro homem do partido), concordou, mas disse esperar, no futuro, não receber mais esse tipo de pedido. Escrevendo para Frank, Wagner pediu para o ministro da Justiça revogar os procedimentos no campo de concentração, "que abriga, como se sabe, quase exclusivamente figuras de natureza criminosa [*das bekanntlich fast ausschliesslich Verbrechernaturen beherbergt*]".[16]

Curiosamente, o ceticismo em relação a ações violentas contra judeus era expresso dentro da própria ss. Em maio de 1934, um memorando endereçado ao chefe do Serviço de Segurança, Heydrich, escrito por um de seus subordinados, afirmava o seguinte:[17]

> Os judeus devem ser destituídos de seu potencial para a vida – não apenas na esfera econômica. A Alemanha deve ser uma terra sem futuro para eles. Apenas a antiga geração deve ser permitida a morrer aqui em paz, mas não a jovem, de modo que o incentivo para emigrar permaneça. Quanto aos meios, o antissemitismo selvagem deve ser rejeitado. Não se podem combater ratos com um revólver, mas sim com veneno e gás. As repercussões estrangeiras dos métodos de rua superam em muito qualquer sucesso local.

Essa recomendação de evitar incidentes não era, porém, eficaz na política pública, e a agitação contínua, em especial o boicote liderado pelo partido, perturbava o delicado equilíbrio do mundo empresarial alemão. Em 20 de agosto de 1935, ocorreu no escritório do *Reichsbankpräsident* [Presidente do Banco Central], Schacht, uma conferência interministerial sobre os efeitos econômicos das ações partidárias. Compareceram ao evento o ministro do Interior, Frick; o ministro das Finanças, von Krosigk; o ministro da Justiça, dr. Gürtner; o ministro da Educação,

---

16 Wagner para Frank, 29 de novembro de 1933, D-926.

17 Serviço de Segurança IV/2 para Heydrich, 24 de maio de 1934, Centro para Preservação de Coleções de Documentos Históricos, Moscou, Fundo 501, Opis I, Pasta 18, em Michael Wildt, ed., *Die Judenpolitik des SD 1935 bis 1938* (Munique, 1995), pp. 66-69. Wildt identifica o chefe do IV/2 e provável autor do memorando como o major aposentado Walter Ilges. *Ibid.,* p. 14.

Rust; vários *Staatssekretäre* [Secretários de Estado] e o *Staatsminister* [ministro de Estado] Adolf Wagner, na posição de representante do partido.[18]

Schacht abriu a discussão notando que a atividade "ilegal" contra o povo judeu logo teria de chegar ao fim *(dass das gesetzlose Treiben gegan das Judentum bald ein Ende nehmen müsse)*, ou ele não poderia dar conta da recuperação econômica. Para dar um exemplo, o chefe do boicote, Streicher, estava tentando forçar as empresas alemãs a demitir seus representantes judeus em países estrangeiros. Porém, não se podia esquecer, continuou Schacht, que esses representantes judeus eram "especialmente habilidosos". Quando o agente judeu da companhia seguradora Allianz, no Egito, caiu na tramoia partidária, ele simplesmente pediu demissão e levou os negócios com ele. Os ingleses então dominaram o mercado. Outro exemplo: em várias cidades, incluindo Leipzig, os judeus não podiam entrar em casas de banho públicas. Como isso funcionaria durante a feira de Leipzig? Além disso, essa "atividade ilegal" *(gesetzlose Treiben)* tinha provocado ações contrárias em outros países. Um importador francês anulou um grande pedido que tinha feito para a empresa Salamander Shoes. A Bosch perdeu todo o seu mercado sul-americano. Muitas vezes se disse que era possível sobreviver sem os negócios judeus, mas quem defendia essa visão, disse Schacht, simplesmente não conhecia o mundo. Os judeus eram necessários até para as importações, pois o comércio de produtos raros, necessários às forças armadas, estava nas mãos deles.

Isso não significava, disse Schacht, que todas as "ações individuais" *(Einzelaktionen)* contra os judeus seriam condenadas. Por exemplo, ele não via problema nas placas que diziam "Judeus não são bem-vindos" e que podiam ser encontradas em muitos lugares nos Estados Unidos também. Barrar os judeus da estância de Bad Tölz era mais duvidoso. Já a expulsão de judeus de Langenschwalbach, por parte do partido, era um caso "extremamente duvidoso". Contudo, totalmente impossível era o caso ocorrido em Arnswalde. Lá, o diretor do escritório local do Reichsbank, um dos homens do próprio Schacht, comprara algo de um judeu que servira como sargento na guerra e recebera a Cruz de Ferro. Em seguida, Streicher colocara uma foto do Reichsbankrat em três comunicados públicos,[19] com a

---

18 Resumo da conferência de Schacht sobre assuntos judeus, ocorrida em 20 de agosto de 1935, datado de 22 de agosto de 1935, NG-4067. O Reichsbank, uma instituição governamental, era o banco central.

19 *Stürmerkästen* – usados por Streicher para divulgar os materiais mais difamatórios em seu jornal.

legenda: "Quem compra de judeus é um traidor do povo" (*Volksverräter*). Schacht imediatamente protestara com o oficial local do partido, exigindo que uma desculpa fosse publicada no mesmo comunicado. Ele então enviou uma cópia de seu protesto à mais alta autoridade regional do partido, *Gauleiter* Kube. Os desejos de Schacht não foram atendidos. Consequentemente, ele ordenara que o escritório local do Reichsbank fosse fechado. Todavia, Schacht ficou especialmente decepcionado porque *Gauleiter* Kube não achou necessário enviar uma resposta.

O ministro do Interior, Frick, era o palestrante seguinte. Ele também tinha a opinião de que "ações individuais selvagens" (*wilde Einzelaktionen*) contra os judeus tinham de acabar. Seu ministério já estava trabalhando em vários decretos. A questão judaica seria resolvida de forma perfeitamente legal.

O *Staatsminister* Wagner, representante do partido, falou em seguida. Ele também era contra essas ações "selvagens". No entanto, as pessoas parariam de forma espontânea, disse ele, assim que notassem que o governo do Reich estava tomando medidas contra os judeus.

Um representante do Ministério da Propaganda então opinou que, de seu ponto de vista, não havia nada errado com a condenação de Streicher em relação ao *Reichsbankrat* que comprara algo de um judeu. Schacht respondeu, indignado, que ele simplesmente nunca ouvira falar de tal noção. Não sendo membro do partido, o *Reichsbankrat* tinha direito de fazer compras onde quisesse – não conhecia nenhuma lei que dissesse o contrário. O representante do Ministério da Propaganda evidentemente não sabia que até escritórios governamentais faziam encomendas de judeus. O incidente de Arnswalde foi "um caso da mais alta perfídia e crueldade [*ein Fall höchster Perfidie und Gemeinheit*]".

No encerramento do encontro, os participantes tomaram as seguintes decisões: deveria ser criada alguma lei para evitar a criação de novas empresas judaicas; o governo deveria fazer um esforço para comprar apenas de empresas alemãs; e Wagner deveria submeter algumas sugestões do partido para mais leis. É desnecessário dizer que essas resoluções não foram muito importantes. A decisão sobre novas empresas judaicas era dispensável, as encomendas de negócio com empresas alemãs mais tarde tornaram-se obrigatórias e as sugestões adicionais do partido não se materializaram.

É importante enfatizar, neste ponto, qual era o protesto de Schacht, bem como o que ele estava tentando fazer. Ele *não* era contrário às ações antijudaicas. Ele era contrário às medidas partidárias "selvagens", preferindo o caminho "legal", ou seja, a certeza em vez da incerteza. Era a incerteza que prejudicava os negócios. Schacht nunca se opôs aos decretos antijudeus;[20] ao contrário, ele os recebia de braços abertos e ficava impaciente quando não eram expedidos com rapidez suficiente,[21] pois, basicamente, ele queria "transparência", de modo que pudesse lidar com o ambiente de negócios.

Em 4 de outubro de 1935, até Streicher declarou que a questão dos judeus estava sendo resolvida "peça por peça", de maneira legal. Segundo ele, quem reconhecesse a tremenda importância desses decretos não se permitiria ser arrastado para trapaças ridículas. "Não quebramos janelas e não quebramos judeus. Não precisamos disso. Quem se envolve com ações individuais [*Einzelaktionen*] desse tipo é inimigo do Estado, um provocador, ou até mesmo um judeu [*oder gar ein Jude*]."[22] Contudo, em novembro de 1938, aconteceu algo que virou o barco.

Algumas seções do partido ficaram inquietas e começaram, de repente, uma rebelião que teve consequências bem mais sérias que as ações "selvagens" de 1933. É preciso lembrar que essa explosão aconteceu no sexto ano do regime nazista. Já não havia necessidade de lembrar a burocracia sobre os "desejos do povo". O processo de destruição estava bem encaminhado. Decretos antijudeus já tinham sido publicados às dúzias, ou estavam sendo preparados. Hoje sabemos o verdadeiro motivo dessas rebeliões. O partido, com exceção da formação ss, não tinha mais funções importantes nos assuntos judeus. Isso era verdadeiro especialmente em relação aos "camisas pardas" (a sa) e ao aparato de propaganda. As revoltas de 1938 foram uma tentativa de tomar o poder. Os homens do partido queriam ter um papel na implementação do processo de destruição antijudeu, mas fracassaram miseravelmente.

No dia 7 de novembro de 1938, um emigrante judeu de dezessete anos, Herschel Grynszpan, entrou na embaixada alemã em Paris e disparou duas balas em um oficial de menor escalão, Ernst vom Rath. Durante a tarde de 9 de novembro

---

20 Interrogatório de Hjalmar Schacht, 17 de outubro de 1945, PS-3729. Nesse depoimento, Schacht destacou que os decretos antijudeus "não eram importantes o suficiente para arriscar uma cisão" com Hitler.

21 Schacht para Frick, 30 de outubro de 1935, protestando contra os atrasos na emissão de algumas regulamentações implementadas contra os judeus, NG-4067.

22 Discurso de Streicher antes da reunião em massa da Frente de Trabalho Alemã, 4 de outubro de 1935, M-35. A Frente de Trabalho Alemã era uma organização do partido.

do mesmo ano, vom Rath faleceu em razão das feridas. Esse assassinato não fora o primeiro do tipo. Cerca de três anos antes, um estudante judaico-rabínico atingira fatalmente o líder do braço suíço do partido nazista.[23] O assassinato suíço não teve repercussões, mas o incidente de Paris foi interpretado como uma oportunidade para a ação partidária. Na noite de 9 de novembro de 1938, o ministro da Propaganda, dr. Josef Goebbels, disse a um grupo de líderes do partido em Munique que haviam começado revoltas contra os judeus nos distritos de Kurhessen e Magdeburg-Anhalt. Seguindo uma sugestão sua, disse Goebbels, o Führer (Hitler) decidira que, caso as revoltas se espalhassem espontaneamente pelo Reich, não deviam ser desencorajadas. Os líderes do partido ouviram com atenção. Para eles, a afirmação de Goebbels tinha apenas um significado: o partido não devia aparecer externamente como arquiteto dos protestos, mas devia organizá-los e executá-los.[24]

As rebeliões se espalharam com a velocidade de um relâmpago. A formação da SA enviou suas brigadas para sistematicamente incendiar todas as sinagogas do país.[25] Os SS de uniformes pretos e a política regular não tinham sido notificados. Mais tarde, no mesmo dia, o *Gruppenführer* Wolff, chefe da equipe pessoal de Himmler, ainda estava em seu escritório, participando de uma conferência, quando, às 23h15, recebeu uma ligação dizendo que Goebbels tinha ordenado um pogrom. Wolff imediatamente entrou em contato com Himmler. O chefe da SS e da polícia chegou à uma hora da manhã de 10 de novembro e ordenou que suas forças entrassem em ação para evitar saques em grande escala e, casualmente, enchessem os campos de concentração com 20 mil judeus.[26] Tendo resolvi-

23 David Frankfurter, "I Kill a Nazi Gauleiter", *Commentary*, fevereiro de 1950, pp. 133-41. O nazista assassinado, Wilhelm Gustloff, não era realmente um *Gauleiter*, mas sim um *Landesgruppenleiter*. Um *Gauleiter* era um chefe regional do partido dentro do Reich; um *Landesgruppenleiter* era o líder do partido para cidadãos alemães em um país estrangeiro.

24 Relatório do chefe do Tribunal do Partido, Walter Buch, para Hermann Göring, 13 de fevereiro de 1939, PS-3063.

25 Ver os seis relatórios da SA-Brigaden, datados de 10 e 11 de novembro de 1938, sobre a destruição de sinagogas, PS-1721.

26 Em 11 de novembro de 1938, o chefe de segurança da polícia, Heydrich, relatou cerca de 20 mil prisões a Göring. PS-3058. O número final, porém, foi mais alto. Da Áustria e do sul da Alemanha, 10.911 foram enviados a Dachau. Anthony Read e David Fisher, *Kristallnacht* (Nova York,

do os problemas do momento, Himmler ditou um memorando que expressava suas reações pessoais ao pogrom de Goebbels. O memorando dizia mais ou menos o seguinte: "A ordem foi dada pelo Diretorado de Propaganda, e suspeito que Goebbels, em sua ânsia pelo poder, que já notei há muito tempo, e também em sua frivolidade [*Hohlköpfigkeit*], deu início a essa ação em um momento no qual a situação política externa é seríssima. [...] Quando perguntei sobre isso ao Führer, tive a impressão de que ele não sabia nada sobre esses acontecimentos".[27]

A reação de Himmler parece ter sido relativamente suave. Afinal, ele também tinha algo a ganhar com a ação, apesar de em geral preferir tomar suas próprias decisões. Contudo, a reação dos outros nazistas em altas posições não foi de tanta indiferença. Quando Funk, ministro da Economia (sucessor de Schacht), ouviu sobre as rebeliões, ele telefonou para o ministro da Propaganda e falou com ele no seguinte estado de espírito:

Está louco, Goebbels? Fazer uma bagunça dessas [*Schweinreien*]! Dá vergonha de ser alemão. Estamos perdendo nosso prestígio no exterior. Estou tentando, dia e noite, preservar a riqueza nacional e você a joga indiscriminadamente pela janela. Se isso tudo não parar imediatamente, haverá a mais completa e obscena desordem [*werfe ich den ganzen Dreck hin*].[28]

1989), p. 112. O número para Buchenwald, que recebeu os judeus da Alemanha central, foi 9.828. Harry Stein, *Juden in Buchenwald 1937-1942* (Gedenkstätte Buchenwald, 1992), p. 41. Sachsenhausen, destino dos judeus do norte da Alemanha (incluindo Berlim), tinha 457 prisioneiros judeus em 10 de novembro de 1938 e 6.471 em 21 de novembro do mesmo ano, indicando uma chegada de mais de 6 mil. Nationale Mahn-und Gedenkstätte Sachsenhausen Archives, R 201, Pasta 3. O número total de prisões foi maior que o número dos enviados para os campos. Dos 6.547 capturados em Viena, 3.700 foram transportados para Dachau até 17-18 de novembro. Hans Safrian e Hans Witek, *Und keiner war dabei* (Viena, 1988), p. 160. Centenas de judeus morreram nos três campos. Poucos foram libertados dentro de alguns meses. Ver Stein, *Juden in Buchenwald*, p. 50, e Sachsenhausen, R 201, Pasta 4.

27 Depoimento juramentado de Josef Luitpold Schallermeier, 5 de julho de 1946, ss(A)-5.

28 Depoimento de Louise Funk, 5 de novembro de 1945, Funk-3. Sob juramento, a esposa do ministro da Economia declarou ter entreouvido a conversa. Se Funk, antigo secretário de Estado [*Staatssekretär*] do Ministério da Propaganda, expressou sentimentos tão fortes a seu antigo chefe, está aberto a questionamentos. A Sra. Funk, porém, era a única testemunha.

Göring não sabia de nada que estava acontecendo porque, à época da incitação das rebeliões, ele estava em um trem. A notícia lhe foi comunicada quando ele chegou à estação ferroviária de Berlim. Ele não perdeu tempo em reclamar para Hitler que Goebbels era um grande irresponsável e que os efeitos na economia, especialmente o "espírito de preservação", poderiam ser desastrosos, etc. Hitler "se desculpou por Goebbels", mas concordou que tais acontecimentos não deviam se repetir. Mais tarde, no mesmo dia (10 de novembro), Göring e Hitler tiveram uma segunda reunião. Dessa vez, Goebbels também estava presente. O chefe de propaganda começou "sua conversa de sempre". Não era o primeiro assassinato cometido por um judeu; coisas do tipo não podiam ser toleradas; e assim por diante. Então, Goebbels sugeriu algo que chocou Göring: os judeus deviam pagar uma multa. "Ele realmente queria que cada *Gau* [distrito partidário] coletasse a multa, e nomeou uma quantia quase inacreditavelmente alta." Göring contra-argumentou que tal procedimento seria totalmente impossível. Como Herr Goebbels era também o *Gauleiter* (chefe regional do partido) de Berlim, e como tinha um grande número de judeus em seu próprio *Gau*, era obviamente "a parte mais interessada". Se tais medidas fossem tomadas, o Estado teria de coletar o dinheiro. Hitler concordou e, depois de alguma discussão, "de um lado e de outro", concordou-se com a soma de um bilhão de Reichsmarks.[29]

Goebbels foi derrotado. Suas esperanças foram esmagadas, e sua ânsia pelo poder ficou insatisfeita. O doce tinha sido arrancado de sua boca. De agora em diante, teremos pouco a dizer sobre Goebbels. Ele fez algumas tentativas de voltar, mas seu papel na destruição dos judeus nunca foi de suma importância. Como *Gauleiter* de Berlim, ele teria algum poder de decisão na deportação de judeus da capital; como ministro da Propaganda e chefe do Escritório de Propaganda do partido, continuou sendo o principal disseminador de palavras, mas mesmo essa

---

29 Testemunho de Göring, *Trial of the Major War Criminals*, IX, 276-78. À taxa de câmbio oficial, um bilhão de Reichsmarks equivalia a 400 milhões de dólares.

Na vizinha Itália, o ministro do Exterior, Ciano, anotou em seu diário um comentário particularmente interessante sobre a "multa" de Benito Mussolini: "O Duce critica a decisão alemã de impor uma multa de um bilhão de marcos. Ele concorda com a represália de natureza pessoal, mas considera a avaliação da vida de vom Rath em sete bilhões de liras excessiva, ou até absurda". Galeazzo Ciano, *Ciano's Hidden Diary, 1937-1938* (Nova York, 1953), entrada de 13 de novembro de 1938, p. 194. A "multa" será abordada com mais detalhes no capítulo sobre expropriação.

função era dividida com outros. Enquanto isso, Goebbels havia se tornado uma personalidade muito impopular na burocracia alemã, pois jogara nas costas dos burocratas uma série de problemas indesejáveis.

Em primeiro lugar na lista de repercussões desfavoráveis estava a reação estrangeira. Os comentários na imprensa estrangeira tinham tom de crítica, as negociações internacionais emperraram e o boicote gradual às mercadorias alemãs se intensificou.

O embaixador Dieckhoff, em Washington, escreveu para o Escritório do Exterior dizendo esperar que "a tempestade que atualmente varre os Estados Unidos se acalme no futuro próximo e possamos trabalhar novamente". Até 10 de novembro uma grande proporção da população norte-americana continuava indiferente à campanha contra os alemães. Agora, isso tinha mudado. O protesto não veio apenas dos judeus, mas de todos os lados e classes, inclusive da facção germano-americana. "O que me impressiona mais", continuou o embaixador alemão, "é o fato de que, com poucas exceções, os círculos patrióticos respeitáveis, inteiramente anticomunistas e, em sua maior parte, com visão antissemita, também passaram a se afastar de nós. O fato de que os jornais judeus escrevem com ainda mais ânimo do que antes e que a campanha dos bispos católicos contra a Alemanha é travada mais amargamente do que antes não é surpreendente; mas quando homens como Dewey, Hoover, Hearst e muitos outros, que até agora mantiveram-se relativamente reservados e inclusive expressaram simpatia em relação à Alemanha até certo ponto, passam a adotar uma atitude tão amarga e violenta contra o país, o problema torna-se sério. [...] Na atmosfera geral de ódio, a ideia de boicotar mercadorias alemãs ganhou novo combustível, e as negociações comerciais não podem ser consideradas neste momento".[30] Relatórios como esse chegavam aos montes no Escritório de Exterior, vindos de todo o mundo.[31]

No entanto, ainda que os diplomatas tenham sofrido alguns golpes, as decepções mais agudas ficaram reservadas aos exportadores, aos especialistas em armamento e a todos os interessados no fornecimento de moeda estrangeira. O

---

30 Dieckhoff para o Escritório de Exterior, 14 de novembro de 1938, *Akten zur Deutschen Auswärtigen Politik, 1918–1945*, Ser. D. Vol. IV, n. 501. Em tradução para o inglês também em *Documents on German Foreign Policy, 1918-1945*, mesma série, mesmo volume, mesmo número de documento.

31 Ver, por exemplo, o relatório da missão diplomática alemã no Uruguai (assinado por Langmann) ao Escritório de Exterior, 11 de novembro de 1938, NG-3235.

comércio alemão, por algum tempo, sofreu boicotes organizados em países estrangeiros. Ainda assim, o movimento de boicote estivera confinado basicamente ao nível dos consumidores; ele não era direcionado a firmas judaicas nem tinha muitos seguidores não judeus. As rebeliões mudaram tudo isso. Pela primeira vez, o movimento de boicote ganhou muitos partidários entre vendedores, distribuidores e importadores.

Na prática, isso significou o cancelamento de contratos em grande escala, em especial na França, na Inglaterra, nos Estados Unidos, no Canadá e na Iugoslávia. A Equipe de Economia de Armamentos das Forças Armadas relatou que muitas empresas perderam entre 20 e 30% de suas exportações. Entre os mais atingidos estavam as mercadorias de couro e os fabricantes de brinquedo. Uma fábrica de brinquedos perdeu todos os seus negócios na Inglaterra; outra, todos os seus pontos de venda nos Estados Unidos. Por causa da eliminação de empresas judaicas na Alemanha, muito do câmbio estrangeiro que essas empresas ganhavam também foi sacrificado. Assim, uma empresa, cujo proprietário, judeu, fora preso, não conseguiu, sob a nova administração "ariana", fechar um contrato de 600 mil Reichsmarks, já negociado antes do pogrom. Mais doloroso, porém, foi o desligamento de antigas conexões entre empresas "arianas" na Alemanha e empresas "arianas" em países estrangeiros. Os alemães simplesmente não conseguiam entender por que companhias não judaicas deveriam se sentir compelidas a se juntar ao boicote. Contudo, foi isso que aconteceu. Na Holanda, uma das maiores empresas de comércio, Stockies en Zoonen, em Amsterdã, que tinha representado companhias alemãs como Krupp, Ford (filial alemã), DKW e BMW, cancelou todos os contratos alemães e passou a representar companhias inglesas.[32]

Claramente, a primeira consequência do pogrom foi a perda da boa vontade estrangeira. O segundo resultado foi o dano às propriedades do país.[33]

---

32 Relatório da Equipe de Economia Armamentista, IIb (*Wehrwirtschaftsstab/IIb*), 21 de dezembro de 1938, wi/1.149a. A Equipe de Economia Armamentista foi precursora da *Wirtschafts-Rüstungsamt* (wi RÜ).

33 Relatórios incompletos indicam os seguintes danos: 815 lojas destruídas; 171 casas incendiadas; 191 sinagogas queimadas; 14 capelas de cemitério, salões comunitários e prédios do mesmo tipo demolidos. Vinte mil judeus foram presos, 36 foram mortos, outros 36 foram seriamente feridos. Heydrich para Göring, 11 de novembro de 1938, PS-3058.

No dia 12 de novembro de 1938, dois dias após as rebeliões, Göring convocou uma reunião para avaliar o dano e discutir medidas para lidar com ele. Comparece-ram à reunião o ministro da Economia, Funk; o ministro da Propaganda, Goebbels; o ministro das Finanças, von Krosigk; o representante das seguradoras alemãs, Hilgard; o chefe da Polícia de Segurança, Heydrich; o chefe da Polícia de Ordem, Daluege; o representante do Escritório de Exterior, Wörmann; e muitas outras partes interessadas.[34] Em seus comentários iniciais, Göring enfatizou que estava "farto dessas demonstrações. Elas não prejudicam os judeus", disse, "mas me prejudicam, porque sou a autoridade responsável, no fim, pela coordenação da economia alemã. Se hoje uma loja judaica é destruída, se as mercadorias são jogadas na rua, a seguradora paga pelos prejuízos, que os judeus nem sentem. [...] É insano limpar e queimar um armazém judeu para depois uma seguradora alemã compensar a per-da. E as mercadorias de que eu preciso desesperadamente, fardos inteiros de rou-pas e não sei mais o quê, estão sendo queimados, e eu preciso deles em todos os lugares. É a mesma coisa que queimar as matérias-primas antes de chegarem".

Depois desses comentários, Hilgard, um especialista em seguros, foi chama-do. Seu recital lembrou vagamente o *Klosterneuburger Chronik* medieval, que ad-mitira, de má vontade, que os danos causados por uma multidão no bairro judeu de Viena tinham prejudicado mais os cristãos que os judeus, já que tinham sido danificados bens de valor cristãos em casas de penhores judaicas. Agora, em 1938, Hilgard desenrolava uma história parecida. Janelas seguradas em cerca de 6 mi-lhões de Reichsmarks tinham sido quebradas. Pelo menos metade dessa quantia teria de ser produzida por comércio externo, pois as caras vidraças eram fabrica-das na Bélgica. Mais que isso, as janelas de lojas judaicas não pertenciam aos lojis-tas judeus, mas aos proprietários das casas, alemães. O problema era similar no caso de bens de consumo saqueados nas lojas. Somente na joalheria Margraf foi relatado um prejuízo de 1,7 milhão de Reichsmarks.

Göring interrompeu nesse ponto: "Daluege e Heydrich, vocês vão ter que fazer batidas em uma escala tremenda para me conseguir essas joias!". Heydri-ch respondeu que essa recuperação talvez não fosse tão simples. As coisas tinham sido jogadas na rua. "A multidão naturalmente correu para pegar visons, peles, etc. Vai ser muito difícil recuperar isso. Até as crianças estavam enchendo os bolsos

---

34 Minutas da reunião de Göring, 12 de novembro de 1938, PS-1816. As minutas estão divididas em sete partes. Faltam três delas (II, IV E VI).

por diversão." Heydrich, então, adicionou, sarcasticamente, só para atingir Goebbels: "Sugere-se que a Juventude Hitlerista não seja usada e não participe em tais ações sem o consentimento do partido".

Hilgard, continuando seu relato, disse que o prejuízo total a propriedades seria em torno de 25 milhões de Reichsmarks. Heydrich sugeriu que, somando a perda em bens de consumo, impostos e outras perdas indiretas, o prejuízo ficaria nas centenas de milhões. Ele completou dizendo que 7.500 lojas tinham sido saqueadas. Daluege explicou que, em muitos casos, as mercadorias nas lojas não eram propriedade dos lojistas, mas dos atacadistas alemães.

> HILGARD: Teremos que pagar por elas também.
>
> GÖRING (*para Heydrich*): Preferia que você tivesse assassinado duzentos judeus, e não destruído esses valores.
>
> HEYDRICH: Foram mortos 35.

No fim, os presentes decidiram pela seguinte regulamentação dos pedidos de indenização, ou seja, partilharam os danos da seguinte forma: (1) As perdas não seguradas de propriedades judaicas permaneciam como perdas dos judeus. Joias, peles ou quaisquer outros produtos de saque não seriam devolvidos aos proprietários judeus. Todo item recuperado era confiscado pelo Estado.[35] (2) Propriedade segurada de alemães (principalmente vidraças e carregamentos de bens de consumo) devia ser compensada pelas seguradoras. (3) Perdas seguradas de propriedades judaicas seriam tratadas da seguinte forma: as indenizações de judeus seriam confiscadas pelo Reich; as empresas seriam instruídas a fazer pagamentos para o governo; os proprietários judeus, por sua vez, receberiam ordens para consertar os danos "para restaurar a aparência da rua".[36] Um decreto subsequente permitiu que os judeus deduzissem o custo das restaurações dos pagamentos da multa de 1 bilhão de marcos.[37] O efeito real dessas regulamentações, porém, foi colocar o peso dos prejuízos segurados nas seguradoras.

Hilgard admitiu que as empresas teriam de fazer pagamentos ou a confiança pública nos seguros alemães seria destruída. No entanto, ele esperava por um

---

35 Ver diretiva da Polícia Estadual Darmstadt (Gestapo), 7 de dezembro de 1938, D-183.
36 Decreto assinado por Göring, 12 de novembro de 1938, RGBl I, 1581.
37 Decreto assinado por von Krosigk, 12 de novembro de 1938, RGBl I, 1638.

reembolso secreto do governo. Göring, porém, nem "sonhava" com isso; seria um "presente". Ainda assim, durante a reunião, Hilgard recebeu uma promessa de que algo seria feito pelas empresas "pequenas" – claro, só nos casos em que fosse "absolutamente necessário". Nesse ponto há uma lacuna no relatório da reunião, mas na parte V dos processos, Göring apontou que "no fim das contas, haverá algum lucro para as seguradoras, já que elas não precisarão cobrir todos os prejuízos. Sr. Hilgard, você pode ficar feliz".

HILGARD: Não tenho motivo para isso – o fato de não termos de pagar todo o prejuízo se chama lucro!

GÖRING: Um momento! Se você é obrigado pela lei a pagar cinco milhões, e de repente aparece um anjo com minha forma um tanto corpulenta em sua frente, e diz que você pode ficar com um milhão, por que isso não pode se chamar lucro? Eu devia na verdade dividir com você, ou como quer que você chame isso; dá para ver só de olhar para você, seu corpo todo está sorrindo. Você teve um grande lucro.

(*Comentário:* Vamos instituir um imposto para prejuízos resultantes de distúrbios públicos, a ser pago pelas seguradoras.)

Hilgard respondeu que, em seu ponto de vista, "o honrável mercador alemão" ainda estava pagando a conta. As seguradoras ainda eram as perdedoras. "É assim, continuará sendo assim e ninguém pode me dizer que não é."

GÖRING: Então por que você não cuida para que sejam quebradas menos janelas!? Você também pertence ao povo!

Um terceiro problema advindo do pogrom de Goebbels foi a destruição de sinagogas. Em comparação com as repercussões no exterior e os pedidos de indenização, esse era um problema relativamente pequeno. Como para Göring as sinagogas eram inúteis, ele não as considerava propriedade alemã. Todavia, as ruínas atravancaram o caminho. Depois de trocar muitas correspondências sobre o problema, o Ministério da Igreja chegou à solução: invocar o código de construção para obrigar as comunidades judaicas a limpar os destroços.[38]

---

38 Circular do Ministério da Igreja, provavelmente de março de 1939, NG-26. Ver também correspondência nos documentos NG-2088, NG-2089 e NG-2090.

O quarto problema com o qual se precisava lidar era a possibilidade de processos abertos por judeus. O Ministério da Justiça cuidou disso emitindo um decreto que dizia que judeus de nacionalidade alemã não teriam direitos legais em nenhum caso derivado das "ocorrências" de 8 a 10 de novembro.[39] Os judeus estrangeiros que tivessem sofrido prejuízos ou ferimentos, naturalmente, tinham o recurso da intervenção diplomática e das indenizações contra o Estado – um dilema do qual Göring não conseguia sair, apesar de sua irritação porque "no minuto em que o Itzig sai da Polônia ele deve ser tratado como um polonês!". Quando o representante do Escritório de Exterior comentou que era preciso lidar com países como os Estados Unidos, que estavam em posição de retaliar, Göring respondeu que os Estados Unidos eram um "Estado de gângsteres" e que os investimentos alemães ali deviam ter sido liquidados há muito tempo. "Contudo, você tem razão, Sr. Wörmann, o assunto precisa ser considerado."[40]

O quinto problema era, em alguns aspectos, o mais difícil de todos. No decorrer das rebeliões foram cometidos muitos atos considerados criminosos segundo o código penal – roubo de itens pessoais (sem devolução subsequente ao Estado); ataque a mulheres; assassinato de homens. De 23 a 26 de janeiro de 1939, o ministro da Justiça, Gürtner, chamou os promotores dos mais altos tribunais a reuniões para discutir o problema. O *Staatssekretär* Freisler (o segundo homem de cargo mais alto no Ministério da Justiça) explicou que o problema tinha dois lados: ações contra membros do partido e ações contra não membros. Quanto aos segundos, o maquinário judicial podia ser acionado no mesmo momento, sem "anunciar seu trabalho por todos os cantos". Gürtner comentou que só deveriam ser processados os "cachorros grandes".

Seria preciso, por exemplo, lidar com os estupros. Questões menores, como a apropriação de algumas latas de comida, por outro lado, deveriam ser eliminadas. O *Oberstaatsanwalt* (promotor) Joël concordou que não era necessário processar ninguém por roubar um par de ceroulas. Além disso, era preciso levar em consideração que a tentação era grande; a necessidade, presente; e a instigação, clara. Em relação aos membros do partido, a ação poderia ser tomada apenas

---

39 Decreto assinado por Stuckart, Hess, Schlegelberger e Reinhardt, 18 de março de 1939, RGBl I, 614.
40 Minutas da reunião de Göring, 12 de novembro de 1938, PS-1816.

depois de sua expulsão do partido, já que havia a pressuposição de que eles tinham agido seguindo ordens.[41]

Em fevereiro de 1939, o Supremo Tribunal do Partido se reuniu para decidir os casos de trinta homens que haviam cometido "excessos". Em seu relatório a Göring, o chefe do Partido, juiz Buch, destacou a circunstância atenuante: o pogrom não tinha sido espontâneo, mas, sim, organizado. Vinte e seis réus tinham assassinado judeus. Nenhum desses homens foi expulso do partido. Em nome de todos os 26, pediu-se ao ministro da Justiça que revogasse os processos nos tribunais criminais. Em todos os casos, o tribunal não viu motivos "desprezíveis". Mesmo que os homens tivessem agido por conta própria, eles entendiam que o propósito do pogrom era a vingança. Ou tinham sido ordenados a matar ou tinham se deixado levar por sentimentos de ódio. Consequentemente, a expulsão e os processos criminais não tinham justificativa. Quatro homens que tinham atacado mulheres foram expulsos do partido e deixados na mão dos tribunais. Crimes morais não podiam ser justificados pelo pogrom. Nesses casos, os homens tinham usado as rebeliões como pretexto para suas ações.[42]

Toda a burocracia alemã, incluindo a maioria dos líderes do partido, reagiu ao pogrom de Goebbels com sentimentos de irritação e incômodo. O impacto desses eventos no exterior, as indenizações pedidas por judeus estrangeiros e, finalmente, o problema dos "excessos" eram mais do que tinha sido combinado. Na conclusão da reunião de 12 de novembro, Göring declarou: "Quero, de uma vez por todas, eliminar atos individuais [Einzelaktionen]". Pouco depois, durante uma reunião de Gauleiter, Göring reiterou ser contra os pogroms. As rebeliões, disse, davam espaço a "instintos primitivos" e, além disso, tinham repercussões exteriores indesejáveis.[43]

O pogrom de novembro foi a última ocorrência de violência contra judeus nas ruas alemãs. Em setembro de 1941, quando, seguindo uma ordem do Ministério da Propaganda, foi emitido um decreto para que os judeus fossem marcados

---

41 Resumo de Conferência Judicial, 23 a 26 de janeiro de 1939 (assinado por Leimer), NG-1566. Ver também resumo de Conferência de Juízes, 1º de fevereiro de 1939, NG-629.

42 Buch para Göring, 13 de fevereiro de 1939, PS-3063. Essa distinção entre motivos "idealistas" e "egoístas" aparecerá de novo nos capítulos seguintes.

43 Testemunho juramentado de dr. Siegfried Uiberreither (Gauleiter, Styria), 27 de fevereiro de 1946, Göring-38.

com uma estrela amarela, Bormann, chefe da Chancelaria do Partido, mandou instruções para garantir que não seriam repetidas as "demonstrações" de novembro. Estaria abaixo da dignidade do "movimento", disse Bormann, que seus membros molestassem indivíduos judeus (*wenn ihre Angehörigen sich an einzeln-en Juden vergreifen würden*). Tais ações, concluiu, "são e permanecem sendo estritamente proibidas".[44]

A única razão para a repulsa e até o horror sentidos por toda a liderança, com exceção de Goebbels, em relação a pogroms e violência na rua era a percepção de que essas "ações" não podiam ser controladas. Quando a multidão se soltava, as coisas inevitavelmente saíam de controle. Os pogroms eram caros demais e, em última análise, não adiantavam nada. As atividades do partido durante os anos 1930, consequentemente, só tiveram um efeito na burocracia alemã: todos os burocratas, dentro e fora do partido, desde então se convenceram de que as medidas contra os judeus tinham de ser tomadas de forma *sistemática*, e que a forma amadora como Goebbels e outros agitadores cuidaram da situação precisava ser evitada a qualquer custo. De agora em diante, lidar-se-ia com os judeus de forma "legal", isto é, de uma maneira organizada, que garantisse o planejamento adequado e meticuloso de cada medida por meio de memorandos, correspondências e reuniões. Assim, os prós e os contras de cada medida eram pesados cuidadosamente, e ações apressadas eram evitadas. A burocracia dominou a cena. Foi esse processo de destruição burocrático que, em seu passo a passo, finalmente levou à aniquilação de cinco milhões de vítimas.[45]

------

44 Instruções de Amtsleiter Ruberg, da *Auslands-Organisation* (a Organização Estrangeira do partido), 20 de setembro de 1941, contendo a ordem de Bormann, NG-1672.

45 O próprio Hitler fez uma diferença, em seu primeiro tratado antissemita, entre um antissemitismo emocional (*gefühlsmässigen*) – do qual a expressão final era o pogrom – e um antissemitismo racional (*Vernunft*), que, nas mãos de um poderoso governo, podia levar a medidas planejadas contra os judeus e, no fim, eliminá-los completamente (*Entfernung*). Hitler (como soldado de primeira classe, servindo em uma unidade de inteligência e propaganda do *Reichswehrgruppenkommando* 4, em Munique) para seu oficial comandante, Capitão Karl Mayr, 16 de setembro de 1919. O memorando foi requisitado por Mayr para responder a uma carta de um estudante de curso de propaganda, Adolf Gemlich. Mayr, concordando com a maioria dos sentimentos de Hitler, transmitiu-os a Gemlich. Ver correspondência em Ernst Deuerlein, ed., *Der Aufstieg der NSDAP in Augenzeugenberichten* (Munique, 1974), pp. 89-95.

Como os judeus reagiram a toda essa violência? Curiosamente, a resposta judaica aos excessos do partido equivale, em aspectos cruciais, às respostas da burocracia alemã. Durante os anos anteriores à ascensão de Hitler ao poder, os judeus abstiveram-se de invectivas[46] e de protestar nas ruas, fosse com as formações comunistas, fosse com as socialdemocratas.[47] Em 1933, as organizações judaicas, assim como o vice-chanceler von Papen, correram para se colocar contra as demonstrações e a "propaganda da atrocidade" em países estrangeiros. A Organização de Judeus Veteranos de Guerra atacou os emigrantes, dizendo que estes tinham "desertado" seus irmãos judeus e agora "atiravam flechas enquanto se escondiam em locais seguros", em detrimento da Alemanha e dos judeus alemães.[48]

A *Central-Verein deutscher Staatsbürger jüdischen Glaubens*, principal agência de judeus assimilacionistas, declarou, indignada: "Ninguém pode nos roubar de nossa pátria alemã. [...] Ao lutarmos essa guerra, estamos levando em frente uma luta alemã, não uma luta judaica e egoísta".[49] Os judeus estavam convencidos de que enfrentariam tempos difíceis, mas que sua posição poderia ser protegida. "Podem nos condenar à fome, mas não podem nos condenar a morrer de fome. [*Man kann uns zum Hungern verurteilen, aber nicht zum Verhungern.*]"[50] Como Schacht, os judeus esperavam pela implementação de decretos que acabariam

----

46 Em suma, eles destacaram suas conquistas nas artes e nas ciências e defenderam seus números na Primeira Guerra Mundial. Ver, por exemplo, Verein zur Abwehr des Anti-Semitismus, *Abweht-Blätter* 42 (outubro de 1932): inserção. Também Arnold Paucker, "Abwehrkampf", em *Entscheidungsjahr*, pp. 405-99.

47 Sobre os comunistas, ver Hans-Helmuth Knütter, "Die Linksparteien", em *Entscheidungsjahr*, pp. 323-45, especialmente pp. 335-36; sobre socialdemocratas, ver Werner Mosse, "Der Niedergang der Republik", *ibid.*, pp. 36-37; sobre ambos, ver Paucker, "Abwehrkampf", *ibid.*, p. 459n.

48 Comunicado de Reichsbund jüdischer Frontsoldaten à imprensa, contendo telegrama enviado à Embaixada dos Estados Unidos, em *Kölnische Volkszeitung*, 27 de março de 1933, RC-49.

49 *Central-Verein Zeitung*, 23 de março de 1933, em Hans Lamm, "Über die Innere und Äussere Entwicklung des Deutschen Judentums im Dritten Reich" (Erlangen, 1951; mimeografado), pp. 143, 176n. Também, declaração sionista em *Jüdische Rundschau*, 17 de março de 1933, em Lamm, "Deutsches Judentum", pp. 143, 176n.

50 Ismar Elbogen em *Central-Verein Zeitung*, 16 de abril de 1933, citado por Lamm, "Deutsches Judentum", pp. 144, 176n.

com a incerteza e definiriam seu *status*. "É possível viver sob qualquer lei. [*Man kann unter jedem Gesetz leben.*]"[51]

No início de abril de 1933 – na época da primeira onda de propaganda partidária, boicote e violência, e no momento em que foi publicado o primeiro decreto antijudeu – desenrolou-se uma controvérsia entre duas alas da comunidade judaica. Tratava-se de uma polêmica característica de tudo o que seria dito. A Central-Verein Zeitung, órgão dos assimilacionistas, publicara um editorial, nascido do desespero, que continha a famosa frase de amor frustrado de Goethe: "Se eu te amo, o que você tem a ver com isso?". O jornal sionista *Jüdische Rundschau* então publicou uma resposta que afirmava de forma desafiadora: "Se eu te amo, então você tem a ver com isso. O povo alemão precisa saber: uma aliança histórica, de centenas de anos, não pode ser cortada tão simplesmente".[52] Entretanto, ela foi cortada. A burocracia cortou, elo por elo, as ligações entre as comunidades alemã e judaica. Já em junho, o jornal sionista, sem nenhuma esperança, fez uma última súplica:

> Os nacional-socialistas, em suas demonstrações, designam os judeus como "inimigos do Estado". Essa designação é incorreta. Os judeus não são inimigos do Estado. Os judeus alemães querem e desejam o crescimento da Alemanha, pois sempre investiram, com o conhecimento que possuíam, todos os seus recursos, e é isso que desejam continuar fazendo.[53]

Em 1939, até o apelo mais envergonhado desaparecera. A liderança da comunidade judaica, em sua publicação aprovada oficialmente, só tinha um conselho para seus leitores: o cumprimento, com a maior exatidão possível, de todas as ordens e diretivas oficiais.[54] Os judeus tinham suas leis.

---

51 De uma declaração de Georg Kareski, um "nacionalista judeu extremo", citado por Lamm, "Deutsches Judentum", pp. 147-48.

52 *Jüdische Rundschau*, com citação do editorial do *Central-Verein Zeitung*, 13 de abril de 1933, em Lamm, "Deutsches Judentum", pp. 152-53, 177n.

53 *Jüdische Rundschau*, 27 de junho de 1933, em Lamm, "Deutsches Judentum", pp. 157, 177n.

54 *Jüdisches Nachrichtenblatt* (Berlim), 5 de setembro de 1939.

3

A estrutura da destruição

À PRIMEIRA VISTA, A DESTRUIÇÃO DOS JUDEUS PODE PARECER TER SIDO um evento indivisível, monolítico e impenetrável. Observando mais de perto, porém, revela-se um processo de passos sequenciais, dados sob a iniciativa de inúmeros tomadores de decisão em um maquinário burocrático de amplo alcance. Uma característica subjacente desse levante é, portanto, sua estrutura: uma lógica de desenvolvimento, um mecanismo para chegar a decisões e uma organização envolvida na ação administrativa diária.

O processo de destruição se desdobrou em um padrão definido.[1] Porém, não foi desenvolvido a partir de um plano básico preliminar. Em 1933, nenhum burocrata podia ter previsto o tipo de medidas que seriam tomadas em 1938, nem seria possível, em 1938, prognosticar a configuração da empreitada de 1942. O processo de destruição foi uma operação passo a passo, e o administrador quase nunca conseguia ver mais que um passo à frente.

---

1 O padrão foi sugerido pela primeira vez em um testemunho juramentado de dr. Rudolf Kastner, 13 de setembro de 1945, PS-2605.

Esses passos foram introduzidos na seguinte ordem: primeiro, foi definido o conceito de *judeu*; depois, foram inauguradas as operações expropriatórias; em terceiro lugar, os judeus foram concentrados em guetos; finalmente, foi tomada a decisão de aniquilar o povo judeu na Europa. Unidades móveis de extermínio foram enviadas à Rússia, enquanto no resto da Europa as vítimas eram deportadas para centros de extermínio. O desenvolvimento cronológico pode, portanto, ser resumido da seguinte forma:

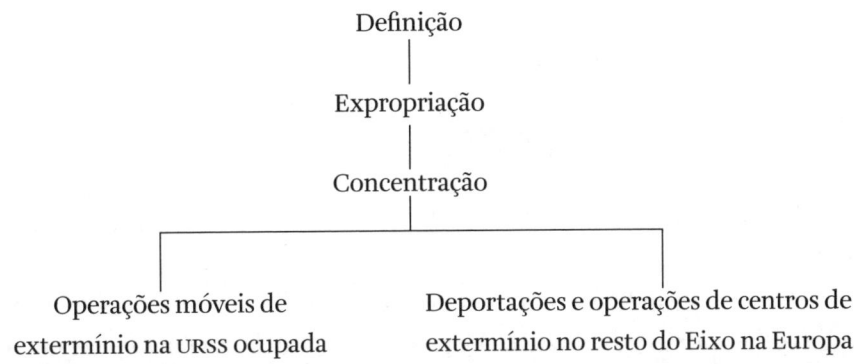

O conceito de *processo de destruição* exclui as ações partidárias discutidas no capítulo anterior. Schacht e Frick chamaram essas atividades de *Einzelaktionen* (ações isoladas). As *Einzelaktionen* não eram significativas do ponto de vista administrativo. Elas não seguiam nenhum padrão de administração. Não atingiam a nenhum objetivo de administração. Não constituíam um passo em nenhum processo administrativo. É por isso que depois de 1938 elas desapareceram completamente na Alemanha e ocorreram apenas raramente em territórios ocupados.

A definição dos judeus parece ser uma medida relativamente inofensiva em comparação com as rebeliões sangrentas de 1938. Todavia, seu significado é muito maior, pois definir quem eram as vítimas era requisito essencial para ações futuras. A medida em si não prejudicou ninguém – mas tinha continuidade administrativa. Esta é a principal diferença entre um pogrom e um processo de destruição. Um pogrom resulta em algumas propriedades danificadas, pessoas feridas e só. Não requer ação futura. Por outro lado, uma medida em um processo destrutivo nunca vem sozinha. Nem sempre causa dano, mas sempre tem consequências. Cada passo de um processo de destruição contém a semente do próximo.

O processo de destruição englobou duas políticas: emigração (1933-1940) e aniquilação (1941-1945). Apesar dessa mudança de políticas, a continuidade administrativa do processo destrutivo não foi quebrada. O motivo para esse fenômeno se encontra no fato de que os três passos introduzidos antes de 1940 (definição, expropriação e concentração) não serviam apenas como estímulo à emigração, mas também como degraus para uma operação de extermínio:

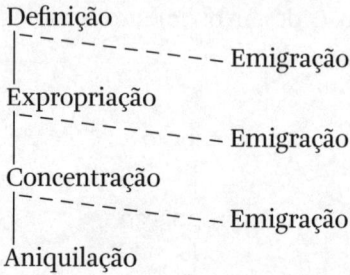

Definição
⌐ ‑ ‑ ‑ ‑ ‑ ‑ ‑ ‑ ‑ ‑ ‑ Emigração
Expropriação
⌐ ‑ ‑ ‑ ‑ ‑ ‑ ‑ ‑ ‑ Emigração
Concentração
⌐ ‑ ‑ ‑ ‑ ‑ ‑ ‑ ‑ ‑ Emigração
Aniquilação

O caminho para a aniquilação trilhava diretamente esses passos conhecidos de longa data.

Estamos lidando com um desenvolvimento administrativo que se tornaria cada vez mais drástico. Durante esse processo, muitos burocratas perceberam um obstáculo em antigos princípios e exigências de procedimento, enquanto o que eles queriam era ação irrestrita. Assim, criaram uma atmosfera em que a palavra formal e escrita, podia ser gradualmente abandonada como *modus operandi*. Essa mudança da ênfase, em criação de leis públicas para operações secretas, pode ser retratada no seguinte *continuum*:[2]

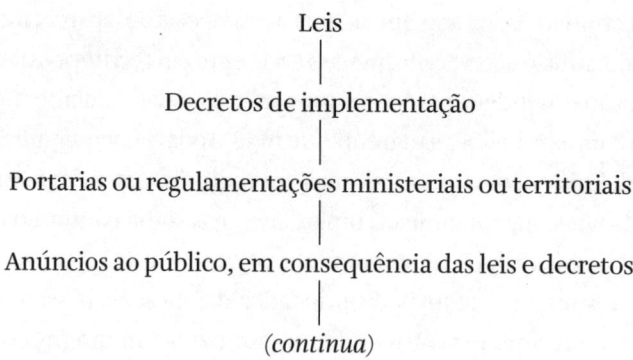

Leis
|
Decretos de implementação
|
Portarias ou regulamentações ministeriais ou territoriais
|
Anúncios ao público, em consequência das leis e decretos
|
(continua)

---

2 Uma exploração definitiva dessa evolução está em Uwe Adam, *Judenpolitik im Dritten Reich* (Düsseldorf, 1972).

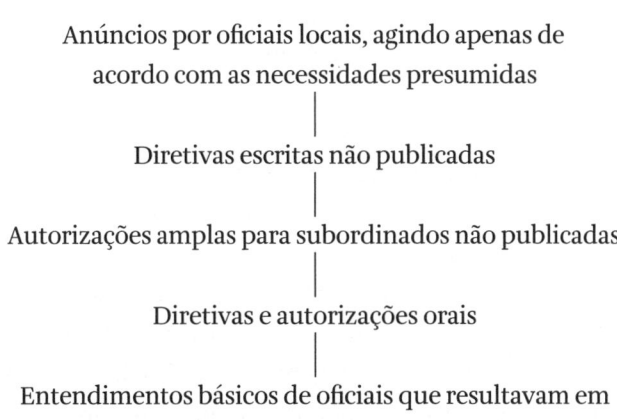

Anúncios por oficiais locais, agindo apenas de
acordo com as necessidades presumidas

Diretivas escritas não publicadas

Autorizações amplas para subordinados não publicadas

Diretivas e autorizações orais

Entendimentos básicos de oficiais que resultavam em
decisões que não exigiam ordens ou explicações

Em última análise, a destruição dos judeus não foi tanto um produto de leis e ordens quanto uma questão de espírito, de compreensão compartilhada, de consonância e sincronização.

Quem dividiu esse compromisso? Que tipo de máquina foi usada para essas tarefas? A máquina da destruição era um conjunto; não havia uma agência em particular cuidando de toda a operação. Apesar de um escritório particular poder exercer uma função de supervisão ("*federführende*") na implementação de uma medida específica, nenhuma organização única dirigia ou coordenava o processo inteiro. O motor da destruição era um aparato disperso, diverso e, acima de tudo, descentralizado.

Consideremos, por um momento, o tamanho que esse aparato precisava ter. Em 1933, os judeus estavam quase completamente emancipados e integrados à comunidade alemã. O desligamento dos judeus da Alemanha, consequentemente, era uma operação bastante complexa. Praticamente não houve uma agência, um escritório ou uma organização que, a uma época ou outra, não tivesse interesse em medidas antijudaicas. Se fôssemos enumerar as agências públicas e privadas que podem ser chamadas de "governo alemão" e aquelas que podem ser chamadas de "maquinário da destruição", descobriríamos que estamos lidando com escritórios idênticos.

Porém, as designações *governo alemão* e *aparato de destruição* referem-se a papéis diferentes, já que *governo* é um termo mais inclusivo, que implica a totalidade de funções administrativas em uma sociedade. A destruição é apenas uma atividade altamente especializada. Uma agência pode ser poderosa no governo e não ser vital para o aparato de destruição; da mesma forma, uma agência-chave no aparato destrutivo pode não ser um elo importante na estrutura governamental. Em resumo, quando falamos sobre aparato de destruição, referimo-nos ao governo alemão em um de seus papéis especiais.

O aparato administrativo alemão era composto por um Führer (Adolf Hitler) e quatro grupos hierárquicos distintos:[3] a burocracia ministerial, as forças armadas, a indústria e o partido. Sua organização detalhada está nas Tabelas 3.1 a 3.5.

Por séculos os serviços civil e militar foram considerados os dois pilares do Estado alemão. O serviço civil moderno e o Exército alemão moderno têm suas origens em meados do século XVII. O crescimento dessas duas burocracias, não apenas como máquinas administrativas, mas também como hierarquias com tradições, valores e políticas próprios, é, em certo sentido, sinônimo e idêntico à ascensão do moderno Estado alemão. O setor de negócios tornou-se fator político, em igualdade com organizações mais antigas, só no século XIX. O partido foi o nível hierárquico mais jovem do governo nazista; mal completara dez anos em 1933, mas já tinha uma burocracia vasta, competindo com as outras hierarquias e, em algumas áreas, ameaçando suas prerrogativas. Apesar das origens históricas diversas dessas quatro burocracias, e de seus interesses particulares, todas concordavam com a destruição dos judeus. A cooperação entre esses níveis hierárquicos foi tão completa que podemos verdadeiramente falar que elas se fundiram em um aparato de destruição.

A contribuição específica de cada nível só pode ser determinada, em linhas gerais, por sua jurisdição. A burocracia ministerial, com uma equipe de funcionários civis, era a principal executora de decretos antijudeus durante as primeiras fases do processo de destruição. O serviço civil ministerial escrevia os decretos e as leis que definiam o conceito de "judeu", os quais tornavam possível a expropriação de propriedade judaica e inauguraram o isolamento dos judeus em guetos na Alemanha. Assim, o funcionário civil criava o caminho e a direção de todo o processo: era essa sua função mais importante na destruição dos judeus. Contudo,

----

3 Franz Neumann, *Behemoth* (2ª ed.; Nova York, 1944), pp. 365-99, 468-70. Os gráficos sobre burocracia ministerial, o setor de negócios e o maquinário regional são baseados, em parte, no organograma certificado por Frick, PS-2905. A organização das forças armadas antes de 1938 é descrita por Hans Bernd Gisevius em *Trial of the Major War Criminals*, XII, 197. As forças armadas, após sua reorganização, são descritas por Walther von Brauchitsch em seu testemunho juramentado de 7 de novembro de 1945, PS-3703. O gráfico do partido é baseado em um testemunho juramentado de Franz Xaver Schwarz (tesoureiro do partido) em 16 de novembro de 1945, PS-2903.

TABELA 3.1 Burocracia ministerial.

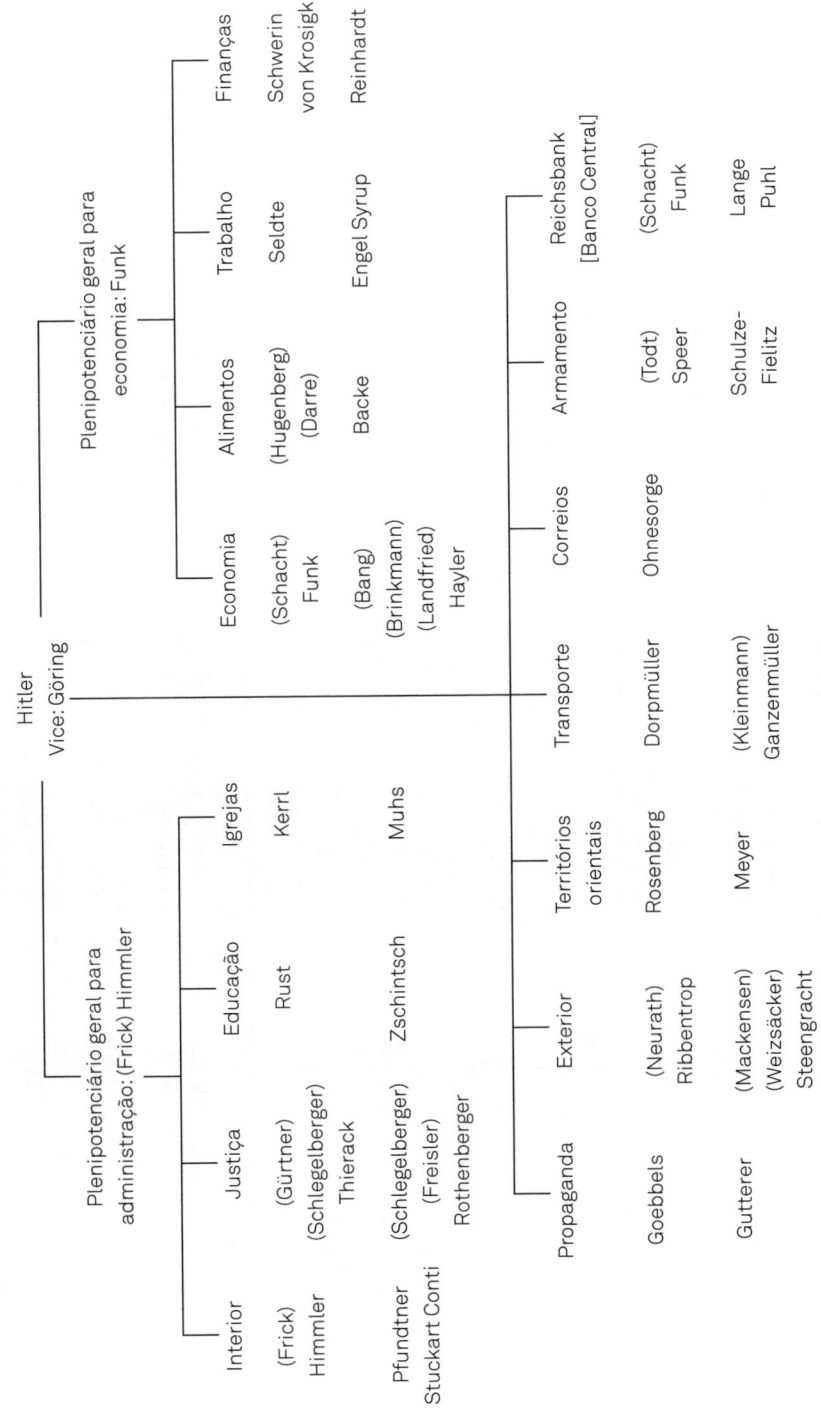

Nota: Os antecessores dos últimos encarregados estão entre parênteses. Ministros e *Staatssekretäre* (subsecretários) estão separados pelo espaçamento. A chancelaria do Reich (não representada) ficava entre Hitler e os ministérios, para fins de comunicação.

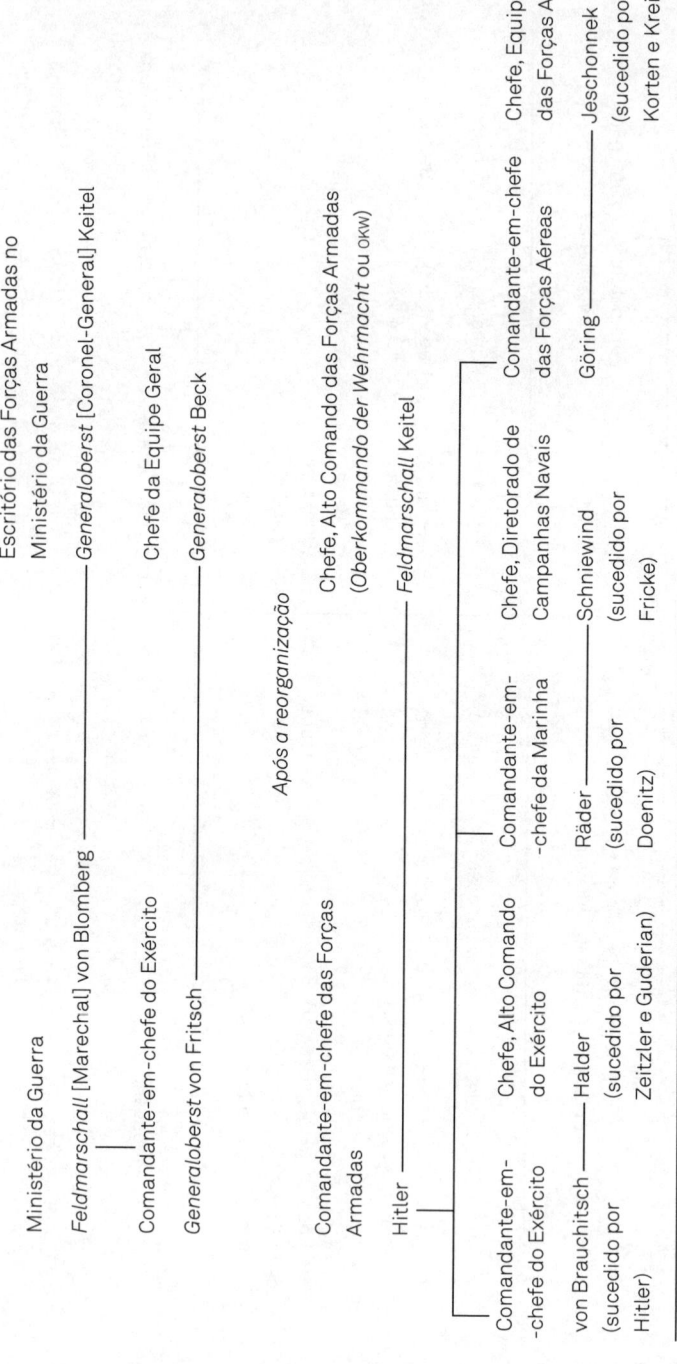

TABELA 3.2 As forças armadas.

Até janeiro de 1938
(Marinha e Forças Aéreas omitidas)

Ministério da Guerra → Escritório das Forças Armadas no Ministério da Guerra

Feldmarschall [Marechal] von Blomberg ———— *Generaloberst* [Coronel-General] Keitel

Comandante-em-chefe do Exército → Chefe da Equipe Geral

Generaloberst von Fritsch → *Generaloberst* Beck

Após a reorganização

Comandante-em-chefe das Forças Armadas → Chefe, Alto Comando das Forças Armadas *(Oberkommando der Wehrmacht* ou OKW)

Hitler ———— *Feldmarschall* Keitel

Comandante-em-chefe do Exército	Comandante-em-chefe da Marinha	Comandante-em-chefe das Forças Aéreas
Chefe, Alto Comando do Exército	Chefe, Diretorado de Campanhas Navais	Chefe, Equipe Geral das Forças Aéreas
von Brauchitsch (sucedido por Hitler) —— Halder (sucedido por Zeitzler e Guderian)	Räder (sucedido por Doenitz) —— Schniewind (sucedido por Fricke)	Göring —— Jeschonnek (sucedido por Korten e Kreipe)

TABELA 3.3 Negócios.

	PLANEJAMENTO	PRODUÇÃO DA GUERRA: ALOCAÇÕES, PRIORIDADES, ETC.	PROBLEMAS DE "RACIONALIZAÇÃO" E EFICIÊNCIA	PRÁTICAS DE NEGÓCIOS E QUESTÕES VARIADAS
	Escritório de Planejamento	Ministério de Armamentos		Câmara Econômica do Reich (Reichswirtschaftskammer)
Escritório do Plano Quadrienal — Göring Vice: Körner	Kehrl	Speer		Pietzsch
Escritório de Administração Principal – Oriente	Plenipotenciários gerais (Generalbevollmächtigte)	Comitês principais (Hauptausschüsse)	Associações de comércio (Reichsvereinigungen)	Grupos do Reich (Reichsgruppen)
Winkler	Grupos de Negócios (Geschäftsgruppen)	Círculos industriais (Industrieringe)		
Trabalhos Hermann Göring	Alimentos: Backe Florestas: Alpers Preços: Fischböck, etc.	Armas: Zangen, etc.	Ferro: Röchling Carvão: Pleiger, etc.	Indústria: Zangen Comércio: Hayler, etc. (O maquinário regional da Câmara do Reich era composto pela Câmara de Comércio e pela Câmara da Indústria)
Pleiger		Cada membro de um círculo produzia componentes do produto final, p. ex., rolamentos		

TABELA 3.4 Partido.

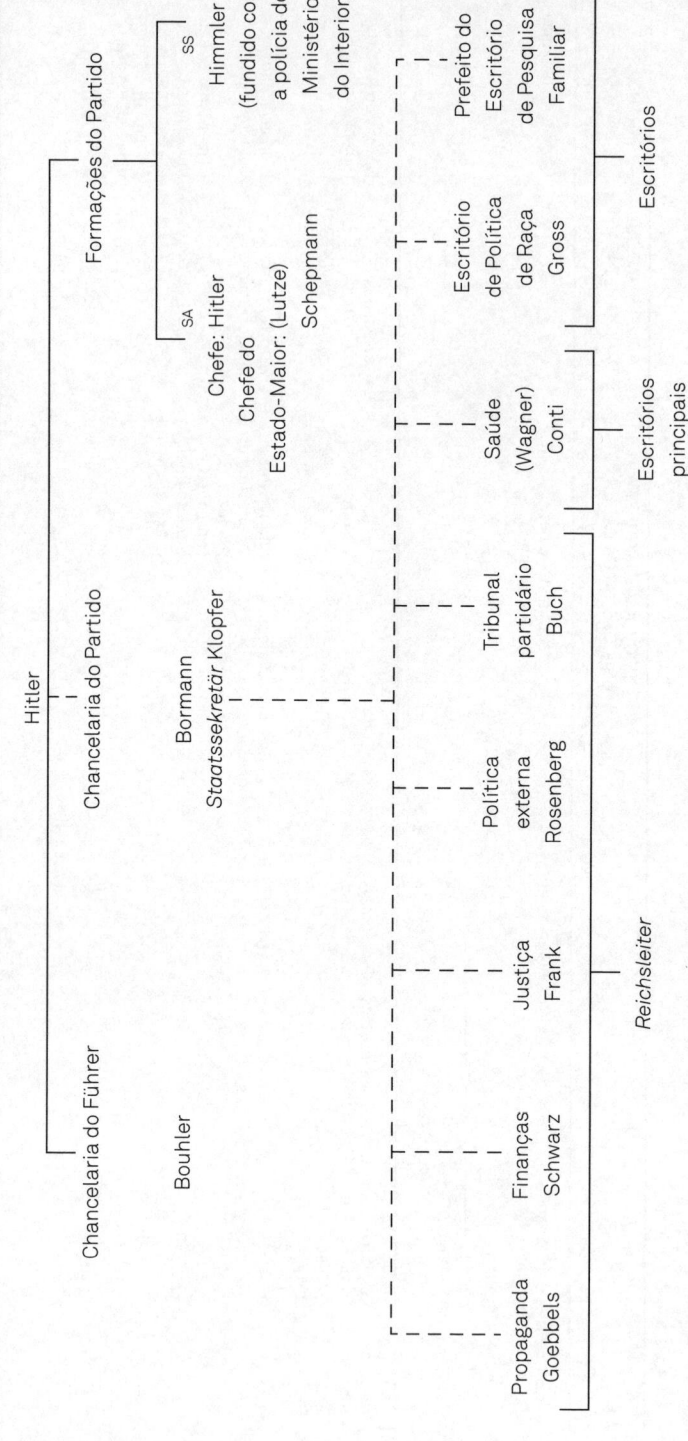

Nota: Linhas pontilhadas indicam a posição da Chancelaria do Partido como unidade de triagem para relatórios enviados a Hitler e canal de diretivas vindas de Hitler. Todas as agências partidárias eram responsabilidade de Hitler. Nem todas estão listadas.

TABELA 3.5. Maquinário regional.

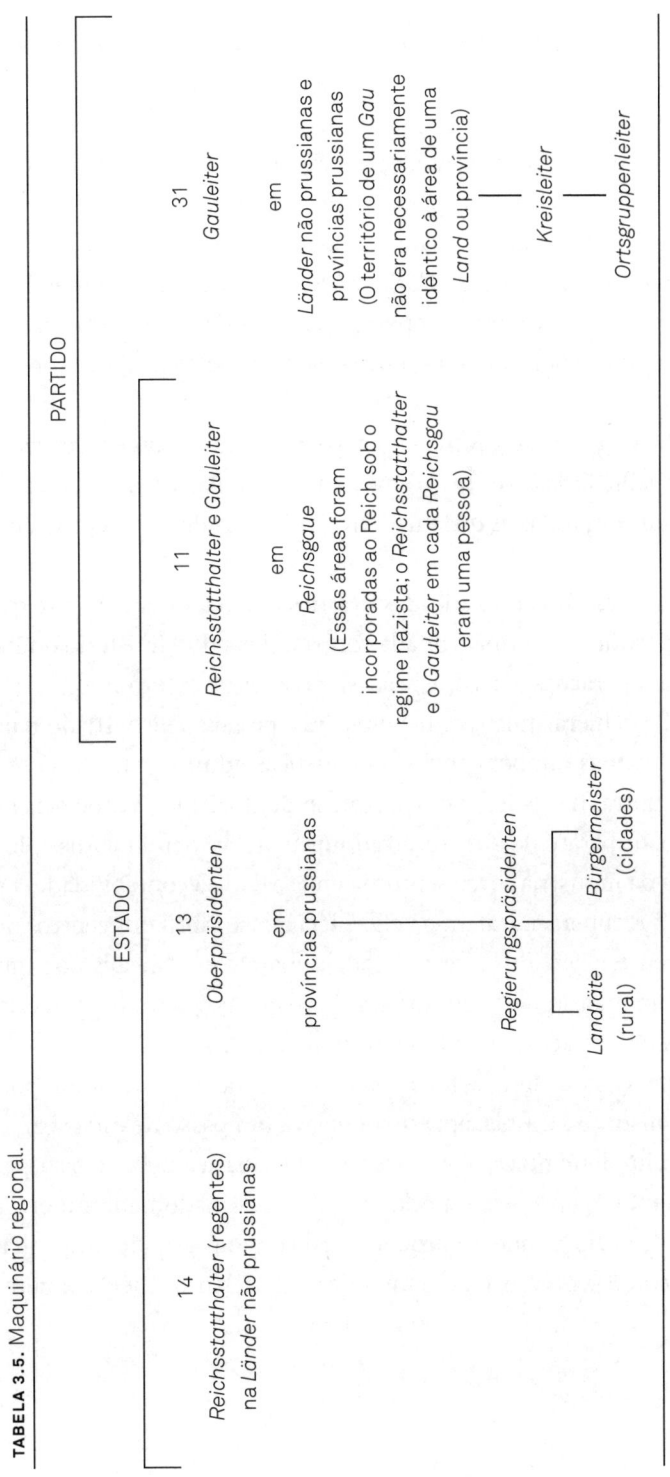

ESTADO | PARTIDO

14
Reichsstatthalter (regentes)
na *Länder* não prussianas

13
Oberpräsidenten

em

províncias prussianas

Regierungspräsidenten

Landräte
(rural)

Bürgermeister
(cidades)

11
Reichsstatthalter e Gauleiter

em

Reichsgaue
(Essas áreas foram
incorporadas ao Reich sob o
regime nazista; o *Reichsstatthalter*
e o *Gauleiter* em cada *Reichsgau*
eram uma pessoa)

31
Gauleiter

em

Länder não prussianas e
províncias prussianas
(O território de um *Gau*
não era necessariamente
idêntico à área de uma
Land ou província)

Kreisleiter

Ortsgruppenleiter

esse serviço civil também teve um papel surpreendentemente grande nas operações mais drásticas que se seguiram. O Escritório do Exterior negociou com as nações do Eixo a deportação de judeus para campos de extermínio; as ferrovias alemãs foram usadas para o transporte; a polícia, completamente fundida à ss, engajou-se intensamente nas operações de extermínio.

O Exército foi arrastado para o processo de destruição após a eclosão da guerra, por controlar vastos territórios na Europa oriental e ocidental. Unidades e escritórios militares tiveram de tomar parte em todas as medidas, incluindo o assassinato de judeus por unidades móveis e o transporte de judeus aos campos de extermínio.

A indústria e as finanças tiveram papel importante nas expropriações, no sistema de trabalho forçado e até no envenenamento das vítimas por gás. O partido se preocupou com todas as questões envolvidas nos delicados problemas de relacionamentos de alemães com judeus (meios-judeus, judeus em casamentos mistos, etc.), em geral forçando atitudes drásticas. Não foi por acidente que o braço militar do partido, a ss (amalgamada com a polícia do Ministério do Interior), levou a cabo as operações mais drásticas de todas: as de extermínio.

Cada nível hierárquico contribuiu para o processo de destruição não apenas com medidas, mas também com características administrativas. O serviço civil infundiu as outras unidades com seu planejamento firme e burocracia meticulosa. Do Exército, o aparato de destruição adquiriu precisão militar, disciplina e frieza. A influência da indústria se fez sentir na ênfase dada à contabilidade, à economia de gastos e à recuperação, além da eficiência quase fabril dos centros de extermínio. Finalmente, o partido ofereceu a todo o aparato um "idealismo", um senso de "missão" e uma noção de "fazer história". Assim, as quatro burocracias se fundiram não apenas em ação, mas também em pensamento.

A destruição dos judeus foi a soma de um trabalho realizado por uma máquina administrativa ampla, aparato que dava um passo de cada vez. A iniciação, bem como a implementação das decisões, estava basicamente em suas mãos. Não foi criada nenhuma agência especial, nem foi destinado nenhum orçamento especial para destruir os judeus europeus. Cada organização desempenhava um papel específico no processo, e cada uma tinha de achar os meios para realizar sua tarefa.

4

Definição por decreto

UM PROCESSO DE DESTRUIÇÃO É UMA SÉRIE DE MEDIDAS ADMINISTRA-tivas necessariamente dirigidas a um grupo definido. A burocracia alemã sabia com quem precisava lidar: o alvo de suas medidas era o povo judeu. No entanto, o que, precisamente, era o povo judeu? Quem fazia parte desse grupo? A resposta a essas questões precisava ser desvendada por uma agência que lidava com problemas gerais de administração – o Ministério do Interior. Enquanto a definição era formulada, vários outros escritórios do serviço civil e do partido se interessaram pelo problema. Por isso, para propósitos explicativos, as Tabelas 4.1 a 4.3 mostram a estrutura do Ministério do Interior e das duas agências que, ao longo dos anos, se ocuparam mais intimamente dos aspectos gerais da ação antijudaica, o aparato judicial e a Chancelaria do Reich.

O problema de definir o que significava ser judeu não era nem um pouco simples. Na verdade, já fora um obstáculo para uma geração anterior de antissemitas. Hellmut von Gerlach, um dos deputados antissemitas no Reichstag durante os anos 1890, explicou, em seu livro de memórias, por que os dezesseis membros antissemitas da Assembleia nunca propuseram uma lei antijudaica: eles não conseguiam encontrar uma definição viável do conceito de *judeu*. Todos concordaram com o *jingle*:

Não importa no que ele acredita

Está na raça a bagunça apodrecida.

[*Was er glaubt ist einerlei*

In der Rasse liegt die Schweinerei.]

TABELA 4.1   O Ministério do Interior.

Ministro	Dr. Wilhelm Frick †
Staatssekretär em comando	Hans Pfundtner ‡
Constituição e Lei	*Staatssekretär* dr. Wilhelm Stuckart §
Vice	*Ministerialdirigent* Hering
Constituição	*Ministerialrat* Medicus
Lei administrativa	*Ministerialrat* dr. Hoche
Lei de cidadania	*Ministerialrat* dr. Hubrich
Naturalização	*Oberregierungsrat* dr. Duckart
Lei internacional	*Ministerialrat* Globke
Raça	*Ministerialrat* Lösener
Mudanças de nome	*Ministerialrat* Globke
Saúde	*Staatssekretär* dr. Leonardo Conti ‖
Saúde pública	*Ministerialdirektor* dr. Cropp
Eugenia e raça	*Ministerialdirigent* dr. Linden

Nota: Para tabelas e descrições mais elaboradas do Ministério, ver Hans Pfundtner, ed., *Dr. Wilhelm Frick und sein Ministerium* (Munique, 1937); testemunho juramentado de Hans Globke, 14 de novembro de 1947, NG-3540; organograma do Ministério do Interior, 1938, NG-3462; organograma do Ministério do Interior, 1943, em *Taschenbuch für Verwaltungsbeamte,* 1943, PS-3475.

† Frick foi sucedido em 1943 por Himmler.

‡ Pfundtner renunciou em 1943; sua posição ficou vaga.

§ Stuckart foi nomeado em 1935; seu predecessor era o *Staatssekretär* Grauert.

‖ Conti também foi nomeado em 1935; seu predecessor era o *Ministerialdirektor* dr. Gütt.

Contudo, como definir uma raça por lei? Os antissemitas nunca conseguiram chegar a um acordo sobre essa questão. É por isso que "todo mundo continuou a amaldiçoar os judeus, mas ninguém apresentou uma lei contra eles".[1] As pessoas "simplórias" que escreveram o programa do Partido Nazista em 1920 também não forneceram uma definição. Elas apenas apontaram que só podia ser membro da comunidade alemã uma pessoa de "sangue alemão, independentemente de confissão".

---

1 Hellmut von Gerlach, *Von Rechts nach Links* (Zurique, 1937), pp. III-13. O autor, um representante antissemita, saiu da facção, enojado.

TABELA 4.2 O aparato judicial.

	MINISTÉRIO DA JUSTIÇA		
	1933–41	**1941–42**	**1942–45**
Ministro:	Gürtner	Schlegelberger (interino)	Thierack
Staatssekretär:	Schlegelberger	Rothenberger	Klemm

	I	Pessoal e Organização	Letz
	II	Treinamento	Segelken
Criminais {	III	Código Penal	Schäfer
	IV	Lei criminal (Processos)	Engert
	V	Prisões	Marx
Civis {	VI	Lei civil	Altstötter
		Vice	Hesse
		Especialistas em raça	Rexroth, Meinhof
	VII	Comércio e lei internacional	Quassowski
	VIII	Pensões	Schneller

TRIBUNAIS	
Tribunais comuns (cada tribunal dividido em seções criminal e civil)	Tribunais extraordinários (processo de crimes políticos)
Reichsgericht	*Volksgerichtshof* (Tribunal do Povo)
Oberlandesgerichte	
Landgerichte	
Amtsgerichte	*Sondergerichte* (Tribunais especiais)

Nota: Organograma do governo Reich (certificado por Frick), PS-2905; organograma da Divisão VI, fevereiro de 1944, NG-917; testemunho juramentado de Rothenberger, 12 de fevereiro de 1947, NG-776. Para títulos de juízes e promotores, ver documento NG-2252.

TABELA 4.3 A Chancelaria do Reich.

Chefe da Chancelaria	Hans Heinrich Lammers
Staatssekretär	Kritzinger
A. Administração, Propaganda, Educação, Saúde Pública	Meerwald
B. Plano Quadrienal, Reichsbank, Transporte, Agricultura	Willuhn
C. Finanças, Orçamento, Trabalho, Auditoria, Serviço Civil	Killy
D. Relações Exteriores, Áreas Ocupadas na Europa Oriental	Stutterheim
E. Interior, Polícia, Justiça, Forças Armadas, Partido	Ficker

Nota: Organograma da Chancelaria do Reich, NG-3811; testemunho juramentado de dr. Otto Meissner (chefe, *Präsidialkanzlei*) sobre o papel e o poder de Lammers, 15 de maio de 1947, NG-1541; testemunho juramentado de Hans Heinrich Lammers sobre sua carreira, 26 de abril de 1947, NG-1364; testemunho juramentado de Friedrich Wilhelm Kritzinger sobre sua carreira, 25 de abril de 1947, NG-1363.

Quando o Ministério do Interior escreveu a versão preliminar de seu primeiro decreto antijudeu, para a dispensa de funcionários civis judeus, enfrentou o mesmo problema que atrapalhara os antissemitas e os primeiros nazistas. Entretanto, os burocratas do ministério atacaram o problema de forma sistemática, e logo encontraram a resposta.

O decreto de 7 de abril de 1933[2] dizia que oficiais de "ascendência não ariana" deveriam se aposentar. O termo *ascendência não ariana* foi definido na lei de 11 de abril de 1933,[3] designando qualquer pessoa que tivesse um dos pais ou avós judeu. Os pais ou avós eram presumidos judeus se pertencessem à religião judaica.

A fraseologia dessa definição é tal que não se podia dizer que ia de encontro às estipulações do programa partidário. O ministério dividira a população em duas categorias: "arianos", ou seja, quem não tinha ancestrais judeus (ou seja, "sangue alemão" puro) e "não arianos", todos aqueles, judeus ou cristãos, que tinham pelo menos um dos pais ou avós judeu. É preciso notar que essa definição não se baseia de forma alguma em critérios raciais, como tipo sanguíneo, curvatura do nariz ou outras características físicas. Comentaristas nazistas, por motivos propagandísticos, chamaram os decretos de "leis raciais" (*Rassengesetze*),[4] e escritores não alemães, adotando essa linguagem, também se referiram às definições como "raciais".[5] Todavia, é importante compreender que o único critério para a categorização em "ariano" ou "não ariano" era a religião – ainda que não a religião do próprio interessado, mas a de seus antepassados. Afinal, os nazistas não estavam interessados no "nariz judeu". Estavam preocupados, na verdade, com a "influência judaica".

A definição de 1933 (conhecida, em alemão, como *Arierparagraph*, ou Parágrafo Ariano) deu margem a dificuldades. Um problema surgiu do uso dos termos *ariano* e *não ariano*, que tinham sido escolhidos para dar um aspecto racial aos decretos.[6] Nações estrangeiras, notavelmente o Japão, ficaram ofendidas com a

---

2 RGBl I, 175.

3 RGBl I, 195.

4 Por exemplo, o comentário de Wilhelm Stuckart e Rolf Schiedermair, *Rassen – und Erbpflege in der Gezetzgebung des Reiches,* 5. ed. (Lepizig, 1944).

5 Ver Cecil Roth, "Marranos and Racial Antisemitism: A Study in Parallels", *Jewish Social Studies,* 2 (1940): 239-48.

6 Na verdade, o termo *ariano,* como o termo *semítico,* não é sequer uma designação de raça. Na melhor das hipóteses, é um termo para definir um grupo etnolinguístico.

implicação geral de que os não arianos eram inferiores aos arianos. Em 15 de novembro de 1934, representantes do Ministério do Interior e do Escritório de Relações Exteriores, junto com o chefe do Escritório Político-Racial do partido, dr. Gross, discutiram o efeito adverso do *Arierparagraph* na política do Extremo Oriente. Os participantes da reunião não chegaram a uma solução. O Escritório de Relações Exteriores relatou que suas missões em outros países haviam explicado a política alemã de distinguir entre os *tipos* de raça, não entre as *qualidades* das raças (*Verschiedenartigkeit der Rassen*, não *Verschiedenwertigkeit der Rassen*). Segundo essa visão, cada raça produzia suas próprias características sociais, mas as características de uma raça não eram necessariamente inferiores às de outras raças. Em resumo, o "tipo" racial incluía qualidades físicas e espirituais, e a polícia alemã não fazia mais do que promover condições que permitiriam que cada raça se desenvolvesse de um jeito próprio. Essa explicação, porém, não foi lá muito satisfatória para as nações do Extremo Oriente, que ainda achavam que o termo genérico *não ariano* os colocava na mesma categoria que os judeus.[7]

Outra dificuldade atingia a própria substância da medida. O termo *não ariano* tinha sido definido de forma a incluir não apenas judeus completos – ou seja, pessoas com quatro avós judeus – mas também os que eram três quartos judeus, metade judeus e um quarto judeus. Essa definição era considerada necessária para eliminar de posições oficiais todos os que pudessem carregar a "influência judaica", mesmo ligeiramente. Ainda assim, reconheceu-se que o termo *não ariano*, além de abarcar os judeus, também incluía uma série de pessoas cuja inclusão em medidas mais drásticas subsequentes traria dificuldades. Para limitar a aplicação de decretos subsequentes de modo a excluir essas pessoas, tornou-se necessário definir o que de fato significava o termo *judeu*.

No início de 1935, o problema chamou a atenção dos círculos do partido. O dr. Wagner, então *Reichsärzteführer* (médico-chefe do partido) foi a uma das reuniões, junto com o dr. Gross (chefe do Escritório Político-Racial) e o dr. Blome (à época secretário da associação médica, mais tarde vice-*Reichsärzteführer*). O dr. Blome manifestou-se contra um *status* especial para quem fosse parcialmente judeu. Ele não queria uma "terceira raça". Consequentemente propôs que todos

---

7 Circular de Pfundtner, 9 de fevereiro de 1935, NG-2292. Bülow-Schwante (Escritório de Relações Exteriores) para missões e consulados em outros países, 17 de maio de 1935, contendo circular do Ministério do Interior, 18 de abril de 1935, NG-3942.

os que fossem um quarto judeu passassem a ser considerados alemães, e todos que fossem meios-judeus fossem considerados judeus. O motivo: "Entre quem é meio-judeu, os genes judeus são notoriamente dominantes".[8] Essa visão, depois, tornou-se a política do partido, mas este nunca teve sucesso em impor essa política para o Ministério do Interior, onde eram escritos os decretos decisivos.

Durante o comício do partido em Nuremberg, em 13 de setembro de 1935, Hitler ordenou que fosse escrito um decreto dentro de dois dias, com o título "Lei para a Proteção do Sangue e da Honra Alemães". Dois especialistas do Ministério do Interior, *Ministerialrat* Medicus e *Ministerialrat* Lösener, foram então convocados para Nuremberg, para onde foram levados de avião. Quando chegaram, encontraram os *Staatsekretäre* Pfundtner e Stuckart, o *Ministerialrat* Seel (funcionário civil especialista do Ministério do Interior), o *Ministerialrat* Sommer (representante de Hess, vice do Führer) e vários outros especialistas na sede da polícia, esboçando uma lei. O ministro do Interior, Frick, e o *Reichsärzteführer*, Wagner, iam e vinham entre o alojamento de Hitler e o posto policial, com esboços. Em meio à comoção, acompanhados por música e marcha, em um local decorado por bandeiras, o novo decreto tomou forma. A lei não lidava mais com "não arianos", mas sim com "judeus". Ela proibia casamentos e relações sexuais fora do casamento entre judeus e cidadãos de "sangue ou parentesco alemão", o emprego, em casas de judeus, de cidadãs de "sangue ou parentesco alemão" com menos de 45 anos, e que judeus alçassem bandeiras do Reich.[9] Nenhum dos termos usados era definido pelo decreto.

Na noite de 14 de setembro, Frick voltou a sua mansão depois de visitar Hitler e ordenou que os exaustos especialistas se ocupassem de um esboço da lei de cidadania do Reich. Os *Staatsekretäre* e *Ministerialräte* passaram a trabalhar na sala de música da mansão, escrevendo a lei. Logo acabou o papel, e eles solicitaram antigos cardápios. Às 2h30 da manhã, a lei de cidadania foi finalizada. Ela dispunha que apenas pessoas "de sangue ou parentesco alemão" podiam ser cidadãs. Como a "cidadania" na Alemanha nazista não significava nada, não havia interesses relacionados à escrita desse decreto a não ser providenciar que "judeus completos" não pudessem ser cidadãos. Isso significava uma nova categorização, diferenciando alemães e parcialmente judeus, por um lado, e pessoas que,

---

8 Testemunho juramentado de dr. Kurt Blome, 17 de janeiro de 1946, NO-1710.

9 Lei para a Proteção do Sangue e da Honra Alemães, 15 de setembro de 1935, RGBl I, 1146.

independentemente da religião, tinham quatro avós judeus, de outro. Hitler viu imediatamente essa implicação, e excluiu a emenda.[10]

As atitudes do partido e do serviço civil em relação a quem era parcialmente judeu não emergiram de forma clara. O partido "combatia" os parcialmente judeus como vetores da "influência judaica", enquanto o serviço civil queria proteger, neles, "a parte que é alemã".[11] A definição final foi escrita no Ministério do Interior, de modo que não é surpreendente que a visão do partido não tenha prevalecido.

Os autores da definição foram o *Staatssekretär* dr. Stuckart e seu especialista em assuntos judaicos, dr. Lösener. Stuckart era, então, um jovem de 33 anos. Ele era nazista, acreditava em Hitler e no destino da Alemanha, além de ser considerado um homem do partido. Há uma diferença entre esses dois conceitos. Presumia-se e aceitava-se que todos eram nazistas, a não ser aqueles que, por sua conduta, insistissem no contrário. No entanto, nem todos se identificavam com o partido. Apenas eram considerados homens do partido aqueles que ocupavam posições na organização, que deviam suas posições ao partido ou representavam seus interesses em debates com outras hierarquias. Stuckart estava no partido (ele até se juntou honorariamente à ss), tinha subido ao poder mais rapidamente que outros e sabia o que o partido queria. Todavia, ele se recusava a concordar com o partido na questão da definição.

O especialista em assuntos judaicos de Stuckart, dr. Bernhard Lösener, tinha sido transferido para o Ministério do Interior após servir por muito tempo na administração alfandegária. Definições e assuntos judaicos eram experiências totalmente novas para ele. Contudo, ele tornou-se um eficiente "especialista" em seu novo cargo, e acabou por escrever – ou ajudar a escrever – 27 decretos judeus.[12] Ele é o protótipo de outros "especialistas" em questões judaicas que encontraremos no Ministério das Finanças, no Ministério do Trabalho, no Escritório de Relações Exteriores e em várias outras agências.

---

10 A história das duas leis é tirada de um testemunho juramentado do dr. Bernhard Lösener, em 24 de fevereiro de 1948, NG-1944-A. Versão final da Lei de Cidadania do Reich, datada de 15 de setembro de 1935, em RGBl I, 1146.

11 Ver carta de Stuckart, 16 de março de 1942, NG-2586-I.

12 Ver lista compilada por Lösener em seu testemunho juramentado de 28 de fevereiro de 1948, NG-1944-A.

Os dois homens tinham uma tarefa urgente para realizar. Os termos *judeu* e *alemão* já tinham sido usados em um decreto que continha sanções criminais. Não havia tempo a perder. O texto final da definição corresponde, em seu conteúdo, a um memorando escrito por Lösener, datado de 1º de novembro de 1935.[13] Lösener lidou, em seu memorando, com o problema crítico dos meios-judeus. Ele rejeitou a proposta do partido de igualar meios-judeus e judeus completos. Em primeiro lugar, argumentou Lösener, tal categorização fortaleceria o lado judeu. "Em princípio, o meio-judeu deveria ser visto como um inimigo mais sério que o judeu completo porque, além das características judaicas, ele possui várias características alemãs que os judeus completos não têm." Em segundo lugar, a equação resultaria em injustiça. Meios-judeus não podiam imigrar e nem competir com judeus completos por empregos com contratantes judeus. Em terceiro lugar, havia a necessidade das Forças Armadas, que ficariam sem potenciais 45 mil homens. Em quarto lugar, um boicote contra os meios-judeus não era prático (o povo alemão não concordaria). Em quinto, os meios-judeus tinham realizado serviços meritórios (recital de nomes). Sexto, havia muitos casamentos entre alemães e meios-judeus. Imagine, por exemplo, se o sr. Schmidt descobrisse, depois de dez anos de casamento, que sua mulher é meio-judia – um fato que, presumivelmente, todas as esposas meias-judias mantêm em segredo.

Tendo em vista essas dificuldades, Lösener propôs que os meios-judeus fossem divididos em dois grupos.[14] Não havia forma prática de classificá-los individualmente de acordo com suas convicções políticas, mas havia uma forma automática de lidar com o problema. Lösener propôs que fossem contados como meios-judeus apenas aqueles que pertencessem à religião judaica ou fossem casados com uma pessoa judia.

A proposta de Lösener foi incorporada à Primeira Portaria da Lei de Cidadania do Reich, datada de 14 de novembro de 1935.[15] Em seu formato final, o método de classificação automático separava os "não arianos" nas seguintes categorias: era definido como judeu todo aquele que (1) descendia de pelo menos três de seus avôs e

---

13 Stuckart para o ministro das Relações Exteriores von Neurath, 1º de novembro de 1935, contendo memorando de Lösener, NG-3941.

14 A natureza desses argumentos é tal que eles poderiam ter sido usados igualmente bem contra todas as medidas antijudaicas.

15 RGBl I, 1333.

avós judeus (judeus completos e três quartos judeus) ou (2) descendia de dois avós judeus (meios-judeus) e *(a)* pertencia à comunidade religiosa judaica em 15 de setembro de 1935, ou entraram para ela em data subsequente, *ou (b)* era casado com uma pessoa judia em 15 de setembro de 1935, ou casou-se com uma em data subsequente, *ou (c)* era filho de um casamento entre um judeu completo ou um três quartos judeu, nascido após a promulgação da Lei para Proteção do Sangue e da Honra Alemães (15 de setembro de 1935) *ou*, ainda, *(d)* era filho de uma relação extraconjugal com um judeu completo ou um três quartos judeu, nascido fora do casamento após 31 de julho de 1936. Para determinar o *status* dos avós, permanecia a suposição de que eles eram judeus se pertencessem à comunidade religiosa judaica.[16]

Eram definidos *não* como judeus, mas como indivíduo de "sangue judeu misto" (1) qualquer um que descendesse de dois avós judeus (meio-judeu), mas que *(a)* não tivesse aderido (ou não aderisse mais) à religião judaica em 15 de setembro de 1935, e nem participasse dela em qualquer momento subsequente, e *(b)* não fosse casado (ou não fosse mais casado) com uma pessoa judia em 15 de setembro de 1935, nem se casasse com uma a qualquer data subsequente (esses meios-judeus eram chamados *Mischlinge* de primeiro grau), e (2) qualquer um que descendesse de um avô judeu (*Mischling* de segundo grau). As designações "*Mischling* de primeiro grau" e "*Mischling* de segundo grau" não estavam presentes no decreto de 14 de novembro de 1935, mas foram adicionadas a uma sentença posterior do Ministério do Interior.[17]

Na prática, portanto, Lösener dividira os não arianos em dois grupos: *Mischlinge* e judeus. Os primeiros não estavam mais sujeitos ao processo de destruição. Eles permaneciam sendo não arianos segundo decretos anteriores, que continuavam a afetá-los, mas medidas subsequentes, no geral, seriam tomadas apenas contra "judeus". Logo, os *Mischlinge* ficaram de fora.

---

16 O parágrafo nessas categorias que definia meios-judeus como judeus começa com as palavras "*Als Jude gilt auch...*" (literalmente, "Também é considerado judeu..."). A frase deu origem ao uso da palavra *Geltungsjuden* para esses meios-judeus. Ocasionalmente, vítimas ou seus parentes tentavam argumentar semanticamente, dizendo que ser "considerado" judeu não era a mesma coisa que "ser" judeu. Mesmo assim, os *Geltungsjuden* que viviam com pais não judeus estavam protegidos da deportação. Para uma discussão sobre o assunto, ver H. G. Adler, *Der verwaltete Mensch* (Tubinga, 1974), pp. 187, 199, 223, 280, 294, 339, 699.

17 Stuckart e Schiedermair, *Rassen-und Erbpflege,* p. 17.

Administrativamente, o decreto de Lösener e o *Arierparagraph* que o precedeu eram procedimentos complicados, interessantes por fornecerem um bom vislumbre da mentalidade nazista. Em primeiro lugar, ambos os decretos eram baseados na ascendência: o *status* religioso dos avós. Por esse motivo, era necessário *provar* tal ascendência. Nesse sentido, os decretos não afetavam apenas "não arianos"; qualquer candidato a uma posição no governo ou no partido podia ser obrigado a buscar os registros de seus ancestrais. Para essa prova de ancestralidade, eram exigidos sete documentos: um certificado de nascimento ou de batismo, os certificados dos pais e os dos avós.[18]

Antes de 1875-1876, os nascimentos só eram registrados pelas igrejas.[19] Assim, foram elas as primeiras convocadas a um papel administrativo na implementação da primeira medida do processo de destruição, uma tarefa que realizaram como se fosse uma atividade natural. Não tão simples foi fazer os funcionários públicos cooperarem. Apesar de funcionários civis terem de preencher um formulário apenas no caso de presumir-se que a informação nele pudesse resultar em sua demissão, a inquietação, sem falar no trabalho burocrático, ainda era considerável. Em certo ponto, o ministro do Interior propôs que todos os funcionários públicos, bem como suas esposas, fornecessem provas de ascendência,[20] e o ministro da Justiça exigiu essa prova dos tabeliões.[21] Pelo menos algumas universidades (contando seus alunos não arianos) se contentavam com o sistema de honra,[22] mas o partido insistia nos procedimentos, mesmo que nem sempre com sucesso. Já em 1940, o chefe da organização estrangeira do partido precisou lembrar sua

---

18 Para especificações detalhadas, ver, por exemplo, o "Merkblatt für den Abstammungsnachweis" do *Reichsfilmkammer*, outubro de 1936, G-55.

19 *Pfarrämter*. Depois de 1875-1876, os registros passaram a ser feitos pelo *Standesämter* estadual. *Reichsfilmkammer* "Merkblatt", outubro de 1936, G-55. As igrejas também registravam batismos dos convertidos. Em 1936, a Igreja Evangélica-Luterana em Berlim preparou um índice alfabético de 1º de janeiro de 1800 a 30 de setembro de 1874, com todas as mudanças de nomes. Ver Götz Aly e Karl Heinz Roth, *Die restlose Erfassung* (Berlim, 1984), pp. 70-71.

20 Uwe Adam, *Judenpolitik im Dritten Reich* (Düsseldorf, 1971), p. 147. Sobre a briga para universalizar essa exigência, ver Hans Mommsen, *Beamtentum im Dritten Reich* (Stuttgart, 1966), pp. 52–53.

21 Adam, *Judenpolitik*, p. 147.

22 Albrecht Götz von Olenhusen, "Die 'nichtarischen' Studenten in den deutschen Hochschulen", *Vierteljahrshefte für Zeitgeschichte* 14 (1966): 181.

equipe de enviar os documentos. A maior parte dos empregados do escritório tinha simplesmente ignorado uma diretiva anterior para a submissão de registros, sem nem inventar uma desculpa ou dar uma explicação para a desobediência.[23]

Ainda no início dos anos 1930, uma profissão totalmente nova de "pesquisadores de família" licenciados (*Sippenforscher* ou *Familienforscher*) já aparecera, para ajudar candidatos e funcionários públicos a encontrar documentos. O *Sippenforscher* compilava *Ahnentafeln* (gráficos de ancestralidade), que listavam pais e avós. Às vezes era preciso pesquisar também os bisavós. Esses procedimentos, porém, limitavam-se a dois casos: (1) candidaturas a cargos em formações do partido com a ss, que, no caso de oficiais, exigiam prova de descendência não judaica desde 1750; e (2) tentativas de mostrar que um avô judeu era, na verdade, filho de pais cristãos. Esse último procedimento era possível porque só se *presumia* que um avô era judeu se ele (ou ela) pertencesse à religião judaica. Da mesma forma, o inquérito sobre o *status* dos bisavós podia ser usado para prejudicar um candidato, já que, se fosse provado que um avô cristão na verdade era filho de judeus, o avô seria então considerado judeu, resultando em uma classificação "decrescente".[24]

A decisão final sobre a exatidão dos fatos era tomada pela agência, que tinha de comunicá-la ao candidato; mas, em casos dúbios, um escritório do partido especializado em pesquisas familiares (o *Sippenamt*) enviava opiniões de especialistas para orientar os líderes da agência. Havia uma categoria interessante entre esses casos: os filhos de relações extraconjugais. O *status* desses indivíduos levantava um problema peculiar. Como classificar alguém cuja descendência não podia ser determinada? Esse problema se dividia em duas partes: indivíduos com mães judias e indivíduos com mães alemãs.

Nos casos de filhos de mães judias solteiras, o *Reichssipenamt* (Escritório de Pesquisas de Família) supunha que toda criança nascida *antes* de 1918 tinha um pai judeu, e toda criança nascida *depois* de 1918 tinha um pai cristão. O motivo para isso era uma hipótese nazista conhecida como "teoria de emancipação", segundo a qual os judeus não se misturavam com os alemães antes de 1918 – mas,

---

23 Ordem de *Gauleiter* Bohle, 31 de maio de 1940, NG-1672. O não cumprimento imediato se deveu, ao menos em parte, à dificuldade de encontrar os papéis necessários. Ver arquivo do dr. Gerd Wunder, sob RKO Ia 5. A pasta foi localizada no Federal Records Center, Alexandria, Virginia, antes do fechamento do local.

24 Stuckart e Schiedermair, *Rassen-und Erbpflege*, p. 16.

após 1918, os judeus puderam aspirar à desintegração sistemática (*Zersetzung*) do povo alemão (*Volkskörper*), o que incluía o estímulo às relações extraconjugais.

Comentando essa teoria, o *Amtsgerichtsrat* (Juiz) Klemm, do Escritório Legal do partido, destacou que os judeus eram de fato culpados dessa prática, mas que, afinal, eles só pretendiam violentar as *mulheres* alemãs. Não dava para presumir que uma mulher judia ficasse grávida para prejudicar um *homem* alemão. Segundo o critério usado pelo *Reichssipenamt*, reclamou Klemm, uma mãe judia podia simplesmente se recusar a falar para o escritório quem era o pai, e o filho dela automaticamente se tornaria um *Mischling* de primeiro grau.[25] Os comentários de Klemm provavelmente estavam corretos. Tratava-se, talvez, da única teoria nazista que beneficiava totalmente um bom número de judeus completos.

A "teoria da emancipação" não parece ter sido aplicada aos filhos de mães solteiras alemãs. O motivo era simples: o *Reichssipenamt* do partido raramente recebia esses casos – se é que recebeu algum. Se tivesse chegado um caso assim, praticamente todos os filhos ilegítimos nascidos na Alemanha após 1918 teriam sido classificados como *Mischlinge* de primeiro grau. No entanto, como o partido não recebia esses casos, os filhos ilegítimos de mãe alemã continuaram sendo alemães, com todos os direitos e obrigações de um alemão na Alemanha nazista. Havia, porém, algumas ocorrências em que um judeu ou *Mischiling* assumia a paternidade do filho de uma mãe alemã. Em alguns desses casos, as pessoas que tinham sido classificadas como *Mischilinge* abriam processos judiciais, argumentando que o pai legal não era o pai verdadeiro e, logo, havia motivos para a reclassificação. Para casos assim, o Ministério da Justiça criou a regra de que os tribunais não deviam investigar os motivos da pessoa que tinha assumido a paternidade, e deviam rejeitar qualquer testemunho da mãe, "que só está interessada em proteger seu filho das desvantagens da ascendência judaica".[26]

Mesmo para os filhos de um casamento podia haver problema se o *status* de um dos pais não fosse conhecido ou provado. No caso de Leonore Streimer, habitante de Viena, onde o *Sippenforscher* era Karl Fränzl, a busca por confirmação não foi bem-sucedida. Streimer, nascida de mãe judia na Cracóvia, Áustria-Hungria,

---

25 *Amtsgerichtsrat* Klemm, "Spricht eine Vermutung für die Deutschblütigkeit des nicht feststellbaren Erzeugers eines von einer Jüdin ausserehelich geborenen Kindes?", *Deutsches Recht*, 1942, p. 850, e *Die Judenfrage (Vertrauliche Beilage)*, 1° de julho de 1942, pp. 50-51.

26 Diretiva do Ministério da Justiça, 24 de maio de 1941. *Deutsche Justiz*, 1941, p. 629.

em 1901, e considerada ela própria judia, quando criança, procurou provas de que seu pai, morto em 1912, fosse ariano. Em 12 de janeiro de 1942 – uma época perigosa para os judeus – Fränzl escreveu para o escritório do prefeito em Tarnopol, então sob comando alemão, perguntando se o nome e a religião do pai podiam ser encontrados no censo austro-húngaro de 1900, mas recebeu a resposta de que os registros daquela cidade tinham sido destruídos durante a Primeira Guerra Mundial.[27]

A tarefa excessivamente complicada de provar a ascendência não era o único problema que complicava a implementação dos decretos. Apesar de a definição parecer perfeitamente incontestável, no sentido de que, dados os fatos, deveria ser possível determinar imediatamente se um indivíduo era alemão, *Mischling* ou judeu, havia, na verdade, vários problemas de interpretação. Consequentemente, era possível encontrar uma série de decisões administrativas e judiciais que tinham o objetivo de tornar a decisão mais precisa.

O principal problema de interpretação estava na cláusula do decreto Lösener, que dizia que meios-judeus eram classificados como *Mischlinge* de primeiro grau se não pertencessem à religião judaica e não fossem casados com uma pessoa judia em ou após 15 de setembro de 1935. Não havia dificuldade legal de determinar se uma pessoa era casada, já que o casamento é um conceito legal claramente definido. Entretanto, a determinação dos critérios para a adesão à religião judaica não era tão simples. A classificação de um meio-judeu como judeu ou *Mischling* de primeiro grau dependia, em última instância, da resposta à pergunta: a pessoa se considerava judia?

Em 1941, o *Reichsverwaltungsgericht* (Tribunal Administrativo do Reich) recebeu uma petição de um meio-judeu que não tinha sido criado com judeu e nunca fora afiliado a nenhuma sinagoga. Mesmo assim, o tribunal classificou-o como judeu, pois havia provas de que, em várias ocasiões desde 1941, *ele mesmo* havia se designado como judeu ao preencher formulários e documentos oficiais, e não fora capaz de corrigir a impressão das autoridades de que ele era, de fato, judeu. A tolerância de uma suposição era conduta suficiente para os propósitos de classificar alguém como judeu.[28]

---

27 Correspondência nos Arquivos do Museu Memorial do Holocausto dos EUA, número de catalogação 1997 A 0194 (Arquivos de Ternopil [Tarnopol] Oblast), Rolo 1, Fundo 181, Opis 1, Pasta 72.

28 Decisão do *Reichsverwaltungsgericht*, 5 de junho de 1941, em *Deutsches Recht*, p. 2413; também em *Die Judenfrage (Vertrauliche Beilage)*, 1º de fevereiro de 1942, pp. 11-12.

Em uma decisão posterior, o *Reichsgericht* (esfera mais alta do Judiciário alemão) decidiu que a conduta não era suficiente; a atitude demonstrada por essa conduta era decisiva. O caso em particular dizia respeito a uma jovem meia-judia que se casara com um meio-judeu (*Mischling* de primeiro grau). O casamento, consequentemente, não a colocava na categoria "judia". Agora, porém, havia a questão da religião que ela seguia.[29] As provas mostraram que em 1923 e 1924 ela tinha sido instruída na religião judaica por insistência de seu pai, judeu. Nos anos posteriores, acompanhara-o à sinagoga, uma vez por ano, no dia sagrado judaico. Depois da morte de seu pai, em 1934, ela parou de visitar a sinagoga, mas, ao pedir um emprego em uma organização da comunidade judaica, listara sua religião como judaica. Além disso, até 1938, esteve registrada como membro de uma sinagoga. O tribunal decidiu que ela *não* era judia. As provas mostravam que ela resistira às tentativas do pai de fazê-la ser aceita formalmente na religião judaica por meio de preces e bênçãos. Ela visitara a sinagoga não por motivos religiosos, mas apenas para agradar seu pai. Ao se candidatar para um cargo na organização da comunidade judaica, fora motivada não por um sentimento de judaísmo, mas simplesmente por considerações econômicas. Logo que descobriu sua entrada na lista da comunidade judaica, pediu que seu nome fosse riscado.[30]

A atitude e a intenção do indivíduo foram decisivas em outro caso, no qual a linha limítrofe foi tênue. Um meio-judeu casado com uma alemã em 1928 tinha, desde então, deixado de ser membro de sua sinagoga. Em 1941, a organização da comunidade judaica em Berlim, que à época realizava funções importantes no processo de destruição, repentinamente exigiu informações sobre as finanças pessoais do homem e, quando essas informações foram recusadas, a comunidade judaica foi ao tribunal, alegando que o réu tinha deixado a sinagoga, mas não a religião. O tribunal rejeitou o argumento da organização, destacando que a comunidade religiosa judaica não tinha personalidade legal ou *status* de lei pública. Consequentemente, qualquer um que saísse de sua sinagoga, ao mesmo tempo,

---

29 Na prática judaica, a religião da *mãe* é decisiva na determinação da religião do filho meio-judeu.

30 Decisão do Reichsgericht/3. Strafsenat, 13 de agosto de 1942, também em *Deutsches Recht,* 1943, p. 80. *Die Judenfrage (Vertrauliche Beilage),* 1º de fevereiro de 1943, pp. 11-12. Ver também diretiva do Escritório Principal de Segurança do Reich IV-B-4 (assinada por Günther), 20 de fevereiro de 1943, eximindo os *Mischlinge* que pudessem provar a intenção de deixar a religião judaica antes de 15 de setembro de 1935, mas não o tivessem feito por razões inevitáveis. Polícia de Israel 1284.

abandonava a religião, a não ser que houvesse provas de que ainda se considerava judeu – provas que, nesse caso, não existiam. Pelo contrário, o réu oferecera mostras de sua afiliação a organizações do partido e, em todos os outros assuntos, o tribunal estava convencido de que ele pretendia cortar suas conexões com o judaísmo quando saiu da sinagoga.

Essa decisão foi uma das poucas contestadas pelo Escritório Político-Racial do partido. Um advogado desse escritório, dr. Schmidt-Klevenow, referindo-se ao fato de que a própria comunidade judaica alegara que o réu fazia parte dela, perguntou se o tribunal precisava ser "mais católico que o Papa (*päpstlicher als der Papst*)".[31]

Em todas essas decisões, a preocupação do Judiciário com os meios-judeus fica evidente. Tal preocupação era produto de um desejo de equilibrar a proteção da comunidade alemã com a destruição dos judeus. Quando alguém era tanto alemão como judeu por ascendência direta, os juízes tinham de determinar qual era o elemento dominante. Para isso, precisavam apenas ser um pouco mais precisos do que Lösener fora ao perguntar como o indivíduo classificava a si próprio.

As interpretações dos tribunais para o decreto de Lösener ilustram mais uma vez que não há nada de "racial" no desenho básico da definição. Na verdade, há alguns poucos casos muito curiosos em que uma pessoa com *quatro* avós alemães foi considerada judia por pertencer à religião judaica. Um tribunal, em sua decisão, destacou que o tratamento ariano devia ser concedido a pessoas com os requisitos "raciais", "mas que, em casos em que o indivíduo em questão se sentisse ligado ao judaísmo apesar de seu sangue ariano, e externasse esse fato, sua atitude seria decisiva".[32] Em outra decisão, tomada pelo Tribunal de Finanças do Reich, ficou definido que um ariano que aderisse à religião judaica deveria ser tratado como judeu enquanto durasse sua adesão à fé judaica. Segundo o tribunal, um indivíduo "que racialmente não é judeu, mas abertamente alega pertencer à comunidade judaica, pertence à comunidade e, portanto, colocou-se na posição de judeu".[33]

---

31 Decisão de um Amtsgericht, confirmada após recurso, relatada em *Deutsches Recht,* 1941, pp. 1552-53. Resumo do caso, com comentário, por Schmidt-Klevenow em *Die Judenfrage (Vertrauliche Beilage),* 1º de setembro de 1941, pp. 61-63.

32 Decisão de Oberlandesgericht Königsberg, 4. Zivilsenat, 26 de junho de 1942, em *Die Judenfrage (Vertrauliche Beilage),* 1º de novembro de 1942, pp. 82-83.

33 Decisão do Reichsfinanzhof, 11 de fevereiro de 1943. *Reichssteuerblatt,* 1943, p. 251, e *Die Judenfrage (Vertrauliche Beilage),* 15 de abril de 1943, pp. 30–31. Esse caso, bem como o citado

Apesar de o Judiciário fechar as brechas da definição de Lösener, tornando-a mais precisa, foi necessário um número cada vez maior de casos para criar exceções em benefício de alguns indivíduos cuja categorização em um grupo específico era considerada injusta. Ao criar os *Mischlinge*, Lösener construíra uma chamada "terceira raça", ou seja, um grupo de pessoas que, para propósitos administrativos, não eram nem judias, nem alemãs. Os *Mischlinge* de primeiro grau, em especial, sofreriam com uma série de discriminações cada vez mais pesadas, incluindo a demissão do serviço público, a exigência de uma autorização especial para casar-se com alemãs, a exclusão do serviço ativo nas Forças Armadas, a não admissão a escolas secundárias e faculdades e, até o outono de 1944, o trabalho forçado na construção de fortificações.

Por causa dessas discriminações, colegas, superiores, amigos e parentes pressionavam por tratamento especial. Consequentemente, em 1935, foi instituído um procedimento para a reclassificação de um *Mischling* em uma categoria superior, por exemplo, *Mischling* de primeiro grau para *Mischling* de segundo grau; ou *Mischling* de segundo grau para alemão; ou *Mischling* de primeiro grau para alemão. Esse procedimento ficou conhecido como *Befreiung* (liberação). Havia dois tipos: "pseudoliberações" e "liberações genuínas" (*unechte Befreiungen* e *echte Befreiungen*). A pseudoliberação era uma reclassificação baseada no esclarecimento de fatos ou na lei e podia ser conseguida ao mostrar, por exemplo, que um avô supostamente judeu não era realmente judeu, ou que uma suposta adesão à religião judaica não existira. A "liberação real", porém, era conseguida por "mérito" do solicitante.[34] Os pedidos de liberação real passavam pelo Ministério do Interior e a Chancelaria do Reich até Hitler se o solicitante fosse civil, e pelo Alto Comando do Exército e a Chancelaria do Führer, se fosse soldado.[35]

---

anteriormente, dizia respeito a indivíduos que aceitaram a religião judaica ao casar com uma mulher judia.

Ver também a história do barão Ernst von Manstein, parente do marechal alemão, que viveu como judeu convertido. Herbert Schultheis, *Juden in Mainfranken, 1933-1945* (Bad Neustadt an der Saale, 1980), pp. 507–9, e Adler, *Der verwaltete Mensch*, pp. 293, 606, 753. Inversamente, um alemão na Romênia, uma vez convertido ao judaísmo, mas batizado novamente, não foi impedido de voltar à Alemanha como ariano. Correspondência em T 175, rolo 69.

34 Stuckart e Schiedermair, *Rassen-und Erbpflege*, pp. 18-19.

35 Testemunho juramentado de Blome, 17 de janeiro de 1946, NO-1719.

Os que recebiam esse favor eram, por vezes, altos oficiais. O *Ministerialrat* Killy, da Chancelaria do Reich, um homem que desempenhava funções importantes na destruição dos judeus, era *Mischling* de segundo grau. A esposa dele era *Mischling* de primeiro grau. Ele tinha se juntado ao partido e entrado na Chancelaria do Reich sem contar para ninguém sobre sua origem. Quando o decreto de 7 de abril de 1933 (*Arierparagraph*) foi emitido, Killy informou Lammers sobre o estado das coisas, e ofereceu sua demissão. Lammers achou a situação bastante grave, por causa da esposa de Killy, mas recomendou que ele não se demitisse. Então, Lammers falou com Hitler, que concordou que Killy continuasse a servir. Depois, na véspera do Natal de 1936, enquanto a família de Killy estava sentada ao redor da árvore abrindo presentes, um mensageiro trouxe um presente especial: uma *Befreiung* para Killy e seus filhos.[36]

Felix Krüger, sucessor de Wilhelm Wundt com chefe do Instituto Psicológico na Universidade de Leipzig, teve mais dificuldade ao procurar uma liberação genuína. Krüger, cuja especialidade era a alma humana, foi classificado como *Mischling* de segundo grau. Quando ele se aposentou após um ataque cardíaco em 1937, não recebeu os agradecimentos costumeiros do Führer por seus serviços. Humilhado, escreveu em 4 de janeiro de 1938 para dizer que seus pais tinham escondido dele o nome do judeu Friedrich Engel, que morrera em 1859, mas que Engel não podia ter sido seu avô, pois sua mãe era filha ilegítima de outro homem. Sem ter sucesso com seu argumento, ele foi tirado da lista de eméritos em 1940 e escreveu então, amargamente, que tinha sido marcado. Finalmente, teve sucesso antes de sua morte, em 1944, mas seu *Gauleiter* nunca se convenceu.[37]

O volume de "liberações" cresceu tanto que, em 20 de julho de 1942, Lammers informou as mais altas autoridades do Reich sobre o desejo de Hitler de diminuí-las. Os pedidos tinham sido tratados de forma muito "compassiva"

---

36 Para as aventuras de Killy, ver o testemunho dele no Caso n. 11, transcrição pp. 23, 235-23, 267.

37 Ver o registro de Felix Krüger em Sächsisches Hauptarchiv, Dresden, arquivos do Sächsisches Ministerium für Volksbildung 1281/199 e 200. Helmut Schmidt, que se tornou chanceler da República Federal Alemã pós-guerra, tinha um avô judeu, Ludwig Gumpel. O pai de Schmidt, porém, era filho ilegítimo de Gumpel, adotado quando criança por um casal, os Schmidt, com a ajuda financeira de Gumpel, e batizado com o sobrenome Schmidt. A adoção não foi revelada a nenhuma agência alemã durante o período nazista. Ver Gerrit Aust e Irmgard Stein, *Gumpel, Wenzel, Schmidt* (Hamburgo, 1994).

(*weichherzig*). Hitler não achava que o comportamento inocente de um *Mischling* era motivo suficiente para sua "liberação". O indivíduo precisava mostrar "mérito positivo", que podia ser provado se, por exemplo, sem saber de sua ancestralidade, ele tivesse lutado ininterruptamente pelo partido por vários anos antes de 1933.[38]

Para não deixarmos a impressão de que a tendência de igualar os *Mischlinge* aos alemães não tinha oposição, precisamos destacar que havia outra tendência de eliminar a "terceira raça", reclassificando os *Mischlinge* de segundo grau como alemães e transformando todos os *Mischlinge* de primeiro grau em judeus. A pressão para isso, que veio dos círculos do partido e da polícia, chegou ao ápice em 1942, mas nunca foi bem-sucedida.

Assim, podemos verificar que a definição de Lösener continuou sendo a base de categorização durante todo o processo de destruição. Apesar de diferentes definições terem sido adotadas mais tarde em alguns países ocupados e estados do Eixo, o conceito básico desses primeiros decretos permaneceu inalterado.

Em resumo, aqui está uma recapitulação dos termos e de seus significados:

Não arianos
- *Mischlinge* de segundo grau: indivíduos descendentes de um avô judeu
- *Mischlinge* de primeiro grau: indivíduos descendentes de dois avós judeus, mas não pertencentes à religião judaica, nem casados com pessoa judia em 15 de setembro de 1935
- Judeus: indivíduos descendentes de dois avós judeus, pertencentes à religião judaica ou casados com uma pessoa judia em 15 de setembro de 1935, e indivíduos descendentes de três ou quatro avós judeus

---

38 Lammers para as mais altas autoridades do Reich, 20 de julho de 1942, NG-4819. A carta de Lammers baseava-se em comentários de Hitler à mesa de jantar. Ver Henry Picker, ed., *Hitler's Tischgespräche im Führerhauptquartier* 1940-1942 (Berlim, 1951), entradas de 10 de maio e 1º de julho de 1942, pp. 303, 313.

5

Expropriação

O PRIMEIRO PASSO NO PROCESSO DE DESTRUIÇÃO CONSISTIU APENAS em um conjunto de definições. Esse passo, porém, foi muito importante: ele criou um alvo que podia ser bombardeado à vontade. Os judeus foram presos nessa armadilha. No início, ainda podiam emigrar, mas depois tiveram de simplesmente se preparar para o que viria.

Durante os anos seguintes, o maquinário de destruição se voltou à "riqueza" judaica. Cada vez mais famílias judias, uma após a outra, descobriam-se empobrecidas. Quanto mais era tirado dos judeus, menos eles recebiam de volta. Eles perderam suas profissões, suas empresas, suas reservas financeiras, seus salários, seus direitos a comida e abrigo e, finalmente, seus últimos pertences pessoais, incluindo até mesmo roupas de baixo, dentes de ouro e cabelos, no caso das mulheres. Vamos nos referir a esse processo como "expropriação".

O maquinário de expropriação se espalhava por quatro grupos hierárquicos principais. As organizações à frente das operações expropriatórias estavam no serviço público e no setor de negócios. Algumas dessas agências são descritas nas Tabelas 5.1 a 5.5.

TABELA 5.1 Escritório do Plano Quadrienal.

Göring	
Conselheiro pessoal	*Ministerialdirektor* Gritzbach
Staatsekretär	Körner
Vice do *Staatssekretär*	*Ministerialdirigent* Marotzke
	Ministerialdirektor Wohlthat
Principais especialistas	*Ministerialdirektor* Gramsch
	Gerichtsassessor dr. Hahn
Generaldirektor encarregado das obras de Hermann Göring	*Staatssekretär* Pleiger

Nota: Organograma do governo Reich, 1945, certificado por Frick, PS-2905, e informação coletada de documentos a serem citados no texto.

TABELA 5.2 Ministério das Finanças.

Ministro	Schwerin von Krosigk
Staatssekretär	Fritz Reinhardt
Inspetor de Alfândega	Hossfeld (transferido para SS e Polícia)
Escritório de Finanças Geral	*Ministeraldirigent* Bayrhoffer
Administração de Segurança	Patzer
Ligação à Administração Principal do Escritório do Leste	Dr. Casdorf
I. Orçamento do Reich	*Ministerialdirektor* von Manteuffel
Orçamento da SS Armada	*Ministerialrat* Rademacher
II. Impostos de Importação e Vendas	*Ministerialdirektor* dr. Wucher
III. Impostos sobre Renda e Propriedade	*Ministerialdirektor* dr. Hedding
Multa antijudeus	Dr. Uhlich
IV. Salários e Pensões de Funcionários Públicos	*Ministerialdirektor* Wever
V. Finanças Internacionais	*Ministerialdirektor* dr. Berger
Operações Militares	Dr. Schwandt
Propriedades Inimigas	Baenfer
VI. Administração	*Ministerialdirektor* Maass
Organização	*Ministerialdirektor* Groth
Administração de Propriedades Inimigas	*Ministerialrat* dr. Maedel
Tesouro Principal do Reich	Fiebig
Tribunal de Impostos	*Regierungsrat* Mirre

Nota: Ludwig Münz, *Führer durch Behörden und Organisationen* (Berlim, 1939), p. 112; organograma do Ministério das Finanças, 10 de julho de 1943, NG-4397; organograma do governo Reich, 1945, certificado por Frick, PS-2905.

TABELA 5.3 Ministério da Economia.

Ministro	[Schacht] Funk
Staatssekretär	[Bang, Brinkmann, Landfried] Hayler
Staatssekretär para Assuntos Especiais	Posse
I. Pessoal e Administração	Illgner
II. Organização Econômica e Indústria	[Hannecken, Kehrl] Ohlendorf
III. Comércio Exterior	[Jagwitz] Kirchfeld
IV. Créditos e Bancos	[Klucki] Riehle
V. Minas	Gabel

Nota: Baseado no organograma do governo Reich, 1945, certificado por Frick, ps-2905. Últimos ocupantes do cargo na coluna da direita; antecessores entre colchetes.

TABELA 5.4 Ministério do Trabalho.

Ministro	Seldte
Staatssekretär	Syrup
Staatssekretär	Engel
I. General	Börger
II. Seguro trabalhista	Zschimmer
III. Salários	vago
IV. Polícia de Planejamento Urbano e Construção	Durst
V. Auxílio-desemprego	Beisiegel
VI. Escritório Europeu para Distribuição de Trabalho	Timm

Nota: Ver nota da Tabela 5.3.

TABELA 5.5 Ministério da Agricultura e de Alimentos.

Ministro	[Hugenberg, Darré] Backe (em exercício)
Staatssekretär	Willikens
Staatssekretär	Riecke
General	Schulenburg
Mercados e Produção Agrícola	Moritz
Trabalho Rural e Crédito	Lorenz
Política Comercial	Walter
Campesinato	Manteuffel
Propriedade Agrícola do Estado	Kummer
Assentamento de Novas Áreas	Hiege
A Vila	Rheinthaler

Nota: Ver nota da Tabela 5.3.

DEMISSÕES

As primeiras medidas de expropriação foram criadas para quebrar aquele "poder satânico" que, nas palavras de Hitler, tinha "agarrado todas as posições-chave da vida científica e intelectual, além de política e econômica, e vigiava toda a nação a partir dessas posições favoráveis".[1] Em resumo, as medidas econômicas iniciais eram dirigidas contra os judeus que ocupavam qualquer posição nas quatro hierarquias de governo da Alemanha nazista.

A população não ariana (judeus e *Mischlinge*), em 1933, era cerca de 600 mil, ou 1% da população total do país.[2] O número de não arianos nos serviços governamentais estava em torno de 5 mil, ou 0,5% do total de funcionários.[3] Esses não arianos perderam suas posições como consequência da Lei para o Restabelecimento do Serviço Público Profissional, datada de 7 de abril de 1933[4] e assinada por Hitler, Frick (Ministério do Interior) e von Krosigk (Ministério das Finanças). A sequência de assinaturas diz-nos que o decreto foi escrito pelos especialistas responsáveis no Ministério do Interior, e que outros especialistas competentes no Ministério das Finanças foram consultados antes da publicação.

A crônica completa do surgimento da lei revela o envolvimento de um número maior de atores, incluindo ministérios de governos provinciais (*Länder*). Assim, no início de março, havia bastante agitação partidária contra os juízes judeus, em especial aqueles que presidiam julgamentos criminais. Ao longo do mês,

---

1 Discurso de Hitler, imprensa alemã, 10-11 de novembro de 1940.

2 Durante o censo de 16 de junho de 1933, a contagem de judeus autodeclarados era 499.682. Não estavam incluídos 4.038 judeus contados em 19 de julho de 1927, no Saar, nem os não arianos que não pertenciam à religião judaica. Ver Pfundtner para Major Hossbach (assistente de Hitler), 3 de abril de 1935, Arquivos Federais Alemães, R 43 II/595. Cerca de 20 mil judeus tinham emigrado entre 30 de janeiro e 16 de junho de 1933. Institute of Jewish Affairs, *Hitler's Ten-Year War on the Jews* (Nova York, 1943), p. 8.

3 Para estatísticas detalhadas, ver Statistisches Reichsamt, *Statistik des Deutschen Reichs*, CDLI, Pt. 5, "Die Glaubensjuden im Deutschen Reich", pp. 29, 61, 66. Ver também Erich Rosenthal, "Trends of the Jewish Population in Germany, 1910-1939", *Jewish Social Studies*, 6 (1944): 255-57; e Institute of Jewish Affairs, *Hitler's Ten-Year War on the Jews*, p. 7.

Cerca de 4 mil funcionários do governo eram judeus por religião. Na educação pública (nos três níveis) havia 1.832; no judiciário, 286; nas administrações ferroviária e postal, 282; em todas as outras agências, incluindo as forças armadas, 1.545.

4 RGBl I, 175.

várias instâncias judiciais de províncias transferiram esses juristas para casos civis ou "convenceram-nos" a candidatar-se para licenças de tempo indeterminado.[5] Em 20 de março, o Ministério de Estado da Prússia (*Staatsministerium*) informou o Ministério da Justiça da Prússia sobre sua intenção de restringir a ocupação de cargos no judiciário por "não membros da fé cristã" (*Nichtangehörige christlicher Bekenntnisse*). Nesse mesmo dia, o Ministério da Justiça da Prússia enviou uma versão preliminar de uma lei para o Ministério de Estado, pedindo demissão de juízes e promotores públicos não cristãos que não tivessem tomado posse antes de 9 de novembro de 1918 ou não fossem veteranos de guerra. Durante a semana seguinte, Popitz, ministro de Finanças da Prússia, e o *Öberregeirungsrat* Seel, do Ministério do Interior do Reich, trabalharam em uma cláusula muito mais abrangente, prevendo a remoção de qualquer funcionário público, para "simplificar" a estrutura administrativa, tanto do Reich quanto do *Länder*.[6] Enquanto todas essas minutas eram discutidas, o próprio Hitler interveio para exigir a demissão, em todo o país, de todos os funcionários públicos judeus.[7]

No dia 4 de abril de 1933, o já envelhecido presidente marechal von Hindenburg enviou uma carta a Hitler. Nos últimos dias, escreveu, ele ouvira falar de uma série de casos de juízes, advogados e oficiais de justiça inválidos de guerra, com registros administrativos exemplares, que tinham sido forçados a tirar licença, com vistas a uma posterior demissão, apenas por terem ascendência judaica. Para ele, pessoalmente, esse tratamento de funcionários públicos inválidos de guerra era absolutamente intolerável. Segundo ele, funcionários públicos, juízes, professores e advogados que fossem inválidos ou tivessem servido nas linhas de combate

---

5 Essas ações foram tomadas na Prússia, Baviera, Baden, Hessen, Württemberg e Saxônia. Ver Uwe Adam, *Judenpolitik im Dritten Reich* (Düsseldorf, 1971), pp. 46-51. Ver também relatório detalhado de Frederick T. Birchall, "German Business Protests Boycott", *The New York Times,* 31 de março de 1933, pp. 1, 8, e reportagens anteriores no mesmo jornal.

6 Sobre a "simplificação", ver texto das propostas de Pfundter na primavera de 1932, em Hans Mommsen, *Beamtentum im Dritten Reich* (Stuttgart, 1966), pp. 127-35. Pfundter, mais tarde *Staatssekretär* do Ministério do Interior do Reich, dedicou-se à união de ministérios, tanto do Reich quanto da Prússia, e propôs a eliminação de funcionários públicos "esquerdistas". Suas propostas não mencionavam os judeus.

7 Adam acredita que Hitler tomou a decisão em 31 de março ou 1 de abril. Ver Adam, *Judenpolitik*, pp. 58-61.

ou, ainda, fossem filhos ou pais de homens mortos em guerra, tinham de ser mantidos em seus cargos. Se tinham sido bons o suficiente para lutar e sangrar pela Alemanha, eram merecedores de servir agora.

A resposta de Hitler data de 5 de abril. Seria a carta mais longa que Hitler, como chanceler e Führer, escreveria sobre questões judaicas. O tom é estridente. Sem preliminares, Hitler deu dois motivos para sua atitude: primeiro, a já longa exclusão de *alemães* (incluindo veteranos de guerra) dos cargos em razão da pesada participação dos judeus nas profissões jurídicas e de saúde; segundo, o enfraquecimento de todo o Estado alemão por um corpo de estrangeiros cuja competência se concentrava nos negócios. O corpo de oficiais, Hitler lembrou a Hindenburg, sempre rejeitara judeus. Ainda assim, honrando a humanidade do marechal, ele já tinha discutido com Frick, do Ministério do Interior do Reich, uma lei que coibiria, no processo de demissão, iniciativas individuais arbitrárias e levaria em conta os judeus que tivessem servido na guerra ou tivessem sido feridos nela, ou ainda que tivessem outros méritos ou nunca tivessem dado margem a reclamações no curso de uma longa permanência no cargo.[8]

A lei foi promulgada alguns dias depois e oferecia aposentadoria compulsória para oficiais não arianos, incluindo os do Reich, dos *Länder*, dos governos locais (*Gemeinden*) e de corporações públicas, com as exceções antecipadas na versão anterior prussiana e exigidas por Hindenburg em sua carta. A cláusula não ariana *não* se aplicava a oficiais que tivessem servido no governo desde 1º de agosto de 1914, ou tivessem lutado nas linhas de frente pela Alemanha ou um de seus aliados na Primeira Guerra Mundial, ou cujos pais ou filhos tivessem sido mortos no lado alemão durante a mesma guerra. A natureza dessas exceções parece refletir um sentimento de que lealdade devia ser recompensada com lealdade. Além disso, os que estavam sujeitos à aposentadoria tinham direito de receber uma pensão se tivessem dez anos completos de serviço.[9]

Após a implementação das medidas, o sentimento geral era de que haviam sido atingidos os limites mais extremos da latitude política. Em 25 de abril de 1933, em uma conferência liderada por Frick, à qual compareceram os

---

8 Textos das duas cartas em Walter Hubatsch, *Hindenburg und der Staat* (Gotinga, 1966), pp. 375-78.

9 Testemunho juramentado do dr. Georg Hubrich (*Ministerialdirigent*, Ministério do Interior), 21 de novembro de 1947, NG-3567.

ministros-presidentes e ministros do interior dos *Länder*, Göring, como ministro--presidente da Prússia, fez soar um comentário particularmente cauteloso. Hitler dissera a ele especificamente que, na implementação da lei, era preciso tomar cuidado para não ignorar os desejos do presidente von Hindenburg ou as reações dos países estrangeiros. A Alemanha não podia dizer: "vamos fazer o que quisermos". O país já estava isolado, e os judeus estavam cuidando para que a situação ficasse mais grave. Eles tinham que ser combatidos com firmeza, mas não se devia dar aos forasteiros, que podiam compreender mal o que estava sendo feito, a oportunidade de classificar os alemães como bárbaros. Um judeu que contribuíra de forma realmente significativa à humanidade não devia ser removido – o mundo não compreenderia. Além disso, Hindenburg se preocupava com a possibilidade de igualar "cientistas tão eminentes (*derartige wissenschaftliche Kapazitäten*)" com veteranos de guerra.[10]

Era esse o clima quando a primeira lei feita para de fato prejudicar os judeus foi promulgada. Era uma medida relativamente suave – mas o processo de destruição foi um desenvolvimento que começou com cautela e, no fim, tornou-se absolutamente sem restrições. As vítimas nunca ficavam na mesma posição por muito tempo. Sempre havia mudanças, e tais mudanças eram sempre para pior. Esta também foi a história subsequente da lei do funcionalismo público.

Não haveria mais isenções, e os empregados que inicialmente estavam protegidos logo perderam suas posições. A alavanca que permitiu as novas demissões foi um parágrafo no decreto, que dizia que qualquer um podia ser aposentado do funcionalismo público se essa separação favorecesse a "simplificação da administração". Segundo o *Ministerialdirigent* Hubrich, do Ministério do Interior, esse parágrafo foi usado de forma extensiva para eliminar não arianos que eram oficiais antigos, veteranos ou parentes de veteranos mortos. Não havia restrições ao pagamento de pensões para oficiais aposentados dessa maneira.[11] Finalmente, o decreto de 14 de novembro de 1935, que definiu o conceito de "judeu", estipulava que todos os funcionários públicos judeus restantes (com exceção apenas de professores em escolas judaicas) deviam ser removidos até 31 de dezembro de 1935. Os

---

10 Resumo feito pelo Ministério do Interior do Reich e memorando detalhado escrito pelo *Staatsrat* dr. Schultz (Hamburgo), ambos datados de 27 de abril de 1933, sobre reunião de 25 de abril. Textos em Mommsen, *Beamtentum*, pp. 159-63.

11 Testemunho juramentado de Hubrich, 21 de novembro de 1947, NG-3567.

oficiais aposentados por esse decreto receberiam pensões apenas se tivessem servido como soldados da linha de frente na Primeira Guerra Mundial.[12]

Os judeus, agora, já tinham sido expulsos do serviço público, mas a regulamentação do sistema de pensão estava longe de ser perfeita (ver Tabela 5.6). Para os burocratas, isso significava que algumas pensões teriam de ser cortadas. Por muito tempo, não se fez nada sobre esse assunto. Então, em novembro de 1939, o *Staatssekretär* Pfundtner propôs ao chefe da Chancelaria do Reich, Lammers, uma regulamentação complexa para reduzir o pagamento de pensões a judeus.[13] O *Reichspostminister* (ministro para Assuntos Postais) Ohnesorge comentou que a versão preliminar era complicada demais. "Considero indesejável", escreveu, "que o aparato administrativo seja sobrecarregado com dificuldades adicionais justamente por causa dos judeus". Além disso, era "bem possível" (*durchaus denkbar*) que os judeus que ainda estavam no país, a maioria deles "de braços cruzados", de toda forma (*untätig herumlungern*), ficassem em prisão preventiva "ou algo do tipo" enquanto durasse a guerra. Portanto, seria possível se preparar para essa eventualidade no campo das pensões agora mesmo, retirando todas as cláusulas de pensão para judeus e só fazendo pagamentos que pudessem ser revogados ou na base da necessidade.[14]

TABELA 5.6. Regulamentação do sistema de pensão.

	1933	"SIMPLIFICAÇÃO"	1935
Veteranos		Pensão	Pensão
Parentes sobreviventes		Pensão	Sem pensão
Serviço antes de 1914		Pensão	Sem pensão
Serviço por dez anos	Pensão		
Serviço por menos de dez anos	Sem pensão		

Esses comentários mostram o quão rapidamente a burocracia alemã, até mesmo no Ministério Postal, era capaz de desenvolver pensamentos drásticos em

---

12 RGBl I, 1333. Os *Mischlinge* não foram afetados pelo decreto de 14 de novembro de 1935. Como tinham sobrevivido sob as cláusulas de exceção da lei de 7 de abril de 1933, os *Mischlinge* podiam, portanto, continuar em seus cargos.

13 Pfundtner para Lammers, 17 de novembro de 1939, NG-358.

14 *Reichspostminister* para ministro do Interior, 30 de novembro de 1939, NG-358.

relação a uma questão tão minoritária quanto as pensões. Prisões "e coisas do tipo" logo se tornaram uma realidade. As pensões, porém, permaneceram intocadas. O problema não surgiu novamente até os judeus serem mortos.

As cláusulas da lei do funcionalismo público deviam ser aplicadas a profissionais que *não* eram funcionários públicos. Assim, médicos judeus, contratados para plantões no programa de seguro-saúde patrocinado pelo Estado (*Krankenkassen*), foram privados de sua afiliação por meio de um decreto para "implementar" a lei do funcionalismo público. Estavam isentos dessa lei os médicos que serviram nas frentes de batalha ou em enfermarias de epidemia, ou que estavam em atividade antes de 1º de agosto de 1914.[15] Dois mil médicos não arianos foram afetados imediatamente pela lei, logo suplementada por outro decreto dirigido a dentistas e técnicos dentários.[16] Claramente, a lei do funcionalismo público estava sendo *ampliada*, em vez de "cumprida" simplesmente, por meio da recusa de pagamento para médicos do *Krankenkassen* e dentistas. Regulamentações adicionais foram emitidas, proibindo médicos não arianos de cobrir colegas arianos e de oferecer opiniões para médicos arianos, e abolindo grupos de consultórios mistos.[17] Estudantes não arianos nas universidades também não eram funcionários públicos, mas a lei serviu de inspiração para ordens que negavam a esses alunos suas bolsas.[18]

---

15 Decreto do Ministério do Trabalho do Reich, 22 de abril de 1933, RGBl I, 222.

16 Decreto de 2 de junho de 1933, RGBl I, 350. Para uma descrição completa da história e do impacto desses decretos, ver Florian Tennstedt, "Sozialpolitik und Berufsverbote im Jahre 1933", *Zeitschrift für Sozialreform* 25 (1979): 129-53, 211-38. A maior parte das seguradoras de saúde particulares logo seguiu, barrando pagamentos a médicos retirados das listas do *Krankenkassen*. O afastamento desses pacientes particulares era, em geral, equivalente à perda de subsistência para o médico. *Ibid.*, pp. 222-23. Havia cerca de 9 mil médicos judeus no total, e até 1938 cerca de 5 mil tinham emigrado. *Ibid.*, p. 224.

17 *Deutsches Ärzteblatt*, 19 de agosto de 1933, vol. 63, pp. 217-18, em Zentralarchiv Potsdam, 15.101 RMdI 26401. Ver também outros itens do mesmo arquivo.

18 Anúncio do reitor da Universidade de Friburgo (Martin Heidegger), em *Freiburger Studentenzeitung,* 3 de novembro de 1933, como reproduzido em Guido Schneeberger, ed., *Nachlese zu Heidegger* (Bern, 1962), p. 137. O reitor referiu-se especificamente à definição de "não ariano" presente na lei do funcionalismo público. Isenções, porém, foram oferecidas apenas para os alunos que eram veteranos de guerra ou cujos pais tinham morrido no lado alemão. Uma determinação paralela fora emitida pelo Ministério da Educação prussiano para universidades em sua jurisdição.

Segundo uma lei escrita às pressas e assinada em 7 de abril de 1933 por Hitler e Gürtner, ministro da Justiça, advogados não arianos em escritórios particulares podiam ter sua licença cassada até o fim de setembro de 1933. Para advogados empregados em um escritório, a cassação da licença era especificada como base "importante" para a dissolução do contrato de emprego. Advogados independentes com a licença cassada podiam perder seus contratos de aluguel. Estavam isentos da medida os indivíduos que exerciam a profissão em 1º de agosto de 1914 ou que tinham servido na linha de frente, ou cujos pais ou filhos tinham sido mortos na guerra.[19]

As dispensas nas Forças Armadas não se mostraram um problema visível. Em primeiro lugar, o Exército, em 1933, era uma organização relativamente pequena, cujo tamanho era limitado, por um tratado, a 100 mil homens. Em segundo lugar, como Hitler revelara em sua carta para Hindenburg, os militares sempre tinham discriminado os judeus. Em 1910, judeu nenhum podia tornar-se oficial de carreira no Exército prussiano, a não ser que mudasse de religião ou fosse médico.[20] Contudo, a questão não estava limitada à liberação de um punhado de judeus nas Forças Armadas ou ao fechamento de oportunidades de carreira militar para aspirantes judeus. A preocupação principal era o possível efeito que uma renúncia a *todo* o efetivo não ariano poderia causar na contagem final de soldados durante a guerra. Para responder a uma pergunta sobre o número de convertidos e parcialmente judeus, as Forças Armadas receberam grandes estimativas do Ministério do Interior, no início de abril de 1935.[21] Na falta de qualquer dado sobre os dois grupos no censo de 1933, os cálculos estavam muito fora da realidade, mas não tinham como não causar preocupação. Para manter as aparências, a

---

Ver Albrecht Götz von Olenhusen, "Die'nichtarischen' Studenten in den Deutschen Hochschulen", *Vierteljahrshefte für Zeitgeschichte* 14 (1966): 183-84.

19 RGBl I, 188. Para um histórico da lei, ver Adam, *Judenpolitik im Dritten Reich*, pp. 65-66. À lei seguiu-se um decreto que removia agentes de patente, 22 de abril de 1933, assinado por Hindenburg, Hitler e Frick, RGBl I, 217. Analistas fiscais foram eliminados pelo decreto de 6 de maio de 1933, assinado por Hitler e Gürtner, RGBl I, 257.

20 "Die Juden im deutschen Heere", *Allgemeine Zeitung des Judentums* (Berlim), 25 de novembro de 1910, pp. 556-59.

21 A estimativa era de 300 mil convertidos ao cristianismo e 750 mil parcialmente judeus. Pfundtner para Hossbach, 3 de abril de 1935, Arquivos Federais Alemães, R 43 II/595.

Lei das Forças Armadas, datada de 21 de maio de 1935, e assinada por Hitler, pelo ministro da Guerra, von Blomberg, e pelo ministro do Interior, Frick, especificava que, com algumas exceções, a descendência "ariana" era um pré-requisito para o serviço ativo, mas, em um decreto emitido em 29 de maio de 1935, o termo "não ariano" foi definido para propósitos militares englobando apenas judeus completos e três quartos judeus.[22] Da mesma forma, os *Mischlinge* estavam contemplados na versão preliminar. Isso, porém, não eliminou o problema. Apesar de os meios-judeus e um quarto judeus representarem um número bem menor que o previsto, sua participação nas frentes de batalha levantaria outra dificuldade. Os *Mischlinge* meios-judeus podiam, como soldados e, portanto, veteranos, reivindicar privilégios e benefícios não toleráveis a Hitler e ao corpo do partido. Consequentemente, em 8 de abril de 1940, o marechal Keitel, Chefe do Alto Comando das Forças Armadas, emitiu uma regulamentação que dispensava os *Mischlinge* de primeiro grau do serviço ativo.[23]

O partido não empregava judeus, mas sua supremacia teve consequências para os judeus envolvidos com arte. Após a criação do Ministério da Propaganda, sob o comando de Joseph Goebbels, uma Câmara de Cultura do Reich (*Reichskulturkammer*) foi formada, em 22 de setembro de 1933, como uma agência do novo ministério. Dentro da *Reichskulturkammer*, liderada por Hans Hinkel, foram estabelecidas câmaras separadas para literatura, imprensa, rádio, teatro, música, artes visuais e cinema (esta última já existente desde 13 de julho de 1933). Artista nenhum podia aparecer para o público sem ser associado à câmara de sua profissão – e não ser considerado confiável ou adequado era motivo suficiente para a exclusão.[24] Os judeus, não sendo considerados adequados, foram gradualmente sendo afastados. Eles formaram sua própria *Kulturbund*, apresentando peças, concertos

---

22 RGBl I, 609, Adam, *Judenpolitik*, p. 116.

23 Texto e discussão da regulamentação em H. G. Adler, *Der verwaltete Mensch* (Tubinga, 1974), pp. 294-95. Alemães casados com judias também estavam sujeitos à remoção. Estavam isentos os oficiais aceitos pelo Exército de paz. *Mischlinge* de segundo grau deviam ser mantidos apenas por "motivos adequados" *(bei ausreichender Begründung)* e promovidos só em circunstâncias excepcionais.

24 Lei para o Estabelecimento de uma Câmara de Cultura do Reich, 22 de setembro de 1933, RGBl I, 661. Lei estabelecendo a Câmara de Cinema, 14 de julho de 1933, RGBl I, 483. Decreto de implementação exigindo associação a uma câmara, 11 de novembro de 1933, RGBl I, 797.

e palestras para plateias judaicas.[25] Outro decreto, datado de 4 de outubro de 1933, orientava jornais a expulsarem seus editores não arianos.[26]

Nas igrejas protestantes, algumas dúzias de pastores e organistas de origem não ariana foram assunto de longas deliberações por parte dos clérigos durante anos. Foram levantadas questões sobre ordenação, promoção e retenção. O pastor Martin Niemöller sugeriu que não arianos não deviam ocupar posições proeminentes e, mais tarde, o bispo Otto Dibelius, apoiando-se na Lei de Cidadania do Reich, propôs que apenas cidadãos fossem ordenados. Quando as igrejas pediram que todos os pastores enviassem prova de ancestralidade ariana, a maior parte dos clérigos obedeceu.[27]

O processo de demissão mais prolongado – e também o mais complicado – ocorreu no setor privado, que não era uma hierarquia única, mas sim um conglomerado de empresas. Como não havia um escritório que pudesse orientar todas as companhias a demitir seus empregados judeus, cada uma tinha de tomar sua própria decisão. No setor privado, portanto, os judeus sentiam-se seguros. Eles não achavam que organizações puramente privadas uniriam esforços ao processo de destruição a não ser que fossem obrigadas. A seguir, apresentaremos um exemplo da IG Farben.

Em julho de 1933, uma delegação da DuPont visitou o conglomerado de indústrias químicas IG Farben na Alemanha. Os representantes da DuPont reuniram-se muitas vezes com os oficiais da empresa alemã e, durante essas conversas, um deles conversou com o dr. Karl von Weinberg, um dos fundadores da IG Farben e vice-presidente do *Verwaltungsrat*, uma assembleia de "estadistas anciãos" que não tinha nenhum poder verdadeiro na empresa, mas cujos conselhos tinham bastante peso.[28] Esta foi a impressão que um dos americanos teve de Weinberg:[29]

---

25 Sobre o Kulturbund, que era um empreendimento monopolista aprovado por Hinkel, ver Eike Geisel e Henryk Broder, eds., *Premiere und Pogrom* (Berlim, 1992).

26 RGBl I, 713.

27 Doris L. Bergen, *Twisted Cross* (Chapel Hill, N.C., 1966), pp. 55-57, 88-100.

28 Para a lista de membros da Verwaltungsrat, ver testemunho juramentado de Hermann Baessler, julho de 1947, NI-7957.

29 Homer H. Ewing, E. I. DuPont de Nemours and Co., Wilmington, Delaware, para Wendell R. Swint, diretor, Departamento de Relações Exteriores da DuPont, 17 de julho de 1933, NI-9784.

Após o almoço, visitamos o dr. Carl von Weinberg, que tem hoje 73 anos e vem todos os dias ao escritório para consultas com os membros ativos da IG. O dr. von Weinberg também discutiu a situação na Alemanha e, apesar de ser judeu, deu seu selo de aprovação ao movimento. Além disso, afirmou que todo o seu dinheiro está investido na Alemanha e que ele não tem um único centavo fora do país. Falamos sobre a proposta de aumentar a colaboração com a IG, com a qual ele concordou inteiramente. No que diz respeito ao interesse da IG nos Estados Unidos, o dr. von Weinberg indicou que a empresa estava muito satisfeita com o investimento e deu a entender que não tinham intenção de sair desse mercado.

Weinberg era um homem privilegiado. Uma rua de Frankfurt tinha sido batizada em sua homenagem e, apesar de a política vigente ser responsável por remover esses lembretes de presença judaica na Alemanha, o Comitê de Nomeação de Ruas da cidade (*Strassenbenennungsausschuss*) hesitou em fazê-lo nesse caso. Ainda assim, não havia futuro para ele. Weinberg morreu no exílio – ainda que na Roma fascista.[30] Quanto aos outros executivos judeus da IG Farben, quase todos foram demitidos até 1937.[31]

As demissões no setor de negócios eram ainda mais notáveis por causa de dois obstáculos que as empresas alemãs tinham de superar: contratos de trabalho e problemas de eficiência. Os contratos de longo prazo com judeus eram uma dificuldade legal. Como não havia decreto que obrigasse as firmas a demitir os funcionários judeus ou que as liberasse da obrigação assumida nos contratos de emprego, muitos casos acabavam no tribunal, onde as empresas alemãs, em geral, tentavam justificar as demissões alegando pressão partidária ou que alguma cláusula do contrato, conquanto remota, se aplicava ao caso.[32]

---

30 Kommission zur Erforschung der Geschichte der Frankfurter Juden, *Dokumente zur Geschichte der Frankfurter Juden 1933-1945* (Frankfurt, 1963), pp. 171, 173, 174, 552. O irmão mais velho de Karl, dr. Arthur von Weinberg, químico à época da formação da IG Farben e major da Primeira Guerra Mundial com a Cruz de Ferro de primeira classe, foi preso na casa de sua filha adotada não judia (esposa de Graf Rudolf Spreti) em 1942 e transportado, com 81 anos, para o "Gueto dos Idosos" de Theresienstadt, onde morreu. Adler, *Der verwaltete Mensch*, pp. 337-39.

31 Testemunho juramentado de Baessler, 17 de julho de 1947, NI-7957.

32 Ver Ernst Fraenkel, *The Dual State* (Nova York, 1941), pp. 92, 95; para os argumentos sobre a dissolução de sociedades, ver pp. 90–91.

Como ilustração do quão longe iam essas tentativas, há um caso decidido pelo mais alto tribunal do país, o *Reichsgericht*. A parte acusada, um estúdio de cinema alemão, alegava ter direito de demitir um diretor de cena com quem havia terminado um contrato de longo prazo em razão de uma cláusula que previa a rescisão no caso de "doença, morte ou causas similares que tornassem o trabalho do diretor impossível". O *Reichsgericht* decidiu que a cláusula era "aplicável sem qualificação" (*unbedenklich anwendbar*), já que as "características raciais" do querelante eram equivalentes a doença e morte.[33] Na cabeça dos mais altos juízes alemães, os judeus já tinham deixado de ser organismos vivos: eram matéria morta que não podia mais contribuir com o crescimento de um negócio alemão.

O segundo obstáculo para a remoção dos judeus das empresas alemãs era a questão da eficiência. Havia uma forte convicção de que, para alguns cargos (como posições de venda no comércio de exportação), os judeus eram ideais,[34] ou até mesmo insubstituíveis. Essa ideia levou a IG Farben e várias outras empresas com filiais no exterior a transferir empregados judeus para outros países. Dessa forma, os judeus saíam da Alemanha, e todos os problemas pareciam estar resolvidos. Mesmo essa solução, porém, era apenas temporária, já que, invariavelmente, as grandes empresas decidiram pela "redução gradual" de seus representantes judeus em outros países.[35]

Conforme as demissões ganhavam impulso, as condições sob as quais os judeus eram demitidos pioravam. Quanto mais tarde um judeu fosse removido, menor seria seu pagamento de rescisão, acordo ou pensão.[36] O processo já estava bem encaminhado antes da entrada da burocracia ministerial. No início de 1938, o Ministério do Interior preparou um decreto que definia o termo *empresa judaica*. Datado de 14 de junho de 1938,[37] o decreto formaria a base da transferência compulsória de firmas judaicas para mãos alemãs. A definição, porém, era muito ampla. Um negócio seria considerado judeu não apenas se fosse propriedade de

---

33 Decisão do Reichsgericht, 17 de junho de 1936, citado por Fraenkel, *ibid.*, pp. 95–96.

34 Ver resumo da conferência de Schacht, 22 de agosto de 1935, NG-4067.

35 Ver resumo de reunião do Comitê Comercial da IG Farben, presidida por von Schnitzler, 17 de outubro de 1937, NI-4862.

36 Declaração de Hugo Zinsser, membro do Vorstand do Banco Dresdner, 17 de novembro de 1945, NI-11864.

37 RGBl I, 627.

judeus, mas também se um representante legal ou membro do conselho fosse judeu. Uma filial de um negócio alemão seria considerada judaica se um gerente de filial fosse judeu. Essa definição foi incentivo suficiente para a demissão de diretores judeus, *Prokuristen* (gerentes com poder para representar a firma) ou gerentes de filial, aqueles que ainda estivessem em seus cargos, é claro. Em novembro de 1938 os ministérios interferiram novamente. O decreto de 12 de novembro de 1938,[38] assinado por Göring, orientava empresas alemãs a demitir *todos* os seus gerentes judeus até o fim do ano. A demissão podia entrar em vigor após um aviso prévio de seis semanas. Acabando esse aviso, o gerente judeu não tinha mais direitos financeiros junto a seu empregador.

Assim, com o avanço da máquina de destruição, as expropriações começaram com uma remoção lenta, mas meticulosa, de judeus. Isso, aos olhos dos nazistas, era o início lógico. Antes de poder dominar os judeus, era obviamente necessário eliminar o "domínio" que eles tinham. As expulsões, porém, apenas arranharam a comunidade judaica. Esse ataque fez só alguns milhares de vítimas. Os grandes centros de "poder" judeu, as cidadelas de "dominação" judaica, os símbolos da "exploração" judaica eram as empresas judaicas independentes, das muitas pequenas lojas às poucas grandes companhias que podiam se qualificar para o título "grandes negócios".

ARIANIZAÇÕES

No geral, a participação de judeus no mundo empresarial alemão antes de 1933 revela as seguintes proporções, configurações e tendências: (1) uma grande porcentagem da população judaica era autônoma. Os números eram 46% para os judeus e 16% para os alemães. (2) Os judeus estavam bem representados em atividades visíveis, como comércio, imóveis, profissões jurídicas e de saúde, bem como no papel de intermediário em transações bancárias comerciais ou comércio atacado de alimentos e metais. (3) Em várias filiais de indústria e comércio, especialmente bancos e comércio de metais, a fatia judaica estava decaindo antes da tomada de poder de Hitler.[1] Na verdade, um pesquisador nazista chegou à

---

38 RGBl I, 1580.

1 Ver a discussão detalhada sobre a distribuição dos judeus na economia em Esra Bennathan, "Die demographische und wirtschaftliche Struktur der Juden", em Werner Mosse, ed., *Entscheidungsjahr 1932* (Tubinga, 1966), pp. 87-131, especialmente 106-8, 115 e 119.

conclusão de que a influência econômica dos judeus atingira seu ápice em 1913.[2] Esse padrão significava uma vulnerabilidade considerável para o ataque que logo chegaria às firmas judaicas.

O destino de uma empresa judaica podia ser a liquidação ou a "arianização". Uma empresa liquidada deixava de existir; uma arianizada era a comprada por outra, alemã. As arianizações foram divididas em duas fases: (1) as chamadas arianizações voluntárias (de janeiro de 1933 a novembro de 1938), que eram transferências consequentes de acordos "voluntários" entre vendedores judeus e compradores alemães; e (2) as "arianizações obrigatórias" (após novembro de 1938), que eram transferências consequentes de ordens estatais que obrigavam os proprietários judeus a venderem suas propriedades.

A palavra "voluntários" merece ficar entre aspas, pois nenhuma venda de propriedade judaica sob o regime nazista era voluntária no sentido de um contrato negociado livremente em uma sociedade livre. Os judeus eram pressionados a vender e, quanto mais decidissem esperar, maior era a pressão e menor o pagamento. Isso não quer dizer que os judeus eram completamente impotentes. A arianização foi, talvez, a única fase do processo de destruição em que eles tiveram algum espaço para manobra, alguma oportunidade de jogar os alemães uns contra os outros, alguma ocasião para manipulação. No entanto, era um jogo perigoso. O tempo estava contra eles.

Para empresas já muito enfraquecidas pela depressão econômica e que dependiam largamente do crédito de bancos alemães para sustentar as operações diárias, o advento do regime nazista marcou o início do fim. A rede de lojas de departamento Hermann Tietz, no leste alemão, encontrou-se nessa situação. Seus proprietários judeus desistiram em 1934 e, em 1935, a firma arianizada passou a chamar-se Hertie.[3]

---

2 Wolfgang Höfler, *Untersuchungen über die Machtstellung der Juden in der Weltwirtschaft*, vol. 1, *England und das vornationalsozialistische Deutschland* (Viena, 1944), pp. 216-17, 235-37. Sobre ascensão, oposição e, especialmente, dificuldades das lojas de departamento, ver Heinrich Uhlig, *Die Warenhäuser im Dritten Reich* (Colônia, 1956).

3 Günther Plum, "Wirtschaft und Erwerbsleben", em Wolfgang Benz, ed., *Die Juden in Deutschland 1933-1945* (Munique, 1988), pp. 268-313 e pp. 305-6. Durante o período de 1933-34, duas outras redes de lojas de departamento caíram em mãos alemãs: Leonhard Tietz A. G., em Colônia, e Rudolph Karstadt A. G., em Berlim. Johannes Ludwig, *Boykott Enteignung Mord* (Hamburgo, 1989),

A tendência a resistir ou ceder não era medida pelo tamanho da empresa. As grandes companhias judaicas apresentavam os maiores obstáculos aos compradores alemães, mas também eram "muito tentadoras". Quanto mais armas uma empresa judaica tivesse à sua disposição, maiores eram as forças enfileiradas contra ela. A velocidade com que um negócio judeu era vendido, portanto, não era simplesmente questão de recursos do proprietário, mas também estava ligada às suas expectativas ou medos. Às vezes, o proprietário vendia parte de suas posses, apenas para agarrar-se desesperadamente ao que sobrasse. Às vezes ele vendia tudo de uma vez. Houve casos de vendas rápidas em territórios ocupados pelos alemães em 1938 e 1939. Os alemães invadiram a Áustria em março de 1938, os Sudetos, na Tchecoslováquia, em outubro de 1938, a Boêmia-Morávia (o Protektorat) em março de 1939. Houve momentos em que as liquidações nessas áreas precederam a entrada das tropas alemãs. O medo judeu, em resumo, estava ativo antes mesmo de a pressão começar.

Na Áustria, as negociações pré-Anschluss* mais importantes aconteceram entre a empresa Österreichische Creditanstalt, controlada pelos Rothschild, e a empresa alemã IG Farben. O assunto das negociações era uma subsidiária da Creditanstalt, a Pulverfabrik Skodawerke-Wetzler A. G. As conversas originalmente começaram com o objetivo de construir uma nova fábrica conjunta na Áustria. Durante as discussões, porém, o plenipotenciário da IG Farben, Ilgner, exigiu que o Creditanstalt vendesse 51% de suas ações da Pulverfabrik para a IG.[4] O Creditanstalt não podia aceitar essa exigência porque a Áustria, um país pequeno, oferecia poucas possibilidades de investimento. Em outras palavras, o Creditanstalt não podia usar os xelins oferecidos como pagamento pela IG Farben para comprar ações tão prósperas quanto as da Pulverfabrik.[5]

<hr>

pp. 104-27. A tomada da Leonhard Tietz foi obra do Commerzbank, do Dresdner Bank e do Deutsche Bank. O nome arianizado da firma era Westdeutsche Kaufhof.

*A palavra, em alemão, quer dizer "anexação", e é usada historicamente para se referir à anexação da Áustria pela Alemanha, em 1938. (N.T.)

4 Testemunho juramentado do dr. Franz Rothenberg, 13 de setembro de 1947, NI-10997. Rothenberg, judeu, era um membro do Vorstand do Creditanstalt. O Vorstand corresponde aproximadamente à administração (presidente e vice-presidente) de uma empresa norte-americana.

5 Testemunho juramentado do dr. Josef Joham, 13 de setembro, 1947, NI-10998. O declarante era outro membro do Vorstand do Creditanstalt.

Mesmo assim, as negociações continuaram. Em fevereiro de 1938, um mês antes do Anschluss, o Creditanstalt concordou com uma fusão entre a Pulverfabrik e outra empresa química austríaca, a Carbidwerk Deutsch-Matrei A. G. A fusão aconteceria com o "patrocínio" da IG Farben, de modo que a nova empresa fosse controlada pela companhia alemã.[6] Esse acordo é significativo no nível psicológico, pois significou que o Creditanstalt concordava, ainda que relutantemente, que a IG Farben controlasse sua base industrial. Apesar de a fusão proposta não eliminar completamente os interesses dos Rothschild, esse era claramente o que os negociadores alemães tinham em mente. Segundo os oficiais da IG Farben que relataram o assunto em abril de 1938, as discussões, na verdade, continuaram após o acordo inicial, e as conversas foram interrompidas apenas quando o exército alemão invadiu a Áustria.[7]

O que aconteceu após o Anschluss? Rothenberg, membro do Vorstand do Creditanstalt, foi levado por camisas pardas uniformizados (SA) para dar uma volta e jogado para fora de um carro em movimento.[8] O engenheiro Isidor Pollack, que tinha transformado a Pulverfabrik desde sua criação em uma grande empresa e era seu *Generaldirektor*, teve um fim violento. Um dia, em abril de 1938, a SA o visitou em sua casa, para fazer uma busca. Durante a "busca", ele foi pisoteado até morrer.[9] Enquanto isso, os executivos alemães cuidavam de seus negócios. O Creditanstalt foi engolido pelo gigante Deutsche Bank, e sua subsidiária, a Pulverfabrik, caiu no controle da IG Farben.[10]

Como no caso da Áustria, as participações de judeus em Praga estavam sendo vendidas antes que o Estado tcheco fosse derrotado. Em fevereiro de 1939, um mês antes da invasão dos alemães em Praga, o Böhmische Escompte Bank, controlado por judeus, passou para as mãos do alemão Dresdner Bank. Como os oficiais do Creditanstalt, os principais diretores judeus do Böhmische Escompte

---

6 I. G. Farbenindustrie AG (assinado por Häfliger e Krüger) para *Staatssekretär* Keppler, 9 de abril de 1938, NI-4024.

7 *Ibid.*

8 Testemunho juramentado de Rothenberg, 13 de setembro de 1947, NI-10997.

9 *Ibid.* Ver também testemunho juramentado de Joham, 13 de setembro de 1947, NI-10998.

10 Testemunho juramentado de Georg von Schnitzler, 10 de março de 1947, NI-5194. Von Schnitzler, um membro do Vorstand da IG, era presidente do Comitê Comercial da empresa. Para ter o controle total da Pulverfabrik, a IG teve de comprar a participação do Deutsche Bank.

Bank não lucraram muito com a venda. Os diretores dr. Feilchenfeld e dr. Lob morreram em um centro de extermínio; o diretor dr. Kantor foi enforcado.[11]

O Creditanstalt e o Böhmische Escompte Bank são dois casos nos quais a ameaça estava do outro lado das fronteiras e a reação veio antes que os alemães estivessem em posição de usar a força. Os judeus anteciparam esse uso de força e obedeceram com antecedência.

Empresas judaicas que escolhessem esperar pelos desenvolvimentos futuros ficaram sujeitas a mais pressão, aplicada com o objetivo de aumentar sua prontidão para vender ao menor preço possível. Essa pressão era imposta não a uma empresa judaica específica, mas ao negócio judeu como um todo. Principalmente, foi feita uma tentativa de isolar as empresas judaicas de seus clientes e fornecedores. A alienação dos consumidores era conseguida por meio de um boicote antijudeu; o corte de fornecimento, por meio de uma série de medidas de alocação. É preciso enfatizar que esses esforços não eram procedimentos de arianização obrigatória; eles eram criados apenas para facilitar transferências voluntárias.

O boicote foi inicialmente organizado pelo partido, que estabeleceu um comitê de gestão, com os seguintes representantes do partido, em 29 de março de 1933:[12]

Julius Streicher, presidente
Robert Ley, Frente de Trabalho Alemã
Adolf Hühnlein, SA
Heinrich Himmler, SS
Reinhold Muchow, Células Fabris do Partido Nazista
Hans Oberlindober, Organização do Partido Nazista para as Vítimas de Guerra
Jakob Sprenger, Liga Nazista de Oficiais Públicos
Walter Darré, Chefe Partidário para Questões Agrícolas
Dr. Theodor Adrian von Renteln, Líder Partidário para a Classe Média
Dr. Hans Frank, Chefe Legal do Partido
Dr. Gerhard Wagner, Chefe de Saúde do Partido
Willy Körber, Juventude Hitlerista
Dr. Achim Gercke, Departamento de Informação do Partido

---

11 Interrogatório do engenheiro Jan Dvoracek (Zivno Bank), 22 de novembro de 1946, NI-11870. Ver também testemunho juramentado de Dvoracek, 2 de fevereiro de 1948, NI-14348.

12 Anúncio do Comitê Central de Defesa contra o Horror e o Boicote Judeus, 29 de março de 1933, PS-2156.

O comitê executou seu trabalho convocando reuniões em massa, frequentadas por personalidades como Streicher e Goebbels, e colocando "guardas defensivas" em frente a lojas judaicas, designadas pelos camisas pardas da SA e os SS de uniforme preto. Os guardas tinham ordem de só "informar" o público de que o proprietário do estabelecimento era judeu.[13] Às vezes a informação era passada por meio de pinturas nas janelas com a palavra *Jude*.[14]

É preciso destacar que o comitê de boicote do partido lançou sua própria campanha não tanto para facilitar a compra de empresas judaicas por outras alemãs, mas para lembrar os ministérios da hostilidade "popular" ao judaísmo e, assim, influenciar o funcionalismo público a tomar ações contra os judeus. Porém, o boicote teve efeitos econômicos distintos, intensificados e ampliados.

Já vimos que, no fim da reunião de Schacht, em 20 de agosto de 1935, ficou decidido negar qualquer contrato público a firmas judaicas. Essa decisão foi implementada com uma emenda à Diretiva do Gabinete do Reich para a Concessão de Contratos Públicos.[15] Ao mesmo tempo, o boicote tornou-se obrigatório não apenas para agências do Reich, mas também para seus empregados. Uma iniciativa do Ministério do Interior decidiu que funcionários públicos não podiam mais receber subsídios para serviços de médicos, advogados, dentistas, hospitais ou farmácias judeus, além de – por sugestão do Ministério da Justiça – maternidades e funerárias.[16] O boicote obrigatório também se aplicava a membros do partido. Em um caso em particular, um membro, o dr. Kurt Prelle, foi levado a um tribunal partidário porque a esposa dele tinha, sem seu conhecimento, comprado cartões-postais no valor de 10 centavos em uma loja de propriedade de um judeu chamado Cohn. Prelle foi expulso do partido pelo tribunal e, em obediência a um pedido do vice do Führer (Hess), também foi proibido de

---

13 Ordem assinada por Streicher, 31 de março de 1933, PS-2154.

14 Quando a Áustria foi ocupada, as lojas alemãs em Viena às vezes achavam necessário marcar seus estabelecimentos com *Arisches Geschäft* ("loja ariana"). *Gauleiter* Bürckel (Viena) para Hess, 26 de março de 1938, PS-3577.

15 Instruções do Ministério de Propaganda do Reich, incluindo a diretiva emendada, 26 de março de 1938, G-61.

16 Pfundtner para Autoridades Maiores do Reich, 19 de maio de 1936, NG-2612. Stuckart para Autoridades Maiores do Reich, 9 de setembro de 1936, NG-2612.

exercer sua profissão de notário, pois havia dúvida de que ele estivesse pronto para apoiar e defender o Estado nacional-socialista em todos os momentos.[17]

Não é surpreendente que tenham sido necessários esforços para fazer cumprir o boicote entre os membros do partido, funcionários públicos e agências do Reich, já que o "movimento" e o Reich supostamente representavam a vanguarda da ação política. Eles deviam dar o exemplo, e o povo devia segui-lo. Um boicote total, porém, por sua própria natureza, era complicado o suficiente para gerar efeitos indesejados. Em especial, o rápido colapso de uma firma judaica sem a expansão correspondente de uma empresa alemã podia gerar o desemprego de funcionários não judeus, a erosão da atividade econômica e uma perda de receitas de impostos. Para cidades com volume significativo de negócios judeus, essas perspectivas eram preocupantes.[18]

Mesmo assim, a pressão se intensificou. Desde meados dos anos 1930, foram feitas tentativas de isolar os produtores judeus não apenas de seus clientes, mas também de seus fornecedores. Os carregamentos de matéria-prima podiam ser reduzidos de três formas: (1) recusa voluntária por parte de fornecedores alemães a vender para judeus; (2) ação de cartéis, na qual cotas de matérias-primas de membros judeus podiam ser cortadas ou eliminadas; (3) redução do ajuste de alocações de moeda estrangeira por parte do Estado, com o objetivo de deixar produtores judeus desprovidos de materiais importados. Esses controles eram difíceis de manejar e não eram, de forma alguma, completamente eficazes, mas eram usados como parte do esquema geral para derrubar o preço das empresas judaicas.[19]

---

17 Ordem de investigar Prelle, assinada pelo *Staatssekretär* dr. Schlegelberger, do Ministério da Justiça, 6 de dezembro de 1938, NG-901. Ver também ordem de investigação assinada por Schlegelberger para outro notário, o dr. Wolfgang Rotmann, que comprara cigarros em uma loja judaica, 3 de junho de 1939, NG-901.

18 Memorando arquivado do Escritório Econômico (*Wirtschaftsamt*) na cidade de Frankfurt, 17 de fevereiro de 1934, Kommission zur Erforschung der Geschichte der Frankfurter Juden, *Dokumente zur Geschichte der Frankfurter Juden 1933-1945* (Frankfurt, 1963), pp. 178-85.

19 Ver carta de Rohde para Steinbrinck (correspondência interna da firma de ferro Flick), 22 de novembro de 1937, NI-1880. Rohde relatou que a empresa judaica de aço Rawack e Grünfeld não tinha mais autorização de comprar minério fundido, "o que certamente devia influenciar o preço de mercado das ações [da Rawack e Grünfeld]".

O resultado do controle de alocações, boicote e da apreensão dos judeus de que haveria mais medidas no futuro foi que muitos empresários judeus estavam prontos para vender suas ações. Havia agora um "mercado". As empresas alemãs analisavam todo o país em busca de firmas judaicas que fossem convenientes. No linguajar empresarial alemão, as companhias judaicas tinham se tornado *Objekte* (objetos). Como nem sempre era fácil encontrar um *Objekt*, o processo de busca em si tornou-se um segmento especializado, e os bancos eram as instituições que se especializavam nele. Tratava-se de uma atividade lucrativa. Os bancos lucravam triplamente com as transações de arianização: (1) com comissões (cerca de 2% do preço da venda) pelo trabalho de juntar compradores e vendedores; (2) com juros em empréstimos feitos aos compradores; e (3) com lucros de negócios subsequentes entre o banco e a firma arianizada. (Esses negócios em geral derivavam de uma cláusula no contrato entre o futuro comprador e o banco, de acordo com a qual o comprador devia designar o banco como "principal conexão bancária" para sua empresa recém-adquirida.)[20] Além disso, os bancos não eram apenas agentes; eram compradores também, e não perdiam a oportunidade de comprar um banco judeu ou algumas ações industriais seletas. Todos os tipos de negócios alemães estavam na luta por essas aquisições, mas os bancos estavam bem no meio dela.

O número de vítimas judaicas no *boom* da arianização foi alto, mas, no início de 1938, havia sinais de um enfraquecimento geral no setor empresarial alemão. Os judeus que se recusaram a negociar sobreviveram aos seus próprios medos e à pressão alemã. Em maio de 1938, um oficial do Dresdner Bank reclamou que havia mais empresas judaicas do que compradores alemães. Era especialmente difícil encontrar compradores para as grandes firmas judaicas que tinham se

---

Ver também a circular do *Wirtschaftsgruppe Eisenschaffende Industrie* (Grupo Econômico da Indústria Produtora de Ferro) a Fach- e a Fachuntergruppen e suas empresas, 13 de janeiro de 1938, NI-8058. Também *Wirtschaftsgruppe Gross- Ein- und Ausfuhrhandel/Fachgruppe Eisen- und Stahlhandel* (Grupo Econômico de Comércio de Importação e Exportação/Grupo de Comércio de Ferro e Aço) para empresas-membro e para a Wirtschaftsgruppe Eisenschaffende Industrie, 28 de março de 1938, NI-8059. A Alemanha era importadora de ferro fundido.

20 Ver relatório sobre arianizações do Böhmische Escompte Bank (subsidiário do Dresdner Bank), assinado por Kanzler e Stitz, 6 de agosto de 1941, NI-13463. Para uma cláusula de "principal conexão bancária", ver o contrato entre o Böhmische e Oswald Pohl, 5 de outubro de 1940, NI-12319. O próprio Böhmische, originalmente de controle judeu, tinha sido arianizado.

recusado a ser compradas. Ao analisar a reversão dessa tendência, o especialista do Dresdner Bank chegou apenas a uma conclusão: o preço tinha que abaixar.[21]

Para diminuir o preço dos "objetos" judeus, era necessário aplicar pressão direta. Para essa pressão ser bem-sucedida, a competição entre os compradores tinha de acabar. Nas palavras de um jornal da área econômica: "A tentação de engolir um antigo competidor [judeu] forte, ou até de arrancar um bocado tão delicioso debaixo do nariz de outro competidor [alemão], certamente levou, em muitos casos, à supervalorização".[22] Com a eliminação das rivalidades entre os compradores, o proprietário judeu enfrentaria um negociador alemão ou uma frente unida.

O meio para atingir essa ação coordenada era o contrato de comprador. Havia dois tipos: um cobria a compra de uma empresa judaica por vários compradores que agiam juntos; o outro garantia a alocação de várias empresas judaicas para compradores específicos. O primeiro tipo de acordo é exemplificado por um contrato assinado em 30 de novembro de 1937 pela Mitteldeutsche Stahlwerk (Flick) e a L. Possehl and Company para a compra de ações da firma judaica Rawack & Grünfeld, em uma divisão 50-50. O acordo garantia que, após a compra e antes de 1º de janeiro de 1943, nenhuma das partes poderia livrar-se de suas ações sem o consentimento da outra. Após 1º de janeiro de 1943, nenhuma das partes poderia se desfazer de suas ações a não ser que oferecesse metade do pacote para a outra parte.[23] Uma única empresa judaica também podia ser tomada por um consórcio de empresas de força econômica variada, desde que as companhias com mais crédito no grupo estivessem dispostas a apoiar as participantes mais fracas na busca pelos empréstimos necessários nos bancos.[24]

Quando várias partes estavam interessadas em vários *Objekte*, era comum designar um *Objekt* para cada comprador. Por exemplo, em 23 de março de 1939, o Dresdner Bank, o Deutsche Bank e o Kreditanstalt der Deutschen concordaram em dividir três bancos controlados por judeus. O Dresdner Bank adquiriria

---

21 Memorando do dr. P. Binder, 7 de maio de 1938, NI-6906.

22 *Der Volkswirt* 12 (9 de setembro de 1938): 2409.

23 Acordo entre Mittelstahl e Possehl, 30 de novembro de 1937, NI-1844.

24 A alusão a uma arianização dessa forma pode ser encontrada em um esboço de memorando de Karl Kimmich, membro do Vorstand do Deutsche Bank, sem data (provavelmente de novembro ou início de dezembro de 1938), como citado em Dietrich Eichholtz e Wolfgang Schumann, eds., *Anatomie des Krieges* (Berlim Oriental, 1969), pp. 197-98.

o Böhmische Escompte Bank, o Deutsche Bank compraria o Böhmische Union Bank e o Kreditanstalt der Deutschen controlaria o Länderbank.[25] Ambos os tipos de acordos tinham o objetivo de privar os proprietários judeus da chance de negociar. Como regra geral, os judeus afetados por tais acordos tinham duas opções: vender pelo preço do comprador ou não vender.

Em 26 de abril de 1938 a burocracia ministerial deu outro passo decisivo para abaixar o nível dos preços. A partir daquela data, o contrato para a transferência de um negócio de um judeu para um alemão exigiria aprovação oficial.[26] Um mês depois da emissão desse decreto, o *Regierungsrat* dr. Gotthardt, do Ministério da Economia, explicou a um oficial do Dresdner Bank o propósito e o efeito da medida. Segundo Gotthardt, os compradores, no passado, tinham pago não apenas pelo valor fabril de uma empresa, mas também por seu capital imaterial (marcas registradas, reputação, contratos de venda e outros fatores que aumentavam o valor). De agora em diante, os compradores não teriam mais de pagar pelos "bens" imateriais, pois, naqueles dias, sabia-se que firmas não arianas *não tinham nenhum bem em mente*. Além disso, o comprador alemão deveria deduzir do preço as somas que ele tivesse de pagar *após* a transferência pela quebra unilateral de contratos, incluindo contratos de trabalho, contratos com atacadistas judeus e assim por diante. Em geral, portanto, o Ministério da Economia daria sua aprovação apenas aos contratos que oferecessem o pagamento de 66,7 a 75% do valor original.[27]

A escolha apresentada aos proprietários judeus estava clara: eles podiam vender de acordo com os termos prescritos ou esperar pelo desenrolar futuro. Nenhum judeu imaginava que o futuro lhes reservasse algum alívio, mas alguns, proprietários das empresas mais poderosas, estavam dispostos a enfrentar o futuro.

---

25 Resumo da discussão dos bancos em 21 de março de 1939, no prédio do Ministério do Comércio tcheco (assinado por Kiesewetter), 23 de março de 1939, NI-13394. A lista de participantes era a seguinte:

Dr. Köster, Ministério Econômico alemão; dr. Schicketanz, Escritório do *Reichskommissar* na Sudetenland; dr. Rasche, Dresdner Bank; barão von Lüdinghausen, Dresdner Bank; dr. Rösler, Deutsche Bank; Pohle, Deutsche Bank; Osterwind, Deutsche Bank; dr. Werner, Vereinigte Finanzkontore, Berlim; Kiesewetter, Kreditanstalt der Deutschen; dr. Baumann, Kreditanstalt der Deutschen; Pulz, Kreditanstalt der Deutschen. A reunião aconteceu em Praga pouco mais de uma semana depois de as tropas alemãs terem invadido a cidade. O Dresdner Bank já tinha engolido seu bocado.

26 Decreto de 26 de abril de 1938, RGBl I, 415.

27 Memorando do dr. P. Binder (Dresdner Bank), 23 de maio de 1938, NI-6906.

No cinturão do carvão da Alemanha central, que vai até a Tchecoslováquia, três famílias judias, controladoras de propriedades vastas, estavam determinadas a esperar, não importava o que acontecesse. Essas três famílias, que não estavam dispostas a abrir mão de suas ações por qualquer preço em moeda alemã, eram os Rothschild, os Weinmann e os Petschek. A luta deles não era uma luta judaica – eram, sim, três batalhas distintas, em favor de três interesses distintos, em uma tentativa vã de sobreviver ao (ou com o) nazismo. A determinação em resistir à pressão dos compradores nasceu da convicção de que as perdas resultantes da briga seriam menores que o sacrifício inerente à venda de suas ações, já que esses judeus avaliavam seus recursos não pelo valor de mercado atual das ações, mas pelas estatísticas de produção, capacidade fabril e reservas de minério fundido e de carvão. Os Rothschild, os Weinmann e os Petschek estavam preparados para lutar com armas não disponíveis aos judeus pobres, como as *holdings* estrangeiras e o argumento da "indispensabilidade". O lado alemão, por sua vez, estava ciente das dificuldades. Eles sabiam que a arianização dessas empresas exigiria pressão concentrada e táticas cruéis sem precedentes na história dos negócios alemães. Essa pressão e essa crueldade foram fornecidas, em parte, por uma instituição industrial bastante particular: as Fábricas Hermann Göring.

As Fábricas Göring foram criadas nos primórdios do regime nazista por Hermann Göring e alguns de seus melhores solucionadores de problemas, como uma empresa de propriedade do Reich. Göring comprou minas e terra usando um método muito simples. Ele apresentava um ultimato a praticamente todo grande produtor de aço, para que este transferisse parte de sua propriedade ao próprio Göring.[28] O argumento dele para justificar esse método era simples: as Fábricas Göring funcionavam não para dar lucro, mas em nome do "interesse político-estatal", para o benefício do Reich. Argumentos tão convincentes, quando dados pelo segundo homem da Alemanha, provavam-se irrefutáveis. Quando a Alemanha começou sua expansão em 1938, as Fábricas Göring naturalmente também quiseram crescer. Suas maiores oportunidades estavam na compra de grandes empresas não alemãs nos novos territórios. Assim, não é surpreendente que Göring tenha cobiçado as propriedades dos Rothschild, dos Weinmann e dos Petschek. Ele elegeu a si mesmo o principal arianizador de firmas judaicas: "A arianização de

---

28 Memorando de Flick (industrialista de aço), 5 de dezembro de 1939, NI-3338.

todos os grandes estabelecimentos naturalmente caberá a mim".[29] Assim, ele se tornou a força motora por trás da coalizão de executivos e oficiais de ministério enviados, como homens de infantaria, para salas de reunião para lutar com os judeus.

Uma dessas batalhas tinha de ser travada com os Rothschild. A família estava espalhada em vários países. Havia um barão de Rothschild em Viena (Louis), outro barão em Praga (Eugene), um terceiro em Paris (dr. Alphons). Os investimentos dos Rothschild eram igualmente dispersos, pois a família tinha sido bem cuidadosa em não colocar todos os seus ovos na mesma cesta. Além disso, as ações eram cruzadas. Assim, os Rothschild de Viena tinham participações na Tchecoslováquia, os Rothschild de Praga eram donos de propriedades na França, e assim por diante. Essa configuração dava certa resiliência à família. Não era possível atacar o império todo de uma vez nem atacar parte dele sem correr o risco de contra-ataques vindos de outros bastiões da estrutura.

Na Tchecoslováquia, perto de Moravská Ostrava, os Rothschild eram donos de uma grande empresa de ferro na qual os alemães estavam interessados, a Witkowitz Bergbau- und Eisenhütten Gewerkschaft. Em fevereiro de 1937, mais de dois anos *antes* da queda da Tchecoslováquia, os Rothschild transferiram a propriedade das ações da Witkowitz para a Alliance Assurance Company, empresa de seguros de Londres. A Alliance Assurance, por sua vez, emitiu certificados de portador, expressos em unidades, que representavam a participação real no capital da Witkowitz.[30] Essas unidades eram de propriedade dos Rothschild e de um grupo amigo, os Gutmann. Foi a primeira jogada para dificultar a vida dos nazistas, já que a Alliance Assurance era uma firma britânica, e os Rothschild agora viam a Witkowitz como propriedade britânica. Em março de 1938 os alemães invadiram a Áustria. Dois dias depois do *Anschluss*, o Rothschild de Viena (barão Louis) foi preso.[31] Foi a primeira jogada para dificultar a vida da família. O barão Louis não foi libertado, e logo ficou claro que ele estava sendo feito refém. Sua prisão foi provavelmente a primeira instância do método "visto de saída" de arianização.

Em 29 de dezembro de 1938, o Länderbank Wien A.G. enviou ao Reichswerke A.G. für Erzbergbau und Eisenhütten "Hermann Göring" um parecer de um

---

29 Göring em reunião de 12 de novembro de 1938, PS-1816.

30 Testemunho juramentado de Leonard Keesing (participações Rothschild), 19 de março de 1948, NI-15625.

31 *Ibid.*

especialista sobre a Witkowitz. O parecer tinha sido feito em 31 de dezembro de 1935, e o Länderbank destacou que, tendo em vista a desvalorização subsequente da moeda tcheca, bem como a melhoria das fábricas, o valor atual era maior.[32] Em fevereiro de 1939, um mês antes da invasão da Tchecoslováquia, o Rothschild de Praga (Eugene), que no meio-tempo tinha se tornado cidadão francês, foi a Londres "para obter o apoio do governo britânico para a venda da Witkowitz para o governo da Tchecoslováquia".[33] Um negociador tcheco, o dr. Preiss, presidente da maior instituição financeira tcheca, o Zivnostenska Banka (Banco Zivno), também estava presente. Os negociadores discutiram um preço tímido de 10 milhões de libras esterlinas.[34] (Podemos notar que a soma era idêntica à prometida pelos britânicos ao governo tcheco como compensação pelo acordo de Munique.) Em março os alemães ocuparam o resto da Tchecoslováquia, incluindo Witkowitz, e as negociações caíram por terra.

A próxima jogada foi dos alemães. Foram feitos preparativos para a compra da Witkowitz. Em 23 de março de 1939, uma semana após a ocupação da Tchecoslováquia, o chefe da divisão industrial do Ministério da Economia, Kehrl, autorizou o dr. Karl Rasche, membro do Vorstand do Dresdner Bank, e o dr. Jaroslav Preiss, presidente do Banco Zivno – o mesmíssimo que tinha, um mês antes, negociado em nome do governo tcheco – a negociar com os Rothschild para a compra da propriedade, em nome do Reich. Em sua autorização, Kehrl mencionou que poderia disponibilizar moeda estrangeira.[35]

Em 27 de março de 1939, uma delegação alemã chegou a Paris e encontrou-se com o grupo Rothschild. Os negociadores participantes incluíam os seguintes representantes:[36]

Alemães: Dr. Rasche (Dresdner Bank)
Präsident Preiss (Banco Zivno)
Direktor Wolzt (membro do Vorstand do Länderbank Wien)

---

32 Länderbank Wien para Fábricas Hermann Göring, com atenção do advogado Spick, 29 de dezembro de 1938, NI-5697.

33 Testemunho juramentado de Keesing, 19 de março de 1948, NI-15625.

34 *Ibid.*

35 Kerhl para Rasche, 23 de março de 1939, NI-13407.

36 A lista de presentes e o relato da reunião foram tirados da ata alemã incluída em uma carta de Woltz para Rasche, 1 de abril de 1939, NI-14473.

Judeus: Barão Eugene de Rothschild (Praga-Paris)
Barão Alphons de Rothschild (Paris)
Barão Willi Gutmann
Direktor Keesing
Direktor Schnabel
Generaldirektor Federer (presidente do *Aufsichtsrat*, ou Conselho de
Diretores, da Witkowitz)

Na conclusão da reunião, o grupo alemão fez uma oferta. Para a transferência das participações da Witkowitz, incluindo a subsidiária Bergwerks Aktiebolaget Freja, em Estocolmo (minas de aço, capitalização de 2,6 milhões de coroas suecas),[37] os alemães ofereceram 1,341 trilhão de coroas tchecas. A soma seria paga na moeda local, exceto por uma pequena parte disponível em moeda estrangeira.[38]

Antes do colapso da Tchecoslováquia, 1,341 trilhão de coroas tchecas equivalia a aproximadamente 10 milhões de libras esterlinas. No entanto, agora, a moeda tcheca, como o próprio país, estava aprisionada. As coroas tchecas eram inúteis para os Rothschild. Uma quantidade tão grande de dinheiro não podia ser reinvestida, nem vendida a ninguém na Inglaterra, nos Estados Unidos, na Suíça ou em outros países, sem grandes perdas. Consequentemente, o grupo Rothschild rejeitou a oferta, exigindo o pagamento de 10 milhões de libras esterlinas. Os representantes Rothschild-Gutmann disseram que a vendedora das ações era uma corporação britânica, a saber, a Alliance Assurance Company. Essa corporação, explicaram os Rothschild, não discriminava as nacionalidades de seus vários proprietários, pagando dividendos a todos (detentores de certificados de portador) em uma só moeda: libra esterlina.[39]

-----

37 Memorando nos arquivos das Fábricas Hermann Göring, 31 de março de 1944, NG-2887. Dois milhões e seiscentos mil em coroas suecas equivaliam a 628 mil dólares ou 113 mil libras esterlinas nas taxas de conversão de março de 1939.

38 Os alemães ofereciam moeda estrangeira aos proprietários considerados estrangeiros sob as leis cambiais do Reich. A lei cambial de 12 de dezembro de 1938, RGBl I, 1734, definia um estrangeiro como estrangeiro não residente *ou* emigrante que tivesse posses no Reich.

39 A disponibilidade dessa moeda vinha da venda, pela Witkowitz, de praticamente toda a sua produção – chapas de aço – à Marinha britânica. Memorando do Regierungsbaurat Teuber, 22 de junho de 1939, NI-9043.

A reunião foi adiada e, no dia seguinte, os negociadores encontraram-se novamente. Esse segundo encontro foi um pouco mais explosivo. Os alemães ficaram sabendo, pela primeira vez, que o aparato amplamente distribuído dos Rothschild tinha entrado em ação. Várias contas da Witkowitz em bancos suíços, holandeses e norte-americanos tinham sido embargadas; isto é, tinham sido obtidos mandatos para evitar a retirada de dinheiro, a não ser com um esclarecimento de direitos legais. Um crédito de 200 mil libras esterlinas para a Freja tinha sido bloqueado.

Os alemães ficaram indignados. Segundo as leis cambiais do Reich, todos os *Inländer* (residentes nacionais) tinham de oferecer suas ações estrangeiras ao Reich em troca de marcos. A jogada dos Rothschild violava a lei e traria consequências. O barão Eugene de Rothschild (de Praga) pediu, então, uma contraoferta. Os alemães ofereceram 2,750 milhões de libras esterlinas. Era uma oferta que os Rothschild podiam discutir e, depois de alguma negociação, o preço foi aumentado para 3,6 milhões de libras. Em outras palavras, os alemães ficariam com a Witkowitz e sua subsidiária sueca, a Freja, enquanto os Rothschild ganhariam pouco mais que um terço das libras que tinham pedido, além do barão Louis de volta.

Para resgatar o barão, parte das transferências devia ser feita *antes* que ele fosse liberado. Assim, o maquinário dos Rothschild começou a se movimentar, com uma enxurrada de cartas e telegramas para as empresas Kuhn, Loeb and Company, Bank of Manhattan, Coha-Bank, Nederlandschen Handels Mij, Amstelbank, Blankart et Cie e outras instituições financeiras para suspender os embargos e assegurar que houvesse dinheiro e títulos à disposição dos alemães, sob a condição de que "Louis Rothschild tenha deixado a Alemanha em liberdade pela fronteira da Suíça ou da França em ou antes de 4 de maio".[40] Do lado alemão, Kehrl (Ministério da Economia) enviou cartas a Rasche, autorizando-o a negociar com o barão Louis, e ao escritório da Gestapo em Viena, pedindo permissão para uma reunião entre Rasche e Rothschild.[41]

---

40 Ver dr. Karl von Lewinski (advogado alemão contratado pelos Rothschild) para *Regierungsrat* dr. Britsch ("gestor" responsável pelos assuntos dos Rothschild no Ministério da Economia), 25 de abril de 1939, NI-15550. Também Keesing (em Paris) para Bankhaus S. M. von Rothschild em Viena (sob controle alemão), 28 de abril de 1939, NI-15550.

41 Kehrl para Rasche, 14 de abril de 1939, NI-13792. Kehrl para Staatspolizeileitstelle em Viena, 14 de abril de 1939, NI-13790.

Após a libertação de Louis Rothschild, os alemães mexeram-se para completar os esquemas para a transferência. Em 15 de junho de 1939, um grupo de especialistas em armamento encontrou-se para discutir a inclusão da Witkowitz no programa Panzer. Alguns dos participantes expressaram dúvidas sobre confiar segredos armamentistas à Witkowitz. A arianização teria de estar completa, e seriam necessárias mudanças de pessoal de cima a baixo antes que a Witkowitz pudesse ser considerada alemã.[42] Uma semana depois, descobriu-se que a Witkowitz pretendia aceitar encomendas do Exército britânico até o fim do ano.[43]

Enquanto isso, porém, o *Direktor* Rasche, do Dresdner Bank, estava viajando entre Paris e Berlim para concluir o acordo,[44] enquanto um membro do conselho do concorrente Deutsche Bank reclamava ao *Staatssekretär* Pleiger, das Fábricas Hermann Göring, que *seu* banco estava sendo excluído desses "grandes compromissos" (*grossen Engagements*).[45] Em Praga, as autoridades financeiras tchecas (ministro das Finanças Kalfus, da administração "autônoma" tcheca) estavam protestando que os alemães pretendiam cobrir o preço de compra com moeda estrangeira pertencente ao "Protektorat".[46] Ou seja, o ministro Kalfus tinha descoberto que os tchecos iam pagar pela empresa.

Em julho, o acordo final foi redigido. As partes concordaram com a transferência de 80 dos 100 certificados de portador por 3,2 milhões de libras esterlinas. O vendedor tinha direito de oferecer, e o comprador era obrigado a aceitar, as vinte ações restantes por 400 mil libras esterlinas. Os lucros do ano fiscal de 1938 ficariam para o comprador.[47] Eram esses os termos que, substancialmente, tinham sido acordados em março. O contrato deveria entrar em vigor até o fim

---

42 Memorando do *Regierungsbaurat* Teuber sobre reunião de oficiais de armamento militar sob a presidência do *Oberstleutnant* Nagel, 15 de junho de 1939, NI-9043.

43 Memorando de Teuber, 22 de junho de 1939, NI-9043.

44 Resumo da reunião do Vorstand do Dresdner Bank, presidida por Götz, 29 de junho de 1939, NI-1395. Também reunião do Vorstand de 7 de julho de 1939, NI-15368.

45 Memorando de Kimmich, 28 de junho de 1939, em Eichholtz e Schumann, eds., *Anatomie des Krieges*, pp. 219-20. Para o papel do Deutsche Bank nas arianizações, ver Harold James, *The Deutsche Bank and the Nazi Economic War against the Jews* (Cambridge, Inglaterra, 2001).

46 Memorando de Herbeck (membro do Vorstand, Dresdner Bank), 23 de junho de 1939, NI-14474.

47 Texto do contrato (sem data), em NI-15551.

de setembro.[48] Isso também tinha sido acordado em março.[49] Os alemães estavam felizes. Em 13 de julho o acordo foi assinado na Basileia.[50] Em 2 de agosto, Rasche enviou uma carta a *Gruppenführer* Wolff, chefe da Equipe Pessoal da ss, e ao chefe de polícia Himmler, na qual o Dresdner Bank expressava seu contentamento com a assistência prestada pela polícia (prendendo o barão Louis) para abaixar o preço.[51] Então, de repente, surgiu um empecilho.

Em 1º de setembro de 1939, a guerra eclodiu e o acordo não pôde entrar em vigor. Segundo o relato pós-guerra do *Direktor* Keesing, especialista financeiro dos Rothschild, o contrato tinha sido escrito pelos Rothschild propositalmente de tal maneira que a transferência do título não acontecesse até que certos pagamentos e condições fossem cumpridos. O objeto dessas cláusulas, segundo Keesing, era frustrar a transferência caso a guerra eclodisse.[52]

Não sabemos o que se passava na mente dos Rothschild. Não sabemos se esse império financeiro tinha visões proféticas que permitiram prever com precisão quando a guerra começaria. No entanto, o que sabemos é que a transação foi dolorosa para a família e portanto é provável que, na escolha entre renunciar ao título em troca de 36% do pagamento justo e reter o título na esperança de que, após a destruição do regime de Hitler, a posse seria recuperada, os Rothschild tenham oscilado de uma alternativa a outra até a guerra tomar a decisão por eles. Assim, em setembro de 1939, os proprietários da Witkowitz relaxaram e esperaram para descobrir quem duraria mais: o regime nazista ou os Rothschild. Contudo, a espera não foi muito tranquila nem pacífica.

Em novembro de 1939, os alemães tentaram garantir as ações da Freja entrando com uma ação em um tribunal sueco. Eles fracassaram.[53] Em janeiro de 1940, a Witkowitz, que não mais produzia para o Exército britânico, foi colocada sob "supervisão" de um conselho que consistia dos seguintes membros:[54]

----

48 Resumo de reunião dos membros do Vorstand do Dresdner Bank, 7 de julho de 1939, NI-15368.

49 Ver memorando da reunião de Paris, 1 de abril de 1939, NI-14473.

50 Herbeck para Rasche, 13 de julho de 1939, NI-15547.

51 Rasche para Wolff, 2 de agosto de 1939, NI-13669.

52 Testemunho juramentado de Leonard Keesing, 19 de março de 1948, NI-15625.

53 Testemunho juramentado de Leo F. Spitzer (Conselho Geral, Witkowitzer Bergbau), 15 de outubro de 1948, NI-15678.

54 Ordem do Reichsprotektor em Praga (von Neurath), 15 de janeiro de 1940, NI-15347.

Dr. Delius, Fábricas Hermann Göring

Karl Hermann Frank, *Staatssekretär*, Administração do *Protektorat*

Generaldirektor Pleiger, Fábricas Hermann Göring

Generaldirektor Raabe, Fábricas Hermann Göring

Dr. Rasche, Dresdner Bank

Dr. Rheinländer, *Reichsstelle für Wirtschaftsausbau* (Escritório de Planejamento de Construções, Plano Quadrienal)

Generalmajor Weigand, Superintendência de Armamento, Praga

Göring agora estava no controle. Os alemães, porém, ainda queriam chegar a um acordo. A Witkowitz era inglesa e os alemães, ainda que estivessem em guerra, esperavam fazer as pazes com a Inglaterra. Em resumo, a posse física não resolvia o problema para eles. Consequentemente, em março de 1940, o dr. Rasche escreveu para o presidente da subsidiária sueca Freja, sr. Sune Wetter, sugerindo novas negociações.[55] Em abril, Rasche foi a Estocolmo ameaçar tomar medidas drásticas. Se os Rothschild não estivessem dispostos a negociar em terreno neutro, a Witkowitz seria "arrendada" para uma firma alemã (as Fábricas Hermann Göring). Assim, os proprietários ficariam sem nenhum lucro da guerra e, além disso, seriam instituídas reclamações contra a Freja, dessa vez, "em uma direção diferente".[56] Mas os Rothschild não estavam dispostos a negociar. Então, em junho de 1940, a França caiu.

No dia do armistício, o Dresdner Bank pediu ao Alto Comando do Exército um passe especial para permitir que Rasche viajasse à França. O motivo: havia boatos de que as ações da Freja estavam localizadas em algum lugar de Paris e podiam ser confiscadas.[57] As ações, de fato, estavam no banco dos Rothschild de Paris.[58] Os Rothschild começaram a enfraquecer. A Inglaterra estava lutando sozinha uma batalha contra a Alemanha e a Itália. O regime nazista parecia mais firme do que nunca, já que, até então, tinha passado pelo teste da guerra e emergido vitorioso em todos os lugares.

---

55 Rasche para Sune Wetter, 11 de março de 1940, NI-13654.

56 Sune Wetter (Estocolmo) para Oskar Federer (Londres), 6 de abril de 1940, NI-13637.

57 G. Stiller (*Secretariat*, dr. Rasche) para *Generalquartiermeister/Passierscheinhauptstelle* (Intendente General/Seção Principal de Passagem), 24 de junho de 1940, NI-1853.

58 Nota de arquivo, Dresdner Bank, 2 de julho de 1940, NI-1832.

Em dezembro de 1940, a divisão estrangeira do Reichsbank chamou o presidente do Vorstand do Dresdner Bank, Götz, para relatar que um banco norte--americano tinha perguntado, em nome dos Rothschild, se os alemães estavam interessados em voltar a negociar a Witkowitz.[59] Rasche ficou um pouco surpreso com esse passo dos Rothschild. Ele não estava mais tão ansioso para negociar, mas sugeriu que as conversas acontecessem na Espanha.[60] Essas discussões, aparentemente, também não aconteceram, mas, naquele momento, nenhum dos lados fez uma jogada agressiva. Até junho de 1941, a Freja fez envios regulares de minério de ferro para a Witkowitz, como se não houvesse expropriações nem guerra.[61]

No início de 1941, ocorreu um incidente grotesco. Vamos lembrar que havia cem certificados ao portador, que significavam a posse por parte corporação britânica, que, por sua vez, tinha o controle acionário da Witkowitz, com 223.312 ações da empresa.[62] Catorze mil tinham sido entregues aos alemães como parte do acordo de resgate e libertação de Louis Rothschild; 43.300 (uma parcela considerável) tinham sido deixadas em Paris quando o barão Eugene fugiu dos alemães e estavam em um depósito em Nevers, guardadas por um oficial francês (Jannicot, diretor, Administração de Propriedade e Escritório de Receitas Gerais, Departamento Seine) e por um representante dos Rothschild. Em 8 de janeiro de 1941, um grupo de alemães (o *Devisenschutzkommando* ou "Esquadrão da Moeda") chegou ao depósito, deixou os franceses de escanteio – literalmente – e levou as ações. O governo de Vichy, consideravelmente irritado, contra-atacou isolando (bloqueando com o objetivo de confiscar) todas as propriedades dos Rothschild na França.[63] Os alemães voltaram atrás, oferecendo-se para comprar as ações por uma soma considerável.[64] (Isso fazia parte de um plano para controlar a maioria ou todas as 223

59 Götz para Rasche, 21 de dezembro de 1940, NI-13292.

60 Rasche para Götz, 28 de dezembro de 1940, NI-13292.

61 G. Stiller (*Secretariat*, dr. Rasche) para o Assessor Zöppke (Divisão Legal, Escritório do Exterior), 21 de junho de 1941, NI-1557.

62 Nota de Stiller, 3 de fevereiro de 1943, NI-2643.

63 Testemunho juramentado de Yvonne Delree Kandelafte, 19 de março de 1948, NI-15552. A testemunha era secretária particular do Barão Eugene. Jannicot para Diretor Geral de Registro, Administração de Propriedade e Receitas (Vichy), 11 de janeiro de 1941, NI-15537.

64 Marotzke (Escritório do Plano Quadrienal) para *Militärbefehlshaber Frankreich/Verwaltungsstab* (Comandante Militar da França/Administração), cópia para dr. Rasche, 6 de novembro de 1941, NI-2647.

mil ações.) O esquema, porém, não era muito prático, porque apenas as 43.300 ações descobertas em Paris estavam realmente "ao alcance [*greifbar*]".[65]

O resultado foi que as Fábricas Göring continuaram de posse da empresa, sem serem proprietárias dela. Em um memorando datado de 31 de março de 1944, as Fábricas Witkowitz são listadas como parte do complexo Göring, com a anotação: "sem participação no capital – conexão apenas operacional".[66] Apesar de a conexão ser apenas "operacional", as Fábricas Göring embolsavam os lucros, que chegaram a 2,4 milhões de Reichsmarks durante o ano fiscal de 1941.[67] E essa é a história da "arianização" da Witkowitz.

O avanço das técnicas marca as fases pré-Rothschild e Rothschild de arianizações "voluntárias". O arsenal pré-Rothschild continha as seguintes armas principais: (1) boicote, (2) controle de alocação, (3) acordos de compradores e (4) eliminação do capital imaterial por decreto. A arianização da Witkowitz revela, além disso, os seguintes métodos: (5) negociação por plenipotenciário (Dresdner Bank), (6) restrição a vistos de saída, (7) tentativa de roubo de ações e (8) operação da empresa e arrecadação dos lucros.

O caso Rothschild, porém, não é o melhor exemplo da eficácia das técnicas alemãs. No sentido prático, Göring tinha conseguido seu objetivo, mas ele não conseguira completar a transação. Não houve transferência final, e a Witkowitz não entrou nos autos como uma fábrica alemã. Sem dúvida essa relutância deve-se apenas ao fato de que os Rothschild tinham conseguido tornar a Witkowitz uma empresa inglesa. A bandeira britânica impediu os alemães de se instalarem como novos proprietários da firma.

Nos casos de Weinmann e Petschek, a transferência foi completa. Foi necessário aplicar pressão extraordinária contra ambas as famílias. O próprio Reich enfim interveio, confiscou as empresas e vendeu-as, com lucro, para os compradores interessados. No entanto, é preciso enfatizar que esses "confiscos" não faziam parte de um processo confiscatório geral; eram medidas inteiramente individuais, tomadas apenas quando os negociadores alemães, ao usar todas as suas ferramentas e seus truques, não conseguiam chegar a lugar nenhum. Em resumo, os

---

65 Nota de Stiller, 3 de fevereiro de 1943, NI-2643.

66 Reichswerke Hermann Göring/Montanblock para ministro da Economia/Divisão Principal III/ Divisão 5 – Moeda Estrangeira, 31 de março de 1944, NG-2887.

67 Pleiger para Göring, 5 de dezembro de 1941, NI-15575.

"confiscos" eram impostos como uma espécie de penalidade pela obstinação e falta de cooperação dos proprietários judeus. As "provocações" eram diferentes em cada caso – os Weinmann pleitearam, os Petschek desafiaram. Todavia, o destino deles, no fim, foi igual. A sobrevivência na Alemanha nazista não podia ser garantida por meio da insistência em direitos individuais.

A parte mais interessada nas propriedades Weinmann e Petschek era a mesma que comprara a Witkowitz: as Fábricas Hermann Göring, original e primeiramente uma firma de carvão e aço. (Esses dois braços muitas vezes eram encontrados na mesma empresa alemã. As corporações de aço sempre estavam procurando uma "base carvoeira"; isto é, estavam interessadas na aquisição de minas de carvão suficientes para garantir o fornecimento confiável para a produção de aço.) Como as Fábricas Göring eram operadas no "interesse político-estatal", não foi difícil para Göring obter o aval do ministro Funk para que todas as minas de carvão betuminoso na área do Sudeto (anexado da Tchecoslováquia em outubro de 1938) pertencessem à sua empresa.[68]

Para integrar as minas de carvão do Sudeto à companhia de Göring, uma nova corporação, a Sudetenländische Bergbau A. G., Brüx (Subag), foi criada em 10 de junho de 1939. É significativo que a primeira reunião dessa subsidiária da Göring tenha sido realizada não na Sudetenland, em Brüx, mas em Berlim, nos escritórios do Dresdner Bank.[69] O motivo para isso era óbvio: as propriedades da Subag ainda não tinham sido compradas. A arianização ainda tinha de ser feita pelo Dresdner Bank. As minas em questão ainda eram propriedades das famílias Weinmann e Petschek.

A firma menor, mas mais antiga, das duas era a Weinmann, sediada em Aussig, na Sudetenland. O valor dessas empresas era objeto de discussão desde o começo. A Tabela 5.7 mostra a discrepância nas estimativas. É preciso notar que os alemães ofereceram apenas cerca de metade da quantia desejada pelos Weinmann. O motivo para essa avaliação bastante baixa estava no fato de que a

68 Funk para Staatssekretär Körner, 13 de abril de 1939, NI-12512.
69 Minutas da primeira reunião da Aufsichtsrat, 10 de junho de 1939, NI-13910. O *Generaldirektor* Pleiger foi eleito presidente. Outros membros eram o *Unterstaatssekretär* von Hanneken (Ministério da Economia), Ing. Wolfgang Richter, Kehrl (Ministério da Economia – Indústria), Gabel (Ministério da Economia – Minas), *Ministerialrat* Mundt, dr. Rasche, Delius (Fábricas Göring) e Ing. Nathow. Para artigos da incorporação, datada de 12 de junho de 1939, ver NI-13641.

TABELA 5.7 As empresas Weinmann (valores em milhares).

EMPRESA	VALOR NOMINAL DAS AÇÕES CONTROLADAS PELOS WEINMANN		ESTIMATIVA WEINMANN DE VALOR DE MERCADO		ESTIMATIVA ALEMÃ DE VALOR DE MERCADO	
	COROAS	DÓLARES DE 1939	COROAS	DÓLARES DE 1939	COROAS	DÓLARES DE 1939
Brucher Kohlenwerke A. G. (100% Weinmann)	100.000	3.500	100.000 a 119.000	3.500 a 4.165	40.000 a 50.000	1.400 a 1.750
Westböhmischer Bergbau Aktienverein (40% Weinmann)	50.000	1.750	60.000 a 70.000	2.100 a 2.450	42.500	1.477,5
Total	150.000	5.250	160.000 a 189.000	5.600 a 6.615	83.000 a 92.500	2.900 a 3.877,5

Nota: Dresdner Bank para *Ministerialdirigent* Nasse (Ministério das Finanças), listando valor nominal das ações, 10 de fevereiro de 1939, NI–13719. Memorando do Ministério das Finanças que lista porcentagens de participação, 17 de fevereiro de 1939, NI–15635. Memorando de Ansmann (especialista em arianização, Dresdner Bank), discutindo diferenças nas estimativas, 18 de abril de 1939, NI–15607.

Segundo o especialista financeiro do grupo Weinmann, Geiringer, o valor das *holdings* em 1938 estava entre 200 e 250 milhões de coroas, ou 7 a 8,75 milhões de dólares à taxa de câmbio de março de 1938. Testemunho juramentado de Ernest Geiringer, 15 de outubro de 1948, NI–15679. Geiringer era diretor do Österreichische Creditanstalt, Viena.

empresa principal dos Weinmann, a Brucher Kohlenwerke, há dez anos dava prejuízo.[70] Há várias formas de descobrir o valor de uma corporação. Uma delas é estimar o valor da fábrica e dos "bens não tangíveis" (potencial de venda do produto). É evidente o que os Weinmann fizeram isso. Outro método é projetar ganhos (ou perdas) passados no futuro, medindo o valor em termos do desempenho anterior. Foi o que os alemães fizeram.

Havia outra dificuldade ainda mais importante: o problema da moeda estrangeira. Se os alemães ao menos tivessem feito sua oferta em libras ou dólares, os Weinmann podiam ter ficado contentes. Entretanto, a oferta foi feita em uma moeda cativa: coroas tchecas. Os Weinmann não tinham feito a mesma coisa que a família Rothschild: não tinham estabelecido uma corporação britânica, suíça ou americana para ficar com suas propriedades. Na verdade, durante o verão de 1938, *antes* da invasão alemã da Tchecoslováquia, o especialista financeiro dos Weinmann, Geiringer, tinha dado garantias às participações alemãs do Sudeto de que as empresas não seriam vendidas aos tchecos por moeda estrangeira ou qualquer outra coisa.[71] Os Weinmann só tinham tomado uma medida preventiva: em 1936, tinham feito um empréstimo para o governo tcheco, a ser pago em moeda estrangeira.[72] Em março de 1939, porém, não havia mais governo tcheco e, no que dizia respeito aos alemães, não havia nem o Estado tcheco. O empréstimo só serviu para atiçar os interesses alemães sobre de onde a moeda estrangeira prometida pelo governo tcheco poderia vir. Por esse motivo (e também porque não havia ainda acordo sobre a arianização das *holdings* Weinmann), um dos Weinmann, Hans, pego pela invasão de Praga, não teve permissão de sair da cidade. Diferentemente de Louis Rothschild, ele estava livre, mas, "para garantir a prontidão nas negociações [*Kaution für Verhandlungsbereitschaft*]", não recebeu um passaporte.[73]

Para tirar Hans Weinmann de Praga, Fritz Weinmann (em Paris) pagou 20 mil francos suíços por um "passaporte verdadeiro". Então, Hans fugiu repentina e discretamente, sem passaporte nenhum. Quando Rasche e Ansmann, os dois

---

70 Memorando de Ansmann, 19 de abril de 1939, NI-15607.

71 Barão Reinhold von Lüdinghausen (industrialista da área do Sudeto) para Rasche, incluindo o resumo de uma reunião à qual foram os banqueiros e industrialistas alemães dos Sudetos, 28 de julho de 1938, NI-13399.

72 Testemunho juramentado de Geiringer, 15 de outubro de 1948, NI-15679.

73 Memorando de Ansmann, 18 de abril de 1939, NI-15607.

especialistas em arianização do Dresdner Bank, chegaram a Paris em 25 de maio de 1939, para discutir com Fritz Weinmann e seu especialista financeiro (Dr. Geiringer) a compra das empresas, Fritz começou a discussão exigindo seus 20 mil francos de volta.[74] Aparentemente encorajado pela fuga de Hans, Fritz Weinmann então exigiu o pagamento por suas minas em moeda estrangeira. Para apoiar essa reivindicação, ele deu as seguintes razões: em primeiro lugar, ele tinha direito a moeda estrangeira porque tinha prestado serviços importantes ao povo alemão (*das Deutschum*). Com o que pareceu, para os alemães, um "atrevimento sem precedentes", Fritz "começou a discutir o nacional-socialismo, cujos princípios ele adotara antes mesmo de Hitler [*In ungewöhnlich frecher Weise zog er dann über den Nationalsozialismus her, dessen Grundsätze er schon vor Hitler vertreten habe*]". As sedes mineradoras de "Aussig seriam simplesmente inconcebíveis sem ele, tanto antes quanto hoje [*Aussig sei weder früher noch jetzt ohne ihn denkbar*]". No fim, Weinmann lembrou aos alemães que, em 1938, não tinha vendido sua propriedade aos tchecos porque a participação local dos alemães dos Sudetos não quis. Isso podia ser provado por personalidades da região como Richter, Schicketanz, Henlein e, finalmente, mas não menos importante, o próprio Göring.

O discurso de Fritz Weinmann não surtiu o efeito desejado nos alemães. Os oficiais do Dresdner Bank ficaram irritados. Rasche e Ansmann destacaram que seu entendimento sobre os serviços de Weinmann era bem diferente, e reiteraram que a solução para o problema de pagamento (moeda estrangeira) estava "totalmente fora de questão". Os negociadores alemães então declararam que a emigração ilegal de Hans criara uma situação nova. Toda a propriedade dos Weinmann podia agora ser confiscada.

Fritz Weinmann, então, deu sua última cartada. Havia algumas exportações de uma empresa na qual ele tinha participação financeira. A moeda estrangeira recebida com a venda dessas exportações, prometeu ele, nunca voltaria para a Alemanha. Era uma defesa fraca, e a reunião foi terminada. Weinmann perdera.

Em setembro de 1939, o Ministério da Economia ordenou a venda das empresas Weinmann em benefício do Reich.[75] Em outubro, o Dresdner Bank estava

----

74 Resumo de reunião da Weinmann, preparado pelos negociadores alemães, 26 de maio de 1939, NI-15629.

75 Memorando datado de 21 de setembro de 1939, nos arquivos do Westböhmische Bergbau Aktien-Verein, NI-15623.

ocupado coletando as ações depositadas em vários bancos.[76] Gradualmente, as Fábricas Hermann Göring – por meio de sua subsidiária, Subag – se instalaram. O Ministério das Finanças não estava completamente feliz com a venda das *holdings* Weinmann para as Fábricas Göring, pois a Subag pagara apenas cerca de 60% do valor determinado pelos especialistas do Ministério da Economia.[77] É verdade que as Fábricas Göring eram "propriedade do Reich". Mesmo assim, eram autônomas financeiramente. O que Göring ainda tinha de suas empresas não podia ser usado no orçamento do Reich. Em outras palavras, ele tinha roubado 40% do Reich.

O que trouxera tão rapidamente essa situação em que os Weinmann perderam não apenas a posse física de suas empresas, como também suas reivindicações de propriedade? A família acreditava poder usar argumentos inatacáveis. Fritz Weinmann defendera ser, ele mesmo, indispensável, e não hesitara em afirmar que sempre tivera ideias nazistas. É claro que ele nem era essencial para seus oponentes, nem era genuinamente um deles. Ele estava simplesmente agindo de acordo com um antigo padrão de reação judeu, e de forma mais fervorosa que seus colegas.

Em 1941, a família Weinmann foi para os Estados Unidos. Fritz Weinmann tornou-se Frederick Wyman. Hans continuou sendo Hans, mas seu filho, Charles, "logo tornou-se parte do padrão industrial norte-americano". Em um relato publicado no *The New York Times* em 4 de janeiro de 1953, não há menção ao fato de que os Weinmann eram judeus cujas propriedades tinham sido arianizadas. Em vez disso, cria-se a impressão de que eles tinham perdido suas minas por ter apoiado financeiramente o governo tcheco. Na verdade, o artigo nem menciona a palavra *judeu*. Menciona que Charles Wyman, filho de Hans, já era membro de várias empresas e era "também um líder da Igreja Unitária". O artigo continua: "A forma como os Wyman se encaixaram tão bem no padrão americano provavelmente exemplifica-se melhor com os nomes que Charles e sua esposa, Olga, deram aos seus três filhos: John Howard, Thomas Michael e Virginia Ann".[78] Isso sim é adaptabilidade.

---

76 Dresdner Bank para Ministério da Economia/Divisão II, atenção do Assessor Scheidemann, 16 de outubro de 1939, NI-15624.

77 Memorando do Ministério das Finanças, março de 1941, NI-15638.

78 Robert H. Fetridge, "Along the Highways and Byways of Finance", *The New York Times*, 4 de janeiro de 1953, p. F3.

O Dresdner Bank e o Ministério da Economia responderam rápida e decisivamente à atitude dos Weinmann. Fritz Weinmann, com sua insistência, apenas tornou o caminho mais suave para o confisco total, pois na cabeça dos alemães, o apelo dele foi interpretado não como subserviência (o que era), mas como deboche (o que não tinha a intenção de ser). A ideia de que um judeu fosse indispensável ou pudesse até mesmo ter ideias nacionais-socialistas só podia ser tratada como insulto, pois, de outra forma, todo o fundamento do processo de destruição entraria em colapso.

A última história de arianização a ser discutida é a das empresas Petschek. As propriedades Petschek pertenciam a duas famílias: os filhos de Julius Petschek e os de Ignaz Petschek. Ambas operavam minas de carvão na Alemanha e na Tchecoslováquia. (Uma listagem dessas *holdings* está na Tabela 5.8.)

A arianização do "complexo" Petschek foi confiada a dois negociadores: a Fábrica Central de Aço (Mittelstahl) de Friedrich Flick e o Dresdner Bank. A divisão do trabalho foi geográfica: Friedrich Flick foi autorizado a negociar a transferência das propriedades de Julius e Ignaz Petschek na Alemanha; o Dresdner Bank foi o plenipotenciário para as minas na Tchecoslováquia.[79] Essa divisão reflete certa preferência por "soluções territoriais". As minas da Alemanha central precisavam ser arianizadas primeiro.

Os dois grupos Petschek, por sua vez, não estavam unidos. Eles competiam um com o outro, e até mesmo se opunham.[80] Quando ambas as famílias se depararam com a ameaça da arianização, reagiram de formas contrastantes.

O lado de Julius Petschek estava em excelente posição para barganhar, e criou uma empresa de fachada britânica que, por sua vez, era controlada por outra empresa de fachada norte-americana. Todo o arranjo era "obscuro" para os alemães. Parecia, para os negociadores de Flick, que Julius Petschek realmente *vendera* as minas para o capital estrangeiro, mas que o grupo Petschek ainda tinha a opção de recompra. De todo modo, nada disso podia ser provado.[81]

---

79 Göring para Flick, 1 de fevereiro de 1938, NI-899. Dresdner Bank para *Ministerialdirigent* Nasse, 10 de fevereiro de 1939, NI-13719. *Gerichtsassessor* dr. Hahn (Escritório do Plano Quadrienal) para *Oberfinanzpräsident* em Berlim, atenção do *Oberregierungsrat* dr. Müller e *Ministerialrat* Gebhardt (Ministério das Finanças), 10 de fevereiro de 1939, NI-10086.

80 Memorando do Ministério das Finanças, 26 de setembro de 1938, NG-4034.

81 Memorando de Steinbrinck (representante de Flick), 10 de janeiro de 1938, NI-3254.

TABELA 5.8 As empresas Petschek.

Julius Petschek (sede em Praga)			
Alemanha:	Anhaltische Kohlenwerke A. G., Halle	RM	24.012.000
	Werschen-Weissenfelser Braunkohlen A. G., Halle	$	9.600.000
Sudetos:	Nordböhmische Kohlenwerke A. G., Brüx	Cr.	200–243 milhões
	Brüxer Kohlen-Bergbau Gesellschaft	$	7–8,5 milhões
Ignaz Petschek (sede em Aussig)			
Alemanha:	Öhriger Bergbau A. G.		
	Preussengrube A. G.		
	Niederlausitzer Kohlenwerke A. G.	RM	200.000.000
	Hubertus Braunkohle A. G.	$	80.000.000
	"Ilse" Bergbau A. G.		
	"Eintracht" A. G.		
Sudetos:	Britannia Kohlenwerke A. G., Falkenau	Cr.	36.700.000
	Vereinigte Britannia, Seestadt	$	1.286.500
	(Maioria) Duxer Kohlengesellschaft A. G., Teplitz-Schönau		

Nota: Holdings alemãs de ambos os grupos Petschek estão listadas no memorando do Ministério das Finanças, 16 de setembro de 1938, NG-4034. Valor das *holdings* alemãs de Julius Petschek indicado no memorando do Ministério das Finanças, 26 de outubro de 1938, NG-4033. O valor das *holdings* alemãs de Ignaz Petschek, no resumo da reunião (assinado por Wohlthat), 2 de agosto de 1938, NG-2398. *Holdings* tchecas do grupo Julius Petschek listadas no memorando do Ministério das Finanças, 26 de setembro de 1938, NG-4034. Valor das *holdings* tchecas de Julius Petschek no memorando do Ministério das Finanças, 17 de fevereiro de 1939, NI-15635. *Holdings* tchecas de Ignaz Petschek e seus valores em uma carta do Dresdner Bank ao *Ministerialdirigent* Nasse, 25 de fevereiro de 1939, NI-13719. As listas e números não incluem *holdings* menores.

De repente, sem dar tempo para os alemães se organizarem, o grupo de Julius Petschek se ofereceu para vender. Os Petschek explicaram que queriam dissolver suas participações na Alemanha; portanto, aceitariam apenas moeda estrangeira. Para apoiar sua reivindicação, disseram estar imunes à arianização por causa de seus negócios no exterior.[82]

Flick especulou que os Petschek temiam uma guerra ou catástrofe similar,[83] mas agiu rapidamente. "Por ordem do *Generalfeldmarschall* Göring", um consórcio formado pela Winterschall A. G., IG Farben e Mitteldeutsche Stahlwerke, do próprio

82 Memorando de Steinbrinck, 10 de janeiro de 1938, NI-3254.

83 Memorando de Flick, 19 de janeiro de 1938, NI-784.

Flick, tomou controle das minas alemãs da Julius Petschek. O consórcio era representado por Flick. Os Petschek eram representados pela United Continental Corporation, de Nova York. Segundo os termos do contrato, os compradores adquiriam 24 milhões de Reichsmarks em ações por apenas 11.718.250 Reichsmarks. O pagamento, porém, era em moeda estrangeira, disponibilizada pelo Ministério da Economia, "segundo o desejo expresso do *Generalfeldmarschall* Göring". O preço em dólar era 4,750 milhões. O contrato foi assinado em 21 de maio de 1938.[84]

Depois desse trabalho rápido, o Dresdner Bank não teve dificuldade com as empresas Julius Petschek na Sudetenland. Menos de um ano depois o Dresdner Bank, agindo em nome do Reich, já tinha comprado as minas, que valiam entre 200 e 243 milhões de coroas, por 70 milhões de coroas (moeda tcheca) mais remessas de carvão. Só o dinheiro precisava ser pago imediatamente; as remessas seriam espaçadas durante cinco anos. O *Präsident* Kehrl, do Ministério da Economia, ficou felicíssimo com a transação ("extraordinariamente satisfatória e vantajosa"). Ele achava que o Reich, em todo caso, podia se livrar da propriedade pelo dobro do preço da compra.[85] No entanto, quando o Dresdner Bank apresentou a conta de seus serviços, o queixo dos oficiais do Reich caiu. A comissão era de 4%, em vez dos usuais 2%. Como o Dresdner Bank tinha adiantado recursos próprios para a compra, o Reich também tinha de pagar juros de 6,5%. Depois de uma briga com o Ministério das Finanças, ficou decidido que, em negócios futuros, a comissão seria de 2% e os juros, 5,5%.[86] Além disso, não havia 100% de lucro na venda das minas, porque o comprador das propriedades de Julius Petschek nos Sudetos era, é claro, a Subag, subsidiária da Hermann Göring.[87]

---

84 Memorando do Ministério das Finanças, 26 de setembro de 1938, NG-4034. Relatório do *Oberregierungsrat* dr. Müller e do inspetor fiscal Krause para o *Oberfinanzpräsident* em Berlim, 26 de outubro de 1938, NG-4033.

85 Memorando do Ministério das Finanças, 17 de fevereiro de 1939, NI-15635.

86 Memorando do Ministério das Finanças, 13 de março de 1939, NI-15637. Ver também cartas do Ministério da Economia para o Dresdner Bank, 19 de dezembro de 1939 e 4 de janeiro de 1940, Arquivos Federais Alemães, R 7/3169. Mais tarde, o Dresdner Bank ofereceu-se a aceitar um pagamento único pelos serviços nas arianizações Weinmann e Petschek, no valor de 300 mil Reichsmarks. Dresdner Bank (assinado por André e Rasche) para o Vorstand da Subag, 16 de julho de 1940, NI-15665.

87 Dresdner Bank para *Ministerialrat* Gebhardt (Ministério das Finanças), 30 de março de 1940, NI-14756.

Apesar de os familiares de Julius Petschek terem se livrado das minas com muito prejuízo, tinham se mexido rápida e habilmente. Por trás de suas exigências tinham usado a quantidade certa de pressão. É por isso que eles tiveram sucesso impressionante em comparação com outros empresários judeus. Os alemães perceberam isso e se arrependeram assim que as arianizações da Ignaz Petschek chegaram ao fim.

Diferentemente de seus primos, os filhos de Ignaz Petschek decidiram manter sua propriedade. Para os alemães, essa decisão era grave, pois as minas Petschek eram uma grande parte da indústria de carvão da Alemanha central. No início de janeiro de 1938, Göring montou uma comissão para "solucionar o problema Petschek", com os seguintes membros:[88]

Staatssekretär Posse, Ministério da Economia
Staatssekretär Keppler, Escritório do Plano Quadrienal
Staatssekretär Pleiger, Fábricas Hermann Göring
Flick, como especialista industrial
Sauckel, como *Gauleiter* local

Flick seria o negociador principal – uma escolha interessante por dois motivos. Em primeiro lugar, ele não era um especialista desinteressado: era o maior industrialista da área e tinha um investimento pessoal no resultado das discussões. (Como vimos, Flick lucraria com a arianização do lote da Julius Petschek.) Flick também destacava-se por não ser estranho aos Petschek, nem os Petschek a ele.

Como Flick, o velho Ignaz Petschek era um homem que vencera vindo do nada. Tendo começado como *Prokurist* (assistente de um diretor, com poder para representar a firma) nas empresas Weinmann, Ignaz tornara-se independente e comprara uma mina atrás da outra. Friedrick Flick servira no *Aufsichtsrat* [Conselho] de uma empresa Petschek. Depois, ele viria a liderar seu próprio império industrial, o Mitteldeutsche Stahlwerke. Flick e Petschek mantiveram contato e, logo antes da morte de Ignaz Petschek, em 1934, Flick enviou cumprimentos pelo aniversário de 75 anos. "Tive um relacionamento dos mais amigáveis com o velho Ignaz Petschek, em todos os momentos", disse Flick, após a guerra.[89]

---

88 Memorando de Steinbrinck, 5 de janeiro de 1938, NI-3252.
89 Testemunho de Flick, caso nº 5, tr. p. 3242.

Como um homem podia trabalhar propriamente a favor do Reich se tinha tanto interesse na propriedade Petschek e tais relações com a família? Quanto ao desejo de Flick por adquirir pessoalmente a empresa, Göring estava confiante que poderia lidar com qualquer competidor invocando os interesses do Reich – um raciocínio que, ao fim, provou-se correto. As relações pessoais de Flick e da família Petschek acabariam não sendo obstáculo à arianização. Mesmo em seus primórdios, o processo de destruição era um poderoso transformador de relações e atitudes.

Em 10 de janeiro de 1938, o vice de Flick, Steinbrick, escreveu um memorando em que destacava que o grupo Ignaz Petschek não estava disposto a vender suas propriedades ou trocar as minas por outras *holdings*. Tendo em vista essa situação, "era preciso considerar o possível uso da força ou a intervenção do Reich [*muss man gegebenenfalls Gewaltmassnahmen oder staatliche Eingriffe ins Auge fassen*]".[90] Esse comentário é significativo. Raramente encontra-se uma expressão tão crua da filosofia nazista, mesmo em documentos secretos. Nesse caso, o comentário é duplamente significativo, pois, no mesmo memorando, há uma implicação clara de que, se os Petschek estivessem dispostos a vender em troca de Reichsmarks, não haveria capital suficiente para pagar pela propriedade. As quatro partes interessadas – a saber, IG Farben, Vereinigte Stahlwerke, as Fábricas Hermann Göring e o Dresdner Bank – só estavam prontas para investir menos de metade dos fundos necessários para pagar pelo valor nominal das ações.[91]

Enquanto isso, a família Ignaz Petschek começava a formar empresas de fachada na Suíça e na Holanda.[92] Não havia tempo a perder, pois, com a passagem dos meses, eles espalhariam suas *holdings* entre empresas estrangeiras, um processo chamado pelos alemães de *Einneblung*, ou "névoa". Em 19 de janeiro de 1938, o líder do grupo Ignaz Petschek, Karl, foi convocado para ir ao Ministério da Justiça, onde declarou ao *Staatssekretär* Posse e aos oficiais alemães reunidos ali: "Os senhores querem guerra; estou preparado".[93]

Os alemães procuraram uma forma de abrir o ataque. Em junho, um advogado de Flick enviou um memorando sobre possíveis ações legais contra os Petschek. Uma ação não era possível, reclamou o advogado, pois não havia lei que obrigasse

90 Memorando de Steinbrinck, 10 de janeiro de 1938, NI-3254.

91 *Ibid.*

92 *Ibid.*

93 Nota em arquivo por Steinbrinck, 19 de janeiro de 1938, NI-3249.

um judeu a vender sua propriedade. Ele incluiu um esboço de uma lei do tipo, que considerava ser a única solução.[94] Então, em julho, as coisas começaram a andar.

Em 22 de julho, convocou-se uma reunião interministerial para discutir o problema Petschek, a única relacionada a uma única família judaica da qual se tem registro.[95] Participaram os seguintes oficiais:

Ministerialrat Wohlthat (presidente), Escritório do Plano Quadrienal
Gerichtsassessor dr. Hahn, Escritório do Plano Quadrienal
Oberregierungsrat dr. Müller, *Oberfinanzpräsident*, Berlim
Steuerinspektor Krause, *Oberfinanzpräsident*, Berlim
Legationsrat Altenburg, Escritório do Exterior
Konsul dr. Kalisch, Escritório do Exterior
Oberregierungsrat dr. Gotthardt, Ministério da Economia
Bergrat Ebert, Ministério da Economia
Dr. Lintl, *Reichskommissar* para Carvão
Amtsgerichtsrat Herbig, Ministério da Justiça

Wohlthat abriu a discussão notando que Göring tinha ordenado a arianização das propriedades Ignaz Petschek na Alemanha. O valor dessas propriedades era de 200 milhões de Reichsmarks. O representante do Ministério da Justiça explicou que não havia base para uma ação legal em nenhum dos decretos antijudeus. Durante a reunião, os representantes dos ministérios concordaram que os fundos para a compra da propriedade simplesmente não estavam disponíveis. O representante do *Komissar* de Carvão destacou a importância do carvão Petschek para a economia. Ele queria a arianização imediata. Todos concordaram, porém, que não podiam ser tomadas medidas que sufocassem a produção nas minas de carvão Petschek. O Ministério das Finanças ofereceu uma solução parcial: sempre era possível cobrar impostos. Na verdade, uma pesquisa já havia descoberto que os Petschek deviam 30 milhões de Reichsmarks ao Reich. Os participantes consideraram, então, soluções alternativas: substituição de diretores judeus nas

---

94 Dr. Hugo Dietrich para *Direktor* Steinbrinck, 20 de junho de 1938, NI-898.
95 Resumo da reunião Petschek (assinado por Wohlthat), 2 de agosto de 1938, NG-2398. O escritório do *Oberfinanzpräsident* em Berlim era uma regional do Ministério das Finanças; o do *Reichskommissar* para Carvão era uma agência do Escritório do Plano Quadrienal.

subsidiárias do grupo Petschek, sob a alegação de serem um perigo para a comunidade; dissolução do East Elbian Lignite Syndicate (organizações de comércio atacadista), controlado pelos Petschek; e assim por diante. A cobrança de impostos provou ser a alavanca que derrubaria o império Petschek.

Em outubro de 1938, os alemães, invadindo a Sudetenland tcheca, tomaram posse da sede da Ignaz Petsche, em Aussig, com o objetivo de descobrir mais crimes fiscais. As coisas iam tão bem que, em uma reunião de oficiais dos ministérios das Finanças e Economia e da Mittelstahl, Steinbrinck recomendou suspender as negociações, argumentando que "os Petschek ainda não estavam suficientemente amaciados [*Die Petscheks seien noch nicht weich genug*]".[96] Do governo do efêmero e amputado Estado tcheco (outubro de 1938 a março de 1939) veio ajuda em resposta a um pedido alemão. O ministro do Exterior tcheco, Chvalkowsky, declarou estar pronto para cooperar com a investigação em todos os sentidos, "já que o Estado tcheco também tinha sido enganado pelos Petschek".[97]

Em junho de 1939, o Ministério das Finanças tinha aumentado a cobrança de 30 para 300 milhões de Reichsmarks. Todas as propriedades Petschek na Alemanha agora seriam insuficientes para pagar os impostos cobrados pelo Reich.[98] O Ministério das Finanças estava triunfante. Em 26 de junho, o *Ministerialrat* Gebhardt, do Ministério das Finanças, declarou que sua posição ministerial estava "mais forte do que nunca". Falando com Steinbrinck, Gebhardt usou a palavra "inabalável". Em outros termos, após todos os problemas com plenipotenciários e conselhos, o Ministério das Finanças tinha conseguido fazer o trabalho sozinho. A felicidade de Gebhardt estava anuviada apenas por um pensamento. Era um infortúnio, disse ele, que o Reich tivesse entrado em acordo com o grupo Julius Petschek tão rapidamente – que, sem dúvida, também tinha se envolvido em "atividades empresariais irregulares".[99]

As empresas Ignaz Petschek agora podiam ser vendidas pelo Reich pelo preço que o mercado pagasse. As minas da Alemanha central foram controladas por

---

96 Hahn para *Oberregierungsrat* Müller e *Ministerialrat* Gebhardt, 10 de fevereiro de 1939, NI-10086. Na mesma reunião, o dr. Rasche, do Dresdner Bank, tentou tomar as funções do Ministério das Finanças, oferecendo-se para negociar as dívidas fiscais com os Petschek. Gebhardt recusou, dizendo que um esquema assim deixaria outros grandes bancos de "mau humor". *Ibid.*

97 *Ibid.*

98 Nota de arquivo por Steinbrinck, 12 de junho de 1939, NI-3364.

99 Nota de arquivo por Steinbrinck, 26 de junho de 1939, NI-10139.

Göring e Flick, mas só depois de uma troca de minas entre as Fábricas Göring e a Mittestahl, sob cujos termos o Reichsmarschall ficava decididamente com a melhor parte da barganha na "participação político-estatal".[100]

As minas tchecas, capturadas nesse meio-tempo pelo Dredsner Bank sem nenhuma dificuldade, foram transferidas para um *Auffanggesellschaft* (uma empresa formada com o propósito explícito de controlar propriedades arianizadas). A empresa em questão, a Egerländer Bergbau A. G., era de propriedade do Reich, porque também as minas tchecas tinham sido confiscadas pelo Reich, para satisfazer, parcialmente, as cobranças fiscais. A Egerländer Bergbau, porém, foi vendida para participações privadas controladas pela família industrial Seebohm.[101]

O destino dos Ignaz Petschek foi o mesmo dos Weinmann, ainda que os últimos tenham pleiteado e Karl Petschek tenha "declarado guerra". A resposta para esse enigma é que ambos estavam em busca de estratégias que, inevitavelmente, levariam ao confronto. Na batalha final, nenhuma das famílias conseguiu se defender. Os Weinmann estavam jogando um jogo bem antigo, e seu desempenho era, de certa forma, habilidoso. No entanto, não tinham base de manobra. O grupo Ignaz Petschek posicionou-se de imediato, já que era, literalmente, grande demais para negociar. A batalha dele, porém, estava inevitavelmente perdida, pois estava lutando sozinho contra o poder total do Estado alemão.

Os confiscos "punitivos" das empresas Weinmann e Ignaz Petschek marcam o fim das arianizações "voluntárias". É claro que "voluntária", nesse contexto, significa apenas que os Weinmann e os Petschek ainda tiveram oportunidade de negociar com os alemães. Enquanto houvesse essa oportunidade – não importa quão adversas fossem as condições e quão forte a pressão –, o processo era considerado voluntário.

A arianização involuntária ou forçada (*Zwangsarisierung* ou *Zwangsentjudungsverfahren*) se caracterizava pela ausência total de um negociador judeu. Nesse procedimento, o proprietário judeu era representado por um "gestor"; ou seja, ambas as partes eram alemãs.

---

100 Memorando de Flick, 5 de dezembro de 1939, NI-3338. Esse comentário sincero sobre as relações de Flick com Göring foi lido para os membros do Vorstand de uma das subsidiárias da Flick, a Harpen.
101 Memorando do *Direktor* André (Dresdner Bank), 5 de novembro de 1940, NI-13944. Memorando para a reunião do Vorstand, Dresdner Bank, do Direktor Busch, 7 de novembro de 1940, NI-6462.

Havia dois motivos para introduzir o esquema involuntário de arianizações. Um era a impaciência dos ministérios. Com procedimentos obrigatórios, o processo podia ser acelerado, as datas de rescisão podiam ser fixadas e a conclusão total das transferências poderia ser visualizada dentro desses limites. O outro motivo era mais importante: a burocracia ministerial queria ter voz na distribuição das empresas judaicas.

Um dos principais efeitos das arianizações foi uma concentração cada vez maior dentro do setor empresarial. Vimos que não havia tendência de dividir empresas judaicas entre pequenos compradores. Não havia "descartelização". Da mesma forma, era raro que um grande negócio judeu fosse dominado por várias firmas alemãs agindo como um consórcio comprador ou *Auffanggesellschaft*. Mais frequentemente, o comprador alemão era maior que o vendedor judeu. Em resumo, as arianizações tinham alterado a estrutura dos negócios alemães, acentuando o poder de companhias já poderosas. Isso quer dizer que o setor empresarial, como um todo, representado apenas por industrialistas poderosos, tornou-se mais intimidante quando lidava com outras hierarquias.

O partido e os ministros, porém, não conseguiram tomar uma atitude unida em relação ao problema da distribuição. Na verdade, as discordâncias entre as duas hierarquias eram claras. A maior parte dos oficiais do partido e do Ministério do Interior defendia os pequenos empresários, enquanto o Ministério da Economia, o Ministério das Finanças e, no fim das contas, uma voz bastante decisiva no partido (Göring) alinharam-se com os grandes negócios, no que se chamou de ponto de vista "liberal". O assunto foi discutido em um grande debate, que só seria eclipsado por outra controvérsia nos anos 1940, sobre o status dos *Mischlinge*. O debate precipitou-se com a publicação, pelo Ministério do Interior, de três medidas administrativas – que eram obviamente passos preparatórios para o desenvolvimento de um processo de arianização involuntária.

Em 26 de abril de 1938, o Ministério do Interior ordenou que todos os judeus registrassem sua propriedade.[102] Caracteristicamente, o trabalho de registro ficou a cargo de escritórios regionais não equivalentes a ministérios rivais: o *Regierungspräsidenten*, na Prússia e na Baviera; o presidente da Polícia, em Berlim; o *Reichsstatthalter*, em Thüringen, Hessen, Schaumburg-Lippe, Hamburgo e Lippe;

---

102 RGBl I, 414.

o *Kreishauptmänner*, na Saxônia; os Ministérios de Estado, em Mecklenburg e Anhalt; o *Reichskommissare*, em Saar e na Áustria.

Outro decreto da mesma data determinou que contratos que envolvessem a transferência de uma empresa de um judeu para um alemão exigiam a aprovação de "autoridades administrativas superiores" (*Höhere Verwaltungsbehörden*).[103] Em geral, o termo *Höhere Verwaltungsbehörden* incluía apenas escritórios regionais de administração geral, do tipo ao que se confiava os registros. Nesse caso, porém, o Ministério da Economia, os conselheiros econômicos regionais do partido (*Gauwirtschaftsberater* e *Kreiswirtschaftsberater*), as câmaras de comércio locais e as associações industriais competentes entraram no jogo.[104] Todo mundo queria poder de veto na transação final.

Em 14 de junho de 1938, o Ministério do Interior tomou uma terceira medida preparatória: a definição do que era uma empresa judaica.[105] Ela decretava que uma empresa era judaica se seu proprietário ou um dos sócios fossem judeus ou se, em 1º de janeiro de 1938, um dos membros do Vorstand ou do *Aufsichtsrat* fosse judeu. Também era considerado judeu um negócio no qual os judeus tivessem mais de um quarto das ações ou mais de metade dos votos ou que estivesse, de fato, sob influência predominantemente judaica. Uma filial de um negócio judeu era declarada judaica, e uma filial de um negócio não judeu era considerada judaica se o gerente dessa filial fosse judeu.

No mesmo dia da emissão do decreto de definição, o ministro do Interior, Frick, abriu o debate propondo o início da arianização obrigatória.[106] Frick sugeriu que empresas judaicas fossem transferidas para o Reich em troca de títulos e vendidas pelo Reich, com base em crédito, para compradores de classe média adequados. Os direitos de credores não judeus seriam basicamente eliminados. Na

---

103 RGBl I, 415.

104 Memorando do dr. P. Binder, 23 de maio de 1938, NI-6906.

105 RGBl I, 627. Esboços do decreto circularam, depois de uma conferência interministerial e antes da publicação, para Göring; os ministérios do Trabalho, da Economia, das Finanças e da Justiça; o Escritório do Exterior; a Chancelaria do Reich; e o Vice do Führer (Hess). Ver circular de Stuckart, 30 de abril de 1938, NG-3938. O decreto foi assinado por Frick (Interior), Hess, Funk (Economia) e Gürtner (Justiça).

106 Frick para *Oberregierungsrat* Hallwachs (Escritório do Plano Quadrienal), *Ministerialbürodirektor* Reinecke (Ministério da Economia), SS-*Oberführer* Klopfer (Chancelaria do Partido), SS-*Untersturmführer Regierungsrat* dr. Tanzmann (Polícia de Segurança), 14 de junho de 1938, NG-3937.

opinião de Frick, os credores arianos que até aquele dia tinham mantido relações comerciais com judeus não mereciam consideração.

Em uma resposta datada de 23 de agosto de 1938, o ministro das Finanças, von Krosigk, destacando a preferência do Ministério do Interior pela classe média, declarou que, por princípio, empresas importantes deviam ser controladas por firmas financeiramente fortes, e que empresas com filiais superlotadas deviam ser liquidadas. O ministro das Finanças expressou oposição à extensão de crédito aos compradores por parte do Reich ("o crédito do Reich não deve ser prejudicado") e ao cancelamento de dívidas para credores não judeus. Em sua resposta, ele concluiu que, se as transferências obrigatórias de propriedade judaica eram desejáveis, seria melhor estabelecer limites temporais para os judeus serem obrigados a livrar-se de suas empresas.[107]

A palavra final nesse debate seria de Göring, na reunião de 12 de novembro de 1938:

> É fácil compreender que tentativas fortes serão feitas para colocar todas essas lojas [judaicas] nas mãos dos membros dos partidos. (...) Testemunhei coisas terríveis no passado: motoristas de *Gauleiters* lucraram tanto com essas transações que eles agora têm cerca de meio milhão. Os senhores sabem disso. (...) Precisamos insistir que o ariano que controlar o estabelecimento seja experiente no negócio e saiba fazer seu trabalho. Falando de forma geral, ele terá de pagar pela loja com seu próprio dinheiro.[108]

Foi o fim do debate.

De julho a dezembro de 1938, a burocracia ministerial desferiu seis golpes consecutivos à estrutura remanescente dos negócios e da atividade autônoma de judeus. Os decretos (1) fixaram datas de término para a operação de serviços

---

107 Von Krosigk para Frick, Göring, Hess, Ribbentrop, Lammers, Funk e Heydrich, 23 de agosto de 1938, NG-3937. Ver também memorando do Ministério das Finanças, 16 de julho de 1938, NG-4031. Sobre a atitude do Ministério da Economia, ver memorando de dr. Binder (Dresdner Bank) sobre a discussão dele com o *Regierungsrat* dr. Gotthardt, 23 de maio de 1938, NI-6906. Ver também Binder para Götz, 30 de maio de 1938, NI-6906. Götz era presidente do *Vorstand* (conselho) e do *Aufsichtsrat* do Dresdner Bank.

108 Minutas da reunião, 12 de novembro de 1938, PS-1816.

comerciais, consultórios médicos, escritórios de advocacia e estabelecimentos de varejo e (2) determinaram uma administração de gestores, nomeados pelo Ministério da Economia, de estabelecimentos de varejo, indústrias, imóveis e propriedades agrícolas. É digno de nota que essas medidas tenham vindo da suposição de que pequenas firmas judaicas, especialmente em campos "superlotados", deviam ser eliminadas completamente. Apenas empresas ou negócios eficientes com alto valor fabril eram considerados dignos de serem transferidos para mãos arianas.[109]

O primeiro decreto, datado de 6 de julho de 1938,[110] lidava com serviços comerciais. Ele determinava a liquidação, até 31 de dezembro do mesmo ano, de atividades empresariais judaicas em serviços de guarda, escritórios de informação de crédito, imobiliárias, corretoras, guias turísticos, agências de casamento que atendessem a não judeus e comércio de produtos de pouco valor. Não estava prevista compensação de nenhuma perda financeira resultante do término dos negócios.

O segundo decreto era dirigido aos médicos judeus. Essa lei havia sido elaborada nos mais altos escalões. Já em 14 de junho de 1937, o principal chefe nazista, *Reichsärzteführer* dr. Wagner, fez uma apresentação para Hitler. Nessa reunião, Hitler declarou que, para ele, a remoção dos médicos judeus era ainda mais importante que a demissão dos funcionários públicos, pois os médicos eram vistos como exemplos. Hitler estava disposto até a oferecer um salário mínimo público para os médicos judeus dispensados. No fim, não chegou a isso, já que os advogados judeus, cassados em 1933, não tinham sido pagos. Por outro lado, a possível demanda por médicos fez o *Staatssekretär* Pfundtner, do Ministério do Interior, levantar algumas

---

109 Na Áustria, antes do *Anschluss*, havia 25.898 empresas judaicas (não incluindo consultórios médicos e escritórios de advocacia). Ao fim de 1939, 21.143 tinham sido liquidadas. As porcentagens de liquidações em ramos individuais eram as seguintes:

Comércio de artesanato	87
Vendas	83
Turismo e navegação	82
Bancos	81
Indústria	26
Agricultura	2

Krakauer Zeitung, 2 de dezembro de 1939, página intitulada *Wirtschafts-Kurier*. Para estatística similar de Berlim, ver Bennathan, "Struktur", *Entscheidungsjahr*, p. 131.

110 RGBl I, 823.

questões. Em 18 de dezembro de 1937, ele perguntou se os 4 mil médicos judeus podiam ser dispensados tanto na paz quanto na guerra. Em 11 de junho de 1938, ele expandiu a pergunta: era possível ficar sem 4 mil médicos judeus entre um total de 55 mil médicos no Velho Reich e 3.300 médicos judeus de um total de 7 mil na Áustria recém-anexada? Apesar dos números, o decreto, datado de 25 de julho de 1938, foi assinado por Hitler, Frick (ministro do Interior), Hess (vice do Führer), Gürtner (ministro da Justiça) e Reinhardt (*Staatssekretär*, Ministério das Finanças). Sob o novo decreto, o Ministério do Interior tinha poder de emitir licenças para médicos judeus, restringindo seus consultórios a pacientes também judeus. Os aluguéis de apartamentos para médicos judeus, para visitas de pacientes, podiam ser terminados por opção do proprietário ou do inquilino.[111]

Os advogados judeus que tinham sobrado foram os próximos. Em abril de 1938, o *Staatssekretär* Schlegelberger, do Ministério da Justiça, informou Kritzinger, da Chancelaria do Reich, que os advogados alemães queriam a eliminação de seus colegas judeus. Hitler concordou. Houve mais correspondências sobre a determinação de um prazo para os judeus poderem continuar com seus escritórios. Essa consideração foi motivada pela incorporação da Áustria: de 2.100 advogados, estimava-se que 1.600 fossem judeus. Em 27 de dezembro de 1938, o decreto foi assinado por Hitler, Frick, Hess, Gürtner e Reinhardt. O prazo para continuar com os escritórios era 31 de dezembro de 1938, sob a condição de que alguns dos advogados pudessem continuar a praticar depois disso para representar clientes judeus.[112]

---

111 RGBl I, 969. Os médicos judeus, cujos consultórios estavam restritos a outros judeus, ficaram não apenas sem seu negócio, mas também sem seu título. Eles passaram, a partir de então, a ser chamados de *Krankenbehandler*. Sobre a história do decreto, ver Lammers para Schlegelberger, 19 de agosto de 1937, incluindo memorando de Wagner sobre a reunião com Hitler, R 43 II/733; Pfundtner para Lammers, 18 de dezembro de 1937, R 43 II/733; e Pfundtner para Hess, Lammers e os ministérios da Justiça e das Finanças, 11 de junho de 1938, R 43 II/733. O número de médicos judeus no Velho Reich em 1933 era 5.557 e o número total de médicos era 51.007. Institute of Jewish Affairs, *Hitler's Ten-Year War*, p. 7. Os dentistas judeus, que, segundo a carta de Pfundtner de 18 de dezembro de 1937, somavam apenas 606 de um total de 16.217 no Velho Reich, ficaram sem suas licenças com o decreto de 17 de janeiro de 1939, RGBl I, 47. Em 1933, havia 1.041 dentistas judeus, e 12.120 no total. Institute of Jewish Affairs, *Hitler's Ten Year War*, p. 7.
112 RBGl I, 1404. Os advogados cujos escritórios estavam restritos a judeus eram chamados de *Konsulenten*. Sobre o histórico da medida, ver nota de Kritzinger, 12 de abril de 1938, R 43 II/1535;

As três medidas, que afetavam serviços, médicos e advogados, eram decretos diretos de liquidação. Segundo os termos dessas leis, não havia transferência de empresas de judeus para alemães. Apenas os clientes e pacientes seriam transferidos à tutela alemã.

Por ocasião das revoltas de novembro, Hitler e Göring discutiram multas e assuntos similares. Um dos produtos desse debate foi a decisão de Hitler de perseguir a chamada "solução econômica" do problema judeu; em outras palavras, ele queria que todas as empresas judaicas remanescentes fossem arianizadas. Como era característico de Hitler, sua motivação não era nada econômica. Ele queria uma arianização rápida, especialmente das lojas de departamentos, por achar que clientes arianos, especialmente oficiais e funcionários do governo que só podiam fazer compras entre 18h e 19h, não estavam recebendo serviço adequado.[113] Qualquer que fosse a lógica por trás desse argumento, tal solução foi adotada imediatamente.

Em 12 de novembro de 1938, estabelecimentos de varejo receberam a ordem de parar qualquer atividade até 31 de dezembro.[114] Na elaboração desse decreto, a regulamentação de 23 de novembro de 1938,[115] assinada pelo *Staatssekretär* Brinkmann (Ministério da Economia) e o *Reichsminister* Gürtner (Ministério da Justiça), determinava que todo o varejo judeu, incluindo lojas, casas de vendas por catálogo, lojas de departamento, etc., fosse dissolvido e liquidado por questões de princípio. Os proprietários judeus ficavam proibidos de vender seu estoque aos consumidores. Todas as mercadorias deviam ser oferecidas ao grupo ou associação do setor competente (*Fachgruppe* ou *Zweckvereinigung*). Os preços deviam ser determinados por especialistas nomeados das Câmaras de Comércio. Em outras palavras, o consumidor alemão não levaria nada desse negócio; o competidor alemão era quem ficaria com as benesses. Para apressar o assunto, o Ministério da Economia ficou com o poder de nomear liquidantes, e poderia, em casos especiais,

Lammers para Gürtner, 23 de abril de 1938, R 43 II/1535; Gürtner para Hess, Lammers e os Ministérios do Interior e das Finanças, 27 de agosto de 1938, R 43 II/593; e Gürtner para Kritzinger, 16 de setembro de 1938, R 43 II/593.

113 Testemunho de Göring, *Trial of the Major War Criminals*, IX, 278.

114 RGBl I, 1580. Estabelecimentos atacadistas ficaram de fora do processo de arianização compulsória.

115 RGBl I, 1642.

conceder o direito de transferência (arianização) a um comprador alemão. Os proprietários judeus de lojas de artesanato, porém, deviam ser simplesmente eliminados do registro e ter suas licenças revogadas.

Em 3 de dezembro de 1938 foi promulgada a última e mais importante medida.[116] Esse decreto, assinado por Funk e Frick, lidava com indústrias, imobiliárias e valores mobiliários. Em relação às firmas industriais judaicas, a medida decretava que os proprietários podiam ser obrigados a vender ou liquidar dentro de tempo determinado. Um "administrador" poderia ser indicado para liderar a compra ou liquidação. Os administradores seriam nomeados pelo Ministério da Economia, mas teriam de ser "supervisionados" pelos oficiais regionais superiores do Reich. Para conduzir uma venda, os administradores tinham de ter permissão também das agências que exerciam poder de veto nessas questões (os conselheiros econômicos do *Gau*, as Câmaras de Comércio e as associações industriais). A autoridade de um administrador como negociador substituía qualquer procuração exigida legalmente.

O decreto também dizia que um judeu podia ser obrigado a vender sua terra, floresta ou imóvel. Também nesse caso podiam ser nomeados administradores para realizar a venda. As arianizações de imóveis, porém, atrasaram vários anos porque, em vários casos, os judeus tinham financiado suas casas.[117] Finalmente, o decreto ordenava os judeus a depositar todas as suas ações, títulos e outros valores mobiliários nos escritórios regionais do Ministério das Finanças. Depósitos e títulos deveriam ser marcados como judeus. O uso dos valores, a partir daquele momento, requeria a autorização do Ministério da Economia.

Essa era a "solução econômica". É possível notar que esses decretos *não* resolveram todos os problemas. Em primeiro lugar, eles não eram válidos nos chamados *Protektorat* da Boêmia e Morávia, onde o Dresdner Bank e seus companheiros estavam ocupados com as arianizações "voluntárias".[118] Em segundo lugar, as leis não se aplicavam a empresas judaicas estrangeiras no Reich. Houve a tentativa de cobrir

---

116 RGBl I, 1709.

117 O financiamento médio era 75%. Ver *Deutsche Volkswirt*, 29 de julho de 1938, pp. 2142-43.

118 O decreto do *Protektorat* de 21 de junho de 1939 (assinado pelo *Reichsprotektor* von Neurath), estipulava que a transferência de um negócio judeu só era permitida com autorização escrita especial. Além disso, o *Reichsprotektor* outorgou-se o poder de nomear administradores "nos casos que lhe parecessem apropriados". *Verordnungsblatt des Reichsprotektors in Böhmen und Mähren*, 1939, p. 45.

os estrangeiros, mas sem sucesso. Sob o decreto de registro de 26 de abril, os judeus estrangeiros eram obrigados a registrar suas propriedades domésticas. O mesmo decreto também continha uma frase que era parte administrativa, parte propagandista, que dizia que as propriedades registradas seriam usadas segundo as necessidades da economia alemã. A consequência dessas cláusulas foi o protesto dos Estados Unidos, Grã-Bretanha, França, Bélgica, Suíça, Polônia, Letônia, Lituânia e Tchecoslováquia. Todos esses países, com exceção da Bélgica e da Polônia, também tinham tratados com a Alemanha proibindo especificamente as partes de tomar as propriedades dos nativos do outro país sem o pagamento apropriado.

Como resultado desses protestos, o *Staatssekretär* Weizsäcker, do Escritório do Exterior, apontou que uma aplicação indiscriminada do princípio de "utilização" teria consequências políticas graves, desproporcionais a qualquer vantagem.[119] Essa opinião foi confirmada por Lammers, chefe da Chancelaria do Reich, após uma discussão com Ribbentrop, Frick e Hitler. Esses quatro homens consideraram a questão, cheia de implicações para a política futura, de se os judeus de nacionalidade estrangeira deviam ser tratados como estrangeiros ou como judeus. Ficou decidido que, por princípio, deviam ser tratados como judeus, mas que podiam ser necessárias exceções em casos individuais por motivos de política estrangeira.[120] O desfecho dessas discussões foi a decisão relutante de Göring de eximir os judeus estrangeiros das arianizações forçadas. Como afirmou o próprio em reunião de 12 de novembro de 1938: "Devemos tentar induzi-los por meio da indiferença, depois com pressão mais forte e manobras astutas, a se deixar ser expulsos voluntariamente".[121]

O partido não estava exatamente satisfeito com a "solução" do problema da arianização, pois a "classe média", ou os "pequenos motoristas dos *Gauleiter*" – de qualquer ângulo pelo qual se olhasse para a questão –, tinha ficado de fora. No *Gau* Franken, distrito de Streicher, o partido decidiu por sua própria solução econômica. Às vésperas dos decretos de novembro, suspeitando que não havia tempo a perder, os oficiais do *Gauleiter* Streicher começaram a trabalhar. Chamaram um judeu após o outro, e obrigaram-nos a assinar um papel transferindo seus imóveis para a cidade de Fürth, o *Gau* ou algum outro comprador merecedor. Da organização da comunidade judaica, a cidade de Fürth comprou propriedades no

---

119 Weizsäcker para Brinkmann (Staatssekretär, Ministério da Economia), junho de 1938, NG-3802.

120 Lammers para Hess, 21 de julho de 1938, NG-1526.

121 Minutas da reunião de Göring, 12 de novembro de 1938, PS-1816.

valor de 100 mil Reichsmarks pagando só 100. De um indivíduo particular, a cidade levou imóveis no valor de 20 mil Reichsmarks por 180, e assim por diante. Os judeus enfileiravam-se e os documentos eram assinados.

Havia, porém, uma dificuldade, pois alguns oficiais da corte recusaram-se a colocar as transações no registro predial (*Grundbuch*), uma medida exigida para que o negócio fosse considerado legal. Um dos juízes, o *Amtsgerichtsrat* Leiss, estava disposto a aceitá-las. Ele argumentou que "a questão da liberdade era talvez dúbia, mas toda ação na vida era governada por uma ou outra influência". Contudo, Leiss queria colocar as circunstâncias da transação no papel. Além disso, alguns oficiais judiciais insistiram que o *Gauleiter* Streicher fosse registrado como comprador das propriedades transferidas ao *Gau*, pois o *Gau* não tinha "personalidade legal". Os homens do partido decidiram que o nome do *Gauleiter* devia ser deixado "de fora" e registrou o nome do vice-*Gauleiter* Holz como "administrador". O *Staatssekretär* Schlegelberger, do Ministério da Justiça, não se opôs a esse procedimento e os oficiais do partido explicaram, em sua defesa, que "o *Gau* Franken tinha feito contribuições especiais à questão judaica e que, assim, tinha direitos especiais".[122]

Se o partido tinha suas queixas, o Reich tinha mais motivo para reclamar – pois, no fim das contas, o maior lucro não pertencia nem ao partido nem ao Reich, mas a participações de negócios privados: os compradores das empresas judaicas e os rivais das firmas liquidadas. Isso era verdade tanto para as arianizações involuntárias quanto para as voluntárias. A ideia de que uma classe especial ficasse com todo o lucro de uma medida tomada para o "bem do povo" era desagradável, até para Göring. Consequentemente, ficou decidido que os novos proprietários teriam de desfazer-se de alguns de seus ganhos.

Em primeiro lugar, havia o problema de reduzir a distância entre preço de compra e valor real. Parecia a Göring que os administradores não deviam ter servido aos judeus, já que eram nomeados para servir ao Estado. Em seu ponto de vista, os administradores deviam estabelecer a soma a ser paga ao proprietário judeu por sua propriedade. "Naturalmente", disse, "essa soma deve ser a menor

---

122 A história das arianizações de Franken foi retirada do memorando do *Oberstaatsanwalt* Joël, 15 de fevereiro de 1939, NG-616. Uma comissão especial foi nomeada por Göring para investigar essas transações. Para seu relatório, ver documento PS-1757. Um decreto não publicado, assinado por Göring e datado de 10 de dezembro de 1939, invalidou todas as arianizações irregulares concluídas após 1 de novembro de 1938, NG-1520.

possível". No entanto, ao entregar a propriedade para um comprador alemão, o administrador devia coletar o maior preço possível – o valor real. A diferença seria embolsada pelo Reich.[123] Por isso é que Göring não queria "pequenos motoristas" entre os compradores. O esquema, porém, não funcionou, já que os compradores alemães não estavam dispostos a pagar na arianização forçada mais do que tinham pago na arianização voluntária. Como consequência, as empresas acabaram sendo vendidas "pelo menor valor possível", e o Reich, não os administradores, teve de coletar a diferença dos compradores. Isso não foi tão simples.

Segundo o decreto de 3 de dezembro de 1938,[124] os beneficiários de propriedades judaicas eram responsáveis pelo pagamento de um imposto de "equalização", no valor da suposta diferença entre preço de compra e valor real. O imposto só afetava os compradores cujas transações estavam sujeitas a aprovação de acordo com os decretos de 26 de abril e 3 de dezembro; em resumo, nenhuma das arianizações concluídas *antes* de 26 de abril de 1938. Em 6 de fevereiro de 1941 uma ordem circular do Ministério da Economia colocou, retroativamente, as transações pré-1938 na mesma incidência de impostos. O Ministério, porém, decidiu não ser "mesquinho" na cobrança do imposto.[125] Isso se vê nos números a seguir, que indicam as magras receitas de "equalização" em três anos fiscais:[126]

———

123 Minutas da reunião de 12 de novembro de 1938, PS-1816. Ver também artigo preparatório para uma reunião de diretores de moeda estrangeira em 22 de novembro de 1938, na qual são mencionadas "arianizações injustas". O artigo permitia um ganho de 20%. Staatsarchiv Leipzig, arquivo Devisenstelle Leipzig 826.

124 RGBl I, 1709.

125 *Der Deutsche Volkswirt* 15 (28 de fevereiro de 1941): 820-21. Para instruções detalhas, ver *Reichsbauernführer, Dienstnachrichten*, 1941, p. 418, NG-1678.

126 Administração de Liquidação do Ministério das Finanças alemão (assinado por dr. Siegert) para Comissão de Controle da Divisão Alemanha/Inglaterra de Elementos/Finanças, 14 de novembro de 1946, NG-4904. Não há indicativos de receita anterior ao ano fiscal de 1942. Na Áustria, onde "arianizações selvagens", envolvendo táticas como exigências categóricas de chaves dos escritórios ("*Geb'ns'ma de G'schäftsschlüssel*"), eram comuns logo após a anexação em março de 1938, o Österreichische Kontrollbank für Industrie und Handel tinha o poder de comprar e vender algumas das empresas mais importantes, garantindo um lucro da arianização para o Estado. Ver Irene Etzersdorfer, *Arisiert* (Viena, 1995) e um relatório em fac-símile do Kontrollbank, 10 de julho de 1941, listando 99 firmas com preços pagos e obtidos, em Hans Safrian e Hans Witek, eds., *Und keiner war dabei* (Viena, 1988), pp. 143-57.

1942	RM 34.530.483,87
1943	RM 9.156.161,17
1944 (estimativa)	RM 5.000.000,00

Além desse imposto, os compradores de empresas judaicas tinham de enfrentar outro problema: a remoção de logomarcas e nomes judeus. Essa medida foi exigida pela primeira vez por Göring durante a reunião de 12 de novembro de 1938. Destacando que muitos arianos tinham sido "astutos" em manter as designações judaicas, ele enfatizou que muitas das empresas arianizadas tinham sido saqueadas durante as revoltas de novembro, por engano. De agora em diante, os "nomes das antigas firmas judaicas devem desaparecer completamente, e os alemães devem usar seu nome ou o de sua firma. (...) Tudo isso é óbvio".[127]

Todavia, a questão não era assim tão óbvia para os empresários alemães. Uma logomarca ou o nome de uma firma que vendia mercadorias era um ativo, e um ativo valia dinheiro. É verdade que os compradores arianos não tinham pago por esse tipo específico de ativo, pois era parte do "bem não tangível" e os judeus não deviam ter nenhum "bem tangível", mas, ainda assim, ninguém gosta de perder uma coisa valiosa só porque não pagou por aquilo. Da mesma forma, os vendedores e industrialistas não ficaram satisfeitos quando o decreto de 3 de dezembro de 1938 outorgou poder aos administradores para remover os nomes das firmas, e muito menos agradecidos ficaram ao decreto de 27 de março de 1941,[128] que exigia que todos os compradores de uma empresa judaica que ainda usavam o nome do proprietário judeu o removessem dentro de quatro meses. Para ser absolutamente claro, o ministro da Justiça (responsável por essa medida) destacou, em uma instrução, que os nomes de *todos* os antigos proprietários judeus tinham de ser removidos, parecendo judeus ou não, estando inteiros ou abreviados.[129] Essa regulamentação deu origem a petições, correspondências e reuniões.

Em 18 de abril de 1941, a Rosenthal-Porzellan A. G. enviou uma carta a Goebbels, pedindo que o honorável *Reichminister* convencesse o Ministério da Justiça a fazer uma exceção ao nome "Rosenthal" já que, nesse caso, "não se tratava de um

---

127 Minutas da reunião de 12 de novembro de 1938, PS-1816.

128 RGBl I, 177.

129 *Allgemeine Verfügung des Reichsjustizministers*, 27 de março de 1941, *Deutsche Justiz*, Heft 15/16, p. 459.

nome, mas do símbolo de um produto [*Sachbegriff*]". O fundador da firma, o *Generaldirektor* Geheimrat Philipp Rosenthal (judeu), tinha se aposentado em 1933, e a família Rosenthal nunca controlara mais de 20% das ações. O nome em si era, havia cinquenta anos, uma marca reconhecida no mundo todo, em especial no exterior, onde havia se tornado símbolo de "epítome em qualidade" de porcelana. Além disso, o nome da firma *já* tinha sido mudado em 1938, de "Porzellanfabrik Philipp Rosenthal A. G." para "Rosenthal-Porzellan A. G.".[130]

O Ministério da Propaganda enviou o pedido, com uma recomendação favorável, ao Ministério da Justiça.[131] Animada, a empresa de porcelanas inundou o Ministério da Justiça com outros memorandos que diziam, entre outras coisas, que o *Vorstand* da companhia tinha sido totalmente arianizado em 1933, que não havia mais judeus em seu *Aufsichrat* em 1934, que o *Generaldirektor* tinha morrido, sendo substituído por sua viúva totalmente ariana no mesmo ano, e que a família Rosenthal tinha transferido suas ações para a participação ariana em 1936.[132] O Ministério da Justiça cedeu, decidindo que a ordem não se aplicava à empresa porque, sob o decreto de 14 de junho de 1938, que definia um negócio judeu, a Rosenthal não era considerada uma empresa judaica.[133]

O caso da Rosenthal é especialmente interessante, pois os arianos que tinham tomado controle da empresa e de seu nome eram o tipo de pessoa que veiculava anúncios antijudeus na imprensa. O caso também é significativo por causa de suas implicações do pós-guerra. A nova administração estava certa quando argumentou que o nome "Rosenthal" era famoso no exterior. Após a guerra, a empresa enviou suas porcelanas para várias lojas de departamento judaicas em Nova York, que, por sua vez, venderam as mercadorias a muitos clientes judeus, que pensavam estar comprando um produto judeu.

---

130 Rosenthal-Porzellan A. G. para Goebbels, 18 de abril de 1941, G-64.

131 *Ministerialdirigent* dr. Schmidt-Leonhardt para Ministério da Justiça, 26 de abril de 1941, G-64.

132 Rosenthal-Porzellan A. G./Vorstand (assinado por Klaas e Zöllner) para Ministério da Justiça, 27 de maio de 1941, G-64. Rosenthal-Porzellan A. G./*Vorstand* para Ministério da Justiça, 7 de junho de 1941, G-64.

133 Ministério da Justiça (assinado por Quassowski) para Rosenthal-Porzellan A. G./Vorstand, 25 de agosto de 1941, G-64. Schmidt-Leonhardt para Goebbels, 10 de julho de 1941, G-64. Sob o decreto de 14 de junho de 1938, uma empresa era judaica se, em 1938, um quarto das ações estivesse em mãos judaicas ou se, em 1 de janeiro de 1938, um judeu fosse membro do *Vorstand* ou do *Aufsichtsrat*.

O método Rosenthal de obter isenção individual não deixou o setor empresarial contente. O que os empresários queriam era livrar-se completamente da ordem. Em 29 de maio de 1941, representantes dos ministérios e de empresas encontraram-se para debater o problema. Em seus comentários de abertura, o presidente da sessão, *Ministerialrat* Kühnemann, do Ministério da Justiça, explicou que o objetivo do decreto era sufocar os nomes das firmas judaicas, para que o mercador alemão pudesse, no futuro, vender suas mercadorias sem esses "lembretes da supremacia do senso de negócios judeu na economia alemã". O representante da *Reichsgruppe Industrie* (Associação Industrial do Reich), dr. Gerdes, propôs sem alarde que o decreto fosse postergado até o fim da guerra. O *Oberregierungsrat* von Coelln, do Ministério da Economia, o apoiou, bem como o *Kammergerischtsrat* dr. Heinemann, do Ministério da Alimentação, e o dr. Grosse, da Câmara de Comércio do Reich. Apenas a Chancelaria do Partido (*Saatsanwalt* von Kaldenberg) apoiou o presidente.[134]

Também nas correspondências subsequentes o peso da opinião estava contra o Ministério da Justiça. A Reichsgruppe Industrie queria isenções substanciais para todos os nomes famosos de empresa. Um representante empresarial, Hunke, escreveu ao Ministério da Propaganda dizendo que o decreto tinha um defeito fatal. A ordem afetava apenas as firmas que tinham tomado controle de empresas judaicas. O que impediria que uma pequena fábrica de porcelana em Thüringen registrasse um nome famoso mundialmente, como "Rosenthal", tão logo os proprietários desse nome estivessem impedidos de usá-lo? As firmas mais "rápidas" seriam recompensadas, enquanto o objeto primário da ordem – a "extinção" dos nomes de antigos proprietários judeus – permaneceria sem ser cumprido.[135] Todo o decreto era simplesmente impossível. Ninguém o queria. Somente a Chancelaria do Partido continuou apoiando o perturbado Ministério da Justiça. A Chancelaria do Partido queria uma extensão do decreto para cobrir *todos* os nomes judeus, os nomes dos maçons, das marcas não germânicas (*artfremde*) e assim por diante.[136] O resultado da controvérsia foi a derrota total do Ministério da Justiça.

---

134 Resumo da reunião sobre nomes de firmas (assinado por Sünner), 29 de maio de 1941, G-59.

135 Präsident des Werberates der deutschen Wirtschaft (assinado por Hunke) para o Ministério da Propaganda, 11 de julho de 1941, G-59.

136 Chancelaria do Partido para Ministério da Justiça, 16 de julho 1941, G-59.

Em setembro ficou decidido que nada mais seria feito em relação à remoção de nomes judeus durante a guerra.[137]

Ao estudar as arianizações, vimos que o setor empresarial engoliu muitas empresas judaicas e beneficiou-se de um grande número de liquidações forçadas. Não há números gerais que mostrem a extensão desses ganhos. Sabe-se, apenas, que o comprador de um negócio judeu raramente pagava mais de 75% do valor e frequentemente pagava menos de 50%. Também se sabe que os beneficiários alemães das liquidações judaicas investiam pouco ou nada. O lucro para o setor empresarial, portanto, deve ser colocado na casa dos bilhões de Reichsmarks.

E o Reich? E os anúncios de Göring de que o Reich, e apenas o Reich, tinha direito de lucrar com as arianizações? O Ministério das Finanças de fato teve poucas receitas. A não ser por alguns confiscos punitivos (que não rendiam muitos frutos quando o comprador era Göring) e com exceção do imposto de equalização das arianizações (que também não dava muito), o ministério não registrou receita alguma. Entretanto, indiretamente, o Reich engoliu grande parte das sobras dos valores de propriedades judaicas, colecionando grandes montantes de dinheiro e outros títulos líquidos que os judeus tinham adquirido durante as arianizações como pagamento por suas empresas. Esse dinheiro foi confiscado pelo Ministério das Finanças na forma de dois impostos de propriedade: o chamado Imposto de Saída do Reich e o chamado Pagamento de Expiação.

IMPOSTOS SOBRE PROPRIEDADE

O imposto de fuga foi decretado pela primeira vez em 8 de dezembro de 1931,[1] mais de um ano *antes* de Hitler chegar ao poder. Originalmente a medida afetava todos os emigrantes nacionais do Reich que, em 31 de janeiro de 1931, tinham propriedades que valiam mais de 200 mil Reichsmarks ou cuja renda, durante o ano fiscal de 1931, tivesse superado os 20 mil Reichsmarks.

Nos primeiros meses do regime nazista, vários judeus protestaram pedindo dispensa do imposto, sob a justificativa de que o pagamento imediato traria

---

137 Regierungsrat dr. Hilleke (Ministério da Propaganda) para *Präsident des Werberates der deutschen Wirtschaft*, 22 de setembro de 1941, G-59. Anúncio do Ministério da Economia, *Ministerialblatt des Reichswirtschaftsministeriums*, 14 de janeiro de 1942, p. 15.

1 RGBl I, 699, pp. 731-33.

dificuldades financeiras. O *Staatssekretär* Reinhardt, do Ministério das Finanças, claramente viu as implicações escondidas nesses pedidos. Era desejável, notou ele, que judeus emigrassem, mas também era necessário arrecadar sua "última contribuição".[2] No dia 18 de maio de 1934, o escopo do decreto foi na verdade expandido, com a diminuição do limiar para todos os emigrantes nacionais do Reich com propriedades que valessem mais de 50 mil Reichsmarks em 31 de janeiro de 1931 ou a qualquer momento posterior, ou que ganhassem mais de 20 mil Reichsmarks em 1931 ou qualquer ano subsequente.[3]

"Propriedade" incluía todos os valores tributáveis nas leis regulares de impostos sobre propriedade, além de ativos (geralmente não tributáveis) como ações em parcerias pessoais e alguns empréstimos do Reich. O imposto era um quarto do valor atual da propriedade (isto é, o valor na época da emigração). Não havia isenções, nem eram permitidas deduções. O emigrante que se qualificasse tinha de pagar um quarto total de seus ativos tributáveis atuais. O que significava isso? Um judeu cuja propriedade tributável valesse, em 1º de janeiro de 1931, 60 mil Reichsmarks e que, à época de sua emigração, por exemplo, em 1938, ainda possuísse 16 mil Reichsmarks, pagava um imposto de 4 mil Reichsmarks. Um judeu cuja propriedade tributável nunca passasse de 50 mil Reichsmarks, mas cuja renda durante o ano de 1932 fosse de 25 mil Reichsmarks, pagava um quarto do valor das propriedades tributáveis que ele tinha no momento da emigração. Se esse valor fosse de 5 mil Reichsmarks, ele pagaria 1.250.[4]

Obviamente, a emenda apresentada em 1934, bem como as regras administrativas colocadas em vigor para a implementação do decreto, refletiam não apenas uma mudança de efeito, mas também uma mudança de propósito. A medida original fora feita para *evitar* a emigração, especialmente a saída de pessoas bem de vida tentando levar para fora do país sua riqueza, na forma de remessa de mercadorias ou transferência de dinheiro. A medida emendada tinha o objetivo de *tirar vantagem* da emigração – dessa vez, da emigração de judeus que deixavam o

---

2 Instruções de Reinhardt, 26 de julho de 1933, Zentralarchiv Potsdam, 21.01 RFMB 10136.

3 RGBl I, 392.

4 Para detalhes sobre a administração dessa lei, ver Heinz Cohn, *Auswanderungsvorschriften für Juden in Deutschland* (Berlim, 1938), pp. 61-68.

país para começar uma nova vida no exterior.[5] O efeito pode ser visto nos números a seguir, referentes às receitas, por ano fiscal, de 1931 a 1944:[6]

1931–32 ca.	RM 1.900.000
1932–33 ca.	RM 1.000.000
1933–34	RM 17.602.000
1934–35	RM 38.120.000
1935–36	RM 45.337.000
1936–37	RM 69.911.000
1937–38	RM 81.354.000
1938–39	RM 342.621.000
1939–40	RM 216.189.000
1940–41	RM 47.787.000
1941–42	RM 36.503.000
1942–43	RM 31.460.000
1943–44	RM 8.802.000

A estranheza causada pelo fato de as estatísticas terem sido registradas em períodos posteriores à fase de emigração pode ser rastreada a uma decisão do Ministério das Finanças de cobrar o imposto também de ativos deixados para trás por judeus deportados.[7] O rendimento total durante os anos nazistas, portanto, estava na casa dos 900 milhões de Reichsmarks, mesmo após a dedução de prováveis quantias pagas por emigrantes não judeus.

O segundo imposto sobre propriedade, chamado de "Contribuição de Expiação" (*Sühneleistung*), foi imposto aos judeus após o assassinato, em novembro de 1938, do *Gesandtschaftsrat* vom Rath, em Paris, e o Ministério das Finanças, não o partido, foi designado como receptor da multa. Durante o debate sobre as

---

5 O Escritório de Economia (*Wirtschaftsamt*) de Frankfurt relatou, em 27 de fevereiro de 1934, que, de 42 pessoas avaliadas para o imposto na área urbana, 41 não eram arianas. *Dokumente zur Geschichte der Frankfurter Juden 1933-1945* (Frankfurt, 1963), pp. 178-79.

6 Stefan Mehl, *Das Reichsfinanzministerium und die Verfolgung der deutschen Juden 1933-1943* (Berlim, 1990), p. 44. Anos fiscais começavam em 1 de abril. Para transações comuns, o valor de um Reichsmark variava dentro de uma faixa estreita abaixo de 2,5 por dólar.

7 *Ibid.*, p. 47. Mehl cita Hedding (Ministério das Finanças) para *Oberfinanzpräsidenten* (excluindo Praga), 14 de abril de 1942.

prerrogativas políticas, Hitler, Göring e Goebbels também fixaram o valor da multa: a quantia redonda de um bilhão de Reichsmarks. Contudo, a coleta dessa soma trazia um problema.

Um coletor de impostos nunca sabe com antecedência quanto exatamente será a renda gerada por determinado imposto. Um imposto quase sempre se expressa como porcentagem fixa de renda, propriedade ou valores de venda de imóveis. Se a renda, os valores de propriedade ou as vendas de imóveis mudarem de um ano fiscal para outro, a soma coletada por impostos também muda. Para prever a receita são necessários, portanto, alguns cálculos complexos. O Ministério das Finanças tinha uma dificuldade maior ainda. Em vez de começar com um imposto e calcular a renda, teve de começar com uma soma precisa e determinar o imposto. Não havia precedentes pelos quais se guiar. Em nenhum ano fiscal anterior os impostos tinham sido obrigatórios especificamente para os judeus. Até o Imposto de Fuga do Reich era pago por *todos* os emigrantes.

O Ministério das Finanças sabia que um imposto de renda não adiantaria, já que a renda dos judeus estava caindo rapidamente. A única forma de tal soma ser coletada era por meio de um imposto sobre propriedade. Todavia, isso exigia saber o número de propriedades que os judeus ainda tinham. Não se tratava de um número desconhecido. Apenas alguns meses antes de ser decretada a multa de novembro, o Ministério do Interior, com uma previsão nascida da convicção de que, mais cedo ou mais tarde, todas as propriedades judaicas seriam alemãs, ordenara que os judeus registrassem seus imóveis.

O decreto de 26 de abril de 1938,[8] uma medida preparatória para as arianizações, exigia que todos os judeus (a não ser os estrangeiros) avaliassem e relatassem suas propriedades no país e no exterior. Judeus estrangeiros tinham de relatar apenas suas propriedades no país. Objetos móveis usados pelo indivíduo e mobílias não precisavam ser incluídos, a não ser que fossem de luxo. A propriedade tinha de ser avaliada pelos preços atuais médios, e era preciso relatar se o valor ultrapassasse 5 mil Reichsmarks. Em cumprimento a esse decreto (em vigor no Velho Reich e na Áustria) foram registrados os seguintes valores: 135.750 judeus de nacionalidade alemã declararam 7,050 trilhões de Reichsmarks; 9.567 judeus estrangeiros declararam 415 milhões de Reichsmarks; 2.269 judeus apátridas declararam 73,5 milhões de Reichsmarks. O total declarado, portanto, foi

---

8 RGBl I, 414.

de 7.538.500.000 Reichsmarks.[9] O detalhamento por tipo de propriedade, apenas para judeus do Reich e apátridas, ficou da seguinte forma:[10]

Agrícola e florestal	RM	112.000.000
Imóveis	RM	2.343.000.000
Empresas (dívidas excluídas)	RM	1.195.000.000
Ativos líquidos	RM	4.881.000.000
Total	RM	8.531.000.000
Menos dívidas	RM	1.408.000.000
Total líquido	RM	7.123.000.000

Com esses valores à disposição, o Ministério das Finanças podia chegar a uma alíquota sem muita dificuldade.

Em 12 de novembro de 1938, Göring proclamou a "multa".[11] Nove dias depois, o Ministério das Finanças estava com o decreto de implementação pronto,[12] sujeitando a ele todos os judeus (exceto os estrangeiros) que haviam declarado suas propriedades pelo decreto de 26 de abril do mesmo ano. As avaliações seriam ajustadas para 12 de novembro. Foi estimado que, entre 26 de abril e 12 de novembro, cerca de 2 bilhões de Reichsmarks de ativos declarados já teriam passado para mãos alemãs.[13] Os oficiais financeiros tiveram de supor que um grande número de vendedores – se não todos – já tinha saído do país. Depois de deduzir esses dois bilhões e fazer outro ajuste para as propriedades de judeus estrangeiros (400 milhões), sobrou para o Reich tributar pelo menos cinco bilhões de Reichsmarks. A "multa" a ser paga por cada judeu foi, consequentemente, fixada em 20% da propriedade declarada, em quatro parcelas: 15 de dezembro de 1938, 15 de fevereiro de 1939, 15 de maio de 1939 e 15 de agosto de 1939. Os escritórios de finanças tinham o poder de exigir que judeus que desejavam emigrar pagassem uma garantia. Os possíveis emigrantes, porém, receberam um alívio quando o Ministério

---

9 Wiehl (Escritório do Exterior/Divisão de Comércio Político) para missões e consulados alemães no exterior, 25 de janeiro de 1939, NG-1793.

10 Relatório anual do Serviço de Segurança de Heydrich II 112 para 1938, Arquivos Federais Alemães, R 58/1094, em Michael Wildt, ed., *Die Judenpolitik des SD 1935 bis 1938* (Munique, 1995), pp. 194-205.

11 RGBl I, 1579.

12 RGBl I, 1638.

13 Discurso do ministro da Economia, Funk, 15 de novembro de 1938, PS-3545.

das Finanças decidiu, em 7 de fevereiro de 1939, avaliar o Imposto de Fuga do Reich em cima das propriedades que restassem *após* o pagamento da "multa".[14]

O Ministério das Finanças também teve de se preparar para judeus que não tinham o dinheiro necessário em Reichsmarks. Em suas ordens não publicadas, datadas de 10 de dezembro de 1938, ele exigia que os escritórios de finanças tomassem notas de sucursais criadas pelo Ministério da Economia para a compra de valores e objetos de arte de judeus. Os judeus também podiam fazer pagamentos a partir de contas em outros países. O acerto para valores mobiliários era menos favorável – eles só deviam ser aceitos se estivessem citados em listas de câmbio oficiais, e pela taxa de câmbio determinada ali. Era dada preferência para ações, depois títulos corporativos e, finalmente, títulos do Reich e de suas agências. Considerando que a aceitação desses valores era considerada um privilégio dado a um judeu, este devia pagar o imposto de venda da bolsa de valores.[15] Não estava nas ordens a consideração de que o Ministério das Finanças não podia permitir que os judeus "jogassem" seus títulos no mercado, para que as condições não ficassem ruins para o empréstimo do Reich.[16]

Conforme dinheiro, obras de arte, moeda estrangeira e títulos começaram a entrar, o Ministério das Finanças passou a achar que a taxa de 20% fixada tinha sido baixa demais. Consequentemente, foi adicionada outra parcela de 5%, a ser paga em 15 de novembro de 1939.[17] Com essa parcela, o Ministério ultrapassou a meta, como revelado pelos seguintes valores totais:[18]

Ano fiscal 1938	RM	498.514.808
Ano fiscal 1939	RM	533.126.504
Ano fiscal 1940	RM	94.971.184
Total	RM	1.126.612.496

14 Ordens de Hedding, 7 de fevereiro de 1939, Zentralarchiv Potsdam, 20.01 RFM B 10136.

15 Ordens do Ministério das Finanças, 10 de dezembro de 1938, ng-4902.

16 Testemunho do ministro das Finanças, Schwerin von Krosigk, Caso nº 11, tr. p. 23292. Schacht afirmou, depois da guerra, que cerca de um terço da *primeira* parcela tinha de ser aceita "em espécie". Interrogatório de Hjalmar Schacht, 11 de julho de 1945, PS-3724.

17 Decreto de 19 de outubro de 1939, RGBl I, 2059.

18 Administração de Liquidação do antigo Ministério das Finanças alemão (assinado por Siegert) para Comissão de Controle da Divisão Alemã/Britânica de Elementos/Finanças, 14 de novembro de 1946, NG-4904.

O Imposto de Fuga do Reich e o Pagamento de Expiação judeu estão resumidos na Tabela 5.9. Os dois impostos renderam um total de 2 bilhões de Reichsmarks.

TABELA 5.9 Imposto de Fuga do Reich e Pagamento de Expiação judeu.

	IMPOSTO DE FUGA	PAGAMENTO DE EXPIAÇÃO
Obrigatoriedade	Todos os emigrantes nacionais do Reich que tivessem propriedades com valor maior que RM 50.000 em 1º de janeiro de 1931 (ou em qualquer momento posterior) ou renda superior a RM 20.000 em 1931 (ou em qualquer ano posterior)	Todos os judeus (exceto os estrangeiros) que declararam propriedades com valor maior que RM 5.000
Alíquota do imposto	25% das propriedades tributáveis	25% das propriedades declaradas
Lucro	RM 900.000.000	RM 1.100.000.000

A renda combinada durante o ano fiscal de 1938 (RM 841 milhões) representava quase 5% das receitas totais (RM 17,690 trilhões) daquele ano.[19] O ano fiscal de 1938 (1º de abril de 1938 a 31 de março de 1939) foi de mobilização. A escassez de fundos era "crítica". O dinheiro judeu coletado pelo Ministério das Finanças era jorrado imediatamente no funil dos gastos armamentistas.[20]

Apesar de os 2 bilhões de Reichsmarks constituírem o maior lucro já registrado pelo Reich em todo o processo de destruição europeu, a soma era menos que um terço dos ativos declarados pelos judeus em 1938. Dos 7,5 bilhões de Reichsmarks declarados naquele ano, o Reich recebeu apenas as sobras. Isso se tornou claro quando o Ministério das Finanças descobriu que, em alguns casos, o "valor ridículo" recebido pelos judeus por suas propriedades arianizadas era insuficiente para pagar o imposto sobre a propriedade.[21]

---

19 Receita fiscal total de 1938 do *Deutsche Bank,* 30 de maio de 1939, pp. 144-45.

20 Resumo de Wörmann (Escritório do Exterior/Divisão Política) de um discurso de Göring a ministros, *Staatssekretäre* e generais, datado de 19 de novembro de 1938, PS-3575. Interrogatório de Schacht, 11 de julho de 1945, PS-3724.

21 Testemunho juramentado do *Ministerialrat* Walter Donandt, 20 de maio de 1948, Krosigk-24. Donandt era conselheiro pessoal do ministro das Finanças, von Krosigk.

BLOQUEIO DE DINHEIRO

Suponhamos que um judeu vendesse sua propriedade e pagasse seus impostos e, após esses procedimentos arrasadores, ainda tivesse algum dinheiro sobrando. Ele poderia ir ao banco, trocar por dólares e viajar para os Estados Unidos? A resposta é não.

Em primeiro lugar, havia a visão de que todo o capital judeu na Alemanha pertencia na realidade ao povo alemão, pois os judeus não podiam tê-lo acumulado honestamente.[1] Em outras palavras, os judeus não tinham permissão de transferir nenhum dinheiro para o exterior, pois, se ainda o tivessem, o Reich queria poder confiscá-lo em algum momento. Um segundo motivo, mais cruel, era que, se judeus emigrantes pudessem guardar algum de seus recursos, o Reich seria obrigado a trocar moeda estrangeira por meros Reichsmarks, e isso estava fora de questão. Desde 1931, controles de câmbio estritos regulavam todas as transações em moeda estrangeira. A lei determinava que todo alemão era obrigado a oferecer ao Reichsbank qualquer moeda estrangeira que tivesse à disposição, inclusive ações expressas em moeda estrangeira. Assim, se um exportador vendesse mercadorias no exterior, ele era pago em Reichsmarks, enquanto o Reich ficava com os dólares, as libras, os francos ou o que quer que fosse.

O propósito dessa mobilização de moeda estrangeira era garantir que quaisquer fundos estrangeiros disponíveis fossem gastos apenas com as importações essenciais. Desviar essas reservas para garantir que emigrantes judeus estabelecessem uma vida em outro país era a última coisa que qualquer um pensaria em fazer. Todavia, era preciso fazer *algo* do tipo se o objetivo era incentivar a emigração dos judeus. Os países estrangeiros já eram avessos a aceitar judeus, quanto mais judeus pobres.[2] Os controles de câmbio eram, portanto, um dos obstáculos à emigração rápida. O problema só podia ser resolvido de duas formas: por meio de apoio financeiro de outros judeus no exterior ou de transferências excepcionais, tortuosas e proibidas. Quando a assistência de judeus no exterior falhou, recuperar dinheiro tornou-se requisito absoluto para qualquer programa de emigração.

———

1 Notas do Escritório do Exterior (assinadas pelo *Staatssekretär* Weizsäcker) para embaixadas alemãs em Londres, Paris, Roma, Washington e Varsóvia, e para missões diplomáticas alemãs em Belgrado, Bucareste, Budapeste, Praga e Sofia, 8 de julho de 1938, NG-3702.

2 Ver relatório de Albrecht (Escritório do Exterior/Divisão Legal) para Himmler sobre as restrições à imigração que afetavam os judeus nos Estados Unidos, Canadá, Guatemala, El Salvador, Brasil, Equador, Bolívia, União Sul-Africana e Palestina, 10 de novembro de 1937, NG-3236.

A seguir está uma lista de doze métodos usados pelos judeus para transferir dinheiro para o exterior. O fato de haver pelo menos doze possibilidades é, em si, um indicador significativo do dilema alemão.

1. A chamada *Freingrenze* (zona de moeda livre). Cada emigrante, incluindo os judeus, podia tirar do país um total de 10 Reichsmarks em moeda estrangeira (à taxa de câmbio oficial) e duas vezes esse valor se o destino fosse um país sem fronteira com a Alemanha. Isso significava que uma família de três pessoas viajando para os Estados Unidos podia levar 24 dólares.[3]

2. A *Warenfreigrenze* (zona de mercadorias livres). Um emigrante também podia levar mercadorias no valor de 1 mil Reichsmarks. Para o cálculo do preço, o fator decisivo era o valor de venda no destino, não o valor de mercado no Reich.[4]

3. Cada emigrante também podia tirar do país seus *pertences pessoais*, incluindo mobílias. Porém, os emigrantes precisavam enviar às autoridades listas de todos os itens que pretendiam levar.[5] O objetivo das listas era filtrar os envios, de modo a evitar a exportação de joias e objetos de valor. Havia, é claro, a tendência de contrabandear esses itens para fora do país, mas a burocracia fazia o possível para frustrar esse tipo de transferência. No dia 21 de fevereiro de 1939, os judeus foram orientados a entregar ouro, platina, prata, pedras preciosas e obras de arte para escritórios de compra do Ministério da Economia, com "pagamento a ser determinado pelo ministério".[6]

4. Outra forma de dispor de dinheiro antes de emigrar era comprar *acomodações em trens e navios*, em Reichsmarks. Esse método era totalmente admissível, mas as companhias fluviais estrangeiras nem sempre estavam dispostas a aceitar moeda alemã. A empresa italiana Lloyd Triestino, por exemplo, exigia o pagamento de metade da tarifa em moeda estrangeira.[7]

5. O *Altreu*, ou *Allgemeine Treuhandstelle für die Jüdische Auswanderung* (Escritório de Administração Geral para a Emigração Judaica) era uma casa de câmbio

---

3 Decreto de implementação da Lei Cambial, 22 de dezembro de 1938, RGBl I, 1851. O limite de 10 marcos foi resultado de reduções sucessivas, e entrou em vigor a partir de 1934.

4 Cohn, *Auswanderungsvorschriften*, p. 35.

5 Lei Cambial, 12 de dezembro de 1938, RGBl I, 1734, par. 58.

6 RGBl I, 279.

7 *The New York Times*, 6 de julho de 1939, p. 14.

criada para converter Reichsmarks em moeda estrangeira (com exceção da moeda palestina) com perda de 50% para os judeus. Políticas complicadas governavam a administração desse procedimento. Até outubro de 1937, o limite máximo era 8 mil Reichsmarks. Depois disso, foi elevado, em alguns casos, para 50 mil Reichsmarks. Em 1938, porém, já não eram aceitos novos pedidos.[8]

6. Judeus que emigravam para a Palestina recebiam uma oportunidade especial de remover seu capital por meio do chamado acordo *Haavara*. Esse acordo foi fechado em agosto de 1933 pelo Reich alemão e a Agência Judaica para a Palestina. Na prática, era um acordo de compensação modificado, sob cujos termos um "capitalista" judeu que quisesse emigrar para a Palestina podia assinar um contrato com um exportador alemão para a transferência de mercadorias da Alemanha para a Palestina. O exportador alemão era pago com fundos tirados da conta bloqueada do judeu emigrante. O emigrante recebia sua moeda palestina da Agência Judaica ao chegar na Palestina. Resumindo, os canais eram os seguintes:[9]

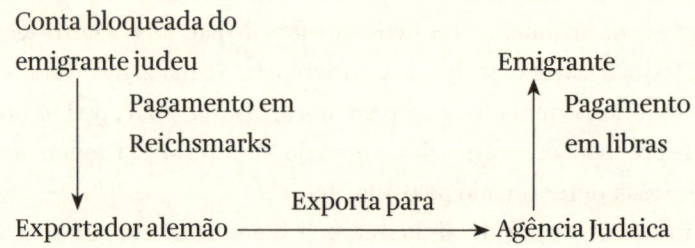

A Agência Judaica e os exportadores estavam tão satisfeitos com esse acordo quanto os próprios emigrantes. As mercadorias alemãs chegavam à Palestina e, após um tempo, o acordo de compensação *Haavara* foi complementado por um acordo de escambo que determinava a troca de laranjas palestinas

---

8 Cohn, *Auswanderungsvorschriften*, pp. 37–39.

9 Memorando do Escritório do Exterior, 10 de março de 1938, NG-1889. A complexa história do acordo é descrita por Werner Feilchenfeld, Dolf Michaelis e Ludwig Pinner, *Haavara-Transfer nach Palästina* (Tubinga, 1972). As transferências Haavara, incluindo mercadorias compradas com Reichsmarks na Alemanha pelos próprios emigrantes, totalizaram mais de 100 milhões de Reichsmarks e facilitaram a emigração de cerca de 36% dos 50 mil judeus que entraram na Palestina vindos do Velho Reich. Ver também a análise de Yehuda Bauer, *Jews for Sale?* (New Haven, Conn., 1994), pp. 5-29.

por madeira, papel de embrulho, carros a motor, bombas, maquinário agrícola e outros bens alemães.[10] Aparentemente, as relações econômicas entre a Alemanha nazista e a comunidade judaica na Palestina estavam excelentes. Naturalmente havia algum descontentamento no Partido Nazista, no *Referat* do Escritório do Exterior da Alemanha (que devia lidar com questões judaicas) e com os alemães palestinos, que reclamaram que seus interesses estavam sendo completamente negligenciados em favor dos judeus.[11] Mesmo assim, esse acordo sobreviveu até a eclosão da guerra.

7. Pagamentos de arianizações em moeda estrangeira. Esse método estava aberto primariamente a judeus que tinham nacionalidade estrangeira ou podiam vender ações em uma empresa estrangeira.[12] Enfim, era uma possibilidade para judeus emigrados que, como antigos proprietários de uma firma arianizada, podiam fazer reclamações contra os novos proprietários anexando fundos em filiais estrangeiras da firma.[13]

8. A venda de Reichsmarks bloqueados. Um emigrante que não levasse seu dinheiro consigo automaticamente perdia esse dinheiro para uma conta bloqueada (*Sperrguthaben*) sobre a qual ele não tinha controle algum. As contas bloqueadas eram supervisionadas pelos *Devisenstellen*, que eram, administrativamente, parte dos escritórios dos *Oberfinanzpräsidenten* (escritórios regionais do Ministério das Finanças), mas que recebiam diretivas do Ministério da Economia.[14] Os *Devisentellen* só podiam permitir a exploração de contas

---

10 Resumo de reunião interministerial nos escritórios do Ministério da Economia, 22 de setembro de 1937, NG-4075.

11 Correspondências e reuniões, 1937 a 1938, nos documentos NG-1889, NG-4075 e NG-3580.

12 Ver o contrato de arianização entre a firma de Frankfurt J. & C. A. Schneider e Bruno Seletzky, um residente suíço, 27 de dezembro de 1938, T 83, rolo 57.

13 Ver carta da firma arianizada M. M. Warburg & Co. K. G. (assinada por Niemeyer) para *Oberfinanzpräsident* em Hamburgo/Escritório Cambial, aos cuidados do *Reichsbankoberinspektor* Kurth, 18 de setembro de 1939 e correspondências subsequentes, Arquivos Federais Alemães, R 7/4464.

14 Lei Cambial, 12 de dezembro de 1938, RGBl I, 1734. Decreto de implementação do ministro da Economia, 22 de dezembro de 1938, RGBl I, 1851. A Lei Cambial e o mandato de implementação são codificações das regulamentações anteriores. Para uma compilação completa – com comentário de especialistas – das regulamentações cambiais de 1939, ver *Regierungsrat* Hans Gurski e *Regierungsrat* Friedrich Schulz, eds., *Devisengesetz* (Berlim, 1941).

bloqueadas para três objetivos principais: (1) oferecer crédito a um alemão, (2) fazer pagamentos de seguro e (3) adquirir imóveis. Essas cláusulas não eram para beneficiar os judeus emigrantes, mas sim os estrangeiros não judeus interessados em fazer esses investimentos. Porém, o fato de marcos bloqueados, ou *Sperrmark*, serem liberados para alguns objetivos, dava-lhes ao menos alguma quantia. Na verdade, alguns judeus conseguiam vender seus bens bloqueados a uma taxa de câmbio de 20% por *Sperrmark*, ou até um pouco mais – ou seja, uma perda de não mais que 50%.[15] Os judeus que não venderam suas contas de *Sperrmark* perderam essas contas quando, durante os últimos confiscos, elas foram engolidas pelo Ministério das Finanças.

9. O *contrabando de moeda* em contravenção da lei, praticado por alguns judeus pobres que só tinham um pouco de dinheiro e queriam trocá-lo rapidamente, sem intermediários. Como somas contrabandeadas em dinheiro tinham de voltar para ser usadas por qualquer um que não fosse um caçador de suvenires, a taxa de câmbio dessas transações era de apenas 10 ou 13 centavos por marco.[16] A coroa tcheca, que valia 3,43 centavos antes dos alemães invadirem Praga, era vendida em bancos nova-iorquinos uma semana depois da invasão por menos de 1 centavo.[17]

10. Outra transação ilícita, mas comum, era um *acordo particular*, para o qual eram necessárias três partes judaicas: um judeu emigrando com moeda alemã, uma família judaica destituída que tivesse ficado para trás e um parente estrangeiro da família destituída disposto a dar ajuda. Segundo o acordo, o emigrante dava seus Reichsmarks para a família pobre e depois recebia os dólares (ou libras ou francos) de presente dos parentes estrangeiros que estavam ajudando.

11. Como, segundo a Lei Cambial, ações estrangeiras pertencentes a cidadãos alemães tinham de ser declaradas ao Reich, a *retenção de ações estrangeiras* equivalia à transferência de moeda. Havia apenas duas formas de manter

---

15 Edward J. Condlon, "Shoppers for Foreign Exchange Benefit as Stocks Here Increase", *The New York Times*, 19 de março de 1939, pp. 1, 5. A liberação de *Sperrmarks* para facilitar a emigração de judeus indigentes também era aparentemente aprovada. As contas foram compradas de seus proprietários por organizações de auxílio a judeus estrangeiros. S. Adler-Rudel, *Jüdische Selbsthilfe unter dem Naziregime, 1933-1939* (Tubinga, 1974), pp. 179-81.

16 *The New York Times*, 19 de março de 1939, pp. 1, 5.

17 *Ibid.*

investimentos estrangeiros: não os declarando ou obtendo permissão para mantê-los. Ambos os métodos eram raros.

12. Como muitos judeus eram tão pobres que não conseguiam pagar seus impostos, o chefe da Polícia de Segurança, Heydrich, decidiu adotar algumas formas não convencionais de auxílio, por meio de um típico *método Heydrich*. Durante a reunião de 12 de novembro de 1938, Heydrich explicou da seguinte forma: "Por meio da Kultusgemeinde [organização da comunidade judaica em Viena], extraímos certa quantia de dinheiro dos judeus ricos que queriam emigrar. Pagando essa quantia, mais uma soma em moeda estrangeira [sacada das contas de judeus em outros países], foi possível que vários judeus pobres fossem embora. O problema não era fazer os judeus ricos saírem, mas livrar-nos da multidão judia". Göring não era um entusiasta do procedimento. "Mas, meus queridos, vocês chegaram a pensar bem nisso? Tirar centenas de milhares [da] multidão judia não vai nos ajudar. Vocês já pensaram que esse procedimento pode nos custar tanta moeda estrangeira que, no fim, não vamos conseguir nos manter?" Heydrich, em sua defesa, disse: "Só o que os judeus tiverem em moeda estrangeira".[18] Em uma nota preparada para uma reunião de oficiais de moeda estrangeira de 22 de novembro de 1938, há uma estimativa de que 170 mil judeus tivessem emigrado com recursos como moeda estrangeira, mercadorias, ativos estrangeiros ou transferências palestinas, somando cerca de RM 340 milhões – ou RM 2 mil per capita.[19]

O problema dos judeus pobres era tão grande que recebeu a atenção de muitas frentes. Próximo do fim de 1938, Schacht, *Präsident* do Reichsbank, à época já não mais ministro da Economia mas ainda uma figura poderosa, foi a Londres com planos para a emigração de 150 mil judeus. Esses judeus deviam deixar para trás seus ativos, e seu reassentamento seria financiado por um consórcio estrangeiro. Esse grupo adiantaria 1,5 bilhão de Reichsmarks, a serem pagos de volta (com juros) pelo Reich em forma de "exportações adicionais" durante um

─────

18 Minutas da reunião de Göring, 12 de novembro de 1938, PS-1816. Ver também resumo dos comentários de Heydrich em um encontro do comitê da Reichszentrale für die jüdische Auswanderung, no dia 11 de fevereiro de 1939, em *Akten zur Deutschen Auswärtigen Politik 1918-1945*, Ser. D, Vol. V, Doc. 665.

19 Nota sem data, Staatsarchiv Leipzig, arquivo Devisenstelle Leipzig 926.

longo período.[20] A motivação de Schacht e de seus apoiadores parece ter ido nas seguintes linhas: primeiro, o esquema era uma forma de combater a propaganda estrangeira que acusava a Alemanha de roubar todas as propriedades dos judeus, deixando-os destituídos. (Nessa mesma época, os alemães faziam acusações idênticas em relação ao tratamento dos alemães dos Sudetos na Tchecoslováquia.)[21]

Um motivo mais importante era a convicção de Schacht de que a Alemanha acabaria por lucrar mais com as "exportações adicionais" do que com a tomada de propriedades judaicas sem indenização. As exportações adicionais, afinal, criariam muitos novos consumidores de mercadorias alemãs. Uma vez consumidor, sempre consumidor; uma vez mercado, sempre mercado. As exportações se pagariam no longo prazo. Schacht estava convencido disso. Por outro lado, se a guerra interrompesse as exportações, todos os problemas seriam resolvidos imediatamente. Os judeus estariam fora, e os ativos judeus estariam dentro. De toda forma, a Alemanha não tinha como perder.

O esquema de Schacht não se materializou, pelo menos parcialmente por causa da oposição do Escritório do Exterior alemão. Ribbentrop não viu motivo para permitir que os judeus transferissem, de uma forma ou de outra, o que ele considerava ser propriedade alemã roubada.[22] Por trás desse raciocínio havia

---

20 *Unterstaatssekretär* Wörmann (Escritório do Exterior/Divisão Política) para Ribbentrop, ministro do Exterior, *Staatssekretär* Weizsäcker, vice-chefe da Divisão Política, chefes da Divisão Legal, Divisão Cultural, Divisão de Economia e *Referat Deutschland* (todos no Escritório do Exterior), 14 de novembro de 1938, NG-1522. Embaixador Dirksen (Londres) para Escritório do Exterior, 16 de dezembro de 1938, *Akten zur Deutschen Auswärtigen Politik 1933-1945*, Ser. D, Vol. V, Doc. 661. O plano de Schacht *não* era para ajudar os "capitalistas", como o Haavara. A intenção era financiar a emigração de judeus pobres com os fundos dos ricos, livrando-se de ambos no processo.

21 Prof. barão von Freitagh-Loringhoven para *Vortragender Legationsrat Geheimrat* dr. Albrecht (Escritório do Exterior), 26 de julho de 1938, NG-3443. Von Freitagh-Loringhoven tinha escrito um artigo sobre os tchecos. Em resposta, foi humilhado com acusações contra a Alemanha. Ele pediu explicações ao Escritório do Exterior. Albrecht respondeu, em 9 de agosto de 1938, NG-3443: "Qualquer representação de fatos reais deve se abster de confessar que a posição da moeda estrangeira alemã não permite que judeus emigrantes troquem suas propriedades no país pelo valor correspondente no exterior".

22 *Staatssekretär* von Weizsäcker (Escritório do Exterior) para missões alemãs no exterior, 8 de julho de 1938, NG-3702.

um ressentimento que nada tinha a ver com os judeus. As negociações estavam sendo conduzidas em Londres pelo próprio Schacht; o Escritório do Exterior foi excluído e sua jurisdição, ignorada. Irritado com esse procedimento, o ministro do Exterior expressou sua desaprovação à ideia toda.[23] Propriedade *e* judeus ficariam para trás.[24]

TRABALHO FORÇADO E REGULAMENTAÇÕES DE PAGAMENTO

Em 1939, a comunidade judaica remanescente, encolhida a metade de seu tamanho original, já estava empobrecida. Os profissionais tinham perdido suas profissões, os capitalistas tinham perdido seu capital e trabalhadores comuns tinham perdido seus empregos.[1] Muitos empregados judeus de empresas judaicas podiam não resistir à dissolução ou arianização das empresas nas quais trabalhavam. Conforme as firmas judaicas eram tomadas pelos alemães, também a equipe era "arianizada".[2]

Os judeus remanescentes tinham menos capacidade de se sustentar com trabalho duro do que aqueles que tinham emigrado. Os judeus que ficaram para trás tinham também menos capacidade de sobreviver, já que a emigração

----

23 Weizsäcker para Ribbentrop, Wörmann (Chefe, Divisão Política), vice-chefe da Divisão Política, Chefe de Comércio-Divisão Política, Chefe do *Referat Deutschland,* 20 de dezembro de 1938, NG-1521. Weizsäcker para Ribbentrop, etc., 4 de janeiro de 1939, NG-1518. Alguns dias depois, Ribbentrop concordou com a organização "silenciosa" da emigração, desde que o Escritório do Exterior pudesse participar. Memorando de Weizsäcker, 13 de janeiro de 1939, NG-1532. O assunto não deu em nada.

24 Cerca de metade dos 800 mil judeus na área do Reich-Protektorat emigraram. Relatório do estatístico da ss Korherr, 23 de março de 1943, NO-5194.

1 O impacto nesses grupos é descrito em alguns detalhes estatísticos por S. Adler-Rudel, *Jüdische Selbsthilfe unter dem Naziregime 1933-1939* (Tubinga, 1974), pp. 121-49.

2 Ver, por exemplo, a carta dos gestores da IG Farben nas minas I. Petschek em Falkenau (assinado por Kersten e Prentzel) para *Regierungsrat* dr. Hoffmann, do Ministério da Economia em *Säuberungsaktion* ("ação de limpeza"), resultando na demissão de 209 empregados, 18 de janeiro de 1939, NI-11264. Notar também o texto do contrato de arianização da firma J. & C. A. Schneider, de Frankfurt, 17 de dezembro de 1938, por Lothar e Fritz Adler, proprietários judeus, e Bruno Seletzky, comprador, com cláusulas detalhadas para a separação de empregados judeus, incluindo a estipulação de que pagamentos de acordos de indenização eram responsabilidade dos Adlers. T 83, rolo 97.

tinha levado os indivíduos mais jovens e deixado um grande excedente de mulheres. No Velho Reich (fronteiras de 1933), a porcentagem de judeus acima de quarenta anos mudara de 47,7 em 1933 para 73,7 em 1939.[3] A porcentagem de mulheres aumentara de 52,2 em 1933 para 57,7 em 1939.[4] Em resumo, a comunidade judaica tinha adquirido as características de uma grande família de dependentes. Todavia, uma campanha de auxílio era a última solução na cabeça dos burocratas.

Segundo o decreto de 29 de março de 1938, as instituições de auxílio a judeus ficaram sem suas isenções fiscais.[5] Em 19 de novembro de 1938, um decreto assinado por Frick, von Krosigk e o ministro do Trabalho, Seldte, estipulou que os judeus deviam ser excluídos da assistência pública.[6] Durante o mês seguinte, foi dado o primeiro passo para empurrar os judeus empobrecidos para trabalhos pesados e subalternos.

Em uma ordem datada de 20 de dezembro de 1938, o presidente da Frente de Trabalho do Reich, Syrup, estipulou, com a "aprovação expressa" de Göring, que fosse feito um esforço para alocar imediatamente todos os judeus ociosos e empregáveis em projetos públicos e privados de construção e aterro, segregados dos trabalhadores não judeus.[7] No início de 1941, cerca de 30 mil judeus estavam trabalhando em grupos em projetos de trabalho pesado.[8] Os judeus remanescentes empregáveis estavam trabalhando em fábricas e na crescente rede de organizações da comunidade judaica. Alguns profissionais estavam conseguindo ganhar a vida com dificuldade como *Krankenbehandler* e *Konsulenten*, atendendo às necessidades de saúde e legais da comunidade.

---

3 Números em *Jüdisches Nachrichtenblatt* (Berlim), 10 de novembro de 1939.

4 Números em "Die Juden und jüdischen Mischlinge im Dritten Reich", *Wirtschaft und Statistik*, vol. 20, p. 84.

5 RGBl I, 360.

6 RGBl I, 1694. Para as atividades de auxílio da comunidade judaica, ver Adler-Rudel, *Jüdische Selbsthilfe*, pp. 158-82.

7 Texto em Dieter Maier, *Arbeitseinsatz und Deportation* (Berlim, 1994), pp. 30-31. Sobre as origens e a história subsequente do emprego segregado, ver também Wolf Gruner, *Der Geschlossene Arbeitseinsatz deutscher Juden* (Berlim, 1997).

8 Relatório de Kaiser (Chancelaria do Reich) para *Reichskabinettsrat* dr. Killy (também na Chancelaria do Reich), 9 de janeiro de 1941, NG-1143.

Reservas de dinheiro em mãos privadas estavam desaparecendo e, em 29 de abril de 1941, um tribunal especial em Leipzig condenou um casal judeu à prisão por acumular dinheiro.[9] Como os judeus já tinham perdido posições e posses, eles apegaram-se à esperança de que, a partir daquele momento, seriam deixados em paz se trabalhassem muito e cuidassem de suas próprias vidas. Afinal, as "cidadelas de poder" judaicas tinham sido destruídas e o arrastão chegara ao fim. Mesmo assim, a burocracia não podia largar as coisas pela metade. O processo de destruição precisava continuar. Enquanto as medidas antijudaicas pré-1939 eram dirigidas a investimentos, os decretos da época de guerra lidavam com a renda. De agora em diante, a burocracia levaria os ganhos dos judeus. A receita das expropriações foi muito menor do que a dos confiscos de propriedade, mas para os judeus as novas medidas eram mais graves. Os pobres gastavam uma proporção maior de seus ganhos em necessidades básicas do que os ricos, e os muito pobres gastavam todos os seus ganhos nisso. No passo a passo do processo de destruição, os judeus ficaram sem um pedaço cada vez maior de suas necessidades básicas. A sobrevivência foi ficando cada vez mais difícil.

É peculiar que, como no caso da propriedade judaica, também na questão da renda o setor empresarial tivesse prioridade na escolha. Primeiro, os salários judeus foram reduzidos. O que sobrou foi tributado.

A formulação de uma política de pagamentos para os judeus começou no Ministério do Trabalho em 1939, sob o princípio de que as leis trabalhistas alemãs precisavam ser modificadas para excluir alguns pagamentos aos judeus.[10] Enquanto os burocratas ministeriais discutiam os detalhes da medida proposta, a indústria começava a tomar suas próprias medidas. Uma série de empresas recusou-se a pagar salários durante feriados legais, e os empregados judeus revidaram com processos. O Tribunal Trabalhista em Kassel naturalmente sentenciou em favor das empresas, argumentando que os judeus não tinham "laços internos" para executar o trabalho; que, para um judeu, o trabalho era apenas

---

9 Ver a correspondência sobre Salomon e Käthe Kanstein em Staatsarchiv Leipzig, arquivo Landgericht Leipzig (Staatsanwaltschaft) 5627. Salomon Kanstein foi condenado a quatro meses e sua mulher, a três. Ela morreu em 6 de junho de 1942, no campo de concentração feminino de Ravensbrück.

10 Ministro do Trabalho Seldte para chefe da Chancelaria do Reich, Lammers, 16 de abril de 1940, NG-1143.

um bem; e que um judeu não tinha lealdade a seu empregador. Portanto, o judeu não tinha direito a receber pagamento durante feriados.[11]

No início de 1940, o Ministério do Trabalho esboçou uma lei que regulamentava pagamentos de salários para judeus. A minuta decretava que os judeus não recebessem pagamento por feriados, pensões para família e crianças, subsídios de nascimento ou casamento, benefícios por morte, bônus, presentes de aniversário, pagamentos compensatórios em caso de acidentes – e, no caso de funcionários que estavam longe de suas casas, que recebessem apenas um reembolso anual para viagens de visita a familiares.[12] O decreto proposto encontrou várias oposições, principalmente por conter uma enumeração de exceções, em vez de um princípio positivo (como a regra de que judeus só pudessem ser pagos pelo trabalho feito de fato).[13] Essas oposições feriam o orgulho jurisdicional do Ministério do Trabalho, que, portanto, decidiu implementar suas ideias emitindo as ordens apropriadas para seus escritórios regionais sem esperar pela concordância de outros ministérios.[14]

Ao fim do ano, o Ministério do Trabalho foi convidado pelo Ministério do Interior para ir a uma reunião sobre o status trabalhista dos judeus. Aceitando o convite, o *Staatssekretär* Syrup, escrevendo em nome do Ministério do Trabalho, acrescentou as seguintes palavras: "Considero óbvio que sou responsável por formular todas as questões relativas a leis trabalhistas, também em relação aos judeus, enquanto estes continuarem a ser empregados no setor privado".[15]

A reunião foi presidida pelo especialista em judeus do Ministério do Interior, *Ministerialrat* Lösener. Um dos presentes (representante de Göring) declarou que queria uma determinação para que os judeus tivessem um status trabalhista separado. O decreto proposto não o interessava em nada. Os

11 Dietrich Wilde, "Der Jude als Arbeitnehmer", *Die Judenfrage*, 15 de julho de 1940, p. 95. O *Staatssekretär* Stuckart, do Ministério do Interior, chegou à conclusão idêntica em sua proposta para Lammers, 30 de abril de 1940, NG-1143.

12 Seldte para Lammers, 16 de abril de 1940, NG-1143.

13 Stuckart para Lammers, 30 de abril de 1940, NG-1143.

14 *Staatssekretär* Syrup para Ministério do Interior, 3 de janeiro de 1941, NG-1143. Para determinações regionais detalhadas, ver Oberregierungsrat Hans Küppers, "Die vorläufige arbeitsrechtliche Behandlung der Juden", *Reichsarbeitsblatt*, Parte V, pp. 106-10.

15 Syrup para Ministério do Interior, 3 de janeiro de 1941, NG-1143.

reunidos, então, chegaram a um acordo de dois decretos: um para estabelecer o princípio e outro contendo os detalhes.[16]

O princípio do status trabalhista separado foi enfim promulgado no decreto de 3 de outubro de 1941, assinado pelo *Staatssekretär* Körner, do Escritório do Plano Quadrienal.[17] O decreto de implementação do Ministério do Trabalho, datado de 31 de outubro de 1941 e assinado pelo *Staatssekretär* Engel,[18] determinou que os judeus só tinham direito de ser pagos por trabalho realizado de fato. Depois, listava os pagamentos a que os judeus não tinham direito – e que, de toda forma, eles não recebiam há um bom tempo. Entretanto, o decreto também continha várias cláusulas novas e importantes. Os judeus tinham de aceitar todos os trabalhos que lhes fossem destinados pelos escritórios trabalhistas, e tinham de ser empregados em grupo. Jovens judeus entre catorze e dezoito anos podiam trabalhar em qualquer horário. Inválidos judeus (exceto os inválidos de guerra) tinham de aceitar todas as tarefas. Em resumo, a indústria tinha praticamente recebido o direito de exploração ilimitada: pagar salários mínimos pelo máximo de trabalho.

IMPOSTO DE RENDA ESPECIAL

O Ministério das Finanças agora tinha o trabalho de tributar os salários dos judeus (ou o que sobrara deles). A ideia de um imposto de renda especial para os judeus na verdade apareceu no fim de 1936, quando foram escritas as primeiras minutas no Ministério do Interior. O próprio Hitler queria esse imposto como punição, pois 1936 foi o ano do primeiro assassinato de um líder nazista por um judeu (o *Landesgruppenleiter* Wilhelm Gustloff, na Suíça). O imposto de renda era desejável como uma espécie de castigo.[1] Uma minuta subsequente, preparada pela Divisão III do Ministério das Finanças, decretava um aumento flutuante no imposto,

---

16 Kaiser para Killy, 9 de janeiro de 1941, NG-1143.

17 RGBl I, 675.

18 RGBl I, 681.

1 *Staatssekretär* Reinhardt (Ministério das Finanças) para Escritório do Exterior, aos cuidados do *Amtsrat* Hofrat Schimke; Ministério da Economia, aos cuidados de *Ministrialbürodirektor* Reinecke; Ministério da Propaganda, aos cuidados de *Regierungsrat* Braeckow; vice do Führer (Hess), aos cuidados de *Hauptdienstleiter* Reinhardt; Plenipotenciário do Plano Quadrienal (Göring); e Staatssekretär Lammers (Chancelaria do Reich), 9 de fevereiro de 1937, incluindo carta de Stuckart datada de 18 de dezembro de 1936, NG-3939.

relacionado à conduta dos judeus como inimigos públicos,[2] mas a ideia de punição foi abandonada quando o Ministério da Justiça opôs-se à medida, dizendo que não tinha fundamento legal e era politicamente perigosa por causa das possíveis retaliações contra minorias alemãs no exterior (um típico medo nazista).[3] Göring também não gostava do decreto, apesar de ter usado a ideia de punição para a chamada "multa" que criou após o assassinato do segundo nazista, vom Rath.[4]

Independentemente de todas as oposições, a correspondência inicial sobre imposto gerou alguns resultados. Um deles foi a abolição, em 1938, de isenções de imposto de renda para filhos de judeus.[5] Nas palavras do decreto fiscal de 1939, que recriou a cláusula, "filhos" eram pessoas que não eram judias.[6] O motivo para especificar o *status* do filho, e não o status de quem recebia o salário, era garantir que um pai cristão de um filho judeu não tivesse abatimento, e que um pai judeu de um filho *Mischling* continuasse com a isenção. Em resumo, essa medida era destinada a pais cujos filhos eram classificados como judeus.[7]

A correspondência inicial também continha uma proposta para justificativa do imposto, diferente da ideia de punição. Esse motivo, mencionado pela primeira vez por Stuckart, ficou na cabeça dos burocratas ainda por muito tempo depois de a própria medida ter sido encaixotada. Stuckart argumentara que os judeus não contribuíam com as organizações de caridade e auxílio nazistas. Para compensar, disse, os judeus deviam pagar um imposto de renda especial.[8] Essa ideia prática não podia ser desperdiçada. No dia 5 de agosto de 1940, a proposta virou

----

2 Memorando de Zülow e Kühne (Ministério das Finanças/Div. III), 25 de abril de 1938, NG-4030.

3 Carta de Reinhardt, incluindo correspondência de Stuckart, 9 de fevereiro de 1937, NG-3939.

4 Memorando de Zülow e Kühne, 25 de abril de 1938, NG-4030.

5 Carta de Reinhardt, 9 de fevereiro de 1937, incluindo carta do prof. dr. Hedding (Ministério das Finanças) para o *Staatssekretär* Stuckart, datada de 17 de janeiro de 1937, NG-3939. Reinhardt para Escritório do Exterior, 27 de novembro de 1937, NG-3939. Lei Fiscal de 1938, RGBl I, 129, p. 135.

6 Decreto de 17 de fevereiro de 1939, RGBl I, 284.

7 Em 1938, os burocratas do Ministério das Finanças estavam muito entusiasmados com a ideia de abolir isenções fiscais. Entre as propostas, uma sugeria tirar dos veteranos de guerra judeus que tinham ficado cegos a isenção do chamado "imposto do cão" [uma taxa paga por donos de cachorros], concedida a todos os que tinham perdido a visão na guerra. Memorando de Zülow e Kühne, 25 de abril de 1938, NG-4030.

8 Carta de Reinhardt, 9 de fevereiro de 1937, incluindo proposta de Stuckart, NG-3939.

ação, não contra os judeus, mas contra os poloneses, que estavam na época sendo importados, cada vez em maior número, para o Reich. O imposto foi chamado de *Sozialausgleichsabgabe* (Imposto de Equalização Social). Era um imposto de renda especial de 15%, com isenção de 39 Reichsmarks ao mês. A contribuição era imposta em cima do imposto de renda regular.[9] Depois de a medida ter sido decretada contra os poloneses, foi ampliada para aqueles a quem ela se destinava originalmente: os judeus. Isso foi alcançado com o decreto de 24 de dezembro de 1940, assinado pelo *Staatssekretär* Reinhardt, do Ministério das Finanças.[10]

MEDIDAS DE INANIÇÃO

O estrangulamento econômico da comunidade judaica não parou no corte de salários e aumento de impostos. Depois de todas as deduções, os judeus ainda tinham alguma renda, que, para os burocratas, significava a reivindicação de fortunas em bens e serviços alemães. Isso já era ruim o bastante. Todavia, como os judeus só tinham alguns marcos, tinham de comprar com eles o que mais necessitavam: comida. E comida não era só um produto. Na Alemanha, a palavra "alimento" (*Lebensmittel*) quer dizer "meio de vida". Na Primeira Guerra Mundial, o Exército alemão tinha passado fome. Na Segunda Guerra, saqueou-se comida da Europa inteira para distribuí-la na Alemanha de acordo com um cuidadoso sistema de racionamento. Portanto, não causa surpresa que a burocracia alemã tenha começado a impor restrições sobre a distribuição de produtos alimentícios para compradores judeus. Os judeus não ganhariam sua parte.

O racionamento era responsabilidade do Ministério da Comida e Agricultura. A cada três ou quatro semanas, o Ministério enviava instruções de racionamento aos escritórios regionais de alimento (*Provinzialernährungsämter*, na Prússia, e *Landesernährungsämter*, nas outras províncias). Os escritórios às vezes suplementavam regionalmente essas instruções, de acordo com os suprimentos locais.

O fornecimento de comida era dividido em quatro categorias: (1) alimentos não racionados, (2) rações básicas para consumidores comuns, (3) rações suplementares para trabalhadores braçais e noturnos, crianças, mulheres grávidas, lactantes e inválidos, (4) porções especiais de alimentos racionados quando havia

---

9 RGBl I, 1077.

10 RGBl I, 1666. Sobre detalhes da implementação, ver *Ministerialrat* Josef Oermann (Ministério das Finanças), *Die Sozialausgleichsabgabe* (2ª ed.; Berlim, 1944).

suprimentos em abundância, ou de alimentos não racionados, mas em geral não disponíveis, quando havia disponibilidade. (Isso variava de tempo em tempo e de lugar em lugar.) O Ministério da Agricultura prosseguiu com sua restrição a compradores judeus da maneira característica, passo a passo. Começando com as porções especiais, o Ministério chegou até as rações suplementares, cortando, enfim, rações básicas e alimentos não racionados.

No dia 1º de dezembro de 1939, o ministro Interino de Alimentos, Backe, ordenou que os escritórios regionais negassem as porções especiais de alimento aos judeus para o período de racionamento de 18 de dezembro de 1939 a 14 de janeiro de 1940. O resultado foi que os judeus receberam menos carne e manteiga, nada de cacau e nem de arroz. Os cupons deveriam ser invalidados antes da emissão de cartões de ração. No caso de haver dúvida se um portador da ração era judeu ou não, poderiam ser consultados a polícia ou os escritórios do partido. As instruções não deveriam ser publicadas na imprensa.[1] As ordens para o período seguinte de racionamento (15 de janeiro a 4 de fevereiro de 1940) novamente decretavam o corte de rações especiais, dessa vez de carne e legumes.[2]

Os escritórios regionais de alimentos não aplicaram essas ordens de modo uniforme. Confusos ou ávidos demais, eles cortaram as rações suplementares de crianças, trabalhadores braçais e pessoas incapacitadas, e até as rações básicas de consumidores comuns. No dia 11 de março de 1940, os escritórios regionais de alimentos foram lembrados de que rações básicas e diferenciais para crianças e outros grupos não deveriam ser tocadas. As porções de rações especiais, porém, deveriam ser cortadas. Da mesma forma, comidas não racionadas, geralmente não disponíveis e distribuídas apenas esporadicamente por meio de listas de consumidores, também deviam ser tiradas dos judeus. Para o período corrente, os itens não racionados incluíam carnes de aves, peixes e alimentos defumados.

A ordem de esclarecimento, então, enumerou, para a orientação dos escritórios de alimentos, as seguintes regras e recomendações. Todos os cartões de ração pertencentes a judeus deviam ser carimbados com a letra J. Cupons de ração especial podiam ser invalidados por esse J. Cartões de ração familiar só poderiam ser trocados por cupons de viagem e restaurante em casos de necessidade absoluta;

---

1 Backe para escritórios regionais de alimentos, 1º de dezembro de 1939, NI-13359.

2 Ministério de Alimentos (assinado por Narten) para escritórios regionais de alimentos, 3 de janeiro de 1940, NG-1651.

os judeus podiam fazer suas viagens curtas sem comida. Finalmente, aos escritórios de alimentos foi outorgado o poder de separar horas específicas de compras para judeus, de modo a garantir que os arianos não fossem "incomodados". Com efeito, essa cláusula garantiu que os itens vendidos na base do "quem chegar primeiro, leva" nunca chegassem aos consumidores judeus.[3] As horas de compra para os judeus foram fixadas em Viena entre 11 h da manhã e 1 h da tarde e entre 4 e 5 h da tarde; em Berlim, apenas entre 4 e 5 h da tarde; e em Praga, entre 3 e 5 h da tarde.[4]

Apesar do esclarecimento de 11 de março de 1940, os erros em nível regional continuaram. Um desses erros resultou em um incidente um tanto bizarro. Berlim recebeu um carregamento de café genuíno (quer dizer, *Bohnenkaffee*, em vez de *Ersatzkaffee*). A população teve de se registrar para receber o café e, na falta de quaisquer proibições, quinhentos judeus estavam entre os solicitantes. Quando o escritório de alimentos descobriu os registros, cortou os judeus das listas e multou-os por perturbar a ordem pública. Um judeu levou o caso a um tribunal local (*Amtsgericht*). O escritório de alimentos argumentou que os judeus deviam saber que não tinham direito ao café, mas o tribunal deu um veredito negativo ao escritório, dizendo que uma multa não podia se basear em uma "interpretação artificial da lei [*gekünselten Auslegung des Gesetzes*]". Quando um novo ministro da Justiça, Thierack, entrou no cargo em 1942, ele discutiu o caso na primeira de suas famosas "instruções aos juízes [*Richterbriefe*]". Eis o que disse Thierack:

> A decisão do *Amtsgeritch* beira, em forma e conteúdo, a humilhação deliberada [*Blosstellung*] de um corpo administrativo alemão em relação aos judeus. O juiz devia ter se perguntado com que satisfação o judeu recebeu a decisão do tribunal, que garantiu a ele e a seus quinhentos companheiros de raça, em um argumento de vinte páginas, seu direito e sua vitória sobre um escritório alemão, para não falar da reação do instinto saudável do povo [*gesundes Volksempfinden*] ao comportamento impertinente e presunçoso dos judeus.[5]

---

3 Narten para escritórios regionais de alimentos, 11 de março de 1940, NI-14581.

4 Boris Shub (Institute of Jewish Affairs), *Starvation over Europe* (Nova York, 1943), p. 61.

5 Richterbrief n° 1 (assinado por Thierack), 1° de outubro de 1942, NG-295.

Os judeus "vencedores" foram, por acaso, imediatamente deportados para um centro de extermínio.[6] Nada de café para esses judeus.

Em 1941, determinado a acabar com todas as brechas, o Ministério da Agricultura tomou medidas contra o envio de pacotes de países estrangeiros. Esses pacotes suplementavam a dieta dos judeus que tinham a sorte de ter em Estados neutros amigos e parentes dispostos a ajudar. Entretanto, o Ministério não podia tolerar que os judeus recebessem comida duas vezes, de seus parentes e do povo alemão. Consequentemente, o Ministério de Alimentos exigiu que a administração alfandegária do Ministério das Finanças enviasse relatórios semanais aos escritórios de alimentos sobre pacotes destinados – ou suspeitos de ser destinados – a judeus. Os conteúdos dessas encomendas eram, então, subtraídos das rações de comida.[7]

Gradualmente, o ministério tornou-se mais rigoroso em suas instruções aos escritórios de alimentos. Item após item era reduzido ou cortado completamente. Em 26 de junho de 1942, o Ministério de Alimentos e Agricultura convidou representantes da Chancelaria do Partido, da Chancelaria do Reich, do Escritório do Plano Quadrienal e do Ministério da Propaganda a reunirem-se para uma revisão final da questão de fornecimento de comida para os judeus.[8]

A julgar pelo resumo oficial,[9] a reunião correu incrivelmente bem. Todas as propostas foram adotadas por unanimidade. Os presentes foram informados de que, segundo as instruções do Ministério de Alimentos, os judeus não estavam mais recebendo bolos. Além disso, uma série de escritórios de alimentos já havia proibido a distribuição de pão branco e pãezinhos. Todos concordaram que seria "apropriado" orientar todos os escritórios de alimentos a negar esses itens aos judeus. Em seguida, os presentes ficaram sabendo que o ministério já tinha instruí-

6 Dr. Hugo Nothmann (sobrevivente judeu), em Hans Lamm, "Über die Entwicklung des Deutschen Judentums im Dritten Reich" (Erlangen, 1951; mimeografado), p. 312.

7 Ministério das Finanças (assinado por Seidel) para *Oberfinanzpräsidenten*, 20 de abril de 1941, NG-1292.

8 Ministério de Alimentos e Agricultura (assinado por Moritz) para *Ministerialdirektor* Klopfer (Chancelaria do Partido), Reichskabinettsrat Willuhn (Chancelaria do Reich), *Ministerialdirektor* Gramsch (Escritório do Plano Quadrienal) e *Ministerialdirektor* Berndt (Ministério da Propaganda), 26 de junho de 1942, NG-1890.

9 Resumo da reunião, datado de 1º de julho de 1942, NG-1890.

do os escritórios a não distribuir cartões de ovos aos judeus. Os representantes na reunião acharam que seria "justificável" (*vertretbar*) excluir os judeus da compra de qualquer tipo de carne.

Em terceiro lugar, os burocratas foram unânimes na crença de que seria "correto" (*richtig*) acabar com o tratamento igualitário de que ainda desfrutavam as crianças judias. (Até o momento, essas crianças recebiam as mesmas quantidades suplementares de pão, carne e manteiga dada a crianças alemãs.) Logo, decidiu-se cortar essas rações suplementares. Isso deixaria as crianças judias com rações de consumidores alemães adultos. Como isso ainda era muito, porém, os burocratas concordaram em diminuir as rações de crianças judias para o nível das rações dadas a adultos judeus. Consequentemente, se os adultos judeus perdessem seus cartões de carne, as crianças judias também os perderiam. Como crianças judias tinham tratamento igualitário na distribuição de leite, os participantes da reunião também acharam que seria adequado mudar a ração do leite. A partir daquele momento, essas crianças não receberiam leite integral, mas sim desnatado. Crianças arianas até três anos tinham direito a uma ração diária de cerca de um litro, as de três a seis anos, meio litro, e as de seis a catorze anos, cerca de 250 mL. As crianças judias receberiam leite apenas até seu sexto aniversário, e a quantidade máxima, até para as crianças menores, não devia passar de meio litro de leite desnatado.

A seguir, os burocratas examinaram as rações de mulheres grávidas, lactantes e pessoas doentes. O representante do Ministério da Agricultura destacou que mães judias já tinham sido protegidas por uma diretiva em abril de 1942, e que o *Staatssekretär* para Saúde, no Ministério do Interior (dr. Conti), tinha instruído os médicos a não prescrever nenhuma ração suplementar para pacientes e inválidos judeus. Ficou acordado que a ordem de Conti seria reforçada por uma diretiva para os escritórios de alimentos.

Finalmente, os presentes na reunião consideraram "correto" anular rações suplementares para trabalhadores de turnos longos, noturnos ou braçais. Até então, essas rações suplementares tinham sido dadas aos judeus por motivos de eficiência, mas, nos últimos tempos, a experiência mostrara que o trabalho feito por judeus não era de forma alguma tão valioso quanto o trabalho feito por alemães. A distribuição de rações suplementares para trabalhadores judeus provocara mau humor em grandes grupos de trabalhadores alemães. Ainda assim, poderia ser necessário dar aos judeus expostos a venenos meio litro de leite desnatado por dia. Essa exceção afetaria especialmente os funcionários judeus de usinas geradoras de energia (somente em Berlim, cerca de 6 mil). Nesse sentido, os presentes lembraram que Berlim já tinha cortado rações suplementares para trabalhadores judeus há algum tempo.

Na conclusão da conferência, notou-se que o *Staatssekretär* para a Saúde, dr. Conti, não estava representado e, portanto, nenhum dos presentes podia julgar "com propriedade" se os cortes de ração propostos iam "longe demais" em enfraquecer os judeus fisicamente, promovendo, assim, epidemias, e ameaçando também a população ariana. Dessa forma, ficou decidido que o *Staatssekretär* Conti teria de concordar antes que os cortes de ração entrassem em vigor. Em segundo lugar, viu-se que o Plenipotenciário para o Trabalho, Sauckel, também não estava representado e, logo, ele também seria consultado, dessa vez do ponto de vista da eficiência laboral.

Aparentemente, nem o *Staatssekretär* dr. Conti nem o Plenipotenciário para o Trabalho Sauckel tinham oposições, pois as instruções para os escritórios regionais de alimentos, datadas de 18 de setembro de 1942,[10] não aliviavam as decisões drásticas da reunião de 29 de junho. Em certo sentido, as regulamentações de 18 de setembro iam ainda mais longe. Havia uma nova restrição em relação a pacotes de alimentos, algo que devia estar incomodando muito o ministério. Até aquele momento, pacotes com alimentos endereçados aos judeus teriam que ser abertos, para comparar seu conteúdo com as rações recebidas pelo destinatário. Agora, havia tantos itens proibidos que qualquer pacote que contivesse contrabando, como café ou talvez salame, devia ser transferido pela administração alfandegária para os escritórios de alimentos, para ser distribuído a hospitais ou outros grandes consumidores alemães.[11]

------

10 Instruções do *Staatssekretär* Riecke, 18 de setembro de 1942, NG-452.

11 No *Protektorat* de Boêmia e Morávia, o Ministério da Terra e Floresta da administração "autônoma" tcheca rapidamente seguiu o exemplo. Em duas ordens consecutivas, os judeus foram impedidos de comprar todo tipo de carne, ovos, pão branco e pãezinhos, leite (exceto cerca de 250 mL para crianças com menos de seis anos), todas as frutas e vegetais (frescos, secos ou enlatados), nozes, vinhos, sucos de fruta, xaropes, marmeladas, geleias, queijos, doces, peixe e ave em qualquer forma de preparação. Circular do Ministério da Terra do *Protektorat* (assinada por Oberembt), 1º de dezembro de 1942, *Die Judenfrage (Vertrauliche Beilage)*, 15 de fevereiro de 1943, pp. 14-15. Anúncio do Ministério do *Protektorat* (assinado por Hruby), 2 de dezembro de 1942, *Die Judenfrage (Vertrauliche Beilage)*, 1º de fevereiro de 1943, p. 10.

Como 1942 foi o ano de deportações em massa, números ainda menores de judeus permaneceram dentro das fronteiras do Reich. Até 1943 o problema de racionamento estava tão simplificado que, em Viena, o Conselho Judeu entregava uma única refeição diária em sua sede na Kleine Pfarrgasse, 8. A comida ficava disponível até 1 h da tarde. Os judeus que executavam trabalhos forçados podiam comer até 7 h da noite.[12] Assim, com algumas canetadas, a burocracia reduziu uma comunidade que antes era próspera, com saberes acumulados e investimentos vastos, a um bando de trabalhadores forçados famintos, que imploravam por sua escassa refeição ao fim do dia.

---

12 *Jüdisches Nachrichtenblatt* (Viena), 17 de maio de 1943.

6

Concentração

A ÁREA DO *REICH-PROTEKTORAT*

O TERCEIRO PASSO DO PROCESSO DE DESTRUIÇÃO FOI A CONCENTRAÇÃO da comunidade judaica. Na Alemanha, a concentração incluiu dois desenvolvimentos: o amontoamento de judeus em grandes cidades e sua separação da população alemã. O processo de urbanização foi consequência das medidas econômicas antijudaicas discutidas no capítulo anterior. O processo de criação de guetos foi deliberadamente planejado, medida por medida.

Mesmo antes de os nazistas chegarem ao poder, a comunidade judaica na Alemanha já tinha sido altamente urbanizada, mas, depois de 1933, pôde-se notar uma maior concentração nas cidades. Famílias judias isoladas saíam de vilas para cidades um pouco maiores. Delas, o fluxo seguia para Berlim, Viena, Frankfurt e outros grandes centros populacionais.[1] Tomando a área do Velho Reich e da Áustria como um todo, a porcentagem de judeus que viviam em cidades com população acima de 100 mil habitantes aumentou de 74,2% em 1933 para

1 Georg Flatow, "Zur Lage der Juden in den Kleinstädten", *Jüdische Wohlfahrtspflege und Sozialpolitik*, 1934, pp. 237-45.

82,3% em 1939.[2] O censo de 17 de maio de 1939 revela um total de 330.892 judeus. Mais de dois terços desse número moravam em dez cidades, distribuídos da seguinte forma:[3]

Viena	91.480
Berlim	82.788
Frankfurt	14.461
Breslau	11.172
Hamburgo	10.131
Colônia	8.539
Munique	5.050
Leipzig	4.477
Mannheim	3.024
Nuremberg	2.688
	233.810

Mais de metade dos judeus morava em Viena e Berlim.

Repetindo: os alemães não planejaram essa movimentação. A migração foi causada principalmente pelo empobrecimento gradual da comunidade judaica, que deu origem a uma interdependência cada vez maior entre os judeus, em especial, a dependência de judeus pobres de organizações de auxílio judaicas. Pelo menos um prefeito, o *Oberbügermeister* de Frankfurt, indagou seu chefe de polícia sobre se o influxo de judeus do interior para sua cidade não podia ser evitado. O chefe de polícia respondeu que "infelizmente" não havia meios legais de fazê-lo.[4]

Diferentemente do movimento não controlado de judeus para as cidades, a formação de guetos da comunidade judaica (ou seja, seu isolamento em relação à população alemã do entorno) foi dirigida, passo a passo, pela burocracia. Formação de guetos não quer dizer que tenham sido instituídos bairros judeus, com muros e tudo, nas cidades do Reich e do *Protektorat* da Boêmia-Morávia. Esses bairros só foram criados na Polônia e na Rússia, ao leste, mais tarde; mas a comunidade judaica na Alemanha ficou sujeita a condições muito características. Tais

---

2 "Die Juden und jüdischen Mischlinge", *Wirtschaft und Statistik*, vol. 20, p. 86.

3 *Ibid.*

4 *Polizeipräsident*, Frankfurt, para *Oberbürgermeister Staatsrat* dr. Krebs, 8 de junho de 1936, G-113.

características estão refletidas em cinco passos do processo de formação de guetos: (1) o corte de contato social entre judeus e alemães, (2) restrições de moradia, (3) regras para movimentação, (4) medidas de identificação e (5) instituição de uma máquina administrativa judaica.

O corte de contato social foi o primeiro passo em direção ao isolamento judeu. Em um país onde membros de um grupo minoritário desfrutam de relações pessoais íntimas com o grupo dominante, medidas drásticas de segregação não podem ser bem-sucedidas até que essas relações sejam dissolvidas e se estabeleça alguma distância entre os dois grupos. A dissolução das relações sociais começou com a demissão dos judeus do serviço público e da indústria, bem como com a arianização ou liquidação de estabelecimentos comerciais judeus. Essas medidas, porém, eram principalmente econômicas. Suas consequências sociais seriam secundárias.

Houve também medidas calculadas contra a convivência entre judeus e alemães. Os decretos desse tipo caíam em duas categorias: uma era baseada na suposição de que os alemães eram amigáveis demais com os judeus e, portanto, essas expressões de amizade tinham de ser proibidas para o interesse da pureza alemã e dos ideais nacional-socialistas; a outra era fundada na premissa oposta, de que os alemães eram tão hostis com os judeus que era preciso segregá-los para manter a ordem pública. A aparente contradição desse raciocínio tem uma explicação simples. No primeiro caso, estavam envolvidas medidas que, para ter eficácia administrativa, eram tomadas contra os alemães, enquanto no segundo tipo de lei o objetivo da separação podia ser alcançado com restrições aplicadas somente aos judeus.

O primeiro decreto contra a mistura foi a Lei para a Proteção do Sangue e da Honra Alemães.[5] Uma de suas cláusulas proibia o emprego de alemãs com menos de 45 anos em casas judias. A era de empregados domésticos ainda não tinha passado em 1935, e a saída forçosa de milhares de alemãs das casas de judeus da classe média gerou uma enxurrada de pedidos por substitutas vindas das fileiras de judias necessitadas.[6] A mesma estipulação doméstica foi instituída, por analogia,

---

5 Assinada por Hitler, Frick, Gürtner e Hess, datada de 15 de setembro de 1935, RGBl I, 1146.

6 Durante 1936, somente em Berlim, 3.861 judias foram indicadas para trabalhar em casas de outros judeus. *Jüdische Selbsthilfe unter dem Naziregime, 1933-1939* (Tubinga, 1974) p. 131. Boa parte desse trabalho provavelmente era meio-período.

em hotéis e pensões em estâncias e balneários. Enquanto houvesse funcionárias alemãs com menos de 45 anos trabalhando nesses lugares, hóspedes judeus teriam de ser barrados.[7]

Efeitos mais complicados da Lei do Sangue e da Honra viriam da proibição dos casamentos e relações extraconjugais entre judeus e cidadãos de sangue alemão ou afim. Essas ramificações manifestaram-se nas interpretações e também no cumprimento da Lei. Se um casamento misto acontecesse após a entrada em vigor do decreto, era considerado nulo, e as partes do casal eram automaticamente culpadas de relação sexual extraconjugal. Segundo as cláusulas penais, tanto o homem como a mulher poderiam ser punidos com sentenças de prisão por entrar em um casamento misto, mas apenas o *homem* (fosse ele judeu ou alemão) podia ser mandado para a cadeia por relações sexuais extraconjugais. Vinha de Hitler a diretriz de que a *mulher* (judia ou alemã) ficasse imune da acusação.

Não se sabe quais eram os motivos por trás da insistência de Hitler nessa isenção. Pode ter sido um ato de cavalheirismo ou, mais provavelmente, a crença de que as mulheres (até as alemãs) eram indivíduos muito fracos e sem vontade própria. De toda forma, nem o judiciário nem a Polícia de Segurança ficaram felizes com essa imunidade. Durante uma reunião judicial, decidiu-se, portanto, cumprir o desejo de Hitler apenas literalmente. Nenhuma alemã seria punida por ter relações com um judeu (ou por *Rassenschande* [contaminação da raça], como se tornou conhecido esse crime), mas, se ela fosse pega mentindo durante o processo contra o homem, podia ser mandada à prisão por perjúrio.[8] O *Gruppenführer* Heydrich, da Polícia de Segurança, por sua vez, decidiu que uma judia não podia ficar livre se seu parceiro alemão fosse para a cadeia. Um acordo desse tipo ia contra seus princípios, com ou sem ordem de Hitler. Consequentemente, ele enviou ordens secretas para seus escritórios de polícias estadual e criminal,

---

7 Pfundtner (Ministério do Interior) para escritórios regionais do ministério, 24 de julho de 1937, T 175, Rolo 409. Em 1938, a Chancelaria do Partido propôs uma emenda à lei, com o objetivo de ampliar a proibição a recepcionistas, modelos, etc. O Ministério do Interior respondeu que já estava sobrecarregado de trabalho em legislações antijudaicas e que a proposta não era importante o suficiente para garantir o trabalho de redação necessário. Pfundtner para Hess, 25 de maio de 1938, NG-347. Em novembro do mesmo ano, a proposta do partido ficou obsoleta. Hering para Ministério da Justiça, 12 de dezembro de 1938, NG-347.

8 Resumo de reunião judicial, 1º de fevereiro de 1939, NG-629.

mandando-os continuar com a condenação legal de um homem alemão por *Rassenchande*, com prisão imediata de sua parceira judia, que devia ser levada para um campo de concentração.[9]

Outras mudanças, sempre na direção de maior severidade, foram propostas em relação aos *Mischlinge*. Qual era, afinal, o status dos *Mischlinge* na Lei para a Proteção do Sangue e da Honra Alemães? A lei obviamente mencionava só os judeus e os alemães. Para os criadores dessa "terceira raça" era evidente que os *Mischlinge*, enquanto pessoas que não eram nem judias nem cidadãs de "sangue alemão ou afim", constituíam, na realidade, uma ponte entre as comunidades judaica e alemã. Sem uma regra adicional concomitante, um *Mischling* ficaria na posição de casar-se ou ter relações extraconjugais com quem quisesse. A ideia de uma situação assim era bizarra o suficiente para exigir alguma atitude. No que dizia respeito aos casamentos, várias proibições foram colocadas em vigor imediatamente. (As regras estão listadas na Tabela 6.1. Para compreender as regras relativas aos casamentos de *Mischlinge*, pode ser útil lembrar que um *Mischling* de

TABELA 6.1   Regulamentação de casamentos de *Mischling*.

CASAMENTOS PERMITIDOS	
Alemão — Alemão	
Mischling de segundo grau — Alemão	
Mischling de primeiro grau — *Mischling* de primeiro grau	
Mischling de primeiro grau — Judeu	
Judeu — Judeu	
PROIBIDO A NÃO SER COM PERMISSÃO ESPECIAL	
Mischling de primeiro grau — Alemão	
Mischling de primeiro grau — *Mischling* de segundo grau	
PROIBIDO	
Alemão — Judeu	
Mischling de segundo grau — Judeu	
Mischling de segundo grau — *Mischling* de segundo grau	

Nota: 1º Decreto para Implementação da Lei do Sangue e da Honra (assinado por Hitler, Frick, Hess e Gürtner), 14 de novembro de 1935, RGBl I, 1334. Wilhelm Stuckart e Rolf Schiedermair, *Rassen- und Erbpflege in der Gesetzgebung des Reiches*, 5ª ed. (Leipzig, 1944), pp. 46-48. *Die Judenfrage (Vertrauliche Beilage)*, 25 de abril de 1941, pp. 22-24.

---

9 Heydrich para escritórios da Gestapo e Kripo, 12 de junho de 1937, NG-326.

primeiro grau era alguém com *dois* avós judeus, que não pertencia à religião judaica e que não era casado com uma pessoa judia na data-alvo de 15 de setembro de 1935. Um *Mischling* de segundo grau tinha só *um* avô judeu.)

Essas proibições regulatórias tendiam a isolar os *Mischlinge* de primeiro grau. A não ser com permissões oficiais, esses indivíduos não podiam se casar com ninguém a não ser outro *Mischling* de primeiro grau ou um judeu. A escolha de um parceiro judeu resultava na extinção do status de *Mischling* e em sua reclassificação automática como membro da comunidade judaica. Além disso, em outubro de 1941, a permissão de casar com um alemão deixou de ser concedida, em uma decisão considerada assunto policial.[10] Até lá, porém, os *Mischlinge* de primeiro grau estiveram legalmente livres em suas relações extraconjugais. Eles não podiam cometer *Rassenschande*, nem com um parceiro judeu, nem com um alemão.[11] Nem é preciso dizer que foram feitas tentativas de fechar essa brecha. Em 1941, o próprio Hitler pediu uma emenda à Lei do Sangue e da Honra, que proibiria as relações extraconjugais de um *Mischling* de primeiro grau com um alemão.[12] Contudo, após uma reunião e várias discussões, o assunto foi esquecido, com consentimento de Hitler.[13] Aparentemente, a burocracia não estava confiante em sua capacidade de conseguir aplicar essa proibição. O que ficou em vigor foi um procedimento fora do campo da lei. Segundo dizia uma circular confidencial da ss: se os *Mischlinge* de primeiro grau tiverem relações íntimas com alemães, "estarão sujeitos a medidas da Polícia Estadual".[14]

---

10 ss *Standortkommandantur*/vii, Praga, Vertrauliche Informationen n° 14, 6 de outubro de 1941, Arquivos do Museu Memorial do Holocausto dos Estados Unidos, Grupo de Registros 48.004 (Instituto Histórico Militar, Praga), Rolo 6.

11 *Die Judenfrage (Vertrauliche Beilage)*, 25 de abril de 1941, pp. 22-24.

12 Pfundtner para vice do Führer, Ministério da Justiça e Polícia de Segurança, 7 de maio de 1941, NG-1066.

13 Resumo da reunião sobre *Mischlinge*, 13 de maio de 1941, NG-1066. Lammers para Ministério do Interior, 25 de setembro de 1941, NG-1066.

14 ss Standortkommandantur/vii, Praga, Vertrauliche Informationen N° 14, 6 de outubro de 1941, Arquivos do Museu Memorial do Holocausto dos Estados Unidos RG 48.004 (Instituto Histórico Militar, Praga), Rolo 6. Ver também as instruções do *Regierungsrat* Mussgay (*Staatspolizeileitstelle* de Stuttgart) para *Landräte* e escritórios de polícia em sua área, 21 de julho de 1942, para alertar os

Pode-se questionar a eficácia geral da Lei do Sangue e da Honra em impedir ou atrapalhar contatos íntimos entre judeus e alemães fora do casamento. Um indicativo do que pode ter acontecido nessas situações é o fato de que, até 1942, nada menos que 61 judeus foram considerados culpados de *Rassenschande* no Velho Reich. Esse número pode ser comparado com 57 condenações por fraude de passaporte e 56 por violações cambiais.[15] Por que, então, a necessidade contínua de associação entre judeus e alemães? A Lei do Sangue e da Honra pegou muitos casais mistos, que pretendiam se casar, antes de eles terem a oportunidade de levar o plano adiante. Esses casais tinham três escolhas. Podiam se separar – afinal, era esse o objetivo do decreto. Alternativamente, o casal podia emigrar. Em terceiro lugar, podia "viver em pecado".

A alternativa da emigração era, aliás, considerada crime. Há pelo menos um caso de um alemão que se tornou judeu em 1932 para se casar com uma judia, emigrando, depois, para a Tchecoslováquia, onde o casamento aconteceu. Ele foi pego depois da ocupação do país e condenado por *Rassenschande*. O réu argumentou que era judeu, mas o tribunal rejeitou esse argumento. Ele também usou o princípio legal geral de que uma lei sujeita as pessoas a suas cláusulas apenas dentro de uma jurisdição territorial. A lei não tinha linguagem que indicava aplicabilidade a cidadãos alemães que viviam em outros países. Contudo, o tribunal disse que o réu tinha violado a lei ao sair do país com o objetivo de fazer algo contrário ao que ela estipulava. Sua emigração era parte do crime total. Portanto, ele tinha violado a lei quando ainda estava dentro das fronteiras alemãs.[16]

Assim, um motivo para o número relativamente grande de condenações era que os casais mistos não estavam dispostos a se separar por causa de uma proibição geral em relação ao casamento. Havia, porém, outro motivo para as estatísticas relativamente altas. Os casos de *Rassenschande* eram quase sempre tratados duramente pelos tribunais. Não havia circunstâncias atenuantes, nem necessidade de

---

Mischlinge de primeiro grau que parassem de se relacionar com alemãs, em Paul Sauer, ed., *Dokumente zur Verfolgung der jüdischen Bürger in Württemberg-Baden* (Stuttgart, 1966), pt. 2, pp. 377-78.

15 Ministério da Justiça (assinado por Grau) para *Präsident* do Reichsgericht, *Präsident* Volksgerichtshof, *Oberlandesgerichtspräsidenten*, *Oberreichsanwälte* do Reichsgericht e Volksgerichtshof e *Generalstaatsanwälte*, 4 de abril de 1944, NG-787.

16 Decisão do Reichsgericht, 5 de dezembro de 1940, *Deutsche Justiz*, 1941, p. 225. Ver também *Die Judenfrage (Vertrauliche Beilage)*, 10 de março de 1941, pp. 15-16.

evidências elaboradas. O ônus estava totalmente na defesa. Um acusado não podia alegar, por exemplo, que não estava ciente do status de sua parceira; na verdade, o *Reichsgericht* [Suprema Corte] dizia que todo alemão que desejasse ter relações extraconjugais com *qualquer* mulher tinha o dever legal de inspecionar os documentos dela (*Ariernachweis*) para certificar-se de que não era considerada judia pela lei. Ele tinha de ter cuidado especial com mulheres meias-judias, que podiam tanto ser consideradas judias (relacionamento proibido) quanto *Mischlinge* de primeiro grau (relacionamento permitido), dependendo de questões legais complexas relativas à adesão religiosa.[17] O acusado também estava impotente contra alegações não provadas. É desnecessário falar sobre a dificuldade de provar a existência de relações sexuais extraconjugais, mas nos tribunais alemães a menor indicação de um relacionamento amigável podia ser o suficiente para uma forte suposição. O mais notório caso desse tipo, "que levantou muita poeira no judiciário",[18] foi a acusação contra Lehmann Katzenberger, chefe da Comunidade Judaica em Nuremberg.

Os fatos do caso eram os seguintes: em 1932, Katzenberger era proprietário de um estabelecimento de venda de sapatos por atacado em Nuremberg. Ele era, à época, um homem próspero, de 59 anos, pai de filhos adultos. Durante aquele ano, uma jovem solteira alemã de 22 anos chegou à cidade para administrar um negócio de fotografias no prédio de Katzenberger. O pai dela pediu a Katzenberger que cuidasse da filha. Conforme os anos passaram, este a ajudou com problemas, às vezes emprestando algum dinheiro e dando pequenos presentes para a garota. Essa amizade continuou depois de ela se casar e depois da eclosão da guerra. Um dia a mulher, sra. Irene Seiler, foi convocada ao Escritório Distrital do Partido (*Kreisleitung*), onde recebeu ordens de não prosseguir com a relação. Ela prometeu fazê-lo, mas pouco depois Katzenberger foi preso, à espera de ser julgado por *Rassenschande* na câmara criminal de um tribunal comum. Ele estava, então, com quase setenta anos; a sra. Seiler tinha mais de trinta.

O promotor encarregado do caso, Hermann Markl, considerou o assunto bastante rotineiro. Ele esperava uma sentença "moderada". (Segundo a Lei

---

17 Decisão do Reichsgericht, 26 de novembro de 1942, *Deutsches Recht,* 1943, p. 404. Discutida também em *Die Judenfrage (Vertrauliche Beilage),* 15 de abril de 1943, p. 31.

18 Testemunho juramentado do dr. Georg Engert (promotor público, Nuremberg), 18 de janeiro de 1947, NG-649.

do Sangue e da Honra, o tempo de prisão de um homem condenado por *Rassenschande* era variável.) No entanto, o juiz que presidia o tribunal especial local (*Sondergericht*, com jurisdição em casos políticos) ouviu falar sobre o processo e imediatamente se interessou por ele. Segundo o promotor Markl, esse juiz, *Landgerichtsdirektor* [Diretor do Tribunal Distrital] dr. Rothaug, tinha um temperamento "colérico". Ele era um fanático obstinado e duro, que amedrontava até os promotores. Quando ficou sabendo do caso Katzenberger, exigiu a transferência dos processos para seu tribunal. Nas palavras de outro promotor, dr. Georg Engert, o juiz Rothaug "arrastou" o caso para seu tribunal por estar decidido a não perder a oportunidade de condenar um judeu à morte.

A ação no tribunal especial de Rothaug acabou sendo um julgamento de fachada. Ele incitava as testemunhas. Quando o advogado de defesa provava que um testemunho era falso, ele era indeferido, com o veredicto de que a testemunha tinha apenas cometido um erro. Rothaug frequentemente interferia, com comentários ofensivos sobre os judeus. Quando Katzenberger queria falar, o juiz o interrompia. Em seu apelo final, Katzenberger tentou reiterar sua inocência e repreendeu Rothaug por referir-se continuamente aos judeus e esquecer que ele, Katzenberger, era um ser humano. O réu, então, usou o nome de Frederico, o Grande. Rothaug interrompeu imediatamente, reclamando do "denegrecimento" do nome do grande rei prussiano, especialmente por um judeu.

Em 13 de março de 1942, o *Landgerichtsdirektor* dr. Rothaug, junto dos *Landgerichtsräte* (juízes) dr. Ferber e dr. Hoffmann, proferiu sua decisão. Ele resumiu as "provas" da seguinte forma:

> Então, foi dito que os dois aproximaram-se sexualmente [*geschlechtliche Annäherungen*] de várias formas, incluindo por meio de relações sexuais. Alega-se que eles se beijaram, às vezes no apartamento da sra. Seiler, outras vezes no local de negócios de Katzenberger. Seiler supostamente sentou no colo de Katzenberger, e Katzenberger é acusado de ter acariciado as coxas dela por cima [não por baixo] das roupas, com a intenção de satisfazer-se sexualmente. Nessas ocasiões, Katzenberger supostamente abraçou Seiler apertado e colocou sua cabeça nos seios dela.

Seiler admitiu ter beijado Katzenberger, mas de brincadeira. Rothaug indeferiu o argumento da brincadeira dizendo que ela tinha aceitado dinheiro de Katzenberger. Ela era, portanto, acessível (*zugänglich*). Ao anunciar a sentença, o juiz condenou Katzenberger à morte e enviou a sra. Seiler à prisão por falso testemunho.[19]

Após o pronunciamento da sentença, houve ainda outro incidente no caso. Apesar de ser março de 1942 e um grande ataque estar sendo preparado na Rússia para a primavera, o comandante das Forças Armadas alemãs e Führer do Reich, Adolf Hitler, tinha ouvido falar da decisão e protestado que sua ordem de não condenar a mulher não tinha sido cumprida. Mulher alguma, disse Hitler, podia ser condenada por *Rassenschande*. Ele rapidamente foi informado de que a sra. Seiler tinha sido presa não por *Rassenschande*, mas por mentir sob juramento – uma explicação que o tranquilizou.[20]

Em junho, Katzenberger foi executado, mas pouco tempo depois a sra. Seiler, tendo cumprido apenas seis meses de sua sentença, foi libertada.[21]

O caso Katzenberger era sintomático de uma tentativa de acabar com as relações amigáveis entre judeus e alemães. É preciso ter em mente que Lehmann Katzenberger era presidente da Comunidade Judaica em Nuremberg (a décima maior do Reich); que antes de Rothaug poder julgar o caso, Katzenberger tinha sido acusado em um tribunal comum; e que, antes de Katzenberger ser acusado, a sra. Seiler tinha sido avisada pelo partido para acabar com a relação com o líder judeu. O caso Katzenberger, portanto, é significativo em termos de administração; ele fez parte de uma tentativa de isolar a comunidade judaica. Esse fato é confirmado por uma ordem emitida pela sede da Polícia de Segurança (*Reichssicherheitshauptamt* ou Gabinete de Segurança Principal do Reich) no dia 24 de outubro de 1941 para todos os escritórios da Gestapo:

---

19 Esse relato baseia-se nos seguintes materiais: testemunho juramentado do *Oberstaatsanwalt* (promotor) dr. Georg Engert, 18 de janeiro de 1947, NG-649. Testemunho juramentado do *Staatsanwalt* Hermann Markl, 23 de janeiro de 1947, NG-681. Testemunho juramentado de Irene Seiler, 14 de março de 1947, NG-1012. Paul Ladiges (cunhado da sra. Seiler) para "Justizministerium Nuremberg" (Tribunal Militar dos Estados Unidos em Nuremberg), 23 de novembro de 1946, NG-520. Julgamento do tribunal especial de Nuremberg-Fürth no caso contra Lehmann Katzenberger e Irene Seiler, assinado por Rothaug, Ferber e Hoffmann, 13 de março de 1942, NG-154.

20 Lammers para SS-*Gruppenführer* Schaub (assistente do Führer), 28 de março de 1942, NG-5170.

21 Carta de Ladiges, 23 de novembro de 1946, NG-520.

Ultimamente tem vindo à tona que, tanto agora quanto antes, arianos mantêm relações amigáveis com judeus, e que eles se exibem juntos em público de forma escancarada. Tendo em vista o fato de que esses arianos ainda não parecem entender os princípios básicos elementares do nacional-socialismo, e como o comportamento deles deve ser visto como um desrespeito às medidas do Estado, ordeno que, em casos assim, a parte ariana deve ser levada em custódia temporária e preventivamente, com propósito educacional e, em casos sérios, colocada em um campo de concentração, grau I, por um período de até três meses. A parte judia deve, em todos os casos, ter prisão preventiva decretada até segunda ordem e ser enviada a um campo de concentração.[22]

Nem é preciso dizer que os procedimentos adotados pela Polícia de Segurança eram inteiramente extrajudiciais, não envolvendo confronto em tribunal comum ou extraordinário. A ordem tinha o objetivo de evitar relacionamentos que nem sempre podiam ser classificados como *Rassenschande* (especificamente, relações de amizade entre judeus e alemães, particularmente evidentes, amizade aberta demonstrada por meio de conversas nas ruas ou visitas domiciliares). Havia, talvez, algum medo de que a tolerância a tal amizade encorajasse alguns alemães a oferecer abrigo aos judeus nos recolhimentos para deportação. Contudo, esse medo não tinha fundamento, pois, quando chegou o momento decisivo, poucos alemães se mexeram para proteger seus amigos judeus.

A Lei do Sangue e da Honra e a ordem do Chefe da Polícia de Segurança, Heydrich, tinham a intenção de cortar relações pessoais próximas, fossem elas íntimas ou platônicas, entre judeus e alemães. Como essas medidas precisavam ser dirigidas não apenas à parte judia, mas também à alemã, lembravam a censura medieval contra a heresia, tanto no conteúdo como na forma. O alemão que deixasse o país para casar-se com sua namorada judia era culpado de heresia. Ele não podia argumentar que era judeu. Da mesma forma, o alemão que parasse na rua para conversar com um velho colega judeu também era culpado de não entender e respeitar os "princípios" nazistas.[23]

22 Circular do Escritório de Polícia Estadual em Nuremberg-Fürth (assinado por dr. Grafenberger), incluindo ordem de Berlim, 3 de novembro de 1941, L-152.

23 Em algumas épocas durante a Idade Média, casais mistos que tivessem tido relações sexuais eram considerados culpados de prostituição (*ueberhure*) e queimados (ou enterrados) vivos. O

É claro que a formação de guetos ia além disso. Foi feita uma tentativa de manter os alemães e os judeus separados pelo maior tempo possível e o quanto fosse possível. Essas medidas só podiam ser tomadas barrando os judeus de certos lugares em certos horários. O raciocínio por trás desses decretos era que os alemães não gostavam dos judeus, que os arianos eram "perturbados" pela presença de judeus e, portanto, estes deviam ser excluídos ou mantidos a distância.

O mais importante desses decretos contra as misturas era a Lei contra a Superpopulação das Escolas Alemãs, datada de 25 de abril de 1933, que reduziu a admissão de não arianos em cada escola ou faculdade à proporção de todos os não arianos na população alemã como um todo.[24] A cota de aceitos foi, consequentemente, fixada em 1,5%, e ao mesmo tempo foram criados tetos de matrícula com o objetivo de reduzir proporcionalmente o corpo estudantil judeu em geral. Até 1936, mais da metade das crianças judias de seis a catorze anos era acomodada em escolas operadas pela comunidade judaica.[25] Não havia, porém, escolas ou universidades técnicas judaicas, e a posição dos judeus matriculados em instituições de ensino superior alemãs estava ficando cada vez mais frágil.[26] Em novembro de 1938, os alunos judeus remanescentes no sistema escolar alemão foram expulsos. A partir dessa data, os judeus só podiam frequentar escolas judaicas.[27]

---

cristão considerado culpado era condenado por ter negado sua fé (*ungelouben*), em outras palavras, por ter cometido heresia. Guido Kisch, *The Jews in Medieval Germany* (Chicago, 1949), pp. 205-7, 465-68.

24 Decreto de 25 de abril de 1933, assinado por Hitler e Frick, RGBl I, 255. A lei excetuava das cotas todos os não arianos que tivessem ao menos um avô alemão ou cujos pais tivessem lutado pela Alemanha na Primeira Guerra Mundial.

25 Adler-Rudel, *Jüdische Selbsthilfe*, pp. 19-33.

26 Albrecht Götz von Olenhusen, "Die 'nichtarischen' Studenten an den deutschen Hochschulen", *Vierteljahrshefte für Zeitgeschichte* 14 (1966): 175-206. O teto de matrícula nas universidades era 5%. *Ibid.*, p. 179. A porcentagem de judeus nos corpos discentes das universidades alemãs estava decaindo desde o fim do século XIX. Michael Stephen Steinberg, *Sabres and Brown Shirts* (Chicago, 1977), p. 28, 187, n. 48.

27 Imprensa alemã, 16 de novembro de 1938. *Mischlinge* de primeiro grau foram expulsos das escolas em 1942; *Mischlinge* de segundo grau puderam continuar seus estudos, desde que sua presença não contribuísse para a superpopulação. *Die Judenfrage (Vertrauliche Beilage)*, 1º de março de 1943, pp. 17-19.

Apesar de as medidas de segregação nas escolas criarem um problema bastante sério para a comunidade judaica, estas provocaram menos debate e controvérsia nos níveis superiores da burocracia alemã do que as ordens relacionadas às viagens de trens por judeus. O ministro da Propaganda, Goebbels, foi à reunião de 12 de novembro de 1938 bem preparado, com propostas para a regulamentação das viagens. Aqui está um trecho da discussão:

> GOEBBELS: Hoje ainda é possível para um judeu dividir uma cabine em um vagão noturno com um alemão. Portanto, precisamos de um decreto do Ministério de Transportes do Reich, afirmando que haverá cabines separadas para os judeus; no caso de as cabines estarem lotadas, os judeus não têm direito a um assento. Só será concedida uma cabine a eles depois de todos os alemães terem assegurado seus lugares. Eles não irão se misturar com os alemães e, se não houver lugar, terão de ficar de pé no corredor.
> GÖRING: Nesse caso, acho que faria mais sentido dar a eles cabines separadas.
> GOEBBELS: Não se o trem estiver lotado!
> GÖRING: Espere um pouco. Só haverá um vagão para judeus.
> GOEBBELS: Suponha, então, que não haja muitos judeus no trem expresso para Munique, suponha que haja dois judeus no trem e as outras cabines estejam lotadas. Esses dois judeus, então, teriam uma cabine só para eles. Por isso, digo que os judeus só podem ter um assento depois de todos os alemães terem garantido os seus.
> GÖRING: Eu daria aos judeus um vagão ou uma cabine. E se houver um caso como o que você mencionou e o trem estiver lotado, acredite, não vamos precisar de uma lei. Vamos chutar o judeu para fora e ele vai ter de sentar sozinho no banheiro o caminho todo.
> GOEBBELS: Não concordo; não acredito que isso vai acontecer. Precisa haver uma lei. [...].[28]

Mais de um ano se passou antes que o Ministro dos Transportes emitisse uma ordem sobre a viagem de judeus. "No interesse da manutenção da ordem em trens de passageiros", judeus de nacionalidade alemã e sem cidadania foram barrados do uso de vagões-leito e vagões-restaurante em todas as linhas ferroviárias dentro da "Grande Alemanha". A ordem, porém, não introduziu cabines

---

28 Ata da reunião de 12 de novembro de 1938, PS-1816.

separadas, o que o ministro dos Transportes considerava impraticável.[29] Só em julho de 1942 os judeus foram barrados de salas de esperas e restaurantes em estações ferroviárias. Essa medida, porém, fora ordenada não pelo Ministério dos Transportes, mas pela Polícia de Segurança.[30] O Ministério dos Transportes não se preocupou mais com o problema das cabines.

Os decretos sobre escolas e ferrovias foram acompanhados de várias outras medidas pensadas para aliviar a "superpopulação" e promover o "conforto" da população alemã, além de manter a "ordem pública". Já falamos sobre as horas especiais para compras introduzidas pelo Ministério dos Alimentos e da Agricultura. Por insistência de Goebbels, ministro da Propaganda, e Heydrich, chefe da Polícia de Segurança, os judeus foram barrados também de resorts e praias.[31] Judeus hospitalizados foram transferidos para instituições judaicas, e os serviços de barbeiros arianos não estavam mais disponíveis aos judeus.[32]

Os decretos contra as misturas constituíram a primeira fase do processo de formação de guetos. A maior parte foi criada nos anos 1930, com o objetivo limitado de separar socialmente judeus e alemães. Na segunda fase, a burocracia tentou uma concentração física, separando moradias especiais para judeus. Esse tipo de medida de criação de guetos é sempre um problema administrativo complexo, pois as pessoas têm de se mudar.

Antes de fazer qualquer movimento mais sério no campo da habitação, Göring trouxe à tona uma questão fundamental na reunião de 12 de novembro de 1938: judeus deveriam ser amontoados em guetos ou apenas em casas? Dirigindo-se a Heydrich, chefe da Polícia de Segurança, que propunha todo tipo de restrição de movimentos e de insígnias para judeus, Göring disse:

> Mas, meu querido Heydrich, não será possível evitar a criação de guetos em grande escala, em todas as cidades. Eles terão de ser criados.[33]

---

29 Ministro dos Transportes (Dorpmüller) para ministro do Interior, 30 de dezembro de 1939, NG-3995.

30 *Die Judenfrage (Vertrauliche Beilage)*, 1º de março de 1943, pp. 17-19.

31 Ata da reunião de 12 de novembro de 1938, PS-1816.

32 *Die Judenfrage (Vertrauliche Beilage)*, 1º de março de 1943, pp. 17-19.

33 Ata da reunião de 12 de novembro de 1938, PS-1816.

Heydrich respondeu de forma muito enfática:

Quanto à questão dos guetos, gostaria de esclarecer imediatamente minha posição. Do ponto de vista da política, não acho que seja possível criar um gueto na forma de um distrito completamente segregado onde só vivam judeus. Não poderíamos controlar um gueto onde os judeus se reunissem com todo o seu povo. O local se tornaria um esconderijo para criminosos e também para epidemias e coisas do tipo. Não queremos deixar os judeus morarem na mesma casa que a população alemã; mas, hoje, a população alemã, suas quadras ou casas, forçam os judeus a se comportarem. Controlar os judeus por meio do olho vigilante de toda a população é melhor do que colocá-los aos milhares em um bairro onde eu não consiga estabelecer um controle adequado de suas vidas diárias com meus agentes uniformizados.[34]

O "ponto de vista da polícia" é digno de nota em dois aspectos. Heydrich via toda a população alemã como uma espécie de força policial auxiliar. Ela deveria assegurar que os judeus "se comportassem". Deveria vigiar todos os movimentos dos judeus e relatar qualquer coisa que parecesse suspeita. Também é interessante a previsão de epidemias. Elas podiam não ser consequências inevitáveis de um muro para o gueto, mas aparecem quando a densidade aumenta, quando as instalações sanitárias não são adequadas e quando o suprimento de comida e remédios diminui.

Sem se deixar deter por tais considerações, um oficial do escritório do Reichskommissar Bürckel para a integração da Ostmark (Áustria) ao Reich considerou criar "meios-guetos" (*Halbghettos*) nos distritos II, IX e XX de Viena.[35] A essa ideia seguiu-se outra, em um longo memorando de Eugen Becker, do escritório de Bürckel, no início de outubro de 1939. Viena, dizia ele, era uma cidade de operários, onde as pessoas moravam em apartamentos muito pequenos e estavam acostumadas a pagar aluguéis baixos. Seria útil para eles que os apartamentos dos judeus, especialmente os menores, fossem esvaziados. Ele propôs um esquema de moradia para até 50 mil judeus austríacos em alojamentos com capacidade de três a seis pessoas por quarto, com chuveiros comunitários.[36] Um engenheiro ci-

---

34 *Ibid.*

35 Texto do memorando, sem autor identificado, 30 de setembro de 1939, em Gerhard Botz, *Wohnungspolitik und Judendeportation in Wien 1938 bis 1945* (Viena-Salzburgo, 1975), pp. 150-51.

36 Trechos do memorando de Becker, início de outubro de 1939, em *ibid.*, pp. 164-87.

vil então fez um estudo de viabilidade para um alojamento de 6 mil judeus no subúrbio de Gänserndorf.[37] Esse projeto não entrou em vigor. Göring, aceitando o conselho de Heydrich, já tinha emitido uma ordem, em 28 de dezembro de 1938, para concentrar os judeus só em casas.[38]

Agora que a mudança estava para começar, outra questão precisava ser resolvida: o problema dos casamentos mistos. Na Lei do Sangue e da Honra, a burocracia proibira a formação de *novos* casamentos, mas a lei não afetava os casamentos *existentes*. Segundo a lei conjugal, casamentos mistos estavam sujeitos às mesmas regulamentações de outros casamentos: o divórcio só poderia ser concedido se uma das partes tivesse feito algo errado ou se as partes estivessem separadas há pelo menos três anos.

Apenas uma cláusula que afetava os casamentos mistos tinha sido incluída na lei conjugal de 1938, determinando que a parte ariana de um casamento misto podia pedir o divórcio se convencesse o tribunal de que, após a introdução das leis de Nuremberg, tinha obtido tanto esclarecimento sobre a questão judaica que estava agora convencido (ou convencida) de que se tivesse tal esclarecimento antes de o casamento ser consumado, nunca teria se casado. Essa convicção, é claro, tinha de ser provada a contento do tribunal. Além disso, a parte ariana só tinha até 1939 para iniciar um processo de divórcio com base nisso.[39] Aparentemente, apenas alguns alemães aproveitaram esse procedimento trabalhoso e potencialmente humilhante. Em 1939 ainda havia cerca de 30 mil casais mistos na área do *Reich-Protektorat*, ou seja, quase um a cada dez judeus era casado com um parceiro não judeu.[40] O problema agora enfrentado pela burocracia era o que fazer com esses 30 mil casais. Deveriam eles também ser transferidos para casas especiais para judeus?

---

37 Conclusões, assinadas por Grudacker, da Divisão Principal de Construção da Administração da Cidade de Viena, 9 de outubro de 1939, *ibid.*, pp. 188-91.

38 Incluída em carta de Bormann a Rosenberg, 17 de janeiro de 1939, PS-69.

39 Ver comentário de Dietrich Wilde e dr. Krekau em "Auflösung von Mischehen nach Par. 55 EheG.", *Die Judenfrage (Vertrauliche Beilage)*, 15 de maio de 1943, pp. 33-36.

40 Os números exatos para o fim de 1938 não estão disponíveis, mas em 31 de dezembro de 1942, o número de judeus em casamentos mistos ainda era 27.744. Relatório do estatístico da ss, Korherr, 19 de abril de 1943, NO-5193.

A ordem de Göring de 28 de dezembro de 1938 resolveu esse problema dividindo os casais em casamentos mistos em duas categorias: "privilegiados" e "não privilegiados". Os critérios para classificação estão explicados na Tabela 6.2.

TABELA 6.2 Classificação de casamentos mistos.

	FILHOS NÃO CRIADOS COMO JUDEUS (*MISCHLINGE* DE PRIMEIRO GRAU)	FILHOS CRIADOS COMO JUDEUS	SEM FILHOS
Esposa judia – marido alemão	Privilegiado	Não privilegiado	Privilegiado
Marido judeu – esposa alemã	Privilegiado	Não privilegiado	Não privilegiado

Nota: Bormann a Rosenberg, 17 de janeiro de 1939, ps-69.

É preciso notar que o fator decisivo para classificar todos os casais mistos com filhos era o status religioso dos filhos. Uma criança não criada na religião judaica era um *Mischling* de primeiro grau. Os homens nessas categorias podiam ser alistados nas Forças Armadas ou no Serviço de Mão de Obra. Göring não queria esses *Mischlinge* "expostos à agitação dos judeus" em casas ocupadas por estes; assim, ele eximiu todos os casais com filhos dessa categoria. No caso de casais sem filhos, a esposa judia de um marido alemão era considerada privilegiada, pois a casa pertencia ao alemão. Por outro lado, a esposa alemã de um marido judeu podia ser obrigada a se mudar para uma casa judaica. Göring esperava que essas esposas alemãs se divorciassem de seus maridos e "voltassem" para a comunidade alemã.[41] Ele não deve ter pensado muito sobre os casais sem filho mais jovens, nos quais a esposa alemã teria filhos classificados como *Mischlinge* de primeiro grau, transformando, assim, um casamento não privilegiado em privilegiado.[42] A julgar pelas estatísticas parciais,[43] os casais privilegiados estavam em número maior do que os não privilegiados, superando-os em proporção de qua-

41 Bormann para Rosenberg, 17 de janeiro de 1939, ps-69.

42 Ver Bruno Mannheim (Escrivão da Comunidade Judaica em Berlim) para Paul Eppstein (Reichsvereinigung [Associação Nacional] dos Judeus na Alemanha), 23 de junho de 1942, Zentralarchiv Potsdam, coleção Reichsvereinigung 75c Re I, Laufende Nummer 17.

43 Relatório de Korherr, 19 de abril de 1943, NO-5193.

se três para um. O motivo para isso não é difícil de descobrir: a grande maioria dos casais mistos não criava seus filhos na religião judaica.

É preciso destacar que a dispensa de moradia dada a casais em casamentos mistos privilegiados foi concedida com poucas modificações em relação aos regulamentos de salário e comida. Além disso, entre 1941 e 1944, os judeus em casamentos mistos, incluindo aqueles *não privilegiados*, geralmente *não* estavam sujeitos a deportação, sempre pressupondo-se, em cada caso, que o parceiro alemão ainda estava vivo e o casamento, intacto. Essa perpetuação da dispensa inicial foi uma característica do passo a passo do processo de destruição. A certo ponto, era tão difícil restaurar um impulso inicial quanto abandonar uma operação em andamento. Os judeus casados com alemães, porém, tinham de viver com a incerteza. Precisavam ser cuidadosos em seu cotidiano, para não serem presos por alguma pequena infração dos regulamentos. Como um grupo, eles nunca tinham certeza de que sua imunidade duraria, ou pelo menos não que duraria intacta. Mais tarde, houve de fato tentativas, dentro do aparato burocrático, de abolir esse status anônimo, e depois ainda um número pequeno, mas não de todo insignificante, de judeus em casamentos mistos, que não tinham filhos menores de idade em casa, foram enfim deportados.

A implementação real das restrições de moradia foi um processo muito lento. Muitas famílias judaicas tiveram de ser despejadas, mas o despejo não era solução enquanto essas famílias não tivessem para onde ir. A medida só seria viável se as famílias desalojadas pudessem ser abrigadas em outra residência judaica ou se houvesse vaga em uma casa destinada à ocupação por judeus. As primeiras regulamentações de despejo contra os judeus são encontradas na lei de 7 de abril de 1933, que permitia a liquidação de contratos de propriedades alugadas por advogados judeus cassados,[44] e no decreto de 25 de julho de 1938, que afetava os médicos de forma similar.[45] O ano de 1938 foi um período de interpretação livre nos tribunais sobre as regulamentações de arrendamentos e aluguéis. Durante esse ano, muitos judeus emigraram e, portanto, havia vagas. Em uma decisão de 16 de setembro de 1938, um tribunal berlinense chegou a decretar que as leis de arrendamento simplesmente não se aplicavam a judeus. Visto que os judeus não eram membros da comunidade nacional (*Volksgemeinschaft*), não podiam ser membros

---

44 RGBl I, 188.
45 RGBl I, 969.

da comunidade de moradias (*Hausgemeinschaft*).[46] Essa decisão antecipou um pouco as coisas, mas efetivamente foi colocada em uma lei datada de 30 de abril de 1939, assinada por Hitler, Gürtner, Krohn (vice do ministro do Trabalho), Hess e Frick.[47] O decreto ordenava que judeus podiam ser despejados por um proprietário alemão que fornecesse um certificado mostrando que o inquilino podia morar em outro lugar. Ao mesmo tempo, estipulava que famílias judias sem-teto tinham de ser aceitas como inquilinas por outros judeus que ainda estivessem em posse de sua propriedade.

Agora podia começar o amontoamento de judeus em *Judenhäuser*. Selecionar as casas e direcionar os judeus a elas era trabalho para os escritórios locais de habitação (*Wohnungsämter*). Em cidades maiores, os *Wohnungsämter* tinham divisões especiais para o reassentamento de judeus (*Judenumsiedlungsabteilungen*). Em 1941, o reassentamento tinha evidentemente progredido o suficiente para que todas as alocações dos apartamentos remanescentes fossem confiadas à organização da comunidade judaica, que mantinha vigilância atenta às vagas ou espaços extras nas *Judenhäuser*. Os burocratas judeus trabalhavam sob supervisão próxima da Polícia Estatal (Gestapo).[48] No fim, os apartamentos nas Judenhäuser ficaram lotados do chão ao teto. Malas, caixotes e caixas de papelão eram empilhados, e os móveis ficavam no meio dos cômodos. Em um apartamento, um inquilino tinha de pular por cima das camas de outras pessoas para chegar à sua. Em outro, os cômodos eram divididos com cobertores pendurados. Uma "instalação domiciliar" abrigava 320 pessoas em dois andares – homens em um, mulheres no outro.[49]

---

46 Decisão de Amtsgericht Berlim-Schöneberg [Tribunal Distrital Berlim-Schöneberg], 16 de setembro de 1938, *Juristische Wochenschrift*, 1938, p. 3405. Relatado por Ernst Fraenkel, *The Dual State* (Nova York, 1941), p. 93.

47 RGBl I, 864. A lei foi escrita pelos Ministérios da Justiça e do Trabalho. Ver Gürtner para Lammers, 6 de março de 1939, Arquivos Federais Alemães, R 43 II/1171a.

48 Circular do *Fachgruppe* (Associação) de Pintores, Administradores e Agentes Imobiliários para o *Bezirksgruppe* (Grupo Local) em Viena-Baixa Áustria em 14 de junho de 1941, Occ E 6a-15. Reichsbaurat Walter Uttermöhle em *Die Judenfrage (Vertrauliche Beilage)*, 1º de setembro de 1941, pp. 63-64.

49 Konrad Kwiet, "Nach dem Pogrom", em Wolfgang Benz, *Die Juden in Deutschland 1933-1945* (Munique, 1933), pp. 545-659, na pp. 641-51.

As restrições de moradia não tinham a intenção de ser a única amarra aos judeus. Quase ao mesmo tempo em que criou as regulamentações de habitação, a burocracia estrangulou as movimentações e as comunicações dos judeus. Muitos desses regulamentos eram emitidos por departamentos de polícia. No dia 5 de dezembro de 1938, os jornais publicaram um decreto provisório do Reichsführer-ss, Himmler, cassando as carteiras de habilitação dos judeus.[50] Apesar de extremamente poucas pessoas terem sido afetadas por esse anúncio, ele teve significado considerável por causa da forma como foi feito.

Himmler não tinha submetido sua ordem previamente pelos canais normais para uma gazeta jurídica, e não era capaz de citar lei ou decreto que autorizasse a medida. Ainda assim, seria defendido pelo próprio *Reichsgericht*. Com a simples publicação do decreto e o silêncio subsequente das Altas Autoridades do Reich, o tribunal supôs que havia consenso. Logo, foi validado e entrou em vigor desde o dia em que apareceu.[51]

Em setembro de 1939, pouco depois da eclosão da guerra, os escritórios de polícia local ordenaram que os judeus não saíssem às ruas depois das oito horas da noite. O chefe de imprensa do Reich instruiu os jornais a justificarem essa restrição com a explicação de que "os judeus muitas vezes se aproveitam do blecaute para molestar arianas".[52] No dia 28 de novembro de 1939, Heydrich, chefe da Polícia de Segurança, assinou um decreto autorizando os *Regierungspräsidenten* [Presidentes do Governo] da Prússia, Baviera e Sudetos, o Prefeito de Viena, o *Reichskommissar* no Saar e autoridades competentes em outras áreas a impor restrições de movimentação aos judeus, segundo as quais moradores judeus podiam ser banidos não apenas de aparecer em público em certos horários, mas também de entrar em áreas específicas a qualquer momento.[53] O presidente da polícia de Berlim, em seguida, declarou certas áreas como zonas proibidas.[54] O presidente da polícia de Praga (Charvat) proibiu os judeus de mudarem de endereço ou sair dos limites da cidade, exceto

---

50 *Völkischer Beobachter,* 5 de dezembro 1938, ps-2682.

51 Uwe Adam, *Judenpolitik im Dritten Reich* (Düsseldorf, 1972), pp. 213, 244.

52 Instruções do chefe de Imprensa do Reich (Material Brammer), 15 de setembro de 1939, NG-4697.

53 RGBl I, 1676.

54 Decreto de 3 de dezembro de 1938; texto em Institute of Jewish Affairs, *Hitler's Ten-Year War against the Jews* (Nova York, 1943), pp. 22-23.

para emigrar.[55] Em 17 de julho de 1941, Charvat também proibiu os judeus de entrarem nas florestas de Praga.[56] Segundo um decreto de 1º de setembro de 1941 (uma medida fundamental, a ser discutida em detalhes mais para a frente), os judeus estavam proibidos de sair das fronteiras de seus bairros residenciais sem levar consigo permissões escritas da autoridade de polícia local. (Essa restrição não se aplicava a judeus em casamentos mistos.)[57] O gueto começou a tomar forma.

A movimentação *dentro* das cidades era regulada por mais ordens relativas ao uso do transporte público pelos judeus. Em Praga, o presidente da polícia proibiu os judeus de usarem bondes elétricos e ônibus em seu decreto de 12 de dezembro de 1941.[58] Na área do Reich, incluindo a Áustria, o Ministério dos Transportes decidiu, em 18 de setembro de 1941, que os judeus não podiam mais usar transporte público durante os horários de pico, e que em outros horários eles só podiam se sentar quando não houvesse alemães em pé.[59]

Em 24 de março de 1942, Heydrich, chefe da Polícia de Segurança, em consenso com o Ministério dos Transportes e o Ministério Postal, emitiu uma ordem que restringia agudamente os direitos dos judeus no uso do transporte público, incluindo metrôs, bondes e ônibus. Daquele momento em diante, os judeus necessitavam de permissão policial (emitida pela Ordem de Polícia local) para usar qualquer um desses meios de transporte. As permissões seriam emitidas para trabalhadores que pudessem provar que a distância de sua casa para seu local de trabalho era de sete quilômetros, ou uma hora. Trabalhadores doentes ou deficientes podiam obter permissões para distâncias relativamente mais curtas. Crianças em idade escolar receberiam a permissão desde que a distância percorrida por elas fosse pelo menos cinco quilômetros, ou uma hora, a cada trecho. Advogados e médicos (*Konsulenten* e *Krankenbehandler*) podiam obter permissão para qualquer distância.[60]

---

55 *Jüdisches Nachrichtenblatt* (Praga), 8 de novembro de 1940.

56 *Ibid.*, 25 de julho de 1941.

57 RGBl I, 547.

58 *Jüdisches Nachrichtenblatt* (Praga), 12 de dezembro de 1941.

59 "Benutzung der Verkehrsmittel durch Juden", *Die Judenfrage (Vertrauliche Beilage)*, 10 de dezembro de 1941, pp. 78-79.

60 *Regierungspräsident/Führungsstab* Wirtschaft em Wiesbaden para Câmara de Comércio da área, 12 de maio de 1942, incluindo ordem de Heydrich de 24 de março de 1942, L-167. *Jüdisches Nachrichtenblatt* (Berlim), 17 de abril de 1942.

As comunicações foram cortadas ainda mais com a retirada dos direitos de usar telefones. Em 1941, telefones particulares foram arrancados dos apartamentos judeus. A essa medida seguiu-se uma proibição do uso de telefones públicos, a não ser para conversar com arianos. Finalmente, essa permissão também foi retirada, e todas as cabines telefônicas foram marcadas com placas que diziam: "Proibido o uso por judeus".[61]

Essas elaboradas restrições eram aplicadas por um sistema igualmente elaborado de identificações. O primeiro elemento desse sistema dizia respeito aos documentos pessoais. Documentos de identificação são um ingrediente importante de qualquer sistema de polícia estatal. No caso dos judeus, as exigências de documentação eram especialmente rigorosas. Arquivos da Universidade de Freiburg revelam que desde pelo menos 1933 estudantes não arianos tinham de trocar seus cartões de identificação marrons por outros, amarelos.[62] Cinco anos mais tarde, em 23 de julho de 1938, um decreto preparado pelos Ministérios do Interior e da Justiça exigiam que todos os judeus de nacionalidade alemã solicitassem (dizendo serem judeus) cartões de identificação,[63] até 31 de dezembro de 1938. Judeus com mais de quinze anos de idade tinham de ter seus cartões consigo a todo tempo. Ao lidar com escritórios ministeriais ou do partido, os judeus deviam indicar que eram judeus e mostrar seus cartões mesmo sem serem requisitados a fazê-lo.

Os judeus que estavam prestes a emigrar também tinham de conseguir passaportes. Inicialmente, não havia nada em um passaporte que indicasse que o portador era judeu. Aparentemente, ninguém pensou em fazer quaisquer mudanças nos passaportes emitidos para judeus ou portados por judeus até uma ação ser iniciada por oficiais de um país estrangeiro: a Suíça. Após o *Anschluss* austríaco, muitos judeus se aproveitaram de um acordo entre Alemanha e Suíça que abolia a exigência de visto para cruzar a fronteira. Em 24 de junho de 1938, o chefe da Polícia Federal suíça, Heinrich Rothmund, protestou junto à missão diplomática em Berna contra

---

61 Ministério da Propaganda (assinado por Wächter e Berndt) para todos os *Gauleiter*, chefes dos escritórios de propaganda e chefes de propaganda dos *Gauleiter*, sem data, provavelmente fim de 1941, G-44. Aviso mimeografado do *Vorstand* do *Jüdische Kultusgemeinde* (Berlim), 14 de novembro de 1941, G-229. *Jüdisches Nachrichtenblatt* (Praga), 13 de fevereiro de 1942. *Die Judenfrage (Vertrauliche Beilage)*, 1º de março de 1943, pp. 17-29.

62 Olenhusen, "Die 'nichtarischen' Studenten", *Vierteljahrshefte* 14:185.

63 RGBl I, 922.

o que denominou "inundação" (*Überflutung*) da Suíça por judeus vienenses, com os quais, disse, os suíços não tinham o que fazer – bem como a Alemanha.[64]

Em 10 de agosto deste ano, o ministro suíço em Berlim procurou o chefe da Divisão Política do Escritório do Exterior alemão, para dizer que o fluxo de judeus para a Suíça tinha chegado a "proporções extraordinárias". Em um dia, 47 judeus tinham chegado só na Basileia. O governo suíço era decididamente contra a "judaização" (*Verjudung*) do país, algo que os alemães eram capazes de entender. Dadas as circunstâncias, os suíços agora estavam considerando impor novamente o controle de visto.[65] Em 31 de agosto, Berna criticou o acordo de vistos. Três dias depois, porém, o chefe de polícia suíço (Rothmund) informou ao ministro alemão em Berna que estava disposto a chegar a um meio-termo. O governo suíço poderia restringir sua exigência de visto aos *judeus* alemães caso os passaportes indicassem claramente que seus portadores eram judeus. Essa condição foi aceita após alguma discussão sobre "reciprocidade" (por exemplo, exigência de visto para judeus suíços, que a Suíça relutou em aceitar).[66] Em 26 de setembro, Rothmund foi a Berlim. Em 29 de setembro, foi assinado um tratado dizendo que o Reich se responsabilizaria por marcar *todos* os passaportes de seus judeus (que estivessem viajando para a Suíça ou não) com um sinal identificando o portador.[67] Poucos dias depois de esse acordo ser negociado, foi esboçado um decreto de passaporte.

---

64 *Akten zur Deutschen Auswärtigen Politik 1918-1945*, Ser. D, Vol. v, Documento 642 (nota de rodapé).

65 Memorando de Wörmann (chefe, Divisão Política do Escritório do Exterior), 10 de agosto de 1938. *Akten*, Ser. D, Vol. v, Doc. 642.

66 *Akten*, Ser. D, Vol. v, Doc. 643 (nota de rodapé).

67 *Ministerialrat* Krause (oficial de passaporte, Polícia de Segurança) para Escritório do Exterior, aos cuidados do vlr Conrad Rödiger, 3 de outubro de 1938, incluindo texto do acordo Alemanha-Suíça. *Akten*, Ser. D., Vol. V, Doc. 643 (com notas de rodapé). O acordo foi assinado pelo lr Gustav Best, Krause, Kröning e Rödiger pelo lado alemão, e por Rothmund e Kappeler pelo suíço. O Bundesrat suíço aprovou o acordo em 4 de outubro de 1938. Ratificações foram trocadas em 11 de novembro. Segundo o acordo, o governo alemão se reservava o direito de impor exigências de visto para judeus suíços. Não sabemos se essa cláusula entrou em vigor. Sobre iniciativas suíças relativas à questão do passaporte, ver também Alfred A. Häsler, *The Lifeboat Is Full* (Nova York, 1969), pp. 30-53.

O decreto, datado de 5 de outubro de 1938,[68] e assinado pelo chefe do escritório administrativo da Polícia de Segurança, *Ministerialdirigent* Best,[69] dizia que todos os passaportes alemães portados por judeus tinham de ser carimbados com um J grande e vermelho. Em uma carta para o *Vortragender Legationsrat* Rödiger, da Divisão Legal do Escritório do Exterior, datada de 5 de outubro de 1938,[70] Best exigiu que os passaportes dos judeus que moravam no exterior fossem carimbados sempre que o documento fosse apresentado a consulados ou missões para renovação ou por outros motivos, e que fossem feitas listas de judeus em outros países que não tivessem respondido a convocações para ter seu passaporte estampado.

Em 11 de outubro, Rödiger escreveu para os representantes diplomáticos e consulares alemães em outros países,[71] repetindo e explicando essas exigências. Especificamente, deveriam ser emitidas convocações para portadores de passaportes válidos por mais de seis meses; outros judeus deviam ter seus passaportes carimbados só quando os apresentassem; não devia haver cobrança na entrada; e assim por diante. Essas instruções são significativas pois ampliavam o sistema de identificação às dezenas de milhares de judeus emigrados em países que viriam a ser ocupados pela Alemanha.

O carimbo de documentos não parou nos passaportes. Vimos que, em 11 de março de 1940, o Ministério dos Alimentos e da Agricultura instruiu que cartões de ração pertencentes a judeus fossem marcados com um J para identificação.[72] Em 18 de setembro de 1942, o *Staatssekretär* Riecke, do Ministério dos Alimentos e da Agricultura, ordenou que os cartões de ração emitidos para judeus fossem marcados diagonalmente em toda a sua superfície com a palavra *Jude*.[73]

---

68 RGBl I, 1342.

69 A autoridade de criar regulamentos relativos a passaportes, controle policial, registros e identificação ficou com o Ministério do Interior, segundo o decreto de 11 de maio de 1937, assinado por Hitler, Frick, *Staatssekretär* von Mackensen (Escritório do Exterior), *Staatssekretär* Reinhardt (Ministério das Finanças) e *Staatssekretär* Schlegelberger (Ministério da Justiça), RGBl I, 589.

70 Best para Rödiger, 5 de outubro de 1938, NG-3366.

71 Rödiger para missões e consulados no exterior, 11 de outubro de 1938, NG-3366.

72 Narten para escritórios de alimentos, 11 de março de 1940, NI-14581.

73 Riecke para escritórios de alimentos, 18 de setembro de 1942, NG-1292.

A segunda parte do sistema de identificação consistia em atribuir nomes judeus. Esse processo já tinha começado em 1932, quando foram colocadas restrições para mudanças de nome. É claro que essa diretiva interna tinha escopo limitado e, durante os anos seguintes, chegou ao Ministério do Interior uma série de propostas de membros do partido interessados no assunto. Em março de 1933, o *Staatssekretär* Bang, do Ministério da Economia, sugeriu a Lammers revogar as mudanças de nome concedidas desde novembro de 1918.[74] Em junho de 1936, Himmler informou a Pfundtner que o Führer não queria judeus com os nomes Siegried e Thusnelda.[75] Em 5 de janeiro de 1938, uma medida entrou em vigor. O decreto dessa data[76] dizia que mudanças de nome concedidas antes de 30 de janeiro de 1933 podiam ser revogadas.

À ordem de revogação seguiu-se o decreto de 17 de agosto de 1938,[77] escrito pelo *Ministerialrat* Globke, especialista do Ministério do Interior, e assinado pelo *Staatssekretär* Stuckart e por Gürtner, ministro da Justiça. O decreto estipulava que homens judeus tinham de acrescentar ao seu primeiro nome o nome do meio Israel, e mulheres judias, o nome Sara – a não ser que seus nomes já constassem na lista aprovada pelo Ministério do Interior. Essa lista, que tinha de ser usada para nomear os recém-nascidos, também foi escrita por Globke.[78]

Ao compilar a lista, Globke foi forçado a omitir nomes hebreus que, na consciência coletiva (*Volksbewusstein*), não eram mais considerados estranhos,

---

74 Bang para Lammers, 6 de março de 1933, NG-902.

75 Zentralarchiv Potsdam, 15.01 RMdI 27401.

76 RGBl I, 9.

77 RGBl I, 1044. A autoria do decreto é estabelecida por Lösener em seu testemunho juramentado de 24 de fevereiro de 1948, NG-1944-A.

78 Testemunho juramentado de Lösener, 24 de fevereiro de 1948, NG-1944-A. A lista completa está no decreto de 18 de agosto de 1938, *Ministerial-Blatt des Reichs- und Preussischen Ministeriums des Innern*, 1938, p. 1346. Houve muita troca de correspondência antes da emissão do decreto. O próprio Hitler estava preocupado com a escolha de nomes para crianças judias, enquanto o Ministério do Interior e o escritório do vice do Führer debatiam a prudência de permitir mudanças de nomes aos *Mischlinge* – o resultado foi negativo para estes últimos. Arquivos Federais Alemães, R 435/1543. O pastor Kerrl queria que o nome do meio obrigatório fosse "Juda", em vez de "Israel", argumentando que os judeus consideravam "Israel" um nome de honra. Diário de Gürtner, ministro da Justiça, 24 de fevereiro de 1938, Arquivos Nacionais, Grupo de Registro 238, T 978, rolo 3.

pois já tinham sido completamente assimilados pelos alemães (*eingedeutscht*). Assim, ele não incluiu nomes como Adam, Daniel, David, Michael e Raphael, para os homens, e Anna, Debora, Esther, Eva e Ruth, para as mulheres. Em vez disso, listou (para meninos) Faleg, Feibisch, Feisel, Feitel, Feiwel e Feleg, além de (para meninas) Scharne, Scheindel, Scheine, Schewa, Schlämche, Semche, Simche, Slowe e Sprinzi, além de várias distorções e invenções. As mudanças de nome e os novos nomes tinham de ser registrados pela polícia local em certidões de nascimento e de casamento. A partir daquele momento, as novas designações apareciam não apenas em documentos pessoais dos judeus, mas também em registros judiciais e em toda correspondência oficial relativa a nomes judeus individuais. Essa seleção de nomes, porém, não acabou com dúvida sobre ser apropriado ou não usar Esther, Ruth, Josef e Abraham para alemães, nem se seria preciso substituir Sepp por Josef e Jutta por Judith.[79] Um membro do partido estava preocupado, pois descobrira, durante uma licença, que sua esposa tinha chamado seu filho recém-nascido de Jochem, em vez de Joachim. O homem achava que Jochem soava hebreu.[80]

O terceiro componente do sistema de identificação foi marcar pessoas e apartamentos. O objetivo da marcação aparente era separar visualmente os judeus do resto da população. Um projeto de marcação indireta já tinha sido iniciado em meados dos anos 1930. Era costume, na Alemanha, especialmente em cidades grandes, hastear a bandeira vermelha, branca e preta nas janelas em feriados (nazistas mais ardorosos colocavam fotos coloridas de Hitler nas janelas), usar símbolos nazistas e braçadeiras com suástica e fazer o "cumprimento alemão": o *deutscher Gruss* (braço esticado, dizendo "*Heil* Hitler"). Todas as manifestações de pertencimento à comunidade alemã eram negadas sucessivamente aos judeus. A Lei do Sangue e da Honra[81] os proibia de usar as cores do Reich e expressamente permitia que exibissem a bandeira sionista azul e branca. O decreto de 14 de novembro de 1935[82] regulamentava o uso de símbolos, medalhas, títulos, etc. Final-

----

79 Bibliographisches Institut AG do Verlag Meyers Lexikon und Duden para Ministério do Interior, 31 de julho de 1942, Zentralarchiv Potsdam, 15.01 RMdI 27409.

80 Vice do Führer/Escritório de Política Racial para Ministério do Interior, 18 de março de 1941, *ibid*.

81 15 de setembro de 1935, RGBl I, 1146.

82 RGBl I, 1341.

mente, uma decisão do Ministério da Justiça, datada de 4 de novembro de 1937,[83] negava aos judeus que costumavam fazer o "cumprimento alemão" uma chance de esconder sua identidade.

A marcação direta foi proposta pela primeira vez por Heydrich, na reunião de 12 de novembro de 1938. Enquanto Heydrich apresentava sua proposta, Göring, que presidia a reunião e não era apenas o maior industrialista da Alemanha, mas também seu primeiro designer de uniformes, sugeriu, esperançosamente: "Um uniforme?". Sem se deixar desanimar, Heydrich respondeu: "Um símbolo".[84] Hitler, porém, se opôs a marcar os judeus na época, e Göring revelou a decisão na reunião dos *Gauleiter* em 6 de dezembro de 1938.[85]

A marcação dos judeus foi aplicada pela primeira vez na Polônia, onde se sentia que a proibição de Hitler não era válida. Houve também casos em que as braçadeiras foram recomendadas para judeus em locais de trabalho dentro do Reich.[86] Em 30 de julho de 1941, o *Staatssekretär* e ss-Gruppenführer Karl Hermann Frank, da administração do *Protektorat* em Praga, pediu urgentemente, em carta a Lammers, permissão para marcar os judeus da Boêmia-Morávia.[87] Lammers encaminhou o pedido ao Ministério do Interior.[88] Stuckart respondeu em 14 de agosto de 1941, questionando se o decreto se aplicava à toda a área do *Reich-Protektorat*. Ele, porém, queria primeiro ter a opinião do Escritório do Exterior e do Ministério do Trabalho.[89]

---

83 *Deutsche Justiz*, 1937, p. 1760.

84 Ata da reunião de 12 de novembro de 1938, PS-1816.

85 Stuckart para Lammers, 14 de agosto de 1941, NG-1111. O motivo para a oposição de Hitler é um mistério. Ele provavelmente rejeitou a marcação por razões estéticas.

86 *Stadtrat* e *Amtsarzt* dr. Trendtel via diretor do asilo de Dösen, dr. Nitsche, para o diretor da seção judaica do asilo, 18 de janeiro de 1940. Staatsarchiv Leipzig, pp-v 64 Heil- und Pflegeanstalt Dösen. Dr. Eichler para escritório de saúde em Leipzig, 26 de janeiro de 1940, *ibid*. Ehrich & Graetz A. G. para Frente Alemã do Trabalho em Berlim-Neukölln, 10 de julho de 1941, em Dietrich Eichholz e Wolfgang Schumann, eds., *Anatomie des Krieges* (Berlim Oriental, 1969), p. 344. Tanto em Leipzig quanto em Berlim a iniciativa foi tomada pelos escritórios do partido. Outros casos de marcação parecida, incluindo o uso de braçadeiras por trabalhadores externos, são registrados por Wolf Gruner, *Der geschlossene Arbeitseinsatz deutscher Juden* (Berlim, 1997), pp. 188-90.

87 Lammers para Frank, 10 de agosto de 1941, NG-1111.

88 *Ibid*.

89 Stuckart para Lammers, 14 de agosto de 1941, NG-1111.

Em 20 de agosto de 1941, o Ministério da Propaganda apropriou-se da iniciativa e pediu que Hitler mudasse de opinião. Hitler concordou.[90] Tendo conseguido esse sucesso, o Ministério da Propaganda circulou a notícia e convidou os ministros interessados para uma reunião,[91] que aconteceria sob a liderança do *Staatssekretär* Gutterer, do Ministério da Propaganda. O especialista do Ministério do Interior em assuntos judaicos (*Ministerialrat* Lösener), que foi à reunião, disse, após a guerra: "Supus que, como sempre, seria uma pequena reunião dos especialistas participantes". Em vez disso, houve discursos. "Depois, houve aplausos, não como em uma reunião, mas como se fosse uma campanha eleitoral."[92] No fim, porém, a redação do decreto foi confiada a Lösener.[93]

O decreto em sua forma final, datado de 1º de setembro de 1941,[94] determinava que os judeus com seis anos de idade ou mais só poderiam aparecer em público usando a estrela de Davi, que tinha de ter o tamanho de uma palma da mão. A estrela tinha de ser preta, o fundo, amarelo e, no centro da estrela, o decreto recomendava a inscrição *Jude* em preto. As vítimas deviam costurar bem a estrela na frente esquerda de suas roupas. Os judeus em casamentos mistos privilegiados estavam isentos da obrigação.

As estrelas foram fabricadas pela Berliner Fahnenfabrick Geitel & Co.[95] e distribuídas imediatamente. Não houve maiores repercussões. Alguns judeus tentavam esconder o emblema com uma maleta ou um livro, um hábito que a Gestapo berlinense considerava inadmissível.[96] A administração da fábrica da Siemens, Kabelwerk Gartenfeld, não quis que seus operários judeus usassem a estrela em

90 *Unterstaatssekretär* Luther (Escritório do Exterior/Divisão Alemanha) para *Staatssekretär* Weizsäcker do Escritório do Exterior, 19 de setembro de 1941, Documento Weizsäcker-488.

91 *Ibid.*

92 Depoimento de Lösener, Caso nº II, tr. pp. 7636-38.

93 Testemunho juramentado de Lösener, 24 de fevereiro de 1948, NG-1944-A.

94 RGBl I, 547.

95 Memorandos de 17 e 20 de setembro de 1941, por Paul Eppstein, do *Reichsvereinigung* judeu, sobre reuniões com o *Hauptsturmführer* Gutwasser do Escritório Principal de Segurança do Reich/IV-B-4 em 16 e 20 de setembro, Leo Baeck Institute, microfilme rolo 66 dos documentos originais em Deutsches Zentralarchiv, Potsdam.

96 Memorando de Eppstein, 20 de setembro de 1941, sobre reunião com representante da Gestapo de Berlim (Prüfer). *Ibid.*

seus recintos, alegando que, lá, os judeus já eram segregados. A questão de se uma fábrica era um espaço público, nos termos do decreto, teve então de ser ponderada pelo Escritório Principal de Segurança do Reich.[97] O partido, apreensivo com a possibilidade de que a exibição da estrela nas ruas resultasse em novas desordens, emitiu circulares alertando seus membros a não molestar judeus.[98] Era preciso ter cuidado especial com as crianças. Contudo, não há registro de violência. Na verdade, há a história de uma garotinha que fez um esforço especial para cumprimentar educadamente um trabalhador da comunidade judaica, dizendo: "Heil Hitler, senhor Judeu".[99]

Criou-se uma situação esquisita para as igrejas quando judeus batizados apareciam para a missa usando a estrela. Em Breslau, o idoso cardeal Bertram, líder da Igreja católica na Alemanha oriental, emitiu instruções dizendo que "a organização de missas especiais [*die Abhaltung von Sondergottesdiensten*]" para os que usavam estrelas tinha de ser "avaliada" apenas no caso de "grandes dificuldades", como o fato de funcionários civis ou membros do partido ficarem de fora ou saírem fazendo estardalhaço.[100] Os representantes da Igreja evangélica luterana em sete províncias invocaram os ensinamentos de Martinho Lutero para declarar que cristãos que fossem racialmente judeus não tinham lugar nem direitos em uma igreja evangélica alemã.[101]

A Polícia de Segurança, enquanto isso, ampliava a marcação dos apartamentos. Em 1942, os judeus receberam a ordem de colar a estrela em suas portas, impressas em preto sobre papel branco.[102]

Todo o sistema de identificação, com os documentos pessoais, nomes especialmente designados e marcação ostensiva em público, era uma arma poderosa

---

97 Memorando de Eppstein, 26 de setembro de 1941, sobre reunião com Gutwasser. *Ibid.*

98 Ver a diretiva de Bormann, mencionada anteriormente, em NG-1672.

99 Relato do dr. Hugo Nothmann (sobrevivente judeu) em Hans Lamm, "Über die Entwicklung des deutschen Judentums" (mimeografado, 1951), p. 313.

100 *Mitteilungen zur Weltanschaulichen Lage*, 15 de abril de 1942, pp. 13-17, EAP 250-c-10/5.

101 Anúncio de 17 de dezembro de 1941, assinado por Klotzsche para a Saxônia, bispo Schultz para Mecklenburg, Kipper para Nassau-Hessen, dr. Kinder para Schleswig-Holstein, Wilkendorf para Anhalt, dr. Volz para Turíngia e Siewers para Lübeck, reimpresso em Helmut Eschwege, *Kennzeichen J* (Berlim, 1966), pp. 161-62.

102 *Jüdisches Nachrichtenblatt* (Berlim), 17 de abril de 1942.

nas mãos da polícia. Em primeiro lugar, o sistema era uma ferramenta auxiliar que facilitava a aplicação de restrições de movimentação e residência. Em segundo lugar, era uma medida de controle independente, no sentido de que permitia que a polícia levasse qualquer judeu, a qualquer momento, em qualquer lugar. Em terceiro lugar, e talvez mais importante, a identificação tinha um efeito paralisante em suas vítimas. O sistema levava os judeus a ser ainda mais dóceis, mais ágeis em responder a ordens do que antes. Aquele que usava a estrela estava exposto; pensava que todos os olhos estavam fixos nele. Era como se toda a população tivesse se tornado uma força policial, observando-o e monitorando suas ações. Judeu nenhum, sob essas condições, poderia resistir, escapar ou se esconder sem antes se livrar da etiqueta evidente, do nome do meio revelador, do cartão de ração, do passaporte e dos papéis de identificação que o denunciavam. No entanto, livrar-se desses pesos era perigoso, pois a vítima podia ser reconhecida e denunciada. Poucos judeus se arriscavam. A grande maioria usava a estrela e, usando-a, estava perdida.

Já vimos como, em passos consecutivos, a comunidade judaica foi isolada socialmente, amontoada em casas especiais, restrita em seus movimentos e exposta por um sistema de identificação. Esse processo, que chamamos de formação de gueto, completou-se com a instituição de um aparato administrativo por meio do qual os alemães exerciam um controle total sobre a população judaica. Para compreender como os judeus foram, enfim, destruídos, é essencial conhecer as origens da máquina burocrática judaica. Os próprios judeus a tinham criado.

Antes de 1933, as organizações da comunidade judaica ainda eram descentralizadas. Cada cidade com população judaica tinha um *Gemeinde* com um *Vorstand* responsável pela administração de escolas judaicas, sinagogas, hospitais, orfanatos e atividades de bem-estar social. Por lei, os *Gemeinden* podiam cobrar um imposto de todos os que nascessem na fé judaica e estivessem vivendo na localidade, desde que estes não pedissem para se desvincular formalmente.[103] Havia também organizações regionais (*Landesverbände*), que, nos estados do sul da Alemanha (Baden, Württemberg e Bavária), tinham poderes legais de con-

---

103 Nathan Stein, "Oberrat der Israeliten Badens, 1922-1937", *Leo Baeck Institute Year Book* 1 (1956): 177-90, especialmente p. 183. Sobre finanças, ver também Adler-Rudel, *Jüdische Selbsthilfe*, pp. 161, 178.

trolar orçamentos e nomeações no *Gemeinden*, mas que eram apenas confederações de delegados comunitários locais na Saxônia e na Prússia. O *Landesverbänd* da Prússia cobria 72% dos judeus da Alemanha, incluindo cidades importantes como Berlim, Frankfurt, Breslau e Colônia. Seu líder, o rabino Leo Baeck, estava trabalhando em uma "concordata" com a Prússia em 1932, às vésperas da ascensão de Hitler ao poder.[104]

À época, as comunidades judaicas, espelhando-se na tendência política pós-1918 na Alemanha em geral, estavam prestes a centralizar-se. Vários desenhos de uma organização judaica central tinham sido preparados nos dias da República de Weimar.[105] Em 1928, aguardando o estabelecimento de uma "*Reichsorganisation*", representantes da *Landesverbände*, em reunião, constituíram um grupo de trabalho (*Arbeitsgemeinschaft*), nomeando a *Landesverbänd* prussiana para fazer a contabilidade do grupo, e criaram um comitê que representaria os interesses judeus perante agências oficiais no Reich alemão.[106]

Na primavera de 1933, uma organização judaica central rudimentar foi formada. Durante os anos seguintes, ela evoluiria, em vários passos, até se tornar um aparato judeu com funções cada vez mais importantes. As fases de sua evolução, duas delas só em 1933, estão indicadas pelas seguintes mudanças de título:[107]

---

104 Leo Baeck, "In Memory of Two of Our Dead", *Leo Baeck Institute Year Book* I (1956): 51-56, nas pp. 52-53.

105 Desenhos de 1926, 1931 e 1932 em Leo Baeck Institute, Nova York, coleção Kreutzberger, AR 7183, Caixa 18, Arquivo 3.

106 Hans-Erich Fabian, "Zur Entstehung der 'Reichsvereinigung der Juden in Deutschland", em Herbert A. Strauss e Kurt R. Grossman, eds., *Gegenwart im Rückblick* (Heidelberg, 1970), pp. 165-79, p. 167.

107 Adler-Rudel, *Jüdische Selbsthilfe*, pp. 9-18; K. Y. Ball-Kaduri, "The National Representation of Jews in Germany", *Yad Vashem Studies* 2 (1958): 159-78, contendo textos de lembranças de Ernst Herzfeld (líder da Central-Verein) e Franz Meier (sionista); Max Gruenewald, "The Beginning of the 'Reichsvertretung'", *Leo Baeck Institute Year Book* I (1956): 57-67; Fabian, "Reichsvereinigung", em *Gegenewart im Rückblick*, pp. 165-79; Hugo Hahn, "Die Gründung der Reichsvertretung", em Hans Tramer, ed., *In Zwei Welten* (Tel Aviv, 1962), pp. 97-105; Abraham Margaliot, "The Dispute over the Leadership of German Jewry (1933-1938)", *Yad Vashem Studies* 10 (1974): 129-48; Leonard Baker, *Days of Sorrow and Pain – Leo Baeck and the Berlin Jews* (Nova York, 1978). Adler-Rudel, Ball--Kaduri, Gruenewald, Fabian e Hahn eram veteranos do *Reichsvertretung*.

1933 *Reichsvertretung der jüdischen Landesverbände*
(Representação do Reich de Federações de Terra Judaicas)
Leo Baeck e *Kammergerichtsrat* Leo Wolff, colíderes
Reichsvertretung der deutschen Juden
(Representação do Reich de Judeus Alemães)
Leo Baeck, presidente
Ministerialrat Otto Hirsch, vice
1935 *Reichsvertretung der Juden in Deutschland*
(Representação do Reich dos Judeus na Alemanha)
Leo Baeck
Otto Hirsch, vice
1938 *Reichsverband der Juden in Deutschland*
(Federação do Reich dos Judeus na Alemanha)
Leo Baeck
Otto Hirsch, vice
1939 *Reichsvereinigung der Juden in Deutschland*
(Associação do Reich dos Judeus na Alemanha)
Leo Baeck
Heinrich Stahl, vice

Quando a liderança judaica foi confrontada com a tomada nazista em 1933, procurou, antes de mais nada, um "debate aberto" (*offene Aussprache*), uma "discussão digna" (*Auseinandersetzung [...] mit Waffen der Vornehmheit*) com os nazistas sobre antissemitismo e o futuro judeu na Alemanha.[108] Em março de 1933, o próprio Baeck e o *Vorstand* da comunidade de Berlim na época, Kleeman, enviaram uma carta para Hitler, na qual incluíram uma declaração pública (*Aufruf*) que expressava sua preocupação com o boicote nazista, chamando atenção para os 12 mil judeus mortos na Primeira Guerra Mundial e recusando a responsabilidade pela "má conduta de alguns" (*Verfehlung einiger Weniger*).[109] Várias e várias vezes os líderes de diversos grupos de interesses judeus, entre eles o Central-Verein, ve-

---

108 Lamm, "Über die Entwicklung des deutschen Judentums", pp. 98-99.

109 Baeck e Kleemann para Hitler, 29 de março de 1933, em Adler-Rudel, *Jüdische Selbsthilfe*, pp. 183-84, e em Klaus Herrmann, *Das Dritte Reich und die Deutsch-Jüdischen Organisationen* (Colônia, 1969), pp. 60-61.

teranos de guerra e sionistas, pediram encontros com Hitler e outros oficiais nazistas de alta patente. Uma delegação foi recebida por Göring em 25 de março de 1933,[110] mas essa reunião foi a última do tipo. Nos anos subsequentes os líderes judeus, não apenas no Reich mas nos territórios ocupados, foram forçados a lidar com oficiais nazistas de patente cada vez mais baixa, até estarem fazendo apelos a capitães da ss. Em 1933 eles não podiam prever esse futuro, e se esforçaram para criar uma representação geral (*Gesamtvertretung*) com a maior prioridade. O *Reichsvertretung der jüdischen Landesverbände* foi a manifestação inicial desse objetivo, apesar de ser pouco mais que um alargamento da comunidade berlinense e da *Landesverbänd* da Prússia. O rabino Baeck reconheceu as limitações dessa agência sem poderes e pediu demissão após alguns meses.[111]

No fim do verão de 1933, um grupo de líderes judeus em Essen liderou uma campanha para remodelar o *Reichsvertretung*. Eles queriam uma representação muito mais forte das comunidades de fora de Berlim, e a inclusão de organizações nacionais. Sua estratégia era "isolar" (*isolieren*) Berlim e oferecer a liderança do novo *Reichsvertretung* àquele que, a seus olhos, estava acima da política de facções: Leo Baeck.[112] Em 28 de agosto de 1933, aconteceu uma reunião na sinagoga de Essen, para desenhar um plano. Os participantes formaram um comitê de trabalho dirigido pelo dr. Georg Hirschland (Essen) e autorizaram-no a recrutar os sionistas, até então uma minoria, mas que cresciam em influência, para a causa. Pediu-se que o *Ministerialrat* dr. Otto Hirsch, de Stuttgart, trabalhasse nas diretrizes.[113] Hirsch esboçou uma proclamação dirigida "aos judeus alemães", informando-os, nas palavras originais, que "com o consentimento de todas as *Landesverbände* judaicas e todas as grandes organizações, assumimos a liderança do *Reichsvertretung* dos judeus alemães [*An die deutschen Juden! Wir haben mit Zustimmung aller jüdischen Landesverbände Deutschlands und aller grossen Organisationen der deutschen Juden die Führung der Reichsvertretung der deutschen Juden übernommen*]".[114]

---

110 Baker, *Days of Sorrow*, pp. 153-54.

111 Baeck, "In Memory", *Leo Baeck Institute Year Book* I (1956): 54.

112 Hahn, "Reichsvertretung", *In Zwei Welten*, p. 101. O rabino Hahn estava no grupo de Essen.

113 Um resumo da reunião pode ser encontrado no Leo Baeck Institute, coleção Reichsvertretung, AR 221.

114 Texto em Leo Baeck Institute, coleção Reichsvertretung, AR 221. Em redações subsequentes, essa frase aumentou. "Liderança" (*Führung*) virou "direção" (*Leitung*) e o ativo "assumimos" (*wir haben [...]*

Em 3 de setembro de 1933, o comitê de trabalho de Hirschland encontrou-se em Berlim. Os membros da reunião falaram sobre uma liderança de personalidades (*Persönlichkeiten*), que deveria substituir a instituição existente. A lista da qual os futuros líderes deviam ser escolhidos incluía Martin Buber, filósofo, e Richard Willstätter, ganhador do Nobel de química. O comitê, então, escolheu Baeck como presidente e Hirsch como presidente-executivo (*geschäftsführenden Vorsitz*).[115]

Duas semanas depois da reunião de 3 de setembro, o novo *Reichsvertretung* foi criado. Ele não incluía alguns judeus ortodoxos (*Agudath*), que olhavam com desconfiança para o liberal rabino Leo Baeck e seus estudos acadêmicos de doutrinas cristãs, nem foi apoiado por judeus assimilacionistas que tinham adotado o nacionalismo alemão (*Verband nationaldeutscher Juden*) e acreditavam que seus sacrifícios especiais pela Alemanha davam-lhes mais direitos do que tinham outros judeus, nem – na ponta oposta – pelos sionistas revisionistas, que acreditavam na necessidade da emigração total.[116] Ainda assim, o grupo tinha uma base ampla o suficiente para precisar ter cuidado ao alocar posições em sua presidência. Era preciso reservar espaços para os sionistas recém-recrutados, as outras grandes organizações judaicas e as comunidades maiores, incluindo a de Berlim, que tinha um terço de todos os judeus da Alemanha. No fim, não houve espaço para Buber ou Willstätter.[117] Todos os homens na direção do *Reichsvertretung* tinham experiência na arena política, e quase imediatamente precisaram usar sua expertise, não simplesmente para lidar uns com os outros, mas com o Estado alemão e os problemas cada vez maiores enfrentados pelo judaísmo.

A política inicial do *Reichsvertretung* estava baseada no conceito de que os judeus tinham de perseverar (*auszuharren*), na esperança de que a Alemanha

übernommen) tornou-se o passivo "foi transferida a nós" (*ist uns übertragen worden*). Texto final em Adler-Rudel, *Jüdische Selbsthilfe*, pp. 185-86.

115 Resumo da reunião em Leo Baeck Institute, coleção Reichsvertretung, AR 221. Ver também carta de dr. Heinrich Stern (Berlim) para Hirschland, reclamando da forma como Hirschland conduziu a reunião e o modo como Hirsch foi eleito. AR 221. O grupo de Berlim continuou insatisfeito. Ver carta de Stahl (presidente do Gemeinde de Berlim), Kareski e Rosenthal para Reichsvertretung, 1º de junho de 1937 e resposta de Baeck e Hirsch, 3 de junho de 1937, AR 221.

116 Margaliot, "Leadership", *Yad Vashem Studies* 10 (1974): 133-36.

117 Ver esboços em Leo Baeck Institute, AR 221. Também Hahn, "Reichsvertretung", *In Zwei Welten*, p. 103.

nazista corrigisse seu percurso antijudeu e concedesse à comunidade judaica "*Lebensraum*" suficiente para continuar existindo. Por enquanto, a emigração era vista não como uma solução, mas como uma fuga.[118] Até o fim de 1935, esse princípio não seria mais sustentável. Simbolicamente, o *Reichsvertretung* foi obrigado a mudar seu nome, de representação de *judeus alemães* para representação de *judeus na Alemanha*. Substantivamente, suas atividades estavam concentradas em problemas como treinamento vocacional e emigração, bem como em tarefas contínuas ligadas a assistência social. O Reichsvertretung teve de aumentar seu orçamento para conseguir dar conta.[119] Apesar de ainda depender de fundos das comunidades e *Landesverbände*, recebia quantias cada vez maiores de organizações de assistência judaicas no exterior, fortalecendo, assim, sua característica principal.[120]

Em 1938, ocorreram mais mudanças – nessa época, muitos judeus estavam perdendo sua posição econômica. Em algumas comunidades menores, reduzidas pela emigração, surgiram questões sobre a administração da propriedade comunitária ou os procedimentos para sua venda. O *Reichsvertretung* praticamente abandonou sua função "representativa" e tornou-se uma *Reichsverband* (federação) para propósitos administrativos. Em 27 de julho de 1938, a liderança judaica decidiu que todos os judeus por religião no Velho Reich tinham de pertencer à *Reichsverband*. Em fevereiro de 1939, essa organização geral (*Gesamtorganisation*) enviou correspondências com ainda outro nome: *Reichsvereinigung*.[121] Em um anúncio do mesmo mês, o *Reichsvereinigung* afirmou que todos os *Gemeinden* do Velho Reich seriam transformados em filiais do *Reichsvereinigung*, de modo que todas as suas receitas excedentes pudessem ser transferidas para outros por meio da liderança judaica em Berlim. Além disso, continuava o anúncio, qualquer um que tivesse deixado a religião judaica e o *Gemeinde* local, mas ainda fosse considerado judeu de acordo com a definição de 1935, podia e devia ser membro direto

---

118 Gruenewald, "Reichsvertretung", *Leo Baeck Institute Year Book* I (1956): 61, 67.

119 Ver orçamento do Reichsvertretung de 1º de abril de 1934 a 31 de dezembro de 1935, Leo Baeck Institute, AR 221.

120 Ball-Kaduri, "Reichsvertretung", *Yad Vashem Studies* 2 (1958): 177.

121 Fabian, "Reichsvereinigung", em *Gegenwart im Rückblick*, pp. 169-70. Um dos primeiros atos do *Reichsvereinigung* foi impor, com apoio alemão, uma contribuição especial (*ausserordentlichen Beitrag*) cobrada dos emigrantes judeus como imposto sobre propriedade graduado de 0,5 a 10%. Ver relatório do *Reichsvereinigung* para 1939, Leo Baeck Institute, AR 221.

do *Reichsvereinigung*.[122] Alguns meses depois ocorreu a última e mais crítica mudança. Em 4 de julho de 1939, o Reichsvereinigung foi tomado completamente pela Polícia de Segurança.

O decreto de 4 de julho de 1939[123] foi escrito pelo *Ministerialrat* Lösener e um colega especialista, Rolf Schiedermair,[124] e assinado pelo ministro do Interior, Frick; vice do Führer, Hess; ministro da Educação, Rust; e ministro de Assuntos da Igreja, Kerrl. Parte do decreto reafirmava a situação das coisas. A jurisdição territorial do *Reichsvereinigung* era definida como o Velho Reich, incluindo os Sudetos, mas excluindo a Áustria e o *Protektorat*. Todos os *Gemeinden* locais foram colocados sob o *Reichsvereinigung* em uma relação hierárquica direta (ver Tabelas 6.3 e 6.4). O *Reichsvereinigung* ficou com a responsabilidade de manter as escolas judaicas e de apoiar financeiramente judeus indigentes.

O decreto especificava que quem estava sujeito ao *Reichsvereinigung* eram os "judeus", não apenas os que pertenciam à religião judaica, mas todos os classificados como judeus pelo decreto de definição. Ademais, os criadores do decreto inseriram uma cláusula que teria profunda importância em alguns anos. O Ministério do Interior (que, no caso, significava a Polícia de Segurança) ganhava o poder de designar outras tarefas ao *Reichsvereinigung*. Essas tarefas transformariam o aparato administrativo judeu em ferramenta para a destruição da comunidade judaica. O *Reichsvereinigung*, com suas filiais territoriais e *Gemeinden*, acabaria se tornando um braço da máquina de deportação alemã.

De forma significativa, essa transformação estava acontecendo sem nenhuma mudança na equipe ou na designação. Os alemães não tinham criado o *Reichsvereinigung*, nem nomeado seus líderes. O rabino Leo Baeck, o dr. Otto Hirsch, o *Direktor* Heinrich Stahl e todos os outros *eram* líderes judeus. Como não eram marionetes, mantiveram seu status e sua identidade na comunidade judaica durante sua participação no processo de destruição e, como continuaram a ser diligentes, usaram a mesma habilidade que outrora dedicavam ao bem-estar dos

---

122 Texto do anúncio da primeira página do *Jüdisches Nachrichtenblatt*, 17 de fevereiro de 1939, em Otto Dov Kulka, ed., com Anne Birkenhauer e Esriel Hildesheimer, *Deutsches Judentum unter dem Nationalsozialismus*, vol. I, *Dokumente zur Geschichte der Reichsvertretung der deutschen Juden 1933-1939* (Tubinga, 1997), pp. 441-48.

123 RGBl I, 1097.

124 Testemunho juramentado de Lösener, 24 de fevereiro de 1948, NG-1944-A.

TABELA 6.3. Organização da comunidade judaica, 1939.

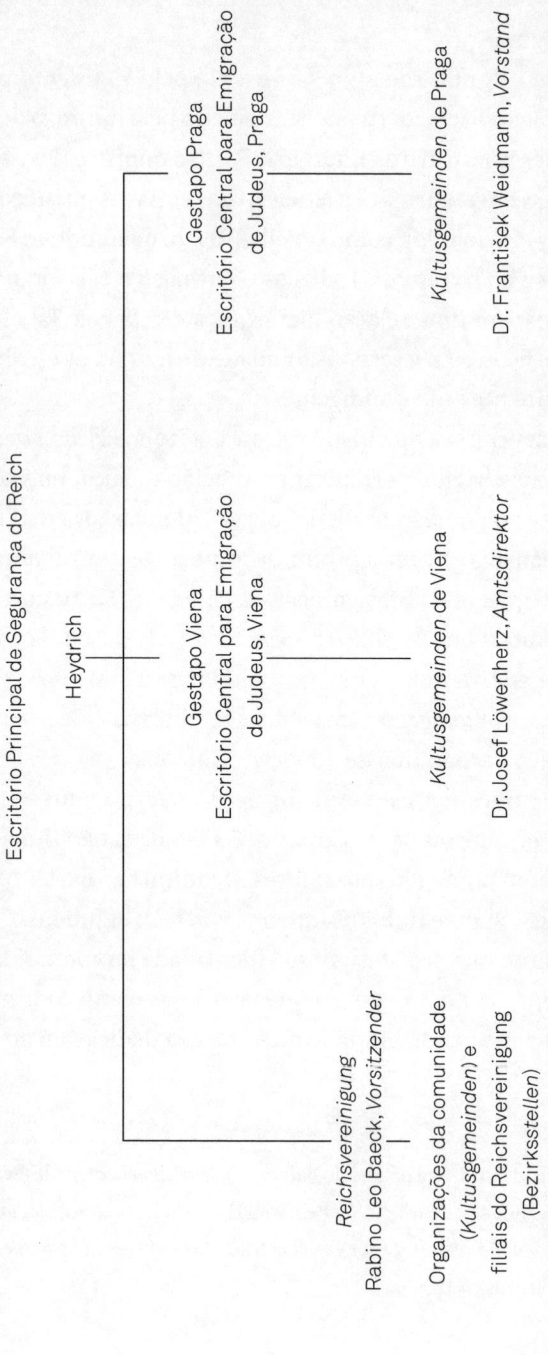

Escritório Principal de Segurança do Reich

Heydrich

Reichsvereinigung
Rabino Leo Baeck, *Vorsitzender*

Organizações da comunidade
(*Kultusgemeinden*) e
filiais do Reichsvereinigung
(*Bezirksstellen*)

Gestapo Viena
Escritório Central para Emigração
de Judeus, Viena

Kultusgemeinden de Viena

Dr. Josef Löwenherz, *Amtsdirektor*

Gestapo Praga
Escritório Central para Emigração
de Judeus, Praga

Kultusgemeinden de Praga

Dr. František Weidmann, *Vorstand*

Nota: *Kultusgemeinden* e *Reichsvereinigung Bezirksstellen* dentro da área do Reich estavam sob supervisão da Gestapo local. As informações dessa tabela baseiam-se em documentos do ʏɪᴠᴏ Institute, Nova York.

TABELA 6.4 O *Reichsvereinigung*, 1939.

Presidente do Vorstand		Rabino dr. Leo Baeck
Vice-presidente		Heinrich Stahl
	Membros do Vorstand	Dr. Paul Eppstein
		Moritz Henschel
		Philipp Kozower
		Dr. Arthur Lilienthal
		Dr. Julius Seligsohn
Finanças e Comunidades		Dr. Arthur Lilienthal
Finanças		Paul Meyerheim
Comunidades		Dr. Arthur Lilienthal
Migração		Dr. Paul Eppstein
Informação, Estatísticas, Emigração de mulheres		Dr. Cora Berliner
Passagem, Finanças, Administração		Victor Löwenstein
Aconselhamento e Planejamento		Dr. Julius Seligsohn
Emigração para a Palestina	(Representantes na Alemanha da Agência Judaica para a Palestina)	Erich Gerechter e Dr. Ludwig Jacobi
Preparações Pré-emigração		
Treinamento e retreinamento vocacional		Dr. Conrad Cohn
Agricultura		Martin Gerson
Comércio e Profissões, Problemas de Moradia		Philipp Kozower
Escolas		Paula Fürst
Professores		Ilse Cohn
Professores de idiomas		Ilse Cohn
Bem-estar		Dr. Conrad Cohn
Problemas gerais de bem-estar		Hannah Kaminski
Saúde		Dr. Walter Lustig

Nota: *Jüdisches Nachrichtenblatt* (Berlim), 21 de julho de 1939. Como listado em *Jüdisches Nachrichtenblatt,* todos os oficiais judeus tinham Israel ou Sara como nome do meio. O *Jüdisches Nachrichtenblatt* era a publicação oficial do *Reichsvereinigung*. Havia também um *Jüdisches Nachrichtenblatt* em Viena, publicado pela comunidade Judaica, e outro em Praga.

judeus para assistir os supervisores alemães em operações que acabaram sendo letais. Eles começaram o padrão de aceitação ao reportar mortes, nascimentos e outros dados demográficos ao Escritório Principal de Segurança do Reich e ao transmitir regulamentos alemães, por meio de publicações no *Jüdisches Nachrichtenblatt*, para a população judaica. Eles acabaram criando contas bancárias especiais, acessíveis à Gestapo, e concentrando os judeus em habitações designadas. Perto do fim, prepararam tabelas, mapas e listas, e ofereceram espaço, suprimentos e pessoal, na preparação para a deportação. O *Reichsvereinigung* e seus equivalentes em Viena e Praga foram o protótipo de uma instituição – o Conselho Judaico – que apareceria na Polônia e em outros territórios ocupados e seria usado em atividades que resultariam em desastre. Era um sistema que permitia que os alemães poupassem seus homens e seus fundos enquanto aumentavam o controle exercido sobre as vítimas. Uma vez tendo dominado a liderança judaica, eles estavam em posição de controlar a comunidade toda.

A concentração dos judeus marca o fim da fase preliminar do processo de destruição na área do *Reich-Protektorat*. Os efeitos fatais dessa etapa manifestaram-se na forma de dois fenômenos. O primeiro foi a relação entre criminosos e vítimas. Quando a burocracia estava às portas da ação mais drástica, a comunidade judaica viu-se reduzida à aceitação completa de ordens e diretivas. A outra manifestação do regime de estrangulamento alemão foi o abismo cada vez maior entre nascimentos e mortes na comunidade judaica. A taxa de nascimento tendia a zero; a taxa de mortalidade crescia continuamente a alturas jamais vistas (ver Tabela 6.5). A comunidade judaica era um organismo agonizante.

TABELA 6.5 Nascimentos e mortes de judeus no Velho Reich (não incluindo a Áustria e o *Protektorat*).

ANO	NASCIMENTOS	MORTES	POPULAÇÃO AO FIM DO ANO
1940	396	6.199	ca. 175.000
1941	351	6.249	ca. 140.000
1942	239	7.657	[após deportações] 51.327
TOTAL	986	20.105	

Nota: Korherr, estatístico da ss, para Himmler, 27 de março de 1943, NO-5194. As deportações em massa começaram em outubro de 1941.

POLÔNIA

Quando o exército alemão invadiu a Polônia, em setembro de 1939, a fase de concentração do processo de destruição já estava bem encaminhada. O judaísmo polonês, portanto, ficou imediatamente ameaçado. A concentração foi levada adiante com diligência muito mais drástica do que na região do *Reich-Protektorat*. O recém-ocupado território polonês, na verdade, era uma área de experimentação. Em pouco tempo, o maquinário de destruição na Polônia assumiu e superou a burocracia de Berlim.

Havia três motivos para isso. Um deles era a composição do corpo de funcionários da administração alemã na Polônia. O aparato contava com um grande número de homens do partido. Era menos cuidadoso e menos "burocrático" que a administração no Reich.

Um segundo fator era a percepção alemã sobre os judeus poloneses. Esses judeus eram considerados há algum tempo o de tipo mais baixo. Eles tinham sido excluídos e alvejados repetidas vezes antes da guerra. Na memória recente havia os milhares transportados da Alemanha para a fronteira polonesa em 1938. Quinze anos antes, indivíduos judeus de cidadania polonesa tinham sido deportados, considerados indesejáveis pelo governo da Baviera.[1] Antes ainda, em 23 de abril de 1918, operários poloneses judeus não qualificados que tentavam entrar nas províncias orientais alemãs foram banidos pelo Ministério do Interior prussiano com a justificativa de não estarem interessados em trabalho, e sim em imigração, e também de serem moralmente suspeitos, além de fisicamente sujos, levando o tifo para a Alemanha.[2]

Armado com essas conceituações, o regime nazista na Polônia teve menos consideração e agiu de forma mais radical do que na própria Alemanha. Em geral, não foram feitas concessões aos judeus poloneses que tinham sido veteranos dos exércitos alemão ou austro-húngaro na Primeira Guerra Mundial. Pouco se hesitou ao criar para os judeus poloneses moradias com densidades bem mais altas do que as dos judeus alemães, ou ao abaixar as rações de comida para os judeus na Polônia a níveis piores do que os concedidos aos judeus na Alemanha. Além disso, na Polônia, diferentemente da Alemanha, não havia necessidade de tomar precauções para medidas antijudaicas que podiam ter repercussões dolorosas para a população não judaica. Não havia ordens para tomar cuidado com o bem-estar dos poloneses.

---

1 Correspondência em German National Archives, R 43 I/2193. Para uma discussão detalhada, ver também Reiner Pommerin, "Die Ausweisung von Ostjuden aus Bayern 1923", em *Vierteljahrshefte für Zeitgeschichte* 34 (1986): 311-40. A expulsão também foi debatida na Saxônia. Ver Câmara de Comércio em Chemnitz para Ministério do Interior saxão, 6 de fevereiro de 1920 e Ministério do Interior saxão para Ministério da Economia saxão, 24 de fevereiro de 1920, Sächsisches Landeshauptarchiv Dresden, Arquivo Wirtschaftsministerium 1544.

2 Trude Maurer, "Medizinalpolizei und Antisemitismus" em *Jahrbücher für Geschichte Osteuropas* 33 (1985): 205-30. Para um histórico, ver também Egmont Zechlin, *Die Deutsche Politik und die Juden im Ersten Weltkrieg* (Gotinga, 1969), pp. 260-77, e Câmara de Comércio de Leipzig para Ministério do Interior da Saxônia/Divisão de Comércio, 10 de agosto de 1916, Sächsisches Landeshauptarchiv Dresden, Arquivo Wirtschaftsministerium 1546.

O terceiro e mais importante motivo para o tratamento mais duro dos judeus poloneses era o peso dos números. Dez por cento da população polonesa era judia: dos 33 milhões de habitantes, 3,3 milhões eram judeus. Quando Alemanha e URSS dividiram a Polônia, em setembro de 1939, 2 milhões desses judeus foram repentinamente colocados sob a dominação alemã. Só Varsóvia tinha cerca de 400 mil judeus, ou seja, quase o mesmo número que vivia na Alemanha em 1933 e mais do que tinha sobrado em toda a área do *Reich-Protektorat* no fim de 1939. Cortar todos esses judeus pela raiz ou segregá-los eram dois problemas completamente diferentes, que deram origem a soluções também completamente diferentes. Assim, a concentração, na Polônia, não se limitou a um sistema de restrições combinadas como as discutidas na primeira parte deste capítulo. Em vez disso, a burocracia na Polônia ressuscitou o gueto medieval, totalmente excluído do resto do mundo.

É preciso lembrar que o início do processo de destruição na Alemanha foi precedido pelas *Einzelaktionen* – explosões repentinas de violência contra indivíduos judeus. Também na Áustria, por um breve período após o *Anschluss*, houve algumas *Einzelaktionen*. Quando o exército alemão foi para oeste, essas *Einzelaktionen* também passaram a acontecer na Polônia. Como no Reich e na Áustria, a violência cumpria a função de convencer tanto autoridades quanto vítimas da necessidade de mais leis e ordem. Como na Alemanha, as *Einzelaktionen* foram iniciadas por elementos do partido e controladas pela autoridade responsável pela administração da área. Os elementos partidários na Polônia eram a SS Armada (*Waffen-SS*), formações partidárias militares que lutavam como unidades integrais nas forças armadas. A autoridade governamental, no início, era o exército.

Os primeiros relatos de violência chegaram alguns dias depois da eclosão da guerra. Em uma localidade, um membro da Polícia de Campo Secreta do exército e um homem da SS levaram cinquenta judeus que haviam passado o dia todo trabalhando na reparação de uma ponte para uma sinagoga, e atiraram neles sem motivo algum (*in einer Synagoge zusammengetrieben und grundlos zusammengeschossen*). Depois de uma longa troca de cartas, na qual destacou-se que o homem da SS tinha sido provocado por atrocidades polonesas e agido segundo uma "iniciativa juvenil" (*jugendlichen Draufgängertum*), fixaram-se três anos de punição para ambos os culpados.[3]

---

3 Diário do Chefe da Equipe Geral, Halder, 10 de setembro de 1939, NOKW-3140. Memorando do Exército de 13 de setembro de 1939, D-421. Oberkriegsgerichtsrat 3º Exército (assinado por Lipski)

Alguns dias depois desse incidente, o comandante do 14º Exército, Wilhelm List, teve de emitir uma ordem proibindo saquear propriedades, incendiar sinagogas, estuprar mulheres e atirar em judeus.[4] Todavia, mesmo depois de as hostilidades acabarem, as *Einzelaktionen* continuaram. Em 10 de outubro de 1939, o chefe da Equipe Geral, Halder, fez um comentário misterioso em seu diário: "Massacres judeus – disciplina!".[5] Durante o mês seguinte, o exército começou a coletar, sistematicamente, provas das atrocidades da ss. É preciso destacar que o exército estava preocupado não tanto com os judeus quanto com a tentativa de construir um caso contra a ss em geral. Por isso, os memorandos do exército relacionados às *Einzelaktionen* contra os judeus estão também cheios de outras reclamações contra a ss, tudo misturado.

Em 23 de novembro de 1939, Petzel, *General der Artillerie*, comandante do recém-formado Exército Distrital XXI em Poznań, relatou uma ocorrência na cidade de Turek em 30 de setembro. Uma série de caminhões da ss cheios de homens e sob o comando de um oficial da ss tinha atravessado a cidade. Os homens da ss estavam armados com chicotes, que tinham usado sem moderação, açoitando as cabeças dos passantes indiscriminadamente. Ao que parece, vários de etnia alemã também foram chicoteados. O grupo então dirigiu até uma sinagoga, encheu o prédio de judeus e forçou suas vítimas a se rastejar, cantando, embaixo dos bancos. Os judeus, então, foram obrigados a abaixar as calças para serem açoitados. Durante esse açoitamento, um judeu, amedrontado, perdeu o controle do intestino. Os homens da ss, então, forçaram a vítima a sujar a cara de outros judeus. O relatório continuava com uma reclamação contra um representante de Goebbels que, aparentemente, fizera um discurso de vitória, elogiando a ss sem sequer mencionar o exército.[6]

Em fevereiro de 1940, o comandante do exército na Polônia (Blaskowitz) compilou uma longa lista de reclamações para apresentar ao comandante-em-chefe do

---

para Oberstkriegsgerichtsrat no Escritório do Generalquartiermeister, 14 de setembro de 1939, D-421.

4 Ordem de List, 18 de setembro de 1939, NOKW-1621.

5 Diário de Halder, 5 de outubro de 1939, NOKW-3140.

6 Alto Comando do Exército/Chefe do Exército de Substituição (Fromm) para Alto Comando das Forças Armadas, 30 de novembro de 1939, incluindo relatório do General der Artillerie, Petzel, datado de 23 de novembro de 1939, D-419.

exército (von Brauchitsch). O relatório continha, no total, 33 itens – cada um, uma reclamação separada. O item 7, por exemplo, falava sobre uma busca nas ruas realizada na noite de 31 de dezembro de 1939, sob frio congelante. Os judeus, especialmente as mulheres, tinham sido forçados a tirar a roupa enquanto os policiais fingiam procurar por ouro. Outra reclamação (item 8) mencionava que um tenente da ss, *Untersturmführer* Werner, estava usando um pseudônimo para morar com uma atriz judia (Johanna Epstein) em um apartamento em Varsóvia – um caso claro de *Rassenschande* cometido por um oficial da ss. O item 31 descrevia uma orgia de chicotes em Nasielsk, que durara uma noite inteira e afetara 1.600 judeus. O item 33, guardado para o fim, discutia o caso de dois policiais que tinham arrastado duas judias adolescentes para fora da cama. Uma delas tinha sido estuprada em um cemitério polonês. A outra, que ficara doente, tinha ouvido do policial que eles voltariam para pegá-la outra hora e pagariam para ela 5 zloty [moeda polonesa]. De todas essas ocorrências, o *Generaloberst* Blaskowitz chegou à seguinte conclusão: "É um erro", disse, "massacrar 10 mil judeus e poloneses, como está sendo feito agora, pois, no que diz respeito à massa da população, isso não vai erradicar a ideia de um Estado polonês, nem exterminar os judeus".[7]

A reclamação de Blaskowitz ecoa as palavras ditas por Schacht cinco anos antes. Como Schacht, o general não estava indignado com a ideia de ações drásticas; na verdade, indignava-se apenas com a forma amadora usada pela ss para lidar com o enorme contingente de 2 milhões de judeus. Na verdade, os "profissionais" da ss já tinham controlado a situação.

Em 9 de setembro de 1939, Heydrich, chefe da Polícia de Segurança, encontrou-se com o *Generalquartiermeister* Wagner, do Alto Comando do Exército, para discutir alguns problemas poloneses. Os dois oficiais concordaram em fazer uma "limpeza, de uma vez por todas", incluindo "judeus, *intelligentsia*, clero, nobreza".[8] No dia seguinte, chegou, do comandante-em-chefe do Exército, a notícia de que "a ideia do gueto existe em linhas gerais; os detalhes ainda não estão claros".[9] Esses detalhes foram elaborados quatro horas mais tarde em uma reunião de oficiais-chefes do Escritório Principal de Segurança do Reich e comandantes das unidades da Polícia de Segurança (*Einsatzgruppen*) já na Polônia. A decisão

---

7 Notas para um relatório oral preparado por Blaskowitz, 6 de fevereiro de 1940, NO-3011.

8 Diário de Halder, 10 de setembro de 1939, NOKW-3140.

9 Diário de Halder, 20 de setembro de 1939, NOKW-3140.

foi tirar todos os judeus das áreas de língua alemã, remover a população judaica do interior polonês e concentrar todos os judeus em guetos nas cidades maiores.[10] Essas conclusões, incorporadas no mesmo dia em uma ordem direcionada aos *Einsatzgruppen*,[11] constituíam um ambicioso plano de concentração.

A apresentação da ordem faz uma breve referência a um objetivo final: a emigração de judeus que seria completa mais tarde, mas que, no momento, não era explícita. A Parte I dizia que os judeus deviam ser expulsos dos território de Danzig, Prússia Ocidental, Poznań e Alta Silésia Oriental. Essas áreas, mais tarde, transformaram-se em território incorporado, ou seja, território integrado à administração do Reich. Os judeus originários dessas regiões deviam ser empurrados para o interior da Polônia, uma região mais tarde conhecida como "Governo Geral" (*Generalgouvernement*). Os judeus do Governo Geral deviam ser concentrados em cidades. Apenas as cidades localizadas em junções ferroviárias, ou pelo menos ao lado de uma estrada de ferro, podiam ser escolhidas como ponto de concentração. Todas as comunidades judaicas com menos de quinhentas pessoas seriam dissolvidas e sua população, transferida para o centro de concentração mais próximo.

Na parte II da ordem, Heydrich determinava que um conselho de anciãos judeus (*Ältestenrat* ou *Judenrat*), composto de pessoas influentes e rabinos, fosse criado em cada comunidade judaica. Os conselhos seriam completamente responsáveis (no sentido literal da palavra) pela execução exata de todas as instruções. Eles deviam fazer um levantamento improvisado de todos os judeus em sua área, e eram pessoalmente responsáveis também pela evacuação de judeus do interior para os pontos de concentração, pelo cuidado com os judeus durante o transporte e pela moradia na chegada. Não houve reclamações contra judeus que levassem consigo suas posses móveis. A explicação oficial dada para as concentrações era que os judeus tinham participado de forma decisiva em ataques de franco-atiradores e saques.

---

10 Minutas da reunião de 21 de setembro de 1939, em Staatsanwaltschaft beim Landgericht Berlin, 3 P (K) Js 198/61, "Schlussvermerk in der Strafsache gegen Beutel u.a. wegen Mordes", 29 de janeiro de 1971, pp. 17-19. Zentrale Stelle der Landesjustizverwaltungen, Ludwigsburg.

11 Heydrich para *Einsatzgruppen*, cópias para Alto Comando do Exército (OKH), *Staatssekretär* Neumann no Escritório do Plano Quadrienal, *Staatssekretär* Stuckart do Ministério do Interior, *Staatssekretär* Landfried do Ministério da Economia e Chefe da Administração Civil nos Territórios Ocupados, 21 de setembro de 1939, PS-3363.

O exército não queria tomar parte na execução desse plano. Durante a discussão entre Heydrich e Wagner de 19 de setembro de 1939, o intendente-geral insistira que as autoridades militares fossem notificadas de todas as atividades da ss e da Polícia, mas que a "limpeza" acontecesse após a retirada do exército e a transferência do poder à administração civil, ou seja, não antes de dezembro.[12] Tendo em vista a abdicação precoce do poder na Polônia por parte do exército, essa exigência podia ser cumprida sem problemas. Dessa vez, o exército não sujou as mãos. Em 1941, como veremos, os militares não podiam mais se livrar de seu papel designado na destruição dos judeus europeus, mas na Polônia o processo de concentração caiu direto no colo da recém-formada administração civil.

Os *Einsatzgruppen*, por sua vez, não conseguiram muito. A formação de guetos era um processo complexo demais para um punhado de uniões de batalhão que seriam desmembradas e transformadas em uma administração regular da Polícia de Segurança assim que o governo militar acabasse. Entretanto, eles estabeleceram vários conselhos judaicos, simplesmente convocando um líder judeu identificado para formar seu *"Judenrat"*.[13] Em Varsóvia, em 4 de outubro de 1939, um pequeno destacamento da Polícia de Segurança fez uma batida na sede da comunidade judaica, mostrando interesse na segurança e perguntando quem era o líder. O zelador disse que era Adam Czerniaków.[14] No mesmo dia, Czerniaków foi levado ao prédio ocupado pela equipe do *Einsatzgruppe* e ordenado a cooptar 24 homens para servir no conselho e assumir sua liderança.[15] Durante os dias que se seguiram, ele fez listas e esboçou organogramas.[16] O *Einsatzgruppe* relatou que tinha "garantido que a comunidade judaica permanecesse unida, com presidente

---

12 Diário de Halder, 19 de setembro de 1939, NOKW-3140.

13 Ver Isaiah Trunk, *Judenrat* (Nova York, 1972), pp. 21-26.

14 Apolinary Hartglas, "How did Czerniakow Become Head of the Warsaw Judenrat?", *Yad Vashem Bulletin* 15 (1964): 4-7.

15 Entrada de Czerniaków em seu diário, 4 de outubro de 1939, em Raul Hilberg, Stanislaw Staron e Josef Kermisz, eds., *The Warsaw Diary of Adam Czerniakow* (Nova York, 1979), p. 78. Todas as citações subsequentes do diário vão se referir a essa edição. O diário foi traduzido para o inglês pelo professor Staron e a equipe do Yad Vashem. Para uma edição no polonês original, ver Marian Fuks, ed., *Adama Czerniakowa dziennik getta warszawskiego* (Varsóvia, 1983).

16 Entradas de 5 a 14 de outubro de 1939, Hilberg, Staron e Kermisz, pp. 78-83.

e secretário, como um museu [*Die Jüdische Kultusgemeinde mitsamt Präsident und Schriftführer wurde ebenso wie das jüdische Museum sichergestellt*]".[17]

A era da administração civil começou no fim de outubro. Havia dois tipos de estruturas administrativas, um em territórios incorporados ao Reich, outro no chamado *Generalgouvernement*. Nas áreas incorporadas, os escritórios administrativos tinham como modelo os escritórios do próprio Reich. Os novos *Reichsgaue* foram esculpidos a partir do território incorporado conquistado: Danzig-Prússia Ocidental e Wartheland. Um *Reichsgau* era uma unidade territorial que combinava as características de uma província prussiana (ou *Land* não prussiano) e um distrito partidário (*Gau*). O chefe dessa unidade territorial era um oficial regional do Reich (*Reichsstatthalter*), que era ao mesmo tempo um oficial regional do partido (*Gauleiter*).

O *Reichsstatthalter* e *Gauleiter* de Danzig-Prússia Ocidental era um homem chamado Forster. Como ele já tinha sido *Gauleiter* da "cidade livre" de Danzig, sua nomeação resultou apenas na ampliação de suas funções. O *Reichsstatthalter* e *Gauleiter* de Wartheland, Greiser, tinha sido presidente do senado de Danzig. Nesse cargo, ele se destacara por introduzir toda a gama de leis antijudaicas muito antes da chegada das tropas alemãs. A "cidade livre" tinha promulgado uma Lei para o Sangue e a Honra, decretos para a remoção de médicos e advogados judeus e um programa sistemático de arianização. Apenas 10 mil judeus de Danzig não emigraram antes da guerra.[18] Depois de Danzig ser invadida, o *Senatspräsident* Greiser, desempregado, foi remanejado para o sul para tornar-se executivo-chefe

_____

17 Relatório do *Einsatzgruppe* IV, 6 de outubro de 1939, em processo de Berlim, argumentos finais contra Beutel, 3 P (K) Js 198/16.

18 F. Redlin, "Danzig löst die Judenfrage", *Die Judenfrage*, 26 de janeiro de 1939, p. 5. Greiser trabalhara intimamente com o Escritório do Exterior alemão. Weizsäcker via Wörmann para Erdmannsdorff, 17 de outubro de 1938, NG-5334. Ver também Herbert S. Levine, *Hitler's Free City* (Chicago, 1973); Erwin Lichtenstein, *Die Juden der Freien Stadt Danzig* (Tubinga, 1973); e Konrad Ciechanowski, "Das Schicksal der Zigeuner und Juden in den Jahren des zweiten Weltkrieges in Pommerellen", artigo para a Comissão Principal de Investigação dos Crimes Nazistas/Sessão Científica Internacional sobre Genocídio Nazista, Varsóvia, 14-17 de abril de 1983. De cerca de 1.500 judeus remanescentes em 31 de agosto de 1939, pelo menos 560 ainda conseguiram emigrar. As deportações foram para o gueto de Varsóvia, Theresienstadt e diretamente para campos. Houve cerca de 100 sobreviventes.

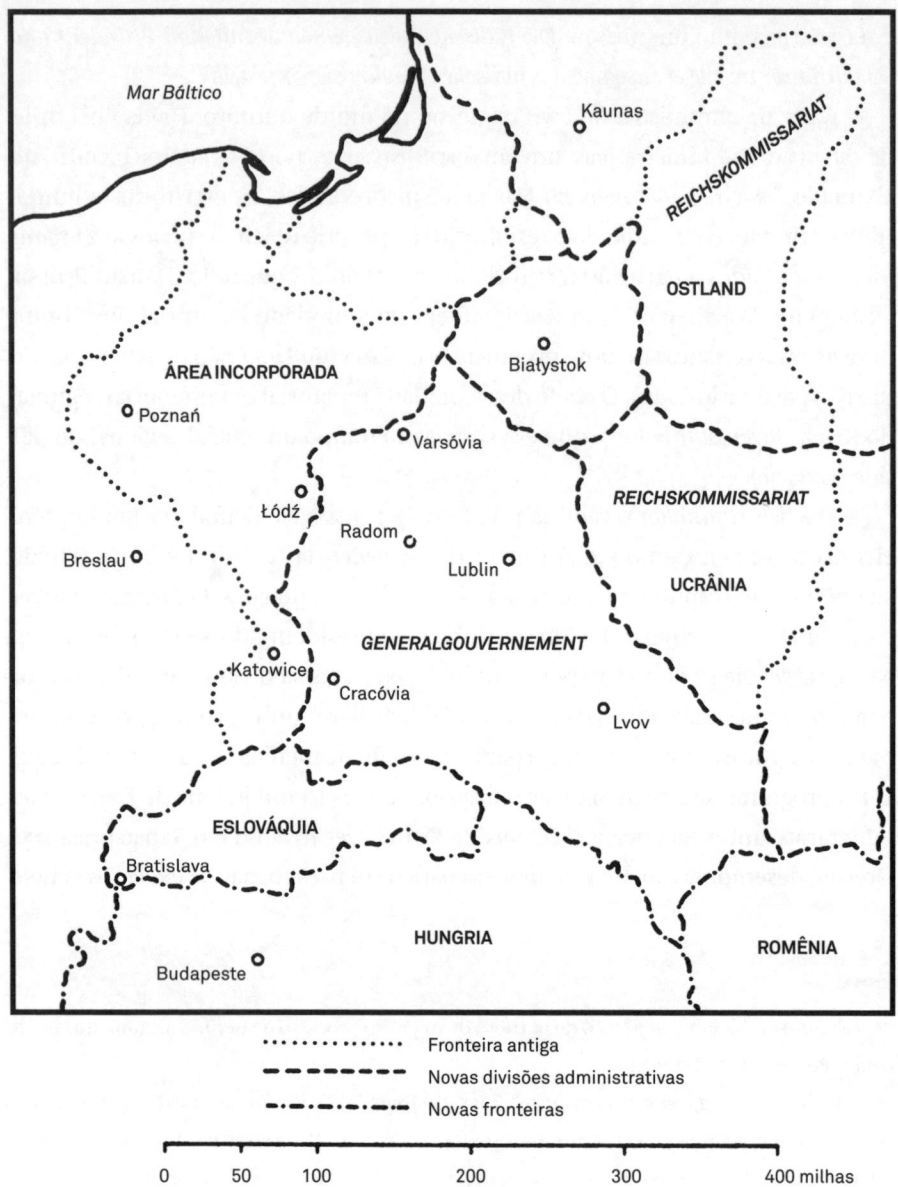

Mar Báltico

Kaunas

REICHSKOMMISSARIAT

OSTLAND

ÁREA INCORPORADA

Białystok

Poznań

Varsóvia

REICHSKOMMISSARIAT

Łódź

Radom

Breslau

Lublin

UCRÂNIA

GENERALGOUVERNEMENT

Katowice

Cracóvia

Lvov

ESLOVÁQUIA

Bratislava

HUNGRIA

ROMÊNIA

Budapeste

```
·············· Fronteira antiga
– – – – – Novas divisões administrativas
–·–·–·–·– Novas fronteiras
```

```
0    50   100      200       300       400 milhas
```

MAPA 1. Polônia sob ocupação alemã.

da Wartheland. Diferentemente de seu colega Forster, que só tinha algumas dezenas de milhares de judeus, Greiser tinha várias centenas de milhares. Seu papel na concentração, nas deportações e até nas operações de extermínio, portanto, tornou-se crucial.

Além dos dois *Reichsgaue*, o território incorporado também continha duas unidades menores divididas entre províncias vizinhas do Reich. A província da Prússia Oriental anexou algum território nesse processo, e a Silésia virou a Grande Silésia. A Grande Silésia, porém, era uma unidade administrativa problemática. Por isso, em janeiro de 1931, o *Grossgau* foi dividido em dois *Gaue*: Baixa Silésia (sede em Breslau), que incluía velhos territórios alemães e era governada pelo *Oberpräsident* e *Gauleiter* Karl Hank, e Alta Silésia (sede em Katowice), que consistia basicamente de território incorporado e foi colocada sob responsabilidade do *Oberpräsident* e *Gauleiter* Fritz Bracht.[19]

Em sentido anti-horário, as novas unidades administrativas, com seus executivos-chefes e o número de judeus poloneses em sua jurisdição, eram as seguintes:

Danzig-Prússia Ocidental (Forster)	(Expulso posteriormente)	menos de 10.000
Prússia Oriental (Koch)		40.000
Wartheland (Greiser)	(Expulso posteriormente em parte)	400.000
Alta Silésia (Bracht)		mais de 100.000

A leste e ao sul dos territórios incorporados, os alemães criaram um novo tipo de administração territorial, chamada primeiro de "Governo geral na Polônia" e mais tarde simplesmente "Governo geral" (*Generalgouvernement*). Nessa região, os judeus eram mais de 1,4 milhão. A diferença primordial entre as áreas incorporadas e o *Generalgouvernement* era o grau de descentralização na máquina burocrática. O *Reichsstatthalter* era basicamente um coordenador. Assim, os escritórios regionais de diversos ministérios respondiam às instruções de funcionamento (*fachliche Anweisungen*) de Berlim e só estavam sujeitos a ordens territoriais vindas do *Reichsstatthalter* ou do *Oberpräsident*, de acordo com a seguinte fórmula:

$$\begin{array}{ccc} \text{Hitler} & \rightarrow & \textit{Reichsstatthalter} \\ \downarrow & & \downarrow \\ \text{Ministério} & \rightarrow & \text{Escritório regional} \end{array}$$

---

19 *Krakauer Zeitung*, 28 de janeiro de 1941, p. 1.

As flechas horizontais representam autoridade funcional; as flechas verticais, autoridade territorial.

Esse diagrama fechado não se aplicava ao *Generalgouvernement*. O *Generalgouverneur* Hans Frank não tinha escritórios ministeriais, mas sim divisões principais (*Hauptabteilungen*), que respondiam apenas a ele:

Hitler   →   Frank

↓   ↓

Ministério → *Hauptabteilung*

Como *Generalgouverneur*, Frank tinha mais autoridade que um *Reichstatthalter* ou um *Oberpräsident*. Ele tinha, ainda, mais prestígio, pois era um *Reichsminister* sem ministério, um *Reichsleiter* do partido, o presidente da Academia Alemã de Direito – resumindo, um nazista de elite em todos os sentidos.

Quando Frank chegou à Polônia, trouxe consigo um séquito de dignatários do partido, que ocuparam algumas de suas divisões principais:[20]

Generalgouverneur: Hans Frank
Vice (até maio de 1940): *Reichsminister* Seyss-Inquart
Staatssekretär: Dr. Bühler
Vice-*Staatssekretär*: Dr. Boepple
Líder da Alta ss e da Polícia Leader (a partir de abril de 1942), *Staatssekretär*,
     Segurança, ss-*Obergruppenführer* Krüger (substituído em 1943 por Koppe)
Divisões Principais
     Interior: *Ministerialrat* dr. Siebert (Westerkamp, Siebert, Losacker)
     Justiça: *Ministerialrat* Wille
     Educação: *Hofrat* Watzke
     Propaganda: *Oberregierungsrat* Ohlenbusch
     Ferrovias (Ostbahn): *Präsident* Gerteis
     Serviço Postal: *Präsident* Lauxmann
     Construção: *Präsident* Bauder
     Florestas: *Oberlandforstmeister* dr. Eissfeldt
     Emissionbank: *Reichsbankdirektor* dr. Paersch (aposentado)

---

20 Dr. barão Max du Prel, ed., *Das Generalgouvernement* (Würzburg, 1942), pp. 375-80. Ver também *Krakauer Zeitung* (*passim*) e diário de Frank, PS-2233.

Economia: *Ministerialdirigent* dr. Emmerich

Alimentos e Agricultura: ss-*Brigadeführer* Körner (Naumann)

Trabalho: *Reichshauptamtsleiter* dr. Frauendorfer (Struve)

Finanças: *Finanzpräsident* Spindler (Senkowsky)

Saúde: *Obermedizinalrat* dr. Walbaum (Teitge)

A rede regional de administração do *Generalgouvernement* espelhava de forma muito próxima o maquinário regional do Reich, com títulos ligeiramente diferentes, como mostra a Tabela 6.6. O *Governeur* era originalmente chamado de *Distriktchef*, mas o novo título foi concedido para levantar o moral.[21] Havia quatro *Gouverneure* na Polônia em 1939. Após o início da guerra com a Rússia, o exército alemão invadiu a Galícia,* e essa área tornou-se parte do quinto distrito do *Generalgouvernement* em agosto de 1941. Os nomes dos *Gouverneure* e de seus vices administrativos estão listados na Tabela 6.7. É preciso notar que, como regra geral, o *Governeur* era um homem do partido, mas seu *Amtschef* era funcionário público. A administração do *Generalgouvernement* combinava política partidária no topo e eficácia burocrática na base.[22]

TABELA 6.6 Maquinário regional do Reich e do *Generalgouvernement*.

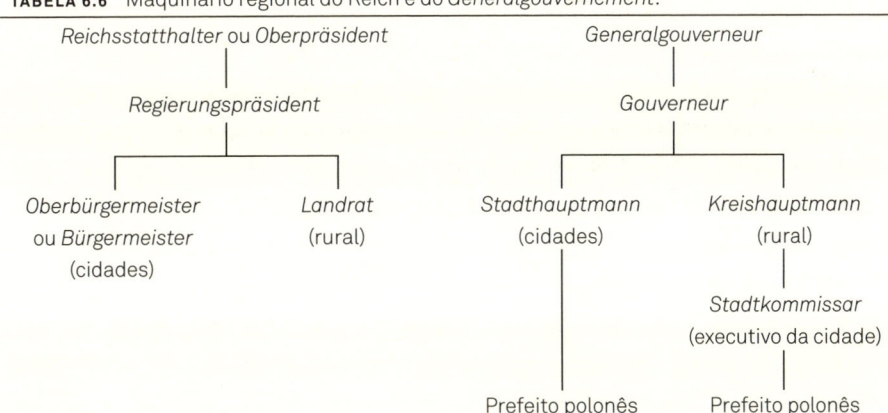

---

21 Resumo de discussão entre Frank e dr. Wächter (*Gouverneur*, Varsóvia), 10 de novembro de 1939, diário de Frank, ps-2233.

*Área do sudeste da Polônia e oeste da Ucrânia. (N. T.)

22 Sobre a composição da equipe, ver Dieter Pohl, *Von der "Judenpolitik" zum Judenmord – Der Distrikt Lublin des Generalgouvernements 1939-1944* (Frankfurt, 1933), pp. 37-38.

TABELA 6.7 Os *Governeure.*

Cracóvia

Gouverneur:	ss-*Brigadeführer* dr. Wächter (ss-*Brigadeführer* dr. Wendler, von Burgsdorff)
Amtschef:	*Ministerialrat* Wolsegger (dr. Eisenlohr, dr. Stumm)

Lublin

Gouverneur:	Schmidt (*Oberstarbeitsführer* Zörner, Wendler)
Amtschef:	*Landrat* dr. Schmige (Losacker, *Oberregierungsrat* Engler, Schlüter)

Radom

Gouverneur:	*Reichsamtsleiter* dr. Karl Lasch (*Unterstaatssekretär* Kundt)
Amtschef:	*Oberregierungsrat* dr. Egen

Varsóvia

Gouverneur:	*Hauptamtsleiter* sa-*Brigadeführer* dr. Fischer
Amtschef:	*Reichsamtsleiter Landgerichtsdirektor* Barth
	(*Reichshauptstellenleiter Staatsanwalt* dr. Hummel)

Galícia

Gouverneur:	Dr. Lasch (ss-*Brigadeführer* dr. Wächter)
Amtschef:	*Regierungsrat* dr. Losacker (Bauer, dr. Brandl)

Nota: Compilação de Dr. barão Max du Prel, *Das Deutsche Generalgouvernement in Polen* (Cracóvia, 1940), pp. 87, 100–101, 147, 200; du Prel, *Das Generalgouvernement* (Würzburg, 1942), pp. 375-80; *Krakauer Zeitung, passim.*

O *Generalgoverneur* Hans Frank era um autocrata instável, que expressava sentimentalismo e brutalidade. Ele era um jurista que frequentemente usava a linguagem eloquente e precisa da lei, mas também um homem do partido capaz de dirigir-se às massas com o idioma das ruas. Em seu castelo na Cracóvia, Frank comportava-se como um governador culto, que divertia seus convidados tocando Chopin ao piano. Nas salas de reunião, porém, ele era um dos principais arquitetos do processo de destruição na Polônia. Era poderoso, mas vaidoso. O tesoureiro do partido (*Reichsschatzmeister*), Schwartz, certa vez referiu-se a ele como "*König Frank*", que que dizer "Rei Frank" ou "Frank, membro da realeza".[23]

O *Generalgoverneur* era um rei intranquilo. Ele não tinha medo dos poloneses, muito menos dos judeus, mas lutava desesperadamente contra algumas personalidades em Berlim, que queriam tirar sua autoridade e seu poder. Frank

---

23 Berger (chefe do escritório principal da ss) para Himmler, 2 de julho de 1941, NO-29. O *Generalgouvernement* às vezes era chamado de *Frankreich* (como piada).

nunca se cansava de destacar que era um ditador absoluto que respondia apenas a Hitler, que o *Generalgouvernement* era seu refúgio particular e que ninguém tinha permissão de fazer nada nesse refúgio a não ser que tivesse ordens diretas do castelo na Cracóvia. "Como sabem", disse, "sou um entusiasta da unidade de administração".[24] A expressão "unidade de administração" significava que ninguém, em cargo algum do *Generalgouvernement*, deveria aceitar ordens de outra pessoa que não Frank. Ele chamou a tentativa de agências de Berlim de instruir escritórios do *Generalgouvernement* de *hineinregieren* ("reinar dentro" do domínio dele). Frank não tolerava isso. Entretanto, a unidade de administração, na realidade, era uma fantasia, pelo menos no que dizia respeito às agências.

A primeira exceção era o exército. Frank não tinha autoridade sobre as tropas. Essa autoridade era exclusiva de um general chamado, sucessivamente, de *Oberbefehlshaber Ost* (*Generaloberst* Blaskowitz), *Militärbefehlshaber im Generalgouvernement* (*General der Kavallerie* barão Kurt von Gienanth) e, finalmente, *Wehrkreisbefehlshaber im Generalgouvernement* (Gienanth e *General der Infanterie* Haenicke). O exército controlava não só as tropas, mas também a produção da guerra, que estava nas mãos do *Rüstungsinspektion*, ou Inspetoria de Armamento (*Generalleutnant* Schindler). A relação entre Gienanth e Schindler é ilustrada pelo seguinte diagrama:

Chefe do Exército de Reposição
Fromm   → Gienanth
Alto Comando das Forças Armadas/
Escritório de Economia de Armamentos   ↓
Thomas   → Schindler

Gienanth e Schindler tinham funções subordinadas, mas não desimportantes, no processo de destruição.

A segunda exceção à unidade de administração de Frank era o sistema ferroviário. Apesar de o *Generalgouverneur* ter uma Divisão Principal Rodoviária, dirigida pelo *Präsident* Gerteis, esse oficial era também *Generaldirektor* da Ostbahn, que, por sua vez, era controlada pelo Reichsbahn. A Ostbahn operava as ferrovias

---

24 Resumo de reunião de homens do partido no *Generalgouvernement*, 18 de março de 1942, diário de Frank, PS-2233.

estaduais polonesas confiscadas no *Generalgouvernement*,[25] e seu corpo de funcionários essencial consistia de 9 mil alemães.[26] Porém, a ferrovia tinha se apossado não apenas do equipamento polonês, mas também de 40 mil trabalhadores ferroviários.[27] No fim de 1943, a Ostbahn ainda era dirigida por 9 mil alemães, mas nessa época, empregava também 145 mil poloneses, além de alguns milhares de ucranianos.[28] Essas estatísticas são significativas, pois a administração ferroviária teria um papel fundamental nas concentrações, e decisivo nas deportações.

A terceira e mais importante exceção à autoridade absoluta de Frank era a ss e a Polícia, ou seja, o aparato de Heinrich Himmler. Qual era esse aparato e como ele exercia sua autoridade no *Generalgouvernement*?

Himmler, filho de um professor e reitor de um *Gymnasium*, tinha escapado por pouco do serviço na Primeira Guerra Mundial e se voltado brevemente à agronomia depois disso. Seu diário, mantido durante a adolescência e juventude, revela uma infância burguesa comum, uma preocupação precoce com o que era correto e hábitos meticulosos, com um toque de arrogância.[29] Conservador, convencional e patriótico, ele lia bastante e mantinha uma lista dos livros que tinha lido. Uma porção relativamente pequena dessa literatura era antissemita e, pelo diário, parece que Himmler desenvolveu noções antijudaicas muito lentamente. Com sede de poder, ele juntou-se ao movimento nazista quando ainda tinha vinte e poucos anos, assumindo a formação de um corpo de seguranças: a *Schutzstaffel*, ou ss. Suas características juvenis ainda podiam ser vistas em sua liderança da ss e da Polícia durante a guerra. Ele estava o tempo todo atento para a corrupção,

---

25 *Reichsbahnrat* dr. Peicher, "Die Ostbahn", em du Prel, *Das Generalgouvernement*, pp. 80-86.

26 *Ibid.*

27 *Oberlandgerichstrat* dr. Weh, "Das Recht des *Generalgouvernements*", *Deutsches Recht*, 1940, pp. 1393-1400. Em abril de 1940, os funcionários ferroviários alemães incluíam 9.298 no *Generalgouvernement* e 47.272 nos territórios incorporados, enquanto os funcionários poloneses eram 36.640 no *Generalgouvernement* e 33.967 nos territórios incorporados. Ministério do Transporte para okh/Transporte, 11 de abril de 1940, H 12/101.2, p. 219. A Ostbahn era restrita ao *Generalgouvernement* e *não* administrava as ferrovias em áreas incorporadas.

28 Discurso de Frank para oficiais da força aérea, 14 de dezembro de 1943, diário de Frank, ps-2233.

29 Ver Bradley F. Smith, *Heinrich Himmler: A Nazi in the Making, 1900-1926* (Stanford, 1971). Smith decifrou o diário e o usou como uma de suas fontes principais.

especialmente nas tropas de seus rivais. Enquanto expandia sua base de poder em várias direções, envolveu-se em todo tipo de coisa.[30] Seus interesses incluíam relações diplomáticas, administração interna, produção de armamento, reassentamento de populações, a condução da guerra e, claro, a destruição dos judeus. Ele podia falar longamente sobre esses assuntos, e muitas vezes segurava sua plateia por três horas seguidas. (Pode-se adicionar que a plateia era formada por seus próprios generais da ss.) O poder de Himmler dependia, acima de tudo, de sua independência. Esse fato tem a maior importância. Himmler não fazia parte de hierarquia alguma, mas tinha posição em todos os lugares. Na máquina de destruição ele fica, forçosamente, entre duas hierarquias: a burocracia ministerial e o partido. Himmler recebia a maior parte de seus recursos financeiros do Ministério das Finanças, e recrutava a maior parte de seus homens no partido. Tanto em termos fiscais quanto em estrutura de pessoal, a ss e a Polícia eram, consequentemente, uma mescla de serviço público e partido.[31]

A ss e a Polícia operavam de forma centralizada por meio de escritórios principais, cujos chefes respondiam diretamente a Himmler, e regionalmente por meio de Altos Líderes da ss e da Polícia (*Höhere ss- und Polizeiführer*), que também respondiam diretamente a ele.

---

30 Ver o livro de Heinz Höhne sobre as políticas da ss, *The Order of the Death's Head* (Nova York, 1970).

31 Originalmente, a ss fazia parte da formação partidária sa. Ver ordem de Röhm (comandante da sa), 6 de novembro de 1933, SA-13. A polícia era um aparato descentralizado, colocado sob direção de Himmler em 1936. Desde então, ele tornou-se *Reichsführer-ss und Chef der deutschen Polizei*. Decreto de 17 de junho de 1936, RGBl I, 487. A ss (setor partidário) tinha, em 31 de dezembro de 1943, 700 mil homens, e chegou a quase 800 mil em 30 de junho de 1944. A maior parte desses homens era organizada em unidades de combate. Korherr, estatístico da ss, para Himmler, 19 de setembro de 1944, NO-4812. Apenas 39.415 homens da ss estavam no aparato administrativo: os escritórios principais e seu maquinário regional. Memorando, Escritório de Estatística da ss, 30 de junho de 1944, D-878. A ss Armada (*Waffen-ss*), da qual sua maior parte lutava como unidades de combate, e as forças policiais eram pagas pelo Reich. A conta, só para a *Waffen-ss*, foi de RM 657 milhões no ano fiscal de 1943. Resumo de reunião entre Ministério das Finanças e oficiais da ss, NG-5516. Para financiar alguns de seus projetos "especiais", Himmler também usava recursos do partido (Schwarz, tesoureiro do partido). Berger para Himmler, 2 de julho de 1941, NO-29. Além disso, ele recebia contribuições da indústria. Von Schröder para Himmler, incluindo 1,1 milhão de Reichsmarks, 21 de setembro de 1943, EC-453.

A organização central era composta por doze escritórios principais (ver Tabela 6.8). Os componentes policiais desse maquinário são encontrados na RSHA e na *Hauptamt Ordnungspolizei* – a primeira, uma organização relativamente pequena na qual o elemento dominante era a Gestapo; e a segunda, uma antiga instituição no cenário alemão.

TABELA 6.8 Os escritórios principais.

SS-Hauptamt (SSHA) (Escritório Principal da SS)	(Wittje) Berger
Reichssicherheitshauptamt (RSHA) (Escritório Principal de Segurança do Reich)	Heydrich (Kaltenbrunner)
Hauptamt Ordnungspolizei (Escritório Principal da Polícia de Ordem)	Daluege (Wünnenberg)
Chef des Persönlichen Stabes RF-SS (Chefe da Equipe Pessoal de Himmler)	Wolff
SS Wirtschafts-Verwaltungshauptamt (WVHA) (Escritório Principal Econômico-Administrativo)	Pohl
SS Personal Hauptamt (Pessoal)	Schmitt (von Herff)
Hauptamt SS-Gericht (Tribunal da SS)	Breithaupt
SS-Führungshauptamt (Escritório Principal Operacional)	Jüttner
Dienststelle Heissmeyer (Serviços a familiares de homens da SS)	Heissmeyer
Stabshauptamt des Reichskommissars für die Festigung des deutschen Volkstums (Escritório Principal de Equipe do *Reichskommissar* para o Fortalecimento do Espírito Alemão)	Greifelt
Hauptamt Volksdeutsche Mittelstelle (VOMI) (Escritório Principal de Assistência para Indivíduos de Etnia Alemã)	Lorenz
Rasse- und Siedlungshauptamt (RUSHA) (Escritório Principal de Raça e Reassentamento)	Hofmann (Hildebrandt)

Nota: De *Organisationsbuch der NSDAP*, 1943, pp. 417-29, PS-2640. Os nomes dos oficiais foram tirados de documentos diversos.

$$RSHA[32]$$

Sicherheitspolizei (Polícia de Segurança)

Gestapo	ca. 40.000 a 45.000
Kripo (Polícia Criminal)	ca. 15.000

Sicherheitsdienst (Serviço de Segurança,
originalmente o braço de inteligência do partido) Alguns milhares

$$Ordnungspolizei[33]$$

Einzeldienst (fixo) ca. 250,000 (incluindo reservistas)
    Urbano: *Schutzpolizei*
    Rural: *Gendarmerie*
Truppenverbände (unidade) ca. 50,000 (incluindo reservistas)

A rede regional dos escritórios principais era finalizada com mais de trinta Altos Líderes da ss e Polícia. (O número variava de tempos em tempos.) Os cinco com jurisdição na Polônia eram: *Generalgouvernement*, Krüger (Koppe); Danzig-Prússia Ocidental, Hildebrandt; Wartheland, Koppe; Prússia Oriental, Rediess (Sporrenberg); Silésia, Schmauser. A máquina regional dos escritórios principais era coordenada pelos Altos Líderes, segundo o padrão comum funcional-territorial:

Himmler   →   Alto Líder da ss e Polícia
↓   ↓
Escritório Principal → Filial regional do Escritório Principal

Importantíssima para as operações antijudaicas era a teia territorial de dois escritórios principais: o Escritório Principal da Polícia de Ordem e o Escritório Principal de Segurança do Reich (RSHA). Ambos tinham três tipos de maquinário regional: um no Reich, outro nos territórios ocupados e um terceiro em áreas que estavam sendo invadidas (ver Tabela 6.9).

É preciso notar que as unidades móveis da Polícia de Ordem eram formações permanentes que podiam mudar de um país para o outro. O *Generalgouvernement*

---

32 Testemunho juramentado de Schellenberg (Polícia de Segurança), 21 de novembro de 1945, PS-3033. Sobre Heydrich, ver a biografia de Günther Deschner, *Reinhard Heydrich* (Nova York, 1981).

33 Daluege para Wolff, 28 de fevereiro de 1943, NO-2861. O Escritório Principal da Polícia de Ordem também incluía serviços técnicos, bombeiros e outros serviços.

TABELA 6.9 Maquinário regional da Polícia de Ordem e da RSHA.

	REICH	TERRITÓRIO OCUPADO	ÁREAS INVADIDAS
Polícia de Ordem	*Inspekteur der Ordnungspolizei* (IdO) (Inspetor da Polícia de Ordem)	*Befehlshaber der Ordnungspolizei* (BdO) (Comandante da Polícia de Ordem)	*Truppenverbände* (unidades de tropa) organizadas em regimentos e batalhões policiais
RSHA	*Inspekteur der Sicherheitspolizei und des Sicherheitsdienstes* (IdS) (Inspetor da Polícia de Segurança e do Serviço de Segurança)	*Befehlshaber der Sicherheitspolizei und des Sicherheitsdienstes* (BdS) (Comandante da Polícia de Segurança e do Serviço de Segurança)	Unidades móveis organizadas em *Einsatzgruppen* (tamanho de batalhão) e *Einsatzkommandos* (tamanho de companhia)

era, na realidade, guardado por essas forças, que somavam mais de 10 mil sob um BdO.[34] Sob o princípio da jurisdição funcional, a Polícia de Ordem controlava polícias regulares nativas mantidas ou reorganizadas nos territórios ocupados. No *Generalgouvernement*, a polícia polonesa (e após um ataque à URSS, também a polícia ucraniana na área da Galícia) somava 16 mil.[35] A Polícia de Segurança estava sobrecarregada na Europa ocupada. Suas unidades móveis (*Einsatzgruppen*), reformadas para cada mobilização em uma área invadida, eram basicamente improvisadas e temporárias, enquanto seu pessoal fixo permanecia sempre escasso. No *Generalgouvernement* havia 3 mil homens.[36] Todos os órgãos especiais da polícia nativa especial, como os escritórios nativos de Polícia Criminal, eram comparativamente pequenos.

No *Generalgouvernement*, os oficiais de polícia principais (em sucessão) foram:

---

34 Reunião da polícia do *Generalgouvernement*, 25 de janeiro de 1943, diário de Frank, PS-2233. Um número maior é citado em Daluege para Wolff, 28 de fevereiro de 1943, NO-2861.

35 Daluege para Wolff, 28 de fevereiro de 1943, NO-2861.

36 Compilação numérica de funcionários civis em áreas fora do Reich, listando 3.042 Policiais de Segurança no *Generalgouvernement*, primavera de 1943, Zentralarchiv Potsdam, arquivo 07.01 Reichskanzlei 3511. Em 1940, antes da adição da Galícia, o número mal chegava a 2.000. Reunião do *Generalgouvernement* de 22 de abril de 1940, diário de Frank, em Werner Präg e Wolfgang Jacobmeyer, eds, *Das Diensttagebuch des deutschen Generalgouverneurs in Polen 1939-1945* (Stuttgart, 1975), p. 182.

bdo: Becker, Riege, Winkler, Becker, Grünwald, Höring

bds: Streckenbach, Schöngarth, Bierkamp

A organização da ss e da Polícia era centralizada não apenas no nível do *Generalgouverneur*, mas também sob os *Gouverneure*. Os cinco líderes da ss e da Polícia (em sucessão) foram:

Cracóvia: Zech, Schwedler, Scherner, Thier

Lublin: Globocnik, Sporrenberg

Radom: Katzmann, Oberg, Böttcher

Varsóvia: Moder, Wigand, von Sammern, Stroop, Kutschera, Geibel

Galícia: Oberg, Katzmann, Diehm

Cada líder da ss e da Polícia controlava um *Kommandeur der Ordnungspolizei* (kdo) e um *Kommandeur der Sicherheitspolizei und des Sicherheitsdienstes* (kds). Logo, as relações de comando eram as seguintes:

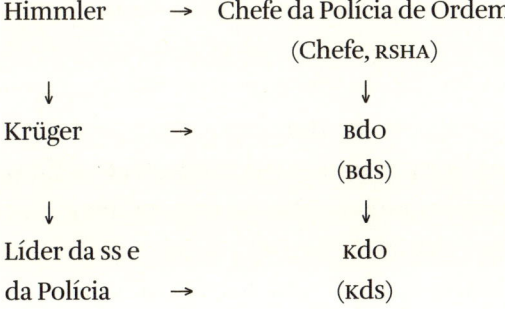

Para Frank, essa imagem estava incompleta. Ele se imaginava na frente de Krüger, como uma espécie de chefe territorial supremo:

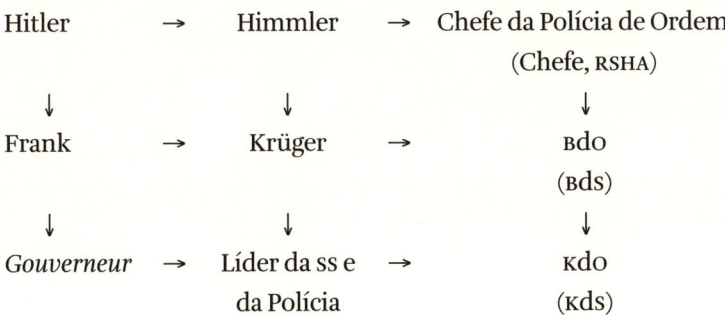

Para garantir essa relação, Frank nomeara Krüger como seu *Staatssekretär* para Segurança.[37] O novo título tinha a intenção não de ser uma honra, mas de garantir que Krüger aceitasse ordens de Frank. Himmler, é claro, achou essa relação um absurdo. Da mesma forma que Frank era um "entusiasta" da centralização territorial, Himmler era entusiasta da centralização funcional e exigia que os *seus* homens respondessem 100% a ele.

Assim, desde o início Frank e Himmler foram inimigos. Não é coincidência que essa fricção tenha encontrado os judeus como primeiro alvo, pois o aparato de Himmler reivindicava a autoridade primária em questões judaicas em toda a Polônia – e era uma reivindicação grande. Podemos entender a base dessa afirmação de jurisdição se examinarmos as fases finais do processo de concentração na área do *Reich-Protektorat*. Na aplicação das restrições de movimento e medidas de identificação e, principalmente, na direção da máquina administrativa judaica, a ss e a Polícia emergiram gradualmente como o mecanismo de controle mais importante. Conforme o processo de destruição prosseguia para fases mais drásticas, começou a ganhar cada vez mais características de uma operação policial. Controle de movimento, capturas, campos de concentração – tudo isso era função policial.

Na área do *Reich-Protektorat*, o crescimento da ss e da Polícia foi imperceptível. A importância crescente do aparato de Himmler na área doméstica ultrapassou o desenvolvimento natural do processo de destruição. Na Polônia, porém, o processo de destruição foi introduzido já na fase de concentração. A entrada imediata da ss e da Polícia em um alto nível de criação de políticas, portanto, foi visível – e incômoda. Aliás, já notamos que Heydrich, Chefe da Polícia de Segurança, emitiu sua ordem de formação de guetos em 21 de setembro de 1939, *antes* que a administração civil tivesse a chance de se organizar. Isso quer dizer que, em questões relativas aos judeus, Himmler não apenas era independente como estava à frente de Frank. O processo de destruição na Polônia seria, assim, executado por esses dois homens. A peculiaridade é que, como inimigos e rivais, Himmler e Frank competiam apenas em brutalidade. Foi uma competição que, em vez de beneficiar os judeus, ajudou a destruí-los.

---

37 Resumo de reunião da polícia do *Generalgouvernement*, 21 de abril de 1942, diário de Frank, PS-2233.

Expulsões

Basicamente, o plano de Heydrich para a concentração dos judeus poloneses dividiu-se em duas fases. Primeiro, cerca de 600 mil judeus seriam levados de territórios incorporados para o *Generalgouvernement*. A população judaica do *Generalgouvernement*, portanto, aumentaria de cerca de 1,4 milhão para 2 milhões. A segunda parte da diretriz estipulava que esses 2 milhões de judeus fossem amontoados em espaços fechados – os guetos.

Como o exército tinha insistido que a "limpeza" devia ser adiada até a transferência de jurisdição da autoridade militar para a civil, a primeira fase não podia começar imediatamente.[38] Por isso, foram feitos planos para reservar, depois de 15 de novembro de 1939, toda a rede ferroviária (a Ostbahn) do *Generalgouvernement* para o reassentamento dos judeus.[39] Pouco antes do início do reassentamento em massa, o Alto Líder da SS e da Polícia do *Generalgouvernement*, Krüger, anunciou, em uma reunião dos chefes das divisões principais com os *Gouvernere*, que, além dos judeus, também os poloneses dos territórios incorporados deviam ser mandados para o *Generalgouvernement*. No total, 1 milhão de poloneses e judeus seriam transferidos na primavera: 10 mil por dia.[40] As regiões despovoadas do território incorporado seriam preenchidas com indivíduos de etnia alemã que estivessem "voltando", em razão de acordos especiais com Látvia, Estônia e a União Soviética, desses países bálticos e das novas áreas soviéticas de Volhynia e Galícia.[41]

Em 1º de dezembro, com um pouco de atraso, os trens começaram a chegar.[42] Essas movimentações mal tinham começado quando o programa de evacuação foi ainda mais ampliado. Não apenas os judeus e poloneses dos territórios incorporados, mas também os judeus e ciganos de todo o Reich seriam despachados para o *Generalgouvernement*. O Reich, bem como seus territórios incorporados,

----

38 Apesar das promessas da SS, aconteceram alguns movimentos em setembro. Ver correspondências do exército de 12 a 24 de setembro de 1939, NOKW-129.

39 Resumo de reunião da polícia do *Generalgouvernement* presidida por Frank, 31 de outubro de 1939, diário de Frank, PS-2233.

40 Resumo de reunião da polícia do *Generalgouvernement* presidida por Frank, 8 de novembro de 1939, diário de Frank, PS-2233.

41 Götz Aly, *"Endlösung"* (Frankfurt, 1995), pp. 59-103.

42 Resumo de reunião do *Generalgouvernement* Amtsleiter, 8 de dezembro de 1939. Diário de Frank, PS-2233.

devia ficar livre de judeus, poloneses e ciganos. Os transportes chegaram sem notificação ou planejamento. Eles iam cada vez mais para leste, e o distrito de Lublin deveria ser transformado em uma reserva judaica, ou *Judenreservat*.

No início, Frank lidou com essas movimentações todas calmamente. Um memorando não assinado, datado de janeiro de 1940 e provavelmente escrito por ele, fala sobre toda a operação com certa indiferença. Frank estava preparado para receber, no total, 1 milhão de judeus (600 mil das áreas incorporadas e 400 mil do Reich). A residência desses judeus em seu "reino", de toda forma, seria temporária. "Após a vitória", uma evacuação de vários milhões de judeus, "possivelmente para Madagascar", abriria bastante espaço. Frank não estava preocupado com o número cada vez maior de poloneses enviados para seu *General-gouvernement*. "Após a vitória", os "poloneses supérfluos" podiam ser enviados mais para leste, talvez para a Sibéria, como parte da "reorganização" de toda a área do leste europeu.[43]

O ambicioso plano de reassentamento maquinado por Himmler não ficou muito tempo em vigor. Frank analisou bem a situação e ficou com medo. O fluxo ininterrupto de judeus, poloneses e ciganos à sua limitada área tornou-se um *Lebensfrage*, a questão central de sua administração, especialmente em relação a Lublin, que não podia mais conter a corrente.[44]

Nos dois primeiros meses do programa, cerca de 200 mil poloneses e judeus foram jogados no *Generalgouvernement*. Esse número incluía 6 mil judeus de Viena, Praga, Moravská Ostrava (*Protektorat*) e Stettin.[45] O transporte de Stettin tinha sido tão brutal que, para vergonha geral, foi comentado amplamente na imprensa estrangeira.[46] Em 12 de fevereiro de 1940, Frank foi a Berlim protestar contra a forma como os transportes lhe tinham sido enfiados goela abaixo.[47]

---

43 Materiais a serem enviados para o Comitê da Lei de Nacionalidade da Academia Alemã de Direito (não assinados), janeiro de 1940, PS-661. Frank era presidente da academia.

44 Discurso de Frank para *Kreishauptmänner* e *Stadthauptmänner* no distrito de Lublin, 4 de março de 1940, diário de Frank, PS-2233.

45 Memorando de Heydrich, sem data, NO-5150.

46 Ver carta de Lammers para Hitler, 28 de março de 1940, incluindo relatório recebido pela Chancelaria do Reich, NG-2490. Ver também instruções do Reichspressechef para a imprensa alemã (material Brammer), 15 de fevereiro de 1940, NG-4698.

47 Resumo de reunião de Göring sobre problemas do leste, 12 de fevereiro de 1940, EC-305.

Na presença do *Reichsführer-ss* Himmler, *Reichsstatthalter* Forster e Greiser e *Oberpräsidenten* Koch e Wagner, o presidente da reunião, Göring, declarou que, a partir daquele momento, não seriam mais enviados transportes para o *General-gouvernement* sem notificação prévia ao *Generalgouverneur*.

Koch (Prússia Oriental) notou que nenhum judeu tinha sido enviado de seus distritos para o *Generalgouvernement*. Forster (Danzig-Prússia Ocidental) anunciou que praticamente não tinha mais judeus; só sobravam 1.800. Greiser (Wartheland) relatou que após a evacuação de 87 mil judeus e poloneses, ele ainda tinha 400 mil judeus e 3,7 milhões de poloneses. Wagner (Silésia) pediu que 100 a 120 mil judeus, além de 100 mil poloneses "não confiáveis", fossem deportados de sua área. Himmler, então, destacou que se teria de abrir espaço nos territórios incorporados para 40 mil alemães do Reich, 70 mil alemães bálticos, 130 mil alemães da Volhynia e 30 mil alemães de Lublin. O último grupo precisava sair do distrito porque este se tornaria uma reserva judaica.[48]

Apesar de Göring ter decidido que o *Generalgouvernement* só precisava ser *notificado* sobre os transportes que chegavam, Frank voltou com a firme convicção de que também tinha recebido poder de veto absoluto sobre todos esses transportes.[49] A interpretação provou-se correta, pois, em 23 de março de 1940, Göring ordenou que todas as evacuações cessassem. A partir dali, os transportes só podiam continuar com a permissão de Frank.[50] O *Reichsstatthalter* Greiser, da Wartheland, que tinha a maioria dos judeus, protestou veementemente. Na opinião dele, Göring podia ter emitido essa ordem por causa do "caso" Stettin, mas o *Feldmarschall* (Göring) certamente não podia ter se referido a Wartheland, pois, em 12 de fevereiro de 1940, Frank já tinha prometido a Greiser que os 200 mil judeus da cidade de Łódź seriam recebidos no *Generalgouvernement*. Ele ficou

---

48 Resumo de reunião entre Göring, Frank, Koch, Forster, Greiser, Wagner e Himmler, 12 de fevereiro de 1940, EC-305. Fac-símile de compilação estatística de indivíduos de etnia alemã reassentados até 1º de dezembro de 1940, preparado para Himmler em 12 de dezembro 1940, em Susanne Heim e Götz Aly, *Bevölkerungsstruktur und Massenmord* (Berlim, 1991), p. 28.

49 Discurso de Frank para oficiais de Lublin, 4 de março de 1940, diário de Frank, PS-2233.

50 Resumo de reunião interministerial em Berlim, 1º de abril de 1940, em Centralna Żydowska Komisja Historyczna w Polsce, *Dokumenty i materiały do dziejów okupacji niemieckiej w Polsce*, 3 vols. (Varsóvia, Łódź e Cracóvia, 1946), vol. 3, pp. 167-68.

abismado com essa reviravolta,[51] mas Frank tinha conseguido sua vitória. Em 11 de março, Himmler agradeceu o *Staatssekretär* do Ministério dos Transportes, Kleinmann, por sua cooperação e, com esse agradecimento, o programa de evacuação chegou ao fim.[52]

A febre da expulsão não se limitava a movimentações dos territórios incorporados para o *Generalgouvernement*. Os judeus também foram reassentados *dentro* dessas regiões. Forçados a deixar seus apartamentos e móveis para trás, eles eram empurrados por distâncias curtas para pequenas vilas e cidades lotadas. Os soberanos da Alta Silésia, que só tinham conseguido ejetar 2.500 judeus de Katowice para a área de Lublin em outubro de 1939,[53] movimentaram um número um pouco maior, originário principalmente da região que antes de 1918 era a Alemanha, para seções orientais sob seu controle próximas à fronteira do *Generalgouvernement*.[54] Mais expulsões internas dentro do espaço relativamente pequeno da Alta Silésia aconteceram em 1941, da cidade de Auschwitz.[55]

O *Generalgouverneur* Frank, por sua vez, voltou a atenção à sua capital, a Cracóvia. Dirigindo-se a seus chefes de divisões principais em 12 de abril de 1940, o *Generalgouverneur* descreveu as condições na cidade como escandalosas. Generais alemães "que comandavam divisões" eram forçados, por causa da escassez de apartamentos, a morar em casas que também tinham inquilinos judeus. Isso também se aplicava para altos oficiais, e essas condições eram "intoleráveis". Até 1º de novembro de 1940, a cidade da Cracóvia, com seus 60 mil judeus, tinha de se tornar *judenfrei* (livre de judeus). Só cerca de 5 mil – no máximo 10 mil – operários judeus qualificados podiam ter permissão de ficar. Se o Reich conseguia trazer centenas de milhares de judeus para dentro do *Generalgouvernement*, argumentou Frank, certamente haveria lugar para mais 50 mil vindos da Cracóvia. Os judeus teriam permissão de levar consigo todas as suas posses, "com exceção,

---

51 *Ibid.*

52 Himmler para Kleinmann, 11 de março de 1940, NO-2206.

53 Aly, *"Endlösung"*, p. 64.

54 Veja uma ordem detalhada da liquidação final da "Velha Silésia" pelo *Kommando* da Polícia de Proteção (*Schutzpolizei*), assinada por Scheer, 26 de abril de 1940, Museu Memorial do Holocausto dos Estados Unidos, Grupo de Registro de Arquivos 15.033 (Glowna Komisja Badania, Sosnowiec), Rolo 1.

55 Aly, *"Endlösung"*, pp. 240–41.

é claro, de propriedades roubadas". Então, o bairro judeu seria limpo, para que o povo alemão pudesse morar nele e respirar "ar alemão".[56]

As expulsões da Cracóvia foram divididas em duas fases: voluntárias e involuntárias. Até 15 de agosto de 1940, os judeus dessa cidade tiveram a oportunidade de se mudar, com todas as suas posses, para a cidade de sua escolha dentro do *Generalgouvernement*. Os *Gouverneure* foram instruídos a aceitar esses judeus. Todos os que permanecessem na Cracóvia após a meia-noite do dia 15 de agosto estavam sujeitos a ser expulsos de forma "organizada", com limitações de bagagem, para uma cidade escolhida pela administração.[57]

Por meio de uma "intensa campanha de persuasão do Conselho Judaico [*intensives Einwirken auf den Judenrat*]" foi possível realizar a remoção "voluntária" de 23 mil judeus.[58] No último dia da fase voluntária, Frank fez um discurso no qual repetia que era simplesmente intolerável permitir que representantes do Grande Reich alemão de Adolf Hitler se estabelecessem em uma cidade "apinhada" de judeus a tal ponto que uma "pessoa decente" não podia pisar na rua. As expulsões da Cracóvia, continuou Frank, deveriam ser um sinal: os judeus de toda a Europa tinham de "desaparecer" (*verschwinden*). Obviamente, Frank estava pensando em Madagascar.[59]

A fase involuntária entrou em vigor imediatamente. Por meio de notificações enviadas às famílias afetadas através do Conselho Judaico, mais 9 mil judeus foram expulsos até meados de setembro. O número total agora chegava a 32 mil.[60] Apesar dessas medidas drásticas, a situação de moradia na cidade não melhorou da forma esperada. Para começar, descobriu-se que os judeus moravam "apertados" (ou seja, os apartamentos judeus eram superpovoados). Além disso, as moradias judaicas estavam destruídas ao ponto de serem inaceitáveis para alemães.[61]

---

56 Resumo de reunião dos chefes das divisões principais, 12 de abril de 1940, diário de Frank, PS-2233. A população judaica da Cracóvia na verdade tinha chegado a 80 mil até setembro de 1939. Dr. Dietrich Redecker, "Deutsche Ordnung kehrt im Ghetto ein", *Krakauer Zeitung*, 13 de março de 1940.

57 *Krakauer Zeitung*, 6 de agosto de 1940, página do *Generalgouvernement*.

58 *Ibid.*, 31 de dezembro de 1940/1º de janeiro de 1941, página do *Generalgouvernement*.

59 *Ibid.*, 17 de agosto 1940.

60 *Ibid.*, 31 de dezembro de 1940/1º de janeiro de 1941, página do *Generalgouvernement*.

61 *Ibid.*

Mesmo assim, ou talvez por causa desses resultados, as expulsões continuaram. Em 25 de novembro de 1940, o *Gouverneur* do distrito da Cracóvia ordenou que mais 11 mil judeus fossem embora. Essa evacuações foram conduzidas em ordem alfabética. Todos aqueles cujos nomes começavam com A a D deviam apresentar-se em 2 de dezembro de 1940; o grupo de E a J, em 4 de dezembro; e assim por diante.[62] Essa medida elevou o número total de evacuados a 43 mil, próximo ao objetivo que Frank tinha imaginado. Os judeus que permaneceram na Cracóvia foram amontoados em um gueto fechado, o *Judenwohnbezirk*, na seção de Podgorce.[63]

Frank pode ter ficado satisfeito com as expulsões na Cracóvia, mas os *Kreishauptmänner* locais ficaram tão desgostosos com o influxo de exilados quanto o *Generalgouverneur* havia ficado com a chegada de judeus dos territórios incorporados.[64] Nos subúrbios da Cracóvia, habitantes poloneses reclamavam que os judeus da cidade estavam perturbando a estabilidade dos aluguéis de apartamentos, oferecendo quantias excessivamente grandes de dinheiro, e pagando um ano adiantado. Era um erro, disse o o *Kreishauptmann* de Krakau-Land, permitir que os judeus escolhessem livremente sua residência. Isso porque, naturalmente, a maior parte juntava-se na área dele.[65]

As expulsões urbanas foram adiante em outros lugares, com repercussões parecidas. Em dezembro de 1940, 1.500 judeus da cidade de Radom, descritos como "completamente miseráveis e decrépitos [*völlig verarmte und verkommene Subjekte*]", foram jogados na pequena cidade de Busko. Não vai dar, disse o *Kreishauptmann*, para as cidades se livrarem dessa forma de suas obrigações assistenciais, à custa das zonas rurais.[66] Em fevereiro, porém, ele recebeu mais mil

---

62 Jacob Apenszlak, ed., *The Black Book of Polish Jewry* (Nova York, 1943), pp. 80-81.

63 Anúncio do *Stadthauptmann* da Cracóvia (Schmid) em *Krakauer Zeitung*, 23 de março de 1941, p. 18.

64 Relatório do *Kreishauptmann* de Jasło (dr. Ludwig Losacker), 29 de agosto de 1940, microfilme de Yad Vashem JM 814. Relatório do *Kreishauptmann* de Nowy Sącz, assinado por seu vice, *Regierungsoberinspektor* Muegge, 31 de dezembro de 1940, JM 814. Relatório do *Kreishauptmann* em Chelm, 7 de dezembro de 1940, JM 814.

65 *Kreishauptmann* de Krakau-Land (assinado por Höller), relatório mensal de agosto de 1940, JM 814. O dr. Egon Höller invadiu a cidade de Lvov em fevereiro de 1942.

66 Relatório do *Kreishauptmann* de Busko (assinado por Schäfer), 11 de janeiro de 1941, JM 814.

judeus, resultando em uma elevação de densidade por apartamento no bairro judeu de vinte por cômodo. Houve um surto de tifo.[67]

Em março e abril de 1941, o *Gouverneur* Zörner, de Lublin, tentou expulsar 15 mil judeus de sua capital, pois acreditava que o gueto, então em fase de formação, tinha capacidade máxima de somente 20 mil pessoas. Dentro da cidade, apartamentos deixados por judeus deviam ser desinfetados com fumaça para famílias polonesas. A limpeza era considerada necessária, já que os poloneses eram, na opinião de Zörner, menos imunes ao tifo que os judeus. Os apartamentos deixados por poloneses, por sua vez, deviam ser passados ao exército alemão, que estava enviando tropas para o distrito, em preparação para a invasão da URSS.[68]

O programa de evacuação estava criando problemas em todos os lugares onde seu impacto era sentido. Mesmo assim, havia aqueles (especialmente Himmler) que não viam oposição válida a encher os bairros judeus. Em 25 de junho de 1940, Frank escreveu uma carta para Lammers, dizendo que era atormentado por constantes rumores vindos de Danzig e de Poznań, capital da Wartheland, de que havia novos planos em andamento para enviar muitos milhares de judeus e poloneses para o *Generalgouvernement*. Esse movimento, informou Frank a Lammers, estava totalmente fora de questão, especialmente porque as forças armadas estavam confiscando grandes extensões de terra para suas manobras defensivas.[69]

No início de julho, Frank estava novamente triunfante. Em 12 de julho de 1940, ele informou seus chefes de divisões principais que o próprio Führer tinha decidido que não seriam mais enviados transportes de judeus para o *Generalgouvernement*. Em vez disso, toda a comunidade judaica no Reich, no *Protektorat* e no

---

67 Relatório de Schäfer, 28 de fevereiro de 1941, JM 814. Em Kielce, a população polonesa se recusou (*weigerte sich*) a receber um trem de evacuados de forma ordeira. Precisava ser destacado, disse o *Kreishauptmann*, que as pessoas que chegavam eram judias. Relatório do *Kreishauptmann* de Kielce, 6 de março de 1941, JM 814. Sobre a recepção de 2 mil judeus vienenses em Puławy, ver relatório do *Kreishauptmann* (assinado por Brandt), 27 de fevereiro de 1941, JM 814.

68 Resumo de comentários de Zörner na reunião do *Generalgouvernement* de 25 de março de 1941, diário de Frank, US National Archives, Grupo de Registros 238, T 992, Rolo 5. Resumo de reunião no distrito de Lublin, 31 de março de 1941, *Faschismus-Getto-Massenmord*, pp. 123-24. Em 25 de março, 10 mil judeus foram nomeados para expulsão; em 31 de março, mais 15 mil. Ver também Pohl, *Judenpolitik*, pp. 86-87.

69 Frank para Lammers, 25 de junho de 1940, NG-1627.

Generalgouvernement seria transportada "no menor tempo possível", imediatamente após a conclusão de um tratado de paz, para uma colônia africana ou americana. O pensamento geral, disse ele, estava em Madagascar, que a França cederia à Alemanha para esse propósito. Com uma área de 500 mil quilômetros quadrados, explicou Frank, a ilha (que por acaso era basicamente um floresta) podia comportar tranquilamente vários milhões de judeus. "Falei em defesa dos judeus do *Generalgouvernement*", continuou, "de modo que esses judeus também possam se beneficiar das vantagens de começar uma nova vida em nova terra". Essa proposta, concluiu Frank, tinha sido aceita em Berlim, de modo que toda a administração do *Generalgouvernement* podia esperar um "alívio colossal".[70]

Radiante de alegria, Frank repetiu seu discurso no distrito de Lublin, que tinha sido ameaçado com a maior parte dos transportes lotados de evacuados judeus. Logo que o transporte marítimo voltasse a funcionar, disse ele, os judeus seriam removidos "peça por peça, homem por homem, senhora por senhora, senhorita por senhorita [*Stück um Stück, Mann um Mann, Frau um Frau, Fräulein um Fräulein*]". Tendo criado *Heiterkeit* em sua plateia (termo usado por especialistas alemães em protocolo para a satisfação expressada por uma plateia oficial), Frank previu que Lublin também se tornaria uma cidade "decente" e "humana" para homens e mulheres alemães.[71]

Todavia, o júbilo de Frank era prematuro. Não foi concluído tratado de paz com a França, e não houve ilha africana reservada para os judeus. Frank ia ter que aguentar seus judeus e, mais uma vez, a pressão de novas expulsões perturbaria seu governo.

Em 2 de outubro de 1940, Frank foi, com outros oficiais, ao apartamento de Hitler. O *Reichsstatthalter* de Viena, von Schirach, mencionou que tinha 50 mil judeus que Frank precisava tirar de suas mãos. O *Generalgouverneur* respondeu que isso era totalmente impossível. Então, o *Oberpräsident* da Prússia Oriental, Erich Koch, explicou que, até agora, não tinha deportado judeus nem poloneses, mas que a hora tinha chegado, e que era melhor o *Generalgouvernement* aceitar essas pessoas. Novamente, Frank protestou que era totalmente impossível receber tais massas de poloneses e judeus; simplesmente não havia espaço para eles. Nesse ponto, Hitler comentou que não se importava nem um pouco com a

---

70 Frank para chefes das divisões principais, 12 de julho de 1940, diário de Frank, PS-2233.

71 Discurso de Frank para oficiais de Lublin, 25 de julho de 1940, diário de Frank, PS-2233.

densidade populacional do *Generalgouvernement*; que, para ele, o *Generalgouvernement* era só um "grande campo polonês de trabalho forçado [*ein grosses polnisches Arbeitslager*]".[72]

Mais uma vez, Frank alertou contra a ameaça desse fluxo, apesar de não poder evitar que alguns poloneses e um punhado de judeus de Viena cruzassem suas fronteiras. Finalmente, em 25 de março de 1941, Krüger anunciou que não seriam mais enviados transportes ao *Generalgouvernement*. De agora em diante, a pressão não estava mais sobre Frank.[73] Em vez disso, foi transferida para o governo dos territórios incorporados.

Em outubro de 1941, começaram as deportações em massa no Reich. Elas não pararam até o fim do processo de destruição. O objetivo dessas movimentações não era a emigração, mas a aniquilação dos judeus. Por enquanto, porém, não havia centros de extermínio onde as vítimas pudessem ser mortas em câmaras de gás. Portanto, ficou decidido que, até a construção de tais campos, os judeus seriam jogados em guetos dos territórios incorporados e de áreas soviéticas ocupadas mais a leste. O alvo, nos territórios incorporados, era o gueto de Łódź.

Em 18 de setembro de 1941, Himmler enviou uma carta ao *Reichstatthalter* Greiser, sobre as evacuações propostas. Segundo Himmler, o Führer queria que o Velho Reich e o *Protektorat* ficassem "livres dos judeus" tão logo quanto possível. Himmler estava, portanto, planejando, "como primeiro passo", transportar os judeus para o território incorporado, com o objetivo de enviá-los mais para leste na primavera seguinte. Ele pretendia abrigar 60 mil judeus no gueto de Łódź, que, como ele "ouvira falar", tinha espaço suficiente. Esperando a cooperação de Greiser, Himmler terminou dizendo que estava dando ao *Gruppenführer* Heydrich a tarefa de levar adiante essas migrações de judeus.[74]

Apesar de haver um salto na correspondência, é possível deduzir, a partir das cartas subsequentes, que Greiser conseguira reduzir o número, de 60 mil migrantes para 20 mil judeus e 5 mil ciganos. No entanto, mesmo esse total reduzido foi um choque para as autoridades locais. Um representante do *Oberbürgemeister*

---

72 Memorando de Bormann sobre reunião no apartamento de Hitler, 2 de outubro de 1940, USSR-172. Ver também Lammers para von Schirach, 3 de dezembro de 1940, PS-1950.

73 Resumo de reunião do *Generalgouvernement*, 25 de março de 1941, diário de Frank, PS-2233.

74 Himmler para Greiser, cópias para Heydrich e o Alto Líder da SS e da Polícia na Wartheland, *Gruppenführer* Koppe, 18 de setembro de 1941, Arquivos de Himmler, Pasta 94.

(prefeito) de Łódź (a cidade foi renomeada "Litzmannstadt") protestou imediatamente ao *Regierrungspräsident* da área, o *ss-Brigadeführer* honorário Uebelhoer.[75]

Em seu protesto, o *Oberbürgermeister* Ventzki anunciou que lavava as mãos pelas consequências da medida. Ele, então, recitou alguns motivos para sua atitude. O gueto originalmente tinha 160.400 pessoas em uma área de 4,1 quilômetros quadrados. A população agora era 144 mil, em razão de mortes e despachos para campos de trabalho, mas, quando se deduziam a terra vazia e uma fileira de casas demolidas por razões de segurança, a área habitável era, na verdade, de 3,3 quilômetros quadrados, que continham 2 mil casas com 25 mil cômodos, ou 5,8 pessoas por cômodo.

Dentro do gueto, disse Ventzki, grandes fábricas estavam produzindo materiais vitais de que o Reich necessitava (ele citou números), mas apenas rações de fome estavam chegando ao gueto. A falta de carvão tinha levado os presos a arrancar portas, janelas e pisos para alimentar o fogo nos fornos. A chegada de mais 20 mil judeus e 5 mil ciganos aumentaria a densidade populacional para sete pessoas por cômodo. Os recém-chegados precisariam ser abrigados em fábricas, e portanto a produção seria interrompida. A fome aumentaria, e as epidemias correriam sem controle. Cavar mais fossos para fezes levaria ao aumento no número de moscas, que, no fim, acabariam levando a praga para o bairro alemão. Os ciganos, agitadores e incendiários natos, começariam uma revolta, e assim por diante. Uebelhoer encaminhou seu relatório a Himmler, destacando algumas das conclusões em uma carta própria.[76]

A forma como Heydrich lidou com esses protestos foi enviando um telegrama para Uebelhoer, dizendo que os transportes começariam a chegar na data marcada, de acordo com os planos feitos pelo Ministério dos Transportes.[77] Himmler escreveu uma carta mais conciliatória ao contrariado *Regierungspräsident*. "Naturalmente", começou, "não é agradável receber mais judeus. Entretanto, gostaria de pedir, com toda a cordialidade, que o senhor mostrasse, em relação a isso, o mesmo entendimento natural que lhe tem sido mostrado pelo

---

75 *Oberbürgermeister* de Łódź (assinado por Ventzki) para Uebelhoer, 24 de setembro de 1941, Arquivos de Himmler, Pasta 94. Membros honorários da ss usavam os uniformes, mas não tinham função.

76 Uebelhoer para Himmler, 4 de outubro de 1941, Arquivos de Himmler, Pasta 94.

77 Heydrich para Himmler, 18 de outubro de 1941, incluindo seu telegrama para Uebelhoer, Arquivos de Himmler, Pasta 94.

seu *Gauleiter*". As reclamações obviamente tinham sido escritas por um subordinado especialista, mas Himmler não podia lhes dar razão. A produção de guerra era, naqueles dias, o motivo favorito para se opor a qualquer coisa. Ninguém tinha pedido que os judeus fossem abrigados em fábricas. Como a população do gueto tinha diminuído, podia agora aumentar novamente. Quanto aos incendiários ciganos, Himmler aconselhou Uebelhoer a anunciar que, a cada incêndio que acontecesse no gueto, dez ciganos seriam mortos. "Você verá", disse Himmler "que os ciganos se tornarão os melhores bombeiros que já houve".[78]

Uebelhoer agora estava realmente irritado. Ele escreveu uma segunda carta a Himmler, explicando que um representante do Escritório Principal de Segurança do Reich, *Sturmbannführer* Eichmann, estivera no gueto e, com maneiras grosseiras de cigano, representara ao *Reichsführer-ss* de forma completamente equivocada a situação real das coisas. Uebelhoer, então, fez uma sugestão construtiva. Ele pediu que Himmler enviasse os judeus para Varsóvia, em vez de Łódź. Uebelhoer lera em um jornal berlinense que o gueto de Varsóvia, no *Generalgouvernement*, ainda tinha salões de dança e bares. Ele vira fotos no *Berliner Illustrierte*. Conclusão: Varsóvia tinha espaço para os 20 mil judeus e 5 mil ciganos.[79]

Dessa vez, Himmler respondeu de forma brusca: "Sr. *Regierungspräsident*, leia novamente sua carta. O senhor adotou o tom errado. Obviamente esqueceu-se de que se dirigia a um superior". A partir daquele momento, não seria aceita mais nenhuma comunicação do escritório de Uebelhoer.[80] Heydrich escreveu sua própria carta para Greiser, reclamando especificamente dos comentários relativos ao companheiro de ss, Eichmann, que tinha sido acusado por Uebelhoer de ter maneiras grosseiras de cigano.[81]

Em 16 de outubro começaram a chegar os primeiros transportes. Até 4 de novembro, vinte deles tinham desovado 20 mil judeus no gueto: 5 mil de Viena, 5 mil de Praga, 4.200 de Berlim, 2 mil de Colônia, 1.100 de Frankfurt, 1 mil de Hamburgo, 1 mil de Düsseldorf e 500 do principado ocupado de Luxemburgo.

---

78 Himmler para Uebelhoer, 10 de outubro de 1941, Arquivos de Himmler, Pasta 94.

79 Uebelhoer para Himmler, 9 de outubro de 1941, Arquivos de Himmler, Pasta 94.

80 Himmler para Uebelhoer, 9 de outubro de 1941, Arquivos de Himmler, Pasta 94. Essa carta na verdade foi enviada *antes* da primeira resposta de Himmler.

81 Heydrich para Greiser, 11 de outubro de 1941, Arquivos de Himmler, Pasta 94.

Os ciganos também tinham chegado.[82] O gueto estava tão lotado que muitos dos recém-chegados tiveram de ser colocados nas fábricas.[83]

Em 28 de outubro, Greiser escreveu uma carta amigável para Himmler. O *Gauleiter* tinha conversado com o *Regierungspräsident*. Uebelhoer sucumbira a seu "famoso temperamento", mas era um velho nazista que sempre fizera seu trabalho. Ele fizera de tudo para concluir a ação de forma bem-sucedida.[84]

Himmler respondeu que tinha recebido a carta de Greiser. "Sou conhecido por todos por não guardar rancor [*Ich bin bekanntlich nicht nachtragend*]." O bom Uebelhoer deveria tirar umas férias e descansar seus nervos; assim, tudo seria perdoado.[85] De fato, o incidente logo foi esquecido, pois em 28 de julho de 1942, Uebelhoer pôde agradecer Himmler por um presente de aniversário: uma figura de porcelana com a inscrição "Porta-bandeira da ss".[86] As expulsões tinham chegado ao fim, e a situação era estável.

Formação de gueto

Do outono de 1939 ao outono de 1941, aconteceram três movimentos de expulsão, do oeste para o leste: (1) judeus (e poloneses) dos territórios incorporados para o *Generalgouvernement*; (2) judeus (e ciganos) da área do *Reich-Protektorat* para o *Generalgouvernement*; (3) judeus (e ciganos) da área do *Reich-Protektorat* para os territórios incorporados. Esses movimentos são significativos não tanto por sua extensão numérica, mas pelos motivos psicológicos que revelam. Eles são prova das tensões que, na época, convulsionaram toda a burocracia. O período de 1939 a 1941 foi de transição entre o programa de emigração forçada para a política de "Solução Final". No ápice dessa fase de transição, os transportes iam do oeste para o leste, em esforços de chegar a uma solução "intermediária". Era grande o nervosismo no *Generalgouvernement*, pois 1,5 milhão de judeus já estavam na área, e não havia possibilidade de empurrá-los ainda mais para leste.

---

82 Relatório do Hauptmann der Schutzpolizei Künzel, 13 de novembro de 1941, *Dokumenty i materiały*, vol. 3, pp. 203–6. Dados detalhados em yivo Institute, coleção Gueto de Łódź Nº 58.

83 Inspetoria de Armamentos xxi para okw/Escritório de Economia-Armamento, 12 de dezembro de 1941, Wi/id i.14.

84 Greiser para Himmler, 28 de outubro de 1941, Arquivos de Himmler, Pasta 94.

85 Himmler para Greiser, novembro de 1941, Arquivos de Himmler, Pasta 94.

86 Uebelhoer para Himmler, 29 de julho de 1942, Arquivos de Himmler, Pasta 94.

Se as expulsões eram consideradas medidas temporárias em direção a objetivos intermediários, a segunda parte do programa de Heydrich, que decretava a concentração dos judeus em guetos fechados, tinha a finalidade de ser nada mais que a preparação de um recurso provisório para a derradeira emigração em massa das vítimas. Nos territórios incorporados, o governo apenas esperava a expulsão de seus judeus para o *Generalgouvernement*, e o *Generalgouverneur* esperava uma "vitória" que tornaria possível a realocação de todos os seus judeus para a colônia africana de Madagascar. Foi nesse espírito que a formação dos guetos começou. Durante os seis primeiros meses houve pouco planejamento e muita confusão. As preliminares administrativas foram rápidas, mas a formação dos guetos de fato foi bastante vagarosa. Assim, as paredes ao redor do gigante gueto de Varsóvia não foram fechadas até o outono de 1940. O gueto de Lubin não foi estabelecido até abril de 1941.

Os passos preliminares do processo de formação de gueto consistiam em delimitação, restrições de movimentação e criação de órgãos de controle judaicos. Na medida que os alvos dessas medidas eram os "judeus", o termo tinha de ser definido. Como sempre, a princípio o *Generalgouvernement* não deu muita importância aos sentimentos ou aos interesses da comunidade polonesa nas questões de caracterização. Em dezembro de 1939, o *Stadtkommissar* Drechsel, de Petrikau (Piotrków Trybunalski) decidiu que qualquer um que tivesse um dos pais judeu era judeu.[87] Durante a primavera seguinte, o recém-nomeado especialista em assuntos judeus na Divisão do Interior do *Generalgouvernement*, Gottong, propôs uma definição que teria incluído não apenas todos os meios-judeus, como também os parceiros não judeus em casamentos mistos não dissolvidos.[88] Em 6 de maio de 1940, Frank votou contra a Divisão do Interior, insistindo na formulação adotada pelo Reich.[89] Finalmente, em julho de 1940, foi introduzido por decreto o princípio de Nuremberg no *Generalgouvernement*.[90] A esse ponto, o processo de concentração já estava bem encaminhado.

---

87 Ordem de Drechsel, 1º de dezembro de 1939, em Jüdisches Historisches Institut Warschau, *Faschismus-Getto-Massenmord* (Berlim, 1961), pp. 74-75.

88 Circular de Gottong, 6 de abril de 1940, *ibid.*, pp. 55-56.

89 Frank falou em uma reunião na qual Siebert sugeriu que todos os meios judeus fossem tratados como judeus completos. Diário de Frank, Arquivos Nacionais, Grupo de Registro 238, T 992, Rolo 2.

90 Decreto de 24 de julho de 1940, *Verordnungsblatt des Generalgouverneurs* I, 1940, p. 231. As datas de corte foram fixadas para entrar em conformidade com a data da entrada em vigor do decreto. A

Já no início de novembro de 1939, Frank emitiu instruções para que todos os "judeus e as judias" (*Juden und Jüdinnen*) que já tivessem completado doze anos fossem forçados a usar uma braçadeira branca com uma estrela de Davi azul.[91] A ordem foi executada pelo decreto de 23 de novembro de 1939.[92] Nos territórios incorporados, alguns *Regierungspräsidenten* impuseram marcações próprias. Para garantir a uniformidade, o *Reichsstatthalter* Greiser, de Wartheland, ordenou que todos os judeus em seu *Reichsgau* usassem uma estrela de dez centímetros sobre fundo amarelo, costurada na frente e nas costas das roupas.[93] Em Będzin, na Alta Silésia, onde havia sido instituída uma braçadeira branca com uma estrela de Davi azul em 18 de julho de 1941, a braçadeira devia ser devolvida e trocada, com o pagamento de 10 Pfennig pela estrela preta em tecido amarelo, até 22 de setembro de 1941.[94] Os judeus imediatamente adotaram as estrelas. Em Varsóvia, por exemplo, a venda de braçadeiras tornou-se um negócio regular. Havia braçadeiras comuns de tecido e braçadeiras chiques de plástico, que eram laváveis.[95]

Em conjunção com os decretos de marcação, os judeus foram proibidos de se movimentar livremente. Pelo decreto de 11 de dezembro de 1939 do *General-gouvernement*, assinado pelo Alto Líder da ss e da Polícia, Krüger, os judeus foram proibidos de mudar de residência, exceto dentro da mesma localidade, e foram também proibidos de ficar nas ruas entre 9 h da noite e 5 h da manhã.[96] Segundo o decreto de 26 de janeiro de 1940, os judeus também estavam proibidos de usar as ferrovias, exceto para viagens autorizadas.[97]

---

introdução do princípio de Nuremberg nos territórios incorporados se seguiu em maio de 1941.

91 Resumo de discussão entre Frank e o *Gouverneur* da Cracóvia, dr. Wachter, 10 de novembro de 1939, diário de Frank, PS-2233.

92 *Verordnungsblatt des Generalgouverneurs,* 1939, p. 61.

93 Ordem do *Regierungspräsident* em Kalisz (Uebelhoer), 11 de dezembro de 1939, corrigindo suas instruções de 14 de novembro de 1939, *Dokumenty i materiały,* vol. 3, p. 23.

94 Anúncios da "Representação dos Interesses Judeus" (Conselho) em Będzin, 18 de julho e 20 de setembro de 1941. Museu Memorial do Holocausto dos Estados Unidos, Grupo de Registro 15.060 (Instituto Histórico Judeu na Polônia, Coleção Będzin), Rolo 1.

95 "Warschaus Juden ganz unter sich", *Krakauer Zeitung,* 4 de dezembro de 1940, página do *Generalgouvernement.*

96 *Verordnungsblatt des Generalgouverneurs,* 1939, p. 231.

97 *Verordnungsblatt des Generalgouverneurs* I, 1940, p. 45.

A mais importante medida de concentração antes da formação dos guetos foi o estabelecimento de conselhos judaicos (*Judenräte*). Segundo o decreto do *Generalgouvernement* de 28 de novembro de 1939, toda comunidade judaica com população de até 10 mil pessoas tinha de eleger um *Judenrat* com doze membros, e toda comunidade com mais de 10 mil pessoas tinha de escolher 24 membros.[98] O decreto foi publicado depois de muitos dos conselhos já terem sido estabelecidos, mas sua emissão significava uma declaração de jurisdição civil sobre os conselhos, bem como uma confirmação de seu caráter como instituições públicas.

Na Polônia, como no Reich, os *Judenräte* estavam cheios de líderes judeus pré-guerra, ou seja, homens remanescentes dos conselhos comunitários judaicos que existiam na república polonesa ou que tinham servido nos conselhos municipais como representantes de partidos políticos judeus ou, ainda, tinham tido cargos nas organizações religiosas e filantrópicas judaicas.[99] Via de regra, o presidente do conselho pré-guerra (ou, no caso de ele não estar disponível, seu vice ou algum outro membro do conselho que estivesse disposto) seria convocado por um oficial dos *Einsatzgruppen* ou um funcionário da nova administração civil, e ordenado a formar um Judenrat.[100] Muitas vezes a seleção rápida dos membros resultava em muitas retenções e poucas adições. Em Varsóvia e Lublin, por exemplo, a maior parte dos velhos membros reminiscentes foi renomeada, e novas nomeações eram feitas basicamente para reunir os 24 homens exigidos. Se houve uma mudança sutil no alinhamento tradicional de líderes, ela se manifestou na maior presença falantes de alemão e em menos inclusões de rabinos ortodoxos, cujos trajes ou discursos podiam provocar os alemães, ou de socialistas, cujas atividades no passado podiam ter se provado perigosas.[101]

Radicalmente diferente dos velhos dias eram as circunstâncias ao redor dos *Judenräte* recém-instaurados. Não importa quão ávidos pelo reconhecimento público alguns membros do *Judenrat* estivessem antes da ocupação, eles agora sentiam-se

---

98 *Verordnungsblatt des Generalgouverneurs*, 1939, p. 72. Para a compilação estatística da população judaica nas cidades do leste europeu, ver Peter-Heinz Seraphim, *Das Judentum im osteuropäischen Raum* (Essen, 1938), pp. 713-18.

99 Trunk, *Judenrat*, pp. 29-35.

100 *Ibid.*, pp. 8-10, 28.

101 *Ibid.*, pp 32-33.

ansiosos quando pensavam sobre o desconhecido. Um político judeu veterano escolhido para servir no *Judenrat* de Varsóvia lembra-se do dia em que Adam Czerniaków (engenheiro químico de formação) encontrou-se com vários dos novos
nomeados em seu escritório, mostrando a eles onde ficava a chave de uma gaveta de
sua escrivaninha, dentro da qual havia uma garrafa com 24 pílulas de cianureto.[102]

Antes da guerra, esses líderes judeus estavam preocupados com sinagogas,
escolas religiosas, cemitérios, orfanatos e hospitais. Daquele momento em diante, essas atividades seriam suplementadas por outra função, bem diferente: a
transmissão de ordens e diretivas alemãs para a população judaica, o uso da polícia judaica (denominada *Ordnungsdienst*) para cumprir as vontades dos alemães,
a entrega de propriedade judaica, trabalho judeu e vidas de judeus para o inimigo
alemão. Os conselhos judaicos, no exercício de sua função histórica, continuaram
existindo até o fim, fazendo tentativas desesperadas de aliviar o sofrimento e acabar com as mortes em massa nos guetos. Contudo, ao mesmo tempo, os conselhos
respondiam às exigências alemãs com submissão automática e invocavam a autoridade alemã para compelir a comunidade a obedecer. Assim, a liderança judaica
ao mesmo tempo salvou e destruiu seu povo, salvando alguns judeus e destruindo
outros, salvando os judeus em um momento e destruindo-os no seguinte. Alguns
líderes se recusaram a manter esse poder, e outros ficaram intoxicados com ele.

Com o passar do tempo, os conselhos judeus tornaram-se cada vez mais impotentes nos esforços de colaborar com a porção assistencial de sua tarefa, mas se
fizeram sentir tanto mais na implementação dos decretos nazistas. Com o crescimento da função destrutiva dos *Judenräte*, muitos líderes judeus sentiram uma
ânsia quase irresistível de parecer com seus mestres alemães. Em março de 1940
um observador nazista na Cracóvia ficou impressionado com o contraste entre a
pobreza e a imundície no bairro judeu e o luxo executivo da sede da comunidade
judaica, cheia de belos mapas, confortáveis cadeiras de couro e tapetes pesados.[103]
Em Varsóvia, os oligarcas judeus passaram a usar botas.[104] Em Łódź, o "ditador" do

---

102 Hartglas, "Czerniakow", *Yad Vashem Bulletin* 15 (1964): 7. Hartglas, ex-membro do parlamento
polonês, emigrou para a Palestina no início de 1940.

103 Dr. Dietrich Redecker, "Deutsche Ordnung kehrt im Ghetto ein", *Krakauer Zeitung*, 13 de março de 1940.

104 Emanuel Ringelblum, *Notitsn fun Varshever Ghetto* (Varsóvia, 1952), p. 291, como citado na
tradução para o inglês por Philip Friedman, ed., *Martyrs and Fighters*, pp. 81-82. Ringelblum, um

gueto, Rumkowski, imprimiu selos postais com sua imagem e fazia discursos com expressões como "minhas crianças", "minhas fábricas" e "meus judeus". [105] De dentro, então, parecia bem claro que os líderes judeus tinham se tornado governantes, reinando e decidindo sobre a comunidade dos guetos com uma definição absoluta. De fora, porém, ainda não estava claro a que lado esses governantes absolutos pertenciam de fato.

Segundo o decreto de 28 de novembro de 1939 do *Generalgouvernement*, os *Judenräte* estavam colocados sob o *Stadthauptmänner* (nas cidades) e o *Kreishauptmänner* (nos distritos do interior). De forma similar, nos territórios incorporados os *Judenräte* respondiam ao *Bürgermeister* nas cidades e aos *Landräte* no interior (ver Tabela 6.10).

TABELA 6.10   Controles alemães sobre conselhos judaicos.

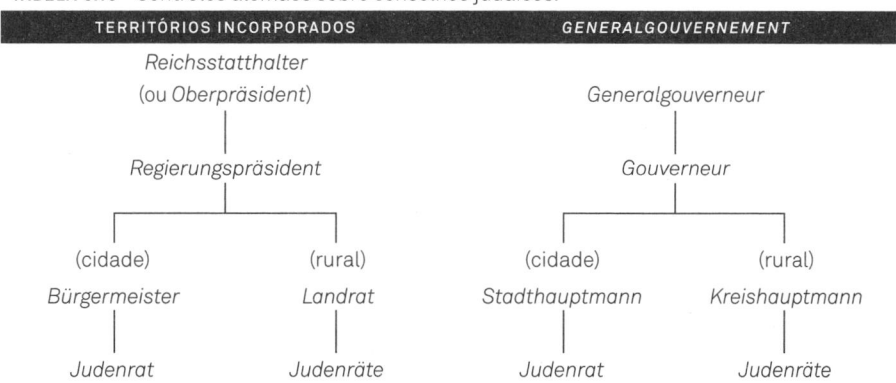

TERRITÓRIOS INCORPORADOS		GENERALGOUVERNEMENT	
Reichsstatthalter (ou *Oberpräsident*)		*Generalgouverneur*	
Regierungspräsident		*Gouverneur*	
(cidade)	(rural)	(cidade)	(rural)
Bürgermeister	*Landrat*	*Stadthauptmann*	*Kreishauptmann*
Judenrat	*Judenräte*	*Judenrat*	*Judenräte*

Segundo o decreto de 28 de novembro, a autoridade dos escritórios regionais sobre os *Judenräte* era ilimitada. Os membros de um *Judenrat* eram pessoalmente responsáveis pela execução de todas as ordens. Na verdade, os líderes judeus tinham tanto medo e ficavam tão acuados na presença de seus senhores alemães que os oficiais nazistas só precisavam sinalizar seus desejos. Como apontou Frank, em um momento de satisfação e complacência: "Os judeus se

historiador, foi morto pelos alemães. Suas anotações foram encontradas após a guerra.
105 Solomon Bloom, "Dictator of the Lodz Ghetto", *Commentary*, fevereiro de 1949, pp. 113, 115. Leonard Tushnet, *The Pavement of Hell* (Nova York, 1972), pp. 1-70.

apresentam e recebem ordens [*die Juden treten an und empfangen Befehle*]".[106] Porém, esse acordo não permaneceu incontestado.

Em 30 de maio de 1940, em uma reunião na Cracóvia, a ss e a Polícia fizeram lances pelo poder sobre os *Judenräte*. Abrindo o ataque, o comandante das unidades da Polícia de Segurança no *Generalgouvernement*, *Brigadeführer* Streckenbach, informou a seus colegas civis que a Polícia de Segurança estava "muito interessada" na questão judaica. Foi por isso que, segundo ele, os conselhos judaicos haviam sido criados. No entanto, ele tinha de admitir que as autoridades locais, por supervisão próxima das atividades dos conselhos, tinham ganho conhecimento aprofundado dos métodos judeus. O resultado desse acordo, porém, foi que a Polícia de Segurança tinha sido progressivamente afastada, enquanto todos os tipos de agências entravam na dança. Na questão da obtenção de trabalho, por exemplo, todo mundo estava se aproximava do *Judenräte* sem nenhum planejamento.

Esse problema exigia uma "solução" clara. Primeiro, seria preciso "decidir" quem estava no comando dos *Judenräte*: o *Kreishauptmann*, o *Gouverneur*, o *Stadthauptmann* ou possivelmente até a *Sicherheitspolizei* (a Polícia de Segurança). Se Streckenbach recomendou sua Polícia de Segurança, ele o fez por "razões funcionais". Mais cedo ou mais tarde, disse ele, todas as questões relativas a assuntos judeus teriam de ser enviadas para a Polícia de Segurança, especialmente se a ação contemplada exigisse "reforço executivo (*Exekutiveingriff*)". A experiência tinha mostrado, além disso, que só a Polícia de Segurança tinha visão ampla sobre as condições que afetavam o judaísmo. Tudo isso não significava, nem de longe, que a Polícia de Segurança desejava remover a nata, por assim dizer. A Polícia de Segurança não estava interessada na propriedade judaica; ela recebia todo seu dinheiro da Alemanha e não queria enriquecer. Streckenbach, portanto, propunha que os conselhos judaicos "e assim o judaísmo como um todo" fossem colocados sob a supervisão da Polícia de Segurança e que todas as exigências em relação aos judeus ficassem a cargo dessa instituição. Se as comunidades judaicas fossem mais exploradas do que já eram, um dia o *Generalgouvernement* teria de sustentar milhões de judeus. Afinal, os judeus eram muito pobres; não havia judeus ricos no *Generalgouvernement*, apenas um "proletariado judeu". Ele, portanto, receberia de braços abertos a transferência de poder para a Polícia de Segurança. É claro, a

---

106 Transcrição textual de entrevista com Frank feita pelo correspondente Kleiss, do *Völkischer Beobachter*, 6 de fevereiro de 1940, diário de Frank, ps-2233.

Polícia não estava ansiosa para ter de suportar esse peso extra, mas a experiência mostrava que o acordo existente não era "funcional".

Ao fim do discurso, Frank ficou em silêncio. O *Gouverneur* de Lublin, Zörner, relatou as condições em seu distrito. Como Frank não tinha falado nada, o *Goveurneur* ousou sugerir que a Polícia de Segurança não conseguia lidar com os *Judenräte* por falta de força numérica. Quando Zörner terminou, o *Gouverneur* da Cracóvia, Wächter, fez um discurso em que se referiu aos comentários de Streckenbach, apontando que em questões judaicas o governo civil não podia ficar sem a Polícia de Segurança – e esta, por sua vez, não conseguia agir sem o aparato civil. Wächter sugeriu cautelosamente que, talvez, as duas corporações pudessem cooperar. Finalmente, Frank falou. Usando uma linguagem jurídica e concisa, rejeitou as sugestões de Streckenbach. "A polícia", disse, "é a força armada do governo do Reich para a manutenção da ordem no interior. [...] A polícia não tem propósito por si mesma".[107]

O movimento inicial da polícia tinha fracassado. Contudo, o desafio estava colocado e, durante os anos seguintes, a briga em relação aos judeus continuaria com força total. Ao fim, a polícia saiu vitoriosa, mas seu prêmio foi uma pilha de cadáveres.

Os três passos preliminares – marcação, restrições de movimentação e estabelecimento de uma máquina de controle judaica – foram dados nos primeiros meses do governo civil. Todavia, um ano inteiro se passou antes de a formação de guetos começar de verdade. A formação de guetos, ou seja, a criação de distritos judeus fechados, foi um processo descentralizado. A iniciativa, em cada cidade, era do *Kreishauptmann* ou *Stadthauptmann* competente e, apenas no caso de grandes guetos, de um *Gouverneur* ou do próprio Frank.

Sedes militares (as *Oberfeldkommandantur*, ou OFK) no distrito de Varsóvia reclamaram que, como cada *Kreishauptmann* podia decidir a forma de reunir seus judeus (*die Art der Durchführung der Judenzusammenlegung in seinem Kreis*), em vez de a migração ser uma coisa uniforme, dava a impressão de movimentos constantes para lá e para cá.[108] Nas cidades, o planejamento uniforme era comple-

---

107 Resumo de reunião da polícia, com comentários textuais de Frank, 30 de maio de 1940, diário de Frank, PS-2233.

108 OFK 393 para *Wehrmachtbefehlshaber im Generalgouvernement*, 18 de novembro de 1941, Polen 75022/17. Arquivo original no Federal Records Center, Alexandria, Virginia.

tamente impossível, no mínimo por causa das distribuições populacionais complexas, atividades econômicas mescladas e complexos problemas de trânsito.

Os primeiros guetos apareceram nos territórios incorporados durante o inverno de 1939-1940, e o primeiro grande gueto foi criado na cidade de Łódź em abril de 1940.[109] Durante a primavera seguinte, o processo de formação de gueto espalhou-se lentamente pelo *Generalgouvernement*. O gueto de Varsóvia foi criado em outubro de 1940;[110] os guetos menores no distrito de Varsóvia formaram-se no início de 1941.[111] Para os judeus que ficaram na cidade de Cracóvia foi criado um gueto em março de 1941.[112] O gueto de Lublin foi formado em abril de 1941.[113] O gueto duplo de Radom, dividido em dois distritos separados, foi finalizado no mesmo mês.[114] Os guetos de Częstochowa[115] e de Kielce,[116] no distrito de Radom, também foram criados nessa época. Em agosto de 1941, o *Generalgouvernement* adquiriu seu quinto distrito, a Galícia, uma área que o exército alemão tinha arrebatado, à força, da ocupação soviética. A capital galiciana, Lvov (Lemberg), tornou-se o local do terceiro maior gueto da Polônia em dezembro de 1941.[117] O processo de formação de gueto no *Generalgouvernement* estava completo ao fim daquele ano.[118] Sobraram apenas alguns guetos para serem estabelecidos em 1942.[119]

---

109 Philip Friedman, "The Jewish Ghettos in the Nazi Era", *Jewish Social Studies,* 16 (1954): 80. Sobre Łódź, ver documentos de planejamento de dezembro de 1939 e fevereiro de 1940 em *Dokumenty i materiały,* vol. 3, pp. 26-49.

110 *Krakauer Zeitung,* 16 de outubro de 1940, página do *Generalgouvernement*.

111 Conferência do *Generalgouvernement*, 15 de janeiro de 1941, diário de Frank, PS-2233.

112 *Krakauer Zeitung,* 23 de março de 1941, p. 18.

113 Proclamação do *Gouverneur* Zörner, de Lublin, 24 de março de 1941, *ibid.,* 30 de março de 1941, p. 8.

114 *Ibid.,* 6 de abril de 1941, p. 5.

115 Esboço sem data de ordem do *Stadthauptmann* dr. Wendler de Częstochowa, microfilme Yad Vashem JM 1489.

116 *Krakauer Zeitung,* 8 de abril de 1941, p. 6.

117 *Ibid.,* 15 de novembro de 1941, p. 5. O gueto não era suficiente para todos os judeus de Lvov.

118 Inspetoria de Armamento, *Generalgouvernement* para OKW/Wi Rü/Rü IIIA, relatório que cobre o período de 1º de julho de 1940 a 31 de dezembro de 1941, datado de 7 de maio de 1942, pp. 102-3, Wi/ID I.2.

119 Friedman, "Jewish Ghettos", *Jewish Social Studies* 16 (1954): 83.

Apesar de a criação de distritos fechados não ter partido de uma ordem ou plano básico, o procedimento se deu de forma impressionantemente similar em todas as cidades. Isso não deveria ser uma surpresa, já que os problemas da formação de gueto eram basicamente os mesmos em todos os lugares. Vejamos a primeira grande operação de formação de gueto, que foi o protótipo para todas as operações subsequentes: a criação do gueto de Łódź.

Em 10 de dezembro de 1939, o *Regierungspräsident* em Kalisz, Uebelhoer, nomeou uma "equipe de trabalho" responsável pelos preparativos da formação do gueto. O próprio Uebelhoer liderava a equipe. Ele nomeou seu representante em Łódź, o *Oberregierungsrat*, dr. Moser, como vice. Essa equipe de trabalho também incluía membros do partido, dos escritórios da cidade, da Polícia de Ordem, da Polícia de Segurança, da Formação Cabeça da Morte da ss, da Câmara da Indústria e do Comércio de Łódź e do Escritório Financeiro da cidade. Os preparativos deviam ser feitos secretamente; a mudança seria repentina e precisa (*schlagartig*). Esse segredo era necessário para garantir que muitas das propriedades móveis dos judeus fossem abandonadas às pressas e depois pudessem ser convenientemente confiscadas. Enquanto isso, porém, muitos judeus foram expulsos de suas casas e direcionados para a área do futuro gueto, abrindo espaço para indivíduos de etnia alemã reassentados da área do Báltico.[120]

Uebelhoer não via o gueto como uma instituição permanente. "A criação do gueto", disse em sua ordem, "é, obviamente, apenas uma medida transitória. Eu determinarei em que momento e de que maneira o gueto – e, portanto, também a cidade de Łódź –, será limpo de judeus. No fim, de qualquer forma, devemos queimar essa peste bubônica [*Endziel muss jedenfalls sein, dass wir diese Pestbeule restlos ausbrennen*]".[121]

A equipe de trabalho selecionou um bairro de favelas, a área de Bałuty, como o local do gueto. O distrito já tinha 62 mil judeus, mas mais de 100 mil que moravam

---

120 Aly, "*Endlösung*", p. 80.

121 Uebelhoer para Greiser, distrito partidário de Łódź, Representante do *Regierungspräsident* em Łódź (Moser), Administração da cidade de Łódź, *Polizeipräsident* de Łódź, Polícia de Ordem em Łódź, Polícia de Segurança em Łódź, Câmara da Indústria e do Comércio de Łódź e Escritório de Finanças de Łódź, 10 de dezembro de 1939, *Dokumenty i materiały*, vol. 3, pp. 26-31.

em outras partes da cidade e nos subúrbios precisaram mudar de lugar.[122] Em 8 de fevereiro de 1940, o *Polizeipräsident* de Łódź, *Brigadeführer* Schäfer, emitiu suas ordens repentinas e precisas. Poloneses e indivíduos de etnia alemã tinham de deixar o local do gueto até 29 de fevereiro.[123] Os judeus tiveram de se mudar para o gueto em grupos. Em intervalos de poucos dias, o *Polizeipräsident* publicava um cronograma de mudança que afetava certo bairro da cidade. Todos os judeus que morassem nesse bairro tinham de se mudar para o gueto dentro do tempo predeterminado. O primeiro grupo teve de vagar seus apartamentos entre 12 e 17 de fevereiro[124] e o último se mudou em 30 de abril. Dez dias depois, em 1º de maio, o *Polizeipräsident* Schäfer emitiu a ordem que isolou a população do gueto do resto do mundo. "Os judeus", ordenou ele, "não devem sair do gueto, por questão de princípios. Essa proibição também se aplica ao Mais Velho dos Judeus (Rumkowski) e aos chefes da polícia judaica. [...] Alemães e poloneses não devem entrar no gueto por questão de princípios". As permissões de entrada só podiam ser emitidas pelo *Polizeipräsident*. Mesmo dentro do gueto, os judeus não tinham liberdade de movimento; eles não podiam ficar nas ruas das 7 h da noite às 7 h da manhã.[125]

Depois do fim das mudanças, os alemães ergueram uma cerca ao redor do gueto. A cerca era tripulada por um destacamento da Polícia de Ordem.[126] O trabalho mais intrigante, de polícia secreta, foi confiado à Polícia de Segurança, organização que tinha dois braços: a Polícia do Estado (Gestapo) e a Polícia Criminal (Kripo). A Polícia do Estado, como diz seu título, preocupava-se com inimigos do governo. Como os judeus eram os inimigos por excelência, a Polícia do Estado estabeleceu um escritório dentro do gueto. Já a Polícia Criminal era responsável por lidar com crimes comuns. Assim, um destacamento de vinte homens dessa organização foi ligado à Polícia de Ordem que guardava o gueto. A função desse destacamento

---

122 Relatório estatístico sobre o gueto de Łódź, aparentemente preparado pelo Conselho Judeu para o governo alemão, cobrindo o período de 1º de maio de 1940 a 30 de junho de 1942, Coleção do Gueto de Łódź nº 58.

123 Ordem de Schäfer, 8 de fevereiro de 1940, *Dokumenty i materiały*, vol. 3, pp. 35-37.

124 Ordem policial, 8 de fevereiro de 1940, *ibid.*, pp. 38-49.

125 Ordem de Schäfer, 10 de maio de 1940, *ibid.*, pp. 83-84.

126 As unidades que guardavam o gueto pertenciam à *Schutzpolizei*. Para instruções aos destacamentos da *Schutzpolizei* de "atirar sem perguntas", ver ordem do comandante da *Schutzpolizei* de Łódź, Oberst der Polizei Keuck, 11 de abril de 1941, *ibid.*, pp. 86-87.

era evitar o contrabando, mas esse acordo irritava a Polícia Criminal, que desejava estar *dentro* do gueto, como seus colegas da Gestapo. Consequentemente, o *Kriminalinspektor* Bracken redigiu um memorando em que expunha o motivo para a necessidade urgente de mudar seu destacamento para o outro lado da cerca. "No gueto", disse ele, "vivem, de qualquer maneira, 250 mil judeus, todos com tendências criminosas maiores ou menores". Daí a necessidade de "supervisão constante" por oficiais da Polícia Criminal.[127] O destacamento entrou.

Como previra o *Regierungspräsident* Uebelhoer, o gueto era uma medida transitória, mas a transição não levou à emigração, e sim à aniquilação. Os prisioneiros do gueto de Łódź morreram ali ou foram deportados para um centro de extermínio. A liquidação do gueto levou muito tempo. Quando ele finalmente foi destruído em agosto de 1944, tinha existido por quatro anos e quatro meses, um recorde inigualado por nenhum outro gueto na Europa nazista.

Do outro lado da fronteira dos territórios incorporados, no *Generalgouvernement*, houve três argumentos específicos para a formação de guetos. Um foi apresentado por médicos alemães, convencidos de que a população judaica estava espalhando o tifo (*Fleckfieber*).[128] Outro foi a alegação de que os judeus, como residentes urbanos e portadores de cartões de ração que, na opinião do chefe de Alimentos e Agricultura do distrito de Varsóvia, dava direito, para propósitos práticos, apenas a pão, estavam pedindo comida não racionada e criando um mercado negro de itens racionados.[129] O terceiro era a alegação de que não havia apartamentos disponíveis para oficiais alemães e membros das forças armadas.[130] A resposta a cada um desses problemas parecia ser a formação de guetos. É claro que, quando os guetos foram criados, os casos de febre tifoide

---

127 Memorando do *Kriminalinspektor* Bracken, 19 de maio de 1940, *ibid.*, pp. 92-94. Ver também memorando do chefe da Polícia Criminal em Łódź, *Kriminaldirektor* Zirpins, 23 de outubro de 1940, *ibid.*, pp. 100-101.

128 Comentários do *Obermedizinalrat* dr. Walbaum em reunião dos chefes de divisão do *Generalgouvernement*, 12 de abril de 1940, Präg e Jacobmeyer, eds., *Diensttagebuch*, p. 167.

129 Reunião do *Generalgouvernement* sobre alimentos, 3 de março de 1940, *ibid.*, p. 142.

130 *Stadthauptmann* Saurmann, de Lublin, reclamou, em um relatório mensal datado de 31 de dezembro de 1940, que a cidade estava superlotada. Microfilme Yad Vashem JM 814. A exigência diária de quartos para os alemães em Radom foi relatada pelo *Stadthauptmann* em 8 de março de 1941, JM 814.

aumentaram nas casas judaicas lotadas, o contrabando dos judeus aumentou como forma de evitar a inanição e os alemães continuaram precisando de apartamentos. Na verdade, os três motivos principais para criar os guetos seriam retomados, mais tarde, como razões para dissolvê-los e remover completamente seus habitantes judeus.

Desde o início, a formação de guetos não foi uma empreitada fácil. No caso de Varsóvia, onde o processo levou um ano, o primeiro passo foi dado no início de novembro de 1939, quando o comandante militar estabeleceu uma "quarentena" (*Seuchensperrgebiet*) em uma área dentro da parte antiga da cidade habitada principalmente por judeus, da qual soldados alemães deviam ser barrados.[131] Em 7 de novembro, o *Gouverneur* Fischer, do distrito de Varsóvia, propôs que os judeus de Varsóvia (que ele estimou em 300 mil) fossem encarcerados em um gueto, e Frank deu seu consentimento imediato à proposta.[132] Durante o inverno, Fischer criou uma Divisão de Reassentamento (*Umsiedlung*) liderada por Waldemar Schön, que teria um papel essencial no planejamento dos guetos e que, posteriormente, foi nomeado para levar o plano adiante. A ideia inicial, em fevereiro, de colocar o gueto na margem leste do rio Vístula, foi rejeitada em uma reunião em 8 de março de 1940, sob o argumento de que 80% dos artesãos de Varsóvia eram judeus e, por serem indispensáveis, não podiam simplesmente ser "cerceados" (*zernieren*). Também houve dúvidas sobre o abastecimento de comida para um gueto.[133] Em 18 de março de 1940, Czerniaków anotou, misteriosamente: "Uma exigência de que a Comunidade circunde o 'gueto' com arame, coloque cercos, etc. e depois protejam tudo".[134] As aspas em torno da palavra *gueto* referem-se à quarentena estabelecida anteriormente. Em 29 de março, Czerniaków anotou que o gueto devia ser "murado", e no dia seguinte ele discutiu com o *Stadtkommandant* Leist sobre a "impossibilidade prática de construir um muro (danificando instalações hídricas, elétricas, cabos de telefone,

---

131 Ver entradas de Czerniaków em 4 e 5 de novembro de 1939, em Hilberg, Staron, and Kermisz, eds., *Warsaw Diary*, p. 87.

132 Resumo de discussão entre Fischer e Frank, 7 de novembro de 1939, diário de Frank, PS-2233.

133 Relatório de Schön, 20 de janeiro de 1941, reproduzido em um trecho grande em *Faschismus--Getto-Massenmord*, pp. 108-13.

134 Hilberg, Staron e Kermisz, eds., *Warsaw Diary*, p. 130.

etc.)".[135] A construção do muro foi de fato suspensa em abril, enquanto os alemães consideravam brevemente a ideia de jogar os judeus no distrito de Lublin. A Divisão Umsiedlung, de Schön, então examinou a viabilidade de montar dois guetos, um em uma seção a oeste (Koło e Wola) e outro no leste (Grochów) para minimizar as possíveis perturbações na economia e no tráfego da cidade, mas esse plano foi abandonado depois que Varsóvia recebeu notícias sobre o projeto de Madagascar.[136] Czerniaków fala, em 16 de julho, sobre um relatório que dizia que o gueto não seria formado.[137] Em agosto de 1940, porém, a Subdivisão de Saúde da Divisão do Interior do *Generalgouvernement*, considerando as concentrações cada vez maiores das tropas na área, exigiu que fossem formados guetos no distrito. Os oficiais não médicos da Divisão do Interior, concordando, apenas argumentaram contra selar os guetos hermeticamente, pois podiam não sobreviver economicamente.[138] Em 6 de setembro de 1940, o *Obermedizinalrat* dr. Walbaum, citando estatísticas de tifo entre os judeus, insistiu em um discurso do tipo *ceterum censeo* sobre o aprisionamento em um gueto fechado como medida política e de saúde.[139] Seis dias depois, Frank anunciou, durante uma reunião dos principais chefes de divisão, que 500 mil judeus na cidade representavam uma ameaça à toda a população, e não podiam mais ter permissão de "perambular por aí".[140] Czerniaków, que ainda nutria esperanças de um gueto "aberto" que combinaria moradia compulsória com liberdade de movimento, ficou sabendo dessa decisão em 25 de setembro. Naquele dia, ele escreveu "gueto" sem nenhuma dúvida sobre sua característica.[141]

O "distrito judeu" (*Wohnbezirk*) de Varsóvia foi estabelecido durante um período de seis semanas entre outubro e novembro de 1940, em uma área que

135 *Ibid.*, p. 134.

136 Relatório de Schön, *Faschismus-Getto-Massenmord*, pp. 108-13.

137 Hilberg, Staron e Kermisz, eds., *Warsaw Diary*, p. 174.

138 Relatório de Schön, *Faschismus-Getto-Massenmord*, pp. 108-13. Fischer achava que os judeus que tinham empregos podiam ser isentos dos guetos. Resumo de reunião do *Gouverneure*, 11 de setembro de 1940, diário de Frank, Arquivos Nacionais, Grupo de Registro 238, T 992, Rolo 2.

139 Resumo de discussão entre Frank, dr. Walbaum e chefe de saúde do Distrito de Varsóvia dr. Franke, 6 de setembro de 1940, diário de Frank, PS-2233.

140 Resumo de reunião dos principais chefes de divisão, 12 de setembro de 1940, diário de Frank, PS-2233.

141 Hilberg, Staron e Kermisz, eds., *Warsaw Diary*, p. 201. Em 26 de setembro, Czerniaków escreveu: "O Gueto!". *Ibid.*

cobria dois terços da antiga quarentena.[142] Durante a mudança seguinte, 113 mil poloneses saíram do local do gueto e 138 mil judeus tomaram seus lugares. Mais 72 mil judeus foram jogados no gueto, vindos de áreas a oeste do distrito de Varsóvia para abrir espaço para exilados poloneses do território incorporado.[143] O gueto, em forma de T, era mais estreito no ponto onde uma faixa "ariana" separava a porção norte, maior, da porção sul, menor. As fronteiras, criadas com o objetivo de usar uma parede corta-fogo existente e minimizar o problema de segurança, não eram finais. Durante setembro de 1941, no espírito do anexionismo progressivo, alguns oficiais alemães consideraram cortar a parte sul do gueto. Nesse momento, um homem incomum no governo alemão tomou uma atitude incomum. Tratava-se do médico-chefe do aparato urbano alemão, dr. Wilhelm Hagen. Em uma carta franca para o *Stadthauptmann*, ele previu uma piora da epidemia de tifo e chamou o plano proposto de "insanidade" (*Wahnsinn*).[144] O gueto do sul ficou, mas outros blocos foram cortados, ordenou-se a construção de mais muros, e uma ponte para pedestres passou a ser a única ligação entre as duas seções do gueto, passando sobre o que era, agora, o corredor "ariano".

O gueto de Varsóvia nunca foi aberto sem impedimentos ao tráfego, mas, no começo, havia 28 pontos de entrada e saída, usados por cerca de 53 mil pessoas portadoras de passes. O chefe de saúde do distrito, dr. Lambrecht, opôs-se ao número de licenças concedidas, argumentando que elas iam totalmente contra o propósito do gueto. Os portões então foram reduzidos a quinze.[145] O regimento de polícia de Varsóvia (coronel-tenente Jarke) era responsável por guardar o gueto. Essa função ficou a cargo de uma companhia do 304º Batalhão (a partir da segunda metade de 1941, o 60º), além da polícia polonesa e a *Ordnungsdienst*

---

142 Ver mapa, preparado por cartógrafo de Yad Vashem, em Hilberg, Staron e Kermisz, eds., *Warsaw Diary*, pp. x-xi.

143 Relatório de Schön, *Faschismus-Getto-Massenmord*, pp. 108-13.

144 Hagen para Leist, 22 de setembro de 1941. Zentrale Stelle der Landesjustizverwaltungen, Ludwigsburg, Polen 365c, p. 58.

145 Resumo da reunião entre agências no gueto, 2 de dezembro de 1940, microfilme Yad Vashem JM 1113. Relatório de Schön, *Faschismus-Getto-Massenmord*, pp. 108-13.

judaica. Em cada portão podia ser visto um homem de cada uma dessas corporações, mas dentro havia 2 mil homens do Serviço de Ordem.[146]

Depois que o gueto de Varsóvia foi selado, *Stadthauptmänner* e *Kreishauptmänner* em todas as partes do *Generalgouvernement* seguiram o exemplo. Como em Varsóvia, o processo podia ser complicado. Um exemplo é Kielce, onde o *Stadthauptmann* Drechsel estimou, em janeiro de 1941, que o bairro separado para o gueto tinha 2 mil quartos (45 mil metros quadrados), capazes de acomodar 20 mil judeus. Como ele tinha 25 mil, queria transferir 5 mil para a cidade próxima de Chęciny. Ele pediu ao *Kreishauptmann* Jedamzik, dos arredores do distrito de Kielce, onde ficava Chęciny, que ficasse com seu excedente e enviasse não mais que 2.500 poloneses em troca. O *Kreishauptmann* concordou, mas depois os números foram acertados para baixo. Chęciny, que tinha 2.634 judeus em março de 1940 e 3.372 no início de junho de 1941, teria 5.372 até o momento da criação do gueto em julho. Mil poloneses deviam sair da cidade – depois, haveria possivelmente mais. A densidade do gueto de Chęciny, fixada em 2 a 2,5 metros quadrados por pessoa, foi considerada "adequada" (*ausreichend*). Os poloneses remanescentes se tornariam uma minoria, embora morassem nas ruas principais.[147]

Uma série de pequenas comunidades judaicas foram transformadas completamente em cidades-gueto.[148] Diferentemente dos guetos maiores, que eram cidades dentro de outras cidades, cercados por um muro, como em Varsóvia, por

---

146 Sobre a jurisdição policial, ver reunião de Auerswald e Schön, 8 de novembro de 1941, microfilme Yad Vashem JM 1112. Auerswald era, na época, *Kommissar* do gueto, e Schön estava na Divisão do Interior do Distrito de Varsóvia. A força da companhia policial, segundo relato de Schön em 20 de janeiro de 1941, era de 87 homens sob ordens de um primeiro-tenente. Identificação de unidades de polícia colhidas de vários documentos.

147 Drechsel para Jedamzik, 23 de janeiro de 1941. Jedamzik para Drechsel, 27 de janeiro de 1941. Compilação estatística do escritório de Jedamzik, 11 de março de 1940. Memorando sem data e sem assinatura sobre Chęciny (aparentemente escrito por Jedamzik, junho de 1941). Museu Memorial do Holocausto dos Estados Unidos, Grupo de Registro 15.031 (Glowna Komisja Badania, registros de Kielce), Rolo 11.

148 Para a descrição de uma dessas cidades-gueto, ver Gustav Andraschko, "Das fiel uns auf in Szydlowiec...!" *Krakauer Zeitung,* 21 de junho de 1941, pp. 6-7.

uma cerca de madeira, como Łódź, ou por arame farpado, como Lublin, os guetos menores só podiam ser demarcados com escudos que indicavam suas fronteiras.[149]

Como pode ser visto pelas estatísticas da Tabela 6.11, um gueto era, em geral, uma área pobre, superlotada, sem parques, lotes vazios ou espaços abertos. Apesar de seu tamanho pequeno, um gueto localizado no meio de uma metrópole invariavelmente causava problemas no trânsito. Em Varsóvia, as linhas de bondes elétricos tiveram de ser redirecionadas,[150] em Łódź o governo municipal teve de instalar uma nova linha de ônibus que contornasse o gueto[151] e em Lublin o *Stadthauptmann* Saurmann precisou construir uma rua para que fosse possível desviar do bairro judeu.[152]

Apesar de nem todos os guetos serem completamente fechados, não seriam feitas exceções para categorias privilegiadas. Em Łódź, os judeus em casamentos mistos com seus cônjuges poloneses e os *Mischlinge* de todos os graus foram

TABELA 6.11   Densidades nos guetos de Varsóvia e Łódź.

	CIDADE DE VARSÓVIA, MARÇO DE 1941	VARSÓVIA "ARIANA"	GUETO DE VARSÓVIA	GUETO DE ŁÓDŹ, SETEMBRO DE 1941
População	1.365.000	920.000	445.000	144.000
Área (quilômetros quadrados)	141,4	138	3,3	4,1
Cômodos	284.912	223.617	61.295	25.000
Pessoas por cômodo	4,8	4,1	7,2	5,8

Nota: As estatísticas de Varsóvia foram tiradas dos arquivos do Jewish Historical Institute (Instituto Histórico Judeu), em Varsóvia, por Isaiah Trunk, e publicadas por ele em um artigo intitulado "Epidemics in the Warsaw Ghetto" (Epidemia no gueto de Varsóvia), ʏɪᴠᴏ *Annual of Jewish Social Science*, vol. 8, p. 87. Os números sobre densidade nos apartamentos no gueto de Varsóvia foram confirmados por Stroop (Líder da ss e da Polícia em Varsóvia), em um relatório para Krüger, 16 de maio de 1943, ᴘs-1061. Stroop menciona 27 mil apartamentos com uma média de 2,5 cômodos cada. Estatísticas de Łódź do relatório de Ventzki para Uebelhoer, 24 de setembro de 1941, arquivos de Himmler, Pasta 94.

---

149 Ver a circular do governador de Radom/Divisão do Interior (assinada por Oswald) para Stadthauptmänner e Kreishauptmänner, 11 de dezembro de 1941, Yad Vashem ᴊᴍ 1489.

150 *Krakauer Zeitung*, 27 de novembro de 1941, página do *Generalgouvernement*.

151 Escritório do prefeito de Łódź (dr. Marder) para Escritório do *Regierungspräsident* em Łódź, 4 de julho de 1941, *Dokumenty i materiały*, vol. 3, pp. 177-79.

152 Relatório de Saurmann em reunião com Frank, 17 de outubro de 1941, diário de Frank, ᴘs-2233.

empurrados para o gueto.[153] Em 26 de fevereiro de 1941, o primeiro secretário da Embaixada Soviética, Bogdanov, perguntou por que alguns cidadãos da União Soviética eram forçados a viver em certos lugares. O *Unterstaatssekretär* Wörmann, do Escritório do Exterior, respondeu que os cidadãos em questão eram judeus (*dass es sich um Juden handele*) e que os judeus de nacionalidade soviética estavam recebendo o mesmo tratamento que os judeus de outras nacionalidades.[154]

Ao fim de 1941 quase todos os judeus nos territórios incorporados e no *Generalgouvernement* estavam vivendo em guetos. A prisão deles foi acompanhada por mudanças no maquinário de controle alemão e por aumentos na burocracia judaica. Em Łódź e em Varsóvia foram criados novos escritórios alemães para supervisão dos guetos.[155]

O Conselho Judaico de Łódź foi colocado sob um "Escritório de Alimentos e Economia do Gueto" (*Ernährungs- und Wirtschaftsstelle Getto*). Originalmente esse escritório só regulamentava questões econômicas que afetavam o gueto. Logo, porém, o título mudou para *Gettoverwaltung Litzmannstadt* (Administração do Gueto, Łódź), e com a mudança de título veio também uma mudança de função. O escritório passou a cuidar de todos os assuntos de gueto. O local do *Gettoverwaltung* na estrutura governamental local está indicado na Tabela 6.12.

Em Varsóvia as mudanças administrativas também aconteceram em fases. Inicialmente o *Judenrat* respondia ao *Einsatzgruppe* IV, e depois passou a receber ordens do *Stadthauptmann*.[156] Durante o processo de formação do gueto, o controle do conselho passou para as mãos da Divisão de Reassentamento (Schön) do

---

153 Representante do *Regierungspräsident* em Łódź (assinado por Moser) para *Polizeipräsident* em Łódź, 26 de agosto de 1940, incluindo carta do escritório do *Reichsstatthalter* em Wartheland (assinado por Coulon) para representante do *Regierungspräsident* em Łódź, 6 de agosto de 1940, *Dokumenty i materiały*, vol. 3, p. 172.

154 O *Unterstaatssekretär* Wörmann (chefe, Divisão Política) via vice-chefe da Divisão Política para Seção V da Divisão (assuntos soviéticos), 24 de fevereiro de 1941, NG-1514. Porém, a soltura dos judeus soviéticos foi considerada; ver relatório do representante do Escritório do Exterior no *Generalgouvernement* (Wühlisch) para Escritório do Exterior, 7 de fevereiro de 1941, NG-1528.

155 Mais tarde, Białystok também ganhou uma administração assim. Trunk, *Judenrat*, pp. 270-71.

156 Ver entradas de Czerniaków para 6 de fevereiro, 21 de março e 26 de abril de 1940, em Hilberg, Staron e Kermisz, eds., *Warsaw Diary*, pp. 115, 131, 143. Os dois primeiros encarregados foram Otto e Dengel. Em abril a cidade foi tomada por Ludwig Leist.

TABELA 6.12 Controles alemães no gueto de Łódź.

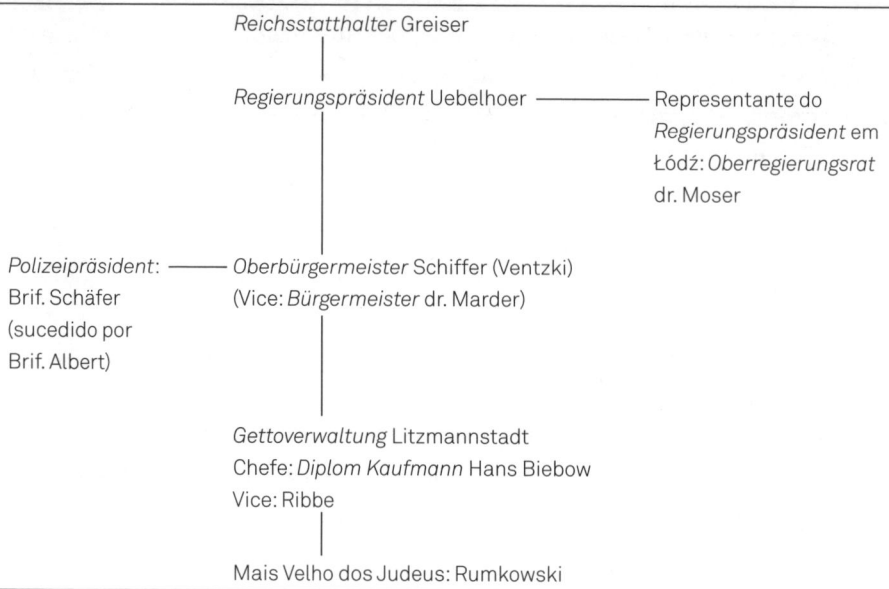

Reichsstatthalter Greiser

Regierungspräsident Uebelhoer ———— Representante do *Regierungspräsident* em Łódź: *Oberregierungsrat* dr. Moser

Polizeipräsident: ———— *Oberbürgermeister* Schiffer (Ventzki)
Brif. Schäfer (Vice: *Bürgermeister* dr. Marder)
(sucedido por
Brif. Albert)

Gettoverwaltung Litzmannstadt
Chefe: *Diplom Kaufmann* Hans Biebow
Vice: Ribbe

Mais Velho dos Judeus: Rumkowski

Nota: Para a nomeação de *Diplom Kaufmann* Hans Biebow como chefe do *Gettoverwaltung* e outros assuntos de equipe, ver Biebow para DAF Ortsgruppe Rickmers, 30 de abril de 1940 e Biebow para *Bürgermeister* Dr. Marder, 12 de novembro de 1940, *Dokumenty i materiały,* vol. 3, pp. 253, 256–57. *Diplom Kaufmann* era o título de um graduado da escola de administração.

governo distrital. Schön formou um *Transferstelle* (abaixo de Palfinger) para regulamentar o fluxo de mercadorias que chegavam e saíam do gueto. Em 1º de maio de 1941, o *Gouverneur* Fischer nomeou um *Kommissar* para o distrito judeu. O escritório foi ocupado por um jovem advogado, Heinz Auerswald, que anteriormente servira como chefe de seção na Divisão do Interior para População e Bem-Estar. Adam Czerniaków tinha quase o dobro da idade dele. O *Transferstelle* ficou sob responsabilidade de um banqueiro experiente (anteriormente funcionário do Länderbank, em Viena), Max Bischof, que foi contratado para o cargo.[157] O governo Auerswald-Bischof está listado na Tabela 6.13.

A formação de gueto gerou uma metamorfose de longo alcance nos conselhos judaicos. Os *Judenräte*, em sua forma original, tinham sido moldados como elos entre agências alemãs e a população judaica, e suas atividades no início concentravam-se em recrutamento de mão de obra e em assistência social. No gueto,

157 Texto do contrato, efetivado em 15 de março de 1941, microfilme Yad Vashem JM 1112.

TABELA 6.13   Controles alemães no gueto de Varsóvia.

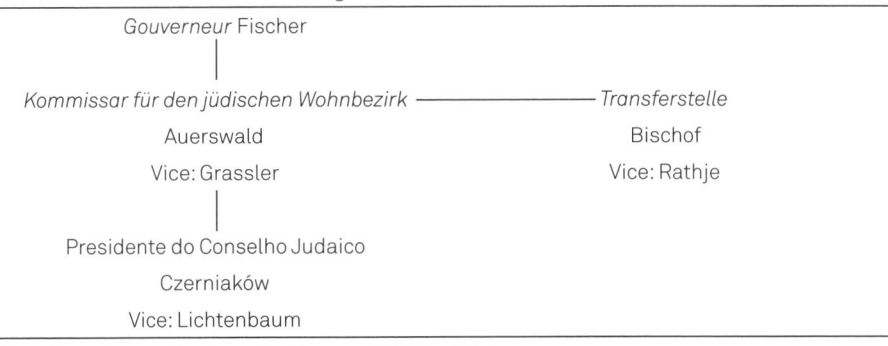

Gouverneur Fischer

Kommissar für den jüdischen Wohnbezirk ———————— *Transferstelle*

Auerswald   Bischof

Vice: Grassler   Vice: Rathje

Presidente do Conselho Judaico

Czerniaków

Vice: Lichtenbaum

Nota: Baseado nos microfilmes Yad Vashem JM 1112 e 1113.

cada presidente de *Judenrat* tornou-se um prefeito *de facto* (Czerniaków recebeu também o título), e cada conselho tinha de exercer funções de governo municipal. A burocracia judaica incipiente, até então composta por pequenas equipes dedicadas a cuidar dos registros ou das finanças, agora estava se diversificando e sendo expandida para cuidar de problemas urgentes como habitação, saúde e ordem pública. O aparato foi inchado com vários funcionários, pagos e não pagos, capazes e incompetentes, honestos e que agiam em causa própria. Patrocínio, favoritismo e corrupção tornaram-se possibilidades convidativas, e logo passaram a ser lugar-comum.[158]

Havia algumas diferenças entre os guetos, tanto na extensão das operações dos conselhos quanto no modo de eles governarem. Alguns guetos – notavelmente Łódź – mantinham lojas e fábricas, enquanto outros, como Varsóvia, contavam com empresas privadas. Alguns funcionavam de forma ditatorial e em outros as responsabilidades eram divididas e compartilhadas de maneiras diversas.[159]

Em termos de poder de regulamentar e interferir na vida dos habitantes, a burocracia judaica do gueto de Łódź era provavelmente a mais totalitária entre todas as outras burocracias dos guetos. A seguir há uma lista de escritórios que operavam abaixo do *Judenrat* de Łódź em 1940:[160]

---

158 Trunk, *Judenrat*, pp. 354, 360-64.

159 *Ibid.*, pp. 55-60.

160 Baseado no organograma do Conselho Judaico no gueto de Łódź, 20 de agosto de 1940, Wi/ID I.40. Os registros do Conselho Judaico de Łódź e suas divisões (em ídiche) foram preservados na

O Mais Velho dos Judeus

Conselho de Anciãos com O Mais Velho dos Judeus

Escritório Central (*Zentrale*)

    Escritório Central de Negociações (*Zentral-Verhandlungsstelle*)

    Divisão de Correspondência (*Präsidialabteilung*)

    Escritório de Pessoal

    Tesouro Principal e Contabilidade

    Escritório de Informações

    Divisão de Cemitérios

    Escritório Rabínico

    Escritório do Mais Velho dos Judeus para a Colônia de Crianças

Cadastros e Registros

    Escritório de Cadastros

    Escritório de Registros

    Divisão Estatística

Sede da Polícia (*Ordnungsdienst Kommando*)

    Divisão de Legislação

    4 Distritos Policiais

    2 Reservas (Móveis)

    Polícia Auxiliar (*Hilfsordnungsdienst* ou "Hido")

    Controle de Saneamento

    Fiscalização de Preços

    Comando Especial (*Sonderkommando*)

Divisão de Bombeiros

Correio Principal e Filial dos Correios

Comissão de Controle para Propriedade Alemã e Polonesa no Gueto

Divisão de Habitação

Divisão de Finanças

    Escritório de Aluguel

    Escritório de Impostos

    Escritório do Testamenteiro (*Vollstreckungsstelle*)

Coleção do Gueto de Łódź do YIVO Institute, Nova York. Para uma descrição dos escritórios do gueto de Łódź, ver também o artigo de Bendet Hershkovitch, "The Ghetto in Litzmannstadt (Łódź)", YIVO *Annual of Jewish Social Science* 5 (1950): 85-122.

Banco (prédio principal e filial)

    Escritório de Compra de Bens de Valor e Roupas

Divisão de Economia

    Administração de Imóveis

    Zeladoria

    Limpeza de chaminés

    Reformas técnicas

    Lixo e Esgoto (*Müll- und Fäkalienabfuhr*)

    Depósitos

    Escritório de Vendas de Itens Domésticos

Divisão de Agricultura (escritório principal e filial)

Divisão Escolar

Escritório Central de Trabalho

    4 Divisões de Alfaiates

    2 Divisões de Carpinteiros

    1 Divisão de Sapateiros

    1 Divisão de Trabalhadores Têxteis

Divisão de Trabalhos Públicos

    Escritório de Alocação de Trabalho

    Escritório de Construção

Divisão de Suprimentos

    Estação de Recebimento

    Escritório Central

    Escritório de Auditoria

    Depósito Principal

        Depósito de Vegetais

        Depósito de Carvão

        Depósito de Laticínios

        Depósito de Carnes

        Depósito de Armazenamento a Frio de Carnes

        Depósito de Cigarros e Tabaco

    Padaria Comunitária

    36 Pontos de Distribuição de Alimentos

    17 Lojas para Venda de Leite, Manteiga e Alimentos a Serem Comprados com Prescrição Médica

    14 Açougues

Divisão de Assistência Social
    Divisão de Auxílio (dinheiro e mercadorias)
    Enfermaria
    2 Orfanatos
    Casa para Idosos
    Casa para Inválidos
    Ponto de Coleta para Desabrigados
    Cozinhas Públicas
    Colônia Infantil
    Sanatório Infantil
Divisão de Saúde
    Escritório Central
    4 Hospitais
    4 Dispensários
    Clínica Dentária
    Farmácia Central e 6 filiais
    2 Unidades de Ambulância
    Laboratório
    Laboratório para Exames Bacteriológicos
    Divisão de Desinfecção

A máquina judaica em Łódź refletia, em sua própria organização, o papel duplo peculiar do gueto no processo de destruição. A função de sobrevivência dos guetos é ilustrada principalmente por três divisões na base da lista: saúde, assistência social e suprimentos. A função destrutiva é reconhecida de forma mais clara no Escritório Central, no Escritório de Cadastros e Registros e, acima de tudo, na polícia. É característico que o escritório de função mais abertamente destrutiva, a polícia, seguisse o modelo alemão até mesmo em sua organização, sendo dividido em uma espécie de Polícia de Ordem (com distritos policiais, reservas, auxiliares e controle de saneamento) e uma espécie de Polícia de Segurança: uma força de controle de preços que tinha funções criminais e um *Sonderkommando* que tinha funções de Gestapo. Em um aspecto a máquina do gueto de Łódź era ainda mais avançada que seu protótipo nazista: o *Judenrat* não tinha departamento de justiça separado; o único escritório legal no gueto era incorporado pela polícia.

O conselho de Varsóvia era organizado de forma mais complexa. As deliberações do conselho tinham importância no gueto, e as pautas regulares de reuniões do conselho eram preparadas por comissões inicialmente compostas por membros do conselho, mas que depois passaram a incluir especialistas que queriam exercer influência.[161] Os departamentos administrativos, cujos líderes não eram necessariamente membros do conselho, incluíam Serviço de Ordem, Hospitais, Saúde, Habitação, Trabalho, Economia, Legislação, Finanças, Bem-Estar Social, Cemitérios, Apelações, Educação, Propriedades, Estatísticas Vitais, Auditoria, Contribuições, Serviço Postal e até Arquivos. Quatro divisões importantes acabaram sendo transformadas em organizações independentes. A Divisão de Abastecimento, que distribuía comida e carvão, tornou-se a Autoridade de Abastecimento; a Divisão de Produção foi incorporada como Jüdische Produktion GmbH; a Divisão de Comércio se reorganizou como empresa de vendas para entregas fora do gueto (*Lieferungsgesellschaft*); e a Divisão Bancária foi renomeada como *Genossenschaftsbank für den jüdischen Wohnbezirk*.

A polícia era um problema especial. O Serviço de Ordem do gueto de Varsóvia era a maior força policial na Polônia ocupada. (Em seu auge, tinha cerca de 2 mil homens.) Czerniaków, que insistia no profissionalismo especialmente nesse componente da administração do gueto, nomeou, para algumas posições-chave, pessoas com experiência na polícia. Esses indivíduos, especialmente o chefe, ex-tenente-coronel da polícia polonesa, Szeryński, tinham se convertido ao cristianismo. Dado o papel especial dessas pessoas na operação do gueto, Czerniaków não ouviu o fim do descontentamento e dos protestos em relação a seu emprego.[162] O que complicava ainda mais a vida de Czerniakóv era a existência de outra polícia judaica, parecida com a do gueto de Łódź, que os habitantes judeus suspeitavam servir sob os auspícios da Polícia de Segurança alemã. Seu nome oficial era "O Escritório de Controle para o Combate do Mercado Negro e do Lucro no Distrito Judeu" (*Überwachungsstelle zur Bekämpfung des Schleichhandels und der Preiswucherei im jüdischen Wohnbezirk*), mas seu apelido popular, baseado no endereço de

---

161 Ao fim de dezembro de 1940 existiam as seguintes comissões: Hospitais, Saúde, Trabalho, Bem-Estar Social, Pessoal, Auditoria, Finanças, Economia, Reclamações. Além disso, a importante Comissão de Comércio e Indústria ocupava-se das políticas para alocação de matéria-prima e da distribuição de comida no gueto. Ver relatórios semanais de Czerniaków para 13-19 de dezembro e 20-26 de dezembro de 1940, microfilme Yad Vashem JM 1113.

162 Ver entrada de Czerniaków para 27 de julho de 1941, em Hilberg, Staron e Kermisz, eds., *Warsaw Diary*, pp. 262-63.

sua sede na rua Leszno, número 13, era "A Treze". Além de "A Treze", que contava com cerca de quinhentos homens, havia um "Serviço de Ambulância" menor, mas igualmente suspeito. Em agosto de 1941, Czerniaków conseguiu, com a ajuda do Kommissar Auerswald, dissolver o problemático Escritório de Controle, que tinha interferido no princípio de jurisdição não dividida tanto nos escritórios de Czerniaków quanto nos de Auerwald.[163] Nesse sentido, pelo menos, a luta de um líder de gueto e a de seu supervisor alemão podia ser travada em planos paralelos.

Manutenção do gueto

O gueto era uma cidade-estado prisioneira, na qual o confinamento territorial se combinava com a submissão absoluta à autoridade alemã. Com a criação dos guetos, a comunidade judaica da Polônia não era mais um todo integrado. Era cada gueto por si, jogado no isolamento repentino, com uma multiplicidade de problemas internos e dependente do mundo exterior para a sobrevivência básica.

Fundamental à ideia do gueto era a simples segregação de seus residentes. Contatos pessoais através da fronteira foram agudamente restringidos ou cortados por completo, mantendo-se apenas os principais canais mecânicos de comunicação: algumas linhas de telefone, conexões bancárias e correios para enviar e receber cartas e pacotes. Fisicamente, o habitante do gueto estava, portanto, encarcerado. Mesmo em um grande gueto ele nunca estava a mais de alguns minutos de caminhada de um muro ou cerca. Ele ainda tinha de usar a estrela e, à noite, durante as horas do toque de recolher, era forçado a ficar dentro de seu apartamento.

Tendo criado o gueto, os alemães imediatamente aproveitaram sua máquina burocrática e suas instituições para se livrar de um peso administrativo (*Entlastung*) que tinha amarrado funcionários e agora podia ser transferido (*abgewältz*) à comunidade judaica.[164] Eles não podiam, porém, evitar a questão de como o gueto viria a ser mantido, como pessoas sem empresas ou empregos que as haviam sustentado no passado iriam se virar sozinhas atrás de muros.

---

163 Ordem de Auerswald desmantelando o Escritório de Controle, 4 de agosto de 1941, e protocolo de sua dissolução, 5 de agosto de 1941, assinado por Gancwajch, Sternfeld e Lewin (Escritório de Controle), Zabludowski e Glücksberg (Conselho Judaico) e Szeryński (Serviço de Ordem), *ibid.*, pp. 264-67.

164 Leist em reunião do *Generalgouvernement* de 3 de abril de 1941, em Praga e Jacobmeyer, *Diensttagebuch*, p. 346.

Quando o *Gauleiter* Greiser, da Wartheland, visitou Frank em julho de 1940, garantiu que o recém-criado gueto de Łódź era apenas uma medida provisória. (*Die Aktion sei an sich abgeschlossen, habe aber lediglich provisorischen Charakter.*) Ele não podia sequer conceber manter os judeus que tinha enfiado no gueto para além do inverno (*diese im Ghetto zusammengepferchten Juden noch über den Winter hinaus zu behalten*).[165]

Aliás, o Escritório Principal de Administração Leste, que tomou as propriedades polonesas e judaicas, tinha prometido RM 25 milhões em subvenções, mas sob as condições de poder obter um número de quatro dígitos com suas operações de confisco e de que a evacuação do gueto acontecesse até outubro de 1940.[166] O gueto não foi dissolvido, é claro, e quando o *Ministerialdirektor* Hedding, chefe de imposto de renda do Ministério das Finanças, examinou a situação em agosto, notou que, assim que os judeus tivessem usado as posses que lhes restavam, teriam de fabricar mercadorias ou trabalhar em troca de importações. Toda essa produção só chegaria a 20% do valor das mercadorias que receberiam. Enquanto isso, a cidade de Łódź estava tirando 15% do preço das entregas para gastos com seguro, desinfecção e transporte. Como Łódź fazia parte do território incorporado ao Reich, o *Oberfinanzpräsident*, como representante do Ministério das Finanças, quis coletar 3% extras como impostos, uma exigência que enfrentou reclamações na cidade.[167] Foi essa experiência em Łódź que os especialistas do *Generalgouvernement* estudaram durante meses (*monatelang*) antes de seguirem em frente criando seu próprio gueto na cidade de Varsóvia.[168] Ainda assim, tendo estabelecido o gueto em novembro de 1940, eles debateram, em duas reuniões em abril de 1941, como esse gueto poderia pagar por alimentos, carvão, água, eletricidade, gás, aluguel, remoções de dejetos humanos e impostos, e como quitaria dívidas com agências públicas ou credores poloneses.

O *Gouverneur* Fischer, do distrito de Varsóvia, achava que, enquanto em Łódź houvera um erro ao remover máquinas e matérias-primas do local do gueto,

---

165 Reunião do *Generalgouvernement* de 31 de julho de 1940, *ibid.*, p. 261.

166 Winkler (Escritório Principal de Administração Leste) para von Krosigk (ministro das Finanças), 10 de junho de 1941, Zentralarchiv Potsdam, 21.01 RFM B 6159. Nessa carta, Winkler também afirmou que sua promessa feita em 1º de abril de 1940 não estava mais valendo.

167 Memorando de Hedding, 29 de agosto de 1940, Zentralarchiv Potsdam, 21.01 RFM B 6030.

168 Reunião de 19 de abril de 1941, *Diensttagebuch*, p. 360.

os empreendimentos em Varsóvia eram melhores do que o esperado (*über Erwartung gut gestaltet*). Os judeus no gueto tinham suprimentos, estavam trabalhando para firmas polonesas, pagando aluguel e tinham comida suficiente.[169] O *Bankdirigent* Paersch discordava. O gueto de Łódź, disse, exigia um subsídio de um milhão de Reichsmarks por mês, e o gueto de Varsóvia também teria de ser sustentado.[170] Para o *Finanzpräsident* Spindler, desembolsar 70 a 100 milhões de zloty anuais para o gueto de Varsóvia era simplesmente "intolerável" (*untragbar*).[171] O chefe de economia do *Generalgouvernement*, dr. Emmerich, via o problema básico no balanço de pagamentos do gueto. O problema não seria resolvido, disse ele, apontando para os estoques atuais de suprimentos do gueto, porque o gueto não tinha sido criado só por um ano. Seria preciso pensar em uma janela de tempo maior e sobre a relação, durante esse período, entre o gueto e a economia polonesa em relação a questões como pagamento, por judeus, de dívidas aos poloneses e competição por matéria-prima entre o gueto e empresas polonesas.

O *Ministerialdirigent* Walter Emmerich apresentou, então, um economista, dr. Gater (*Reichskuratorium für Wirtschaftlichkeit, Dienststelle Generalgouvernement*), que estudara o gueto de Varsóvia enquanto especialista em racionalização e planejamento da produção. O dr. Gater mostrou o seguinte cenário: se 60 ou 65 mil judeus pudessem ser empregados no gueto sob a suposição de que a produtividade diária atingiria a média de 5 zloty por trabalhador (nos termos de uma fórmula na qual "produtividade" + matéria-prima + outros custos + lucros = valor do produto final a preços controlados), e se o atual contingente de judeus que trabalhavam em projetos fora do gueto por sete ou oito meses ao ano continuassem a trabalhar dessa forma por salários nos preços vigentes, poderia haver dinheiro suficiente para cerca de meio milhão de zloty em suprimentos por dia, ou 93 groszy por pessoa. Esse número, enfatizou, não era um cálculo de necessidade mínima para a subsistência (*Existenzminimumberechnung*), mas uma quantidade baseada no balanço de pagamentos estimado. Além disso, a conquista desse objetivo exigiria um investimento de grandes empresas alemãs que, por sua vez, precisariam de cerca de 30 a 40 milhões de zloty anuais em crédito. Para o *Reichsamtsleiter*

---

169 Comentários de Fischer nas reuniões do *Generalgouvernement* de 3 e 19 de abril de 1941, *ibid.*, pp. 343, 360.

170 Reunião de 19 de abril de 1941, *ibid.*, pp. 360-61.

171 *Ibid.*, p. 361.

Schön, essas ideias eram "teóricas demais"[172] e quando, mais tarde no mesmo mês, Bischof foi recrutado por Fischer para o cargo de diretor da *Transferstelle*, questionou se a independência econômica aspirada para o bairro judeu, agora fechado, podia ser alcançada.[173]

Os pessimistas tinham terreno amplo para suas dúvidas. A população do gueto estava desempregada. A criação dos guetos foi o último e insuperável ato de desmembramento econômico que caiu sobre uma comunidade já enfraquecida nos anos 1930 pela depressão e em 1939 pela guerra. Empresas judaicas que ainda funcionavam depois de 1939 rapidamente foram extintas. Os mercados das fábricas remanescentes e das lojas de artesanato no gueto foram cortados pelo muro. Intermediários, como os homens que recolhiam trapos em Varsóvia, ficaram tanto sem seus fornecedores como sem seus clientes. Quem ainda tinha emprego fora das fronteiras do gueto, perdeu-o. A economia do gueto precisava ser construída de baixo para cima.

A produção hipotética discutida pelos economistas do *Generalgouvernement* em reuniões não podia ser alcançada da noite para o dia, e quase nenhum gueto tinha perspectivas imediatas de se sustentar, mesmo em teoria, apenas com exportações. Seria assim independentemente de todos os carregamentos precisarem ser enviados por meio de canais oficiais ou de alguns poderem ser dirigidos, a preços mais altos, para o mercado negro. No princípio, os habitantes do gueto foram, portanto, forçados a usar seus ativos privados (principalmente antigos ganhos remanescentes em forma de dinheiro, valores, móveis ou roupas) para compras essenciais. Esses recursos eram finitos: uma vez usados ou vendidos, não havia mais. Assim, a sobrevivência do gueto estava baseada, em primeira instância, na habilidade dos organizadores de produção para substituir reservas pessoais diminutas a tempo, uma proposição precária como meio de sustentar uma balança de importação-exportação.

---

172 Comentários de Emmerich, Gater e Schön em reunião de 3 de abril de 1941, *ibid.*, pp. 343-45. Em 5 de maio de 1941, Gater conversou com Czerniaków no gueto. Hilberg, Staron e Kermisz, eds., *Warsaw Diary*, p. 229. No dia seguinte, Palfinger, da Transferstelle, perguntou a Czerniaków o que Gater tinha ido fazer lá. Entrada de Czerniaków em 6 de maio de 1941, *ibid.*, p. 230.

173 Memorando de Bischof, 30 de abril de 1941, microfilme Yad Vashem JM 1112. Encorajando-o, Fischer prometeu subsídios se necessário.

O gueto enfrentava não apenas a necessidade de pagamentos externos; ele também tinha problemas internos. Havia pessoas com algumas posses e outras sem nada, algumas com trabalho e muitas mais desempregadas. Se não fosse reparado, esse desequilíbrio teria implicações nefastas para grande parte da população do gueto, mas qualquer método de redistribuição ou equalização seria difícil. O esforço de caridade era limitado por natureza, e a coleta de impostos era confusa, especialmente em Varsóvia, por causa das muitas transações do mercado negro que, por sua própria característica, não eram registradas. Em geral, os impostos só podiam ser cobrados no ponto onde o dinheiro estava sendo trocado em pagamentos ilícitos. A renda, por consequência, era uma mistura que tipicamente incluía o seguinte:[174]

Impostos em folha de pagamento
Impostos per capita
Impostos sobre pão racionado
Pagamentos por pessoas isentas do trabalho forçado
Impostos sobre aluguel
Impostos de cemitério
Sobretaxas postais
Taxas para medicamentos
Taxas de cadastro

Em Varsóvia, onde o imposto sobre o pão era importante, a estrutura de receita parecia uma extorsão dos pobres para manter vivos os miseráveis. Por esse motivo, Czerniaków também tentou obter contribuições de empresários judeus, à força se necessário.[175] No setor empresarial do gueto, a tática dele deu margem à reclamação de que ele estava acabando com o mercado de capitais.[176]

---

174 Trunk, *Judenrat*, pp. 236-58, 282-83.
175 Entradas de Czerniaków em 31 de janeiro e 2 de fevereiro de 1942, em Hilberg, Staron e Kermisz, eds., *Warsaw Diary*, pp. 320-21. Ver também Aleksander Ivanka, *Wspomnienia skarbowca 1927-1945* (Varsóvia, 1964), p. 536. Ivanka era tesoureiro na administração da cidade polonesa e, às vezes, falava com Czerniaków.
176 Nota em arquivo de Auerswald, 4 de março de 1942, microfilme Yad Vashem JM 1112.

A deficiência crônica de fundos nos tesouros do gueto resultou em "empréstimos" como o não pagamento de salários de empregados.[177] Tendo em vista os abruptos números de empregados do gueto que não tinham muito o que fazer e cujo principal motivo para segurar suas posições era ser elegível para receber rações maiores de comida e outros privilégios, boa parte desse trabalho gratuito não era trabalho de fato, nem era realmente gratuito. Mesmo assim, Czerniaków estava preocupado que seu Serviço de Ordem não fosse pago,[178] pois queria que fosse uma força profissional.

Os alemães, por sua vez, entendiam a capacidade limitada da economia do gueto, e estavam cientes do papel dos conselhos como estabilizadores em uma situação de pobreza maciça e abjeta. À medida que as agências alemãs tinham de manter um gueto, tinham também de reforçar o poder de seu conselho de lidar com necessidades elementares, de modo que ele não se tornasse incapaz de levar em frente exigências e diretivas alemãs. De tempos em tempos, portanto, os oficiais alemães faziam "concessões" aos conselhos, permitindo que eles tomassem emprestadas somas de fundos judaicos confiscados[179] ou considerando um abatimento para uma organização de caridade judaica nos impostos de assistência social pagos por judeus para municipalidades polonesas que já não ajudavam os judeus pobres[180] ou ainda apoiando pedidos dos conselhos para levantar novas rendas da população judaica. Quando Czerniaków pediu permissão para arrecadar uma série de impostos e taxas do tipo, o vice-chefe da Divisão de Reassentamento, Mohns, apoiando a proposta, disse: "é de interesse da difícil administração

---

177 Boletim estatístico nº 3 do Conselho Judaico, 2 de junho de 1940, contendo relatório financeiro para janeiro-abril de 1940, em Szymon Datner, "Działalność warszawskiej 'Gminy Wyznaniowej Żydowskiej w dokumentach podziemnego archiwum getta Warszawskiego ('Ringelblum II')", *Biuletyn Żydowskiego Instytutu Historycznego*, nº 74 (abril-junho de 1970): 103-5.

178 Entrada de Czerniaków em 2 de outubro de 1941, em Hilberg, Staron e Kermisz, eds., *Warsaw Diary*, p. 291. Homens do Serviço de Ordem envolvidos em tarefas especiais às vezes recebiam pagamentos especiais.

179 Medida emergencial anterior à formação do gueto em Varsóvia. Ver entradas de Czerniaków em 16 e 20 de fevereiro de 1940, *ibid.*, pp. 117, 119-20.

180 Relatório do Kreishauptmann de Petrikau (distrito de Radom), 7 de março de 1941, microfilme Yad Vashem JM 814. Ver também entrada de Czerniaków em 8 de maio de 1941, em Hilberg, Staron e Kermisz, eds., *Warsaw Diary*, p. 231.

do distrito judeu que a autoridade do Conselho Judaico seja sustentada e fortalecida em todas as circunstâncias".[181] Essa linha de raciocínio foi enunciada ainda mais explicitamente pelo *Kommissar* do gueto de Varsóvia, Auerswald, alguns meses depois. "Quando ocorrem deficiências", escreveu, "os judeus dirigem seu ressentimento contra a administração judaica, não contra a supervisão alemã".[182]

Apesar de esses supervisores alemães terem um interesse vital na garantia da ordem básica da vida atrás dos muros, eles não deixavam de implementar medidas contra a população judaica que enfraqueciam seriamente a viabilidade do gueto. Os três meios principais pelos quais as agências alemãs pioravam a privação eram: (1) atos de confisco que erodiam a capacidade do gueto de exportar produtos por meio de canais legais ou ilegais; (2) exploração do trabalho, por meio da qual empregadores de fora podiam aumentar seus lucros às custas dos salários judeus; e (3) embargos de alimentos, que tornavam impossível que o gueto convertesse as receitas de exportação em poder de compra efetivo para a aquisição de pão, forçando, assim, muitos judeus a comprar comida no mercado negro, a preços bem mais altos.

Os conselhos judaicos, por sua vez, tentavam superar cada revés, mas estavam em um jogo específico no qual as agências alemãs, que tinham criado o problema, controlavam as soluções. Os conselhos, portanto, estavam enredados em um dilema do qual não podiam mais se retirar: não podiam servir ao povo judeu sem automaticamente fazer cumprir a vontade alemã. Sem armas, o povo judeu se agarrava apenas à esperança. "Os judeus", disse Auerswald, "estão esperando o fim da guerra e, enquanto isso, se comportam tranquilamente. Não houve sinais de resistência até agora".[183]

Confiscos

Na área do *Reich-Protektorat*, as expropriações precederam o processo de concentração. Na medida em que é possível reconhecer certa sequência de

---

181 Czerniaków para Transferstelle, 8 de janeiro de 1941, e Mohns para Leist, 11 de janeiro de 1941, microfilme Yad Vashem JM 1113. Em sua carta, Czerniaków mencionou uma renda diária de vinte mil zloty e despesas diárias de quarenta a cinquenta mil zloty. A dívida total era de dois milhões de zloty.
182 Auerswald para Vice do Plenipotenciário do *Generalgouverneur*, dr. von Medeazza, em Berlim, 24 de novembro de 1941, microfilme Yad Vashem JM 1112.
183 *Ibid.*

passos, a burocracia pensou, primeiro, nas expropriações – e só mais tarde em medidas de criação de gueto. Na Polônia aconteceu o contrário. O processo de destruição foi introduzido no país com o elaborado plano de concentração de Heydrich. Esse plano tornou-se o ponto focal da ação antijudaica nos territórios poloneses, e as medidas expropriatórias foram pensadas e realizadas nos termos do processo de formação de guetos. Elas faziam parte da instituição do gueto.

O confisco de propriedade, a obrigação do trabalho e a privação de comida eram operações administrativas em escala complexa. Na Alemanha, os ganhos com expropriações de propriedade superavam em muito as receitas vindas de medidas trabalhistas e de comida, pois a comunidade judaica na Alemanha tinha muito capital, mas relativamente poucas pessoas. Na Polônia, a situação era inversa. A comunidade judaica polonesa tinha pouca riqueza, mas mesmo essa riqueza não seria negligenciada. Na verdade, o processo confiscatório causou disputas legais entre agências interessadas não apenas na propriedade, mas também na preservação ou no alargamento de seus poderes.

O primeiro problema apareceu quando Göring decidiu levar adiante todos os confiscos na Polônia. Para isso, ele criou o Escritório Principal de Administração Leste (*Haupttreuhandstelle Ost*), que tinha sede em Berlim, no Escritório do Plano Quadrienal.[184] O Escritório Principal de Administração Leste imediatamente criou filiais em Danzig (*Reichsgau* Danzig-Prússia do Oeste), Poznań (Wartheland), Ciechanów (Prússia Oriental), Katowice (Silésia) e Cracóvia (*Generalgouvernement*). Seu líder era o *Bürgermeister* aposentado Max Winkler.[185]

A criação de um escritório com sede em Berlim e atuante no *Generalgouvernement* violava a regra de ouro de Frank sobre a unidade de administração. Era um ato de *hineinregieren* ("reinar dentro" da sua esfera territorial) e, portanto, intolerável. Consequentemente, Frank revidou a manobra de Göring montando seu próprio escritório de administração sob a responsabilidade do *Ministerialrat*

184 Anúncio (assinado por Göring), 1º de novembro de 1939, *Deutscher Reichsanzeiger und Preussischer Staatsanzeiger,* nº 260.

185 *Ibid.* Anteriormente, Winkler tinha sido o Administrador-Chefe do Reich. Testemunho juramentado de Winkler, 9 de setembro de 1947, NI-10727.

dr. Plodeck.[186] Göring decidiu não criar caso com isso.[187] A partir de então, houve *dois* escritórios de administração na Polônia: um sob Winkler, com jurisdição nos territórios incorporados, e o outro sob Plodeck, com funções no *Generalgouvernement*. Não é preciso dizer que nenhum deles comprava nada. Os escritórios de administração confiscavam propriedade e vendiam-nas a compradores interessados de acordo com certos critérios de prioridade. Os lucros de tais vendas nos territórios incorporados eram creditados ao Reich, enquanto o lucro no *Generalgouvernement* era retido pelo governo da Cracóvia.

Para abrir caminho para confiscos suaves e eficientes, ambos os escritórios deram certos passos preliminares. Nos territórios incorporados apenas uma medida do tipo foi tomada: o decreto de 17 de setembro de 1940, assinado por Göring, para a tomada de propriedades judaicas. O objetivo desse decreto era proibir que os donos das casas tomadas colocassem-nas à venda de algum modo.[188]

A administração do *Generalgouvernement* era mais esmerada em suas atividades preparatórias. Em novembro de 1939, o chefe da Divisão de Moeda Estrangeira e Comércio do *Generalgouvernement* tinha ordenado que todos os depósitos e contas de judeus em bancos fossem bloqueados. O depositante judeu tinha permissão para sacar apenas 250 zloty (125 Reichsmarks ou 50 dólares) semanais, ou uma quantia maior se fosse preciso para a manutenção de seu negócio. Ao mesmo tempo, os judeus tinham de depositar todas as reservas em dinheiro que ultrapassassem 2 mil zloty (1 mil Reichsmarks ou 400 dólares), enquanto quem devia aos judeus tinha de fazer todos os pagamentos acima de 500 zloty (250 Reichsmarks ou 100 dólares) na conta bloqueada.[189]

É desnecessário dizer que essa medida desencorajava a venda de propriedades judaicas. Esse desencorajamento virou proibição com o decreto de sequestro

---

186 O escritório foi criado em 15 de novembro, duas semanas após o estabelecimento do Escritório de Administração Principal Leste. Ver Plodeck, "Die Treuhandverwaltung im *Generalgouvernement*", em du Prel, ed., *Das Generalgouvernement* (Würzburg, 1942), pp. 110-14.

187 Testemunho de Bühler (*Staatssekretär*, *Generalgouvernement*), em *Trial of the Major War Criminals*, XII, 67.

188 RGBl I, 1270. O decreto era uma inutilidade tardia.

189 *Krakauer Zeitung*, 26-27 de novembro de 1939, página *Wirtschafts-Kurier*. Ver também minuta da diretiva de OKH/GenQu/Z(W), meados de setembro de 1939, Wi/I.121.

de 24 de janeiro de 1940, assinado pelo *Generalgouverneur* Frank.[190] No mesmo dia, o governo do *Generalgouvernement* promulgou um decreto de registro que, diferentemente do decreto do Reich de 26 de abril de 1938, exigia o registro de todos os tipos de propriedade, incluindo até mesmo roupas, utensílios de cozinha, móveis e joias. Além disso, não seriam abertas exceções para pequenas quantias.[191]

O processo confiscatório de fato foi dividido em três fases. Na primeira, os confiscos estavam restritos apenas em tirar a nata. Esta foi a fase na qual os escritórios de administração e alguns de seus competidores não autorizados saquearam armazéns e confiscaram mansões.[192] A segunda fase, central e crucial, estava ligada à formação dos guetos. Conforme os judeus se mudavam para o gueto, deixavam para trás a maior parte de sua propriedade. Essa propriedade "abandonada" era confiscada. Agora fica fácil de compreender que a escolha de localização do gueto era da maior importância para o sucesso da operação. Como regra, o local preferido para um gueto era um bairro pobre, pois dessa forma as casas, os apartamentos e os móveis melhores ficavam para trás. Porém, essa solução também apresentava dificuldades, pois os bairros pobres frequentemente eram cheios de armazéns e fábricas. Assim, descobriu-se durante a formação do gueto de Łódź que os maiores armazéns têxteis ficavam dentro das fronteiras propostas para o gueto. Naturalmente, os mercadores locais ficaram incomodados. "Não deve ter sido a intenção", escreveu um desses comerciantes, "deixar esses valores enormes no distrito do gueto. Na medida do possível, essas coisas terão de ser tomadas e guardadas em terrenos fora do gueto".[193] Quase igualmente importantes eram os cronogramas de mudança repentinos e precisos (*schlagartige*), desenhados para assustar os judeus e fazê-los deixar a maior parte de seus bens para trás. Os judeus não tinham tempo de se preparar para o transporte de todas as suas posses para o gueto, nem para encontrar espaços de armazenamento adequado nos distritos superlotados do gueto.[194]

---

190 *Verordnungsblatt des Generalgouverneurs* I, 1940, p. 23.

191 *Ibid.*, p. 31.

192 Sobre a competição não autorizada, ver carta do Brigadeführer Schäfer para a imprensa de Łódź, 17 de janeiro de 1940, *Dokumenty i materiały*, vol. 3, pp. 63-64. Schäfer autorizou os judeus a exigir papéis oficiais dos confiscadores, e chamar a polícia se necessário.

193 Memorando não assinado datado de 16 de janeiro de 1940, *ibid.*, 52-54.

194 Ver ordem do *Gouverneur* Zörner para o estabelecimento do gueto de Lublin, 24 de março de 1941, *Krakauer Zeitung*, 30 de março de 1941, p. 8. Zörner orientou os judeus a oferecerem suas propriedades em excesso à filial da Divisão de Administração em Lublin.

Durante a terceira fase dos confiscos, os escritórios de administração entraram nos guetos para administrar as propriedades ou arrancar bens. Essa fase não foi muito produtiva, porque as agências olhavam os guetos como instituições transitórias. Era obviamente mais fácil capturar tudo na liquidação do gueto do que revistá-lo em busca de propriedade escondida. É por isso que teremos que falar mais sobre os confiscos no capítulo sobre deportação.[195]

Sem dúvida a parte mais interessante do processo confiscatório foi a distribuição da propriedade a compradores. Uma característica comum a todo o processo de destruição é que era mais fácil tomar a propriedade judaica do que determinar quem ficaria com ela. Sempre houve muitas pessoas para tomar coisas gratuitas, e a Polônia não era exceção.

Os territórios incorporados em particular tiveram um enorme problema de distribuição. Esses territórios foram cenário de grandes reviravoltas. Os judeus foram enviados para os guetos, os poloneses estavam sendo expulsos e alemães do Reich – oficiais ou caçadores de fortunas – estavam chegando aos milhares. Indivíduos de etnia alemã reassentados dos estados bálticos e de Volínia também estavam vindo. Além disso, não podemos nos esquecer dos indivíduos de etnia alemã locais, que acreditavam ter direito a tudo. A distribuição das propriedades confiscadas nos territórios incorporados, portanto, era um assunto muito complexo.

As empresas judaicas e polonesas estavam sujeitas a um processo de liquidação completa. Estima-se que em 1930 os territórios incorporados abrigavam 76 mil pequenas firmas, 9 mil empresas de médio porte e 294 grandes corporações.[196] Não demorou muito para o Escritório de Administração Principal, em cooperação com as associações industriais (*Reischsgruppen*), separar o joio do trigo.

---

195 É preciso notar que também foram confiscadas propriedades polonesas. Nos territórios incorporados, os alemães confiscaram terras, imóveis, empresas e, acima de tudo, as propriedades "abandonadas" pelos poloneses que tinham sido empurrados para o *Generalgouvernement*. Ver decreto de 17 de setembro de 1940, RGBl I, 1270. No *Generalgouvernement*, propriedades polonesas estavam sujeitas a serem confiscadas apenas em casos de "necessidade política ou econômica". Ver dr. Helmut Seifert (Divisão de Administração, *Generalgouvernement*), em *Krakauer Zeitung*, 11 de outubro de 1942, p. 11.

196 "Die Haupttreuhandstelle Ost", *Frankfurter Zeitung*, 22 de fevereiro de 1941, NI-3742.

Somente na área de Łódź, 43 mil firmas não industriais foram reduzidas a 3 mil.[197] As companhias liquidadas estavam em posse de grandes estoques de matéria-prima e produtos finalizados, rapidamente encaminhados pelos canais da máquina confiscatória. As matérias-primas e os itens meios finalizados foram capturados pelo exército (*Oberbefehlshaber Ost*/Plenipotenciário para Captura de Matérias-Primas, General-major Bührmann) para serem entregues a indústrias de guerra.[198] Assim, o Exército matava dois coelhos com uma cajadada só: aliviava a falta de matérias-primas e lucrava com a venda dos materiais à indústria. Para se livrar dos produtos finalizados, o Escritório de Administração Principal Leste criou uma "Companhia de Administração e Descarte" (*Verwaltungs- und Verwertungsgesellschaft*), que, como implica seu nome, primeiro capturava e depois vendia as mercadorias dos judeus.[199]

As empresas sobreviventes foram alvo do maior interesse por parte do *Stabshauptamt für die Festigung deutschen Volkstums* (Escritório Principal de Pessoal para o Fortalecimento da Identidade Alemã), de Himmler. O *Stabshauptamt* era um dos doze escritórios da ss e da Polícia. Sua tarefa primordial era germanizar territórios recém-ocupados, reforçando os elementos alemães e encorajando o assentamento de alemães recém-chegados. Assim, o *Stabshauptamt* estava ansioso para garantir a distribuição de empresas para residentes e colonos alemães, diferentes de investidores alemães do Reich, ausentes. Assim que o Escritório de Administração Principal foi criado, o chefe do *Stabshauptamt, Brigadeführer* Greifelt, enviou um oficial de ligação (*Obersturmbannführer* Galke) a Winkler. Depois, Greifelt insistiu (com sucesso) no direito de vetar a nomeação de qualquer administrador ou a conclusão de qualquer venda.[200] (Os administradores eram frequentemente compradores interessados.) Por fim, Himmler e Winkler concordaram que indivíduos de etnia alemã deviam obter as empresas apenas pagando

---

197 "Textilzentrum Litzmannstadt", *Donauzeitung* (Belgrade), 14 de janeiro de 1942, p. 6. Ver também *Frankfurter Zeitung*, 22 de fevereiro de 1941, NI-3742.

198 Escritório do Regierungspräsident em Kalisz (assinado por Weihe) para *Oberbürgermeister* em Łódź, *Polizeipräsident* em Łódź, *Oberbürgermeister* em Kalisz, Landräte e *Regierungspräsident* Aussenstelle em Łódź (Moser), 4 de março de 1940. *Dokumenty i materiały*, vol. 3, pp. 67-68.

199 *Polizeipräsident* Schäfer (Łódź) para jornais em Łódź, 17 de janeiro de 1940. *Ibid.*, pp. 63-64.

200 Testemunho juramentado de Winkler, 15 de agosto de 1947, NO-5261.

o preço do maquinário e do estoque. Não deveriam ser pagos outros valores, nem assumidas outras dívidas.[201]

O Escritório Principal de Administração Leste estava agora em uma camisa de força. Winkler estava especialmente ansioso para se livrar da incômoda necessidade de submeter cada nomeação de administrador e cada contrato de vendas à aprovação de Greifelt, mas, para ter esse alívio, Winkler teria de pagar um preço. Em 29 de julho de 1940, ele fez um novo acordo com Greifelt, que determinava a venda de empresas de acordo com um rígido esquema de prioridade e preferência. Winkler e Greifelt criaram quatro grupos de prioridade para futuros compradores.

O Grupo I (prioridade total) era composto de alemães do Reich (*Reichsdeutsche*, cidadãos da Alemanha) e indivíduos de etnia alemã que residissem nos territórios incorporados em 31 de dezembro de 1938.

O Grupo II incluía todos os indivíduos reassentados de etnia alemã.

O Grupo III abarcava os alemães do Reich e os indivíduos de etnia alemã que tinham deixado suas residências nos territórios incorporados depois de 1º de outubro de 1918 (quando os territórios se tornaram poloneses), todos os alemães de Danzig e os alemães da Alemanha ocidental evacuados para os territórios incorporados em razão de condições de guerra.

O Grupo IV (menor prioridade) consistia em todos os outros compradores alemães interessados.

Dentro de cada grupo, a preferência era dada a soldados (*Kriegsteilnehmer*) e aos sobreviventes de etnia alemã "assassinados" pelos poloneses; depois a membros leais do partido (*bewährte*) e famílias grandes; em terceiro lugar vinham os sobreviventes de soldados caídos e, em último, todas as outras pessoas.[202]

---

201 Acordo Himmler-Winkler, 20 de fevereiro de 1940, NG-2042.

202 Acordo entre Greifelt e Winkler, 1940, NO-5149. A administração de propriedades agrícolas (polonesas e judaicas) foi transferida inteiramente ao *Stabshauptamt*. Acordo Greifelt-Winkler, NO-5149. Testemunho juramentado de Greifelt, 1º de julho de 1947, NO-4715. Imóveis poloneses e judeus no território do antigo "Estado livre" de Danzig foram confiscados pelo *Oberbürgermeister* Lippke em nome da cidade. Esse movimento foi baseado em um "decreto", a "Cidade Livre", que se prosseguiu rapidamente a 4 de septembro de 1939 (quatro dias depois da ocupação alemã). Ver

A preferência inicial para veteranos foi um pouco difícil de implementar, já que a Alemanha estava começando a lutar sua guerra. As empresas, portanto, tinham de ser reservadas para os futuros veteranos. Isso foi feito formando as chamadas *Auffanggesellschaften* (literalmente, "empresas de captura"), que tomavam as empresas judaicas e polonesas para governar e expandi-las até que os soldados voltassem das guerras. O Escritório Principal de Administração Leste injetou milhões de Reichsmarks nessas empresas, para permitir que elas exercessem suas funções de "administradoras".[203]

Os indivíduos de etnia alemã que compravam empresas também precisavam de dinheiro. Por isso, o *Stabshauptamt* criou duas instituições de crédito que operavam na esfera agrícola: a *Deutsche Ansiedlungsgesellschaft* (DAG) e a *Deutsche Umsiedlungstreuhandgesellschaft* (DUT).[204] Para outros compradores que precisavam de fundos também havia crédito nos bancos alemães. O onipresente Dresdner Bank criou uma subsidiária, a Ostbank A. G., sediada em Poznań. O Ostbank era especializado basicamente no mesmo negócio que sua empresa-mãe: a "reprivatização" de empresas polonesas e judaicas sob o cuidado de administradores.[205]

É preciso dar uma palavra sobre apartamentos e móveis, pois nos territórios incorporados havia demanda não apenas por empresas, mas por casas. Nominalmente o Escritório Principal de Administração Leste tinha controle completo de apartamentos vagos e do que havia dentro deles; na verdade, a autoajuda teve um papel considerável no processo de distribuição. Obviamente os alemães e poloneses ejetados dos locais propostos para os guetos tiveram de se mudar para apartamentos judeus vagos. Os reassentados também queriam encontrar logo um lugar. Oficiais saquearam as melhores casas judaicas para mobiliar seus novos escritórios. Para manter a ordem, funcionários civis locais foram mais tarde orientados a relatar suas posses de mobílias judaicas ao Escritório Principal de Administração

---

memorando de Maass (Ministério das Finanças), 14 de agosto de 1941, sobre reunião de Danzig de 27 de maio de 1941, NG-1669.

203 Na Alta Silésia, a Auffanggesellschaft für Kriegsteilnehmerbetriebe im Regierungsbezirk Kattowitz, GmbH recebeu uma soma inicial de RM 5 milhões. *Krakauer Zeitung*, 23 de março de 1941, p. 14.

204 Testemunho juramentado do *Standartenführer* Herbert Hübner (representante do *Stabshauptamt* em Warthegau), 29 de maio de 1947, NO-5094.

205 Relatório de 1941 do Ostbank para acionistas, NI-6881.

Leste.[206] As mobílias restantes, confiscadas pelo Escritório, seriam distribuídas de acordo com o mesmo critério aplicado às empresas. Esses móveis foram simplesmente incluídos no acordo Winkler-Greifelt.[207]

A máquina confiscatória no *Generalgouvernement* era tão ágil quanto a dos territórios incorporados. Em menos de dois anos, 112 mil empresas comerciais judaicas foram cortadas a apenas 3 mil consideradas valiosas para se reter.[208] As firmas alemãs do Reich, prontas para engolir todos os *Objekt* de valor na Polônia, parecem ter estado à frente das tomadas. Já em julho de 1939, mais de um mês antes da eclosão da guerra, a I. G. Farben preparara um relatório intitulado "As mais importantes empresas químicas na Polônia".[209] A natureza das arianizações subsequentes é revelada por uma estatística para o distrito de Varsóvia indicando que, durante o verão de 1942, um total de 913 empresas não agrícolas estavam sendo administradas por 208 *trustees*, dos quais 70 eram alemães do Reich, 51 eram indivíduos de etnia alemã, 85 eram poloneses, um era russo e um era ucraniano.[210] O destino da vasta maioria dos negócios judeus era a liquidação. A maior parte desapareceu após os primeiros seis meses de governo alemão e, durante a formação do gueto, as lojas que tinham ficado do lado ariano seriam fechadas.[211]

Uma situação nova foi introduzida na administração de imóveis judeus confiscados pelo Estado, mas não vendidos para interessados particulares. Na cidade

---

206 *Staatssekretär* Stuckart para *Regierungspräsidenten* nos territórios incorporados, 12 de junho de 1940, NG-2047.

207 Documento NO-5149.

208 Informationsdienst der Gruppe Handel in der Hauptgruppe Gewerbliche Wirtschaft und Verkehr in der Zentralkammer für die Gesamtwirtschaft im GG, 7 de abril de 1944, Polen 75027/4. Arquivo em Federal Records Center, Alexandria, Virginia, após a guerra.

209 Relatório da I. G. Farben, 28 de julho de 1939, NI-9155. Apenas uma dessas empresas, a de dr. M. Szpilfogel, era de um judeu. Para sua aquisição rápida pela I. G., ver os documentos NI-8457, NI-2749, NI-1093, NI-8380, NI-1149, NI-8373, NI-8397, NI-8378, NI-707, NI-8388, NI-7371, NI-6738 e NI-7367.

210 *Gouverneur* do distrito de Varsóvia (Fischer) para o *Staatssekretär* do *Generalgouvernement*, relatório para junho e julho de 1942, datado de 15 de agosto de 1942, pp. 12-13, Occ. E 2-3.

211 Sobre as primeiras liquidações em Varsóvia, ver Boletim Estatístico Nº 1 do Conselho Judaico, 3 de maio de 1940, em Datner, "Działalność", *Biuletyn* 73 (janeiro-março de 1970): 107. Sobre os fechamentos resultantes da formação de gueto, ver anúncio do *Stadthauptmann* dr. Wendler da Częstochowa, sem data, microfilme Yad Vashem JM 1489.

de Varsóvia, 4 mil casas de propriedade de judeus tinham sido expropriadas de ambos os lados da fronteira do gueto. Fora do gueto, os imóveis estavam sob os cuidados de 241 "plenipotenciários" alemães, que por sua vez mandavam em 1.200 "administradores" poloneses. Dentro do gueto, a administração consistia em 25 "plenipotenciários principais" alemães, 57 "plenipotenciários judeus" e 450 "administradores de imóveis" judeus.[212] Locatários em apartamentos que estavam nas mãos de administradores pagavam seus aluguéis ao Escritório de Administração, que desembolsava quantias variadas em salários, impostos, serviços, seguro, pequenos reparos, juros de hipoteca e "adiantamentos" para coproprietários arianos.[213] Em abril de 1941, porém, o escritório só conseguiu coletar 60% dos aluguéis devidos.[214]

Nos negócios sujeitos à liquidação completa havia o problema de descarte de seu estoque. A administração do *Generalgouvernement* resolveu esse problema instalando em cada cidade ou distrito rural um atacado alemão ou firma de importação "confiáveis" com total autoridade para vender os bens, garantindo que nada acabasse indo para o mercado negro.[215]

Os lucros provenientes da venda de propriedades judaicas na Polônia certamente não foram esmagadores,[216] e as agências alemãs, insatisfeitas com a pi-

---

212 *Die Judenfrage,* 10 de março de 1941, p. 35.

213 Relatório do Escritório de Administração(*Abteilung Treuhand-Aussenstelle*),distrito de Varsóvia, para outubro de 1940, 8 de novembro de 1940, microfilme Yad Vashem JM 814.

214 *Distriktchef* em Varsóvia (Fischer) para *Staatssekretär* do *Generalgouvernement*, relatório de 12 de maio de 1941, para o mês de abril. O número comparável para a Varsóvia ariana era 80%. Primeiras dezenove páginas do documento original em posse de Jack J. Silverstein, em Tallahassee, Flórida. Cortesia do Sr. Silverstein.

215 Resumo de comentários do *Ministerialdirigent* dr. Emmerich em reunião sobre economia do *Generalgouvernement* presidida por Frank, 31 de outubro de 1940, Diário de Frank, PS-2233. Ver também relatório do Escritório de Administração de Varsóvia, 8 de novembro de 1940, microfilme Yad Vashem JM 814. Os lucros advindos da venda de estoque eram depositados em três contas, creditados ao escritório e marcados como recibos do descarte de tecidos, couro e peles de judeus, respectivamente.

216 Segundo Winkler, o Escritório Principal de Administração Leste coletou RM 1,5 trilhão, mas esse número inclui o valor de propriedades tanto judaicas quanto polonesas, e não dá pista sobre os confiscos no *Generalgouvernement*. Testemunho juramentado de Winkler, 9 de setembro de 1947, NI-10727.

lhagem, suspeitaram que os judeus tivessem escondido a maior parte de seus bens valiosos nos recônditos do gueto. Logo, os confiscos não acabaram nem depois da criação dos guetos. Os conselhos eram frequentemente chamados para cobrir os custos da supervisão alemã. Assim, em Łódź o gueto teve de financiar a *Gettoverwaltung*,[217] e em Varsóvia, Czerniaków recebeu contas altíssimas para o muro construído pela empreiteira alemã Schmidt & Münstermann, Tiefbaugesellschafr mbH.[218] "Requisições" dos guetos para várias necessidades oficiais alemãs eram outro procedimento comum. A Divisão Econômica do *Judenrat* do gueto de Varsóvia, por exemplo, regularmente entregava itens comuns como toalhas e lençóis.[219] Quando os exércitos alemães estavam prestes a enfrentar seu primeiro inverno na frente russa em dezembro de 1941, a ss e a Polícia ordenaram a entrega de todas as peles em posse dos judeus para postos de coletas especiais nos guetos.[220] Enormes filas foram então formadas no gueto de Varsóvia, com toda a equipe burocrática do conselho envolvida na contagem de casacos, estofamentos, peles e estolas.[221] Do lado alemão, o processamento levou muito tempo e, como

---

217 Trunk, *Judenrat*, pp. 282-83.

218 *Ibid.*, p. 245. As cobranças cumulativas da Schmidt & Münstermann, somando mais de 1,3 milhão de Reichsmarks de 1941 a 7 de julho de 1942, estão detalhadas no extrato de 8 de julho de 1942. Zentrale Stelle Ludwigsburg (Akten Auerswald), Polen 365d, p. 303. Ver também entradas de Czerniaków em 2 de dezembro de 1941 e 13 de janeiro de 1942, em Hilberg, Staron e Kermisz, eds., *Warsaw Diary*, pp. 304, 314-15.

219 Ver certificado de entrega nº 200 de Izrael First (Divisão Econômica) para *Kommissar*, 20 de junho de 1942, microfilme Yad Vashem JM 1112.

220 Auerswald para Líder da ss e da Polícia em Varsóvia, 27 de dezembro de 1941, em Zentrale Stelle Ludwigsburg, Polen 365d, pp. 288-89. Auerswald relatou que Czerniaków, pedindo isenções, tinha dito a ele que em Radom membros do conselho, médicos e membros do *Ordnungsdienst* judeu não tinham de entregar suas peles, e que em Łódź havia sido prometido pagamento em forma de entrega de alimentos. Por outro lado, Czerniaków (segundo Auerswald) tinha apontado, de forma a cooperar, que os judeus tentariam esconder peles com os poloneses, e aconselhado Auerswald a espalhar boatos de que os poloneses também teriam de entregar as peles.

221 Ver entradas de Czerniaków de 25 de dezembro 1941 até 5 de janeiro de 1942, em Hilberg, Staron e Kermisz, eds., *Warsaw Diary*, pp. 390-12, e entradas subsequentes, *passim*. O chefe de polícia judeu, Szeryński, foi preso sob suspeita de separar peles para guardá-las com oficiais de polícia poloneses. Ver entrada de Czerniaków em 2 de maio de 1942, *ibid.*, p. 349.

consequência, grandes quantidades de pele permaneceram empilhadas em um armazém central na Cracóvia até 23 de março de 1942 – começo da primavera.[222]

Além desses confiscos organizados, havia tentativas esporádicas de remover dos guetos quase tudo que não fosse volumoso e pudesse ter algum valor. Já em 1940 várias agências se ocuparam da tarefa de "descobrir" tesouros escondidos do gueto. Essas atividades levaram a acusações de "sabotagem" e "corrupção". Em Łódź, um destacamento da Polícia Criminal se posicionou dentro do gueto. Desse posto privilegiado, o destacamento pegava tantos bens, ouro e valores que o *Gettoverwaltung* reclamou de "sabotagem".[223] Em 23 de outubro de 1940, a Polícia Criminal e o *Gettoverwaltung* entraram em um acordo que dizia que todos os bens confiscados pelo destacamento no gueto seriam entregues ao *Gettoverwaltung* – que, por sua vez, declarou que não teria objeções se o pessoal da Polícia Criminal "refletisse" sobre certos itens e desejasse comprá-los pelos preços estimados.[224]

A ss e a Polícia não tiveram tanta consideração quando estiveram do outro lado. Himmler odiava falhas, e a falha que ele odiava mais que todas era a corrupção. Em 25 de março de 1942, Himmler, Bormann e Lammers se encontraram com Frank para discutir informalmente (*kameradschaftlich*) algumas questões problemáticas (*Fragenkomplexe*). O propósito dessa discussão era resolver esses problemas "sem perturbar o Führer com essas coisas". Violentamente na defensiva, Frank falou "de maneira teatral" sobre seu trabalho e sobre corrupção. Supostamente, ele era o principal responsável por fomentar a corrupção (*Oberkorruptionist*). Contudo, não ia aceitar essas acusações. Himmler, então, falou de forma a desmerecer todo o governo do *Generalgouvernement* e comentou que havia sido criada uma situação "impossível" por causa de compras feitas por indivíduos particulares nos guetos. Himmler continuou, apontando que a *Fräulein* Frank, a irmã do *Generalgouverneur*, tinha pessoalmente conduzido as negociações com os judeus, que o "castelo" (a sede de Frank) estava lotado de itens do gueto, que esses itens tinham sido obtidos a preços "arbitrários" e assim por diante. Depois, Himmler mencionou a "imensa

---

222 Ver correspondência em Akten Auerswald, Zentrale Stelle Ludwigsburg, Polen 365d, pp. 286-97.

223 Memorando do *Kriminaloberassistent* Richter, sem data (provavelmente outono de 1940), *Dokumenty i materiały*, vol. 3, pp. 96-98.

224 Memorando do *Kriminaldirektor* Zirpins (chefe da Polícia Criminal em Łódź) sobre sua discussão com Biebow, 23 de outubro de 1940, *ibid.*, pp. 100-101.

corrupção" (*Riesenkorruption*) do *Gouverneur* Dr. Lasch, de Radom, e Frank contra--argumentou exigindo a retirada de Globocnik, Líder da ss e da Polícia, de Lublin.[225] No ínterim, os escritórios de administração esperavam pelo segundo e maior saque ao sistema de guetos. Eles ficariam decepcionados.

Exploração de trabalho

O processo expropriatório na Polônia teve três componentes. Como os judeus poloneses eram um povo pobre, os confiscos eram, do ponto de vista fiscal e geral, a parte menos importante das expropriações. Para os alemães, a importância econômica dos judeus poloneses estava expressa em seus números: 2,5 milhões de pessoas são um fator produtivo relevante. Isso era especialmente verdadeiro na Polônia, onde os judeus constituíam uma porcentagem alta da força de trabalho especializada disponível.

O impacto inicial da guerra na Polônia tinha produzido um grande aumento no desemprego. A economia toda foi afetada. Assim, no começo da ocupação, 2.150.000 pessoas estavam sem trabalho, enquanto 6.420.000 (incluindo desempregados e seus dependentes) foram diretamente afetadas pela reviravolta.[226] Não havia necessidade de um sistema de trabalho forçado durante esse período, mas, para os alemães, a visão de milhares de judeus "vadiando" (*herumlungernde Juden*) era um desafio que tinha de ser enfrentado imediatamente. Mesmo durante as primeiras semanas da ocupação, oficiais militares e civis capturavam judeus nas ruas e forçavam-nos a limpar lixo, encher as trincheiras antitanques, varrer a neve e fazer outras tarefas emergenciais.[227]

Em 26 de outubro de 1939, o governo do *Generalgouvernement* estabeleceu o trabalho forçado como princípio geral. Um decreto dessa data dizia que os judeus estavam sujeitos ao trabalho forçado em "tropas de trabalho forçado" (*Zwangsarbeitertroups*).[228] As tropas de trabalho forçado, ou colunas judaicas (*Judenkolonnen*), foram a primeira forma de utilização de trabalho na Polônia. Sem-

---

225 Memorando de Himmler, 5 de março de 1942, NG-3333.

226 Relatório da Inspetoria de Economia de Armamentos Ober-Ost (compreendendo toda a Polônia ocupada), 28 de outubro de 1939, Wi/ID 1.49.

227 *Krakauer Zeitung*, 4-5 de fevereiro de 1940, página do *Generalgouvernement*; 19-20 de maio de 1940, página do *Generalgouvernement*.

228 *Verordnungsblatt des Generalgouverneurs*, 1939, p. 6.

pre que determinada agência necessitava dos judeus, eles eram capturados na rua, organizados em colunas e colocados para trabalhar. Ao fim do dia de trabalho, eram liberados, e no dia seguinte o procedimento começava de novo.[229]

Em Varsóvia, o *Judenrat* colocou os recrutamentos forçados na rua como um dos primeiros itens da pauta. O conselho criou um batalhão de trabalho que estaria à disposição dos alemães conforme necessário.[230] Krüger validou essa medida assinando um decreto em 2 de dezembro de 1939, empoderando todos os *Judenräte* a organizar colunas de trabalho forçado.[231] A força média diária do batalhão de trabalho de Varsóvia era de 8 a 9 mil trabalhadores.[232] A Organisation Todt (a agência do Reich responsável pelas construções) foi uma grande beneficiária desse batalhão. A agência do Reich, criada no ano anterior quando Fritz Todt, Inspetor Geral de Estradas, ganhou o poder de montar uma linha de defesa no oeste, entrou na Polônia ocupada em 1939 para restaurar o movimento nas estradas e temporariamente dominar todo o sistema de transportes em Varsóvia.[233] Durante o inverno o batalhão tornou-se, para todos os fins práticos, o departamento de remoção de neve e limpeza das ruas na cidade.[234]

Os alemães aparentemente receberam bem o sistema. A partir de então, cada escritório que precisasse de trabalho expressaria esse desejo ao *Judenrat*, direta ou indiretamente, por meio da polícia, do *Kreishauptmann* competente ou do *Stadthauptmann* local. Sobre as escrivaninhas dos oficiais do *Judenrat*,

---

229 Nada mais era considerado viável na época. Ver relatório de Krüger em reunião do *General-gouvernement* de 8 de dezembro de 1939, diário de Frank, PS-2233.

230 Entradas de Czerniaków em 19-20 de outubro e 2 de novembro de 1939, em Hilberg, Staron e Kermisz, eds., *Warsaw Diary*, pp. 84, 86-87.

231 *Verordnungsblatt des Generalgouverneurs*, 1939, pp. 246-48.

232 Czerniaków para Plenipotenciário do Chefe de Distrito para a Cidade de Varsóvia (Leist), 21 de maio de 1940, microfilme Yad Vashem JM 1113.

233 Franz W. Seidler, *Die Organisation Todt* (Bonn, 1998), pp. 15, 27. Todt depois liderou o novo Ministério de Produção de Guerra, ao mesmo tempo que continuou dono da organização que levava seu nome. O Escritório de Planejamento da Organisation Todt era liderado por Xaver Dorsch. Todt morreu em um acidente de avião em fevereiro de 1942, e foi sucedido em todas as suas funções por Albert Speer.

234 Entrada de Czerniaków em 3 de março de 1940, em Hilberg, Staron e Kermisz, eds., *Warsaw Diary*, p. 123.

gráficos com linhas retas indo diagonalmente para cima indicavam a utilização crescente das colunas de trabalho forçado.[235] Uma testemunha alemã relata: "Hoje no *Generalgouvernement* é possível ver tropas judaicas, pás no ombro, marchando sem nenhuma escolta alemã pelo interior do país. À frente da coluna marcha também um judeu".[236] O *Generalgouverneur* Frank elogiou os judeus de forma condescendente por sua diligência, como se ele tivesse sido responsável por eles se corrigirem: "Eles trabalham muito bem [*sehr brav*], sim, são até ávidos [*ja sie drängen sich dazu*], e sentem-se recompensados quando têm permissão de trabalhar no 'castelo'. Aqui não conhecemos o típico judeu do leste; nossos judeus trabalham".[237]

Ainda assim, alguns problemas persistiam. Algumas agências ignoraram o novo sistema e continuaram a capturar judeus nas ruas.[238] Na cidade de Tarnów, um administrador de duas firmas expressou indignação ao *Stadtkommissar* depois que o conselho judaico o deixou sem funcionários judeus especializados, enviados para o trabalho forçado. Não fazia sentido, disse ele, que seus trabalhadores fossem levados enquanto milhares de judeus desempregados ainda estavam "vadiando".[239] O líder da ss e da Polícia no *Generalgouvernement*, Krüger, já tinha proposto, em 1939, a criação de um instrumento de controle na forma de um *Zentralkartei*, um registro central que listasse todos os judeus e sua ocupação, idade, sexo e outras estatísticas importantes.[240] Por trás desse plano, porém, es-

---

235 Ver relatório do dr. Dietrich Redecker sobre o *Judenrat* da Cracóvia em *Krakauer Zeitung*, 13 de março de 1940.

236 "Die Juden im Generalgouvernement", *Die Judenfrage*, 1º de agosto de 1940, pp. 107-8.

237 Transcrição textual de entrevista de Frank com o correspondente Kleiss, do *Völkischer Beobachter*, 6 de fevereiro de 1940, diário de Frank, ps-2233.

238 Ver carta do *Stadthauptmann* Schmid, da Cracóvia, para *Judenrat* da Cracóvia, 8 de maio de 1940, em *Gazeta Zydowska* (Cracóvia), 23 de julho de 1940. Schmid pediu que o *Judenrat* denunciasse todos os casos de apreensões selvagens para o trabalho.

239 Administrador das firmas Gans & Hochberger e Josef Ketz (assinado por Walter Tidow) para *Stadtkommissar* Eckert (alternadamente escrito Ekert nos registros), 31 de maio de 1940, Arquivos do Museu Memorial do Holocausto dos Estados Unidos, Grupo de Registro 15.020 (Arquivos do Estado Polonês em Tarnów), Rolo 8. *Stadtkommissar* para Tidow, 4 de junho de 1940, dizendo que se o Líder da ss e da Polícia tinha chamado os judeus para o trabalho forçado, Tidow teria que pedir que o *Kreishauptmann* em Tarnów interviesse para liberá-los. *Ibid.*

240 Krüger no resumo de reunião de 8 de dezembro de 1939, diário de Frank, ps-2233.

tava o desejo de Krüger de controlar todo o sistema de trabalho forçado. Frank não concedeu jurisdição especial para a ss e a Polícia. Ele concordou apenas que, nas questões de aquisição de mão de obra o *Stadthauptmann* e o *Kreishauptmänner* trabalhariam "em contato íntimo" com a Polícia de Segurança.[241]

Dali em diante, os escritórios de trabalho locais estariam no controle. Eles, e não os conselhos judaicos, selecionariam todos os trabalhadores. Seria dada prioridade ao emprego regular de judeus, e o trabalho forçado seria reservado para grandes projetos.[242] Os judeus não deviam ser usados para tarefas de limpeza ou auxiliares a não ser que fossem fisicamente incapazes de executar trabalhos ao ar livre ou de cavar.[243] Perto do fim de 1940, a Divisão Principal de Trabalho do *Generalgouvernement* começou a compilar o *Zentralkartei*,[244] mas esse projeto era apenas um exercício teórico.

As colunas eram uma forma barata de mão de obra. Os pagamentos feitos por empregadores alemães, quando existiam, eram erráticos. Na Cracóvia o governo municipal fez um pequeno reembolso ao conselho judaico pela utilização do trabalho,[245] e em Varsóvia, durante a primavera de 1940, um grande empregador alemão, o exército alemão Rittmeister Schu, cuja organização coletava sucata, declarou que não queria escravos (*Sklaventum*) e acabou pagando a Czerniaków

---

241 A exigência surgiu novamente na reunião na qual o Comandante da Polícia de Segurança, Streckenbach, pediu para controlar os *Judenräte*. Resumo de reunião de 30 de maio de 1940, diário de Frank, PS-2233.

242 Escritório do trabalho em Tarnów para *Kreishauptmann, Stadtkommissar* e outros, 25 de julho de 1940, Arquivos do Museu Memorial do Holocausto dos Estados Unidos, Grupo de Registro 15.020 (Arquivos do Estado Polonês em Tarnów), Rolo 8.

243 Diretiva Circular da Divisão de Trabalho do *Generalgouvernement* (assinada por Frauendorfer), 20 de agosto de 1940, *ibid*. Independentemente desses regulamentos, o *Gouverneur* Lasch, do distrito galiciano, recém-anexado em 1941, teve a oportunidade de reclamar que os judeus eram capturados sem levar em consideração seus empregos em empresas importantes, que seus cartões de identidade eram levados, e que eles eram mal aproveitados em trabalhos na rua. Lasch para escritórios do trabalho no distrito, 28 de novembro de 1941, Arquivos Lvov Oblast, Fundo 35, Opis 12, Pasta 76.

244 *Reichshauptamtsleiter* dr. Frauendorfer, "Aufgaben und Organisation der Abteilung Arbeit im Generalgouvernement", *Reichsarbeitsblatt,* 1941, pt. 5, pp. 67-71.

245 Trunk, *Judenrat,* p. 256.

a quantia diária de 2 zloty por trabalhador.[246] Assim, o principal responsável por arcar com a folha de pagamento das colunas de trabalho ficou sendo o conselho, que tentou resolver o problema impondo sobretaxas e taxas de registro para todos, bem como instituindo pagamentos de isenção trabalhista, cobrados de homens fisicamente aptos registrados que quisessem comprar sua liberdade por (no caso de Varsóvia) valores entre 60 e 100 zloty mensais, com descontos para pessoas "socialmente ativas" ou que passavam por necessidades.[247]

Durante o verão de 1940, o chefe da Divisão Principal de Trabalho no *Generalgouvernement*, Frauendorfer, ordenou que trabalhadores judeus recebessem 80% dos salários correntes na Polônia. Em uma reunião dos representantes do *Generalgouvernement* e oficiais de trabalho dos distritos, presidida por ele, essa política foi criticada por remunerar demais os judeus. Frauendorfer defendeu o princípio dizendo que era essencial manter a força física (*Arbeitskraft*) dos judeus,[248] mas sua ação recebeu oposição também no nível local. No distrito de Puławy (Lublin) o exército substituiu seus judeus por poloneses,[249] e em Częstochowa o *Stadthauptmann* afirmou que ninguém conseguia entender por que os conselhos judaicos, ou "os judeus em geral" (*die Juden in ihrer Gesamtheit*), não tinham mais meios para pagar os trabalhadores forçados. Na opinião dele, não era o caso em Częstochowa. Consequentemente, ele supôs que a diretiva podia "variar" localmente, e agiu de acordo com essa suposição.[250]

------

246 Ver entradas de Czerniaków em 13 de novembro de 1939 e 10 e 24 de maio de 1940, em Hilberg, Staron e Kermisz, eds., *Warsaw Diary,* pp. 89, 148, 153.

247 Czerniaków para Leist, 21 de maio de 1940, microfilme Yad Vashem JM 1113. Sobre pagamentos de isenção na Cracóvia, em Łódź e em Lublin, ver Trunk, *Judenrat,* pp. 250, 252, 253.

248 Resumo, datado de 9 de agosto de 1940, da reunião do *Generalgouvernement* sobre trabalho judeu de 6 de agosto, documento Yad Vashem 06/11.

249 Relatório de *Kreishauptmann* Brandt referente a agosto de 1940, 10 de setembro de 1940, microfilme Yad Vashem JM 814.

250 Relatório para agosto de 1940, pelo *Stadthauptmann* da Częstochowa (Wendler), 14 de setembro de 1940, JM 814. Em Skalat, Galícia, foi o presidente local regional (*Bezirksvorsteher*) Zukowski que não fez pagamentos ao conselho judaico segundo as taxas por hora prescritas. Ele recebeu um lembrete para fazê-lo do especialista do *Kreishauptmann* em questões econômicas judaicas, Palfinger (in Stanisławów), em 30 de setembro e 23 de outubro de 1941. Arquivos do Museu Memorial do Holocausto dos Estados Unidos, Número de Catalogação 1997 A 0194 (Arquivos Ternopil Oblast), Rolo 2, Fundo 205, Opis 1, Pasta 12.

Na Alta Silésia, Himmler alocou um plenipotenciário para trabalho não alemão, Schmelt, que tentou encher fábricas ociosas com trabalhadores judeus desempregados. Quando os conselhos judaicos falharam em recrutar os judeus, Schmelt escreveu para o *Regierungspräsident Springorum* dizendo que tinha garantido apoio aos conselhos e que o judeu que não seguisse as instruções do conselho seria enviado ao campo de concentração de Auschwitz ou receber outro tipo de tratamento.[251] Cerca de sete meses mais tarde, colunas de trabalho com 10 mil judeus foram canalizadas para indústrias. Nessas indústrias, os judeus trabalhavam segregados dos funcionários não judeus, por 70% do salário normal, sob a supervisão de um capataz judeu que recebia um pouco melhor. Como explicou Schmelt a uma delegação eslovaca visitante, o capataz que não atingisse as cotas de produção era demovido a trabalhador comum. Logo, disse, eles lideravam os trabalhadores judeus com "meios brutais".[252]

As colunas foram a primeira forma de utilização de mão de obra. Elas eram adequadas apenas para trabalhos emergenciais do dia a dia e para alguns projetos de construção. Conforme o tempo passava, cresceu das colunas um tipo novo e mais permanente de trabalho forçado, os campos de trabalho,[253] criados com o objetivo de empregar judeus em maior escala e em projetos maiores. A primeira proposta para um projeto de grande escala veio de Heinrich Himmler, o que é significativo. Em fevereiro de 1940, ele sugeriu ao comandante-em-chefe do Exército, von Brauchitsch, a construção de uma enorme trincheira antitanques ao longo das

---

251 Schmelt para Springorum, 1º de novembro de 1940, Museu Memorial do Holocausto dos Estados Unidos, Grupo de Registro de Arquivos 15.033 (Glowna Komisja Badania, Coleção Sosnowiec), Rolo 1.

252 Relatório do *Hauptsturmführer* Wisliceny, 12 de julho de 1941, T 175, Rolo 584. Seis meses mais tarde, Schmelt também capturou forçosamente mulheres judias para trabalhar. Schmelt para Merin (Presidente do Conselho Judaico em Sosnowiec), 15 de janeiro de 1942, *Faschismus-Getto-Massenmord*, p. 232.

253 As colunas de trabalho continuaram a existir mesmo depois do fechamento dos guetos. Em vários guetos eram emitidos passes que permitiam que as colunas saíssem e retornassem todos os dias. Ver artigo em *Krakauer Zeitung* intitulado "Jüdisches Wohnviertel auch in Kielce", 8 de abril de 1941, p. 6. Além das colunas de trabalho, um punhado de indivíduos era empregado em instalações fora do gueto, em algo conhecido como *Kleineinsatz* (utilização de mão de obra em pequena escala). Ver memorando do Militärbefehlshaber im Generalgouvernement/Chef des Generalstabes, 15 de outubro de 1942, NOKW-132.

recém-formadas fronteiras do leste, que davam de frente para o Exército Vermelho. Para a construção dessa linha, Himmler sonhava usar todos os judeus poloneses.[254]

Durante o planejamento posterior, a linha de Himmler foi levemente reduzida. A trincheira estava confinada ao vão Bug-San, um trecho do território onde não havia um rio para segurar o avanço vermelho. O projeto exigiu o emprego não de milhões de judeus, como ele tinha inicialmente imaginado, mas de apenas alguns milhares. Foram criados campos de trabalho em Bełżec, Płaszów e alguns outros locais. Em outubro de 1940 o projeto estava chegando ao fim.[255]

A linha de Himmler, porém, foi só o começo. O governo do distrito de Lublin lançou um projeto enorme de retificação e canalização de rio que usou 10 mil judeus em 45 campos (o diretor geral era o *Regierungsbaurat* Haller).[256] No distrito de Varsóvia um programa parecido foi iniciado em 1941, exigindo cerca de 25 mil judeus.[257] Ao fim de 1941, o plenipotenciário da Alta Silésia, Schmelt, tinha empregado 5 mil judeus em trabalhos pesados por 50 pfennig por dia, na rodovia Gleiwitz-Oppeln.[258] A certo ponto, os campos de trabalho espalhavam-se por toda a paisagem da Alta Silésia. O maior campo silesiano, com 3 mil prisioneiros judeus, estava em Markstädt.[259] Warthegau também tinha grandes planos para o "emprego externo" (*Ausseneinsatz*) de judeus e, em 1940, foram criados campos em Pabianice e Löwenstadt (Brzeziny).[260]

---

254 Diário de Halder, 5 de fevereiro de 1940 e 24 de fevereiro 1940, NOKW-3140.

255 *Gouverneur* de Lublin/Divisão do Interior/População e Assistência Social para Divisão Principal de Interior/População e Assistência Social do *Generalgouvernement* (aos cuidados do dr. Föhl), 21 de outubro de 1940. *Dokumenty i materiały*, vol. I, pp. 220-21.

256 *Krakauer Zeitung*, 17 de dezembro de 1940, página do *Generalgouvernement*. Esses judeus estavam trabalhando de oito a dez horas por dia, em pé, sem botas e com água infestada de parasitas até o joelho. Relatório do *Judenrat* de Varsóvia/Referat Arbeitslager, fim de 1940, em Jüdisches Historisches Institut, *Faschismus-Getto-Massenmord*, pp. 218-20. Os judeus de Varsóvia foram enviados para Lublin.

257 *Krakauer Zeitung*, 18 de abril de 1941, p. 5.

258 Relatório de Wisliceny, 12 de julho de 1941, T 175, Rolo 584.

259 Testemunho juramentado de Rudolf Schönberg (sobrevivente judeu), 21 de julho de 1946, PS-4071.

260 Escritório do *Regierungspräsident* em Łódź (assinado pelo *Regierungsrat* von Herder) para *Gettoverwaltung* em Łódź, 28 de outubro de 1940, incluindo resumo de reunião presidida por Moser em 18 de outubro de 1940. *Dokumenty i materiały*, vol. 3, pp. 102-4.

No início os prisioneiros dos campos só eram usados em projetos ao ar livre, como cavar trincheiras antitanque, canalizar e retificar rios, construir estradas e ferrovias, e assim por diante. Mais tarde, as empresas industriais também entraram em alguns dos campos e outros foram construídos perto de grandes fábricas. O campo de trabalho, então, tornou-se uma instituição permanente, não mais dependente de projetos.

Como as colunas de trabalho, os trabalhadores judeus dos campos eram recrutados pelos *Judenräte*.[261] Os grupos montados nos campos eram completos, incluindo "supervisores" (*Aufseher*) e "líderes de grupo" (*Judengruppenführer*). Além disso, o comportamento adequado do trabalhador forçado era garantido por meio de um registro dos membros da família que ele deixara para trás. Seguindo essa política de reféns, o governo alemão em Łódź decidiu que o "emprego externo" seria reservado primariamente para chefes de família.[262] Consequentemente, não foi necessário desviar grandes forças policiais para guardar os campos e os grupos de trabalho judeus. A fraca força regular da ss e da Polícia foi suplementada por auxiliares de polícia alemães,[263] guardas contratados da *Wach- und Schliessgesellschaft* (Associação de Seguranças),[264] homens da sa, homens do Exército, membros da Organisation Todt[265] e capatazes poloneses.[266]

---

261 Entradas de Czerniaków, 6 e 28 de setembro de 1940, em Hilberg, Staron e Kermisz, eds., *Warsaw Diary*, pp. 194, 202.

262 Von Herder para *Gettoverwaltung*, 28 de outubro de 1940, incluindo resumo de reunião de 18 de outubro de 1940. *Dokumenty i materiały*, vol. 3, pp. 102-4. Estavam presentes na reunião o *Regierungsvizepräsident* dr. Moser, *Regierungsrat* Baur, *Polizeipräsident* Albert, *Bürgermeister* dr. Marder, dr. Moldenhauer, chefe do *Gettoverwaltung* Biebow e *Regierungsrat* von Herder.

263 *Krakauer Zeitung*, 17 de dezembro de 1940, página do *Generalgouvernement*. Auxiliares de etnia alemã no *Generalgouvernement* eram organizados na *Selbstschutz* (força de autodefesa), que estava sob comando da bdo (Polícia de Ordem), e no *Sonderdienst* (Serviço Especial), originalmente controlado pelo *Kreishauptmänner* mas mais tarde dominado pelo comandante da Polícia de Ordem. *Ibid.*, 21 de maio de 1940, 16 de agosto de 1940, 9 de abril de 1941, página do *Generalgouvernement*; diário de Frank, ps-2233. O projeto da linha de Himmler era guardado parcialmente pelo *Sonderkommando Dirlewanger*, uma unidade especial da ss composta pelos não confiáveis. Globocnik para Berger, 5 de agosto de 1941, no-2921.

264 Memorando do Ministério do Trabalho, 9 de maio de 1941, ng-1368.

265 Testemunho juramentado de Schönberg (sobrevivente), 21 de julho de 1946, ps-4071.

266 *Krakauer Zeitung*, 17 de dezembro de 1940, página do *Generalgouvernement*.

O custo dos campos de trabalho era muito baixo. Suas instalações sanitárias eram "naturalmente bastante primitivas (*natürlich ziemlich primitiv*).[267] Os homens dormiam em habitações superlotadas, sobre o chão frio. Não foram entregues roupas. A comida, em alguns campos, era fornecida pelo *Judenrat* mais próximo, e em outros pela administração civil, mas os ingredientes principais da dieta dos trabalhadores eram apenas pão, sopa aguada, batatas, margarina e sobras de carne.[268] Trabalhando do nascer ao pôr do sol sete dias por semana, os judeus caminhavam para o colapso. Um sobrevivente relata que até campos pequenos, com não mais que quatrocentos a quinhentos prisioneiros, tinha aproximadamente doze mortes por dia.[269]

Os aspectos financeiros dos campos não eram muito complicados. As agências do Reich não precisavam pagar salários, e, assim, os empregadores públicos estavam livres para explorar seus trabalhadores judeus sem limites. Empresas privadas não tinham "direito" ao trabalho judeu. No *Generalgouvernement*, essas empresas só entraram nos campos de trabalho em 1942. Nos territórios incorporados, os Administradores de Trabalho do Reich (um em cada *Reichsgau*) orientavam as companhias a pagar salários consideravelmente menores que os salários vigentes para trabalhadores alemães. Nem mesmo o salário reduzido, porém, era pago integralmente ao prisioneiro judeu; a maior parte do dinheiro era mantida pelos escritórios regionais do Reich para a "manutenção" dos campos. Como regra, o *Reichsstatthalter* e o *Oberpräsident* lucravam com a transação.[270]

Como o trabalho no campo era muito barato, nem sempre ocorria à burocracia mandar os trabalhadores judeus de volta aos guetos no fim de um projeto. Muitos trabalhadores de campos nunca mais viram sua comunidade. Quando o trabalhador não era mais necessário em um campo, era simplesmente enviado para outro. Um relatório de um oficial local de Lublin revelou a atitude da burocracia em relação aos campos de trabalho judeu. Em outubro de 1940, o campo de

---

267 Relatório relativo a agosto de 1940, pelo *Kreishauptmann* Weihenmaier, de Zamość (distrito de Lublin), 10 de setembro de 1940, microfilme Yad Vashem JM 814.

268 Relatório de viagem de inspeção a Bełżec pelo Major Braune-Krikau (Oberfeldkommandantur 379), 23 de setembro de 1940, T 501, Rolo 213. O fornecedor de comida nesse campo era o *Judenrat* de Lublin.

269 Testemunho juramentado de Schönberg, 21 de julho de 1946, PS-4071.

270 Para as regulamentações detalhadas dos administradores do trabalho, ver memorando do Ministério do Trabalho de 9 de maio de 1941, NG-1368.

trabalho de Bełżec foi desmanchado. Milhares de judeus foram enviados a outros lugares. Um trem saiu com 920 judeus em direção à cidade de Hrubieszów, mas o oficial que relatou a história nem sabia se os guardas eram homens da ss ou membros da força auxiliar alemã, a Selbstschutz. Quando o trem chegou a Hrubieszów, havia apenas quinhentos judeus a bordo; faltavam quatrocentos. "Como um número tão grande não podia ter sido morto a tiro", escreveu esse oficial, "ouvi suspeitas de que talvez esses judeus tenham sido libertados após o pagamento de alguma soma de dinheiro". O segundo trem, que levava mais novecentos judeus, continuou ele, tinha chegado intacto a Radom. Muitos dos judeus no segundo trem eram residentes de Lublin. Seria muito difícil, concluiu, recuperá-los.[271]

O regime de exploração do trabalho na Polônia consistia em três partes: (1) as colunas de trabalho forçado, que eram um sistema improvisado que persistiu por causa de seu baixo custo; (2) os campos de trabalho, um desdobramento das colunas de trabalho que rapidamente as eclipsou em importância; e (3) o sistema de trabalho do gueto.

Essencialmente, havia dois tipos de utilização de trabalho nos guetos: o sistema de oficinas municipais e o emprego em empresas particulares. As oficinas municipais, a forma prevalente de emprego nos guetos, eram na verdade governadas pelos *Judenräte*, sob supervisão próxima dos órgãos de controle. A maior oficina de gueto, em Łódź, mantinha sua própria estação ferroviária em Radegast, da qual saíam de setenta a noventa vagões carregados todos os dias.[272] A fabricação barata de todo tipo de coisa (*billige Fertigung jeder Art*) era obtida em troca de uma dieta de prisão e do estilo de vida mais simplório possível (*denkbar einfachsten Lebensführung*). Sobre essa base, o gueto sobrevivia e devolvia à cidade um lucro que "não devia ser subestimado" (*einen nicht zu unterschätzenden wirtschaftlichen Gewinn*) no fim de 1941.[273]

271 *Gouverneur* de Lublin/Divisão de Interior/População e Assistência Social para Divisão Principal de Interior/População e Assistência Social do *Generalgouvernement*, aos cuidados do dr. Föhl, 21 de outubro de 1940, *Dokumenty i materiały*, vol. I, pp. 220-21.

272 Memorando de *Technischer Kriegsverwaltungsintendant* Merkel sobre conversa com Biebow, 18 de março de 1941, Wi/ID 1.40.

273 Relatório de *Rüstungsinspektion* XXI, cobrindo período de 1º de outubro de 1940 a 31 de dezembro de 1941, pt. 2, pp. 33-34 Wi/ID 1.20. As primeiras deportações de Łódź começaram em janeiro de 1942, mas o gueto continuou existindo até o verão de 1944.

Empresas privadas que desejassem fazer uso do trabalho do gueto também podiam esperar grande redução em seus custos de produção. Na realidade, como notou o diretor da Transferstelle de Varsóvia, Bischof, em um de seus relatórios mensais, os salários eram "pouco significantes (*geringer Bedeutung*).[274] As firmas alemãs, porém, não correram para os guetos. A história da industrialização do gueto de Varsóvia revela um desenvolvimento lento, que começou do zero e acelerou apenas na primavera e no verão de 1942. O esforço para aumentar a manufatura no gueto foi dificultado por uma variedade de problemas recorrentes, incluindo interrupções no fornecimento de eletricidade, realocações em razão de mudanças de fronteira ou requisições do Comando de Armamentos em Varsóvia – para não falar da fome da força de trabalho, que Bischof tentou aliviar (no caso das firmas de armamento e importantes empresas de exportação) distribuindo rações adicionais nas fábricas.[275] Bischof recrutou avidamente empresas alemãs e de etnia alemã, entre elas a Walther Többens, a Schultz & Co., a Waldemar Schmidt e a Astra Werke e, evidentemente percebendo o limite de seu sucesso, também encorajou o capitalismo judeu. Crimes fiscais judeus foram perdoados[276] e fundos de investimento foram liberados de contas bloqueadas.[277] O resultado foi que o volume de produção de companhias judaicas acabou sendo muito maior que a produtividade de negócios alemães.[278] Para desgosto dele, porém, as empresas judaicas estavam negociando com firmas polonesas no mercado negro. Bischof tentou remover os incentivos desse tráfico pedindo para o escritório de controle de preços concordar com preços "sensatos" (*vernünftige*) – ou seja, mais altos –,[279]

---

274 Relatório de Bischof para Auerswald relativo a abril de 1942, datado de 5 de maio de 1942, microfilme Yad Vashem JM 1112.

275 Ver relatórios mensais de Bischof em JM 1112.

276 Ver relatório de Bischof para novembro de 1941, JM 1112.

277 Proclamação do *Kommissar für den jüdischen* Wohnbezirk (assinado por Auerswald), 1º de agosto de 1941, *Amtlicher Anzeiger für das Generalgouvernement*, 1941, p. 1329. Empresas particulares judaicas operavam não apenas no gueto de Varsóvia. Ver carta do *Kultusgemeinde* judeu/Escritório do Presidente em Sosnowiec, Alta Silésia, para David Passermann Füllfeder-Reparaturwerkstatt Sosnowitz, 21 de março de 1941, em Natan Eliasz Szternfinkel, *Zagłada Żydów Sosnowca* (Katowice, 1946), pp. 63-64.

278 Ver relatórios mensais de Bischof para julho e agosto de 1942, microfilme Yad Vashem JM 1112.

279 Ver relatório de Bischof para dezembro de 1941 e 7 de janeiro de 1942, JM 1112.

mas o supervisor de preços em Varsóvia, dr. Meisen, decidiu, depois de pensar sobre o assunto, não fazer concessões. Os preços propostos nos contratos eram realmente "indefensáveis" (*unvertretbar*), relatou Meisen, e portanto tinham de ser anulados. Apesar de reconhecer o interesse das agências alemãs "na manutenção suave e menos pesarosa financeiramente do distrito judeu, até sua possível liquidação", ele tinha de considerar a importância política de segurar a estrutura de preços.[280] Bischof não reprimiu o mercado negro e, portanto, não pôde dominar a produção total do gueto, como tinha feito o *Gettoverwaltung* em Łódź, para maximizar os ganhos alemães. Contudo, como seus colegas em Łódź, ele sempre podia deixar de enviar comida e combustível suficientes para o gueto, diminuindo, dessa forma, seus custos. Para a população judaica que sofria com essa privação oficialmente imposta, o mercado negro era uma salvação insignificante. Os negociantes de mercadorias contrabandeadas não são exatamente filantropos.

A economia meio controlada do gueto de Varsóvia tornara-se congelada. Nada seria feito pelos políticos alemães para alterar o rumo das coisas. O dr. Emmerich, da Divisão Principal de Economia, declarou em 15 de outubro de 1941, que se alguém quisesse manter a viabilidade (*Lebensfähigkeit*) da população judaica do gueto, os subsídios seriam essenciais. No entanto, ele disse explicitamente que não estava argumentando contra o próprio gueto; tratava-se simplesmente de um campo de concentração temporário (*ein vorübergehendes Konzentrationslager*).[281] O *Amtschef* Hummel, do distrito de Varsóvia, notou, em 18 de junho de 1942, que o gueto tinha sido "ativado" de modo que os subsídios não fossem necessários (*nicht notwendig*). As exportações do gueto, tanto as oficiais quanto as não registradas, garantiam a sobrevivência dos presos, disse ele, para o bem ou para o mal (*recht und schlecht*).[282]

Dada a mistura das transações legais e ilegais no gueto, havia apenas uma medida geral da atividade econômica: o número de empregados. Quando

---

280 Meisen (distrito de Varsóvia *Amt für Preisverwaltung*) para *Oberregierungsrat* dr. Schulte-Wissermann (*Amt für Preisbildung*) no *Staatssekretariat, Generalgouvernement*, 4 de abril de 1942, incluindo relatório de março, JM 1112.

281 Resumo da reunião do *Generalgouvernement* de 15 de outubro de 1941, diário de Frank, National Archives Record Group 238, T 992, Rolo 5.

282 Resumo de reunião sobre políticas do *Generalgouvernement* em 18 de junho de 1942, *ibid.*, Rolo 7.

Bischof chegou a Varsóvia, ouviu Auerswald admitir ao *Gouverneur* Fischer que apenas 170 judeus estavam trabalhando em contratos externos (*öffentliche Aufträge*).[283] Em setembro de 1941, os indivíduos "economicamente ativos" não chegavam a 34 mil (9 mil deles eram escrivães da comunidade ou de organizações aliadas),[284] mas em 11 de julho de 1942 a força de trabalho tinha subido para 95 mil,[285] a uma taxa de emprego que chegava a 50%. É claro que esse número, que representava o nível de subsistência teórico imaginado pelos economistas do *Generalgouvernement*, só foi atingido no mês em que começou a deportação da população do gueto.

A utilização de mão de obra nas oficinas do gueto era mais rigorosa do que na atmosfera das empresas livres de Varsóvia. Em Łódź, por exemplo, o "Mais Velho dos Judeus", Rumkowski, tinha o poder de "recrutar todos os judeus para trabalho não pago".[286] Até meados de 1942, os judeus do gueto de Łódź estavam trabalhando em turnos. Filhos já não viam os pais e maridos não viam suas esposas.[287] Em Opole o regimento foi levado tão longe que toda a população judaica foi dividida em grupos de habitação voltados para o trabalho. Todos os carpinteiros viviam em uma seção, e todos os alfaiates em outra.[288]

Enquanto os guetos com oficinas forçavam seus presos a viver em padrões rígidos, os guetos das empresas privadas jogavam suas vítimas em uma selva econômica. O gueto de Varsóvia, por exemplo, tinha uma impressionante classe alta composta de burocratas, comerciantes e especuladores. Esses grupos privilegiados eram grandes o suficiente para ostentar. Eles frequentavam casas noturnas, comiam em restaurantes caros e andavam em riquixás puxados por homens.[289]

---

283 Memorando de Bischof em reunião com Fischer, 8 de maio de 1941, JM 1112.

284 Tabela em Emanuel Ringelblum, *Polish-Jewish Relations During the Second World War*, ed. Josef Kermisz e Shmuel Krakowski (Nova York, 1976), nota de rodapé nas pp. 71-72.

285 Entrada de Czerniaków nessa data, em Hilberg, Staron e Kermisz, eds., *Warsaw Diary*, p. 378.

286 *Oberbürgermeister* Schiffer para Rumkowski, 30 de abril de 1940, *Dokumenty i materiały*, vol. 3, pp. 74-75.

287 Diário de Oskar Rosenfeld (entrada não datada em um caderno de meados de 1942), *Wozu noch Welt*, ed. Hanno Loewy (Frankfurt, 1994), p. 115.

288 *Krakauer Zeitung*, 26 de agosto de 1942, p. 5.

289 Bernard Goldstein, *The Stars Bear Witness* (Nova York, 1949), p. 91; Mary Berg, *Warsaw Ghetto* (Nova York, 1945), pp. 55, 65, 87, 111.

Os alemães os fotografavam e espalhavam a notícia da prosperidade do gueto.[290] Porém, havia pouca prosperidade no gueto de Varsóvia. Um jornalista alemão que visitou o local descreveu a seguinte situação:

> Todos os escritórios nesse gueto judeu – e, acima de tudo, um grande número de policiais – dão a impressão de prosperidade; qualquer um que possa trabalhar tem o que comer e quem consegue comercializar se dá bastante bem, mas nada se faz pelos que não conseguem se integrar a esse processo.[291]

Os dois sistemas de gueto eram indistintos em relação ao tipo de produto entregue. Não eram permitidas manufaturas que envolvessem sigilo,[292] e favoreciam-se projetos que necessitassem de trabalho intenso. A típica produção do gueto, consequentemente, consistia dos seguintes itens: uniformes, caixas de munição, sapatos de couro, de palha e de madeira, apetrechos de metal e acabamentos em metal, escovas, vassouras, cestas, colchões, vasilhames, brinquedos e conserto de móveis e roupas velhos.[293] Os principais clientes dessas mercadorias eram as forças armadas, as agências da SS e da Polícia para auxílio de indivíduos de etnia alemã (*Stabshauptamt* e *Volksdeutsche Mittelstelle*), organizações de serviço de mão de obra como o Baudienst alemão no *Generalgouvernement*, e muitas empresas privadas. Gradualmente, porém, o Exército emergiu como comprador mais importante de produtos do gueto, sobrepujando todos os outros. Os guetos, assim, tornaram-se parte integral da economia de guerra, uma situação consideravelmente difícil durante as deportações. Os alemães passaram a depender da

---

290 Fotografias de riquixás em *Krakauer Zeitung*, 18 de maio de 1941, p. 5, e em *Donauzeitung* (Belgrado), 22 de novembro de 1941, p. 8.

291 Carl W. Gilfert, "Ghetto Juden und Ungeziefer gehören zusammen", *Donauzeitung* (Belgrado), 22 de novembro de 1941, p. 8.

292 *Rüstungsinspektion Generalgouvernement* para OKW/Wi RÜ/RÜ III A, cobrindo de 1º de julho de 1940 a 31 de dezembro de 1941, 7 de maio de 1942, p. 153, Wi/ID 1.2.

293 *Krakauer Zeitung*, 23 de janeiro de 1942, p. 5; 10 de abril de 1942, p. 4; 24 de abril de 1942, p. 5; 10 de junho de 1942, p. 5; 24 de julho de 1942, p. 5. Sobre o gueto de Łódź, descrito por Biebow como "a maior oficina de alfaiates da Europa" e "maior oficina da Alemanha", ver memorando de Merkel, 18 de março de 1941, Wi/ID 1.40; e parte 2 do relatório da *Rüstungsinspektion* XXI, cobrindo de 1º de outubro de 1940, a 31 de dezembro de 1941, pp. 33-34 e Anlage 6, Wi/ID 1.20. Ver também fotografias coloridas das fábricas do gueto de Łódź e seus produtos em Hanno Loewy e Gerhard Schoenberner, eds., *"Unser einziger Weg ist Arbeit" - Das Getto in Lodz* (Frankfurt e Viena, 1990), pp. 112-33.

produção da força de trabalho judaica. O próprio *Generalgouverneur* Frank reconheceu essa dependência, pois, em 12 de setembro de 1940, logo depois de ordenar a criação do gueto de Varsóvia, adicionou os seguintes comentários em seu discurso em uma reunião secreta:

Quanto ao resto, os judeus no *Generalgouvernement* nem sempre são criaturas decrépitas (*verlotterte Gestalten*), mas um componente de trabalho especializado necessário à estrutura total da vida na Polônia. [...] Não podemos ensinar aos poloneses nem a energia nem a habilidade necessárias para ficar no lugar dos judeus [*Wir können den Polen weder die Tatkraft noch die Fähigkeit beibringen, an Stelle der Juden zu treten*]. É por isso que somos obrigados a permitir que esses trabalhadores capacitados judeus continuem em seus trabalhos.[294]

De fato, os judeus tinham uma motivação poderosa para trabalhar disciplinadamente. Sendo indispensáveis, eles viam uma chance de sobreviver.

Controle de alimentos

A sobrevivência da população do gueto dependia, em primeira instância, do suprimento de comida e combustível. Ao diminuir e reprimir o suprimento de comida, os alemães podiam transformar o gueto em uma armadilha mortal. E foi isso que eles fizeram.

Com a criação dos guetos, os judeus não podiam mais comprar comida no mercado aberto. A não ser por algumas compras sorrateiras no mercado negro, pelo contrabando e pelos alimentos plantados nos guetos – que, somados, davam muito pouco –, o abastecimento de comida era comprado pelos *Judenräte*. A comida chegava no mesmo local em que os produtos manufaturados saíam: os pontos de controle (*Umschlagplätze*) criados pelos respectivos *Transferstelle, Gettoverwaltung* ou governo municipal. Os alemães, portanto, tinham uma visão clara de quanta comida era enviada para o gueto. Como todas as alocações de alimento eram feitas a granel para períodos semanais ou mensais, a tentação de diminuir as quantidades, que, no papel, pareciam enormes, era irresistível. A política alimentar alemã na Polônia era muito simples. Tudo o que pudesse ser saqueado

---

294 Comentários literais de Frank em reunião dos chefes de divisões principais, 12 de setembro de 1942, diário de Frank, PS-2233.

era enviado à Alemanha. Os poloneses deviam ser mantidos vivos. Os judeus, automaticamente no fim da lista, permaneciam suspensos entre a vida e a morte.

Os princípios básicos da operação alemã de alocação de alimentos são ilustrados por diretrizes emitidas pelo chefe de Alimentos e Agricultura do *General-gouvernement*, Körner, em 29 de agosto de 1940. Nesse documento elaborado, que precede a prisão de judeus em guetos na área, as maiores rações são reservadas para alemães, incluindo os indivíduos de etnia alemã. Poloneses e ucranianos recebem menos, com distinções entre trabalhadores e "consumidores normais". Para os judeus, são oferecidas quantidades fixas apenas de rações semanais de pão (700 gramas, comparados a 2 quilos para os alemães), açúcar e substituto de café. O direito deles a rações semanais não especificadas de batatas e vegetais, e a distribuições ocasionais de outros itens listados, como peixe, gorduras ou ovos, é designado como dependente do fornecimento ou da "possibilidade". Uma implicação disso é inegável: os judeus já não tinham mais garantia de comida suficiente para sua sobrevivência.[295]

Em 25 de outubro de 1940, em Łódź, uma série de oficiais locais presididos pelo *Regierungsvizepräsident* dr. Moser discutiu o fornecimento de comida para o gueto. O dr. Moser destacou que o gueto, "ou seja, a comunidade judaica", era uma instituição das mais indesejadas, mas um mal necessário. Os judeus, a maioria vivendo uma vida inútil às custas do povo alemão, tinham de ser alimentados; não era preciso nem comentar o fato de que, nisso, eles não podiam ser considerados consumidores normais na estrutura da economia alimentar. As quantidades, disse ele, teriam de ser determinadas pelo *Gettoverwaltung* após consultas a especialistas em alimento. Quanto à qualidade da comida, Moser propôs que "preferencialmente a mercadoria mais inferior" devesse ser desviada dos canais de comércio normais e entregue ao gueto. Os preços cobrados pelos agricultores teriam de ser controlados de perto, pois parecia natural que o nível dos preços tivesse de entrar em harmonia com a qualidade da "mercadoria mais ou menos duvidosa".[296]

---

295 Diretrizes assinadas por Körner, 29 de agosto de 1940, Arquivos do Museu Memorial do Holocausto dos Estados Unidos, Grupo de Registro 15.020 (Arquivos do Estado Polonês, Tarnów), Rolo 8.
296 Resumo de reunião do gueto de Łódź (assinado por Palfinger do *Ernährungs- und Wirtschaftsstelle Getto*), 25 de outubro de 1940, *Dokumenty i materiały*, vol. 3, pp. 241-42. O *Ernährungs- und Wirtschaftsstelle Getto* foi mais tarde transformado no *Gettoverwaltung*.

Traduzindo em estatísticas, a política de Moser significava que, para propósitos de alocação de alimentos, o gueto de Łódź era considerado uma prisão. As entregas eram feitas para assegurar uma dieta de prisioneiros. Na verdade, em 1941, o fornecimento de comida caiu *abaixo* dos níveis das prisões.[297] A Tabela 6.14 mostra as entregas em um período de sete meses. As estatísticas são capciosas em termos psicológicos. Para ser compreendido corretamente, cada número tem de ser dividido por aproximadamente 150 mil, resultando na ração mensal individual. Assim, 108 toneladas de carne são reduzidas a menos de 600 gramas por indivíduo, 192.520 ovos somam pouco mais de um ovo por pessoa e 875 toneladas de batatas são iguais a 5,4 quilos por pessoa. Não é muita comida para um mês inteiro. Além do mais, as estatísticas não indicam a qualidade dos alimentos. Elas não revelam a política alemã de enviar ao gueto batatas úmidas, estragadas ou congeladas, bem como mercadoria "duvidosa" de qualidade B ou C.

Além disso, o recebimento de um cartão de ração no gueto de Łódź não significava que o portador estava comendo tanto quanto os outros prisioneiros do gueto. A comida ainda teria de ser comprada e quem não tinha emprego nem sempre tinha dinheiro para obter todas as magras distribuições. No diário de um adolescente cujos pais eram pobres, há menções repetidas à tentação de comer o pão semanal antes do fim da semana. Nessa família de quatro pessoas, o pai havia morrido; a mãe foi capturada depois que um médico judeu tcheco a diagnosticou como "fraca"; depois, o próprio jovem escritor do diário morreu. Somente sua irmã mais nova sobreviveu até 1944, quando desapareceu em Auschwitz.[298]

No *Generalgouvernement* também havia relutância em fornecer comida aos judeus. Parece que por um breve período logo após a criação do gueto de Varsóvia as entregas de comida pararam completamente, e os estoques caíram tanto que Frank considerou seriamente dissolver o gueto para aliviar a situação.[299] Em maio de 1941 o Exército descreveu a situação no local como "catastrófica". Os judeus estavam desmaiando de fraqueza nas ruas. Sua única ração eram 600 gramas de pão por semana. As batatas, pelas quais o *Judenrat* tinha pago vários milhões adiantados, não haviam sido entregues. As doenças estavam se multiplicando e a mor-

---

297 Biebow para Gestapo de Łódź (aos cuidados do Kommissar Fuchs), 4 de março de 1942, *ibid.*, pp. 232-35.

298 Alan Adelson, ed., *The Diary of David Sierakowiak* (Nova York, 1996).

299 Resumo de reunião do *Generalgouvernement*, 15 de janeiro de 1941, diário de Frank, PS-2233.

TABELA 6.14. Suprimento de comida do gueto de Łódź (1941, em toneladas).

ITENS	30 DE JANEIRO A 26 DE FEVEREIRO	27 DE FEVEREIRO A 26 DE MARÇO	27 DE MARÇO A 30 DE ABRIL	1º A 28 DE MAIO	29 DE MAIO A 29 DE JUNHO	30 DE JUNHO A 3 DE AGOSTO	4 A 31 DE AGOSTO
Pão	983	156					
Farinha	924	1.914	2.687	1.325	1.446	1.720	1.334
Carne	108	139	84	90	115	93	40
Gordura	42	54	61	94	77	78	72
Leite (quarto de galão)	76.980	73.269	151.050	125.284	198.416	243.943	192.064
Queijo					1		
Ovos (unidades)					192.520	190.828	14.000
Peixe					17		
Batatas	875	1.759	4.031	1.010	1.176	381	1.737
Vegetais	772	3.056	3.893	2.562	741	748	3.866
Sal	99	186	146	61	116	218	107
Açúcar	53	53	53	53	233	282	252
Mistura para café	17	39	67	62	21	8	13
Mel artificial	84	40	41	40	39	47	40
Geleia				1	1	1	1
Alimentos variados	176	188	164	146	205	163	108
Forragem	1	9	37	11	23	14	19
Feno	3	3		3	3	6	20
Palha	3	21	10	17	39	40	12
Carvão vegetal	193	31	19	28	11	54	46
Carvão mineral	3.115	2.640	1.099	686	797	960	699

Nota: Oberbürgermeister Ventzki de Łódź, incluindo relatório com estatísticas, para Regierungspräsident Uebelhoer, 24 de setembro de 1941, Arquivos de Himmler, Pasta 94.

talidade triplicara em dois meses.[300] Reconhecendo a insuficiência das entregas oficiais, Fischer disse a Bischof naquele mês que, dadas as circunstâncias, era necessário "tolerar silenciosamente" o contrabando,[301] mas quando Czerniaków pediu, algumas semanas mais tarde, para Bischof permitir o uso de fundos do Judenrat para a compra de batatas e outros itens no mercado livre (polonês), este, hesitando, pediu uma opinião a seu predecessor, Palfinger, e recebeu o conselho de que tal permissão seria um "insulto à autoridade".[302] Quando outubro chegou, Fischer estava suficientemente preocupado com a fome no gueto para pedir aumentos nas alocações de comida. O chefe da Divisão Principal de Alimentos e Agricultura, Naumann, rejeitou a proposta. Ele não podia de jeito nenhum enviar mais 10 mil toneladas de trigo ao gueto de Varsóvia, nem aumentar a ração de carne. Porém, achou que era possível enviar alguns ovos e alguma quantidade de açúcar, gordura e geleia. Frank, nesse momento, opinou que os judeus não deviam receber aumento algum. Isso era completamente inconcebível para ele.[303]

Para piorar a situação da população judaica, havia dois controles de alimentos. O primeiro, nas mãos dos alemães, determinava o fornecimento total de comida aos habitantes dos guetos. O segundo sistema, instituído dentro dos guetos pelos *Judenräte*, determinava quanto do suprimento disponível seria distribuído a cada judeu. Desde o começo, os controles interiores tinham o objetivo de promover o bem-estar de alguns às custas de outros. Quando o suprimento de comida é

---

300 *Kommandantur* Warschau (assinado por von Unruh) para *Militärbefehlshaber, Generalgouvernement*, 20 de maio de 1941, Polen 75022/5. O arquivo foi localizado no Federal Records Center, Alexandria, Va., após a guerra.

301 Memorando de Bischof, 8 de maio de 1941, microfilme Yad Vashem JM 1112. Ver também relatório do Exército referente ao "contrabando silenciosamente permitido" *(den stillschweigend zugelassenen Schmuggel)*, *Kommandantur* Warschau (assinado por von Unruh) para Militärbefehlshaber no *Generalgouvernement*, 21 de agosto de 1941, Polen 75022/6, T 501, Rolo 217.

302 Entrada de Czerniaków em 3 de junho de 1941, em Hilberg, Staron e Kermisz, eds., *Warsaw Diary*, pp. 245-46. Palfinger servira em Łódź antes de mudar para Varsóvia, onde controlava o *Transferstelle*, abaixo de Schön.

303 Resumo de reunião do *Generalgouvernement*, 14-16 de outubro de 1941, diário de Frank, National Archives Record Group 238, T 992, Rolo 5. Os judeus do gueto tentaram aumentar seu estoque de comida contrabandeando e convertendo lotes vagos em hortas. Berg, *Warsaw Ghetto*, pp. 59-62, 112, 116, 130, 134. Goldstein, *The Stars Bear Witness*, pp. 75-78.

muito limitado, a distribuição desigual significa desastre para as infelizes vítimas. A desigualdade estava evidente em todos os lugares.

Mesmo em uma economia fortemente compartimentalizada e totalitária como o gueto de Łódź, o favoritismo, o roubo e a corrupção eram excessivos. Originalmente, o gueto de Łódź tinha cozinhas públicas controladas pelos partidos. Havia as cozinhas do Bund Germano-Americano para socialistas, as cozinhas sionistas e assim por diante. Essa situação impossível foi remediada com a "nacionalização" das cozinhas. Todavia, aqueles que trabalhavam nessas cozinhas não apenas comiam sua parte, mas também se apropriavam de alimentos em nome do lucro.

Aparte as cozinhas públicas, o gueto também tinha lojas de alimentos que eram "cooperativas". Nessas "cooperativas", uma parte de cada carregamento de comida era distribuída a preços fixos, mas o resto era vendido ilegalmente. Sob tais condições, só os ricos conseguiam comer. As "cooperativas", consequentemente, também foram nacionalizadas, mas quem cuidava da comida continuou gozando de boas condições de vida. Por fim, o gueto de Łódź tinha sua corrupção intrínseca "legalizada". O gueto distribuía rações suplementares (os chamados talões) para trabalhadores braçais, médicos, farmacêuticos e instrutores. No entanto, as rações suplementares maiores, de longe, eram disponibilizadas aos oficiais e a suas famílias. Os suplementos semanais eram postados em janelas de lojas, onde quem morria de fome podia ver do que estava sendo privado.[304]

No início de 1942, a Gestapo, em Łódź, enviou uma carta ao chefe do *Gettoverwaltung*, Biebow, sugerindo que o gueto estava recebendo comida demais e que essas alocações não tinham como ser justificadas. Em uma resposta irada, Biebow apontou epidemias e os trabalhadores que desmaiavam produzindo material de guerra para o Exército alemão, e concluiu pedindo que a Gestapo parasse com essa correspondência "que consumia seu tempo".[305] Em 19 de abril de 1943, Biebow escreveu ao *Oberbürgemeister* Ventzki que o suprimento de comida para

---

304 Essa descrição dos controles alimentares em Łódź foi retirada do artigo de Bendet Hershkovitch, "The Ghetto in Litzmannstadt (Lodz)", YIVO *Annual of Jewish Social Science*, 5 (1950): 86-87, 104-5. Pacotes de alimento que chegavam eram consumidos pela polícia do gueto. O contrabando de comida e de pacotes do correio não era tolerado, pois o Mais Velho dos Judeus, Rumkowski, queria que seus judeus fossem completamente dependentes de suas rações. *Ibid.*, p. 96.

305 Biebow para escritório da Gestapo em Łódź (aos cuidados do Kommissar Fuchs), 4 de março de 1942, *Dokumenty i materiały*, vol. 3, pp. 243-45.

o gueto não podia garantir a continuidade da produção. Durante meses os judeus não tinham recebido manteiga, margarina ou leite. Nas cozinhas públicas, vegetais de qualidade B e C eram cozidos em água com um pouco de óleo. Não eram adicionadas gordura nem batata à sopa. O gasto total com comida agora tinha caído a 30 pfennige (12 centavos) por pessoa ao dia. Nenhum campo de trabalho judeu ou prisão até então tinha se virado com tão pouco.[306]

No início de 1944, o gueto de Łódź estava obtendo ainda menos. Os suprimentos básicos chegavam de forma irregular. Com os carregamentos de farinha, um pouco de óleo de cozinha, margarina, sal, cenouras, nabos ou "salada de vegetais", o gueto podia receber um pouco de graxa para sapatos e mistura para café, mas nada de batatas. Usando uma linguagem direta, o cronista judeu oficial do conselho anotou em 12 de janeiro de 1944: "o gueto está com fome". Durante as duas semanas seguintes, a situação piorou. A salada de vegetais não foi entregue, o gás foi desligado nas cozinhas do conselho e o toque de recolher deixou de ser à noite para ser de dia, forçando as pessoas a fazerem compras depois do trabalho, à noite.[307]

Na economia livre do gueto de Varsóvia, a quantidade de comida que as pessoas comiam dependia do dinheiro que podiam gastar. Czerniaków estimou em dezembro de 1941 que o gueto tinha cerca de 10 mil habitantes com capital, 250 mil que podiam se sustentar e 150 mil sem nada.[308] Apenas os "capitalistas" conseguiam se sustentar com uma dieta consistente de comidas contrabandeadas no mercado negro pelos seguintes preços (os números listados se referem ao preço por meio quilo em junho de 1941):[309]

---

306 Biebow para Ventzki, 19 de abril de 1943, *ibid.,* pp. 245-48. Quando mil ovos foram entregues no fim de 1942, os cronistas anônimos do conselho judaico se referiram a eles como um alimento que se tornara "desconhecido". Entrada de 17 de dezembro de 1942, em Danuta Dabrowska e Lucjan Dobroszycki, eds., *Kronika Getta Lódzkiego* (Łódź, 1966), vol. 2, pp. 588-89.

307 Entradas de 12, 14, 15 e 16 de janeiro e de 26 de fevereiro de 1944. Manuscrito datilografado, cortesia do dr. Dobroszycki.

308 Entrada de Czerniaków em 6 de dezembro de 1941, em Hilberg, Staron e Kermisz, eds., *Warsaw Diary,* p. 305.

309 De Isaiah Trunk, "Epidemics in the Warsaw Ghetto", YIVO *Annual of Jewish Social Science* 8 (1953): 94. Estatísticas de Trunk tiradas dos Arquivos Ringelblum nº 1193; outros preços do mercado negro em Berg, *Warsaw Ghetto,* pp. 59-60, 86, 116, 130-31.

Batatas	3 zloty
Pão de centeio	8 zloty
Carne de cavalo	9 zloty
Aveia processada	11 zloty
Pão de milho	13 zloty
Feijão	14 zloty
Açúcar	16 zloty
Banha	35 zloty

Grupos empregados e aqueles que tinham alguma poupança podiam comprar os produtos racionados: pão, açúcar e vegetais típicos do gueto como batatas, cenouras e nabos. No início de 1942, a porção individual básica de pão era cerca de 2 quilos por mês. Para trabalhadores de firmas de armamento e exportações e para empregados do conselho e outras pessoas com ocupações consideradas úteis, um total de 31 mil indivíduos, a ração de pão era dobrada, e para os dois mil homens do Serviço de Ordem, quintuplicada.[310] Para uma família razoavelmente bem situada que sobrevivia de comida racionada e do mercado negro (a preços mais altos), um orçamento mensal no fim de 1941 consistia do seguinte:[311]

Renda (real)		_Gastos (reais)_	
Salário do pai	235 zloty	Aluguel	70 zloty
Salário do filho	120 zloty	Pão	328 zloty
Assistência pública	—	Batatas	115 zloty
Renda extra	80 zloty	Gordura	56 zloty
	435 zloty	Porções	80 zloty
		Taxas	11 zloty
		Eletricidade, velas	28 zloty
		Combustível	65 zloty
		Remédios	45 zloty
		Sabão	9 zloty
		Miscelânea	3 zloty
			810 zloty

---

310 Relatório de Czerniaków para março de 1942, Zentrale Stelle Ludwigsburg, Akten Auerswald, Polen 365e, pp. 588-603.

311 Do diário de Stanislaw Różycki, em _Faschismus-Getto-Massenmord_, pp. 152-56.

Naquele mês, essa família em particular equilibrou o orçamento vendendo um armário de roupas, última mobília supérflua, por 400 zloty.

As 150 mil pessoas mais pobres, apesar de estarem isentas de pagar o imposto sobre o pão,[312] mal conseguiam comprar as magras rações. Para indigentes, refugiados e crianças miseráveis, havia as cozinhas públicas, que, em janeiro de 1942, entregaram menos de 70 mil refeições diárias no meio do dia.[313]

A pirâmide alimentar no gueto de Varsóvia era, na verdade, um rol da população na ordem de vulnerabilidade a se debilitar ou morrer. O próprio Auerswald reconheceu as implicações dessa desigualdade quando observou, em um relatório oficial, que as rações eram brutalmente insuficientes (*bei weitem nicht ausreichend*) e que alimentos contrabandeados só estavam chegando aos judeus de posses.[314] Essa situação foi confirmada em um estudo sobre o consumo de alimentos conduzido por médicos judeus do gueto ao fim de 1941. Naquela época, os empregados do conselho consumiam em média 1.665 calorias diárias; artesãos, 1.470; trabalhadores de lojas, 1.225; e a "população geral", 1.125.[315] Mendigos e refugiados podiam conseguir sobreviver vários meses com sopa do gueto, que tinha 600 a 800 calorias.[316] Nas palavras de Czerniaków, escritas já em 8 de maio de 1941: "Crianças morrendo de fome".[317]

Doença e morte nos guetos

A prisão dos judeus foi um ato de destruição total. Os debilitados judeus dos guetos, sem capital ou valores significativos, estavam indefesos. As agências alemãs continuaram a levar o que podiam – peles, lençóis, instrumentos musicais – e encorajaram a criação de uma força de trabalho judaica que poderia produzir novos valores para o enriquecimento alemão. Contudo, elas tinham de manter

---

312 Entrada de Czerniaków, 6 de janeiro de 1942, em Hilberg, Staron e Kermisz, eds., *Warsaw Diary*, p. 312.

313 Relatório de Czerniaków para janeiro de 1942, Polen 365e, pp. 546-59.

314 Relatório de Auerswald em 26 de setembro de 1941, microfilme Yad Vashem JM 1112.

315 Trunk, *Judenrat*, pp. 356, 382; Ysrael Gutman, *The Jews of Warsaw* (Bloomington, Ind., 1982), p. 436.

316 Leonard Tushnet, *The Uses of Adversity* (Nova York, 1966), p. 62 e ss. O autor era um médico norte-americano, e seu livro é um estudo dos aspectos médicos do gueto de Varsóvia.

317 Hilberg, Staron e Kermisz, eds., *Warsaw Diary*, p. 232.

alguns carregamentos próprios, nem que fosse para sustentar o sistema do gueto e manter seus trabalhadores vivos. Essencialmente, consideravam essas entregas de comida, carvão ou sabão um sacrifício, e pensavam sobre esse suprimento tantas vezes que criaram uma imagem de si mesmas não como saqueadores da comunidade judaica, mas como contribuintes relutantes para seu bem-estar. Os alemães não hesitavam em reduzir a contribuição a níveis claramente abaixo do mínimo necessário, e tomavam essas decisões sem se indagar sobre as consequências. Os efeitos logo se tornaram claramente visíveis.

A doença foi uma manifestação das constrições. Em 18 de outubro de 1941, o diretor da Subdivisão de Saúde no distrito de Radom, dr. Waisenegger, notou que o tifo (*Fleckfieber*) estava praticamente restrito aos judeus. Os motivos, disse ele, eram as quantidades insuficientes de sabão e carvão, a densidade por cômodo excessiva, que resultavam na multiplicação de piolhos, e a falta de alimentos, que abaixava a resistência à doença *in toto*.[318] Em Warthegau, as epidemias do verão de 1941 tomaram tais proporções que os *Bürgemeister* e os *Landräte* clamaram pela dissolução dos guetos e pela transferência de 100 mil prisioneiros para o superlotado gueto de Łódź. O chefe do *Gettoverwaltung* de Łódź, Biebow, opôs-se vigorosamente a essa sugestão e avisou que a transferência "frívola" dessas massas de pessoas ao seu gueto seria devastadora.[319] Em 24 de julho de 1941, o *Regierungspräsident* Uebelhoer proibiu a transferência de judeus doentes dos pequenos guetos de Warthegau para Łódź.[320] Em 16 de agosto de 1941, ele ordenou medidas drásticas nos guetos devastados de Warthegau: as vítimas da epidemia deviam ser completamente isoladas; casas inteiras deviam ser evacuadas e ocupadas com judeus doentes.[321]

A situação no gueto de Varsóvia também piorou. As epidemias em Varsóvia começaram nas sinagogas e em outros prédios institucionais que abrigavam

---

318 Comentários de Waisenegger em reunião do *Generalgouvernement* de 18 de outubro de 1941, em Praga e Jacobmeyer, eds., *Diensttagebuch*, pp. 432-34.

319 Memorando de Biebow, 3 de junho de 1941, *Dokumenty i materiały*, vol. 3, p. 184.

320 Dr. Marder (Escritório do *Oberbürgermeister*) para *Gettoverwaltung*, 26 de julho de 1941, *ibid.*, p. 186.

321 Uebelhoer para Landräte, *Oberbürgermeister* para Kalisz e *Polizeipräsident* em Łódź, 16 de agosto de 1941, *ibid.*, p. 187.

milhares de pessoas sem casa.[322] Durante o inverno de 1941-1942, os canos de esgoto congelaram. Os banheiros já não podiam ser usados e os excrementos humanos eram jogados nas ruas com o lixo.[323] Para combater a epidemia de tifo, o *Judenrat* de Varsóvia organizou brigadas de desinfecção, sujeitando as pessoas a "ações fumegantes" (*parówka*); criou estações de quarentena, hospitalizou casos sérios e, como último recurso, instituiu "bloqueios de casas", aprisionando em seus lares tanto os doentes quanto os saudáveis.[324] O único artigo útil, soro, praticamente não estava disponível. Um único tubo de remédio contra o tifo custava vários milhares de zloty.[325]

Apesar de o tifo ser a doença do gueto por excelência, não era a única. Um cronista do gueto de Łódź, que escreveu no começo de 1944, via as doenças como incessantes: tifo intestinal no verão, tuberculose no outono, gripe no inverno. A "estatística superficial" dele era que 40% do gueto estava doente.[326]

A segunda curva ascendente nos guetos era a da mortalidade. Com a fome correndo solta, teve início uma luta primitiva pela sobrevivência. Em 21 de março de 1942, a Divisão de Propaganda do distrito de Varsóvia relatou de forma lacônica:

Os números de morte no gueto ainda pairam ao redor de 5 mil por mês. Alguns dias atrás, foi registrado o primeiro caso de canibalismo por fome. Em uma família judaica, o homem e seus três filhos morreram em poucos dias. Da carne do filho que morreu por último – um menino de doze anos – a mãe comeu um pedaço. É claro que isso também não podia salvá-la, e ela mesma morreu dois dias depois.[327]

322 Goldstein, *The Stars Bear Witness*, p. 73.

323 Berg, *Warsaw Ghetto*, p. 117.

324 Trunk, "Epidemics in the Warsaw Ghetto", pp. 107-12. Em junho de 1941, o número de casas bloqueadas no gueto era 179. Trunk, citando Arquivos de Ringelblum nº 223, p. 107.

325 Berg, *Warsaw Ghetto*, p. 85.

326 Entrada de 13 de janeiro de 1944. Manuscrito na coleção do dr. Dobroszycki.

327 Relatórios semanais consolidados pelas divisões de propaganda do distrito do *Generalgouvernement*/Divisão Principal de Propaganda para março de 1942 (marcados "confidenciais – a serem destruídos imediatamente"), relatório da Divisão de Varsóvia, 21 de março de 1942, Occ E 2-2. Ver também relatórios de um sobrevivente e da resistência polonesa em Philip Friedman, ed., *Martyrs and Fighters* (Nova York, 1954), pp. 59, 62-63.

Os judeus do gueto estavam lutando pela vida com seu último átimo de força. Mendigos famintos tiravam comida das mãos dos compradores.[328] Entretanto, após a desnutrição persistente, a vítima já não era capaz de digerir o pão normalmente. Seu coração, rins, fígado e baço encolhiam, seu peso caía e sua pele envelhecia. "Pessoas ativas, ocupadas, enérgicas", escreveu um médico do gueto, "transformam-se em seres apáticos, sonolentos, sempre na cama, incapazes de levantar para comer ou ir ao banheiro. A passagem da vida para a morte é lenta e gradual, como a morte por velhice fisiológica. Não há nada violento, nenhuma dispneia, dor, nem mudanças óbvias na respiração ou na circulação. As funções vitais param simultaneamente. O pulso e a respiração ficam mais devagar e torna-se mais e mais difícil despertar a consciência do paciente, até que a vida se esvai. As pessoas pegam no sono na cama ou na rua e, pela manhã, estão mortas. Elas morrem durante o esforço físico, como à procura de comida, e às vezes até com um pedaço de pão na mão".[329] De fato, era comum ver no gueto cadáveres deitados na calçada, cobertos com jornal, esperando a chegada dos carrinhos do cemitério.[330] Os corpos, disse o *Gouverneur* Fischer a Czerniaków, estavam dando uma má impressão.[331]

A comunidade judaica na Polônia estava morrendo. No último ano antes da guerra, 1938, a média de mortes mensais de Łódź era 0,09%. Em 1941, essa taxa pulou para 0,63% e durante os seis primeiros meses de 1942 ela estava em 1,49%.[332] O mesmo padrão, mas comprimido em um único ano, pode ser notado no gueto de Varsóvia, onde a taxa de mortes mensais durante a primeira metade de 1941 era 0,63 e, na segunda metade, 1,47.[333] Na ascensão a esse auge, as duas cidades es-

328 Friedman, *Martyrs and Fighters*, pp. 56-57.

329 A citação é do dr. Julian Fliederbaum, "Clinical Aspects of Hunger Disease in Adults", em Myron Winick, ed., *Hunger Disease* (Nova York, 1979), pp. 11-36, na p. 36. O mesmo volume contém descrições adicionais de outros médicos do gueto em Varsóvia durante 1942.

330 Goldstein, *The Stars Bear Witness*, p. 74.

331 Entrada de Czerniaków em 21 de maio de 1941, em Hilberg, Staron e Kermisz, eds., *Warsaw Diary*, p. 239.

332 Estatísticas da Coleção do Gueto de Łódź, n° 58, p. 23.

333 Estatísticas mensais de 1941 em relatório de Czerniaków para Auerswald, 12 de fevereiro de 1942, em Zentrale Stelle Ludwigsburg, Akten Auerswald, Polen 365e, pp. 560-71, na p. 563. A taxa de mortes anual era 10,44%. Durante janeiro-junho de 1942, antes do início das deportações, a

tavam quase empatadas, apesar de Łódź ser um gueto hermeticamente fechado, que tinha sua própria moeda e no qual o mercado negro era essencialmente
produto de trocas internas, enquanto Varsóvia estava envolvida com contrabando extensivo "silenciosamente tolerado" pelos alemães.[334] As taxas de nascimento em ambas as cidades eram extremamente baixas: Łódź tinha um nascimento
a cada vinte mortes,[335] enquanto em Varsóvia, no início de 1942, a proporção era
1:45.[336] O significado desses números é bastante claro. Uma população com perda
líquida de 1% ao mês encolhe a menos de 5% de seu tamanho original em apenas
24 anos.

Em números absolutos, o gueto de Łódź, com uma população cumulativa
(incluindo novas chegadas e nascimentos) de cerca de 200 mil pessoas, tinha mais
de 45 mil mortos.[337] O gueto de Varsóvia, com cerca de 470 mil habitantes durante o período do fim de 1940 até o fim das deportações em massa em setembro de
1942, enterrou 83 mil pessoas.[338] Os dois guetos continham menos de um quarto
dos judeus poloneses, e apesar de haver comunidades com taxas de redução me-

média mensal era 1,2%. Dados desse período, em números absolutos por mês, em *Faschismus-Getto-Massenmord*, p. 138.

334 A proporção de mortes para homens e mulheres em Łódź era de 3:2 tanto em 1941 quanto
durante os seis primeiros meses de 1942. No gueto de Varsóvia, era de 17:12 em 1941, e cerca de
17:13 durante os primeiros seis meses de 1942. A taxa de mortalidade dos homens como grupo de
homens em Łódź era quase duas vezes mais alta que a de do grupo de mulheres em 1941 e durante janeiro-junho de 1942. Coleção do Gueto de Łódź, nº 58, p. 21, Czerniaków para Auerswald, 2 de
fevereiro de 1942, Polen 365e, p. 563, e relatórios mensais de Czerniaków em Polen 363e, pp. 546-
59, 573-641.

335 Coleção do Gueto de Łódź, nº 58, pp. 23, 26.

336 Relatório da Divisão de Propaganda de Varsóvia, 21 de março de 1942, Occ E 2-2.

337 Dados de população em compilação digitada dos arquivos do governo municipal em Łódź,
cópia em Yad Vashem, arquivo 06/79.

338 Estatísticas mensais de setembro de 1939 a novembro de 1942, preparadas pelo conselho judaico, incluídas em artigo de Fliederbaum, "Clinical Aspects", em Winick, ed., *Hunger Disease*, p.
35. Os mesmos totais mensais, apenas para 1941, detalhando as diferentes categorias, podem ser
encontrados no relatório de Czerniaków de 12 de fevereiro de 1942. Relatórios mensais do conselho em 1942 também têm totais com detalhes diferentes. Ver também dados parciais para o gueto
de Lublin, onde aproximadamente 30 mil pessoas tinham 225 mortos em novembro de 1941 e 429
em janeiro de 1942. Os mortos são listados por nome, idade e endereço em listas do escritório de

nores que as de Łódź e Varsóvia, o impacto da formação de guetos em qualquer localidade era apenas uma questão de tempo.[339] Para os tomadores de decisão alemães, o ritmo não era rápido o suficiente. Eles não podiam esperar duas ou três décadas, nem confiar a tarefa de "resolver o problema judeu" a uma geração futura. Precisavam "resolver" esse problema, de uma forma ou de outra, ali mesmo.

registro municipal. Museu Memorial do Holocausto dos Estados Unidos, Arquivos de catálogo número 1998 A. 235 (Arquivos de Lublin), Rolo I.

339 O estatístico da SS, Korherr, calculou um déficit na população judaica, não atribuível às deportações, de 334.673 para os territórios incorporados (incluindo Białystok) e 427.920 para o *Generalgouvernement* (incluindo a Galícia) da época em que essas áreas foram tomadas até 31 de dezembro de 1942. Korherr para Himmler, 19 de abril de 1943, NO-5193. Na realidade, esses números podem ser traduzidos em três quartos de milhão de vítimas, incluindo meio milhão de mortos antes e durante o período de formação dos guetos, e a maior parte dos outros mortos em operações de limpeza dos guetos, principalmente na Galícia, em Lublin e em Białystok.

7

Operações móveis de extermínio

QUANDO A BUROCRACIA FINALIZOU TODAS AS MEDIDAS NECESSÁRIAS para definir os judeus, expropriar suas propriedades e concentrá-los nos guetos, chegou-se a uma linha divisória. Qualquer passo à frente daria fim à existência judaica na Europa nazista. Na correspondência alemã, cruzar essa fronteira era "a solução final para o problema judeu [*die Endlösung der Judenfrage*]". A palavra *final* tinha duas conotações. Em seu sentido restrito, significava que o objetivo do processo de destruição era claro. Se a fase da concentração tinha sido uma transição para um objetivo não específico, a nova "solução" removia quaisquer incertezas e respondia a todas as perguntas. O objetivo estava completo – era a morte. Mas a frase "solução final" também tinha um significado mais profundo e expressivo. Nas palavras de Himmler, o problema judeu nunca mais teria de ser resolvido. Definições, expropriações e concentrações podem ser desfeitas. Assassinatos são irreversíveis. Logo, dão ao processo de destruição um caráter de fim histórico.

A fase de aniquilação consistiu em duas grandes operações. A primeira foi lançada em 22 de junho de 1941, com a invasão à União Soviética (URSS). Pequenas unidades da SS e da Polícia foram despachadas para o território soviético, onde assassinaram habitantes judeus a sangue frio. Pouco depois do início desses extermínios móveis foi instituída uma segunda operação, durante a qual as populações judaicas da Europa central, ocidental e sudeste foram transportadas a campos equipados com câmaras de gás. Essencialmente, os assassinos na URSS ocupada iam até as vítimas, enquanto fora desse território as vítimas eram levadas aos assassinos. As duas operações constituem uma evolução não apenas cronológica, mas também em termos de complexidade. Nas áreas tomadas da URSS, as unidades móveis podiam se espalhar, com total liberdade, aos pontos mais distantes alcançados pelas tropas alemãs. As deportações, ao contrário, eram muito mais trabalhosas, pois envolviam uma diversidade de restrições e exigências. Esse esforço era considerado necessário para que se pudesse chegar à solução final em toda a Europa.

PREPARAÇÕES

A invasão da União Soviética e as consequentes operações móveis de extermínio marcam uma quebra em relação à história. Não se tratava de uma guerra comum em nome de ganhos comuns. Os planos de batalha foram discutidos no Alto Comando do Exército (*Oberkommando des Heeres*) já em 22 de julho de 1940, onze meses antes de os exércitos cruzarem a fronteira soviética.[1] Não haveria ultimato para alertar o governo soviético de qualquer perigo. Não seria contemplado um tratado de paz para dar fim à guerra. Os objetivos dessa campanha não eram limitados, e os meios pelos quais ela seria executada não eram restritos. Um contingente foi reunido, num volume sem precedentes, para se envolver no que logo seria chamado de "guerra total".

Os grupos invasores do Exército eram acompanhados de pequenas unidades de extermínio mecanizadas da SS e da Polícia, taticamente subordinadas aos comandantes de campo. Fora isso, no entanto, eram livres para cumprir seus propósitos específicos como bem entendessem. As unidades móveis de extermínio operavam em áreas da linha de frente sob um acordo especial e em uma parceria única com o Exército alemão. Para compreender o que fazia essa parceria funcionar, é preciso olhar mais de perto os dois participantes: a *Wehrmacht* alemã e o Escritório Principal de Segurança da SS e da Polícia do Reich.

A *Wehrmacht* era uma das quatro hierarquias independentes na máquina de destruição. Diferentemente do partido, das agências de serviço civil e das

1 Franz Halder, *Kriegstagebuch*, ed. Hans Adolf Jacobsen, 3 vols. (Stuttgart, 1962-64), vol. 2, pp. 32-33.

empresas, as Forças Armadas não desempenharam grande papel na fase preliminar do processo de destruição. Mas no inexorável desenvolvimento do processo, todos os segmentos da sociedade organizada alemã foram atraídos para tal esforço. Em 1933 a *Wehrmacht* já estava interessada na definição de "judeus". Mais tarde, o Exército foi afetado pela expropriação de empresas judaicas que produziam material de guerra. Na Polônia, os generais escaparam por pouco de se emaranhar no processo de concentração. Agora, com o início das operações móveis de extermínio, as Forças Armadas se viam repentinamente no centro do Holocausto.

O envolvimento da *Wehrmacht* começou no topo da estrutura do Alto Comando e se espalhou de lá para o campo. As características centrais da máquina militar são demonstradas na Tabela 7.1. Vale notar que o *Oberster Befehlshaber der Wehrmacht* controlava os comandantes em chefe (*Oberbefehlshaber*) dos três serviços. Porém, não havia cadeia de comando correspondente que corresse do OKW ao OKH, ao OKM e ao OKL. Os OKW, como os outros três altos comandos, eram basicamente organizações de equipe, cada uma das quais levando adiante funções de planejamento dentro de sua esfera de jurisdição. Assim, a integração das unidades móveis de extermínio aos grupos invasores do Exército só foi obtida após extensas negociações com o OKW e o OKH.

A organização territorial do Exército é demonstrada na Tabela 7.2, que distingue entre três tipos de comando territorial: o próprio Reich, os territórios ocupados e as áreas recém-invadidas. Grosso modo, a autoridade militar sobre os civis aumentava conforme aumentava a distância do território em relação ao Reich. Na Alemanha, essa autoridade praticamente não existia; nas áreas recém-invadidas, era quase absoluta. A área de frente, que ia da retaguarda do Exército à linha de frente, era considerada uma zona operacional. Ali, um corpo administrativo que não fazia parte das Forças Armadas poderia operar apenas por meio de um acordo especial com a Wehrmacht.

A única agência admitida nas áreas de frente durante a campanha russa era o Escritório Principal de Segurança do Reich (RSHA, na sigla em alemão). Essa era a agência que, pela primeira vez na história moderna, conduziria uma operação de assassinato em massa. Que tipo de organização era o RSHA?

O RSHA foi criado por Reinhard Heydrich. Já vimos Heydrich como figura proeminente nas *Einzelaktionen* de 1938 e no processo de concentração dentro das esferas alemãs e polonesas. A organização de Heydrich, porém, não assumiu lugar de destaque na máquina de destruição até 1941. Esse ano foi crucial para o desenvolvimento de todo o processo de destruição, pois foi o período durante o qual Reinhard Heydrich criou as bases administrativas para as operações móveis de extermínio e as deportações a centros de extermínio.

O aparato de Heydrich refletia em sua equipe uma característica do governo alemão como um todo. O RSHA e seu maquinário regional era uma organização de homens do partido e funcionários públicos. A fusão desses dois elementos no RSHA era tão completa que quase qualquer um poderia ser enviado a campo para levar a cabo os mais drásticos planos nazistas com meticulosidade burocrática e disciplina prussiana. Esse amálgama de pessoal no RSHA foi alcançado ao longo de anos, durante os quais Heydrich montou sua organização minuciosamente.

O processo de construção começou nos primórdios do regime nazista, quando Himmler e seu leal seguidor Heydrich atacaram o Ministério do Interior da Prússia e tomaram conta de sua recém-organizada Polícia Secreta de Estado (*Geheime Staatspolizei*, ou Gestapo). Na época, Göring era ministro do Interior, e Daluege chefe de polícia.[2]

Ministério do Interior da Prússia
(mais tarde, Ministério do Interior)
Ministro: Göring (seguido por Frick)

Staatssekretär: Grauert

Chefe de Polícia: Daluege

Chefes da Gestapo (em sucessão):
      Diels, Hinkler, Diels, Himmler (substituído por Heydrich)

Depois, Heydrich (como substituto de Himmler) tomou conta de uma divisão especial no escritório do presidente da Polícia de Berlim: *Landeskriminalpolizeiamt*, ou Polícia Criminal (Kripo).[3] A Gestapo e a Polícia Criminal, consequentemente, foram destacadas de suas organizações-mãe e unidas no

---

2 Testemunho de Hans Bernd Gisevius, *Trial of the Major War Criminals*, XII, 168-73, 181. Gisevius esteve na Gestapo em 1933.

3 Heydrich, "Aufgaben und Aufbau der Sicherheitspolizei im Dritten Reich", em Hans Pfundtner, ed., *Dr. Wilhelm Frick und sein Ministerium* (Munique, 1937), p. 152.

TABELA 7.1 A máquina militar de destruição

Comandante em chefe
das Forças Armadas
(Oberster Befehlshaber
der Wehrmacht)
Hitler

Chef, OKW, Keitel
Operações (Wehrmachtführungsstab — WFST), Jodl
Defesa (Landesverteidigung — L), Warlimont
Propaganda (WPR), von Wedel
Sinais (Nachrichtenwesen – WNW), Fellgiebel
Inteligência (Amt Ausland-Abwehr), Canaris (chefe de Estado-Maior: Oster)
Ausland, Bürkner
Abwehr I, Pieckenbrock (Hansen)
Abwehr II, Lahousen
Abwehr III, Bentivegny
Polícia Secreta de Campo (GFP), Krichbaum
Escritório de Economia-Armamentos (WI RÜ), Thomas
Escritório Geral das Forças Armadas (AWA), Reinecke
Prisioneiros de Guerra, Breyer (von Graevenitz)
Saneamento das Forças Armadas (WSA), Handloser
Lei das Forças Armadas, Lehmann

Comandante-
-em-chefe
do Exército
(Oberbefehlshaber
des Heeres – OBDH)
von Brauchitsch
(Hitler)

— OKH
Chefe, Equipe Geral do Exército
(Chef, GenStdH), Halder (Zeitzler, Guderian)
Oficial intendente
General (GenQu), Wagner
Transporte (HTr), Gercke
General para Propósitos Especiais, Eugen Müller
Pessoal do Exército, Schmundt
Chefe de Armamento do Exército e da Reserva
(Chef, HRüst u.BdE), Fromm (Himmler)
Escritório Geral do Exército, Olbricht
Escritório de Armas do Exército, Emil Leeb
Administração, Osterkamp

Comandante-em-
-chefe da Marinha
(Oberbefehlshaber
der Kriegsmarine)
Raeder
(Doenitz)

— OKM
Chefe de Guerra
Naval (Chef der
Seekriegsleitung)
Schniewind
(Fricke)

Comandante-em-
-chefe das Forças
Aéreas
(Oberbefehlshaber
der Luftwaffe)
Göring

— OKL
Chefe, Equipe
Geral das
Forças Aéreas
Jeschonnek
(Korten)

Inspektor Milch

Nota: A tabela é baseada nos seguintes testemunhos juramentados: de von Brauchitsch, 7 de novembro de 1945, PS-3703; de Warlimont, 12 de outubro de 1946, NOKW-121; de Warlimont, 31 de outubro de 1946, NOKW-168; de Jodl, 26 de setembro de 1946, NOKW-65; de Bürkner, 22 de janeiro de 1946, Gabinete do procurador-geral dos EUA no Conselho para Acusação de Crimes do Eixo, *Nazi Conspiracy and Aggression* (Washington, D.C., 1946–48), VIII, 647–53. Testemunho juramentado de Keitel, 15 de junho de 1945, Keitel-25. Testemunho juramentado de Wilhelm Krichbaum, 7 de junho de 1948, NOKW-3460.

OKW   *(Oberkommando der Wehrmacht*, ou Alto Comando das Forças Armadas)

OKH   *(Oberkommando der Heeres*, ou Alto Comando do Exército)

OKM   *(Oberkommando der Kriegsmarine*, ou Alto Comando da Marinha)

OKL   *(Oberkommando der Luftwaffe*, ou Alto Comando das Forças Aéreas)

Em 1944, o *Amt Ausland-Abwehr* foi abolido. Dois remanescentes do escritório (*Amt Ausland*, sob Bürkner, e *Amt Frontaufklärung und Truppenabwehr*, sob Süsskind-Schwendi) foram subordinados ao WFSt, sob Jodl. Testemunho juramentado de Warlimont, 12 de outubro de 1946, NOKW-121. O WI RÜ deu lugar a um *Wehrwirtschaftsstab*, sob Becker. Testemunho juramentado de Keitel, 29 de março de 1946, Keitel-11.

O gabinete do *Generalquartiermeister* foi dividido em várias seções, incluindo uma seção de governo militar (GenQu 4), que foi colocada fora do GenstdH. Testemunho juramentado de Keitel, 15 de junho de 1945, Keitel-25.

No nível das unidades (grupos de Exército e abaixo), a equipe se organizava da seguinte forma:

Chefe de Estado-Maior da unidade

Ia	Operações	III	Legal
Ib	Suprimentos	IVa	Finanças
	(A designação 1b foi usada em grupos e divisões do exército.	IVb	Médico
	Oficiais de suprimento no Exército eram chamados *Oberquartiermeister*	IVc	Veterinário
	(OQu); nas corporações, *Quartiermeister* (Qu). Ver Manual do Exército 90:	IVd	Capelães
	Supply of the Field Army, 1938, NOKW-2708.)	IVWi	Econômico
Ic	Inteligência	V	Transporte motorizado
Id	Treinamento	VI	Doutrinação
IIa	Pessoal (oficiais)	VII	Governo militar
IIb	Pessoal (alistados)		

Apenas oficiais em seções I pertenciam à "equipe geral".

TABELA 7.2   A organização territorial do exército

ÁREA	REICH E TERRITÓRIOS INCORPORADOS	TERRITÓRIOS OCUPADOS	ÁREAS RECÉM-INVADIDAS		
			RETAGUARDAS DOS GRUPOS	RETAGUARDAS DO EXÉRCITO	ÁREA DAS CORPORAÇÕES
Tipos de comando territorial	*Wehrkreisbefehlshaber* (WB)	*Wehrmachtbefehlshaber* (WB) *Oberbefehlshaber* (OB) *Militärbefehlshaber* (MB) *Befehlshaber* de área específica *General Deutscher* em áreas específicas	*Befehlshaber rückwärtiges Heeresgebiet*	*Kommandeur rückwärtiges Armeegebiet* (Korück)	Comandante das corporações
Subordinado a	*Oberbefehlshaber des Heeres/Befehlshaber des Ersatzheeres* ("Comandante em chefe do Exército/o Comandante do Exército Reserva": Fromm)	Chef OKW (Keitel) *Oberbefehlshaber des Heeres* (Brauchitsch, sucedido por Hitler)	*Oberbefehlshaber des Heeres, ou um Oberbefehlshaber* territorial, ou um comandante de grupo de Exército	Comandante de Grupo de Exército	Comandante do Exército

Nota: O *Wehrkreisbefehlshaber* era o comandante de um distrito do Exército (designado por numerais romanos). O WB, o OB ou o MB era o comandante de um território específico (como a Ucrânia, o Sudeste, o *Generalgouvernement*). Às vezes, um comando territorial e uma unidade de comando (como a OB Sudeste e o Comandante do Grupo de Exército E) estavam reunidos na mesma pessoa.

Hauptamt Sicherheitzpolitzei (Escritório Principal da Polícia de Segurança). Heydrich tinha todas as posições-chave nesse escritório:[4]

Chefe da Polícia de Segurança: Heydrich
    Administração e Legislação: dr. Best
    Gestapo: Heydrich
    Kripo: Heydrich

A criação da Polícia de Segurança como agência estatal foi acompanhada pela formação paralela de um sistema de inteligência do partido, o chamado Serviço de Segurança (*Sicherheitsdienst* ou SD). Heydrich agora tinha *dois* escritórios principais: o *Hauptmant Sicherheitspolitzei*, uma organização estatal, e o *Sicherheitshauptamt*, uma organização do partido. Em 27 de setembro de 1939, Himmler emitiu uma ordem de execução para que dois escritórios principais fossem fundidos no Escritório Principal de Segurança do Reich (*Reichssicherheitshauptamt* ou RSHA),[5] como indicado na Tabela 7.3.

TABELA 7.3 Formação do RSHA

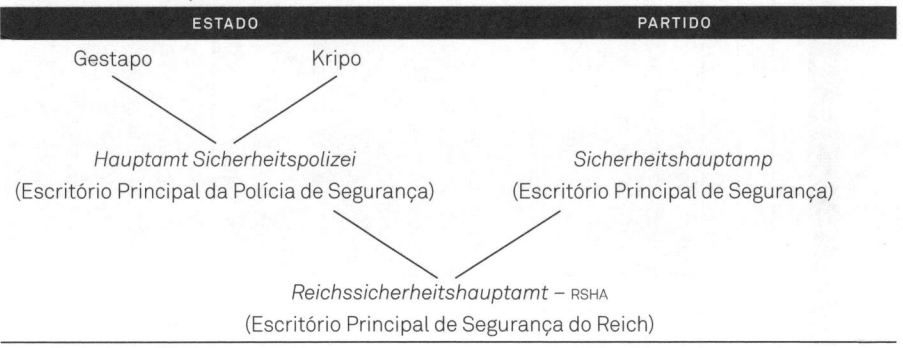

A organização do RSHA é demonstrada de forma resumida na Tabela 7.4. Pode-se observar que esse escritório revela, em sua estrutura, a própria história da organização. Desse modo, a Polícia de Segurança incluía os Escritórios IV e V (Gestapo e Kripo), enquanto o Serviço de Segurança funcionava nos Escritórios

---

4 Dr. Ludwig Münz, *Fuhrer durch die Behörden und Organisationen* (Berlim, 1939), p. 95. Para propósitos orçamentários, o novo *Hauptamt* foi colocado sob o Ministério do Interior.

5 Ordem de Himmler, 27 de setembro de 1939, L-361.

TABELA 7.4 Organização do RSHA

1941			1943		
Chefe do SP e SD		OGruf. Heydrich			OGruf. dr. Kaltenbrunner
					Stubaf. dr. Ploetz
					Brif. Schulz
			Grupo de adidos		
I	Pessoal	Staf. Streckenbach	I	Pessoal & Organização	
II	Organização e Lei	Staf. dr. Nockemann	II	Administração & Finanças	Staf. Prietzel
II-A	Organização e lei	Stubaf. ORR. dr. Bilfinger			
II-A-1	Organização	HStuf. RegAss. dr. Schweder			
II-A-2	Legislação	Stubaf. RR. dr. Neifeind			
II-A-3	Indenização	Stubaf. RR. Suhr			
II-A-4	Defesa do Reich	Stubaf. RR. Renken			
II-A-5	Confiscos	Stubaf. RR. Richter			
II-B	Passaportes	Ministerialrat Krause	IV-F		MinRat Krause
II-C-a	Orçamento SP	Staf. MinRat dr. Siegert	II-A	Finanças	OStubaf. ORR. Kreklow
II-C-b	Orçamento SD	OStubaf. Brocke	II-C		OStubaf. ORR. Hafke
II-D	Questões Técnicas	OStubaf. Rauff			
III	SD-Nacional	Staf. Ohlendorf			
III-A	Prática Legal	OStubaf. dr. Gengenbach		Representante:	OStubaf. ORR. Neifeind
III-B	Folclore/Cultura (Volkstum)	Staf. dr. Ehlich			
III-C	Cultura	Stubaf. dr. Spengler			
III-D	Economia	Stubaf. Seibert			
IV	Gestapo	Gruf. Müller			
	Representante para Polícia da Fronteira	Staf. Krichbaum			OStubaf. ORR. Huppenkothen
IV-A	Inimigos	Ostubaf. ORR. Panzinger			
IV-A-1	Comunismo	Stubaf. KD. Vogt			Stubaf. KD. Lindow
IV-A-2	Sabotagem	HStuf. KK. Kopkow			
IV-A-3	Liberalismo	Stubaf. KD. Litzenberg			
IV-A-4	Assassinatos	Stubaf. KD. Schulz			

Setor		Chefe		Representante
IV-B	Seitas	*Stubaf.* Hartl	Representante:	*Stubaf.* Roth
IV-B-1	Catolicismo	*Stubaf.* RR. Roth		*Stubaf.* RR. Hahnenbruch
IV-B-2	Protestantismo	*Stubaf.* RR. Roth		O*Stubaf.* Wandesleben
IV-B-3	Maçonaria	vago		
IV-B-4	Evacuações & Judeus	O*Stubaf.* Eichmann	Representante:	O*Stubaf.* ORR. KR. dr. Berndorff
IV-C	Arquivos de Cartões	O*Stubaf.* ORR. dr. Rang		*Staf.* RD. dr. Rang
IV-D	Esferas de Influência	O*Stubaf.* dr. Weinmann		O*Stubaf.* ORR. Huppenkothen
IV-E	Contraespionagem	*Stubaf.* RR. Schellenberg		*Stubaf.* ORR. Renken
IV-E-1	Traição	H*Stuf.* KR. Lindow		
V Kripo		*Brif.* Nebe		
V-A	Política	*Staf.* ORR. KR. Werner		*Stubaf.* ORR. KR. Lobbes
V-B	Crimes (Einsatz)	RR. KR. Galzow		RR. KR. Schulze
V-C	Identificação	ORR. KR. Berger		
V-D	Instituto criminal	*Stubaf.* ORR. KR. Heess		
VI SD-Estrangeiro		*Brif.* Jost		*Obf.* ORR. Schellenberg
VI-A	Geral	O*Stubaf.* Filbert		*Stubaf.* RR. Herbert Müller
VI-B	Esfera Ítalo-Alemã	vago		O*Stubaf.* Steimle
VI-C	Esfera Russo-Japonesa	vago		O*Stubaf.* ORR. dr. Gräfe
VI-D	Oeste	vago		*Stubaf.* RR. dr. Paeffgen
VI-E	Investigação	*Stubaf.* dr. Knochen		*Stubaf.* RR. dr. Hammer
VI-F	Questões Técnicas	O*Stubaf.* Rauff		*Stubaf.* Dorner
			IV-Wi Economia	H*Stuf.* dr. Krallert
			IV-S Especial	*Stubaf.* Skorzeny
VII Ideologia		*Staf.* dr. Six		O*Stubaf.* dr. Dittel
VII-B	Avaliação	vago	Representante:	*Stubaf.* Ehlers
	Judeus	vago		H*Stuf.* Ballensiefen

Nota: Organograma do RSHA datado de 1941, L-185. Organograma do RHSA, 1º de outubro de 1943, L-219. Antes do fim da guerra, Panzinger (IV-A) passou a liderar a Kripo.

Organograma do governo do Reich em 1945, certificado por Frick, ps-2905.

III (Nacional) e IV (Estrangeiro).[6] O próprio Heydrich, portanto, carregava o título *Chef der Sicherheitspolizei und des SD*, abreviado como *Chef SP und SD*.

O RSHA tinha uma rede regional vasta (Tabela 7.5), que incluía três tipos de organização: uma no Reich e nos territórios incorporados; outra nos territórios ocupados; e uma terceira em países que estavam sendo invadidos. Nota-se que, fora do Reich, a Polícia de Segurança e o Serviço de Segurança eram completamente centralizados até o nível local (ou unidade). Por enquanto, porém, nos concentraremos apenas no maquinário das áreas recém-invadidas: os chamados *Einsatzgruppen*. Esses grupos foram as primeiras unidades móveis de extermínio.[7]

O contexto envolvendo o lançamento dos *Einsatzgruppen* é a operação "Barbarossa", a invasão da URSS. Uma nota escrita sobre a missão consta no diário de guerra do *Wehrmachtführungsstab* (WFST) da OKW no dia 3 de março de 1941, período em que os planos de invasão já estavam bastante avançados. A incursão era uma diretiva em versão preliminar para comandantes de tropa, preparada pelo escritório Landesverteidigung, de Warlimont, no WFST, e submetida pelo chefe do WFST, Jodl, para a aprovação de Hitler. O diário de guerra contém o anexo de Jodl com os comentários de Hitler, incluindo uma questão filosófica, que definia a batalha como um confronto de duas visões de mundo, e várias afirmações específicas, numa das quais Hitler declarava que a "intelligentsia [*Intelligenz*] judaica-bolchevique" teria de ser "eliminada [*beseitigt*]". Segundo ele, essas tarefas eram tão difíceis que não podiam ser confiadas ao Exército. O diário de guerra também continha instruções de Jodl a Warlimont para revisar a versão preliminar segundo as "orientações" de Hitler. Uma questão a ser explorada com o *Reichsführer-SS*, dizia Jodl, era a introdução de órgãos da SS e da Polícia na área operacional do Exército. Jodl achava que uma ação desse tipo era necessária para garantir que líderes e comissários bolcheviques ficassem "indefesos" sem demora. Concluindo, Warlimont recebeu

---

6 O Escritório IV era designado "Procura e Combate de Inimigos" (*Gegner-Erforschung und Bekämpfung*). O Escritório V era "Combate ao Crime" (*Verbrechensbekämpfung*). A Inteligência Nacional (Escritório III) denominava a si mesma "Áreas da Vida Alemã (*Deutsche Lebensgebiete*).

7 Para um histórico completo dos *Einsatzgruppen*, ver Helmut Krausnick e Hans-Heinrich Wilhelm, *Die Truppe des Weltanschauungskrieges* (Stuttgart, 1981). A Parte 1 (pp. 12-279), escrita por Krausnick, fala sobre o desenvolvimento e as operações dos *Einsatzgruppen* como um todo. A Parte 2 (pp. 279-643), escrita por Wilhelm, é um estudo sobre o *Einsatzgruppe* A.

TABELA 7.5 O maquinário regional do RHSA

REICH	TERRITÓRIOS OCUPADOS	ÁREAS INVADIDAS (UNIDADES MÓVEIS)
Inspekteure SP *und* SD (IDS)	*Befehlshaber* SP *und* SD (BDS)	*Einsatzgruppen*
KRIPO(leit)stellen (diretorias e escritórios do KRIPO)	*Kommandeure* SP *und* SD (KDS)	*Einsatzkommandos*
SP(leit)abschnitte (diretorias e setores da SD)		
Aussenstellen der KRIPO (Escritórios de campo da Kripo)	*Aussenstellen der* SP *und des* SD (Escritórios de campo da SP e SD)	*Sonderkommandos*
STAPO(leit)stellen (diretorias da Gestapo em grandes cidades, escritórios da Gestapo em pequenas cidades)	*(Haupt)aussenstellen des* SD (Principais escritórios de campo e escritórios de campo da SD)	
Aussenstellen der STAPO (Escritórios de campo da Gestapo)		

Nota: Tabela baseada em testemunhos juramentados de Höttl e Ohlendorf, 28 de outubro de 1945, PS-2364.

a notícia de que podia contatar o OKH sobre as revisões, e deveria submeter uma nova versão para a assinatura de Keitel em 13 de março de 1941.[8]

Na data determinada, a diretiva revisada foi assinada por Keitel. O parágrafo decisivo era uma assertiva informando aos comandantes de tropa que o Führer tinha dado ao *Reichsführer-ss* a incumbência de levar adiante tarefas especiais na área operacional do Exército. Dentro do escopo dessas tarefas, que eram resultados de uma luta voraz entre dois sistemas políticos opostos, o *Reichsführer-ss* agiria de forma independente e sob sua própria responsabilidade. Ele garantiria que as operações militares não fossem perturbadas pela implementação de sua tarefa. Os detalhes seriam resolvidos diretamente entre o OKH e o *Reichsführer-ss*. No início das operações, a fronteira da URSS seria fechada a todo tráfego não militar, exceto para órgãos policiais enviados pelo *Reichsführer-ss* de acordo com a diretiva do Führer. Alojamentos e suprimentos para esses órgãos seriam regulados pelo OKH/GenQu (Alto Comando do Exército/Intendente General – Wagner).[9]

Halder, chefe do OKH, fora informado da "tarefa especial [*Sonderautfrag*]" de Himmler já em 5 de março e, quando a diretiva do OKW foi emitida oito dias depois, fez uma anotação misteriosa sobre uma "Discussão Wagner-Heydrich: questões de polícia, alfândega da fronteira".[10]

A cadeia de comunicações em circuito Hitler-Jodl-Warlimont-Halder-Wagner-Heydrich certamente não era única. Mais curta e direta era a rota que ia de Hitler a Himmler e de Himmler a Heydrich, mas não há registros de "instruções" passadas por meio desse canal durante as duas primeiras semanas de março.

---

8 *Kriegstagebuch des Oberkommandos der Wehrmacht (Wehrmachtführungsstab) 1940-1945*, ed. Percy Schramm e Hans-Adolf Jacobsen (Frankfurt, 1965), vol. I, pp. 340-42.

9 Diretiva da OKW/L (assinada por Keitel), 13 de março de 1941, NOKW-2302. Ver também relato detalhado de Walter Warlimont, *Im Hauptquartier der deutschen Wehrmacht 1939-1945* (Frankfurt, 1962), pp. 166-87; e interrogatório de Warlimont de 25 de outubro de 1962, em processo movido por Landgericht Munique II, Caso Wolff, 10a Js 39/60, Z-Prot II/vol. 3, pp. 842-47, Zentrale Stelle der Landesjustizverwaltungen, Ludwigsburg. O uso de unidades móveis dessa forma não era inédito. Ver *HStuf.* Schellenberg para Obf. Jost, 13 de setembro de 1938, URSS-509, sobre comprometer dois *Einsatzstäbe* com a Tchecoslováquia. Os *Einsatzgruppen* surgiram na Polônia em 1939, e pequenos destacamentos da Polícia de Segurança foram enviados para o oeste em 1940. Segundo Streckenbach, os *Einsatzgruppen* iriam para a Inglaterra e dois *Kommandos* foram lançados na campanha dos Balcãs. Interrogatório de Bruno Streckenbach, 13 de novembro de 1962, Caso Wolff, Z-Prot. II/vol. 3, pp. 977-87.

10 Halder, *Kriegstagebuch*, ed. Jacobsen, vol. 2, pp. 303, 311.

A correspondência do Exército continua, incluindo uma versão preliminar de acordo resultante das negociações Wagner-Heydrich. Datado de 26 de março de 1941, o acordo entre Exército e RSHA delineava os termos segundo os quais os *Einsatzgruppen* podiam atuar na URSS. A sentença crucial na minuta dizia que "dentro do escopo de suas instruções e sob sua própria responsabilidade, os *Sonderkommandos* têm o direito de levar adiante medidas executivas contra a população civil [*Die Sonderkommandos sind berechtigt, im Rahmen ihres Auftrages in eigener Verantwortung gegenuber der Zivilbevölkerung Exekutivmassnahmen zu treffen*]". As duas agências também concordaram que as unidades móveis podiam se movimentar nas retaguardas dos grupos e do Exército. Ficou claro que os *Einsatzgruppen* deveriam ser subordinados administrativamente ao comando militar, mas que o RSHA continuaria tendo controle funcional sobre eles. O Exército deveria controlar as movimentações das unidades móveis. Os militares deveriam providenciar aos *Einsatzgruppen* alojamento, gasolina, comida, rações e, conforme fossem necessárias, comunicações por rádio. Por outro lado, as unidades de extermínio receberiam "diretivas funcionais" (*fachliche Weisungen*) do Chefe da Polícia de Segurança e SD (Heydrich) da seguinte forma:

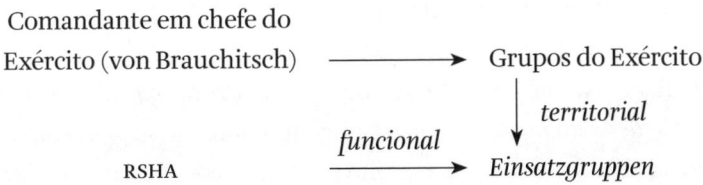

As relações dos *Einsatzgruppen* com a Polícia Secreta de Campo (*Geheime Feldpolizei*, ou GFP) deveriam ser baseadas em separação completa das jurisdições. Qualquer questão que afetasse a segurança das tropas deveria ser resolvida exclusivamente pela Polícia Secreta de Campo, mas os dois serviços deveriam cooperar trocando informações imediatamente – os *Einsatzgruppen* deveriam relatar à GFP todas as questões relativas à Polícia Secreta de Campo, e vice-versa, a GFP deveria entregar aos *Einsatzgruppen* todas as informações concernentes a sua esfera de competência (*Aufgabenbereich*).[11]

---

11 Texto de minuta, datado de 26 de março de 1941, incluído em carta de Wagner para Heydrich, 4 de abril de 1941, cópias para OKW/Abwehr (Canaris) e OKW/L (Warlimont), NOKW-256.

As discussões finais entre Exército e RSHA aconteceram em maio de 1941. No início, os negociadores eram o *Generalquartermeister* Wagner e o chefe da Gestapo, Müller. Os dois não conseguiram chegar a um acordo. A pedido de Wagner, Müller foi, portanto, substituído por um subordinado: o *ss-Sturmbannführer Regierungsrat* Schellenberg, então chefe do IV E. Schellenberg, escolhido em função de sua experiência em questões protocolares, escreveu os termos finais. Eles eram diferentes da versão anterior apenas em um aspecto importante: os *Einsatzgruppen* deveriam ter permissão de operar não apenas nas retaguardas de grupos do Exército e nas retaguardas do Exército, mas também nas áreas das unidades na linha de frente. Essa concessão foi da maior importância para os *Einsatzgruppen*, pois as vítimas podiam ser capturadas com maior rapidez. Elas não teriam aviso nem chance de escapar. A versão final do acordo foi assinada no fim de maio por Heydrich, representando o RSHA, e Wagner, representando o OKH.[12] A parceria estava estabelecida.

O passo seguinte, para o RSHA, era a formação dos *Einsatzgruppen*. Unidades móveis não eram facilmente disponíveis: elas tinham de ser formadas novamente a cada nova invasão. Consequentemente, foram enviadas ordens à Polícia de Segurança e aos homens do SD no escritório principal e nas filiais regionais dizendo que fossem para o centro de treinamento da Polícia de Segurança em Pretzch, e dali para o ponto de encontro em Düben.[13]

No total, foram formados quatro *Einsatzgruppen*, cada um com o tamanho de um batalhão. As unidades operacionais dos *Einsatzgruppen* eram *Einsatzkommandos* e *Sonderkommandos*, do tamanho de companhias. Os *Einsatzgruppen*, bem como os *Kommandos*, tinham grandes equipes com seções representando o Serviço de Segurança, a Gestapo e a Polícia Criminal.[14] O número de oficiais era muito maior que em uma unidade militar de combate de tamanho comparável,

---

12 Testemunho juramentado de Schellenberg, 26 de novembro de 1945, PS-3710. Declaração de Ohlendorf, 24 de abril de 1947, NO-2890. O texto do acordo final não foi encontrado.

13 A maior parte do pessoal foi retirada de escritórios nos quais a mão de obra podia mais facilmente ser dispensada. Interrogatório de Streckenbach, Caso Wolff, Z-Prot II/vol. 3, pp. 977-87. Sobre o procedimento de alocação em detalhes, ver Krausnick, *Die Truppe des Weltanschauungskrieges*, pp. 141-50. Eichmann lembra-se de ter ido a uma grande reunião em um cinema, onde foram chamados os nomes dos líderes do *Einsatzkommando*. Ver testemunho de Eichmann em seu julgamento, sessão 102, 19 de julho de 1961, pp. H1, II.

14 Ver lista expandida da equipe da sede do *Einsatzgruppe* A e do *Einsatzkommando* 2, conforme reproduzida em Wilhelm, *Die Truppe des Weltanschauungskrieges*, pp. 290-93.

e suas patentes eram mais altas. A Tabela 7.6 lista os oficiais que comandavam os *Einsatzgruppen* e os *Kommandos*.

Quem eram esses homens? De onde vinham? Dois dos comandantes dos *Einsatzgruppen* iniciais saíram diretamente do RSHA: o chefe da Polícia Criminal, Nebe, e o chefe do SD-Nacional, Otto Ohlendorf. A história da alocação de Ohlendorf esclarece bem a atitude dos assassinos e, num sentido mais amplo, de todo o processo de destruição.

TABELA 7.6 Oficiais dos *Einsatzgruppen* e *Kommandos*

Einsatzgruppe A		Stahlecker (Jost)
Sonderkommando	1a	Sandberger
Sonderkommando	1b	Ehrlinger (Strauch)
Einsatzkommando	2	R. Batz (Strauch, Lange)
Einsatzkommando	3	Jäger
Einsatzgruppe B		Nebe (Naumann)
Sonderkommando	7a	Blume (Steimle, Rapp)
Sonderkommando	7b	Rausch (Ott, Rabe)
Sonderkommando	7c	Bock
Einsatzkommando	8	Bradfisch (Richter, Isselhorst, Schindhelm)
Einsatzkommando	9	Filbert (Schäfer, Wiebens)
Vorkommando Moskau		Six (Klingelhöfer)
Einsatzgruppe C		Rasch (Thomas)
Einsatzkommando	4a	Blobel (Weinmann, Steimle, Schmidt)
Einsatzkommando	4b	Herrmann (Fendler, F. Braune, Haensch)
Einsatzkommando	5	E. Schulz (Meier)
Einsatzkommando	6	Kröger (Mohr, Biberstein)
Einsatzgruppe D		Ohlendorf (Bierkamp)
Einsatzkommando	10a	Seetzen (Christmann)
Einsatzkommando	10b	Persterer
Einsatzkommando	11a	Zapp
Einsatzkommando	11b	B. Müller (W. Braune, P. Schulz)
Einsatzkommando	12	Nosske (Ministerialrat E. Müller)

Nota: RSHA IV-A-1, Relatório Operacional URSS nº 129, 4 de novembro de 1941, NO-3159. Testemunho juramentado de Eugen Steimle, 14 de dezembro de 1945, no-3842. Testemunho juramentado de Adolf Ott, 29 de abril de 1947, no-2992. Testemunho juramentado de Erwin Schulz, 26 de maio de 1947, NO-3473. Testemunho juramentado de Karl Hennicke (Oficial SD-Nacional, *Einsatzgruppe* C), 4 de setembro de 1947, NO-4999. Testemunho juramentado de Heinz-Hermann Schubert (assistente de Ohlendorf), 7 de dezembro de 1945, no-511. Krausnick e Wilhelm, *Die Truppe des Weltanschauungskrieges*, pp. 644-46. Comandantes dos *Einsatzgruppen* tinham a patente de *Brigadeführer* ou *Gruppenführer*; ou seja, eram oficiais-generais. Líderes dos *Kommandos* eram *Sturmbannführer*, *Oberststurmbannführer* ou *Standartenführer* (majores, coronéis-tenentes ou coronéis).

Em 1941, Ohlendorf era um jovem de 34 anos. Estudou em três universidades (Leipzig, Gotinga e Pavia) e tinha um doutorado em jurisprudência. Como homem de carreira, alcançou com sucesso uma diretoria de pesquisa no Instituto de Economia Mundial e Transporte Marítimo em Kiel. Em 1938 ele era também *Hauptgeschaftsführer* no Reichsgruppe Handel, a organização de comércio alemã. Apesar de Ohlendorf ter entrado para o partido em 1925, para a ss em 1926 e para a SD em 1936, ele considerava suas atividades partidárias, e até sua posição como chefe do SD-Nacional, ocupações paralelas em sua carreira. Na realidade, Ohlendorf dedicou apenas quatro anos (1939-1943) ao RSHA em tempo integral, pois em 1943 tornou-se *Ministerialdirektor* e vice do *Staatssekretär* no Ministério da Economia.[15]

Heydrich não gostava de subordinados com lealdades divididas. Ohlendorf era independente demais, e Heydrich não queria ninguém funcionando *ehrenamtlich* (ou seja, de forma honorária). As "medidas executivas" a serem tomadas na Rússia exigiam atenção total e irrestrita. Assim, acabou que Otto Ohlendorf viu-se no comando do *Einsatzgruppe D*.[16]

Uma história parecida é a de Ernst Biberstein, que comandou o *Einsatzkommando* 6 no *Einsatzgruppe* C no verão de 1942. Biberstein era um homem um pouco mais velho, nascido em 1899. Foi soldado raso na Primeira Guerra Mundial e, após ser liberado do Exército, dedicou-se à teologia. Em 1924 tornou-se pastor protestante e em 1933 chegou a *Kirschenprobst*. Depois de onze anos como ministro, Biberstein entrou no Ministério da Igreja. Em 1940, foi transferido para o RSHA. Essa transferência não deveria ser surpreendente, pois o Ministério da Igreja era uma agência estatal. Além disso, Biberstein tinha se filiado ao partido em 1926 e à ss em 1936.

Mas Biberstein ainda era um homem do clero. Quando viu os escritórios do RSHA, ficou apreensivo em relação ao ambiente. Heydrich, então, enviou-o a Oppeln para comandar o escritório local da Gestapo. Nessa posição, Biberstein já tinha sido arrastado para o processo de destruição, pois devia cuidar da deportação dos judeus da cidade de Oppeln para os centros de extermínio a oeste. Na primavera de 1942, Heydrich foi assassinado, e Biberstein, não mais protegido por

15 Testemunho juramentado de Otto Ohlendorf, 4 de março de 1947, NO-2409.

16 Testemunho juramentado de Ohlendorf, 14 de julho de 1946, SD(A)-44.

seu relacionamento com o chefe do RSHA, foi repentinamente transferido para o campo, para conduzir os extermínios.[17]

Como Ohlendorf e Biberstein, a grande maioria dos oficiais dos *Einsatzgruppen* era composta por homens de carreira. Entre eles havia um físico (Weinmann),[18] um cantor de ópera profissional (Klingelhöfer)[19] e um grande número de advogados.[20] Esses homens não eram, de forma alguma, rufiões, delinquentes, criminosos comuns ou estupradores. A maioria era intelectual, estava em seus trinta anos e sem dúvida queria alguma forma de poder, fama e sucesso. Não há indicação, porém, de que qualquer um deles tenha buscado uma alocação em um *Kommando*. Sabe-se apenas que eles dedicaram a essa nova tarefa todas as habilidades e o treinamento com os quais podiam contribuir. Esses homens, em resumo, tornaram-se matadores eficientes.

A força dos *Einsatzgruppen* era composta por cerca de 3 mil homens. Nem todo o pessoal tinha vindo da Polícia de Segurança e da SD. Na verdade, a maior parte dos alistados teve de ser emprestada. Todo um batalhão da Polícia de Ordem foi despachado de Berlim para os *Einsatzgruppen*, pois a Polícia de Ordem não conseguia colocar tanta gente em campo.[21] Além disso, os *Einsatzgruppen* receberam homens da Waffen-SS.[22] No campo, o *Einsatzgruppe* A aumentou ainda mais sua força incorporando ajudantes nativos, como policiais auxiliares. A composição de pessoal resultante nesse *Einsatzgruppe* está indicada a seguir, demonstrando-se a distribuição de seus membros:[23]

---

17 Interrogatório de Ernst Biberstein, 29 de junho de 1947, NO-4997.

18 Testemunho juramentado de Eugen Steimle, 14 de dezembro de 1945, NO-3842.

19 Testemunho juramentado de Waldemar Klingelhöfer, 17 de setembro de 1947, NO-5050.

20 Ver Wilhelm sobre *Einsatzgruppe* A, *Die Truppe des Weltanschauungskrieges*, pp. 281-85.

21 Testemunho juramentado de Adolf von Bomhard (*Kommandoamt*, Polícia de Ordem), 13 de julho de 1946, SS(A)-82. Em 1941 foi o 9º Bn., em 1942, o 3º. Hans-Joachim Neufeldt, Jürgen Huck e Georg Tessin, *Zur Geschichte der Ordnungspolizei 1936-1945* (Koblenz, 1957), pt. II, p. 97; Krausnick, *Die Truppe des Weltanschauungskrieges*, pp. 146-47. As companhias da Polícia de Ordem chegaram depois do começo das operações. Ver RSHA IV-A-1, Relatório Operacional URSS nº 8 (25 cópias), 30 de junho de 1941, com relação ao *Einsatzgruppe* C (na época denominado B), NO-4543. As companhias eram divididas entre os *Einsatzkommandos*, de modo que um *Kommando* não recebesse mais que um pelotão.

22 Do 1º Bn. do dissolvido 14º Inf. Reg. SS. Krausnick, *ibid.*

23 Relatório do *Einsatzgruppe* A, 15 de outubro de 1941, L-180.

Waffen-ss	340
Motociclistas	172
Administração	18
Serviço de Segurança (SD)	35
Polícia Criminal (Kripo)	41
Polícia do Estado (Stapo)	89
Polícia Auxiliar	87
Polícia de Ordem	133
Empregadas mulheres	13
Intérpretes	51
Operadores de teletipo	3
Operadores de rádio	8
Total	990

O *Einsatzgruppe* A era o maior.[24]

Enquanto os *Einsatzgruppen* estavam sendo reunidos, houve uma reunião plenária, em junho, no prédio do OKW em Berlim. Compareceram Canaris, Wagner, Heydrich, Schellenberg e um grande número de oficiais de inteligência. Era a última oportunidade de planejar a coordenação detalhada dos *Einsatzgruppen* e das atividades do Exército.[25]

Independentemente dos detalhes desses acordos, a missão não estava resolvida. As instruções eram orais, e quem as pronunciava ainda não conseguia visualizar claramente o que aconteceria. Os ouvintes nos *Einsatzgruppen* ficaram só com impressões. Eles definitivamente não receberam um conjunto sucinto de ordens para ações concretas.

Mesmo assim, alguns pensamentos bastante drásticos foram articulados durante várias fases das preparações. Os quatro comandantes dos *Einsatzgruppen* receberam instruções diretamente de Himmler. Segundo Ohlendorf, o único dos quatro que testemunhou após a guerra, eles foram informados de

---

24 Sobre o *Einsatzgruppe* C, ver tabulação das forças sob Alta ss e Polícia Sul em 19 de agosto de 1941, T 501, Rolo 5. Ohlendorf colocou os números do *Einsatzgruppe* D entre 400 e 800 em seus testemunhos juramentados de 5 de novembro de 1945, PS-2620 e 27 de agosto de 1947, NO-2890.
25 Testemunho juramentado de Schellenberg, 20 de novembro de 1945, PS-3710.

que uma parte importante da tarefa seria a "eliminação [*Beseitigung*] dos judeus – homens, mulheres e crianças – e de empregados comunistas".[26] O *Standatenführer* Jäger, do *Einsatzkommando* 3, se lembra de uma reunião com cerca de cinquenta líderes da ss em Berlim na qual Heydrich declarou que, no caso de guerra com a Rússia, os judeus do leste teriam de ser mortos. Um dos homens da Gestapo perguntou: "Devemos atirar nos judeus? [*Wir sollen die Juden erschiessen?*]". Heydrich respondeu: "Claro [*selbstverständlich*]".[27] No centro de treinamento de Pretzsch, o chefe de pessoal do RSHA, Streckenbach, se dirigiu aos membros dos *Einsatzgruppen* usando termos mais genéricos. Ele disse para onde estavam indo e instruiu-os a proceder sem piedade (*dass dort rücksichtslos durchgegriffen werden müsste*).[28]

Só depois do lançamento da campanha militar as diretivas específicas foram expedidas por escrito, além de oralmente. Juntas, essas ordens não revelam um plano preconcebido, mas indicam uma política que evoluía com efeitos cada vez mais amplos. A expressão "todos os judeus" apareceu pela primeira vez em 28 de junho de 1941 em uma minuta do Escritório Principal de Segurança do Reich. Essa provisão estava limitada à execução de prisioneiros de guerra soviéticos.[29] Uma carta de Heydrich enviada no dia 2 de julho para quatro Líderes da Alta ss e da Polícia designados para servir nos territórios recém-invadidos recapitula o que ele dizia serem instruções aos *Einsatzgruppen*. Nesse resumo há uma seção

---

26 Testemunho juramentado de Ohlendorf, 5 de novembro de 1945, PS-2620. A veracidade de Ohlendorf e de outros que testemunharam sobre as ordens de matar judeus dadas antes da partida foi questionada por Alfred Streim, *Die Behandlung sowjetischer Kriegsgefangener im "Fall Barbarossa"* (Heidelberg, 1981), pp. 74-93.

27 Resumo de interrogatório de Karl Jäger, 15 de junho de 1959; em Landeskriminalamt Baden-Württemberg, Sonderkommission/Zentrale Stelle, I/3-2/59. Jäger se suicidou em 22 de junho de 1959.

28 Testemunho juramentado de Wilhelm Förster (motorista, *Einsatzgruppe* D), 23 de outubro de 1947, NO-5520. A especificidade das instruções parece ter estado relacionada às patentes daqueles a quem elas se dirigiam. Ver testemunho juramentado de Walter Blume, 29 de junho de 1947, NO-4145, indicando que a destruição dos judeus foi mencionada aos comandantes dos *Kommandos* por Heydrich e Streckenbach, e testemunho juramentado de Robert Barth, 12 de setembro de 1947, NO-4992, lembrando um discurso mais genérico de Heydrich aos homens reunidos. Ver também Krausnick, *Die Truppe des Weltanschauungskrieges*, pp. 150-72.

29 Minuta de 28 de junho de 1941, PS-78.

denominada "Execuções", com uma linha sobre "judeus em escritórios do partido e do Estado".[30] Em 11 de julho, o Comandante do Centro de Regimento Policial transmitiu a seu batalhão uma ordem do Líder da Alta ss e da Polícia para atirarem imediatamente em todo homem judeu entre 17 e 45 anos que fosse preso como "saqueador".[31] Três semanas depois, Himmler enviou uma "ordem explícita" (*ausdrücklicher Befehl*) para dois batalhões montados da ss, de que "todos os judeus" (*sämtliche Juden*) deviam ser mortos, com o adendo explanatório de que todas as mulheres judias fossem jogadas nos pântanos.[32]

Até então, nenhum desses textos continha referências ao extermínio de famílias inteiras. A simples palavra "judeu" ainda significava, basicamente, homens judeus jovens ou de meia-idade. É claro que os judeus que sobrassem não teriam a permissão de viver muito. Erwin Schulz, Comandante do *Einsatzkommando* 5, afirmou após a guerra que em agosto de 1941 o dr. Rasch, do *Einsatzgruppe* C, reunira os líderes dos *Kommando* em Jitomir para passar uma ordem dada por Himmler ao Líder da Alta ss e da Polícia Sul, Jeckeln, segundo a qual todos os judeus (novamente, *sämtliche Juden*) deviam ser assassinados, a não ser que houvesse necessidade de sua mão de obra, e, se fosse necessário (*gegebenenfalls*), isso também se aplicaria às mulheres e às crianças, para que não houvesse vingadores no futuro.[33] É nesse ponto que a operação se expandiu para incluir

———

30 Heydrich para Jeckeln, von dem Bach, Prützmann e Korsemann, 2 de julho de 1941, Arquivos Federais Alemães R 70/SU 32.

31 Ordem do coronel-tenente Max Montua, passando a ordem do líder da Alta ss e da Polícia von dem Bach, 11 de julho de 1941, Instituto Histórico-Militar, Praga, Coleção Polizei Regiment Mitte A-3-2-7/1, Karton 1. Note, porém, que em várias localidades os *Einsatzkommandos* se sentiram empoderados para atirar em todos os judeus homens. Portanto, em Daugavpils o *Einsatzkommando* 1b atirou em todos os judeus homens identificados por colaboradores letões (*alle männliche Juden kurzerhand erschossen*). RSHA IV-A-1, Relatório Operacional nº 24 (33 cópias), 16 de julho de 1941, NO-2938.

32 Anotação no arquivo do Batalhão Montado do 1º Regimento de Cavalaria da ss, 1º de agosto de 1941, Arquivos Federais Alemães, RS 3-8/36, e anotação no arquivo do Batalhão Montado do 2º Regimento de Cavalaria da ss, 1º de agosto de 1941, T 354, Rolo 168.

33 Testemunho juramentado de Erwin Schulz, 26 de maio de 1947, NO-3644. Mais de dois anos depois, em 6 de outubro de 1943, Himmler disse em um discurso para oficiais de alta patente do partido: "Surgiu para nós a questão: e as mulheres e crianças? Aqui, também, decidi encontrar uma solução clara. Não supus que tivesse o direito de exterminar os homens – em outras palavras,

– como dito em um relatório – judeus de ambos os sexos e de todas as idades.[34] Mais do que poucas cidades ficaram primeiro sem homens judeus e depois sem as mulheres judias mais jovens.[35] Um oficial militar do governo da Ucrânia ocidental relatou que em algumas localidades o cuidado com os judeus órfãos e as crianças judias causara dificuldades temporárias, mas que a Polícia de Segurança, no meio tempo, tinha corrigido a situação.[36] Dessa forma, o objetivo da operação foi cristalizado.

A PRIMEIRA VARREDURA

No início de junho, os quatro *Einsatzgruppen* se reuniram em Düben. Após discursos de Heydrich e Streckenbach, as unidades móveis de extermínio entraram em posição. O *Einsatzgruppe* A foi alocado no Grupo de Exército Norte; o *Einsatzgruppe* B foi destacado para o Grupo de Exército Centro; o *Einsatzgruppe* C se encaminhou para o setor do Grupo de Exército Sul; e o *Einsatzgruppe* D foi anexado ao 11º Exército, operando no extremo sul. Conforme os exércitos pressionavam os primeiros postos avançados soviéticos, os *Einsatzgruppen* seguiam, prontos para atacar.[1] Quando os *Einsatzgruppen* cruzaram a fronteira para dentro da URSS, havia cinco milhões de judeus no país. A maioria dos judeus soviéticos estava concentrada na parte ocidental da URSS. Quatro milhões viviam em territórios mais tarde tomados pelo Exército alemão:

----

matá-los ou ordenar sua morte – e deixar os vingadores, personificados por seus filhos, tornarem-se adultos, por causa de nossos filhos e netos". T 175, Rolo 85.

34 RSHA IV-A-1, Relatório Operacional URSS nº 133 (60 cópias), 14 de novembro de 1941, NO-2885. A referência é a Mogilev.

35 Ver os relatórios do *Feldkommandantur* 528 (V) para *Sicherungsdivision* (Divisão de Segurança) 221, 1º e 13 de setembro de 1941, sobre a cidade de Rogachev, T 315, Rolo 1672. Veja também a correspondência militar sobre Belaya Tserkov em Helmut Krausnick e Harold Deutsch, eds., *Helmut Groscurth: Tagebuch eines Abwehroffziers* (Stuttgart, 1970), pp. 88-91, 534-42.

36 Relatório do *Oberkriegsverwaltungsrat* von Winterfeld sobre a 454ª Divisão de Segurança/VII relativo a 16 de agosto a 15 de setembro de 1941, datado de 23 de setembro de 1941, Arquivos Federais Alemães, R 94/26.

1 Inicialmente o *Einsatzgruppe* B era C e o C era B. As designações foram trocadas depois de as unidades entrarem em campo, mas a numeração dos *Einsatzkommandos* continuou a mesma, de modo que os *Kommandos* 7a a 9 operavam a norte dos 4a a 6.

Territórios intermediários:[2]

Área do Báltico	260.000
Território polonês	1.350.000
Bulkovina e Bessarábia	até 300.000
	até 1.910.000

Territórios antigos:[3]

Ucrânia (fronteiras pré-1939)	1.533.000
Rússia Branca (fronteiras pré-1939)	375.000
RSFSR	
Crimeia	50.000
Outras áreas tomadas pela Alemanha	200.000
	ca. 2.160.000

Cerca de 1 milhão e meio de judeus que viviam nos territórios afetados fugiram antes da chegada dos alemães.

Não apenas os judeus estavam concentrados em uma área dentro do alcance do Exército alemão; além disso, eles viviam nas cidades. A taxa de urbanização judaica na antiga URSS era de 87%;[4] nos territórios intermediários, era de mais de 90%.[5] O detalhamento a seguir inclui apenas localidades tomadas pelos alemães (com exceção de Moscou e Leningrado).[6] Em geral os números, se não as porcentagens, aumentaram em 1939.

----

2 Aproximações de estimativas do American Joint Distribution Committee, Relatório de 1939, pp. 31-38, e Report de 1940, pp. 19, 27.

3 Solomon M. Schwarz, *The Jews in the Soviet Union* (Syracuse, 1951), p. 15, citando números do censo de 1939 para a Ucrânia e a Rússia Branca. Números das áreas da RSFSR são aproximações baseadas em dados do censo de 1926 em Peter-Heinz Seraphim, *Das Judentum im osteuropäischen Raum* (Essen, 1939), pp. 716-18.

4 Schwarz, *The Jews in the Soviet Union*, p. 16.

5 Arthur Ruppin, *Soziologie der Juden* (Berlim, 1930), vol. 1, pp. 348, 391, 398, 401.

6 Dados em Seraphim, *Das Judentum im osteuropäischen Raum*, pp. 716-18.

Cidade e ano do censo	População judaica (%)	
Odessa (1926)	153.200	(36,4)
Kiev (1926)	140.200	(27,3)
Moscou (1926)	131.200	(6,5)
Lvov (1931)	99.600	(31,9)
Leningrado (1926)	84.400	(5,3)
Dnepropetrovsk (1926)	83.900	(36,0)
Kharkov (1926)	81.100	(19,4)
Chişinău [Kishinev] (1926)	80.000	(60,2)
Wilno [Vilnius, Vilna] (1931)	55.000	(28,2)
Minsk (1926)	53.700	(40,8)
Cernăuți [Chernovtsy] (1926)	43.700	(47,7)
Riga (1930)	43.500	(8,9)
Rostov (1926)	40.000	(13,2)
Białystok (1931)	39.200	(43,0)
Gomel (1926)	37.700	(43,6)
Vitebsk (1926)	37.100	(37,6)
Kirovograd (1920)	31.800	(41,2)
Nikolaev (1923)	31.000	(28,5)
Kremenchug (1923)	29.400	(53,5)
Jitomir (1923)	28.800	(42,2)
Berdichev (1923)	28.400	(65,1)
Kherson (1920)	27.600	(37,0)
Kaunas [Kovno] (1934)	27.200	(26,1)
Uman (1920)	25.300	(57,2)
Stanisławow [Stanislav] (1931)	24.800	(51,0)
Równe [Rovno] (1931)	22.700	(56,0)
Poltava (1920)	21.800	(28,4)
Bobruysk (1923)	21.600	(39,7)
Brześć [Brest-Litovsk] (1931)	21.400	(44,2)
Grodno (1931)	21.200	(43,0)
Pinsk (1931)	20.300	(63,6)
Vinnitsa (1923)	20.200	(39,2)
Tighina (1910)	20.000	(34,6)
Łuck [Lutsk] (1931)	17.400	(48,9)
Przemyśl (1931)	17.300	(34,0)

Estratégia

Durante as primeiras semanas da campanha, os *Kommandos* se movimentaram o mais rapidamente possível para se aproximar das linhas de frente. Unidades do *Einsatzgruppe* A entraram nas cidades de Kaunas, Liepāja, Jelgava, Riga, Tartu, Tallinn, e nos subúrbios maiores de Leningrado com unidades avançadas do Exército.[7] O *Sonderkommando* 7b do *Einsatzgruppe* C (na época, ainda denominado B) esteve em Brest-Litovsk enquanto a luta continuava em *bunkers* da cidadela.[8] Três carros do *Einsatzgruppe* C seguiram os primeiros tanques em Jitomir.[9] O *Kommando* 4a, do mesmo *Einsatzgruppe*, estava em Kiev em 19 de setembro, dia em que a cidade caiu.[10] Membros do *Einsatzgruppe* D entraram em Hotin enquanto os russos ainda defendiam a cidade.[11]

Esses movimentos de linha de frente significavam algumas dificuldades. Ocasionalmente os *Einsatzgruppen* se viam no meio da batalha pesada. O *Einsatzkommando* 12, movendo-se pela costa a leste de Odessa para exterminar judeus em massa, foi surpreendido por um destacamento soviético de 2.500 homens e fugiu às pressas sob tiros.[12] Às vezes um comandante de Exército tirava vantagem da presença das unidades móveis de extermínio para ordená-las a limpar uma área infestada de guerrilheiros ou atiradores.[13] Apenas em casos raros, porém, uma ordem do Exército mandava suspender uma operação de extermínio por causa da situação na linha de frente.[14] No geral, a única coisa que limitava a

---

7 Relatório de resumo do *Einsatzgruppe* A para 15 de outubro de 1941, L-180. O relatório, com anexos de datas variadas, tem mais de cem páginas. Apesar de terem sido preparadas quarenta cópias, ele fora evidentemente escrito para o RSHA. Costuma-se referir a ele como o primeiro relatório de Stahlecker, para distingui-lo de um resumo subsequente.

8 RSHA IV-A-1, Relatório Operacional da URSS nº 8 (25 cópias), 30 de junho de 1941, NO-4543.

9 RSHA IV-A-1, Relatório Operacional da URSS nº 128 (55 cópias), 3 de novembro de 1941, NO-3157.

10 RSHA IV-A-1, Relatório Operacional da URSS nº 97 (48 cópias), 28 de setembro de 1941, NO-3145.

11 RSHA IV-A-1, Relatório Operacional da URSS nº 19 (32 cópias), 11 de julho de 1941, NO-2934.

12 11º Exército AO para 11º Exército Ic, 22 de setembro 1941, NOKW-1525.

13 11º Exército Ic/AO (Abwehr III), assinado pelo chefe de Estado-Maior Wöhler, para *Einsatzgruppe* D, 8 de agosto de 1941, NOKW-3453. A luta contra os guerrilheiros "é trabalho para a Polícia de Segurança". Relatório da Stahlecker para 15 de outubro de 1941, L-180.

14 Diário de guerra, 17º Exército/Operações, 14 de dezembro de 1941, NOKW-3350. A ordem dizia: "Por ordem do chefe de Estado-Maior, as ações judaicas [*Judenaktionen*] em Artemovsk serão

operação dos *Einsatzgruppen* era seu próprio tamanho em relação ao território que tinham de percorrer.

Os *Einsatzgruppen não* se moviam como unidades compactas. Os *Kommandos*, em geral, se destacavam dos grupos e operavam de forma independente. Muitas vezes os próprios comandos se dividiam em destacamentos avançados (*Vorkommandos*), mantendo o ritmo das tropas e dos grupos de trabalho do tamanho de pelotões (*Teilkommandos*) que penetravam nos distritos remotos longe das estradas principais.

Antes do objetivo final das operações ficar claro, os *Einsatzgruppen* não fizeram esforço para destruir comunidades inteiras. O território intermediário, adquirido pela URSS em 1939 e 1940, era percorrido esporadicamente, e massas de judeus ficavam para trás. Logo, porém, a matança tornou-se mais substancial.

Ao norte, o *Einsatzgruppe* A entrou na região báltica e ficou a postos para Leningrado. Quando o Exército alemão diminuiu o ritmo e parou nos portões da cidade, os *Kommandos* dos *Einsatzgruppen* voltaram sua atenção para a área ocupada, densa com assentamentos judeus, que ia do Mar Báltico às porções ocidentais da Bielorrússia. O *Einsatzkommando* 2 iniciou grandes operações ao longo da costa (Liepāja e Riga) e do centro da Letônia (Jelgava) e da região lituana ao redor de Šiauliai.[15] Um relatório do *Einsatzkommando* 3, na Lituânia, lista uma série de movimentos repetitivos. O *Kommando* cobriu grande parte da área lituana, com protuberâncias em Dvinsk (Daugavpils), Letônia e próximo de Minsk, na Rússia Branca. Seu relatório, datado de 1º de dezembro de 1941, contém 112 entradas sobre tiroteios. Uma entrada ou outra se refere a várias localidades adjacentes ou a vários dias consecutivos. Há 71 nomes de lugares e, em catorze dessas comunidades, o *Kommando* atacou mais de uma vez. Assim, as cidades de Babtai, Kėdainiai, Jonava e Rokiškis foram invadidas duas vezes; Vandžiogala, Utena, Alytuz e Dvinsk, pelo menos três vezes; Raseiniai e Ukmerge, quatro; Marijampole, cinco; Panevėžys, seis; Kovno (Kaunas), treze; e Vilna (Vilnius), quinze vezes. O intervalo entre os ataques nessas cidades variava de uma fração de um dia a 42

---

adiadas, a depender de uma clarificação da situação da linha de frente". O comandante do 17º Exército era o *Generaloberst* Hermann Hoth. O *Einsatzgruppe* C operava na área.

15 Relatório Stahlecker para 15 de outubro de 1941, L-180.

dias, e a pausa média era de uma semana. Alguns dos maiores massacres ocorreram depois da terceira, quarta ou quinta rodada.[16]

Ao mover-se rapidamente pela porção oeste da Bielorrússia, o *Einsatzgruppe* B abriu buracos nos centros populacionais judeus, mas deixou-os essencialmente intactos. No outono, mais a leste, o *Einsatzgruppe* eliminou uma série de comunidades judaicas, incluindo as de Bobruysk, Vitebsk e Gomel.[17]Dentro da Rússia, era cada vez menor o número de judeus e cada vez mais disperso. O *Einsatzgruppe* relatou que, em muitas cidades na estrada de Smolensk a Moscou, os sovietes tinham evacuado todos os moradores judeus.[18]

Saindo do sul da Polônia, o *Einsatzgruppe* C atravessou a Galícia. Quando chegou ao coração da Ucrânia, em 12 de setembro, relatou que "através das linhas parecem ter começado a circular rumores entre os judeus sobre o destino que podem esperar de nós [*Bei den Juden scheint sich auch jenseits der Front herumgesprochen zu haben, welches Schicksal sie bei uns erwartet*]". Na realidade, esse *Einsatzgruppe* tinha encontrado comunidades judaicas reduzidas a 70% ou 90% e algumas totalmente dizimadas.[19] Esses relatórios se multiplicariam no outono. Antes da guerra, Dnepropetrovsk tinha uma população judaica de cerca de 100 mil indivíduos. Imaginava-se que 30 mil permanecessem ali,[20] uma estimativa

---

16 Relatório de Staf. Jäger, 1º de dezembro de 1941, Zentrale Stelle der Landesjustizverwaltungen, Ludwigsburg, UdSSR 108, filme 3, pp. 27-38. Para cobrir a Lituânia dessa forma, Jäger organizou um grupo de assalto (*Rollkommando*) composto de oito a dez homens comandados por *Ostuf*. Hamann. O grupo era enviado quase diariamente de Kaunas a pontos remotos, onde lituanos ajudavam nas capturas e nos assassinatos. Na vizinha Letônia o *Einsatzkommando* 2 também ficou atrás das linhas. Até o fim de outubro de 1941, suas maiores matanças aconteceram na costa (Liepāja e Riga), no centro (Jelgava) e na região lituana ao redor de Šiauliai (Shavli ou Schaulen). Relatório Stahlecker para 15 de outubro de 1941, L-180. O *Einsatzkommando* 2 foi aumentado por um *Sonderkommando* letão de mais de cem homens (eventualmente duas companhias de três pelotões cada) comandadas por um letão com treinamento legal e experiência policial, Viktor Arajs. Indiciamento de Arajs por promotor do Landgericht Hamburg, 141 Js 534/60, 10 de maio de 1976, pp. 55-66, e julgamento do tribunal de Hamburgo no caso Arajs (37)5/76, 21 de dezembro de 1979.

17 RSHA IV-A-1, Relatório Operacional URSS nº 148 (65 cópias), 19 de dezembro de 1941, NO-2824.

18 RSHA IV-A-1, Relatório Operacional URSS nº 123 (50 cópias), 24 de outubro de 1941, NO-2832.

19 RSHA IV-A-1, Relatório Operacional URSS nº 81 (48 cópias), 12 de setembro de 1941, NO-3154.

20 RSHA IV-A-1, Relatório Operacional URSS nº 135 (50 cópias), 19 de novembro de 1941, NO-2832.

que se mostrou alta demais. Em Chernigov, com uma comunidade judaica pré-
-guerra de 10 mil, o *Sonderkommando* 4a encontrou apenas 309 judeus.[21] Apesar
dessas reduções, o *Einsatzgruppe* ainda conseguiu arrebatar grandes massas de vítimas. Em uma das primeiras dessas ações, o *Einsatzkommando* 4a atacou o gueto
de Jitomir às 4 horas da manhã do dia 19 de setembro e obliterou a comunidade
inteira, matando 3.145 pessoas.[22] O *Kommando* seguiu para Kiev, onde assassinou
33.771 judeus em 29 e 30 de setembro.[23] Quando chegou em Kharkov, alguns judeus foram mortos como reféns. Em 6 de dezembro, um registro da população
remanescente de Kharkov revelou a presença de 10.271 judeus. Eles foram capturados alguns dias depois e levados a uma fábrica de tratores, de onde saíram em
pequenos grupos para serem mortos.[24]

Ao sul, o *Einsatzgruppe* D esperava a ofensiva romena. Depois, cruzou a Bessarábia e se estabeleceu em Nikolaev e Kherson. Lá, "resolveu o problema judeu"
matando cerca de 5 mil deles em cada uma das cidades durante meados de setembro.[25] Seguindo para Melitopol, onde uma população judaica de originalmente 11 mil indivíduos encolhera para 2 mil, matou esse restante.[26] Em Mariupol, que
tinha aproximadamente 18 mil moradores judeus, o *Einsatzgruppe* capturou e
matou 8 mil.[27] Indo em direção ao sul, seguiu o Exército alemão para a península
da Crimeia, a maior parte da qual, incluindo a cidade de Simferopol, estava ocupada. Simferopol tinha uma população judaica, antes da guerra, de 20 mil pessoas,
das quais sobraram 11 mil – mortos pelo *Einstzgruppe*.[28]

---

21 *Ibid.* A maioria dos judeus, Segundo relatos, fugiu também de Kremenchug e Poltava. RSHA IV-
A-1, Relatório Operacional URSS nº 111 (50 cópias), 12 de outubro de 1941, NO-3155.

22 RSHA IV-A-1, Relatório Operacional URSS nº 106 (48 cópias), 7 de outubro de 1941, NO-3140.

23 RSHA IV-A-1, Relatório Operacional URSS nº 101 (48 cópias), 2 de outubro de 1941, NO-3137.

24 Arquivos Kharkov Oblast, coleção de cartazes e Fundo 2982, Opis 1, Pasta 232 e Opis 3, Pasta 16.
Ver também relatório do Stadtkommandantur militar de Kharkov, 20 de Agosto de 1942, que não
indicava nenhum judeu na cidade, T 501, Rolo 34.

25 RSHA IV-A-1, Relatório Operacional URSS nº 95 (48 cópias), 26 de setembro de 1941, NO-3147.
RSHA IV-A-1 Relatório Operacional URSS nº 101 (48 cópias), 2 de outubro de 1941, NO-3137.

26 Relatório do *Ortskommandantur* I/853 em Melitopol, 13 de outubro de 1941, T 501, Rolo 56.

27 *Ortskommandantur* I/853 em Mariupol para comandante da Retaguarda do Exército (Korück)
533, 29 de outubro de 1941, T 501, Rolo 56.

28 *Ortskommandantur* I/853 em Simferopol para Korück 533, 14 de dezembro de 1941, T 501, Rolo 56.

De tempos em tempos, os *Einsatzgruppen* relatavam números cumulativos de mortos. Para o *Einsatzgruppe* A, o total em 15 de outubro de 1941 era 125 mil judeus assassinados.[29] O *Einsatzgruppe* B informou, em 14 de novembro de 1941, um total incompleto de 45 mil vítimas.[30] No *Einsatzgruppe* C, o número do *Einsatzkommando* 4a em 30 de novembro de 1941 era 59 mil, e o do *Einsatzkommando* 5 em 7 de dezembro era 36 mil.[31] O *Einsatzgruppe* D recapitulou, em 2 de janeiro de 1942, o extermínio de 76 mil pessoas.[32] Houve uma segunda onda de unidades móveis de extermínio, que se movimentava rapidamente atrás dos *Einsatzgruppen*. Elas operavam sob uma variedade de comandos e atacavam várias comunidades que os *Einsatzgruppen* tinham deixado passar na pressa.

De Tilsit, na Prússia Oriental, a Gestapo local enviou um *Kommando* para a Lituânia. Esses homens da Gestapo atiraram em milhares de judeus do lado oposto do Rio Memel.[33] Na Cracóvia, o *Befehlshaber der Sicherheitspolizei und des* SD (BdS) do *Generalgouvernement*, ss-*Oberführer* Schongarth, organizou três pequenos *Kommandos*. No meio de julho esses *Kommandos* entraram nas áreas orientais da Polônia, com sede em Lvov, Brest-Litovsk e Białystok, respectivamente, matando dezenas de milhares de judeus.[34]

----

29 Relatório Stahlecker para 15 de outubro de 1941, L-180. Além disso, foram mortos 5 mil não judeus.

30 RSHA IV-A-1, Relatório Operacional URSS n⁰ 133 (60 cópias), 14 de novembro de 1941, NO-2825.

31 RSHA IV-A-1, Relatório Operacional URSS n⁰ 156 (65 cópias), 16 de janeiro de 1942, NO-3405. Os totais incluem alguns não judeus.

32 RSHA IV-A-1, Relatório Operacional URSS n⁰ 150 (65 cópias), 2 de janeiro de 1942, NO-2834.

33 RSHA IV-A-1, Relatório Operacional URSS n⁰ 19 (32 cópias), 11 de julho de 1941, NO-2934. RSHA IV-A-1, Relatório Operacional URSS n⁰ 26, 18 de julho de 1941, NO-2941. Stahlecker menciona que a unidade de Tilsit matara 5.500 pessoas. Relatório Stahlecker para 15 de outubro de 1941, L-180.

34 Ordem do comandante, Grupo de Retaguarda Sul do Exército (assinado por von Roques), 14 de julho de 1941, NOKW-2597. RSHA IV-A-1, Relatório Operacional URSS n⁰ 43 (47 cópias), 5 de agosto de 1941, NO-2949. RSHA IV-A-1, Relatório Operacional URSS n⁰ 56 (48 cópias), 18 de agosto de 1941, NO-2848. RSHA IV-A-1, Relatório Operacional URSS n⁰ 58, 29 de agosto de 1941, NO-2846. RSHA IV-A-1, Relatório Operacional URSS n⁰ 66, 28 de agosto de 1941, NO-2839. RSHA IV-A-1, Relatório Operacional URSS n⁰ 67, 29 de agosto de 1941, NO-2837. RSHA IV-A-1, Relatório Operacional URSS n⁰ 78 (48 cópias), 9 de setembro de 1941, NO-2851. Esses relatórios, que não cobrem todas as operações dos três *Kommandos*, mencionam 17.887 vítimas.

Forças adicionais foram incluídas na ação pelos líderes da Alta ss e da Polícia. Himmler instalou três desses escritórios regionais e colocou as seguintes unidades da ss e da Polícia sob seus comandos táticos:[35]

1. O líder da Alta ss e da Polícia Norte da Rússia, *Obergruppenführer* Prutzmann (seguido por Jeckeln em novembro), comandava o Regimento Norte de Polícia e a 2ª Brigada de Infantaria. A brigada foi posicionada para combate na frente.

2. O líder da Alta ss e da Polícia Centro da Rússia, *Obergruppenführer* von dem Bach, comandava as seguintes formações:
   Regimento de Polícia Centro: tenente-coronel Montua
   Brigada de Cavalaria da ss (formada em 2 de agosto de 1941): *Staf.* Fegelein
      1º Regimento de Cavalaria da ss: Fegelein (Lombard)
         Batalhão Montado: *Stubaf.* Lombard
      2º Regimento de Cavalaria da ss: *Staf.* Hierthes
         Batalhão Montado: *Stubaf.* Magill

3. Líder da Alta ss e da Polícia Sul da Rússia, Jeckeln (seguido por Prutzmann em novembro) comandava:
   Regimento de Polícia Sul: coronel Franz
   45º Batalhão de Polícia
   1ª Brigada de Infantaria (motorizada): *Brif.* Herrmann, composta dos 8º e
      10º Regimentos de Infantaria da ss

---

35 Os três regimentos de polícia foram criados antes da invasão para uso dos líderes da Alta ss e da Polícia no norte, centro e sul da Rússia. Ver relatório do major Schmidt von Altenstadt, 19 de maio de 1941, NOKW-486. Não havia outras unidades de polícia de tamanho de regimentos na URSS ocupada em 1941, mas batalhões de polícia adicionais foram enviados para leste entre julho e dezembro, alguns deles designados para divisões de segurança do Exército. Ver lista em Peter Longerich, *Politik der Vernichtung* (Munique, 1998), pp. 308-10. As brigadas da ss e algumas unidades menores eram inicialmente forças do ss-*Kommandostab*, formadas em meados de junho de 1941. Em 28 de junho de 1941, o Stab tornou-se subordinado a Himmler pessoalmente. Ver o fac-símile do diário de Guerra do *Kommandostab* para 1941 em Fritz Baade et al., eds., *Unsere Ehre heisst Treue* (Viena, 1965), pp. 1-91, ou no Grupo de Registro de Arquivos 48.004 do Museu Memorial do Holocausto dos EUA (Instituto Histórico-Militar, Praga), Rolo 1. Esse rolo e o Rolo 2 também contêm relatórios de brigadas e materiais do 322º Batalhão de Polícia Regimento Central. Para os destacamentos e movimentos das brigadas, ver diário de guerra do *Kommandostab*. Ver também a missão da Brigada de Cavalaria da ss para von dem Bach em 28 de julho de 1941, em Arquivos Federais Alemães, NS 19/3489.

No centro e no sul, as unidades subordinadas aos líderes da Alta ss e da Polícia participaram de grandes extermínios de judeus.

O Regimento de Polícia Centro ajudou as operações que acabaram com a vida de 2.378 judeus em Minsk[36] e 3.726 em Mogilev.[37] A Brigada de Cavalaria da ss entrou nos Pântanos de Pripet. Quando Himmler ordenou que os dois batalhões montados da brigada atirassem em judeus e levassem mulheres judias para os pântanos, o comandante do batalhão no 1º Regimento, Lombard, ainda não tinha encontrado muitos judeus em seu setor. Ele explicou para suas tropas que não deviam considerar a ordem de Himmler como uma "reprimenda" (*Ruge*), mas ao mesmo tempo pediu que os líderes dos destacamentos de reconhecimento mantivessem os olhos abertos: "Nenhum homem judeu deve permanecer vivo, nenhuma família deve sobrar nas cidades".[38] Dez dias mais tarde, ele relatou que, além dos homens do Exército Vermelho e dos "ativistas", tinha assassinado 6.504 judeus.[39] Seu colega Magill, do 2º Regimento, relatou que os pântanos eram rasos demais para afogamento, mas 6.526 "saqueadores e assim por diante" tinham sido assassinados.[40] Quando a brigada completou sua missão, a conta era de 14.178 "saqueadores", 1.001 guerrilheiros e 699 prisioneiros de guerra soviéticos.[41]

No sul, o primeiro grande extermínio ocorreu quando a 1ª Brigada de Infantaria da ss foi emprestada ao *Feldmarschall* Reichenau, comandante do Sexto Exército, no fim de julho. Após Reichenau ordenar a brigada a destruir os restos da 124ª Divisão do Exército Vermelho, guerrilheiros e "apoiadores do sistema bolchevique em

---

36 RSHA IV-A-I, Relatório Operacional URSS nº 92, 23 de setembro de 1941, NO-3143. A *Feldgendarmerie* do Exército também participou dessa ação.

37 RSHA IV-A-I, Relatório Operacional URSS nº 133 (60 cópias), 14 de novembro de 1941, NO-3137.

38 Ordem de Lombard, 1º de agosto de 1941, Arquivos Federais Alemães em Freiburg, RS 4/441.

39 Lombard para 1º Regimento de Cavalaria, 11 de agosto de 1941. Esse documento não foi encontrado pelos editores do *Unsere Ehre heisst Treue* nem foi descoberto por uma equipe israelense que filmou os registros no Grupo de Registros de Arquivos do Museu Memorial do Holocausto 48.004. Ele foi localizado pelas Unidades de Investigações Especiais Australianas e mantido em seus arquivos, carimbado SIU 3995 e subsequentemente SIU 3576.

40 Relatório de Magill para 27 de julho a 11 de agosto de 1941, datado de 12 de agosto de 1941, fac-símile em *Unsere Ehre heisst Treue*, pp. 217-20.

41 Relatório final da Brigada de Cavalaria sobre as ações nos Pântanos de Pripet (assinado por Fegelein), 18 de setembro de 1941, Museu Memorial do Holocausto, Grupo de Registros 48.004 (Instituto Militar-Histórico, Praga), Rolo I.

sua retaguarda", a brigada matou 73 homens do Exército Vermelho, 165 comunistas e 1.658 judeus.[42] Algumas semanas depois, assassinaram trezentos homens judeus e 139 mulheres judias em Starakonstantinov "como medida de vingança para a atitude não cooperativa dos judeus que trabalhavam para a *Wehrmacht*".[43] Depois, Jeckeln virou-se para Kamenets-Podolsky, onde estavam reunidos os judeus expulsos da Hungria. Nessa operação, um de seus batalhões de Polícia fechou a área, e sua própria companhia (*Stabskompanie*) realizou a chacina. O número de mortos chegou a 23.600.[44] Seguiu-se outra ação em Berdichev, onde a companhia matou 1.303 judeus, incluindo 875 mulheres judias de mais de 12 anos.[45] Dois destacamentos da Polícia de Ordem ajudaram o *Einsatzkommando* 4a no massacre de Kiev.[46] Em Dnepropetrovsk, onde um *Kommando* empregado por Jeckeln massacrou cerca de 15 mil judeus, o comando local do Exército relatou que, para seu grande arrependimento, não tinha recebido notificação prévia da ação, o que resoltou na não efetivação de suas preparações para criar um gueto na cidade e em sua respectiva regulamentação (apesar de já emitida) para extrair uma "contribuição" dos judeus para benefício da municipalidade.[47] Os batalhões de polícia de Jeckeln mataram

---

42 *OGruf.* Jeckeln para 6º Exército, com cópias para Himmler, Retaguarda Sul do Grupo do Exército (General von Roques), comandante da Retaguarda do 6º Exército (*Generalleutnant* von Puttkammer), e Chefe da Polícia de Ordem Daluege, 1º de agosto de 1941, NOKW-1165.

43 RSHA IV-A-I, Relatório Operacional URSS nº 59 (48 cópias), 21 de agosto de 1941, NO-2847.

44 RSHA IV-A-I, Relatório Operacional URSS nº 80 (48 cópias), 11 de setembro de 1941, NO-3154. Ver também mensagens radiofônicas de Fegelein para o *Kommandostab*, 27-29 de agosto de 1941, em Grupo de Registros 48.004 do Museu Memorial do Holocausto (Instituto Militar-Histórico, Praga), Rolo I.

45 RSHA IV-A-I, Relatório Operacional URSS nº 88 (48 cópias), 19 de setembro de 1941, NO-3148, e relatório de Jeckeln, 1º de setembro de 1941, Grupo de Registros 48.004 do Museu Memorial do Holocausto (Instituto Militar-Histórico, Praga), Rolo I.

46 RSHA IV-A-I, Relatório Operacional URSS nº 101 (48 cópias), 3 de outubro de 1941, NO-3137, e relatórios de Jeckeln, 28 e 30 de setembro e 1º de outubro de 1941, Grupo de Registros 48.004 do Museu Memorial do Holocausto (Instituto Militar-Histórico, Praga), Rolo I. O papel da Polícia de Ordem nos massacres de Kiev foi tão evidente que o *Einsatzkommando* 4a se sentiu obrigado a relatar que, fora a ação de Kiev, tinha "acabado" com 14 mil judeus "sem qualquer ajuda externa" (*ohne jede fremde Hilfe erledigt*). RSHA IV-A-I, Relatório Operacional URSS nº 111 (50 cópias), 12 de outubro de 1941, NO-3155.

47 Relatório de *Feldkommandantur* 240/VII para o período de 15 de setembro a 15 de outubro de 1941, documento Yad Vashem 0-53/6. O *Sonderkommando* 4a relatou 10 mil mortos por Jeckeln na

mais de 5 mil judeus em ações menores durante o verão, e a 1ª Brigada da ss matou outros 10 mil do começo de agosto até ser transferida para o Líder da Alta ss e da Polícia Rússia Central na segunda metade de outubro.[48]

O próprio Jeckeln trocou de lugar com o líder da Alta ss e da Polícia no Norte da Rússia, Prutzmann, em Riga, no início de novembro. Ele ainda teve tempo, antes de sair, de planejar um grande extermínio de judeus ucranianos em Revno. Essa operação, em 6 e 7 de novembro, ficou a cargo da Polícia de Ordem, com um destacamento do *Einsatzkommando* 5, sendo "especialmente importante" (*massgeblich beteiligt*) no extermínio.[49]

Depois de Jeckeln chegar em Riga, ele levou em frente sua grande ação da primeira varredura. De 29 de novembro a 1º de dezembro e nos dias 8 e 9 de dezembro, foram assassinados 27.800 judeus de Riga.[50] Depois disso, um solo endurecido tornou difícil cavar covas do norte ao sul, e as operações de grande escala foram suspensas.[51]

Durante os seis primeiros meses das operações móveis de extermínio, meio milhão de pessoas foram assassinadas pelos *Einsatzgruppen*, a Gestapo de Tilsit, os *Einsatzkommandos* despachados pelo bds do *Generalgouvernement* e as formações comandadas pelos líderes da Alta ss e da Polícia. A localização dessas unidades em julho e novembro constam nos mapas 2 e 3.[52]

----

cidade em 13 de outubro de 1941. Ver RSHA IV-A-I, Relatório Operacional URSS nº 135 (60 cópias), 19 de novembro de 1941, NO-2832.

48 Relatórios no Grupo de Arquivos 48.004 do Museu Memorial do Holocausto dos EUA (Instituto Militar-Histórico, Praga), Rolo I. Sobre a brigada, ver também *Unsere Ehre heisst Treue*, pp. 93-206. Em agosto, foi relatado que Jeckeln assassinou 44.125 pessoas, "a maior parte judeus". RSHA IV-A-I, Relatório Operacional URSS nº 94 (48 cópias), 25 de setembro de 1941, NO-3146.

49 RSHA IV-A-I, Relatório Operacional URSS nº 143 (65 cópias), 8 de dezembro de 1941, NO-2827.

50 Minuta de relatório (inverno de 1941-42) do *Einsatzgruppe* A, PS-2273.

51 Ver referência de *Stubaf*. Hoffmann a terra congelada e a nevasca como motivos para suspensão, em uma reunião liderada pelo *Gauleiter* Kube em Minsk, 29 de janeiro de 1942, Grupo de Registros dos Arquivos 53.002 do Museu Memorial do Holocausto dos EUA (Arquivos Estatais da Bielorrússia), Rolo II, Fundo 370, Opis I, Pasta 53.

52 As localizações são citadas em quase todos os relatórios operacionais RSHA IV-A-I.

Cooperação com as unidades móveis de extermínio

Movimentação era o problema essencial das unidades móveis de extermínio durante a primeira varredura. Uma vez que as unidades de extermínio chegavam a um ponto desejado, porém, era preciso lidar com uma série de problemas. O sucesso da operação desse ponto em diante dependia das atitudes das autoridades militares, da população nativa e das próprias vítimas.

O Exército cooperava com os *Einsatzgruppen* de forma que ia muito além das funções mínimas de apoio garantidas pelo acordo OKH-RSHA. Essa cooperação era ainda mais impressionante porque a Polícia de Segurança esperava pouco mais que uma concordância a contragosto com as operações de extermínio. Em 6 de julho de 1941, o *Einsatzkommando* 4b (*Einsatzgruppe* C) relatou de Tarnopol: "Forças armadas receberam surpreendentemente bem a hostilidade contra os judeus [*Wehrmacht erfreulich gute Einstellung gegen die Juden*]".[53] Em 8 de setembro, o *Einsatzgruppe* D relatou que as relações com as autoridades militares eram "excelentes" (*ausgezeichnet*).[54] O comandante do *Einsatzgruppe* A (*Brigadenführer* dr. Stahlecker) escreveu que as experiências dele com o Grupo do Exército Norte eram ótimas e suas relações com o Quarto Exército Panzer, sob o comando de *Generaloberst* Hoepner, eram "muito próximas, sim, quase cordiais [*sehr eng, já fast herzlich*]".[55]

Esses testemunhos sobre o Exército foram dados porque a instituição não mediu esforços para entregar judeus aos *Einsatzgruppen*, exigir ações contra eles, participar das operações de extermínio e atirar em reféns judeus como "represália" aos ataques às forças de ocupação. Os generais tinham entrado aos poucos nessa posição de cooperação, com o pretexto de que a população judaica era um grupo de bolcheviques durões que instigavam, encorajavam e ajudavam a guerrilha atrás das linhas alemãs.[56] O Exército, portanto, tinha de se proteger

---

53 RSHA IV-A-I, Relatório Operacional URSS nº 14 (30 cópias), 6 de julho de 1941, NO-2940.

54 Ohlendorf via *Stubaf*. Gmeiner para 11º Exército Ic/AO (recebido e rubricado por Wöhler, chefe do Estado-maior), 8 de setembro de 1941, NOKW-3234.

55 Relatório Stahlecker para 15 de outubro de 1941, L-180.

56 Seguindo esse raciocínio, ver carta do general Eugen Müller (chefe moral do OKH) para comandantes das Retaguardas de Grupos do Exército Norte, Centro e Sul, 25 de julho de 1941, NOKW-182. Na carta, Müller avisa que "vetores do Sistema bolchevista judeu" estavam começando uma guerrilha total na retaguarda alemã.

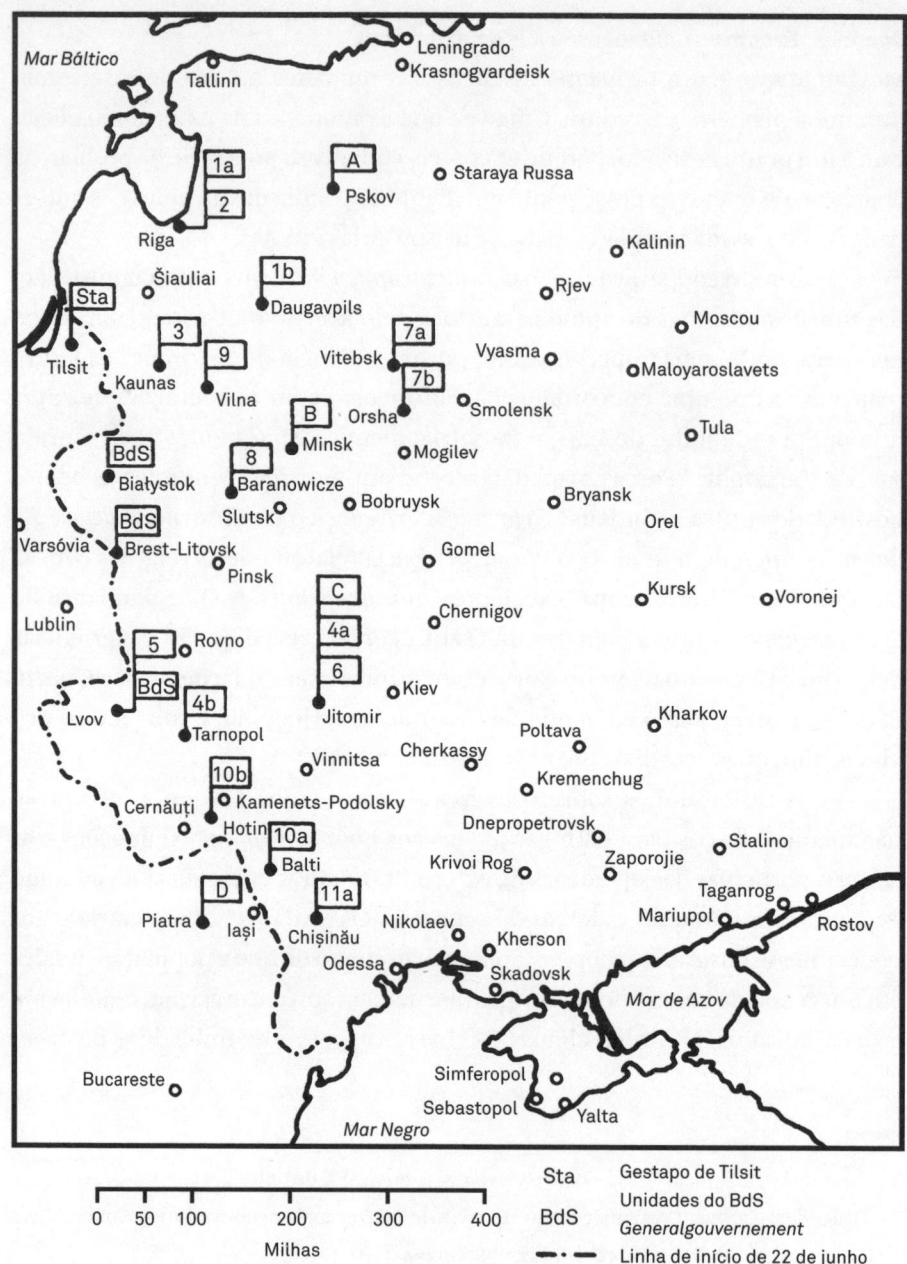

Mar Báltico

Leningrado
Krasnogvardeisk

Tallinn

1a
2

A
Pskov

Staraya Russa

Riga

Šiauliai

Sta

Tilsit

Kaunas

3
9

Vilna

1b
Daugavpils

Kalinin

Rjev

Moscou

7a
Vitebsk
7b

Vyasma
Smolensk

Maloyaroslavets

B
Orsha
Minsk

Mogilev

Tula

BdS
Białystok

8
Baranowicze

Slutsk

Bobruysk

Bryansk

Orel

Varsóvia

BdS
Brest-Litovsk

Pinsk

Gomel

Kursk

Voronej

Lublin

5
BdS
Lvov

Rovno

4b
Tarnopol

C

4a

6

Jitomir

Kiev

Chernigov

Kharkov

Vinnitsa

Cherkassy

Poltava

Kremenchug

10b
Cernăuţi
Kamenets-Podolsky
Hotin
10a
Balti

Krivoi Rog

Dnepropetrovsk

Zaporojie

Stalino

Taganrog

Mariupol

Rostov

D
Piatra
Iaşi

11a
Chişinău

Nikolaev

Kherson

Odessa

Skadovsk

Mar de Azov

Bucareste

Simferopol

Sebastopol

Yalta

Mar Negro

0   50 100   200   300   400
Milhas

Sta
BdS

Gestapo de Tilsit
Unidades do BdS
Generalgouvernement
Linha de início de 22 de junho

MAPA 2 Posições das Unidades Móveis de Extermínio, julho de 1941.

Mar Báltico

Leningrado

Tallinn · Krasnogvardeisk

Pskov · · Staraya Russa

Riga

Kalinin

Šiauliai · Daugavpils

Rjev

Tilsit · · Moscou

Kaunas · Vilna · Vitebsk

Orsha · Smolensk · Maloyaroslavets

Vyasma

Tula

Biatystok · Minsk · Mogilev

Baranowicze · Bobruysk · Bryansk

Varsóvia · Brest-Litovsk · Slutsk · Orel

Pinsk · Gomel

Lublin · Kursk · Voronej

Rovno · Chernigov

Jitomir · Kiev

Lvov · Tarnopol · Kharkov

Vinnitsa · Poltava

Kamenets-Podolsky · Cherkassy · Kremenchug

Cernăuţi · Hotin · Dnepropetrovsk · Stalino

Balti · Krivoi Rog · Zaporojie · Taganrog · Rostov

Iaşi · Nikolaev · Mariupol

Piatra · Chişinău · Kherson

Odessa · Skadovsk

Mar de Azov

Bucareste · Simferopol · Sebastopol · Yalta

Mar Negro

Rom	Unidades do Exército romeno
Pol	Regimento de Polícia
—·—·—	Linha de início de 22 de junho
— — —	Linha de frente

0 50 100   200   300   400
Milhas

MAPA 3 Posições das Unidades Móveis de Extermínio, novembro de 1941.

contra a ameaça representada pelos guerrilheiros atacando sua suposta fonte – os judeus.[57]

O primeiro efeito das tropas de "segurança" do Exército foi a prática de entregar judeus aos *Einsatzgruppen* para serem assassinados. Em Minsk, o comandante do Exército estabeleceu um campo de confinamento civil para quase todos os homens da cidade. Unidades da Polícia Secreta de Campo e homens do *Einsatzgruppe* B "vasculhavam" juntos o campo. Milhares de "judeus, criminosos, funcionários e asiáticos" foram capturados.[58] Em Jitomir, o general Reinhardt ajudou o *Einsatzgruppe* C em uma "varredura" (*Durchkämmung*) na cidade.[59] Fora das cidades, várias unidades militares entregaram judeus fugitivos encontrados nas estradas ou florestas.[60]

A segunda aplicação da teoria de que os judeus eram instigadores da guerrilha foi a incitação do Exército contra os judeus. Em Kremenchug, o 17º Exército pediu que o *Kommando* 4b limpasse os judeus da cidade, pois havia ocorrido três casos de sabotagem de cabos.[61] Em outras cidades, comandantes do Exército nem esperavam ocorrências de sabotagem, pedindo ação contra os judeus como medida "preventiva". Desse modo, na cidade de Kodyma, uma ucraniana analfabeta que dizia compreender ídiche foi levada ao Hauptmann (Capitão) Kramer, do Grupo 647 da Polícia Secreta de Campo com o XXX Corpo de Exército. Ela re-

------

57 Um exemplo da credulidade do Exército é a facilidade com a qual os militares foram persuadidos sem qualquer prova de que o grande incêndio em Kiev fora iniciado por judeus. RSHA IV-A-I, Relatório Operacional URSS nº 97 (48 cópias), 28 de setembro de 1941, NO-3145. Um relatório subsequente dos *Einsatzgruppen* revelou que o incêndio começou por um "batalhão de aniquilação", um tipo de unidade de guerrilha usada pelos russos nos primeiros dias da guerra em atividades de sabotagens. RSHA IV-A-I, Relatório Operacional URSS nº 127 (55 cópias), 31 de outubro de 1941, NO-4136.

58 RSHA IV-A-I, Relatório Operacional URSS nº 21 (32 cópias), 13 de julho de 1941, NO-2937, RSHA IV-A-I, Relatório Operacional URSS nº 73 (48 cópias), 4 de setembro de 1941, NO-2844.

59 RSHA IV-A-I, Relatório Operacional URSS nº 38 (48 cópias), 30 de julho de 1941, NO-2951.

60 Por exemplo, a 99ª Divisão de Infantaria do 6º Exército. Ver relatórios da 99ª Divisão Ic, 27 e 29 de setembro de 1941, NOKW-1294. Ver também 3ª Companhia do 683º Batalhão *Feldgendarmerie* Motorizado para *Feldkommandantur* 810, 2 de novembro de 1941, NOKW-1630. O *Feldgendarmerie* (não confundir com a Polícia Secreta de Campo) era a polícia militar do Exército. Muitos de seus homens eram provenientes da Polícia de Ordem.

61 Diário de Guerra, 17º Exército Ic/AO, 22 de setembro de 1941, NOKW-2272. O comandante do 17º Exército era o *General der Infanterie* Heinrich von Stülpnagel.

velou ter ouvido uma trama judaica para atacar o Exército na cidade. Na mesma tarde, o *Einsatzkommando* 10a em Olshanka recebeu o pedido para enviar um destacamento para Kodyma. O destacamento, com auxílio dos homens da Polícia Secreta de Campo, conduziu, então, os extermínios.[62] Em Armyansk, na Crimeia, o comandante militar local enviou o seguinte relatório a seu superior:

> Para proteção contra o incômodo dos guerrilheiros e para a segurança das tropas nesta área, tornou-se absolutamente necessário que os catorze judeus e judias virassem inofensivos. Executado em 26 de novembro de 1941.[63]

O terceiro efeito da teoria alemã de uma conspiração "judeu-bolchevista" foi a prática de fazer os judeus reféns e suspeitos nos territórios ocupados. O 17º Exército ordenou que quando a sabotagem ou um ataque aos homens não pudesse ser rastreado à população ucraniana, judeus e comunistas (especialmente membros do Komsomol judeu) deviam ser assassinados em represália.[64] O comandante da Retaguarda do Grupo de Exército Sul lançou uma ordem desse tipo nos seguintes termos:

> Devemos dar a impressão de sermos justos. Quando o responsável por um ato de sabotagem não puder ser encontrado, os ucranianos não devem ser culpados. Nesses casos, portanto, a represália deve ser contra os judeus e os russos.[65]

---

62 xxx Corpo do Exército Ic para 11º Exército Ic, 2 de agosto de 1941, NOKW-650. *Sonderkommando* 10a (*OStubaf.* Seetzen) para *Einsatzgruppe* D, 3 de agosto de 1941, NOKW-586.

63 *Ortskommandantur* Armyansk para Korück 553/Qu em Simferopol, 30 de novembro de 1941, NOKW-1532.

64 17º Exército Ic/AO (assinado por Stülpnagel) para comandantes de corporações, com cópia para comandante da Retaguarda do Grupo de Exército Sul, 30 de julho de 1941, NOKW-1693. O Komsomol era uma organização da juventude do partido comunista.

65 Ordem de Retaguarda do Grupo de Exército Sul /Seção VII (assinada por *Gen.* von Roques), 16 de agosto de 1941, NOKW-1691. Para relatórios de assassinatos de judeus como "represália", ver proclamação do comandante da cidade de Kherson, 28 de agosto de 1941, NOKW-3436. Comandante, Retaguarda do Grupo de Exército Sul Ic para Grupo de Exército Sul Ia/Ib, 13 de novembro de 1941, NOKW-1611. 202ª Brigada de Reposição Ia para Comandante da Retaguarda do Grupo de Exército Sul, 13 de novembro de 1941, NOKW-1611. Há muitos outros relatórios desse tipo.

Um relatório do 350º Regimento de Infantaria para a 221ª Divisão de Segurança continha a seguinte recomendação:[66]

O problema judeu tem de ser resolvido de forma mais radical. Proponho a captura de todos os judeus rurais em centros de coleta vigiados e campos de trabalho. Elementos suspeitos devem ser eliminados. [*Die Judenfrage muss radikaler gelöst werden. Ich schlage Erfassung aller auf dem Lande lebenden Juden in bewachte Sammel- und Arbeitslager vor. Verdächtige Elemente müssen beseitigt werden.*]

Talvez a ordem mais interessante seja a emitida pelo 6º Exército Ia/OQu em Kharkov. A ordem determinava que judeus e outros reféns fossem colocados em grandes prédios. Suspeitava-se que alguns desses prédios fossem minados. Uma vez que os supostos criminosos estavam nos prédios, os militares esperavam que os relatórios sobre a localização das minas logo seriam revelados aos engenheiros do Exército.[67] Pelo menos uma unidade levou sua suspeita sobre os judeus ao ponto de ordenar, de uma vez, que todos os homens do Exército Vermelho uniformizados ou em roupas civis que fossem pegos "vagabundeando", além de judeus, comissários, pessoas que carregavam armas e suspeitos de atividades guerrilheiras, fossem assassinados na hora.[68]

Na Bielorrússia, o comandante da 707ª Divisão de Infantaria, *Generalmajor* von Bechtolsheim, tomou as rédeas da situação. A divisão, que só tinha dois regimentos, se espalhou de Baranowicze a Minsk. Dentro do antigo território soviético ele empregou elementos do 11º Batalhão de Reserva da Polícia, aumentado pelas companhias da polícia lituana, de outubro a início de novembro de 1941, com o objetivo de assassinar judeus nas cidades de Smolevichi, Rudensk,

---

66 350º Regimento de Infantaria/Ia (assinado pelo comandante regimental, *Generalmajor* Koch) para 221ª Divisão de Segurança, 19 de agosto de 1941, T 315, Rolo 1672. Sublinhados no texto. O regimento operava na retaguarda do Grupo de Exército Centro. Koch cita um oficial subordinado.
67 Ordem do 6º Exército Ia/OQu, 17 de outubro de 1941, NOKW-184. O engenheiro-chefe em Kharkov era o Oberst (Coronel) Herbert Selle, comandante do 677º Regimento de Engenharia.
68 Ordem da 52ª Divisão de Infantaria Ic, 11 de setembro de 1941, NOKW-1858. Ver também a ordem assinada pelo Comandante da Retaguarda do Grupo de Exército Centro (assinada pelo *General der Infanterie* von Schenkendorff), 28 de outubro de 1941, T 315, Rolo 1668.

Smilovichi, Kliniki, Koydanov, Slutsk e Kletsk.[69] Dentro do antigo território polonês, seu 727º Regimento conduziu os assassinatos.[70] O número total de vítimas nessas operações bielo-russas foi 19 mil "guerrilheiros e criminosos, isto é, judeus, em sua maioria".[71]

Em todos os exemplos citados, a atividade guerrilheira era justificativa explícita ou implícita para as ações do Exército. É interessante, porém, que tenha havido casos posteriores ao início das operações nos quais os militares não pouparam esforços para ajudar as unidades móveis de extermínio sem motivo algum a não ser o desejo de acabar logo com aquilo. O crescimento de tal frieza frente a execuções em massa é exemplificado pelas duas histórias seguintes.

Em Djankói, na península da Crimeia, o prefeito local estabelecera um campo de concentração para judeus sem avisar ninguém. Depois de um tempo, a fome se instalou no campo e as epidemias ameaçavam eclodir. O comandante militar (*Ortskommandant*) chegou ao *Einsatzgruppe* D com um pedido para matar os judeus, mas a Polícia de Segurança recusou o pedido por não ter pessoal suficiente. Depois de uma negociação, o Exército concordou em fornecer sua *Feldgendarmerie* para bloquear a área de forma que um *Kommando* do *Einsatzgruppe* pudesse dar conta dos assassinatos.[72]

Em Simferopol, a capital da Crimeia, o 11º Exército decidiu que queria que todos os extermínios acontecessem antes do Natal. Consequentemente, o

---

69 Ver relatórios do Bechtolsheim, 2 de outubro a 24 de novembro de 1941, Grupo de Registros de Arquivos 53.002, Museu Memorial do Holocausto dos EUA (Arquivos Estatais da Bielorrússia), Rolo 2, Fundo 378, Opis 2, Pasta 698. Segundo esses relatórios, cerca de 2 mil comunistas foram mortos em Minsk e cerca de 4 mil judeus e comunistas foram assassinados nas cinco cidades de Smolevichi a Koydanov. Sobre as ações em Slutsk-Kletsk, onde foram assassinados 5.900 judeus, ver relatório mensal do Oficial de Operações de Bechtolsheim (von der Osten), Apêndice 4, 11 de novembro de 1941, Arquivos Federais Alemães, RH 26-707/2.

70 Hannes Heer, "Killing Fields", em *Mittelweg 36* (Junho-Julho de 1994): 7-31, especialmente pp. 12-15. Os três batalhões do 727º Regimento estavam localizados nos setores de Iwacewicze, Baranowicze e Lida. Retaguarda do Grupo de Exército Centro, chefe de Estado-Maior tenente-coronel Rübesamen para 221ª Divisão de Segurança, 24 de outubro de 1941, incluindo relatório diário da 707ª Divisão de 10 de outubro de 1941, T 315, Rolo 1668. O comandante do 727º Regimento era o coronel de Lasalle von Louisenthal.

71 Minuta de relatório do *Einsatzgruppe* A (janeiro-fevereiro de 1942), PS-2273.

72 Relatório do Major Teichmann (Koruck 553/Ic), 1º de janeiro de 1942, NOKW-1866.

Einsatzgruppe D, com auxílio do pessoal do Exército e com caminhões e gasolina da organização, realizou as execuções a tempo de permitir que o Exército celebrasse o Natal em uma cidade sem judeus nem ciganos.[73]

Da relutância inicial em participar do processo de destruição, os generais desenvolveram tal impaciência para agir que estavam praticamente empurrando os *Einsatzgruppen* para operações de extermínio. O Exército alemão mal podia esperar para ver mortos os judeus da Rússia – não à toa, os comandantes dos *Einsatzgruppen* ficaram agradavelmente surpresos.

Enquanto a maior parte das unidades móveis de extermínio operavam no domínio territorial do Exército alemão, os *Einsatzkommandos* dos grupos C e D também entravam em setores dos Exércitos húngaros e romenos. A Polícia de Segurança enfrentou uma situação inédita nesses setores. O RSHA não fez acordos com os comandos-satélites. O governo alemão não tinha nem informado seus aliados sobre a missão especial do *Reichsführer-ss*. Portanto, novas experiências esperavam os homens de Himmler quando eles entraram em áreas de autoridade alheia.

São raras as referências às relações com os húngaros e, quando aparecem, não demonstram uma atitude de cooperação por parte deles. Em Jitomir, por exemplo, o Exército húngaro impediu uma ação de policiais nativos contra os judeus.[74] Em outra ocasião, mais ao sul, o *Einsatzgruppe* D relata, no fim de agosto, ter "limpado os judeus" do território na fronteira de Dniestr, de Hotin a Yampol, *exceto* por uma pequena área ocupada por forças húngaras.[75] A atitude romena, por outro lado, era bem diferente. Várias vezes as forças romenas invadiram bairros judeus e mataram os habitantes, e suas ações eram mais atrocidades do que operações de extermínio bem-planejadas e pensadas. As testemunhas alemãs da fúria romena ficavam ligeiramente perturbadas com o que viam e às vezes tentavam introduzir disciplina nas fileiras de seu aliado.

No início de julho, o *Sonderkommando* 10a do *Einsatzgruppe* D entrou na cidade de Bălți. O *Sonderkommando* enviou buscas para o bairro judeu da cidade

---

73 Testemunho juramentado de Werner Braune (comandante, *Sonderkommando* 11b), 8 de julho de 1947, NO-4234. Outro exemplo da cooperação do Exército é Jitomir. Ver RSHA IV-A-1, Relatório Operacional URSS nº 106 (48 cópias), 7 de outubro de 1941, NO-3140.

74 RSHA IV-A-1, Relatório Operacional URSS nº 23, 15 de julho de 1941, NO-4526. O controle da cidade, depois, passou para as mãos de um comandante alemão.

75 RSHA IV-A-1, Relatório Operacional URSS nº 67 (48 cópias), 29 de agosto de 1941, NO-2837.

ocupada pela Romênia. "Em um cômodo", relatou o *Obersturmbannführer* Seetzen, "uma patrulha descobriu, na noite passada, quinze judeus, de diversas idades e de ambos os sexos, que tinham sido assassinados por soldados romenos. Alguns deles ainda estavam vivos; a patrulha atirou neles por piedade".[76] Outro incidente na mesma cidade ocorreu na noite de 10 de julho. Autoridades do Exército romeno juntaram quatrocentos judeus de todas as idades e de ambos os sexos para atirar neles em retaliação a ataques aos soldados romenos. O comandante da 170ª Divisão Alemã na área ficou chocado com o espetáculo. Ele pediu que os extermínios se limitassem a quinze homens judeus.[77] Em 29 de julho, outro relato de Bălți indicava que os romenos estavam executando judeus em massa. "Polícia romena em Bălți e arredores agindo pesadamente contra a população judaica. Número de assassinatos não pode ser determinado com exatidão." O *Kommando* 10a tomou parte atirando nos líderes da comunidade judaica da cidade.[78]

O *Einsatzgruppe* também teve dificuldades com os romenos em Cernăuți. Nessa cidade, os romenos estavam ocupados atirando em intelectuais ucranianos "para resolver o problema ucraniano no norte de Bukovina de uma vez por todas". Entre as vítimas, a Polícia de Segurança encontrou vários nacionalistas ucranianos que tinham sido colaboradores em potencial do serviço alemão. O *Kommando* 10b, consequentemente, tinha um motivo duplo para interferir e pediu a libertação de nacionalistas pró-Alemanha (homens da OUN) em troca de comunistas e judeus.[79] Foi um acordo bem-sucedido. Duas semanas depois, o *Einsatzgruppe* D e a polícia romena estavam juntos matando milhares de judeus.[80]

As ocorrências em Bălți e Cernăuți estavam destinadas a serem reduzidas a um banho de sangue naquele outono. A cidade com a maior população judaica da URSS, Odessa, foi capturada pelo 4º Exército romeno após um longo cerco, em

---

76 *Sonderkommando* 10a (assinado por Seetzen) para *Einsatzgruppe* D, 10 de julho de 1941, NO-2073.

77 RSHA IV-A-I, Relatório Operacional URSS nº 25 (34 cópias), 17 de julho de 1941, NO-2939.

78 RSHA IV-A-I, Relatório Operacional URSS nº 37 (45 cópias), 29 de julho de 1941, NO-2952.

79 RSHA IV-A-I, Relatório Operacional URSS nº 22 (30 cópias), 14 de julho de 1941, NO-4135. A OUN era uma organização de ucranianos pró-Alemanha.

80 RSHA IV-A-I, Relatório Operacional URSS nº 40 (45 cópias), 1º de agosto de 1941, NO-2950. RSHA IV-A-I, Relatório Operacional URSS nº 67 (48 cópias), 29 de agosto de 1941, NO-2827.

16 de outubro de 1941.[81] Durante os primeiros dias da ocupação, incêndios irrompiam noite após noite, mas, aos olhos de um observador alemão, os romenos estavam agindo contra "elementos" judeus com "lealdade relativa [*verhältnismässiger Loyalität*]". Não havia "excessos especiais [*besondere Ausschreitungen*]".[82] Às 17h35 do dia 22 de outubro, porém, a sede romena na rua Engels foi pelos ares em uma explosão detonada por controle remoto, matando o comandante da 10ª Divisão, que também era comandante de Odessa, General Glogojanu, e um grande número de sua equipe. Uma contagem preliminar revelou 41 mortos e 39 feridos. Outros podem ter ficado soterrados.[83] Naquela noite, às 20h20, o gabinete militar do ditador romeno, marechal Ion Antonescu, enviou um telegrama ao 4º Exército, ordenando medidas drásticas em represália.[84] Vinte minutos depois, o novo comandante de Odessa, general Trestioreanu, relatou ao 4º Exército que estava tomando medidas para enforcar judeus e comunistas em praça pública.[85] Durante aquela noite e a manhã seguinte, cerca de 5 mil pessoas foram mortas nas ruas ou enforcadas.[86] Às 7h45 da manhã do dia seguinte, o 4º Exército relatou que Trestioreanu tinha reuni-

---

81 Comunicados do OKW, 16 e 17 de outubro de 1941, publicados na imprensa. Após a evacuação soviética pelo mar, cerca de 300 mil habitantes supostamente ficaram para trás. Institute of Jewish Affairs, *Hitler's Ten-Year War on the Jews* (Nova York, 1943), p. 185, citando o *Novoye Slovo* (Berlim), 22 de julho de 1942. Uma estimativa sobre o componente judeu da população remanescente dá um "arredondado" (*rund*) de 100 mil. Relatório do *Oberkriegsverwaltungsrat* dr. Ihnen (missão diplomática alemã em Bucareste), 15 de dezembro de 1941, última pasta sem numeração nas séries romenas antes localizadas no Federal Records Center, Alexandria, Va.

82 Diretor (Leiter) do Abwehrstelle Rumanien (assinado por Rodler) para 11º Exército/Ic, Missão do Exército alemão Ic, Missão da Força Aérea alemã Ic e Missão Naval alemã Ic, 4 de novembro de 1941, T 501, Rolo 278.

83 *Ibid*. A contagem inicial está em general Iacobici (commandante do 4º Exército) para general Mazarini (chefe de Estado-Maior, Exército romeno), 23 de outubro de 1941, Grupo de Registro de Arquivos 25.003 do Museu Memorial do Holocausto dos EUA (Ministério Nacional de Defesa romeno), Rolo 12, Fundo 4º Exército, Dosar 870. Sou grato a Radu Ioanid, do Museu Memorial do Holocausto dos EUA, por chamar minha atenção para o Rolo 12 e explicar seu conteúdo.

84 Coronel Davidescu (chefe de Estado-Maior, Gabinete Militar, Conselho Ministerial) para 4º Exército, 22 de outubro de 1942, 20h20, Rolo 12, Dosar 870.

85 Nota de telefonema do general Trestioreanu de 22 de outubro de 1941, às 20h40, *ibid*.

86 Indiciamento dos generais Macici e Trestioreanu et al., Bucareste, 3 de maio de 1945, por A. Bunaciu, em Jean Ancel, ed., *Documents Concerning the Fate of Romanian Jewry during the Holocaust*

do seus comandantes de regimento para planejar a "eliminação" de cerca de 18 mil judeus nas áreas de "gueto" e o enforcamento de pelo menos 100 judeus em cada setor regimental.[87] A *gendarmerie* militar da 10ª Divisão começou imediatamente uma grande operação de captura e, segundo um oficial de ligação do Abwehr com a inteligência romena, que estava em Odessa na época, cerca de 19 mil judeus foram mortos naquela manhã em uma praça circundada por uma cerca de madeira na área portuária. Os corpos foram encharcados de gasolina e queimados.[88]

Esses extermínios não pararam quando o marechal Antonescu emitiu instruções de executar duzentos comunistas para cada oficial alemão ou romeno morto na explosão, e mais cem comunistas para cada homem alistado morto. Todos os comunistas em Odessa, bem como um membro de cada família judia, devia ser feito refém.[89] Com essa ordem recebida às 16h30,[90] as prisões de Odessa começaram a se encher rapidamente com mais e mais vítimas. Em 24 de outubro, os judeus foram movidos vários quilômetros para oeste da cidade, para a fazenda coletiva de Dalnik, onde uma companhia de metralhadoras da 10ª Divisão deveria colocá-los em trincheiras antitanques e atirar. Os assassinatos, que aconteciam em grupos de quarenta a cinquenta pessoas ao longo de um trecho de três quilômetros, foram considerados lentos demais, e mais de 5 mil judeus remanescentes foram então colocados em três armazéns para serem alvejados por meio de buracos nas paredes. Então, os armazéns foram incendiados, um após o outro.[91]

(Nova York, 1986), vol. 6, p. 60. A maioria dessas vítimas era judia. Comentário de Matatias Carp, ed., *Cartea Neagră* (Bucareste, 1947), vol. 3, p. 208.

87 Coronel Stanculescu (vice-chefe de Estado-Maior, 4º Exército) para general Tataranu (chefe de Estado-Maior, 4º Exército), 23 de outubro de 1941, 7h45, Grupo de Registros de Arquivos 25.003 do Museu Memorial do Holocausto dos EUA (Ministério Nacional de Defesa romeno), Rolo 12, Dosar 870.

88 Relatório Rodler, T 501, Rolo 278.

89 Texto da ordem em Carp, *Cartea Neagră*, vol. 3, pp. 208-9.

90 Iacobici para Gabinete Militar, 23 de outubro de 1941, Grupo de Registro 25.000 do Museu Memorial do Holocausto dos EUA (Ministério da Defesa romeno) Rolo 12, Dosar 870.

91 Excerto do depoimento do subtenente Alexe Neacsu, 23º Regimento, 10ª Divisão, em Carp, *Cartea Neagră*, vol. 3, pp. 210-11. O Exército romeno tinha batalhões de metralhadora, que eram tropas designadas a regimentos de infantaria. O 10º Batalhão de Metralhadora do II Corpo do Exército estava no 23º Regimento. George F. Nafziger, *Rumanian Order of Battle–World War II* (Pisgah, Ohio, 1995), p. 82. A 10ª Divisão, originalmente no II Corpo do Exército, foi temporariamente designada ao XI Corpo do Exército para o último ataque a Odessa, e depois revertida ao II Corpo

O oficial do Abwehr em Odessa ouviu do diretor romeno de "vigilância" telefô-nica (*Überwachung*) que 40 mil judeus de Odessa tinham sido "enviados a Dal-nik" (*nach Dalnik geschafft*), mas esse número alto pode ter sido dito em conversas num momento de excitação.[92]

Houve uma sequência. Na noite do dia 24, o 4º Exército recebeu a terceira ordem para represálias, do marechal Antonescu. Dessa vez, ele queria que os re-féns que ainda não tivessem sido mortos – e quaisquer outros que pudessem ser recolhidos – sofressem como os romenos mortos na explosão. Os presos deviam ser colocados dentro de um prédio minado, que seria explodido com as vítimas no dia em que os romenos fossem enterrados. A ordem devia ser destruída depois de lida.[93] O processo romeno instaurado após a guerra contra o general Macici, co-mandante do II Corpo de Exército ao qual a 10ª Divisão era subordinada, indica que, às 17h35 de 25 de outubro, um armazém cheio de homens que tinham sido metralhados foi pelos ares.[94]

Cerca de 9 mil judeus foram desviados de Dalnik para Golta, mais ao norte, onde foram mantidos vivos por um tempo.[95] Os judeus que ainda estavam na ci-dade viviam ansiosos e foram concentrados em um gueto até serem levados em nova investida em 1942.[96]

___

do Exército. Trestioreanu foi substituído pelo general Ghineraru às 11h da manhã de 23 de outubro. Como comandantes da divisão, cada um se reportava a Macici, que controlou o II Corpo do Exército durante aquela época; o Corpo do Exército de Macici, por sua vez, estava temporariamente no 4º Exército após a queda da cidade em mãos romenas. Ver Mark Axworthy, *Third Axis–Fourth Ally* (Londres, 1995), pp. 46, 48, e correspondência no Rolo 12, Dosar 870.

92 Relatório Rodler, T 501, Rolo 278.

93 Uma minuta escrita à mão, assinada por Davidescu, datada de 24 de outubro de 1941, com o número 263, sobreviveu nos arquivos do Gabinete Militar, Rolo 12, Dosar 870. A ordem era dirigida aos generais Tătăranu e Iacobici. Os dois nomes foram riscados na minuta, e o nome de Macici foi substituído. Ver também a correspondência posterior sobre a transmissão de 263 em *ibid*.

94 Processo contra Macici, em Ancel, *Documents*, vol. 6, pp. 60-61.

95 Prefeito Golta, Isopescu, para governador Alexianu de Transnístria (zona romena), 13 de novembro de 1941, texto em Jean Ancel, *Transnistria, 1941-1942* (edição em língua inglesa, Tel Aviv, 2003), vol. 1, pp. 107-108.

96 Sobre os judeus inseguros após o extermínio entrando na prisão central sem serem "empurrados" pelos romenos (*ohne Zutun der Rumänen*), ver relatório de agente confidencial, código nº URSS 96, registrado em Bucareste no início de novembro de 1941, wi/IC 4.2-a.

As unidades móveis de extermínio, portanto, tinham se tornado uma operação da ss, da Polícia e das unidades militares, tanto romenas quanto alemãs. Porém, muito dessa operação dependia também da atitude da população civil. Como os eslavos reagiriam à repentina aniquilação de todo um povo que vivia junto a eles? Esconderiam os judeus ou os entregariam às autoridades de ocupação alemãs? Atirariam nos assassinos ou ajudariam no extermínio? Eram perguntas essenciais para os comandantes dos *Einsatzgruppen* e para seus subordinados.

Na realidade, o comportamento da população durante as operações de extermínio se caracterizou por uma tendência à passividade. Essa inércia era produto de emoções conflitantes e condicionantes opostas. Os eslavos não gostavam dos vizinhos judeus e não sentiam nenhuma urgência esmagadora em ajudá-los. À medida que tais inclinações existiam, elas eram eficazmente coibidas pelo medo de haver represálias por parte dos alemães. Ao mesmo tempo, porém, a população eslava estava alienada e horrorizada com o espetáculo da "solução final" que viam se desenrolar. Não havia, em geral, desejo de cooperar com um processo tão cruel. O fato de o regime soviético, lutando contra os alemães a poucas centenas de quilômetros a leste, ainda ameaçar uma volta sem dúvida funcionava como fator de constrição poderoso para muitos colaboradores em potencial. O efeito final dessa constelação psicológica foi o escape à neutralidade. A população não queria tomar partido no processo de destruição. Se havia alguns poucos do lado dos alemães, havia menos ainda do lado dos judeus.

Em todos os relatórios dos *Einsatzgruppen*, há apenas um indicativo de ação pró-judaica nas terras ocupadas. O *Sonderkommando* 4b relatou que tinha assassinado o prefeito de Kremenchug, Senitsa Vershovsky, porque este tinha "tentado proteger os judeus".[97] Esse incidente parece ter sido o único do tipo. A pressão contrária, evidentemente, era forte demais. Qualquer um que tentasse ajudar os judeus tinha de agir sozinho e expor a si mesmo e sua família à possibilidade de receber uma sentença de morte de um *Kommando* alemão. Não havia incentivos para um homem com a consciência desperta. Na Lituânia, o bispo Brizgys deu o exemplo para toda a população ao proibir o clero de ajudar ou interceder em favor dos judeus de qualquer maneira (*sich in irgend einer Form für Juden zu verwenden*).[98]

---

97 RSHA IV-A-I, Relatório Operacional URSS nº 156, 16 de janeiro de 1942, NO-3405.

98 RSHA IV-A-I, Relatório Operacional URSS nº 54 (48 cópias), 16 de agosto de 1941, NO-2849.

Por todo o território ocupado, os judeus estavam pedindo ajuda à população cristã – em vão. O *Einsatzgruppe* C relatou que muitos judeus que tinham fugido de suas casas estavam voltando do interior. "A população não lhes dá abrigo e não os alimenta. Eles vivem em buracos na terra ou amontoados [*zusammengepfercht*] em velhas choças".[99]

Às vezes, não ajudar os judeus parece ter pesado na consciência da população. Assim, no setor norte, a sul de Leningrado, o *Einsatzgruppe* A relatou uma tentativa sutil dos residentes locais de justificar sua inatividade. Circulava naquele setor a seguinte história: os captores alemães de um grupo de prisioneiros soviéticos de guerra solicitaram que estes enterrassem vivos vários colegas prisioneiros judeus. Os russos se recusaram. Os soldados alemães, então, disseram aos judeus para enterrarem os russos. Os judeus, segundo a história, pegaram as pás imediatamente.[100]

A recusa a ajudar os judeus era apenas um pouco mais de temosia que a relutância em ajudar os alemães. Em 19 de julho, o *Einsatzgruppe* B, na Rússia Branca, já notara que a população estava incrivelmente "apática" às operações de extermínio, e que seria preciso pedir que cooperasse com a captura de funcionários comunistas e da *intelligentsia* judaica.[101] Da Ucrânia, o *Einsatzkommando* 6, do *Einsatzgruppe* C, relatou o seguinte:

> Em quase lugar nenhum é possível persuadir a população a dar passos ativos contra os judeus. Isso pode se explicar pelo medo que muitos sentem de que o Exército Vermelho volte. Diversas vezes essa ansiedade nos foi apontada. Pessoas mais velhas comentaram que já experimentaram em 1918 a retirada súbita dos alemães. Para combater a psicose do medo e destruir o mito [Bann] que, aos olhos dos ucranianos, coloca o judeu na posição de detentor de poder político [Träger politischer Macht], o *Einsatzkommando* 6, em várias ocasiões, fez os judeus marcharem para sua execução perante a cidade. Além disso, tomou-se cuidado de que homens da milícia ucraniana assistissem às execuções de judeus.[102]

---

99 RSHA IV-A-1, Relatório Operacional URSS nº 94 (48 cópias), 25 de setembro de 1941, NO-3146.

100 RSHA IV-A-1, Relatório Operacional URSS nº 123 (50 cópias), 24 de outubro de 1941, NO-3239.

101 RSHA IV-A-1, Relatório Operacional URSS nº 27 (36 cópias), 19 de julho de 1941, NO-2942.

102 RSHA IV-A-1, Relatório Operacional URSS nº 81 (48 cópias), 12 de setembro de 1941, NO-3154.

Essa "deflação" dos judeus aos olhos do público não surtiu os efeitos desejados. Após algumas semanas, o *Einsatzgruppe* C reclamou mais uma vez que os habitantes não relataram os movimentos de judeus escondidos. Os ucranianos eram passivos, paralisados pelo "terror bolchevique". Apenas os alemães étnicos da área se empenhavam no trabalho para o *Einsatzgruppe*.[103]

A neutralidade equivale a nada, além de ajudar o lado mais forte em uma luta desigual. Os judeus precisavam de ajuda nativa mais do que os alemães. Os *Einsatzgruppen*, porém, não tinham apenas a vantagem de uma população neutra; eles também conseguiram obter, ao menos de certos segmentos da cidadania local, duas importantes formas de cooperação nas operações de extermínio: *pogroms* e a ajuda da Polícia Auxiliar em capturas e execuções.

O que são *pogroms*? São curtas e violentas explosões de uma comunidade contra sua população judia. Por que os *Einsatzgruppen* se dedicavam a começar *pogroms* nas áreas ocupadas? Os motivos que levaram as unidades de extermínio a ativar explosões antijudaicas eram parcialmente administrativos e psicológicos. O princípio administrativo era muito simples: cada judeu morto em um *pogrom* era um peso a menos para os *Einsatzgruppen*. Um *pogrom* deixava-os, como expressaram, um tanto mais perto do "objetivo de limpeza" (*Säuberungsziel*).[104] O aspecto psicológico era mais pesado. Os *Einsatzgruppen* queriam que a população tomasse parte – aliás, uma grande parte – da responsabilidade pelas operações de extermínio. "Não era menos importante, para propósitos futuros", escreveu o *Brigaden-*

---

103 RSHA IV-A-1, Relatório Operacional URSS nº 127 (55 cópias), 31 de outubro de 1941, NO-4136. Os poloneses na região de Białystok também estavam envolvidos, segundo relato, em "denúncias espontâneas" (*Erstattung von Anzeigen*). RSHA IV-A-1, Relatório Operacional URSS nº 21 (32 cópias), 13 de julho de 1941, NO-2937.

Da Crimeia, o *Einsatzgruppe* D relatou: "A população da Crimeia é antijudaica e, em alguns casos, traz espontaneamente os judeus aos *Kommandos* para serem liquidados. Os *starosts* [idosos das vilas] pedem permissão para liquidar os judeus eles mesmos". RSHA IV-A-1, Relatório Operacional URRS nº 145 (65 cópias), 12 de dezembro de 1941, NO-2828. Sobre a Crimeia, ver também relatório do *OStubaf*. Seibert (*Einsatzgruppe* D) para o 11º Exécito 1C, 16 de abril de 1942, NOKW-628. Durante a reocupação soviética da cidade de Feodosiya, na Crimeia, no inverno de 1941-42, relatou-se que colaboracionistas foram mortos a machadadas após responderem "por que toleraram que os alemães fuzilassem os judeus?". AOK 11/iv wi para wistost/Fü, 1º de fevereiro de 1942, Wi/ID 2.512.

104 Relatório Stahlecker para 15 de outubro de 1941, L-180.

führer dr. Stahlecker, "estabelecer como fato inquestionável que a população usou das medidas mais severas contra o inimigo bolchevista e judeu por iniciativa própria e sem instruções das autoridades alemãs".[105] Em resumo, os *pogroms* eram uma arma de defesa com a qual confrontava-se um acusador, ou um elemento de chantagem a ser usado contra a população local.

Pode-se notar, brevemente, que os interesses dos *Einsatzgruppen* e dos militares divergiam no que dizia respeito aos *pogroms*. Os especialistas militares do governo, como os burocratas civis na Alemanha, temiam qualquer tipo de violência incontrolável. Uma divisão de retaguarda (segurança) emitiu uma longa diretiva para medidas antijudaicas, incluindo este parágrafo contundente: "Linchamentos contra os judeus e outras medidas de terror devem ser evitadas por todos os meios. As forças armadas não toleram que um terror [o soviético] seja aliviado por meio de outro".[106] A maior parte dos *pogroms*, portanto, aconteceu nas áreas que ainda não estavam sob controle firme de tais especialistas.

Os *Einsatzgruppen* foram mais bem-sucedidos com explosões "espontâneas" na área do Báltico, especialmente na Lituânia. A atmosfera naquele país pode ser exemplificada por um relatório inicial do oficial de inteligência da 251ª Divisão de Infantaria. Da população lituana no distrito de Sakiai ele ouviu que "todos os judeus" eram membros do Partido Comunista, e em "círculos bem-informados de médicos lituanos" ficou sabendo que todos os judeus tinham sido armados pelos sovietes.[107] Mas mesmo ali o dr. Stahlecker observou: "para nossa surpresa, não foi fácil, no começo, iniciar um *pogrom* extenso contra os judeus".[108] Os *pogroms* lituanos cresceram a partir de uma situação de violência na capital Kaunas. Logo que a guerra começou, grupos de luta anticomunistas entraram em ação contra a retaguarda soviética. Quando um destacamento avançado do *Einsatzkommando* 1b (*Einsatzgruppe* A) entrou em Kaunas, os guerrilheiros lituanos estavam atirando junto com os homens do Exército Vermelho que batiam em retirada. A recém-chegada Polícia de Segurança aproximou-se do chefe dos insurgentes lituanos, Klimaitis

---

105 *Ibid.*

106 Diretiva da 454ª Divisão de Segurança/Ia para *Ortskommandanturen* em sua área, 8 de setembro de 1941, NOKW-2628.

107 Relatório da 251ª Divisão de Infantaria/Ic (assinado pelo capitão Kaiser), 26 de junho de 1941, T 315, Rolo 1730.

108 Relatório Stahlecker para 15 de outubro de 1941, L-180.

(que os alemães soletravam erroneamente como *Klimatis*), e secretamente o persuadiu a voltar suas forças contra os judeus. Após vários dias de *pogroms* intensos, Klimaitis foi responsável por mais de 5 mil mortos – 3.800 em Kaunas e 1.200 em outras cidades.[109] Mais ao norte, o *Einsatzgruppe* A organizou um *pogrom* em Riga, na Letônia. O *Einsatzgruppe* criou duas unidades de *pogrom* e soltou-as na cidade, matando quatrocentos judeus.[110] Tanto em Kauna quanto em Riga, o *Einsatzgruppe* tirou fotos e fez filmes das "ações de autolimpeza" (*Selbstreinigungsaktionen*), como prova "para mais tarde" da severidade do tratamento dos nativos em relação aos judeus.[111] Com o desmonte dos guerrilheiros anticomunistas, os *pogroms* do norte acabaram. Não houve mais explosões nos estados bálticos.[112]

Além do *Einsatzgruppe* de Stahlecker no norte, o *Einsatzgruppe* C também teve algum sucesso com *pogroms* no sul. O *pogrom* da área do sul ficou basicamente confinado à Galícia, uma região que pertencia ao território polonês e tinha uma grande população ucraniana. A capital, Lvov, foi cenário de uma captura em massa feita por habitantes locais. Em "represália" à deportação de ucranianos por parte dos soviets, mil membros da *intelligentsia* judaica foram reunidos e entregues à Polícia de Segurança.[113] Em 5 de julho de 1941, cerca de setenta judeus em Tarnopol foram capturados pelos ucranianos após três cadáveres de alemães terem sido encontrados na prisão local (*mit geballter Ladung erledigt*). Os judeus foram mortos com dinamite. Outros vinte judeus foram mortos por ucranianos e por tropas alemãs.[114]

Em Krzmenieniec (Kremenets), de cem a 150 ucranianos foram mortos por soviets. Quando alguns dos corpos exumados foram encontrados sem pele, começaram a circular rumores de que os ucranianos tinham sido jogados em caldeiras de água fervente. A população ucraniana retaliou capturando 130 judeus e espancando-os com tacos até a morte.[115] Apesar de os *pogroms* da Galícia terem ido

---

109 *Ibid.* RSHA IV-A-1, Relatório Operacional URSS nº 8 (25 cópias), 30 de junho de 1941, NO-4543.

110 RSHA IV-A-1, Relatório Operacional URSS nº 15 (30 cópias), 7 de julho de 1941, NO-2935. Relatório Stahlecker para 15 de outubro de 1941, L-180.

111 Relatório Stahlecker para 15 de outubro de 1941, L-180.

112 *Ibid.*

113 RSHA IV-A-1, Relatório Operacional URSS nº 11 (25 cópias), 3 de julho de 1941, NO-4537. RSHA IV-A-1, Relatório Operacional URSS nº 14 (30 cópias), 6 de julho de 1941, NO-2940.

114 RSHA IV-A-1, Relatório Operacional URSS nº 14 (30 cópias), 6 de julho de 1941, NO-2940.

115 RSHA IV-A-1, Relatório Operacional URSS nº 28 (36 cópias), 20 de julho de 1941, NO-2943.

ainda mais longe, até locais como Sambor[116] e Czortków,[117] a violência ucraniana como um todo não atendeu às expectativas. Apenas Tarnopol e Czortków foram consideradas grandes sucessos.[118] Na Bielorrússia, o *Einsatzgruppe* B notou que a população simplesmente não era capaz de agir sozinha contra os judeus. Havia sentimentos de ódio e raiva, disse o *Einsatzgruppe*, mas nada de antissemitismo declarado.[119] Na área de Łomża-Białystok, por outro lado, os poloneses da pequena cidade de Jedwabne foram induzidos a massacrar seus vizinhos judeus.[120]

Três observações podem ser feitas sobre os *pogroms*. Primeiro, *pogroms* verdadeiramente espontâneos, livres da influência dos *Einsatzgruppen*, não aconteceram. Todas as explosões foram organizadas ou inspiradas pelos *Einsatzgruppen*. Segundo, todos os *pogroms* foram implementados dentro de pouco tempo após a chegada das unidades de extermínio. Eles não se perpetuavam sozinhos nem era possível iniciar novos *pogroms* depois que a situação tinha se acalmado. Terceiro, a maior parte dos *pogroms* relatados ocorreram em zonas intermediárias, áreas nas quais a hostilidade oculta em relação aos judeus era aparentemente maior e a ameaça do retorno soviete podia ser mais facilmente descartada, pois o governo comunista tinha estado no poder há menos de dois anos. Uma forma mais importante e duradoura de cooperação local emergiu com a criação das polícias auxiliares. Nas áreas do Báltico e na Ucrânia elas tiveram um papel significativo desde o início.

Na Lituânia, duas reservas para recrutamento de auxiliares armados eram guerrilheiros que se levantavam contra o Exército Vermelho que batia em retirada e a mão de obra do 29ª Corpo do Exército Territorial de Rifle do Exército

---

116 RSHA IV-A-1, Relatório Operacional URSS nº 24 (33 cópias), 16 de julho de 1941, NO-2938.

117 RSHA IV-A-1, Relatório Operacional URSS nº 47 (47 cópias), 9 de agosto de 1941, NO-2947.

118 *Ibid.*

119 RSHA IV-A-1, Relatório Operacional URSS nº 43 (47 cópias), 5 de agosto de 1941, NO-2949.

120 Jan Gross, *Neighbors* (Princeton, 2001). Gross, que cita testemunhos dados em um julgamento após a reconquista da cidade pelos sovietes, nota que a população de Jedwabne, em 1931, era de 2.167, e que 60% eram judeus. *Ibid.*, p. 35. Ele conclui que poucos judeus sobreviveram ao extermínio, que aconteceu em 10 de julho de 1941. *Ibid.*, pp. 103-4. Ele também se refere a dois outros *pogroms* poloneses nos arredores. *Ibid.*, p. 57. Uma versão oficial polonesa do pós-guerra, que indica o massacre de apenas cem pessoas naquele dia, sem especificar os criminosos ou as vítimas, diz que um gueto existiu posteriormente em Jedwabne. Główna Komisja Badania Zbrodni Hitlerowskich w Polsce, *Obozy hitlerowskie na ziemiach polskich 1939-1945* (Varsóvia, 1979), p. 208.

Vermelho, que era lituana cessou como resultado de deserções e motins.[121] Inicialmente, houve dois centros de recrutamento, um em Kaunas e outro em Vilnius.

Na área de Kaunas, as unidades locais de guerrilha foram desarmadas e dissolvidas pela administração militar alemã em 28 de junho, e uma formação mais disciplinada, nomeada Batalhão pela Defesa do Trabalho Nacional, foi organizada para substitui-las.[122] Em 1º de julho, o *Einsatzkommando* 1b já tinha usado esses homens, e esse *Kommando*, bem como seu sucessor em Kaunas, o *Einsatzkommando* 3, confiava na recém-formada Polícia Auxiliar, que evoluiu para diversos batalhões, a fim de concentrar, guardar e atirar em judeus.[123] As ações subsequentes na cidade foram, conforme o líder do *Einsatzkommando* 3, *Standartenführer* Jäger, "como tiros de desfile" (*Paradeschiessen*).[124] Jäger também formou um pequeno destacamento com seus *Einsatzkommando* para operações fora de Kaunas, e essa unidade, com a ajuda de lituanos locais, varreu vários distritos para "livrá-los de judeus".[125] Nessa

---

121 Algirdas Martin Budreckis, *The Lithuanian National Revolt* (South Boston, Mass., 1968), pp. 79-82. O Corpo do Exército, de até 12 mil homens, consistia em duas divisões esqueléticas, a 184ª, em Varena, e a 179ª, em Svencionys. Ao fim de 1941, o Exército Vermelho organizou uma divisão com força total, na qual lituanos não judeus, incluindo alguns de origem russa, estavam em menor número que os judeus e os russos. Ver Dov Levin, *Fighting Back* (Nova York, 1985), pp. 27-51.

122 Ver Ordem nº 9 do comandante lituano da cidade de Kaunas, coronel Bobelis, 28 de junho de 1941, Arquivos Estatais Lituanos, Fundo 1444, Opis 2, Pasta 2, e a proclamação da mesma data por Bobelis, *ibid*. O primeiro comandante do batalhão era o coronel Butkunas. Membros do batalhão vieram, de início, das guerrilhas, com experiência militar, além de soldados da 184ª Divisão que tinham sido conduzidos por seus oficiais de Varena a Kaunas. Sobre as condições em Varena, ver a correspondência nos Arquivos Estatais Lituanos, Fundo 1444, Opis 1, pasta 4.

123 Comandante do *Einsatzkommando* 1b, Ehrlinger, para RSHA, 1º de julho de 1941, Arquivos Federais Alemães, R 70/SU 15. RSHA IV-A-1, Relatório Operacional URSS nº 14 (30 cópias), 6 de julho de 1941, NO-2940. RSHA IV-A-1, Relatório Operacional URSS nº 19 (32 cópias), 11 de julho de 1941, NO-2034.

124 Relatório de Jäger, 1º de dezembro de 1941, Centro para Preservação de Coleções de Documentos Históricos, Moscou, Fundo 500, Opis 1, Pasta 25. O grande massacre ocorreu em Kaunas em 19 de outubro de 1941, quando 9.200 judeus foram mortos. *Ibid*. O 3º Batalhão Lituano, comandado pelo capitão Svilpa, participou dessa ação. Ver correspondência nos Arquivos Estaduais Lituanos, Fundo 1444, Opis 1, Pasta 5.

125 RSHA IV-A-1, Relatório Operacional URSS nº 88 (48 cópias), 19 de setembro de 1941, NO-3149. Ver também diretor da Polícia lituana Reivytis (Kaunas) para *OStuf*. Hamann (comandante do destacamento), 23 de agosto de 1941, apontando que durante as capturas contínuas em Prienai o número de judeus concentrados subira para 493, as epidemias estavam eclodindo e era

época, a polícia local lituana também se envolveu em alguns assassinatos sem a presença de supervisores alemães.[126]

Em Vilnius, onde o Exército alemão encontrou 3.600 desertores lituanos das Corporações Territoriais já reunidos para o serviço do lado alemão, o *Einsatzkommando* 9 destinou 150 dos lituanos para participar da "liquidação" da comunidade judaica. A cada manhã e tarde eles capturavam e concentravam cerca de quinhentas pessoas, que eram "sujeitas a tratamento especial no mesmo dia (*noch am gleichen Tage zur Sonderbehandlung unterzogen*)".[127]

Na Letônia, as auxiliares eram usadas de forma similar pelos *Einsatkommandos* 1b e 2.[128] Como os lituanos, os letões eram ajudantes capacitados. Houve um caso problemático. Um *Kommando* letão foi pego em Karsava por homens do Exército alemão enquanto roubava os pertences de judeus mortos. O destacamento letão em questão teve de ser desmontado.[129] Na parte mais ao norte do país, a Estônia, o Exército criara uma auxiliar nativa (*Selbstschutz*), que foi dominada pelo *Sonderkommando* 1a do *Einsatzgruppe* A para fazer todo o trabalho sujo de exterminar mil judeus que tinham ficado para trás após a retirada soviética.[130]

Além da Selbstschutz báltica usada pelo *Einsatzgruppe* A, uma milícia (*Miliz*) ucraniana operava nas áreas dos *Einsatzgruppen* C e D. As auxiliares ucranianas entraram em cena em agosto de 1941,[131] e o *Einsatzgruppe* C se viu compelido a usá-las porque repetidamente se desviava da tarefa principal de lutar contra o "incômodo guerrilheiro". A rede de milícias locais ucranianas foi paga pelas

---

imperativo que Hamann os levasse dos pontos de coleta o mais rápido possível. B. Baranauskas e K. Ruksenas, comps., *Documents Accuse* (Vilnius, 1970), p. 216. O relatório de Jäger lista um total de 1.078 assassinados ali em 27 de agosto.

126 Departamento Lituano de Assuntos Internos/Chefe do Distrito de Sakiai (Karalius) para diretor da polícia lituana (Reivytis) sobre as 1.540 pessoas mortas na área em 13 e 16 de setembro. Baranauskas e Ruksenas, *Documents Accuse*, p. 223.

127 RSHA IV-A-1, Relatório Operacional URSS nº 21 (32 cópias), 13 de julho de 1941, NO-2937.

128 RSHA IV-A-1, Relatório Operacional URSS nº 24 (33 cópias), 16 de julho de 1941, NO-2938.

129 Diário de Guerra, 281ª Divisão de Segurança, 1º de agosto de 1941, NOKW-2150.

130 RSHA IV-A-1, Relatório Operacional URSS nº III (50 cópias), 12 de outubro de 1941, NO-3155.

131 RSHA IV-A-1, Relatório Operacional URSS nº 60 (48 cópias), 22 de agosto de 1941, NO-2842. Relatório do *Sonderkommando* IIa (*Einsatzgruppe* D), cobrindo 22 de agosto a 10 de setembro de 1941, NOKW-636.

municipalidades, às vezes com fundos confiscados de judeus.[132] Nos arredores de Jitomir, um distrito rural tinha uma população de 50 mil e uma milícia de 350. Rapidamente a Polícia Secreta de Campo alemã e a milícia local "aniquilaram" os judeus desse distrito, exceto por trezentas mulheres e crianças de até dez anos de idade.[133] Com o tempo, os ucranianos começaram a ser usados em várias cidades para a desagradável tarefa de exterminar as famílias de homens judeus. O *Einsatzkommando* 4a chegou a dedicar-se exclusivamente ao assassinato de judeus adultos, enquanto ordenava seus ajudantes ucranianos a assassinar as crianças.[134]

No sul, a ss contou com uma considerável população de residentes alemães étnicos para organizar um *Selbstschutz* de vários milhares de homens.[135] O *Einsatzgruppe* D descobriu que os alemães locais eram ávidos voluntários para os assassinatos. Não à toa, um ex-chefe do *Einsatzkommando* 6 (Biberstein) comentou após a guerra: "Na verdade estávamos com medo da sede dessas pessoas por sangue [*Das hat uns direkt erschreckt, was die für eine Blutgier hatten*]".[136]

Os *Einsatzgruppen* lucraram com a assistência dos militares e usaram a ajuda local como puderam. Mais importante que a cooperação do Exército e a atitude da população civil, porém, era o papel dos judeus em sua própria destruição. Pois, no fim, havia milhares de membros dos *Einsatzgruppen*. Mas havia milhões de judeus.

---

132 RSHA IV-A-1, Relatório Operacional URSS nº 80 (48 cópias), 11 de setembro de 1941, NO-3154.

133 Relatório do diretor ucraniano Kornienko, 27 de agosto de 1941, Arquivos do Museu Memorial do Holocausto dos EUA, Número de acesso 1996 A 269 (Arquivos Jitomir Oblast), Rolo 1, Fundo 1151, Opis 1, Pasta 2. O Exército alemão tinha entrado no distrito em 22 de julho.

134 Essa ação aconteceu em Radomyshl. RSHA IV-A-1, Relatório Operacional URSS nº 88 (48 cópias), 19 de setembro de 1941, NO-3149. Para outros relatórios da atividade das milícias ucranianas ver RSHA IV-A-1, Relatório Operacional URSS nº 106 (48 cópias), 7 de outubro de 1941, NO-3140; *Ortskommandantur* Snigerevka para Korück 553 em Kherson, 5 de outubro de 1941, NOKW-1855; *Ortskommandantur* Kakhovka para Korück 553, cópia para *Feldkommandantur* 810, 20 de outubro de 1941, NOKW-1598.

135 Em julho de 1943, o número era 7 mil. Prützmann (Líder da Alta ss e da Polícia Sul) para Himmler, 28 de julho de 1943, T 175, Rolo 19. Assentamentos alemães localizavam-se primariamente na área entre Dniester e os rios Bug, que era administrada pelos romenos. O Selbstschutz permaneceu nas vilas alemãs, mas sob jurisdição da ss. Ver Martin Broszat, "Das Dritte Reich und die rumänische Judenpolitik", *Gutachten des Instituts fur Zeitgeschichte*, março de 1958, pp. 160-61.

136 Interrogatório de Biberstein, 29 de junho de 1947, NO-4997.

Os judeus não estavam preparados para lutar com os alemães, mas a maior parte deles também não estava preparada para fugir. As autoridades soviéticas evacuaram, quando tiveram tempo, grupos inteiros de pessoas favorecidas ou necessitadas, como profissionais, estudantes ou trabalhadores qualificados. Os judeus estavam bem-representados nessas categorias. Aqueles, porém, que não se qualificavam para as evacuações organizadas eram deixados à sua própria sorte. Se não tivessem saúde ou meios suficientes, tinham de ficar para trás; no entanto, mesmo se tivessem condições de escapar, não fugiam, ficando ao alcance do Exército alemão, pois não compreendiam que suas vidas estavam em risco. Os judeus tinham de estar cientes do perigo e acreditar no que tivessem ouvido, e isso podia ser difícil.

O primeiro obstáculo para o entendimento da situação era a convicção de que as coisas ruins vinham da Rússia, e as boas da Alemanha. Os judeus eram historicamente orientados para fugir da Rússia na direção alemã. Ou seja, a Alemanha, e não a Rússia, era seu refúgio tradicional. Esse pensamento não estava completamente extinto em outubro e novembro de 1939, quando milhares de judeus se mudaram da Polônia ocupada pelos russos para a ocupada pelos alemães. O fluxo não parou até os alemães fecharem a fronteira.[137] De forma similar, um ano depois, na época das deportações soviéticas em massa nos territórios recém-ocupados, a Divisão de Adido do IKH e do Amt Ausland-Abwehr do OKW recebeu relatórios de agitações generalizadas nessas áreas. "Até os poloneses e os judeus", dizem os relatórios, "estão esperando a chegada de um Exército alemão [*Sogar Polen und Juden warten auf das Eintreffen einer deutschen Armee*]".[138] Quando o Exército finalmente chegou, no verão de 1941, judeus idosos lembravam particularmente que na Primeira Guerra Mundial os alemães tinham chegado como libertadores. Esses judeus não esperavam que agora eles se tornariam perseguidores e assassinos.

A seguinte nota foi entregue por uma delegação judaica da pequena cidade de Kamenka, na Ucrânia, para um dignitário alemão, Friedrich Theodor Prince zu Sayn und Wittgenstein, no fim do verão de 1941:

---

137 Escritório do Chefe de Distrito (Gouveneur), Cracóvia (assinado por Capt. Jordan) para ministro *(Gesandter)* von Wuhlisch, 15 de novembro de 1939, WI/ID I.210, Princípio 8.

138 OKW/Ausland-Abwehr para VAA (Pr) e Wehrmachtpropaganda IV, 18 de outubro de 1940, incluindo relatório do agente "U 419", OKW-687.

Nós, os idosos, residentes da cidade de Kamenka, em nome da população judaica, damos as boas-vindas a sua chegada, Serena Alteza e herdeiro de seus ancestrais, nas sombras dos quais os judeus, nossos ancestrais, e nós, vivemos em estado de maior bem-estar. Também desejamos a você uma vida longa e felicidade. Esperamos também que no futuro a população judaica possa viver em paz e tranquilidade em seu estado e sob sua proteção, considerando a simpatia com a qual a população judaica sempre recebeu sua distintíssima família.[139]

O príncipe não se comoveu. Os judeus, disse ele, eram um "grande mal" (*grosses Übel*) em Kamenka. Apesar de ele não ter autoridade para impor uma solução (final ou temporária) àqueles que o saudavam, instruiu o prefeito local a marcar os judeus com uma estrela e empregá-los em trabalho pesado sem pagamento.[140]

Outro fator que evitou que os judeus ficassem alertas foi a pressa com a qual a imprensa e o rádio soviéticos descartaram os eventos do outro lado da fronteira. Um número grande demais de judeus soviéticos não sabia do fim que os judeus na Europa nazista estavam tendo. A mídia de informação soviética, procurando uma política de apaziguamento, decidiu manter silêncio sobre as medidas nazistas de destruição.[141] As consequências desse silêncio foram desastrosas. Um oficial de inteligência alemão relatou da Rússia Branca em 12 de julho de 1941:

Os judeus estão impressionantemente mal-informados [*auffallend schlecht unterrichtet*] sobre nossa atitude em relação a eles. Eles não sabem como os judeus são tratados na Alemanha e nem mesmo em Varsóvia que, afinal, não é tão longe. Se soubessem, perguntas sobre se na Alemanha nós fazemos alguma distinção entre judeus e outros cidadãos seriam supérfluas. Mesmo que eles não achem que no governo alemão terão direitos iguais aos dos russos, acreditam, ainda assim, que os deixaremos em paz se eles ficarem na deles e trabalharem disciplinadamente.[142]

---

139 Relatório de Georg Reichart, general referente do *Geschäftsgruppe Ernährung* no Escritório do Plano Quadrienal, 15 de novembro de 1941, incluindo relatório de viagem do Príncipe zu Sayn und Wittgenstein, 28 de agosto a 1º de setembro de 1941, wi/ID .58.

140 Relatório Wittgenstein, 28 de agosto a 1º de setembro de 1941, wi/ID .58.

141 Schwarz, *The Jews in the Soviet Union*, p. 310.

142 Reichskommissar Ostland para *Generalkommissar* na Rússia Branca, 4 de agosto de 1941, incluindo relatório do Sonderführer Schröter, Occ E 3a-2.

Um grande número de judeus tinha ficado para trás não apenas por causa das dificuldades físicas da fuga, mas também, e talvez principalmente, porque não tinham conseguido entender o perigo de permanecer em suas casas. Isso quer dizer, é claro, que eram exatamente os judeus que *não* fugiram os que estavam menos cientes do desastre e eram menos capazes de lidar com ele. Os judeus que caíram nas mãos alemãs eram o elemento vulnerável da comunidade judaica. Eram velhos, mulheres e crianças. Eram aqueles que, no momento decisivo, não tinham ouvido os avisos russos e agora estavam prontos para ouvir as garantias restauradoras dos alemães. Os judeus que sobraram estavam, em resumo, fisicamente e psicologicamente imobilizados.

As unidades móveis de extermínio logo se aproveitaram da fraqueza dos judeus. Elas descobriram rapidamente que um de seus maiores problemas, a captura das vítimas, tinha uma solução simples. Nota-se que em vários locais os *Einsatzgruppen* alistaram o apoio do Exército na captura de vítimas em potencial e, até onde foi possível, os comandantes dos *Einsatzgruppen* também confiaram na população local para descobrir residências e esconderijos dos judeus. Os *Kommandos* tinham encontrado sua melhor ajuda: os próprios judeus. Para atrair e reunir grandes números deles, os assassinos só precisavam "enganar" as vítimas com artimanhas simples.

A primeira experiência com essas artimanhas ocorreu em Vinnitsa, onde uma busca por membros da *intelligentsia* judaica tinha dado resultados modestos. O comandante do *Einsatzkommando* 4b chamou "o rabino mais proeminente da cidade" e mandou que ele coletasse, em 24 horas, os judeus mais inteligentes para "trabalho de registro". Quando mesmo assim o resultado não satisfez o *Einsatzkommando*, o comandante enviou o grupo de volta à cidade, com instruções para trazer mais judeus. Ele repetiu o truque mais uma vez antes de decidir que já tinha um número suficiente de judeus para assassinar.[143]

Em Kiev, o *Einsatzkommando* 4a enviou o grupo de volta à cidade com instruções de usar pôsteres nas paredes para reunir os judeus para o "reassentamento".[144]

---

143 RSHA IV-A-1, Relatório Operacional URSS nº 47 (47 cópias), 9 de agosto de 1941, NO-2947.

144 RSHA IV-A-1, Relatório Operacional URSS nº 128 (55 cópias), 3 de novembro de 1941, NO-3157. Cerca de trezentos judeus, em uma instituição de saúde mental, que não saíram para essa operação foram então mortos pelo *Einsatzkommando* 5. RSHA, Relatório Operacional URSS nº 132, 12 de novembro de 1941, NO-2830.

Variações das lendas do registro e do reassentamento eram usadas repetidamente em todos os territórios ocupados.[145]

As armadilhas psicológicas eram eficazes não apenas na captura de judeus na cidade; os *Einsatzgruppen* conseguiam atrair de volta um grande número de judeus que já tinham fugido das cidades. Os judeus que tinham ido para a estrada, vilas e campos tinham muita dificuldade de subsistir nesses locais, porque o Exército alemão estava pegando judeus perdidos e a população se recusava a abrigá-los. Os *Einsatzgruppen* tiraram vantagem da situação instituindo a artimanha mais simples de todas: não fazer nada. A inatividade da Polícia de Segurança foi suficiente para dissipar os boatos de que eles tinham iniciado o êxodo. Em pouco tempo os judeus voltaram às cidades, caíram na rede e foram mortos.[146]

Operações de extermínio e suas repercussões

Durante a primeira varredura, as unidades móveis de extermínio relataram aproximadamente 100 mil vítimas por mês. Para esse triunfo, foi essencial uma estratégia que, com grande ajuda do Exército, colaboração nativa e ingenuidade judaica, transformou as cidades soviéticas ocupadas em uma série de armadilhas naturais. Mas a captura das vítimas era apenas o começo.

Em suas operações diárias, os *Einsatzgruppen* estavam preocupados com os preparativos, a logística, a manutenção e a prestação de contas. Eles tinham de planejar seus movimentos, selecionar os locais dos extermínios, limpar as armas e contar as vítimas uma por uma – fosse homem, mulher ou criança; judeu, comunista ou cigano.[147] Dependendo do tamanho da comunidade judaica selecionada para ser dizimada ou obliterada, a força de um grupo de extermínio variava de

---

145 Por exemplo, *Ortskommandantur* I/287 em Feodosiya para Korück 553, 16 de novembro de 1941, NOKW-1631. Também o relatório de Oberst Erwin Stolze, vice do *Generalmajor* Lahousen (OKW/Abwehr II), 23 de outubro de 1941, NOKW-3147. O relatório Stolze foi verificado em um testemunho juramentado de Lahousen, 17 de março de 1948, NOKW-3230.

146 RSHA IV-A-1, Relatório Operacional URSS nº 127 (55 cópias), 31 de outubro de 1941, NO-4136. RSHA IV-A-1, Relatório Operacional URSS nº 128 (55 cópias), 3 de novembro de 1941, NO-3157. Ver também declaração do líder da Alta SS e da Polícia, Centro, von dem Bach, em *Aufbau* (Nova York), 6 de setembro de 1946, p. 40.

147 Esses detalhamentos estão nas estatísticas do relatório Jäger, 1º de dezembro de 1941, Zentrale Stelle Ludwigsburg, UdSSR 108, filme 3, pp. 27-38.

aproximadamente quatro homens a um *Einsatzkommando* inteiro, complementado por unidades da Polícia de Ordem ou do Exército. Em quase todas as grandes ações havia dez ou até cinquenta vítimas para cada captor, mas os judeus nunca conseguiam transformar seus números em uma vantagem. Os assassinos estavam bem armados, sabiam o que fazer e trabalhavam de forma ágil. As vítimas estavam sem armas, estupefatas e seguiam ordens.

Os alemães foram capazes de agir rápida e eficientemente porque a operação de extermínio era padronizada. Em cada cidade seguia-se o mesmo procedimento, com pequenas variações. O local dos assassinatos em geral ficava fora da cidade, em uma cova. Algumas dessas covas eram profundas trincheiras antitanque ou crateras rasas ou que tinham sido cavadas especialmente para aquele objetivo.[148] Os judeus eram levados em grupos (homens primeiro) do ponto de coleta à trincheira.[149] O local dos assassinatos devia ser fechado a qualquer estranho, o que nem sempre era possível, causando muitos problemas, que serão abordados posteriormente. Antes de morrer, as vítimas entregavam seus pertences ao líder do grupo de extermínio. No inverno, elas tiravam os casacos; no tempo quente, tinham de se despir de todas as roupas – em alguns casos, até da roupa íntima.[150]

A partir desse ponto o procedimento variava um pouco. Alguns *Einsatzkommandos* enfileiravam as vítimas em frente à trincheira e atiravam com submetralhadoras ou outras armas pequenas nas costas ou no pescoço. Os judeus, feridos mortalmente, caíam nas covas.[151] Alguns comandantes não gostavam desse método, que possivelmente os fazia lembrar da NKVD russa. Blobel, comandante do *Einsatzkommando* 4a, afirmou que pessoalmente se recusava a usar os *Genickschussspezialisten* (especialistas em tiro no pescoço).[152] Ohlendorf também rejeitava a técnica

---

148 Testemunho juramentado de Ohlendorf, 5 de novembro de 1945, PS-2620. Relatório de Hauptfeldwebel Sonnecken (recebido por Generalmajor Lahousen), 24 de outubro de 1941, PS-3047.

149 Testemunho juramentado de Wilhelm Förster (motorista, *Einsatzgruppe* B), 23 de outubro de 1947, NO-5520.

150 Testemunho juramentado de Ohlendorf, 5 de novembro de 1945, PS-2620.

151 Interrogatório de Ernst Biberstein (comandante, *Einsatzkommando* 6), 29 de junho de 1947, NO-4997. Testemunho juramentado de Albert Hartl, 9 de outubro de 1947, NO-5384. Hartl (RSHA IV-B) assistiu a algumas execuções em uma viagem de inspeção.

152 Testemunho juramentado de Paul Blobel, 6 de junho de 1947, NO-3824.

porque queria evitar "responsabilidade pessoal".[153] Sabe-se que Blobel, Ohlendorf e Haensch mandavam executar tiros em massa de uma distância considerável.[154] Havia, porém, ainda outro procedimento que mesclava eficiência e elemento impessoal. Esse sistema foi chamado de "método sardinha" (*Ölsardinenmanier*),[155] e era conduzido da seguinte forma: o primeiro grupo tinha de deitar no fundo da cova, e eram mortos pelo fogo cruzado vindo de cima; o grupo seguinte tinha de deitar em cima dos cadáveres, com as cabeças voltadas para os pés dos mortos; depois de cinco ou seis camadas, o túmulo era fechado.[156] Em Rovno, atirava-se nos judeus em uma vala com submetralhadoras, e depois explodia-se a borda para cobrir os mortos com pedaços de terra que voavam. Dessa cova, cães arrastavam os cadáveres.[157]

Os judeus se permitiam ser mortos sem resistir. Em todos os relatórios dos *Einsatzgruppen* há poucas referências a "incidentes".[158] As unidades de extermínio nunca perderam um homem durante uma execução. Todas as mortes de seu lado ocorreram durante lutas antiguerrilhas, combates na linha de frente ou como resultado de doenças ou acidente. O *Einsatzgruppe* C comentou:

> Estranha é a calma com que os delinquentes permitem serem mortos, e isso vale tanto para não judeus quanto para judeus. O medo que eles têm da morte parece ter sido embotado por uma espécie de indiferença [*Abstumpfung*] criada durante os vinte anos de governo soviético.[159]

---

153 Testemunho juramentado de Ohlendorf, 5 de novembro de 1945, PS-2620.

154 Testemunho juramentado de Blobel, 6 de junho de 1947, NO-3824. Testemunho juramentado de Ohlendorf, 5 de novembro de 1945, PS-2620. Declaração de Walter Haensch, 21 de julho de 1947, NO-4567.

155 O termo foi usado pelo *Generalmajor* Lahousen (chefe do OKW/Abwehr II) após uma viagem de inspeção à área do Grupo de Exército Centro. Ver relatório dele em 1º de novembro de 1941, NOKW-3146.

156 Testemunho juramentado de Alfred Metzner (funcionário civil que se voluntariou para as execuções), 18 de setembro de 1947, NO-5558.

157 *Sonderführer* (patente de oficial) E. Kumming para OKH/Fremde Heere Ost/IIC, 9 de dezembro de 1942, T 1021, Rolo 18.

158 *Einsatzgruppe* A relatou que, no caminho para um local de extermínio perto de Zagore, os judeus tinham atacado os guardas, mas foram rapidamente controlados. RSHA IV-A-1, Relatório Operacional URSS nº 155, 14 de janeiro de 1942, NO-3279.

159 RSHA IV-A-1, Relatório Operacional URSS nº 81 (48 cópias), 12 de setembro de 1941, NO-3154.

Esse comentário foi feito em setembro de 1941. Acontece que, com o passar dos anos, os "delinquentes" não judeus acabaram não se deixando matar com tanta facilidade, enquanto os judeus continuaram paralisados depois de seu primeiro encontro com a morte e apesar de saberem com antecedência qual seria seu destino.

Apesar de os judeus poderem ser mortos sem dificuldade, os comandantes dos *Einsatzgruppen* estavam preocupados com as possíveis repercussões na população, no Exército e em sua própria equipe. Repercussões são problemas que surgem ou continuam após o fim da ação. Como pedrinhas jogadas em rios tranquilos, esses efeitos causam agitações que vão muito além do cenário do acontecimento.

Para minimizar o choque das execuções em sua origem, os comandantes dos *Einsatzgruppen*, seus vices e seus auxiliares frequentemente visitavam os locais de execução. Ohlendorf afirma ter inspecionado execuções para ter certeza de que tinham características militares e eram "humanas considerando as circunstâncias".[160] O auxiliar de Ohlendorf, Schubert, descreve os motivos para as inspeções de forma mais deliberada. Ele supervisionou uma operação de extermínio em Simferopol, capital da Crimeia, bem como os caminhões de carga, para ter certeza de que a população não judaica não fosse perturbada. Além disso, ficou de olho nos guardas, para que não batessem nas vítimas. Ele estava preocupado com o tráfego não autorizado no local das execuções e ordenou que todos os estranhos fossem redirecionados. Durante a coleta de pertences, ele garantiu que a Polícia de Ordem e a *Waffen-ss* não ficassem com nada. Então, convenceu-se de que as vítimas morreram de forma humana, "já que, se fossem usados outros métodos de extermínio, o peso psíquico [*seelische Belastung*] teria sido grande demais para o *Kommando* de execução".[161] Um ex-sargento revela mais um motivo para as inspeções. Certa vez, quando chegou ao local das execuções do *Sonderkommando* 10b, Ohlendorf reclamou ao comandante Persterer sobre a maneira de enterrar as vítimas, ordenando que elas fossem cobertas um pouco melhor (*dass diese Leute besser zugeschaufelt werden*).[162]

Apesar das precauções tomadas pelos comandantes dos *Einsatzgruppen*, era inevitável que houvesse repercussões. No começo, os habitantes pareciam

---

160 Testemunho juramentado de Ohlendorf, 2 de abril de 1947, NO-2856.

161 Testemunho juramentado Heinz Hermann Schubert, 24 de fevereiro de 1947, NO-3055.

162 Testemunho juramentado de Josef Guggenberger (Hauptscharführer, *Sonderkommando* 10b), 9 de setembro de 1947, NO-4959.

despreocupados e tranquilos. Os comandantes relatavam que a população "compreendia" os assassinatos e os considerava "positivos".[163] Relatou-se que na cidade de Khemelnik os moradores tinham ido à igreja agradecer a Deus por terem lhes "salvado" do judaísmo.[164] Mas a imagem idílica de uma população completamente sossegada e até grata pela eliminação dos judeus logo começou a se esvair.

Em fevereiro de 1942, Heydrich relatou aos comissários de defesa nos distritos do Exército que as execuções estavam sendo feitas de tal forma que a população mal as notava. Os moradores, e até os judeus sobreviventes, frequentemente ficavam com a impressão de que as vítimas tinham sido apenas reassentadas.[165] A Polícia de Segurança achou sábio esconder os assassinatos, pois não podia mais confiar em uma população que estava, ela mesma, sofrendo com a crueldade crescente do domínio alemão e já se preocupava com a própria segurança.

Uma testemunha alemã (em Borisov, na Rússia Branca) que sabia russo falou com vários residentes locais antes de começar a execução em massa dos judeus. Seu senhorio russo disse: "Deixe eles morrerem, nos fizeram muito mal!". Mas na manhã seguinte o alemão ouviu comentários como: "Quem ordenou uma coisa dessas? Como é possível matar 6.500 judeus de uma vez? Agora é a vez dos judeus; quando será a nossa? O que esses pobres judeus fizeram? Eles só fizeram trabalhar! Os verdadeiros culpados com certeza estão em segurança!".[166] Durante o ano seguinte, os alemães observaram uma onda de misticismo, incluindo interpretações de sonhos, premonições e profecias em Borisov. As pessoas agora diziam: "Os judeus foram mortos por seus pecados, como disse a profecia dos livros sagrados. Na Bíblia Sagrada também será possível encontrar o destino que nos espera".[167]

O relatório a seguir foi enviado por um oficial do Exército alocado na Crimeia ao Escritório de Economia-Armamentos (OKW/WI RU) em Berlim:

---

163 RSHA IV-A-1, Relatório Operacional URSS nº 81 (48 cópias), 12 de setembro de 1941, NO-3154.

164 RSHA IV-A-1, Relatório Operacional URSS nº 86 (48 cópias), 17 de setembro de 1941, NO-3151

165 RSHA IV-A-1 (assinado por Heydrich) para *Einsatzgruppen*, Líderes da Alta SS e da Polícia e comissários de defesa nos distritos do Exército II, VIII, XVII, XX e XXI, 27 de fevereiro de 1942, incluindo Relatório de Atividade nº 9 dos *Einsatzgruppen*, cobrindo janeiro de 1942, PS-3876.

166 De um relatório do *Hauptfeldwebel* Sönnecken, recebido pelo *Generalmajor* Lahousen, 24 de outubro de 1941, PS-3047.

167 Propaganda Abteilung W para OKW/WPr Ie, 4 de agosto de 1942, OKW-733.

Na presente situação de intranquilidade, os boatos mais absurdos – a maioria iniciados por guerrilheiros e agentes – encontram ouvidos dispostos. Assim, alguns dias atrás, circulou um boato de que os alemães pretendiam se livrar [*beseitigen*] de todos os homens e mulheres com mais de cinquenta anos. O *Ortskommandatur* [em Simferopol] e outros escritórios alemães ficaram lotados com perguntas sobre a veracidade do relatório. Tendo em vista o fato de que o "reassentamento" total da população judaica e a liquidação de um hospício com cerca de 600 internos não pode ser escondida para sempre, esses boatos devem ganhar credibilidade entre os habitantes.[168]

Assim, gradualmente, as testemunhas locais não judias do processo de destruição perceberam a verdadeira natureza da escada racial alemã. O degrau mais baixo já estava pegando fogo, e eles estavam apenas um nível acima.

As operações de extermínio tiveram repercussões não apenas na população, mas também entre os militares. Uma dessas consequências foi uma corrente subjacente de crítica nas fileiras do Exército. Quando auxiliares letões atiraram em duzentos comunistas e judeus na pequena cidade de Rezekne durante a manhã de 1º de agosto de 1941, a "medida" causou indignação (*Unwillen*) entre as tropas da 281ª Divisão de Segurança. Quando centenas de judeus deveriam ser assassinados na manhã de 5 de agosto, o comandante divisional, *Generalleutnant* Bayer, perguntou se os letões estavam agindo de forma independente. Depois de saber que as execuções tinham sido ordenadas pela Polícia de Segurança, ele juntou os oficiais de sua equipe para informá-los sobre o fato e expressar um sério lembrete (*ernste Mahnung*) de que cada soldado deveria abster-se de criticar ou tomar parte nessas questões.[169]

Mais ao sul, o *Feldmarschall* Reichenau enviou uma ordem às tropas em 10 de outubro de 1941 na qual explicava, referindo-se aos perigos do sistema judaico-bolchevista à cultura alemã, que não se tratava de uma guerra comum. "Portanto", continuou, "o soldado deve ter compreensão total da necessidade de contramedidas [*Sühne*] duras, porém justas contra a sub-humanidade judia". Essas medidas, apontou Reichenau, tinham o propósito adicional de frustrar

---

168 II° Exército/IV wi (Oberstleutnant Oswald) via *Wirtschaftsstab Ost* para OKW/wi Rü, 31 de março de 1942, wi/ID 2.512.

169 Relatórios de 1º e 5 de agosto no diário de guerra da 281ª Divisão de Segurança/Ia, T 315, Rolo 1869.

revoltas pelas costas das tropas, pois tinha ficado provado várias vezes que os levantes estavam sempre sendo instigados pelos judeus.[170] Hitler leu essa ordem e achou-a "excelente".[171] O *Feldmarschall* von Rundstedt, comandante do Grupo de Exército Sul, enviou cópias aos 11º e 17º Exércitos, bem como ao 1º Exército de Tanques, para serem distribuídas.[172] Von Manstein, comandante do 11º Exército, elaborou a ordem, explicando que o judeu era o homem de ligação (*Mittelsmann*) entre o Exército Vermelho na frente e o inimigo na retaguarda.[173]

Um segundo problema, mais sério que a falta de "compreensão" sobre as execuções, foi logo descoberto com horror pelos comandantes de unidades. Entre as tropas, as execuções tinham se tornado uma sensação. Muitos anos após ter se tornado testemunha de tal acontecimento, um ex-soldado relembrou: "Apesar de ser proibido ir lá, éramos atraídos magicamente".[174] Eles assistiam, tiravam fotos, escreviam cartas e conversavam. Rapidamente as notícias se espalharam nos territórios ocupados, e gradualmente vazaram para a Alemanha.

Para o Exército, era uma coisa vergonhosa. Em Kiev, um grupo de jornalistas estrangeiros convidado para assistir à "destruição bolchevista" da cidade rapidamente procurou o representante da administração civil junto ao Grupo de Exército Centro, *Hauptmann* Koch, e o questionou sobre as execuções. Quando Koch negou tudo, os jornalistas disseram que tinham informações bastante exatas sobre essas questões.[175] Os membros de uma missão médica suíça com as forças alemãs receberam informação similar. Um dos oficiais suíços, dr. Rudolf Bucher, não apenas relatou suas experiências a seus superiores, mas deu numerosos discursos sobre o que tinha ouvido e visto em audiências militares e profissionais na Suíça.[176]

---

170 Ordem do *Feldmarschall* Reichenau, 10 de outubro de 1941, D-411.

171 Ordem do *Generalquartiermeister* Wagner, 28 de outubro de 1941, D-411.

172 Rundstedt para 11º Exército, 17º Exército e 1º Exército de Tanques, e para comandante do Grupo de Retaguarda de Exército Sul, 17 de outubro de 1941, NOKW-309.

173 Ordem de von Manstein, 20 de novembro de 1941, PS-4064.

174 Afirmação gravada por um empresário, em Walter Kempowski, *Haben Sie davon gewusst?* (Hamburgo, 1979), pp. 72-73. Na época, a testemunha tinha 19 anos.

175 Relatório de Oberst Erwin Stolze (vice de Lahousen), 23 de outubro de 1941, NOKW-3147. O autor do relatório é indentificado no testemunho juramentado de Lahousen de 17 de março de 1948, NOKW-3230. Sobre a posição de Koch, ver relatório dele de 5 de outubro de 1941, PS-53.

176 Alfred Häsler, *The Lifeboat Is Full* (Nova York, 1969), pp. 76-80.

O Exército alemão tentou tomar diversas contramedidas. Inicialmente, vários oficiais culparam os *Einsatzgruppen* por fazer execuções onde todo mundo podia ver. Um desses protestos foi enviado pelo vice-comandante do IX Distrito de Exército em Kassel (Schniewindt) para o *Generaloberst* Fromm, chefe do Exército Reserva. Em sua reclamação, o oficial lidava com os boatos sobre "execuções em massa" na Rússia. Schniewindt apontou que considerava esses boatos grandes exageros (*weit übertrieben*) até receber um relatório de um subordinado, o Major Rösler, que tinha testemunhado os acontecimentos.

Rösler comandava o 528º Regimento de Infantaria em Jitomir. Um dia, enquanto estava no quartel cuidando de sua própria vida, ele repentinamente ouviu disparos de rifle, seguidos por tiros de pistola. Acompanhado de dois oficiais, decidiu descobrir o que estava acontecendo (*dieser Erscheinung nachzugehen*). Os três não estavam sozinhos. De todas as direções, soldados e civis corriam para a escarpa de uma rodovia. Rösler também escalou a escarpa. O que ele viu ali era "tão brutal que os que se aproximaram sem estar preparados ficaram atordoados e nauseados [*ein Bild dessen grausame Abscheulichkeit auf den unvorbereitet Herantretenden erschütternd und abschreckend wirkte*]".

Ele estava em cima de uma trincheira com um monte de terra de um lado, e a parede da trincheira estava salpicada de sangue. Policiais estavam parados com uniformes manchados de sangue, soldados estavam se juntando em grupos (alguns deles de calção de banho) e civis estavam assistindo com suas esposas e seus filhos. Rösler se aproximou e espiou a cova. Entre os cadáveres, viu um velho com barba branca e uma bengala. Como o homem ainda respirava, Rösler aproximou-se de um policial e pediu que matasse o homem "de uma vez" (*endgultig zu toten*). Os policial respondeu como alguém que não precisava de conselho: "Esse já levou o dele sete vezes – vai morrer por conta própria [*Dem habe ich schon 7 mal was in den –gejagt, der krepiert schon von alleine*]". Por fim, Rösler afirmou que já tinha visto bastante coisas desagradáveis em sua vida, mas aquele massacre em público, como num palco ao ar livre, era outra coisa. Aquilo ia de encontro aos costumes, à cultura e tudo o mais dos alemães.[177] Nenhuma vez em seu relato Rösler mencionou os judeus.

---

177 Vice-comandante de Wehrkreis IX (assinado por Schniewindt) para chefe do Exército Reserva (Fromm), 17 de janeiro de 1942, incluindo relatório de Rösler, datado de 3 de janeiro de 1942, URSS-293(1).

As reclamações no campo também não eram poucas. Um comandante de batalhão local em Genicke protestou (anexando o esboço de um mapa) que uma operação de extermínio tinha sido levada a cabo perto dos limites da cidade, que as tropas e os civis tinham se tornado testemunhas involuntárias da execução e que eles também tinham ouvido os "gemidos" dos condenados. O oficial da ss responsável respondeu que tinha feito o trabalho com apenas três homens, que a casa mais próxima era de 400 a 700 metros dali, que os militares tinham insistido em assistir à operação e que ele não tinha conseguido afungentá-los.[178]

Já em 8 de maio de 1942, os oficiais de governo militar da Área de Retaguarda do Exército Grupo Sul reuniram-se e decidiram persuadir as unidades de extermínio de forma simpática (*im Wege guten Einvernehmens*) a conduzir suas execuções, "sempre que possível", não durante o dia, mas à noite, exceto, é claro, por aquelas "execuções" que eram necessárias para "assustar" a população (*die aus Abschreckungsgründen notwendig sind*).[179]

Independentemente das tentativas ocasionais de regulamentar a localização ou mesmo o horário das execuções, o Exército logo percebeu que não tinha como remover os locais de extermínio do alcance de testemunhas "involuntárias" (quanto mais de "voluntárias"). A única outra forma de acabar com a diversão (e com o fluxo de boatos que vinham dela) era conduzir uma campanha educacional entre os soldados. O Exército, então, também tentou esse método.

Mesmo durante as primeiras semanas da guerra, soldados do 11º Exército assistiram às execuções romenas em Bălţi.[180] Como os assassinos eram romenos, o chefe de Estado-Maior do 11º Exército, Wöhler, lançou mão de uma linguagem mais objetiva. Sem fazer referências diretas ao incidente, ele escreveu:

---

178 Vera seguinte correspondência no documento NOKW-3453: 11º Exército Ic/AO (Abwehr II) para *Einsatzgruppe* D, cópia para 22ª Divisão de Infantaria Ic, 6 de outubro de 1941; *Sonderkommando* 10a/*Teilkommando* (assinado por *UStuf.* Spiekermann) para *Sonderkommando* 10a, 8 de outubro de 1941; *Sonderkommando* 10a para *Einsatzgruppe* D, cópia para *Stubaf.* Gmeiner (oficial de ligação dos *Einsatzgruppe* com o Exército), 8 de outubro de 1941; 3º Batalhão do 65º Regimento Ic (na 22ª Divisão) para regimento, 12 de outubro de 1941.

179 Resumo de reunião do governo militar em Kremenchug (*Oberkriegsverwaltungsrat* barão von Wrangel presidindo), 8 de maio de 1942, NOKW-3097.

180 Testemunho do General Wöhler, Caso nº 12, tr. pp. 5790, 5811-12, 5838-39.

Em vista de um caso especial, é preciso apontar explicitamente o seguinte.

Por causa da concepção leste-europeia da vida humana, soldados alemães podem se tornar testemunhas de acontecimentos (como execuções em massa, assassinato de civis, judeus e outros) que eles não podem evitar no momento, mas que violam profundamente os sentimentos ou a honra alemães.

Para qualquer pessoa normal, é óbvio que não se deve tirar fotografias de excessos tão nojentos ou relatá-los quando se escreve para a família. A distribuição de fotografias e a divulgação de relatos de tais acontecimentos será considerada uma subversão da decência e da disciplina do Exército, e punida severamente. Todas as imagens, negativos e relatos de tais excessos devem ser coletados e enviados com uma lista com o nome do proprietário ao Ic/AO do Exército.

Olhar com curiosidade para esses procedimentos [*ein neugieriges Begaffen solcher Vorgänge*] está abaixo da dignidade do soldado alemão.[181]

O sensacionalismo e a disseminação de boatos não eram os únicos problemas do Exército. As operações das unidades móveis de extermínio tinham criado outro problema, ainda mais amplo e perturbador em suas implicações. Judeus tinham sido mortos por pessoal militar que agira *sem* ordens ou diretivas. Às vezes, os soldados ofereciam ajuda aos grupos de execução e se juntavam para assassinar as vítimas. Ocasionalmente as tropas participavam de *pogroms*, e de vez em quando membros do Exército alemão montavam operações de extermínio independentes. Destacou-se que o Exército ajudara muito as unidades de extermínio. Por que, então, a liderança militar se preocuparia com essas ações individuais?

O Exército tinha vários motivos administrativos para estar angustiado. No que dizia respeito a *status*, a ideia de soldados fazendo o trabalho de policiais não

---

181 Ordem de Wöhler, 22 de julho de 1941, NOKW-2523. Uma ordem do *Quartiermeister* do 6º Exército falava de forma similar sobre o confisco de fotografias e especificava, além disso, que devia-se oferecer cooperação total às unidades de extermínio em seus esforços para manter os espectadores de fora. Ordem do *Quartiermeister* do 6º Exército, 10 de agosto de 1941, NOKW-1654. Algum tempo depois, em 12 de novembro de 1941, Heydrich proibiu seus próprios homens de tirar fotos. Fotografias "oficiais" deviam ser enviadas ao RSHA IV-A-1 sem ser reveladas, como assunto secreto do Reich (*Geheime Reichssache*). Heydrich também exigiu que o comando da Polícia de Ordem caçasse fotografias que pudessem estar circulando em suas áreas. Heydrich para Befehlshaber e Kommandeure der ORPO, 16 de abril de 1942, URSS-297(I).

era lá muito atraente. *Pogroms* eram o pesadelo dos especialistas militares do governo, e extermínios desorganizados nas estradas e em territórios ocupados eram perigosos, no mínimo por causa da possibilidade de erros ou de acidentes. Mas, além dessas considerações, havia uma objeção geral enraizada no âmbito psicológico do processo de destruição. O extermínio dos judeus era considerado uma necessidade histórica. O soldado tinha de "compreender" isso.

Se, por qualquer motivo, ele recebesse instruções de ajudar a ss e a Polícia em sua tarefa, esperava-se que obedecesse ordens. Porém, se matasse um judeu espontaneamente, voluntariamente ou sem instrução, apenas porque *queria* matar, estava cometendo um ato anormal, talvez digno de um "europeu do leste" (como um romeno), mas perigoso para a disciplina e o prestígio do Exército alemão. Aí estava a diferença crucial entre o homem que se "superava" para matar e um que cometia atrocidades por maldade. O primeiro era considerado um bom soldado e um verdadeiro nazista; o último era uma pessoa sem autocontrole, que seria um perigo à sua comunidade depois que voltasse para casa. Essa filosofia estava refletida em todas as ordens que tentavam lidar com o problema dos "excessos".

Em 2 de agosto de 1941, o XXX Corpo do Exército (do 11º Exército) distribuiu uma ordem até o nível de companhias, que dizia o seguinte:

> Participação de soldados em atos contra judeus e comunistas.
>
> A vontade fanática de membros do Partido Comunista e dos judeus parar o avanço do Exército alemão a qualquer preço tem de ser quebrada em todas as circunstâncias. No interesse da segurança na Retaguarda do Exército é necessário, portanto, tomar medidas drásticas [*dass scharf durchgegriffen wird*]. Isso é tarefa dos *Sonderkommandos*. Infelizmente, porém, militares participaram de uma ação do tipo [*in unerfreulicher Weise beteiligt*]. Portanto, ordeno o seguinte para o futuro:
>
> Só podem tomar parte nessas ações os soldados que forem especificamente ordenados a fazê-lo. Além disso, proíbo qualquer membro dessa unidade de participar como espectador. Quando militares forem destacados para essas ações [*Aktionen*], devem ser comandados por um oficial. O oficial tem de garantir que não haja excessos desagradáveis por parte das tropas [*dass jede unerfreuliche Ausschreitung seitens der Truppe unterbleibt*].[182]

---

182 Ordem do xxx Corpo do Exército/Ic, 2 de agosto de 1941, NOKW-2963. O *Generaloberst* von Salmuth comandava o xxx Corpo do Exército. O *Generaloberst* von Schobert comandava o 11º

Uma ordem do comandante da Retaguarda do Grupo de Exército Sul dizia:

O número de transgressões praticadas por militares contra a população civil está aumentando. [...] Também aconteceu, ultimamente, de soldados e até oficiais decidirem independentemente matar judeus, ou participar dessas mortes.[183]

Após explicar que as "medidas executivas" eram atribuição exclusiva da ss e da Polícia, a ordem continuava:

O próprio Exército só executa imediatamente [*erledigt auf der Stelle*] moradores locais que tenham cometido – ou sejam suspeitos de ter cometido – atos hostis, e isso só deve ser feito sob ordem de um oficial. Além disso, medidas coletivas [*Kollektivmassnahmen*] só podem ser tomadas se autorizadas por pelo menos um comandante de batalhão. Qualquer tipo de dúvida sobre essa questão é inadmissível. Todo assassinato não autorizado de habitantes locais, incluindo judeus, por soldados individuais, bem como toda participação em medidas executivas da ss e da Polícia, configura desobediência e, portanto, será punida com medidas disciplinares ou – se necessário – pela corte marcial.

E eram essas as instruções escritas pelo oficial de inteligência da 339ª Divisão dentro da retaguarda do Grupo de Exército Centro:

O militar só deve atirar em judeus ou ciganos se eles estiverem determinados a ser guerrilheiros ou a ajudar estes. Em todos os outros casos, eles devem ser entregues à sd [Polícia de Segurança]. Quando a distância entre uma unidade de tropa e um *Einsatzkommando* da sd for grande demais, a entrega pode ser feita em um campo de prisioneiros de guerra mais próximo ou a um *Ortskommandantur* ou *Feldkommandantur*, que providenciará transporte para a sd. Atirar em mulheres,

---

Exército. Para diretivas similares, ver também: Ordem do 6º Exército/Qu, 10 de agosto de 1941, NOKW-1654; Grupo de Exército Sul Ic/AO (assinado por von Rundstedt) para exércitos pertencentes ao grupo, e para Comando da Retaguarda de Grupo do Exército, 24 de setembro de 1941, NOKW-541. 183 Ordem do comandante da Retaguarda de Grupo de Exército Sul (assinado pelo major Geissler), 1º de setembro de 1941, NOKW-2594.

desde que elas não estejam determinadas a serem guerrilheiras ou ajudantes de guerrilheiros, ou em crianças não é tarefa dos militares.[184]

Claramente, as operações de extermínio afetavam seriamente os habitantes locais e o Exército. Entre a população, as operações produziram uma ansiedade latente e com raízes profundas e, no Exército, faziam aparecer um número inconfortavelmente grande de soldados que encontravam deleite como espectadores das chacinas ou assassinos.

O terceiro grupo a se confrontar com grandes problemas psicológicos era o próprio pessoal das unidades móveis de extermínio. Os líderes dos *Einsatzgruppen* e dos *Einsatzkommandos* eram burocratas – homens acostumados a ficar em suas mesas fazendo trabalho administrativo. No leste, seu trabalho era supervisionar e relatar essas operações. Isso não era trabalho administrativo. Já foi apontado que as "inspeções" levavam os líderes dos *Einsatzgruppen* e sua equipe aos locais do extermínio. No *Einsatzgruppe* C, todos tinham de assistir às execuções. Um membro da equipe, Karl Hennick, explicou que não tinha escolha:

> Eu mesmo participei das execuções apenas como testemunha, para não dar abertura a acusações de covardia. [...] O dr. Rasch [comandante do *Einsatzgruppe*] insistiu, por princípio, que todos os oficiais e oficiais não comissionados do *Kommando* participassem das execuções. Era impossível ficar longe delas, ou você seria chamado para prestar contas.[185]

Esse oficial do *Einsatzgruppe* teve de "superar". Ele tinha de estar envolvido completamente no negócio, não como repórter, mas como participante, não como possível futuro acusador, mas como alguém que teria de compartilhar o destino daqueles que faziam o trabalho. Um dos oficiais que um dia tinha sido ordenado a assistir às execuções teve os sonhos mais horríveis (*Angstträume fürchterlichster Art*) durante a noite seguinte.[186] Até o Líder da Alta ss e da Polícia na Rússia Cen-

---

184 Instruções da 339ª Divisão/Ic, 2 de novembro de 1941, Arquivos Federais alemães em Freiburgo, RH 26-339/5.

185 Testemunho juramentado de Karl Hennicke (oficial do SD-III na equipe do *Einsatzgruppe*), 4 de setembro de 1947, NO-4999.

186 Relato do Oberst Erwin Stolze, 23 de outubro de 1941, NOKW-3147.

tral, Obergruppenführer von dem Bach-Zelewski, foi levado a um hospital com sérios problemas estomacais e intestinais. Sua recuperação pós-cirurgia foi lenta, e Himmler enviou o melhor médico da ss, Grawitz, aos cuidados de seu general favorito. Grawitz relatou que von dem Bach estava sofrente especialmente por reviver a execução de judeus que ele próprio conduzira, além de outras experiências difíceis no leste (*er leidet insbesondere na Vorstellungen im Zusammenhang mit den von ihn selbst geleiteten Judenrschiessungen und anderen schweren Erlebnissen im Osten*).[187]

Os comandantes das unidades móveis de extermínio tentaram lidar sistematicamente com os efeitos psicológicos das operações de extermínio. Mesmo enquanto dirigiam as execuções, eles começaram a reprimir além de justificar suas atividades. O mecanismo repressivo é bastante notável na escolha da linguagem para os relatórios de ações individuais de extermínio. Os relatores tentaram evitar o uso de expressões diretas como "matar" ou "assassinar". Em vez disso, os comandantes usavam termos que tendiam a ou justificar os extermínios ou obscurecê-los completamente. A lista a seguir é representativa:

hingerichtet: morto, executado;
exekutiert: executado;
ausgemerzt: exterminado;
liquidiert: liquidado;
Liquidierungszahl: número de liquidação;
Liquidierung des Judentums: liquidação do judaísmo;
erledigt: terminado;
Aktionen: ações;
Sonderaktionen: ações especiais;
Sonderbehandlung: tratamento especial;
sonderbehandelt: tratado de forma especial;
der Sonderbehandlung unterzogen: sujeito a tratamento especial;
Säuberung: limpeza;
Grossäuberungsaktionen: grandes ações de limpeza;
Ausschaltung: eliminação;
Aussiedlung: reassentamento;

---

187 Grawitz para Himmler, 4 de março de 1942, no-600. Sobre a vida de Bach, ver Władisław Bartoszewski, *Erich von dem Bach* (Varsóvia, 1961).

Vollzugstätigkeit: atividade de execução;

Exekutivmassnahme: medida executiva;

entsprechend behandelt: tratado de forma apropriada;

der Sondermassnahme zugeführt: transportado para medidas especiais;

sicherheitspolizeiliche Massnahmen: medidas da Polícia de Segurança;

sicherheitspolizeilich durchgearbeitet: resolvido pela Polícia de Segurança;

Lösung der Judenfrage: solução do problema judeu;

Bereinigung der Judenfrage: limpeza do problema judeu;

judenfrei gemacht: (área) tornada livre de judeus.

Para além da terminologia usada para passar a noção de que as operações de extermínio eram apenas um processo burocrático comum dentro da estrutura da atividade policial, é possível perceber, numa contradição lógica, mas não psicológica, que os comandantes dos *Einsatzgruppen* elaboraram várias justificativas para os extermínios. O significado dessas racionalizações é bastante evidente, pois os *Einsatzgruppen* não tinham de dar motivo algum para Heydrich: eles tinham de dar motivo para si mesmos. Em geral, os relatórios continham uma justificativa geral para os extermínios: o perigo judeu. Essa ficção foi usada muitas e muitas vezes, em diversas variações.

Um *Kommando* do BDS *Generalgouvernement* relatou que tinha matado 4.500 judeus em Pinsk porque um membro da milícia local tinha sido atingido por judeus e outro homem da milícia tinha sido encontrado morto.[188] Em Bălți, os judeus foram mortos com a justificativa de serem culpados de "atacar" as tropas alemãs.[189] Em Staronkonstantinov, a 1ª Brigada atirou em 439 judeus que tinham demonstrado uma atitude "não cooperativa" em relação ao Wehrmacht.[190] Em Miglev os judeus foram acusados de tentar sabotar seu próprio "reassentamento".[191] Em Novoukrainka havia uma "invasão" de judeus (*Übergriffe*).[192] Em Kiev os judeus eram suspeitos de ter causado o grande incêndio.[193] Em Minsk cerca de 2.500

---

188 RSHA IV-A-1, Relatório Operacional URSS nº 58, 20 de agosto de 1941, NO-2846.

189 RSHA IV-A-1, Relatório Operacional URSS nº 37 (45 cópias), 29 de julho de 1941, NO-2952.

190 RSHA IV-A-1, Relatório Operacional URSS nº 59, 21 de agosto de 1941, NO-2847.

191 RSHA IV-A-1, Relatório Operacional URSS nº 124 (48 cópias), 25 de outubro de 1941, NO-3160.

192 RSHA IV-A-1, Relatório Operacional URSS nº 60 (48 cópias), 22 de agosto de 1941, NO-2842.

193 RSHA IV-A-1, Relatório Operacional URSS nº 97 (48 cópias), 28 de setembro de 1941, NO-3145.

judeus foram mortos por estarem espalhando "boatos".[194] Na área do *Einsatzgruppe* A, a propaganda judaica era a justificativa. "Como essa atividade propagandística judaica era especialmente pesada na Lituânia", diz o relatório, "o número de pessoas liquidadas nessa área pelo *Einsatzkommando* 3 subiu para 75 mil".[195] A razão a seguir foi dada para uma operação de extermínio em Ananiev: "Como os judeus de Ananiev ameaçaram os moradores alemães com um banho de sangue assim que o Exército alemão batesse em retirada, a Polícia de Segurança conduziu uma captura e, em 28 de agosto de 1941, atirou em trezentos judeus e judias".[196] Em certa ocasião, o *Einsatzgruppe* B trocou a disseminação de boatos, a propaganda e ameaças pela acusação vaga, mas inclusiva, de um "espírito de oposição [*Oppositionsgeist*]".[197] Pelo menos um *Einsatzgruppe* usou a teoria do perigo sem citar qualquer atividade de resistência judaica. Quando o *Einsatzgruppe* D matou todos os judeus na Crimeia, incluiu em seu relatório um artigo sobre a influência generalizada que o judaísmo tinha exercido na península antes da guerra.[198]

Um exemplo extremo de postura acusatória consta em um relatório de uma testemunha ocular anônima de uma execução na área de Mostovoye, entre os rios Dniestr e Bug. Um destacamento da ss tinha entrado em uma vila e prendido todos os moradores judeus. Os judeus estavam alinhados ao longo de uma trincheira e receberam a ordem de se despir. O líder da ss, então, declarou na presença das vítimas que, visto que o judaísmo tinha disparado a guerra, aqueles ali reunidos tinham de pagar com suas vidas. Depois do discurso, os adultos foram mortos e as crianças receberam coronhadas de rifles. Foi jogada gasolina sobre seus corpos. As crianças ainda respiravam quando foram jogadas nas chamas.[199]

---

194 RSHA IV-A-1, Relatório Operacional URSS nº 92, 23 de setembro de 1941, NO-3143.

195 RSHA IV-A-1, Relatório Operacional URSS nº 94 (48 cópias), 25 de setembro de 1941, NO-3146.

196 *Ortskommandantur* Ananiev/Equipe do 836º Batalhão Landesschützen para Korück 553 em Berezovka, 3 de setembro de 1941, NOKW-1702.

197 RSHA IV-A-1, Relatório Operacional URSS nº 124 (48 cópias), 25 de outubro de 1941, NO-3160.

198 *OStubaf.* Seibert (*Einsatzgruppe* D) para 11º Exército Ic, 16 de abril de 1942, NOKW-628.

199 Relatório sem data e não assinado dos arquivos de uma organização de resgate de judeus em Genebra. Documento Yad Vashem M-20. A ação foi descrita como tendo acontecido no outono de 1941. Pelo contexto, não fica claro se a unidade pertencia ao *Einsatzgruppe* D ou se era um *Kommando* recém-organizado de alemães étnicos. Sobre os assassinatos em Mostovoye conduzidos pela polícia alemã, ver texto de relatório do inspetor da *Gendarmerie* romena em

Acusações de atitudes e atividades perigosas por parte dos judeus às vezes eram suplementadas com referências ao perigo representado por eles como vetores de doenças. Os bairros judeus em Nevel e Yanovichi estavam condenados porque estavam cheios de epidemias.[200] Em Vitebsk, a ameaça de uma epidemia (*hochste Seuchengefahr*) foi suficiente.[201] Para os assassinatos em Radomyshl a explicação foi a seguinte: muitos judeus de áreas ao redor tinham ido para a cidade. Isso levou à superlotação dos apartamentos judeus – na média, viviam quinze pessoas em cada cômodo. As condições de higiene tornaram-se intoleráveis. A cada dia, vários cadáveres de judeus tinham de ser removidos dessas casas. Fornecer comida para judeus adultos e para crianças tinha se tornado "impraticável". Consequentemente, havia um perigo crescente de epidemias. Para dar fim a essas condições, então, o *Sonderkommando* 4a assassinou 1.700 judeus.[202]

É preciso enfatizar que as justificativas psicológicas eram parte essencial das operações de extermínio. Se uma ação proposta não pudesse ser justificada, ela não acontecia. Não é necessário dizer, no entanto, que o acervo de motivos para as medidas antijudaicas nunca se esgotava. Uma única vez, porém, as explicações se exauriram em relação à execução de doentes mentais. O *Einsatzgruppe* A matara 748 deles na Lituânia e no norte da Rússia porque os "lunáticos" não tinham guardas, enfermeiros ou comida. Eles eram um "perigo" à segurança. Mas quando o Exército pediu que o *Einsatzgruppe* "limpasse" outras instituições para serem usadas como alojamentos, o *Einsatzgruppe* repentinamente se recusou. Não havia interesse da Polícia de Segurança que exigisse tal ação. Consequentemente, o Exército recebeu ordem de fazer o trabalho sujo sozinho.[203]

Como os líderes das unidades móveis de extermínio, o pessoal alistado tinha sido recrutado com base em jurisdição. Apesar de todos terem algum treinamento ideológico, não tinham se voluntariado para matar judeus. A maior parte desses homens tinha ido para as unidades de extermínio simplesmente porque não

---

Transnístria (Coronel Broşteanu), 24 de março de 1942, em Carp, *Cartea Neagră*, vol. 3, p. 226, e Litani, "Odessa", *Yad Vashem Studies* 6 (1967): 146-47.

200 RSHA IV-A-1, Relatório Operacional, URSS nº 92, 23 de setembro de 1941, NO-3143.

201 RSHA IV-A-1, Relatório Operacional, URSS nº 124 (48 cópias), 25 de outubro de 1941, NO-3160.

202 RSHA IV-A-1, Relatório Operacional, URSS nº 88 (48 cópias), 19 de setembro de 1941, NO-3149. Nessa ação, as crianças foram mortas por homens da milícia ucraniana.

203 Relatório Stahlecker para 15 de outubro de 1941, L-180.

estava apta para o trabalho na linha de frente (*nicht dienstverpflichtet*).[204] Eram homens mais velhos, não adolescentes. Muitos já tinham assumido a responsabilidade de cuidar de uma família, não eram jovens irresponsáveis.

Apesar de mulheres e crianças geralmente não serem os primeiros alvos, sempre houve alguma tensão nas unidades. Desse modo, uma mistura de animação e apreensão surgiu no *Kommando* da Gestapo de Tilsit, apesar dos esforços do chefe dessa organização, o advogado Hans Joachim Bohme, para reduzir a operação a um procedimento legal. Quando um pelotão da Schutzpolitzei na fronteira da cidade de Memel (Kleipeda) foi designado ao *Kommando* em 23 de junho de 1941, ele foi imediatamente colocado para um treino de execução. Espalhou-se a notícia de que, na Lituânia, os civis tinham atirado em tropas alemãs que avançavam, mas um dos homens disse que haveria uma execução de judeus. Outro respondeu: "Vocês são loucos [*Du bist já verruckt*]!". No dia seguinte, na recém-capturada Garsden (Gargždai), ficou claro quem eram as vítimas. A Schutzpolizei levou os homens judeus à cova com muita gritaria. O líder do pelotão anunciou aos judeus: "Vocês vão ser mortos por ordem do Führer, por causa dos delitos contra o *Wehrmacht* [*Sie werden wegen Vergehen gegen die Wehrmacht auf Befehl des Führers erschossen*]!". Então, ele tirou sua espada e deu a ordem aos seus homens: "Preparar-apontar-fogo! [*Zum Schuss fertig – legt na – Feuer*]!". Dois homens usando capacetes de aço miraram em cada judeu. Como essas vítimas em especial incluíam refugiados de Memel, que haviam fugido quando a cidade fora tomada da Lituânia pelos alemães em 1939, alguns judeus reconheciam um reservista ou outro. Um fabricante judeu gritou: "Gustavo, atire bem [*Gustav, schiess gut*]!". Um jovem judeu, ferido por uma bala, chamou "um outro [*noch einen*]". Depois da execução fotografou-se o grupo e distribuiu-se *schnapps*. Mesmo assim, na manhã seguinte, o clima continuava pesado. Houve discussão e críticas abertas. Um homem tentou justificar a ação: "Diabos", disse ele, "uma geração tem de passar por isso para nossas crianças ficarem numa situação melhor [*Menschenskinder, verflucht noch mal, eine Generation muss dies halt durchstehen, damit es unsere Kinder besser haben*]".[205]

Quando o 322º Batalhão de Polícia deixou Viena, uma banda tocou "*Muss i denn*", e os que ficaram para trás deixaram cair algumas lágrimas. No campo, o

---

204 Testemunho juramentado de Ohlendorf, 24 de abril de 1947, NO-2890.

205 Julgamento de um tribunal em Ulm contra Bernhard Fischer-Schweder, 29 de agosto de 1958, Ks 2/57.

batalhão era um componente do Regimento de Polícia Centro quando o comandante regimental, Montua, emitiu a ordem, em julho de 1941, para atirar em homens judeus. Nessa época, Montua adicionou instruções para seus comandantes de companhia e de batalhão a fim de garantir o bem-estar psicológico dos atiradores, incluindo provisões para noites tranquilas e desestressantes durante as quais os acontecimentos do dia podiam ser relembrados de forma amigável. Himmler obviamente gostou da ideia dessas sessões de terapia em grupo e a enfatizou em uma diretiva própria. Era dever sagrado dos líderes e comandantes, disse ele, cuidar pessoalmente de seus homens. As noites depois dessas ações deveriam ser as mais caseiras e alemãs possíveis, com comida e música, mas sem álcool. Os homens, disse Himmler, deveriam ser liberados do trabalho pesado a tempo de ficar completamente realizados com outras tarefas. Naquele ano, a 3ª Companhia do 322º Batalhão esteve fortemente envolvida na execução de homens, mulheres e crianças judias, mas o guardador do diário da companhia teve o cuidado de anotar, em 1º de janeiro de 1942, como os homens tinham mantido sua humanidade. Eles tinham coletado 1.018,50 Reichsmarks a serem enviados para Goebbels para as famílias mais necessitadas com o maior número de crianças, cujos provedores tivessem sido assassinados na Noite Sagrada na Frente Leste.[206]

Com o tempo, os homens se ajustaram. Eles agiam de forma mecânica, sem ordens específicas de atirar, e continuavam fazendo-o dia a dia. De vez em quando um homem tinha um colapso,[207] e em várias unidades o consumo de álcool se tornou rotina.[208] Ao mesmo tempo, a doutrinação continuava e às vezes os comandantes

---

206 Diário de Guerra da 3ª Companhia do 322º Batalhão, 10 de junho de 1941 e ss., Grupo de Registro de Arquivos 48.004 do Museu Memorial do Holocausto dos EUA (Instituto Militar-Histórico, Praga), Rolo 2, Coleção Polizei Regiment Mitte. Ordem de Montua de 11 de julho de 1941, Instituto Militar-Histórico Pol. Regt. Mitte A-3-2-7/1. Diretiva de Himmler similar à de Montua, 12 de dezembro de 1941, Arquivos Históricos Estatais da República da Letônia, Fundo 83, Opis 1, Pasta 80. Sobre o batalhão, ver também Konrad Kwiet, *"Auftakt zum Holocaust"*, em Wolfgang Benz, Hans Buchheim e Hans Mommsen, eds., *Der Nationalsozialismus* (Frankfurt, 1994), pp. 191-208, 263-65.

207 Testemunho juramentado do Hauptscharführer Robert Barth (*Einsatzgruppe* D), 12 de setembro de 1947, NO-4992.

208 Relatório do *Generalmajor* Lahousen, 1º de novembro de 1941, NOKW-3146.

faziam discursos antes de grandes operações.[209] Em 15 de agosto de 1941, o próprio Himmler visitou Minsk. Ele pediu ao comandante do *Einsatzgrupp* B, Nebe, atirar em um grupo de cem pessoas, para que pudesse ver como era uma dessas "liquidações". Nebe obedeceu. Todas as vítimas, exceto duas, eram homens. Himmler identificou no grupo um jovem de cerca de vinte anos com olhos azuis e cabelos loiros. Logo antes de os disparos começarem, Himmler chegou perto do condenado e fez algumas perguntas.

"Você é judeu?"
"Sim."
"Seus dois pais são judeus?"
"Sim."
"Você tem algum ancestral que não era judeu?"
"Não."
"Então não posso te ajudar!"

Quando os tiros começaram, Himmler ficou ainda mais nervoso. Durante a fuzilaria, ele olhava para o chão. Quando as duas mulheres não morreram, Himmler gritou para o sargento de polícia parar de torturá-las.

Ao término da execução, Himmler e outro espectador começaram a conversar. A outra testemunha era o Obergruppenführer von dem Bach-Zelewski, o mesmo homem que mais tarde foi para o hospital. Von dem Bach dirigiu-se a Himmler:

"*Reeichsführer*, esses eram só uma centena."
"O que você quer dizer?"
"Olhe nos olhos dos homens desse *Kommando*, como eles estão profundamente abalados! Esses homens estão acabados [*fertig*] para o resto de suas vidas. Que tipo de seguidores estamos treinando aqui? Neuróticos ou selvagens!"

Himmler estava visivelmente comovido e decidido a fazer um discurso a todos os que estavam reunidos ali. Ele apontou que o *Einsatzgruppe* tinha sido chamado para cumprir um dever repulsivo (*widerliche*). Ele não ia gostar se os alemães fizessem uma coisa daquelas felizes. Mas a consciência deles não estava prejudicada de forma alguma, pois eram soldados que tinham de executar todas as ordens incondicionalmente. Apenas ele era responsável perante Deus e Hitler por tudo o que

209 Testemunho juramentado de Barth, 12 de setembro de 1947, NO-4992.

estava acontecendo. Sem dúvida, os homens notaram que Himmler detestava esse negócio sangrento (*dass ihm das blutige Handwerk zuwider wäre*) e que tinha ficado perturbado até a alma. Mas ele também estava obedecendo à mais alta lei ao fazer seu dever, e agia com profunda compreensão sobre a necessidade dessa operação.

Himmler disse aos homens que olhassem para a natureza. Havia combate por todos os lados, não apenas entre os homens, também no mundo dos animais e das plantas. Quem estivesse cansado demais para lutar deveria perecer (*zugrundegehen*). O homem mais primitivo diz que o cavalo é bom e o percevejo ruim. O ser humano, consequentemente, designa o que é útil para ele como bom e o que é danoso como ruim. Percevejos e ratos não teriam também um propósito de vida? Sim, mas isso nunca significou que o homem não era capaz de se defender contra os vermes.

Após o discurso, Himmler, Nebe, von dem Bach e o chefe da Equipe Pessoal de Himmler, Wolff, inspecionaram um hospício. Himmler ordenou que Nebe acabasse com o sofrimento daquelas pessoas o mais rápido possível. Ao mesmo tempo, pediu para Nebe "ponderar em sua mente" vários outros métodos de execução mais humanos que os tiros. Nebe pediu permissão para testar dinamite nos doentes mentais. Von dem Bach e Wolff protestaram dizendo que os doentes não eram cobaias, mas Himmler decidiu a favor do teste. Muito depois, Nebe confidenciou a von dem Bach que a dinamite já tinha sido testada nos internos, e os resultados tinham sido lastimáveis.[210]

A resposta final para o pedido de Himmler foi a van-câmara de gás. Esse veículo já tinha sido usado em 1940 para o envenenamento por gás dos pacientes mentais da Prússia do Leste e da Pomerânia em Soldau, um campo localizado no antigo corredor polonês.[211] O modelo de 1940, produto da divisão técnica do RSHA (II-D) sob commando do *Obersturmbannführer* Rauff, era equipado com monóxido

---

210 A história da visita de Himmler, contada por von dem Bach, foi impressa em *Aufbau* (Nova York), 23 de agosto de 1946, pp. 1-2. Ver também declarações de outras testemunhas no Caso Wolff, Landgericht Munich II, 10a Js 39/60, especialmente Z-Prot II/vol. 2. A data está anotada no calendário de compromissos de Himmler, Centro para a Preservação de Coleções de Documentação Histórica, Moscou, Fundo 1372, Opis 5, Pasta 23. A execução, agendada para a manhã, seria seguida de uma inspeção de um campo de trânsito de prisioneiros, almoço, uma passada de carro pelo gueto, uma inspeção de um hospício e uma visita a uma fazenda.
211 Wilhelm em Krausnick e Wilhelm, *Die Truppe des Weltanschauungskrieges*, pp. 543-51. Indiciamento de Wilhelm Koppe pelo promotor de Bonn, 8 Js 52/60 (1964), pp. 174-89. Ver também Adalbert Rückerl, *NS-Vernichtungslager* (Munique, 1977), pp. 258-59.

de carbono engarrafado. Uma câmara de gás sobre rodas, o veículo era camuflado com uma placa que dizia "Kaisers-Kaffee". As garrafas de monóxido de carbono, porém, eram caras e inconvenientes para usar na URSS ocupada. O próximo passo, portanto, foi construir um veículo no qual o monóxido de carbono do exaustor pudesse ser conduzido ao interior da van. Para esse propósito, as carcaças e os chassis dos caminhões tinham de ser comprados separadamente. O Referat II-D obtinha todas as carcaças da firma Fahrzeuge Gaubschat em Berlim-Neukolln, especializada em fabricar esses produtos. Os chassis eram mais difíceis de adquirir e, no fim, foram comprados de várias marcas. A montagem era trabalho do próprio II-D, e o Kriminaltechnisches Institut (V-D) do RSHA fez vários testes sob comando do *Sturmbannführer Oberregierungsrat* dr. Heess. Duas séries de vans-exaustores resultaram desses esforços. A primeira consistia de seis caminhões relativamente pequenos de 2,5 e três toneladas que podiam levar de trinta a cinquenta pessoas, sendo produzidos pelas empresas Diamond e Opel-Blitz. A segunda incluía um número maior de caminhões Saurer de cinco toneladas que podiam ser enchidos com sessenta ou até setenta vítimas apertadas em pé.[212]

Durante a fase de desenvolvimento dos modelos de 1941, o Kriminalteschnishces Institut do dr. Heess empregou um cientista de biologia e química, o *Obersturmführer* dr. Widmann. O jovem Obsersturmführer, pupilo de Heess, tinha estado em Minsk, onde explodira os pacientes mentais. Ele tinha ficado com a impressão de que as vans seriam usadas apenas para a execução dos loucos. Quando descobriu como seriam usadas no leste, reclamou para Heess que não podia, afinal, usar esse aparelho contra pessoas normais. Dr. Heess respondeu em um tom familiar: "Mas, veja, isso será feito de toda forma. Você, por acaso, quer se demitir? [*Du siehst, es geht doch, willst Du etwa abspringen?*]".[213] Dr. Widmann permaneceu em seu cargo e foi promovido a Hauptsturmführer.[214]

212 O desenvolvimento das vans-câmaras de gás é descrito por Christopher Browning, *Fateful Months* (Nova York, 1985), pp. 58-62; Eugen Kogon, Hermann Langbein, Adalbert Rückerl et al., eds., *Nationalsozialistische Massentötungen durch Giftgas* (Frankfurt, 1986), pp. 81-86; e Mathias Beer, "Die Entwicklung der Gaswagen beim Mord an den Juden", *Vierteljahrshefte für Zeitgeschichte* 34 (1987): 403-12.

213 Wilhelm, citando o julgamento do tribunal de Stuttgart contra o dr. Albert Widmann, 15 de setembro de 1967, in *Die Truppe des Weltanschauungskrieges*, pp. 549-52.

214 Organograma do RSHA, 1º de outubro de 1943, L-219.

A invenção do RSHA se prestou às distantes operações de extermínio na Polônia e na Sérvia. A partir de dezembro de 1941, duas ou três vans foram enviadas também a cada *Einsatzgruppen*.[215] Os motoristas foram despachados de Berlim junto com os veículos. Quando chegavam em seus destinos, as vans eram estacionadas em locais escondidos, esperando por suas vítimas. Os judeus eram colocados nas vans nus ou sem roupas de baixo, muitas vezes homens e mulheres juntos. As portas traseiras eram fechadas e o envenenamento começava com o veículo estacionado. Como os judeus ficavam de pé e no escuro inalando a exaustão, começavam a bater nas paredes de metal. Após alguns minutos, sufocavam, com o coração batendo mais rápido e sendo dominados pela tontura e náusea, até que seus cérebros ficassem paralisados. A van, então, dirigia os corpos até uma trincheira.[216]

Em boas condições, uma van podia fazer quatro ou cinco viagens diárias,[217] mas as dificuldades técnicas e psicológicas não podiam ser descartadas. Alguns dos veículos quebravam na chuva; depois de serem usados repetidamente, não lacravam direito. Membros dos *Kommandos* que descarregavam as vans ficavam com dores de cabeça. Se um motorista pisasse pesado demais no acelerador, os corpos removidos da van ficavam com rostos distorcidos e cobertos de excrementos.[218]

Claramente, o álcool, os discursos e as vans-câmaras de gás não aliviaram o peso psicológico dos criminosos. Mas não houve colapso da operação como um todo. Pelo contrário, os homens dos *Einsatzgruppen* receberam tarefas adicionais, uma das quais o extermínio de prisioneiros de guerra em campos do Exército alemão.

---

215 Ver *UStuf.* dr. Becker (em Kiev) para *Ostubaf.* Rauff (II-D), 16 de maio de 1942, e correspondência subsequente no documento PS-501.

216 Kogon et al., eds., *Nationalsozialistische Massentötungen*, pp. 87-107.

217 Interrogatório do *Obersekretär* da Polícia Criminal Josef Ruis por autoridades soviéticas, em Institut für Zeitgeschichte, Munique, Fb 82/2.

218 Becker para Rauff, 16 de maio de 1942, PS-501. Testemunho de Ohlendorf, em *Trial of the Major War Criminals*, IV, 322-23, 332-34. Naumann (*Einsatzgruppe* B) garante que não utilizou as vans. Ver testemunho juramentado de Naumann, 24 de junho de 1947, NO-4150. O *Einsatzgruppe* A, por sua vez, pediu mais uma. *HStuf.* Trühe (BdS Ostland/I-T) para Pradel (RSHA II-D-3-a), 15 de junho de 1942, PS-501.

O EXTERMÍNIO DOS PRISIONEIROS DE GUERRA

Mais de 5.700 soldados sovietes se renderam às forças alemãs durante a guerra, e mais de 40% desses homens morreram prisioneiros. Cerca de 3,35 milhões tinham sido feitos prisioneiros ao fim de 1941, e durante aquele inverno mortes devido à exposição e à fome ocorreram em massa.[1] É nesse contexto que foi efetuada uma empreitada relativamente pequena, mas insistente, para matar um segmento particular de prisioneiros soviéticos. Em 16 de julho de 1941, apenas quatro semanas após a abertura da campanha leste, Heydrich concluiu um acordo com o chefe do Escritório Geral das Forças Armadas (*Allgemeines Wehrmachtsamt*), o general Reineck, cujo texto dispunha que a *Wehrmacht* deveria "se libertar" de todos os prisioneiros de guerra soviéticos que fossem vetores do bolchevismo.[2] Os administradores centrais daquele programa estão listados na Tabela 7.7.[3]

Os dois parceiros chegaram à conclusão de que a situação exigia "medidas especiais" que deviam ser tomadas com os ânimos livres dos controles burocráticos. No dia seguinte, Heydrich alertou seu maquinário regional para se preparar para a seleção (*Aussonderung*) de todos os "revolucionários profissionais", oficiais do Exército Vermelho, comunistas "fanáticos" e "todos os judeus".[4] Como os prisioneiros de guerra soviéticos já estavam chegando aos montes nos campos de trânsito no *Generalgouvernement* e no Reich, Heydrich teve de posicionar equipes de seleção nos territórios recém-ocupados, na Polônia e na Alemanha. O plano, consequentemente, exigia uma operação de três pontas, como demonstrado na Tabela 7.8. A maior parte do trabalho deveria ser feita pelos *Einsatzgruppen*, porque os escritórios da Gestapo já estavam sobrecarregados.[5]

---

1 Ver recapitulação no relatório do OKW que cobre o período de 22 de junho de 1941 a 1º de maio de 1944, NOKW-2125, e o grande estudo de Christian Streit, *Keine Kameraden* (Stuttgart, 1978), pp. 244-49.

2 Ordem operacional nº 8 (assinada por Heydrich) (530 cópias), 17 de julho de 1941, NO-3414.

3 Testemunho juramentado de Kurt Lindow (RSHA IV-A-1), 30 de setembro de 1945, PS-2545. Testemunho juramentado de Lindow, 29 de julho de 1947, NO-5481. Testemunho juramentado de Lahousen, 17 de abril de 1947. NO-2894

4 Ordem operacional nº 8, 17 de julho de 1941, NO-3414. Ver também minuta inicial referindo-se a "todos os judeus", escrita pelo RSHA IV-A-1, 28 de junho de 1941, PS-78.

5 Ordem operacional nº 8, 17 de julho de 1941, NO-3414.

TABELA 7.7 Administradores centrais para o extermínio de prisioneiros de guerra

RSHA	EXÉRCITO		
	DIRETAMENTE ENVOLVIDO	INTERESSADO
	OGruf. Heydrich	General Reinecke	Almirante Canaris (representado pelo *Generalmajor* Lahousen)
RSHA IV	*Gruf.* Müller	Chefe de Campos de Prisioneiros de Guerra Oberst Breyer (sucedido pelo *Generalmajor* von Graevenitz)	
RSHA IV-A	*Obf.* Panzinger		
RSHA IV-A-1	*Stubaf.* Vogt (sucedido por *Stubaf.* Lindow)		
RSHA IV-A-1-C	*HStuf.* Königshaus		

TABELA 7.8 Organização regional para o extermínio de prisioneiros de guerra

EQUIPES DE TRIAGEM	CONEXÃO-SS	CAMPOS
Einsatzgruppen		Pontos de coleta de prisioneiro do Exército (*Armeegefangenensammelstellei*) e campos de trânsito (*Durchgangslager*, ou *Dulag*) em territórios recém-ocupados
BDS Cracóvia	*Kriminalkommissar* Raschwitz (sucedido por Stubaf. Liska) ligado ao *Generalleutnant* Herrgott, comandante dos campos do *Generalgouvernement*	Campos do *Generalgouvernement*
Escritórios da Gestapo no Reich	*Kriminalrat* Schiffer (sucedido pelo *Kriminalkommissar* Walter) ligado ao *Generalmajor* von Hindenburg, comandante de campos de prisioneiros de guerra na Prússia do Leste	Campos de prisioneiros de guerra permanentes (*Stammlager*, ou *Stalag*) no Reich

Após o acordo, unidades militares começaram a identificar e explorar prisioneiros judeus de forma sistemática.[6] O Segundo Exército ordenou que prisioneiros judeus e "asiáticos" fossem retidos pelo Exército para trabalho, antes de serem transportados para Dulags* na Retaguarda de Grupo do Exército.[7] O XXIX Corpo do Exército (Sexto Exército) em Kiev ordenou que os judeus de Dulags naquela área fossem empregados em operações perigosas de limpeza de minas.[8] No Dulag 160, em Khorol, prisioneiros judeus eram marcados com uma estrela. Como os campos de Khorol não tinham latrinas, os homens marcados tinham de recolher a sujeira com as mãos e jogar em barris.[9] No XX Distrito de Exército (Danzig), um impaciente comandante de Stalag ordenou que seus homens matassem prisioneiros comunistas e judeus de uma vez. Trezentos foram assassinados.[10]

As equipes de triagem entraram nos campos de prisioneiros de guerra sem dificuldade, uma vez que os comandantes dos campos tinham sido notificados com antecedência por seus supervisores.[11]Uma dessas notificações é suficiente para demonstrar mais uma vez a apuração da linguagem em documentos: "Durante o exame dos prisioneiros, a SD deve ter o direito de participar para filtrar

---

6 Ver relatório da 295ª Divisão de Infantaria/Ic (tenente-coronel Groscurth) para XXXXIX Corpo do Exército, 30 de julho de 1941, com um detalhamento numérico de prisioneiros por nacionalidade, T 315, Rolo 1951.

* "Dulags" ou "Stalag" eram os nomes abreviados usados para se referir a campos de trânsito de prisioneiros de guerra. (N.T.)

7 Segundo Exército OQu/Qu 2 para Comandante de Retaguarda do Exército, Comando de Corporações. Exército Ic, Exército IVa e Exército IVb (54 cópias), 5 de agosto de 1941, NOKW-2145.

8 XXIX Corpo do Exército Ia/Ic para Divisões de Corporações, 22 de setembro de 1941, NOKW-1323. O comandante de Corpo do Exército era o *General der Infanterie* Obstfelder.

9 Testemunho juramentado de Henrik Schaechter, 21 de outubro de 1947, NO-5510. O declarante, um judeu do Exército Vermelho capturado em Kharkov, não se apresentou durante a seleção.

10 Testemunho juramentado do *Generalleutnant* von Österreich, 28 de dezembro de 1945, URSS-151. A execução tinha sido ordenada por um de seus subordinados, *Oberstleutant* Dulnig, comandante do Stalag XX-C. Uma unidade da SS não se preocupou em entregar seus prisioneiros judeus para a retaguarda: eles foram mortos imediatamente. *OStubaf.* Zschoppe, vice-comandante do 8º Regimento de Infantaria da SS (mot.), para XVII Corpo do Exército, 20 de agosto de 1941, NOKW-1350.

11 Testemunho juramentado de Oberst Hadrian Ried (comandante de prisioneiros de guerra, Brest-Litovsk), 22 de outubro de 1947, NO-5523.

certos elementos apropriados [*bei der Sichtung der Gefangenen ist der* SD *zu beteiligen, um gegebenenfalls entsprechende Elemente auszusondern*].[12]

As equipes eram relativamente pequenas, incluindo um oficial e de quatro a seis homens.[13] Os homens da SS, portanto, tinham de confiar no trabalho de preparação feito pelo Exército, na cooperação do oficial de contrainteligência (AO) no Dulag ou Stalag e em sua própria "engenhosidade".[14]

No geral, o Exército cooperava. O comandante em Borispol, por exemplo, convidou o *Sonderkommando* 4a a despachar uma equipe de triagem para seu campo. Em duas ações separadas, a equipe matou 1.109 prisioneiros judeus. Entre as vítimas estavam 78 homens feridos que tinham sido entregues pelo médico do campo.[15] Outros relatórios eram igualmente diretos. E 28 de agosto, o *Einsatzgruppe* A relatou que tinha feito a triagem de prisioneiros de guerra em duas ocasiões e os resultados tinham sido "satisfatórios" (*zufriedenstellend*).[16] Do ponto de coleta de prisioneiros (*Armeegefangenensammelstelle*) do 11° Exército, soldados judeus eram entregues todo mês, o tempo todo. Uma amostra dos relatórios mensais de prisioneiros de guerra daquele Exército indica:[17]

Mortos por tiro: 1.116
Entregues à SD: 111

Um *Einsatzgruppe* encontrou algumas complicações. O *Einsatzgruppe* C relatou que em Vinnistsa o comandante de campo tinha iniciado procedimentos de corte marcial contra seu vice por este ter entregue 362 prisioneiros de guerra judeus. Ao mesmo tempo, o *Einsatzgruppe* foi barrado dos campos de trânsito. Essas dificuldades, porém, foram atribuídas ao fato de que as ordens tinham sido

---

12 Ordem do general von Roques (Comandante, Retaguarda de Grupo de Exército Sul), 24 de agosto de 1941, NOKW-2595.

13 Ordem operacional nº 8, 17 de julho de 1941, NO-3414.

14 Ordem preliminar do RSHA IV, 28 de junho de 1941, PS-69.

15 RSHA IV-A-1, Relatório Operacional URSS nº 132, 12 de novembro de 1941, NO-2830.

16 RSHA IV-A-1, Relatório Operacional URSS nº 71 (48 cópias), 2 de setembro de 1941, NO-2843.

17 11° Exército OQu/Qu 2 para Grupo de Exército Sul Ib, relatórios de janeiro a setembro de 1942, NOKW-1284, NOKW-1286.

adiadas, e o *Einsatzgruppe* C elogiou o comandante do Sexto Exército, Feldsmars-
chall von Reichenau, por sua cooperação total com a Polícia de Segurança.[18]

Apesar de as equipes de triagem terem poucas reclamações sobre o Exército,
nem todo mundo no Exército estava feliz com as operações de triagem, especialmente com a maneira como eram conduzidas. No verão de 1941, pouco depois do
início do extermínio dos prisioneiros de guerra, aconteceu uma conferência de
alto nível sob liderança do general Hermann Reinecke.[19] O RSHA estava representado pelo chefe da Gestapo, Müller; além dele, o subordinado de Reinecke, chefe
dos campos de prisioneiros de guerra Oberst Breyer, estava presente; outra parte
interessada, o almirante Canaris, foi representado por Oberst Lahousen. O próprio Canaris não compareceu, pois não queria mostrar "uma atitude negativa demais" em relação ao representante do RSHA.

Reinecke abriu a discussão com alguns comentários sobre a campanha
contra a URSS não ser uma simples guerra entre Estados e Exércitos, mas uma
competição de ideologias, especificamente do nacional-socialismo contra o bolchevismo. Como o bolchevismo se opunha ao nacional-socialismo "até a morte",
os prisioneiros soviéticos não podiam esperar o mesmo tratamento que os prisioneiros dos inimigos ocidentais. A crueldade das ordens emitidas era apenas
uma defesa natural contra a sub-humanidade bolchevista, no sentido de que os
vetores desse pensamento e, portanto, também da resistência do bolchevismo,
deviam ser aniquilados.

Oberst Lahousen, então, tomou a palavra. Ele reclamou que a moral do
Exército alemão estava prejudicada porque foram realizadas execuções na frente
da tropa. Em segundo lugar, o recrutamento de agentes das fileiras de prisioneiros tinha se tornado mais difícil. Em terceiro, quaisquer mensagens de rendição
do Exército Vermelho agora não teriam sucesso, com o resultado de que as sangrentas perdas alemãs subiriam ainda mais.

O chefe da Gestapo, Müller, se exaltou em defesa de sua polícia. Durante a "discussão pesada" que se seguiu, Lahousen disse que o "tratamento especial" dedicado pela Polícia de Segurança e pela SD estava de acordo com pontos de
vista muito peculiares e arbitrários (*nach gans eigenartigen und willkürlichen Ge-
sichtspunkten*). Por exemplo, um *Einsatzgruppe* tinha se restringido a estudantes,

---

18 RSHA IV-A-1, Relatório Operacional URSS nº 128 (55 cópias), 3 de novembro de 1941, NO-3157.
19 Testemunho juramentado de Erwin Lahousen, 17 de abril de 1947, NO-2894.

enquanto outro só tinha levado em consideração a raça. Como consequência de uma seleção, várias centenas de muçulmanos, provavelmente tártaros da Crimeia, tinham sido "enviados para tratamento especial" (*der Sonderbehandlung zugeführt*) sob a suposição de serem judeus. Müller admitiu que os erros tinham acontecido, mas insistiu que a operação continuasse de acordo com "critérios filosófico-mundiais" (*weltanschauliche Grundsätze*). Reinecke encerrou a discussão dizendo mais uma vez sobre a necessidade de severidade.

Lahousen escreveu ter ficado, durante a reunião, motivado a ajudar os prisioneiros, mas seus argumentos só serviram para aumentar a eficiência da operação. Então, em 12 de setembro de 1941, Heydrich emitiu outra diretiva, na qual avisava as equipes de triagem a serem um pouco mais cuidadosas. Um engenheiro não era necessariamente um bolchevista. Muçulmanos não deviam ser confundidos com judeus. Ucranianos, bielo-russos, azerbaijanos, armênios, georgianos e caucasianos do norte deviam ser tratados "segundo a diretiva" apenas se fossem bolchevistas fanáticos. Acima de tudo, as execuções não deveriam acontecer no meio dos campos. "Não é preciso dizer", explicou Heydrich, "que as execuções não devem ser públicas. Não devem ser permitidos espectadores, por princípio".[20]

O resultado de todas as discussões e diretivas foi que as equipes de triagem pareceram melhorar suas técnicas consideravelmente. Até onde se sabe, eles não mais assassinavam muçulmanos em massa. No Reich, a operação de execução foi transferida dos campos de prisioneiros de guerra para campos de concentração, onde podia acontecer em total privacidade.[21] Em resumo, não havia mais controvérsia alguma sobre essas questões entre o Exército e o RSHA. Isso não significava que todas as discordâncias haviam acabado. Na realidade, haveria novas disputas, mas, dessa vez, os pontos de vista seriam quase opostos.

Em novembro de 1941, o Sturmbannführer Vogt, do RSHA, enviou uma carta ao escritório da Gestapo em Munique para notificar que a *Wehrmacht* tinha reclamado de exames "superficiais" dos prisioneiros de guerra soviéticos no Wehrkreis

---

20 Heydrich para *Einsatzgruppen*, Líderes da Alta SS e da Polícia, Inspekteure der SP und des SD, BdS em Cracóvia, BdS em Metz, BdS em Oslo, KdS na Cracóvia, KdS em Radom, KdS em Varsóvia, KdS em Lublin, e escritórios da Polícia Estatal (*Staatspolizeileitstellen*) (250 cópias), 12 de setembro de 1941, NO-3416.

21 Ver listas de mortos do campo de concentração de Mauthausen, 10 de maio de 1942, PS-495.

VII. Durante uma triagem, por exemplo, haviam sido selecionados apenas 380 presos, de 4.800.[22]

A Gestapo em Munique respondeu da seguinte forma: houve 410 seleções de 3.088 presos. Os 410 homens estavam nas seguintes categorias:

Funcionários do Partido Comunista:	3
Judeus:	25
Intelectuais:	69
Comunistas fanáticos:	146
Instigadores, agitadores e ladrões:	85
Refugiados:	35
Incuráveis:	47

A seleção representava uma média de 13%. Era verdade que os escritórios da Gestapo em Nuremberg e Regensburg tinham mostrado médias de 15% e 17%, respectivamente, mas esses escritórios tinham aceito vários russos entregues por oficiais de campo por causa de pequenas ofensas à disciplina do campo. O escritório da Gestapo em Munique só seguia as ordens do RSHA. Se o número ainda estava baixo demais, o culpado era o Exército, pois o oficial de contrainteligência (AO) tinha preferido usar judeus como intérpretes e informantes.[23]

Outro exemplo da mudança na mentalidade do Exército é ainda mais impressionante. Durante 1942, aconteceu uma série de reuniões sob liderança do *Generalmajor* von Graevenitz, sucessor de Oberst Breyer como chefe de prisioneiros de guerra. O RSHA em geral era representado pelo *Oberführer* Panzinger (IV-A) ou pelo *Sturmbannführer* Lindow e o *Hauptsturmführer* Königshaus. Em uma reunião, Graevenitz e vários outros oficiais do Wehrmacht, incluindo médicos, pediram que Lindow e Königshaus tomassem conta de todos os prisioneiros de guerra que estivessem sofrendo de uma doença "incurável", como tuberculose ou sífilis, e os matassem da forma comum, em um campo de concentração. Os homens da Gestapo, indignados, se recusaram, dizendo que, afinal de contas, não podia se

___

22 RSHA IV-A-I (assinado por *Stubaf.* Vogt) para *Stapoleitstelle* Munique, aos cuidados do *Stubaf. Oberregierungsrat* dr. Isselhorst, 11 de novembro de 1941, R-178.

23 Relatório da *Stapoleitstelle* Munique (assinado por Schermer), 15 de novembro de 1941, R-178.

esperar que agissem como carrascos da *Wehrmacht* (*Die Staatspolizei sei nicht weiter der Hanker der Wehrmacht*).[24]

Por toda a Rússia ocupada, a Polônia, a Alemanha, a Alsácia-Lorena e até a Noruega, para onde quer que fossem enviados prisioneiros soviéticos, a equipe de triagem de Heydrich estava trabalhando.[25] Depois de um ano de operações, em julho de 1942, Müller sentiu que podia ordenar a retirada das equipes de triagem do Reich e confinar as seleções futuras aos territórios do leste. Obviamente (*selbstverständlich*), todos os pedidos do Exército para novas buscas no Reich foram atendidos imediatamente.[26]

Em 21 de dezembro de 1941, em Berlim, Müller revelou alguns números ao general Reinecke e a representantes de vários ministérios. Ele relatou que 22 mil prisioneiros soviéticos (judeus e não judeus) tinham sido selecionados (*ausgesondert*) até então; aproximadamente 16 mil tinham sido mortos.[27] Não há números disponíveis após isso, e o número total de vítimas judias não é conhecido.

O ESTÁGIO INTERMEDIÁRIO

Durante a primeira varredura, os *Einsatzgruppen* rodaram 965 quilômetros. Dividindo-se, as unidades de extermínio cobriram todo o mapa do território ocupado, e pequenos destacamentos de cinco ou seis homens esquadrinhavam os campos de prisioneiros de guerra. Uma tarefa administrativa de proporções drásticas tinha sido enfrentada com sucesso, mas não estava resolvida, de forma alguma. Dos 4 milhões de judeus na área das operações, cerca de 1,5 milhão tinha fugido. Quinhentos mil tinham sido mortos e pelo menos 2 milhões ainda estavam vivos. Para os *Einsatzgruppen*, as massas de judeus ignorados eram um peso esmagador.

---

24 Testemunho juramentado de Kurt Lindow, 29 de julho de 1947, NO-5481.

25 A extensão territorial está indicada na distribuição da ordem de Heydrich de 12 de setembro de 1941, NO-3416.

26 Müller para Stapoleitstellen, Líderes da Alta ss e da Polícia no Reich, BDS na Cracóvia, oficial de ligação *Kriminalkommissar* Walter em Königsberg e oficial de ligação *Stubaf.* Liska em Lublin, 31 de julho de 1942, NO-3422.

27 *Ministerialrat* dr. Letsch (Ministério do Trabalho) para *Ministerialdirektor* dr. Mansfeld, *Ministerialdirektor* dr. Beisiegel, *Ministerialrat dr.* Timm, *Oberregierungsrat dr.* Hoelk, ORR Meinecke e *Regierungsrat* dr. Fischer, 22 de dezembro de 1941, NOKW-147.

Quando o *Einsatzgruppe* C se aproximou de Dnepr, notou que os boatos de operações de extermínio tinham resultado em fugas em massa de judeus. Apesar de os boatos serem, na verdade, avisos que frustravam a estratégia básica das operações móveis de extermínio, o *Einsatzgruppe* disse: "Nisto se pode ver um sucesso indireto do trabalho da Polícia de Segurança, pois o movimento [*Abschiebung*] de centenas de milhares de judeus sem custo – supostamente a maioria tendo ido para além do Ural – representa uma contribuição notável à solução do problema judeu *na Europa*".[1] A partida em massa de judeus tinha aliviado a carga das unidades móveis de extermínio, o que foi bem recebido pelos *Einsatzgruppen*.

Todos os comandantes dos *Einsatzgruppen*, com a possível exceção do incansável Dr. Stahlecker, perceberam que os judeus não podiam ser mortos de uma só tacada. Em um relatório, consta, inclusive, uma nota de desespero relativa aos refugiados judeus que estavam voltando às cidades das quais tinham fugido. O relatório foi escrito em 3 de novembro de 1941 pelo *Einsatzgruppe* C, que notou com orgulho desmesurado a "organização extremamente hábil" (*überaus geschickte Organisation*) de sua bem-sucedida armadilha de colar pôsteres em Kiev, mas depois colocou esse autoelogio em perspectiva com o comentário de advertência: "Apesar de 75.000 judeus terem sido liquidados dessa forma até agora, hoje está claro que, com isso, não será possível chegar a uma solução final do problema judeu [*dass damit eine Lösung des Judenproblems nicht möglich sein wird*]".[2] Essa conclusão negativa não foi o primeiro sinal de pura frustração. Mais de seis semanas antes, em 17 de setembro de 1941, o mesmo *Einsatzgruppe* , já abalado com a imensidão da tarefa, tinha chegado a sugerir que o extermínio dos judeus não resolveria os maiores problemas da área ucraniana, de qualquer forma. A passagem a seguir é única na literatura nazista:

Mesmo se fosse possível eliminar o judaísmo 100 por cento, não eliminaríamos o centro do perigo político.

O trabalho bolchevista é feito por judeus, russos, georgianos, armênios, poloneses, letões, ucranianos; o aparato bolchevista não é, de forma alguma, idêntico à população judaica. Sob tais condições, não atingiríamos o objetivo da

---

1 RSHA IV-A-1, Relatório Operacional URSS nº 81 (48 cópias), 12 de setembro de 1941, NO-3154, itálico nosso.

2 RSHA IV-A-1, Relatório Operacional URSS nº 128 (55 cópias), 3 de novembro de 1941, NO-3157.

segurança política se substituíssemos a tarefa principal de destruir a máquina comunista pela tarefa relativamente mais simples de eliminar os judeus. [...]

Na Ucrânia ocidental e central quase todos os trabalhadores urbanos, mecânicos qualificados e comerciantes são judeus. Se renunciarmos ao trabalho judeu potencialmente por completo, não poderemos reconstruir a indústria ucraniana e não conseguiremos construir os centros administrativos urbanos.

Só há uma saída – um método que a administração alemã no *Generalgouvernement* falhou em reconhecer por um tempo longo: a solução final do problema judeu por meio da utilização total da mão de obra judia.

Isso resultaria em uma liquidação gradual do judaísmo – um desenvolvimento que estaria de acordo com as potencialidades econômicas do país.[3]

Não era tão comum nazistas separarem tão claramente o judaísmo e o comunismo. Mas as exigências das operações de extermínio, além da percepção de que o vasto aparato comunista nas áreas ocupadas continuava a operar sem dificuldades, abriu os olhos e as mentes até dos elementos nazistas mais doutrinados.

A inadequação da primeira varredura precisava de um estágio intermediário, durante o qual os três primeiros passos do processo de destruição – definição, expropriação e concentração – seriam implementados. Na maior parte da URSS ocupada, porém, a ordem comum era inversa, pois, na esteira das execuções, os burocratas primeiro pensaram em formar guetos e só depois em medidas econômicas e em definições.

As concentrações iniciais foram efetuadas pelas próprias unidades móveis. Essas formações de gueto eram resultados das operações de extermínio no sentido de que a Polícia de Segurança era forçada a adiar a aniquilação completa de certas comunidades, seja porque elas eram grandes demais para serem liquidadas em um único golpe (como explicou o *Einsatzgruppe* C), seja porque "não era possível evitar, por motivos de considerável falta de mão de obra qualificada, que os trabalhadores judeus necessários para o trabalho urgente de reconstrução, etc. tivessem permissão de continuar vivos temporariamente [*wobei es sich nicht vermeiden liess, aus Gründen des erheblichen Facharbeitermangels jüdische Handwerker,*

---

3 RSHA IV-A-1, Relatório Operacional URSS nº 86 (48 cópias), 17 de setembro de 1941, NO-3151.

die zur Vornahme dringender Instandsetzungsarbeiten usw. gebraucht werden, vorerst noch am Leben zu lassen]".[4]

Dentro de pouco tempo, portanto, os *Einsatzgruppen*, os líderes da Alta ss e da Polícia e unidades do bds Cracóvia introduziram a marcação e nomearam conselhos judeus.[5] Essas medidas, às vezes, eram suplementadas por registros, uma tarefa realizada pelos conselhos recém-organizados.[6] Com a ajuda de listas de registro, os *Einsatzgruppen* colocaram colunas de trabalho à disposição do Exército e da Organisation Todt.[7] Em quase todas as grandes cidades e em muitas das

---

4 RSHA IV-A-I, Relatório Operacional URSS nº 135 (60 cópias), 19 de novembro de 1941, NO-2832. As considerações sobre mão de obra também eram prevalentes no setor do *Einsatzgruppe* B. RSHA IV-A-I, Relatório Operacional URSS nº 94 (48 cópias), 25 de setembro de 1941, NO-3146. Na Ucrânia, o *Einsatzgruppe* C descobriu fazendas coletivas dos judeus (*kolkhozy*). O *Einsatzgruppe* considerou os trabalhadores de *kolkhozy* judeus não inteligentes (*wenig intelligent*); portanto, "se contentou" em executar os diretores judeus (substituídos por ucranianos). O restante da força de trabalho judaica nas fazendas teve permissão de fazer uma contribuição à colheita. RSHA IV-A-I, Relatório Operacional URSS nº 81 (48 cópias), 12 de setembro de 1941, NO-3154.

5 Resumo do relatório RSHA nº 1, cobrindo 22 de junho-31 de julho de 1941, NO-2651. Resumo do relatório RSHA nº 3 (80 cópias), cobrindo 15-31 de agosto de 1941, NO-2653. RSHA IV-A-I, Relatório Operacional URSS nº 91, 22 de setembro de 1941, NO-3142, e outros relatórios operacionais. Em tamanho e composição, esses conselhos eram parecidos com aqueles estabelecidos em território polonês em 1939. O conselho de Grodno, nomeado pelo *Einsatzkommando* 8/Trupp zbV Böhme em 18 de julho de 1941, era composto por 24 homens com idade média de 52 anos. Incluía quatro professores, três advogados, três mercadores e três médicos. Dr. Dawid Brawer (presidente do Conselho) para *Gebietskommissar* em Grodno, 7 de outubro de 1941, Grupo de Registro de Arquivos 53.004 do Museu Memorial do Holocausto dos EUA (Acervo Grodno Oblast nos Arquivos Estatais da Bielorrússia), Rolo 4, Fundo 1, Opis 1, Pasta 346. Grodno, parte do Ostland no início de outubro, foi subsequentemente transferida para o distrito de Białystok.

6 Relatório do *Sonderkommando* 11a (assinado por *Stubaf.* Zapp), cobrindo 18-31 de agosto de 1941, NO-2066; Ohlendorf via Gmeiner para 11º Exército Ic/AO, 8 de setembro de 1941, NOKW-3234.

7 RSHA IV-A-I, Relatório Operacional URSS nº 43 (47 cópias), 5 de agosto de 1941, NO-2949. Resumo do relatório RSHA nº 3 (80 cópias), cobrindo 15-31 de agosto de 1941, NO-2653. Relatório do *Sonderkommando* 11a para 18-31 de agosto de 1941, NO-2066. Relatório do *Sonderkommando* 11a para 22 de agosto A 10 de setembro de 1941, NOKW-636. RSHA IV-A-I, Relatório Operacional URSS nº 63 (48 cópias), 25 de agosto de 1941, NO-4538. Ohlendorf via Gmeiner para 11º Exército Ic/AO, 8 de setembro de 1941, NOKW-3234. RSHA IV-A-I, Relatório Operacional URSS nº 107 (50 cópias), 8 de outubro de 1941, NO-3139. A Organisation Todt, no começo comandada por Fritz Todt e depois por Albert Speer, estava envolvida em projetos de construção.

menores, as unidades móveis de extermínio dividiram a população judaica em distritos fechados. O gueto de tipo polonês, assim, surgiu na URSS ocupada.

Um dos primeiros guetos foi criado na capital lituana, Kaunas. Para garantir a cooperação máxima da comunidade judaica local, o *Einsatzgruppe* convocou um comitê de judeus proeminentes a ser informado, provavelmente pelo próprio Stahlecker, que toda a população judaica da cidade teria de se mudar para o bairro de Viliampole, um distrito relativamente pequeno de velhas construções de madeira sem encanamento central ou esgoto, confinada por dois rios. Quando os representantes judeus tentaram argumentar para a ss desistir da ação, ouviram que a criação de um gueto era a única forma de prevenir novos *pogroms*.[8]

Quando o governo civil tomou parte do território ocupado em julho e agosto de 1941, as unidades móveis de extermínio já tinham completado boa parte do processo de formação de gueto. O *Einsatzgruppe* A se orgulhava de, na transferência de jurisdição, já ter feito preparativos para o aprisionamento, em guetos, de todas as comunidades judaicas (com a única exceção de Vilna).[9] Mas a concentração sistemática dos judeus era tarefa das autoridades militares e civis, que exerciam funções governamentais gerais nos territórios ocupados. Para compreender o que aconteceu durante o estágio intermediário e a segunda varredura que o seguiu faz-se necessário, portanto, um esboço geral da administração.

Áreas recém-ocupadas sempre eram colocadas abaixo de um governo militar. Áreas seguras pertenciam ao *Befehlshaber* (isto é, a um *Wehrmachtbefehlshaber*,

---

8 RSHA IV-A-1, Relatório Operacional nº 19 (32 cópias), 11 de julho de 1941, NO-2934. Relatório Stahlecker para 15 de outubro de 1941, L-180. Avraham Tory (ex-Golub), *Surviving the Holocaust – The Kovno Ghetto Diary* (Cambridge, Mass., 1990), entrada de 7 de julho de 1941, que Tory expandiu para incluir lembranças dos sobreviventes no pós-guerra, pp. 7-12. Ver também textos de documentos no livro, especialmente a ordem do comandante lituano de Kaunas, coronel Bobelis, e do prefeito lituano da cidade, Palciauskas, 10 de julho de 1941, para a criação do gueto de Kaunas até 15 de agosto, incluindo marcação, restrição de movimentos e medidas para liquidação dos imóveis judeus, pp. 17-18. Ver também pedido do comitê judeu em 10 de julho para a Polícia de Segurança alemã para o adiamento da ordem de formação do gueto, *ibid.*, pp. 16-17. Tory era secretário do Conselho Judaico. Ver, ainda, a proclamação do gueto, 31 de julho de 1941, pelo *Gebietskommissar* Kauen-Stadt (Cramer), afirmando o decreto do prefeito lituano de 10 de julho de 1941, *Amtsblatt des Generalkommissars in Kauen*, 1º de novembro de 1941, p. 2. Para o papel extenso da municipalidade lituana de Kaunas na formação do gueto, ver documentos no arquivo Yad Vashem O-48/12-4.

9 RSHA IV-A-1, Relatório Operacional URSS nº 94 (48 cópias), 25 de setembro de 1941, NO-3146.

Militärbefehlshader ou *Befehlshaber* de uma região específica). Em direção à linha de frente, um viajante passaria pela retaguarda do Grupo do Exército, pela retaguarda do Exército e pela área do Corpo do Exército. Na Rússia ocupada, a organização territorial do Exército tinha dimensões extensas (ver Tabela 7.9 e Mapa 4).

No mapa, a "área militar" se refere ao território dos três grupos do Exército (incluindo retaguardas do Grupo do Exército, retaguardas do Exército e áreas do Corpo do Exército). O território seguro, sob os dois Wehrmachtbefehlshaber, correspondia aproximadamente às áreas marcadas "Ostland" e "Ucrânia". Essas duas áreas eram colônias governadas por um ministro colonial: *Reichsminister für die besetzten Ostgebiete* (ministro do Reich para Territórios Ocupados ao Leste) Alfred Rosenberg, cujo escritório ficava em Berlim. Seus dois governadores coloniais chamavam-se *Reichskommissare*: eles tinham sua sede no leste (Riga e Rovno). O domínio do *Reichskomissar* era o *Reichskomissariat* (o *Reichskomissariat Ostland* e o *Reichskomissariat Ukraine*). Cada *Reichskomissariat* era dividido em distritos gerais (*Generalbezirke*). O chefe do Generalbezirk era um *Generalkomissar*; o chefe de um Kreisgebiet era um *Gebietskomissar*.[10] A seguir, a lista abreviada indica os escritórios mais importantes do ministério, os dois *Reichskommissariate* e os *Generalbezirke*.

Ministério para Territórios Ocupados no Leste (Berlim)[11]

Reichsminister, dr. Alfred Rosenberg

Staatssekretär, *Gauleiter* Alfred Meyer

   Chefe, Divisão Política, *Reischsamtsleiter* dr. Georg Leibbrandt

      Vice-chefe, Divisão Política, *Generalkonsul* dr. Bräutigam

      Especialista em Questões Judaicas, *Amtsgerichtsrat* dr. Wetzel

Reichskommissariat Ostland[12]

Reichskommissar, *Gauleiter* Hinrich Lohse

   Chefe, Divisão Política, *RegRat* dr. Trampedach

Generalkommissar, Estônia, SA-*OGruf.* Litzmann

---

10 Na Rússia Branca, havia um nível entre o *Generalbezirk* e o Kreisgebiet: o Hauptgebiet, que era governado por um *Hauptkommissar*. Grandes cidades eram governadas por um *Stadtkommissar*, que não era subordinado, mas igual ao *Gebietskommissar*.

11 Memorando de Rosenberg, 29 de abril de 1941, PS-1024.

12 Lammers para Rosenberg, 18 de julho de 1941, NG-1325. *Deutsche Zeitung im Ostland* (trechos). Para uma lista dos *Gebietskommissare* em Ostland em 1º de fevereiro de 1942, ver T 459, Rolo 24.

Generalkommissar, Letônia, *Oberbürgermeister* (prefeito) *Staatsrat* dr. Drechsler

Generalkommissar, Lituânia, *Reichsamtsleiter* dr. von Renteln

Generalkommissar, Rússia Branca, *Gauleiter* Wilhelm Kube (sucedido pelo ss-*Gruf.* von Gottberg)

Reichskommissariat Ukraine[13]

Reichskommissar, *Gauleiter* Erich Koch

Chefe, Divisão Política, *Regierungspräsident* Dargel

Generalkommissar, Volhynia-Podolia, SA-*OGruf.* Schöne

Generalkommissar, Jitomir, *Regierungspräsident* Klemm

Generalkommissar, Nikolaev, *Oppermann* (*OGruf.* em NSKK-Grupo Motor)

Generalkommissar, Kiev, *Gauamtsleiter* Magunia (oficial na DAF – Frente de Trabalho Alemã)

Generalkommissar, Dnepropetrovsk, Selzner (DAF)

Generalkommissar, Crimeia-Tauria, *Gauleiter* Frauenfeld

Uma breve passada de olhos na lista indica que a maior parte dos altos oficiais no aparato de Rosenberg eram homens do partido. O maquinário como um todo era bem pequeno.[14] Na Ucrânia, por exemplo, a equipe do *Reichskomissar* Koch, composta de oitocentos alemães em seu auge, em 1942 estava com 252.[15] Na mesma época, a força do escritório de um *Generalkomissar* consistia de cerca de cem alemães, enquanto o pessoal em um *Gebietskomissar* não passava de cerca de meia dúzia de burocratas alemães.[16] Em outras palavras, os territórios ocupados eram governados por um punhado de homens do partido, não muito eficientemente, mas ainda mais cruelmente.

---

13 *Deutsche Ukraine Zeitung* (trechos). Os *Generalbezirke* Dnepropetrovsk e Crimeia-Tauria (ambos a leste do rio Dniepr) foram adicionados em agosto de 1942. O *Generalbezirk* da Crimeia (sede, Melitopol) nunca incluiu a península da Crimeia, que permaneceu sob controle militar. Para uma lista dos *Gebietskommissare* em 13 de março de 1942, ver compilação ORPO (assinada por Winkelmann), NO-2546.

14 Originalmente, pretendia-se que a liderança dos Territórios Ocupados Leste – o chamado *Ostführerkorps*, – seguisse a seguinte composição: homens do partido, 35%; SS, AS e organizações partidárias, 20%; especialistas agrícolas, industriais e outros, 45%. Ver relatório do *dr.* Hans-Joachim Kausch (jornalista), 26 de junho de 1943, Occ E 4-11.

15 Koch para Rosenberg, 16 de março 1943, PS-192.

16 Relatório de Kausch, 26 de junho de 1943, Occ E 4-11.

TABELA 7.9 A organização territorial do exército na URSS ocupada

	Chefe OKW	Comandante de Grupo do Exército	Comandante de Exército	Comandante do Corpo de Exército
Autoridade no comando	Chefe OKW	Comandante de Grupo do Exército	Comandante de Exército	Comandante do Corpo de Exército
Comandante territorial	Wehrmachtbefehlshaber (Ostland e Ucrânia)	Comandante de Retaguarda de Grupo do Exército (Norte, Centro, Sul)	Comandante de Retaguarda do Exército (Korück)	
Escalões territoriais mais baixos	(Áreas seguras sob controle civil: sem funções militares governamentais)	*Sicherungsdivisionen* (divisões de segurança) 2–3 por Grupo de Exército *Feldkommandanturen* (comandos distritais) *Ortskommandanturen* (comandos municipais)	*Feldkommandanturen* *Ortskommandanturen*	

Mar Báltico

Leningrado

Tallinn

Riga

**REICHSKOMMISSARIAT
OSTLAND**

Moscou

Kaunas

Vyasma

REICH

Smolensk

Minsk

Białystok

Varsóvia

Brest-Litovsk

Gomel

Lublin

ÁREA MILITAR

Rovno

Kiev

Kharkov

Lvov

REICHSKOMMISSARIAT

Cernăuți

Dnepropetrovsk

HUNGRIA

TRANSNÍSTRIA

UCRÂNIA

Rostov

Chișinău

Nikolaev

Melitopol

Odessa

Mar de Azov

ÁREA

ROMÊNIA

MILITAR

Bucareste

Simferopol

Mar Negro

GENERALGOUVERNEMENT

---- Linha de batalha, outono de 1942

········· Divisões administrativas

—·—·— Fronteiras internacionais

0   50 100   200   300   400

Milhas

MAPA 4 Administração da URSS ocupada.

A oeste dos dois *Reichskommissariate*, foram estabelecidos três outros domínios: Białystok, Galícia e os territórios romenos. A área de Białystok tornou-se praticamente um distrito incorporado do Reich, sendo administrado pelo *Gauleiter* Koch, o *Reichskommissar* da Ucrânia, não atuando como *Reichskommissar*, mas como adjunto de sua posição como *Gauleiter* e *Oberpräsident* do *Gau* e província vizinho da Prússia do Leste.[17] O sudeste da Polônia (Galícia) tornou-se o quinto distrito do *Generalgouvernement*.[18] O norte de Bucovina e a Bessarábia foram submetidos ao domínio romeno, enquanto a área entre os rios Dniester e Bug tornou-se um novo território romeno, a "Transnístria".[19] Em antecipação a uma segunda varredura, a tarefa principal tanto de administrações civis quanto de militares era criar guetos. Em sua própria natureza, o gueto deveria evitar a dispersão das vítimas e facilitar a captura para futuras execuções. O *Reichskommissar* Lohse, de Ostland, explicou o propósito do gueto, numa linguagem ponderada, porém explícita. Sua ordem básica de formação de guetos diz:

> Essas diretivas provisórias têm o objetivo de assegurar apenas as medidas mínimas por parte dos *Generalkommissare* e dos *Gebietskommissare* nas áreas onde medidas futuras em direção à solução final do problema judeu não foram possíveis.[20]

Desse modo, a função desses guetos, diferentemente daqueles estabelecidos no *Generalgouvernement* durante o ano anterior, não era nem aberta nem ambígua. Desde o começo era possível enxergar o objetivo.

Desde o verão de 1941, os militares emitiram uma avalanche de ordens determinando marcação (na forma de braçadeiras ou de retalhos usados na frente e atrás), registro, Judenräte, guetos e polícias de gueto.[21] É interessante ressaltar que

---

17 Decreto (assinado por Hitler, Keitel, and Lammers), 17 de julho de 1941, NG-1280.

18 Dr. barão Max von du Prel, *Das Generalgouvernement* (Würzburg, 1942), p. 363.

19 Acordo de Tighina, assinado pelos Generais Hauffe e Tătărănu, 30 de agosto de 1941, PS-3319. O governador romeno era Gheorghe Alexianu. A moeda romena não foi introduzida no território e, sob os termos do acordo, seu sistema de ferrovias ficava sob controle alemão.

20 Wetzel para Escritório do Exterior, 16 de maio de 1942, incluindo diretiva de Lohse de 19 de agosto de 1941, para *Generalkommissare*, NG-4815.

21 Ordem do Comandante da Retaguarda do Grupo de Exército Sul (von Roques) (35 cópias), 21 de julho de 1941, NOKW-1601. Ordem de von Roques, 28 de agosto de 1941, NOKW-1586. Ordem

o Exército nem sempre considerava a criação de guetos uma tarefa muito urgente, pois não deviam ser mais importantes que questões genuinamente militares.[22]

Em 1942 as regulamentações militares já estavam padronizadas e codificadas. Instruções emitidas pelo *Oberquartiermeister* do Grupo de Exército Centro relativas a questões judaicas ocupavam várias páginas. Entre elas: os judeus eram os membros da religião judaica ou os descendentes de três avôs judeus; casamentos mistos com não judeus eram proibidos; em listas de registros de habitantes locais, judeus adicionados após 22 de junho de 1941 deveriam ser marcados com um "J"; cartões de identidade de judeus com mais de dezesseis anos deveriam ser marcados com um "J"; judeus com dez anos de idade ou mais deveriam ser marcados com um retalho amarelo de dez centímetros; os próprios judeus deveriam providenciar os retalhos e as braçadeiras; cumprimentos entre judeus eram proibidos; deveriam ser instalados conselhos judaicos; no caso de uma infração ser cometida por um judeu, o *Feldkommandanturen* e o *Ortskommandanturen* deveriam usar as penas máximas, incluindo morte, não apenas contra o culpado, mas também contra os membros do conselho; judeus deveriam residir nas cidades onde já viviam antes da guerra; a movimentação livre estava proibida e deveriam ser criados guetos ou bairros judeus, dos quais não judeus seriam barrados; um *Ordnungsdienst** judeu provido de cassetetes de borracha ou madeira deveria ser criado em cada gueto; cidades e vilas poderiam tomar e administrar propriedade judaica sob um sistema de trustes; judeus não deveriam comercializar com não judeus sem permissão explícita de escritórios alemães; o trabalho forçado deveria ser instituído para judeus de quinze a sessenta anos e para judias de dezesseis

---

do comandante da Retaguarda do Grupo do Exército Norte/VII (assinado por *Oberstleutnant* Müller-Teusler) (cerca de 65 cópias), 3 de setembro de 1941, NOKW-2204. Ordem da 454ª Divisão de Segurança /Ia, 8 de setembro de 1941, NOKW-2628. *Ortskommandantur* en Dzankoy (assinado por *Hauptmann* Weigand) para comandante da Área 553 (11º Exército), 10 de novembro de 1941, NOKW-1582. 299ª Divisão de Infantaria/Ic para XXIX Corpo do Exército/Ic, 29 de novembro 1941, NOKW-1517. Minuta de proclamação do XLII Corpo do Exército/Ia, 11 de dezembro de 1941, NOKW-1682. Ordem da 101ª Divisão Leve de Infantaria/Ic, 24 de maio de 1942, NOKW-2699. Minuta de diretiva de 299ª Divisão Ia/Ic, 1º de outubro de 1942, NOKW-3371.

22 Ordem de von Roques, 28 de agosto de 1941, NOKW-1586. Ordem de Retaguarda de Grupo do Exército Norte, 3 de setembro de 1941, NOKW-2204.

* Serviço de segurança. (N. T.)

a cinquenta; prefeitos locais e conselhos judaicos deveriam ser responsáveis pelo recrutamento da mão de obra judia, mas sua utilização só deveria acontecer se não houvesse trabalhadores não judeus disponíveis; os salários pagos deveriam ser não mais de 80% dos recebidos por trabalhadores não qualificados, e deles deveria ser deduzido o custo das refeições; corpos de soldados soviéticos e cadáveres de animais deveriam ser enterrados imediatamente, e os *Ortskommandanturen* podiam empregar judeus para realizar a tarefa. Quanto aos ciganos, aqueles que fossem encontrados perambulando e não tivessem um domicílio fixo há pelo menos dois anos deveriam ser entregues à Polícia de Segurança, e o Exército ficaria com seus cavalos e suas carroças.[23]

A administração civil estava ainda mais preocupada com a formação de guetos, portanto, as "diretivas provisórias" do *Reichskommissar* Lohse, e especialmente a de seus subordinados, são um pouco mais detalhadas que as ordens militares. Na diretiva do *Generalkommissar* von Renteln (Lituânia), por exemplo, constam, além das instruções regulares, pontos como: todos os telefones e linhas de telefone devem ser arrancados do gueto; todos os serviços postais para o gueto e do gueto devem ser cortados; quando as pontes do gueto tiverem de ser construídas sobre as vias, devem ser delimitadas por arame farpado, para evitar que as pessoas pulem. Considerando ações futuras, von Renteln ordenou que os judeus fossem proibidos de derrubar portas, esquadrias de janelas, pisos ou casas para transformar em combustível.[24] A minuta de uma diretiva do *Generalkommissar* na Letônia especificava uma ocupação proposta de quatro judeus por cômodo e, entre outras coisas, proibia o fumo no gueto.[25]

Apesar de as diretivas da administração civil serem mais elaboradas que as dos militares, elas não foram publicadas em proclamações ou decretos. Lohse ordenou seus subordinados a "se virarem com instruções orais aos conselhos judaicos".[26]

---

23 Regulamentações da administração militar (*Militärverwaltungsanordnungen*) pelo Grupo de Exército Centro, OQU VII, documento Heeresgruppe Mitte 75858, localizado nos anos do pós-guerra no Federal Records Center, Alexandria, Va.

24 Ordem de von Renteln, 26 de agosto de 1941, Occ E 3-19. Ver também materiais sobre a formação do gueto de Vilna em B. Baranauskas e K. Ruksenas, comps., *Documents Accuse* (Vilnius, 1970), pp. 217-18, 166-67.

25 Minuta de diretiva assinada por Bönner, sem data, Occ E 3-20.

26 Diretiva de Lohse, 18 de agosto de 1941, NG-1815.

Os *Kommissare* mal tinham consolidado sua dominação sobre os judeus quando aconteceu algo que dificultaria a tarefa. No meio de setembro chegou a notícia, no Ministério do Leste, de que a União Soviética estava deportando 400 mil alemães do Volga para a Sibéria. Era esperado que muitos desses alemães étnicos perdessem a vida, e Rosenberg imaginou que os judeus da Europa Central pudessem, em retaliação, ser deportados para *seu* domínio. Ele incumbiu o *Generalkonsul* Bräutigan de obter a aprovação de Hitler para essa ideia impulsiva. A patente de Bräutigan não permitia fácil acesso a oficiais do topo, de modo que ele teve de fazer vários contatos. No OKW *Wehrmachtführungsstab*, von Tippelskirch e Warlimont não pensaram que a *Wehrmacht* pudesse se interessar. Jodl, que queria se livrar de Bräutigam, o enviou ao Escritório do Exterior e disse que o projeto encontraria dificuldades de transporte. O auxiliar de Hitler, Schmundt, achava que o Führer consideraria a proposta, mas no dia seguinte Keitel disse a Bräutigem que Hitler queria saber primeiro a opinião do Escritório de Exterior. Um dos assistentes de Ribbentrop, von Rintelen, então, disse a Bräutigam que o Ministério do Exterior ainda não tinha dito nada, mas que falaria pessoalmente com Hitler.[27]

Em 11 de outubro de 1941, o *Generalkommissar* da Letônia, dr. Dreschsler, estava sentado em seu apartamento privado em Riga quando chegou um visitante: o *Brigadeführer* dr. Stahlecker, chefe do *Einsatzgruppe* A. Stahlecker informou seu surpreso anfitrião que, de acordo com o "desejo" do Führer, um "grande campo de concentração" seria criado perto de Riga para judeus do Reich e do *Protektorat*. Será que Dreschler podia ajudar com os materiais necessários?[28]

Dreschler agora estava em uma posição parecida com a do *Regierungspräsident* Uebelhoer, que tinha lutado contra o todo-poderoso Himmler por causa do gueto de Łódź. Como Uebelhoer, Dreschler deveria receber dezenas de milhares de judeus enviados da área do *Reich-Protektorat* para alguma forma de destruição no Leste. Os últimos meses do outono de 1941 foram um período de transição durante o qual as deportações já estavam acontecendo, mas os centros de extermínio ainda não tinham sido estabelecidos. Olhou-se para Ostland em busca de possíveis locais enquanto os transportes eram empurrados para o leste. Afinal, em 21 de outubro de 1941, o *Sturmbannführer* Lange, do *Einsatzgruppe*, telefonou para

---

27 Diário de Otto Bräutigam, 14 e 15 de setembro de 1941, em Götz Aly et al., eds., *Biedermann und Schreibtischtäter* (Berlim, 1987), pp. 144-45.

28 Drechsler para Lohse, 20 de outubro de 1941, Occ E 3-29.

o dr. Dreschler para relatar que a unidade de extermínio planejava criar um campo para 25 mil judeus do Reich a cerca de 22 quilômetros de Riga.[29]

Em 24 de outubro, o *Reichskommissar* Lohse entrou na jogada. A Dreschler, Lohse reclamou que o *Einsatzgruppe* tinha contatado o primeiro não para *discutir* a questão, mas para *informar* sobre os acontecimentos. Lange repetiu que estavam envolvidas ordens mais altas e que o primeiro transporte chegaria em 10 de novembro. Lohse respondeu que ia discutir a questão em Berlim no dia 25 de outubro.[30]

Em 8 de novembro de 1941, Lange enviou uma carta a Lohse, relatando que 50 mil judeus estavam a caminho. Vinte e cinco mil deveriam chegar em Riga, e os outros 25 mil em Minsk. Um campo estava sendo construído em Salaspils, perto de Riga.[31] Como o *Reichskommissar* estava em Berlim, seu especialista político, o *Regierungsrat* Trampedach, escreveu à capital para pedir que os transportes fossem parados.[32] O chefe da Divisão Política do Ministério, dr. Leibbrandt, respondeu que não havia motivo para preocupação, já que, de toda forma, os judeus iam "mais para leste" (ou seja, seriam mortos).[33]

Na época dessas discussões tensas, ainda havia 30 mil judeus vivos em Riga. A comunidade judaica da cidade, uma das mais prósperas do leste da Europa, experienciou brevemente a morte durante os primeiros dias da ocupação alemã, mas, por vários meses depois, permaneceu intacta. O Exército alemão estava ocupado explorando trabalhadores judeus e confiscando os móveis deles. O especialista em trabalho do *Generalkommissar*, *Oberkriegsverwaltungsrat* Dorr, estava alcançando o controle do suprimento de mão de obra judaica, e o chefe de finanças do *Generalkommissar*, *Regierungsrat* dr. Neuendorff, incumbiu o escritório do *Gebietskommisar* de avaliar todas as propriedades registradas de judeus para fins de confisco.[34] Dorr queria um gueto, o qual, após alguns preparativos, foi criado.[35]

---

29 Notação não assinada, 21 de outubro de 1941, Occ E 3-29.

30 Memorando, escritório do *Reichskommissar*, 27 de outubro de 1941, Occ E 3-30.

31 *Stubaf.* Lange para *Reichskommissar* Ostland, 8 de novembro de 1941, Occ E 3-31.

32 Trampedach para Ministério, cópia para Lohse no Hotel Adlon em Berlim, 9 de novembro de 1941, Occ E 3-32.

33 Leibbrandt para *Reichskommissar* Ostland, 13 de novembro de 1941, Occ E 3-32.

34 Ver correspondências em T 459, Rolos 21 e 23.

35 Dorr para *Feldkommandantur* e outros escritórios, 15 de setembro de 1941, T 459, Rolo 23. O *Feldkommandant* era o *Generalmajor* Bamberg. Ordens do *Gebietskommissar* estabelecendo um

Então, no meio das alocações de trabalho e da tomada de inventário, o líder da Alta ss e da Polícia Jeckeln reuniu suas forças e, sem aviso, atacou para matar todos os judeus de Riga, deixando apenas alguns.[36] Agora havia espaço no próprio gueto para a expedição vinda da Alemanha.[37]

Em poucos dias um gueto duplo foi criado dentro dos limites do próprio gueto. Apenas alguns milhares de judeus letões foram mortos, e a maior parte dos judeus alemães entrou. Os recém-chegados encontraram apartamentos em ruínas, e alguns móveis tinham rastros de sangue.[38] Naquele inverno, o fogo queimava em prédios abandonados,[39] os canos congelaram[40] e a epidemia corria solta.[41] Nos meses e anos que se seguiram, os judeus alemães, em campos de trabalho e nos guetos, foram reduzidos a um punhado de sobreviventes.

----

gueto a partir de 25 de outubro, em sua carta para o *Generalkommissar*, 30 de outubro de 1941, T 459, Rolos 21 e 23. O *Gebietskommissar* da cidade de Riga era o *Oberbürgermeister* Wittrock.

36 O historiador judeu Simon Dubnow estava entre os mortos. Sobre essa súbita "reviravolta" (*Wendung*) para a administração civil alemã, ver correspondência em T 459, Rolo 21.

37 Um transporte de Berlim, o primeiro em direção à área de Riga, saiu no dia 27 de novembro. Três dias depois, as vítimas desembarcaram na floresta de Rumbula e foram mortas. Gertrude Schneider, *Journey into Terror* (Nova York, 1979), pp. 14-15, 155. Uma nota misteriosa, que Himmler escreveu em seu registro telefônico na sede de campo de Hitler, refere-se a uma conversa com Heydrich às 13h30 do dia 30 de novembro. Há cinco palavras na entrada: "*Judentransport aus Berlin. Keine Liquidierung.* [Transporte judeu de Berlim. Sem liquidação.]". Fac-símile em David Irving, *Hitler's War* (Nova York, 1977), p. 505. Riga não é mencionada, mas nenhum outro transporte saiu de Berlim entre 27 e 30 de novembro, e em 1º de dezembro houve outra conversa entre Himmler e Heydrich sobre "execuções em Riga" (*Exekutionen in Riga).* Ver Martin Broszat, "Hitler und die Genesis der Endlösung", *Vierteljahrshefte für Zeitgeschichte* 25 (1977): 760-61. O veto, possivelmente estimulado por argumentos do *Reichskommissariat*, chegara tarde demais. Judeus em transportes subsequentes, porém, não foram mortos imediatamente.

38 Testemunho juramentado de Alfred Winter, 15 de outubro de 1947, NO-5448. Winter, um sobrevivente judeu, foi um dos deportados.

39 *Gebietskommissar*, cidade de Riga, via *Generalkommissar* para *Reichskommissar*, 30 de dezembro de 1941, incluindo relatório do chefe dos bombeiros Schleicher, da mesma data, T 459, Rolo 3.

40 *Gebietskommissar* via *Generalkommissar* para *Reichskommissar*, 27 de janeiro de 1942, T 459, Rolo 3.

41 Escritório do *Reichskommissar*/Saúde para *Ministerialdirigent* Fründt no local, 7 de fevereiro de 1942, incluindo relatório do *Medizinalrat* dr. Ferdinand, 3 de fevereiro de 1942, T 459, Rolo 3.

Enquanto isso, outros transportes estavam chegando em Kaunas e em Minsk. Cinco mil judeus do Reich e do *Protektorat* foram mortos em Kaunas pelo eficiente pessoal do *Einsatzkommando* 3 em 25 e 29 de novembro.[42] Em Minsk, os números eram maiores, e a correspondência tornou-se mais longa. O *Wehrmachtbefehshaber* em Ostland protestou contra as chegadas por motivos puramente militares. Os judeus alemães, disse, eram muito superiores em inteligência aos judeus da Rússia Branca; portanto, havia o perigo da "pacificação" da área ficar ameaçada. Além disso, o Grupo de Exército Centro tinha pedido que não se desperdiçasse trens com judeus. Todo o equipamento ferroviário era necessário para o suprimento de material militar.[43]

Ao protesto do *Wehrmachtbefehlshaber* em Ostland seguiu-se, em 16 de dezembro de 1941, uma carta do *Generalkommissar* da Rússia Branca, *Gauleiter* Kube. Foi a primeira de uma série de cartas e protestos por parte desse oficial, que abalariam as fundações do ideário nazista. Ela era endereçada pessoalmente a Lohse (*Main lieber Hinrich*).[44] Kube apontava que de 6 a 7 mil judeus tinham chegado em Minsk; se os outros 17 a 18 mil tinham ficado para trás, ele não sabia. Entre os chegados havia veteranos da Primeira Guerra Mundial com a Cruz de Ferro (tanto primeira quanto segunda classe), veteranos aleijados, meio-arianos e até um três-quartos ariano. Kube tinha visitado o gueto e estava convencido de que entre os recém-chegados judeus, muito mais limpos que os judeus russos, também havia muitos trabalhadores qualificados que podiam produzir cerca de cinco vezes mais que os judeus russos. Os recém-chegados iam congelar ou morrer de fome nas próximas semanas. Não havia mais soro para protegê-los das 22 epidemias na área.

O próprio Kube não desejava emitir ordens para o tratamento desses judeus, apesar de "certas formações" do Exército e da polícia já estarem de olho nas posses dessas pessoas. A SD já tinha tomado quatrocentos colchões – sem pedir. "Certamente sou duro e estou pronto", disse Kube, "para ajudar a resolver o problema judeu, mas pessoas que vêm de nosso meio cultural com certeza são diferentes das hordas animalizadas nativas. Lituanos e letões, que também têm o desprezo

---

42 Relatório de Staf. Jäger, 1º de dezembro de 1941, Zentrale Stelle Ludwigsburg, UdSSR 108, filme 3, pp. 27-38.

43 *Wehrmachtbefehlshaber* Ostland/Ic para *Reichskommissar* Ostland, 20 de novembro de 1941 Occ E 3-34. O *Wehrmachtbefehlshaber* era o Glt. Braemer.

44 Kube para Lohse, 16 de dezembro de 1941, Occ E 3-36.

da população daqui, deveriam ser acusados do massacre? Eu não poderia fazê-lo. Peço que considere a honra de nosso Reich e de nosso partido e dê instruções claras para cuidar do que é necessário de forma humana".

Em 5 de janeiro de 1942, o *Stadtkommissar* (equivalente municipal do *Gebietskommissar*) de Minsk, *Gauamtsleiter* Janetzke, pulando a hierarquia de Kube e Lohse, encaminhou uma carta pessoalmente a Rosenberg. Janetzke tinha acabado de ser informado pela ss e pela Polícia que mais 50 mil judeus estavam para chegar do Reich. Em linguagem amarga, ele diz que Minsk era uma pilha de ruínas que ainda abrigava 100 mil habitantes. Além disso, havia de 15 a 18 mil judeus russos e 7 mil judeus do Reich. Qualquer nova chegada de transportes causaria uma catástrofe.[45]

O especialista judeu no Ministério, *Amtsgerichtsrat* Wetzel, respondeu à carta dirigindo-se ao *Reichskommissar* Lohse. Originalmente, escreveu Wetzel, a intenção tinha sido enviar 25 mil judeus a Minsk. Por causa das dificuldades de transporte, a operação não pôde ser executada. Quanto a Janetzke, Wetzel pedia que o *Stadtkommissar* fosse instruído a, no futuro, usar canais oficiais.[46]

Apesar de a controvérsia ter acabado, Kube insistiu na última palavra. Escrevendo para Lose, ele notou que, se Janetzke tivesse usado canais oficiais, não apenas teria estado em seu direito, como teria cumprido seu dever.[47]

Enquanto as unidades móveis de extermínio estavam interessadas apenas em concentrar os judeus para facilitar a segunda varredura, as administrações civis e militares decidiram explorar a situação enquanto possível. Por isso, medidas econômicas na forma de utilização de mão de obra e confisco de propriedade tornaram-se um aspecto importante do estágio intermediário. A exploração econômica não era tarefa exclusiva dos grupos de Exército e do Ministério do

---

45 *Stadtkommissar* Janetzke para Ministro dos Territórios Ocupados Leste (Rosenberg), 5 de janeiro de 1942, Occ E 3-37.

46 Wetzel para *Reichskommissar*, 16 de janeiro de 1942. Occ E 3-37.

47 Kube para Lohse, 6 de fevereiro de 1942, Occ E 3-37. Mesmo com essa correspondência chegando ao fim, o Líder da Alta ss e da Polícia da Ucrânia enviou uma consulta ao *Generalkommissare* de sua área sobre o espaço disponível para judeus do Antigo Reich em localizações principalmente próximas a ferrovias. Ver comunicação de 12 de janeiro de 1942, em Arquivos 1996 A 0269 do Museu Memorial do Holocausto dos EUA (Arquivos Jitomir Oblast), Rolo 3, Fundo 1151, Opis 1, Pasta 137. Essas deportações não aconteceram.

Reich para Territórios Ocupados no Leste. Havia outras duas agências envolvidas: os *Wirtschaftsinspektionen* (inspetores de economia) e os *Rustungsinspektionen* (inspetores de armamento).

O controle econômico nas áreas militares foi colocado nas mãos de Göring. Para executar essa tarefa, o *Reichsmarschall* formou uma equipe formuladora de políticas, o *Wirtschaftsführungsstab Ost* (Equipe de Liderança Econômica Leste). O próprio Göring encabeçava a organização. O vice era o *Staatssekretär* Körner (Escritório do Plano Quadrienal). Outros membros incluíam os *Staatssekretäre* Backe e Neumann (também do Escritório do Plano Quadrienal) e o General Thomas, chefe do OKW/WI RÜ (Alto Comando das Forças Armadas/Escritório de Economia-Armamentos).[48] No campo, as políticas do *Wirtschaftsführungsstab Ost* eram executadas por outra equipe, o *Wirtschaftsstab Ost* (Equipe de Economia Leste), lideradas pelo *Generalleutnant* Schubert.[49] O maquinário regional do *Wirtschaftsstab Ost* consistia de três *Wirtschaftsinspektionen*, um com cada grupo de Exército. Cada inspetoria era subdividida territorialmente em *Wirtschaftskommandos* (comandos econômicos).

A intenção original era que Göring tivesse controle econômico total em todo o território ocupado (áreas militares e *Reichskommissariate* civis).[50] Esse acordo, porém, feria a sensibilidade do recém-nomeado *Reichsminister*, Rosenberg. As funções das inspetorias econômicas ficaram, portanto, confinadas às áreas militares, enquanto o maquinário de Rosenberg recebeu carta branca para regulamentar questões econômicas em geral (finanças, trabalho, agricultura) no *Kommissariate*. Como todos os outros soberanos regionais, porém, Rosenberg não tinha controle sobre contratos de guerra feitos em seu território. A supervisão contínua da produção de guerra contratada pelo Exército, pela Marinha ou pelas Forças Aéreas da Alemanha era função do *Rüstungsinspektionen*, que pertencia ao general Thomas, do OKW/WI RÜ.[51]

────

48 Von Lüdinghausen (Dresdner Bank) para dr. Rasche (Dresdner Bank), 20 de julho de 1941, NI-14475. Decreto de Göring, 30 de julho de 1941, wi/ID .240.

49 Decreto de Göring, 30 de julho de 1941, wi/ID .240.

50 Diretiva do OKH/GenQu (assinada por Wagner) (60 cópias), 16 de maio de 1941, NOKW-3335. Von Lüdinghausen para dr. Rasche, 20 de julho de 1941, NI-14475.

51 Para as funções exatas das inspetorias de armamento nos territórios de Rosenberg, ver decreto de Thomas, 25 de julho de 1941, wi/ID .240; decreto de Göring, 25 de agosto de 1942, wi/ID 2.205.

A Tabela 7.10 resume as jurisdições econômicas básicas no leste. A partir dela, deve ficar aparente por que as inspetorias econômicas na área militar lidavam com *todas* as medidas econômicas contra os judeus, enquanto as inspetorias de armamento em área civil preocupavam-se apenas com questões de trabalho forçado que fossem desencadeadas pelos contratos de guerra.[52]

TABELA 7.10 Jurisdições econômicas no leste

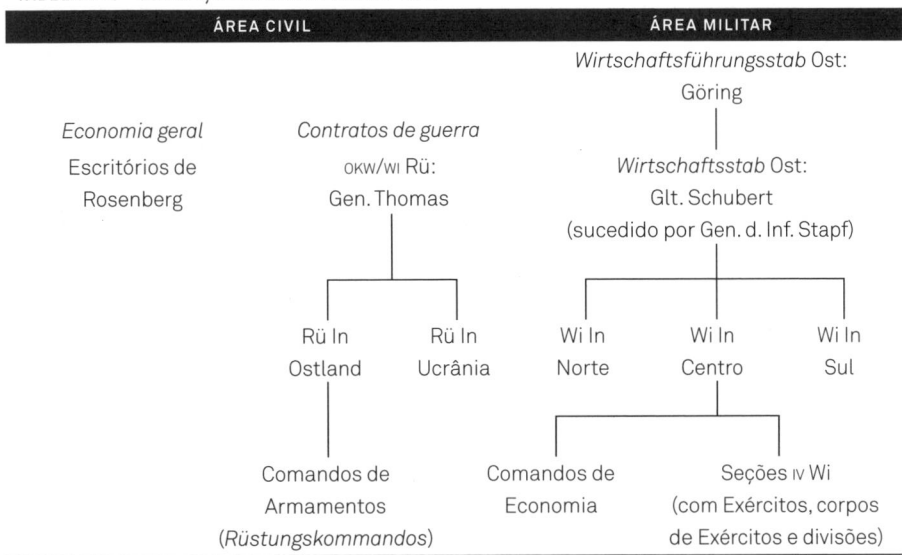

As medidas econômicas contra os judeus incluíam inanição, trabalho forçado e confiscos de propriedade. Nas preocupações dos burocratas alemães, a medida que dava margem a menos dificuldades era a prescrição de uma dieta de inanição.

Na área militar, a *Wirtschftsstab Ost* ordenava que os judeus recebessem metade das rações das pessoas que "não faziam trabalho importante". Isso significava que os judeus não tinham direito a nenhuma carne, mas podiam receber

---

52 Em sua organização interna, as inspetorias econômicas eram bem diferentes das inspetorias de armamento. As inspetorias e comandos econômicos eram organizados em seções que cuidavam de economia, trabalho, agricultura, finanças, etc. As inspetorias e comandos de armamento eram organizadas em uma seção central e três seções designadas "Exército", "Marinha" e "Força Aérea".

no máximo 1 quilo de pão, 1,1 quilo de batatas e menos de 50 gramas de gordura por semana.[53] Na prática, até esse montante não estava sempre disponível. Quando o *Generalmajor* Nagel, do *Wirtschaftsstab Ost*, visitou a Inspetoria Econômica Sul, ficou sabendo que os russos que trabalhavam para as forças armadas alemãs estavam recebendo rações diárias para eles, seus pais e suas famílias de 200 gramas de pão por pessoa, e que essa ração seria aumentada e diversificada, mas os judeus não recebiam "nada [*garnichts*]".[54] As "diretivas provisórias" de Lohse garantiam que os judeus só recebessem o que quer que o resto da população não precisasse, mas em caso algum mais do que o estritamente necessário para uma nutrição escassa.[55] Seis meses após a emissão das instruções de Lohse, o escritório de agricultura do *Generalkommissar* na Rússia Branca escreveu para o escritório de agricultura do *Gebietskommissar* em Baranowicze dizendo que os judeus empregados pelo Exército nas rodovias Brest-Slutsk e Slonim-Baranowicze-Slutsk-Minsk, na construção de quartéis para as tropas que iam para o leste, estavam desmaiando durante o trabalho. Ele recomendou que esses trabalhadores recebessem a ração diária da população civil: 255 gramas de pão e meio quilo de batatas, além de sopa.[56]

A situação na vizinha Volhynia, que pertencia ao *Reichskommissariat* Ucrânia, era parecida. Em apelos repetidos, os conselhos judaicos de Pinsk e de Brest-Litovsk apontaram que não tinham recebido as magras rações de pão, farinha ou batatas. Não havia roupas suficientes e, no inverno, nem madeira para aquecimento.[57] Os judeus tinham que comprar o que quer que estivesse em liquidação com seus salários reduzidos, que além de tudo eram tributados. O pão era vendido em Pinsk por dois rublos o quilo. Um rublo ficava para o conselho judaico, para

---

53 Instruções do *Wirtschaftsstab Ost*/Führung Ia, 4 de novembro de 1941, PS-1189. A dieta dos judeus tinha a mesma porção que a das crianças.

54 Relatório de Nagel, 13 de dezembro de 1941, T 77, Rolo 1070.

55 Lohse para *Generalkommissare* em Ostland, 8 de agosto de 1941, NG-4815.

56 *Generalkommissar* Rússia Branca/Agricultura para *Gebietskommissar*/Agricultura em Baranowicze, 9 de fevereiro de 1942, Grupo de Registro de Arquivos 53.002 do Museu Memorial do Holocausto dos EUA (Arquivos Estatais da Bielorrússia), Rolo 4, Fundo 393, Opis 3, Pasta 16. As rodovias eram a Durchgangsstrassen VII e VIII.

57 Ver correspondência em microfilmes Yad Vashem M41/629-707 e M41/708-889, contendo registros dos Arquivos Brest-Litovsk Oblast na República da Bielorrússia.

custear seu orçamento.[58] Em Brest-Litovsk, a população judaica era 17.726 em janeiro de 1942, passando para 17.224 em maio do mesmo ano, uma diminuição, em base anual, de 8,5%.[59]

O emprego da mão de obra judaica não foi, no início, uma grande preocupação dos formuladores econômicos. O general Thomas e o *Staatssekretär* Körner, do Escritório do Plano Quadrienal de Göring, discutiram a criação de colunas de trabalho judaicas.[60] O *Wirtschaftsstab Ost* esperava dispensar os judeus completamente no setor industrial. Assim, em 16 de julho, o *Generalleutnant* Schubert, do *Wirtschaftsstab Ost*, relatou em estilo telegráfico:

Com relação ao problema judeu experiência importante em Drohobycz, onde refinaria [de petróleo] empregou judeus líderes apenas na primeira semana, e hoje funciona sem nenhum judeu [*ganz judenfrei*].[61]

Não houve pronunciamentos do mesmo tipo após julho. Em Przemyśl-Sul, o oficial do IV wi escreveu o seguinte relatório sobre seus problemas em organizar as indústrias de guerra durante o verão de 1941:

Quase insolúvel foi o problema de encontrar gerentes especializados. Quase todos os ex-proprietários são judeus. Todas as empresas foram tomadas pelo Estado soviético. Os comissários bolchevistas desapareceram. Os administradores ucranianos, que foram nomeados com recomendação do Comitê Ucraniano, acabaram se mostrando incompetentes, não cofiáveis e completamente passivos. Apenas uns poucos poloneses foram úteis. Os especialistas e líderes de verdade são os judeus, a maioria de antigos proprietários ou engenheiros. Constantemente atuam

---

58 Conselho judaico em Pinsk para *Gebietskommissar*, 9 de dezembro de 1941, Yad Vashem M41/708-889, Arquivos Brest-Litovsk Oblast, Fundo 2120, Opis 1, Pasta 422.

59 Dados do conselho judaico de Brest-Litovsk no Escritório de Alimentos do *Gebietskommissar*, Yad Vashem M41/629-707, Arquivos Brest-Litovsk Oblast, Fundo 2120, Opis 1, Pasta 984.

60 Notação de discussão Thomas-Körner, 31 de julho de 1941, em Götz Aly, *"Endlösung"* (Frankfurt, 1995), p. 294.

61 Chefe do *Wirtschaftsstab Ost* (assinado por Schubert) para OKW/Wi Rü e outros escritórios (90 cópias), 16 de julho de 1941, wi/ID 0.10. A área de Drohobycz (Galícia) estava, na época, sob controle do Exército.

como tradutores do idioma ou tradutores em ação ao lado do fantoche ucraniano [*Immer stehen sie als sprachliche oder fachliche Dolmetscher neben dem ukrainischen Strohmann*]. Eles tentam seu melhor e extraem até o último grama de produção – até agora, quase sem receber nada, mas naturalmente na esperança de se tornarem indispensáveis. O auxílio dos alemães étnicos e do Reich que ofereceram seus serviços como "administradores" teve de ser dispensado porque, sem exceção, eles provaram ser especuladores ou aventureiros em busca de objetivos egoístas. Apesar de já terem adquirido empresas suficientes no *Generalgouvernement*, só estão interessados em mais espólio.[62]

Lendo essas linhas, não dá para escapar à conclusão de que, durante o crucial período de organização, os judeus já tinham se tornado indispensáveis. A dependência das habilidades e da experiência judaicas foi imediatamente reconhecida como potencial obstáculo à "solução final". Em 14 de agosto de 1941, o próprio Göring declarou que os judeus já não tinham mais o que fazer em territórios dominados pelos alemães (*dass die Juden in den von Deutschland beherrschten Gebieten nichts mehr zu suchen hätten*). Onde quer que o trabalho judeu fosse necessário, eles seriam agrupados em formações. Se não tinham tido "oportunidade" de "emigrar", seriam encarcerados em "algo parecido" com campos de prisão, a serem organizados em batalhões de trabalho. Qualquer outro tipo de emprego não era permitido, salvo em casos excepcionais durante o início da ocupação.[63]

Porém, a implementação dessa diretiva se provou difícil. Mecânicos qualificados podem facilmente ser empregados no trabalho pesado, mas trabalhadores não qualificados não podem facilmente substituir artesãos treinados. Foi feita essa tentativa. Em novembro de 1941 a Inspetoria Econômica Centro chegou a ordenar que trabalhadores judeus especializados entregassem suas ferramentas e se apresentassem para o trabalho nas colunas.[64] Ao norte, na Letônia, a admi-

---

62 Relatório do *Feldkommandantur* Przemyśl Süd/Gruppe IV wi (assinado por *Hauptmann dr.* Bode), 29 de agosto de 1941, wi/ID 1.113.

63 Relatório de Nagel (oficial de ligação do OKW/wi rü com o *Reichsmarschall*), 14 de agosto de 1941, wi/ID 2.319.

64 Inspetoria Econômica Centro (assinado por *Kapitän* zur See Kotthaus) para *Wirtschaftsstab Ost*, Inspetorias Econômicas Norte e Centro, Inspetoria de Armamento Ucrânia, Grupo de Exército B,

nistração de floresta do *Generalkommissar* usou "grandes contingentes" de judeus para coletar madeira para aquecimento.[65] Ao sul, no território militar, várias municipalidades usaram colunas de trabalho para limpar entulhos e fazer o trabalho de reconstrução.[66] Mas, no fim, a necessidade urgente de trabalho judeu especializado e insubstituível se fez sentir em todos os lugares.

O Exército precisava de trabalhadores judeus em suas lojas de consertos e de escriturários judeus em seus escritórios.[67] As fábricas de armamento sob "administração" continuavam dependentes da mão de obra judaica.[68] No setor de Volhynia do *Generalkommissariat* Volhynia-Podolia, a mão de obra judaica em fábricas de armamento correspondia a 90%, de 1941 a 1942.[69] Na mesma área, "judeus educados eram, em muitos casos, os verdadeiros gerentes da fábrica [*Gebildete Juden waren vielfach die eigentlichen Betriebsführer*]".[70] Os próprios guetos empregavam uma grande mão de obra em oficinas e posições administrativas.[71] O *Gebietskommissar* de Kamenets-Podolsky até anunciou sobre a disponibilidade de alfaiates, peleiros, sapateiros, encadernadores de livros, carpinteiros, serralheiros e outros homens de negócios no jornal local. Qualquer um, disse ele, estava

----

2º, 4º e 9º Exércitos, Comando de Armamento Minsk e comandos econômicos da Inspetoria Econômica Centro, 16 de novembro de 1941, wi/ID 2.124.

65 *Generalkommissar* Letônia/Divisão IIa para *Reichskommissar* Ostland/IIa, 20 de outubro de 1941 Occ E 3-27.

66 Ordem de Retaguarda do Grupo de Exército Sul (assinada por von Roques), 21 de julho de 1941, NOKW-1601.

67 Em 12 de setembro de 1941, Keitel proibiu a utilização de judeus em empregos "preferenciais". Retaguarda de Grupo do Exército Norte/Ic para Retaguarda de Grupo do Exército Norte/VII, 24 de setembro de 1941, NOKW-1686.

68 Sobre os primeiros recrutamentos, ver relatório de Comando Econômico de Riga para Inspetoria Econômica Norte, 21 de julho de 1941, PS-579. Riga estava, na época, sob controle militar.

69 Comando de Armamento Lutsk para Inspetoria de Armamento Ucrânia, relatório de 1º de outubro a 31 de dezembro de 1942, 21 de janeiro de 1943 wi/ID 1.101.

70 *Ibid.*

71 Ver tabela do Escritório Estatístico do gueto de Vilna, junho de 1942, Coleção Gueto de Vilna, nº 286. Segundo essa tabela, Vilna tinha 7.446 judeus empregados, dos quais 1.401 trabalhavam para o gueto.

livre para fazer um pedido por preços fixos. Ele adicionou ainda que as oficinas no "novo gueto" estavam sob seu controle.[72]

Na região de Riga, onde os judeus alemães deveriam ser "abrigados apenas para uma estada transitória [*nur vorübergehend hier untergebracht*]", e onde muitos dos deportados eram "aleijados, inválidos de guerra e pessoas com mais de setenta anos de idade [*Krüppel, Kriegsinvaliden und über 70 Jahre alte Leute*]",[73] uma demanda ampla por trabalhadores judeus se manifestou da mesma forma.

Em uma ocasião, um empregado do *Gebietskommissar* reclamou que soldados, gritando na presença de mais de mil judeus, simplesmente capturaram a mão de obra, desafiando os regulamentos.[74] Em 1943, os mil trabalhadores judeus alemães e letões restantes foram divididos entre um grande número de empregadores: ss, Exército, Marinha, Forças Aéreas, rodovias e firmas.[75] Um laboratório médico precisava de três judeus especialmente selecionados para tirar sangue duas vezes por dia para alimentar piolhos.[76]

Não é necessário dizer muito sobre as condições de trabalho e os pagamentos. As colunas de trabalho que voltavam toda noite ao gueto de Riga eram recebidas por socos e cassetetes de borracha.[77] No campo de Salaspils para judeus do Reich, novecentos homens foram enterrados em um único túmulo de massa (isto é, cerca de 60% da força de trabalho morreu).[78] Com relação aos pagamentos, a

---

72 Ver o anúncio, em alemão e em ucraniano, em *Der Podolier*, 2 de maio de 1942, Arquivos do Museu Memorial do Holocausto dos EUA, Número de Acesso 1996 A 0150 (Arquivos Khmelnitsky Oblast), Rolo 6.

73 Relatório de um oficial de trabalho em Riga (a assinatura parece ser do Kriegsverwaltungssekretär Standtke) seguindo as discussões com *OStuf*. Maywald e *Ostuf*. Krause (sobre as equipes do *Einsatzgruppe* A e *Einsatzkommando* 2, respectivamente), 16 de fevereiro de 1942, T 549, Rolo 23. A ss estava construindo campos em Salaspils e Jungfernhof.

74 Relatório do *Generalkommissar*/iiie (Trabalho), assinado por Lippmann, 6 de junho de 1942, T 459, Rolo 19.

75 Ver organograma completo da administração de mão de obra do *Gebietskommissar*, 18 de agosto de 1943, T 459, Rolo 23. O número de judeus empregados naquela época era cerca de ii mil.

76 Dr. Abshagen (Institut für medizinische Zoologie) para *Generalkommissar*, 24 de outubro de 1942, T 459, Rolo 19. O experimento envolvia tifo.

77 Relatório da Comissão Estadual Extraordinária Soviética (assinado por Burdentko, Nikolai, Trainin e Lysenko), sem data, urss-41.

78 Testemunho juramentado de Alfred Winter (sobrevivente), 15 de outubro de 1947, no-5448.

diretiva de Lohse ordenava que devia ser pago apenas o necessário para a subsistência. Na Rússia Branca, os salários da população judaica variavam de 0,5 rublos (trabalho infantil) a 2,5 rublos (capataz) por hora. Entre os judeus, a faixa ia de 0,40 a 0,80 rublos.[79] Essa diferença não era para beneficiar firmas privadas; devia-se pagar o *Kommissariat*.[80] Em Kaunas, o *Stadtkommissar* Cramer foi um passo além. Ele aboliu inteiramente a economia monetária do gueto. O conselho judaico deveria entregar todos os seus fundos; não deveria haver dinheiro mudando de mão; todos os prédios públicos e as oficinas deveriam ser propriedade do *Stadtkommissar*; e todas as necessidades, incluindo comida e uniformes de trabalho, seriam fornecidas por seu escritório.[81] Durante a segunda varredura, a adminsitração civil em particular também devia ter um motivo financeiro para reter o fornecimento de trabalho judeu.

A terceira medida econômica contra os judeus foi o confisco de propriedade. Diferentemente dos judeus da área do *Reich-Protektorat* ou até dos judeus da Polônia, os judeus da URSS não podiam oferecer grandes "objetos" aos industrialistas, bancários e economias especialistas alemães. Na URSS nenhum indivíduo privado era proprietário de grandes empresas ou prédios de apartamento. Esses itens eram propriedade do Estado. As únicas coisas que podiam ser tomadas dos judeus soviéticos eram apartamentos, pequenas casas, móveis, utensílios, pequenas quantidades de dinheiro, joias pessoais e grande quantidade de roupas velhas. Apesar da escassez desse saque, houve disputas jurisdicionais sobre a posse dos pertences judeus. Essas disputas eram, em parte, o desenvolvimento de uma situação caótica durante o período de transição e também o prelúdio da luta que se seguiria, pois estava clara a implicação de que quem quer que fosse dono da propriedade judaica também era dono dos judeus. Havia uma longa lista de "requerentes" ao "espólio" judeu.[82]

---

79 Decreto (assinado por Kube) de 1º de junho de 1942, *Amtsblatt des Generalkommissars für Weissruthenien*, 1942, p. 105. Segundo a taxa de câmbio oficial, um rublo equivalia a 0,10 Reichsmark.

80 Decreto (assinado por Kube) de 18 de agosto de 1942, *Amtsblatt des Generalkommissars in Minsk*, 1942, p. 166.

81 Ordens de Cramer, 20 e 25 de agosto de 1942, reimpresso em trecho em Wolfgang Benz, Konrad Quiet e Jürgen Mattäus, eds., *Einsatz in "Reichskommissariat Ostland"* (Berlim, 1998), pp. 207-8.

82 O termo *espólio* (*Nachlass*) era usado livremente em correspondências. Ver, por exemplo, *Generalkommissar* na Rússia Branca para *Reichskommissar*/Administração (Representante Especial para

Um dos primeiros receptores de propriedade judaica era invariavelmente uma unidade de extermínio.[83] Como regra, as unidades móveis de extermínio generosamente entregavam móveis e roupas à população nativa, em especial aos alemães étnicos na área.[84]

Um segundo requerente, uma personagem bastante real, era a população civil, que se serviu dos apartamentos judeus abandonados, frequentemente tomando posse deles.[85] Após o massacre de Riga em 30 de novembro, milhares de malas cheias foram abandonadas sem ninguém para guardá-las no lugar onde tinham sido coletadas e empilhadas. Subsequentemente, viu-se que muitas tinham sido abertas à força, e o conteúdo removido.[86]

Tomada de Propriedade Judaica em Ostland) Bruns, 4 de março de 1942, T 459, Rolo 3. O segredo em relação aos registros que falam sobre ouro e prata dos judeus em Ostland foi completamente abandonado. Anotação de Kunska (*Generalkommissar* na Letônia/Administração), 27 de junho de 1942, em cópia de diretiva do Escritório de Administração do *Reichskommissar*, 30 de abril de 1942, T 459, Rolo 21.

83 RSHA IV-A-1, Relatório Operacional URSS nº 21 (32 cópias), 13 de julho de 1941, NO-2937. RSHA IV-A-1, Relatório Operacional URSS nº 125 (50 cópias), 26 de outubro de 1941, NO-3403. RSHA IV-A-1, Relatório Operacional URSS nº 156, 16 de janeiro de 1942, NO-3405.

84 RSHA IV-A-1, Relatório Operacional URSS nº 103 (48 cópias), 4 de outubro de 1941, NO-4489. Em Jitomir, o *Einsatzgruppe* C entregou de 22 mil a 27 mil quilos de roupas e utensílios a um representante do NSV (Assistência Social do Povo Nacional Socialista). RSHA IV-A-1, Relatório Operacional URSS nº 106 (48 cópias), 7 de outubro de 1941, NO-3140. O *Einsatzgruppe* D entregou esse saque aos escritórios de finança do Reich, para o desgosto do 11º Exército, que queria as coisas para seu próprio uso. Ohlendorf para 11ºExército, 12 de fevereiro de 1942, NOKW-631. Em outubro de 1942, o Líder da Alta SS e da Polícia Centro, Obergruppenführer von dem Bach, enviou 10 mil pares de meias infantis e 2 mil pares de luvas infantis para a Equipe Pessoal de Himmler para distribuir a famílias da SS. *OStuf.* Meine (Equipe Pessoal) para *Gruf.* Hofmann (chefe, RUSHA), 28 de outubro de 1942, NO-2558. O líder da Alta SS e da Polícia Norte, Jeckeln, presidia um enorme armazém em Riga. Ele passou horas separando joias em sua mesa. Testemunho juramentado de Richard Dannler (carteiro da SS), 19 de setembro de 1947, NO-5124.

85 Relatório da 454ª Divisão de Segurança Ic, 4 de dezembro de 1941, NOKW-2926. Além disso, relatório do saque em Kharkov: RSHA IV-A-1, Relatório Operacional URSS nº 164 (65 cópias), 4 de fevereiro de 1942, NO-3399.

86 Neuendorff para *Reichskommissar*/II-h (Finanças), 4 de dezembro de 1941, T 459, Rolo 21.

Outros requerentes eram os oficiais administrativos das forças militares e dos *Kommissariate* que precisavam de escritórios, móveis de escritório e várias outras coisas. Em Riga esses pedidos vinham das rodovias alemãs,[87] de filiais locais de corporações, como um serviço de conserto de caminhões da Daimler-Benz, que procurou estabelecer sua elegibilidade a fim de receber a propriedade do gueto, afirmando que seu pessoal era composto por assistentes da *Wehrmacht* (*Gefolge der Wehrmacht*), dentro do propósito do Artigo 13 do Regulamento de Assistência Social Hague Land,[88] e de indivíduos, incluindo um policial letão que tinha participado de um "transporte judeu" (*Judentransport*),[89] um intérprete oficial que queria um piano para sua talentosa filha de dez anos[90] e um escultor que desejava remover pedras de granito e mármore do cemitério judeu como um serviço público.[91] Na linha de frente, as tropas "requisitaram" coisas, apesar de o saqueamento ser proibido.[92] O que sobrou ficou sujeito ao confisco sistemático por parte das inspetorias econômicas nas áreas militares e dos escritórios de finanças nos *Reichskommissariate*. A entrega de propriedade judaica, bem como as requisições de mão de obra judaica, consequentemente foram feitas na base de quem chegava primeiro. Esse esquema admitia muito poucas mudanças.

Na área militar, o *Wirtschaftsstab Ost*, armado com a autoridade do OKH, tentou amenizar o saque promovido pelos *Einsatzgruppen* e pelas unidades do

---

87 *Haupteisenbahndirektion* Nord para *Reichskommissar*, 26 de abril de 1942, T 459, Rolo 3.

88 Corporação Daimler-Benz (Mercedes) para *Reichskommissar*/Administração (Dr. Köster), 7 de janeiro de 1942, T 459, Roll 2.

89 Nikolai Radzinsch (Radzins) para *Reichskommissar*, 26 de janeiro de 1942, T 459, Rolo 2.

90 Wilhelm Strauss para *Generalkommissar*/Finance, 9 de outubro de 1942, T 459, Rolo 2.

91 Rudolf Feldberg, Riga, para Polícia de Segurança em Riga (encaminhado para Escritório de Administração, aos cuidados de Bruns), 16 de julho de 1942, T 459, Rolo 2. Os cemitérios em Jelgava (Letônia) e Tallinn (Estônia), explicou ele, já tinham sido nivelados. O Escritório de Finanças do *Reichskommissar* não via com bons olhos a venda de pedras de túmulos judeus a preços inapropriadamente baixos. Alletag para *Generalkommissare* em Riga, Kaunas, Tallinn e Minsk, 2 de outubro de 1942, T 459, Rolo 3. Alletag lidava com propriedade Judaica no Escritório de Finanças. O diretor do escritório era Vialon.

92 Ordem do Comandante da Retaguarda de Grupo do Exército Sul (assinado por von Roques), 1º de setembro de 1941, NOKW-2594. *Ortskommandantur* Nikolaev para Comandante da Retaguarda do Exército 553 (11º Exército), 25 de setembro de 1941, NOKW-1729.

Exército.[93] Era uma batalha morro acima,[94] e as benesses não valiam tanto a pena. Em um relatório, a Inspetoria Econômica Centro explicou que, pelos padrões alemães, as roupas e as roupas de baixo dos judeus só podiam ser classificadas como "trapos" (*Lumpen*).[95] Em 4 de julho de 1942, a Inspetoria Econômica relatou que em toda a área do Grupo de Exército Centro coletara-se propriedades no valor total de 2.046.860 rublos (204.866 Reichsmarks, ou cerca de 80 mil dólares). Uma parte dessa propriedade tinha sido "cedida" em favor das comunidades russas necessitadas daquela região.[96] Em Mogilev, a sessão do governo militar do Feldskommandantur liberou uma porção dos lucros da propriedade judaica confiscada à administração municipal nativa. Quando o prefeito quis equilibrar o orçamento com esses fundos, o supervisor alemão concordou relutantemente, mas com o lembrete de que, em geral, era má ideia usar receita ocasional para despesas contínuas.[97]

A administração civil olhou o problema dos confiscos de forma teimosa em Ostaland e com notável negligência na Ucrânia. O *Reichskommissar* Lohse, de

---

93 Ordem do *Wirtschaftsstab Ost*/Führung Ia, 22 de outubro de 1941, wi/ID 0.82. A ordem do OKH, investindo o *Wirtschaftsstab Ost* de completa autoridade para conduzir confiscos na área militar, era datada de 2 de outubro de 1941.

94 Inspetoria Econômica Centro (assinado por Kapitän zur See Kotthaus), para *Wirtschaftsstab Ost*, 6 de novembro de 1941, wi/ID 2.124. Relatório da Inspetoria Econômica Centro (assinado por *Generalleutnant* Weigand), 22 de novembro de 1941, wi/ID 2.124. Relatório da Inspetoria Econômica Centro (assinado por *Generalleutnant* Weigand), 4 de abril de 1942, wi/ID 2.33. Diário de guerra, Comando de Economia em Klimovichi (assinado por *Hauptmann* Weckwerth) para Inspetoria Econômica Centro, 31 de dezembro de 1941, wi/ID 2.90. Prefeito Adam J. Stankevich de Bobruysk para *Ortskommandantur*, 6 de dezembro de 1941, Grupo de Registro de Arquivos 53.006 do Museu Memorial do Holocausto dos EUA (Arquivos da Estatais da Bielorrússia de Mogilev Oblast), Rolo 4, Fundo 858, Opis 1, Pasta 18.

95 Inspetoria Econômica Centro/Grupo Principal Econômico para *Wirtschaftsstab Ost*, 1º de julho de 1942, wi/ID 2.347.

96 Inspetoria Econômica Centro (assinado por *Generalleutnant* Weigand) para *Wirtschaftsstab Ost*, 4 de julho de 1942, wi/ID 2.70.

97 *Feldkommandantur* Mogilev/VII-Administração (assinado *Oberkriegsverwaltungsrat* Grünkorn) para prefeito Felicin, 24 de julho de 1942, Grupo de Registro de Arquivos 53.006 do Museu Memorial do Holocausto dos EUA (Arquivos Estatais da Bielorrússia de Mogilev Oblast), Rolo 2, Fundo 259, Opis 1, Pasta 22. Ver também os relatórios municipais, abril-julho de 1942, e minutas de relatórios de agosto a dezembro de 1942, em Rolo 2, Fundo 260, Opis 1, Pasta 45. A propriedade judaica consistia em casas.

Ostland, estava determinado em parar os confiscos por parte das unidades móveis de extermínio, tirando dos judeus todos os artigos não essenciais para a subsistência (*notdürftige persönliche Lebensführung*) e tomando a propriedade judaica em posse dos civis. Para estabelecer sua competência exclusiva, Lohse declarou numa diretiva secreta e num decreto público que ele, como *Reichskommissar*, tinha jurisdição exclusiva sobre questões de propriedade judaica.[98] Mas declarar é uma coisa, agir é outra.

Em 8 de setembro de 1941, o *Gebietskommisar* de Šiauliai, Lituânia (Geweke), reclamou para Lohse que simplesmente não conseguia executar uma captura sistemática de propriedade judaica. Um certo *Hauptmann* Stasys Senulis tinha aparecido no escritório dele naquele mesmo dia e exigido, em nome do *Standartenführer* Jäger (*Einsatzkommando* 3), que os prefeitos locais entregassem todo o ouro e a prata que tivessem estado em posse dos judeus.[99] Em 24 de setembro de 1941, uma nota de arquivo no escritório do *Generalkommissar* em Kaunas registrou que a SS tinha tirado dos bancos lituanos 3.769.180 rublos em depósitos e valores judeus.[100] Em 25 de setembro de 1941, Lohse escreveu ao próprio líder da Alta SS e da Polícia (Prützmann), apontando que os confiscos estavam na província exclusiva do *Reichskommissar*. "Não permito nenhuma ofensiva às propriedades judaicas e espero tomar todas as medidas necessárias para persuadir seus oficiais de polícia a cessar todas as ações em ganho próprio".[101] Mas havia muito pouco a fazer. Em 15 de novembro de 1941, Rosenberg e Himmler tiveram uma discussão que durou quatro horas. Entre os assuntos, nas palavras de Himmler, estava o "barulho do Reichskommissar Lohse" e as "reclamações ridículas do *Generalkommissar* Kube" sobre a "requisição de itens necessários para a SS e a Polícia" (*"Kleinlichkeit des Reichskommissars Lohse" und "lacherliche Beschwerden" des Generalkommissars Kube über "Sicherstellung des notwendigen Bedarfs für SS und Polizei"*).[102]

---

98 Diretiva temporária (assinada por Lohse), 18 de agosto de 1941, NG-4815. Decreto (assinado por Lohse), 13 de outubro de 1941, *Verkündungsblatt des Reichskommissars für das Ostland*, 1941, p. 27.

99 Gewecke para Lohse, 8 de setembro de 1941, PS-3661.

100 Memorando do *Generalkommissar* em Kaunas/Divisão Principal II-F, 24 de setembro de 1941, Occ E 3-24.

101 Lohse para Líder da Alta SS e da Polícia Ostland, 25 de setembro de 1941, Occ E 3-25.

102 Memorando de Himmler, 15 de novembro de 1941, NO-5329.

A guerra civil entre a ss e a administração de Lohse continuou durante vários meses.[103] Finalmente, em 13 de outubro de 1942, o especialista judeu da Polícia de Segurança de Ostland, *Obersturmführer Regierungsrat* Jagusch, concedeu jurisdição sobre descarte de propriedade às autoridades civis, mas garantiu, com base em uma diretiva do Führer (um texto que nunca tinha sido transmitido ao *Reichskommissar*), que a ss possuía o poder primário (*Federführung*) para criar leis em *todos* os assuntos judeus.[104]

Até no próprio aparato de Lohse havia vários conflitos. Inicialmente ele tinha colocado o poder confiscatório nas mãos de seus *Generalkommissare*, instruindo-os a coletar imediatamente todo o dinheiro, livros bancários, promissórias e valores.[105] Em dezembro de 1941, a administração da propriedade judaica tangível ficou concentrada nas mãos da Divisão Principal III/Administração do *Reichskommissar* (dr. Köster). Essa transferência, em Riga, foi acompanhada pela expulsão forçosa de um oficial local pelo próprio dr. Köster.[106] Enquanto isso, o chefe das finanças no *Generalkommissariat* letão, dr. Neuendorff, ainda estava lutando para recuperar os impostos devidos por judeus que tinham acabado de ser mortos. Coletar os impostos, concluiu ele, não era possível por razões óbvias (*aus den bekannten Grunden nicht möglich*), mas ele achava que alguma parte dos lucros de vendas dos ativos judeus podia ser alocada para o cumprimento das obrigações fiscais.[107] Em julho de 1942, a responsabilidade pelas posses portáteis pessoais dos judeus passou do Escritório de Administração do *Reichskommissar* para o Escritório de

---

103 *Reichskommissar* Ostland/II-c para *Reichskommissar*/Escritório de Administração sobre discussão em Vilna, início de fevereiro de 1942, T 459, Rolo 3. Memorando em Escritório de Administração do *Reichskommissar* (assinatura ilegível), 19 de março de 1942, reclamando que objetos – aparentemente de ouro – entregues pela ss em Riga não eram verdadeiros, T 459, Rolo 2.

104 Resumo de reunião, preparado em 15 de outubro de 1942, por *Ministerialrat* Burmeister do Escritório do *Reichskommissar*, T 459, Rolo 3.

105 Diretiva de Lohse, 18 de agosto de 1941, NG-4815. O *Generalkommissare* incumbiu os *Gebietskommissare* de tomar os pertences judeus. Ver ordem de registro de propriedade do *Gebietskommissar* da cidade de Vilna (Hingst), 1º de setembro de 1941, T 459, Rolo 3.

106 Relatório de Friedrich Brasch (representado pelo *Gebietskommissar* Wittrock na administração do gueto de Riga) para Wittrock, 18 de dezembro de 1941, Wittrock via *Generalkommissar* para *Reichskommissar*, 19 de dezembro de 1941, T 459, Rolo 21.

107 Neuendorff para *Generalkommissar*/Administração (Kunska), 4 de junho de 1942, T 459, Rolo 21.

Finanças de sua Divisão Principal II.[108] Esse escritório, sob comando do *Regierungsdirektor* Vialon, emitiu pacientemente uma diretiva após a outra para lidar com todas as reclamações possíveis.[109]

Agora, o único problema restante era recuperar o espólio em posse da população. Foi quase tão difícil quanto tirar as coisas de Himmler. Um decreto emitido por Lohse em 13 de outubro de 1941 ordenava que quem quer que tivesse propriedade judaica no momento deveria continuar "administrando-a". Apenas transações extraordinárias exigiam permissão do *Reichskommissar*.[110] Um ano depois, Lohse ordenou o registro da propriedade.[111] Surgiram muitas dificuldades práticas em consequência da ordem de registro. Em 16 de novembro de 1942, um artigo intitulado "Melhor um registro a mais [*Besser eine Anmeldung zu viel*]" foi veiculado no jornal alemão publicado em Riga. O texto, escrito com palavras educadas, mostrava que muitos pertences judeus tinham sido distribuídos entre várias agências "na época" (*seiner Zeit*) sem recibo. Por outro lado, muita gente já tinha registrado essas posses em locais diversos. Todo mundo agora devia registrar suas propriedades, mesmo se já o tivesse feito.[112]

Na Ucrânia, o congênere de Lohse, *Reichskommissar* Koch, foi bem menos ambicioso em seus esforços de coletar pertences judeus. Em 7 de setembro de 1942, Koch recebeu uma diretiva, preparada no Ministério do Leste, para capturar todas as propriedades judaicas e abandonadas. Ele usaria oficiais e funcionários civis ucranianos para a tarefa. Os ucranianos deveriam capturar a mobília judaica em apartamentos vazios, cobrar valores devidos pela população aos judeus, tomar contas bancárias judaicas e pagar dívidas dos judeus. Depois de alguns meses, Koch respondeu que a implementação desse decreto era uma "impossibilidade política e organizacional". Ele já tinha confiscado os valores judeus, "especialmente ouro". O restante da propriedade judaica consistia basicamente de móveis, parte dos quais

---

108 Vialon para Divisão Principal II/Saúde, 15 de maio de 1943, T 459, Rolo 24.

109 Diretiva de Vialon de 27 de agosto de 1942, Institut für Zeitgeschichte, Munique, Fb 85/2, e suas diretivas subsequentes em T 459, Rolo 3.

110 Decreto do *Reichskommissar* Ostland, 13 de outubro de 1941, *Verkündungsblatt des Reichskommissars für das Ostland*, 1941, p. 27.

111 Decreto de implementação (assinado por Lohse), 14 de outubro de 1942, em *Amtsblatt des Generalkommissars in Minsk*, 1942, pp. 246-48.

112 *Deutsche Zeitung im Ostland* (Riga), 16 de novembro de 1942, p. 5.

ele estava usando nos seus escritórios, e o resto dos quais ele tinha queimado. "Fazer listas agora", escreveu ele, "coletar contas bancárias, algumas já não existentes, pagar dívidas dos judeus – isso, na minha opinião, é uma presunção sobre minha administração que não pode se justificar em tempos de guerra. A sugestão, além disso, de que eu use ex-oficiais ucranianos para esse propósito, considero-a politicamente perigosa".[113]

A recuperação das posses dos judeus, portanto, avançou pouco. Lohse achou uma tarefa administrativa muito difícil, e Koch não estava com ânimo para seguir adiante.[114]

Durante o estágio intermediário, os passos que restavam ao processo de destruição foram introduzidos um a um. Para a ss e a Polícia, as medidas de concentração eram muito importantes, já que abririam caminho para a aniquilação dos judeus restantes. A exploração econômica era um interesse primário da administração. No campo do trabalho, a ss e a Polícia toleravam atividades econômicas no início, mas lutaram duramente contra elas na segunda varredura. Ao terceiro passo, a definição, Himmler se opôs, por princípio. Ele não conseguia ver como aquilo seria útil para alguém.

Havia, porém, dois grupos pequenos, judeus por religião, mas vivendo em comunidades separadas e falando línguas de ramo turco, que desafiavam a classificação básica. Uma delas, uma seita cismática, os caraítas, praticava o judaísmo fora da tradição talmúdica-rabínica há 1.200 anos. Antes da invasão alemã, grupos de várias centenas de milhares residiam em Vilna (Lituânia), Halisz (Galícia) e na Crimeia. Alegando ser completamente dissociados do judaísmo, os caraítas citavam isenções a medidas antijudaicas concedidas a eles em tempos do czarismo.

---

113 Koch para Rosenberg, 16 de março de 1943, PS-192.

114 No território romeno ocupado de Transnístria, os alemães eram requerentes de fato e as autoridades romenas tinham de fazer a recuperação. Na cidade de Odessa, alemães étnicos tinham se mudado para apartamentos judeus e tomado posse dos móveis. A Agência de Assistência Social da ss para Alemães Étnicos (*Volksdeutsche Mittelstelle* - vomi) decidiu proteger esses alemães. Um acordo concluído em agosto de 1942 dizia que, tendo em vista o "fato" de que, durante o regime soviético, muitos alemães étnicos tinham sido forçados a entregar seus apartamentos para os judeus, os presentes ocupantes alemães deviam permanecer com a posse. Pelas mobílias, pagariam uma quantia "modesta" para o governo romeno. Acordo assinado pelo governador Alexianu da Transnístria e o *Oberführer* Horst Hoffmeyer da vomi, 30 de agosto de 1942, NO-5561.

Os alemães também os isentaram.[115] O segundo grupo, os krimchaques, eram uma antiga e bem-estabelecida comunidade de vários milhares que vivia na Crimeia. Apesar da completa adesão ao judaísmo rabínico, suas origens eram complicadas o suficiente para garantir presunções de casamentos mistos com vizinhos nativos no passado e, possivelmente, uma descendência parcial de convertidos da Ásia Central à religião judaica (os Cazares). Ainda assim, quando eles não responderam a uma convocação para o "registro", ficou decidido que racialmente eles eram incontestavelmente judeus (*rassich einwandfreie Juden*).[116] Eles foram capturados e mortos, apesar de serem listados separadamente dos judeus em recapitulações de vítimas.[117]

Enquanto as unidades móveis de extermínio só se preocupavam com categorizações amplas dos grupos étnicos, os escritórios militar e civil nos territórios

---

115 Dr. Steiniger, "Die Karaimen", *Deutsche Zeitung im Ostland* (Riga), 15 de novembro de 1942, p. 1. Também correspondência em documento Occ E 3b-100, e em Philip Friedman, "The Karaites under Nazi Rule", em Max Beloff, ed., *On the Track of Tyranny* (Londres, 1960), pp. 97-123.

116 *Ortskommandantur* Feodosiya para Retaguarda do Exército 553 (11º Exército), 16 de novembro de 1941, NOKW-1631. Ver referência aos krimchaques como descendentes dos cazares em um artigo de Abraham Poliak, *Encyclopedia Judaica* (1971-72) 3: 1103-6. Mas ver também Itzhak Ben-Zvi, *The Exiled and the Redeemed* (Filadélfia, 1957), pp. 83-92.

117 RSHA IV-A-1, Relatório Operacional URSS nº 150 (65 cópias), 2 de janeiro de 1942, NO-2834, notando 2.504 Krimchaques mortos até 15 de dezembro. Ver também: RSHA IV-A-1, Relatório Operacional URSS nº 190 (65 cópias), 8 de abril de 1942, NO-3359. *Ortskommandantur* Kerch para Retaguarda do Exército 553 (11º Exército), 15 de julho de 1942, NOKW-1709. *Ortskommandantur* Bakhchisaray para Retaguarda do Exército 553 (11º Exército), 16 de julho de 1942, NOKW-1698. O *Einsatzgruppe* D também matou os chamados Tati (judeus das montanhas do Cáucaso que tinham sido reassentados na Crimeia pelo Comitê de Distribuição Conjunta Americano). *Feldkommandantur* Eupatoria para Retaguarda do Exército 553 (11º Exército), 16 de março de 1942, NOKW-1851. Outro grupo de vítimas eram os ciganos, não porque se achasse que eram judeus, mas porque eram considerados elementos criminosos. RSHA IV-A-1, Relatório Operacional URSS nº 150 (65 cópias), 2 de janeiro de 1942, NO-2834. RSHA IV-A-1, Relatório Operacional URSS nº 178 (65 cópias), 9 de março de 1942, NO-3241. RSHA IV-A-1, Relatório Operacional URSS nº 184, 23 de março de 1942, NO-3235. RSHA IV-A-1, Relatório Operacional URSS nº 195 (75 cópias), 24 de abril de 1942, NO-3277. Após o assassinato sistemático de ciganos ter começado, uma ordem isentou todos os ciganos "não migratórios" que pudessem comprovar um período de residência de dois anos no local onde fossem encontrados. 281ª Divisão de Segurança para *Oberfeldkommandantur* 822, 24 de março de 1943, NOKW-2022. Outras correspondências no documento Occ E 3-61.

ocupados importavam a definição de Nuremberg (três avôs judeus, ou dois avôs judeus mais a religião judaica, ou um cônjuge judeu) para as regulamentações que diziam respeito a marcação, formação de gueto e assim por diante.[118] As definições, que só podiam ser encontradas em diretivas secretas de distribuição limitada, não levantaram protestos da ss e da Polícia.

No início de 1942, porém, o Ministério dos Territórios Ocupados no Leste decidiu emitir uma definição considerada mais apropriada para aquela área (isto é, mais severa) que o decreto de Nuremberg. Para esse propósito, foi convocada uma reunião em 29 de janeiro de 1942, liderada pelo *Generalkonsul* dr. Bräutigan (vice-chefe, Divisão Política), com uma longa lista de participantes, incluindo os *Amtsgerichsräte* Wetzel e Weitnauer e os *Regierungsräte* Lindemann e Beringer (todos do Ministério do Leste); o *Ministerialrat* Lösener, especialista judeu do Ministério do Interior e autor da definição original de Nuremberg; o *Oberregierungsrat* Reischauer, da Chancelaria do Partido; o *Sturmbannführer* Neifeind e o *Sturmbannfüher* Suhr (ambos oficiais do rsha); o *Legationssekretar* Müller, do Escritório do Exterior *(Abteilung Deutschland);* o *Korvettenkäpitan* Frey, do Escritório das Forças Armadas do general Reineck (okw/awa); e um representante do Ministério da Justiça, Pfeifle.

Sobre as reclamações do *Ministerialrat* Lösener, que preferia que seu decreto fosse aplicado em todos os territórios controlados pelos alemães, os presentes decidiram por uma definição mais ampla. Qualquer pessoa seria considerada judia se pertencesse à religião judaica ou tivesse um parente que pertencesse. Para determinar a aderência à religião, a mais leve indicação positiva seria conclusiva. Uma declaração de que o pai ou a mãe era judeu seria completamente suficiente. Nos casos de dúvida, um "especialista" conduziria um exame de raça e hereditariedade, ordenado pelo *Generalkommissar* competente.[119]

Quando Himmler ouviu sobre a definição, escreveu a seguinte carta ao chefe do Escritório Principal da ss, *Obergruppenführer* Berger:

---

118 De 454ª Divisão de Segurança Ia para Ortskommandaturen de sua área, 8 de setembro de 1941, nokw-2628. Diretiva Lohse, 18 de agosto de 1941, ng-4815. A diretiva de Lohse anistiava meios- judeus que haviam se casado com parceiros judeus *antes* de 20 de junho de 1941 e aqueles que *não* viviam mais com o cônjuge naquela data. A definição militar não especificava uma data-limite para os casamentos. Nenhuma definição estipulava uma data-limite para a conversão à religião judaica.

Peço urgentemente que não seja emitida nenhuma ordem sobre o conceito de "'ju-deu". Com todas essas definições tolas estamos apenas atando nossas mãos. Os territórios ocupados ao leste ficarão livres dos judeus. A implementação dessa mesma ordem foi colocada sobre meus ombros pelo Führer. Ninguém pode me libertar dessa responsabilidade em caso algum. Portanto, proíbo qualquer interferência.[120]

Agora, ninguém podia se interpor a Himmler, pois a segunda varredura tinha começado, deixando em seu rastro os guetos do Leste ocupado.

A SEGUNDA VARREDURA

A primeira varredura terminou perto do fim de 1941. Teve extensão limitada nos territórios recém-ocupados da Crimeia e do Cáucaso durante os meses de primavera e verão de 1942. A segunda varredura começou na área do Báltico no outono de 1941 e se espalhou pelo resto do território ocupado durante o ano seguinte. Logo, enquanto a varredura continuava no sul, a segunda já começava no norte. No ponto central, a virada chegou em dezembro de 1941.

O maquinário empregado na segunda varredura era maior e mais elaborado que o da primeira. Às forças de Himmler juntaram-se pessoal do Exército em operações móveis e locais desenhadas para a completa aniquilação dos judeus soviéticos restantes.

Nas operações que se seguiram, os *Einsatzgruppen* tiveram um papel menor do que antes. Hierarquicamente, foram colocados sob a direção do líder da Alta ss e da Polícia.[1] Ao norte, o chefe do *Einsatzgruppe* A (em 1944: Stahlecker, Jost, Achamer-Pifrader, Panziger e Fuchs) tornou-se o *BdS Ostland* e, no sul, o chefe do *Einsatzgruppe* C tornou-se o *BdS Ukraine*, com jurisdição sobre o *Reichskommissariat* e sobre as áreas militares a leste.[2] Apesar dessas características permanentes, a Polícia de Segurança na URSS ocupada não cresceu de forma substancial.

---

119 Resumo de reunião interministerial (em 29 de janeiro de 1942), datado de 30 de janeiro de 1942, NG-5035.

120 Himmler para Berger, 28 de julho de 1942, NO-626.

1 Relatório do RSHA nº 6, 5 de junho de 1942, NO-5187. Um quarto líder da Alta ss e da Polícia, Korsemann, foi instalado no Cáucaso. O *Einsatzgruppe* D operava naquela área.

2 Abaixo do nível do BdS, o maquinário se espalhava para os escritórios do *Kommandeure der Sicherheitspolizei und des SD* (KdS). Em Ostland, os chefes dos *Einsatzkommandos* tornaram-se

A Polícia de Ordem, por outro lado, expandiu muito. Os regimentos de polícia cresceram de três, no início da campanha, para nove, no fim de 1942. Enquanto cinco desses nove regimentos estavam na frente, o restante, junto com mais seis batalhões, estavam à disposição dos líderes da Alta ss e da Polícia na retaguarda.[3] Os regimentos de polícia tinham um congênere fixo nos *Einzeldienst* (serviço único), divididos em *Schutzpolizei* (nas cidades) e *Gendarmerie* (nas áreas rurais). No fim de 1942, os *Einzeldienst* tinham 14.953 homens, dos quais 5.860 estavam na *Schutzpolizei* e 9.903 na *Gendarmerie*.[4]

Quase desde o começo, a Polícia de Ordem foi aumentada com pessoal nativo. Em 25 de julho de 1941, Himmler, notando que os *Einsatzgruppen* já tinham adicionado ajudantes locais a seus destacamentos, ordenou a rápida formação de uma força composta basicamente das nacionalidades báltica, russa-branca e ucraniana.[5] Durante os meses seguintes, a Polícia de Ordem criou um *Schutzmannschaft* nativo, na forma de unidades e recintos.[6] Até a segunda metade de 1942, esse aparato tinha atingido proporções consideráveis. Em 1º de julho de 1942, havia 78 batalhões *Schutzmannschaft* (ou *Schuma*) com 33.270 homens; no fim do ano, o número era 47.974.[7] Para cada batalhão alemão, o *Schuma* tinha pelo menos cinco. Mais do que isso: essas unidades eram usadas amplamente. Apesar de serem identificadas como

---

Kommandeure. Essa junção, porém, não aconteceu na Ucrânia. Relatório rsha nº 6, 5 de junho de 1942, NO-5187.

3 *Oberst-Gruppenführer* Daluege (Chefe da Polícia de Ordem) para *OGruf.* Wolff (Chefe da Equipe Pessoal de Himmler), 28 de fevereiro de 1943, NO-2861. Regimentos de polícia tinham cerca de 1.700 homens; batalhões, 500.

4 *Ibid.* As estatísticas não incluem a Galícia e o distrito de Białystok. A Galicia obteve um regimento; Białystok, um batalhão e 1.900 homens em *Einzeldienst.*

5 Himmler para Prützmann, Jeckeln, von dem Bach e Globocnik, 25 de julho de 1941, T 454, Rolo 100.

6 Ordem de Daluege, 6 de novembro de 1941, T 454, Rolo 100. Alguns homens foram levados para as *Schutzmannschaft* vindos das milícias que apareceram durante os primeiros dias da ocupação; outros foram recrutados da população; outros ainda (principalmente ucranianos) foram tirados de campos de prisioneiros de guerra.

7 Força da Polícia de Ordem (*Stärkenachweisung*) em 1º de julho de 1942, Arquivos Federais Alemães R 19/266. Dados do fim do ano de Daluege para Wolff, 28 de fevereiro de 1943, NO-2861. Para uma recapitulação completa, ver Hans-Joachim Neufeldt, Jürgen Huck e Georg Tessin, *Zur Geschichte der Ordnungspolizei 1936–1945* (Koblenz, 1957), parte II (por Tessin), pp. 51-68, 101-9.

lituanas, letãs e assim por diante, algumas estavam posicionadas longe de sua base original.[8] O componente não móvel do *Schutzmannschaft* era ainda maior. Consistia de três braços: *Einzeldienst*, bombeiros e auxiliares (*Hilfsschutzmannschaft*) servindo em projetos de trabalho ou guardando prisioneiros de guerra. O *Einzeldienst* nativo foi um fator considerável na segunda varredura. Em pequenas cidades e vilas de Ostland e das regiões ucranianas, ele superava, em número, a *Gendarmearie* alemã com quase dez homens para cada um (ver Tabela 7.11).

TABELA 7.11   Tamanho do *Einzeldienst* durante a segunda varredura

	OSTLAND*	UCRÂNIA†	
	SCHUTZPOLIZEI E GENDARMARIA	SCHUTZPOLIZEI	GENDARMARIA
Alemães	4.428	3.849	5.614
Pessoal nativo	31.804	14.163	54.794

*Em 1º de outubro de 1942.

†Incluindo o Reichskommissariat, áreas militares ao leste e a Crimeia, em 25 de novembro de 1942.

Dados de Tessin, Zur Geschichte der Ordnungspolizei, parte II, pp. 54, 64-65.

Auxiliando a SS e a Polícia havia uma rede de escritórios de baixo escalão e seu pessoal especializado, que vagava pelos interiores coletando informações sobre guerrilheiros e judeus escondidos: os escritórios Ic/AO, a *Feldgendarmerie* (polícia militar), a *Geheime Feldpolizei* (Polícia Secreta de Campo, um braço de inteligência) e o chamado *Partisanenjäger* (caçadores de guerrilheiros, ou patrulhas antiguerrilha). O maquinário de inteligência militar foi formalmente incorporado ao aparato de extermínio por meio de um acordo entre Heydrich e Canaris para trocar informações no campo. O acordo dizia especificamente que "informações e relatórios [que] podem suscitar atividades executivas devem ser transmitidos imediatamente para o escritório competente da Polícia de Segurança e da SD".[9]

---

8 Por exemplo, o 4º, o 7º e o 8º batalhões lituanos, e o 17º, o 23º, o 27º e o 28º batalhões letões guardavam a Durchgangsstrasse IV na Ucrânia. Neufeldt, Huck e Tessin, *Zur Geschichte Ordnungspolizei*, parte II, pp. 101-2. Muitos trabalhadores judeus estavam empregados na construção dessa rodovia.

9 Acordo entre o Wehrmacht e o RSHA (assinado por Canaris e Heydrich), 1º de março de 1942, em anotação de arquivo do comandante da Retaguarda do Grupo de Exército Sul Ic/AO, 1º de outubro de 1942, NOKW-3228.

Nas áreas militares, a polícia fixa nativa do Exército era outra força de apoio, especialmente para prender judeus escondidos. Esse pessoal servia prefeitos locais e chefes nativos supervisionados pelo Exército. Na área do Grupo de Exército Norte, a polícia fixa foi chamada, primeiro, de *Selbstsschutz* e depois de *Hilfspolizei* (HIPO); no centro, primeiro de *Hilfspolizei* e depois de *Ordnungsdienst* (OD); no sul, de *Selbstschutz*, depois *Miliz*, e então *Hilfspolizei*. Algumas vezes, algumas dessas auxiliares eram emprestadas à ss e à Polícia conforme a necessidade,tornando-se, posteriormente, parte do *Schutzmannschaft* lotado no *Reichskommissariate* e em região ucranianas que ainda estivessem sob controle militar.[10]

Nas áreas florestais do *Reichskommissariat*, o chefe de florestas do Escritório do Plano Quadrienal, Alpers, mantinha uma rede de oficiais e guardas que tinham treinamento tanto de silvicultura quanto militar. Aumentando a força, havia uma unidade, o *Forstschutzkommando,* também com auxiliares nativos.[11]

Durante a segunda varredura, operações móveis de extermínio também foram executadas pelas chamadas formações antiguerrilha (*Bandenkampfverbände*). O emprego dessas formações derivou de uma das ordens de Hitler, emitida no fim do verão de 1942, para a centralização da luta antiguerrilha.[12] Obedecendo à ordem, operações antiguerrilha *nas áreas civis* deviam ser organizadas por Himmler. Nas áreas militares, a mesma responsabilidade devia ser exercida pelo chefe da Equipe Geral do Exército.

---

10 Sobre ordens militares básicas, ver as da Retaguarda do Grupo de Exército Sul, 22 de julho de 1941, Arquivos Federais Alemães em Freiburg, RH 22/5; Retaguarda do Grupo de Exército Centro, 24 de julho de 1941, *ibid.,* RH 26-102/12, e 30 de outubro de 1941, *ibid.,* RH 22/225; e no sul a ordem da *Sicherungsdivision* 213, 9 de abril de 1942, *ibid.,* RH 26-213/9, e *Feldkommandantur* 679, 5 de agosto de 1942, T 501, Rolo 33. O termo *Miliz* foi banido em 1942. Ver a ordem da *Sicherungsdivision* 213 de 9 de abril de 1942. O OD na retaguarda do Grupo de Exército Centro tinha 11.535 homens em 14 de fevereiro de 1942. Retaguarda do Grupo de Exército Centro/VII para KH/GenQu/Administração, 14 de fevereiro de 1942, T 501, Rolo 6. O Grupo de Exército Sul tinha 20.129 HIPO fixos em 1º de abril de 1942. Ver resumo, por localidade, da Retaguarda do Grupo de Exército Sul, 1º de abril de 1942, T 501, Rolo 18.

11 Ver o acordo entre Alfred Meyer pelo Ministério do Leste, assinado em 5 de junho de 1942, e *Ministerialdirektor* Mahler pelo *Reichsforstmeister* (Alpers), assinado em 23 de junho de 1942, sobre operação dos *Forstschutzkommandos*, Arquivos Federais Alemães R 91 Mitau/16.

12 Ordem de Hilter, 6 de setembro de 1942, NO-1666.

Himmler nomeou von dem Bach, líder da Alta ss e da Polícia Centro, seu plenipotenciário e deu a ele o título de *Chef der Bandenkampfverbände* (Chefe das Formações Antiguerrilha).[13] Atuando como chefe antiguerrilha nas áreas civis, von dem Bach podia usar o pessoal do Exército (divisões de segurança, unidades compostas de colaboradores nativos, etc.), unidade da ss, regimentos de Polícia e *Einsatzgruppen*, desde que fossem necessários para alguma operação em particular. Essas unidades tornavam-se "formações antiguerrilha" enquanto durasse a missão.[14] Esse método é interessante porque, sob o argumento da atividade antiguerrilha, as unidades matavam milhares de judeus nas florestas e nos pântanos.

Na área militar a leste de Ostland, a segunda varredura foi comparativamente breve. O *Einsatzgruppe* B passou o inverno no setor Mogilev-Smolensk-Bryansk. Ao recuar da contraofensiva soviética, os *Kommandos* mais à frente se retiraram, e, durante essa retração, os *Einsatzgruppen* sistematicamente mataram os judeus sobreviventes nas retaguardas do Grupo de Exército Centro.[15] Judeus isolados fugindo sozinhos ou em pequenos grupos eram caçados pela Polícia Secreta de Campo, um batalhão de polícia estoniano e outras unidades.[16] Judeus escondidos em cidades eram capturados pelo *Ordnungsdienst* russo.[17]

---

13 Von dem Bach recomendou a si mesmo, como mais experiente Líder da Alta ss e da Polícia no meio, para a posição. Von dem Bach para Himmler, 5 de setembro de 1942, NO-1661. A carta foi escrita poucos meses após von dem Bach ter sofrido um colapso nervoso. Grawitz para Himmler, 4 de março de 1942, NO-600. Ele teve de esperar por seu título, *Chef der Bandenkampfverbände,* até 1943. Ordem de Himmler, 21 de junho de 1943, NO-1621.

14 Testemunho juramentado de von dem Bach, 21 de janeiro de 1947, NO-1906.

15 Durante o período de 6-30 de março de 1942, o *Einsatzgruppe* matou 3.358 judeus, além de outras 375 pessoas, incluindo 78 ciganos. RSHA IV-A-1, Relatório Operacional URSS nº 194 (75 cópias), 21 de abril de 1942, NO-3276.

16 Relatório Operacional da Polícia Secreta de Campo Grupo 703 (assinado por *Feldpolizeikommissar* Gasch), 24 de junho de 1942, NOKW-95. A unidade operava no setor de Vyazma. 39º Batalhão de Polícia estoniano via 281ª Divisão de Segurança Ia para Líder da Alta ss e da Polícia Norte, 28 de agosto de 1942, NOKW-2513. Polícia de Campo Secreta Grupo 722 para 207ª Divisão de Segurança Ic, etc., 25 de março de 1943, NOKW-2158. Porém, em julho de 1943, a *Organisation Todt* ainda empregava 1.615 judeus na área do Grupo de Exército Centro. Wi In Mitte para WiStOst, 5 de agosto de 1943, Wi/ID 2.59.

17 Ver anotação de um guarda da ss na prisão da Polícia de Segurança em Mogilev, 19 de março de 1942, afirmando que o Ordnungsdienst tinha trazido duas crianças judias (*Judenkinder*) naquele dia, Grupo de Registro de Arquivos 56.006 do Museu Memorial do Holocausto dos EUA (Arquivos

Na área militar a leste do *Reichskommissariat* Ucrânia, os *Einsatzgruppen* C e D estavam envolvidos em operações mais pesadas. Durante março de 1942, várias grandes cidades, incluindo Gorlovka, Makeyevka, Artemovsk e Stalino (Donetsk), foram "limpas" de judeus (*judenfrei gemacht*).[18] Em Priluki havia mil judeus. Como a situação alimentar deles era um "peso" e as condições sanitárias no bairro judeu eram "muito ruins", o Feldkommandantur 197 pediu uma "solução rápida" do "problema judeu" ali. Os judeus foram "tratados" de acordo com esse pedido pela Polícia de Segurança na primavera.[19] Em muitas partes dessa área, judeus que fugiam eram surpreendidos pelas forças militares.[20] A *Hilfspolizei* também capturava judeus que tentavam sobreviver sem documentos.[21]

O *Einsatzgruppe* D, na Crimeia, relatou em 18 de fevereiro de 1942 que quase 10 mil judeus tinham sido mortos em Simferopol – trezentos a mais do que o originalmente registrado ali.[22] Essa descoberta foi o sinal para uma operação de

---

Estatais da Bielorrússia do Mogilev Oblast), Rolo 1, Fundo 255, Opis 1, Pasta 776. Ver também *ibid.*, Rolo 2, Fundo 259, Opis 1, Pasta 45.

18 RSHA IV-A-1, Relatório Operacional URSS nº 177 (65 cópias), 6 de março de 1942, NO-3240. RSHA IV-A-1, Relatório Operacional URSS nº 187, 30 de março de 1942, NO-3237. Relatório do RSHA nº 11 para março de 1942 (100 cópias), PS-3876.

19 Relatórios de situação do *Feldkommandantur* 197 (assinados por Kriegsverwaltungsrat Heine), 20 de abril e 19 de junho de 1942, T 501, Rolo 34.

20 Um grupo guerrilheiro judeu de 25 homens foi encontrado na área de Novomoskovsk-Pavlograd. Relatório da 444ª Divisão de Segurança Ia, 22 de janeiro de 1942, NOKW-2868. Os guerrilheiros judeus eram chamados de *Judengruppe Dnjepropetrowsk.* Para outros relatórios de capturas pelos militares, ver Generalmajor Mierzinsky do *Feldkommandantur* 245/Ia para XLIV Corpo de Exército/Qu, 31 de março de 1942, e outros relatórios do mesmo *Feldkommandantur*, em NOKW-767. As capturas aconteciam na área de Slavyansk-Kramatorskaya. Também, *Feldkommandantur* 194 em Snovsk (assinado por Oberst Ritter von Würfel) para comandante da Retaguarda de Grupo de Exército Sul /Ia, 7 de abril de 1942, NOKW-2803.

21 *Feldkommandantur* (V) 198 para Sexto Exército/VII, 2 de feveiro de 1942, referindo-se a dois judeus encontrados "abrigados" em uma vila, T 501, Rolo 33. O *Feldkommandantur* cobria uma área a oeste de Kharkov.

22 RSHA IV-A-I, Relatório Operacional URSS nº 170, 18 de fevereiro de 1942, NO-3339.

varredura sistemática em toda a Crimeia.[23] A busca foi conduzida com ajuda da milícia local, uma rede de agentes e um fluxo contínuo de denúncias por parte da população.[24] O Exército deu toda a assistência. Em 15 de dezembro de 1941, o major Stephanus, especialista antiguerrilha do 11º Exército, tinha ordenado que o Abwehr e a Polícia Secreta de Campo entregassem judeus que tivessem escapado do *Einsatzgruppe*.[25] O *Kommandanturen* local e a *Gendarmerie* também se juntaram à operação.[26] Na primavera, a Crimeia já não tinha mais judeus, exceto por dois grupos em território controlado pelos sovietes, capturados pelo *Einsatzgruppe* D em julho.[27]

A situação era um pouco diferente na área a oeste do território militar. Com a chegada do inverno de 1941, um grande número de judeus ainda estava vivos na Transnístria, área administrada pela Romênia, e nos *Reichskommissariate* de Ostland e da Ucrânia. Além disso, os judeus eram um componente importante da mão de obra disponível na região. A parte ocidental da segunda varredura, portanto, nem sempre foi rápida, gerando conflitos e custos em casos específicos.

---

23 RSHA IV-A-1, Relatório Operacional URSS nº 178 (65 cópias), 9 de março de 1942, NO-3241. RSHA IV-A-1, Relatório Operacional URSS nº 184, 23 de março de 1942, NO-3235.

24 RSHA IV-A-1, Relatório Operacional URSS nº 190 (65 cópias), 8 de abril de 1942, NO-3359.

25 11º Exército Ic/Ia (assinado por Major Stephanus) para *Einsatzgruppe* D, Polícia Secreta de Campo e Abwehr, 15 de dezembro de 1941, NOKW-502. Polícia Secreta de Campo Grupo 647 para 11º Exército Ic/AO, 26 de julho de 1942, NOKW-848. Testemunho juramentado de Heinz Hermann Schubert, 7 de dezembro de 1945, NO-4816.

26 Major Erxleben (*Feldgendarmerie*) para 11º Exército OQu, 2 de fevereiro de 1942, NOKW-1283. *Ortskommandantur* Karasubar para Retaguarda do Exército, 14 de fevereiro de 1942, NOKW-1688. Relatório Operacional do *Feldkommandantur* 810/*Feldgendarmerie* (assinado por Lt. Pallmann), 3 de março de 1942, NOKW-1689. *Feldkommandantur* 810 em Eupatoria para Retaguarda do Exército, 16 de março de 1942, NOKW-1851. Relatório do *Sonderkommando* 10b, 27 de março de 1942, NOKW-635. Batalhão *Feldgendarmerie* 683 para 11º Exército OQu, 2 de abril de 1942, NOKW-1285. *Feldkommandantur* 608 para Retaguarda do Exército, 28 de abril de 1942, NOKW-1870.

27 *Ortskommandantur* Kerch para Retaguarda do Exército/Qu, 15 de julho de 1942, NOKW-1709. Kerch fica na ponta leste da península. *Ortskommandantur* Bakhchisaray para Retaguarda do Exército/Qu, 16 de julho de 1942, NOKW-1698. Bakhchisaray fica na Estrada para Sebastopol. Não há informação documental disponível sobre as operações na própria Sebastopol. Possivelmente não tenha sobrado judeus ali quando o Exército alemão chegou.

Na Transnístria, as execuções ocorreram de forma diligente. Lá, entre os rios Dniestr e Bug, o governador Alexianu emitiu um decreto, em 11 de novembro de 1941, exigindo que os judeus morassem em localidades especificadas pelo inspetor geral da *Gendarmerie*.[28] Ao mesmo tempo, o governo da Transnístria começou a concentrar os judeus no distrito de Golta, na direção do rio Bug, a fim de empurrá-los para o território ocupado pelos alemães mais a leste.

O governador do distrito de Golta era o tenente-coronel Modest Isopescu. Quando chegou ao cargo, no início de outubro de 1941, ele já tinha encontrado, junto com os judeus locais, exilados da Bessarábia. Ele planejava mudar ambos os grupos para as vilas de Bogdanovca (Bogdanovka), quando repentinamente chegaram outros 9 mil judeus, aparentemente a pé, de Odessa. Em 13 de novembro de 1941, Isopescu escreveu ao governador Alexianu que 8 mil judeus que ele tinha encontrado no distrito já haviam morrido, e 11 mil estavam abrigados nos chiqueiros de Bogdanovca, os quais geralmente mal conseguiam abrigar 7 mil porcos. Ademais, ele ouvira que outros 40 mil judeus seriam trazidos de Odessa, e pediu que esse fluxo cessasse.[29]

Em vez disso, as deportações de Golta continuaram, e um grande número de judeus, principalmente do sul da Transnístria, marcharam para lá. Isopescu organizou três claustros primitivos para eles: Bogdanovca, Dumanovca (Domanevka) e Acmecetca (Akmetchet). Esses pontos de encontro, que consistiam de casas meio destruídas, estábulos e chiqueiros, guardaram 70 mil judeus. Tuberculose, tifo e disenteria corriam soltas, e a comida era escassa. Em Bogdanovca, o maior campo, o extermínio começou em 21 de dezembro. No começo, de 4 mil a

28 Matatias Carp, ed., *Cartea Neagrǎ* (Bucareste, 1947), vol. 3, p. 200. O inspetor geral era o General C. Tobescu.

29 Jean Ancel, "The Romanian Mass Murder Campaigns in Transnistria, 1941-1942", Conferência Internacional de Pesquisadores sobre o Destino dos Judeus Romenos e Ucranianos sob o Regime de Antonescu no Museu Memorial do Holocausto dos EUA, 25-26 de junho de 1996. Os que chegaram a pé provavelmente tinham sido desviados de Dalnik. Ancel cita um grande trecho de carta de Isopescu, que encontrou nos Arquivos Nikolaev Oblast, Fundo 2178, Opis 1, Pasta 66. O número 40 mil é mencionado em um relatório de 15 de dezembro 1941-15 de janeiro de 1942, pelo coronel da *Gendarmerie* Brosteanu, como estimativa bruta dos judeus remanescentes em Odessa no começo de 1942. Texto em Dora Litani, "The Destruction of the Jews of Odessa", *Yad Vashem Studies* 6 (1967): 135-54, pp. 145-46n.

5 mil judeus doentes e enfermos foram colocados em estábulos cobertos com palha umedecida com gasolina, e incendiados. Enquanto os estábulos ainda queimavam, cerca de 43 mil foram enviados pelas florestas em grupos de 300 a 400, para serem mortos enquanto ajoelhavam nus no clima gelado à beira de um precipício. Essa operação continuou até 30 de dezembro, com uma interrupção para a celebração do Natal.[30] Durante janeiro e fevereiro de 1942, cerca de 18 mil foram mortos em Dumanovca. Em Acmecetca, onde Isopescu tinha prazer de atormentar e fotografar suas vítimas, 4 mil morreram.[31]

Havia ainda uma grande população judaica em Odessa, que tinha sobrevivido aos massacres de outubro de 1941 e não tinha sido conduzida para Golta. Em Bucareste, o marechal Antonescu estava ficando impaciente. Ele considerava os judeus remanescentes de Odessa um negócio mal-acabado, e não queria esperar que os alemães os tirassem da mão dele. Em 16 de dezembro de 1941, perguntou de forma retórica:[32]

> Estamos esperando algo ser decidido em Berlim? Estamos esperando uma decisão que diz respeito a nós? Temos de colocá-los em um lugar seguro. Enfiá-los em catacumbas, enfiá-los no Mar Negro, mas removê-los de Odessa. Não quero saber de nada. Podem morrer cem, podem morrer mil, podem morrer todos. [*Aşteptăm ce se decide la Berlin? Aşteptăm o deciziune care ne priveşte pe noi? Trebuie să-i punem in siguranţă. Bagă-i în catacombe, Bagă-i în Marea Neagr Bagă-i în, dar scoate-i din Odessa. Nu vreau să ştiu nimic. Poate să moară o sută, poate să moară o mie, poate să moară toţi.*]

---

30 Excerto de indiciamento na Corte Popular de Bucareste, em Carp, *Cartea Neagră*, vol. 3, pp. 215-16. Ver também Eugene Levai, *Black Book on the Martyrdom of Hungarian Jewry* (Zurique e Viena, 1948), pp. 72-73.

31 Excerto de indiciamento, em Carp, *Cartea Neagră*, vol. 3, pp. 225-26.

32 Ver Radu Ioanid, "When Mass Murderers Become Good Men", *Journal of Holocaust Education*, 4 (1995): 92-104, p. 101, que cita Grupo de Registro de Arquivos 25.004 do Museu Memorial do Holocausto dos EUA (Serviciul Roman de Informaţii), Rolo 31, Fundo 40010, vol. 1. Antonescu fez esse comentário durante uma reunião à qual foram Alexianu, Stoicescu, Dragos, Voiculescu, Tomescu, Marinescu e o subsecretário de Estado no Ministério das Finanças, Vulcanescu. Excertos da discussão estão em Lya Benjamin da Federação da Comunidade Judaica na Romênia, ed., *Problema evreiasca in stenogramele Consiliului de Ministri* (Bucareste, 1996), p. 365.

Entre 12 de janeiro e 23 de fevereiro de 1942, cerca de 20 mil desses judeus foram deportados para Berezovka. A estação ferroviária da cidade, a cerca de 100 quilômetros a nordeste de Odessa, estava situada no meio de um grupo de assentamentos de ucranianos e alemães étnicos. Os judeus foram conduzidos da estação para o interior, onde os alemães étnicos da *Selbstschutz* atiraram neles.[33] A contagem de mortos em maio em Berezovka foi indicada por um membro do Escritório do Exterior alemão. Cerca de 28 mil tinham sido trazidos das vilas alemãs na Transnístria, escreveu ele. "Enquanto isso, foram liquidados [*Inzwischen wurden sie liquidiert*]".[34] Essa operações foram tão desorganizadas que em fevereiro de 1942 o médico-chefe do Comando do Mar Negro do Exército, *dr.* Rinsche, pediu ao Escritório Econômico (*Wehrwirtschaftsoffizier*) da Transnístria ajuda para remover corpos judeus na estrada para Berezowka, "e assim por diante [*usw.*]". Alguns dos corpos foram jogados em um lago, e o médico ficou com medo de surgirem epidemias na primavera.[35]

Praticamente não havia mais judeus em Odessa, e no início de 1943 uma comissão judaica de Bucareste encontrou apenas uma pequena lembrança da população judaica que outrora vivera em Transnístria. O número era de 8 mil a

---

33 Comandante, *Gendarmerie* no distrito de Berezovka (major Popescu), inspetor de *Gendarmerie* na Transnístria (coronéis Brosteanu e Iliescu), Comando Militar em Odessa/Pretor (tenente-coronel Niculescu), Terceiro Exército/Pretor (coronel Barozi e tenente-coronel Poitevin), janeiro-junho de 1942, Carp, *Cartea Neagră*, vol. 3, pp. 211-12, 215, 217, 226-27. Os judeus foram transportados do gueto "provisório" de Slobodka, perto da cidade, além da própria Odessa. O uso de trens alemães foi apontado em um relatório de Brosteanu, 17 de janeiro de 1942, *ibid.* pp. 221-22. Ver também Litani, "The Destruction of the Jews of Odessa", *Yad Vashem Studies* 6 (1967): 144. Um *Kommando* alemão étnico tinha sido formado pelo Volksdeutsche Mittelstelle (VOMI) na área. Ver Valdis O. Lumans, *Himmler's Auxiliaries* (Chapel Hill, N.C., 1993), pp. 244-47, e uma declaração de um alemão étnico em Sven Steenberg, ed., *Die Russlanddeutschen* (Munique, 1989), pp. 106-8.

34 Anotação, provavelmente de Triska, 16 de maio de 1942, NG-4817. As execuções em Berezovka continuaram depois de maio. Relatório de Iliescu, 16 de junho de 1942, em Carp, *Cartea Neagră*, vol. 3, p. 227. Declaração do dr. Arthur Kessler (sobrevivente), agosto de 1959, História Oral Yad Vashem 957/78.

35 Diário de Guerra do *Wehrwirtschaftsoffizier* na Transnístria (Kriegsverwaltungsrat Dettmer), 17 de fevereiro de 1942, T 77, Rolo 1093. O rio Tiligul flui da região de Berezovka até o lago (Liman) Tiligul. O diário só se refere a "Liman".

10 mil.[36] Para esses poucos, a ameaça tinha sido amenizada, pois a polícia romena tinha estagnado em um modo estatístico de confinamento em guetos. Assim, os remanescentes de Transnístria – entre os quais havia judeus romenos expulsos, bem como judeus soviéticos nativos – tinham se tornado uma sobra da fúria romena que já havia se exaurido. Dentro dos *Reichskommissariat*, por outro lado, o desaparecimento de todos os judeus, pelo menos no fim da história, continuou sendo o objetivo principal, e em Ostland esse objetivo era afirmado e reiterado mais frequentemente que em outros locais da URSS ocupada.

O conflito surgiu em Ostland entre membros da administração civil, tentando preservar a ordem e os trabalhadores essenciais, e a SS e a Polícia, que estavam determinadas na caça da solução final. Em 11 de setembro de 1941, o *Gebietskommissar* de Šiauliai no norte da Lituânia enviou uma carta ao *Reichskommissar* Lohse sobre um pequeno incidente, que acabou sendo sintoma de um problema maior. Em Šiauliai, o *Einsatzkommando* 2 tinha deixado para trás um pequeno destacamento (*Restkommando*) comandado por um sargento da SS. Um dia, o chefe do *Einsatzkommando* 3 (Jäger) despachou seu *Obersturmführer* Hamann (comandante do *Rollkommando* organizado por Jäger) para Šiauliai, onde Hamann procurou o sargento e declarou, "em tom extraordinariamente arrogante", que a situação dos judeus em Šiauliai era uma bagunça (*ein Saustall*) e que todos os judeus na cidade tinham de ser "liquidados". Hamann então visitou o *Gebietskommissar* e repetiu, "num tom menos arrogante", por que tinha ido. Quando o *Gebietskommissar* explicou que os judeus eram necessários como trabalhadores qualificados, Hamann declarou de forma grosseira que essas questões não eram problema dele, e que a economia não lhe importava nem um pouco.[37]

Em 30 de outubro de 1941, o *Gebietskommissar* Carl, de Slutsk, Rússia Branca, relatou a Kube que o 11º Batalhão de Reserva da Polícia tinha chegado à sua cidade repentinamente para exterminar a comunidade judaica. Ele tinha implorado um adiamento para o comandante do batalhão, dizendo que os judeus estavam trabalhando como especialistas e empregados qualificados e que os mecânicos da Rússia Branca eram, "por assim dizer, inexistentes". Certamente os

---

36 Relatório de comissão assinado por Fred Saraga, 22 de março de 1943, em Jean Ancel, ed., *Documents Concerning the Fate of Romanian Jewry during the Holocaust* (n.d., completa em 1986), vol. 5, pp. 342-51.

37 Gewecke para Lohse, 11 de setembro de 1941, Occ E 3-22.

homens habilidosos teriam de ser filtrados. O comandante do batalhão não o contradisse, e a entrevista acabou numa nota de compreensão total. O batalhão de polícia então cercou o bairro judeu e arrastou todo mundo. Os russos na área tentaram desesperadamente sair. Fábricas e oficinas pararam de funcionar. O *Gebietskommissar* correu ao local. Ficou chocado com o que viu. "Não havia mais dúvida sobre uma ação contra os judeus. Parecia mais uma revolução." Tiros foram disparados. A Polícia lituana deu coronhadas de rifle nos judeus e bateu neles com cassetetes de borracha. Lojas foram reviradas. Carroças de camponeses (*Panjewagen*), que tinham sido ordenados a carregar munição, ficaram abandonadas nas ruas, com seus cavalos. Fora da cidade, as execuções em massa foram levadas a cabo rapidamente. Alguns dos judeus, feridos, mas não mortos, conseguiram sair dos túmulos. Quando o batalhão de polícia foi embora, o *Gebietskommissar* Carl tinha só um punhado de trabalhadores judeus. Em cada loja havia uns poucos sobreviventes, alguns com rostos cheios de sangue e machucados, suas esposas e filhos mortos.[38]

Quando Kube recebeu esse relatório, ficou furioso. Enviou-o para Lohse, com uma duplicata para o *Reichsminister* Rosenberg. Adicionando um comentário próprio, Kube explicou que o enterro de pessoas gravemente feridas que podiam trabalhar até a morte era um negócio tão repulsivo (*eine so bodenlose Schweinerei*) que devia ser reportado a Göring e Hitler.[39]

Em outubro de 1941, o *Reichskommisar* proibiu a execução de judeus em Liepāja (Letônia). O RSHA reclamou para o Ministério do Leste, e o dr. Leibbrandt, chefe da Divisão Política do Ministério, exigiu um relatório.[40] Na correspondência que se seguiu, o *Regierungsrat* Trampedach (Divisão Política, Ostland) explicou que as "selvagens execuções de judeus" em Liepāja tinham sido proibidas por causa da forma com eram efetuadas. Trampedach então perguntou se a carta do dr. Leibbrandt devia ser considerada uma diretiva para matar todos os ju-

---

38 Carl para Kube, 30 de outubro de 1941, PS-1104. A maioria dos membros do batalhão, sob o major Lechthaler, tinha sido enviada à Rússia Branca para ficar à disposição da 707ª Divisão. O 2º (mais tarde renumerado para 12º) Batalhão Schutzmannschaft, sob o major Impulevičius, foi designado para o batalhão de Lechthaler. Ordem de Impulevičius, 6 de outubro de 1941, Arquivos Estatais Lituanos, Fundo 1444, Opis 1, Pasta 3. Muitos dos homens em Slutsk eram lituanos.

39 Kube para Lohse, 1º de novembro de 1941, PS-1104.

40 Leibbrandt para *Reichskommissar* Ostland, 31 de outubro de 1941, PS-3663.

deus no leste, sem considerar a economia.[41] A resposta do Ministério foi que as questões econômicas não deviam ser levadas em conta na solução do problema judeu. Quaisquer disputas futuras deveriam ser resolvidas em nível local.[42] Essa declaração acabou com a luta incipiente pela preservação da mão de obra judaica. Os *Kommissarre* agora tinham de aceitar sua perda.

Na Letônia, de toda forma, só sobravam guetos remanescentes: um em Riga, um em Daugavpils e um em Liepāja. A Lituânia tinha, no total, cerca de 40 mil judeus em Šiauliai, Kaunas, Vilnas e alguns guetos menores ao redor do gueto de Vilna. Como descreveu o *Standartenführer* Jäger, na região lituana, em seu relatório de 1º de dezembro de 1941: "Quero colocar fim também ao trabalho dos judeus e de suas famílias, mas a administração civil e as Forças Armadas declararam guerra contra mim e emitiram a proibição: esses judeus e suas famílias não devem ser mortos!".[43] No *Generalkommissariat* da Rússia Branca, a estimativa em janeiro de 1942 era de 128 mil judeus.[44] Os judeus daquele *Kommissariat* foram encarcerados em vários guetos, de Minsk a Baranowicze.

A administração civil se preparou para a varredura que chegava. Os *Kommissare* prepararam listas de trabalhadores judeus insubstituíveis e ordenaram que o treinamento vocacional de jovens não judeus fosse acelerado.[45] Em junho, o *Regierungsrat* Trampedach escreveu a Kube que, na opinião do bds (Jöst), o custo do trabalhador judeu qualificado não era grande o suficiente para justificar a continuação do surgimento de perigos provenientes do apoio judeu ao movimento guerrilheiro. Kube concordava?[46] Ele respondeu que sim. Ao mesmo tempo, instruiu seus *Gebietskommissare* a cooperar com a ss e a Polícia em uma revisão do

---

41 *Reichskommissariat* Ostland para Ministério do Leste, 15 de novembro de 1941, ps-3663.

42 Dr. Bräutigam (vice de Leibbrandt) para *Reichskommissar* Ostland, 18 de dezembro de 1941, ps-3663. Sobre a tentativa de um compromisso local, ver *Reichskommissar* Ostland, iia para Líder da Alta ss e da Polícia Norte, dezembro de 1941, Occ E 3-33.

43 Relatório de Jäger, 1º de dezembro de 1941, Centro para Preservação de Coleções de documentos históricos, Moscou, Fundo 500, Opis 1, Pasta 25.

44 Minuta de relatório de um Obersturmführer (assinatura ilegível) do *Einsatzgruppe* A, Arquivos Estatais Letões, Rolo 1026, Opis 1, Pasta 3.

45 Escritório do *Hauptkommissar* de Baranowicze (assinado orr. Gentz) para Lohse, 10 de fevereiro de 1942, Occ E 3-38. O *Hauptkommissar* era Fenz.

46 Trampedach para Kube, 15 de junho de 1942, Occ E 3-40.

status essencial dos trabalhadores judeus, com o objetivo de eliminar (*auszuson-dern*) todos os trabalhadores qualificados que, "segundo os critérios mais exigentes", não fossem "absolutamente" necessários para a economia.[47]

Os judeus empregados continuaram trabalhando. Durante os meses mais tranquilos, eles se ajustavam à sua existência ameaçada, tentando a todo custo se fazer indispensáveis.[48] Sua posse mais importante era o certificado de trabalho, e nenhuma pena aplicada pela polícia do gueto por infração de regras era tão severa quanto o confisco desse documento salvador de vidas.[49]

Essa nova onda, porém, foi lançada sem demora, e a febre do extermínio infectou a burocracia. Oficiais que tinham protestado contra a destruição da mão de obra ou os métodos da ss e da Polícia agora se juntavam aos homens de Himmler, em alguns casos se superando para tornar suas áreas *judenfrei*. O *Gebietskommisar* de Baranowicze, Werner, ordenou a ss e o *Gebietsführer* Eibner a limpar os judeus do meio rural em seu Kreisgebiet,[50] e o *Gebietskommissar* de Slonim, Erren, convocou uma reunião após uma operação de limpeza de gueto para comemorar a ocasião e elogiar os melhores empregados do *Kommissariat*.[51] Em novembro de 1942, o *Reichskommissar* de Ostland foi obrigado a proibir a participação de membros da administração civil em "execuções de qualquer tipo".[52]

---

47 Kube para *Reichskommissar* Ostland, 10 de julho de 1942, incluindo diretiva da mesma data, Occ E 3-40. Sobre a destruição dos judeus bielorrussos na segunda varredura, ver também Jürgen Mätthaus, "'Reibungslos und planmässig' — Die zweite Welle der Judenvernichtung im *Generalkommissariat*Weissruthenien(1942-1944)",*JahrbuchfürAntisemitismusforschung*4(1995): 254-74.

48 *Hauptkommissar* Baranowicze (ORR. Gentz) para Lohse, 10 de fevereiro 1942, Occ E 3-38.

49 Proclamação do chefe de polícia no gueto de Vilna, 7 de junho de 1942, Coleção do Gueto de Vilna nº 17. Também, ordem dele do dia 10 de março de 1942, Coleção Vilna nº 15. Sobre passes durante execuções periódicas no gueto de Vilna, ver também Yitzhak Arad, *Ghetto in Flames* (Nova York, 1982), pp. 144-58, 161-63, 357.

50 Eibner via *Gendarmerie-Hauptmannschaft* em Baranowicze para *Kommandeur der Gendarmerie* em Minsk, 26 de agosto de 1942, Arquivos da Bielorrússia de Brest Oblast, Fundo 995, Opis 1, Pasta 7.

51 Testemunho juramentado de Alfred Metzner, 15 de outubro de 1947, NO-5530. Metzner, empregado do *Generalkommissariat* Slonim (Rússia Branca), matou pessoalmente centenas de judeus.

52 Ordem do *Reichskommissar* Ostland, 11 de novembro de 1942, NO-5437.

Com ou sem essa ajuda, a operação continuou. Em uma cidade após a outra, as comunidades judaicas desapareciam no frenesi.

O povo judeu de Ostland foi reduzido para menos de 100 mil, divididos em dois grupos: judeus que tinham fugido para as florestas e os remanescentes nos guetos e campos. Os judeus nas florestas e nos campos eram um problema especial, pois não estavam mais sob controle. Eles tinham fugido e agora estavam escondidos. Consequentemente, eram mais importantes do que seu número (na casa dos milhares) indicaria. No geral, era possível distinguir, entre os judeus da floresta, três tipos de sobreviventes: (1) judeus individuais que estavam escondidos;[53] (2) judeus no movimento guerrilheiro soviético;[54] (3) judeus reunidos em unidades judaicas.[55] Os judeus ainda sob controle viviam nos guetos de Ostland, da seguinte forma:[56]

---

53 Esses judeus tinham uma existência precária. Ver M. Cherszstein, *Geopfertes Volk: Der Untergang des polnischen Judentums* (Stuttgart, 1946), pp. 26-40. Cherszstein é um sobrevivente que se escondeu nas florestas.

54 Os primeiros relatos de movimentos judeus para a guerrilha foram recebidos no inverno de 1941-42. Wehrmachtbefehlshaber Ostland/Destacamento de Propaganda (assinado por Oberleutnant Knoth) para comandante da Retaguarda do Grupo de Exército Norte, relatório sem data recebido em 8 de fevereiro de 1942, NOKW-2155. Em junho de 1942 algumas unidades de guerrilha estavam eliminando "judeus impopulares e outros elementos antissociais por meio de julgamento e execução públicas". Propaganda Abteilung Ostland para Wehrmachtpropaganda, 4 de junho de 1942, OKW-745. Similarmente, Propaganda Abteilung W para OKW/WPr Ie, 4 de agosto de 1942, OKW-733. Ver também Schwarz, *The Jews in the Soviet Union*, pp. 321-30.

55 OKH/Chefe da Polícia Secreta de Campo para grupos de Exército e Exércitos no Leste, 31 de julho de 1942, NOKW-2535. Kreisverwaltung Koslovchisna para *Gebietskommissar* em Slonim, 3 de novembro de 1942, EAP 99/88. RR. dr. Ludwig Ehrensleitner (representando o *Gebietskommissar* Erren de Slonim) para Kube, 21 de março de 1943, Occ E 3a-16. Relatórios da 69ª Divisão de Jäger (na Lituânia) para 3º Exército Panzer, 30-31 de agosto de 1944, NOKW-2322. Sobre relações entre unidades judaicas e soviéticas, ver Tobias Bielski, "Brigade in Action", em Leo W. Schwarz, ed., *The Root and the Bough* (Nova York, 1949), pp. 112-14.

56 Relatório RSHA nº 7, 12 de junho de 1942, NO-5158. Relatório RSHA nº 8, 19 de junho de 1942, NO-5157. *Generalkommissar* Rússia Branca para Ministério do Leste, 23 de novembro de 1942, Occ E 3-45. A Estônia era *judenrein*. RSHA IV-A-1, Relatório Operacional URSS nº 155, 14 de janeiro de 1942, NO-3279. Os números do gueto não incluem os deportados do Reich na Letônia nem todos os judeus nos campos. Quando os judeus dos campos foram transferidos para os guetos em 1943, a população

Letônia	4.000
Lituânia	34.000
Rússia Branca	30.000
	68.000

Esses guetos se tornaram um problema porque eles também viraram o centro da resistência.

Os judeus da floresta eram alvos de operações antiguerrilha de larga escala. Cada uma dessas buscas cobria uma área específica. Quaisquer fugitivos dos guetos encontrados sozinhos ou em unidades guerrilheiras eram eliminados. Na prototípica "Operação Febre dos Pântanos" (*Aktion Sumpffeber*), executada por Jeckeln em agosto-setembro, 389 "bandidos" foram mortos em combate, 1.274 pessoas suspeitas foram assassinadas e 8.350 judeus foram massacrados por princípio.[57]

Seguindo a criação do comando antiguerrilheiro de von dem Bach, *Bandenkampfverbände* liderados pelo *Brigadenführer* von Gottberg foram postos em ação na Rússia Branca. Em 26 de novembro de 1942, von Gottberg relatou 1.826 judeus mortos, "sem contar bandidos, judeus, etc., queimados em casas ou abrigos subterrâneos". Era a "Operação Nuremberg".[58] Em 21 de dezembro, von Gottberg relatou mais 2.958 judeus mortos na "Operação Hamburgo".[59] Em 8 de março de 1943, ele relatou 3.300 judeus mortos na "Operação Hornung".[60] Ainda assim, alguns milhares sobreviveram nas florestas até a chegada do Exército Vermelho.

---

do gueto na Letônia aumentou para quase 5 mil. Kds Letônia (Obf. Pifrader) para Lohse, 1º de agosto de 1943, Occ E 3bα-29. A população do gueto na Lituânia aumentou para mais de 40 mil. Relatório do Kds Lituânia para abril de 1943, Occ E 3bα-95; relatório do *Generalkommissar* Lituânia para abril e maio de 1943, Occ E 3bα-7. Mais tarde em 1943, milhares de judeus, a maioria deles do gueto de Vilna, foram trazidos para a Estônia para projetos de construção e produção de xisto petrolífero. Ver diário de guerra do *Mineralolkömmando* Estland/Gruppe Arbeit, novembro de 1943 a janeiro de 1944, Wi/ID 4.38, e relatórios e correspondência do Kontinentale Öl A.G. in Wi/I .32.

57 Relatório do Líder da Alta SS e da Polícia Norte, 6 de novembro de 1942, PS-1113.

58 *Brif.* Gottberg para *Gruf.* Herff, 26 de novembro de 1942, NO-1732.

59 Gottberg para Herff, 21 de dezembro de 1942, NO-1732. Também o Relatório RSHA nº 38, 22 de janeiro de 1943, NO-5156.

60 Gottberg para Herff, 8 de março de 1943, NO-1732. Relatório RSHA nº 46, 19 de março de 1943, NO-5164. Ver também relatório de Kube sobre a "Operação *Kottbus*", 1º de junho de 1943, R-135. Esse relatório não especifica os judeus mortos, mas Lohse, relatando a questão a Rosenberg, comentou sobre os 9.500 "bandidos" e "suspeitos" mortos, da seguinte forma: "O fato de os

Em conjunto com as operações antiguerrilha, foi montado o palco para a destruição dos guetos restantes de Ostland. Em 23 de outubro de 1942, o dr. Leibbrandt, chefe da Divisão Política do Ministério do Leste, enviou a seguinte carta ao *Generalkommissar* Kube:

> Peço um relatório sobre a situação judaica no Generalbezirk Rússia Branca, especialmente referindo-se a quantos judeus ainda estão empregados por escritórios alemães, seja como intérpretes, mecânicos, etc. Peço uma resposta imediata, pois pretendo trazer uma solução para o problema judeu tão logo quanto possível.[61]

Após uma demora considerável, Kube respondeu que, em cooperação com a Polícia de Segurança, as possibilidades de maior repressão ao povo judeu (*die Möglichkeiten einer weiteren Zurückdrängung des Judentums*) passavam por constante aprimoramento e traduziam-se em ação.[62] Em abril de 1943, no entanto, Gottberg reclamou que os judeus ainda estavam sendo empregados em posições-chave, ainda ocupavam escritórios centrais e inclusive a ideia de um tribunal judeu ainda vigorava.[63]

Como Kube indicara, a redução dos guetos de Ostland com seus remanescentes de mão de obra qualificada era um processo lento e sofrido. Durante esse processo, dois centros de resistência emergiram no território, um dentro dos guetos e o outro na figura do próprio *Generalkommissar* Kube.

---

judeus terem recebido tratamento especial não exige mais discussão. Porém, parece inacreditável que isso seja feito da forma descrita no relatório do *Generalkommissar*. [...] Como Katyn é contra isso?". Lohse para Rosenberg, 18 de junho de 1943, R-135. Katyn é uma referência à reivindicação alemã de que os soviets tinham massacrado oficiais poloneses na floresta de Katyn.

61 Leibbrandt via Lohse para Kube, 23 de outubro de 1942, Occ E 3-45.

62 *Generalkommissar* da Rússia Branca para Ministério do Leste, 23 de novembro de 1942, Occ E 3-45.

63 Discurso de von Gottberg para oficiais da ss e da Polícia, 10 de abril de 1943, Institut für Zeitgeschichte, Munique, Fb 85/I. Ele relatou ter matado 11 mil judeus em todo o mês de março de 1943. Em uma reunião liderada pelo *Reichsminister* Rosenberg em 13 de julho de 1943, Kube notou que 16 mil judeus na Rússia Branca estavam fabricando carroças (*Panjewagen*) para o Exército. Ele defendeu a retirada desses judeus, mas sob a condição de que fossem substituídos por trabalhadores não judeus. Resumo da reunião preparado por ORR Hermann, 20 de agosto de 1943, NO-1831.

Dentro dos guetos, tentativas judaicas de organizar um movimento de resistência eram, em grande parte, inúteis. Em Riga, judeus armados fugindo do gueto eram interceptados na estrada, e equipes de polícia judaicas eram mortas em represália.[64] Subsequentemente, em outubro de 1943, a polícia judaica começou a praticar com armas de fogo, mas foi pega antes de disparar um tiro.[65]

Durante 1944, no gueto de Kaunas, a polícia judaica, com cerca de 140 homens, protegeu e ajudou um movimento crescente de resistência. Eles foram presos em 27 de março e mortos.[66] Em 19 de abril, o KdS na Lituânia, *Oberführer* dr. Fuchs, relatou que a SS descobrira 25 bunkers, alguns bem-camuflados, no gueto. Os judeus, disse ele, também tinham armas e munição. Ele então entrou em detalhes para descrever uma tentativa de fuga. Doze judeus e um comunista lituano tinham obtido uma caminhonete de uma guarda lituana para se juntar aos guerrilheiros comunistas na floresta de Rudniki. Um informante revelou o plano à SS e o caminhão foi interceptado do lado de fora do gueto. Os judeus abriram fogo com duas pistolas automáticas e dois revólveres, matando um homem da SS. No fim do combate, dois dos judeus e o comunista lituano escaparam, e o resto foi morto, ferido e capturado.[67]

No gueto de Vilna, onde a maioria dos habitantes judeus tinha sido morto em 1941, uma Organização de Guerrilha Unida (*Fareinikte Partisaner Organizatzie*) foi formada em janeiro de 1942. Sua liderança era composta de comunistas, nacionalistas sionistas revisionistas e membros dos movimentos sionistas Hashomer Hatzair e Hanoar Hazioni. O comando desse amálgama político incomum foi confiado ao comunista Yitzhak Witenberg.

A autoimposta missão dos guerrilheiros de Vilna era lutar uma batalha aberta no momento em que o gueto enfrentava a dissolução total. Enquanto esperavam o confronto, tinham de lidar com uma população que era dada a ilusões e tinham de resolver contradições internas entre as prioridades judaicas e as comunistas.

---

64 Julgamento de uma corte de Hamburgo contra Karl Tollkühn, 9 de maio de 1983, (89) 1/83 Ks, pp. 26-36, 66-85.

65 Jeanette Wolff em Eric H. Boehm, ed., *We Survived* (New Haven, 1949), pp. 262-63. Wolff sobreviveu em Riga.

66 Samuel Gringauz, "The Ghetto as an Experiment in Jewish Social Organization", *Jewish Social Studies* II (1949): 14. Gringauz era um sobrevivente do gueto.

67 KdS/IV-B (assinado pessoalmente por Fuchs), para RSHA/IV-B, cópia para BdS Ostland, 19 de abril de 1944, Arquivo Estatal Centro em Vilnius (Vilna), Fundo 1399, Lista I, Pasta 102.

O dilema da Organização de Guerrilha Unida se acentuou quando comunistas não judeus nas florestas pediram reforços do gueto, e quando alguns judeus guerrilheiros quiseram sair por conta própria. O chefe do gueto judeu, Jacob Gens, se opôs a essas deserções, já que sua política de salvar o gueto mantendo a maior força de trabalho possível exigia a presença de jovens fortes para proteger os dependentes vulneráveis incapazes de executar trabalho pesado. Gens sabia da resistência, mas só a tolerava como último recurso e sob a condição de que não interferisse em sua estratégia.

Em julho de 1943, os alemães capturaram os líderes comunistas lituanos e poloneses, e descobriram a identidade comunista de Witenberg. A polícia alemã exigiu que ele se rendesse com ameaças implícitas de represálias em massa. Como Witenberg estava escondido em um prédio do gueto, Gens despachou seus homens do Exército com pedras contra os guerrilheiros reunidos. O ataque foi repelido, mas a discussão não tinha terminado. Witenberg queria que seus guerrilheiros lutassem ali mesmo, emboras eles não acreditassem que tinha chegado a hora do gueto nem que os alemães sabiam de sua organização. Portanto, rejeitaram, e Witenberg saiu do gueto para morrer. Segundo alguns relatos, Gens deu a ele uma pílula de cianeto; outras histórias indicam que seu corpo foi encontrado mutilado no dia seguinte.

Em agosto e setembro de 1943, o gueto de Vilna foi dissolvido. A maior parte de seus presos foram enviados à Estônia e à Letônia, onde ficaram sujeitos ao desgaste e a execuções, e dali o restante foi enviado ao campo de concentração de Stutthof. Outros milhares foram enviados ao campo de extermínio de Sobibor, e outros ainda foram reunidos e mortos. Durante essas deportações, representadas como recolocações de trabalho, a Organização de Guerrilhas Unidas percebeu que não tinha o apoio da comunidade judaica para uma batalha. A organização deixou o gueto em pequenos grupos, indo para a floresta, e acabou vítima de emboscadas, reagrupamentos e capturas. O próprio Gens foi chamado para uma reunião com os alemães. Sua sepultura já tinha sido cavada. Sua morte deixou o gueto sem líder em seus últimos dias.[68] Um sobrevivente, refletindo sobre essa história após a guerra, comentou: "Hoje devemos confessar o erro da decisão da equipe

---

68 Para um relato completo desses acontecimentos, ver Arad, *Ghetto in Flames*, pp. 221-70, 373-470. Outras descrições são oferecidas por Leonard Tushnet, *The Pavement of Hell* (Nova York, 1972), pp. 141-99, e Joseph Tenenbaum, *Underground* (Nova York, 1952), pp. 349-50, 352-54. As fontes

que forçou Vitenber [*sic*] a se oferecer em sacrifício em troca de vinte mil judeus. [...] Devíamos ter nos mobilizado e lutado".[69]

A resistência pós-climática do *Genralkomissar* Kuba foi um dos episódios mais esquisitos da história do regime nazista. Sua luta contra a ss e a Polícia foi peculiar. Kube era um "antigo" nazista que já tinha sido purificado (ele havia sido *Gauleiter*). Como tinha indicado em uma de suas cartas, era certamente um homem "duro", e estava pronto para "ajudar a resolver o problema judeu".[70] Mas sua crueldade tinha limites.

Em 1943, Kube teve uma séria discussão com o comandante da Polícia de Segurança e da sd (KdS) na Rússia Branca, *ss-Obersturmbannführer* Strauch. Em 20 de julho, Strauch prendeu setenta judeus empregados por Kube e matou-os. Kube telefonou imediatamente para Strauch e acusou-o de trapaça. Se os judeus de seu escritório eram mortos, mas os que trabalhavam para a *Wehrmacht* eram deixados em paz, isso era um insulto pessoal. Um pouco atordoado, Strauch respondeu que "não conseguia entender como homens alemães podiam brigar por causa de alguns judeus". A conversa continua:

> Mais uma vez me confrontei com o fato de que meus homens e eu recriminávamos o barbarismo e o sadismo, enquanto eu não fazia nada a não ser cumprir meu dever. Até o fato de que médicos especialistas tinham removido de forma apropriada o ouro dos dentes dos judeus que tinham sido designados para tratamento especial virou assunto. Kube garantiu que esse método não era digno de um alemão e da Alemanha de Kant e Goethe. Era culpa nossa que a reputação da Alemanha estava sendo arruinada no mundo todo. Também era verdade, disse ele, que meus homens literalmente satisfaziam seu desejo sexual durante essas execuções. Protestei energicamente contra essa afirmação e enfatizei que era lamentável que nós, além de ter feito esse trabalho sujo, também fossemos alvo de linchamento.[71]

---

nesses livros são diários contemporâneos e testemunhos pós-guerra dos judeus que viveram no gueto.

69 Abraham Sutzkever, "Never Say This Is the Last Road", em Schwarz, *The Root and the Bough*, pp. 66-92; citação da p. 90.

70 Kube para Lohse, 16 de dezembro de 1941, Occ E 3-36.

71 Arquivo de memorando de Strauch, 20 de julho de 1943, NO-4317. Sobre a extração de dentes, ver relatório do carcereiro Guenther para Kube, 31 de maio de 1943, R-135.

Cinco dias depois, Strauch enviou uma carta ao *Obergruppenführer* von dem Bach, na qual recomendava a demissão de Kube. Em uma longa lista de detalhes, Strauch destacou que Kube, há muito tempo, favorecia os judeus, especialmente os do Reich. No que dizia respeito aos judeus russos, Kube podia estar com a consciência tranquila porque a maior parte deles era "ajudante de guerrilheiros", mas ele não conseguia distinguir entre alemães e judeus alemães. Ele insistiu que os judeus faziam arte. Ele expressou seu afeto por Offenbach e Mendelsshohn. Quando Strauch discordou, Kube disse que jovens nazistas não sabiam nada desse tipo de coisa. Repetidamente Kube mostrara abertamente seus sentimentos. Ele chamou de "porco" um policial que matara um judeu. Quando um judeu correu para uma garagem pegando fogo para salvar o valioso carro do *Generalkommissar*, Kube apertou a mão do homem e agradeceu-o pessoalmente. Quando o Judenrat em Minsk tinha sido ordenado a preparar 5 mil judeus para "reassentamento", Kube chegou a alertar os judeus. Ele também protestou veementemente que quinze judeus e judias que tinham sido feridos fossem encaminhados, cobertos de sangue, pelas ruas de Minsk. Assim, Kube tinha procurado colocar o carimbo do sadismo na ss.[72]

Apesar de a recomendação de Strauch (tecnicamente subordinado ao *Generalkommissar*) para que Kube fosse dispensado não ter sido efetivada, Rosenberg decidiu despachar o *Staatssekretär* Meyer para Minsk para dar um "aviso sério" a Kube.[73] Em 24 de setembro de 1943, a imprensa alemã reportou que Kube tinha sido assassinado "por agentes bolchevistas de Moscou"[74] (ele foi morto por uma empregada em sua casa). Himmler achava que a morte de Kube era uma "bênção" para a Alemanha – no que lhe dizia respeito, o *Generalkommissar* estava a caminho de um campo de concentração, de toda forma, pois sua política em relação aos judeus estava "à beira da traição".[75]

---

72 Strauch para von dem Bach, 25 de julho de 1943, NO-2262. Depois da guerra, em Nuremberg, von dem Bach chamou Strauch de "o homem mais nojento que já conheci na vida [*den übelsten Menschen, dem ich meinem Leben begegnet bin*]". Von dem Bach em *Aufbau* (Nova York), 6 de setembro de 1946.

73 Berger (chefe do Escritório Principal da ss) para Brandt (Equipe Pessoal de Himmler), 18 de agosto de 1943, NO-4315.

74 "*Gauleiter* Kube Ermordet", *Deutsche Ukraine-Zeitung,* 24 de setembro de 1943, p. 1.

75 Von dem Bach em *Aufbau* (Nova York), 6 de setembro de 1946, p. 40.

Alguns meses antes da morte de Kube, Himmler decidira liquidar todo o sistema de gueto.[76] Guetos deviam ser transformados em campos de concentração. Sua decisão parece ter sido suscitada, pelo menos em parte, por relatórios de que os judeus estavam empregados em posições confidenciais e que, nas palavras de Kaltenbrunner, as relações pessoais entre os alemães do Reich e mulheres judias tinham "passado dos limites que, por motivos ideológicos [weltanschaulichen] e político-raciais, deveriam ter sido observados muito severamente".[77] O Ministério do Leste concordou com a decisão de Himmler.[78]

A conversão para administração de campos de concentração foi executada sem problemas na Letônia.[79] Na Lituânia, a rendição da jurisdição para a ss e a Polícia foi acompanhada por operações de extermínio de larga escala. Em Kaunas, vários milhares de judeus foram mortos, e o restante foi distribuído em dez campos de trabalho. O esvaziado gueto de Vilna, onde a ss e a Polícia tinham encontrado "certas dificuldades", foi "totalmente" limpo de seus últimos habitantes.[80] Na Rússia Branca, duas concentrações de judeus permaneceram, em Lida e Minsk. Os judeus de Minsk foram enviados à Polônia.[81]

Desse modo, ao fim de 1941, o povo judeu de Ostland tinha encolhido a algumas dezenas de milhares, que só podiam esperar a evacuação ou a morte. Eles agora eram detentos de campos de concentração, totalmente dentro da jurisdição da ss e da Polícia. Mas ainda eram assuntos da mesma controvérsia.

Já em 10 de maio de 1944, o *Ministerialdirektor* Allwörden do Ministério do Leste enviou uma carta ao *Obergruppenführer* Pohl do Escritório Principal

---

76 Himmler para Líder da Alta ss e da Polícia Norte e Chefe do wvha (Pohl), 21 de junho de 1943, no-2403.

77 Kaltenbrunner (successor de Heydrich como chefe do rsha) para escritórios principais da ss, 13 de agosto de 1943, no-1247.

78 Memorando do orr. Hermann, 20 de agosto de 1943, sobre reunião interministerial de 13 de julho de 1943, no-1831.

79 KdS Letônia (*Obf.* Pifrader) para Lohse, 1º de Agosto de 1943, Occ E 3bβ-29.

80 Relatório do *Generalkommissar* Lituânia (von Renteln) para agosto-setembro de 1943, 16 de novembro de 1943, Occ E 3α-14.

81 Rudolf Brandt (Equipe Pessoal de Himmler) para Berger, julho de 1943, no-3304. Ver resumo de reunião do Ministério do Leste, 14 de julho de 1943, wi/id 2.705. Resumo de reunião do wistost, 13/14 de setembro de 1943 wi/id .43.

Econômico-Administrativo da ss (WVHA) na qual dizia que o ministério de Rosenberg reconhecia a jurisdição exclusiva da ss nas questões judaicas. Ele também admitia que a administração dos campos e das atividades de trabalho nos campos permaneceria nas mãos da ss. Mas "insistia" no pagamento continuado de salários diferenciados ao Escritório de Finanças do *Reichskommissar*. O ministério de Rosenberg não podia se "resignar" com essa perda.[82]

Essa correspondência precedeu a quebra dos campos bálticos em apenas alguns meses. De agosto de 1944 a janeiro de 1945, vários milhares de judeus foram transportados para campos de concentração no Reich. Em um campo em Klooga, Estônia, onde o *Einsatzgruppe* Russland Nord da *Organisation Todt* operava uma serraria e uma fábrica de produção de barracas com mão de obra judaica vinda da Letônia, os detentos foram mortos logo antes da chegada do Exército Vermelho. Os corpos, empilhados entre toras de madeira, foram abandonados.[83]

A chacina prolongada era a característica particular de Ostland. No *Reichskommissariat* Ucrânia, a segunda varredura foi mais maciça e rápida. As grandes cidades já não continham muitos judeus. Só alguns indivíduos permaneciam escondidos em Kiev,[84] e apenas 702 judeus foram registrados em Dnepropetrovsk.[85] Na porção ocidental do *Reichskommissariat*, porém, especialmente em Volhynia-Podolia, cerca de 400 mil judeus estavam concentrados em guetos e campos de trabalho. Lá, a produção era primitiva, mas necessária, e o Inspetor de Armamentos, *Generalleutnant* Leykauf, estava apreensivo em perder sua mão de obra.

Em 2 de dezembro de 1941, o inspetor enviou um relatório do especialista *Oberkriegsverwaltungsrat* professor Seraphim, para o chefe do Escritório de

---

82 Von Allwörden para Pohl, 10 de maio de 1944, NO-2074. Dr. Lange (Ministério do Leste) para Ministro das Finanças von Krosigk, 24 de julho de 1944, NO-2075.

83 Franz W. Seidler, *Die Organisation Todt* (Bonn, 1998), pp. 102, 143. Uma fotografia dos corpos, encontrada pelos soviéticos na captura de Klooga ao fim de setembro de 1944, está em *Encyclopedia of the Holocaust*, ed. Israel Gutman (Nova York, 1990), vol. 2, p. 807.

84 Um membro da Polícia de Segurança, responsável por manter uma lista das pessoas apreendidas durante um ano e meio após o massacre de setembro de 1941, lembra-se de aproximadamente 6 mil entradas, das quais uma minoria eram nomes de judeus. Interrogatório de Eduard Karl Boll, 2 de julho de 1959, em processo contra Erich Ehrlinger perante uma corte de Karlsruhe, Js 2158/58, vol. 4, p. 2337 e ss.

85 "Das Schicksal von Dnjepropetrovsk", *Krakauer Zeitung*, 10 de fevereiro de 1942, p. 4.

Economia-Armamentos no OKW, Thomas. Leykauf se esforçou para mostrar que o relatório era pessoal e não oficial. Ele pediu que fosse obtida permissão expressa de Thomas para qualquer distribuição.

Seraphim escreveu que obviamente "o tipo de solução do problema judeu" na região ucraniana se baseava em premissas ideológicas, não em considerações econômicas. Até então, entre 150 mil e 200 mil judeus tinham sido "executados" no *Reichskommissariat*. Consequentemente, um número considerável de "comedores supérfluos" tinha sido eliminado. Sem dúvida essas pessoas também eram um elemento hostil "que nos odiava". Por outro lado, os judeus tinham estado "ansiosos" e "obedientes" desde o início. Eles tentaram evitar tudo o que podia desagradar a administração alemã. Não tiveram papel significativo em sabotagens e tampouco representavam perigo às Forças Armadas. Apesar de motivados apenas pelo medo, produziam bens em quantidades satisfatórias.

Além disso, o extermínio dos judeus não era o único problema. A população urbana e os trabalhadores das fazendas já estavam passando fome. "É preciso perceber", concluiu Seraphim, "que na Ucrânia apenas ucranianos podem produzir bens econômicos. Se matarmos os judeus, deixarmos os prisioneiros de guerra perecer, condenarmos partes consideráveis da população urbana a morrer de fome e também perdermos parte da população das fazendas para a fome durante o ano que vem, a questão continua sem resposta: quem, no mundo todo, deve produzir algo de valor aqui?".[86]

Por mais de sete meses a ss esteve inerte, e todas as preocupações pareciam amainadas. Os judeus começaram a ter esperança e até confiança. Na área de Kamenets-Podolsky, um trabalhador judeu aproximou-se de um sargento alemão da *Gendarmerie* e comentou: "Você não vai nos matar; somos especialistas".[87] Contudo, em agosto de 1942, começaram as execuções em massa.

Nesse ponto, a Inspetoria de Armamentos contatou o *Reichskommissar* e seu representante, *Regierungspräsident* Dargel, com o objetivo de preservar o fornecimento de mão de obra judaica para a construção de cabanas de madeira compensada. A Inspetoria descobriu que a administração civil não estava disposta a intervir.

---

86 Inspetor de Armamento Ucrânia para General Thomas, incluindo relatório de Seraphim, 2 de dezembro de 1941, PS-3257.

87 *Gendarmeriemeister* Fritz Jacob para *Obergruppenführer* Rudolf Querner (carta pessoal), 21 de junho de 1942, NO-5655.

Apelando por meio de escritórios militares, a Inspetoria ficou sabendo que o próprio Himmler tinha garantido um alívio aos trabalhadores até que os pedidos militares por cabanas tivessem sido entregues.[88] Era uma concessão pequena.

A maneira de execução em 1942 era diferente da de 1941. No ano anterior, os judeus tinham sido pegos de surpresa; agora, eles sabiam do perigo. Portanto, os alemães não usavam mais armadilhas. As operações de limpeza dos guetos da segunda varredura exigiam preparativos meticulosos e a mobilização de todas as forças disponíveis. Em Pinsk, vários batalhões da Polícia de Ordem foram montados para cercar e capturar os judeus, enquanto membros da Polícia de Segurança estavam a postos no local da execução.[89] O fim do gueto remanescente de Slutsk foi planejado pelo *Obersturmbannführer* Strauch nos mínimos detalhes, diferentemente da operação caótica de 1941. Ele reuniu várias dezenas de oficiais e homens da ss, bem como a Polícia de Ordem e uma Companhia letã que pertencia à Polícia de Segurança. O pessoal da ss foi designado pelo nome aos fossos I e II.[90]

Cavar túmulos era o primeiro passo em uma operação de limpeza de gueto. Em geral, um destacamento de trabalho judeu tinha de realizar essa tarefa.[91] Na véspera de uma *Aktion*, um ar de intranquilidade invadia o bairro judeu. Às vezes, representantes judeus aproximavam-se de empresários alemães pedindo para estes intercederem.[92] As judias que se ofereciam aos policiais eram usadas durante a noite e mortas de manhã.[93]

---

88 Relatório da Inspetoria de Armamento (assinado por Ziegler) para 1-15 de setembro de 1942, T 77, Rolo 1093.

89 As forças da Polícia de Ordem consistiam no 306º e 310º Batalhões do 15º Regimento de Polícia e do independente Batalhão de Polícia Montada II. O comandante do regimento era o Coronel Emil Kursk; o comandante do batalhão montado era o Major Wilhelm Hofmann. Indiciamento de Johann Kuhr e outros perante uma corte de Frankfurt, 28 de março de 1968, 4 Js 901/62, pp. 83-90. O KDS em Volhynia-Podolia, Obersturmbannführer Putz, tinha uma filial (*Aussenstelle*) em Pinsk. *Ibid.*

90 Ordem de Strauch, 3 de fevereiro de 1943, Centro de Coleções Históricas, Moscou, Fundo 500, Opis 1, Pasta 764.

91 Testemunho juramentado de Alfred Metzner, 15 de outubro de 1947, NO-5530. Metzner, um empregado do *Generalkommissariat* em Slonim, Rússia Branca, matou centenas de judeus.

92 Testemunho juramentado de Hermann Friedrich Graebe, 10 de novembro de 1945, PS-2992. Graebe era de uma firma alemã em Sdolbunov, Ukraine.

93 Testemunho juramentado de Alfred Metzner, 18 de setembro de 1947, NO-5558.

A operação de verdade começaria cercando o gueto com um cordão policial.[94] Frequentemente, a operação era programada para começar ao raiar do dia, mas às vezes era executada à noite, com holofotes direcionados ao gueto e sinalizadores iluminando todo o interior.[95] Então, pequenos destacamentos de polícia, empregados do *Kommissariat* e homens que trabalhavam na rodovia armados com pés de cabra, rifles, granadas de mão, machados e enxadas entravam no bairro judeu.[96]

Grande parte dos judeus se moveu imediatamente para o ponto de encontro. Muitos, porém, permaneceram em suas casas, com as portas fechadas, rezando e consolando um ao outro. Frequentemente se escondiam em porões ou deitavam entre o chão e as tábuas de madeira.[97] As incursões andavam pelas ruas gritando "Abram as portas, abram as portas!".[98] Invadindo as casas, os alemães jogavam granadas de mãos nos porões, e algumas "pessoas especialmente sádicas [*besonders sadistische Leute*]" disparavam projéteis traçantes à queima-roupa. Durante uma operação em Slonim, muitas casas foram incendiadas até que todo o gueto virasse um amontoado de chamas. Alguns judeus que sobreviveram em porões e passagens subterrâneas morreram asfixiados ou foram esmagados pelos prédios que caíram. Outros invasores então chegavam com latas de gasolina e queimavam os mortos e feridos nas ruas.[99]

---

94 Relatório de *Hauptmann* der Schutzpolizei Saur sobre operação em Pinsk, sem data, provavelmente novembro de 1942, URSS-119a. Saur liderou a 2ª Companhia de Batalhão de Polícia 310 no 15° Regimento de Polícia.

95 Testemunho juramentado de Graebe, 10 de novembro de 1945, PS-2992.

96 Relatório de Saur, URSS-199a; e testemunhos juramentados citados acima.

97 Testemunho juramentado de Metzner, 18 de setembro de 1947, NO-5558.

98 Testemunho juramentado de Graebe, 10 de novembro de 1945, PS-2992.

99 Testemunho juramentado de Metzner, 18 de setembro de 1947, NO-5558. Ver também *Zentral-Handelsgesellschaft Ost für Landwirtschaftlichen* Absatz mbH., Nebenstelle Slutsk para *Hauptkommissar* Paulsen em Minsk, 5 de agosto de 1942, sobre a polícia atirando fogo no gueto de Kopyl, a noroeste de Slutsk. Grupo de Registro de Arquivos 53.002 do Museu Memorial do Holocausto dos EUA (Arquivos Estatais da Bielorrússia), Rolo 11, Fundo 370, Opis 1, Pasta 485. No distrito de Głębokie, do *Hauptkommissariat* Minsk, nove pequenos guetos foram limpos pela Polícia de Segurança, reforçada pela *Gendarmerie*, do fim de maio ao começo de junho de 1942. Em um gueto, houve uma grande tentativa de fuga, e em três outros os próprios judeus colocaram fogo para facilitar a fuga através da fumaça. *Gebietskommissar* Petersen de Głębokie para *Hauptkommissar* Paulsen de Minsk, 1° de julho de 1942, Arquivos Estatais da Bielorrússia, Fundo 370, Opis 1, Pasta 483.

Enquanto isso, os judeus que tinham voluntariamente deixado suas casas esperavam no ponto de encontro. Às vezes, eles eram forçados a agachar para facilitar a supervisão.[100] Então, caminhões os levaram em grupos para a trincheira, onde foram descarregados com ajuda de rifles e chicotes. Eles tinham de tirar as roupas e se submeter a inspeções. Então, eram executados ou em frente da trincheira ou pelo método "sardinha", dentro dela.

O modo de execução dependia muito da sobriedade dos assassinos. Muitos estavam bêbados na maior parte do tempo; só os "idealistas" evitavam o uso do álcool. Os judeus se submetiam sem resistir e sem protestar. "Era incrível", relata uma testemunha alemã, "como os judeus entravam nos túmulos, só com condolências mútuas para fortalecer seus espíritos e facilitar o trabalho dos comandos de execução".[101] Quando a execução acontecia na frente da trincheira, as vítimas às vezes ficavam paralisadas de terror. Bem na frente delas, havia judeus assassinados, deitados imóveis. Alguns cadáveres ainda tremiam, com o sangue correndo do pescoço. Os judeus eram mortos se tentassemm se afastar da beira da trincheira, e outros judeus rapidamente os puxavam para baixo.

No local da execução havia também alguns "sadistas cruéis". Segundo um ex-participante dessas operações, sadista era o tipo de homem que arremassava o punho na barriga de uma grávida e a jogava viva na sepultura.[102] Por causa da embriaguez dos assassinos, muitas das vítimas eram largadas lá a noite toda, respirando e sangrando. Durante uma operação em Slonim, alguns desses judeus se arrastaram, nus e cobertos de sangue, até Baranowicze. Quando os habitantes ameaçaram entrar em pânico, auxiliares nativos foram enviados imediatamente para capturar e matar esses judeus.

O *Gebietskommissar* de Slonim, Erren, costumava convocar uma reunião depois de cada operação de limpeza de gueto. Era uma ocasião festiva, e os empregados do *Kommissariat* que tinham se destacado eram elogiados. Erren, que talvez fosse mais ansioso que a maior parte de seus colegas, adquiriu o título de "*Gebietskommissar* Sangrento".[103]

---

100 Testemunho juramentado de Graebe, 10 de novembro de 1945, PS-2992.

101 Testemunho juramentado de Metzner, 18 de setembro de 1947, NO-5558.

102 *Ibid.*

103 *Ibid.* Houve ocorrências similares em Slutsk, Terespol e Pinsk. *Gebietskommissar* Carl para Kube, 30 de outubro de 1941, PS-1104; testemunho juramentado de Franz Reichrath, 14 de

No *Generalkommissariat* de Volhynia-Podolia, a indústria de armamento ruiu. Dezenas de milhares de trabalhadores judeus nas fábricas da Ucrânia ocidental foram "retirados". Gueto após gueto foi limpado. Em um relatório, oficiais de armamento expressaram a opinião que ninguém, nem mesmo trabalhadores qualificados, deveriam ser salvos; a própria essência dessas *Grossaktionen* impossibilitava acordos especiais. Em Janov, por exemplo, todo o gueto, incluindo seus habitantes, foi queimado (*das ganze Ghetto mit sämtlichen Insassen verbrannt*).[104] Em 27 de outubro de 1942, Himmler ordenou a destruição do último grande gueto ucraniano, Pinsk.[105]

Na Ucrânia ocidental, oficinas que antes produziam *Panjewagen* (carroças de madeira), sabão, velas, madeira serrada, couro e cordas para o Exército alemão ficaram abandonadas no fim do ano. Não houve substituições. Um relatório do comando de armamento em Lutsk contabilizou o prejuízo: "Os trabalhos em couro em Dubno estão parados. [...] Nos locais de trabalho em Kobryn temos um único ariano que trabalha com metal. [...] Em Brest-Litovsk, as oficinas judaicas agora estão vazias [*nach wie vor leer*]".[106] Os judeus da Ucrânia tinham sido aniquilados.[107]

Um jornalista que viajava pela Ucrânia em junho de 1943 relatou que tinha visto apenas quatro judeus. Ele entrevistou um alto oficial do *Reichskommissariat*, que resumira a ação nas seguintes palavras: "os judeus foram exterminados como vermes [*Juden wurden wie die Wanzen vertilgt*]".[108]

---

outubro de 1947, NO-5439; testemunho de Rivka Yossalevska, transcrição do julgamento de Eichmann, 8 de maio de 1961, sess. 30, pp. L2, M1, M2, N1. Reichrath foi uma testemunha ocular alemã em Terespol. Sra. Yossalevska se arrastou para fora de uma sepultura em Pinsk. Pessoas morrendo tentaram puxá-la de volta, mordendo-a. Em algumas operações, crianças e bebês eram mortos primeiro para eliminar o choro. Ver a descrição de Adolf Petsch, que participou da ação em Janov, em indiciamento de Johann Kuhr perante uma corte de Frankfurt, 28 de março de 1968, 4 Js 901/62, pp. 64-65.

104 Comando de Armamento Lutsk para Inspetoria de Armamento Ucrânia, relatório para 1 a 10 de outubro de 1942, Wi/ID I.97.

105 Himmler para *OGruf.* Prützmann, 27 de outubro de 1942, NO-2027.

106 Comando de Armamento Lutsk para Inspetoria de Armamento Ucrânia, relatório para 1º de outubro a 31 de dezembro de 1942, datado de 21 de janeiro de 1943, Wi/ID I.101.

107 O número de judeus mortos em Białystok, sul da Rússia e Ucrânia de agosto a novembro de 1942 era 363.211. Himmler para Hitler, 29 de dezembro de 1942, NO-1128.

108 Relatório do dr. Hans-Joachim Kausch, 26 de junho de 1943, Occ E 14-11.

Durante os dias finais da segunda varredura, a ss e a Polícia foram abaladas por um problema complexo. A ss (e também a administração civil) estava preocupada com o sigilo da vasta operação que agora chegava ao fim. Apesar de o controle de fotografias na frente alemã ser total, oficiais húngaros e eslovacos tinham fotografado um série de "execuções". As imagens, presumivelmente, tinham chegado aos Estados Unidos. Isso era considerado especialmente "vergonhoso" (*peinlich*),[109] mas não havia nada a fazer. O avanço ocidental contínuo do Exército Vermelho despertou um medo ainda maior de serem descobertos. Os territórios ocupados estavam cheios de sepulturas coletivas, e Himmler estava determinado a não deixar covas.

Em junho de 1942, Himmler ordenou o comandante do *Sonderkommando* 4a, *Standartenführer* Paul Blobel, "a apagar os traços das execuções dos *Einsatzgruppen* no Leste".[110] Blobel formou um *Kommando* especial com o código 1005 e a tarefa de abrir as covas e queimar os cadáveres. Blobel viajou por todos os territórios ocupados, procurando covas e reunindo-se com oficiais da Polícia de Segurança. Uma vez, levou um visitante do RSHA (Hartl) para um passeio e, como um guia mostrando locais históricos a um turista, apontou para as sepulturas coletivas perto de Kiev, onde seus próprios homens tinham matado 34 mil judeus.[111]

Desde o início, porém, Blobel teve de lidar com problemas. O BDS Ucrânia (Thomas) estava lidando com todo o projeto de forma apática. Os membros dos *Kommandos* encontraram peças de valor nas covas e não seguiram as regras para entregá-las. (Alguns dos homens, mais tarde, foram julgados em Viena pelo roubo de propriedade do Reich.) Quando os russos tomaram de volta os territórios ocupados, Blobel tinha cumprido apenas parte da tarefa.[112]

---

109 *Ibid.*

110 Testemunho juramentado de Blobel, 18 de junho de 1947, NO-3947.

111 Testemunho juramentado de Albert Hartl, 9 de outubro de 1947, NO-5384.

112 Testemunho juramentado de Blobel, 18 de junho de 1947, NO-3947. Referência ao julgamento de Viena em testemunho juramentado de um antigo réu, Wilhelm Gustav Tempel, 18 de fevereiro de 1947, NO-5123. Para descrições sobre o trabalho do *Kommando*, ver testemunho juramentado de Szloma Gol (sobrevivente judeu), 9 de agosto de 1946, D-964; e testemunho juramentado de Adolf Ruebe (antigo *Kriminalsekretär* com o KDS Rússia Branca), 23 de outubro de 1947, NO-5498.

A ss e a Polícia, portanto, deixaram para trás muitas sepulturas coletivas, mas poucos judeus vivos. A seguir, uma contagem das mortes:[113]

Ostland e Retaguarda dos Grupos de Exército Norte e Centro:

Uma minuta de relatório do *Einsatzgruppe* A (janeiro de 1942) listou os seguintes números de judeus mortos em suas operações, por área:

Estônia	963
Letônia	35.238
Lituânia	136.421
Rússia Branca	41.828
Rússia	3.600

O *Einsatzgruppe* B relatou uma contagem, até 15 de dezembro de 1942, do seguinte número de pessoas mortas pelos *Kommandos*:

7a	6.788
7b	3.816
7c	4.660
8	74.740
9	41.340
Trupp Smolensk	2.954
	134.298

Ucrânia, Białystok, Retaguarda de Grupo do Exército Sul e Retaguarda do II° Exército:

O *Einsatzgruppe* C relatou que dois de seus *Kommandos* (4a e 5)executaram 95 mil pessoas até o começo de dezembro de 1941. O *Einsatzgruppe* D relatou, em 8 de abril de 1942, um total de 91.678 mortos. Himmler relatou a Hitler, em 29 de dezembro de 1942, os seguintes números de judeus executados na Ucrânia, no sul da Rússia e em Białystok:

---

113 Ostland e Retaguardas dos Grupos de Exército Norte e Centro: minuta de relatório do *Einsatzgruppe* A (sem data), ps-2273. *Einsatzgruppe* B para Grupo de Exército Centro/Ic, 29 de dezembro de 1942. Arquivos Estatais Centrais da Federação Russa, Moscou, Fundo 655, Opis 1, Pasta 3. Ucrânia Białystok, Retagarda de Grupo do Exército Sul e Retaguarda do II° Exército: RSHA IV-A-1, Relatório Operacional URSS n° 156, 16 de janeiro de 1942, NO-3405. RSHA IV-A-1, Relatório Operacional URSS n° 190 (65 cópias), 8 de abril de 1942, NO-3359. Himmler para Hitler, 29 de dezembro de 1942, NO-1128.

Agosto de 1942	31.246
Setembro de 1942	165.282
Outubro de 1942	95.735
Novembro de 1942	70.948
Total	363.211

Esses números parciais, somando mais de 900 mil, dão conta de apenas dois terços do número de vítimas nas operações móveis de extermínio. O restante morreu em outras execuções dos *Einsatzgruppen*, de líderes da Alta ss e da Polícia, de *Bandenkampfverbände* e do Exército alemão, como resultado das operações romenas em Odessa-Dalnik e no complexo do campo de Golta, bem como durante momentos de privação em guetos, campos e nas florestas.

8

Deportações

AS OPERAÇÕES MÓVEIS DE EXTERMÍNIO NA URSS OCUPADA FORAM O prelúdio de um projeto ainda maior no restante da Europa do Eixo. Uma "solução final" estava para ser lançada em cada uma das regiões sob o controle alemão.

A ideia de matar os judeus teve seus primórdios enraizados em um passado distante. Há uma insinuação de morte no longo discurso de Martinho Lutero contra os judeus. Lutero comparou os judeus ao obstinado faraó egípcio do Antigo Testamento: "Moisés", disse Lutero, "não podia beneficiar o faraó com pragas ou milagres, tampouco com ameaças ou orações; ele tinha de deixá-lo se afogar no mar".[1] No século XIX, a ideia de destruição total emergiu, de forma mais precisa e definida, em um discurso que o deputado Ahlwardt fez no Reichstag. Ahlwardt disse que os judeus, assim como os Thugs, eram uma seita criminosa que tinha de ser "exterminada".[2] Por fim, em 1939, Adolf Hitler proferiu uma ameaça de total aniquilação em palavras muito mais explícitas que aquelas de seus predecessores. Ele disse o seguinte em seu discurso de 30 de janeiro:

1 Martinho Lutero, *Von der Jueden und Iren Luegen* (Wittenberg, 1543), p. Aiii.
2 Reichstag, *Stenographische Berichte*, 6 de março de 1895, p. 1297.

E mais uma coisa desejo dizer nesse dia, que talvez seja memorável não apenas para nós, alemães: Em minha vida, tenho sido com frequência um profeta e, na maior parte do tempo, riram de mim. Durante o período de minha luta pelo poder, era, em primeira instância, o povo judeu que recebia com risos minhas profecias de que algum dia eu tomaria a liderança do país e, dessa forma, de todo o povo, e que eu, entre outras coisas, resolveria também o problema judaico. Acredito, entrementes, que o riso hienoide dos judeus da Alemanha tenha se sufocado em suas gargantas. Hoje, quero ser novamente um profeta: Se o financiamento internacional da judaria dentro e fora da Europa obtiver sucesso, uma vez mais, em mergulhar nações em outra guerra mundial, a consequência não será a bolchevização do planeta e assim a vitória da judaria, mas a aniquilação (*Vernichtung*) da raça judaica na Europa.[3]

Essas observações de Hitler têm muita mais significância que as sugestões ou insinuações de escritores e oradores alemães anteriores. Para começar, a ideia de uma "aniquilação" estava agora emergindo no contexto de uma expectativa definida: outra guerra mundial. Embora a imagem não fosse ainda um plano, havia uma implicação de iminência na fala. Em segundo lugar, Hitler não era apenas um propagandista, mas também um chefe de Estado. Ele tinha à sua disposição não apenas palavras e frases, mas também um aparato administrativo. Ele tinha poder não apenas para falar, mas também para agir. Terceiro, Hitler era um homem que tinha uma necessidade desmedida – poder-se-ia dizer quase uma compulsão – de executar suas ameaças. Ele "profetizou". Com palavras ele se comprometeu à ação.

Apenas sete meses transcorreriam até que a guerra começasse, o que forneceu condições físicas e psicológicas para a ação drástica contra comunidades judaicas que caíram em mãos alemãs. Ainda assim, mesmo enquanto o regime antijudaico era intensificado, esforços incomuns e extraordinários foram feitos para reduzir a população judaica na Europa por meio da emigração em massa. O maior projeto de expulsão, o plano Madagascar, estava sendo considerado apenas um ano antes do começo da fase de extermínio. Os judeus não foram mortos até que a política de emigração fosse exaurida.

Os primeiros planos de emigração forçada foram definidos em 1938, depois que os alemães apossaram-se da Áustria. Quando Hitler chegou ao poder, a Alemanha tinha aproximadamente 520 mil judeus. Cinco anos depois, emigração

---

3 Discurso de Hitler, 30 de janeiro de 1939, imprensa alemã.

e morte tinham reduzido esse número para 350 mil. Entretanto, em março de 1938, quando os alemães se apoderaram da Áustria, 190 mil judeus foram acrescidos aos 350 mil já existentes, elevando o total para aproximadamente 540 mil, ou seja, vinte mil a mais que o número original.[4] Obviamente, isso não foi um progresso. Algumas medidas extraordinárias deveriam ser tomadas.

Nessas condições, especialmente no final de 1938, Schacht, Wohlthat e uma série de outros oficiais estavam consultando as democracias do Ocidente sobre formas e meios de facilitar a emigração judaica. Em outubro de 1938, o Ministério das Relações Exteriores analisou as estatísticas da população judaica e descobriu que em torno de 10% de todos os judeus sob a jurisdição alemã eram cidadãos poloneses. Todavia, o governo polonês não estava ansioso para reaver esses cidadãos. Em 6 de outubro, autoridades polonesas emitiram um decreto informando que titulares de passaportes poloneses no exterior teriam sua entrada na Polônia negada a partir de 29 de outubro, exceto aqueles passaportes que tivessem sido carimbados por um examinador.

O Ministério das Relações Exteriores alemão reagiu instantaneamente.[5] No final de outubro, milhares de judeus poloneses chegavam dentro de trens fechados na cidade polonesa fronteiriça de Zbąszyń. Os poloneses barraram o caminho. Os trens estavam então esperando em uma "terra de ninguém" entre os cordões de isolamento alemão e polonês. Logo, os alemães descobriram que tinham cometido um erro de cálculo pavoroso. Do outro lado, trens poloneses cheios de judeus de nacionalidade alemã estavam se deslocando na direção da fronteira da Alemanha.

Em 29 de outubro, o chefe da Divisão Política do Ministério das Relações Exteriores, Wörmann, escreveu um memorando em que expressava a visão de que as condições na fronteira eram "insustentáveis". O Ministério das Relações Exteriores não tinha previsto represálias. "O que vai acontecer agora?", perguntou Wörmann. O chefe administrativo da Polícia de Segurança, Best, propôs que os judeus poloneses fossem levados para campos de concentração. Wörmann achou que essa solução poderia ser muito arriscada. Por fim, o problema foi resolvido quando os dois lados cederam. Os poloneses admitiram a entrada de mais

---

4 Estatísticas de emigração em Hans Lamm, "Entwicklung des Deutschen Judentums" (1951, mimeografado), p. 223.

5 *Gaus* (Divisão Jurídica do Ministério das Relações Exteriores) para missão alemã na Polônia, 26 de outubro de 1938, NG-2014.

ou menos 7 mil judeus, outros milhares permaneceram em Zbąszyń, os alemães aceitaram alguns de seus concidadãos e o restante dos evacuados recebeu permissão para retornar temporariamente aos seus lares.[6] Durante as negociações para a resolução do problema, *Staatssekretär* Weizsäcker, do Ministério das Relações Exteriores, tentou fazer sua vontade prevalecer sobre a do embaixador polonês Lipski, fazendo-o aceitar de volta entre 40 e 50 mil judeus poloneses no Reich. Lipski sustentou que o número era "exagerado" e então afirmou que Weizsäcker estava exigindo da Polônia um "sacrifício enorme".[7]

Enquanto a Polônia se recusava a aceitar judeus de sua própria nacionalidade, alguns dos países ocidentais estavam generosamente admitindo a entrada de judeus de nacionalidade alemã. Mas mesmo no Ocidente, a admissão de judeus pobres, que não tinham nenhum dinheiro, era considerada uma responsabilidade bastante penosa. Em dezembro de 1938, Ribbentrop teve uma conversa sobre a emigração judaica com o ministro das relações exteriores do país de asilo tradicional, a França. Este é o registro de Ribbentrop de sua conversa com o ministro de relações exteriores francês, Georges Bonnet:

> 1. A questão judaica: depois que eu disse ao sr. Bonnet que não poderia discutir essa questão oficialmente com ele, ele disse que apenas queria me confidenciar o quanto a França estava interessada em uma solução para o problema judeu. Para a minha pergunta sobre qual seria o interesse da França, o sr. Bonnet respondeu que, em primeiro lugar, eles não queriam receber mais nenhum judeu da Alemanha e se nós não poderíamos tomar algum tipo de medida para impedi-los de irem para a França e, em segundo lugar, a França tinha de despachar 10 mil judeus para algum outro país. Estavam pensando, na verdade, em Madagascar para isso.
>
> Respondi ao sr. Bonnet que todos nós queríamos nos livrar de nossos judeus, mas as dificuldades jaziam no fato de que nenhum outro país queria recebê-los.[8]

---

6 Memorando de Wörmann, 29 de outubro de 1938, NG-2012. Klemt (gabinete de política externa do partido) para *Staatssekretär* Weizsäcker, do Ministério das Relações Exteriores, 24 de janeiro de 1939, NG-2589. Ver também Sybil Milton, "The Expulsion of Polish Jews from Germany – October 1938 to July 1939"– *Leo Baeck Institute Year Book 29 (1984)*, pp. 169-99.

7 Weizsäcker para Ribbentrop, Divisão Jurídica, Divisão Política, ministro Aschmann, Seção Alemanha, 8 de novembro de 1938, NG-2010.

8 Ribbentrop para Hitler, 9 de dezembro de 1938, *Documents on German Foreign Policy, 1918-1945*, Series D, Vol. IV, *The Aftermath of Munich, 1938-1939* (Washington, 1951), pp. 481-82.

A atitude exibida pelo embaixador Lipski e pelo ministro das relações exteriores Bonnet induziram Hitler a fazer a seguinte observação em seu discurso de janeiro de 1939: "É um exemplo ignominioso observar hoje como todo o mundo democrático se dissolve em lágrimas de piedade, mas, então, apesar de seu óbvio dever de ajudar, fecha seu coração ao miserável e torturado povo judeu".[9] Essa não era uma acusação inútil. Era uma tentativa de arrastar as potências aliadas para o processo de destruição como cúmplices passivos embora favoráveis. É significativo que muito depois, quando a fase de extermínio já estava em execução e quando sua extensão ficou conhecida na Inglaterra e na América, Goebbels destacou, em relação aos protestos ocidentais: "No fundo, porém, eu acredito que tanto os ingleses quanto os americanos estão felizes que estejamos exterminando a ralé judaica".[10]

Como que para fortalecer o seu caso, a burocracia alemã continuou em 1939 para exaurir a política de emigração. Dessa vez, entretanto, o esforço primário foi interno. Muitos gravames burocráticos tinham impedido o processo emigratório: cada possível emigrante tinha de providenciar mais de uma dúzia de documentos oficiais, verificar sua saúde, boa conduta, propriedade, pagamento de impostos, oportunidades de emigração, etc. Rapidamente, os sobrecarregados escritórios estavam congestionados e a estagnação se instalara. O congestionamento atingiu Viena primeiro. Para remediar a situação, *Reichskommissar* Bürckel (o oficial encarregado da "reunificação da Áustria com o Reich") criou, em 26 de agosto de 1938, o Escritório Central para Emigração Judaica (*Zentralstelle für die jüdische Auswanderung*). Cada agência que tinha alguma certificação para providenciar enviava representantes ao escritório central no Palácio Rothschild, em Viena. Os judeus poderiam agora ser processados como em uma linha de montagem.[11]

A solução de Bürckel foi, logo depois, adotada em todo o Reich. Em 24 de janeiro de 1939, Göring ordenou a criação do Escritório Central do Reich para Emigração Judaica (*Reichszentrale für die jüdische Auswanderung*).[12] O chefe do *Reichszentrale* não era outro senão Reinhard Heydrich. O *Geschäftsführer*, ou

---

9 Discurso de Hitler, 30 de janeiro de 1939, imprensa alemã.

10 Louis P. Lochner, ed., *The Goebbels Diaries* (Garden City, NY, 1948), anotação de 13 de dezembro de 1942, p.241.

11 Para saber mais sobre a história do Escritório Central de Viena ver *Krakauer Zeitung*, 15 de dezembro de 1939.

12 Göring para Ministro do Interior, 24 de janeiro de 1939, NG-5764.

vice-diretor, se ocupando dos detalhes administrativos de fato, era *Standarten-führer Oberregierungsrat* Müller, mais tarde, chefe da Gestapo.[13] Outros membros do *Reichszentrale* eram o *Ministerialdirektor* Wohlthat (Escritório do Plano Quadrienal) e representantes do Ministério do Interior, do Ministério das Finanças e do Ministério das Relações Exteriores.[14]

A emigração continuou sendo a principal política mesmo depois do início da guerra. Na verdade, a primeira reação às vitórias na Polônia e na França foi punir esses países pela sua atitude em relação à emigração judaica enviando para lá alguns dos judeus que tinham sido barrados anteriormente. No final de 1939 e no começo de 1940, 6 mil judeus foram enviados de Viena, Praga, Moravská Ostrava e Stettin para o *Generalgouvernement*.[15] Em outubro de 1940, dois *Gauleiter* na Alemanha ocidental, Wagner e Bürckel, asseguraram a cooperação da Gestapo na deportação de 7.500 judeus para a França não ocupada.[16] No entanto, sem dúvidas, o projeto mais ambicioso de 1940 foi o plano Madagascar.

Até 1940, os planos de emigração foram mantidos circunscritos às considerações sobre o restabelecimento de milhares de ou, como no caso do plano Schacht, 150 mil judeus. O projeto Madagascar foi desenvolvido para abarcar milhões de judeus. Os autores do plano queriam esvaziar a área de Protetorado do Reich e toda a Polônia ocupada de suas populações judaicas. A ideia completa foi pensada na Seção III do Abteilung Deutschland do Ministério das Relações Exteriores.

----

13 Heydrich para Ribbentrop, 30 de janeiro de 1939, NG-5764.

14 Göring para Ministro do Interior, 24 de janeiro de 1939, NG-5764. Heydrich para Ribbentrop, 30 de janeiro de 1939, NG-5764. Ministério das Relações Exteriores para Heydrich, 10 de fevereiro de 1939, NG-5764.

15 Ver memorando sem data de Heydrich, NO-5150, e correspondência de outubro de 1939 em Zentrale Stelle der Landesjustizverwaltungen, Ludwigsburg, CSSR, Red nº 148. Os transportes, em outubro de 1939, de Viena e Moravská Ostrava eram dirigidos para a cidadezinha de Nisko no Rio San. A ideia de transformar Nisko em um acampamento judaico bastante grande foi um experimento que falhou de forma evidente. H. G. Adler, *Der verwaltete Mensch* (Tubinga, 1974), pp. 126-40. Jonny Moser, "Nisko: The First Experiment in Deportation", *Simon Wiesenthal Center Annual* 2 (1985), p. 1-30.

16 Relatório não identificado, Abteilung Deutschland do Ministério das Relações Exteriores, 30 de outubro de 1940, NG-4933. Rademacher para Luther, 31 de outubro de 1940, NG-4934. Rademacher para Luther, 21 de novembro de 1940, NG-4934. Sonnleithner para Weizsäcker, 22 de novembro de 1940, NG-4934.

(Na verdade, Abteilung Deutschland viria a se preocupar intensamente com as questões judaicas). O plano foi transmitido a uma agência próxima e simpatizante: o Escritório Central de Segurança do Reich, de Heydrich, que ficou entusiasmado com a ideia.[17]

O desenho do esquema era simples. A ilha africana de Madagascar seria cedida pela França para a Alemanha por meio de um tratado de paz. A marinha alemã poderia escolher suas bases na ilha e o resto de Madagascar seria colocado sob a jurisdição de um governador da polícia que se reportaria diretamente a Heinrich Himmler. A área desse governador se tornaria uma reserva judaica. O restabelecimento dos judeus seria financiado pela utilização dos bens que os judeus deixassem para trás.

Esse plano, de acordo com o Abteilung Deutschland, era bastante preferível ao estabelecimento de uma comunidade judaica na Palestina. Em primeiro lugar, a Palestina pertencia aos mundos cristão e muçulmano. Em segundo lugar, se os judeus ficassem em Madagascar, poderiam ser mantidos como reféns para assegurar a boa conduta de seus "camaradas de raça" na América.[18] Heydrich não precisava desses argumentos. Para ele, era suficiente saber que praticamente toda a ilha seria governada pela ss e pela Polícia. No entanto, o plano Madagascar não se concretizou. O plano dependia da conclusão de um tratado de paz com a França, e um tratado assim dependia do fim das hostilidades com a Inglaterra. Sem um fim às hostilidades, não haveria tratado de paz e, sem o tratado de paz, não haveria Madagascar.

O plano Madagascar foi o último grande esforço para "resolver o problema judaico" por meio da emigração. Muitas esperanças e expectativas foram depositadas nesse plano pelos oficiais da Polícia de Segurança, do Ministério das Relações Exteriores e do *Generalgouvernement*. Mesmo enquanto se despedaçava, o projeto seria, ainda, mencionado mais uma vez, no começo de fevereiro de 1941, no quartel-general de Hitler. Naquela ocasião, o chefe do partido dos trabalhadores, Ley, tocou na questão dos judeus e Hitler, respondendo em detalhes, apontou

---

17 Memorando de Luther (chefe, Abteilung Deutschland), 21 de agosto de 1942, NG-2586-J.

18 Memorando assinado por Rademacher do Abteilung Deutschland, 3 de julho de 1940, NG-2586-B. Rademacher para Dannecker (Polícia de Segurança), 5 de agosto de 1940, NG-5764. Memorando de Rademacher, 12 de agosto de 1940, NG-2586-B. Rademacher era o arquiteto chefe do plano Madagascar.

que a guerra iria acelerar a solução desse problema, mas que ele também estava enfrentando dificuldades adicionais. Originalmente, Hitler estava em condições de se dirigir à maioria dos judeus da Alemanha, mas agora o objetivo teria de ser a eliminação da influência judaica em toda a esfera das potências do Eixo. Em alguns países, como a Polônia e a Eslováquia, ele podia agir sozinho com seus próprios órgãos. Na França, entretanto, o armistício era um obstáculo e precisamente lá o problema era muito importante. Se pelo menos ele soubesse onde colocar esses milhões de judeus; não era como se houvesse muitas opções (*so viele seien es ja nicht*). Ele pretendia falar com os franceses sobre Madagascar. Quando Bormann perguntou como os judeus poderiam ser transportados para lá no meio da guerra, Hitler respondeu que isso precisaria ser considerado. Ele estava propenso a disponibilizar toda a esquadra alemã para esse propósito, mas não queria expor seus tripulantes aos torpedos dos submarinos inimigos. Agora, ele estava pensando em todo tipo de coisa e sem muita camaradagem (*Er dächte über manches jetzt anders, nicht gerade freundlicher*).[19]

Enquanto Hitler pensava, os mecanismos de destruição eram permeados por um sentimento de incerteza. No *Generalgouvernement*, onde a guetização era vista como uma medida transitória, os desagradáveis bairros judeus com suas multidões empobrecidas estavam testando a paciência dos oficiais alemães locais. Essas irritações e frustrações foram expressas em relatórios mensais no verão de 1940. No distrito de Lublin, o *Kreishauptmann* de Krasnystaw, assoberbado com suas tarefas administrativas, insistiu que os judeus que tivessem polonizado seus nomes os escrevessem em alemão. Em Madagascar, disse ele, poderiam ter nomes madagascarenses.[20] Ao mesmo tempo, o *Kreishauptmann* de Jaslo (no distrito da Cracóvia), percebendo a "invasão" de seus *Kreis* por judeus expulsos da cidade da Cracóvia, invocou a opinião dos residentes poloneses que, afirmou ele, estavam duvidando da determinação alemã em empreender uma eventual e

---

19 Diário de Gehard Engel (ajudante do exército no quartel general de Hitler), registro de 2 de fevereiro de 1941, em Hildegard von Kotze, ed., *Heeresadjutant bei Hitler* (Stuttgart, 1974), pp. 94-95. O diário é um conjunto de notas e as datas são aproximadas. Goebbels, escrevendo em seu diário em 18 de março de 1941, ainda insinuava uma emigração da Europa para "mais tarde". Fred Taylor, ed., *The Goebbels Diaries*, 1939-1941 (Nova York, 1983), p. 272.

20 Relatório mensal de *Kreishauptmann* de Krasnystaw, 10 de setembro de 1940, Yad Vashem microfilm JM 814.

completa evacuação (*eine spätere gänzliche Evakuierung*) de judeus.[21] Vários meses depois, no distrito de Radom, o *Kreishauptmann* de Jędrzejów, se queixando da intratabilidade da inflação, sugeriu que a principal ferramenta para lidar com o aumento de preços seria a rápida solução do problema judeu (*die baldige Lösung der Judenfrage*).[22] Frank, o *Generalgouverneur*, evidentemente compartilhava desses sentimentos. Em 25 de março de 1941, ele revelou a seus colegas mais próximos que Hitler lhe prometera "que o *Generalgouvernement*, em reconhecimento a suas conquistas, se tornaria o primeiro território a ficar livre dos judeus [*dass das Generalgouvernement in Anerkennung seiner Leistungen als erstes Gebiet judenfrei gemacht werde*]".[23]

Na vizinha Wartheland, um movimento popular para eliminar os judeus se tornou ainda mais pronunciado. Lá, o *Sturmbannführer* Rolf-Heinz Höppner escreveu uma carta a Eichmann em 16 de julho de 1941, ressaltando que ao longo de várias discussões no escritório de *Reichsstatthalter* Greiser, soluções que "soavam em parte fantásticas" foram propostas, mas que em sua visão eram totalmente praticáveis (*die Dinge klingen teilweise phantastisch, wären aber meiner Ansicht nach durchaus durchzuführen*). Um campo para 300 mil seria criado com barracas para alfaiataria, manufaturas de calçados, e assim por diante. Um campo assim poderia ser vigiado de forma mais fácil que um gueto, mas não seria uma resposta completa. "Nesse inverno", disse Höppner, "há perigo de que não se possa mais alimentar todos os judeus. Deveríamos pensar com muita seriedade", ele continuou, "se a solução mais humana não seria eliminar os judeus que não podem ser empregados em alguma linha de trabalho rápida. De qualquer forma, seria melhor que deixá-los morrer de fome. [*Es besteht in diesem Winter die Gefahr, dass die Juden nicht mehr sämtlich ernährt werden können. Es ist ernsthaft zu erwägen, ob es nicht die humanste Lösung ist, die Juden, soweit sie nicht arbeitseinsatzfähig sind, durch irgendein schnellwirkendes Mittel zu erledigen. Auf jeden Fall wäre dies angenehmer, als sie verhungern zu lassen*]"[24] De acordo com Höppner, o *Reichsstatthelter* não tinha tomado uma decisão sobre essas

---

21 Relatório mensal do *Kreishauptmann* de Jasło (Dr. Ludwig Losacker), 29 de agosto de 1940, JM 814.

22 Relatório mensal do *Kreishauptmann* de Jędrzejów, 3 de janeiro de 1941, JM 814.

23 Resumo da Conferência do *Generalgouvernement*, 25 de março de 1941, Diário de Frank, PS-2233.

24 Höppner para Eichmann, 16 de julho de 1941, texto em Glówna Komisja Badania Zbrodni Hitlerowskich w Polsce, *Biuletyn* (Varsóvia, 1960), vol. 12, p. 27F-29F.

sugestões, mas no final do ano os judeus de Wartheland estavam sendo mortos em um campo de extermínio, Kulmhof, na província (*Gau*).

No Reich mesmo, a burocracia ministerial estava cimentando o processo antijudeus com decretos e portarias. Durante a primavera de 1941, houve deliberação sobre uma medida legal complexa: uma declaração de que todos os judeus do Reich eram apátridas ou, de outra forma, "protegidos" (*Schutzbefohlene*). O Ministério do Interior almejou a medida a fim de remover o fato "constrangedor" de que ações duras estavam sendo tomadas contra pessoas que ainda eram vistas, pelo menos no mundo externo, como nacionais do Reich. Por causa da complexidade legal da questão, foi decidido submeter o caso a Hitler.[25]

Em sete de junho de 1941, o chefe da Chancelaria do Reich, Lammers, enviou duas cartas quase idênticas aos Ministérios do Interior e da Justiça, em que escreveu simplesmente que Hitler havia considerado a medida desnecessária. Lammers então enviou a terceira carta ao seu equivalente no partido, Bormann. Naquela carta, Lammers repetiu a mensagem com uma explicação confidencial. "O Führer", escreveu, "não concordou com a regulamentação proposta pelo Ministro do Interior do Reich, primeiro porque ele acredita que depois da guerra não haverá, de qualquer forma, judeus na Alemanha. [*Der Führer hat der vom Reichsminister des Innern vorgeschlagenen Regelung vor allem deshalb nicht zugestimmt, weil er der Meinung ist, dass es nacht dem Kriege in Deutschland ohnedies keine Juden mehr geben werde.*]" E depois, não será necessário emitir um decreto difícil de colocar em vigor, o qual ocuparia funcionários e que, ainda assim, não traria, a princípio, uma solução.[26]

Mais ao final da primavera de 1941, oficiais na França ainda eram confrontados com formulários de judeus que estavam tentando emigrar. Em 20 de maio de 1941, um oficial da Gestapo, do RSHA, Walter Schellenberg, informou ao comandante militar na França que a emigração dos judeus de sua área deveria ser evitada porque os meios de transporte eram limitados e porque a "solução final da questão judaica" podia agora ser vista no horizonte.[27]

---

25 *Staatssekretär* Pfundtner (Ministério do Interior) para *Reichskabinettsrat* Ficker (Chancelaria do Reich), 8 de abril de 1941, NG-299. Ver também correspondência anterior: carta circular de Stuckart, 18 de dezembro de 1940, NG-2610; resumo da conferência interministerial, 15 de janeiro de 1941, NG-306.

26 Lammers para Bormann, 7 de junho de 1941, NG-1123.

27 Schellenberg para general Otto von Stülpnagel, BdS França e Abteilung Deutschland/III, Ministério das Relações Exteriores, 20 de maio de 1941, NG-3104.

Em 22 de julho, Hitler, falando com o marechal croata Kvaternik, disse que se não houvesse mais judeus na Europa, a unidade das nações europeias não seria mais perturbada. Não importa para onde mandem os judeus, seja para Madagascar, seja para a Sibéria, era tudo a mesma coisa para ele (*sei gleichgültig*). No entanto, ele iria abordar cada nação com esse pedido. A última resistência, ele previu, seria a Hungria.[28]

Heydrich dera então o próximo passo. Ele instruiu seu especialista em questões judaicas, Adolf Eichmann, a fazer o projeto de uma autorização que permitiria que ele tomasse atitudes contra a judaria com amplo alcance na Europa. Em uma linguagem burocrática cuidadosamente escolhida, o projeto, com três sentenças, foi submetido a Göring, pronto para a sua assinatura (*unterschriftsfertig*).[29] O texto, que foi assinado por Göring em 31 de julho de 1941, dizia:

> Complementando a tarefa já designada a você na diretiva de 24 de janeiro de 1939, de buscar, pela emigração ou evacuação, uma solução para a questão judaica tão vantajosa quanto possível sob as circunstâncias atuais, eu, pelo presente instrumento, encarrego você de realizar todas as preparações organizacionais, funcionais e materiais para uma completa solução da questão judaica na esfera de influência alemã na Europa.
>
> Enquanto isso, embora a jurisdição de outras agências centrais possa ser tocada, não deve ser envolvida.
>
> Eu encarrego você ainda de submeter a mim, em um futuro próximo, um plano geral das medidas organizacionais, funcionais e materiais a serem tomadas para preparar a implementação da esperada solução final à questão judaica.[30]

Ao receber essa carta, Heydrich passou a segurar as rédeas do processo de destruição em suas mãos. Logo ele seria capaz de usar suas ordens.

Por anos, a máquina administrativa tinha tomado suas iniciativas e feito seus ataques um passo por vez. No curso dessa evolução, uma direção foi mapeada e um padrão, estabelecido. Em meados de 1941, uma linha limítrofe foi atingida

---

28 Resumo de Gesandter Hewel da discussão entre Hitler e Kvaternik, 22 de julho de 1941, *Akten zur Deutschen Auswärtigen Politik*, Série D, vol. XIII.2 (Gotinga, 1970), pp. 835-38.

29 Adolf Eichmann, *Ich, Adolf Eichmann* (Leoni am Starnberger See, 1980), p. 479.

30 Göring para Heydrich, 31 de julho de 1941, PS-710.

e além dela se estendia um campo de ações sem precedentes e que não estavam presas aos limites do passado. Mais e mais dos seus participantes estavam à beira de perceber a natureza do que poderia acontecer agora. Relevante nessa cristalização era o papel do próprio Adolf Hitler, sua postura perante o mundo e, mais especificamente, seus desejos ou expectativas expressas no seu círculo próximo. Frank já tinha citado a promessa de Hitler em relação ao *Generalgouvernement*. Lammers tinha citado as intenções de Hitler para o Reich e Himmler tinha invocado a autoridade de Hitler para as operações dos *Einsatzgruppen* nos territórios soviéticos invadidos. Então, a um dia para o fim do verão, Eichmann foi chamado ao escritório de Heydrich, onde o chefe da RSHA disse a ele: "Acabei de vir do *Reichsführer*: o Führer ordenou agora a aniquilação física dos judeus. [*Ich komme vom Reichsführer; der Führer hat nunmehr die physische Vernichtung der Juden angeordnet.*]" Eichmman não foi capaz de medir o teor das palavras, e acreditou que nem mesmo Heydrich esperava essa "consequência" (*Konsequenz*). Quando Eichmann reportou a Müller pouco tempo depois, percebeu pelo silencioso sinal com a cabeça do chefe da Gestapo que Müller já sabia. Ele sempre sabe, pensou Eichmann, embora nunca saia de sua mesa.[31]

As deportações estavam próximas agora. Em 18 de setembro de 1941, Himmler escreveu a Greiser sobre o desejo de Hitler em esvaziar a área de Protetorado do Reich e sugeriu Łódź como parada para aproximadamente 60 mil dos deportados.[32] Em 24 de setembro, Goebbels anotou em seu diário que ele tinha algumas "coisas importantes" para discutir com Heydrich. Goebbels queria que os judeus de Berlim fossem evacuados o quanto antes e aquele seria o caso, disse ele, assim que a situação militar estivesse resolvida no leste. Eles devem ser

---

31 Eichmann, *Ich*, p. 178-79, 229-30. Em suas memórias, Eichmann data a reunião por volta do final do ano (*zur Jahreswende 1941/42*). Durante seu interrogatório pela polícia de Israel, em Jerusalém, ele sugeriu uma versão mais plausível, de que a ordem de Hitler tivesse chegado dois ou três meses depois do ataque alemão de 22 de junho à União Soviética. Jochen von Lang, ed., *Eichmann Interrogated* (Nova York, 1983), pp. 74-75. O comandante de Auschwitz, Höss, se recordou de ter sido chamado por Himmler naquele verão para tratar da morte de judeus. Höss também afirmou que Eichmann visitou Auschwitz pouco depois disso. Rudolf Höss, *Kommandant in Auschwitz* (Munique, 1963), pp. 138, 157-60. A cronologia e as circunstâncias indicam que Hitler tenha tomado a decisão antes do fim do verão.

32 Himmler para Greiser, 18 de setembro de 1941, Arquivos Himmler, Pasta 94.

transportados para campos criados pelos bolcheviques. Esses campos tinham sido construídos pelos judeus, o que seria mais apropriado que enchê-los com judeus?[33] No começo de outubro, Himmler propôs a Hitler o armazenamento (*Verlagerung*) de judeus em Riga, Tallinn e Minsk.[34] Em 10 de outubro, na conferência da Solução Final na RSHA, Heydrich falou sobre a possível deportação de 50 mil judeus para Riga e Minsk e outros ainda para campos preparados pelos comunistas dos *Einsatzgruppen* B e C nas áreas militares da União Soviética ocupada.[35] Pouco tempo depois da reunião, uma nova decisão foi tomada. Quando uma delegação eslovaca do alto escalão visitou o quartel general do Führer em 23 e 24 de outubro, Himmler revelou que o primeiro ministro eslovaco e outro oficial sênior eslovaco que Hitler tinha selecionado uma área da Polônia para a gradual concentração de judeus.[36]

Heydrich estava em uma posição crucial para levar adiante qualquer plano, mas os obstáculos eram formidáveis. Ele não poderia deportar todos os judeus do Reich antes de resolver esses intrincados problemas como os casamentos mistos, os judeus na indústria de armamentos e os judeus estrangeiros. Ele não poderia sequer começar a movê-los para as áreas ocupadas e para as nações-satélite do Eixo. Heydrich sabia que teria de recorrer a todas as outras agências que tinham jurisdição em questões judaicas para agir com ele. Consequentemente, em 29 de novembro de 1941, ele enviou convites para uma série de *Staatssekretäre* e chefes dos principais escritórios da SS para uma conferência da "Solução Final". Em seu convite, Heydrich disse:

Considerando a extraordinária importância que deve ser concedida a essas questões e com o objetivo de chegar a mesma perspectiva compartilhada por todas as agências ocupadas com o trabalho que resta para a concretização da solução final, sugiro que esses problemas sejam discutidos em uma conferência, especialmente porque os judeus têm sido evacuados em transportes contínuos

---

33 *Die Tagebücher von Joseph Goebbels*, ed. Elke Fröhlich (Munique, 1996), parte II, vol. I (julho-setembro, 1941), registro de 24 de setembro de 1941, pp. 480-81.

34 Diário de Engel, 2 de outubro de 1941, ed. Kotze, *Heeresadjutant bei Hitler*, p. 112.

35 Resumo da Conferência para a Solução Final, 10 de outubro de 1941, Polícia de Israel 1193.

36 Ivan Kamenec, "The deportation of Jewish Citizens from Slovakia in 1942", em Dezider Toth, compilador, *The Tragedy of Slovak Jews* (Banka Bystrica, 1992), pp. 81-105, na p. 85.

do território do Reich, incluindo o Protektorat da Boêmia e da Morávia, para o leste, desde 15 de outubro de 1941.[37]

Essa mensagem enigmática gerou suspense. Aqueles que receberam a carta estavam familiarizados com a expressão "solução final", mas tiveram de ponderar como a ideia seria transformada em ação e como eles próprios seriam envolvidos. Eles podiam desconfiar que todos os judeus seriam deportados e podiam sentir a natureza fundamental do que aconteceria depois disso. Entretanto, eles ainda não tinham se encontrado para verbalizar e discutir os detalhes entre eles. Foi um momento histórico e seu interesse foi extremo.

No *Generalgouvernement*, a notícia da conferência da "solução final" foi o pensamento, se não o tópico, do dia. Frank estava tão impaciente, que ele enviou o *Staatssekretär* Bühler para Berlim a fim de sondar Heydrich. Em conversa pessoal com o chefe da RSHA, Bühler descobriu tudo que havia para descobrir.[38] A Chancelaria do Reich também era cenário de expectativas animadas. Mesmo antes de a carta de Heydrich ter sido recebida, Lammers, que era um dos mais bem-informados burocratas da capital, tinha alertado sua chancelaria com uma ordem de que "se convites para uma reunião fossem enviados" pela RSHA, um dos oficiais deveria estar presente no evento como "ouvinte".[39] No Ministério das Relações Exteriores,

---

37 Heydrich para o *Generalgouverneur* Frank, *Staatssekretäre* Meyer, Stuckart, Schlegelberger, Gutterer e Neumann, *ss-OGruf*. Krüger, *ss-Gruf*. Hofmann (Escritório para restabelecimento e raça), *ss--Gruf*, Greifelt, *ss-Obf*. Klopfer (Chancelaria do partido), e *Ministerialdirektor* Kritzinger (Chancelaria do Reich), 21 de novembro de 1941, PS-709. O Ministério das Relações Exteriores recebeu um convite separado. (Ver memorando do *Abteilung Deutschland*, 8 de dezembro de 1941, NG-2586-F.)

38 Testemunho juramentado de Bühler, *Trial of Major War Criminals*, XII, pp. 68-69. Nesse testemunho, Bühler não contou tudo o que soube. O fato de que Bühler havia com certeza sido informado sobre o projeto "liquidação" dos judeus foi revelado por Frank em uma conferência com seus principais chefes de divisão em 16 de dezembro de 1941, *Diário de Frank*, PS-2233. As observações de Frank foram registradas palavra por palavra.

39 Depoimento de Lammers, *Trial of Major War Criminals*, XI, pp. 50-53. Como um *Reichminister*, Lammers não podia ir à conferência de *Staatssekretäre* ou *Ministerialdirektoren*. Isso era uma questão de protocolo. O depoimento de Lammers, assim como o de Bühler, deve ser lido com precaução. Lammers fingiu ignorância e esquecimento. Na verdade, ele tinha excelentes fontes de informação e uma mente afiada e analítica. Para o desafio da acusação, ver seu depoimento em pp. 112-16.

o Abteilung Deutschland recebeu a notícia da conferência com aval entusiástico. Os especialistas da divisão imediatamente escreveram um memorando intitulado "Pedidos e Ideias do Ministério das Relações Exteriores relacionados à solução final pretendida para a questão judaica na Europa". O memorando era um tipo de agenda de prioridades para as deportações, indicando quais países ficariam livres dos judeus primeiro.[40]

A conferência havia sido marcada primeiro para 9 de dezembro de 1941, mas foi adiada, de última hora, para 20 de janeiro de 1942, ao meio-dia, "seguida por um almoço".[41] Naquele dia, a conferência foi realizada nos escritórios do RSHA, Am Grossen Wannsee, n⁰ 50/58. Os seguintes funcionários do governo estavam presentes:[42]

ss-Obergruppenführer Heydrich, presidente (RSHA)

Gauleiter dr. Meyer (Ministério do Leste)

Reichsamtsleiter dr. Leibbrandt (Ministério do Leste)

Staatssekretär dr. Stuckart (Ministério do Interior)

Staatssekretär Neumann (Escritório do Plano Quadrienal)

Staatssekretär dr. Freisler (Ministério da Justiça)

Staatssekretär dr. Bühler (*Generalgouvernement*)

Unterstaatssekretär Luther (Ministério das Relações Exteriores)

ss-Oberführer Klopfer (Chancelaria do Partido)

Ministerialdirektor Kritzinger (Chancelaria do Reich)

ss-Obergruppenführer Hofmann (RuSHA)

ss-Gruppenführer Müller (RSHA IV)

ss-Obersturmbannführer Eichmann (RSHA IV-B-4)

ss-Oberführer dr. Schöngarth (BdS *Generalgouvernement*)

ss-Sturmbannführer dr. Lange (KdS Letônia, designado para BdS Ostland)

Heydrich abriu a conferência anunciando que ele era plenipotenciário para a preparação da "Solução Final da questão judaica" na Europa; seu gabinete seria responsável pela direção central da "Solução Final", independentemente das

---

40 Memorando do Abteilung Deutschland submetido ao *Unterstaatssekretär* Martin Luther (chefe de divisão), 8 de dezembro de 1941, NG-2586-F.

41 Heydrich para Hofmann, 8 de janeiro de 1942, PS-709.

42 Resumo da Conferência para a "Solução Final" (30 cópias) de 20 de janeiro de 1942, NG-2586-E.

fronteiras. Heydrich revisou assim a política de emigração e citou estatísticas sobre os judeus emigrantes. Em vez de emigração, ele continuou, o Führer deu agora sua autorização (*Genehmigung*) para a evacuação dos judeus para o leste tão longe quanto fosse uma "possibilidade para a solução" (*Lösungsmöglichkeit*). Em seguida, o chefe do RSHA desenhou um gráfico que indicava as comunidades judaicas que seriam evacuadas. A lista incluía até mesmo os judeus ingleses.

Depois disso, Heydrich explicou o que aconteceria com aqueles evacuados: seriam organizados em colunas de trabalho gigantescas. Durante o curso de execução desses trabalhos, a maioria sem dúvida "sucumbiria devido a causas naturais [*wobei zweifellos ein Grossteil durch natürliche Verminderung ausfallen wird*]". Os sobreviventes (*Restbestand*) desse processo de "seleção natural", que representariam o núcleo tenaz da judaria, teriam de ser "tratados de forma apropriada" (*wird entsprechend behandelt werden müssen*), já que tinham se provado historicamente como os mais perigosos, o povo que poderia reconstruir a comunidade judaica. Heydrich não entrou em detalhes sobre a expressão "tratados de forma apropriada", embora seja possível depreender, por meio dos relatórios do *Einsatzgruppen*, que significava assassinados.

Na prática, continuou Heydrich, a implementação da "Solução Final" aconteceria do oeste para o leste. Apenas por causa da escassez de apartamentos e por razões "sociopolíticas", as áreas de Protetorado do Reich seriam colocadas no início da fila. Logo em seguida, ele abordou o assunto do tratamento diferencial a classes especiais de judeus. Os judeus mais velhos, Heydrich anunciou, seriam enviados a um gueto para pessoas idosas (*Altersghetto*) no *Theresienstadt* do *Protektorat*. Daquela forma, ele concluiu, todas as intervenções a favor de indivíduos seriam excluídas automaticamente.

Unterstaatssekretär Luther, falando em nome do Ministério das Relações Exteriores, fez então alguns comentários. Luther achava que o "tratamento profundamente pungente do problema [*tiefgehende Behandlung dieses Problems*]" criaria algumas dificuldades em alguns países, especialmente na Dinamarca e na Noruega. Ele insistiu para que as evacuações nessas áreas fossem adiadas. Em contrapartida, não previu dificuldades nos Bálcãs nem na Europa Ocidental.

Seguindo as observações de Luther, os membros da conferência se envolveram em uma discussão sobre o tratamento dos judeus *Mischlinge* e em casamentos mistos. Embora esse problema afetasse vítimas apenas dentro do Reich, os *Staatssekretäre* gastaram aproximadamente a metade do tempo alocado à conferência para discutir esse assunto.

Por fim, o *Staatssekretär* Bühler pediu que a "Solução Final" fosse organizada imediatamente no *Generalgouvernement*. Ele explicou que na Polônia, o problema do transporte era desprezível e que não havia muitos judeus trabalhando lá. A maioria, disse, era incapaz de trabalhar.

No final da conferência, os participantes, já bastante relaxados enquanto mordomos serviam *brandy*, falaram sobre "os vários tipos de possíveis soluções" (*die verschiedenen Arten der Lösungsmöglichkeiten*). Durante essas observações, os *Staatssekretäre* Meyer e Bühler insistiram que certas medidas preparatórias fossem iniciadas de imediato nos territórios ocupados do leste e no *Generalgouvernement*.

Depois que a reunião terminou, trinta cópias dos registros da conferência circularam pelos ministérios e pelos escritórios principais da ss.[43] Gradualmente, a notícia da "Solução Final" infiltrou-se por meio dos níveis burocráticos. A notícia não chegou a todos os funcionários de uma só vez. O quanto um homem sabia dependia da sua proximidade com as operações destrutivas e de sua compreensão da natureza do processo de destruição. Raras vezes, entretanto, a compreensão era registrada em papel. Quando os burocratas tinham de lidar com questões de deportação, continuaram se referindo a uma "migração" judaica. Em correspondências oficiais, os judeus ainda estavam "peregrinando". Eles foram "evacuados" (*evakuiert*) e "reassentados" (*umgesiedelt, ausgesiedelt*). Eles "vagueavam" (*wanderten ab*) e "desapareciam" (*verschwanden*). Esses termos não eram o resultado da ingenuidade, mas ferramentas convenientes de repressão psicológica.

No mais alto escalão, o fardo do pleno conhecimento se revelou na forma escrita. Hitler, Göring, Himmler e Goebbels tinham uma visão completa do processo de destruição. Eles sabiam os detalhes das operações móveis de extermínio na Rússia e revisaram todo o programa das deportações no resto da Europa. Para esses homens, foi difícil recorrer às falsas aparências. Quando Goebbels descobriu que o líder da polícia e da ss em Lublin, Globocnik, estava construindo centros de

---

43 As observações de Heydrich e o resumo da conferência foram preparados por Eichmann. O resumo passou por vários estágios de rascunhos com correções de Heydrich. Sob a expressão "soluções possíveis", os membros da conferência discutiram fuzilamento e gás em vans, não câmaras de gás. Para esses detalhes e mais sobre o espírito geral da conferência, ver depoimento de Eichmann, transcrição do julgamento de Eichmann, 23 de junho de 1961, sess. 78, p. Z1, Aal. Bbl; 26 de junho de 1961, sess. 79, p. A1, B1, C1; 21 de julho de 1961, sess. 106, p. 11; 24 de julho de 1961, sess. 107, p. E1, F1.

extermínio, escreveu: "Não vai sobrar muito dos judeus... Uma sentença está sendo definida para eles [a qual é] bárbara... A profecia que o Führer fez a respeito deles, por terem sido responsáveis por uma nova guerra mundial, está começando a se tornar realidade da forma mais terrível".[44]

Göring falou sobre pontes queimadas e de uma posição "da qual não havia como escapar".[45] Himmler e também Goebbels explicaram que a "Solução Final" era uma tarefa que não poderia ser adiada, porque na história mundial havia apenas um Adolf Hitler e porque a guerra tinha apresentado à liderança alemã uma oportunidade única para "resolver o problema". As próximas gerações não teriam nem a força nem a oportunidade de acabar com os judeus.[46]

O próprio Hitler se dirigiu ao povo alemão e ao mundo uma vez mais. Isso foi o que ele disse em 30 de setembro de 1942:

> No meu primeiro discurso do Reichstag em 1º de setembro de 1939, falei sobre duas coisas: primeiro, de que agora que a guerra fora forçada contra nós, nenhuma variedade de armas ou passagem de tempo nos levaria à derrota, e segundo, que, se a judaria tramasse outra guerra mundial a fim de exterminar os povos arianos da Europa, não seriam os povos arianos aqueles exterminados, mas a judaria...
>
> A certa altura, os judeus da Alemanha riram das minhas profecias. Eu não sei se eles ainda estão rindo ou se já perderam toda a vontade de rir. No entanto, agora posso apenas repetir: eles vão parar de rir em todos os lugares, e eu estarei certo também naquela profecia.[47]

AGÊNCIAS CENTRAIS DE DEPORTAÇÃO

A implementação da profecia de Hitler foi um empreendimento administrativo amplo. Para começar, o processo preliminar para definir as vítimas, anexando suas propriedades e restringindo seus movimentos, tinha de ser estendido a todas as áreas das quais as deportações seriam feitas. Antes de completar esses

---

44 Lochner, ed., *The Goebbels Diaries*, anotação de 27 de março de 1942, pp. 147-48.

45 *Ibid.*, anotação de 2 de março de 1943, p. 266.

46 Discurso de Himmler, 21 de junho de 1944, NG-4977. Lochner, ed., *The Goebbels Diaries*, anotações de 27 de março de 1942, e de 20 de março de 1943, pp. 147-48, 314.

47 Discurso de Hitler, 30 de setembro de 1942, imprensa alemã. A referência a 1º de setembro de 1939 é um erro de Hitler, pois ele já tinha dito essas palavras em 30 de janeiro daquele ano.

passos em um território em particular, aquela área não estaria "pronta". Mesmo uma comunidade segregada poderia ainda estar presa por incontáveis relacionamentos sociais e econômicos com seus vizinhos. Quanto mais "essencial" um judeu parecesse ser para a economia, mais extensas seriam suas conexões legais ou familiares com não judeus, quanto mais medalhas tivesse por seus serviços na Primeira Guerra Mundial, tanto maior seria a dificuldade em desenraizá-lo de sua região. Fora das fronteiras alemãs e polonesas essas complicações foram multiplicadas. Em todos os lugares onde os alemães não exerciam poder pleno, tinham de empregar mecanismos estrangeiros para realizar seus objetivos e tinham de lidar com concepções estrangeiras sobre as ramificações e as consequências da operação. Apenas depois disso era possível começar com os transportes. Por fim, a própria partida dos judeus gerava novas tarefas. Perdas na produção precisavam ser compensadas, débitos não quitados de judeus precisavam ser acertados e – depois que o destino dos deportados judeus não pôde mais ser escondido – as repercussões psicológicas na população não judaica tinham de ser suavizadas ou eliminadas.

O mecanismo que realizou a "Solução Final" consistia em uma ampla variedade de escritórios, alemães e estrangeiros, uniformizados e civis, centrais e municipais. Duas agências serviram como instrumento para realizar o processo de deportação em seu núcleo: uma, o escritório IV-B-4 do RSHA, era relativamente pequena, a outra, o Ministério dos Transportes, era uma das maiores. O Referat IV-B-4, sob o comando de Adolf Eichmann, cobriu toda a área de deportação fora da Polônia (onde os escritórios da SS e da polícia lidavam com a dissolução dos guetos). O Ministério dos Transportes, com seus subsidiários e afiliados, era responsável por trens em toda a Europa do Eixo.

Mesmo uma seção tão pequena como a de Eichmann estava envolvida em múltiplas decisões. Dentro da área de Protetorado do Reich, a jurisdição de Eichmann se estendia da captura ao transporte. Por causa disso, ele se aproveitou dos escritórios regionais da Gestapo e dos Escritórios Centrais para a Emigração Judaica. Nos países-satélite e sob ocupação, da Europa Ocidental até os Bálcãs, ele alocou especialistas em questões judaicas em embaixadas alemãs ou com líderes do alto escalão da SS e da polícia para definir planos de deportação *in loco*. Lá, seu controle era menos absoluto que no Reich, mas nessas áreas estrangeiras os mecanismos de Eichmann se ocupavam com toda a fase de desenraizamento das deportações, incluindo o começo das leis antissemitas, as várias definições e categorizações das vítimas judias e o tempo e a obtenção de meios de transporte.

No RSHA, a hierarquia no escritório de Eichmann, com suas subdivisões, era a seguinte:[1]

RSHA: *Obergruppenführer* Heydrich (Kaltenbrunner)

  IV (Gestapo): *Gruppenführer* Müller

    IV-B (Questões Religiosas): *Sturmbannführer* Hartl (mais tarde vago)

      IV-B-4 (Judeus): *Obersturmbannführer* Eichmann

        IV-B-4-a (Evacuações): *Sturmbannführer* Günther

          Questões Gerais: Wöhrn

          Transporte: Novak (deputado: Hartmann, mais tarde Martin)

          Casos isolados: Moes (Kryschak)

        IV-B-4-b (Leis): *Sturmbannführer* Suhr (mais tarde Hunsche)

          Deputado: Hunsche

          Finanças e propriedades: Gutwasser

          Áreas estrangeiras: Bosshammer

Havia uma linha direta entre *Gruppenführer* Müller, o chefe da Gestapo, e Eichmann. Müller, como se lembrou Eichmann depois da guerra, era uma "esfinge".[2] Um criminologista por formação, ele agia como um burocrata, colocando tudo no papel e realizando reuniões frequentes com um grande número de subordinados. Ele também guardava o poder para si mesmo. Enquanto Eichmann tomava providências para as deportações, apenas Müller podia "pegar sua caneta cor de laranja e [...] escrever no topo *5 mil judeus*".[3] Ainda assim, o relacionamento entre os dois, apesar das diferenças de nível hierárquico e de posição, era aparentemente próximo. Todas as quintas-feiras, Müller convidava alguns de seus especialistas para uma espécie de *happy hour* em seu apartamento, servindo um pouco de conhaque, discutindo negócios e fazendo considerações sobre assuntos pessoais de seus convidados. Havia jogos de xadrez; Müller jogava com frequência contra Eichmann e sempre vencia.

1 A partir de organogramas detalhados, elaborados depois da guerra, em Landesgericht für Strafsachen, Viena, *Strafsache gegen Franz Novak*, 1416/61, vol. 17, pp. 57-61.

2 Descrição da personalidade de Müller por Adolf Eichmann, em *Ich, Adolf Eichmann* (Leoni am Starnberger See, 1980), pp. 450-54.

3 Depoimento de Eichmann, transcrição do julgamento de Eichmann, 21 de julho de 1961, sess. 106, p. G1.

Eichmann fora transferido do SD e do *Zentralstelle* em Viena para o Escritório IV.[4] Em 1941, ele tinha 35 anos de idade.[5] Em seu julgamento no pós-guerra, em Jerusalém, ele emergiu como alguém que gostava de beber e usava palavras fortes contra os judeus, mas que tinha pagado a um rabino por aulas de hebraico.[6] Com seus subordinados, Eichmann mantinha relações cordiais. Ele jogava xadrez com eles e um pequeno grupo do IV-B-4 fazia performances musicais. Eichmann atuava como o segundo violino.[7]

No escritório IV-B-4-a, o ascético *Sturmbannführer* Günther e seu assistente, *Hauptsturmführer* Novak, lidavam com o problema crucial do transporte. Foram eles que requisitaram os trens. A procura por um meio de transporte dependia da habilidade de Günther em especificar um ponto de partida e um local de chegada. Se a partida era a culminação de um processo de desenraizamento, o destino era primariamente uma questão de preparação administrativa. Mesmo assim, a escolha por um gueto ou um campo para descarregar um trem em particular poderia envolver considerações políticas e, especialmente no começo, essas questões poderiam ter de ser submetidas a Himmler.

Quando a "Solução Final" estava a caminho, o estabelecimento da rota se tornou cada vez mais uma função de logística, ou seja, distâncias para cada campo e a capacidade de cada um.[8] Depois que uma planilha com origens e destinos era obtida do Ministério dos Transportes, IV-B-4-a podia enviar a informação ao escritório de polícia apropriado para a captura das vítimas e para o campo escolhido a fim de recepcioná-las. O número de deportados era então anotado em uma tabela afixada atrás da mesa de Günther.

---

4 No Escritório Central do SD, ainda *Hauptscharführer*, ele era membro do *Referat* para a judaria (II II2), que foi dividido em várias seções, incluindo assimilacionistas, ortodoxos e sionistas. O *Referat* era chefiado pelo *Untersturmführer* Wisliceny e Eichmann recebeu a seção para os sionistas (II II23). Já que a política do pré-guerra enfatizava a emigração, os sionistas deveriam ser fortalecidos frente aos defensores da assimilação. Ver correspondência em T 175, Rolo 588.

5 Registro pessoal de Eichmann, NO-2259.

6 Para a opinião de Eichmann sobre ele mesmo e sobre as operações de seu escritório, ver seu depoimento na transcrição do julgamento de Eichmann, 21 de junho de 1961, sess. 76, p. AI, FI; 27 de junho de 1961, sess. 80, p. SI; 12 de julho, 1961, sess. 94, p. Ddl. Eel. Jji; 17 de julho de 1961, sess. 99, p. Mml; 20 de julho de 1961, sess. 105, p. Ffi, 21 de julho de 1961, sess. 106, p. BI, CI, DI, GI.

7 Eichmann, *Ich*, p. 461.

8 *Ibid*, p. 152-53.

Os transportes foram realizados pelo *Reichsbahn*.[9] Esse rolo compressor administrativo, que em 1942 empregava quase meio milhão de servidores públicos e novecentos mil trabalhadores,[10] era uma das maiores organizações do Terceiro Reich. Fazia parte do Ministério dos Transportes, que cuidava também das estradas e dos canais e que era chefiado por Dorpmüller, um homem mais velho que ocupou esse posto de 1937 até o final da guerra. O *Staatssekretär* encarregado do *Reichsbahn* foi primeiro Kleinmann e depois, a partir de 23 de maio de 1942, Ganzenmüller, um tecnocrata competente de 37 anos de idade com credenciais nazistas.[11] O *Reichsbahn* era uma estrutura autônoma e isolada, tão "apolítica" em sua aparência quanto a Polícia de Segurança, de sua parte, era o mais alto símbolo do nazismo. Ainda assim, era das ferrovias que o Ministério para a Produção de Guerra de Speer dependia para o transporte mercadorias, as forças armadas para o transporte de tropas e o RSHA para a deportação dos judeus. Para todas essas operações, o *Reichsbahn* era indispensável.

O aparato central do *Reichsbahn* consistia em várias divisões. A Divisão de Tráfego estabelecia prioridades e preços, a Divisão de Operações se ocupava das formações de comboios e horários e o Grupo L (*Landesverteidigung*) trabalhava com o OKH/Transporte (general Gercke) no despacho de trens que carregavam tropas e munições.[12]

Reichsbahn: Ganzenmüller
E I   Tráfego e Tarifas: Treibe (a partir de 1942, Schelp)
      (15-17: Tráfego de Passageiros)
      17   Tráfego de Passageiros Internacionais: Rau

_____

9 Para o envolvimento do Reichsbahn no processo de destruição (com textos e dos documentos), ver Raul Hilberg, *Sonderzüge nach Auschwitz* (Mainz, 1981).

10 Dokumentationsdienst der DB, *Dokumentarische Enzyklopädie V-Eisenbahnen und Eisenbahner zwischen 1941 und 1945* (Frankfurt, 1973), p. 110.

11 Sobre a nomeação e a carreira de Ganzenmüller, ver Albert Speer, *Inside the Third Reich* (Nova York, 1970), pp. 222-25; Eugen Kreidler, *Die Eisenbahnen im Machtbereich der Achsenmächte während des Zweiten Weltkrieges* (Gotinga, 1975), pp. 205-6; acusação em Düsseldorf, no Langericht Düsseldorf, 16 de março de 1970, transmitindo o indiciamento de Ganzenmüller, Arquivo nº 8 Js 430/67, em Zentrale Stelle der Landesjustizverwaltungen em Ludwigsburg e em Landgericht Düsseldorf; depoimento e respostas a perguntas de dr. Albert Ganzenmüller, 7 de outubro de 1964, Caso Ganzenmüller, vol. 5, pp. 216-27.

12 Ver o anuário *Verzeichnis der oberen Reichsbahnbeamten*, particularmente de 1941 a 1943.

E II   Operações: Leibbrand (a partir de 1942, Dilli)
    21   Trens de Passageiros: Schnell
        211   Trens Especiais: Stange
    L   (Forças Armadas): Ebeling

Territorialmente, a estrutura das ferrovias se compunha de três *Generalbe-triebsleitungen* regionais, um número maior de *Reichbahndirektionen* sub-regionais e muitas estações de trem locais. Das três *Generalbetriebsleitungen*, a mais oriental era preeminente. Foi a partir dela que a corrente de tráfego para o front oriental, assim como para os campos de extermínio, foi orientada.[13]

Generalbetriebsleitungen Ost (Berlim): Ernst Emrich
    I   Operações: Eggert (Mangold)
        L: Bebenroth
        P (Horários para os Passageiros): Fröhlich
        PW (Vagões de Passageiros): Jacobi
    II   Tráfego: Simon (Harttmann)
    III   Escritório Central de Alocação de Vagões [vagões de carga]: Schultz
Generalbetriebsleitung Oeste (Essen): Sarter
Generalbetriebsleitung Sul (Munique): Wilhelm Emrich

Cada *Reichbahndirektion* tinha uma seção de operações e um vagão escritório. Em cada seção de operações havia um escritório "33" que controlava os trens de passageiros.

Embora os judeus fossem transportados em vagões de carga, eram registrados pelos especialistas financeiros do *Reichsbahn* como passageiros. Em princípio, qualquer grupo de viajantes era aceito mediante pagamento. A cobrança básica era a tarifa para a terceira classe: 4 Pfennig por quilômetro percorrido (0,6 milhas). Crianças com menos de dez anos eram transportadas pela metade desse valor; aquelas com menos de quatro anos podiam viajar de graça.[14] A tarifa para grupos (metade da tarifa para a terceira classe) era disponibilizada se pelo menos

---

13 *Ibid.* Apenas a regional GBL Ost tinha um Escritório Central de Alocação de Vagões que servia ao Reich inteiro.

14 Deutsches Kursbuch, *Jahresfahrplan*, 1942/43, efetivo 4 de maio de 1942.

quatrocentas pessoas fossem transportadas.[15] Os valores eram faturados para a agência que tinha requisitado o transporte. No caso dos trens que transportavam judeus, essa agência era o RSHA.[16] Para os deportados, era possível pagar a tarifa só de ida; para os guardas, um tíquete de ida e volta deveria ser adquirido.[17] As faturas eram, às vezes, canalizadas por meio da agência de viagens oficial, a *Mitteleuropäische Reisebüro*,[18] e em certas ocasiões o pagamento poderia ser feito com atraso.

A máxima de que deportados eram viajantes também se aplicava às operações. Isso queria dizer que oficiais de trens de passageiros e não especialistas em vagões de carga estavam encarregados de organizar os transportes para a morte. Para uma deportação com origem dentro do próprio Reich, a cadeia de jurisdição levava do RSHA IV-B-4-a (Novak) para 21 e 211 no Ministério dos Transportes, por meio do *Generalbetriebsleitung* (GBL) Ost/P e PW (um transporte da cidade de Düsseldorf, no Reno, também seria processado pelo GBL Oeste) e para todos os *Reichsbahndirektionen* (escritórios "33") ao longo da rota.

O conceito de passageiro também era usado fora do Reich. O pagamento, entretanto, tinha de ser feito em moeda estrangeira e os faturamentos podiam ser mais complicados. Despachar os trens, de fato, era o trabalho de uma grande organização de ferrovias, incluindo aquelas sob o controle do *Reichsbahn*, ferrovias autônomas em países-satélites e redes supervisionadas pelo chefe do Transporte Militar (Gercke) nas áreas controladas pelos militares (Tabela 8.1). Onde escritórios alemães para ferrovias haviam sido criados, como na Polônia e na França, sua estrutura seguia o modelo adotado no Reich, até os escritórios "33" para a

15 Treibe para *Reichsbahndirektionen*, cópias para *Generaldirektion der Ostbahn* (Gedob), ferrovias do Protetorado e Mitteleuropäisches Reisebüro, 26 de julho de 1941, Caso Ganzenmüller, volume especial 4, pp. 47-55.

16 Eichmann para Reichsbahn, 20 de fevereiro de 1941, Caso Ganzenmüller, volume especial 4, pt. 4, p. 105.

17 Deutsche Reichsbahn/Verkehrsamt, Łódź, para Gestapo na cidade, 19 de maio de 1942, compreendendo a conta para doze trens. Fac-símile em Jüdisches Historisches Institut Warschau, *Faschismus-Getto-Massenmord* (Berlim, 1960), pp. 280-81.

18 E I/16 para *Reichsbahndirektionen* Karlsruhe, Colônia, Münster, Saarbrücken, cópias para *Hauptverkehrsdirektionen* Bruxelas e Paris, Plenipotenciário em Utrecht e Amstrat Strange, 14 de julho de 1942, Caso Ganzenmüller, volume especial 4, pt. 3, p. 56.

TABELA 8.1 Estrutura das ferrovias fora da Alemanha

SOB O CONTROLE DO REICHSBAHN

Generalgouvernement
  Generaldirektion der Ostbahn (Gedob) na Cracóvia
    Aparato administrativo alemão operacionalmente integrado com o Ministério dos
Transportes

URSS ocupada
  Generalverkehrsdirektion Osten em Varsóvia
    Aparato administrativo alemão operacionalmente integrado com o Ministério dos
    Transportes (inicialmente sob um diretório para operações no leste no escritório do Chefe
    de Transporte do Exército)

França
  Hauptverkehrsdirektion em Paris
    Competência administrativa alemã sobre as ferrovias francesas (inicialmente
    Wehrmachtverkehrsdirektion sob o chefe de Transporte do Exército)

Bélgica
  Hauptverkehrsdirektion em Bruxelas
    Competência administrativa alemã sobre as ferrovias belgas (inicialmente
    Wehrmachtverkehrsdirektion sob o chefe de Transporte do Exército)

Holanda
  Plenipotenciário do Reichsbahn com ferrovias holandesas em Utrecht

Dinamarca
  Plenipotenciário do Reichsbahn com ferrovias dinamarquesas em Aarhus

FERROVIAS "AUTÔNOMAS"

Protetorado
  Plenipotenciário do Reichsbahn (para conexão e diretivas) em conjunto com *Reichsprotektor/*
  Divisão de Transporte sobre o que sobrara do Ministério de Transportes tcheco em Praga

Eslováquia
  Plenipotenciário do Reichsbahn para conexão e diretivas para o Ministério de Transportes
  eslovaco em Bratislava

Satélites do Eixo: Hungria, Romênia, Bulgária
  Reichsbahn Generalvertreter (representantes) em cada uma das capitais para conexão

SUPERVISIONADO PELO CHEFE DE TRANSPORTE DO EXÉRCITO

Noruega
  Comandante de Transporte para as ferrovias norueguesas

Croácia, Sérvia, Grécia
  Wehrmachtverkehrsdirektion Südost
    Um aparato administrativo em Belgrado para ferrovias do país

Itália
  Wehrmachtverkehrsdirektion em Verona
    Instalada depois do colapso italiano em 1943 sobre as ferrovias italianas

Nota: Tabela baseada em Kreidler, *Eisenbahnen*, p. 324-25. Ver também *Ministerialrat* dr. Werner Haustein, "Das Werden der Grossdeutschen Reichsbahn im Rahmen des Grossdeutschen Reiches", *Die Reichsbahn*, 1942, pp. 76-78, 114-25.

organização dos trens de judeus. A conservação dessas prerrogativas tradicionais foi acompanhada do acréscimo de uma rotina de decisões. Na administração diária dos programas de transporte, a deportação dos judeus foi então encaixada nos procedimentos-padrão para alocação de material circulante para usuários e determinação de horários de uso dos trilhos.

No próprio território do Reich (incluindo Áustria, áreas polonesas incorporadas e Białystok, mas não o Protetorado e o *Generalgouvernement*), havia aproximadamente 850 mil vagões de carga, cerca de 130 mil dos quais eram agregados para serem carregados diariamente.[19] Por volta de 60% do equipamento era especializado (vagões abertos para carvão ou minério),[20] e uma grande parte do restante era usada pelas forças armadas ou para cargas vitais.[21] Considerando-se as demandas da guerra, cada alocação de espaço se tornou importante e, em algum momento, uma remessa poderia ter de ser deixada para trás.

Esse problema existia também fora da rede do *Reichsbahn*, por toda a Europa do Eixo. Dentro do *Generalgouvernement*, por exemplo, as distâncias entre os guetos e os campos de extermínio eram relativamente pequenas, mas a capacidade do *Ostbahn* de atender à demanda era menor que a capacidade do *Reichsbahn* em seu próprio território, e os números de prováveis deportados, como uma porcentagem do volume de tráfego do *Ostbahn*, era muito maior que no Reich. Na verdade, houve períodos em que todas as locomotivas e todos os vagões disponíveis estavam alocados para requerentes militares ou industriais ou ainda quando o tráfego de civis como um todo foi reduzido ou eliminado em rotas congestionadas por semanas sem fim.[22] Emergências como essas exigiam esforços especiais para assegurar que os judeus fossem embarcados o mais cedo possível. De fato,

19 Kreidler, *Eisenbahnen*, pp. 278-79, 338.

20 *Ibid.*, p. 338.

21 Material circulante para a Wehrmacht era separado todas as manhãs e, de tempos em tempos, eram feitas tentativas a fim de estabelecer prioridades para carregamentos industriais. Declaração do dr. Fritz Schelp, por carta, ao promotor dr. Uchmann, 14 de julho de 1967, Caso Ganzenmüller, vol. 6, pp. 139-42.

22 Ver, por exemplo, o Diário de Frank, 18 de junho de 1942, PS-2233, e *Reichsbahndirektion* Viena/33 H (assinado por Eigl) para seção 18, 5 de maio de 1941, e 12 de março de 1942, Zentrale Stelle Ludwigsburg, pasta Verschiedenes 301, AAe 112, nas pp. 232 e 249.

em algumas ocasiões o impossível foi feito, e transportes com judeus foram despachados como "trens das forças armadas" a fim de acelerar seu movimento.[23]

Geralmente, o caminho da decisão começava no escritório do *Hauptsturmführer* Novak, no gabinete de Eichmann. Novak levaria seu pedido para o 21 (Schnell) e para o 211 (Stange). O chefe do 211, que tinha aproximadamente sessenta anos de idade, era, por questões práticas, o principal especialista em judeus do Ministério dos Transportes. Ele atuava como despachante e como ponto de controle. Encerrado em seu escritório, colérico por temperamento, ele falava alto ao telefone. Embora fosse apenas um *Amtsrat*, tinha ocupado aquela posição por vinte anos e a correspondência era dirigida diretamente ao seu nome.[24] O elo da corrente entre Novak e Stange afetava o transporte em todas as partes da Europa sempre que linhas jurisdicionais eram cruzadas, como entre um sistema satélite e o *Reichsbahn*, ou entre dois ou mais *Direktionen* do próprio *Reichsbahn*. Dentro do *Generalgouvernement*, oficiais da Polícia de Segurança que estavam estacionados na área podiam negociar diretamente com o *Ostbahn*.[25]

Uma vez que as preparações estivessem completas no Ministério, uma diretiva era enviada pelo E II para o *Generalbetriebsleitung* para dar prosseguimento às ações. O GBL Ost, por seu controle sobre a alocação de vagões, seria envolvido de qualquer forma. Os transportes de judeus eram trens de passageiros especiais (*Sonderzüge*). Diferentemente dos trens de passageiros comuns, que partiam sempre em horários preestabelecidos, nenhum *Sonderzug* se movia sem ordens específicas. Os *Sonderzüge* eram marcados com um código simples: DA identificava os trens deportando judeus que tivessem partido de um ponto de origem fora da Polônia, Pkr ou Pj para *Sonderzüge* organizados dentro do *Generalgouvernement*. O

---

23 Plenipotenciário do Ministério dos Transportes alemão com Ministério dos Transportes eslovaco para Ministério Eslovaco, 1º de março de 1945, fac-símile em Livia Rotkirchen, *The Destruction of Slovak Jewry* (Jerusalém, 1961), p. 224.

24 Em Stange, ver os seguintes: declaração do dr. Gustav Dilli, 15 de agosto de 1967, Caso Ganzenmüller, vol. 18, p. 31, inserção (Hülle) p. 18-27. Declaração de Novak, Caso Novak, vol. 8, p. 71. Declaração de Gerda Boyce, 2 de abril de 1969, Caso Ganzenmüller, vol. 18, pp. 86-92. Declaração de Karl Hein, 18 de abril de 1969, Caso Ganzenmüller, vol. 18, pp. 98-103.

25 Declaração feita por Erich Richter, 11 de junho de 1969, Caso Ganzenmüller, vol. 19, pp. 5-12, e declarações feitas por Alfons Glas, 21 de outubro de 1960, Caso Ganzenmüller, vol. 4, pp. 284-88, e 26 de agosto de 1961, Caso Ganzenmüller, vol. 5, pp. 148-53.

GBL Ost tinha um *Sonderzuggruppe* que resolvia questões relacionadas a judeus, trabalhadores forçados, crianças e outros. As duas personalidades centrais no comando desse grupo eram *Reichsbahnoberinspektor* Fähnrich (em PW sob Jacobi), para a atribuição de vagões, e *Reichsbahnoberinspektor* Bruno Klemm, para agendamento de horários. O *Sonderzuggruppe* se reunia periodicamente em Frankfurt am Main, Bamberg ou Berlim, para conversar sobre 25 ou 50 trens, incluindo os transportes DA. O *Generalbetriebsleitung* Ost/PW (Jacobi) publicava então um plano de circulação estabelecendo datas de partida e chegada de cada transporte, assim como o retorno ou realocação do trem vazio.[26] Tanto quanto fosse possível, o uso dos vagões deveria ser organizado pelo *Direktion* responsável pela partida, a partir de seus próprios suprimentos,[27] mas em casos de alta demanda, o GBL Ost era capaz de enviar equipamentos de um *Direktion* para outro.[28]

O próximo refinamento (no nível do *Reichsbahndirektion, Haupteisenbahndirektion*, etc.) era estabelecer horários e conectar vagões. Cada *Direktion* operava com um plano básico de tráfego, conhecido como livro de horários (*Buchfahrplan*) para trens despachados apenas quando necessário. A última categoria compreendia trens de carga e todos os trens irregulares de passageiros, incluindo os *Sonderzüge* que transportavam judeus.[29] O tráfego direto era assegurado por

---

26 Jacobi para *Reichsbahndirektionen, Generaldirektion der Ostbahn, Haupteisenbahndirektion* Mitte em Minsk, *Haupteisenbahndirektion Nord* em Riga, cópias para GBL Oeste e GBL Sul, 8 de agosto de 1942, Museu Memorial do Holocausto dos EUA, grupo de registros 53.002 (Arquivos da Bielorrússia Central), Rolo 2, Fundo 78, Opis I, Pasta 784. Jacobi para *Reichsbahndirektionen* em Berlim, Breslau, Dresden, Erfurt, Halle (S), Karlsruhe, Königsberg, Linz, Mainz, Oppeln, Frankfurt (O), Posen e Viena, e para Ostbahn, Reichsprotektor / Eisenbahnen, *Reichsverkehrsdirektion* em Minsk, e *Generalverkehrsdirektion* em Varsóvia (para áreas militares na URSS ocupada), cópias para GBL Oeste e GBL Sul, 16 de janeiro de 1943, *ibid.* Os territórios do *Reichsverkehrsdirektion* na lista de distribuição eram aqueles nos quais os trens se originariam ou que tinham de atravessar. Riga e Minsk eram pontos de chegada de transportes projetados e *Reichsverkehrsdirektion* em Oppeln tinha jurisdição sobre a estação ferroviária em Auschwitz.

27 Leibbrand para GBL Oeste, GBL Ost / L e PW, *Hauptverkehrsdirektion* em Paris, *Hauptverkehrsdirektion* em Bruxelas, Plenipotenciário (*Bahnbevollmächtiger*) em Utrecht, e *Reichsbahndirektion* em Oppeln, 23 de junho de 1942. Caso Ganzenmüller, vol. especial 4, pt. 3, p. 57.

28 Kreidler, *Eisenbahnen*, p. 247.

29 Declaração de Robert Bringmann (especialista em quadros de horários no *Generaldirektion der Ostbahn*), 29 de junho de 1967, Caso Ganzenmüller, vol. 16, p. 161, inserção em II-14.

meio de um plano interconectado (*durchgehenden Fahrplan*), de acordo com o qual os segmentos exigidos pelos quadros de horários estabelecidos que pertencessem aos *Direktionen* adjacentes eram unidos.[30] Os *Sonderzüge* que transportavam judeus tinham de ser inseridos no *Bedarfsfahrplan*, mas se todos os horários estivessem ocupados, um escritório "33" poderia preparar uma agenda especial (*Sonderfahrplan*) para permitir que o transporte fosse deslocado por ferrovias vazias, entre outros trens.[31] Como Eichmann destacou, a montagem dos quadros de horários era uma ciência por si só (*eine Wissenschaft für sich*).[32] As decisões de planejamento eram, por fim, incorporadas a um cronograma (*Fahrplananordnung*) especificando não apenas a hora e os minutos de partida e de intersecções precisamente, como também qual estação tinha de fornecer as locomotivas e os vagões.[33] Devido às condições impostas pelo período de guerra, os *Fahrplananordnungen* eram alterados com frequência. Telefonemas e telegramas eram então necessários para lidar com interrupções e congestionamentos. No final, os judeus eram entregues à sua morte, e os vagões voltavam ao fluxo de circulação. A tarefa estava sendo realizada.

A ÁREA DE *REICH-PROTEKTORAT*

As deportações deveriam começar pelo Reich. As decisões tomadas para a Alemanha deveriam ser um modelo para os territórios ocupados e um exemplo para os países-satélites. Medidas contra os judeus vinham sendo tomadas dentro da Alemanha por um período muito maior que em qualquer outro lugar, e o mecanismo de destruição era mais extensivo e mais refinado lá que em outras áreas da Europa. Por sua vez, a área do *Reich-Protektorat* impunha problemas especiais, e desenraizar os judeus da Alemanha iria demandar esforços também especiais.

---

30 Ver explicação de Mangold, sem data, em Verkehrsarchiv Nuremberg, Coleção Sarter, pasta aa.

31 Por exemplo, *Generaldirektion der Ostbahn* 30 H, *Fahrplananordnung* de 26 de março de 1942 (assinado por Schmid), Zentrale Stelle Ludwigsburg, pasta Polônia 162, filme 6, pp. 192-93. H significa *Hilfsarbeiter*, um especialista substituto executando tarefas no lugar do responsável.

32 Eichmann, *Ich*, p. 152.

33 Por exemplo, *Reichsbahndirektion Königsberg/33*, *Fahrplananordnung* de 13 de julho de 1942, Institut für Zeitgeschichte, Fb 85/2, p. 260.

O processo de desenraizamento

Os primeiros deslocamentos de judeus do Reich para áreas vizinhas na França e na Polônia ocupadas foram marcados por uma sensação de impaciência. Berlim e Viena, Hamburgo e Munique deveriam ficar livres dos judeus remanescentes, ou, pelo menos, livres da maioria deles, o quanto antes. Pouco tempo depois, entretanto, o mecanismo de Heydrich já estava invadindo várias jurisdições. Muitos deportados em potencial pertenciam a categorias controversas, de forma que sua inclusão em listas de deportação criava complicações ou acarretava desvantagens. Entre esses indivíduos estavam os *Mischlinge* e judeus em casamentos mistos, judeus proeminentes, idosos, veteranos de guerra, estrangeiros e judeus na indústria de armamentos. Outras categorias impunham problemas de tutela e exigiam arranjos especiais, especificamente judeus em sanatórios, campos de concentração e prisões. Em resumo, o RSHA tinha de negociar na mais alta instância com muitas agências antes de deportar os judeus do *Reich-Protektorat*.

Com a intenção de encurtar negociações, Heydrich havia convidado todas as agências interessadas para a conferência da "solução final" realizada em 20 de janeiro de 1942. Ele esperava resolver todos os seus problemas de uma vez, mas isso não foi possível. Os membros da conferência trataram apenas dos 125 mil *Mischlinge* e dos 28 mil judeus em casamentos mistos que estavam vivendo na área do *Reich-Protektorat*.[1]

Problema especial 1: *Mischlinge* e judeus em casamentos mistos

Os *Mischlinge* eram filhos problemáticos recorrentes da burocracia alemã. Uma invenção original do *Staatssekretär* Stuckart e do *Ministerialrat* Lösener, os *Mischlinge* compreendiam todos os "meios-judeus" que não pertenciam à religião judaica e não eram casados com uma pessoa judia (chamados *Mischlinge* de primeiro grau) e todos os "um-quarto-judeus" (chamados *Mischlinge* de segundo grau). Os *Mischlinge* não eram negros nem brancos, não judeus nem alemães.

A discriminação contra o grupo *Mischling* era relativamente fraca. Como não arianos, eles eram impedidos, por uma questão de princípio, de entrar para o serviço público e "de forma análoga" (*sinngemäss*) para profissões no ramo do direito.

---

1 A definição do termo "judeu" foi estendida à Áustria e ao Protetorado por decreto. Ver decreto de 20 de maio de 1938, RGBI, 594, e decreto do Protetorado de 21 de junho de 1939, *Verordnungsblatt des Reichsprotektors*, 1939, p. 45.

Não podiam ser editores e foram excluídos da Câmara de Cultura do Reich. De acordo com a Lei de Sucessão de Propriedades Rurais (*Erbhofgesetz*), *Mischlinge* não podiam herdar fazendas. Eles não podiam fazer parte do partido, da ss, da sa, da *Stamm-HJ* (a elite da Juventude Hitlerista), ou qualquer outra formação do partido. No exército, não podiam ser promovidos a patentes comissionadas ou não comissionadas. Um *Mischling* de primeiro grau não podia ser o guardião de uma criança alemã (ou mesmo de uma criança *Mischling* de segundo grau), além disso, descontos nos impostos não se aplicavam aos pais de crianças *Mischling*.

Em relação a outras questões, entretanto, os *Mischlinge* eram tratados como alemães. Eles não usavam a estrela, não sofriam restrições em atividades de negócios e podiam até mesmo se tornar membros de organizações apolíticas do partido como a nsv (Liga do Bem-Estar Social) e da daf (Frente Trabalhista Alemã).[2] Ademais, o procedimento de "liberalização" havia permitido que muitos *Mischlinge* permanecessem como funcionários públicos e se tornassem oficiais.

Em 1939, havia 64 mil *Mischlinge* de primeiro grau e 43 mil *Mischlinge* de segundo grau no Velho Reich, na Áustria e na área dos Sudetos.[3] Os funcionários públicos se esforçaram pela completa absorção dos *Mischlinge* de segundo grau dentro da comunidade alemã. Os casamentos entre *Mischlinge* de segundo grau e alemães eram permitidos sem a necessidade de um consentimento especial, ao passo que casamentos com judeus eram estritamente proibidos. Por sua vez, os

---

2 As restrições impostas aos *Mischlinge* foram enumeradas por Wilhelm Stuckart em seu *Rassenpflege*. 5ª ed. (Leipzig, 1944), p. 21, 26, 34, 40, 41; e em *Die Judenfrage* (*Vertrauliche Beilage*), 25 de abril de 1941, pp. 22-24.

3 "Die Juden und jüdischen Mischlinge", *Wirtschaft und Statistik*, vol. 20, p. 84; depoimento juramentado de Lösener, 17 de outubro de 1947, NG-2982. O número de *Mischlinge* de primeiro grau de acordo com o censo era de 72.738. Entretanto, esse número inclui *todos* os "meio-judeus", porque os recenseadores, por razões administrativas, simplificavam o questionário. O número verdadeiro de *Mischlinge* é fornecido por Lösener em seu depoimento juramentado. Ver também a compilação de estatísticas detalhadas em Jeremy Noakes, "The Development of Nazi Policy Toward German-Jewish 'Mischlinge' 1933-45", *Leo Baeck Institute Year Book*, 34 (1989), pp. 291-354. Não há números precisos sobre os *Mischlinge* no Protetorado. Considerando as estatísticas sobre casamentos mistos, poderiam ser de até 30 mil em 1939. Os burocratas em Berlim nunca discutiram o problema dos *Mischlinge* judeus da Tchecoslováquia, mas seu destino estava atrelado ao tratamento dispensado aos *Mischlinge* no Reich.

Mischlinge de primeiro grau apresentavam dificuldades e, no final de 1941, círculos dentro do partido começaram a equiparar esses *Mischlinge* com os judeus. A "solução final" estava agora disponível e nenhuma solução poderia ser de fato "final" a menos que o problema *Mischling* fosse também "solucionado".

Em 13 de outubro de 1941, o chefe da Chancelaria do Reich, Lammers, e o chefe do Escritório Político Racial do partido, Gross, conversaram sobre os *Mischlinge*, a primeira conversa extensa sobre o assunto durante a fase de deportação. Lammers declarou que apoiaria a esterilização de todos os *Mischlinge* de primeiro grau a fim de evitar o nascimento de futuros *Mischlinge*.[4] Além disso, ele propôs um controle severo para evitar casamentos de um *Mischling* de segundo grau com outro *Mischling* de segundo grau.[5] Lammers argumentou que se os *Mischlinge* de segundo grau tivessem permissão para se casar apenas com alemães, as características judaicas desapareceriam completamente de acordo com as leis mendelianas. Gross pensou sobre a ideia e fez uma contraproposta: Por que não fazer o contrário e, em vez de difundir traços judaicos na população alemã, permitir que os *Mischlinge* de segundo grau se casassem apenas com outros *Mischlinge* de segundo grau? De combinações como essas, disse ele, emergiriam novamente pessoas com um acúmulo de características judaicas. Essas pessoas, por sua vez, "poderiam sucumbir a alguma forma de extermínio".[6]

Uma implicação desse "debate" científico tomou a dianteira. Os *Mischlinge* eram um caso inacabado. O partido queria submetê-los à "solução final". A administração do governo ainda não queria matar essas pessoas, mas os representantes dos ministérios estavam preparados para propor ações mediadoras com o objetivo de permitir que os *Mischlinge* fossem extintos.[7]

---

4 O filho de um *Mischling* de primeiro grau poderia ter qualquer status, de completamente judeu a completamente alemão, dependendo de quem fossem seus avós. Na maior parte dos casos, no entanto, o filho de um *Mischling* de primeiro grau era um *Mischling* de segundo grau.

5 Esse tipo de casamento já era proibido.

6 *Amtsgerichtsrat* dr. Wetzel (Ministério do Leste e Escritório Político Racial) para *Amtsgerichtsrat* dr. Weitnauer e *Oberregierungsrat* dr. Labs, 5 de janeiro de 1942, contendo um resumo da conversa entre Lammers e Gross, NG-978.

7 O próprio Hitler não achava que os *Mischlinge* pudessem ser absorvidos. A experiência mostrara, ele disse, que depois de uma difusão de quatro, cinco ou até seis gerações "judeus completos poderiam ressurgir segundo as leis de Mendel". Ele era capaz de citar vários exemplos desse fenômeno

Durante a conferência de 20 de janeiro, o tema *Mischling* foi abordado novamente. Sob o título "Solução para os Casamentos Mistos e Questões *Mischling*", foi proposto que os *Mischlinge* de primeiro grau fossem equiparados com os judeus, com as seguintes exceções:

1. Os *Mischlinge* de primeiro grau casados com cidadãos alemães, que tivessem filhos classificados como *Mischlinge* de segundo grau.
2. Os *Mischlinge* de primeiro grau que, em razão de serviços prestados ao povo alemão, tivessem recebido autorizações de liberação. Todas as liberações deveriam ser revistas, entretanto, para definir se elas tinham sido concedidas pelos méritos do próprio *Mischling* e não por seus pais ou cônjuge.

Os *Mischlinge* de segundo grau deveriam ser tratados como alemães, mas um *Mischling* de segundo grau *que não fosse casado com uma pessoa alemã* deveria ser tratado como judeu:

1. Se descendesse de um "casamento bastardo" (*Bastardehe*), ou seja, um casamento entre *Mischlinge*,[8] ou
2. Caso se parecesse com um judeu (*Rassisch besonders ungünstiges Erscheinungsbild des Mischling 2. Grades das ihn schon äusserlich zu den Juden rechnet*), ou
3. Se relatórios particularmente desfavoráveis emitidos pela polícia ou pelos escritórios políticos indicassem que o *Mischling* de segundo grau "se comportava" ou "se sentia" como um judeu.

(como o presidente Roosevelt). Sua explicação era simplesmente de que o povo judaico era mais forte (*Das jüdische Volkstum sei eben zäher*). Henry Picker, *Hitler's Tischgespräche im Führerhauptquartier 1941-1942* (Bonn, 1951), anotações de 10 de maio de 1942, e 1º de julho de 1942, pp. 303, 313. Os *Tischgespräche* são um resumo de Picker das observações feitas por Hitler à mesa de jantar. Pelo que parece, Hitler *não* deu continuidade a suas observações com atitudes, de um jeito ou de outro. É bastante provável que ele não tenha sido perguntado por uma decisão.

8 Sob as regulamentações existentes, o filho de dois *Mischlinge* de primeiro grau tinha o mesmo status do filho de uma pessoa judia com outra alemã. Normalmente, a prole de um *Mischling* de primeiro grau e de um *Mischling* de segundo grau seria um Mischling de segundo grau, mas esse indivíduo poderia ser classificado como alemão se a mãe e o pai do "meio-judeu" fossem também *Mischlinge*. Dois *Mischlinge* de segundo grau não poderiam produzir um *Mischling*, exceto se um dos avós da criança pertencesse à religião judaica.

Confrontados com as implicações drásticas da nova categorização, os membros da conferência consideraram a possibilidade de que os *Mischlinge* que fossem candidatos à deportação deveriam receber a oportunidade de permanecer no Reich se eles se submetessem à esterilização. *Gruppenführer* Hofmann, chefe do Escritório Central para Restabelecimento e Raça, sugeriu que preparações teriam de ser feitas para executar as esterilizações em larga escala "porque o *Mischling*, ao ser confrontado com a escolha entre evacuação ou esterilização, preferiria a esterilização".

Staatssekretär Stuckart, do Ministério do Interior, exprimiu então sua opinião de que a "possibilidade de solução" proposta era muito complexa por razões administrativas. Ele tinha uma solução muito mais simples para o assunto *Mischling*, uma solução que considerava os "fatores biológicos": esterilização compulsória.[9]

A questão agora se afunilava, mas estava longe de ser resolvida. Em 6 de março de 1942, uma segunda conferência para a "Solução Final" foi convocada com o objetivo de lidar com os *Mischlinge* e com os casamentos mistos. Dessa vez, o presidente foi Adolf Eichmann. Os participantes eram figuras, por consequência, pertencentes a escalões inferiores – uma circunstância que não facilitou a tomada de uma decisão. O Ministério do Leste foi representado pelo seu especialista em questões judaicas, *Amtsgerichtsrat* dr. Wetzel. O Ministério do Interior tinha despachado *Regierungsrat* dr. Feldscher. O Escritório do Plano Quadrienal tinha enviado *Amtsgerichtsrat* Liegener e um advogado, Pegler. O representante do Ministério de Justiça foi *Oberlandesgerichtsrat* Massfeller. O emissário do *Generalgouvernement* foi o dr. Kammerl. O representante do Ministério das Relações Exteriores foi o idealizador do plano Madagascar, *Legationsrat* Rademacher. A Chancelaria do Partido foi habilmente representada pelos *Oberregierungsräte* Reischauer e Ancker, a Chancelaria do Reich pelo

---

9 Resumo da conferência para a "Solução Final" de 20 de janeiro de 1942, NG-2586-G. Ver também relatório de Rademacher, 11 de julho de 1942, NG-2586-I. Rademacher não esteve presente na conferência, mas pareceu receber informações sobre o que foi discutido de outras fontes além do resumo citado acima. De acordo com Lösener, a esterilização tinha sido primeiro sugerida pelo *Reichsärzteführer* Wagner em 1935 e havia sido proposta por Stuckart durante a conferência para a "Solução Final" apenas depois que ele fora informado por seu colega, o *Staatssekretär* dr. Conti, de que a medida era impraticável. Depoimento de Lösener, Caso nº 11, tr. p. 7653.

Oberregierungsrat dr. Boley e o Escritório Central para Restabelecimento e Raça da ss pelos *Hauptsturmführer* Preusch e *Obersturmführer* dr. Grohmann.

Outra agência, que não havia sido representada anteriormente em questões relativas à "Solução Final", enviara comissários para a conferência. Era o Ministério da Propaganda. Goebbels havia recebido uma cópia do protocolo da conferência de 20 de janeiro e isso despertou seu interesse imediatamente pelo "grande número de questões incrivelmente delicadas" abordado na conferência.[10] Em questões de "delicadeza", o Ministério da Propaganda tinha naturalmente jurisdição. Dessa forma, dois especialistas em propaganda foram despachados para a segunda conferência, *Oberregierungsräte* Carstensen e dr. Schmid-Burgh.

Os membros da conferência começaram de imediato uma discussão sobre a proposta de Stuckart pela esterilização compulsória. Todos concordaram que uma "solução biológica" exigiria a esterilização de todos os *Mischlinge*. Mas como uma medida como essa poderia ser decretada? Não seria possível, é claro, fornecer publicidade ao assunto. Alguém sugeriu uma preparação para autorizar um escritório em particular "a fim de regular as condições de vida dos *Mischlinge*". A sugestão foi rejeitada. Então, outra pessoa ressaltou que a esterilização de 70 mil *Mischlinge* de primeiro grau incluiria tratamento médico equivalente a 700 mil dias de internação. Além disso, foi lembrado que, mesmo depois de sua esterilização, os *Mischlinge* ainda seriam *Mischlinge*; nenhuma das restrições administrativas sobre eles seria assim removida. Havia ainda o problema dos *Mischlinge* no esporte, na economia, como membros de organizações, nas forças armadas, como advogados, como guardiões legais, etc.

Concordou-se, por consequência, que se, mesmo assim, o Führer ordenasse por razões políticas sua esterilização, os *Mischlinge* deveriam ser removidos da comunidade alemã de alguma maneira. Uma vez que o *Staatssekretär* Stuckart tinha se oposto à sua deportação para além das fronteiras do país, os *Mischlinge* poderiam ser concentrados em algum tipo de gueto próximo à fronteira. Os representantes da Chancelaria do partido, contudo, reiteraram que em sua opinião esquadrinhar os *Mischlinge*, de acordo com os critérios sugeridos durante a conferência de 20 de janeiro, era a solução mais simples assim como a única que garantiria o desaparecimento daquela "terceira raça". O pequeno número de *Mischlinge* que permaneceria no Reich depois do processo de esquadrinhamento poderia ser,

---

10 Lochner, *Goebbels Diaries*, anotação de 7 de março de 1942, p. 116.

de qualquer forma, esterilizado, e depois da esterilização eles poderiam ficar livres de todas as restrições e viverem suas vidas em paz.

Essa "solução" pareceu tão boa aos membros da conferência, que eles decidiram submetê-la à autoridade superior para uma decisão, mas como isso teria sido uma afronta ao *Staatssekretär* Stuckart, os membros da conferência também decidiram submeter a proposta para a esterilização compulsória.[11] Em resumo, o problema não estava mais perto de uma solução agora do que estivera antes. Em vez de ter sido debatido durante a conferência, foi depois perpetuado em correspondências. Em 16 de março de 1942, o *Staatssekretär* Stuckart dirigiu uma longa carta a seus colegas *Staatssekretäre* assim como a Heydrich e Hofmann. Stuckart colocou no prefácio de sua carta uma observação de que, considerando esse problema, praticamente não era necessário enfatizar "que os interesses do povo alemão deveriam ser o único critério a ser aplicado".

Stuckart então continuou para dizer que enquanto a deportação dos *Mischlinge* poderia parecer uma solução notavelmente simples, tinha certos defeitos fatais que não se alinhavam muito bem com os interesses da nação alemã. Em primeiro lugar, Stuckart quis lembrar seus colegas que um esquadrinhamento de judeus parciais já tinha ocorrido. Na definição de Nuremberg, aqueles meio-judeus com inclinações ao judaísmo por razão religiosa ou de casamento já haviam sido relegados aos judeus. Os outros meio-judeus, os *Mischlinge* de primeiro grau, tinham sido integrados *de fato* à comunidade alemã. Eles estavam trabalhando e estavam lutando. Muitos deles tinham sido "liberados" pelo Führer e recebido o status de alemães. Ademais, muitas pessoas classificadas como judias pela definição de Nuremberg tinham sido elevadas ao status de *Mischling* de primeiro grau. Seria incompatível com a autoridade inerente a uma decisão do Führer se essas pessoas fossem agora reconsideradas como judias por decisão geral. No entanto, se os judeus "liberados" estivessem fora de alcance, não teria sentido nem lógica deportar os verdadeiros *Mischlinge* de primeiro grau, ou seja, meio-judeus que tinham recebido um status mais favorável desde o começo.

Em seguida, Stuckart apontou que cada *Mischling* tinha um grande número de parentes alemães. As repercussões políticas e psicológicas no front doméstico

----

11 Resumo da conferência para a "Solução Final" de 6 de março de 1942 (vinte cópias), NG-2586-
-H. Rademacher via *Unterstaatssekretäre* Luther, *Gaus* e Wörmann para *Staatssekretär* Weizsäcker,
11 de julho de 1942, NG-2586-I.

seriam, dessa forma, incalculáveis. Mesmo que todas essas objeções fossem desconsideradas, Stuckart continuou, havia um argumento que em sua opinião era decisivo. "É fato", disse ele, "que deportar os meio-judeus significaria abandonar aquela metade de seu sangue que era alemã". Considerando todas essas observações, ele preferia que os meio-judeus fossem extintos dentro do Reich por um processo natural. Embora fosse necessário esperar trinta ou quarenta anos, ele estava preparado para se resignar com esse "contratempo". As alternativas à esterilização seriam "um número enorme de solicitações para dispensa [...] dificuldades de transporte consideráveis [...] a onerosa necessidade de afastar os meio-judeus de seus trabalhos", etc.[12]

Seguindo de perto o conteúdo da carta de Stuckart, o ministro da Justiça interino, *Staatssekretär* Schlegelberger, escreveu uma carta também. Schlegelberger propôs que os *Mischlinge* de segundo grau fossem equiparados aos alemães, sem exceções ou restrições. Em relação aos *Mischlinge* de primeiro grau, Schlegelberger apoiava a esterilização. Ele se preocupou em apontar que aqueles *Mischlinge* que fossem já muito velhos para terem filhos não precisariam ser esterilizados, tampouco; disse ele, teriam de ser deportados. Não havia um propósito válido em nenhuma dessas alternativas. Além disso, Schlegelberger achou que os *Mischlinge* de primeiro grau que fossem casados com alemães e que tivessem filhos classificados como *Mischlinge* de segundo grau deveriam também ser deixados em paz. Já que a sua prole, três quartos alemã, tinha de ser aceita como membro igualitário da comunidade nacional alemã – "e isso deve ser um objetivo", disse ele, "se a solução para o problema judeu for pretendida realmente como final" – ninguém poderia de fato oprimir essas pessoas com o conhecimento de que um de seus pais tinha sido sujeito a "medidas para proteção da comunidade nacional".[13]

A carta de Schlegelberger foi a primeira indicação de um *status quo*. Tanto a deportação quanto a esterilização se tornaram cada vez mais impraticáveis

---

12 Stuckart para Klopfer, Freisler, Heydrich, Neumann, Luther, Meyer e Hofmann, 16 de março de 1942, NG-2586-I. Hitler tinha desejado a remoção dos *Mischlinge* de primeiro grau de postos ativos no serviço militar com receio de que mais tarde eles estivessem em posição de ser identificados como "custo em sangue e vida pelo Führer e pelo Reich". NSDAP / Chancelaria do partido para Ministro do Reich para Territórios do Leste Ocupados, 2 de março de 1942, Wi/ID. 358.

13 Schlegelberger para Klopfer, Stuckart, Heydrich, Neumann, Luther, Meyer e Hofmann, 8 de abril de 1942, NG-2586-I.

à medida que o partido e os escritórios ministeriais acumulavam argumentos e mais argumentos contra cada uma delas. Na verdade, a questão foi colocada de lado até setembro de 1942, quando novos rumores começaram a circular no Ministério do Interior de que o RSHA estava se preparando para deportar os *Mischlinge* de primeiro grau afinal.

Nesse momento, *Ministerialrat* Lösener se sentou para escrever uma carta a fim de salvar seus *Mischlinge*. Ele estava perto de entrar em desespero. Lösener tinha escrito (ou ajudado a escrever) 27 decretos antissemitas.[14] Provavelmente nenhum deles tinha dado a ele tanto orgulho quanto aquele que definia os judeus. Na conferência infrutífera sobre definições do Ministério do Leste, ele tinha insistido, em vão, que o princípio de Nuremberg fosse adotado no leste "em nome da uniformidade".[15] Agora, os *Mischlinge* na área do *Reich-Protektorat* estavam sob a ameaça da deportação.

Lösener escreveu sua carta por volta de 10 de setembro de 1942 e a endereçou a Himmler. Ele repetiu todos os argumentos que Stuckart tinha enumerado. Escreveu que Hitler tinha concedido o status de *Mischling* de primeiro grau para 340 judeus, que havia muitos *Mischlinge* que já tinham se tornado alemães e que outros 260 tinham recebido a promessa do status de alemão. Lösener admitiu que a esterilização não era possível durante a guerra. Afinal, ele consolou Himmler, "não se pode retificar erros e pecados cometidos durante os últimos duzentos anos em um dia". Entretanto, depois da guerra, as esterilizações poderiam ser facilmente realizadas. Já que o número de 72 mil *Mischlinge* informado pelo censo também incluía meio-judeus que eram judeus por definição legal, o verdadeiro número de *Mischlinge* de primeiro grau era apenas 64 mil; e uma que um grande número de *Mischlinge* já tinha passado da idade reprodutiva, o número de esterilizações não excederia 39 mil. Lösener enfatizou mais uma vez que os *Mischlinge* de primeiro grau eram um povo leal e que, de qualquer forma, sofriam restrições severas. Por fim, ele insistiu que a discussão toda fosse submetida a Hitler para uma decisão.[16]

Em 27 de outubro de 1942, a terceira conferência para a "Solução Final" foi convocada. Dessa vez, a lista de participantes foi a seguinte:

---

14 Testemunho juramentado de Lösener, 24 de fevereiro de 1948, NG-1944-A.

15 Resumo da conferência do Ministério do Leste de 29 de janeiro de 1942, NG-5035.

16 Testemunho juramentado de Lösener, 17 de outubro de 1947, com anexo contendo sua carta para Himmler, escrita em setembro de 1942, NG-2982.

ss-OStubaf. Eichmann, presidindo (RSHA IV-B-4)

ss-Stubaf. Günther (RSHA IV-B-4)

Regierungsrät Hunsche (RSHA IV-B-4)

Regierungsrät Suhr (RSHA IV-B-4)

ss-OStubaf. ORR. dr. Bilfinger (RSHA II-A)

ss-Stubaf. RR Neifeind (RSHA II-A-2)

ss-Stubaf. dr. Gengenbach (RSHA III-A)

Amtsgerichtsrat dr. Wetzel (Ministério do Leste)

Regierungsrat dr. Feldscher (Ministério do Interior)

Amtsgerichtsrat Liegener (Plano Quadrienal)

Oberlandesgerichtsrat Massfeller (Ministério da Justiça)

Landesoberverwaltungsrat Weirauch (*Generalgouvernement*)

Gesandtschaftsrat dr. Klingenfuss (Ministério das Relações Exteriores)

Reichsamtsleiter Kap (Chancelaria do partido)

Regierungsrat Raudies (Chancelaria do partido)

Oberregierungsrat dr. Boley (Chancelaria do Reich)

ss-HStuf. Preusch (RUSHA)

ss-OStuf. Harders (RUSHA)

Oberregierungsrat Schmid-Burgh (Ministério da Propaganda)

Bereichsleiter Lendschner (Escritório Político Racial)

ss-Stubaf. dr. Stier (Escritório Central de Funcionários)

No início da conferência, os participantes foram informados de que "devido ao novo conhecimento adquirido na área da esterilização", os *Mischlinge* de primeiro grau em idade reprodutiva poderiam ser esterilizados durante a guerra. Os membros da conferência concordaram com um programa de esterilização a ser implementado "sem mais delongas". A esterilização deveria ser estritamente voluntária, ou seja, um serviço prestado pela pessoa "por ter sido, de maneira benevolente, permitida a permanecer no território do Reich". Os *Mischlinge* esterilizados poderiam prosseguir com suas vidas em paz, sujeitos apenas às restrições em vigor. Os *Mischlinge* de segundo grau, sem exceção, deveriam ser tratados como alemães, mas eles também deveriam continuar sujeitos às restrições impostas aos *Michlinge*.[17]

---

17 Resumo da conferência de 27 de outubro de 1942, NG-2586-M.

O pêndulo havia agora se movido para o outro lado. Entretanto, o relatório sobre o "novo conhecimento" na área da esterilização era rigorosamente uma falsa esperança. Sob a proteção da ss e da polícia, experimentos de esterilização foram conduzidos em judeus no centro de extermínio de Auschwitz, e de tempos em tempos os experimentadores enviavam relatórios de que os efeitos de uma técnica para esterilizações de larga escala estavam a ponto de serem "aperfeiçoados". Na verdade, os médicos nunca obtiveram sucesso. O resultado final de seu fracasso foi que, depois de toda discussão e controvérsia, os *Mischlinge* não foram nem deportados nem esterilizados.[18]

Por uma questão de segurança, as restrições anti-*Mischling* foram de alguma forma intensificadas. Por exemplo, no outono de 1942, o Ministério da Educação emitiu algumas regulamentações elaboradas para a admissão de *Mischlinge* nas escolas.[19] Já em época tão avançada quanto setembro de 1944, Hitler determinou que os *Mischlinge* de primeiro grau que estivessem servindo em postos burocráticos não teriam mais direito a medalhas ou honrarias.[20] Ademais, os *Mischlinge* eram afligidos por uma vulnerabilidade fatal todas as vezes em que faziam ou diziam algo impróprio. Um *Mischling* de primeiro grau tinha de ser cuidadoso por receio de que algum funcionário muito zeloso do regime o denunciasse por se comportar "como um judeu completo". Uma acusação como essa poderia custar a sua vida.[21] A partir

---

18 Uma exceção foi os *Mischlinge* de primeiro grau em campos de concentração. Himmler deportou esses *Mischlinge* para centros de extermínio.

19 Os *Mischlinge* de primeiro grau não eram mais admitidos no ensino médio ou nas faculdades. Eles podiam permanecer em aula apenas se tivessem completado uma parte substancial de sua educação ou se estivessem sendo treinados para o comércio ou profissões. Os *Mischlinge* de segundo grau podiam continuar seus estudos, mas sua admissão ao ensino médio ou superior era permitida apenas se não houvesse "superlotação". Regulamentações do Ministério da Educação, 20 de agosto de 1942, e 12 de outubro de 1942, em *Die Judenfrage* (*Vertrauliche Beilage*), 1º de março de 1943, pp. 17-19.

20 *Staatsminister* dr. Meissner para autoridades do alto escalão do Reich, 4 de setembro de 1944, NG-1754.

21 Um *Mischling* de primeiro grau, Oskar Beck, dono de uma oficina de conserto de rádios que, às vezes, levava rádios para casa, foi considerado suspeito de ouvir transmissões estrangeiras e se comportar como um "judeu completo". Partido/*Gau* Viena/Kreis II/Ortsgruppe Rembrandtstrasse 2-Ortsgruppenleiter para Polícia do Estado, Viena, 5 de abril de 1943, NG-381. Pouco depois que o relatório foi divulgado, Beck foi condenado à morte por ter dito a uma mulher alemã, voluntária para integrar a força de trabalho, que ela estava prolongando a guerra. Ele foi considerado culpado

de abril de 1944, os *Mischlinge* de primeiro grau foram admitidos em campos de trabalho forçado da Organização Todt. Eles serviram não apenas na área do Protetorado do Reich como também na França. Em canteiros de obra na França, eles eram reunidos em comitivas de trabalho (*OT-Arbeitsbereitschaften*) de aproximadamente cem homens cada, trabalhando sem uniformes porém com salário.[22]

A controvérsia *Mischling* ilustra o desejo formidável da burocracia em tornar a "Solução Final" realmente final. Os *Mischlinge* não faziam muita diferença, mas o simples fato de sua existência era perturbador. Eles eram a prova viva de uma tarefa inacabada, pois carregavam "sangue judeu" e características judaicas na comunidade alemã. Esse tipo de penetração na nação alemã era algo que a burocracia alemã não conseguia aceitar, e os *Mischlinge* sobreviveram.

Muito próximo da questão Mischling estava o problema dos judeus em casamentos mistos. O destino desses judeus estava conectado ao destino dos *Mischlinge* de primeiro grau, pois a maioria dos judeus em casamentos mistos eram pais desses *Mischlinge*. Pode-se ressaltar que, durante o processo de concentração, Göring emitiu instruções para que os seguintes judeus em casamentos mistos fossem considerados com privilégios:

1. O marido judeu de uma esposa alemã, se o casal tivesse um ou mais filhos classificados como *Mischlinge* de primeiro grau.
2. A esposa judia de um marido alemão, se o casal tivesse filhos classificados como *Mischlinge* de primeiro grau ou não tivesse filhos.

Entretanto, no decreto da "estrela" de 1º de setembro de 1941, o conceito de casamentos mistos com privilégios foi alargado para incluir judeus casados com

---

de *Wehrkraftzersetzung* ou "enfraquecer o esforço de guerra". Julgamento por *Volksgerichtshof* / 4º Senado (assinado por *Volksgerichtsrat* Müller e *Landgerichtsdirektor* Mittendorf), 21 de setembro de 1943, NG-381.

22 Franz W. Seidler, *Die Organisation Todt* (Bonn, 1998), pp. 131-32. H. G. Adler, *Der verwaltete Mensch* (Tubinga, 1974), pp. 318-22. Também foram afetados pelo projeto de trabalho os homens (alemães e judeus) em casamentos mistos. Sobre as consequências para os homens judeus, ver carta específica assinada por Vertrauensmann do Reichsvereinigung, Karl Oppenheimer, 8 de fevereiro de 1945, em Kommission zur Erforschung der Geschichte der Frankfurter Juden, *Dokumente zur Geschichte der Frankfurter Juden* (Frankfurt, 1963), p. 531.

Mischlinge de segundo grau. Além disso, o privilégio foi também estendido aos judeus cujos casamentos tivessem terminado em divórcio ou morte, caso fossem pais de uma criança *Mischling*, e esse privilégio era mantido mesmo nos casos em que o único filho *Mischling* tivesse sido morto em combate.[23] Na época das deportações, um status privilegiado era consequentemente estendido, em todos os casos, para:

1. Pai judeu ou mãe judia de uma criança *Mischling*, não importando a continuidade do casamento ou mesmo se o único filho *Mischling* tivesse sido morto em combate.
2. A esposa judia sem filhos em um casamento misto enquanto durasse o casamento.

Sem privilégios eram:

1. Pai judeu ou mãe judia cujos filhos meio-judeus fossem classificados como judeus.
2. O marido judeu sem filhos em um casamento misto (a menos que seu único filho *Mischling* tivesse sido morto em combate).

Estatisticamente, o quadro desenhado era assim:[24]

Casamentos mistos em 31 de dezembro de 1942

Velho Reich	16.760
Áustria	4.803
Protetorado	6.211
Total	27.774

Casamentos mistos em primeiro de abril de 1943
(Velho Reich apenas)

Com privilégios	12.117
Sem privilégios	4.551
Total	16.668

▬

23 Decreto de 1º de setembro de 1941, RGB1 1, 547. Ver também instruções alimentares de *Staatssekretär* Riecke, 18 de setembro de 1942, NG-452.

24 Relatório do SS *Statistician* Korherr, 19 de abril de 1943, NO-5193.

Evidentemente, havia uma tendência em dispensar números cada vez maiores de judeus em casamentos mistos da aplicação de medidas antissemitas. Heydrich tentou contrariar essa tendência, mas sem uma resolução nas instâncias mais altas, não obteve muito progresso.[25]

Durante a conferência de 20 de janeiro de 1942, todos haviam assumido o espírito da "Solução Final". Sem considerar o assunto em muitos detalhes, os membros da conferência decidiram que todos os judeus em casamentos mistos deveriam ser deportados. Judeus não eram, afinal, *Mischlinge* e, em 20 de janeiro, o destino dos *Mischlinge* ainda era duvidoso. No entanto, embora os burocratas estivessem com pressa, estavam pouco cientes de certas dificuldades atreladas aos casamentos mistos. Sem fazer distinção entre um status com ou sem privilégio, os membros da conferência concordaram que uma decisão teria de ser tomada em cada caso individual para decidir se o cônjuge judeu (*der jüdische Teil*) seria "evacuado" ou se, em vista das possíveis repercussões "de uma medida como essa" sobre os parentes alemães, ele deveria ser transferido para o "Gueto de Pessoas Idosas" em Theresienstadt. Antes do final da conferência, entretanto, *Staatssekretär* Stuckart levantou uma questão interessante. Ele apontou que antes que os judeus em casamentos mistos pudessem ser deportados, deveria haver uma lei que estabelecesse, efetivamente, que "esses casamentos estão dissolvidos".[26]

Nesse ponto, então, estava o germe da nova controvérsia – só que dessa vez a linha de argumento não passava pelo partido e pelos ministérios, mas exatamente pelas hierarquias. A proposta de Stuckart era, por certo, de interesse da ss e da polícia. Não era preciso muita imaginação para perceber o que aconteceria com o sigilo de toda a operação de extermínio se milhares de alemães, separados de seus cônjuges judeus apenas pela deportação e querendo assumir as propriedades do cônjuge (ou mesmo contrair novo matrimônio), lotariam os tribunais

----

25 Durante o outono de 1941, um homem impaciente da Gestapo em Düsseldorf, Kriminalsekretär Pütz, que não queria fazer "exceções", tomou providências para colocar uma viúva judia de um casamento misto com privilégios em um transporte do mês de novembro para Minsk. Quando o filho *Mischling* a defendeu, Pütz respondeu que um homem de 26 anos de idade não precisava mais de sua mãe. Depois que o filho apelou por meio dos escritórios militares a Eichmann, ela foi deportada, mas não para Minsk e, por fim, sobreviveu a oito campos. Julgamento em um tribunal de Düsseldorf contra Georg Pütz, 27 de maio de 1949, 8Ks 21/49.

26 Resumo da conferência de 20 de janeiro de 1942, NG-2586-G.

com solicitações de atestado de óbito do cônjuge judeu. Obviamente, um procedimento como esse seria embaraçoso. Apenas um divórcio instituído *antes* da deportação poderia evitar essas complicações. Mesmo que as vítimas judias fossem deportadas apenas para o Theresienstadt, sua separação física de seus cônjuges (presumivelmente para toda a vida) levaria a dificuldades legais; por isso a necessidade de um procedimento de divórcio compulsório. Mesmo assim, a proposta de Stuckart gerou oposição.

A frente opositora envolvia dois aliados surpreendentes: o Ministério da Justiça e o Ministério da Propaganda. O judiciário estava abalado porque o procedimento de divórcio em análise ignorava os tribunais. Os especialistas em propaganda lastimaram a falta de "delicadeza" no método de divórcio automático. Quando a segunda conferência para a "Solução Final" foi convocada em 6 de março de 1942, os representantes do Ministério da Propaganda apresentaram seus motivos contra o método de Stuckart. Primeiro, apontaram a provável interferência do Vaticano. A Igreja Católica não gostava de divórcios, muito menos por decreto. Em seguida, os homens da propaganda explicaram que a medida proposta fracassava ao desconsiderar as muitas especificidades de casos individuais. Por fim, expressaram a opinião de que mesmo o processo de divórcio mais simples envolveria tribunais, já que os cônjuges alemães apelariam aos tribunais de qualquer forma.

Os membros da conferência decidiram por um método com certos ajustes. Concordou-se que os cônjuges alemães poderiam solicitar um divórcio por conta própria e que os tribunais atenderiam tais solicitações automaticamente. (Os motivos normais para um divórcio eram comportamento inadequado de um dos cônjuges ou uma separação de três anos). Os membros da conferência perceberam, entretanto, que uma simplificação como essa do procedimento de divórcio não seria suficiente. Quantos alemães tirariam vantagem disso? Em tempos de paz, um divórcio era um divórcio; nessas circunstâncias era uma sentença de morte. Sem mencionar essa consideração em voz alta, os especialistas decidiram que se o cônjuge alemão fracassasse em tirar vantagem dessa oportunidade em um dado período, o promotor público seria solicitado a ajuizar uma petição para o divórcio. Os tribunais deveriam outorgar um decreto de divórcio em todos os casos dessa natureza; o judiciário não deveria estabelecer critérios.

Para o Ministério da Justiça esse era um remédio amargo, mas os membros da conferência não pararam aí. Uma vez que o destino dos *Mischlinge* ainda estava em dúvida, foi decidido incluir no procedimento automático de divórcio (com poucas exceções) casamentos entre *Mischlinge* de primeiro grau e alemãs. Havia milhares de casamentos desse tipo, e não eram sequer "mistos" de acordo com as regulamentações existentes. Para acrescentar insulto à injúria, os membros da conferência concordaram que, em todos esses casos, se o chefe da Polícia de Segurança e da SD classificasse um dos cônjuges em um casamento como judeu ou como *Mischling* de primeiro grau, a determinação seria obrigatória nos tribunais.[27]

O *Staatssekretär* Schlegelberger, do Ministério da Justiça, dificilmente havia sido notificado sobre essas decisões quando despachou uma carta para Lammers. "De acordo com o relatório dos meus conselheiros", escreveu, "decisões parecem estar sendo tomadas, decisões que sou forçado a considerar absolutamente impossíveis, em sua maioria."[28] Em 8 de abril de 1942, Schlegelberger anunciou suas objeções detalhadamente. É interessante notar o quão longe o *Staatssekretär* estava disposto a ir a fim de frustrar a investida contra a sua jurisdição. Ele insistiu que nenhum divórcio fosse concedido, a menos que fosse requerido pelo cônjuge alemão. Schlegelberger rejeitou o procedimento automático de divórcio por meio do promotor público, sob a alegação de que os laços emocionais entre os cônjuges de origem judaica e de origem alemã não seriam rompidos dessa forma. Desconsiderando por completo o ponto de vista da polícia, Schlegelberger insistiu que divórcios compulsórios eram supérfluos de qualquer maneira, "uma vez que os casais seriam separados de fato pela deportação do cônjuge judeu". Por fim, ele sugeriu que aqueles judeus que tinham sido selecionados para serem transferidos para Theresienstadt pudessem se reunir lá com seus cônjuges alemães.[29]

Apesar da forte oposição de Schlegelberger, que preferiria enviar a esposa alemã de um marido judeu para o gueto de pessoas idosas em Theresienstadt do que permitir o divórcio compulsório, a terceira conferência para a "Solução Final", que foi realizada em 27 de outubro de 1942, reafirmou as decisões da segunda conferência.[30]

Antecipando o decreto, o RSHA se preparou para deportar os judeus em casamentos mistos. Em março de 1943, a Gestapo, com uma impaciência crescente, apanhou um punhado de judeus que contavam com status de privilégio e os deportou.

27 Resumo da conferência de 6 de março de 1942, NG-2586-H.

28 Schlegelberger para Lammers, 12 de março de 1942, PS-4055.

29 Schlegelberger para Klopfer, Stuckart, Heydrich, Neumann, Luther, Meyer e Hofmann, 8 de abril de 1942, NG-2586-I.

30 Resumo da conferência de 27 de outubro de 1942, NG-2586-M.

Embora as deportações tenham ocorrido no *Gau* do próprio Goebbels, em Berlim, o Ministro da Propaganda se recusou a ser "sentimental" a respeito do assunto.[31] A questão do divórcio compulsório foi submetida ao próprio Hitler, mas até outubro de 1943 o Führer não respondera à proposta.[32] Um passo adiante foi dado então por Himmler, em 18 de dezembro de 1943, quando ele ordenou a deportação de judeus em casamentos mistos para Theresienstadt, com a condição de que dois grupos fossem poupados: os judeus cujos filhos tinham sido mortos em combate e aqueles cuja remoção provocaria "alguma perturbação" por causa da presença de crianças pequenas na casa. As ações de busca e captura ocorreriam de 5 a 10 de janeiro de 1944.[33]

Os *Mischlinge* e os judeus em casamentos mistos foram os únicos candidatos para deportação que escaparam do destino que Heydrich havia escolhido para eles. Os *Mischlinge* foram salvos porque eram mais alemães que judeus. Os judeus em casamentos mistos foram, afinal, poupados porque, em última análise, sentiu-se que sua deportação poderia colocar em perigo todo o processo de destruição. Simplesmente não valia a pena sacrificar o sigilo de toda a operação para deportar 28 mil judeus, alguns deles em idade tão avançada, que provavelmente morreriam de causa natural antes do fim da operação.

Problema especial 2: os judeus de Theresienstadt

Durante a conferência para a "Solução Final" de 20 de janeiro de 1942, Heydrich anunciou que todos os judeus do Reich com mais de 65 anos de idade seriam enviados para um gueto de pessoas idosas onde poderiam morrer de uma causa natural. Aos judeus idosos, ele acrescentou um segundo grupo, os veteranos de guerra judeus portadores de deficiências físicas severas (*schwerkriegsbeschädigt*) ou que tivessem recebido a Cruz de Ferro de Primeira Classe ou honraria superior.[34] Mais tarde, uma pequena terceira categoria se tornou elegível para o

---

31 Lochner, *Goebbels Diaries*, anotação de 11 de março de 1943, p. 294.

32 Resumo da conversa entre Lammers e Bormann, 6 de outubro de 1943, NO-1068.

33 Ordem de Himmler, 18 de dezembro de 1943, PS-3366. H. G. Adler cita a soma de 1.954 judeus em casamentos mistos, mais 38 dependentes, no gueto em 14 de maio de 1944. *Theresienstadt 1941-1945*, 2ª ed. (Tubinga, 1960), p. 699. Esse número provavelmente incluía algumas centenas de judeus holandeses. Os judeus em casamentos mistos, ele destaca, não foram protegidos em deportações subsequentes para Auschwitz. *Ibid.*, p. 190, 193.

34 Resumo da conferência de 20 de janeiro de 1942, NG-2586-G.

Theresienstadt: judeus proeminentes cujo desaparecimento em um centro de extermínio resultaria em questionamentos vindos do estrangeiro.

Pode-se questionar por que Heydrich criou um gueto especificamente para pessoas idosas, portadoras de deficiência e veteranos de guerra condecorados. Não é preciso mencionar que a consideração de que pessoas idosas não viveriam por muito tempo estava bastante presente em seu pensamento, mas essa consideração em si não foi decisiva. Afinal, ele tinha de criar um "gueto-cidade" especial para acomodar esses judeus, cujo número era estimado em 30% de toda a população judaica do Reich, ou 85 mil de um total de 280 mil. Além disso, a consideração sobre expectativa de vida não se aplicava aos veteranos, a maioria dos quais estava com quase cinquenta anos ou com cinquenta e poucos anos. A resposta ao enigma foi fornecida por Heydrich: ele queria evitar "intervenções" pelas pessoas idosas e pelos veteranos de guerra, mas não pelas mulheres e crianças. A resposta jaz na estrutura como um todo de racionalizações e justificativas que a burocracia tinha criado como um meio para lidar com sua consciência.

A explicação padrão para as deportações foi de que os judeus eram um perigo para o Reich e que, dessa forma, tinham de ser "evacuados" para o leste, onde realizariam trabalhos forçados como a construção de estradas. As pessoas idosas não se encaixavam nesse cenário. Elas não eram um perigo e não podiam construir estradas; na verdade, muitos estavam vivendo em asilos. Assim, Heydrich criou o "gueto para idosos" do Theresienstadt como uma "reserva" para "judeus velhos e doentes que não poderiam suportar as demandas da realocação".[35] Dessa maneira, Heydrich não apenas perpetuou a lenda do "restabelecimento", como a reforçou. Mesmo assim, a "transferência de residências para o Theresienstadt" (*Wohnsitzverlegung nach Theresienstadt*), como aquelas deportações eram eufemisticamente denominadas,[36] não removeram todas as dificuldades. Vez ou outra, alguém questionava se, por exemplo, um judeu de 87 anos tinha de ser deportado, ou se algum outro octogenário não poderia ser deixado em paz.[37] Durante as deportações dos idosos de Berlim, Goebbels anotou em seu diário: "Infelizmente,

---

35 Depoimento do *Staatssekretär* Bühler do *Generalgouvernement*, *Trial of the Major War Criminals*, XII, 69. O próprio Bühler não acreditava nesse conto de fadas.

36 *Polizeipräsident* de Frankfurt para *Oberbürgermeister* Krebs, 9 de outubro de 1942, G-113.

37 *Staatssekretär* Weizsäcker para *Vortragender Legationsrat* Wagner, 10 de abril de 1943, NG-3525. Wagner para Weizsäcker, 15 de abril de 1943, NG-3525.

houve uma série de cenas lastimáveis em um lar judeu para idosos, onde um grande número de pessoas se reuniu e chegou a tomar o lado dos judeus".[38]

Assim como os idosos, os veteranos de guerra judeus apresentavam um problema psicológico. Os veteranos de guerra tinham um argumento tão poderoso, que não precisava sequer ser explicado: tinham lutado pela Alemanha. Todos os alemães compreendiam isso. Ninguém, nem mesmo os maiores defensores do nazismo na ss, queria encarar um judeu que tivesse ficado inválido pela guerra ou que tivesse recebido condecorações de alta ordem. Uma das acusações do *Obersturmbannführer* Strauch contra o *Generalkommissar* Kube surgiu de um episódio em Minsk, quando Kube parou um policial que estava surrando um judeu e gritou se, quem sabe, *ele* teria uma Cruz de Ferro como o judeu em quem estava batendo. Strauch, ao reportar o incidente, observou com um ar de alívio: "Felizmente, o policial pôde responder com um 'sim'".

Os veteranos de guerra judeus tinham não apenas um argumento, mas também um interveniente: o exército alemão. Isso não quer dizer que o exército da Alemanha, na verdade, protegesse quaisquer judeus, mas se interessava no destino de seus ex-soldados. Pode-se perguntar por que o exército, que estava cooperando tão "cordialmente" com o *Einsatzgruppen* na Rússia, adotou uma política diferente em sua própria casa. A resposta é simples. Um alemão não veste um uniforme de forma leviana. Aqueles que tinham vestido o uniforme da Alemanha, especialmente se tivessem sido feridos ou condecorados com ele, tinham o direito de ser respeitados. Se eles fossem judeus, tinham o direito de pelo menos obter alguma consideração. Consequentemente, verifica-se que, em 1933, as primeiras regulamentações para a exoneração de funcionários públicos judeus já continham isenções para veteranos de guerra. Quando alguns veteranos judeus foram encontrados entre os deportados transportados de Viena para a Polônia no começo de 1941, o exército solicitou que "oficiais de mérito reconhecido" e aqueles com 50% de incapacidade física fossem dispensados da ação e tivessem autorização para viver suas vidas em solo alemão. Sua deportação, o exército argumentou, não estava em conformidade com o respeito pela *Wehrmacht* alemã.

Apoiados em seu "argumento" e no interesse solidário da Wehrmacht, os veteranos de guerra judeus da Áustria e da Alemanha se organizaram em dois grupos distintos de pressão. Em Viena, havia a *Verband Jüdischer Kriegsopfer Wien*

---

38 Lochner, *Goebbels Diaries*, anotação de 6 de março de 1943, p. 276.

(Organização dos Inválidos de Guerra Judeus em Viena), sob a direção de Siegfried Kolisch. Era uma das poucas organizações que permaneceram fora do quadro da Kultusgemeinde. Em Berlim, a antiga *Reichsbund Jüdischer Frontsoldaten* (Sociedade dos Soldados Judeus da Linha de Frente do Reich) foi mantida como a seção *Kriegsopfer* (inválidos de guerra) na divisão de bem-estar social do Reichsvereinigung; ou seja, se tornou parte do mecanismo central do dr. Leo Baeck, mas sem perder seu interesse específico. A seção Kriegsopfer estava sob o comando do dr. Ernst Rosenthal.

Quando o decreto da "estrela" foi publicado em setembro de 1941, os veteranos de guerra buscaram sem sucesso uma regulamentação que os dispensasse de utilizar a identificação penosa. A Verband Jüdischer Kriegsopfer de Viena escreveu uma carta de averiguação para a seção Kriegsopfer em Berlim, mas a resposta foi negativa.[39] Entretanto, no final de setembro, apenas quatro semanas depois da emissão do decreto da estrela, o diretor Kolisch anunciou em uma reunião de oficiais da Kriegsopfer que o homem da Gestapo encarregado de questões judaicas em Viena, *Obersturmführer* Brunner, tinha ordenado uma recapitulação estatística de todos os veteranos de guerra na Áustria. A mesma ordem já havia sido dada em Praga e em Berlim. Um dos oficiais da Kriegsopfer, Fürth, informou que 2.071 já haviam sido listados. Além disso, Fürth sugeriu que se poderia somar as viúvas de homens especialmente condecorados e veteranos que tivessem deixado a Verband.[40]

Duas semanas mais tarde, o diretor da divisão de "emigração" da *Kultusgemeinde* de Viena, rabino Benjamin Murmelstein, disse para Kolisch que tinha feito um "acordo" (*Vereinbarung*) com o Escritório Central Nazista para a Emigração Judaica (o *Zentralstelle*) com respeito à compilação das "listas de remoção para o ato de restabelecimento" (*Enthebungslisten für die Umsiedlungsaktion*). A lista continha seis categorias de pessoas que *não* seriam removidas:

---

39 Reichsvereinigung der Juden in Deutschland/Abteilung Fürsorge-Kriegsopfer (assinada pelo dr. Ernst Israel Rosenthal) para a Verband Jüdischer Kriegsopfer de Viena, 13 de outubro de 1941, Occ E 6a-10. Diz-se que o próprio Hitler negou uma exceção alegando que "esses porcos" tinham "roubado" suas condecorações. Ulrich von Hassel, *Vom Andern Deutschland* (Zurique, 1946), anotação de 1º de novembro de 1941, p. 236.

40 Atas da conferência da Kriegsopfer, presidida por Kolisch, com a participação de Diamant, Fürth, Kris, Hnilitschek, Sachs, Schatzberger, Weihs, Schornstein, Schapira e srta. Schapira, 30 de setembro de 1941, Occ E 6a-18.

1. Membros da máquina administrativa judaica, com seus pais, irmãos e irmãs.
2. Pessoas que já tivessem tomado providências para sua emigração para a América do Sul.
3. Pessoas que morassem em asilos.
4. Pessoas cegas, completamente inválidas ou muito doentes.
5. Pessoas em trabalho forçado.
6. Veteranos de guerra inválidos por combate ou com condecorações importantes.

Murmelstein pediu que Kolisch submetesse uma lista *Kriegsopfer*, mantendo esses critérios em mente.[41]

Deve ser apontado que as estipulações "acordadas" tinham uma significância que não foi muito bem compreendida pela liderança judaica. Os idosos e os veteranos de guerra haviam sido dispensados momentaneamente porque o Gueto de Theresienstadt ainda não existia. A divisão dos veteranos de guerra entre inválidos e condecorados com máxima honra, de um lado, e ex-soldados comuns, de outro, foi aceita pelo RSHA para agradar ao exército. Na verdade, a lista não representava um acordo, mas um pedaço de papel rascunhado pela Gestapo para assegurar a cooperação dos mecanismos da comunidade judaica a fim de organizar os primeiros transportes para o leste.

Apesar disso, Kolisch expressou a Murmelstein sua decepção de que um "acordo tão impregnado de consequências" (*weitgehende Vereinbarung*) tivesse sido concluído sem antes consultar a Kriegsopfer Verband. Kolisch achou que os pontos 1 e 6, da maneira que foram apresentados, eram "favoráveis" (*günstig*); entretanto, o "acordo" não compreendia o primeiro transporte, que partiria em 15 de outubro de 1941. Somente por essa razão, Kolisch se reservara o direito de submeter sua própria lista ao *Obersturmführer*. Murmelstein respondeu que esse procedimento era impossível. Kolisch respondeu de forma exaltada: "Isso significa que eu devo sacrificar os inválidos de guerra". Em consequência disso, Murmelstein propôs que Kolisch fizesse uma petição para alguns casos individuais em "formulário de solicitação de misericórdia" (*Rachmonesform*). Os dois homens se despediram furiosos.[42]

Em 15 de outubro de 1941, Murmelstein telefonou a Verband e disse que os veteranos de guerra que deveriam se apresentar para deportação tinham sido

---

41 Memorando de Kolisch, 13-14 de outubro de 1941, Occ E 6a-10.
42 Memorando de Kolisch, 16 de outubro de 1941, Occ E 6a-10.

dispensados no último minuto,[43] mas exatamente no dia seguinte um oficial do exército alemão, *Hauptmann* dr. Licht, chamou Kolisch a fim de questioná-lo se três veteranos judeus, o coronel Grossmann e os capitães de cavalaria Wollisch e Eisler, tinham sido incluídos no "transporte para restabelecimento". A resposta de Kolisch foi a seguinte: "Não estou autorizado a dar informações sem a permissão do meu superior [Gestapo]. Ao mesmo tempo, estou anunciando [*Ich gebe gleichzeitig bekannt*] que a Verband ordenou seus membros a não fazer solicitações a qualquer oficial ariano [*dass es ihnen verboten ist arische Stellen in Anspruch zu nehmen*]". Kolisch então acrescentou em seu memorando que apenas Eisler era membro de sua organização. A última frase de sua anotação dizia: "Devo reportar essa chamada telefônica ao Escritório Central para Emigração Judaica [Gestapo]".[44]

Depois da criação do Gueto de Theresienstadt, na primavera de 1942, as deportações dos veteranos de guerra começaram realmente. Entretanto, nem todos os veteranos de guerra foram para lá. Apenas aqueles com privilégios eram elegíveis para o transporte para o gueto de pessoas idosas; o restante foi deportado para os campos, e para a morte. Quando as deportações da primavera começaram, o chefe da Verband de Viena, Kolisch, tinha se ausentado. O representante chefe da Verband, Fürth, foi abordado um dia pelo diretor da comunidade judaica em Viena, Dr. Josef Löwenherz, que exigiu de Fürth quatro listas: veteranos de guerra portadores de 50% (ou mais) de deficiência, oficiais com condecorações da mais alta ordem, homens alistados com condecorações da mais alta ordem e todos os outros membros da Verband. Quando Fürth perguntou por que Löwenherz queria as listas, o líder judeu "respondeu de forma evasiva". Fürth cometeu então o erro desastroso de dar a ele as listas.

Em 9 de junho de 1942, os oficiais da Verband se reuniram em uma conferência. A reunião foi sombria. Fürth anunciou que dos 2.500 membros, 1.100 tinham sido "evacuados". Ele concluiu que em dois meses a Verband não mais existiria. Outro participante da conferência, Schapira, citou estatísticas indicando que entre aqueles membros que ainda estavam em Viena, duzentos eram portadores de deficiências severas e outros duzentos tinham condecorações importantes. Os membros da conferência consideraram, nesse ponto, planos de "resgate". Um deles queria uma petição para que os veteranos de guerra fossem concentrados em

---

43 Memorando de Fürth, 15 de outubro de 1941, Occ E 6a-10.
44 Memorando de Kolisch, 16 de outubro de 1941, Occ E 6a-16.

ou perto de Viena ou, de outra forma, que fossem transportados em carros fechados para um destino "favorável". Outro achou que o melhor procedimento seria um "acordo" com a Gestapo com respeito aos "oficiais de patentes superiores". Fürth, que tinha entregado as listas fatais a Löwenherz, destacou: "Sou da opinião de que qualquer pessoa usando a estrela nessa região terá de desaparecer daqui [*von hier weg müssen wird*]".

Kolisch começou então a falar. Ele achou que todas as propostas discutidas até ali eram pura "insanidade". Seus colegas estavam à beira de "destruir tudo". Se quisessem fazer isso, ele não se oporia, mas uma coisa precisava enfatizar: cada dispensa concedida a um veterano era por "misericórdia" do Escritório Central para Emigração Judaica (Gestapo). A organização da comunidade judaica não era nada além de uma instituição para a implementação de ordens do escritório central (*Die Kultusgemeinde ist nichts anderes als eine Institution zur Erfüllung sämtlicher Aufträge der Zentralstelle*). "Há certamente uma razão", ele continuou, "quando listas de inválidos pela guerra e soldados da linha de frente condecorados são exigidas de nós".

Fürth, que nessa altura compreendia o motivo muito bem, propôs que se fizesse uma petição para a Gestapo por um transporte em uniforme de todos os veteranos de guerra. "Eu vejo a escuridão", disse, "e falo com sensibilidade e por experiência quando digo que devemos ficar felizes se, em um mês, ainda estivermos aqui como hoje." Nesse momento, Kolisch falou abertamente sobre as listas que Fürth tinha entregado a Löwenherz, e quando Fürth se defendeu afirmando que Löwenherz o tinha enganado, um dos participantes, Halpern, concordou com Fürth. "Pode-se ver", disse Halpern, "que a comunidade judaica é apenas um mensageiro da Gestapo." Löwenherz, ele disse, merecia ser punido.[45]

Embora Fürth tivesse corretamente visto a "escuridão", o fim não veio em um mês. Em 4 de agosto de 1942, os líderes da Kriegsopfer tiveram a chance de se encontrar novamente. Na pauta estavam "as reduções de funcionários da *Kultusgemeinde*". A comunidade judaica tinha de entregar alguns de seus próprios funcionários para a Gestapo a fim de serem deportados, uma vez que muitos judeus já haviam sido deportados e não havia mais a necessidade de uma grande organização judaica. Entre os funcionários da *Kultusgemeinde* ameaçados com a

---

45 Atas da conferência da Kriegsopfer, presidida por Kolisch, com a participação de Fürth, Halpern, Hnilitschek, Kris, Sachs, Schapira, Schatzberger e Schornstein, 9 de junho de 1942, Occ E 6a-18.

demissão havia muitos membros da organização dos veteranos. Os líderes da *Verband* estavam agora se reunindo a fim de encontrar uma forma de proteger seus membros. *Hauptmann* Kolisch destacou que a comunidade judaica "naturalmente" não mostraria a ele a lista com as reduções. Ele propôs, assim, que a Verband entregasse uma lista de veteranos "respeitáveis" para o Escritório Central para Emigração Judaica. Ao debater essa proposta, alguns dos líderes da *Verband* sugeriram que poderia ser melhor apelar para a comunidade judaica. Fürth achava que a *Verband* deveria entregar para a *Kultusgemeinde* uma lista na qual os veteranos fossem divididos em três grupos diferindo em grau de "respeitabilidade". Halpern preferiu solicitar à *Kultusgemeinde* que "em caso de qualificações idênticas de dois funcionários, o inválido de guerra tivesse preferência". Kolisch, em seguida, enfatizou: "Eu não quero lutar uma guerra contra a comunidade judaica".[46]

Em 7 de agosto de 1942, os membros da conferência se encontraram mais uma vez para terminar a discussão. Schatzberger propôs que uma única lista, sem fazer distinções, fosse entregue à comunidade. Fürth "concordou", mas sentiu que "qualificações militares" deveriam ser anotadas. A *Kultusgemeinde* iria, nesse caso, desconsiderar membros "menos qualificados". Se a comunidade não concordasse, a mesma lista poderia então ser entregue ao *Hauptsturmführer* (Brunner da Gestapo). Schapira ressaltou:

> Sou fundamentalmente da opinião de que não temos condições de lutar uma guerra contra a *Kultusgemeinde*. Não faz sentido entrar em conflitos durante essas horas finais [*Schlussdrama*] dos judeus em Viena. A redução será realizada, não importa se nós gostamos disso ou não; o *Zentralstelle* ordenou um número específico de reduções, e a *Kultusgemeinde* vai enviar cartas de demissão no dia quinze deste mês.

Os membros da conferência decidiram negociar com a *Kultusgemeinde*.

Apenas uma pergunta permanecera. E se a *Kultusgemeinde* fosse hostil? Os pedidos deveriam então ser feitos ao escritório central? Schatzberger destacou: "O *Hauptsturmführer* irá pensar, 'Esses são judeus e aqueles são judeus. Deixe que

---

46 Atas da conferência da Kriegsopfer realizada em 4 de agosto de 1942, presidida por Kolisch, com a participação de Diamant, Fürth, Halpern, Hnilitschek, Sachs, dr. Schapira, Schatzberger e Schornstein, 5 de agosto de 1942, Occ E 6a-10.

lutem entre eles; eu não me importo'. Afinal, ele vai colocar esse assunto de lado".
Kolisch respondeu: "Nesse caso, chegou a hora de dissolver a *Verband*".[47]

Pouco tempo depois dessa "batalha" com a *Kultusgemeinde*, os veteranos aparentemente dissolveram a organização. O último item nos arquivos da *Verband* é uma ordem sem data da qual se podia ler uma parte: "Todos os dias, começando na sexta, 14 de agosto de 1942, cem pessoas devem ser chamadas, também no sábado e no domingo. As apreensões [*Erfassungen*] devem ser realizadas por Diamant, Schornstein, Sachs, Neumann".[48]

Nessas condições, a deportação dos veteranos de guerra seguiu seu curso. Os veteranos menos "respeitáveis" ou menos "qualificados" que *não* eram 50% portadores de deficiência ou que *não* tinham uma Cruz de Ferro de Primeira Classe ou o seu equivalente austríaco foram enviados para a morte, como todos os outros judeus. Os veteranos "respeitáveis" e "qualificados" foram enviados para Theresienstadt como uma concessão à *Wehrmacht* e ao vago sentimento de honra alemão.

Em sua origem, o Theresienstadt serviria apenas como um centro de concentração para os judeus do Protetorado. Já que era, historicamente, um local de guarnição, os planejadores pensaram que o número pequeno de tropas alemãs estacionadas lá poderia ser movido com facilidade e que os tchecos locais, dependentes dos militares para o seu sustento, não teriam razão para ficar. Então, os judeus proeminentes e outras categorias especiais foram adicionados ao contingente de moradores. Havia, contudo, apenas 219 prédios, todos um pouco antigos, que em tempos de paz tinham abrigado 3.500 soldados tchecos e um número aproximadamente igual de civis. Durante a existência do gueto, foram construídas barracas, e os judeus, as fábricas, as clínicas e tudo mais foram espremidos em qualquer espaço disponível.[49] O gueto foi a última grande medida antissemita de

47 Ata da conferência da Kriegsopfer realizada em 7 de agosto de 1942, datada de 8 de agosto de 1942, Occ E 6a-10.

48 Memorando do arquivo da *Verband*, sem data, Occ E 6a-18.

49 Resumo da conferência para a "Solução Final" sob o comando de Heydrich, 10 de outubro de 1941, e documentos de planejamento subsequentes no Museu Memorial do Holocausto dos EUA, Grupo de Registro de Arquivos 48.005 (Registros selecionados dos arquivos do governo tcheco, Praga), Rolo 3. As primeiras concepções apontaram para dois guetos: Theresienstadt no norte da Boêmia, não muito longe de Praga, e Gaya, no sul da Morávia, não muito longe de Brno. Gaya não foi concretizado. Ver Adler, *Theresienstadt 1941-1945*, p. 21-31 e *passim*.

Reinhard Heydrich (ele foi assassinado pouco tempo depois), que usava sua posição como *Reichsprotektor*, ou seja, representante chefe do Reich no Protetorado, para ordenar a completa dissolução da cidadezinha de Theresienstadt, a evacuação da população tcheca e a criação de um "assentamento judeu" (*Judensiedlung*) no local ou, como era conhecido dentro do Reich, um gueto para pessoas idosas (*Altersghetto*).[50]

O Theresienstadt tinha seu próprio comando da ss, chefiado (em sucessão) pelos *Hauptsturmführer* dr. Siegfried Seidl, *Hauptsturmführer* Anton Burger e *Hauptsturmführer* Karl Rahm – todos homens de Eichmann e todos austríacos.[51] Sob a direção da ss, havia um judeu sênior (em sucessão), Jakub Edelstein (originalmente o chefe da comunidade judaica em Praga), dr. Paul Eppstein (*Reichsvereinigung*, Berlim) e o rabino dr. Murmelstein (Viena).[52] Edelstein foi rebaixado em uma reunião de 27 de janeiro de 1943, com Seidl e o *Hauptsturmführer* Moes (o especialista do RSHA IV-B-4 em judeus proeminentes). Moes primeiro transmitiu o reconhecimento (*Anerkennung*) de Eichmann a respeito das atividades de Edelstein e, então, anunciou a criação de um triunvirato do qual Edelstein seria membro. O chefe desse triunvirato seria dr. Paul Eppstein de Berlim. Edelstein respondeu "que depois de quatorze meses de trabalho construtivo, ele não poderia receber essa notícia com um sentimento de satisfação [*dass er diese Entscheidung nach 14 Monaten Aufbauarbeit nicht mit einem Gefühle der Befriedigung annehmen könne*]". Seidl o tranquilizou, dizendo que a expressão de sua gratidão não era "só uma frase [*blosse Phrase*]".[53] Não apenas Eppstein iria assumir o comando, como o terceiro membro do triunvirato se revelou ser o dr. Murmelstein".[54]

Mais de 140 mil pessoas foram enviadas para Theresienstadt. Seu destino está indicado no quadro a seguir:[55]

---

50 Decreto (assinado por Heydrich), 16 de fevereiro de 1942. *Verordnungsblatt des Reichsprotektors in Böhmen und Mähren*, 1942, p. 38.

51 Zdenek Lederer, *Ghetto Theresienstadt* (Londres, 1953), p. 74-75, 90. Ver também o interrogatório do dr. Siegfried Seidl em Viena, 4 de junho de 1946, Polícia de Israel 109.

52 Lederer, *Ghetto Theresienstadt*, pp. 41-43, 149-50, 166-67.

53 Memorando de Edelstein e Zucker, 27 de janeiro de 1943, polícia de Israel, documento 1239. No documento, Moes aparece escrito como "Möhs".

54 Na mensagem entregue por Moes, Löwenherz deveria ter estado presente.

55 Adler, *Theresienstadt 1941-1945*, pp. 37-60, 725.

Pessoas que chegaram a Theresienstadt até 20 de abril de 1945:   140.937

Protetorado	73.603
Velho Reich	42.821
Áustria	15.266
Holanda	4.894
Eslováquia	1.447
Crianças de Białystok	1.260
Hungria	1.150
Dinamarca	476
Outros	20

Nascimentos e acréscimos não verificados:	247
(Total)	141.184

Reduções:

Deportados	– 88.202
Mortos	– 33.456
Libertados em 1945	– 1.654
Fugas	– 764
Presos pela Gestapo e provavelmente mortos	– 276
Dos 141.184, restavam em 9 de maio de 1945:	16.832

De 1942 até meados de 1944, a deportação a partir do Theresienstadt era um procedimento complicado. A ss determinava os números e as categorias dos deportados, mas era a própria administração do gueto judaico que nomeava as vítimas para os transportes de saída. Nesse processo de seleção, algumas pessoas – como aquelas consideradas merecedoras de respeito por causa de contribuições a suas comunidades de origem, ou aquelas consideradas essenciais para o funcionamento do Theresienstadt – eram poupadas, enquanto outras eram sacrificadas. A responsabilidade pelas escolhas, de acordo com um antigo funcionário judeu, era compartilhada por mais de cem indivíduos. O aparato judaico também conduzia buscas para encontrar qualquer um se escondendo dentro do gueto, a fim de proteger a integridade das listas finais e evitar quaisquer substituições.[56]

---

56 Declaração de Robert Prochnik em Paris, 24 de junho de 1954, transmitida por seu advogado para o *Landesgericht für Strafsachen* em Viena e arquivada como Vg. 8 nº 41/54. Cópia no

Para os judeus do Protetorado, sem dúvida, o Theresienstadt nunca teve como objetivo servir como apenas mais uma escala antes do destino final. Nem mesmo os judeus do Reich e da Áustria seriam preservados lá. Muitos deles morreram por causa de enfermidades e exaustão, e muitos outros foram deportados, assim como as vítimas tchecas, primeiro para valas de fuzilamento em Ostland e depois para os centros de extermínio no *Generalgouvernement* e em Auschwitz. Aquela era a significação derradeira de um "transporte recomendado".

O sucessor de Heydrich no RSHA, *Gruppenführer* Kaltenbrunner, possuía uma capacidade de compreensão das considerações psicológicas e de "privilégio" ainda menor que seu antecessor. Para Kaltenbrunner, o Theresienstadt era um aborrecimento. Com a permissão de Himmler, ele transferiu cinco mil judeus com menos de sessenta anos de Theresienstadt para Auschwitz em janeiro de 1943. Depois da deportação, contou 46.735 judeus no gueto. Analisando as estatísticas de perto, percebeu que 25.375 deles não podiam trabalhar e que 21.005 tinham mais de sessenta anos – uma correlação bastante próxima. Kaltenbrunner então insistiu que Himmler permitisse o "afrouxamento" (*Auflockerung*) na confinação dos mais velhos. Esses judeus, explicou ele, eram transmissores de epidemias. Além disso, eles ocupavam um número expressivo de judeus mais jovens os quais poderiam ser empregados em "trabalhos mais úteis" (*einen zweckmässigeren Arbeitseinsatz*). Por esse motivo, Kaltenbrunner pediu a Himmler que aprovasse "naquele momento" (*zunächst*) a remoção de somente cinco mil judeus com mais de sessenta anos. Ele assegurou a Himmler que cuidados seriam tomados, como no caso dos transportes anteriores, para capturar apenas aqueles judeus "sem relações ou conexões especiais com qualquer pessoa e que não possuíssem condecorações importantes de qualquer tipo".[57]

A despeito de todos os argumentos, Himmler enviou a seguinte resposta por meio de seu secretário pessoal, *Obersturmbannführer* Rudolf Brandt: "O

Dokumentationsarchiv des österreichischen Widerstandes, Viena, E 21701. Prochnik trabalhou na Israelitische Kultusgemeinde em Viena, e no Theresienstadt sob Murmelstein. Em 12 de junho de 1945, ele recebeu um certificado assinado por Leo Baeck e dois outros líderes que sobreviveram ao Theresienstadt, agradecendo-o por ter sido um "funcionário confiável, dedicado e responsável". Dokumentationsarchiv, *ibid*. A partir de setembro de 1944, apenas a ss era capaz de decidir quem poderia ficar.

57 Kaltenbrunner para Himmler, fevereiro de 1943, Arquivos de Himmler, Pasta 126. Estatísticas de janeiro e de fevereiro são da mesma carta.

Reichsführer-ss não quer o transporte de judeus do Theresienstadt porque um transporte como esse perturbaria a tendência em permitir que os judeus no gueto de idosos de Theresienstadt vivam e morram naquele lugar em paz".[58]

Essa tendência era, é claro, vital para a preservação da lenda do "restabelecimento" e por si só explica a ansiedade de Himmler em relação aos judeus mais velhos de Theresienstadt. Um fato digno de nota foi que, quando as deportações chegaram ao fim, Himmler decidiu esvaziar o Theresienstadt da maioria de seus prisioneiros. De setembro a outubro de 1944, transportes contínuos partiram com destino ao centro de extermínio de Auschwitz com 18.400 judeus. Praticamente todo o Judenrat de Theresienstadt estava entre as vítimas. Na véspera dessa deportação (27 de setembro de 1944), o último ancião judeu, o rabino Murmelstein, assumiu o gabinete. Ele atuou sozinho até a libertação. Com ele, apenas alguns milhares de judeus com privilégios seguiram privilegiados no final.[59]

Problema especial 3: os judeus que tiveram sua partida adiada

Os *Mischlinge* e os judeus em casamentos mistos ocupavam o primeiro lugar na ordem do status de privilégio. Eles foram os únicos candidatos à deportação que permaneceram em suas casas. Os próximos eram os deportados de Theresienstadt: pessoas idosas, portadoras de 50% de deficiência ou veteranos de guerra com condecorações da mais alta ordem e um punhado de pessoas "proeminentes". Em terceiro lugar, estavam três grupos de pessoas cuja deportação para os centros de extermínio estava sujeita a apenas adiamentos: os judeus em trabalhos essenciais, os judeus estrangeiros e membros do aparato administrativo judaico.

Até 1941, dezenas de milhares de judeus já tinham sido incorporados à indústria de armamentos. Com o começo das deportações, a eficiência de todas as fábricas que empregavam judeus estava, de repente, ameaçada. Os gerentes das empresas tinham clara consciência da desordem que inevitavelmente os assaltaria com a partida de seus judeus. Eis um telegrama despachado por uma dessas empresas para o exército em 14 de outubro de 1941:

---

58 Brandt para Kaltenbrunner, 16 de fevereiro de 1943, Arquivos de Himmler, Pasta 126.

59 Lederer, *Ghetto Theresienstadt*, p. 43, 149-50, 166-67, 248. Para uma descrição exaustiva da vida em Theresienstadt, ver H. G. Adler, *Theresienstadt* e *Die verheimlichte Wahrheit* (Tubinga, 1958). Esse último é um volume documental.

É um fato de conhecimento comum que se procede agora a uma nova deportação de judeus. Essa deportação afeta nossos trabalhadores judeus, os quais foram arduamente treinados para que se tornassem especialistas. Eles foram transformados em profissionais capacitados para solda elétrica e zincagem, e sua remoção ocasionaria uma perda produtiva de, talvez, um terço. Estamos, dessa forma, enviando a vocês uma mensagem por telégrafo sobre o assunto.

De acordo com a opinião do comando de armamentos local, o procedimento para esses casos é de que o OKH, por meio do *Reichsführung ss*, teria de emitir uma ordem geral [*Ukas*] para o nosso pessoal, endereçada ao *Zentralstelle für jüdische Auswanderung*, Viena IV, Rua Prinz Eugen, 22. Ficaríamos gratos se, além de muitos bons conselhos, uma contribuição positiva fosse feita para a preservação de nossa capacidade produtiva, de forma que se obtivesse do OKH uma instrução adequada.

Aproveitando a oportunidade, gostaríamos de observar que esses trabalhadores judeus são, de todos, os mais capazes e diligentes, afinal, são os únicos que correm riscos se o resultado de seu trabalho não for satisfatório, e estão, na verdade, atingindo recordes tão expressivos, que se poderia quase comparar a produtividade de um judeu à de dois especialistas arianos.

De resto, podemos apenas repetir enfaticamente que nós, por fim, não precisamos desses tonéis de ferro, mas a *Wehrmacht* precisa, de maneira que é o trabalho dessas agências reprimir tais determinações legais, que em nossa perspectiva não servem a um propósito.

Pedimos encarecidamente uma resposta assim que possível caso vocês obtenham algum sucesso, porque, de um lado, a questão é urgente, e, de outro, a inquietação entre os trabalhadores judeus é, por motivos óbvios, considerável, uma vez que a deportação para a Polônia sem quaisquer meios de subsistência é mais ou menos equivalente a uma condenação rápida e certa e, sob tais circunstâncias, sua produtividade deve naturalmente cair de forma acentuada [*da die Verschickung nach Polen ohne jegliche Subsistenzmittel mehr oder minder den raschen und sicheren Untergang bedeutet und unter solchen Auspizien die Arbeitsleistung natürlich merklich nachlassen muss*].[60]

---

60 OKH/Chefe HRüst. u. BdE (Exército de Substituição)/Wa Amt (Escritório de Armas) para OKW/wi RÜ-RÜ v, 22 de outubro de 1941, incluindo carta de Brunner Verzinkerei/Brüder Boblick (Viena) para dr. G. von Hirschfeld (Berlim W62), 14 de outubro de 1941, wi/ID. 415.

De Berlim, também, a *Wehrmacht* estava recebendo notícias sobre distúrbios iminentes no mercado de trabalho. Só na indústria metalúrgica, a capital empregava 10.474 judeus. Em todas as indústrias de Berlim, havia um total de 18.700 trabalhadores judeus.[61]

Em 23 de outubro de 1941, representantes do OKW/Wi Rü se reuniram com Lösener e Eichmann para salvar as forças de trabalho judaicas. Lösener e Eichmann asseguraram aos administradores que nenhum judeu empregado em grupos seria deportado sem o consentimento da superintendência de armamentos e escritório de trabalho competentes.[62] Durante a conferência de 20 de janeiro de 1942, *Staatssekretär* Neumann, como representante do Escritório para o Plano Quadrienal e porta-voz do próprio Hermann Göring, solicitou a Heydrich de forma oficial que não deportasse os judeus com empregos cruciais na indústria bélica. Heydrich concordou.[63] A situação parecia estar sob controle. Os judeus dos armamentos estavam salvos, e, assim, também suas famílias.[64]

A tarefa de proteger os trabalhadores judeus de serem capturados pela Gestapo foi então confiada aos escritórios regionais de trabalho e aos escritórios regionais de economia (*Landesarbeitsämter* e *Landeswirtschaftsämter*).[65] A maioria dos escritórios regionais de economia provavelmente transferiram seus poderes para as Câmaras de Comércio e da Indústria.[66] O aparato regional tinha poder de veto absoluto em relação à deportação de trabalhadores judeus. Dessa forma, as Câmaras de Comércio e da Indústria no distrito de Koblenz foram

---

61 Rü in III/Z para OKW/Wi Rü, 14 de outubro de 1941, Wi/ID. 415.

62 Memorando de OKW/Wi Rü, 23 de outubro de 1941, Wi/ID. 415. OKW/Wi Rü IVc (assinado por Fikentscher-Emden) para comandos e superintendências de armamentos no Reich, Praga e GG, 25 de outubro de 1941, Wi/ID. 415.

63 Rademacher via Luther, *Gaus* e Wörmann para Weizsäcker, 11 de julho de 1942, NG-2586-I.

64 OKW/Wi Rü IVc para superintendências de armamentos, 25 de outubro de 1941, Wi/ID. 415. Lochner, *Goebbels Diaries*, anotação de 11 de maio de 1942, p. 211.

65 Ministério do Trabalho (assinado por dr. Beisiegel) para presidentes de escritórios regionais de trabalho, 19 de dezembro de 1941, L-61. Ministério do Trabalho (assinado por dr. Timm) para presidentes de escritórios regionais de trabalho, 27 de março de 1942, L-61. Escritório Regional de Economia em Koblenz (assinado por Gmeinder) para Câmaras do Comércio no distrito, 4 de março de 1942, L-61.

66 Instruções de Gmeinder, 4 de março de 1942, L-61.

informadas especificamente de que suas decisões estavam "vinculadas" à polícia.[67] Entretanto, os escritórios de campo receberam poder de veto apenas em relação a judeus empregados em *grupos*. Desde o decreto sobre trabalho de 31 de outubro de 1941,[68] considerando que os judeus tinham de ser empregados apenas dessa forma, acreditou-se que todos os judeus estivessem incluídos. Isso foi um erro. O decreto de 31 de outubro de 1941 não tinha sido implantado em sua totalidade, e a Gestapo foi de lugar em lugar para capturar judeus empregados não em grupos, mas como indivíduos. Göring precisou intervir novamente e ordenar que *todos* os judeus nas indústrias bélicas fossem dispensados da deportação.[69]

O adiamento para os trabalhadores judeus não durou muito tempo. Considerações econômicas, por fim, não deveriam ser consideradas na "Solução Final do problema judaico". No outono de 1942, o próprio Hitler ordenou que os judeus fossem removidos da indústria armamentista.[70] No entanto, o problema de substituir os judeus nas fábricas não foi resolvido até que o Escritório Central de Segurança do Reich teve uma ideia.

No *Generalgouvernement*, o Distrito de Lublin, que uma vez no passado deveria ter se transformado em reserva judaica, foi então designado como uma colônia para o estabelecimento dos alemães étnicos. Todos os poloneses no distrito deveriam ser removidos. Os "elementos" poloneses "criminosos e antissociais" seriam transportados para campos de concentração, enquanto que o restante dos poloneses, desde que capazes de trabalhar, seriam levados para o Reich como substitutos da força de trabalho judaica. O Escritório Central de Segurança do Reich submeteu esse plano ao oficial responsável pelo recrutamento de trabalhadores e oferta de trabalho em geral: o Plenipotenciário para Compromisso de Trabalho

---

67 *Ibid.*

68 RGBI I, 681.

69 Ministério do Trabalho (assinado por dr. Timm) para presidentes de escritórios regionais de trabalho, 27 de março de 1942, L-61. Escritório de Economia em Wiesbaden (assinado por dr. Schneider) para Câmaras de Comércio no distrito, cópias para escritórios regionais de economia em Koblenz e Saarbrücken, 11 de abril de 1942, L-61.

70 Depoimento de Speer, *Trial of the Major War Criminals*, XVI, 519. De acordo com Speer, muitos judeus trabalhavam na indústria elétrica (AEG e Siemens). Speer e o Plenipotenciário Sauckel estiveram presentes na conferência em que Hitler deu essa ordem.

no Escritório do Plano Quadrienal, *Gauleiter* Sauckel. Armado com a proposta do RSHA, que pareceu razoável para ele, Sauckel ordenou que os escritórios regionais de trabalho se preparassem para um sistema rotativo de deportações: judeus saíam e poloneses entravam. Judeus que executassem trabalhos simples poderiam ser deportados assim que seus substitutos poloneses chegassem. Trabalhadores judeus com habilidades específicas poderiam ser deportados assim que os novos funcionários poloneses se familiarizassem com o trabalho.[71]

Como consequência dessa ordem, dezenas de milhares de judeus foram deportados para centros de extermínio em 1943.[72] Entretanto, quando os poloneses chegaram para se "familiarizar" com o trabalho, o *Gauleiter* de Berlim, Goebbels, se inquietou com a possibilidade de que os "intelectuais semitas" pudessem se juntar aos trabalhadores estrangeiros e liderar uma revolta. Ele estava determinado a evitar qualquer "concubinato" entre os judeus de Berlim e os trabalhadores importados, e por isso estava ansioso pelo fim das deportações. "Quando Berlim estiver livre dos judeus", escreveu ele, "vou ter completado uma das minhas maiores conquistas políticas".[73]

A teoria de substituição da força de trabalho do RSHA tinha um defeito básico: o Reich estava sofrendo com *absoluta* falta de mão de obra. Mesmo que todos os trabalhadores estrangeiros disponíveis, prisioneiros de guerra e prisioneiros dos campos de concentração tivessem sido acrescidos à força de trabalho dos judeus, a falta de mão de obra poderia ainda assim não ter sido preenchida. É verdade que a oferta de mão de obra aumentou com as conquistas alemãs no Ocidente e no Oriente, mas com a grande expansão industrial dos anos 1940, a demanda por trabalhadores cresceu mais rápido que a capacidade de supri-la. Se os judeus fossem "substituídos" em uma fábrica, o resultado era de que outra fábrica, que estivesse precisando de trabalhadores para expandir sua produção, sofreria cortes.

Dessa forma, não é uma surpresa que indústrias tenham clamado pelo aumento na alocação de trabalhadores qualificados e de mão de obra para trabalhos

---

71 Sauckel para escritórios regionais de trabalho, 26 de novembro de 1942, L-61. O plano do RSHA foi resumido na ordem de Sauckel.

72 Ver carta de Sauckel para os escritórios regionais de trabalho perguntando como estavam lidando com a ausência de seus judeus, 26 de março de 1943, L-156.

73 Lochner, *Goebbels Diaries*, anotações de 9 de março de 1943, e 19 de abril de 1943, p. 288, 290, 335.

pesados. O clamor começou em 1940 e se tornou mais insistente em 1941 e 1942. Os industrialistas e os chefes de construtoras não estavam preocupados com a nacionalidade ou o tipo de trabalhador que recebiam. Trabalhador estrangeiro "voluntário", prisioneiro de guerra, prisioneiro de campo de concentração – qualquer um capaz de executar trabalhos específicos ou pesados recebendo um salário de fome era bem-vindo. No entanto, há um fenômeno que, mais do que qualquer outro, ilustra a ostentação em deportar trabalhadores judeus. Ao passo que a falta de mão de obra crescia, os industrialistas pediam não apenas por substitutos, mas também pediam, especificamente, por substitutos para judeus. O número de pedidos como esses foi significante.

Em novembro de 1940, o Alto Comando do Exército solicitou que o Ministério do Trabalho importasse 1.800 judeus para a construção de ferrovias nos diretórios do *Reichsbahn* em Oppeln, Breslau e Lubin.[74]

Em 14 de março de 1941, o Ministério do Trabalho enviou uma circular para os escritórios regionais de trabalho anunciando a disponibilidade de 73.123 judeus de Warthegau para trabalhar no Reich, ou aproximadamente 3.500 judeus para cada escritório regional. O ministério enfatizou que as requisições para trabalho já estavam aguardando liberação. Por exemplo, a empresa Siemens-Schuckert tinha solicitado 1.200 trabalhadores para as fábricas de Brandemburgo e da Alemanha central.[75] Em 7 de abril de 1941, a circular foi cancelada. Hitler decidira contra a importação de judeus poloneses para o Reich.[76]

Em março de 1941, o Reichswerke A. G. für Erzbergbau und Eisenhütten (trabalho do próprio Göring) projetou um programa de produção que demandava a utilização de 2 mil prisioneiros judeus de campos de concentração, assim como outros trabalhadores.[77] Nada aconteceu. No entanto, o Reichswerke não se esqueceu disso. Em 29 de setembro de 1942, a companhia de Göring enviou uma carta ao ministério de Speer (*Oberstleutnant* von Nikolai) solicitando a alocação de trabalho dos campos segundo um acordo que o *Generaldirektor* Pleiger da companhia de Göring tinha firmado com Himmler. Uma cópia dessa carta foi enviada

---

74 OKH para Letsch (Ministério do Trabalho), 26 de novembro de 1940, NG-1589.

75 Dr. Letsch para escritórios regionais de trabalho, 14 de março de 1941, NG-363.

76 *Staatssekretär* Syrup para escritórios regionais de trabalho, 7 de abril de 1941, NG-363.

77 Resumo de reunião no Reichswerke A. G. (assinado por Rheinländer), 13 de março de 1941, WVHA-D, NI-4285.

para o Escritório Central Econômico-Administrativo da ss/Escritório do Grupo D (WVHA-D), a agência que administrava os campos de concentração.[78] Em 2 de outubro de 1942, a agência dos campos de concentração respondeu que Himmler tinha concordado com a utilização de prisioneiros dos campos, mas que "judeus não deveriam ser empregados".[79]

Em setembro de 1942, o aparato de Speer entrou em ação. O ministério de Speer, que estava encarregado dos armamentos, operava por meio dos então denominados círculos industriais e comitês centrais. Tanto os círculos quanto os comitês contavam com engenheiros industriais. Os círculos se ocupavam com produtos (tais como rolamentos de esferas) usados em uma série de empresas diferentes; os comitês lidavam com um produto pronto como, por exemplo, bombas.[80] Em meados de setembro de 1942, pouco antes que preparações fossem feitas para deportar judeus do Reich para trabalhos forçados, o *Hauptausschuss Munition* (Comitê Central de Munições, sob o controle do professor dr. Albert Wolff) enviou questionários para todas as principais indústrias de munição a fim de descobrir quais companhias poderiam "receber judeus" (*mit Juden belegt werden können*) e quais fábricas poderiam se tornar campos de concentração para trabalhadores judeus.[81] O Comitê Central de Munições logo recebeu apoio do Comitê Central de Armamentos (*Hauptausschuss Waffen*)[82] para essa pesquisa, mas o projeto estava condenado ao fracasso. A Gestapo protestou alegando que era

---

78 Reichswerke para von Nikolai, cópia para WVHA-D, 29 de setembro de 1942, NI-14435.

79 Chefe do WVHA D-II (Maurer) para Reichswerke A. G. für Erzbergbau und Eisenhütten, 2 de outubro de 1942, NI-14435.

80 Para uma descrição do aparato do Ministério de Speer, ver Franz L. Neumann, *Behemoth*, 2ª ed. (Nova York, 1944), p. 590-94.

81 Comitê Especial de Munições V (*Sonderausschuss M V*), assinado por Scheuer, para *Direktor* dr. Erich Müller, construção de artilharia, Krupp, 12 de setembro de 1942, NI-5856. Para um organograma de Krupp, ver testemunho juramentado de Erich Müller, 5 de fevereiro de 1947, NI-5917.

82 Comitê Central de Armamentos para Krupp, 29 de setembro de 1942, NI-5856. Krupp queria a força de trabalho judaica. Krupp para Comitê Especial de Munições v. 18 de setembro de 1942, NI-5859. Krupp (assinado pelo chefe dos funcionários Ihn) para Plenipotenciário para o Trabalho (aos cuidados de *Landrat* Beck), 18 de setembro de 1942, NI-5860. Krupp para Comitê Especial de Munições V. 22 de setembro de 1942, NI-5857. Krupp para Comitê Central de Armamentos (aos cuidados do *Direktor* Notz), 5 de outubro de 1942, NI-5855.

absolutamente inadmissível empurrar judeus alemães para o leste para então importar judeus estrangeiros do oeste.[83]

Outro grupo com a partida adiada compreendia os judeus estrangeiros. Em maio de 1939, os judeus que não possuíam nacionalidade alemã na região do Reich somavam 39.466. A princípio, esse número, que chega a 12% de toda a população judaica, parece bastante grande. Entretanto, 16.024 desses judeus eram apátridas. O verdadeiro número de judeus estrangeiros era, dessa forma, apenas 23.442. Mas nem todos os judeus estrangeiros eram considerados estrangeiros para fins de deportação. Um judeu era estrangeiro apenas se fosse protegido por uma nação estrangeira. Assim, todos os judeus nacionais de países ocupados eram apátridas aos olhos alemães. Um país ocupado não podia proteger ninguém.

Os judeus que haviam imigrado das províncias da Boêmia e da Morávia, na Tchecoslováquia, foram os primeiros a serem afetados; havia 1.732 deles. Os próximos foram o grande bloco de judeus da Polônia e de Danzig, que somavam 15.249. Os países ocupados do ocidente, incluindo Noruega, França, Bélgica, Luxemburgo e Holanda, eram representados por um total de 280 judeus. O número de judeus soviéticos, estonianos, letões, lituanos e gregos era 515. Além disso, por volta de cem judeus iugoslavos (aqueles que não eram cidadãos do novo Estado croata) também foram considerados apátridas.

Em resumo, os 23.442 judeus encolheram, com uma análise mais minuciosa, para aproximadamente 5.600 que pertenciam a países inimigos, países neutros e aliados da Alemanha. O Ministério das Relações Exteriores não tentou deportar o punhado de judeus americanos e britânicos (somados àqueles dos domínios britânicos e países da América Latina, apenas 386) porque queria trocá-los por alemães.[84] O "problema" estava restrito então aos 5.200 judeus que pertenciam aos países neutros e aos aliados da Alemanha, ou àqueles cuja nacionalidade era incerta.[85]

---

83 Memorando de Kahlert, Chefe, Divisão Central para Questões Especiais e Alocação de Trabalho na Associação de Ferro do Reich (*Hauptabteilungsleiter Spezialwesen und Arbeitseinsatz, Reichsvereinigung Eisen*), 23 de setembro de 1942, NI-1626.

84 Memorando de Albrecht (Departamento Jurídico do Ministério das Relações Exteriores), 4 de fevereiro de 1943, NG-2586-N.

85 Todas as estatísticas foram retiradas de "Die Juden und jüdischen Mischlinge im Deutschen Reich", *Wirtschaft und Statistik*, 1940, p. 84-87. Os números são dados censitários, revisados em

Hungria	1.746
Romênia	1.100
Categoria incerta	988
Eslováquia	659
Turquia	253
Itália	118
Croácia	100 (aproximadamente)
Suíça	97
Bulgária	30
Suécia	17
Espanha	17
Portugal	6
Finlândia	2

Muito antes que as deportações começassem, o Ministério das Relações Exteriores decidiu que nenhuma medida deveria ser tomada contra os judeus sem seu consentimento.[86] Essa era uma precaução óbvia, pois o Ministério das Relações Exteriores era a agência que tinha de responder a um governo estrangeiro por qualquer ação discriminatória. Durante a conferência de 20 de janeiro de 1942, Luther insistiu que nenhum judeu estrangeiro fosse deportado sem a autorização do Ministério das Relações Exteriores.[87] Sua exigência cobria judeus estrangeiros no Reich e judeus em países estrangeiros.

É claro que o último grupo era muito mais importante que o primeiro. Havia apenas alguns milhares de judeus estrangeiros protegidos no Reich e nos territórios ocupados pelo Reich, ao passo que havia milhões de judeus em territórios controlados pelos aliados da Alemanha. Entretanto, havia uma conexão administrativa importante entre os dois grupos. O Ministério das Relações Exteriores logo descobriu que se, por exemplo, a Eslováquia concordasse com a deportação de suas poucas centenas de judeus no Reich e nos territórios ocupados, concordaria

17 de maio de 1939. Sem dúvida, os números eram menores em 1942, mas seria preciso fazer um ajuste para mais a fim de incluir os judeus estrangeiros do Protetorado.

86 Wörmann para Dieckhoff, Luther, Albrecht, Wiehl, Freytag, Heinburg e von Grundherr, 1º de março de 1941, NG-1515.

87 Memorando de Luther, 21 de agosto de 1942, NG-2586-J.

também em pouco tempo com a deportação de dezenas de milhares de judeus que viviam na própria Eslováquia. Os judeus estrangeiros no Reich foram, por consequência, usados para alavancar o processo. Uma vez que o governo estrangeiro tivesse abandonado seus judeus no exterior, seria mais fácil induzi-lo a abrir mão de seus judeus dentro de seu próprio território.

Os primeiros países abordados foram a Eslováquia, a Croácia e a Romênia. Os governos desses três países se submeteram à exigência alemã sem muita dificuldade. (A Romênia decidiu tempos depois proteger alguns de seus judeus.)[88] Os próximos foram os governos italiano e búlgaro. Os búlgaros não fizeram objeções, mas o governo italiano manteve-se firme até seu colapso em setembro de 1943.[89] O governo húngaro foi abordado várias vezes, mas, como a Itália, se recusou a entregar os seus judeus. Os governos italiano e húngaro, por consequência, tiveram de ser tratados como os países neutros.

O Ministério das Relações Exteriores obviamente *não* insistiu na deportação dos judeus de países neutros, assim não havia razão para insistir na deportação dos poucos judeus com nacionalidades neutras dentro da Alemanha. No entanto, a Alemanha tinha de se tornar *judenfrei*. Os governos neutros, juntamente com Itália e Hungria, foram confrontados então com um ultimato de que, exceto se retirassem seus judeus dentro de um prazo estipulado, esses judeus seriam incluídos nas medidas antissemitas adotadas em geral. Os limites não receberam a devida atenção e, como resultado, o especialista em deportações do RSHA, Eichmann, ficou bastante impaciente.

Em 5 de julho de 1943, Eichmann lembrou a seu colega no Ministério das Relações Exteriores, von Thadden, que os prazos de repatriação já tinham expirado. "Não consideramos que valha a pena", escreveu, "esperar mais para negociar com esses governos. De acordo com o status atual da solução final, há agora na região do Reich apenas aqueles judeus que integram casamentos mistos com alemães e alguns de judeus de nacionalidade estrangeira." A fim de chegar à "solução final" também nessa questão, Eichmann pediu que von Thadden fixasse mais um prazo: 3 de agosto de 1943. Eichmann listou então os países envolvidos: Itália, Suíça, Espanha, Portugal, Dinamarca, Suécia, Finlândia, Hungria, Romênia e Turquia. "Em resumo", Eichmann escreveu: "pedimos que coloquem de lado qualquer

---

88 *Ibid.*

89 Luther via Wiehl para Wörmann, Weizsäcker e Ribbentrop, 19 de setembro de 1942, NG-5123.

possível escrúpulo a fim de resolver finalmente o problema judaico, já que no que se refere a essa questão o Reich se esforçou para negociar com os governos estrangeiros de forma bastante generosa".[90]

Von Thadden concordou com o seu colega Eichmann, mas estendeu o prazo para outubro de 1943. Apenas os judeus italianos, cujo governo tinha, nesse período, se rendido aos Aliados, foram submetidos à deportação imediata.[91] Os turcos pediram mais um adiamento, provocando assim descontentamento no Ministério das Relações Exteriores, que ressaltou suas muitas "concessões extraordinárias". No final, o Ministério das Relações Exteriores concordou com uma data máxima fixada em 31 de dezembro de 1943, ao passo que o impaciente Eichmann estava exigindo "tratamento igual" para todos os judeus.[92]

Enquanto os cidadãos estrangeiros podiam contar com a possibilidade de serem protegidos por governos no exterior, os indivíduos "proeminentes" e membros do aparato administrativo judaico estavam completamente à mercê das "agências de fiscalização" alemãs. Dois incidentes em maio de 1942 viriam a ter consequências especiais aos judeus com visibilidade suficiente para serem considerados proeminentes. Um deles foi o incêndio criminoso causado por um pequeno grupo de jovens judeus (a maioria deles comunista), que ateou fogo a uma exposição nazista, "O Paraíso Soviético", e o outro foi o atentado contra a vida de Heydrich em Praga. Seguindo ordens do *Gauleiter* Goebbels de Berlim, quinhentos judeus proeminentes (*führende Juden*) foram imediatamente tomados como reféns para assegurar o "comportamento adequado" (*anständiges Verhalten*) dos muitos milhares de trabalhadores judeus em Berlim.[93] Alguns dias depois, líderes da comunidade judaica

90 Eichmann para von Thadden, 5 de julho de 1943, NG-2652-E. A Dinamarca, embora ocupada, foi respeitada como um país neutro até o outono de 1943. A Finlândia, um parceiro no Eixo, era o único aliado europeu que nunca foi pressionado para deportar seus judeus. A Finlândia possuía um governo democrático e apenas dois mil judeus aproximadamente.

91 Von Thadden para missões alemãs no estrangeiro, 23 de setembro, 1943, NG-2652-M.

92 Memorando de *Legationsrat* Wagner, 29 de outubro de 1943, NG-2652-K. Eichmann para von Thadden, 15 de novembro de 1942, NG-2652-L.

93 Escritório de Gesandter Krümmer (Ministério das Relações Exteriores) para Weizsäcker e Luther, 27 de maio de 1942, NG-4816. Ver também Helmut Eschwege, "Resistance of German Jews against the Nazi Regime". *Leo Baeck Institute Year Book 13* (1970), p. 143-80, e H. G. Adler, *Der verwaltete Mensch*, pp. 172-82. O líder do grupo de resistência foi Herbert Baum.

foram informados de que 250 haviam sido fuzilados, incluindo 154 dos reféns e 96 que já eram prisioneiros do campo de concentração de Sachsenhausen.[94]

Em outubro de 1941, a *Reichsvereinigung* e as *Kultusgemeinden*, em toda a área de *Reich-Protektorat*, ainda empregavam quase 10 mil pessoas (algumas em treinamento ou posições honorárias) que, junto com suas famílias, aguardavam o reconhecimento de seu status especial.[95] Na verdade, os judeus oficiais ocupavam o primeiro lugar na lista de dispensas "acordada" entre o *Obersturmführer* Brunner e o rabino Murmelstein em Viena, mas esse adiamento seria breve para qualquer um que não fosse necessário. Enquanto as deportações estavam em andamento em março de 1942, *Hauptsturmführer* Gutwasser e o *Referat* de Eichmann decidiram que deveria haver uma redução no quadro de funcionários proporcional à redução da população judaica,[96] e até junho daquele ano a *Kultusgemeinde* de Berlim, reduzida a menos da metade do tamanho que tinha em março de 1941, tinha sido encolhida mais rápido que a comunidade a qual servia.[97] No começo de 1943, até mesmo os líderes judeus estavam sendo deportados. O "Führer" judeu em Berlim, como um dos homens de Eichmann chamou o rabino Leo Baeck, foi capturado em sua casa no dia 27 de janeiro de 1943, às 5h45 da manhã. Baeck, acostumado a levantar cedo, já estava acordado, mas pediu uma hora para colocar suas coisas em ordem. Durante aquela hora, ele escreveu uma carta a sua filha em Londres (via Lisboa) e providenciou ordens postais para pagar suas contas de gás e de luz. Ele viajou para Theresienstadt sozinho em um compartimento do trem.[98]

---

94 Memorando de Philipp Kozower (comunidade de Berlim), 31 de maio de 1942, Leo Baeck Institute, Rolo de microfilme 66. Memorando de Löwenherz, 1º de junho de 1942, Polícia de Israel 1156.

95 Estatísticas preparadas para Eichmann pela Reichsvereinigung em 14 de novembro de 1941, indicaram que havia aproximadamente 6 mil funcionários no Velho Reich, mais de 1.400 na Áustria e mais de 2.500 no Protetorado em 31 de outubro. Leo Baeck Institute, Rolo de microfilme 66.

96 Memorando de Eppstein (Reichsvereinigung) em reunião de 21 de março de 1942, com Gutwasser, datado de 23 de março de 1942. Leo Baeck Institute, Rolo de microfilme 66.

97 Moritz Henschel (Comunidade de Berlim) para Staatspolizeileitstelle IV-D-I, 15 de junho de 1942, apontando uma redução de 2.900 pessoas para menos de 1.400. Leo Baeck Institute, Rolo de microfilme 66. Para reduções posteriores, ver o mesmo microfilme. Em Viena, ver memorando de Löwenherz, 24 de julho de 1942, Polícia de Israel 1158.

98 Ver relato de Baeck em Eric H. Boehm, ed., *We Survived* (New Haven, 1949), p. 290. O homem de Eichmann que chamou Baeck de "Führer" judeu foi *Hauptsturmführer* Wisliceny. Ver Eugene

Em Viena, o chefe judeu das deportações, Murmelstein, foi deportado para Theresienstadt, onde sobreviveu como o último "idoso judeu" do gueto. O chefe da comunidade judaica de Viena, Löwenherz, que de acordo com o homem de Eichmann era um "rapaz legal" (*ein braver Kerl*), permaneceu em Viena até o fim como o diretor da organização de uma comunidade judaica esquelética que se ocupava de alguns milhares de judeus em casamentos mistos.[99]

Problema especial 4: os judeus presos

Até aqui, discutimos três grandes grupos de deportação: o único grupo realmente dispensado, que compreendia os *Mischlinge* e os judeus em casamentos mistos; os judeus do Theresienstadt, grupo que incluía idosos, veteranos de guerra portadores de deficiências graves ou de condecorações importantes e pessoas proeminentes; e o grupo cuja partida havia sido adiada, o qual era formado basicamente por judeus que acabaram em centros de extermínio depois de esgotados os adiamentos convenientes (os judeus na indústria bélica, os judeus estrangeiros e os oficiais judeus). Um quarto grupo, os judeus presos, compreendia aqueles em instituições: hospitais psiquiátricos, prisões e campos de concentração. A fim de deportar essas pessoas, o Escritório Central de Segurança do Reich teve de fazer acordos especiais com as agências que possuíam jurisdição sobre elas.

As instituições para doentes mentais eram controladas pela Divisão de Saúde do Ministério do Interior. Durante o processo de concentração, o *Staatssekretär* dr. Conti do Ministério do Interior ordenou que as instituições para doentes mentais o informassem sobre todos os judeus encarcerados.[100] Quando o suposto programa de eutanásia começou, pacientes alemães institucionalizados foram superficialmente examinados para condições incuráveis e mandados para as câmaras de gás em vários centros criados para esse propósito no Reich. Os judeus estavam entre essas vítimas. Em 30 de agosto de 1940, o Ministério do

---

Levai, *Black Book on the Martyrdom of Hungarian Jewry* (Zurique e Viena, 1948), p. 123.

99 Relatório de Löwenherz, datado de 22 de janeiro de 1945 para 1944. Yad Vashem O 30/5, dr. Rezsö Kasztner (Rudolf Kastner). "Der Bericht des jüdischen Rettungskomitees aus Budapest 1942-1945" (mimeografado depois da guerra, na Biblioteca do Congresso), pp. 154-55, 178.

100 Dr. Leonardo Conti para *Heil-und Pflegeanstalten* (hospitais psiquiátricos), 24 de outubro de 1939, NO-825.

Interior ordenou que os internos judeus fossem separados dos internos alemães. Os judeus foram transferidos para alguns hospícios especificamente designados, de onde continuaram sendo feitas seleções para as câmaras de gás.[101] No final de 1940, todos os judeus restantes foram reunidos em uma única instituição operada pela Reichsvereinigung em Bendorf-Sayn.[102] Desse ponto em diante, os pacientes judeus com problemas mentais podiam ser mortos como judeus. Em abril de 1942, o primeiro transporte de "imbecis" judeus (*Vollidioten*) chegou ao Distrito de Lublin com destino às câmaras de gás em um dos centros de extermínio na área.[103] Outro transporte com internos de Bendorf-Sayn foi programado para deixar Koblenz com destino ao Distrito de Lublin durante o mês seguinte de junho.[104] Em novembro de 1942, Bendorf-Sayn já estava fechado.[105] O problema dos pacientes judeus com problemas mentais estava resolvido.

A transferência dos judeus encarcerados, que estavam sob a custódia do Ministério da Justiça, foi uma questão mais difícil. Embora o número de judeus na prisão fosse relativamente pequeno, a resistência do Judiciário em entregá-los era grande. A razão para essa hesitação não era tanto por um sentimento de justiça ou compaixão, mas uma consideração administrativa. A transferência dos judeus

---

101 Adler, *Der verwaltete Mensch*, p. 240-45. Ernest Klee, *"Euthanasie" im NS-Staat* (Frankfurt, 1983), p. 258-61. Henry Friedlander, "Jüdische Anstaltspatienten im NS-Deutschland", em Götz Aly, ed., *Aktion T-4* (Berlim, 1987), pp. 33-44. Hermann Pfannmüller (Diretor do Hospício de Eglfing-Haar na Baviera) para Ministério do Interior na Baviera/Divisão de Saúde, 20 de setembro de 1940. Pfannmüller para Gemeinnützige Kranken-Transport-GmbH, 2 de maio de 1941, NO-3354. Eglfing-Haar foi especificado na ordem de 30 de agosto de 1940 como a instituição para os judeus da Baviera que sofressem de doenças mentais. O Gemeinnützige Kranken-Transport--GmbH era a organização que transferia pacientes com problemas mentais para os centros de eutanásia. Ver também Frieda Kahn para Eglfing-Haar sobre a morte de sua irmã, 2 de março de 1941, NO-3354.

102 Klee, *"Euthanasie"*, p. 261.

103 Divisão Central de Propaganda do *Generalgouvernement*, relatórios semanais unificados das divisões de propaganda distritais, relatório da divisão de Lublin, 18 de abril de 1942, Occ E 2-2.

104 Klee, *"Euthanasie"*, p. 261-62. Pacientes judeus com problemas mentais que se encontravam institucionalizados no Protetorado foram levados para Theresienstadt. Adler, *Der verwaltete Mensch*, p. 244.

105 Circular contendo o decreto do Ministério do Interior, 10 de novembro de 1942. *Ministerialblatt*, 1942, p. 2150.

estava atrelada à transferência de outros prisioneiros, e a renúncia do poder judicial sobre os judeus estava associada com a diminuição do poder judicial como um todo. A ss e a polícia usaram os judeus como uma alavanca para enfraquecer o Judiciário e, por fim, dominá-lo.

O Judiciário previu esse resultado e tentou adiá-lo. Curiosamente, as tentativas de adiamento do Ministério da Justiça foram baseadas na noção de que o Judiciário também poderia contribuir para a destruição dos judeus. A ideia de contribuição do Ministério da Justiça não era simplesmente impor medidas antissemitas. É preciso lembrar que um tribunal alemão não se preocupava com a constitucionalidade de uma medida e impunha qualquer decreto que contivesse a assinatura de uma autoridade do governo. O Judiciário queria fazer mais que isso. Queria acrescentar discriminações antissemitas de sua própria criação. Queria tornar miserável a vida de um judeu dentro do tribunal ao ver um intento antissemita em um decreto que não o continha, ou exagerar o objetivo de um decreto quando a linguagem nele empregada não permitisse isso, ou mudar o procedimento de forma a dificultar que um judeu vencesse um caso, ou aumentar a punição a fim de fazer com que um judeu pagasse uma multa mais alta, servisse uma sentença mais longa ou até mesmo morresse.

Deve ser ressaltado que a maioria das discriminações judiciais não era coordenada de forma centralizada. De maneira geral, cada juiz fez sua própria "contribuição" no limite de seu entusiasmo em se revelar como um verdadeiro nazista. Alguns magistrados, como Rothaug no caso de "poluição racial" de Katzenberger, estavam inclinados a "chegar à sentença de morte contra um judeu, qualquer que fosse o preço".[106] Como Rothaug explicou depois da guerra, "muitos de nossos julgamentos eram Nacional-Socialistas".[107]

As estatísticas de criminalidade no Velho Reich para 1942 revelam que enquanto a proporção entre alemães condenados e absolvidos era de 14:1 (417.001 para 29.305), a proporção entre judeus condenados e absolvidos era de 20:1 (1.508 para 74). Dos 1.508 judeus condenados pelos tribunais, 208 foram sentenciados à morte. Já que nenhum judeu foi condenado por assassinato, deve-se olhar com

---

106 Testemunho juramentado de dr. Georg Engert (promotor do caso Katzenberger), 18 de janeiro de 1947, NG-649.

107 Testemunho juramentado de Oswald Rothaug, 2 de janeiro, 1947 de NG-533.

extrema suspeita para essas sentenças de morte.[108] Além disso, é bastante claro que também em ações cíveis judeus foram submetidos à discriminação. Embora não haja estatística, alguns dos casos já discutidos neste livro indicam com certeza que os judeus estavam em desvantagem nos processos cíveis.

Contudo, havia magistrados que não eram capazes de submeter a lei a "construções artificiais". No capítulo cinco, observamos o caso dos cupons de café. Havia também o caso Luftglas. Em outubro de 1941, um tribunal especial em Katowice (Alta Silésia, território polonês incorporado) sentenciou um judeu de 74 anos de idade, Markus Luftglas, à prisão por dois anos e meio sob a acusação de que ele tinha acumulado 65 mil ovos. Hitler foi informado sobre o julgamento e avisou ao Ministro da Justiça em exercício, Schlegelberger, por meio do *Staatsminister* Meissner, que ele queria Luftglas morto. Schlegelberger entregou, então, Luftglas à ss para sua execução.[109] Para a burocracia, decisões das cortes de justiça como aquelas aplicadas aos cupons de café e a casos como o de Luftglas apontaram a necessidade de uma direção centralizada, mas a primeira tendência do Ministério da Justiça foi encorajar e não obrigar juízes a serem cruéis no tratamento de réus judeus.

Em maio de 1941, *Staatsskretär* Schlegelberger sugeriu um decreto interministerial que privasse os judeus do direito à apelação ao instruir o sistema judicial a executar sem demora todas as sentenças pronunciadas contra judeus. Ainda sobre esse propósito, Schlegelberger sugeriu também que judeus fossem proibidos de acusar um juiz alemão de parcialidade. Em terceiro lugar, ele propôs *leniência* a judeus que cometessem crimes contra seu próprio povo, como, "por exemplo, no caso de uma judia que se submetesse a um aborto".[110] Não é preciso dizer que a proposta não tinha como objetivo favorecer os judeus; ele quis dizer apenas que os judeus deveriam ser livres para prejudicar uns aos outros.

O mesmo tipo de "generosidade" foi mais tarde estendido aos judeus em relação a questões de saúde pública, quando o Ministério do Interior, em acordo com a Chancelaria do partido, decretou que judeus e *Mischlinge* de primeiro grau que quisessem se casar com judeus não precisavam mais apresentar os

---

108 Dados do Ministério da Justiça (assinados pelo *Grau*) para *Präsident Reichsgericht, Präsident Volksgerichtshof, Oberlandesgerichtspräsidenten, Oberreichsanwälte beim Reichsgericht und Volksgerichtshof* e *Generalstaatsanwälte*, 4 de abril de 1944, NG-787.

109 Correspondência no documento NG-287.

110 Schlegelberger para Ministério do Interior, 8 de maio de 1941, NG-1123.

certificados de saúde costumeiramente solicitados antes do casamento.[111] As propostas de Schlegelberger não foram implementadas em 1941, pois sua intenção inicial era atrelá-las a um decreto que não foi emitido: o projeto de uma determinação legal que privaria os judeus de sua nacionalidade alemã. No entanto, elas não foram completamente esquecidas.

Quando as medidas para a "Solução Final" começaram na Alemanha no outono de 1941, o Ministério da Justiça se viu em meio a uma confusão. O Judiciário queria fazer parte do projeto. Mas como? Em 21 de novembro de 1941, um dos especialistas do Ministério da Justiça, *Ministerialdirigent* Lutterloh, escreveu ao *Staatssekretär* Schlegelberger sobre aquele dilema todo. "Considerando a posição atual dos judeus", disse ele, "as discussões estão sendo empreendidas para determinar se os judeus devem ser privados do direito de acionar a justiça e se regulamentações especiais devem ser implementadas sobre sua representação nos tribunais." A questão decisiva, disse Lutterloh, era se os judeus seriam expulsos imediatamente. Até então, ele apontou, apenas sete mil dos 77 mil judeus berlinenses tinham sido "expulsos" (*abgeschoben*). Os judeus na indústria bélica e em casamentos mistos tiveram sua deportação "adiada" (*zurückgestellt*). Por sua vez, todos os advogados judeus em Berlim (chamados *Konsulenten*) tinham recebido "ordens de viagem" (*Abreisebefehle*). Em outras palavras, concluiu ele, algo precisava ser feito.[112]

Durante o período de incerteza, entretanto, nada aconteceu. Talvez Schlegelberger estivesse muito ocupado com os judeus em casamentos mistos. Quando as coisas se acalmaram um pouco, o *Präsident* do Volksgerichtshof (tribunal do povo), dr. Freisler, circulou um plano de decreto do Ministério da Justiça que ressuscitava a proposta original de Schlegelberger de que judeus fossem impedidos de apelar nos casos da vara criminal. O plano também continha uma seção completamente desnecessária estabelecendo que os judeus fossem privados do direito de apelar aos tribunais por uma decisão contra sentenças infligidas pela polícia.[113] O Ministério do Interior propôs que apelos em casos administrativos de-

---

111 Circular contendo o decreto do Ministério do Interior, 25 de março de 1942, *Ministerialblatt*, 1942, p. 605, reimpresso em *Die Judenfrage (Vertrauliche Beilage)*, 15 de abril de 1942, p. 29.

112 *Ministerialdirigent* Lutterloh para *Oberregierungsrat* dr. Gramm com o pedido para que o *Staatssekretär* fosse informado, 21 de novembro de 1941, NG-839.

113 Freisler para Ministérios do Interior e de Propaganda, Ministério de Relações Exteriores, Chancelaria do partido, *Reichsführer-ss* e *Reichsprotektor* em Praga, 3 de agosto de 1942, NG-151.

veriam ser abolidos e que os efeitos do decreto deveriam ser estendidos ao Protetorado e aos territórios (poloneses) do leste incorporados.[114]

Schlegelberger respondeu que não fazia objeções a essas mudanças e acrescentou que os judeus deveriam ser privados do direito de fazer juramentos, embora devessem continuar sendo responsabilizados por suas declarações.[115] A Chancelaria do partido solicitou que os judeus perdessem o direito de instituir ações cíveis e que deixassem de poder contestar um juiz acusando-o de ser parcial.[116] (Nenhuma das sugestões do partido era novidade.) Em 25 de setembro de 1942, uma conferência interministerial foi realizada com o objetivo de incorporar todas as propostas em um novo projeto, que também conteria a provisão de que se um judeu morresse, sua fortuna deveria ser legalmente transferida para o Reich.[117] Nessa época, o projeto já era obsoleto.

No final de agosto de 1942, o Ministro de Justiça em exercício, Schlegelberger, se aposentou por causa de sua idade avançada e um novo Ministro de Justiça, Thierack, assumiu. Ele começou seu regime fazendo concessões extraordinárias para a SS e para a polícia. Em 18 de setembro de 1942, Thierack e seu novo *Staatssekretär* Rothenberger se reuniram com Himmler, *SS-Gruppenführer* Streckenbach (chefe de pessoal no RSHA), e *SS-Obersturmbannführer* Bender (especialista em legislação da SS) para concluir um acordo. Os dois lados estipularam que todos os judeus com sentenças de mais de três anos deveriam ser entregues para a SS e para a polícia e que no futuro todas as ofensas passíveis de punição cometidas por judeus seriam resolvidas por Heinrich Himmler.[118]

Em uma demonstração de generosidade, o Ministério da Justiça decidiu mais tarde, por conta própria, entregar todos os judeus que estavam servindo penas superiores a seis meses.[119] A segunda parte do acordo entre Himmler e Thierack, que retirou por completo dos tribunais qualquer jurisdição criminal sobre os

---

114 Ministério do Interior para Ministério da Justiça, 13 de agosto de 1942, NG-151.

115 Schlegelberger para Ministério da Propaganda, 13 de agosto de 1942, NG-151.

116 Bormann para Ministério da Justiça, 9 de setembro de 1942, NG-151.

117 Frick para Chancelaria do partido, Ministérios da Justiça, de Propaganda, de Finanças, e das Relações Exteriores, 29 de setembro de 1942, NG-151.

118 Memorando de Thierack, 18 de setembro de 1942, PS-654. O acordo cobriu a área metropolitana do Reich.

119 Diretiva de dr. Eichler (Gabinete do Ministro de Justiça), 1º de abril de 1943, PS-701.

judeus, não pôde ser imposto até que um decreto fosse publicado em 1º de julho de 1943, de acordo com o qual atos criminosos cometidos por judeus deveriam ser "punidos" pela polícia.[120] Enquanto isso, o Ministério da Justiça entregava todos os judeus recém-condenados para a Gestapo ao estilo de uma linha de montagem.[121]

Deve ser ressaltado que o acordo entre Himmler e Thierack abarcava não apenas judeus mas também ciganos, poloneses, russos, ucranianos, tchecos e até mesmo alemães "antissociais". Era uma brecha vasta no sistema de direito criminal existente. Thierack explicou sua decisão na seguinte carta a Bormann:

> Com o objetivo de libertar o povo alemão de poloneses, russos, judeus e ciganos, e com o objetivo de tornar os territórios do leste que foram incorporados ao Reich disponíveis para a fixação de cidadãos alemães, eu pretendo entregar a jurisdição criminal sobre poloneses, russos, judeus e ciganos ao *Reichsführer-ss*. Ao fazê-lo, me baseio no princípio de que a administração da justiça pode fazer apenas uma pequena contribuição para o extermínio dessas pessoas.[122]

O terceiro grupo de judeus submetido à transferência de custódia foi o de prisioneiros dos campos de concentração. Na década de 1930, dezenas de milhares de prisioneiros haviam sido presos em *Einzelaktionen* e jogados em um dos campos de Himmler por um período de tempo indefinido. A maioria deles foi liberada para emigração, mas um grupo de aproximadamente 2 mil ainda definhava nos campos muito tempo depois do começo da guerra.[123] Então, no outono de 1942, Himmler decidiu tornar seus campos de concentração na Alemanha *judenfrei*. Os judeus envolvidos deveriam ser mandados para os centros

---

120 RGBl I, 372. Ordem de Himmler, 3 de julho de 1943, *Ministerialblatt*, p. 1085.

121 Testemunho juramentado de *Senatspräsident* Robert Hecker, 17 de março de 1947, NG-1008. Hecker era encarregado de transferir judeus para a polícia: ele trabalhava na Divisão V do Ministério da Justiça.

122 Thierack para Bormann, 13 de outubro de 1942, NG-558. Durante um período de seis meses, o Ministério da Justiça entregou ao chefe de campo de concentração, Pohl, 12.658 prisioneiros de várias nacionalidades. Os prisioneiros eram destinados a projetos de trabalho forçado da SS. Eles morreram, no entanto, em massa. Em 1º de abril de 1943, 5.935 já estavam mortos. Rascunho de carta escrita por Pohl para Thierack, abril de 1943, NO-1285.

123 Estatísticas no relatório de Korherr, 27 de março de 1943, NO-5194.

de extermínio de Auschwitz e Lublin.[124] As transferências não envolveram alterações de jurisdição, porque os campos de concentração no Reich e os centros de extermínio na Polônia estavam sob a mesma administração. Entretanto, o centro de extermínio era bastante diferente em estrutura de um campo de concentração comum, o que as vítimas logo viriam a descobrir.[125]

Captura e transporte

Com a finalização das negociações para a deportação de várias categorias problemáticas de pessoas, um grande problema fora resolvido. O que restava era a captura e o transporte dos judeus deportáveis assim como a tediosa tarefa de confiscar os bens que eles deixassem para trás.

Diferentemente dos problemas envolvendo definições e adiamentos, a captura dos judeus gerou poucas dificuldades e insignificantes atritos burocráticos. A tarefa de busca e captura ficou nas mãos da Gestapo. Quando não pudesse realizar a tarefa sozinha, a Gestapo podia chamar a polícia criminal, a polícia de ordem, ss, ou sa em várias cidades para pedir assistência. Mais comumente, podia tirar proveito do aparato da comunidade judaica, da *Reichsvereinigung* e das *Kultusgemeinden* para listas, notificação das vítimas, mapas, suprimentos, escriturários e auxiliares. Ajudantes judeus, chamados por nomes variados como *Transporthelfer, Ordner, Ausheber* ou *Abholer* acompanhavam, por vezes, a polícia aos apartamentos daqueles selecionados para transporte e ajudavam a vigiar as pessoas presas em pontos de recolha, normalmente lares de idosos ou outros prédios de instituições convertidos e rebatizados como *Sammelstellen, Durchgangslager* ou *Abwanderungslager,* até que houvesse pessoas suficientes para encher um trem.

---

124 Müller (Chefe, RSHA IV) para todos os *Staatspolizeileitstellen,* e escritórios de BdS e KdS, e *Beauftragte des Chefs der Sicherheitspolizei,* 5 de novembro de 1942, NO-2522. A ordem estipulava que os *Mischlinge* de primeiro grau fossem incluídos nas transferências. Esses foram os únicos *Mischlinge* mortos com os judeus. A transferência de prisioneiras judias já havia sido ordenada em setembro. *OStubaf.* dr. Berndorff (RSHA IV-C-2) para *Stapoleitstellen,* etc., 2 de outubro de 1942, NO-2524.

125 Os campos do Reich queriam 1.600 poloneses e ucranianos como força de trabalho substitutiva de Auschwitz. Não havia substitutos. WVHA D-II (alocação de trabalho dos campos de concentração) para o comandante de Auschwitz, 5 de outubro de 1942. *Centralna Żydowska Komisja Historyczna w Polsce, Dokument i materialy do dziejów okupacii niemeckiej w Polsce* (Varsóvia, Łódź e Cracóvia, 1946), vol. I, p. 73-74. Comando de Auschwitz/III-A para WVHA D-II, 10 de outubro de 1942, *ibid.*

Duas fases podem ser percebidas na evolução dos procedimentos de busca e captura. Primeiro, listas longas eram submetidas pela comunidade judaica, das quais a Gestapo podia fazer sua seleção. Durante esse período, havia mais vítimas que transportes disponíveis ou destinos preparados para recebê-las. Os escritórios da comunidade judaica podiam, dessa maneira, solicitar adiamentos e dispensas de indivíduos em particular, e com frequência esses pedidos eram atendidos. No período inicial, ademais, as vítimas eram informadas para onde estavam indo. Em 13 de novembro de 1941, por exemplo, a comunidade judaica de Colônia enviou uma carta a todos os judeus em sua jurisdição anunciando "outro transporte de mil pessoas, especificamente para Minsk [*ein weiterer Transport von 1.000 Personen und zwar nach Minsk*]", para 8 de dezembro. Nesse comunicado, todos recebiam instruções sobre como se preparar para o transporte, até a notificação subsequente feita pela comunidade daqueles que fariam a viagem.[126]

A segunda fase, iniciada com a operação dos campos de extermínio, foi conduzida com listas múltiplas principais, obtidas de delegacias de polícia e registros de impostos da comunidade, e suplementadas com endereços mantidos pelos escritórios de habitação da comunidade. O alcance da operação não foi escondido dos líderes da comunidade. Em 30 de maio de 1942, Eichmann chegou ao ponto de informar Löwenherz de que ele previa a evacuação completa (*gänzliche Evakuierung*) dos judeus do Reich, da Áustria e do Protetorado, os idosos do Theresienstadt, e outros para o "leste".[127] Apenas os campos não eram mencionados e, nos registros habitacionais, a localização dos judeus deportados era identificada como "desconhecida" (*unbekannt verreist*) ou uma anotação era feita informando que os antigos habitantes judeus tinham "emigrado" (*ausgewandert*).[128]

Cada lugar possuía seu próprio histórico de deportações, e cada histórico revelava condições especiais e a mecânica das deportações. No Protetorado, de onde a maioria dos transportes era dirigida ao Theresienstadt, o procedimento começava com o registro de todos os membros da população judaica, aqueles em Praga e em Brno em setembro de 1944, e aqueles em outras cidades nos meses

---

126 Texto de carta em Adler, *Der verwaltete Mensch*, pp. 398-99. Transportes anteriores tiveram como destino Łódź.

127 Memorando de Löwenherz, 1º de junho de 1942, polícia de Israel 1156.

128 "Regras para evacuações ao *Generalgouvernement*, Trawniki, próximo a Lublin". 22 de março de 1942, preparado por Günther (RSHA IV-B-4-a), polícia de Israel 1277.

subsequentes. Os funcionários da comunidade judaica examinavam documentos pessoais para fazer o registro e o Zentralstelle enviava as listas de deportação para a comunidade, que então as checava identificando os doentes, os mortos, os judeus essenciais, etc. Antes da partida, os deportados entregavam as chaves dos apartamentos e cupons de racionamento que não tivessem utilizado para as organizações da comunidade.[129] Dentro do Reich e da Áustria, houve variação de cidade para cidade. Essas variações podem ser vislumbradas a partir da evolução dos acontecimentos em três cidades principais: Frankfurt, Viena e Berlim.

Em Frankfurt, onde aproximadamente 10.500 judeus viviam no começo de outubro de 1941, menos de mil ainda estavam lá um ano depois.[130] A Gestapo de Frankfurt tinha estabelecido seu domínio sobre a organização da comunidade muitos meses antes do primeiro transporte. Um sobrevivente que trabalhou na divisão de estatísticas da comunidade se lembra de que todos os dias um representante da Kultusgemeinde tinha de se apresentar para a Gestapo repetindo em voz alta: "Aqui está o judeu Sigmund Israel Rothschild". Durante a primavera de 1941, a divisão de estatísticas foi instruída a criar uma lista de todos os membros da comunidade em três vias. Em um dia de outono, Rothschild trouxe de volta uma lista com 1.200 pessoas da Gestapo, que precisava ser completada com informações adicionais. Os rumores de que a lista serviria o propósito de deportação foram negados pela Gestapo. Dois dias depois, em 19 de outubro de 1941, o trabalho de captura começou.[131] Às 5h30 da manhã, elementos de dois Standarten da SA foram reunidos e receberam formulários impressos para o registro de propriedades dos judeus. Eles deveriam entrar nos apartamentos dos judeus às 7h. Os homens da SA, recrutados de vários tipos de vida, não estavam preparados para essa "atividade jurídica" (juristische Tätigkeit), e a Gestapo, com evidente falta de pessoal, chegava frequentemente atrasada ao local.[132] Depois de vários atrasos, uma

---

129 O procedimento é descrito no relatório do Ancião do Conselho de Judeus em Praga para o Escritório Central de Regulamentação da Questão Judaica na Boêmia e Morávia, 19 de junho de 1944, polícia de Israel 1237.

130 Para estatísticas detalhadas, ver *Dokumente zur Geschichte der Frankfurter Juden*, pp. 460, 465-69, 474, 476-77, 482-83, 487-90, 500-503, 532-33.

131 Declaração de Lina Katz, *ibid.*, pp. 507-8.

132 Relatório de SA Sturmbann III/63 para SA Standarte 63, 21 de outubro de 1941, *ibid.*, pp. 509-11. Ver também relatórios similares de outras unidades, *ibid.*, pp. 511-14. O destino do primeiro transporte foi Łódź.

procissão de judeus era levada pela cidade em plena luz do dia, enquanto multidões de pessoas se aglomeravam de cada lado da rua observando em silêncio.[133]

Os transportes subsequentes de Frankfurt foram organizados com mais cuidado. A própria comunidade faria listas de acordo com as categorias especificadas pela Gestapo, e depois enviaria cartas para as pessoas que haviam sido selecionadas, informando que os escolhidos deveriam permanecer em seus apartamentos em uma determinada hora de um determinado dia.[134] Quando a Gestapo precisava de ajuda da polícia de ordem estacionada em áreas distantes para a captura de judeus na região de Frankfurt, preparava instruções detalhadas cobrindo cada contingência, incluindo o que fazer com cães, gatos e pássaros. Aqueles que participavam dos trabalhos deveriam realizar a ação com a firmeza, a precisão e o cuidado necessários (*mit der notwendigen Härte, Korrektheit und Sorgfalt*). No caso de um judeu cometer suicídio por causa da (*aus Anlass*) evacuação, os procedimentos de preenchimento de formulários deveriam ser seguidos de maneira análoga (*sinngemäss*), como se estivesse sendo transportado, mas uma anotação seria feita sobre a sua morte. E assim por diante.[135]

Viena tinha uma população judaica de aproximadamente 51 mil quando as deportações em massa começaram em outubro de 1941.[136] Para os judeus vienenses, entretanto, esses transportes não eram a primeira experiência com "evacuações". Mais de 6 mil judeus tinham sido enviados de Viena para o *Generalgouvernement* antes do começo da "Solução Final", aproximadamente 1.500 durante o outono de 1939 e 5 mil de fevereiro a março de 1941.[137] Nos meses que

----

133 Declaração de Katz, *ibid.*, pp. 507-8.

134 A elaboração de listas é mencionada por Katz, *ibid.* Modelo de carta do Jüdische Gemeinde in Frankfurt (assinadas por Alfred Weil e Arthur Kauffmann), 7 de junho de 1942, *ibid.*, pp. 518-20. Weil (presidente) foi deportado em 18 de agosto de 1942, Kauffmann (conselheiro legal), em 15 de setembro de 1942, ambos para Theresienstadt. *Ibid.*, pp. 545-552.

135 Gestapo em Frankfurt para Landräte na área, *Gauleiter* em Frankfurt, com cópias para presidentes de polícia em Frankfurt e Wiesbaden, e para *Regierungspräsident* em Wiesbaden e com apêndices, 21 de agosto de 1942, *ibid.*, pp. 520-28.

136 Löwenherz calculou a população judaica em 47.578 no final de outubro. Memorando de Löwenherz de 14 de novembro de 1941, Leo Baeck Institute, microfilme 66. Quatro transportes tinham partido com destino a Łódź em outubro. Łódź Ghetto Collection, YIVO Institute, p. II.

137 Herbert Rosenkranz, *Verfolgung und Selbstbehauptung – Die Juden in Österreich 1938-1945* (Viena, 1978), pp. 217, 261.

antecederam as deportações de outubro, a concentração de judeus dentro da cidade tinha sido aumentada, 90% estava vivendo nos três distritos designados para a residência de judeus: o II, o IX e o XX.[138] Depois que os judeus foram forçados a usar a estrela, eles se tornaram ainda mais fáceis de serem notados e mais vulneráveis. Simbólica foi a experiência de um usuário da estrela, um funcionário do Bem-estar Social da comunidade judaica, que era veterano da Primeira Guerra Mundial e portador de deficiência física em função disso, com uma perna artificial. Ele caiu em uma calçada coberta de neve e passou três horas pedindo a transeuntes que o ajudassem. Todos se recusaram e ele finalmente conseguiu se levantar sozinho, com dificuldade e quebrando seu pulso.[139] A *Kultusgemeinde* não pediu ajuda. Ao contrário, estava trabalhando com a Gestapo, e o rabino Murmelstein cumpria suas tarefas assiduamente.[140]

As personalidades principais da Gestapo em Viena eram as seguintes:

Diretor, Stapoleitstelle	ORR e KR Franz Josef Huber
IV-B	Dr. Karl Ebner
Diretor, Zentrale Stelle:	*HStuf.* Alois Brunner
Vice	Anton Brunner
Concentração e captura	*UStuf.* Ernst Girzick

A concentração dos judeus nos pontos de recolha era chamada de *Kommissionierung*. As listas de deportação eram compiladas pela Gestapo, que empregava uma série de escriturários judeus para esse propósito. A *Kultusgemeinde* podia "reclamar" certos indivíduos por razões específicas, e a Gestapo, por sua vez, podia apresentar substitutos, se uma lista deixasse de conter os nomes de mil pessoas. Girzick lembra que "em teoria, os judeus eram deportados em família [*Grundsätzlich wurden die Juden familienweise abgeschoben*]".[141] O desafio mais crítico para a

---

138 *Ibid.*, p.230.

139 Lembranças de Viena de Menashe Mautner (1956) dos arquivos de Yad Vashem, *ibid.*, p. 281, 301.

140 Ver a caracterização feita por Löwenherz de Murmelstein em sua carta para Zentrale Stelle für jüdische Auswanderung (Viena), 11 de outubro de 1939, Arquivos Federais Alemães R 70/9. Também Rosenkranz, *Verfolgung*, p. 285.

141 Declaração de Ernst Girzick, 14 de setembro de 1961, Strafsache gegen Novak. Landesgericht für Strafsachen, Viena. 1416/61, vol. 6, pp. 85-94.

liderança judaica era a exigência de que selecionassem os guardas (*Ausheber*, incluindo *Ordner* e *Jupo*) que ajudariam a Gestapo nas buscas e na captura de judeus. A comunidade judaica precisava agora fazer o pior: judeus tinham de prender judeus. Ela o fez, analisando de maneira racional que, dessa forma, asseguraria um procedimento mais humano (*humanere Vorgansweise*). Os Ausheber de Murmelstein se amontoariam em um apartamento de judeus, se posicionando na porta, enquanto um homem da ss e o chefe do *Kommando* judaico sentariam à mesa para fazer perguntas sobre os membros da família e verificar as declarações de propriedade. O homem da ss poderia então partir, deixando os saqueadores judeus com as vítimas, permitindo que os ajudassem a fazer malas e advertindo que não permitissem fugas.[142] Nos pontos de recolha, o serviço dos guardas judeus deveria ser organizado de forma que fugas de prisioneiros se tornassem impossíveis. Para cada pessoa que não fosse encontrada em casa – Löwenherz foi avisado –, dois guardas judeus seriam deportados em seu lugar.[143] As casas convertidas em centros de recolha eram relativamente pequenas e, a fim de maximizar a quantidade de espaço nelas, não havia mesas, cadeiras ou camas. A espera em uma casa como essa podia durar semanas, antes que os deportados, em pé em caminhões abertos e ouvindo zombarias pelas ruas, fossem levados à luz do dia para a estação de trem.[144]

Até a metade de outubro de 1942, as deportações de Viena estavam quase no fim,[145] e no final do ano Löwenherz relatou que restavam menos de 8 mil judeus.[146] Em janeiro de 1943, os funcionários da comunidade diminuíram e vários deles (incluindo Murmelstein) foram enviados para Theresienstadt. Mais ou menos nessa época, Löwenherz apareceu no escritório de Ebner com uma pergunta. A seguir, o relato de Ebner sobre essa reunião:

> O diretor da comunidade israelita e mais tarde do Conselho Judaico de Anciãos foi o dr. Josef Löwenherz. Eu viria a ter contato com ele por diversas vezes, poder-se-ia mesmo dizer com frequência. Ele foi quem primeiro me trouxe o rumor de que os judeus nos campos de concentração estavam sendo submetidos a câmaras de gás

142 Rosenkranz, *Verfolgung*, pp. 285, 299.

143 Memorando de Löwenherz, 21 de dezembro de 1941, polícia de Israel 1152.

144 Rosenkranz, *Verfolgung*, pp. 298, 300.

145 *Ibid.*, p. 293.

146 Relatório de Löwenherz para 1942. Yad Vashem O 30/3.

e aniquilados. Ele veio até mim um dia, depois de 1942, em outras palavras, presumivelmente em 1943, um homem totalmente abatido, e pediu uma reunião com Huber. Eu perguntei o que ele queria e ele me disse que os judeus estavam supostamente sendo mortos, e que ele queria ter certeza se esse era de fato o caso. Imaginei que ele teria problemas com o chefe e que poderia possivelmente ser acusado de espalhar notícias de rádios inimigas. Löwenherz disse que não fazia diferença para ele, e logo a seguir foi até Huber. Quando Huber entrou na história, telefonou para o chefe do Escritório IV no Escritório Central de Segurança do Reich (Müller) usando uma linha direta, enquanto Löwenherz esperava do lado de fora. Quando ele entrou novamente, Huber disse para nós que Müller havia negado essas alegações classificando-as como notícias perversas. Löwenherz ficou visivelmente aliviado.[147]

Quase 73 mil judeus viviam em Berlim no começo de outubro de 1941.[148] Esse número representava mais de 40% de todos os judeus no Velho Reich. Inevitavelmente, o fato de que a comunidade estava na capital iria fazer diferença para o RSHA assim como para a Stapoleitstelle de Berlim, e seu destino preocuparia a *Reichsvereinigung* assim como a *Jüdische Kultusvereinigung zu Berlin*. O quadro abreviado, a seguir, mostra os indivíduos-chave da Gestapo de Berlim:

Diretor, Stapoleitstelle	*OStubaf*, ORR Otto Bovensiepen (a partir de novembro de 1942, *Stubaf.* RR Wilhelm Bock)
Questões Judaicas	KK Gerhard Stübbs (a partir de novembro de 1942, KK Walter Stock)
Vice	*Kriminaloberinspektor* Franz Prüfer (até novembro de 1942)

As figuras principais na *Reichsvereinigung* eram Leo Baeck, presidente do Vorstand, e Paul Eppstein, o principal representante para tarefas diárias. Na comunidade, o presidente era Moritz Henschel e o especialista em migração era Philipp Kozower, que era ajudado pela diretora da comunidade para encaminhamento

---

147 Declaração de Karl Ebner, 20 de setembro de 1961, Caso Novak, vol. 6, pp. III-16.

148 Relatório da Gestapo em Frankfurt, 22 de outubro de 1942, *Dokumente der Frankfurter Juden*, pp. 468-76.

habitacional, dra. Martha Mosse. Baeck e Henschel, Eppstein e Kozower ocupavam posições análogas em termos organizacionais. Todos os quatro haviam sido membros do Vorstand na Reichsvereinigung desde o seu exato começo.[149]

Os judeus de Berlim, assim como aqueles de Viena, foram submetidos à concentração crescente antes das deportações. Em Berlim, o objetivo era deslocar todos os judeus para casas de propriedade de judeus.[150] A Gestapo podia obter informações sobre a população judaica por meio de uma variedade de arquivos: endereços registrados na polícia, registros de impostos para a comunidade e o arquivo de fichas da dra. Mosse, que era continuamente revisado.[151] No começo de outubro de 1941, Prüfer convocou dois dos membros do Vorstand da comunidade (incluindo Henschel) e a dra. Mosse, avisando-os de que não deveriam falar com ninguém sobre o que estavam prestes a ouvir. O restabelecimento (*Umsiedlung*) dos judeus de Berlim iria começar e a comunidade judaica teria de participar na ação para que não fosse executada pela sa e pela ss, "e sabemos como isso vai acontecer [*und man weiss ja, wie das dann werden würde*]". A comunidade deveria entregar vários milhares de nomes e enviar questionários a todos aqueles na sua lista. A Gestapo então selecionaria mil para um transporte para Łódź. A comunidade deveria verificar se os deportados tinham o necessário para viajar. A ação toda seria apresentada para a população judaica como uma realocação residencial (*Wohnungsräumungsaktion*). Quando Henschel perguntou se a *Reichsvereinigung* podia ser informada, Prüfer disse que sim. Naquela mesma noite, de acordo com a Dra. Mosse, os membros do *Vorstand* da *Reichsvereinigung* e da comunidade decidiram obedecer à vontade da Gestapo "a fim de poder fazer o bem tanto quanto possível zelando pelo interesse das vítimas [*auf dieser Weise so viel Gutes wie möglich im Interesse der Betroffenen tun zu können*]".[152]

---

149 Ver protocolos das reuniões do Vorstand em Leo Baeck Institute, microfilme 66. Dr. Otto Hirsch, preso, desapareceu do cenário no começo de fevereiro de 1941. Ele morreu mais tarde em Mauthausen.

150 Declaração da Dra. Martha Mosse, 23-24 de julho de 1958, Leo Baeck Institute, Coleção Kreutzberger, AR 7183, Caixa 7, Pasta 6.

151 Memorandos de Bruno Mannheim (administração do arquivo de fichas da comunidade de Berlim), 23 de agosto de 1942, e 1º de setembro de 1942, Leo Baeck Institute, microfilme 66. Declaração de Mosse, 23-24 de julho de 1958, Leo Baeck Institute AR 7182. *Generalstaatsanwalt bei dem Kammergericht* para *Landgericht* Berlim, contendo indiciamento de Otto Bovensiepen, 22 de fevereiro de 1969, I Js 9/65, Leo Baeck Institute, microfilme 239, pp. 155-57, 196.

152 Declaração de Mosse, 23-24 de julho de 1958, Leo Baeck Institute, AR 7183.

Embora o sigilo fosse cada vez mais importante para a Gestapo de Berlim, as datas dos futuros transportes foram inevitavelmente compartilhadas com os funcionários da comunidade judaica. Assim, em 29 de julho de 1942, Stübbs e Prüfer informaram Kozower sobre três transportes para Theresienstadt programados para 17 de agosto, 14 de setembro e 5 de outubro, e dois transportes "para o leste" previstos para 15 e 31 de agosto.[153] Em seu memorando sobre a conversa, Kozower sinalizou que havia comunicado seu conteúdo para vários de seus colegas. Ele também mencionou os transportes no Vorstand da *Reichsvereinigung*, acrescentando que cada um dos presentes deveria permanecer em silêncio sobre essa informação (*Für diese Mitteilung besteht Schweigepflicht*).[154] O motivo pelo qual a Gestapo depositou sua confiança nos líderes judeus foi sua contínua dependência deles para ajudá-la nas preparações.

Parte da ajuda era administrativa. A *Kultusvereinigung* fornecia datilógrafos, escriturários, carregadores, enfermeiras e *Transporthelfer* ou *Ordner* para trabalhos especiais (*Sonderarbeiten*).[155] Embora Stübbs e Prüfer recrutassem apenas homens da Gestapo, polícia de ordem e polícia criminal para as equipes de busca e captura de judeus em suas residências,[156] eles precisavam de auxiliares judeus nos pontos de recolha a fim de processar e cuidar das vítimas até o momento da deportação. Uma vez a *Kultusvereinigung* foi solicitada também a conduzir deportados idosos antes do amanhecer para um bonde que partiria pontualmente às 5h com destino à estação de trem Anhalter.[157] Abastecer os transportes, incluindo aqueles que se originavam em Berlim assim como aqueles que estivessem de passagem pela capital, era outra responsabilidade judaica.[158] Os funcionários da *Kultusvereinigung* negociavam

---

153 Memorando de Kozower, (começo de) agosto de 1942, Leo Baeck Institute, microfilme 66.

154 Protocolo nº 8 da reunião do Vorstand (data quase ilegível no microfilme, provavelmente final de julho de 1942), assinado por Eppstein, Leo Baeck Institute, microfilme 66. O próprio Baeck, geralmente presidindo essas reuniões, estava ausente, e não estava entre aqueles listados no memorando de Kozower como tendo sido informado diretamente. Mosse, que não era membro do *Vorstand*, foi listada como tendo recebido a informação.

155 Ver memorandos de Kozower, 31 de maio, 1942, e de Henschel, 21 de julho e 4 de setembro de 1942, Leo Baeck Institute, microfilme 66.

156 Depoimento de Franz Zilian, citado no indiciamento de Bovensiepen, Leo Baeck Institute, microfilme 239, pp. 186-88.

157 Memorando de Kozower, 31 de maio de 1942. Leo Baeck Institute, microfilme 66.

158 Ver, por exemplo, o memorando de Henschel sobre transporte em Frankfurt, 12 de setembro de 1942. Leo Baeck Institute, microfilme 66.

com escritórios de alimentação para assegurar os suprimentos recomendados, particularmente quando, no final do período de racionamento, as vítimas selecionadas não podiam mais obter suas cotas. Uma tentativa de procurar alimentos para bebês falhou, entretanto, quando o *Direktor* Morawski do Escritório para Alimentação de Berlim explicou que crianças arianas também não estavam recebendo cotas especiais.[159]

A liderança judaica contribuiu não apenas com funcionários, espaço e suprimentos, mas estava envolvida também na tarefa mais delicada de preencher as cotas para os transportes planejados. No começo, a *Kultusvereinigung* de Berlim preparava listas longas, contendo de três a quatro mil nomes, antes de cada transporte e intervinha a favor de alguns dos selecionados na esperança de que as deportações não continuassem. Desde que houvesse ainda um número suficiente de judeus na cidade, a Gestapo concederia esses pedidos sem muito problema.[160] No começo do verão de 1942, entretanto, a situação mudou. Restavam apenas 54 mil judeus em Berlim no final de junho,[161] e aqueles classificados como dignos de ter sua partida adiada ou dispensada tinham se tornado uma porcentagem muito maior do total. Em 29 de julho de 1942, Prüfer exigiu que Henschel preparasse uma lista completa dos judeus berlinenses (*Personalkartei sämtlicher Juden Berlins*) com informações detalhadas sobre cada pessoa.[162] No mesmo dia, o assistente de Prüfer, *Kriminalsekretär* Walter Dobberke, ressaltou para Kozower que considerando os critérios existentes, não mais que trezentos judeus poderiam ser reunidos para os dois transportes que partiriam para o leste em 15 e 31 de agosto, e era necessário reunir mil para cada. Em razão da escassez, Dobberke questionou se os trabalhadores e os indivíduos em casamentos mistos não teriam de ser acrescentados. Kozower sugeriu então que a meta ainda poderia ser alcançada se os prisioneiros dos campos de concentração e suas famílias pudessem ser incluídos. Stübbs achou que essa ideia tinha mérito

---

159 Memorando de Kozower, 25 de agosto de 1942, Leo Baeck Institute, microfilme 66.

160 Declaração de Mosse, 23-24 de julho de 1958, Leo Baeck Institute, AR 7183.

161 Memorando de Mannheim, 3 de julho de 1942, Leo Baeck Institute, microfilme 66.

162 Memorando de Henschel, 29 de julho de 1942, com cópia para Eppstein, Leo Baeck Institute, microfilme 66. Para um relatório sobre as fichas, ver memorando de Mannheim, 1º de setembro de 1942. Leo Baeck Institute, microfilme 66.

suficiente para ser abordada na reunião de escritórios alemães.[163] No começo de setembro, entretanto, Prüfer e Dobberke apresentaram a pergunta inicial a Kozower e Mosse novamente, apontando que o "material" para os transportes de idosos e com destino ao leste tinha agora se tornado muito "escasso". (*Es wurde die Frage erörtert, dass das Material sowohl für die Alterstransporte wie für die Osttransporte jetzt sehr knapp geworden ist.*)[164]

No final de outubro de 1942, o regime de Stübbs e Prüfer encontrou um fim abrupto. Ambos eram suspeitos de terem enriquecido no exercício de suas atividades. Stübbs cometeu suicídio antes de sua prisão e Prüfer morreu em um bombardeio durante sua detenção.[165] Nesse momento, Alois Brunner chegou de Viena com vários Jupo. Brunner mudou a atmosfera e introduziu um novo procedimento. Daquele momento em diante, todos os judeus na área da comunidade teriam de se levantar quando uma pessoa de "sangue alemão" entrasse e manter uma distância de pelo menos dois passos dela. A capacidade dos pontos de recolha seria aumentada pela remoção de todos os móveis. No centro da Grosse Hamburger Strasse, a cozinha deveria ser retirada também. Os escriturários trabalhariam dia e noite. Seriam preparados mapas de Berlim, incluindo um com círculos sobre quadras indicando a densidade da população judaica. Por fim, uma Seção da Ordem Judaica deveria ser criada para auxiliar a Gestapo em futuras operações.[166] Seguindo essas diretivas, dr. Eppstein explicou aos empregados da comunidade que os Ordner teriam de acompanhar os saqueadores da Gestapo aos lares dos judeus e ajudar as vítimas a fazerem suas malas. Qualquer um que se recusasse a essa tarefa, avisasse a um judeu, ou os ajudasse a escapar seria fuzilado, e sua família, transportada para o leste. Os Ordner, com braçadeiras vermelhas, assim acompanharam a Gestapo por toda a cidade e de casa em casa.[167]

Embora o regime interino de Brunner tenha sido bastante breve, deixou sua marca. *Sturmbannführer* Stock, que assumiu no final de novembro de 1942,

---

163 Memorando de Kozower, começo de agosto de 1942, Leo Baeck Institute, microfilme 66.

164 Memorando de Kozower, 9 de setembro de 1942, Leo Baeck Institute, microfilme 66.

165 Indiciamento de Bovensiepen, Leo Baeck Institute, microfilme 239, pp. 204-6.

166 Memorandos de Kozower, um em 13 de novembro (?) e dois deles em 17 de novembro de 1942, e memorando de Henschel, 14 de novembro de 1942. Leo Baeck Institute, microfilme 66. Eppstein estava presente na reunião de 14 de novembro e recebeu cópias dos memorandos das outras reuniões.

167 Declaração de Mosse, 23-24 de julho de 1958, Leo Baeck Institute, AR 7183.

ordenou que Henschel organizasse uma *Abholkolonne* regular de noventa homens para as atividades de busca e captura,[168] mas a ação seguinte de grandes proporções, que teve como alvo os operários judeus, exigiu forças muito mais extensas. Durante a operação, os caminhões do *ss Leibstandarte Adolf Hitler* entraram diretamente nas fábricas, onde os judeus foram capturados ainda vestindo suas roupas de trabalho. Outros caminhões pararam em frente aos lares judaicos e qualquer um encontrado em casa era levado. Dra. Mosse relata que a Gestapo e os funcionários da comunidade, em um esforço conjunto, procuraram pelos parentes das pessoas presas para "reunir as famílias" (*die auseinandergerissenen Mitglieder einer Familie zusammen zu bringen*). Dos pontos de recolha superlotados, caminhões cobertos e furgões cheios de móveis partiam à noite carregando suas vítimas para a estação de trem, de onde saíam os transportes para Auschwitz.[169]

No começo da ação nas fábricas houve problemas por todos os lugares. Alguns industrialistas "sem visão", reclamou Goebbels em seu diário, tinham "avisado os judeus a tempo", e "dessa forma, não conseguimos colocar as nossas mãos em mais ou menos 4 mil. Eles estão agora vagando por Berlim, sem casa, sem registro na polícia e são, muito obviamente, um perigo público. Dei ordens à polícia, à *Wehrmacht* e ao partido para fazerem tudo o que for possível para capturar esses judeus o quanto antes".[170]

Não mais que alguns milhares de judeus estavam se escondendo em segredo até a sua liberação na área do Protetorado do Reich. Possivelmente, metade dessas pessoas era cristã por escolha religiosa, ou tinha sangue não judeu por descendência,

---

168 Memorando de Henschel, 15 de fevereiro de 1943, contendo uma proposta de noventa nomes, Leo Baeck Institute, microfilme 66. Memorandos no microfilme indicam que a partir de 30 de novembro de 1942, Henschel e Kozower lidaram com o novo chefe da Gestapo, Stock. Membros da *Reichsvereinigung*, incluindo Baeck e Eppstein, foram deportados em janeiro. Baeck sobreviveu e Eppstein foi morto em Theresienstadt. O aparato da comunidade de Berlim se manteve por um tempo. Henschel e Mosse sobreviveram ao Theresienstadt. Kozower, depois de uma estadia no Theresienstadt, foi deportado para Auschwitz e morto. Sobre o destino de Eppstein e Kozower, ver Adler, *Theresienstadt*, pp. 191, 253.

169 Declaração de Mosse, 23-24 de julho de 1958, Leo Baeck Institute, AR 7183. Indiciamento de Bovensiepen, Leo Baeck Institute, microfilme 239, pp. 198, 201.

170 Lochner, *Goebbels Diaries*, anotação de 11 de março de 1943, p. 294.

era cônjuge ou viúva de alemães.[171] Para a outra metade, a sobrevivência era mais difícil. Em Berlim e em várias outras cidades, judeus podiam fingir ser alemães que tivessem sobrevivido a bombardeios e perdido seus documentos. Esconder judeus vienenses, conhecidos como *U-Boote* (submarinos) na terminologia judaica, fornecia algum acesso a uma linha de suprimentos fraca mantida pela comunidade judaica húngara até 1944.[172] Todos os judeus submersos, especialmente aqueles que estavam sozinhos, tinham de depender do exímio controle dos próprios nervos, de uma presença de espírito incomum e de habilidades de atuação social extraordinárias.[173] Os judeus escondidos recebiam um pouco de ajuda de alguns alemães; os judeus de Viena eram ajudados por um comitê de assistência judaico em Budapeste. Na maioria das vezes, entretanto, os judeus "imersos" (*untergetauchten*) tinham de contar apenas consigo mesmos. Caçados pela Gestapo e por informantes judeus empregados pela Gestapo, se esquivando de toda a rede dos escritórios do partido e de vigilantes nazistas, vivendo à beira da miséria e se fazendo passar por sobreviventes de bombardeios, os "submarinos" corriam para lá e para cá, esperando por sua libertação. Embora suas chances fossem poucas, eles contavam com melhor probabilidade que os deportados entregues aos centros de extermínio.

Um menor número ainda era o daqueles que consideraram qualquer forma de oposição. As estatísticas de criminalidade para o ano de 1942 indicam a condenação de apenas um judeu por "resistir ao Estado" (*Widerstand gegen die Staatsgewalt*).[174] Um oficial de prisões de Berlim se lembra de que os judeus criaram a impressão de serem muito serenos (*einen sehr gefassten Eindruck*) e que sem exceção eles o seguiram sem protestar (*und gingen ausnahmslos ohne Widerspruch mit*)".[175] Mais do que alguns, entretanto, pensaram em suicídio; por conseguinte a

---

171 Um estudo sobre os registros do pós-guerra na Áustria revela que 567 judeus de acordo com a definição de Nuremberg e 53 Mischlinge de primeiro grau tinham sobrevivido escondidos ali. C. Gwyn Moser, "Jewish *U-Boote* in Austria, 1938-1945", *Simon Wiesenthal Center Annual 2* (1985), pp. 52-61. Moser fornece detalhes indicando a grande porcentagem de convertidos, parcialmente judeus e judeus em casamentos mistos.

172 Kasztner, "Bericht des jüdischen Rettungskomitees", pp. 7-8.

173 Ver relato de Werner Hellmann em Lamm, "Entwicklung des deutschen Judentums", pp. 324-29. Hellmann salvou não apenas a si mesmo como também sua namorada, provavelmente um feito único.

174 Circular do Ministério da Justiça, 4 de abril de 1944, NG-787. O grupo Baum foi julgado em 1943.

175 Declaração de Zilian, no indiciamento de Bovensiepen. Leo Baeck Institute, microfilme 239, p. 187.

"pergunta eterna" (*stehende Frage*) entre amigos judeus em Berlim era: "Você vai tirar sua própria vida ou vai permitir a evacuação? [*Wollen Sie sich das Leben nehmen oder mit evakuieren lassen?*]"[176]

A captura das vítimas era um passo importante no processo, mas para os administradores das deportações havia mais para ser feito. Eles precisavam garantir a disponibilidade do transporte, a presença do corpo policial para acompanhar o trem até seu destino e o financiamento da tarifa.

O envio de um transporte em particular era objeto de negociação entre o RSHA e o Reichsbahn muitas semanas antes de sua partida. Além disso, arranjos locais seriam feitos para vagões e carregamento. Assim, Da 512 – Nuremberg-Theresienstadt, 10 de setembro de 1942 – aparece em uma lista (*Zusammenstellung*) de trens especiais de pessoas sendo realocadas, ajudantes de colheita e judeus, compilada em uma conferência em Frankfurt do *Generalbetriebsleitung Ost* em 8 de agosto de 1942.[177] Os detalhes em relação à partida e à composição do Da 512 foram especificados em uma ordem do *Reichsbahndirektion* Nuremberg/33 (*Oberreichsbahnrat* Schrenk). Os vagões deveriam ser retirados de um trem vazio identificado como Lp 1511. Vários vagões do Lp 1511 deveriam ser despachados para Bamberg e Würzburg, de onde quatrocentos judeus seriam levados para a estação de baldeação em Nuremberg (*Rangierbahnhof*). Os vagões restantes do Lp 1511 deveriam ser preparados no ponto de embarque de esterco dos currais de Nuremberg (*Nürnberg-Viehof Fäkalienverladungsstelle*) até às 17h do dia 9 de setembro para os deportados de Nuremberg e suas bagagens. Às 15h, no dia seguinte, os vagões carregados nos currais seriam levados para a estação de baldeação para serem conectados aos vagões que estavam esperando lá pelos judeus de Bamberg e de Würzburg, e o trem completo Da 512 partiria às 18h14.[178] Preparações elaboradas como essa significavam que uma vez que o Ministério de Transporte tivesse decidido sobre um trem especial, a Gestapo assumiria a tarefa e seu horário de partida seria o prazo final. Como as instruções do RSHA deixaram cla-

---

176 Adler, *Theresienstadt*, p. 61.

177 *Generalbetriebsleitung* Ost/PW (assinado por Jacobi) para *Reichsbahndirektionen. Generaldirektion der Ostbahn* na Cracóvia, HBD Mitte em Minsk e HBD Nord em Riga, com cópias para GBL West em Essen e GBL Süd em Munique, 8 de agosto de 1942, Institute für Zeigeschichte, Fb 85/2, p. 217-22, na p. 220.

178 Texto da ordem, assinado por Schrenk, 26 de agosto de 1942, em Adler, *Der verwaltete Mensch*, p. 448.

ro repetidas vezes, os trens disponíveis tinham de ser utilizados por completo e seus quadros de horários eram inalteráveis e obrigatórios.[179]

O Escritório Central de Segurança do Reich não tinha homens para vigiar os trens. A ajuda veio da polícia de ordem, que garantiu o fornecimento de um oficial e doze homens para cada transporte.[180] Embora os termos desse acordo estivessem restritos à área de Protetorado do Reich, o RSHA, em última análise, contava com a polícia de ordem para deportações em outras regiões também. Na verdade, a polícia de ordem acabou por enxergar a tarefa de vigiar os trens especiais como uma de suas funções regulares.[181] As ordens e os relatórios nos arquivos do presidente da polícia de Viena revelam algo sobre as designações (um oficial e seis homens para Theresienstadt, um oficial e quinze homens para o leste, todos retirados do corpo policial regular das delegacias) e as armas para cada trem (duas pistolas automáticas com trezentos cartuchos de munição cada, carabinas com sessenta cartuchos cada, e pistolas com cinquenta cartuchos cada).[182]

Os trens se moviam devagar. Um relatório do tenente da polícia Josef Fischmann, que levou o Da 38 com mil judeus (homens, mulheres e crianças) de Viena para o campo de extermínio de Sobibór, indica uma rota passando por Brno, Neisse, Oppeln, Częstochowa, Kielce, Radom e Lublin, de acordo com o quadro de horário a seguir:

14 de junho de 1942	Meio-dia	Carregar em Viena
	19h08	Partida
17 de junho de 1942	8h15	Chegada em Sobibór
	9h15	Descarregar

179 Ver instruções para 22 de março de 1942, em documento da polícia de Israel 1277.

180 *Inspekteur der Ordnungspolizei* em Viena para *Polizeipräsident* em Viena/*Kommando der Schutzpolizei* (polícia de proteção), 27 de outubro, 1941, contendo ordem do chefe da polícia de ordem (Daluege) para *Inspekteure* e *Befehlshaber* (IdO e BdO) em Berlim, Hamburgo, Hannover, Münster, Kassel, Stuttgart, Munique, Viena, Breslau, Praga e Riga, com cópias para o Alto Comando da ss e líderes da polícia em Berlim, Hamburgo, Braunschweig, Düsseldorf, Kassel, Munique, Stuttgart, Viena, Breslau, Praga e Riga, e para *Polizeipräsident* em Berlim e chefe da polícia de segurança (Heydrich), 24 de outubro, 1941, PS-3921 e documento de Yad Vashem DN/27-3.

181 *Reichsführer-ss* (de Daluege), *Vorschrift für die Führung und Verwendung der Polizeitruppe* (Lübeck, 1943), p. 4.

182 Ordens de Salat, 4 de maio e 9 e 25 de julho, documento de Yad Vashem DN/27-3.

Fishmann relatou que não ter havido incidentes durante a viagem. Em Lublin, 51 judeus foram retirados do trem; em Sobibór, 949 foram entregues ao comandante do campo, *Oberleutant* Stangl da Schupo. Os guardas, entretanto, não estavam exatamente confortáveis. Em vez de se sentarem em um vagão de segunda classe, eles tinham de viajar na terceira classe, e no lugar de terem recebido provisões adequadas ao verão, receberam linguiças macias que estavam começando a estragar.[183]

Um trem de Viena para Minsk, em maio de 1942, demorou ainda mais. O transporte, que começou com vagões de passageiros e carregava mil homens, mulheres e crianças judeus, atravessou Olmütz, Neisse, Varsóvia, Siedlce e Wołkowysk:[184]

6 de maio de 1942	Meio-dia até 16h	Carregar
	19h	Partida
8 de maio de 1942	23h	Chegada em Wołkowysk, seguida pela transferência dos deportados para vagões de carga
9 de maio de 1942	2h45	Continuação da viagem
	14h30	Chegada em Koydanov
		Trem parado aqui por ordem da polícia de segurança em Minsk. Oito judeus mortos retirados dos vagões e enterrados na estação ferroviária
11 de maio de 1942	9h	Continuação da viagem
	10h30	Chegada em Minsk

183 Relatório de Fishmann, 20 de junho de 1942, documento de Yad Vashem DN/27-3.

184 Relatório do Tenente de polícia Johann Peter, 16 de maio de 1942, documento de Yad Vashem DN/27-3. O trem era o Da 201. Ver o itinerário planejado de HBD Mitte/33 com a chegada a Wołkowysk planejada para 19h05 em telegrama para estações em Wołkowysk e pontos ao leste, com cópias para *Reichsbahndirektion* em Königsberg, que era responsável pela composição dos trens em Wołkowysk, 7 de maio de 1942. Museu Memorial do Holocausto dos Estados Unidos, Grupo de Registro de Arquivos 53.002 (Arquivos Estatais da Bielorrússia), Rolo 2, Grupo de arquivos 378, Opis 1, Pasta 784. Ver também um relatório do capitão da polícia de ordem, Salitter, sobre um trem de Düsseldorf para Riga/Shiratova (manhã de 11 de dezembro de 1941 até a manhã de 14 de dezembro). O trem parou em Riga, sem aquecimento, por horas esperando a chegada da Gestapo. Texto, em um excerto grande, em Adler, *Der verwaltete Mensch*, pp. 461-65.

A aparente razão pela qual o trem foi parado por 42 horas em Koydanov foi a vontade da polícia de segurança de aliviar os atiradores do seu trabalho durante o fim de semana. Nove de maio de 1942 foi um sábado.[185]

Além de sua declarada necessidade de assistência para capturar e vigiar os judeus, a Gestapo tinha um problema financeiro sutil. Como responsável pela captação de transporte, precisava pagar por ele, mas seu orçamento comum não era capaz de cobrir despesas tão onerosas quanto essa. A solução foi utilizar fundos da comunidade judaica. O RSHA controlava as finanças da Reichsvereinigung e das comunidades judaicas em Viena e Praga. As organizações judaicas depositavam seus impostos e receitas de fontes variadas (como ganhos com a venda dos terrenos onde ficavam as sinagogas até novembro de 1938) em várias contas bancárias. Depois dos primeiros transportes em 21 de novembro de 1941, Paul Eppstein da Reichsvereinigung, preocupado com os gastos crescentes para suprir as necessidades dos deportados, pediu ao *Hauptsturmführer* Gutwasser do RSHA permissão para impor uma cobrança especial sobre aqueles prestes a serem deportados em sua conta W especial (*Sonderkonto W*). Gutwasser, que não viu nada de errado na sugestão, pediu uma proposta por escrito e acrescentou que Sonderkonto W provavelmente seria usada para pagar pelos transportes ferroviários também.[186] Em 3 de dezembro de 1941, Eppstein e Lilienthal, citando instruções da "nossa agência supervisora" (*Anordnung unserer Aufsichtsbehörde*), orientaram comunidades e seções a induzir cada membro de um transporte de evacuação a pagar pelo menos 25% do valor líquido de seus bens (desconsiderando valores imobiliários) como uma doação, a necessidade disso deveria ser deixada clara de uma maneira adequada (*in geeigneter Weise*). Os deportados deveriam ser informados que, na verdade, as doações eram uma demanda de suas próprias necessidades, e que

---

185 Ver a carta de KdS em Rússia Branca/IIB (assinada por Heuser) para "Reichsbahnoberrat" Reichardt do Reichsbahndirektion Mitte, 23 de maio de 1942, se referindo a uma reunião entre *Obersturmführer* Lütkenhus, *Oberreichsbahnrat* Reichardt, *Reichsbahnrat* Logemann e *Reichsbahnrat* Kayser em 22 de maio, e agradecendo a *Reichsbahn* pela sua flexibilidade em concordar com a interrupção do caminho de futuros trens que chegassem às sextas-feiras, aos sábados ou aos domingos, até a segunda-feira seguinte. Um trem seria parado também ao longo da segunda-feira de Pentecostes até terça-feira. Museu Memorial do Holocausto dos Estados Unidos, Grupo de Registro de Arquivos 53.002 (Arquivos do Estado Central da Bielorrússia), Rolo 2, Fundo 378, Opis 1, Pasta 784.

186 Memorando de Eppstein (F 28) de 21 de novembro de 1941, Leo Baeck Institute, microfilme 66.

qualquer excedente seria usado pela *Reichsvereinigung* em ações do Bem-estar Social.[187] Até 3 de dezembro, dois pagamentos no total de RM 24.628,40 e RM 33.158,00 já tinham sido feitos a partir dos recursos na Sonderkonto W para o *Reichsbahndirektion* em Colônia pelos transportes de outubro.[188]

O *Ministerialrat* Maedel do Ministério de Finanças, que havia descoberto o estratagema, o relatou em um memorando longo para o *Ministerialdirigent* Kallenbach em 14 de dezembro de 1942. Destacando em particular a diretiva da *Reichsvereinigung* de 3 de dezembro de 1941, Maedel disse que, embora a Gestapo não tivesse o poder para dispor dos fundos judaicos, conversas ocasionais com representantes da polícia de segurança indicavam a extensiva influência da Gestapo na utilização desse dinheiro para os pagamentos de custos dos transportes, etc. (*Bezahlung der Transportkosten usw.*). Além disso, arranjos similares tinham sido feitos em Viena, onde a Zentralle Stelle da Gestapo havia recebido poderes especiais de procurador (*Sondervollmacht*), e em Praga, onde aqueles encarregados de dispor das propriedades judaicas podiam transferir esse poder para a Gestapo (*Vermögensträger*). Maedel viu nessas medidas o financiamento de um programa fora do processo orçamentário, e levantou dúvidas sobre o argumento de Himmler de que as propriedades dos judeus usadas para a "Solução Final do problema judaico" *estivessem*, na análise final dos bens, já comprometidas com os objetivos do Terceiro Reich. Deveria esse tipo de autofinanciamento, perguntou ele, receber consentimento tácito?[189] No fim (se não exatamente tácito), recebeu.[190]

---

187 Instruções assinadas por Paul Eppstein e Arthur Lilienthal, 3 de dezembro de 1941, polícia de Israel 738. Ver também as instruções enviadas pelo *Sturmbahnführer* Suhr (RSHA IV-B-4-a) para "escritórios envolvidos com evacuações", 3 de dezembro de 1941, contendo o texto que solicitava aos escritórios da Gestapo a entregar listas de transportes para comunidades judaicas a tempo de fazer a coleta das somas, em *Archives of the Holocaust* (Nova York, 1993), vol. 22 (documentos de Zentralle Stelle der Landesjustizverwaltungen, Ludwigsburg), ed. Henry Friedlander e Sybil Milton, pp. 15-16.

188 Memorandos de Eppstein (F 32 e F 34) de 9 e 13 de dezembro de 1941, Leo Baeck Institute, microfilme 66.

189 Maedel para Kallenbach, 14 de dezembro de 1942. Arquivo Federal Alemão, R 2/12222 e NG-4583. Para uma declaração contundente sobre Sonderkonto W, ver observações de Eichmann na conferência do RSHA-IV-B-4 em Düsseldorf, 5 de março de 1942, Caso Novak, vol. 17, pp. 202-7.

190 Para a continuidade da correspondência, ver Schlüter (Ministério de Finanças) para Himmler, 17 de março de 1943, NG-4583.

Pelo menos 250 mil judeus foram deportados da área de Protetorado do Reich, metade deles saiu do Velho Reich, 50 mil da Áustria, e o restante do Protetorado. As estatísticas de deportação em 31 de dezembro de 1942, antes das maiores ações de busca e captura em Berlim, foram compiladas pela ss por um especialista em números, Richard Korherr. Elas são mostradas na Tabela 8.2.

TABELA 8.2 Estatísticas das deportações para a área do Protetorado do Reich

ÁREA	DEPORTADOS "EVAKUIERT"	RESTANTE EM 1º DE JANEIRO DE 1943	ELEGÍVEIS PARA DEPORTAÇÃO	EM CASAMENTOS MISTOS
Velho Reich	100.516	51.327	34.567	16.760
Áustria	47.555	8.102	3.299	4.803
Protetorado	69.677	15.550	9.339	6.211
Total	217.748	74.979	47.205	27.774

Nota: Relatório de Korherr, 19 de abril de 1943, NO-5193. As estatísticas do Velho Reich incluem os Sudetos. Korherr relatou que 51.327 judeus no Velho Reich tinham encolhido para 31.910 nos primeiros três meses de 1943. Em 19 de junho de 1944, o Conselho Judaico de Anciãos (*Aeltestenrat der Juden*) em Praga relatou 69.809 judeus deportados para Theresienstadt e 7 mil "evacuados", ou um total de quase 77 mil. Aeltestenrat para Zentralrat für die Regelung der Judenfrage in Böhmen und Mähren, 19 de junho de 1944, polícia de Israel 1192.

Até primeiro de novembro de 1944, os judeus registrados do Velho Reich tinham sido reduzidos para 12.930. Aqueles privilegiados em casamentos mistos eram 8.312, sem privilégios em casamentos mistos eram 2.838. Havia ainda 1.499 meio-judeus que não eram considerados *Mischlinge* (*Geltungsjuden*). O restante consistia em 209 alemães completamente judeus e 72 judeus estrangeiros.[191] Os números austríacos em 31 de dezembro de 1944 eram 5.799, incluindo 3.388 judeus com privilégios em casamentos mistos e 1.358 sem privilégios em casamentos mistos.[192] No Protetorado, o total no fim de 1944 era de aproximadamente 6.500.[193]

Os judeus deportados para Ostland foram fuzilados em Kaunas, Riga e Minsk. Aqueles que foram enviados para a Polônia ocupada morreram lá nos campos de

---

191 Estatística transmitida pelo que ainda restava da *Reichsvereinigung* para Reichssippenamt/III Katasterverwaltung, Zentralarchiv Potsdam, arquivo Reichsvereinigung 75c Re 1 Laufende Nummer 32.

192 Relatório anual de Löwenherz, 22 de janeiro de 1945, Yad Vashem O 30/5.

193 Em 31 de janeiro de 1945, 3.669 judeus em casamentos mistos foram enviados para Theresienstadt, e em 5 de maio de 1945, 2.803 judeus ainda estavam em seus lares. Ver Adler, *Theresienstadt*, pp. 40, 59, 700.

extermínio de Kulmhof, Auschwitz, Bełżec, Sobibór, Treblinka e Lublin (Majdanek). A maioria dos judeus de Theresienstadt que não sucumbiram no gueto foram, por fim, levados para as câmaras de gás de Auschwitz. Mesmo com todo o sigilo das operações de extermínio, os sinais e os indícios de um ato condenável drástico permearam o Reich em toda a sua extensão. Com frequência, as operações de busca e captura de vítimas eram vistas nas ruas. Se as capturas não tinham testemunhas, os apartamentos permaneciam obviamente vazios. Se o desaparecimento dos moradores não era notado, havia histórias e relatos sobre o misterioso "leste" que se infiltravam em cada cidade e alojamento até que a Gestapo ficou cercada por sussurros.

Sobre os murmúrios, um homem se preparou para erguer sua voz em protesto. Na véspera das deportações, um padre católico de 66 anos de idade, Dompropst Bernhard Lichtenberg da catedral de Santa Edwiges, em Berlim, ousou rezar abertamente pelos judeus, incluindo aqueles que haviam sido batizados e aqueles que não haviam sido. Depois de ser denunciado, foi preso. Durante a revista feita em seu apartamento, a polícia encontrou anotações para um sermão inédito no qual o padre iria pedir à congregação que deixasse de acreditar na afirmação de que os judeus queriam matar o germanismo. Mantido em custódia, ele insistiu dizendo que queria se juntar aos judeus no leste para rezar por eles lá. O padre foi levado a julgamento perante um tribunal especial e sentenciado a dois anos. Após sua soltura, em 23 de outubro de 1943, foi apanhado pela Gestapo para ser levado para Dachau. Doente demais para viajar, ele faleceu no caminho, em um hospital em Hof.[194] Embora uma figura humana solitária, tinha feito seu gesto

---

194 Legationsrat dr. Haidlen (Ministério das Relações Exteriores/Divisão Política, Seção III-Vaticano) via *Ministerialdirigent* Erdmannsdorff e *Unterstaatssekretär* Wörmann para Weizsäcker, 11 de novembro de 1941, NG-4447. Günter Weisenborn, *Der Lautlose Aufstand* (Hamburgo, 1953), pp. 52-55. Depois da oração pública, mais de seis semanas se passaram antes que Lichtenberg fosse preso. O tribunal decidiu que ele tinha perturbado a paz pública. Texto do julgamento, 22 de maio de 1942, em Bernd Schimmler, *Recht ohne Gerechtigkeit* (Berlim, 1984), pp. 32-39. Antes que fosse libertado da prisão, a Gestapo havia lhe oferecido a liberdade, se ele se abstivesse de pregar. Ele recusou. Kevin Spicer, "Last Years as a Resister in the Diocese of Berlin", em *Church History*, 70 (2001): 248-70, nas pp. 265-70.

O Papa, elogiando Lichtenberg, enviou suas condolências para o Bispo Preysing de Berlim. Preservando a neutralidade papal, ele se alongou em seus pensamentos para lembrar no mesmo parágrafo a morte do secretário eclesiástico de Preysing, morto em um bombardeio Aliado. Secrétairie d'Etat de Sa Sainteté, *Actes et Documents du Saint Siège relatifs à la seconde guerre mondiale*, vol. II (Vaticano, 1967), pp. 376-81, nas pp. 379-80.

singular. Nos ruídos causados pelos fofoqueiros e sensacionalistas, Bernhard Lichtenberg lutou praticamente sozinho.

Apenas para deixar claro, Lichtenberg não foi o único a ser preso. De tempos em tempos, um homem descuidado faria um comentário descuidado na frente da pessoa errada. O pintor de casas Louis Birk, de Wiesbaden, não pôde fazer seu trabalho sem uma larga dose de conversas com *Hausfrauen*, em cujos apartamentos ele estava trabalhando. As acusações apontavam que "de poços escuros, ele arrancara rumores sobre uma mudança desfavorável na guerra" e os espalhara para seus empregados. Com relação à questão judaica, ele destacou que todos os judeus restantes na Alemanha seriam em breve envenenados com gás. Ademais, ele assegurou às donas de casa que os líderes do partido estavam todos em uma lista negra e que um dia eles seriam forçados a reconstruir as sinagogas judaicas. Louis Birk foi executado.[195]

Em geral, apenas uns poucos desses disseminadores de rumores puderam ser pegos, e a Chancelaria do partido decidiu então combater a onda de rumores divulgando uma explicação oficial sobre as deportações. Os judeus, disse o partido, estavam sendo enviados "para o leste" (*nach dem Osten*) a fim de servirem nos campos de trabalho. Alguns dos judeus estavam sendo enviados para o "Extremo Oriente" (*weiter nach dem Osten*). Os judeus idosos e os condecorados estavam sendo realocados para Theresienstadt. "É da natureza das coisas", a circular do partido concluía, "que esses problemas parcialmente muito difíceis possam ser resolvidos em nome da segurança permanente de nosso povo apenas com uma severidade implacável (*rücksichtsloser Härte*)".[196] Os rumores não cederam.

Confiscos

Os burocratas assumiram que os judeus nunca mais retornariam. Eles prosseguiram sob esse princípio para lidar com o legado que os deportados haviam deixado para trás: propriedades pessoais, apartamentos, bens da comunidade,

---

195 Indiciamento de Louis Birk, assinado pelo *Oberreichsanwalt beim Volksgerichtshof* (Promotor do Tribunal do Povo), Lautz, 29 de abril de 1943, NG-926. Julgamento do Tribunal do Povo/6º Senado, assinado pelo juiz Hartmann, que presidiu a sessão, 13 de julho de 1943, NG-926. Promotor para o Ministério da Justiça, 14 de setembro de 1943, NG-926.

196 Chancelaria do partido, *Vertrauliche Informationen* (para os escritórios *Gau* e *Kries* apenas), 9 de outubro de 1942, PL-49.

contas bloqueadas, mercadorias na alfândega, valores imobiliários sequestrados, empresas e imóveis ainda sob tutela, créditos e débitos, pensões, seguros e problemas com heranças. Todas essas possibilidades e bens, expropriações ainda não liquidadas e negócios inacabados, foram assim despejados no colo dos especialistas do Ministério de Finanças.[197]

A fim de proceder de maneira correta, o Ministério das Finanças precisava de uma lei – ou seja, um princípio decretado de que todas as propriedades deixadas para trás pelos judeus deportados passaria para o Reich. Até o final de 1941, a principal desculpa para confiscar propriedades judaicas era a alegação de que aqueles judeus eram "inimigos do Estado"; em outras palavras, a burocracia tirava proveito de decretos que cobriam o confisco de propriedade pertencente a comunistas ou opositores semelhantes do Reich. Na verdade, houve situações em que judeus foram forçados a assinar papéis declarando que eram comunistas e que, assim, suas propriedades estavam sujeitas a confisco.

O procedimento não era muito satisfatório por diversas razões, a mais importante era que cada judeu tinha de ser declarado um *Staatsfeind* ("inimigo") e que a propriedade de cada judeu tinha de ser confiscada de acordo com uma disposição diferente. O Ministério das Finanças queria uma disposição geral, um "confisco" automático de todas essas propriedades para o Reich.[198] Tampouco era menos importante a necessidade de regular os direitos dos reclamantes e credores alemães. Até que ponto os credores alemães deveriam ser pagos com propriedades confiscadas? Quanto seria dado aos herdeiros alemães? Como o Reich poderia cobrar débitos dos alemães?

Todos esses problemas foram abordados no 11º Decreto para a Lei de Cidadania do Reich, que foi emitido em 25 de novembro de 1941.[199] Esse decreto apresen-

---

197 Em um relatório preparado pela *Reichsvereinigung* para Eichmann em 14 de novembro de 1941, o valor das propriedades judaicas no Velho Reich, na Áustria e no Protetorado em 21 de outubro de 1941, foi estimado em RM 665 milhões. Leo Baeck Institute, microfilme 66.

198 Resumo da conferência interministerial presidida pelo *Ministerialdirigent* Hering do Ministério do Interior e com representantes do Ministério das Relações Exteriores, do Ministério da Justiça, do Ministério de Finanças, do Ministério do Leste, do *Reichskommissar* para o Fortalecimento do Germanismo, do RSHA, do representante do Führer, e da Organização Estrangeira do partido envolvido, 15 de janeiro de 1941, NG-300.

199 RGBl I, 722.

tou o princípio de que um judeu "que passa a residir no exterior" não poderia ser um cidadão do Reich e que a propriedade de um judeu nessas condições seria transferida para o Reich. A resolução para o caso dos credores alemães era que o Reich assumiria as obrigações judaicas apenas até o limite do valor de venda da propriedade confiscada, e apenas quando esses pagamentos não fossem contrários ao sentimento nacional. Não judeus que tivessem sido sustentados por judeus deportados tinham direito a alguma compensação, mas novamente não em um valor que ultrapassasse o valor de venda da propriedade confiscada. A compensação poderia consistir em um único pagamento em dinheiro ou na devolução de bens confiscados.

Sem dúvida, essa condição havia sido pensada para pagamentos a parentes alemães de judeus deportados. Na verdade, era uma medida para proteger os herdeiros alemães, embora o termo "herdeiros" obviamente não fosse utilizado. Considerando a subsequente dispensa dos judeus em casamentos mistos, a aplicação da cláusula para dependentes se tornou de certa forma limitada. Se reivindicações particulares de alemães sobre propriedades judaicas recebiam alguma consideração legal, reivindicações de judeus contra interesses privados alemães não poderiam ser tratadas com menos atenção. A burocracia não queria sacrificar essas reivindicações, já que uma disposição como essa beneficiaria apenas os alemães devedores que não tinham honrado seus pagamentos, e um dos princípios básicos do processo de destruição de que apenas o Reich poderia lucrar com a destruição dos judeus. Dessa forma, o decreto dirigiu os devedores ao Estado e aqueles em posse de propriedades pertencentes a judeus deportados para que declarassem esses bens em até seis meses. Dificuldades elaboradas seguiram essas determinações. A autoridade central designada para lidar com toda a questão das reivindicações foi o *Oberfinanzpräsident* em Berlim-Brandemburgo. No Protetorado, a mesma função foi desempenhada pelo escritório de propriedades do *Reichsprotektor*.[200]

O II⁰ Decreto assim estabeleceu, pela primeira vez, o princípio de confisco imediato de propriedades judaicas: tudo que os judeus possuíam deveria ser tomado e nada seria entregue em retorno, uma vez que as vítimas não mais precisariam de bens. Havia apenas duas exceções a essa regra. Os deportados tinham permissão para levarem consigo alguns itens pessoais e dinheiro. Essa

---

200 Ver decreto sobre a perda de nacionalidade do Protetorado, 2 de novembro de 1942, RGBl I, 637.

determinação era necessária a fim de dar sustentação à lenda do "restabelecimento". (Os itens pessoais, a propósito, eram recolhidos até o último grampo de cabelo, nos centros de extermínio.) A outra exceção era a propriedade de judeus em casamentos mistos. Essas propriedades não podiam ser tocadas, e a burocracia se enervou com essa situação até o seu último dia.

O princípio de confisco automático foi complementado, como de praxe, pela regra de que apenas o Reich deveria lucrar com medidas antissemitas. Sabemos, a partir do histórico de expropriações na década de 1930, o quanto se demorou para implantar o princípio e, mesmo em 1941, ele ainda não estava enraizado firmemente nos processos burocráticos. Interpretada de maneira própria e imposta de forma severa, a regra deveria ter assegurado que os bens confiscados fossem administrados, assim como os impostos, apenas para o benefício do Reich e não para o benefício de quaisquer de suas agências, muito menos de seus funcionários. Entretanto, como veremos, e como já vimos no caso dos recursos financeiros da comunidade judaica, esse aspecto do princípio era difícil de ser respeitado.

O problema menos complicado foi cessar pensões públicas e pagamentos de seguros. Já em 1939, o Ministro de Assuntos Postais tinha insistido na revogação de pensões baseando-se no fato de que os judeus estavam sendo encarcerados como prisão preventiva, prisão de segurança "ou algo parecido" de qualquer forma.[201] No entanto, as pensões permaneceram em vigor para oficiais que tivessem servido em cargos burocráticos por pelo menos dez anos ou para aqueles que tivessem servido no front durante a Primeira Guerra Mundial. Agora, as pensões eram realmente supérfluas. Por conseguinte, foram imediatamente interrompidas assim que os prisioneiros judeus foram colocados nos trens.[202] De maneira análoga, os pagamentos de seguros com origem no Reich foram cortados.[203]

Em relação às pensões privadas, havia algumas dificuldades. Esses pagamentos estavam sujeitos a *confisco*, já que "a renúncia pelo Reich em reivindicar essas pensões não beneficiaria o bem-estar social, mas sim uma instituição privada".[204]

---

201 Ohnesorge para Frick, 30 de novembro de 1939, NG-358.

202 Schlüter (Ministério de Finanças) para *Oberfinanzpräsidenten*, 29 de abril de 1942, NG-5313.

203 Ministério do Trabalho (assinado pelo dr. Zschimmer) para o Escritório de Seguros do Reich, 20 de dezembro de 1941. *Reichsarbeitsblatt*, 1942, parte II, p. 15.

204 Schlüter para *Oberfinanzpräsidenten*, 29 de abril de 1942, NG-5313. Se a reivindicação para a pensão viesse do emprego de um gerente judeu, o total do pagamento era fixado, a princípio, por

O Ministério das Finanças tinha a expectativa de recolher um montante fixo, baseado na expectativa de vida normal de um pensionista, mas algumas empresas escaparam dessa regra. O Deutsche Bank interrompeu todos os pagamentos de acordo com a deportação de seus pensionistas judeus, independentemente se o pagamento em questão fosse discricionário ou se fosse feito nos termos de um acordo com um fundo de pensão. Nesse último caso, o departamento jurídico do Deutsche Bank encontrou normas permitindo a interrupção dos pagamentos se o pensionista fosse sentenciado por causa de um crime, se a pensão fosse usada como garantia, ou se a pensão fosse solicitada por ou transferida para uma terceira pessoa. A partir dessas determinações, o Deutsche Bank concluiu que de acordo com o estatuto do fundo de pensão, o pagamento tinha de beneficiar o próprio funcionário.[205] De maneira similar, o departamento jurídico do Berliner Handels-Gesellschaft destacou que todas as suas pensões eram revogáveis, e que tinham sido interrompidos os pagamentos para ex-funcionários judeus "que tivessem emigrado ou sido evacuados" (*im Falle der Auswanderung oder Abschiebung ehemaliger jüdischer Angestellter*). Quando o *Oberfinanzpräsident* de Berlim-Brandemburgo demandou, entretanto, os pagamentos devidos a um de seus pensionistas, ele foi informado de que a interrupção havia sido instituída "porque não havia indícios então de que aquela pessoa ainda estivesse viva [*weil hier nicht bekannt sei, ob der Betreffende noch lebe*]".[206]

No caso dos seguros de vida privados, o Ministério das Finanças não podia simplesmente agir como beneficiário da soma pagável em consequência da morte do deportado. Enquanto isso, no entanto, como o proprietário da apólice tinha o direito de retirar algum valor específico, o Ministério podia intervir e reivindicar esse valor.[207]

---

um árbitro do Tribunal Administrativo do Reich. *Ibid*. Para regulamentação de pensões, ver também o decreto do Ministério do Trabalho, 24 de janeiro de 1942, *Reichsarbeitsblatt*, 1942, parte II, p. 90.

205 Deutsche Bank/Rechts-Abteilung para Wirtschaftsgruppe Privates Bankgewerbe – Centralverband des Deutschen Bank- und Bankiergewerbes, 29 de junho de 1942, T 83, Rolo 97.

206 Berliner Handels-Gesellschaft/Rechts-Abteilung para Wirtschaftsgruppe Privates Bangewerbe – Centralverband, 20 de julho de 1942, T 83, Rolo 97.

207 Heinz Keil, ed., "Dokumentation über die Verfolgung der jüdischen Bürger von Ulm/Donau", Cidade de Ulm, mimeografado, 1961, p. 240.

Sem qualquer dificuldade séria, a burocracia prosseguiu para confiscar bens de judeus emigrados em alfândegas[208] e valores depositados ou bloqueados pelo decreto de 3 de dezembro de 1938.[209] Contas bancárias pertencentes aos judeus que emigraram tinham sido bloqueadas de acordo com a legislação vigente,[210] e já que os judeus deportados também estavam "emigrando", suas contas também foram bloqueadas de acordo com a legislação. Em seguida, *todas* as contas bloqueadas foram confiscadas.[211]

Quando as deportações começaram, algumas empresas judaicas e uma boa quantidade de imóveis judaicos ainda estavam sob tutela. Essas propriedades foram confiscadas automaticamente.[212] Em vista do grande número de imóveis agora nas mãos do Reich, o especialista em arianização do Dresdner Bank, dr. Rasche, sugeriu que o banco ajudasse o Ministério das Finanças na alienação das propriedades. (Rasche, deve-se lembrar, já havia proposto certa vez recolher impostos para o Ministério de Finanças. O seu plano para a "mobilização dos imóveis confiscados dos judeus" consequentemente não gerou surpresa.) Ele estimou que as propriedades valessem um bilhão de Reichsmark, e contemplou com prazer o lucro em comissões que aguardava o Dresdner Bank.[213]

Em 12 de março de 1942, o *Ministerialrat* Maedel, especialista em propriedades judaicas confiscadas no Ministério de Finanças, se reuniu com três representantes do Dresdner Bank, do Deutsche Bank e Commerzbank. Durante essa reunião, o entusiasmo dos bancos minguou. Maedel explicou que, de acordo com o 11º decreto, o Reich era responsável pelos débitos dos judeus até o limite de valor

---

208 Anotação feita pelo *Ministerialdirektor* Wucher (Ministério de Finanças/Departamento Alfandegário), 8 de julho de 1941, NG-4906.

209 Testemunho juramentado de Amtsrat Parpatt, 23 de janeiro de 1948, NG-4625.

210 Lei de 12 de dezembro de 1938, RGBl I, 1734.

211 Circular do decreto do Ministério da Economia, 10 de julho de 1943, na Devisengesetz do Reichswirtschaftsministerium, *Durchführungsverordnungen und Richtlinien für die Devisenbewirtschaftung*, 1944.

212 Circular do decreto do Ministério da Economia, 15 de dezembro de 1941, em *Ministerialblatt des Reichswirtschaftsministers*, 24 de dezembro de 1941; também em *Die Judenfrage (Vertrauliche Beilage)*, 20 de janeiro de 1942, p. 6.

213 Busch para dr. Leese (correspondência interna do Dresdner Bank), 16 de março de 1942, NI-15651.

de venda da propriedade, e que os imóveis judaicos tinham sido hipotecados até a "antena no telhado". Além disso, havia o perigo de que se os bancos participassem na administração das propriedades, judeus que tinham emigrado poderiam processar filiais do banco em países neutros.[214]

Durante os meses seguintes, o Ministério das Finanças seguiu adiante por sua própria conta. Em maio de 1943, as vendas tinham avançado tanto, que o *Staatssekretär* do ministério ordenou que as próximas vendas fossem suspensas. O restante dos imóveis seria guardado para os veteranos de guerra.[215]

Um problema especial foi imposto pelas propriedades da comunidade judaica. O Ministério das Finanças não conseguiu se apossar dessa propriedade porque a comunidade (um conceito jurídico) não emigrou. Não é necessário dizer que a *Reichsvereinigung* e outras organizações da comunidade estavam sob o total controle da Gestapo. Para a ss e para a polícia, esse relacionamento era uma carta branca para agir. A sociedade Lebensborn da ss foi encarregada de cuidar das mães jovens e das crianças de "bom sangue", e estava sempre em busca de prédios, particularmente hospitais, sanatórios, casas de repouso e similar Objekte. Esse era precisamente o tipo de imóvel que a *Reichsvereinigung* e as outras *Gemeinden* possuíam. Já que a *Reichsvereinigung* era uma "instituição da polícia de segurança" (*Einrichtung der Sicherheitspolizei*), os representantes da Lebensborn não fizeram muitas perguntas. Um funcionário simplesmente escreveu uma carta ao *Obersturmbannführer* Eichmann para pedir a ele "que instruísse a *Reichsvereinigung der Juden in Deutschland* a transferir o sanatório [ou qualquer outro prédio que fosse de interesse] para a Lebensborn e. V., Munique 2, Herzog Max Strasse 3-7".[216]

A maior parte da operação confiscatória era a captura e a alienação de apartamentos e móveis deixados para trás pelos deportados. Os apartamentos, em particular, eram objeto de muita atenção. Quando um bombardeio atingiu

---

214 Dr. Leese para *Direktor* André (correspondência do Dresdner Bank), 17 de março, 1942, NI-6774.

215 Dr. R. Wölfel (Secretariado do dr. Rasche) para dr. Erich Rajakowitsch (especialista em legislação interessado com experiência na Gestapo), 22 de maio de 1943, NI-4252.

216 *HStuf*. dr. Tesch (Lebensborn) via *ss-Oberabschnitt Süd* para Eichmann, 30 de setembro de 1942, NG-3199. *Gruf*. Kaul para *Obf*. dr. Ebner, 2 de outubro de 1942, NG-3201. Para a lista de propriedades adquiridas pela Lebensborn, ver testemunho juramentado de Max Sollmann (Lebensborn Vorstand), 27 de junho de 1947, NO-4269.

Hamburgo, em setembro de 1941, *Gauleiter* Karl Kaufmann pediu a Hitler que deportasse os judeus da cidade a fim de acomodar os desabrigados pelo ataque aéreo.[217] Quando *Gauleiter* Baldur von Schirach pensou em construir casas novas em Viena, Bormann escreveu para ele, em 2 de novembro de 1941, dizendo que Hitler queria, em vez disso, von Schirach trabalhando com Himmler para concluir a remoção, primeiro dos judeus da cidade e depois dos tchecos.[218] Por fim, quando Heydrich falou na conferência de 20 de janeiro de 1942, ele forneceu a escassez de apartamentos como a principal razão para decidir pela prioridade das deportações na área de *Reich-Protektorat*. Com pressões dessa magnitude, a alocação de apartamentos seria um processo longo e complicado.

Durante o desenvolvimento de uma regulamentação para os apartamentos, muita atenção foi dispensada a Berlim e a Munique, a capital do Reich e a capital do "movimento". Dentro dos limites urbanos de Berlim, a jurisdição sobre esse assunto era exercida pelo *Vizepräsident* Clahes, chefe da Divisão de Realocação sob o *Generalinspekteur* de Berlim, Speer.[219] Já em 20 de março de 1941, o escritório de Speer expressava seu interesse em 20 mil apartamentos ainda ocupados por judeus na cidade, para criar uma reserva para os berlinenses que poderiam sofrer com bombardeios no futuro.[220] No entanto, além de famílias desabrigadas pelos bombardeios, ou famílias numerosas querendo mais espaço, reivindicações eram feitas por oficiais, sobretudo no Ministério das Relações Exteriores, que fora realocado para a cidade.[221] Aparentemente, propostas foram feitas também para converter alguns apartamentos em escritórios. Speer se opôs a essas tentativas por considerá-las "alienação de propósito" (*Zweckentfremdung*).[222] Assim como o Ministro de Produção da Guerra, ele não mais considerava apartamentos algo tão relevante para suas

---

217 Kaufmann para Göring, 4 de setembro de 1942, T 84, Rolo 2.

218 Bormann para von Schirach, 2 de novembro de 1941, Arquivos Federais Alemães R 43 II/1361a.

219 Mathias Schmidt, *Albert Speer – Das Ende eines Mythos* (Berna e Munique, 1982), pp. 215-24. Susanne Willems, *Der entsiedelte Jude* (Berlim, 2002).

220 Adler, *Der verwaltete Mensch*, pp. 152-53.

221 *Legationsrat* Rademacher para o Departamento Pessoal do Ministério das Relações Exteriores, 1º de agosto de 1940, NG-2879. Também, Gesandter von Erdmansdorff para Departamento Pessoal, 21 de março de 1942, NG-2895.

222 Speer para Lammers, 30 de agosto de 1941, Arquivos Federais Alemães R 43 II/1171a.

novas tarefas, e transferiu a função para o prefeito.[223] Um parágrafo anulado no diário oficial de Speer indica que entre 7 de fevereiro de 1939 e 15 de novembro de 1942, a época da transferência, aproximadamente 9 mil dos apartamentos judaicos vazios, 2.600 deles renovados há pouco tempo, tinham sido atribuídos a beneficiários designados.[224] Munique era menos crucial que Berlim, mas Bormann, o chefe da Chancelaria do partido, escreveu ao *Oberbürgermeister* Fiehler sobre as necessidades dos homens do partido e dos novos membros da Ópera Estadual da Baviera. Bormann afirmou que era desejo de Hitler ajudar o maestro Clemens Krauss a obter alguns apartamentos judaicos para os músicos.[225]

Em 12 de junho de 1942, foi publicado um decreto que exigia permissão oficial para a concessão de apartamentos desocupados pelos judeus, em Berlim e Munique, para novos moradores. Se já tivessem alugado esses apartamentos sem autorização prévia, o próximo imóvel que se tornasse disponível, fosse judaico ou não, seria colocado sob esse controle.[226]

No exato dia de publicação do decreto, o Plenipotenciário Geral para a Administração do Reich, um escritório de coordenação chefiado por Frick e gerenciado por Stuckart, exigiu que a regulamentação fosse estendida para toda a área do Reich, com a determinação de que pessoas desabrigadas por bombardeios e famílias com muitos filhos tivessem prioridade nas alocações.[227] O Ministro das Finanças, von Krosigk, não concordou; ele queria proteger os funcionários públicos. Além disso, von Krosigk achava que nem mesmo o imenso serviço postal, ou a administração das ferrovias, ou tampouco as forças armadas, deveriam ser incluídos nos casos prioritários, pois acreditava que essas agências já estavam cuidando de suas próprias necessidades.[228] Depois de outra carta do plenipotenciário, o Ministério das Finanças concordou com uma regulamentação intermediária,[229] que estava restrita a apartamentos em prédios confiscados pelo Reich. Se um aparta-

---

223 Speer para Lammers, 14 de novembro de 1942, e correspondência subsequente, Arquivos Federais Alemães R 43 II/1190.

224 Fac-símile em Schmidt, *Speer*, p. 221.

225 Fac-símile em *Fun lectn Churbn* (Munique), agosto de 1946.

226 Decreto de 12 de junho de 1942, RGBl I, 392.

227 Memorando do Ministério das Finanças, 16 de janeiro de 1943, NG-5784.

228 Von Krosigk para Stuckart, 23 de setembro de 1942, NG-5337.

229 Memorando do Ministério das Finanças, 16 de janeiro de 1943, NG-5784.

mento em um prédio nessa condição ainda não tivesse sido reservado para um funcionário público, o proprietário era obrigado a submeter o nome do locatário em potencial ao *Oberbürgemeister* ou ao *Landrat* competente; e se em dez dias nenhum outro locatário fosse designado, o negócio poderia ser concluído.[230]

Em Praga, a Zentralstelle für die Jüdische Auswanderung processava solicitações de alemães na cidade para ocupação dos apartamentos vazios. Irritada por ser vista como um serviço de realocação de moradias, a BdS escreveu a escritórios alemães em Praga, querendo saber em que momento os cavalheiros mais exigentes haviam se tornado antissemitas ("*zu welchen Zeitpunkt die anspruchsvollsten Herrschaften Antisemiten geworden sind*").[231] Mais tarde, a alocação de apartamentos no Protetorado passou para o controle da polícia de ordem, o que facilitou a sua ocupação por alemães desabrigados em bombardeios.[232] Na área de Praga, 9.288 apartamentos que tinham abrigado aproximadamente 45 mil judeus estavam vazios.[233]

As complicações não eram apenas o produto da demanda por espaço. Elas surgiam também quando alemães não ocupavam imediatamente um apartamento vazio. Em Düsseldorf-Stockum, o dono alemão de um prédio, onde judeus tinham sido concentrados, reclamou para a Gestapo que a deportação recente de alguns de seus locatários tinha lhe causado prejuízo em aluguéis, já que ele não exatamente esperava que arianos se tornassem vizinhos de porta dos não arianos que ainda viviam lá.[234]

Embora a alocação de apartamentos fosse morosa, a distribuição de pertences pessoais nos apartamentos tinha de ser feita rapidamente. O primeiro passo foi uma ordem, transmitida por meio da *Reichsvereinigung* e das *Kultusgemeinden* pela "agência supervisora" (*Aufsichtsbehörde*, o título dado para a Gestapo pela burocracia judaica), que proibia terminantemente os judeus de venderem ou doarem seus pertences pessoais. Essa ordem afetava todos os judeus, exceto

---

230 Instruções do Ministério das Finanças para *Oberfinanzpräsidenten* (exceto Praga), sem data, NG-5784.

231 BdS Prag (assinado por Böhme) para escritórios alemães em Praga, 20 de maio de 1942, polícia de Israel 889.

232 Relatório da polícia de ordem *Einsatzstab* II (assinado por Jurk), 3 de setembro de 1943, NO-2043.

233 Depoimento de Ernst Recht (Conselho Judaico, Praga), 18 de maio de 1961, transcrição do julgamento de Eichmann, sessão 44, p. XI.

234 August Stiewe para Gestapoleitstelle II-B-4 em Düsseldorf, 25 de agosto de 1942, fac-símile em *Archives of the Holocaust*, vol. 22, p. 32.

aqueles em casamentos mistos com privilégios, e foi emitida logo após a partida dos primeiros transportes. A Reichsvereinigung acrescentou a seguinte introdução propositalmente enganosa: "Atrelado ao fato de que, nos últimos tempos, um número considerável de transações tem ocorrido em propriedades judaicas sem qualquer boa razão para isso, a agência supervisora decidiu evitar perturbações em um mercado organizado exigindo que judeus de nacionalidade alemã e judeus apátridas como estabelecido no parágrafo cinco do Primeiro Decreto para a Lei de Cidadania do Reich" sejam proibidos de dispor de sua propriedade.[235]

Em seguida, *Gestapoleitstellen* e *Gestapostellen* distribuíram questionários impressos em que os judeus tinham de listar itens de sua propriedade. As listas foram recolhidas e entregues para os escritórios de finanças.[236] Todas as propriedades, exceto cem Reichsmark e aproximadamente 45 quilos de bagagem, que cada judeu tinha permissão para carregar consigo para o seu "restabelecimento" no "leste", viriam a ser confiscadas.[237] Obviamente, o propósito era de que todas as coisas, deixadas para trás ou levadas nos transportes, deveriam mais cedo ou mais tarde encontrar seu caminho para o Tesouro Nacional do Reich.

Assim que um apartamento era desocupado, os homens da Gestapo entregavam as chaves ao zelador, e os oficiais das finanças assumiam o caso. A diretiva do Ministério das Finanças para a alienação do conteúdo dos apartamentos era muito interessante. A diretiva afirmava que, antes da cessão de qualquer item, os artigos úteis à administração financeira – em especial escrivaninhas, estantes, tapetes, poltronas, quadros e máquinas de escrever, e também instrumentos musicais ou até lençóis e toalhas de boa qualidade – deveriam ser reservados para consumo interno. Os artigos de menor valor deveriam ser vendidos para a NSV (uma organização para o bem-estar social do partido) ou para sucateiros. Se metais preciosos (joias) e coleções de selos fossem encontrados, deveriam ser enviados para a casa de penhores de Berlim (*Pfandleihanstalt*). Valores imobiliários deveriam ser entregues para o Tesouro Nacional do Reich (*Hauptkasse*). Os casos que gerassem

235 Anúncio da *Reichsvereinigung*, *Die Judenfrage (Vertrauliche Beilage)*, 24 de dezembro de 1941, p. 85.
236 RSHA (assinado por Bilfinger) para *Staatspolizeileitstellen* e *Staatspolizeistellen*, 9 de dezembro de 1941, NG-5325. Ministério das Finanças (assinado por Schlüter) para *Oberfinanzpräsidenten*, 4 de novembro de 1941, NG-5784.
237 Diretiva de Schlüter, 4 de novembro de 1941, NG-5784.

dúvida deveriam ser reportados para o especialista em questões judaicas do Ministério das Finanças, o *Ministerialrat* dr. Maedel.[238]

Aparentemente, uma boa quantidade de itens não estava prevista na diretiva, pois alguns meses depois instruções adicionais tiveram de ser enviadas para o *Oberfinanzpräsidenten* a fim de lidar com diversos objetos encontrados em apartamentos judaicos. Dessa forma, "textos judaicos e outras criações artísticas ou culturais de autores judeus" deveriam ser entregues para a agência Rosenberg, a *Einsatzstab Rosenberg*, para estudos científicos. Fonógrafos e discos deveriam ser entregues para o Ministério da Propaganda/*Ministeramt* (*Regierungsinspektor* Staiger). Máquinas de costura deveriam ser vendidas para a administração do gueto de Łódź, que precisava delas para a produção de uniformes. Enquanto que máquinas de impressão deveriam ser despachadas para o presidente da Câmara de Imprensa do Reich.[239]

O esquema idílico que permitiu ao Ministério das Finanças assumir o controle total da distribuição do mobiliário judaico – e, a propósito, reservar para si mesmo a melhor parte – não durou muito tempo. A primeira agência a quebrar o monopólio do Ministério das Finanças foi a Gestapo. O Escritório Central de Segurança do Reich não precisava esperar até que o Ministério das Finanças jogasse algumas migalhas para os escritórios da Gestapo; a Gestapo podia "assegurar" propriedades *antes* que os judeus fossem deportados. Os itens reservados estavam, por extensão, fora do alcance do Ministério das Finanças, já que eram confiscados por meio da *Reichsvereinigung* e das *Kultusgemeinden*. No começo, a Gestapo se restringiu ao confisco de máquinas de escrever, máquinas de calcular, bicicletas, câmeras, projetores de filmes e binóculos. A Gestapo alegou que precisava dessas coisas para equipar adequadamente seus novos escritórios nos territórios ocupados e incorporados.[240]

Ao passo que os confiscos da Gestapo cresceram em escopo, sua repercussão foi sentida em uma agência irmã, a *Stabshauptamt* do *Reichskommisar* para o Fortalecimento do Germanismo. A *Stabshauptamt* estava envolvida em compras de toda sorte

---

238 Schlüter para *Oberfinanzpräsidenten*, 4 de novembro de 1941, NG-4905.

239 Schlüter para *Oberfinanzpräsidenten* (exceto Praga), 31 de março de 1942, NG-5340.

240 Ministério das Finanças (assinado por Groth) para *Oberfinanzpräsidenten* (exceto Praga), 31 de agosto de 1942, NG-5312. Ver também questionário emitido pela Israelitische Kultusgemeinde em Viena, dezembro de 1941, Occ E 6a-10, e ordens de confisco para roupas e instrumentos elétricos em *Jüdisches Nachrichtenblatt* (Berlim), 9 de junho de 1942, e 19 de junho de 1942, respectivamente.

de artigos domésticos úteis e roupas para seus alemães étnicos; essas coisas eram, é claro, propriedade judaica. A *Stabshauptamt* adquiria as mercadorias do Grupo de Negócios para o Comércio de Varejo/Comércio de mercadorias voltado para consumidores da Comunidade (*Wirtschaftsgruppe Einzelhandel / Zweckgemeinschaft Gebrauchwarenhandel*), que, por sua vez, buscava os artigos no Ministério das Finanças.

Um dia, a *Stabshauptamt* percebeu que o fluxo de mercadorias tinha diminuído para quase nada. Quando reclamou para o grupo de negócios sobre "o suprimento quantitativa e qualitativamente escasso de roupa íntima resultante das últimas evacuações", o grupo de negócios creditou a diminuição ao fato de que, "de certo modo", as mercadorias tinham sido "minguadas" antes que pudessem ser vendidas. Para "clarificar" essa situação "impossível", o representante da *Stabshauptamt* foi direto para a *Stapoleitstelle* em Berlim, onde conversou com o especialista em deportação (Prüfer). O homem da Gestapo explicou que ele tinha de fato reduzido os suprimentos e que tinha retirado vasilhas de alumínio de suprimentos belgas e franceses, porque essas coisas eram necessárias no Theresienstadt. Os judeus precisavam ter uma tigela onde comer (*einen Essnapf*). O representante da *Stabshauptamt* reclamou então sobre o assunto para o líder da ss Superior e da polícia em Berlim.[241]

Enquanto a Gestapo estava "minguando" o suprimento antes mesmo que o Ministério de Finanças tivesse a chance de confiscar os produtos da pilhagem, um ataque frontal foi feito contra os estoques decrescentes de mobiliário do Ministério das Finanças pelo Ministério do Leste e pelas administrações distritais (*Gau*) do partido. O Ministério do Leste pediu alguns bons móveis para seus novos escritórios na Rússia ocupada; as administrações distritais poderiam usar praticamente qualquer coisa para seus desabrigados pelos bombardeios e outros integrantes merecedores. O resultado dessas demandas foi um novo arranjo que permitiu ao Ministério do Leste trabalhar com o Ministério das Finanças para a alienação do mobiliário. O objeto de colaboração era equipar os escritórios do leste de Rosenberg. Tudo que não fosse necessário ao Ministério do Leste era vendido para vários *Gauleiter*. Para organizar o novo negócio, o *Gauleiter* apontou "plenipotenciários para a alienação de mobiliário judaico". Contudo, a parceria Rosenberg-von Krosigk não durou. Em março de 1943, o Ministério do Leste acusou o *Oberfinanzpräsidenten* de "rigidez" (*Unbeweglichkeit*) e anunciou que dali em diante seu pessoal

---

241 Labes (*Stabshauptamt*) para *Regierungsrat* dr. Reichert (*Stabshauptamt*), 31 de agosto de 1942, NO-2700.

organizaria a alienação de mobiliário por conta própria. Os oficiais do Ministério do Leste também reivindicaram os lucros das vendas de móveis para seu orçamento. Um pouco aturdido, o Ministério das Finanças pediu uma explicação.[242] Não sabemos o resultado da disputa. De qualquer forma, não sobrou muito para aquele beneficiário amorfo e abrangente, o Reich.

Permanecia um problema a ser resolvido: as propriedades dos judeus em casamentos mistos. De alguma maneira, irritava a burocracia que esses judeus pudessem não apenas viver mas também conservar seus pertencentes pessoais. Era difícil, todavia, confiscar alguma coisa enquanto ambos, marido e esposa, estivessem ainda vivendo juntos, uma vez que casais geralmente compartilham seus pertences pessoais. A única coisa que podia ser feita era emitir uma regulamentação cobrindo as propriedades de judeus que morressem no Reich. O 13º Decreto para a Lei de Cidadania do Reich, datado de 1º de julho de 1943, estabelecia que a propriedade de um judeu seria confiscada depois de sua morte. O decreto também estipulava que, de acordo com a vontade do Reich, os herdeiros poderiam receber uma importância global ou alguns bens do patrimônio.[243]

O 13º Decreto era inadequado em dois aspectos. Primeiro, deu um aviso prévio a todos os judeus em casamentos mistos. Nada os impedia de transferir em vida todas as suas posses para seu cônjuge alemão. Nesse caso, o Reich seria trapaceado. Outra contingência que não foi coberta pelo decreto era a possibilidade de que o cônjuge alemão morresse primeiro, deixando todas as suas propriedades para o cônjuge judeu. Para a ss e para a polícia essa era uma situação intolerável. Por esse motivo, no começo de 1944, o Ministério do Interior (então chefiado por Himmler) solicitou ao Ministério da Justiça que emitisse uma nova regulamentação para (1) proibir, durante a vida de um proprietário judeu, a venda ou aquisição de propriedade judaica que fosse passível de confisco quando ele morresse; e (2) proibir judeus de herdar propriedades de parentes que não fossem judeus.[244]

---

242 Memorando do Ministério das Finanças, 26 de março de 1943, NG-5542. Aos "plenipotenciários *Gau* para a alienação de mobiliário judaico" (*Judenmöbeln*), ver *Gau* Colônia Aachen/Plenipotenciário Kreisleiter Eichler para *Oberfinanzpräsidenten* dr. Kühne em Colônia, 8 de janeiro de 1943, NG-5543.

243 RGBl L, 372.

244 Testemunho juramentado do *Ministerialdirektor* Altstötter, chefe da Divisão VI do Ministério da Justiça, 12 de dezembro de 1947, NG-4015.

O problema da herança tinha sido abordado antes. De acordo com o parágrafo 48, seção 2, da lei da herança de 1938,[245] os tribunais tinham sido preparados para declarar como inválido e vazio qualquer interesse que se chocasse com "instinto saudável do povo" (*gesundes Volksempfinden*). O Ministério da Justiça, em setembro de 1941, emitiu uma interpretação oficial dessa determinação, de acordo com a qual todos os testamentos de alemães que favorecessem judeus seriam invalidados.[246] Em consonância com os princípios gerais do direito, contudo, uma pessoa pode herdar propriedade de *duas* formas: como beneficiário nomeado se houver um testamento, ou como herdeiro legal se não houver testamento. Nesse último caso, a lei fornece proteção aos parentes sobreviventes que se tornam "herdeiros legais". Os testamentos que favoreciam judeus já haviam sido anulados, mas a lei não havia sido alterada. Um judeu ainda podia ser um herdeiro legal. Dessa forma, ele contava com um mínimo de proteção, e isso era "a lacuna da herança".

O especialista em heranças do Ministério da Justiça, *Ministerialdirigent* dr. Hesse, ponderou o problema e depois tentou induzir o Ministério do Interior a retirar sua proposta para uma emenda ao 13º decreto. (A época era, deve ser lembrado, 1944.) No entanto, o Ministério do Interior precisava ter paz em sua consciência. Assim, em 1º de setembro de 1944, o ministério emitiu um decreto, sem a participação dos oficiais dos setores de justiça, para resolver o problema das heranças de uma vez por todas.

POLÔNIA

Depois que Hitler, em março de 1941, lhe garantiu que o *Generalgouvernement* seria o primeiro território a ficar livre de judeus, o *Generalgouverneur* Frank se sentiu disposto a fazer promessas também. Em 21 de julho de 1941, uma época em que o avanço rápido dos exércitos alemães na URSS coincidiu com o aumento acentuado das taxas de doenças e mortes no gueto de Varsóvia, Frank disse para o chefe de sua divisão de saúde, dr. Walbaum, que aquele seria o primeiro lugar no *Generalgouvernement* a ser limpo.[1]

---

245 RGBl I, 973.

246 Instruções gerais do Ministério da Justiça, 24 de setembro de 1941, *Deutsche Justiz*, 1941, p. 958.

1 Resumo da conversa entre Frank e Walbaum, 21 de julho de 1941, Diário de Frank, Grupo de Registros dos Arquivos Nacionais 238, T 992, Rolo 4.

Em 13 de outubro de 1941, Frank conversou com o ministro dos Territórios Ocupados do Leste, Rosenberg. Naquela ocasião, ele abordou a ideia de transportar os judeus do *Generalgouvernement* para os novos domínios de Rosenberg. Rosenberg respondeu que naquele momento não seria possível operar tal realocação.[2]

Temporariamente frustrado, Frank viu outra oportunidade quando a administração do *Generalgouvernement* recebeu um convite para participar da primeira conferência para a "Solução Final" em Berlim. Frank despachou de imediato seu representante, Bühler, para Heydrich com instruções para descobrir mais detalhes. Bühler retornou com informações internas privilegiadas. Pouco tempo depois, em 16 de dezembro de 1941, Frank, o *Präsident* da Saúde, dr. Walbaum, o *Präsident* do Trabalho, dr. Frauendorfer, o comandante da SD e da polícia de segurança, Schöngarth, o *Gouverneur* Kundt de Radom, e o *Amstschef* dr. Hummel, de Varsóvia, se reuniram em Cracóvia para uma conferência. Frank não tratou do assunto que tinha em mente. Em vez disso, abriu a reunião com uma questão menor: medidas contra judeus que estavam fugindo dos guetos. Concordou-se que eles tinham de ser mortos. Esse tipo de judeu era um perigo para a saúde pública, pois carregava tifo para a população polonesa. O dr. Hummel disse que a administração de Varsóvia era grata ao comandante da polícia de ordem (BdO) por ter emitido uma ordem de acordo com a qual todos os judeus encontrados nas estradas deveriam ser fuzilados no mesmo local. Os tribunais especiais, entretanto, trabalhavam devagar demais. Até então, apenas 45 judeus tinham sido condenados à morte e apenas oito das sentenças tinham sido executadas. Algo teria de ser feito para simplificar os procedimentos. A discussão sobre isso continuou por um tempo. Então, de repente, Frank mudou o rumo das discussões.

"Vou dizer a vocês abertamente", ele começou, "que devemos terminar com os judeus, de um jeito ou de outro. O Führer falou certa vez estas palavras: 'Se a judaria unida conseguir, uma vez mais, provocar uma guerra mundial, os povos que foram arrastados para essa guerra não serão os únicos a derramar seu sangue, porque os judeus da Europa, também, terão encontrado o seu fim'. Eu sei que muitas medidas tomadas atualmente no Reich são criticadas. De forma consciente, várias tentativas estão sendo feitas para denunciar atos severos e brutais. Relatórios

---

2 Resumo da conversa ocorrida entre Frank e Rosenberg em 13 de outubro de 1941, preparado em 14 de outubro de 1941, *ibid.*

morais indicam isso, com certeza. Antes que eu continue a falar, deixem-me então pedir a vocês que concordem comigo em relação ao seguinte princípio: queremos misericórdia apenas para o povo alemão, por mais ninguém no mundo. Os outros não tiveram misericórdia por nós".

Frank afirmou então que se a judaria sobrevivesse à guerra, uma vitória seria em vão. Por consequência, ele vinha abordando o problema apenas a partir de um ponto de vista: os judeus tinham de desaparecer. Tinham de sumir. Por essa razão, ele tinha começado negociações em Berlim a fim de enviá-los para o leste. Em janeiro, uma grande conferência seria realizada no Escritório Central de Segurança do Reich; o *Staatssekretär* Bühler estaria presente representando o *Generalgouvernement*. "Certamente", disse Frank, "uma migração gigantesca está prestes a acontecer. No entanto, o que acontecerá com os judeus? Vocês acham que eles serão realmente realocados para vilarejos em Ostland? Fomos informados em Berlim: Para que tanta dificuldade [*Scherereien*]? Não podemos tampouco usá-los em Ostland; acabem com eles vocês mesmos! Cavalheiros, devo pedir que se armem contra qualquer sentimento de compaixão. Temos de aniquilar os judeus onde quer que os encontremos e onde quer que seja possível".

Essa tarefa, disse Frank, teria de ser realizada com métodos bastante diferentes daqueles que o dr. Hummel acabara de mencionar. Juízes e tribunais não podem se tornar responsáveis por uma tarefa como essa, e concepções comuns não podem ser aplicadas a eventos tão gigantescos e singulares. "De qualquer maneira, teremos de encontrar um caminho até esse objetivo, e tenho minhas ideias sobre isso". Frank continuou, como se estivesse quase na defensiva: "Os judeus são, também, parasitas para nós. Temos no *Generalgouvernement* uma estimativa de 2,5 milhões [uma estimativa muito acima da realidade], talvez – somados aos *Mischlinge* e a todos os dependentes, 3,5 milhões de judeus. Não podemos fuzilar esses 3,5 milhões de judeus, não podemos envená-los, mas podemos empreender algum tipo de ação que levará a um processo de aniquilação de êxito, e estou me referindo às medidas que serão discutidas no Reich. O *Generalgouvernement* terá de se tornar tão *judenfrei* quanto o Reich. Onde e como isso irá acontecer é uma tarefa para as agências que serão criadas e estabelecidas aqui, e estou dizendo a vocês que elas vão funcionar quando chegar a hora certa".[3]

---

3 Resumo da conferência de 16 de dezembro de 1941, incluindo observações de Frank registradas palavra por palavra, Diário de Frank, PS-2233.

Quando a conferência foi interrompida, seus participantes estavam cientes de que uma nova fase de destruição havia sido inaugurada na Polônia. Eles sabiam agora que os judeus teriam de ser mortos. Ainda assim, uma sensação nebulosa e irreal tinha invadido o ambiente. O que realmente significavam frases como "não podemos usá-los em Ostland", "acabem com eles vocês mesmos", "não podemos fuzilar esses 3,5 milhões de judeus", "não podemos envená-los", "uma tarefa para as agências que serão criadas e estabelecidas aqui"? Obviamente, eram apenas pistas. Ninguém sabia que, naquele exato momento, especialistas do Escritório Central de Segurança do Reich, a Chancelaria do Führer e a Superintendência para Campos de Concentração estavam estudando mapas e examinando o terreno polonês em busca de locais para estabelecer as instalações mortíferas. A Polônia se tornaria o quartel-general dos centros de extermínio. A Polônia era o "Leste".

Preparativos

Os oficiais da administração polonesa só descobriram essas coisas aos poucos. No meio tempo, porém, os burocratas não perderam tempo para iniciar os preparativos. Todos os departamentos estavam em alerta, e todos tinham pressa. Todos, em todos os níveis da hierarquia, estavam ansiosos para limpar os guetos. Em Berlim, o *Staatssekretär* Bühler falou na conferência sobre a "Solução Final" de 20 de janeiro de 1942, para exigir que as deportações no *Generalgouvernement* fossem iniciadas o mais breve possível.[4] A oeste do *Generalgouvernement*, na vizinha Wartheland, o *Reichsstatthalter* Greiser conseguiu a concordância de Heydrich para uma *Aktion* abrangendo o "tratamento especial" de 100 mil judeus na área do *Gau*.[5] Para esse propósito, Greiser estabeleceu, com pessoal da Alta SS e o líder de polícia Koppe um centro de extermínio em Kulmhof, no meio de Wartheland. Kulmhof, que devia suprir uma grande parte das necessidades de Greiser, também foi o primeiro campo a entrar em operação.

Localmente, as autoridades civis, a polícia e as ferrovias planejaram em conjunto os detalhes das deportações. O que mais preocupava os planejadores era a imensa escala da operação. Embora pelo menos meio milhão de judeus morresse nos guetos, cerca de 2,2 milhões ainda permaneciam na área de deportação, inclusive 1,6 milhão no *Generalgouvernement*, 400 mil nos territórios incorporados

---

4 Resumo da conferência de 20 de janeiro de 1942, NG-2586-G.
5 O acordo é mencionado na carta de Greiser a Himmler, 1º de maio de 1942, NO-246.

e até 200 mil no distrito de Bialystok. Para as autoridades locais, esses números significavam que toda a estrutura da população urbana teria de ser alterada. Com o desaparecimento dos guetos, eram de se esperar mudanças importantes nas acomodações de moradia, no suprimento de alimentos e na capacidade produtiva. No *Generalgouvernement*, o departamento mais imediatamente preocupado com esses problemas era a Divisão de População e Bem-estar (*Abteilung Bevölkerungswesen und Fürsorge*) da divisão principal do interior. Uma diretriz do *Staatssekretär* Bühler, datada de 16 de dezembro de 1941, deu à divisão o poder de aprovar ou vetar cada "reassentamento" que afetasse mais de 50 pessoas.[6]

Na maioria, os deportados eram enviados a campos de extermínio. Os destinos dos transportes vindos das áreas incorporadas e do *Generalgouvernement* são mostrados na tabela a seguir:

Áreas incorporadas	Campos de extermínio
Wartheland	
1941-42	Kulmhof
1944	Kulmhof e Auschwitz
Alta Silésia	Auschwitz
Prússia Oriental	Auschwitz
Distrito de Białystok	Auschwitz e Treblinka
Generalgouvernement	
Distrito de Varsóvia	Treblinka
Distrito de Radom	Treblinka
Distrito de Lublin	Sobibór, Bełżec e Lublin
Distrito de Cracóvia	Bełżec
Galícia	Bełżec

Depois de 1942, os judeus dos guetos e campos de trabalho remanescentes também foram enviados a Auschwitz, enquanto na Galícia muitos foram mortos no local.

---

6 *Generalgouvernement*/Divisão principal do interior/Divisão de população e bem-estar para o Distrito de Lublin/Divisão do interior/Subdivisão de população e bem-estar, 10 de fevereiro de 1942, em Centralna Zydowska Komisja Historyczna w Polsce, *Dokumenty i materialy do dziejów okupacji niemeckiej w Polsce,* 3 vols. (Varsóvia, Lódz e Cracóvia, 1946), vol. 2, p. 4. Não há registro de nenhum veto.

As forças policiais disponíveis para batidas na Polônia ocupada incluíam uma camada comparativamente menor de milhares de homens da polícia de segurança e do serviço de segurança,[7] e da maior Orpo alemã (*Einzeldienst* nas áreas incorporadas, unidades no *Generalgouvernement* e ambas no distrito de Białystok).[8] No *Generalgouvernement*, a ORPO foi ampliada com a *Sonderdienst* de alemães étnicos nas cidades menores, polícia local polonesa e polícia ucraniana na Galícia.[9] Os policiais poloneses eram ativos principalmente nas localidades menores, durante as operações posteriores, auxiliando os alemães em batidas e em perseguições aos fugitivos.[10] Em Lvov, podia-se mobilizar uma grande polícia municipal ucraniana, proveniente de seis comissariados. Durante a primavera e o verão de 1942, antes da completa guetização da comunidade judaica da cidade, contingentes desses homens capturaram, em dias comuns, 1.648 judeus em 27 de março; 1.328 em 30 de março; 903 em 1º de abril; 1.921 em 24 de junho; 4.453 em 14 de agosto e 3.051 em 17 de agosto.[11] Na Polônia, como nos outros lugares, o peso numérico da ORPO era importante, mas em 1942 os homens da ORPO estavam envolvidos não só na deportação dos judeus, mas também em duas outras operações importantes: a apreensão

———

7 No *Generalgouvernement*, a partir de 22 de abril de 1940, havia menos de 2 mil. Ver conferência do *Generalgouvernement* da data em Werner Präg e Wolfgang Jacobmeyer, eds., *Das Diensttagebuch des deutschen Generalgouverneurs in Polen 1939-1945* (Stuttgart, 1975), p. 182.

8 Em abril de 1940, 13 batalhões de polícia estavam estacionados no *Generalgouvernement, ibid.* No fim de 1942, havia 10.190 homens em 12 batalhões e unidades menores. Conferência da Polícia de 25 de janeiro de 1943, *ibid.*, p. 605. Daluege citou 15.186 em um relatório a "Wölffchen" (*Obergruppenführer* Wolff, chefe do *staff* pessoal de Himmler), 18 de fevereiro de 1943, NO-2861. Não se afirma a possível inclusão neste número de 3 mil alemães étnicos da *Sonderdienst*, que era subordinada à *Stadthauptmänner* e *Kreishauptmänner* antes de sua incorporação na Orpo em outubro de 1942. (Apenas um quarto dos homens da *Sonderdienst* falava alemão.) Quanto ao distrito de Bialystok, Daluege indicou 1.900 homens na *Einzeldienst* e quinhentos em um batalhão.

9 Na conferência de 25 de janeiro de 1943, o número de policiais não alemães (*fremdvölkische*) era de 16.337. Daluege listou 14.297 poloneses.

10 Zygmunt Klukowski, *Diary from the Years of Occupation 1939-44* (Urbana, Illinois, 1993), entradas de 8 de agosto e 22 de outubro a 2 de novembro de 1942, pp. 209 e 219-23, *passim*. O escritor do diário foi um médico polonês na cidade de Szczebrzeszyn, distrito de Lublin.

11 Ver relatos do major Pituley, comandante da polícia urbana ucraniana, em Arquivos do Museu Memorial do Holocausto dos EUA, Número de acesso 1995 A 1086 (Arquivos Lvov Oblast), Rolo 3, Fundo 12, Opis 1, Pastas 37 e 38.

da produção agrícola polonesa para suprir as necessidades alemãs (*Ernteerfassung*) e a captura de trabalhadores poloneses para trabalhar no Reich (*Arbeitererfassung*).

Reforços eram necessários e foram obtidos. Em julho de 1942, os 22º e 272º batalhões letões foram importados de Riga para o grande cerco ao gueto de Varsóvia,[12] e, em 1943, um batalhão de treinamento ucraniano combateu na batalha do gueto de Varsóvia.[13] Unidades da *Waffen-ss* foram ocasionalmente incluídas no serviço, por exemplo na área de Sosnowiec, na Alta Silésia, onde os homens de uma escola de cavalaria da ss foram usados em uma operação.[14] A *Gettoverwaltung* de Lódz forneceu cerca de sessenta de seus funcionários para operações de captura em toda a Wartheland,[15] e o exército despachava unidades regularmente para ações com os fugitivos judeus reunidos em bandos nos bosques ou campos do *Generalgouvernement*.[16] Os próprios homens da polícia judaica eram muitas vezes usados para auxiliar nessas operações. A Polícia Judaica de Varsóvia participou de forma óbvia nas deportações do verão de 1942.[17] Em Lvov, um oficial do primeiro comissariado da polícia ucraniana, relatando uma ação no setor que lhes foi atribuído em 25 de março, afirmou que a concentração de 512 judeus em uma escola na rua Sobieska foi realizada por dez alemães, vinte ucranianos e quarenta policiais judeus.[18] Os homens da polícia judaica também eram ativos em guetos

---

12 G. Tessin, *Zur Geschichte der Ordungspolizei* (Koblenz, 1957), parte II, pp. 102, 107. Depois da revista, os batalhões foram realocados.

13 Stroop para Krüger, 16 de maio de 1943, PS-1061.

14 *Polizeipräsident* em Sosnowiec ao *Regierungspräsident* em Katowice, 1º de agosto de 1943, *Dokumenty i materialy*, vol. 2, p. 60. *Polizeipräsident* em Sosnowiec via IdO em Breslau para Himmler, 14 de agosto de 1943, *ibid.*, p. 71. IdO em Beslau para *Polizeipräsident* em Sosnowiec, 25 de agosto de 1943, *ibid.*, p. 70.

15 *Gettoverwaltung* (assinado por Ribbe) para o departamento municipal de saúde em Łódź, 21 de setembro de 1942, *ibid.*, vol. 3, p. 232.

16 Ver fac-símiles dos relatórios de *Wehrkreisbefehlshaber Generalgouvernement*/Ia, 17 de outubro de 1942 (42 judeus mortos) e 25 de dezembro de 1943 (17 judeus mortos, um soldado morto), em Stanislaw Wroński e Maria Zwolakowa, eds., *Polacy Zydzi 1939-1945* (Varsóvia, 1971), pp. 143, 216.

17 Bernard Goldstein, *The Stars Bear Witness* (Nova York, 1949), pp. 124-45; Mary Berg, *Warsaw Diary* (Nova York, 1945), p. 187.

18 1º Comissariado (assinado pelo 1º tenente Nebola) para o comando da polícia ucraniana, 25 de março de 1942, Arquivos do Museu Memorial do Holocausto dos EUA, Número de acesso 1995 A 1086 (Arquivos Lvov Oblast), Rolo 3, Fundo 12, Opis I, Pasta 38.

menores como Rawa Ruska, na Galícia, onde uma revista foi realizada por equipes policiais formadas por um alemão, um ucraniano e um judeu.[19]

No *Generalgouvernement*, os principais organizadores das operações de captura eram a ss e os líderes da polícia. Um deles, Globocnik, de Lublin, criou uma equipe especial (*Aussiedlungsstab*) comandada pelo *Sturmbannführer* Höfle que se encarregou de revistas não só no distrito de Lublin, mas também em Varsóvia, durante o verão de 1942[20] e no gueto de Bialystok no verão do ano seguinte.[21] Nessas duas cidades, a especialização e, talvez ainda mais importante, a impessoalidade dos homens que vinham de longe deixariam sua marca.

O transporte para os campos de extermínio era quase invariavelmente realizado por ferrovia e isso significava que os judeus das cidades menores marchavam até as cidades maiores de onde os trens partiam.[22] As comunidades judias nas áreas incorporadas eram deportadas em transportes despachados pelos seguintes *Direktionen*:

Reichsbahndirektion Oppeln (cobria as partidas da Alta Silésia)
Reichsbahndirektion Posen (cobria Wartheland)
Reichsbahndirektion Königsberg (cobria o distrito de Bialystok e as áreas incorporadas à Prússia Oriental)
Reichsverkehrsdirektion (RVD) Minsk (cobria a estação Oranczyce no *Reichskommissariat* da Ucrânia, onde muitos judeus do distrito de Bialystok foram embarcados para deportação para Auschwitz)[23]

Os judeus do *Generalgouvernement* eram transportados em trens organizados pela *Generaldirektion der Ostbahn* (Gedob), um importante sistema ferroviário

---

19 Depoimento de Wolf Sambol, 4 de maio de 1945, Yad Vashem Oral History O 16/584.

20 Entrada de Adam Czerniaków, 22 de julho de 1942, em Raul Hilberg, Stanislaw Staron e Josef Kermisz, eds., *The Warsaw Diary of Adam Czerniakow* (Nova York, 1979), p. 384.

21 Interrogatório de Fritz Friedel (Bialystok KdS/IV-B), 12 de junho de 1949, Israel Police 1505.

22 Ver, por exemplo, relatório do tenente Westermann da ORPO para KdO na Galícia, 14 de setembro de 1942, Zentrale Stelle Ludwigsburg, UdSSR, vol. 410, pp. 508-10.

23 Quatro trens são mencionados em RVD Minsk para estações de Oranczyce a Brest-Litovsk, todos indo para Auschwitz. Cópias para a *Generaldirektion der Ostbahn* (Gedob) e KdS Bialystok, 27 de janeiro de 1943, Institut für Zeitgeschichte, Fb 85/2.

com funções de destaque na destruição dos judeus. Na tabela a seguir, descreve-se essa organização, dando atenção especial à Divisão de operações:

Präsident	Adolf Gerteis
Vizepräsident	Rudolf Fatgen
II Tarifas	Sillich
9 Trens de passageiros	Peicher (Koch, Verbeck)
III Locomotivas	Scharrer
IV (depois V) Operações	Köhle (Massute, Gaecks)
31 Operações	Zahn
33 Trens de passageiros	Binger (Zabel, Eugen Meyer)
Trens especiais	Stier
34 Trens de carga	Massute (Zabel, Zahn)
Hilfsarbeiter (assistente)	Erich Richter (Theodor Schmid)
para 33 e 34	

Deve-se destacar que a jurisdição da Gedob ou de uma *Reichsbahndirektion* não se limitou ao despacho de trens, mas incluía transversais e chegadas (por exemplo, Gedob para Theresienstadt-*Generalgouvernement*-Minsk, *Oppeln* para todos os trens para Auschwitz, *Reichsbahndirektion Königsberg* para trens de Viena em rota para Minsk). Além disso, para os trens que se originavam em seus territórios, essas *Direktionen* tinham de se preocupar não apenas com o movimento dos transportes: elas tinham de fornecer os veículos e equipamentos ferroviários. Muito embora precisasse de todos os carros e locomotivas a sua disposição para o esforço de guerra, e apesar de ser intensamente dependente dos funcionários poloneses, o Gedob, em particular, não deixou de contribuir para as deportações. Erich Richter, *Hilfsarbeiter* na Divisão de Operações do Gedob, lembra que Eugen Meyer (33) lhe disse que, de acordo com as instruções recebidas do Ministério do Transporte, "trens de reassentamento" de judeus deviam ser despachados assim que fossem "anunciados" (*angemeldet*) pela ss.[24]

---

24 Depoimento de Richter, 11 de junho de 1969. Caso Ganzenmüller, vol. 19, pp. 5-12. As solicitações de trens vindos do *Generalgouvernement* eram feitas pela Alta ss e líder da polícia. Depoimento de Alfons Glas (33/Special Trains, under Stier), Caso Ganzenmüller, vol. 5, pp. 148-53. Ver também o depoimento de Friedrich vom Baur (*Ostbahnbezirksdirektion* Radom, inclusive Lublin), 11 de maio de 1962, Caso Ganzenmüller, vol. 5, red number 36. Em Bialystok, os trens eram ordenados pelo KDS

O Gedob carregava um trem com vários milhares de deportados[25] e o despachava para um campo de extermínio.[26] Foram dadas ordens para contar as vítimas (às vezes, na chegada) para os encargos financeiros aplicáveis.[27] Também muito importante, tomava-se o cuidado de limpar toda a sujeira dos vagões vazios no próprio campo[28] ou de retirá-los para fumigação.[29]

A capa da rotina foi jogada sobre toda a operação. Em meio a transportes que levavam tropas ou suprimentos, os trens de extermínio eram movimentados como algo comum e nem tinha uma designação muito secreta. No máximo, os horários eram marcados como "restritos" (*nur für den Dienstgebrauch*),[30] e Stier, o

___

(na época, ORR *Stubaf.* dr. Zimmermann). Ver *Fahrplananordnung* 290 de RBD *Königsberg*/33 (assinado por Hering). 17 de agosto de 1943, Zentrale Stelle Ludwigsburg, Polen 162, filmes 6, p. 194.

25 Ganzenmüller para Wolff, 28 de julho de 1942, NO-2207.

26 Os poloneses dirigiam trens de extermínio. Ver depoimentos de funcionários poloneses no caso Belzec, I Js 278/60, vol. 6, pp. 1147-52, 1181-84. Sobre a política alemã em relação ao uso de maquinistas poloneses em geral, ver Ministério do Transporte para o Chefe de Transporte em OKH, 5 de janeiro de 1940, H 12/101.2, e correspondência interna, Escritório do Chefe de Transporte em OKH, 4 de dezembro de 1940, H 12/102. Arquivado no Federal Records Center, Alexandria, Va.

27 Por exemplo, Gedob/33 H Fahrplananordnung 587, 15 de setembro de 1942 (assinado Richter), Zentrale Stelle Ludwigsburg, Polen 162, filme 6, pp. 184-86. Ver também *Reichsbahn* (estação de Łódź Verkehrsamt) para a Gestapo em março e maio de 1942, a respeito da cobrança por transportes para Kulmhof, incluindo a viagem de ida e volta para os guardas, pagável na bilheteria da estação de Łódź (*Fahrkartenausgabe*), e adiantamentos e reembolsos para custos de transporte em Sonderkonto de Gettoverwaltung em 31 de março de 1942, Zentrale Stelle Ludwigsburg, Polen 315, pp. 75-76, 387-90, 442-47. Cerca de 5 milhões de *Reichsmark* foram pagos com bens de judeus confiscados pelos transportes de extermínio originários do *Generalgouvernement*. Relatório de *Stubaf.* Wippern, 15 de dezembro de 1943, NO-57. Observar também a referência geral a trens especiais na declaração financeira de Ostbahn para o ano fiscal de 1942, Arquivos Federais Alemães, R 5/877.

28 Gedob/33 Fahrplananordung 562 (assinado por Richter), 22 de agosto de 1942, e Gedob/33 Fahrplananordnung 566 (assinado por Zahn), 26 de agosto de 1942, Zentrale Stelle Ludwigsburg, Polen 162, Filme 6, pp. 179-80, 182-83. O destino era Treblinka.

29 Gedob Fahrplananordnung 567 de 26 de março de 1943 (assinado Schmid), Zentrale Stelle Ludwigsburg, Polen 162, filme 6, pp. 192-93. Os trens mencionados aqui carregavam 2 mil deportados cada do Reich para Treblinka e seriam fumigados em Varsóvia.

30 Depoimento de Richter, 11 de junho de 1969, Caso Ganzenmüller, vol. 19, pp. 5-12

chefe dos trens especiais do Gedob em 33, lembra que, em seu departamento, os papéis incriminadores ficavam bem à vista *(keineswegs verschlossen)*.[31]

A realização das deportações

Na área do Reich-Protektorat, dificuldades consideráveis eram causadas por categorias privilegiadas ou semiprivilegiadas de judeus. Nenhum desses embaraços dificultou as deportações na Polônia. Não havia o problema dos *Mischlinge*, nada a respeito de casamentos mistos, nenhum problema de judeus idosos, nem problemas com veteranos de guerra. Havia só um punhado de judeus estrangeiros na Polônia, alguns dos quais foram tirados os guetos no último minuto e alguns dos quais foram enviados aos centros de extermínio por engano. Apenas uma grande dificuldade surgiu em relação a um grupo específico de judeus, e esse problema não se tornou crítico até o final de 1942: a escassez de mão de obra. Tiveram de ser feitos arranjos para manter com vida por um tempo um pouco maior alguns trabalhadores qualificados. Esses arranjos, que foram concluídos no final e não no início das deportações, serão discutidos adiante.

No início das operações de limpeza dos guetos, as informações sobre as revistas às vezes eram dadas à população polonesa em anúncios divulgados com cerca de um dia de antecedência. Diziam aos poloneses que quaisquer passes para o gueto que possuíssem estavam cancelados e eles foram alertados para não se demorarem nas ruas nem abrirem as janelas enquanto a evacuação estivesse sendo realizada. Qualquer pessoa que interferisse com a operação ou que abrigasse judeus seria punida com a morte, e qualquer presença não autorizada em um apartamento judeu seria interpretada como saque.[32]

Dentro dos guetos, os policiais e seus ajudantes tinham de lidar com outro problema: sujeira, esgotos e animais daninhos. Nas palavras do *Gettoverwaltung*,

---

31 Depoimento de Walter Stier, 16 de março de 1963, Caso Novak, vol. 16, p. 355 e ss. Um dos assistentes de Stier, Stanislaw Feix, era polonês.

32 Fac-símile do anúncio do *Kreishauptmann* de Sanok (assinado por dr. Class), 4 de setembro de 1942, sobre a ação planejada para 6 de setembro, e fac-símile de um anúncio similar do *Kreishauptmann* de Tarnów (assinado pelo suplente dr. Pernutz), em 15 de setembro 1942, sobre a deportação programada para o dia seguinte, em Wronski e Zwolakowa, eds., *Polacy Zydzi*, pp. 412, 416.

o trabalho era "nauseante ao extremo [*im äussersten Grade ekeleregend*]".[33] Nos guetos da Galícia, a polícia teve de enfrentar uma vasta epidemia. No gueto de Rawa Ruska, a população judia ocultou os doentes em buracos com a esperança de salvá-los das deportações. Antes que a ação em Rawa Ruska terminasse, a ss e a polícia haviam arrastado 3 mil judeus doentes e agonizantes para fora de seus esconderijos.[34] Não há números gerais para as perdas alemãs sofridas em razão de epidemias, mas só na Galícia, o ss e líder da polícia Katzmann relatou que um de seus homens morreu de tifo e que outros 120 haviam contraído a doença.[35]

Depois de um gueto ser limpo dos judeus, a polícia e os funcionários municipais tinham de entrar na área judaica e limpá-la. Embora poloneses e judeus pudessem ser usados para alguns dos trabalhos mais sujos, a tarefa estava longe de ser agradável. Um gueto grande podia ser esvaziado em dois ou três dias, mas a operação de limpeza demorava semanas ou até mesmo meses. Assim o gueto de Lublin foi esvaziado e seus habitantes deportados de 17 a 20 de abril de 1942,[36] mas a ação de limpeza (*Säuberungsaktion*) ainda estava em andamento dois meses depois.

A operação foi realizada em etapas. Primeiro, um comando de demolição entrou no gueto e explodiu todos os edifícios inabitáveis. Em seguida, vinha uma equipe de coleta (*die Lumpensammelkolonne*), que recolhia todo tipo de objeto deixados para trás pelos deportados. A esse destacamento seguia-se um comando de limpeza (*die Aufräumungskolonne*), que tinha de fazer o trabalho mais pesado: a limpeza das latrinas. Em algumas latrinas, as fezes se empilhavam até um metro de altura. O *Aufräumungskolonne* tinha de usar mangueiras para limpar tudo. A quarta equipe era formada por marceneiros e vidraceiros que selavam hermeticamente todas as portas e janelas a fim de que a coluna de gás (*Vergasungskolonne*) pudesse matar todos os animais daninhos nos apartamentos. Por fim, a coluna de limpeza (*Reinmachungskolonne*) era chamada para remover todos os ratos, camundongos, moscas e insetos mortos e limpar o lugar.[37]

---

33 Ribbe (*Gettoverwaltung*) para Reichstatthalter, em Warthegau/*Landesernährungsamt* (departamento regional de alimentos)/Divisão A em Poznań, 15 de julho de 1942, *Dokumenti i materialy*, vol. 3, pp. 230-231.

34 Gruf. Katzmann (ss e líder da polícia na Galícia) para OGruf. Krüger, 30 de junho de 1943, L-18.

35 *Ibid.*

36 *Krakauer Zeitung*, 18 de abril de 1942, p. 5.

37 *Ibid.* 24 de junho de 1942, p. 5.

Em vários lugares, um gueto não podia ser transformado rapidamente em um local habitável. Em junho de 1943, o governador Frank do *Generalgouvernment* reclamou com Hitler que seu rival, o *Reichsführer-ss*, havia reassentado pessoas de etnia alemã na área de Lublin. Para abrir espaço para eles, os poloneses tinham sido enviados para trabalhar na Alemanha, e suas famílias tinham sido enviadas para os "guetos judaicos vazios". Nas novas casas, essas famílias estavam sofrendo e morrendo com as mesmas privações que haviam assolado os judeus.[38]

Em Radom, foi preciso encontrar espaço para um grande número de trabalhadores poloneses empregados por uma indústria alemã em expansão. Depois que o chefe do comando local de armamentos, juntamente com o especialista local em habitação e um representante da Steyr-Daimler-Puch A. G., vistoriaram a situação no gueto vazio, em agosto de 1943, eles concluíram por unanimidade que o antigo bairro judeu havia sido saqueado, dilapidado e danificado além de qualquer possibilidade de reparo.[39]

Os apartamentos ocupados por 40 mil judeus no gueto de Bialystok foram, em certo momento, destinados a 40 mil camponeses da Bielorrússia de áreas ameaçadas pela resistência, mas eles eram tão inadequados que novos alojamentos foram planejados para 20 mil deles. A construção foi vetada por Speer em uma carta a Himmler em 1 de fevereiro de 1943, e Himmler respondeu que dariam um jeito com as casas existentes.[40] Sete meses depois, a administração civil do distrito de Bialystok tentou reformar o antigo gueto para unidades do exército, alemães do Reich e trabalhadores estrangeiros, mas não tinha mão de obra disponível para esse trabalho. Quando tentou conseguir mão de obra em outros lugares do distrito, a administração da cidade em Grodno respondeu que a situação em Grodno era similar à de Bialystok.[41]

No entanto, a dilapidação e as ruínas eram uma consequência direta do modo em que os guetos haviam sido mantidos e da pressa com que haviam sido

---

38 Frank a Hitler, 19 de junho de 1943, ps-437.

39 Diário de guerra, Comando de Armamento Radom, 24 de agosto de 1943, wi/ID l.3.

40 Speer a Himmler, 1 de fevereiro de 1943, e Himmler a Speer, 9 de fevereiro de 1943, T 175, Rolo 19.

41 Chefe do *Zivilverwaltung*, distrito de Bialystok (assinado por Glootz) ao *Kreiskommissare* do distrito, 30 de setembro de 1943, e prefeitura de Grodno (assinado Pleske) ao *Kreiskommissar* Grodno, 11 de outubro de 1943, em Museu Memorial do Holocausto dos EUA, Grupo de Registro de Arquivos 53. 004 (Arquivos de Grodno Oblast nos Arquivos Estatais da Bielorrússia), Rolo 6, Fundo 2, Opis 1, Pasta 95.

esvaziados. A velocidade havia sido a consideração principal dos escalões superiores da hierarquia alemã. Tudo o que realmente importava era o progresso das deportações e a velocidade em que os judeus estavam desaparecendo. As autoridades só se importavam com a velocidade. Já em 18 de junho de 1942, o *Staatssekretär*, dr. Bühler, perguntou ao chefe da polícia e da Alta ss, Krüger, quando ele terminaria. Krüger respondeu que em agosto seria capaz de "mapear" a situação.[42]

Krüger foi um pouco cauteloso porque estava passando por seu primeiro *Transportsperre,* uma interrupção completa do tráfego nos trens de deportação. O *Transportsperre* foi instituído apenas por duas semanas, e Krüger conseguiu, mesmo assim, enviar alguns trens de Gerteis. o *Präsident* da Ostbahn. Além disso, depois do levantamento das restrições, Krüger esperava retomar as deportações com empenho redobrado.[43] Então, em julho, outro contratempo aconteceu quando a ferrovia para o centro de extermínio de Sobibór, em Bug, quebrou e precisou ser consertada. A ss e a polícia esperavam deportar várias centenas de milhares de judeus para Sobibór.

Em 16 de julho de 1942, *Obergruppenführer* Wolff, chefe do staff pessoal de Himmler, telefonou para o *Staatssekretär* dr. Ganzenmüller do Ministério dos Transportes, pedindo ajuda. Ganzenmüller examinou a situação e descobriu que o problema já fora resolvido localmente. Trezentos mil judeus do gueto de Varsóvia haviam sido desviados de Sobibór para Treblinka. A partir de 22 de julho de 1942, um trem diário, lotado com não menos de 5 mil judeus por viagem, deveria deixar Varsória rumo a Treblinka, enquanto duas vezes por semana, outro trem com 5 mil judeus deveria ir de Przemysl a Belzec.[44] Ao receber essas notícias, Wolff escreveu a seguinte carta de agradecimento:

Caro membro do partido Ganzenmüller:
Agradeço por sua carta de 28 de julho de 1942 — também em nome do *Reichsführer-ss* —, sinceramente [*herzlich*]. Com especial alegria [*mit besonderer Freude*], notei sua garantia de que, já por duas semanas, um trem tem carregado, todos os dias, 5 mil membros do povo eleito para Treblinka, de modo que agora estamos em uma posição de continuar esse movimento de população

---

42 Resumo da conferência de polícia, 18 de junho de 1942, Diário de Frank, ps-2233.

43 *Ibid.*

44 Dr. Ing. Ganzenmüller a *OGruf.* Wolff, 28 de julho de 1942, NO-2207.

[*Bevölkerungsbewegung*] em um ritmo acelerado. Por minha parte, contatei os departamentos participantes a fim de garantir a implementação desse processo sem atritos. Agradeço novamente seus esforços nesse sentido e, ao mesmo tempo, ficaria grato se desse a esses assuntos sua atenção pessoal contínua.

Com nossas melhores saudações e

Heil Hitler!
Seu devotado,
W.[45]

No final de 1942, quando dois terços das deportações já haviam sido realizados, a ss e os departamentos de polícia enfrentaram outro contratempo. Krüger escreveu a Himmler, em tom urgente:

Os ss e líderes de polícia relatam hoje unanimamente que, em virtude do *Transportsperre*, todos os transportes para o reassentamento judeu estão interrompidos de 15 de dezembro de 1942 a 15 de janeiro de 1943. Por causa dessa medida, nosso plano de reassentamento judeu estava seriamente ameaçado.

Solicito obedientemente que negocie com os departamentos centrais do Alto Comando das Forças Armadas e do Ministério do Transporte para alocação de, pelo menos, três pares de trens para essa tarefa urgente [*dass mindestens 3 Zugpaare für die vordringliche Aufgabe zur Verfügung stehen*].[46]

Aparentemente, as negociações não tiveram muito sucesso dessa vez, pois em 20 de janeiro de 1943, Himmler escreveu a Ganzenmüller solicitando mais trens. O *Reichsführer* apontou que conhecia o stress sob o qual a rede férrea estava operando, mas que a alocação dos trens era, em última análise, no próprio interesse de Ganzenmüller. Os judeus, disse Himmler, eram responsáveis pela sabotagem das ferrovias no *Generalgouvernement*, no distrito de Bialystok e nos territórios orientais ocupados. Portanto, quanto antes os judeus fossem "afastados", melhor seria para as ferrovias. Embora escrevesse sobre os judeus do leste, Himmler também aproveitou a ocasião para lembrar a Ganzenmüller que, a menos que fossem disponibilizados trens para os judeus das áreas ocidentais ocupadas, a sabotagem também ocorreria ali.[47]

---

45 Wolff a Ganzenmüller, 13 de agosto de 1942, NO-2207.

46 Krüger a Himmler, 5 de dezembro de 1942, Arquivos Himmler, Pasta 94.

47 Himmler a Ganzenmüller, 20 de janeiro de 1943, NO-2405.

Embora a escassez de transporte fosse um problema especialmente grave no planejamento de toda a operação, muitas complicações surgiriam depois de os problemas de organização serem resolvidos. Essas ramificações se desenvolveram como ondas de choque a partir de um único ponto de impacto: a descoberta da verdadeira natureza dos "reassentamentos" pelos que estavam fora.

Se na área alemã-tcheca era difícil ocultar o que ocorria, isso era duplamente difícil na Polônia. A área do *Reich-Protektorat* não tinha campos de extermínio e a maioria dos transportes do Reich ia para o leste. A Polônia, por outro lado, abrigava todos os seis centros de extermínio e os transportes poloneses faziam viagens curtas, de não mais de 320 km, em todas as direções. Muitos olhos estavam fixos nesses transportes e os seguiam até seus destinos. O chefe-assistente do Exército Polonês, uma força de resistência clandestina dirigida a partir de Londres, o general Tadeusz Bor-Komorowski, relata que, na primavera de 1942, tinha informações completas sobre o campo de extermínio de Kulmhof (Chelmno), em Warthegau. Quando os alemães limparam o gueto de Lublin, a resistência polonesa rastreou os transportes para Belzec. O comando da resistência não conseguiu descobrir o que estava havendo dentro de Belzec, mas, estimando que 130 mil judeus haviam sido deixados no campo, os poloneses concluíram que ele "não era grande o bastante para acomodar um número tão grande de pessoas". Em julho de 1942, o Exército Polonês coletou relatos de trabalhadores ferroviários que diziam que várias centenas de judeus haviam desaparecido em Treblinka sem deixar rastros.[48]

Às vezes as informações que saíam dos campos eram muito específicas. No distrito de Lublin, o presidente do conselho do gueto de Zamosc, Mieczyslaw Garfinkiel, recebia essas informações. Durante o início da primavera de 1942, ele soube que os judeus de Lublin estavam sendo transportados em trens lotados para Belzec e que os vagões vazios estavam voltando depois de cada viagem em busca de mais vítimas. Pediram-lhe que ele obtivesse alguns fatos adicionais e, depois de contatar as comunidades judias próximas de Tomaszów e Belzec, deram-lhe a entender que 10 mil a 12 mil judeus estavam chegando diariamente a um complexo fortemente guardado, situado em um ramal especial da ferrovia e rodeado com arame farpado. Os judeus estavam sendo mortos ali de uma "maneira intrigante". Garfinkiel, um advogado, não deu crédito a esses relatos. Depois

---

48 Tadeusz Bor-Komorowski, *The Secret Army* (Londres, 1950), pp. 97-99.

de mais alguns dias, dois ou três judeus desconhecidos que haviam fugido de Belzec lhe contaram sobre os gases nos alojamentos. Ainda assim, ele não acreditou no que ouvia. Em 11 de abril de 1942, no entanto, houve uma grande revista na própria Zamość. Contando a população que restava em seu gueto, Garfinkiel calculou que faltavam 3.150 pessoas. No dia seguinte, o filho de treze anos de um dos funcionários do conselho (Wolsztayn) voltou do campo. O menino tinha visto as pessoas nuas e ouvido um homem da ss fazer um discurso para elas. Escondido em uma vala, ainda vestido, o jovem Wolsztayn tinha se arrastado para fora da cerca de arame farpado com o segredo de Belzec.[49]

As pessoas comuns suspeitavam, sem ter muitas provas, daquilo que o *Home Army*, o exército de resistência polonesa, tinha descoberto por meio de investigações, e que Garfinkiel descobrira quase sem querer. A população chegou rapidamente a suas conclusões e as espalhou como boatos por todo o território polonês ocupado. No final do verão de 1942, quase todos os habitantes da Polônia, fora ou dentro de um gueto, desconfiavam um pouco do que estava acontecendo. No fim, até mesmo as crianças sabiam do objetivo das deportações. Quando, no verão de 1944, no gueto de Łódź, as crianças de um orfanato foram colocadas em caminhões, elas gritaram: "*Mir viln nisht shtarbn!* [Nós não queremos morrer!]"[50]

Qual foi a reação geral dos judeus diante da morte certa? Os judeus se prepararam para a resistência armada? As divisões distritais de propaganda no *Generalgouvernement* observavam detalhadamente as reações da população judia. Aqui estão três exemplos de relatos da divisão de propaganda em Lublin. Em 18 de abril de 1942, a divisão de Lublin relatou que os judeus na área de Hrubieszów tinham se aproximado da Igreja Católica solicitando batismos.[51] Em 26 de setembro de 1942, a divisão relatou:

---

49 Depoimento de Mieczyslaw Garfinkiel, 5 de outubro de 1945. Caso Belzec, Landgericht München I, l Js 237/60, vol. 6, pp. 1100-1103. Segundo Garfinkiel, houve mais revistas em Zamość durante maio, agosto e novembro de 1942. Ele fugiu para Varsóvia em outubro 1942. Aparentemente, não foram muitos os que tentaram fugir de seu gueto.

50 Solomon F. Bloom, "Dictator of the Lodz Ghetto", *Commentary*, 1949, p. 120.

51 *Generalgouvernement*/Divisão Principal de Propaganda, relatos consolidados semanalmente das divisões distritais de propaganda em abril de 1942, relatados pela divisão de Lublin, 18 de abril de 1942, Occ E 2-2.

Entre os judeus de Cholm corre um rumor de que, daqui em diante, o extermínio [*Ausrottung*] dos judeus seria realizado pela esterilização. Embora esse método fosse mais humano do que o atual, ele ainda levaria ao extermínio total dos judeus. Os judeus achavam que tinham de simplesmente aceitar esse fato. [*Die Juden müssten sich mit dieser Tatsache eben abfinden*].[52]

Em 28 de novembro de 1942, a divisão de Lublin relatou o seguinte incidente:

Uma moça judia de dezessete anos apresentou-se ao diretor da equipe de colheita, Majdan-Sopocki, na área de Zamość, e pediu para ser morta, pois seus pais já tinham sido mortos. Ela se referiu a uma suposta ordem do Führer segundo a qual todos os judeus deviam estar mortos antes do final do ano. Como a judia era uma fugitiva, ela foi entregue aos departamentos competentes para tratamento posterior [*zur weiteren Veranlassung übergeben*].[53]

Com algumas poucas palavras, a divisão de propaganda de Lublin resumiu a tendência da reação judia: uma débil tentativa de conversão em abril, um boato de esterilização em setembro e o pedido de uma moça de dezessete anos para que lhe tirassem a vida em novembro. Sem dúvida, os judeus não estavam preparados para a resistência armada. Eles estavam preparados para a obediência automática diante das ordens alemãs.

A liderança judaica nos guetos poloneses manteve-se à frente do movimento de conformidade, e os chefes do gueto foram os implementadores da rendição. Eles sempre entregavam alguns judeus para salvar outros judeus. Depois de "estabilizar" a situação, a administração do gueto dividia em dois o restante da comunidade. E assim por diante. Moses Merin, presidente do Conselho Central de Anciões para a Alta Silésia Oriental, presidiu um desses processos de encolhimento. Na véspera das primeiras deportações, Merin tomou sua primeira decisão.

---

52 Relatos consolidados em setembro de 1942, relatados pela divisão de Lublin, 26 de setembro de 1942, Occ E 2-2.

53 Relatos consolidados/relato da divisão de Lublin, 28 de novembro de 1942, Occ E 2-2. Em relação à referência a uma "suposta" ordem do Führer, ver a carta de Himmler a Krüger, de 19 de julho de 1942: "Ordeno que o reassentamento de toda a população judia no *Generalgouvernement* seja realizado e concluído até 31 de dezembro de 1942". NO-5574.

"Não terei medo", disse ele, "de sacrificar 50 mil de nossa comunidade a fim de salvar os outros 50 mil". Durante o verão de 1942, os outros 50 mil judeus foram alinhados em uma revista em massa, depois da qual metade deles foi enviada a Auschwitz. Merin comentou depois dessa deportação: "Eu me sinto como um capitão cujo navio estava para afundar e que conseguiu levá-lo em segurança até o porto ao lançar ao mar a maior parte de sua preciosa carga". Em 1943, havia apenas poucos sobreviventes. Merin dirigiu-se a eles com as seguintes palavras: "Estou em uma jaula diante de um tigre faminto e raivoso. Encho a boca dele com carne, a carne de meus irmãos e irmãs, para mantê-lo em sua jaula e impedir que ele se solte e nos despedace a todos".[54]

De modo geral, os judeus mais pobres foram os primeiros a serem levados,[55] e por toda a Polônia quase todas as vítimas seguiram seus captores obedientemente até os pontos de reunião e os trens que os esperavam. Como sangue esguichando de uma ferida aberta, o êxodo dos guetos rapidamente drenou séculos de vida da comunidade judaica na Polônia.

Contudo, em uma operação de tais dimensões nem todos puderam ser deportados tão facilmente. Conforme o círculo de sobreviventes judeus diminuía, a consciência da morte aumentava, e o fardo psicológico de obedecer às ordens de "evacuação" alemãs tornava-se cada vez mais pesado. No final das operações, números cada vez maiores de judeus hesitavam em se mudar, enquanto outros fugiam dos guetos ou pulavam dos trens para se refugiar nos bosques. No gueto de Varsóvia, alguns dos judeus sobreviventes organizaram uma resistência de última hora contra os alemães.

Os alemães reagiram aos judeus recalcitrantes com máxima brutalidade. Atacantes aos gritos desciam sobre os guetos com machadinhas e baionetas. Em Warthegau, a polícia foi enviada para essas ações em um estupor semiembriagado. Todos os homens da Gestapo designados para o trabalho de limpeza do gueto recebiam uma ração diária extra de um pouco mais de 250 ml de

---

54 Philip Friedman, "Two 'Saviors' who Failed – Moses Merin of Sosnowiec and Jacob Gens of Vilna." *Commentary*, dezembro de 1958, pp. 481-83.

55 Note a afirmação explícita no relatório mensal de um comissário de polícia ucraniana em Lvov, 30 de março de 1942, Museu Memorial do Holocausto dos EUA, 1995 A 1086 (Arquivos de Lvov Oblast), Rolo 2, Fundo 12, Opis 1, Pasta 41. As deportações em Lvov começaram em março.

conhaque.[56] O *Gettoverwaltung* em Łódź solicitou uma alocação de conhaque também para seus funcionários, com o argumento de que o trabalho sem isso era "irresponsável".[57] Na Galícia, os judeus tinham consciência especial de seu destino porque tinham testemunhado as operações móveis de extermínio em 1941. Nas palavras de um relatório da ss e da polícia, eles "tentavam todos os meios a fim de escapar à evacuação". Eles se escondiam "em todos os cantos imagináveis, em canos, chaminés e até mesmo no esgoto". Eles "construíam barricadas em passagens de catacumbas, em porões transformados em casamatas, em buracos subterrâneos, em esconderijos astuciosamente ocultos em sótãos e em barracões, dentro de móveis, etc".[58]

As deportações na Galícia foram concentradas pelos *Transportsperren* em março a maio e julho a dezembro de 1942. Massacres ocorriam antes e depois das viagens dos trens superlotados. Muitas vezes, os judeus velhos e doentes nem eram transportados, mas baleados durante a revista.[59] Tanta munição de pistolas foi gasta que o kdo advertiu a polícia para usar carabinas e fuzis sempre que possível.[60] O procedimento geral na Galícia pode ser exemplificado pelo o que aconteceu em três cidades.

Em Stanislawow, cerca de 10 mil judeus foram reunidos em um cemitério e baleados em 12 de outubro de 1941. Outro fuzilamento aconteceu em março de 1942, seguido por um incêndio no gueto que durou três semanas. Um transporte foi enviado a Belzec em abril, e mais operações de fuzilamento foram realizadas

---

56 Biebow (*Gettoverwaltung*) a *Reichsnährstand/Reichsbeauftragter für das Trinkbrandweingewerbe* (Associação Agrícola/Plenipotenciário para o comércio de conhaque), 25 de junho de 1942, *Dokumenty i materialy*, vol. 3, p. 228.

57 *Ibid.*

58 Katzmann a Krüger, 30 de junho de 1943, L-18.

59 Tenente Westermann (comandante, 7ª companhia, 2º batalhão, 24º regimento policial) a kdo na Galícia, 24 de setembro de 1942, Museu Memorial do Holocausto dos eua, Grupo de Registro de Arquivos 11.001 (Centro para Preservação de Documentos Históricos, Moscou), Rolo 82, Fundo 1323, Opis 2, Pasta 292b.

60 kdo/ia da Galicia (assinado por Major Heitzinger) para 2º Batalhão (batalhão policial da reserva 133) do 24º regimento de polícia, o batalhão de guarda (*Wach-Bataillon*), Breslau, o esquadrão de cavalaria da polícia e vários departamentos da orpo na Galícia, 4 de setembro de 1942, *ibid*. O kdo na época dessas operações era o tenente-coronel von Soosten.

no verão, sendo os membros do conselho judeu e do Serviço da Ordem enforcados em postes de luz. Grandes transportes saíram para Belzec em setembro e outubro, uma ocasião marcada pela limpeza sangrenta de um hospital e (segundo relatos ouvidos por um oficial agrícola alemão) uma procissão de judeus foi de joelhos até a estação de trens.[61]

A cidade de Rawa Ruska, na Galícia, a apenas 32 km de Belzec, era uma junção ferroviária por onde os trens de deportação passavam com frequência. Um sobrevivente, Wolf Sambol, lembrando as cenas de fuzilamento na cidade, cita um oficial da *Gendarmerie* bêbado gritando com as vítimas: "Vocês não são mais judeus, vocês são os eleitos. Eu sou o seu Moisés e vou guiá-los pelo mar Vermelho". Depois, ele abriu fogo contra as vítimas com uma arma automática. O mesmo sobrevivente lembra de uma garotinha embaixo dos cadáveres, abrindo caminho para fora coberta de sangue, olhando cuidadosamente para a direita e a esquerda e fugindo. Os transportes saíram de Rawa Ruska assim que o *Sperre* foi suspenso, em julho de 1942. Embora a natureza de Belzec não fosse mais um segredo naquele verão, o Conselho Judeu de Rawa Ruska seguiu seu curso de cooperação, e muitos judeus foram ao ponto de reunião para o transporte. O desejo dele, disse Sambol, era viver mais meia hora *(Ihr Wunsch ist es, eine halbe Stunde älter zu sein)*.[62] Vários milhares de outros, porém, tentaram se esconder, e muitos pularam dos trens.

Um transporte saiu da cidade de Kolomea, no sul da Galícia (Kolomiya, Kolomija), em 10 de setembro de 1942. Seus cinquenta vagões carregavam 8.205 pessoas, 4.769 da própria Kolomea e o restante de cidades afastadas. Os judeus de duas dessas comunidades foram levados a pé até o trem. Nenhum dos deportados teve muito para comer durante dias antes da partida. O trem partiu às 22h50 e, durante a noite, parou em Lvov, onde nove vagões pré-determinados foram esvaziados para fornecer trabalhadores a um campo de trabalho forçado. Mil outros judeus subiram ao trem. As locomotivas também foram trocadas. A máquina que substituiu a primeira era velha e pouco potente, diminuindo a

---

61 Ver o depoimento de Alois Mund (especialista agrícola vienense estacionado em Stanislawow), 5 de dezembro de 1947, e os depoimentos de sobreviventes e dos funcionários da ORPO de Stanislawow, 1947 e 1948, na coleção de T. Friedmann sobre Stanislawow, Haifa, outubro de 1957, 90 pp.

62 Depoimento de Wolf Sambol, 4 de maio de 1945, Yad Vashem, O 16/584.

velocidade do trem e obrigando-o a parar frequentemente. Os judeus tiraram as roupas, arrancaram o arame farpado das aberturas perto dos tetos dos vagões e pularam para fora. Os dez homens do comando da ORPO usaram toda sua munição, conseguiram mais duzentos tiros com o pessoal do exército ao longo do caminho e, finalmente, jogaram pedras nos fugitivos. Belzec foi atingida no início da noite de 11 de setembro. Alguns dias depois, o comandante do destacamento da ORPO a bordo do trem escreveu um relatório crítico, no qual disse: "O pânico crescente entre os judeus, provocado pelo calor intenso, pela lotação de até 220 judeus nos vagões, pelo fedor dos cadáveres – havia cerca de 2 mil mortos dentro dos vagões durante o desembarque –, transformou o transporte em uma tarefa quase impossível [*Die immer grösser werdende Panik unter den Juden, hervorgerufen durch die starke Hitze, Überfüllung der Waggons bis zu 220 Juden, der Leichengestank – es befanden sich etwa 2000 Tote in den Wagen – machten den Transport fast undurchführbar*]."[63]

Essas cenas tocaram as pessoas em todo o distrito. Certa vez, um policial polonês contou livremente suas experiências a uma mulher de etnia alemã que, depois, escreveu anonimamente a Berlim. A carta dela chegou ao *Reichskanzlei*. O policial polonês, escreveu ela, perguntou-lhe se não se envergonhava de ser de etnia alemã. Ele passara a conhecer o que era a cultura alemã. Durante a dissolução dos guetos, crianças haviam sido arremessadas ao chão, e suas cabeças, pisoteadas com botas. Muitos judeus cujos ossos haviam sido quebrados pelas coronhas dos fuzis foram jogados em covas e cobertos com farinha de cálcio. Quando o cálcio começava a ferver no sangue, ainda se podia ouvir os gritos dos feridos.[64]

---

63 Relato de *Zugwachtmeister* Jäcklein (7ª companhia, 24º regimento policial e comandante do destacamento de transporte), 14 de setembro de 1942; relatório do tenente Brenner, comandante de pelotão da 6ª companhia, 24º regimento policial, 10 de setembro de 1942; tenente Westermann, comandante da 7ª companhia, ao comandante do 2º batalhão, 24º regimento policial, 14 de setembro de 1942; e Westermann ao KDO na Galícia, 14 de setembro de 1942, Museu Memorial do Holocausto dos EUA, Grupo de Registro de Arquivos 11.001 (Centro para Preservação de Documentos Históricos, Moscou), Rolo 82, Fundo 1323, Opis 2, Pasta 292b. Os dois relatórios de Westermann não são idênticos. O pelotão de Brenner foi designado a Westermann para a revista em Kolomea.
64 Carta anônima via Frank a Hitler, recebida e carimbada pela Chancelaria do Reich em 25 de março de 1943, NG-1903.

Durante a segunda metade de 1942, também foram recebidos relatórios sobre os judeus que se dispersavam nos bosques durante as "evacuações". Novamente, a maior atividade parece ter ocorrido na Galícia. Em outubro de 1942, a divisão de propaganda de Lvov relatou:

O reassentamento dos judeus que, em parte assume formas que não são mais merecedoras de um *Kulturvolk*, na verdade provoca a comparação da Gestapo com a GPU. Dizem que os trens de transporte estão em condições tão ruins que é impossível impedir a fuga de judeus. Como consequência, existem tiroteios selvagens e caçadas humanas regulares nas estações de trânsito. Além disso, relata-se que os cadáveres dos judeus baleados são deixados por dias nas ruas. Embora a população alemã e também a não alemã estejam convencidas da necessidade de liquidação de todos os judeus, seria apropriado realizar essa liquidação de uma maneira que criasse menos tumulto e menos repugnância [*auf eine weniger Aufsehen und Anstoss erregenden Art durchzuführen*].[65]

As fugas dos guetos e dos transportes também aconteciam em outros distritos. Em 7 de dezembro de 1942, o governador Zörner, do distrito de Lublin, reclamou em uma conferência no *Generalgouvernement* que, nas últimas semanas, a *Judenaktion* havia se tornado um pouco desorganizada (*überstürzt*), e como resultado um grande número de judeus havia deixado os guetos e se juntado aos "bandidos" poloneses.[66] Em 21 de setembro de 1942, o ss e líder da polícia de Radom, *Standartenführer* Böttcher, reclamou que os judeus dos pequenos guetos nas planícies do distrito estavam sendo escondidos pelos poloneses.[67] A ajuda aos judeus

---

65 *Generalgouvernement*/Divisão Principal de Propaganda, relatos consolidados semanalmente das divisões distritais de propaganda em outubro de 1942/ relato da divisão da Galícia, 26 de outubro de 1942, Occ E 2-2.

66 Resumo da conferência do *Generalgouvernement*, 7 de dezembro de 1942, Frank, Bühler, Böpple, Siebert, Fischer, Wächter, Zörner, Kundt, Wendler e *Oberlandesgerichsrat* dr. Weh foram os participantes, diário de Frank, ps-2233.

67 Böttcher ao governador de Radom, 21 de setembro de 1942. Fac-símile em Wroński e Zwolakowa, eds., *Polacy Zydzi*, p. 418. Ver também fac-símile do anúncio feito pelo *Stadtkommissar* Motschall de Ostrowiec (distrito de Radom), 28 de setembro de 1942, observando que os judeus

(*Judenbeherbergung*) era prestada por poloneses e pelos ucranianos também na Galícia.[68] Não muito tempo depois, milhares de judeus estavam escondidos nos bosques, juntando-se à resistência e, algumas vezes, reunidos em unidades próprias, trocando tiros com as unidades da *Gendarmerie* alemã. Houve relatos de tais confrontos em todos os cinco distritos do *Generalgouvernement*.[69] No distrito da Galícia, os judeus fugitivos conseguiam comprar ou obter fuzis e pistolas com os soldados italianos que haviam lutado na Rússia e que agora voltavam para casa. Como resultado, a ss e a polícia na Galícia tiveram oito mortos e doze feridos em suas tentativas de capturar os judeus nas casamatas e nas florestas. Parece que os judeus da Galícia também tentaram lutar com uma forma primitiva de guerra biológica, pois a polícia encontrou diversos frascos com piolhos infectados com tifo.[70]

estavam novamente recebendo comida e abrigo e ameaçando com a morte os poloneses por tais atos de assistência. *Ibid.*, p. 422.

68 Fac-símile do anúncio da ss e líder da polícia da Galícia, 14 de dezembro de 1943, relacionando pessoas condenadas à morte por ajudar judeus, *ibid.*, p. 438, e anúncios similares impressos no mesmo volume.

69 *Wehrkreisbefehlshaber* GG. a OKH/Chef HRüst. u. BdE/Stab, 24 de outubro de 1942, Polen 75022/10. *Generalgouvernement*/Divisão Principal de Propaganda, relatórios semanais consolidados das divisões distritais de propaganda para novembro de 1942/relatório da divisão de Lublin, 7 de novembro de 1942, e relatório da divisão de Radom, 14 de novembro de 1942, Occ E 2-2. *Oberfeldkommandantur* 372 (Lublin) para Wehrkreisbfh. GG, 21 de dezembro de 1942, Polen 75026/12. *OGruf.* Krüger a *Gruf.* Knoblauch, chefe de pessoal e treinamento no *ss-Führungshauptamt* (departamento principal militar) 8 de janeiro de 1943, NO-2044. *Generalgouvernement*/Divisão Principal de Propaganda, relatórios semanais consolidados das divisões distritais de propaganda para janeiro de 1943/relatório da divisão de Varsóvia, 9 de janeiro de 1943, Occ E 2-2. Resumo dos comentários do governador Zörner na conferência do *Generalgouvernement*, 25 de janeiro de 1943, diário de Frank, PS-2233, OFK 372 (Lublin) para Wehrkreiskdo. GG, 26 de março de 1943, Polen 75022/12. Wehrkreiskdo. GG a OKH/Chef HRüst. u. BdE, 4 de maio de 1943, Polen 75022/12. OFK 365 (Galícia), assinado por Beuttel, para Wehrkreiskdo. GG, 17 de junho de 1943, Polen 75022/12. Wehrkreiskdo. GG para OKH/Chef HRüst. u. BdE/Stab (sobre a ação do "*Eingreifgruppe*" 154ª Divisão da Reserva, Galícia), 25 de dezembro de 1943, Polen 75022/14 (Alexandria, Va.). Os alemães tiveram pouquíssimas baixas, pois os judeus estavam quase desarmados.

70 Katzmann (ss e líder da polícia, Galícia) a Krüger, 30 de junho de 1943, L-18. Com baixas por acidentes e pela febre, as perdas totais de Katzmann foram 11 mortos, 117 feridos e doentes.

O maior de todos os confrontos entre judeus e alemães aconteceu no gueto de Varsóvia. Esse encontro armado não teve consequências sobre o desenvolvimento posterior do processo de destruição. Porém, na história judaica, a batalha é literalmente uma revolução, pois depois de 2 mil anos de uma política de submissão, a roda havia girado e, mais uma vez, os judeus usaram a força.

Como se poderia esperar, o movimento de resistência judeu não partiu do *Judenrat* pois essa organização era formada justaente por aqueles elementos da comunidade que haviam apostado tudo em um caminho de completa cooperação com a administração alemã. Para mobilizar os judeus do gueto contra os alemães, foi necessário criar uma nova hierarquia forte o bastante para conseguir desafiar o conselho na busca do controle sobre a comunidade judaica. O núcleo de tal organização ilegal foi formado a partir dos partidos políticos que tinham representação na máquina da comunidade judaica no pré-guerra. Esses partidos, que haviam conseguido sobreviver no gueto cuidando de seus membros, agora se reuniam em um bloco de resistência.

Nem todos os partidos passaram para uma política de resistência com a mesma velocidade. O movimento começou em dois campos extremos que não tinham contato um com o outro: os comunistas dominados por Moscou (PPR) e os nacionalistas autossuficientes (Partido Revisionista). Dali, a ideia se disseminou para os grupos da juventude sionista (*Hechalutz*), os sindicalistas socialistas (*Bund*) e os sionistas trabalhistas de esquerda (*Poalei Zion*). Em última instância, o movimento incluiu todos os grandes partidos exceto um: o partido ortodoxo (*Agudath*). Nessa época, porém, 85% dos judeus do gueto já estavam mortos.[71]

Em abril de 1942, quando a comunidade do gueto ainda estava intacta, o movimento oposicionista limitou-se à ação verbal. Jornais clandestinos eram

---

71 Para o crescimento do movimento de resistência, ver, em geral, Philip Friedman, ed., *Martyrs and Fighters* (Nova York, 1954), pp. 193-218, e Joseph Tenenbaum, *Underground* (Nova York, 1952), p. 82 e ss. Os comunistas judeus não tinham partido próprio. Eles pertenciam ao partido (comunista) dos trabalhadores poloneses: o *Polska Partija Robotnicza* (PPR). Os nacionalistas judeus haviam se separado da organização sionista para formar o partido revisionista (posteriormente, em Israel, *Herut*). O braço militar dos revisionistas era chamado de *Irgun Zwai Leumi* (organização militar nacional). O *Hechalutz* era formado pelos grupos de jovens de vários partidos sionistas. O *Bund* era o partido dos sindicalistas judeus. De tendência socialista, ele era anticomunista e antissionista. Mantinha contato com o Partido Socialista Polonês (PPS).

distribuídos, e a Gestapo, em represália, fuzilou 51 pessoas. Vários membros da hierarquia do *Judenrat* reagiram a esse desenvolvimento, expressando ao presidente, Czerniaków, a opinião de que os jornais clandestinos podiam causar danos incalculáveis à população judia.[72] Naquele tempo, a ideia da resistência física era assunto apenas de conversas. Uma dessas conversas, entre Emmanuel Ringelblum (o historiador não oficial do gueto) e um oficial do bem-estar judeu, aconteceu em meados de junho. Ela foi condensada de modo revelador por Ringelblum em suas anotações:

> Conversei outro dia com um amigo de Biala-Podlaska, coordenador da organização de auxílio social. Ele estava auxiliando na "transferência" da população (teria sido mais correto dizer "transferência para o outro mundo") para Sobibór perto de Chelm, onde os judeus são sufocados até a morte com gases. Meu amigo perguntou, com raiva, até quando... por quanto tempo mais iremos "como cordeiros para o abate"? Por que nos mantemos quietos? Por que não há um chamado à fuga para as florestas? Nenhum chamado à resistência? Esta questão atormenta a todos nós, mas não existe uma resposta para ela porque todos sabem que a resistência, em especial, até mesmo se um único alemão for morto, poderá resultar no massacre de toda uma comunidade ou até mesmo de muitas comunidades.[73]

Ringelblum, bem como muito outros, ainda não havia chegado à conclusão de que todos os judeus da Europa eram o alvo da ação alemã e, enquanto não houvesse certeza quanto a essa questão, a resistência era considerada uma provocação aos alemães e um perigo para os judeus velhos demais, jovens demais ou doentes demais para se defenderem.

O próprio Adam Czerniaków tinha uma sensação de mau presságio desde o princípio. Em seu diário, ele registrou os relatos que ouvia, cada vez mais

---

72 Hilberg, Staron e Kermisz, eds., *Diary of Adam Czerniakow*, entradas de 17 a 22 de abril de 1942, pp. 343-46.

73 Entrada de Ringelblum em 17 de junho de 1942, *Yad Vashem Studies* 7 (1968): 178. A entrada não havia sido publicada anteriormente. Ver também o diário de um auxiliar de Ringelblum, de Varsóvia, que menciona os campos de extermínio de Kulmhof e Belzec. Joseph Kermisz, "Daily Entries of Hersh Wasser," *Yad Vashem Studies* 15 (1983): 201-82, com entradas de Wasser em 26 e 30 de maio de 1942 nas pp. 277, 282.

numerosos com o passar dos meses. Já em 27 de outubro de 1941, ele se referia a "rumores alarmantes a respeito do destino dos judeus em Varsóvia na próxima primavera". Em 19 de janeiro de 1942, ele soube que Auerswald havia sido chamado a Berlim. "Não consegui me livrar da suspeita temerosa", escreveu ele, "de que os judeus de Varsóvia talvez estejam sob a ameaça de um reassentamento em massa". Era a véspera da conferência sobre a "solução final" em Berlim, na qual o *Staatssekretär* Bühler do *Generalgouvernement* foi um participante importante. Em 16 de fevereiro, Czerniaków escreveu que boatos inquietantes a respeito de expulsões e reassentamentos estavam se multiplicando entre a população. Em março, enquanto as deportações em massa começavam em diversas cidades, Czerniaków anotou o que estava acontecendo. Em 18 de março, ele mencionou as deportações em Lvov, Mielec e Lublin e, em 1 de abril, registrou as notícias de Lublin de que 90% dos judeus do gueto seriam levados nos próximos dias e de que os membros do conselho de Lublin, inclusive o presidente Becker, estavam presos.

Mais tarde nesse mês, em 29 de abril, o *Kommissar* do gueto de Varsóvia, Auerswald, solicitou a Czerniaków que fornecesse estatísticas da população por rua e prédio de apartamentos, e um dos assistentes de Auerswald acrescentou uma solicitação de dez mapas do gueto. Em seu diário, Czerniaków perguntou-se: "Existe uma decisão iminente?". Em 3 de maio, quando o *Transferstelle* solicitou uma lista de todos os que estavam trabalhando, Czerniaków ficou pensando se a deportação dos elementos improdutivos estava sendo planejada. Em julho, os boatos falavam em números: no dia primeiro, que 70 mil seriam deportados; no dia 16, que 120 mil seriam removidos e, no dia 18, que as deportações começariam na segunda-feira seguinte e que incluiriam a todos. Czerniaków continuou com sua rotina diária, inclusive com o patrocínio de concertos e de festivais infantis. Evocando a imagem do capitão em um navio que afunda, ele escreveu em 8 de julho que havia ordenado que a banda de jazz tocasse para elevar o ânimo dos passageiros.

Em 20 de julho, conforme o pânico aumentava no gueto, Czerniaków perguntou a um sargento da ss se havia alguma verdade nos rumores. O homem da ss não tinha ouvido nada. O presidente então se aproximou de um ss *Untersturmführer* na Gestapo (Brandt da IV-B) com a mesma pergunta. Brandt disse que desconhecia tal plano. Czerniaków então perguntou ao *Obersturmführer* Boehm (IV-A) o que ele sabia. Boehm respondeu que esse assunto não cabia a seu departamento, mas que o *Hauptsturmführer* Höhmann (chefe da IV-A) poderia ter alguma informação. Höhmann garantiu a Czerniaków que, se algo estivesse para acontecer, ele saberia. Um outro oficial da Gestapo lhe disse que tudo isso era bobagem (*Quatsch und Unsinn*). No dia seguinte, os membros do conselho foram presos e, às dez horas do dia 22, o *Sturmbannführer* Höfle do *Aussiedlungsstab* de Globocnik chegou ao escritório do conselho. O telefone estava desligado, e Czerniaków, na presença de alguns dos funcionários do conselho, foi informado de que todos os judeus, independentemente de sexo ou idade, com exceção de algumas categorias, seriam deportados para o "Leste".[74]

Höfle decretou que mil homens da polícia judaica fossem designados para as revistas e que 6 mil judeus estivessem reunidos às 16 horas daquele dia e de cada dia a seguir. Os contingentes iniciais de judeus (*Kontingente an Juden*) deveriam sair da população como um todo, e diretrizes seriam emitidas posteriormente para capturas por ruas e quarteirões. As exceções seriam apenas os empregados em escritórios e empresas alemãs, judeus capazes de trabalhar, empregados do conselho, membros da polícia judaica, pessoal do hospital judeu e de desinfecção, todos eles com suas esposas e filhos, e os judeus hospitalizados que não pudessem viajar.[75]

Em 23 de julho, Czerniaków, preocupado com as crianças nos orfanatos, propôs categorias adicionais de exceções ao assistente de Höfle, *Obersturmführer* Worthoff. Ele foi informado de que os estudantes das escolas vocacionais e os maridos de trabalhadoras poderiam ficar, mas que a situação dos órfãos seria decidida pelo próprio Höfle. Quando Czerniaków perguntou quantos dias por semana a operação seria realizada, disseram-lhe que seriam sete dias por semana. Czerniaków, observando a grande pressa para abrir novas oficinas, escreveu: "Uma máquina de costura pode salvar uma vida". Era de tarde, cerca de 16 horas.[76] Naquela noite, sozinho em seu escritório, Czerniaków pediu um copo d'água e tomou uma pílula de cianureto que guardava na gaveta.[77]

---

74 Ver as entradas de Czerniaków nessas datas em Hilberg, Staron, e Kermisz, eds., *Diary of Adam Czerniakow*, pp. 293, 317, 326, 335, 339, 348, 349, 373, 376-77, 381-85.

75 Texto da diretiva de Höfle em relatório de Lichtenbaum ao *Ghetto Kommissar* Auerswald de julho de 1942, datado de 5 de agosto de 1942, Zentrale Stelle Ludwigsburg, Polen 365 e, pp. 650-53. A redação aparenta ser um resumo de instruções verbais.

76 Hilberg, Staron e Kermisz, eds. *Diary of Adam Czerniakow*, p. 385.

77 Para relatos do suicídio de Czerniaków, ver Friedman, *Martyrs and Fighters*, pp. 148-52. Ver também, Leonard Tushnet, *The Pavement of Hell* (Nova York, 1972), pp. 127-28.

O conselho prontamente elegeu o assistente de Czerniaków, Marek Lichten-baum, como seu sucessor.[78] As "autoridades" (*Behörden*), disse Lichtenbaum em seu primeiro relatório mensal, tinham prometido ao conselho rações normais para os meses de agosto e setembro e, além disso, 180 toneladas de pão e 36 toneladas de geleia para os reassentados. Por três vezes, a polícia judaica (que, na ausência de Józef Szeryński, que ainda estava preso por suspeita de corrupção, era liderada por seu assistente Jakub Lejkin) postou anúncios, o último em 1º de agosto, prometendo três quilos de pão e um quilo de geleia para cada pessoa que se registrasse volunta-riamente na *Umschlagplatz*.[79] Naquele dia, dois batalhões Schutzmannschaft letões, o 22º e o 272º, foram designados para a guarda do perímetro do gueto.[80]

Enquanto a imponente máquina da *Judenrat* respondia mecanicamen-te ao comando alemão, começava uma atividade febril nas organizações parti-dárias judaicas. Comitês eram estabelecidos, reuniões eram realizadas, órgãos coordenadores eram criados. Na tarde de 23 de julho, o mesmo dia do suicídio de Czerniaków, cerca de dezesseis representantes de todos os principais parti-dos, exceto os revisionistas (que não foram convidados) se reuniram para discu-tir a questão crucial da resistência imediata. A partir dos relatos fragmentários pós-guerra a respeito dessa conferência, não fica claro como os participantes se dividiram quanto a essa questão. Todos os relatos concordam, porém, que os partidários da resistência foram vencidos.

O consenso era de que os alemães iriam deportar talvez umas 60 mil pesso-as, mas não todos os 380 mil judeus no gueto. Sentia-se que, com a resistência, a destruição do gueto seria acelerada e que uma multidão seria punida por causa dos atos de uns poucos.[81]

---

78 Relato de Lichtenbaum referente a julho em Zentrale Stelle Ludwigsburg, Polen 365 e, p. 643.
79 *Ibid.*, p. 653. Texto de 1º de agosto de 1942, pôster em Jüdisches Historisches Institut Warschau, *Faschismus-Getto-Massenmord* (Berlim, 1961), p. 309.
80 Andrew Ezergailis, *The Holocaust in Latvia* (Riga, 1996), pp. 327-29. Os batalhões, que tinham uma força combinada de mais de 900 oficiais e soldados, foram enviados da Letônia em 26 de ju-lho. Relatório de força do Schutzmannschaft de 1º de julho de 1942, com datas de partida, Arquivos Federais Alemães, R 19/266. Ezergailis observa que os batalhões retornaram em meados de se-tembro. Nessa data, a operação estava concluída.
81 Uma lista dos participantes da conferência foi enviada a Londres em um relatório do que resta-va da resistência judaica em março de 1944. Trechos do relatório, em inglês, são reproduzidos por

As suposições daqueles que argumentaram contra a resistência mostraram-se falsas no final de julho. Cerca de 60 mil judeus já haviam sido transportados nesse ponto,[82] e as revistas continuavam sem cessar. Logo chegou a vez dos órfãos por quem Czerniaków havia feito seu último pedido. Janusz Korczak, encarregado do orfanato no gueto, teve uma oportunidade de fugir. Em 27 de julho, Korczak escreveu em seu diário: "Escolha: saia ou trabalhe aqui. Se ficar, você deve fazer tudo que for necessário para os reassentados. O outono se aproxima. Eles preci-

---

Friedman, *Martyrs and Fighters*, p. 199. A ausência de um representante revisionista pode ser explicada pela versão comunista da conferência. Segundo essa fonte, o líder comunista, Jozef Lewartowski-Finkelstein, iniciou a conferência convidando todos os "ativistas" (que aparentemente incluam até um membro do *Judenrat* e um rabino ortodoxo), mas não os revisionistas, que muitas vezes foram descritos pelos comunistas como fascistas judeus nacionalistas-burgueses. Ver M. Edin, "The 'PPR' and Ghetto Resistance," *Jewish Life*, abril 1951; pp. 12-15. (*Jewish Life* era uma publicação mensal comunista nos Estados Unidos.)

Sobre a divisão das opiniões na conferência, sabemos com certeza apenas que os comunistas e o *Hechalutz* eram favoráveis à resistência imediata, enquanto o membro do *Judenrat* I. Szyper e o rabino Zishie Friedman eram contrários a essa ideia. Szyper, um historiador, aparentemente recitou exemplos de passagens da história judaica em que os judeus ganharam mais por não lutar do que por lutar. O rabino Friedman aconselhou os judeus a "não levantarmos as mãos" contra os alemães, com medo de que o desastre caísse sobre centenas de milhares de judeus. I. Cukierman (líder *Hechalutz*) em Friedman, *Martyrs and Fighters*, pp. 193- 95.

A posição dos socialistas (*Bund*) na conferência não fica muito clara. Segundo os relatos pós-guerra de dois importantes líderes do *Bund*, Maurycy Orzech, o representante do *Bund*, insistiu que os participantes deviam apoiar a resistência. Goldstein, *The Stars Bear Witness*, pp. 108-12; Marek Edelman, *The Ghetto Fights* (Nova York, 1946), p. 18. Porém, o líder do *Hechalutz*, Cukierman, e os comunistas em *Jewish Life* relatam que Orzech insistiu a favor da resistência, mas com a condição de que os poloneses também lutassem.

Houve uma pergunta em relação a se uma oferta significativa de ajuda havia sido feita pela principal força de resistência polonesa, o *Armia Krajowa*, dirigido a partir de Londres, neste ponto. Ver a afirmação de Bor-Komorowski, *The Secret Army*, pp. 99-100, e uma refutação de Ysrael Gutman, "The Attitude of the Poles to the Mass Deportations of Jews from the Warsaw Ghetto in the Summer of 1942," em Ysrael Gutman e Efraim Zuroff, eds., *Rescue Attempts during the Holocaust* (Jerusalém, 1977), pp 399-422, pp. 414-21.

82 Escritório do governador de Varsóvia ao *Staatssekretär* do *Generalgouvernement*, relatório sobre junho e julho de 1942, datado de 15 de agosto de 1942, Occ E 2-3.

sarão de roupas, sapatos, roupas de baixo, ferramentas". Em 1 de agosto, ele escreveu: "Um cassino, Mônaco. O prêmio, a sua cabeça". Em 4 de agosto, ele decidiu entregar à polícia um menino "com baixo desenvolvimento mental e cruelmente indisciplinado" a fim de que toda a casa não fosse exposta ao perigo. Essa foi a última entrada de Korczak no diário.[83]

Józef Szeryński, libertado do cativeiro alemão para realizar as revistas, retomou o comando da polícia judaica. Segundo um cronista contemporâneo, ele foi abordado, em meados de agosto por um grupo de carregadores e condutores de carroças que tinham um "projeto de resistência". Szeryński lhes disse que tinha visto cartões postais enviados pelos deportados em Treblinka indicando que todos ali estavam a salvo. Os carregadores acreditaram nele "com a ingenuidade infantil dos atletas [z dziecięcą naiwnością atlety]".[84]

Alguns líderes do movimento jovem sionista, que queriam agitar as pessoas, descobriram que era difícil até convocar uma reunião. Os que eram convidados estavam preocupados com questões pessoais ou temiam ser pegos no meio do caminho. Quando os partidários da ação lançaram uma proclamação com a frase: "Judeus, não partam, Treblinka é a morte", os judeus arrancaram os cartazes das paredes "com uso de força, com golpes".[85]

A partir de 9 de agosto, as ruas foram limpas sistematicamente e, no dia 18, a maior parte dos que se qualificavam para a deportação havia desaparecido.[86] Os oficiais da administração alemã da cidade agora expressavam preocupação em relação a contas de serviços públicos não pagas,[87] e os proprietários das fábricas de armamento alemãs no gueto, juntamente com os oficiais de armamentos e repre-

---

83 Janusz Korczak, *Ghetto Diary* (Nova York, 1978), pp. 176, 185, 187. Segundo Igor Newerly, a quem o diário foi entregue naquele mês, Korczak e seus órfãos foram deportados em 5 de agosto.

84 Stefan Ernest, "Trzeci front: O wojnie Wielkich Niemiec z Zydami Warszawy 1939-1943," pp. 143-45. Manuscrito não publicado na coleção particular do dr. Lucjan Dobroszycki.

85 Yitzhak Zuckerman (Cukierman), *A Surplus of Memory* (Berkeley, Califórnia, 1993), pp. 196-97.

86 Relatório do conselho referente a agosto, datado de 5 de setembro de 1942, Zentrale Stelle Ludwigsburg, Polen 365 d, pp. 654-62.

87 Dürrfeld (Dezernat 3) para o chefe da polícia e da ss von Sammern-Frankenegg, 10 de agosto de 1942, e memorando de Kunze (Dezernat 4/II), 13 de agosto de 1942, Zentrale Stelle Ludwigsburg, Polen 365 d, pp. 275-77. A empresa municipal de eletricidade tinha 47 mil clientes no

sentantes da *Transferstelle*, apressaram-se a salvar sua mão de obra judaica. Os industriais não tinham tempo a perder.[88] Depois de cerca de dez dias, durante os quais os invasores esvaziaram os pequenos guetos do distrito de Varsóvia, as deportações recomeçaram. Cada policial judeu devia levar sete pessoas para deportação a cada dia ou ele mesmo seria "reassentado". Então, os policiais levavam todas as pessoas que conseguiam capturar: amigos, parentes, até membros da família imediata. Em 5 de setembro, restavam 110 mil. Nesse dia, todos os judeus foram convocados à *Umschlagplatz* para uma seleção gigantesca.[89] Durante as semanas de deportações, os trabalhadores quase desmaiavam de fome em suas máquinas, enquanto as famílias desempregadas reuniam-se em porões. Subornos eram oferecidos aos policiais judeus. Certificados reais e forjados eram exibidos no desespero do último minuto para escapar à captura. Uma mulher de meia-idade agarrou-se a um poste de iluminação e uma fila de judeus engatinhou sobre os telhados, tentando não escorregar. Móveis, louças e sapatos dos capturados enchiam as ruas.[90] Em seu relatório referente a agosto, o *Judenrat* mencionou 2.305 mortes com ferimentos a bala (*Schusswunden*) e, no referente a setembro, esse número foi de 3.158.[91]

---

gueto, a empresa de gás tinha cerca de 22.600. As autoridades municipais solicitaram a criação de um fundo de reserva com os bens dos judeus e a prioridade entre os credores.

88 As principais empresas do gueto eram Többens, Schultz, Wilhelm Döring e Transavia. Um acordo com a ss e a polícia em 26 de agosto de 1942 garantia que 21 mil trabalhadores seriam mantidos no gueto. Többens e Schultz ficaram com 8 mil cada nesse acordo. Diário de guerra, Comando de Armamento de Varsóvia, relatórios referentes a julho, agosto e setembro de 1942 (assinado por Oberst Freter), Wi/ID l.91. Sobre as flutuações dos números em Schultz, ver Helge Grabitz e Wolfgang Scheffler, *Letzte Spuren* (Berlim, 1988), pp. 151-52, 162-71, 183, 207.

89 Goldstein, *The Stars Bear Witness*, pp. 124-45. Os próprios policiais judeus foram capturados na ação final; cerca de 2 mil policiais estavam entre as vítimas. Berg, *Warsaw Ghetto*, p. 187. Um "pente fino" (*Auskämmeaktion*) aconteceu nas fábricas em 2 de setembro e, de novo, em 6 e 7 de setembro. O objetivo dessas seleções era a redução da força de trabalho aos permitidos 21 mil. Diário de guerra, Comando de Armamento de Varsóvia, relatório referente a setembro de 1942, wi/ID l.91. Os policiais judeus nas fábricas foram revistados em 11 de setembro. *Ibid*.

90 Ver a descrição de Vladka Meed, *On Both Sides of the Wall* (Kibbutz Lahomei Haghettaot, Israel, 1977), pp. 15-105.

91 Relatórios mensais de Lichtenbaum, 5 de setembro e 5 de outubro de 1942, Zentrale Stelle Ludwigsburg, Polen 365 d, pp. 654-72.

Quando a *Aktion* terminou, 310.322 judeus tinham sido deportados. Aproximadamente 63 mil podiam ainda estar vivos no final de setembro, inclusive 35.533 que estavam registrados, e todos os outros – sem rações, emprego ou um endereço regular –, que estavam entregues à própria sorte.[92] O tamanho do gueto também havia sido reduzido, e a principal seção habitada agora estava confinada ao canto nordeste. Porém, ainda existiam fábricas em Leszno, Karmelicka, Twarda, Prosta e algumas ruas afastadas (ver Mapa 5). O resto do gueto estava vazio.[93]

Muitas perguntas foram feitas no gueto depois da conclusão da operação, como exemplificado pelas questões do historiador Emmanuel Ringelblum, registradas em meados de outubro:

Por que não resistimos quando começaram a reassentar 300 mil judeus de Varsóvia? Por que nos deixamos levar como cordeiros ao abate? Por que tudo foi tão fácil para o inimigo? Por que os carrascos não sofreram nenhuma baixa? Por que cinquenta homens da ss (alguns dizem que até menos), com a ajuda de uma divisão de cerca de duzentos guardas ucranianos e um número igual de letões, puderam realizar a operação tão tranquilamente?

E de novo:

O reassentamento nunca deveria ter sido permitido. Devíamos ter saído às ruas, ter incendiado tudo à vista, ter arrebentado os muros e fugido para o Outro Lado. Os alemães teriam se vingado. Teria custado dezenas de milhares de vidas, mas não 300 mil.[94]

Relembrando, trinta anos depois do evento, Cukierman (Zuckerman), líder do *Hechalutz*, disse que algo devia ter sido feito antes do início das deportações:

92 Sobre 310.322: Brif. Stroop para Krüger, 16 de maio de 1943, PS-1061. Sobre 35.553: Glowna Komisja Badania, *Obozy hitlerowskie na ziemiach polskich* (Varsóvia, 1979), p. 551.

93 Berg, *Warsaw Ghetto*, p. 188.

94 Emmanuel Ringelblum, *Notes from the Warsaw Ghetto* (Nova York, 1958), entrada de 15 de outubro de 1942 e entrada subsequente no outono, pp. 310, 326.

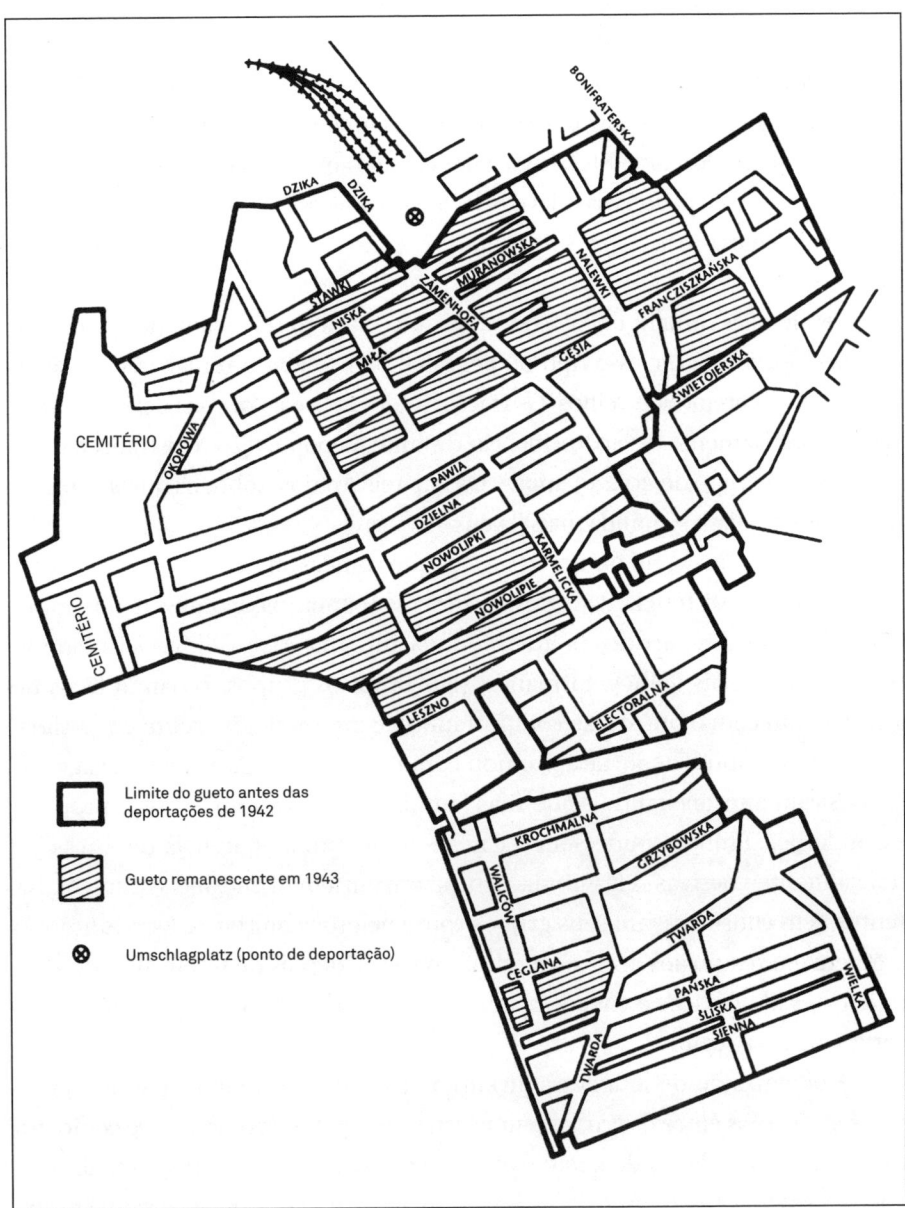

Legenda:
- Limite do gueto antes das deportações de 1942
- Gueto remanescente em 1943
- Umschlagplatz (ponto de deportação)

MAPA 5 A destruição do gueto de Varsóvia

A polícia judaica estava armada com cassetetes de borracha e facas. Isto é, eles não tinham armas. Tudo o que tínhamos a fazer era matá-los. Se alguns deles tivessem sido mortos, os outros teriam medo de entrar para a polícia. Eles deviam ter sido enforcados nos postes de luz à noite, como ameaça; mas não fizemos isso. Podíamos ter enviado nossos jovens para emboscá-los e assustá-los; mas também não fizemos isso.[95]

Os alemães tinham deixado para trás um número relativamente grande de pessoas capazes de ter esse tipo de pensamentos. O gueto remanescente tinha muito poucas crianças e velhos. Os fracos, os doentes e as massas desamparadas haviam praticamente desaparecido. No restante da população registrada, a maioria estava no grupo de 20 a 39 anos.[96] Os não registrados, sobre os quais não existem dados, podiam ser ainda mais jovens.

Foi nesta época, no outono de 1942, que começaram os preparativos mais sérios para a resistência. Um desses desenvolvimentos aconteceu nos movimentos jovens dos partidos políticos. Ainda antes da crise, os jovens tinham se separado dos mais velhos, formando seus próprios grupos, forjando laços de amizade um com o outro e se comportando de um modo diferente em estilo e discurso. Quando a deportação tomou conta do gueto, alguns deles se agruparam fisicamente, afastando-se de suas famílias e se reunindo em seus próprios esconderijos. Embora pudessem ter nesse momento a aparência de forças potencialmente coesivas, eles ainda não pensavam em si mesmo como combatentes nem consideravam seus grupos como pelotões militares. Essa função só emergiu em reação aos acontecimentos do verão, depois de terem abandonado os debates ideológicos e voltado a atenção para o problema imediato do que deveria ser feito a seguir.[97]

A organização de luta dessa juventude foi construída em etapas. Era preciso criar vínculos entre os grupos e uma estrutura que os representasse como um todo junto à população do gueto e também junto à resistência polonesa fora do gueto. Nesse processo, os grupos sionistas se aliaram com o PPR comunista sob

---

95 Zuckerman, *A Surplus of Memory*, p. 192.

96 Ysrael Gutman, *The Jews of Warsaw 1939-1945* (Bloomington, Indiana, 1982), pp. 270-71.

97 Entrevista de Yisrael Gutman, "Youth and Resistance Movements in Historical Perspective," *Yad Vashem Studies* 23 (1993): 1-71.

um Comitê Nacional Judaico (ZKN).[98] Os aliados sionistas e comunistas então se juntaram aos socialistas do *Bund* sob o teto de um Comitê de Coordenação (KK), como se vê na Tabela 8.3. Esse amálgama político foi realizado em 20 de outubro de 1942,[99] mas o comitê só se reuniu algumas vezes porque os líderes sionistas temiam que uma discussão interna prolongada levasse a dúvidas e hesitações a respeito da resistência.

Os pequenos grupos foram então transformados em "grupos de batalha", isto é, grupos de batalha *Hashomer Hatzair*, grupos de batalha comunistas, grupos de batalha do *Bund*, e assim por diante. A partir de 20 de outubro, essas 22 unidades foram colocadas sob o comando do braço militar do KK: a Organização de Luta Judaica (ŻOB). O comandante em chefe do ŻOB era um líder do *Hashomer Hatzair*, Mordechai Anielewicz. Ele vinha de uma família pobre, tinha vivido em um ambiente polonês e é descrito como sendo ambicioso, inteligente, prático, destemido e decidido. Tinha 24 anos.[100]

Porém, dois partidos importantes permaneceram fora da estrutura da nova organização de resistência: os judeus ortodoxos do *Agudah*, que não tinham combatentes, e os judeus nacionalistas do partido revisionista, que tinha uma União Militar Nacional (ŻZW) com três grupos de batalha sob o comando de Pawel Frenkel.[101] Os representantes do ŻOB e os revisionistas se encontraram para verificar a possibilidade de unificação, mas cada lado tinha uma demanda que não podia ser reconciliada com a posição do outro.

O ŻOB, em que os esquerdistas rejeitavam a filosofia dos nacionalistas, insistiu que o ŻZW dissolvesse suas unidades e se juntasse aos grupos de batalha do

---

98 Os grupos sionistas eram: *Dror, Hashomer Hatzair, Akiba, Gordonia, Poalei Zion Left, Poalei Zion Z.S.* e *Hanoar Hazioni*.

99 Ver história detalhada em Gutman, *The Jews of Warsaw*, pp. 283-306.

100 Sobre a fundação do ŻOB, ver Zuckerman, *A Surplus of Memory*, pp. 202, 219 e 221. Sobre Anielewicz, ver *ibid.,* pp. 256-59 e 343, e uma entrevista de Marek Edelman por Hanna Kral, "Es ging darum, wie man stirbt," em *Die Zeit*, 23 de abril de 1976, pp. 9-10.

101 Relatório A clandestino do *Bund*, recebido em Nova York em 22 de junho de 1943, em Edelman, *The Ghetto Fights*, p. 46. David Wdowinski, "The History of the Revolt," *The Answer* (publicação revisionista nos Estados Unidos), junho de 1946, pp. 18, 24, e seu livro *And We Are Not Saved* (Nova York, 1963), em especial pp. 77-82. Wdowinski presidiu o comitê político dos revisionistas.

TABELA 8.3 Organização da resistência judaica no gueto de Varsóvia

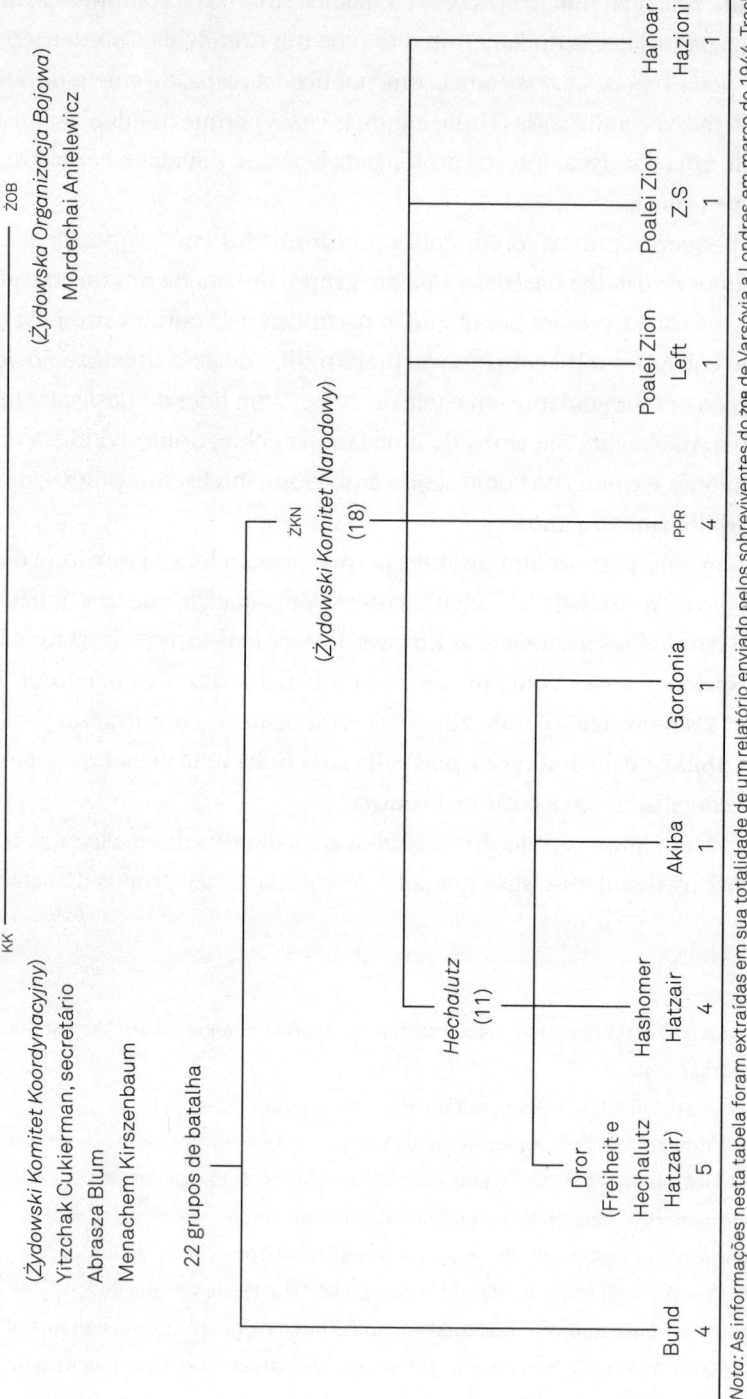

Nota: As informações nesta tabela foram extraídas em sua totalidade de um relatório enviado pelos sobreviventes do ẓOB de Varsóvia a Londres em março de 1944. Trechos em inglês desse relatório em Friedman, *Martyrs and Fighters*, pp. 201–3.

ŻOB como indivíduos. Os revisionistas apontaram que havia ex-oficiais e suboficiais do exército polonês entre os organizadores do żzw, em contraste com a liderança militarmente inexperiente do ŻOB. Desse modo, o żzw queria receber o comando de toda a operação.[102]

Tanto para o ŻOB quanto para os revisionistas, a necessidade mais imediata era dinheiro para comprar alimentos e armas no mercado negro. Alguns padeiros forneciam pão gratuitamente, e alguns judeus na hierarquia econômica forneciam fundos aos membros da resistência, por simpatizar com a ação. A principal fonte de meios financeiros, porém, era um sistema de "expropriações" que consistia em ameaças dirigidas a judeus abastados e ao próprio Conselho Judaico.[103]

O movimento de resistência também tinha de neutralizar os judeus que estavam cooperando com os alemães. Em 21 de agosto de 1942, quando as deportações estavam no auge, Izrael Kanal, do ŻOB, disparou o primeiro tiro no chefe da polícia judaica, Jozef Szerynski, ferindo-o no rosto.[104] O sucessor de Szerynski, Jakub Lejkin, foi baleado e morto. Outras balas atingiram policiais, informantes e colaboradores, inclusive o diretor da divisão econômica da *Judenrat*, Izrael First.[105] "De modo geral", disse Yizhak Cukierman depois da guerra, "todas as nossas sentenças de morte eram justificadas".[106] Sob o fogo constante da resistência, o *Judenrat*, dirigido por seu novo presidente, engenheiro Marek Lichtenbaum, se atrofiou gradativamente e acabou por perder o poder.[107]

---

102 Zuckerman, *A Surplus of Memory*, pp. 225-27. Gutman, *The Jews of Warsaw*, pp. 293-97. Um dos comandantes territoriais do ŻOB, Eliezer Geller, que também tinha 24 anos, havia lutado como soldado em 1939.

103 Zuckerman, *A Surplus of Memory*, pp. 304-5, 310-11, 317-19, 331, 333- 35. Wdowinski, *And We Are Not Saved*, p. 82.

104 Relatório do ŻOB em Friedman, *Martyrs and Fighters*, pp. 196-97. Segundo este relatório, dois tiros feriram fatalmente o chefe da polícia. Na verdade, ele retornou ao trabalho mais tarde e se suicidou em 24 de janeiro de 1943. Stanislaw Adler, *In the Warsaw Ghetto* (Jerusalém, 1982), p. 323.

105 Goldstein, *The Stars Bear Witness*, pp. 178-79; Jonas Turkow (sobrevivente) em Friedman, *Martyrs and Fighters*, p. 84.

106 Zuckerman, *A Surplus of Memory*, p. 319. Ver também pp. 320-22, 325.

107 Durante a revolta, Lichtenbaum e seus assistentes foram baleados por homens da ss "depois de uma luta corpo a corpo". Boletim no. 7 do KK, 29 de abril de 1943, em Friedman, *Martyrs and Fighters*, pp. 242-43.

As medidas de defesa foram concluídas apressadamente. Enquanto fingiam construir abrigos antiaéreos, os judeus construíram várias centenas de abrigos subterrâneos, alguns dos quais eram conectados com o sistema de esgoto. De modo geral, os judeus abastados tinham alojamentos mais luxuosos do que os pobres. Foi lançada uma campanha de propaganda por meio de pôsteres, folhetos e boca a boca, convocando os judeus a não se entregarem "como cordeiros a caminho do abate" e alertando-os de que nada esperava aqueles que se entregassem exceto "uma morte horrenda na máquina de sufocamento de Treblinka". Eles não deveriam ir para o trem, mas permanecer em seus abrigos, não importando o que acontecesse.[108]

Os alemães chegaram antes do que se esperava. Durante uma visita a Varsóvia, no início de janeiro de 1943, Himmler foi informado de que ainda havia 40 mil judeus no gueto. O número verdadeiro era muito mais alto, mas até mesmo 40 mil eram demais e ele ordenou que 8 mil fossem deportados imediatamente. Dos restantes, ele queria poupar 16 mil para os campos de trabalho forçado.[109] Falando com o coronel Freter do comando de armamentos, ele comentou que Keitel havia concordado com o plano.[110]

Quando os alemães atacaram em 18 de janeiro para cumprir a ordem de Himmler, o gueto foi pego completamente de surpresa.[111] Seis mil e quinhentos judeus foram deportados e 1.171 morreram à bala. Os alemães tiveram várias baixas.[112]

---

108 Texto do apelo do ŻOB, provavelmente redigido na primeira metade de janeiro, e texto de um apelo revisionista emitido na mesma época, em Yitzhak Arad, Yisrael Gutman e Abraham Margaliot, eds., *Documents on the Holocaust* (Jerusalém, 1981), pp. 301-4.

109 Himmler a Krüger, cópias para RSHA, Pohl e Wolff, janeiro de 1943, NO-1882.

110 Freter ao *Rüstungsinspekteur* Schindler, 12 de janeiro de 1943, WI/ID l.46.

111 Gutman, *The Jews of Warsaw*, pp. 312-16.

112 Goldstein, *The Stars Bear Witness*, pp. 176-77. Stroop a Krüger, 16 de maio de 1943, PS-1061. *Generalgouvernement*/Divisão Principal de Propaganda, relatórios consolidados semanalmente das divisões distritais de propaganda, relatórios da divisão de Varsóvia, 18 de janeiro de 1943, Occ E 2-2. O número de judeus mortos por ferimentos a bala encontra-se no relatório de Lichtenbaum referente a janeiro, datado de 23 de fevereiro de 1943, Yad Vashem O 6/21b. Segundo o relatório de Stroop, um policial alemão foi gravemente ferido no abdômen. Um policial alemão que mantinha um diário pessoal anotou dois mortos e dois feridos. Citação extraída do diário em Wolfgang Scheffler e Helge Grabitz, eds., *Der Ghetto-Aufstand Warschau 1943* (Munique, 1993), p. 140.

O encontro armado levou Himmler a ordenar a dissolução completa do gueto. O bairro judeu esvaziado deveria ser completamente destruído. Nenhum polonês teria permissão para se alojar ali, pois Himmler não queria que Varsóvia crescesse até seu tamanho anterior.[113]

As empresas industriais Többens e Schultz não perderam tempo em fazer acordos com o *Gruppenführer* Globocnik para transferir sua produção para Lublin. Eles começaram a retirar os equipamentos e a enviar pequenos transportes de judeus. Globocnik atribuiu plenos poderes a Walther Többens para a mudança das dezesseis empresas alemãs que funcionavam no gueto. Quando o ŻOB colocou cartazes nas paredes, lançando dúvida sobre as garantias alemãs, Többens respondeu com uma proclamação longa e detalhada. Ele também reuniu os supervisores judeus das empresas e lhes disse francamente que os trabalhadores judeus e suas famílias só conseguiriam sobreviver à guerra se o seguissem. Porém, naquele momento, os judeus não confiavam mais em nenhum alemão.[114]

Ao mesmo tempo que os empresários alemães tomavam providências para salvar suas empresas, os judeus da resistência estavam tentando conseguir armas. Os três fornecedores possíveis eram indivíduos isolados, comerciantes no mercado negro e a resistência polonesa. Os indivíduos e os comerciantes cobravam caro. As organizações da resistência eram o *Armia Krajowa* (AK), dirigida a partir de Londres, e a comunista *Gwardia Ludowa*.

Para a AK, o auxílio aos judeus era uma questão dúbia desde o princípio. As deportações do verão tinham convencido os líderes do AK de que os judeus não lutariam e, mesmo depois das deportações, o AK relutava em entregar armas de fogo ao ŻOB, que era considerado como um movimento de jovens destreinados. O confronto de janeiro, em que o ŻOB enfrentou os invasores alemães, mudou a imagem dos jovens judeus diante dos poloneses, mas ao mesmo tempo, esse combate levantou um problema mais fundamental para o AK: qualquer confronto no gueto seria uma batalha judaica, e a disseminação da luta para a Varsóvia ariana, antes do momento para um levante polonês, devia ser evitada. O AK, que havia entregue dez pistolas ao ŻOB antes do confronto de janeiro, limitou-se a enviar mais cinquenta, além de granadas e explosivos. Para o ŻZW, isso era um pouco

---

113 Himmler a Krüger, 1º de fevereiro de 1943, NO-2514. Himmler a Krüger, 13 de fevereiro de 1943, NO-2494.

114 Grabitz e Scheffler, *Letzte Spuren*, pp. 184-210. Zuckerman, *A Surplus of Memory*, pp. 314-15.

melhor, mas combinado com a ajuda aos dois comandos judaicos ainda representava o mínimo.

Os comunistas pouco armados, que apoiavam as ações contra os invasores alemães, nem que fosse apenas para ajudar a União Soviética, prometeram 28 fuzis ao ŻOB em 19 de abril de 1943, mas essas armas nunca chegaram ao gueto, porque o ŻOB deliberadamente não tinha construído um túnel de fuga, e o negociador do ŻOB no lado ariano, Cukierman, não conhecia as passagens pelo sistema de esgoto.

Em resultado, o ŻOB, ŻZW, e uns poucos especuladores só tinham armas de mão, coquetéis Molotov e granadas, alguns fuzis variados, algumas metralhadoras e submetralhadoras. O ŻOB teve de parar de aceitar voluntários por causa da escassez de armas. O ŻZW teve mais êxito e podia aumentar suas forças com novos integrantes. As forças combinadas, porém, não chegavam a mil homens, sendo aproximadamente quinhentos no ŻOB, cerca de 250 no ŻZW e alguns combatentes independentes com armas adquiridas individualmente. Assim preparados, os judeus esperavam pelo golpe final. (Ver Tabela 8.4.)[115]

---

115 Sobre as tentativas dos judeus para conseguirem armas, ver: Gutman, *The Jews of Warsaw*, pp. 355-61. Zuckerman, *A Surplus of Memory*, pp. 201-2, 252-53, 265, 292-97, 312-13, 329, 344, 353, 356-57, 375, e o depoimento dele, transcrição do julgamento de Eichmann, 3 de maio de 1961, sess. 25, p. W1. Relatório polonês, de autoria não identificada, sobre contato com o ŻZW, 18 de outubro de 1942, em Ber Mark, ed., *Uprising in the Warsaw Ghetto* (Nova York, 1975), p. 108. Duas reminiscências de entregas de armas polonesas ao ŻZW encontram-se em Wladislaw Bartoszewski e Zofia Lewin, eds., *Righteous among Nations* (Londres, 1969), pp. 548-55 e nota nas páginas 573-74. Um desses relatos, de Wieslaw Bielinski, menciona três submetralhadoras Bergmann. O tipo de submetralhadora Bergmann (também chamado de pistola automática), que era amplamente usado nos exércitos alemão e soviético, podia atirar com munição de pistola Parabellun 9 mm. Embora os soldados alemães não se separassem de suas armas, eles vendiam despojos. As duas entregas, mencionadas nos dois relatos poloneses, foram feitas respectivamente por um caminhão que passara por um portão (com suborno) e pelos esgotos. Bor Komorowski, *The Secret Army*, pp. 104-5, menciona contribuições do AK, sem distinguir entre destinatários do ŻOB e do ŻZW. Cukierman (Zuckerman) é enfático ao afirmar que o ŻOB não tinha metralhadoras, apenas um fuzil automático. Ver *A Surplus of Memory*, p. 356. Gutman se refere à arma como submetralhadora, *The Jews of Warsaw*, p. 375.

TABELA 8.4 Comparação da potência das forças em oposição no gueto de Varsóvia: judeus

Organização de Guerra Judaica (*Zydowska Organizacja Bojowa* ou ŻOB)

    Comandante: Mordechai Anielewicz

    Efetivo: 22 "grupos de batalha" do tamanho de um pelotão, compostos por homens e
        mulheres entre 18 e 25 anos, divididos territorialmente e comandados como se segue:
        Distrito Central (Izrael Kanal), nove grupos de batalha; área Többens-Schultz (Eliezer
        Geler), oito grupos de batalha; área de Brushmakers (Marek Edelman), cinco grupos
        de batalha

Operando fora do ŻOB:

    União Militar Nacional (*Zydowski Zwiazek Wojkowski*—ZZN), comandada por Pawel Frenkel,
        com três grupos de batalha

    Alguns poloneses que estavam dentro do gueto e membros da resistência polonesa
    (comunistas e nacionalistas) que realizaram ataques diversivos fora do gueto

Força armada total: cerca de 750

    Total de equipamentos: Duas ou três metralhadoras leves; cerca de uma centena de fuzis
        e carabinas (algumas dúzias a mais ou a menos); algumas centenas de revólveres
        e pistolas de todos os tipos, inclusive Lugers alemãs e pistolas Vis polonesas;
        alguns milhares de granadas de mão (polonesas e caseiras), garrafas incendiárias
        caseiras (coquetéis Molotov), algumas minas de pressão e dispositivos explosivos
        (*Höllenmaschinen*); máscaras de gás, capacetes alemães de aço e uniformes alemães

Nota: Relatório do ŻOB em Friedman, *Martyrs*, pp. 201–3. Wdowinski em *The Answer,* junho de 1946, pp. 18–19, 24. Stroop para Krüger, 16 de maio de 1943, PS-1061.

O chefe da polícia e da SS em Varsóvia, *Oberführer* von Sammern-Franke-negg, não esperava dificuldades especiais. Ele reuniu os batalhões disponíveis e instalou um cordão ao redor do gueto. (As forças reunidas contra os defensores são mostradas na Tabela 8.5.)

Às 3 horas da manhã de 19 de abril de 1943, o gueto foi cercado e três horas mais tarde a *Waffen-SS* entou pela rua Nalewki. (Ver Mapa 5.) Então foi a vez dos alemães serem surpreendidos. Os homens da SS foram recebidos pelo fogo concentrado do ŻOB, e seu veículo blindado foi parado com garrafas incendiárias. Eles retrocederam com baixas e, às 8 horas da manhã, o *Brigadeführer* Stroop substituiu von Sammern-Frankenegg.[116] Os atacantes entraram novamente no gueto e, dessa

───

116 A política da mudança foi descrita por Stroop a um jornalista polonês com quem ele partilhou uma cela de prisão em Varsóvia, de 1949 a 1950. Ele caracterizou von Sammern como um fracote, um intelectual austríaco do Tirol, que gostava de mulheres e de álcool. Kazimierz Moczarski, *Gespräche mit dem Henker* (Düsseldorf, 1978), pp. 187-96.

TABELA 8.5 Comparação da potência das forças em oposição no gueto de Varsóvia: alemães

Comandante: *Oberführer* von Sammern-Frankenegg, substituído às 8 horas de 19 de abril de 1943 pelo *Brigadeführer* Stroop

Efetivo:

Waffen-ss, incluindo grupo militar permanente, homens com três ou quatro semanas de treinamento básico e veteranos que se recuperavam de ferimentos

3º Batalhão de Treinamento e Reposição de Infantaria Mecanizada da ss, Varsóvia: *Ostubaf.* Bellwidt

Batalhão de Treinamento e Reposição de Cavalaria da ss, Varsóvia: *Stubaf.* Plänk

Orpo, inclusive veteranos da frente oriental

1º Batalhão do 22º Regimento de Polícia: major Sternagel

3º Batalhão do 22º Regimento de Polícia: major Schöppe

Polícia Técnica *(Technische Nothilfe)*

Polícia polonesa para vigia do perímetro

Brigada de incêndio polonesa

Batalhão ucraniano do campo de Trawniki

Membros da Polícia de Segurança

Oberfeldkommandantur em Varsóvia: *Generalmajor* Rossum

Destacamentos do Batalhão de Reposição de Trens Blindados, Rembertow

Kommando do 14º Batalhão de Engenharia da Reserva, Góra Kalwaria

Pelotão de Bateria Antiaérea Leve 3, Luftgau VIII

Uma equipe de obuseiros

Disposição diária média no gueto e no perímetro: 2.090

Equipamentos da ss e da polícia: Um antigo veículo blindado capturado Renault de treinamento com uma metralhadora substituindo um canhão, dois veículos blindados de transporte de pessoal e armas pequenas

Equipamentos do exército: um obuseiro de 100 mm, um canhão soviético de 76,20 mm (considerado impraticável depois do uso inicial), dois veículos blindados leves Skoda com uma arma de 37 mm (igualmente impraticável), três canhões antiaéreos de 20 mm, um lança-chamas e cargas de demolição

Nota: Stroop para Krüger, 16 de maio de 1943, PS-1061. Declarações de veteranos alemães em Wolfgang Scheffler e Helge Grabitz, eds., *Der Ghetto-Aufstand Warschau 1943* (Munique, 1993). French MacLean, *The Ghetto Men* (Atglen, Pa., 2001). MacLean, um coronel norte-americano, concentra-se na formação das unidades alemães e em seus equipamentos, com listas de nomes, fotos de batalha e mapas.

vez, foram sistematicamente de casa em casa. No final da tarde, encontraram fogo de metralhadoras na área de Muranowski, que era defendida pelos revisionistas. Como ficou claro que os judeus da resistência não poderiam ser vencidos com facilidade, os alemães retrocederam novamente para retomar as operações pela manhã.

Em 20 de abril, destacamentos da *Wehrmacht*, cedidos pelo *Oberfeldkommandantur*, entraram em ação com lança-chamas e explosivos na área norte do gueto. Mais ao sul, na seção dos trabalhadores, onde apenas um pequeno número de judeus respondera à convocação de um gerente alemão para que se rendessem, o obuseiro e o canhões de 20 mm do exército começaram a bombardear os edifícios. No dia seguinte, Stroop conseguiu capturar 5.200 trabalhadores.

Em 22 de abril, várias seções do gueto pegavam fogo, e os judeus pulavam dos andares mais altos dos prédios em chamas, depois de jogar colchões e estofados na rua. Os invasores tentaram afogar os judeus que se moviam pelos esgotos, mas os judeus conseguiram bloquear as passagens inundadas. Esgotos e esconderijos subterrâneos foram então estourados um a um. Os judeus capturados disseram aos alemães que os homens e mulheres nos abrigos subterrâneos "haviam enlouquecido por causa do calor, da fumaça e das explosões". Alguns dos prisioneiros judeus foram obrigados a revelar os locais dos esconderijos e centros de resistência. O comandante judeu, Mordechai Anielewicz, escrevendo a seu assistente no lado ariano, indicou que os revólveres eram inúteis e que precisava de granadas, metralhadoras e explosivos.[117]

Os judeus então tentaram fugir do gueto pelo sistema de esgoto. Os engenheiros do exército impediram essa tentativa, explodindo os poços de serviço.

Velas de fumaça foram baixadas nas passagens subterrâneas, e os judeus que as confundiram com gás venenoso subiram em busca de ar. O gueto estava em chamas. A fumaça grossa subia acima das casas e, fora dos muros, civis poloneses com crianças em idade escolar assistiam.[118] Apenas uns poucos grupos de judeus ainda estavam acima do chão em prédios incendiados. Nos abrigos subterrâneos, os judeus foram soterrados por detritos e sufocaram. Cadáveres eram vistos flutuando nos esgotos. Os judeus estavam desaparecendo.

Na área da praça Muranowski, o comandante local do żzw, Dawid Apfelbaum, foi ferido. Em 27 de abril, um grupo de ajuda polonês, liderado pelo major Henryk Iwanski do AK, passou por um túnel do żzw para levá-lo para fora, junto com outros feridos. Iwanski perdeu um filho nessa ação. Apfelbaum recusou-se a partir e morreu no dia seguinte.[119]

---

117 Anielewicz a Cukierman, 23 de abril de 1943, Jüdisches Historisches Institut Warschau, *Faschismus-Getto-Massenmord*, pp. 518-19.

118 Fotos em Meed, *On Both Sides of the Wall*.

119 Ver os relatos, com notas, em Bartoszewski e Lewin, *Righteous among Nations*, pp. 148-52, 551--74. Iwanski e Apfelbaum estavam na mesma companhia durante a batalha por Varsóvia, em 1939.

Em 1º de maio, Stroop começou a enviar patrulhas noturnas. Os defensores estavam divididos e, em 8 de maio, o abrigo na sede do ŻOB em Mila 18 foi atacado. Anielewicz morreu nesse encontro. Dois dias depois, uma unidade sobrevivente emergiu de um esgoto em plena luz do dia e foi removida em um caminhão por comunistas poloneses. Em 15 de maio, o tiroteio era esporádico. Os judeus tinham sido vencidos. Às 20h15 de 16 de maio, Stroop explodiu a sinagoga Tlomacki, nas seção ariana, como um símbolo de que a batalha estava terminada. O 3º Batalhão do 23º Regimento de Polícia foi designado para entrar na área do gueto em busca de judeus escondidos.

Segundo Stroop, de 5 mil a 6 mil judeus foram soterrados pelos detritos e 56.065 foram capturados vivos. Durante a primeira semana, porém, a maioria dos números diários era arredondada e o total real de judeus capturados provavelmente é um pouco mais baixo do que palíndromo em sua recapitulação. Cerca de 7 mil dos prisioneiros foram baleados, enquanto 7 mil foram transportados para o campo de extermínio de Treblinka, 15 mil para o campo em Lublin (Majdanek) e os demais para outros campos. Além disso, nove fuzis, 59 pistolas e várias centenas de granadas, explosivos e minas foram confiscados. O resto dos equipamentos judeus foi destruído.

As perdas dos alemães e de seus colaboradores consistiram em dezesseis mortos, entre eles dois homens da SS integrantes do SS-Batalhão Granadeiro Blindado mortos fora do gueto em um ataque aéreo soviético em 13 de maio, e 85 feridos. Stroop listou todos os 101 no início de seu relato como se quisesse enfatizar as perdas. É possível que um ou outro nome fosse incluído na lista por erro ou que alguém tenha sido esquecido, mas em termos gerais, o relatório de baixas está correto.[120]

---

120 Stroop para Krüger, 16 de maio de 1943, PS-1061. Stroop deu a seu relatório o título de "The Warsaw Ghetto is No More" ("O gueto de Varsóvia não existe mais"). Ele contém relatos diários de batalha, um sumário e fotografias. O *Generaloberst* Jodl (OKW/WFST) viu o relatório depois da guerra e exclamou: "O porco da SS sujo e arrogante! Imagine escrever um relatório de 75 páginas sobre uma pequena expedição de assassinato, quando uma importante campanha travada pelos soldados contra um inimigo bem armado só merece algumas páginas!" G. M. Gilbert, *Nuremberg Diary* (Nova York, 1947), p. 69. Sobre o 3º Batalhão do 23º Regimento de Polícia, ver a declaração pós-guerra do major Otto Bundke em Scheffler e Grabitz, *Der Ghetto-Aufstand*, pp. 362-66, e recomendações de condecorações para Bundke e alguns de seus homens nos Archives of the Main Commission for

Depois de quebrar a resistência armada dos judeus, restavam duas tarefas a serem concluídas. Conforme a vontade de Himmler, todo o gueto devia ser demolido, e cada esconderijo, porão e esgoto devia ser preenchido. Depois da conclusão desse trabalho, toda a área devia ser coberta com terra e um grande parque deveria ser plantado no antigo gueto.[121] Assim, no verão de 1943, Oswald Pohl, o chefe do Escritório Principal Econômico-Administrativo da ss, estabeleceu um campo de concentração nas ruínas,[122] e o *Brigadeführer* dr. Eng. Kammler, chefe da divisão de construção do Escritório Principal Econômico-Administrativo, foi encarregado do trabalho de demolição. Foram firmados contratos com três construtoras. O *Ostbahn* instalou 19 km de trilhos de bitola estreita para retirar os detritos. Dois mil e quinhentos internos do campo de concentração e mil trabalhadores poloneses trabalharam por mais de um ano, limpando os 180 hectares de prédios demolidos e quebrando os 2.599.487 m³ de muros. O trabalho foi interrompido em julho de 1944, antes de o parque poder ser plantado. Himmler apresentou ao Ministro das Finanças, von Krosigk, uma conta de 150 milhões de *Reichsmark* pelo trabalho incompleto.[123]

----

the Investigation of Nazi Crimes in Poland, File ss- und Polizeiführer Warschau, 1940-1944, IV/I, K. 19-39. Os relatos judaicos de Cukierman (Zuckerman) e Edelman, que foram os únicos dois comandantes judeus a sobreviverem à batalha, fornecem alguns detalhes sobre as várias unidades judaicas e seus destinos. Incursões polonesas fora dos muros, inclusive os ataques comunista e do AK, são descritos em Bartoszewski e Lewin, *Righteous among Nations,* pp. 555-78. Stroop não atribui nenhuma de suas perdas a lutas contra as unidades polonesas. O número de 15 mil judeus transportados ao campo de Lublin foi retirado do testemunho juramentado de O*Stuf.* Friedrich Ruppert (chefe, Divisão Técnica, Administração do campo de Lublin), 6 de agosto de 1945, NO-1903. Também existe uma compilação mostrando a chegada de 6.113 judeus na empresa Schultz em Trawniki. Fac-símile dos arquivos da empresa em Grabitz e Scheffler, *Letzte Spuren,* pp. 208-9.

121 Himmler a Pohl e Kaltenbrunner, 11 de junho de 1943, NO-2496.

122 Pohl a Himmler, 23 de julho de 1943, NO-2516.

123 Pohl a Himmler, 29 de outubro de 1943, NO-2503. Pohl a Himmler, 13 de fevereiro de 1944, NO--2517. Pohl a Himmler, 20 de abril de 1944, NO-2505. Pohl a Himmler, 10 de junho de 1944, NO-2504. Kammler a *Staf.* Rudolf Brandt (secretário pessoal de Himmler), 29 de julho de 1944, NO-2515. Von Krosigk ao Escritório Principal Econômico-Administrativo, 15 de junho de 1944, NG-5561. Memorando de Gossel (Ministro das Finanças), julho de 1944, NG-5561. Lörner (Escritório Principal Econômico-Administrativo) ao Ministério das Finanças, 25 de agosto de 1944, NG-5561. O projeto foi interrompido quando os russos se aproximaram da margem leste do Vístula em Varsóvia.

Menos cara, mas não menos difícil do que o trabalho de limpeza dos destroços era a tarefa de capturar os 5 mil a 6 mil judeus que se acreditava terem fugido do gueto e se escondido no distrito no final de 1943.[124] Os poloneses parecem ter auxiliado os alemães nessa captura apenas "em um punhado de casos" (*in einzelnen Fällen*).[125] Porém, gangues polonesas percorriam a cidade, em busca de esconderijos judaicos e obrigando as vítimas a pagar quantias elevadas ou enfrentar a denúncia. Não temos estatísticas exatas sobre quantos judeus restavam quando o Exército Vermelho chegou, em janeiro de 1945. Na própria cidade, parece que apenas duzentos sobreviveram.[126]

Depois da conclusão da luta no gueto de Varsóvia, só alguns poucos guetos grandes existiam, especialmente em Lvov, no distrito da Galícia, o gueto de Bialystok e o gueto de Warthegau, em Łódź. Em Lvov, foi formado um gueto em 7 de setembro de 1942, durante uma pausa após as deportações de março–agosto.[127] Embora o gueto tivesse a intenção de ser um complexo temporário, o chefe da polícia e da ss ordenou, na data de sua criação, a construção de uma cerca com 2,40 m encimado por arame farpado. Essa tarefa exigiu a alocação de 13 m³ de madeira.[128] Apesar de todas essas precauções, o chefe da polícia e da ss Katzmann ainda teve dificuldades depois da retomada das invasões na reduzida comunidade. Durante as revistas em maio e junho de 1943, ele descobriu que os 20 mil judeus remanescentes haviam começado a construir casamatas e esconderijos subterrâneos como em Varsóvia. "A fim de evitar perdas do nosso lado", relatou ele depois da conclusão da ação, "tivemos de agir brutalmente desde o início". Explodindo e queimando as casas, os homens de Katzmann arrastaram 3 mil cadáveres de seus esconderijos.[129]

---

124 Relatório do Comando de Armamento de Varsóvia de 1º de outubro a 31 de dezembro de 1943, Wi/ID l.43.

125 Relatório do Comando de Armamento de Varsóvia de 1º de janeiro a 31 de março de 1944, Wi/ID l.74.

126 Goldstein, *The Stars Bear Witness*, pp. 207-95. Goldstein escondeu-se em Varsóvia.

127 Para história antes, durante e depois do gueto, ver Philip Friedman, *Roads to Extinction* (Nova York, 1980), pp. 244-321.

128 *Stadthauptmann* de Lvov/Escritório de Construção/Ruas (assinado por Honeck) ao *Gouverneur*/Divisão de Florestas, 24 de agosto de 1942, Arquivos de Lvov Oblast, Fundo 37, Opis 4, Pasta 62.

129 Katzmann a Krüger, 30 de junho de 1943, L-18.

O distrito de Bialystok era um território quase incorporado, anexado à Prússia Oriental. O regime no distrito era o seguinte:

Oberpräsident da Prússia Oriental: Erich Koch
> Chefe do *Zivilverwaltung*, distrito de Bialystok: Koch. Quando ausente na Ucrânia, ele foi substituído por Waldemar Magunia e, na ausência de Magunia no *Generalbezirk* Kiev, por Fritz Brix

> Chefe da polícia e da Alta ss da Prússia Oriental: Prützmann. Em sua ausência nos Territórios Orientais Ocupados, substituído por *Gruf.* Ebrecht

> IDS: Konstantin Canaris

> Chefe da polícia e da Alta ss, distrito de Bialystok: *Brif.* Fromm (sucedido por *Brif.* Hellwig)

> KDS: Altenloh (sucedido por Zimmermann)
> KDO: Hirschfeld (sucedido por von Bredow)

Em duas ocasiões em 1943, o banco de talentos local da ss foi aumentado com visitantes de fora. Quando um "bloco militante antifascista" foi formado no gueto de Bialystok Ghetto, o assistente de Eichmann, Günther, apareceu para ajudar a descobrir o grupo de sabotagem.[130] Como no caso de Varsóvia, os judeus foram pegos despreparados. O massacre, em fevereiro de 1943, deixou mil mortos nas ruas e causou uma baixa alemã.[131] Em agosto de 1943 um destacamento do *Aussiedlungsstab* de Globocnik, comandado pelo *Hauptsturmführer* Michalsen, chegou ao local. Michalsen discutiu com Zimmerman a limpeza final do gueto de Bialystok, marcada para começar em 16 de agosto. Nesse dia, o próprio Globocnik visitou a cidade para observar a operação. Os alemães entraram diretamente no gueto e os judeus se defenderam com pistolas, granadas e duas armas automáticas. Nas palavras de Friedel, o especialista IV-B no escritório do KDS, "houve tiroteio dos dois lados e ambos os lados tiveram mortos e feridos [*Es wurde von beiden Seiten geschossen und es gab auf beiden Seiten Tote und Verwundete*]". Os alemães

---

130 Interrogatório de Fritz Friedel, 12 de junho de 1949, documento da polícia de Israel 1505.

131 Depoimento de Abraham Karasick (sobrevivente), transcrição do julgamento de Eichmann, 4 de maio de 1961, sess. 28, pp. Bbl. Ccl. Ddl.

trouxeram um veículo blindado e quebraram a resistência no mesmo dia.[132] O gueto de Łódź seguiu o ciclo de Varsóvia e Lvov: redução parcial da população, uso dos aptos para o trabalho no esforço de guerra e, depois, dissolução total.

As deportações durante os primeiros cinco meses de 1942 resultaram no desaparecimento de 55 mil judeus, cerca de um terço da população do gueto.[133] Em 12 de abril, os cronistas judeus oficiais no gueto notaram a visita de um oficial da ss que trouxe a notícia de que os deportados estavam sendo alojados em um campo bem equipado, anteriormente usado para reassentados alemães, perto de Warthbrücken, e que os judeus estavam construindo estradas e cultivando a terra. Porém, em 25 de maio, grandes carregamentos de roupas enroladas em cobertores e lençóis começaram a chegar em quatro depósitos do gueto. Os fardos continham *talits* (xales para oração), cortinas, saias, calças, roupas de baixo, jaquetas e casacos com costuras rasgadas. Durante a separação, cartas e cartões de identificação caíram das roupas. Para os cronistas, estava claro que esses pertences não haviam sido empacotados por seus donos.[134]

Em setembro de 1942, foram tomadas outras duas ações para esvaziar o gueto de Łódź. Dessa vez, o gueto tinha de se tornar mais eficiente em termos de custo. Nos dias 1 e 2 de setembro, os pacientes dos hospitais foram removidos e a divisão de saúde foi completamente dissolvida; seus funcionários se tornaram diaristas. Na semana de 5 a 12 de setembro, foi instituído um toque de recolher

---

132 Friedel em documento da polícia de Israel 1505. Depoimento de Georg Michalsen, 23 de fevereiro de 1961, em Serge Klarsfeld, ed., *Documents Concerning the Destruction of the Jews of Grodno, 1941-1944*, 5 vols. (Paris and Nova York, 1987), vol. 2, pp. 180-87. Depoimento de Lothar Heimbach (кds-iv), 30 de junho de 1946, *ibid.*, vol. 2, pp. 142-49. Os armamentos judeus são descritos por Karasick, transcrição do julgamento de Eichmann, 4 de maio de 1961, sess. 28, p. Ee1. Proclamação do bloco antifascista, 9 de fevereiro 1943 ("Evacuation means death!" ("A evacuação significa morte!")), e sua proclamação de 16 de agosto de 1943, citando três milhões de mortos em Kulmhof, Belzec, Auschwitz, Treblinka e Sobibór, Jüdisches Historisches Institut Warchau. *Faschismus-Getto-Massenmord*, pp. 498, 558. Relato da sobrevivente Liza Czapnik sobre preparativos e luta, *ibid.*, pp. 500-502, 562-63. Segundo Czapnik, vários civis e soldados alemães antinazistas na área (dois ou três deles comunistas) ajudaram os defensores do gueto com armas. Sobre essa revolta, ver também Josef Tenenbaum, *Underground* (Nova York, 1952), pp. 231-46.

133 Lodz Ghetto Collection Nº 58, pp. 14, 18-19.

134 Entradas de 10 a 14 de abril e de 30 e 31 de maio de 1942, em Danuta Dabrowska e Lucjan Dobroszycki, eds., *Kronika getta Łódzkiego* (Łódź, 1965), vol. I, pp. 457-58, 619-20.

total (*Gehsperre*), e toda a polícia judaica foi convocada para capturar pessoas doentes em casa, os velhos e um grande número de crianças. Depois das reduções de setembro, que abrangeram quase 16 mil vítimas, grandes máquinas foram entregues no gueto para modernizar as oficinas de marcenaria e metalurgia, e grandes pedidos de peles e outros artigos de vestuário foram feitos pelo exército.[135] O chefe do *Gettoverwaltung*, Biebow, enviou a convocação para o trabalho neste cartaz:

REABERTURA
de todas as fábricas e oficinas
na segunda-feira, 14 de setembro de 1942
Como o reassentamento foi concluído ontem,
TODAS AS FÁBRICAS RETOMARÃO A PLENA OPERAÇÃO
na segunda-feira, 14 de setembro de 1942.

Todos os supervisores, trabalhadores e funcionários devem se apresentar para o trabalho como de costume, se desejarem se proteger da coisa mais desagradável imaginável [*denkbar grössten Unannehmlichkeiten*]. Todos os trabalhadores reconhecidos [registrados] terão agora de desempenhar suas tarefas com máxima diligência e de fazer o máximo para compensar a produção perdida durante o período de descanso [*Ruhepause*].

Irei instituir os controles mais estritos para o cumprimento desta ordem.

Gettoverwaltung
BIEBOW[136]

---

135 *Ibid.*, vol. 2, entradas de setembro e outubro de 1942, pp. 456-78, em especial pp. 457, 459-60, 467, 473, 477-78. O número de crianças de até 10 anos no gueto antes de setembro de 1942 era de aproximadamente 14 mil. Ver Łódź Ghetto Collection nº 58. As que tinham mais de 10 anos já estavam trabalhando nas fábricas, e os filhos mais novos dos funcionários administrativos do gueto (incluindo polícia e brigadas de incêndio) estavam isentos. Rumkowski queria que os trabalhadores judeus entregassem seus filhos pequenos para salvar o gueto como um todo e, na véspera da ação, fez um discurso tentando justificar o sacrifício. Ver Tushnet, *The Pavement of Hell*, pp. 50-54. Em 11 de janeiro de 1944, depois de mais mortes dentro do gueto, a população remanescente de 80.122 consistia em 60.200 trabalhadores, 13.943 funcionários administrativos, 614 pacientes hospitalizados e 5.365 crianças com menos de 10 anos. Relatório do dr. Horn (ss-Escritório Principal Econômico-Administrativo), 22 a 24 de janeiro de 1944, T 580, Rolo 316. Horn considerava a produtividade judaica "catastroficamente baixa".

136 Ordem de Biebow, 12 de setembro de 1942, *Dokumenty i materialy*, vol. 3, p. 236.

Em 17 de setembro, um cronista no gueto escreveu o seguinte em seu diário pessoal:[137]

Seis homens da Gestapo mantiveram 100 mil paralisados durante o reassentamento. Há boatos de que os reassentados foram levados para Litzmannstadt [a parte ariana de Łódź]. De lá, as roupas chegaram como trapos. Aparentemente todos os "incapazes" foram submetidos ao gás, etc., ou seja, não estão mais entre os vivos. Naturalmente, nenhum fato positivo pode ser obtido.

Os judeus continuaram a trabalhar, mesmo depois das notícias inquietantes em outubro a respeito das grandes deportações de verão em Varsóvia.[138] Na verdade, Łódź havia se transformado no maior gueto, por padrão, e seus 80 mil habitantes lutaram com uma dieta de prisão e um dia de trabalho de 12 horas por mais dois anos. Então, em agosto de 1944, foram afixados anúncios no gueto sob o título *Verlagerung des Gettos* [transferência do gueto]." Os judeus receberam ordens de se apresentar para *Verlagerung* sob pena de morte.[139]

Desta vez, os judeus sentiram o destino que os aguardava, e seguiu-se um tipo de greve nas oficinas I e II. Esses judeus haviam aguentado por tanto tempo que agora, com o fim da guerra à vista, não estavam dispostos a caminhar voluntariamente para a morte. Os alemães decidiram continuar com a guerra de propaganda.

Em 7 de agosto de 1944, às 16h45, os trabalhadores judeus foram reunidos para ouvir um discurso. Depois de alguns comentários introdutórios do *Präsident* da *Ältestenrat*, Chaim Rumkowski, *Amtsleiter* Biebow do *Gettoverwaltung* começou a falar. Biebow não era um orador muito fluente, mas suas palavras tiveram o efeito desejado.

"Trabalhadores do gueto", começou ele, "tenho falado com vocês em várias ocasiões, e espero que tenham levado a sério o que eu disse até agora. A situação em Litzmannstadt [Łódź] mudou novamente, e isso a partir do meio-dia de hoje. Existe uma evacuação total de mulheres e crianças no lado alemão. Isso significa

---

137 Diário de Oskar Rosenfeld, *Wozu noch Welt*, ed. Hanno Loewy (Frankfurt, 1994), p. 156.

138 Entrada de 8 de outubro de 1942, em Dabrowska e Dobroszycki, eds., *Kronika*, vol. 2, p. 486.

139 Anúncio nº 418, assinado *Oberbürgermeister* de Łódź, 4 de agosto de 1944, *Dokumenty i materialy*, vol. 3, p. 269. Anúncio nº 422, assinado Biebow e Rumkowski, 7 de agosto de 1944, *ibid.*, p. 270.

que todos os alemães étnicos têm de deixar este lugar. Quem acha que o gueto não será dissolvido está cometendo um tremendo erro. Até o último homem, todos têm de sair daqui e sairão daqui. Alguns vão pensar que é melhor ser o último a sair. Bombas já caíram na vizinhança de Litzmannstadt e, se caíssem sobre o gueto, não ficaria pedra sobre pedra".

Seria loucura, continuou Biebow, se as áreas de oficinas I e II se recusassem a ir. Por quatro anos e meio, eles – o *Gettoverwaltung* e os judeus – trabalharam juntos. Biebow sempre tentou fazer o melhor. Ele ainda queria fazer o melhor, ou seja, "salvar suas vidas, removendo este gueto". Agora, a Alemanha estava lutando com suas últimas forças. Milhares de trabalhadores alemães estavam sendo enviados para a frente de batalha. Esses trabalhadores teriam de ser substituídos. A Siemens e a Schuckert precisavam de trabalhadores, a Union precisava de trabalhadores, as fábricas de munição em Czestochowa precisavam de trabalhadores. Em Czestochowa, todos estavam "muito satisfeitos com os judeus, e a Gestapo estava muito satisfeita com a produção deles. Afinal de contas, você quer viver e comer, e terá isso. Afinal de contas, não vou ficar aqui em pé como um menino tolo, fazendo discursos se ninguém aparecer. Se insistirem em medidas de força, bom, então haverá mortos e feridos". A viagem, disse Biebow, levaria de dez a dezesseis horas. Provisões já haviam sido carregadas nos trens. Todos podiam levar 18 quilos de bagagem. Disseram a todos que levassem seus potes, panelas e utensílios porque na Alemanha essas coisas só eram dadas às pessoas bombardeadas. Então, bom senso. Caso contrário, seria usada a força, e Biebow não poderia mais ajudar.[140]

Os trabalhadores judeus das áreas de oficinas I e II mudaram de ideia. Eles se renderam. No final de agosto, o gueto estava vazio, exceto por um pequeno *Kommando* de limpeza.[141] As vítimas não foram enviadas para a Alemanha, para trabalhar nas fábricas, mas para o centro de extermínio em Auschwitz, para morrerem nas câmaras de gás.[142]

---

140 Discurso do *Amtsleiter* Biebow, 7 de agosto de 1944, *ibid.*, p. 267-68.

141 Proclamação nº 428 da Gestapo, 22 de agosto de 1944, *ibid.*, p. 271-72. Proclamação Nº 429 da Gestapo, 23 de agosto de 1944, *ibid.*, p. 273-74. *Gettoverwaltung* para *Oberbürgermeister* de Łódź/Treasury, 17 de outubro de 1944, *ibid.*, p. 274.

142 Escritório Principal Econômico-Administrativo (WVHA) D-IV (assinado *Stubaf.* Burger) a WVHA-B (*Gruf.* Lörner), 15 de agosto de 1944, NO-399.

Por que os grevistas judeus de Łódź renderam-se ao apelo de Biebow? Para os judeus da Polônia, a resistência não era apenas uma questão de cavar fortificações e comprar armas; ela exigia primeiro que toda a estrutura institucional da comunidade fosse abalada e que os antigos processos de pensamento fossem revertidos. Os internos do gueto de Łódź não conseguiram romper um padrão histórico sob o qual haviam sobrevivido à destruição por 2 mil anos. Por esse motivo, a fuga na fantasia, as falsas esperanças e a voz de Biebow foram mais tranquilizadoras do que o novo e desconhecido caminho para a autodefesa violenta e desesperada. Só o gueto de Varsóvia havia feito a passagem completa da obediência à resistência, e isso só foi conseguido depois da perda de mais de 300 mil judeus, sob a liderança de jovens, com um comandante de 24 anos. Isso aconteceu tarde demais para mudar o padrão fundamental de reação judaica e foi fraco demais para interferir com os planos alemães.

Os alemães não sofreram muito com a resistência judaica. Porém, a quebra do segredo resultou em tumultos, não só na comunidade judaica, mas também entre a população local e, em última instância, entre os próprios alemães. Em alguns aspectos, essas repercussões foram mais sérias do que as reações dos judeus. Ao falar dos habitantes locais, é preciso lembrar que existiam essencialmente *duas* populações: os ucranianos na Galícia e os poloneses. As reações desses dois grupos não foram iguais.

Os ucranianos se envolveram no destino dos judeus poloneses como perpetradores. A ss e a polícia empregaram forças ucranianas nas operações de limpeza do gueto, não só no distrito da Galícia, mas também em locais como o gueto de Varsóvia[143] e o gueto de Lublin.[144] Os ucranianos nunca foram considerados pró-judaicos. A Ucrânia tinha sido o cenário de *pogroms* intermitentes e de opressão por trezentos anos. Por outro lado, essas pessoas não tinham energia para o processo de destruição alemão, sistemático e de longa duração. A violência breve seguida pela confissão e absolvição era uma coisa, a matança organizada era bem diferente.

Em setembro de 1943, um colaborador francês que usava o nome de dr. Frederic teve uma discussão com o monsenhor Szepticki, arcebispo metropolitano da Igreja Católica Grega em Lvov.

---

143 Ver nomes dos internos do campo de Trawniki no relatório de Stroop, 16 de maio de 1943, PS-1061.

144 *Generalgouvernement*/Divisão Principal de Propaganda, relatos consolidados semanalmente das divisões distritais de propaganda em março de 1942, relatórios da divisão de Lublin, 21 de março de 1942, Occ E 2-2.

O arcebispo metropolitano acusou os alemães de ação desumana contra os judeus. Só em Lvov, eles já haviam matado 100 mil e, na Ucrânia, milhões. Ele ouvira a confissão de um jovem que tinha massacrado pessoalmente 75 pessoas em uma noite em Lvov. O dr. Frederic respondeu que, segundo suas informações, os ucranianos certamente tinham participado desses massacres, mas que, em vista da execução de 18 mil pessoas em Lvov e nas proximidades pelos soviéticos, essa participação era bastante natural. Além do mais, quase todos os membros do NKVD (Comissariado do povo para assuntos internos, na União Soviética) eram judeus, e isso devia explicar o ódio da população. Além disso, não era o povo judeu um perigo mortal para a Cristandade, e não tinham os judeus jurado destruir a Cristandade? O arcebispo metropolitano concordou, mas repetiu que a aniquilação dos judeus era uma ação não permissível.[145]

Enquanto o arcebispo metropolitano católico grego em Lvov sentia-se perturbado pelo fato de os alemães estarem atraindo os ucranianos para o processo de destruição como parceiros, os poloneses começavam a temer que logo fossem se juntar aos judeus como vítimas. Essa ideia era expressa em panfletos que circularam no distrito de Varsóvia em agosto de 1942, convocando os poloneses a ajudarem os judeus perseguidos. O tema desses panfletos era que só os tolos e idiotas ficariam felizes com o destino dos judeus, pois não conseguiam entender que, depois dos judeus, os poloneses receberiam o mesmo tratamento.[146]

A liderança polonesa (para não falar do povo polonês) não sabia que os alemães realmente alimentavam a ideia de se livrar dos poloneses. Ninguém sabia, por exemplo, que em 1 de maio de 1942, o *Gauleiter* Greiser tinha proposto a Himmler o "tratamento especial" de cerca de 35 mil poloneses tuberculosos em

---

145 Memorando do dr. Frederic, 19 de setembro de 1943. Documento CXLVa 60, Centre de Documentation Juive Contemporaine, Paris: cortesia do dr. John Armstrong. Ideias similares às que perturbavam o arcebispo metropolitano foram expressas por Sapieha, príncipe-arcebispo de Cracóvia, em uma carta ao *Generalgouverneur* Frank: "Não devo me demorar sobre o terrível fato do emprego de jovens embriagados no Serviço do Trabalho [*Polnischer Baudienst*] para o extermínio dos judeus". Sapieha a Frank, 8 de novembro de 1942, citado por L. Poliakov em "The Vatican and the 'Jewish Question'", *Commentary*, novembro de 1950, p. 442.

146 *Generalgouvernement*/Divisão Principal de Propaganda, relatórios consolidados semanalmente das divisões distritais de propaganda sobre agosto de 1942, relatórios da divisão de Varsóvia. 8 de agosto de 1942, Occ E 2-2. A autoria do panfleto não foi identificada.

seu *Gau* como uma medida sanitária para proteção dos alemães étnicos no território incorporado.[147] Mesmo sem saber disso, a ansiedade era real, não só em círculos clandestinos bem informados, mas em todas as seções de trabalhadores de todas as cidades polonesas. Esse medo veio à superfície em outubro de 1942.

A ss e a polícia (isto é, Himmler) haviam decidido transformar Lublin em uma cidade alemã e transformar o distrito de Lublin em um distrito alemão.[148]

Em 1 de outubro de 1942, a polícia realizou uma *razzia* na seção norte da cidade de Lublin. Todos os habitantes da seção foram convocados e reunidos em um só lugar. Todos os certificados de trabalho foram verificados, e todos os poloneses – homens e mulheres – que não puderam provar que estavam empregados foram levados para um campo, enquanto as crianças abaixo de quinze anos de idade foram enviadas para um orfanato.

Imediatamente, os boatos varreram a cidade como fogo sem controle. Muitos poloneses pararam nas ruas e disseram: "Não estávamos certos ao dizer que o reassentamento do outro lado do rio Bug ia acontecer? Aconteceu antes do que supúnhamos. Pontualmente, na manhã de 1 de outubro de 1942, ele aconteceu!" Os poloneses estavam convencidos de que essa *Aktion* era igual ao "reassentamento" dos judeus. Em Lublin, havia uma forte crença de que os "reassentados" judeus haviam sido mortos e que a gordura dos cadáveres tinha sido usada na fabricação de sabão. Agora, os pedestres em Lublin estavam dizendo que era a vez dos poloneses serem usados, como os judeus, para a produção de sabão.[149]

Quando os primeiros deportados poloneses de Lublin chegaram ao campo de trabalhos forçados em Lubartów, os boatos tomaram novo impulso, e surgiu a crença de que todos os poloneses no *Generalgouvernement* seriam mandados para o outro lado do rio Bug. Empilhando boato sobre boato, os residentes poloneses de Lublin também expressaram a ideia de que alguns poucos poloneses privilegiados receberiam a oferta da cidadania do *Reich* em vez do "reassentamento", e

---

147 Greiser a Himmler, 1º de maio de 1942, NO-246. A proposta foi vetada. Ver Greiser a Himmler, 21 de novembro de 1942, NO-249.

148 Sobre os efeitos dessa polícia no *Generalgouvernement*, ver Frank a Hitler, 23 de maio de 1943, NO-2202; Frank a Hitler, 19 de junho de 1943, PS-437.

149 *Generalgouvernement*/Divisão Principal de Propaganda, relatos consolidados semanalmente das divisões distritais de propaganda sobre outubro de 1942, relatórios da divisão de Lublin, 3 de outubro de 1942, Occ E 2-2.

de que alguns habitantes de Lublin já estavam discutindo a aceitação dessa cidadania como um modo de escapar à morte.[150]

Os temores poloneses não eram totalmente irracionais. Na administração da cidade alemã de Varsóvia, o dr. Wilhelm Hagen, o homem que havia se colocado contra um grupo de planejadores que quisera reduzir o tamanho do gueto de Varsóvia em 1941, também estava convencido de que uma ação contra os poloneses estava sendo planejada. Em 7 de dezembro de 1942, ele escreveu uma carta a Hitler na qual dizia:

> Em uma reunião sobre tuberculose, o diretor da Divisão de População e Bem-estar, *Oberverwaltungsrat* Weirauch, nos informou em segredo que, dos 200 mil poloneses que devem ser reassentados no leste do *Generalgouvernement* para dar espaço aos fazendeiros da defesa alemã, um terço – 70 mil idosos e crianças com menos de dez anos – podem ser tratados do mesmo modo que os judeus, isto é, pretendia-se ou pensava-se que eles poderiam ser mortos [*es sei beabsichtigt oder werde erwogen... so zu verfahren, wie mit den Juden, dass heisst, sie zu töten*].[151]

Weirauch, exasperado, disse que a acusação era "besteira" (*Unsinn*) e atribuiu a Hagen o desejo de dar aos poloneses um amplo cuidado contra a tuberculose, ao contrário da política estabelecida pela Divisão de População e Bem-estar.[152] Himmler achou que Hagen devia passar o resto da guerra em um campo de concentração, mas Conti o dissuadiu.[153] Os massacres não aconteceram, mas a população polonesa nunca teve certeza de que estava em segurança.[154]

---

150 *Generalgouvernement*/Divisão Principal de Propaganda, relatos consolidados semanalmente das divisões distritais de propaganda, relatórios da divisão de Lublin, 24 de outubro de 1942, Occ E 2-2. OFK 372 (assinado por Moser) a Wehrkreiskdo. GG, 20 de janeiro de 1943, Polen 75026/12. Pasta anteriormente localizada em Alexandria, Va.

151 Hagen para Hitler, 7 de dezembro de 1942, T 175, Rolo 38.

152 Weirauch para Krüger, 4 de fevereiro de 1943, T 175, Rolo 38.

153 Brandt para Conti, 29 de março de 1943, Conti para Brandt, 31 de março de 1943 e Brandt para Conti, 4 de abril de 1943, T 175, Rolo 38. Ver também Wilhelm Hagen, "Krieg, Hunger und Pestilenz in Warschau 1939-1943," *Gesundheitswesen und Desinfektion* 65 (1973): 115-43.

154 Ver comentários de Krüger na conferência de polícia do *Generalgouvernement* de 25 de janeiro de 1943, Diário de Frank, PS-2233. Muito depois do caso de Lublin, em abril de 1944, o arcebispo Sapieha aconselhou o *Generalgouverneur* Frank a convencer os poloneses, na propaganda

Por fim, mas igualmente importante, a quebra do segredo teve repercussões sobre os próprios alemães. Em especial na Polônia, os alemães estavam nervosos e temerosos. Eles temiam represálias e vinganças. Em 3 de outubro de 1942, a Divisão de Propaganda em Radom relatou um incidente perturbador que resultara do envio de um cartão postal. Os alemães publicavam um jornal na Polônia, o *Krakauer Zeitung*, para a população alemã local. O chefe da filial do jornal em Radom tinha recebido um cartão postal enviado de Lvov e que começava (em alemão): "Eu não sei alemão. Você pode traduzir tudo do polonês para o alemão". Depois, o cartão continuava em polonês:

Sua puta velha e seu velho filho da puta, Richard [Na tradução para o alemão: *Alte Hurenmetze und du alter Hurenbock Richard*]. Você teve um filho. Que seu filho sofra por toda a sua vida como nós, judeus, sofremos por sua causa. Eu lhe desejo isso do fundo do meu coração.

Esse cartão anônimo realmente perturbou o destinatário e preocupou os especialistas em propaganda. A Divisão de Propaganda temia que isso fosse o início de uma inundação de cartões postais, e o cartão foi enviado à polícia de segurança para rastreamento.[155]

Em setembro de 1942, um oficial do exército alemão em Lublin contou a um juiz alemão que, nos Estados Unidos, as represálias contra os alemães haviam começado por causa do tratamento dado aos judeus no *Generalgouvernement*. Um grande número de alemães, segundo esse oficial, já havia sido baleado na América.[156]

---

do jornal, de que eles não seriam tratados "pior" do que os judeus. Resumo da conferência entre Frank, *Staatssekretär* dr. Boepple, *Präsident* dr. von Craushaar, arcebispo Sapieha e prelado Domasik, 5 de abril de 1944, Diário de Frank, PS-2233.

155 *Generalgouvernement*/Divisão Principal de Propaganda, relatos consolidados semanalmente das divisões distritais de propaganda sobre outubro de 1942, relatório da divisão de Radom, 3 de outubro de 1942, Occ E 2-2.

156 *Generalgouvernement*/Divisão Principal de Propaganda, relatórios consolidados semanalmente das divisões distritais de propaganda sobre setembro de 1942, relatório da divisão de Lublin, 5 de setembro de 1942, Occ E 2-2.

O nervosismo chegou ao topo do aparelho administrativo alemão na Polônia. Em 24 de agosto de 1942, 48 oficiais do *Generalgouvernement* reuniram-se em uma conferência para discutir alguns problemas relacionados às medidas antijudaicas e antipolonesas.[157] O *Generalgouverneur* Frank foi particularmente sincero ao se referir a uma "sentença de morte pela fome" contra 1,2 milhão de judeus. No final da reunião, o *Staatssekretär* dr. Boepple lembrou que ele tinha a lista dos presentes e que, se rumores chegassem ao público, ele os rastrearia até a fonte. De novo, durante a conferência de 25 de janeiro de 1943, depois de muita conversa sobre as medidas antijudaicas, Frank comentou:

> Queremos lembrar que estamos, todos nós aqui reunidos, na lista de criminosos de guerra do sr. Roosevelt. Tenho a honra de ocupar o primeiro lugar nessa lista. Portanto, somos, por assim dizer, cúmplices em um sentido histórico mundial.[158]

A história a seguir é contada pelo KDS (comandante da polícia de segurança) no distrito de Lublin, Johannes Hermann Müller. Certa vez, ele havia participado de uma conferência sob a presidência do chefe da polícia e da SS de Lublin, Odilo Globocnik. O SS e líder de polícia estava pensando então no transporte de crianças polonesas de Lublin a Varsóvia e na morte por congelamento de muitas dessas crianças. Globocnik virou-se para o *Sturmbannführer* Höfle (um de seus assistentes de confiança) e lhe disse que tinha uma sobrinha de três anos. Globocnik não conseguia mais olhar para ela sem pensar nas outras crianças. Höfle não soube o que responder e "olhou para Globocnik como um idiota". Na primavera de 1943, os dois filhos de Höfle, gêmeos que tinham apenas alguns meses, morreram de difteria. No cemitério, Höfle de repente enlouqueceu e gritou: "Essa é a punição divina por todas as minhas maldades!"[159] Talvez não fosse por acaso que os alemães, que eram especialmente brutais ao lidar com as crianças judias, passassem então a temer pelos próprios filhos.

___

157 Conferência do *Generalgouvernement* de 24 de agosto de 1942, Diário de Frank, PS-2333.

158 Conferência da polícia do *Generalgouvernement* de 25 de janeiro de 1943, Diário de Frank, PS-2233.

159 Interrogatório de Müller, 5 de novembro de 1947, Occ E 2-134.

Consequências econômicas

O modo incessante em que as deportações foram levadas até o final é mais claramente reconhecível em suas consequências econômicas. Os resultados econômicos podem ser divididos em perdas e ganhos: as perdas incorreram basicamente no sacrifício da mão de obra produtiva judaica, e os ganhos resultaram da economia de alimentos e na coleta de alguns pertences pessoais (principalmente *Lumpen*, ou trapos). No total, as deportações custaram caro à Polônia. Muito tempo e esforço foram gastos nas municipalidades para equilibrar as contas depois da perda dos aluguéis devidos pelos judeus deportados pelos apartamentos em habitações públicas e em taxas que os judeus haviam deixado de pagar aos serviços públicos locais. Mesmo somas modestas causaram preocupação. Em Tarnów, por exemplo, o *Stadtkommissar* e sua divisão financeira juntaram 106.287,93 *zloty* e alocaram uma parcela inicial dessa soma para bondes, remoção de lixo, reparo de ruas e calçadas, instalações elétricas e a gás, aluguéis perdidos e limpeza dos banheiros públicos.[160]

As autoridades da cidade estavam interessadas na restauração da normalidade. Os que utilizavam o trabalho judaico tiveram o problema muito mais sério de manter seus níveis de produção. Quando os guetos começaram a se esvaziar em 1942, os representantes do exército na Polônia, que estavam muito ansiosos para manter a produção, ficaram presos em uma armadilha. *Gauleiter* Sauckel, o Plenipotenciário para alocação de mão de obra, estava lançando seu movimento de recrutamento *Ostarbeiter*; isto é, ele estava enviando trabalhadores poloneses e ucranianos para o Reich. O exército contava com o aumento do emprego de judeus para substituir os poloneses. Enquanto até 1942 os judeus só tinham sido usados em projetos de construção e nas oficinas do gueto, a situação presente exigia que eles também fossem usados na indústria da guerra, incluindo fábricas de aviões, produção de munição, indústria do aço, e assim por diante.[161] Esse programa de

---

160 *Stadtkommisar* Hackbarth de Tarnów para Divisão de Finanças do escritório do *Stadtkommissar*, 18 de novembro de 1942, Museu Memorial do Holocausto dos EUA, Grupo de Registro de Arquivos 15.020 (Arquivos Estatais Poloneses em Tarnów), Rolo 10. Grandes deportações de Tarnów aconteceram em junho e de setembro a novembro de 1942.

161 Ainda em 22 de novembro de 1941, o *Armament Inspectorate* no *Generalgouvernement* havia ordenado que, no interesse da segurança, nenhum trabalhador do gueto fosse empregado no trabalho de guerra secreto. Relatório da inspetoria para OKW/WI RÜ/RÜ III-A, abrangendo de 1º

substituição estava começando a ser colocado em andamento quando a ss e a polícia varreram os guetos e deportaram centenas de milhares de judeus. O exército estava agora na posição impossível de tentar substituir os poloneses que partiam com os judeus que eram deportados e de compensar os judeus mortos com poloneses não disponíveis. (Alguns poloneses, aliás, estavam substituindo trabalhadores judeus deportados na Alemanha.)

Três inspetorias de armamentos estavam envolvidas na tentativa de conservar o suprimento de mão de obra judia: *Armament Inspectorate* xxi em Wartheland, *Armament Inspectorate* viiib na Alta Silésia e *Armament Inspectorate* no *Generalgouvernement*.

Em Wartheland, os esforços dos oficiais de armamentos foram dirigidos para a conservação do gueto de Łódź. Essa tentativa teve muitos altos e baixos e, em geral, teve sucesso além das expectativas, pois o gueto não foi destruído até agosto de 1944.[162]

Na Alta Silésia, dezenas de milhares de judeus haviam sido levados dos guetos para os campos pela Organisação Schmelt, uma agência encarregada do recrutamento forçado na região da Silésia.[163] Milhares foram empregados na construção de fábricas de guerra. Eles eram indispensáveis a ponto de fazer com que o *Obergruppenführer* Schmauser, o chefe da polícia e da ss da Alta Silésia, escrevesse a Himmler em abril de 1942 dizendo que dificilmente haveria substitutos para os 6.500 judeus nos grandes projetos de construção (*Grossbauten*).[164] Vários me-

---

de julho de 1940 a 31 de dezembro de 1941, datado de 7 de maio de 1942, p. 153. wi/ID l.2. No entanto, em abril de 1942, os primeiros judeus foram enviados a uma fábrica de guerra: a fábrica de aviões em Mielec (distrito de Cracóvia). Diário de guerra, Comando de Armamento de Cracóvia, contendo o relatório de 1º de outubro a 31 de dezembro de 1942, wi/ID l.148. Logo depois, judeus foram enviados a outras fábricas no distrito, incluindo as fábricas de aço Stalowa-Wola e as fábricas de motores de aviões em "Reichshof" (Rzeszów). Diário de guerra, Comando de Armamento de Cracóvia, 3 a 9 de agosto de 1942, 17 a 23 de agosto de 1942 e 7 a 13 de setembro de 1942, wi/ID l. 145.

162 Ver resumo da conferência da Comissão de Armamento xxi, 30 de novembro de 1943, wi/ID l.26. Chefe da Economia da Defesa (*Wehrwirtschaftsoffizier*) do Distrito do Exército xxi para okw/Equipe de Economia da Defesa (*Wehrwirtschaftsstab*), 6 de março de 1944, wi/ID l.13.

163 Relatório de Korherr, 19 de abril de 1943, NO-5193.

164 *OGruf. und General der Polizei* Schmauser via chefe da orpo (atenção de *Hauptmann der Schutzpolizei* Goebel) a Himmler, 20 de abril de 1942, NO-1386.

ses depois, quando Krupp estava planejando construir uma fábrica para a produção de artilharia naval em Markstädt, perto de Breslau, a empresa descobriu que a Organisação Todt (a agência de construção de Speer) estava empregando muitos judeus em projetos próximos. Com a "total aprovação" do *Vizeadmiral* Fanger, Krupp sugeriu que esses judeus permanecessem para construir a fábrica naval.[165] Em 1944, a fábrica de Krupp na Silésia ainda empregava milhares desses judeus.[166]

Porém, com o início das deportações em massa na Alta Silésia, em agosto de 1943, muitos trabalhadores judeus foram retirados de seus empregos. O representante do *Reichskommissar* para o Fortalecimento da *Germandom* em Katowice (um homem de Himmler) relatou que uma unidade de construção com quinhentos judeus (*Judenbautruppe*), que tinha construído casas para reassentados alemães, fora completamente esvaziada.[167] O *Armament Inspectorate* VIIIb em Katowice relatou, ao mesmo tempo, a perda súbita de setecentos judeus empregados no programa de *Panzer* (construção) de Adolf Hitler das fábricas de ferro Trzynietz e A. G. Ferrum/Works Laurahütte. Além disso, 130 judeus no campo da companhia Ernst Erbe, de Warthenau, foram levados durante a noite de 24 para 25 de agosto de 1943, sem aviso.[168]

No *Generalgouvernement*, como em todo lugar, o início das deportações coincidiu com um suprimento de mão de obra em rápida contração. Em 24 de abril de 1942, o diretor da Divisão do Interior do escritório do *Gouverneuer* na Galícia, Bauer, alertou o *Kreise* que, exceto por sete categorias de judeus, com suas esposas e filhos com menos de dezesseis anos, ninguém seria poupado. Os grupos protegidos eram trabalhadores especializados empregados, trabalhadores qualificados

---

165 Memorando do dr. Erich Müller (chefe de construção de artilharia, Krupp) sobre discussão com o almirante Schmundt, *Vizeadmiral* Fanger e *Konteradmiral* Rhein, 9 de setembro de 1942, NI-15505.

166 Diretoria da Krupp para a Associação de Ferro do Reich/Divisão de Construção (*Reichsvereinigung Eisen/Abteilung Neubauten*), 2 de fevereiro de 1944, NI-12342. Krupp/Departamento Técnico (assinado por Rosenbaum) a Krupp/Vendas de Máquinas e Armamentos (Eberhardt), 14 de março de 1944, NI-8989. Krupp Berthawerk A. G./ fábrica Markstädt para chefe das fábricas de aço da Krupp, Prof. dr. Houdremont, 13 de abril de 1944, NI-12338.

167 *Stabshauptamt/Stabsführer* em Katowice (assinado *OStubaf.* Brehm) para Schmauser, 21 de agosto de 1943, NO-3083.

168 Diário de guerra, *Armament Inspectorate* VIIIb em Katowice, 27 de agosto de 1943, wi/ID l.224.

independentes registrados, funcionários públicos certificados, trabalhadores auxiliares integrados na força de trabalho, os conselhos judaicos e seus funcionários, a organização de autoajuda judaica e seus empregados e o *Ordnungsdienst* judaico. Todos os outros eram judeus "dispensáveis" (*entbehrliche*). O fato de alguém ser ou não indispensável "por enquanto" seria decidido pelo *Kreishauptmann* e pelo representante local da polícia de segurança.[169]

Em Kolomea Kreis, Galícia, o *Kreishauptmann* e a polícia de segurança tornaram sua posição conhecida em referência especial aos dependentes. O *Kreishauptmann* objetou à retenção dos trabalhadores judeus em pequenas cidades de parentes ou "famílias inteiras". Isso estava em contradição total com o efeito pretendido da "evacuação judaica", disse ele, e ele queria que todos os que não estivessem empregados fossem levados para o gueto na cidade de Kolomea (Kolomija).[170] O comandante local da polícia de segurança, *Obersturmführer* Leideritz, notificou o prefeito nativo, em Kreis Kolomea, de que por acordo com o *Kreishauptmann* e o diretor do escritório de mão de obra em Kolomea, todos os judeus teriam de se mudar de Sniatyn, Horodenka e Kosow para a cidade, exceto apenas por um pequeno número de trabalhadores judeus e que, para cada dez deles, haveria uma "pessoa-mulher" judia (*Frauensperson*) para realizar os trabalhos domésticos.[171]

Não muito depois, começou a luta pela retenção dos próprios trabalhadores judeus. A administração civil, a *Ostbahn*, empresas privadas sob contrato com o comandante militar ou o *Armament Inspectorate*, bem como a própria ss, todos utilizavam mão de obra judaica. Alguns de seus projetos, como um canteiro de

---

169 Instruções de Bauer, 24 de março de 1942, Museu Memorial do Holocausto dos EUA, Número de acesso 1997 A 0193 (Arquivos de Ivano-Frankivsk [Stanislawów]) Rolo 1, Fundo 37, Opis 1, Pasta 1. Ver também as instruções (assinadas em rascunho por Frauendorfer) para o escritório de mão de obra, 25 de junho de 1942, Museu Memorial do Holocausto dos EUA, Número de acesso 1997 A 0194 (Arquivos de Ternopil [Tarnopol] Oblast), Rolo 1, Fundo 181, Opis 1, Pasta 110.

170 Ordem do *Kreishauptmann*, sem data, Museu Memorial do Holocausto dos EUA, Número de acesso 1997 A 0193 (Arquivos de Ivano-Frankivsk Oblast), Rolo 1, Fundo 93, Opis 1, Pasta 54. A ordem especifica um prazo final de 1º de julho de 1942. A assinatura manuscrita parecer ser do *Regierungsassessor* Volkmann.

171 Leideritz para o prefeito de Sniatyn, 10 de setembro de 1942, *ibid*. O *Kreishauptmann* nesta época era Gorgon.

obras para a construção do teatro alemão de Lvov, eram sobras de uma visão anterior de vitória rápida,[172] mas a *Ostbahn* era outra questão. Em setembro de 1942, Gerteis indicou a necessidade de continuar a exploração da mão de obra judaica para aumentar a capacidade de sua rede. Havia 8.568 judeus trabalhando para a *Ostbahn* em reparos de equipamentos, como locomotivas, e outros 15.383 judeus trabalhavam para empresas sob contrato com a *Ostbahn* em seu programa de construção. Isso perfazia um total de 23.951 e a redução desse número era simplesmente "impossível".[173] O problema do comandante militar, general Gienanth, e do inspetor de armamentos, *Generalleutnant* Schindler, não era menos sério. Suas tentativas de impedir a perda de mão de obra judaica insubstituível foram um caso prolongado.

O primeiro movimento dos militares no esforço de preservação da mão de obra foi feito em julho de 1942, quando Schindler chegou a um entendimento apressado com o chefe da polícia e da Alta ss Krüger segundo o qual os trabalhadores judeus em empresas de armamentos deviam ser mantidos em alojamentos nas fábricas ou em campos de trabalho da ss para o bem da produção.[174] Em 19 de julho de 1942, Himmler aceitou o acordo, mas afirmou enfaticamente que não seriam feitas novas concessões: "Ordeno que o reassentamento de toda a população judia no *Generalgouvernement* seja realizado e esteja concluído em 31 de dezembro de 1942. A partir de 31 de dezembro 1942, nenhuma pessoa de ascendência judaica deve permanecer no *Generalgouvernement* a menos que esteja vivendo nos campos de Varsóvia, Cracóvia, Czestochowa, Radom ou Lublin. Todos os outros empreendimentos que empregam mão de obra judia devem estar terminados nessa época ou, se a conclusão não for possível, ser transferidos para um dos campos." Essas medidas, continuou Himmler, eram necessárias para a nova ordem na

---

172 Ver a conta apresentada pelo *Oberschlesische Bauunternehmung – Dipl. Ing.* Wolfgang Dronke para *Stadthauptmann/City Construction Directorate* Lvov, pelo uso de carregadores de calcáreo judeus, 29 de setembro de 1942, Arquivos Lvov Oblast, Fundo 37, Opis 4, Pasta 148.

173 Gerteis ao chefe da polícia e da Alta ss, 16 de setembro de 1942, e sua carta ao Ministério dos Transportes nessa data, Zentralarchiv Potsdam, collection 43.01 *Reichsverkehrsministerium*, Laufende Nummer Neu 3128. Ver também resumo da discussão entre Gerteis e Frank, 22 de setembro de 1942, Diário de Frank, T 992, Rolo 7.

174 Ver Krüger a Himmler (cópia para o ss e líder de polícia da Cracóvia, *Obf.* Scherner), 7 de julho de 1942, Arquivos Himmler, Pasta 94.

Europa e também para a "segurança e limpeza" do Reich alemão e suas esferas de interesse. Cada violação dessa regulamentação colocaria a paz e a ordem em perigo e criaria na Europa "o germe de um movimento de resistência e um centro moral e físico de pestilência".[175]

Os escritórios militares logo descobriram que as concessões de Himmler eram ainda mais restritivas do que pareciam ser nas estipulações do acordo. O exército não tinha protegido suas próprias instalações. Um depósito de suprimento militar, que enviava carne e farinha para a frente de batalha, perdeu metade de sua força de trabalho judaica da noite para o dia, mesmo quando vagões de carga vazios esperavam estacionados.[176] Logo uma outra e mais séria omissão começou a se fazer sentir. Os generais descobriram que seu acordo com Krüger cobria apenas uma parte da indústria de armamentos, a chamada *Rüstungsbetriebe*, ou fábricas de armamentos sob contrato com o *Armament Inspectorate*. Aparentemente, o acordo não cobria as empresas de armamentos que estavam suprindo os pedidos feitos diretamente pelos órgãos do *Reich* nem as miríades de pequenas oficinas e fábricas de acabamento que estavam sob contrato com o comandante militar (*Wehrkreisbefehlshaber im Generalgouvernement*).

Em 18 de setembro de 1942, o *Wehrkreisbefehlshaber* von Gienanth relatou ao Alto Comando das Forças Armadas/Equipe de Operações que contratos urgentes com designações de prioridade "inverno" estavam sendo descumpridos devido à ação de "reassentamento" da polícia. Von Gienanth estimou que, no momento, a situação de mão de obra no *Generalgouvernement* era como mostra a Tabela 8.6. A substituição de 200 mil trabalhadores judeus *não qualificados* poderia ter sido possível se não fosse pela solicitação urgente de 140 mil trabalhadores poloneses por parte do Plenipotenciário para Alocação de Mão de Obra. Sob essas circunstâncias, von Gienanth pedia a ajuda do OKW na negociação de uma redução mais lenta (*Zug um Zug*) dos trabalhadores judeus. "O critério deveria ser",

---

175 Himmler a Krüger, 19 de julho de 1942, NO-5574.

176 *Militärbefehlshaber im* GG/OQU via OFK Krakau a VO/MiG, 5 de agosto de 1942, Polen 75022/9a. Ver também o incidente em Przemyśl em 26 de julho de 1942, durante o qual o pessoal do exército realmente atirou contra a polícia que levava seus trabalhadores judeus. Relatório de Kds Cracóvia/*Grenzpolizeikommissariat* Przemyśl (assinado Benthin) 27 de julho de 1942, Polícia de Israel 1113; *Grenzpolizeikommissariat* a OKW *Kommission*, 23 de agosto de 1942, Polícia de Israel 1114; Himmler a Bormann, 3 de outubro de 1942, Polícia de Israel 1115. O episódio enfureceu Himmler.

TABELA 8.6   Forças de trabalho no *Generalgouvernement*, setembro de 1942

	TOTAL DE TRABALHADORES	APENAS JUDEUS	APENAS MÃO DE OBRA QUALIFICADA JUDIA
Todas as empresas	1.000.000	300.000	100.000
Empresas que produziam sapatos, uniformes militares, etc.	22.700	22.000	16.500

escreveu ele, "afastar os judeus o mais rápido possível, sem colocar em risco o esforço de guerra".[177]

Quando Himmler recebeu uma cópia dessa carta, ele respondeu que existia uma diferença entre "as chamadas empresas de armamentos", que consistem principalmente em alfaiatarias, marcenarias e sapatarias, e as empresas de armamentos "reais", como as fábricas de armas. No que se referia ao "assim chamado" esforço de guerra, Himmler estava preparado para confiscar as oficinas. "A *Wehrmacht* deveria dar seus pedidos a nós e nós devemos garantir a continuidade das entregas dos uniformes desejados. Porém, se alguém acha que pode nos confrontar aqui com supostos interesses de armamentos, enquanto na realidade essa pessoa só deseja proteger os judeus e seus negócios, trataremos esse alguém de maneira impiedosa."

Nas empresas "reais" de armamentos, continuou Himmler, os judeus teriam de ser segregados em salas de trabalho. No processo de limpeza, as salas de trabalho poderiam então ser consolidadas em campos fabris que, por sua vez, dariam lugar a algumas grandes empresas de campos de concentração judeus, preferivelmente nas áreas orientais do *Generalgouvernement* (*tunlichst im Osten des Generalgouvernements*). "No entanto, ali também, os judeus devem, conforme o desejo do *Führer*, desaparecer algum dia [*Jedoch auch dort sollen eines Tages dem Wunsche des Führer's entsprechend die Juden verschwinden*]."[178]

———

177 *Wehrkreisbefehlshaber im Generalgouvernement* (assinado por von Gienanth) a OKW/WFSt (Jodl), 18 de setembro de 1942, Arquivos de Himmler, Pasta 126. O número de judeus que trabalhavam na época para necessidades diretas das forças armadas era de aproximadamente 50 mil. Relatório do *Armament Inspectorate Generalgouvernement* sobre julho a setembro de 1942, wi/ID l.131.
178 Himmler a Pohl, Krüger, o RSHA e Wolff, cópias para *Generalquartiermeister* Wagner e *Oberstleutnant* Tippelskirch, 9 de outubro de 1942, NO-1611.

Himmler então estava propondo mesmo que a própria ss entrasse em ação e cuidasse de toda a produção "assim chamada" de armamentos, principalmente a manufatura de uniformes. Nas empresas pesadas de armamentos, ou "reais", a proposta era que a ss se encarregasse do suprimento de mão de obra. Esse controle devia ser garantido por meio do estabelecimento de campos de trabalho. Nem é preciso dizer que todos os salários seriam pagos não aos trabalhadores, mas à ss. A questão do lucro era bastante clara na proposta de Himmler.

O exército aceitou as condições de Himmler palavra por palavra.[179] Em 14 e 15 de outubro de 1942, Oberst Forster, o *Oberquartiermeister* do comandante militar no *Generalgouvernement*, encontrou-se com o chefe da polícia e da Alta ss Krüger para acertar alguns pontos. Dessa vez, os militares encontraram a ss muito mais receptiva aos problemas de produção. O novo acordo cobria todas as empresas que operavam sob contrato com o exército (isto é, o *Armament Inspectorate ou o Wehrkreisbefehlshaber*). O ponto principal do acordo era a redução *organizada* da força de trabalho judia, que só devia ser efetuada depois de consulta mútua. A expressão crucial do acordo era "sem perturbação da produção". A ss receberia pelo trabalho no campo a uma taxa diária de 5 *zloty* por homem e 4 *zloty* por mulher, dos quais as empresas podiam deduzir um máximo de 1,60 *zloty* para manutenção[180] (5 *zloty* equivaliam a 1 dólar; 1,60 *zloty* era equivalente a 20 centavos).

O acordo de outubro foi um acordo de última hora para salvar a mão de obra judia para necessidades militares. Nenhuma provisão havia sido feita para

---

179 OKW/WFSt/Qu II para *Wehrkeisbefehlshaber* im GG/OQu (Forster), 10 de outubro de 1942, passado por Forster ao *Oberfeldkommandanturen* em Lvov, Kielce, Lublin, Cracóvia, Varsóvia, *Luftgaukommando* II e III, *Armament Inspectorate* e escritórios do *Wehrkreisbefehlshaber*, 11 de outubro de 1942, NOKW-134.

180 Forster a IVa, IVb, 02, e oficial de ligação do comando militar ao *Generalgouverneur*, 14 de outubro de 1942, NOKW-134. *Wehrkreisbefehlshaber/Chef Generalstab* ao *Oberfeldkommandanturen* e escritórios do *Wehrkreisbefehlshaber*, cópias ao oficial de ligação e *Armament Inspectorate*, 15 de outubro de 1942, NOKW-134. Um acordo detalhado, nomeando as empresas envolvidas, foi firmado pelo *Armament Command* na Galícia com o chefe da polícia e da ss local *Brif.* Katzmann ao *Armament Command* em Lvov, 23 de outubro de 1942, em relatório de Katzmann a Krüger, 30 de junho de 1943, L-18. As empresas da Galícia não protegidas pela inscrição nesse acordo foram privadas de seus trabalhadores de modo "bastante impiedoso" *(ziemlich rücksichtslos)*. *Armament Command* Lvov (assinado por Sternagel) a OKW/Rü Ic, 8 de julho de 1943, wi/ID l.73.

empresas com objetivos civis, para a Ostbahn ou para a administração civil. Dezenas de milhares de judeus foram retirados de projetos e fábricas que estavam fora do escopo das estipulações escritas. Consequentemente, os efeitos diretos das deportações, foram sentidos por toda parte, exceto na indústria de armamentos, definida de modo restrito, e mesmo nessa indústria, os judeus deveriam desaparecer em algum momento.[181] Em 9 de dezembro de 1942, o *Generalgouverneur* Frank disse em uma conferência:

> Reservas de mão de obra importantes foram tiradas de nós quando perdemos nossos velhos e confiáveis judeus [*altbewährten Judenschaften*]. Está claro que a situação de trabalho ficou mais difícil quando, no meio do esforço de guerra, foi dada uma ordem para preparar todos os judeus para a aniquilação. A responsabilidade dessa ordem não cabe aos escritórios do *Generalgouvernement*. A ordem para aniquilação dos judeus veio de fontes mais altas. Nós só podemos lidar com as consequências dessa situação e podemos dizer aos órgãos do Reich que a retirada dos judeus provocou enormes dificuldades em relação ao trabalho. Outro dia mesmo, eu pude provar ao *Staatssekretär* Ganzenmüller, que reclamava que um grande projeto de construção no *Generalgouvernement* estava interrompido, que isso não teria acontecido se os muitos milhares de judeus que estavam trabalhando ali não tivessem sido retirados. Agora, a ordem afirma que os judeus que trabalham com armamentos também devem ser afastados. Espero que essa ordem, se já não tiver sido anulada, seja revogada, porque então a situação seria ainda pior.[182]

Os judeus, por seu lado, sentiam o que o novo acordo traria para eles. Não havia esperança para ninguém que não pudesse trabalhar. Só os melhores e mais

---

181 Esse foi o entendimento dos oficiais de armamentos. Ver relatório do *Armament Inspectorate Generalgouvernement* sobre julho a setembro de 1942, wi/ID l.131. Em outubro de 1942, a expectativa era de que o acordo só durasse até o início de 1943. Ver resumo da primeira conferência da Comissão de Armamentos do *Generalgouvernement*, 24 de outubro de 1942, wi/ID l.155. (A comissão de armamentos era formada por altos oficiais do *Armament Inspectorate* e da administração civil.) De fato, o acordo durou até 1944.

182 Comentários de Frank na conferência do *Generalgouvernement* de 9 de dezembro de 1942, Diário de Frank, PS-2233.

fortes trabalhadores, "os macabeus", como Krüger os chamava,[183] tinham alguma chance de sobreviver. Todos os outros tinham de morrer. Não havia espaço no acordo entre ss e exército para dependentes. A sobrevivência tinha se transformado em sinônimo de trabalho. Os judeus estavam agarrando certificados de trabalho como um homem que se afoga agarra uma palha. O modo como essa psicologia de sobrevivência pelo trabalho penetrou profundamente na comunidade judia é ilustrado por um pequeno incidente observado por um polonês. Em 1943, quando um oficial da ss (*Sturmbannführer* Reinecke) pegou uma garotinha judia de três anos para deportá-la para um campo de extermínio, ela pediu pela vida mostrando-lhe as mãos e dizendo que podia trabalhar. Em vão.[184]

Os judeus que foram escolhidos para o trabalho estavam cheios de apreensão e premonições. Nas palavras de um dos oficiais da *Wehrmacht* que os observava de perto na Galícia:

> Essas medidas, que provocaram a separação dos trabalhadores e de suas famílias, naturalmente tiveram um efeito desastroso sobre a psique e, em consequência, também sobre a constituição física desses judeus; eles pensam, corretamente, que mesmo que estejam sob proteção temporária, suas famílias com toda a probabilidade virão a ser vítimas das próximas *Aktionen*. Se essa suposição dos judeus está ou não certa, saberemos por ocasião de uma grande *Aktion* de evacuação que deve ocorrer em Lvov nos próximos dias. Compreensivelmente, sob tais circunstâncias a produtividade dos judeus caiu abruptamente, os casos de colapso corporal e espiritual aumentaram e houve até casos de suicídio. [*Diese Massnahmen, die eine Trennung der Arbeiter von ihren Familienangehörigen mit sich brachten, haben naturgemäss eine vernichtende Wirkung auf die psychische und im Zusammenhang damit auch auf die physische Verfassung der in Frage kommenden Juden ausgeübt; sie sagen sich mit Recht, dass sie swar selbst jetzt einstweilen Schutz geniessen, dass aber die Familienangehörigen voraussichtlich ein Opfer kommender Aktionen sein werden. Wie recht die Juden mit dieser Vermutung haben, wird sich gelegentlich einer grösseren Aussiedlungsaktion, die für Lemberg in den näschsten Tagen bevorsteht, erweisen. Dass unter solchen Umständen*

---

183 Ver comentários de Krüger na conferência de 31 de maio de 1943, Diário de Frank, ps-2233.
184 Testemunho juramentado de Jerzy Skotnicki, 26 de agosto de 1947, no-5257. O incidente ocorreu em Sandomierz ou perto dali, no distrito de Radom.

die Arbeitsleistung der Juden stark abfällt, dass körperliche und seelische Zusammenbrüche sich häufen und auch Selbstmorde sich ereignen, ist erklärlich.][185]

O programa de Himmler ordenava a deportação de todos os judeus improdutivos no *Generalgouvernement* até o final de 1942. Devido a dificuldades administrativas, o cronograma de Himmler estava atrasado. Mesmo assim, menos de 600 mil judeus ainda estavam vivos na área de deportação polonesa em 31 de dezembro de 1942 (cerca de 250 mil na Alta Silésia, em Wartheland e no distrito de Bialystok, e um pouco mais de 300 mil no próprio *Generalgouvernement*).[186] No distrito da Galícia, os judeus remanescentes estavam sendo baleados,[187] mais revistas estavam planejadas para o gueto de Varsóvia, enquanto em Łódź, Bialystok, Cracóvia, Radom e outros guetos que ainda existiam, os sobreviventes estavam sendo dizimados incansavelmente. A ss e a polícia escolheram os trabalhadores mais fortes e mais bem treinados que restavam nos guetos do *Generalgouvernement*, em especial Varsóvia, Lvov, Radom e Cracóvia para formar um reservatório de trabalho forçado industrial que deveria durar cerca de dois anos.

Os trabalhadores judeus foram enviados dos guetos para os campos de trabalho da ss *(ss Arbeitslager)* e para campos de empresas *(Firmenlager)*. Os campos da ss alojavam duas empresas de propriedade da ss, um projeto da Galícia da Ostbahn e algumas empresas de armamentos. Além disso, a ss fornecia trabalhadores dos guetos e dos campos da ss a empresas que mantinham suas próprias instalações (ver Tabela 8.7). *Todos* os judeus que haviam deixado os guetos eram prisioneiros de trabalhos forçados da ss. Como esses judeus não eram empregados pela própria ss, os empregadores tinham de pagar salários para a ss e a polícia a taxas

---

185 OFK 365 (assinado por Beuttel) ao MG GG, 17 de novembro de 1942, Polen 75016/12. Pasta anteriormente localizada em Alexandria, Va.

186 Ver relatório de Korherr, 19 de abril de 1943, NO-5193. Os números de deportação em 31 de dezembro de 1942 foram de 1.274.166 para o *Generalgouvernement* e 222.177 para as áreas incorporadas. O número de Korherr para os judeus remanescentes no *Generalgouvernement* é de 297.914, mas inclui um número arredondado de apenas 50 mil no distrito de Varsóvia, onde muitos judeus não eram registrados.

187 O número de deportação em 10 de novembro de 1942 era de 254.989, e o total em 27 de junho de 1943 era de 434.329. Katzmann a Krüger, 30 de junho de 1943, L-18. A segunda contagem na Galícia inclui um grande grupo baleado em 1943 perto de Lvov.

TABELA 8.7 Fluxo do trabalho do gueto

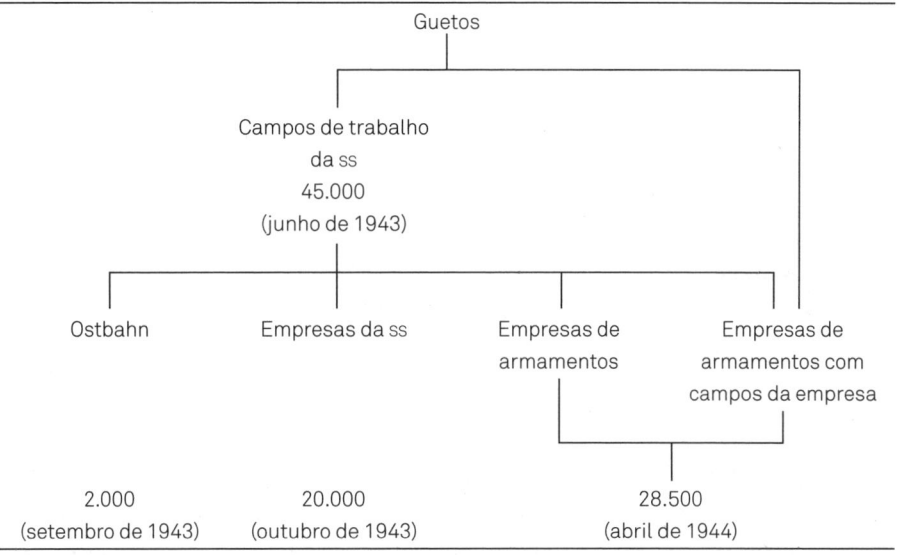

acordadas de 5 *zloty* por homem e 4 *zloty* por mulher, menos 1,60 *zloty* pela alimentação. Embora a ss mantivesse seu controle sobre todos os judeus que trabalhavam no *Generalgouvernement*, havia uma diferença significativa entre o tipo de controle exercido pela ss sobre os judeus em seus próprios campos e o controle um pouco mais remoto exercido sobre os complexos das empresas. Os campos de trabalho da ss eram submetidos a um processo constante de consolidação e triagem do qual os campos das empresas permaneceram em grande medida isentos.

Os campos da ss estavam originalmente sob a jurisdição da ss e dos líderes da polícia, mas a partir de outubro de 1943 e durante 1944, houve uma série de transferências e, em decorrência delas, os campos foram assumidos pelo Escritório Principal Econômico-Administrativo da ss (WVHA), isto é, o departamento que controlava os campos de concentração. O controle territorial e funcional dos campos pela ss e líderes da polícia, até então indisputado, agora estava reduzido a uma jurisdição puramente territorial (disciplinar). O novo mestre era o WVHA. A lista a seguir relaciona os principais campos de trabalho sob sua nova direção funcional.[188]

---

188 Memorando de *Obergruppenführer* Pohl (Chefe do WVHA), 7 de setembro de 1943, NO-599. Globocnik a Himmler, 18 de janeiro de 1944, NO-57. Memorando de *HStuf.* Opperbeck (WVHA

Satélites do campo da WVHA de Lublin:

Trawniki

Poniatowa

Velho aeroporto, Lublin

Empresa da SS DAW, Lublin

Bliżyn

Radom

Budzyń

Campos independentes do WVHA:

Cracóvia-Plaszów

Lvov (rua Janow)

Apesar desses passos para a consolidação, tiroteios em massa foram realizados no complexo do campo de Lublin em 3 de novembro de 1943. A decisão foi desencadeada por relatos de agitação dos judeus nos campos e por uma fuga, em 14 de outubro, do campo de extermínio de Sobibór.

Na manhã de 19 de outubro, uma conferência de segurança na qual participaram comandantes da polícia e generais militares foi realizada sob a presidência de Frank. Nessa ocasião o BdO, general Grünwald, mencionou um "grande perigo" dos campos de trabalho judeus e, sem identificar Sobibór, referiu-se a uma revolta em um campo. Frank imediatamente instruiu o inspetor de armamentos Schindler, BdS Bierkamp e Grünwald a examinar as listas da população interna e confirmar que só restassem trabalhadores. Todos os demais deviam ser removidos "do *Generalgouvernement*". Depois da discussão de outros assuntos, Frank então resumiu os pontos tratados na conferência, dizendo que os campos de judeus haviam se transformado em um "perigo agudo" para os alemães.[189]

A consequência dessas deliberações foi imensa. No final de outubro, começaram os preparativos, com a escavação de túmulos no campo de Lublin. Esse trabalho continuava de dia e, iluminado por lâmpadas, de noite. Dois caminhões

---

W-IV), 13 de janeiro de 1944, NO-1036. *Obf.* Baier (WVHA-W) a Opperbeck (WVHA W-IV), 19 de janeiro de 1944, NO-1036.

189 Resumo da Conferência de Segurança de 19 de outubro de 1943, Diário de Frank, Arquivos Nacionais, Grupo de Registro 238, T 992, Rolo 9. No início da tarde, Frank falou com Bierkamp e Grünwald a sós, mas essa conversa não foi resumida no diário.

com alto-falantes, emprestados pelo escritório local de propaganda, foram levados para o complexo de Lublin para cobrir os fuzilamentos com música. Na véspera da operação, que foi chamada de "Festival da Colheita" *(Erntefest)*, o chefe da polícia e da ss Sporrenberg mobilizou e movimentou o pessoal da kds em Lublin, além de elementos das unidades motorizadas Waffen-ss e dos 22º e 25º regimentos de polícia.

No dia do massacre, grandes colunas de trabalhadores marcharam para o principal campo de Lublin (Maydanek) a partir do velho aeroporto e das oficinas de Lublin da *Deutsche Ausrüstungswerke* (DAW). Aproximadamente 10 mil judeus foram mortos em Trawniki, cerca de 15 mil em Poniatowa e 17 mil ou 18 mil no campo principal de Lublin. Todas as fazendas do distrito que tinham dependido do campo de trabalho da ss "perderam o chão".[190]

Um capítulo especial nessa história é o destino das indústrias operadas pela própria ss. A princípio, as empresas da ss tinham sido instaladas nos campo de concentração com o objetivo de explorar o suprimento barato de trabalho dos internos. Agora que a fase final das deportações polonesas tinha chegado, uma das empresas da ss, a DAW, saiu dos campos de concentração e estendeu seus braços para uma parcela da mão de obra judaica sobrevivente. Mas os empreendedores da ss enfrentavam uma grande dificuldade: eles não tinham capital. A DAW resolveu esse problema de um modo típico da ss. Uma das assim chamadas empresas

---

190 Jozef Marszalek, *Maydanek* (Hamburgo, 1982), pp. 138-41. Testemunho juramentado de Friedrich Wilhelm Ruppert (administração do campo de Lublin), 6 de agosto de 1945, NO- 1903. Depoimento de Johann Offermann (equipe de Sporrenberg), sem data, Jüdisches Historisches Institut Warschau, *Faschismus-Getto-Massenmord*, pp. 366-67n. Os fuzilamentos no campo principal de Lublin são descritos no julgamento de Hermann Hackman por um tribunal de Düsseldorf, XVII 1/75S: julgamento, vol. II, pp. 456-502; depoimentos dos guardas da ss, Johann Ludwig, 6 de novembro de 1964, vol. XIV, pp. 2326-29, Georg Hörauf, 30 de outubro de 1964, vol. XV, pp. 2483-93, Gotthard Tschöltsch, 28 de julho de 1965, vol. XVIII, pp. 2994-98 e Andreas Lahner, 2 de outubro de 1968, vol. XXVII, pp. 4763-68; depoimento de um ex-prisioneiro político alemão e *Kapo*, Erich Hornung, 12 de setembro de 1972, vol. XLIII, pp. 8320-30; e depoimento de um judeu sobrevivente, Felix Niedzielak, 6 de novembro de 1972, vol. XLIII, pp. 8560-67. Os fuzilamentos foram visíveis o bastante para serem relatados no jornal clandestino polonês *Biuletyn Informacyjny*. Ver Shmuel Krakowski, "Holocaust in the Polish Underground Press," *Yad Vashem Studies* 16 (1984): 241-70, na p. 253.

de armamentos no distrito da Galícia, Schwarz and Company, que estava exclusivamente envolvida na produção de uniformes e empregava 2 mil trabalhadores judeus escravos, era perfeita para as necessidades da DAW. A ss movimentou-se depressa. Em julho de 1943, a administração da Schwarz and Company foi presa "devido a graves irregularidades" e toda a empresa, com trabalhadores e equipamentos, foi engolida pela DAW.[191]

Um projeto mais ambicioso do que a aquisição da Schwarz and Company foi o plano da ss para assumir todos os equipamentos localizados nos guetos. Em 1º de dezembro de 1942, Himmler escreveu ao chefe do Escritório Principal Econômico-Administrativo, Pohl, que tinha acabado de examinar o maquinário e os equipamentos no gueto de Varsóvia. Essas máquinas, segundo Himmler, valiam "centenas de milhões", e um valor tão elevado "não poderia escapar ao Reich".

Pohl foi instruído a retirar as máquinas o mais depressa possível.[192] O chefe do Escritório Principal Econômico-Administrativo enviou imediatamente três especialistas a Varsóvia para fazer um inventário das máquinas e matérias-primas no gueto e, depois, informou a Himmler que haviam sido feitos preparativos para sua remoção.[193] No dia seguinte, Himmler escreveu que concordava "inteiramente" *(sehr einverstanden)* com esse arranjo. "Só acredito", disse ele, "que seja necessário obter permissão por escrito do Ministério da Economia para transferir as máquinas para nossas indústrias".[194] As máquinas em questão eram, na maioria, propriedade privada.

Em janeiro de 1943, Himmler estava de novo em Varsóvia. Ele convocou Oberst Freter, o chefe do Comando de Armamentos em Varsóvia, para lhe dizer que estava surpreso *(erstaunt)* por haver ainda tantos judeus em Varsóvia. Na opinião de Himmler era necessário que os empresários alemães que possuíam empresas no gueto, em especial o mais importante deles, Walther C. Többens, fossem recrutados pelo exército o quanto antes e enviados para a linha de frente *(tunlichst eingezogen und an die Front gebracht werde)*. Ele ordenou que o RSHA examinasse os livros de Többens "com um microscópio". "Se não estou enganado", disse

---

191 *Armament Command* em Lvov (assinado por Sternagel) para *Armament Inspectorate*/lc, 8 de julho de 1943, WI/ID l.73.

192 Himmler a Pohl, 1º de dezembro de 1942, Arquivos de Himmler, Pasta 188.

193 Pohl a Himmler, 4 de dezembro de 1942, Arquivos de Himmler, Pasta 188.

194 Himmler a Pohl, 5 de dezembro de 1942, Arquivos de Himmler, Pasta 188.

ele, "um homem que não tinha propriedade alguma há três anos se transformou em um homem abastado, se não em um milionário, e só porque nós, o estado, enviamos mão de obra judaica barata para seus braços".[195]

Em resumo, esse era o modo de Himmler se apossar do maquinário e da mão de obra necessários. Na verdade, ele fracassou, não por causa de Többens, mas por causa da resistência judaica e da destruição de propriedades resultante. Como disse o chefe da polícia e da ss em Lublin, *Gruppenführer* Globocnik, em uma rara declaração nazista que minimizava os fatos: "Uma grande perda aconteceu apenas em Varsóvia onde, devido a uma compreensão equivocada da situação, o desfecho foi conduzido de modo incorreto".[196]

Mesmo assim, a ss prosseguiu. Em 12 de março de 1943, ela formou um nova empresa, a Ostindustrie GmbH (Osti), dentro da estrutura do wvha. A Osti era uma empresa peculiar. Ela foi estabelecida com um capital inicial de investimento de apenas 100 mil *Reichsmark*. O *Vorstand* consistia do chefe do wvha, Pohl, e do chefe do *Amtsgruppe* B do wvha, *Gruppenführer* Lörner. O *Aufsichtsrat* continha os seguintes membros: Pohl, Krüger, Lörner e o chefe da polícia e da ss de Varsóvia von Sammern-Frankenegg. Krüger e von Sammern retiraram-se posteriormente, e o representante do wvha no *Generalgouvernement*, ss *Economist* Schellin, foi eleito no lugar deles. Os gerentes da empresa eram o chefe da polícia e da ss em Lublin, Odilo Globocnik, e o contador do wvha, dr. Max Horn.[197]

Embora a maior parte das máquinas do gueto de Varsóvia tivesse sido destruída, a empresa começou a operar no verão de 1943 com itens diversificados recuperados dos guetos de Varsóvia e Bialystok, e com ferramentas extremamente primitivas. Assim, na fábrica de escovas, seiscentos trabalhadores judeus que tinham apenas uma ou duas dúzias de martelos tinham de usar pedaços de ferro e pedras. Mesmo assim, 396 mil escovas foram produzidas de maio a outubro de 1943.[198] As empresas Osti cresceram até empregarem, no auge, os seguintes números de pessoas:[199]

---

195 Himmler a Krüger, cópias para rsha, Pohl e Wolff, janeiro de 1943, NO-1882.

196 Globocnik para Himmler, 18 de janeiro de 1944, NO-57.

197 Relatório de *UStuf.* Fischer, março de 1944, NO-1271.

198 Relatório do dr. Horn, 13 de março de 1944, NO-2187.

199 Relatório de *UStuf.* Fischer, março de 1944, NO-1271.

Extração de turfa em Dorohucza	1.000
Fábrica de escovas em Lublin	1.800
Oficinas de equipamentos em Radom (têxteis)	4.000
Fundição de ferro em Lublin	1.500
Oficina de peças de pele em Trawniki	6.000
	14.300

No final de 1943, o conjunto de *Ostindustrie* fracassou. Esse fracasso se deveu à razão usual: falta de lucro. Porém, o golpe de misericórdia foi dado pela própria ss, em 3 de novembro de 1943, quando a Osti repentinamente se viu sem mão de obra.[200] Milhares de judeus da Osti estavam sendo fuzilados no centro de extermínio de Lublin.[201] Foi assim que a Osti teve o tapete puxado de baixo de seus pés.[202]

O fim súbito do empreendimento da ss não deveria ser muito surpreendente. Nas palavras de um dos gerentes da Osti, dr. Horn, a tarefa econômica da *Ostindustrie* era vista com "negação" e "falta de entendimento" mesmo nos círculos da ss. Quando, por exemplo, um dos representantes da Osti reportou-se ao chefe da polícia e da ss em Varsóvia (muito provavelmente Stroop), o líder da ss reagiu ao empreendimento com estas palavras: "*Ostindustrie!* Só preciso ouvir 'indústria' para me sentir nauseado! [*Ostindustrie! Wenn ich schon 'Industrie' höre, wird mir übel!*]"[203]

Os responsáveis pela *Ostindustrie* não desistiram. Em janeiro de 1944, o dr. Horn foi a Łódź, onde descobriu que os lucros mostrados pelo *Gettoverwaltung* eram, na verdade, "prejuízos disfarçados". Ele tinha uma solução para o problema: transferência dos judeus de Łódź para a Osti.[204] No entanto, mais uma vez a

---

200 Globocnik para Himmler, 18 de janeiro de 1944, NO-57.

201 Relatório do dr. Horn (WVHA, empresa Osti da ss), 13 de março de 1944, NO- 2187. Testemunho juramentado de Ruppert, 6 de agosto de 1945, NO-1903.

202 A fábrica da DAW em Lvov perdeu todos os seus trabalhadores ao mesmo tempo. Diário de guerra, *Armament Inspectorate Generalgouvernement*/Divisão Administrativa, 19 a 26 de novembro de 1943, WI/ID l.93. As oficinas da DAW em Lvov, porém, foram reativadas com novos trabalhadores alocados pela WVHA. Memorando da WVHA W-IV, 13 de janeiro de 1944, NO-1036; WVHA-W (*Obf.* Baier) para WVHA W-IV, 19 de janeiro de 1944, NO-1036.

203 Relatório de Horn, 13 de março de 1944, NO-2187.

204 Dr. Horn para Pohl, cópias para *Oberführer* Baier e *HStuf.* dr. Volk, 24 de janeiro de 1944, NO-519.

ss fracassou (Greiser exigiu o pagamento de 18 a 20 milhões de *Reichsmark* por suas empresas no gueto),[205] e assim a liquidação da *Ostindustrie* seguiu seu curso. Seus ativos foram assumidos por uma das mais permanentes empresas da ss, a já mencionada Deutsche Ausrüstungswerke (DAW), operada pela seção W-IV do WVHA.[206]

As empresas da ss, Osti e DAW, em nenhum momento empregaram mais do que aproximadamente 20 mil trabalhadores judeus; no todo, portanto, as indústrias da ss não tiveram muito sucesso. Mas Himmler ainda tinha uma outra fonte de lucros. Sob seu acordo com o exército, todos os judeus no *Generalgouvernement* eram prisioneiros de trabalho da ss, disponibilizados com o pagamento de uma taxa diária. Também em relação a este ponto, as expectativas de Himmler não foram cumpridas totalmente.

A Tabela 8.8 contém as estatísticas dos trabalhadores judeus empregados pela indústria de armamentos no *Generalgouvernement* de janeiro de 1943 a maio de 1944. Esses números de emprego, que representam a utilização dos judeus nos campos de trabalho da ss e nos campos das empresas, foram um pouco mais baixos do que os que Himmler e Globocnik esperavam alcançar.[207] Nos campos de trabalho da ss, vários milhares de judeus estavam ociosos. Em junho de 1943, Globocnik reclamou a Himmler que, no grande campo de Trawniki, as indústrias da ss e as empresas privadas empregavam 90% da mão de obra disponível; no campo de Poniatowa, apenas 60% estavam empregados. Globocnik acusou a *Wehrmacht* de "encher" o gueto de Łódź com contratos só para impedir um "reassentamento" ali, e acusou as organizações empresariais de boicotar sua própria mão de obra por razões de "lucro".[208]

---

205 Memorando de Volk, 9 de fevereiro de 1944, NO-519.

206 WVHA W para W-IV, 19 de janeiro de 1944, NO-1036. A DAW herdou as fábricas da Osti em Radom e Bliżyn. Oito mil trabalhadores estavam empregados lá em julho de 1944. Memorando de *HStuf.* Sommer (chefe assistente, WVHA D-II), 31 de julho de 1944, NO-4181. A DAW também operava uma pequena fábrica em Lublin e a antiga fábrica Schwarz em Lvov (em conjunto, 3 mil trabalhadores). Essas duas empresas foram liquidadas em julho de 1944, WVHA W-IV/escritório de Cracóvia (assinado pelo *Oberscharführer* Dorndorf) para WVHA W-IV, 25 de outubro de 1944, NO-3765.

207 O sucesso foi ainda menor quando se considera que algumas das fábricas da DAW eram classificadas como oficinas de armamentos.

208 Globocnik para *OStubaf.* Brandt (secretário de Himmler), 21 de junho de 1943, NO-485.

TABELA 8.8 Forças de trabalho na indústria de armamentos

	APENAS JUDEUS	TOTAL DE TRABALHADORES
Janeiro de 1943	15.091	105.632
Abril de 1943	15.538	112.499
Julho de 1943	21.643	123.588
Outubro de 1943	22.444	130.808
Janeiro de 1944	26.296	140.057
Abril de 1944	28.537	179.244
Maio de 1944	27.439	172.781

Nota: Rascunho de relatório do Comando Distrital do Exército *Generalgouvernement*/oficial de Economia de Armamentos para okw/Escritório de Economia de Campo, 7 de julho de 1944 wi/ID 1.246. O Comando Distrital do Exército *(Wehrkreiskommando)* era uma nova designação para o comandante militar; o oficial de economia de armamentos *(Wehrwirtschaftsoffizier)* assumiu a função do *Armament Inspectorate*; o Escritório de Economia de Campo do do okw *(Feldwirtschaftsamt)* era o sucessor do Escritório de Economia de Armamentos (Wi Rü). Os judeus foram empregados na indústria de armamentos desde abril de 1942.

Com certeza, o uso de mão de obra judia tinha suas vantagens. Havia uma escassez crítica de mão de obra, e os trabalhadores qualificados judeus estavam disponíveis a preços muito baixos. Por outro lado, era um risco depender de um efetivo que podia ser retirado pela ss sem aviso a qualquer momento. Provavelmente, por isso houve uma tentativa de manter a porcentagem de judeus na força de trabalho total dentro de limites.[209]

Os principais beneficiários do trabalho judeu eram as grandes empresas envolvidas na indústria pesada. A seguir há uma lista com algumas das empresas mais importantes que utilizaram mão de obra judaica:[210]

---

209 Ver estatísticas nas Tabelas 8.6 e 8.8. Em 2 de novembro de 1943, Schindler e Krüger concordaram que 10 mil trabalhadores judeus fossem transferidos dos campos de trabalho da ss para as empresas de armamentos. Globocnik para Himmler, 18 de janeiro de 1944, NO-57; diário de guerra. *Armament Inspectorate* GG/Divisão Central, 4 de novembro de 1943, wi/ID l.93. No dia seguinte, começaram os fuzilamentos em massa no campo de Lublin. Apenas 4 mil judeus do campo de Cracóvia-Plaszów (que não era parte do complexo de Lublin) puderam ser enviados. Diário de guerra, *Armament Inspectorate Generalgouvernement*/Divisão Central, 18 de novembro de 1943, wi/ID l.93; diário de guerra, Comando de Armamentos de Radom/Grupo Central, 18 de novembro de 1943, wi/ID l.30.
210 Dos diários de guerra dos *Armament Inspectorate* e Comandos de Armamentos, 1942-44, nas seguintes pastas de documentos: wi/ID l.15, wi/ID l.17, wi/ID l.21, wi/ID l.30, wi/ID l.46, wi/ID l.93, wi/ID l.121, wi/ID l.145, wi/ID l.148, wi/ID l.152.

Stahlwerke Braunschweig/Werk Stalowa-Wola

Stahlwerke, Starachowice

Ostrowiecer Hochöfen

Ludwigshütte

Kabelwerk, Kraków

Warthewerk

Luftwaffenbetrieb Vereinigte Ostwerke GmbH, Mielec

Heinkel Flugzeugwerk, Budzyń (em construção)

Flugzeugmotorenwerk Reichshof (Rzeszów)

Steyr-Daimler-Puch A. G., Radom

Hasag, Kamienna

Pulverfabrik, Pionki (com fábricas também em Kielce e Czestochowa)

Delta Flugzeughallen- und Barackenbau GmbH, Muszyna e Zakopane

Karpathen-Öl, Drohobycz

Walther C. Többens, Poniatowa

Schultz & Co., Trawniki

Todas, exceto três das empresas listadas, mantinham seus próprios campos de trabalho. As três empresas em campos da ss eram Heinkel Budzyń, Többens Poniatowa e Schultz Trawniki. Többens e Schultz estavam em uma posição delicada. Himmler não gostava delas. Tinham sido obrigadas a se mudar para os campos de trabalho da ss depois da batalha do gueto de Varsóvia a fim de manter seu suprimento de mão de obra,[211] e o novo acordo não durou muito tempo. Em 5 de novembro de 1943, o *Armament Inspectorate* anotou em seu diário que as duas empresas haviam sofrido uma "inesperada e completa retirada" de seus trabalhadores judeus.[212] O sucessor de Globocnik, Sporrenberg, tinha massacrado, junto com os trabalhadores da Osti e da DAW, toda a força de trabalho da Többens e da Schultz.[213]

---

211 Relatório do Comando de Armamentos de Varsóvia sobre janeiro a março de 1943, wi/ID l.46.

212 Diário de guerra, *Armament Inspectorate Generalgouvernement*/Divisão Central, 5 de novembro de 1943, wi/ID l.43. Relatório do Comando de Armamento de Varsóvia de 1º de outubro a 31 de dezembro de 1943, wi/ID l.43.

213 As oficinas Heinkel no campo de trabalho da ss de Budzyń receberam o aviso, em março de 1944, que seus trabalhadores seriam retirados no fim do mês seguinte. Diário de guerra, Comando de Armamentos de Cracóvia, 20 a 26 de março de 1944, wi/ID l.21.

De modo geral, as empresas que mantinham intalações próprias para os judeus tinham um pouco mais de estabilidade. Elas não estavam tão vulneráveis a "retiradas repentinas" de seus trabalhadores judeus; eles eram deixados em paz. Houve, porém, uma exceção neste quadro: a Galícia. Na Galícia, a ss e a polícia demonstraram "muito entusiasmo" (*Übereifer*), enquanto as intervenções do Comando de Armamentos eram apenas muito cautelosas (*Intervention des Rüstungskommandos nur sehr behutsam*).[214]

Em agosto de 1943, todas, exceto duas empresas de armamentos da Galícia, a empresa DAW, da ss, e a Karpathen-Öl, tinham perdido seus trabalhadores judeus.[215] Uma outra empresa, a Metrawatt A. G., teve permissão de manter doze relojoeiros absolutamente insubstituíveis. Os doze homens foram transferidos para o campo de trabalho da ss em Lvov, onde continuaram a trabalhar para a Metrawatt até 19 de novembro de 1943, quando o destino inexorável dos judeus poloneses os alcançou.[216]

Os judeus na indústria bélica tentavam se aguentar. Eles tinham perdido as famílias, passavam fome e, a cada noite, não sabiam o que a manhã seguinte lhes reservava. Ainda assim, eram trabalhadores eficientes e confiáveis. Aqueles "cujas forças fraquejavam" eram "reassentados" e "substituídos",[217] e os outros continu-

214 Comando de Armamentos em Lvov via *inspectorate* na Cracóvia para OKW/Wi Rü, 5 de janeiro de 1943, Wi/ID l.75.

215 Comando de Armamentos em Lvov para OKW/Wi Rü/Ic, 7 de outubro de 1943, Wi/ID l.60. Para a lista completa das empresas da Galícia, ver Katzmann para Krüger, 30 de junho de 1943, L-18.

216 Comando de Armamentos em Lvov para Wi Rü/Ic, 7 de outubro de 1943, Wi/ID l.60. Comando de Armamentos em Lvov para Wi Rü/Ic, 7 de janeiro de 1944, Wi/ID l.62. Drohobycz Öl ainda tinha 2 mil trabalhadores judeus em março de 1944 quando o comandante da Polícia de Segurança do *Generalgouvernement*, Bierkamp, abordou o *Armament Inspectorate* para discutir a "evacuação" deles (*Abtransport*). Diário de guerra, Divisão Central do *Armament Inspectorate Generalgouvernement*, 24 de março de 1944, Wi/ID l.92. Sobre a retirada de trabalhadores judeus das empresas de Cracóvia, ver diário de guerra, Comando de Armamentos de Cracóvia/Grupo Central, 30 de agosto a 5 de setembro de 1943, Wi/ID l.121, e diário de guerra, Comando de Armamentos de Cracóvia/Grupo do Exército, 30 de agosto a 5 de setembro de 1943, Wi/ID l.121.

217 Relatório do Comando de Armamentos de Cracóvia sobre as condições na construção de Heinkel, em Budzyń, 12 de abril de 1943, Wi/ID l.17. Oficinas Stalowa-Wola/Plenipotenciário de Contrainteligência Schulte-Mimberg para Plenipotenciário da Indústria Major Schmolz, 25 de fevereiro de 1943, NG-5694.

avam a trabalhar. Para o *Reichsminister* Seyss-Inquart, antigo assistente de Frank, essa submissão nunca deixou de ser uma fonte de espanto. "Eu não poderia imaginar", disse ele, "que judeus capazes de trabalhar estivessem trabalhando enquanto seus parentes estavam sendo destruídos. Eu pensaria que, nesse caso, só poderíamos esperar que cada judeu atacasse um alemão e o estrangulasse."[218] Mas os judeus não reagem a essas catástrofes estrangulando seus oponentes. Não havia resistência armada. Sabotagens, muito poucas.[219] Só o número de fugas era significativo.

As fábricas da empresa eram fracamente guardadas por ucranianos da Galícia, que o *Armament Inspectorate* e a ss tinham organizado em um *Werkschutz*, e por colaboradores vindos da URSS, recrutados pelo exército. O pequeno campo de trabalho em Janiszów no distrito de Lublin tinha um comandante alemão étnico e nenhum outro guarda alemão. Quando foi atacado pelos membros da resistência da Gwardia Ludowa comunista, 133 de seus 295 internos fugiram.[220] Pelo menos algumas centenas de judeus aproveitaram a escassez de policiais para escapar antes da dissolução final dos campos.[221]

---

218 Depoimento de Seyss-Inquart, *Trial of the Major War Criminals*, XVI, 3.

219 Vagões de carga foram sabotados em Starachowice Ostbahn. Diário de guerra, Comando de Armamentos de Radom/Grupo Central, 15 de outubro 1943, WI/ID l.30. Em Stalowa-Wola, dois judeus foram fuzilados por causa de "motim". Schulte-Mimberg para o Major Schmolz, 28 de dezembro de 1942, NG-5692. Os judeus na fábrica de munições Pionki, porém, eram especialmente citados por sua confiabilidade. Relatório da Divisão de Propaganda em Radom, 13 de fevereiro de 1943, Occ I: 2-2.

220 KdO Galícia a vários departamentos e unidades policiais no distrito da Galícia, 13 de novembro de 1942, encaminhando um relatório do KdO em Lublin, Museu Memorial do Holocausto dos EUA, Grupo de Registro de Arquivos II. 001 (Centro para Preservação de Coleções de Documentos Históricos, Moscou), Rolo 82, Fundo 1323, Opis 2, Pasta 292b. O alemão étnico, Peter Ignor, foi morto e um policial polonês foi ferido. Um serviço policial judaico guardava o interior do campo. A Gwardia Ludowa é mencionada em Glowna Komisja Badania Zbrodni Hitlerowskich w Polsce, *Obozy hitlerowskie na ziemiach polskich 1939-1940* (Varsóvia, 1979), p. 202.

221 Sobre as fugas em Stalowa-Wola, ver os relatórios mensais de Schulte-Mimberg para o Major Schmolz, julho de 1942 a março de 1943, NG-5687 a NG-5695. Ver também, relatório do *Armament Inspectorate Generalgouvernement* para abril a junho de 1943, 24 de julho de 1943, WI/ID l.45. Uma guarda tártara de 21 homens (*Ostruppen*) desertou de um dos campos, Judenlager C "Hasag" Kamienna. Diário de guerra, Comando de Armamentos de Radom/Grupo Central, 15 de abril de 1944 e 5 de maio de 1944, WI/ID l.4.

O fim chegou no verão de 1944 para milhares de judeus que trabalhavam na indústria de armamentos. Em julho desse ano, o Exército Vermelho, em uma ofensiva rápida, tomou os distritos da Galícia e de Lublin, ocupou a região de Przemyśl no distrito de Cracóvia e arrasou vinte quilômetros do outro lado do rio Vístula, no distrito de Radom. Diante desse avanço, as fábricas da DAW em Lvov e em Lublin fora evacuadas apressadamente.[222] Em 20 de julho de 1944, BdS *Oberführer* Bierkamp emitiu uma circular ordenando que os internos das prisões e os judeus nas empresas de armamentos fossem evacuados antes da chegada do Exército Vermelho. Caso acontecimentos imprevistos impossibilitassem o transporte, as vítimas deviam ser mortas no local e seus corpos descartados por "queima, explosão de edifícios, etc".[223]

No distrito de Radom, o chefe da polícia e da SS (Böttcher) ordenou a remoção de todos os judeus a leste da linha Pionki-Radom-Kielce assim que houvesse transporte disponível.[224] Embora a ponta de lança russa tivesse estacionado a alguns quilômetros a leste dessa linha, a febre da evacuação chegou muito mais longe no interior, e milhares de judeus foram retirados de Steyr-Daimler-Puch, "Hasag" e Pionki.[225]

No distrito de Cracóvia, um nervoso SS e líder de polícia, juntamente com o SS economista (representante da WVHA) e o Comando de Armamentos, decidiram cortar a força de trabalho judia nas fábricas de armamentos em 70%.[226] Esse movimento, também, foi prematuro porque a ofensiva russa não foi retomada até 12 de

---

222 WVHA W-IV (escritório de Cracóvia) ao chefe da WVHA W-IV em Berlim, 25 de outubro de 1944, NO-3765.

223 KdS distrito de Radom ao comandante da SP e SD em Tomaszów (*HStuf.* Thiel), 21 de julho de 1944, encaminhando a ordem de BdS, datada de 20 de julho de 1944, L-53. Antes de ser designado para o *Generalgouvernement*, Bierkamp comandou o *Einsatzgruppe* D na Rússia.

224 Diário de guerra, Comando de Armamentos de Radom/Grupo Central (assinado Major Oherr), 24 de julho de 1944, wi/ID l.64.

225 *Armament Inspectorate Generalgouvernement* para Comando de Armamentos de Radom, 23 de julho de 1944, wi/ID l.146. Diário de guerra, Comando de Armamentos de Radom/Grupo Central (assinado Major Oherr), 23-24 de julho de 1944, wi/ID l.64. Diário de guerra, Comando de Armamentos de Radom, 26 de julho a 22 de agosto de 1944, wi/ID l.64. *Generalleutnant* Schindler (*Armament Inspectorate*) ao Chefe do Grupo Central do Exército da Equipe (Krebs), 21 de agosto de 1944, NOKW-2846. "Hasag" Kamienna reteve mil trabalhadores judeus sob a "plena responsabilidade" do gerente da fábrica. Diário de guerra, Comando de Armamentos de Radom, 29 de julho de 1944, wi/ID l.64.

226 Diário de guerra, Comando de Armamentos de Cracóvia, 7-13 de agosto de 1944, wi/ID l.141.

janeiro de 1945, mas nesse período, transportes com milhares de judeus estavam chegando ao centro de extermínio de Auschwitz, enquanto o exército caçava os fugitivos judeus para entregá-los à ss ou matá-los na hora.[227]

Assim, o desejo de Hitler foi realizado. Mesmo nas empresas da ss e nas fábricas de armamentos que produziam munições, os judeus tinham de "desaparecer" e, de fato, poucos viveram para ver a luz do dia.[228]

Esse foi o preço pago para a "Solução Final" na Polônia. E os lucros? Não havia muito a colocar no lado mais do balanço. Os principais ganhos consistiam de economia de alimentos e do confisco da propriedade pessoal abandonada pelos judeus deportados.

Já em agosto de 1942, o *Präsident* da divisão de alimentos e agricultura do *Generalgouvernement*, Naumann, fez planos para a diminuição das alocações de alimentos para os judeus. Seu programa de redução de alimentos, que também afetaria os poloneses, tinha o objetivo de aumentar o envio de alimentos para o *Reich*. Ao esboçar suas ideias em uma conferência do *Generalgouvernement*, Naumann indicou que estava simplesmente cortando toda a destinação de alimentos aos 1,2 milhão de judeus que seriam deportados e reservando alimentos apenas para os 300 mil judeus que eram utilizados na economia alemã. Frank, concordando totalmente com Naumann, afirmou que era melhor que um polonês sucumbisse do que um alemão e que a decisão de condenar os judeus que não trabalhavam a uma "morte pela fome" (*Hungertod*) devia resultar na aceleração das medidas contra eles.[229]

227 Auschwitz é especificamente mencionado como o destino de 1.800 judeus retirados da Steyr-Daimler-Puch. Diário de guerra, Comando de Armamentos de Radom/Grupo Central (assinado por Major Oherr), 23 de julho de 1944, wi/ID l.64. Sobre as atividades do exército, ver diário de guerra, 9º Exército/Ia, 28 de outubro e 31 de outubro de 1944, NOKW-2636. O comandante desse exército era o *General der Panzertruppen* barão von Lüttwitz.

228 No campo de Plaszów, perto de Cracóvia, o *Institut für Deutsche Ostarbeit* empregava equipes de judeus especialistas em química, física, matemática e bacteriologia. Esses judeus ainda estavam vivos em setembro de 1944 quando a Alta ss e líder de polícia, Koppe, propôs sua realocação para Flossenbürg. Koppe para Himmler, 8 de setembro de 1944, e aprovação de Himmler, em Brandt a Koppe, 9 de setembro de 1944, T 175, Rolo 60.

229 Comentários de Naumann e Frank na conferência do *Generalgouvernement* de 24 de agosto de 1942, Diário de Frank, PS-2233.

É impossível estimar quantos alimentos os alemães conseguiram poupar como resultado das deportações ou nos preparativos para elas. A Tabela 8.9, que indica as entregas de alimentos do *Generalgouvernement* para o Reich, mostra economia de alimentos, mas uma porção substancial dessas quantidades deve ser creditada às alocações reduzidas para os poloneses.

TABELA 8.9 Entregas de alimentos do *Generalgouvernement* ao Reich (em toneladas curtas)

	1940–41	1941–42	1942–43
Trigo	0	58.500	695.000
Batatas	133.500	148.000	573.000
Açúcar	5.000	4.900	31.500
Gado	8.300	23.700	61.000
Gordura	882	992	8.300

Nota: Relatório do *Staatssekretär* Bühler, 26 de outubro de 1943, Diário de Frank, PS-2233.

Não havia como aproveitar os trapos, mobiliário e outras coisas deixadas para trás pelos judeus dos guetos. Em Grodno, casas danificadas foram expostas aos elementos e a pessoas que as invadiram. Um zelador alemão havia levado os móveis para alguns prédios em que eram mantidos sob guarda, mas um inventário era impossível porque ele só tinha assistentes analfabetos.[230] No gueto esvaziado de Lvov, saqueadores arrebentaram fornos, portas, janelas, canos, fios e escadas.[231] Em um gueto em Wartheland, os policiais empregados nas deportações pegaram os pertences para si mesmos.[232] Relativamente poucos dos apartamentos judeus eram adequados para habitação alemã. Esses poucos, no entanto,

---

230 Escritório do prefeito (assinado Boikat) ao *Kreiskommissar* de Grodno, 14 de setembro de 1943, Museu Memorial do Holocausto dos EUA, Grupo de Registro de Arquivos 53.004 (Acervo de Grodno Oblast nos Arquivos Estatais da Bielorrússia), Rolo 6, Fundo 2, Opis 1, Pasta 95.

231 *Stadthauptmann* em Lvov/Economia ao Governador da Galícia/*Chef des Amtes*, 4 de fevereiro de 1943, Arquivos Estatais de Lvov Oblast, Fundo 37, Opis 4, Pasta 77.

232 Biebow a *Gauleitung* Wartheland/*Kreisleitung* Welungen, 5 de outubro de 1942, *Dokumenty i materialy*, vol. 2, pp. 147-48. Proclamação do prefeito A. Wasilewski de Biala Podlaska (distrito de Lublin), ameaçando com a pena de morte por saque do gueto. 28 de setembro de 1942, *ibid.*, p. 57.

eram muito disputados. Um apartamento, disse um oficial da cidade de Bedzin, na Alta Silésia, era o único prazer (*die einzige Freude*) para um funcionário sobrecarregado depois de um dia extenuantes.[233]

As propriedades remanescentes foram assunto de considerável controvérsia entre Himmler, que emitiu um decreto confiscatório, e o *Generalgouverneur* Frank, que não reconheceu o decreto.[234] Parece que dessa vez Frank venceu, pois ele assumiu os depósitos em que eram mantidas as propriedades abandonadas pelos judeus.[235] Entretanto, essa vitória só foi alcançada depois de Himmler ter retirado as máquinas,[236] confiscado algumas propriedades imobiliárias,[237] e cobrado as dívidas dos poloneses para com os judeus no total de 11 milhões de *zloty*, uma soma que ajudou a equilibrar as contas da *Ostindustrie* em sua liquidação.[238]

Os judeus poloneses foram aniquilados em um processo no qual os fatores econômicos eram verdadeiramente secundários. Peter-Heinz Seraphim, um especialista sobre os nazistas no Oriente, descreveu a comunidade judia oriental como "a maior concentração de judeus de toda parte, o centro espiritual do judaísmo ortodoxo e, acima de tudo, o reservatório inexaurível que alimentava as migrações judias e que, repetidamente, havia liberado grupos maiores ou menores de judeus para viverem em outros países".[239] Essa grande concentração, centro espiritual e reservatório inexaurível do judaísmo estava agora destruído, deixando alguns sobreviventes esparsos dos campos de trabalho e centros de extermínio.

233 *Stadtamt memorandum*, Bendsburg, 23 de junho de 1943, Yad Vashem microfilm JM 2702. Duzentos "apartamentos semidecentes" (*einigermassen zumutbaren Wohnungen*) foram alocados para inquilinos alemães depois das deportações dos judeus na cidade durante a primavera.

234 Comentários de Frank na conferência do *Generalgouvernement* de 26 de janeiro de 1943, Diário de Frank, PS-2233.

235 Acordo entre *Staatssekretär* Bühler e líder da Alta SS e da polícia, Koppe, 21 de fevereiro de 1944, relatado em circular da Divisão Principal de Economia do *Generalgouvernement*, PS-2819.

236 Essas máquinas foram transferidas para a Osti. Relatório do dr. Horn, 13 de março de 1944, NO-2187.

237 *Obf.* von Sammern-Frankenegg ao Prof. Teitge (Divisão Principal de Saúde), instanto a transferência do hospital judeu Zofioska para Lebensborn, já que "não existiam mais [*nicht mehr vorhanden sind*]" pacientes judeus, fevereiro de 1943, NO-1412.

238 Globocnik para Himmler, 18 de janeiro de 1944, NO-57.

239 Peter-Heinz Seraphim, *Das Judentum im osteuropäischen Raum* (Essen, 1938), p. 10.

O ARCO SEMICIRCULAR

O processo de destruição estava prestes a atingir seu potencial máximo não apenas funcional, em seu desenvolvimento passo a passo, mas também territorialmente, em sua expansão país a país. Vimos como a "Solução Final" foi realizada no próprio Reich e como estava então sendo aplicada contra o centro de gravidade da comunidade judaica europeia: os judeus poloneses. A destruição dos judeus não ficaria confinada ao Reich e à Polônia; seria implementada em todas as áreas da Europa sob o domínio alemão. Heydrich tinha sido autorizado a organizar as deportações em toda a "esfera de influência alemã na Europa".[1] E foi exatamente isso que ele fez.

Não demorou muito para a máquina de destruição alemã cobrir um vasto arco semicircular, estendendo-se em sentido anti-horário da Noruega até a Romênia (ver Mapa 6). Esse arco pode ser dividido em três grandes seções: a norte (compreendendo a Dinamarca e a Noruega), que tinham menos de 10 mil habitantes judeus; a oeste (incluindo os Países Baixos, a França e a Itália), com uma população judia de 600 mil pessoas; e a área dos Bálcãs, com uma comunidade judia de 1,6 milhão de habitantes. No centro desse enorme semicírculo, o campo de extermínio de Auschwitz recebia os transportes especiais que convergiam para lá, com vítimas do norte, oeste e sul.[2]

A amplitude geográfica da "Solução Final" era a operação administrativa mais complexa do processo de destruição. Ao contrário da área do *Reich-Protektorat*, em que os alemães estavam em casa, e ao contrário da Polônia e da Rússia, que eram consideradas como um tipo de reserva particular disponível para colonização e assentamento alemães, o arco semicircular era mais propriamente uma esfera de poder alemã, uma "esfera de influência". No leste ocupado, nenhuma autoridade alemã de caráter não alemão podia existir.[3] No grande semicírculo, os alemães davam ordens a departamentos fantoches e apresentavam exigências a governos satélites. Os poloneses e russos não tinham direito a uma existência nacional; eles eram considerados como sub-humanos e trabalhadores escravos, destinados talvez a desaparecer algum dia. Por outro lado, os europeus do norte, oeste e sul eram aliados ou, pelo menos, aliados em potencial. Os poloneses e

---

1 Göring a Heydrich, 31 de julho de 1941, PS-710.

2 Medidas antijudaicas foram aplicadas também nas possessões francesas e italianas do norte da África. A região foi liberada durante 1942-43.

3 O *Protektorat* tinha ministros centrais tchecos.

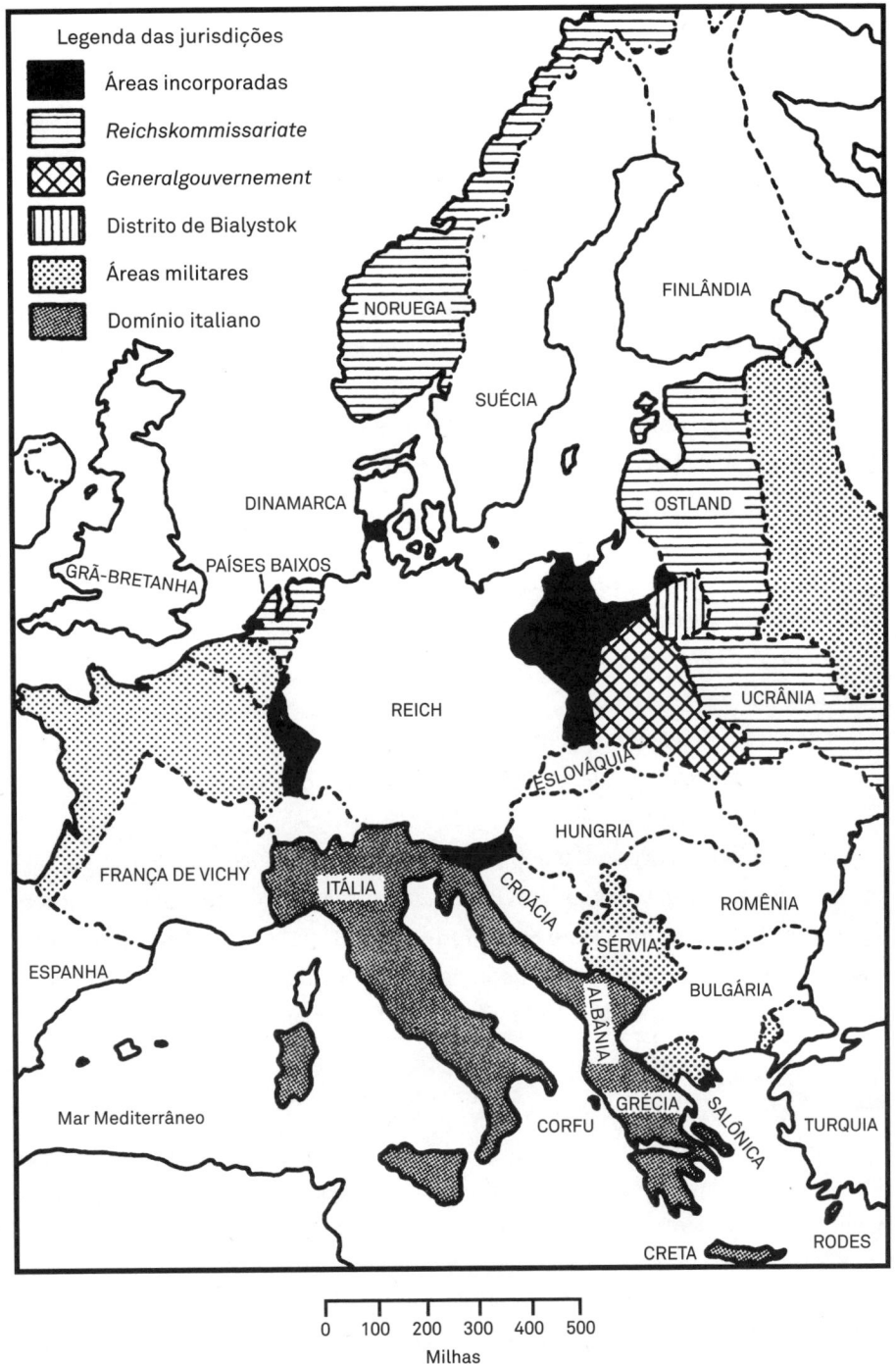

NORUEGA

FINLÂNDIA

SUÉCIA

DINAMARCA

OSTLAND

GRÃ-BRETANHA

PAÍSES BAIXOS

REICH

UCRÂNIA

ESLOVÁQUIA

HUNGRIA

FRANÇA DE VICHY

ITÁLIA

CROÁCIA

ROMÊNIA

SÉRVIA

ESPANHA

ALBÂNIA

BULGÁRIA

GRÉCIA

SALÔNICA

Mar Mediterrâneo

CORFU

TURQUIA

CRETA

RODES

0   100   200   300   400   500

Milhas

MAPA 6   Eixo da Europa em meados de 1942

russos não tinham de ser consultados a respeito de nada; as autoridades-fantoche e satélite no grande semicírculo eram pelo menos ouvidas e, algumas vezes, a sensibilidade delas tinha de ser levada em conta. Resumindo, estamos lidando aqui com uma área em que os alemães eram os mestres, mas não mestres absolutos, eram poderosos, mas não onipotentes.

A autoridade alemã no arco semicircular era exercida por administradores civis em territórios fortemente controlados, por governadores militares nas outras áreas ocupadas e pelo Departamento de Relações Exteriores nas regiões satélites mais frouxamente controladas. Vamos considerar uma por vez.

A administração civil foi estabelecida nos territórios incorporados (sombreados em preto no mapa) e nos Países Baixos e na Noruega (linhas horizontais). Cada área incorporada era governada por seu *Gauleiter* vizinho, como se segue:[4]

Áreas francesas:

Alsácia, *Gauleiter* Robert Wagner de Baden

Lorraine, *Gauleiter* Bürckel de Saarpfalz

Luxemburgo, *Gauleiter* Simon de Koblenz-Trier

Áreas iugoslavas do norte:

Oberkrain, *Gauleiter* dr. Rainer de Kärnten

Untersteiermark, *Gauleiter* dr. Uiberreither de Steiermark

As áreas não incorporadas sob administração civil (Noruega e Países Baixos) foram, cada uma, colocadas sob um *Reichskommissar* que se reportava diretamente a Hitler: Terboven em Oslo e Seyss-Inquart em Haia. A Noruega tinha um governo-fantoche completo, coordenado por Vidkun Quisling, enquanto os Países Baixos mantiveram apenas a rede administrativa holandesa coordenada pelos

4 Para propósitos da administração do partido, as novas áreas foram fundidas com a antiga *Gaue*. Assim, a Alsácia juntou-se a Baden, Untersteiermark com Steiermark, Oberkrain com Kärnten. Lorraine e Saarpfalz tornaram-se a *Gau Westmark*, Luxemburgo e Koblenz-Trier tornaram-se o *Gau Moselland*. Os departamentos de estado, porém, não foram fundidos. Nas novas áreas, cada *Gauleiter* tinha o título de *Chef der Zivilverwaltung* (chefe da administração civil ou CdZ). Stuckart e Schiedermair, *Neues Staatsrecht* (Leipzig, 1944), II, pp. 82-87. As áreas belgas de Eupen-Malmédy e Moresnet foram simplesmente incorporadas à *Regierungsbezirk Aachen* da *Rheinprovinz* na Prússia. *Ibid.*, pp. 77-78.

funcionários civis de alto escalão (secretários gerais).[5] Nenhum país ocupado teve permissão de manter relações diplomáticas com outros países.[6] Os dois Estados ficaram separados, isolados sob seu *Reichskommissare*.

As forças armadas alemãs controlavam áreas importantes no oeste e nos Bálcãs (pontilhadas no mapa). O controle nessas regiões significava não apenas a presença de forças de ocupação, mas também o exercícios de *territoriale Befugnisse und die vollziehende Gewalt* – "jurisdição territorial e poder funcional".[7]

Na Europa Ocidental, o exército alemão manteve dois comandos territoriais que exerciam poder funcional. Um comando era chamado de "Bélgica e norte da França" e o outro era "França".[8] Na Bélgica, como nos Países Baixos, havia uma administração central coordenada por funcionários civis belgas de alto escalão. Na França ocupada, o governo de Vichy manteve um aparato burocrático completo que era responsável por Vichy, sujeito a ordens, diretrizes e solicitações prioritárias por parte da administração militar alemã. A França ainda não ocupada até 1942 foi ocupada nesse ano, mas o território a oeste da Itália foi dominado por tropas italianas, e a integração final de toda a França sob o domínio alemão só aconteceu depois do colapso italiano em setembro de 1943.

Na península dos Bálcãs, três áreas estiveram originalmente sob domínio militar: Sérvia, Ilhas Egeias e sul da Grécia (esta última consistia em alguns enclaves na área de Atenas, no Pireus, mais parte da ilha de Eubeia). Quando a Itália se enfraqueceu como aliada alemã, o Comando do Sudeste assumiu a "fortaleza de Creta" e, na época do colapso da Itália, em setembro de 1943, ocorreu uma nova expansão. As áreas das Ilhas Egeias e do sul da Grécia foram fundidas em uma única região chamada "Grécia", que incluía todas as áreas anteriormente italianas na parte continental da Grécia. Para o norte, o Comando do Sudeste tomou posse de Montenegro e da Albânia. A oeste da Grécia continental, o controle militar alemão foi estendido para a ilha de Corfu. No leste do Egeu, as ilhas Dodecaneso (italianas desde 1912, agora renomeadas *Ost-Aegaeis*) tornaram-se parte dessa oganização militar. Dentro da estrutura do Comando Sudeste Alemão, foram definidos três governos-fantoche: um em Belgrado, na Sérvia; um em Tirana, na Albânia; e um em Atenas, na Grécia.

---

5 Os ministros estavam em Londres.

6 Stuckart e Schiedermair, *Neues Staatsrecht*, II, pp. 123-125, 126-27.

7 As tropas alemãs na Noruega, Dinamarca e Holanda eram meramente forças de ocupação.

8 O mapa mostra a fronteira entre os dois comandos, *não* a fronteira entre os dois estados.

O órgão mais importante no arco semicircular era o Departamento Alemão de Relações Exteriores. A jurisdição do Departamento de Relações Exteriores abrangia todas as áreas no arco que não estão sombreadas no mapa. A influência do Departamento de Relações Exteriores era especialmente forte na Eslováquia e na Croácia, satélites por excelência. Os dois Estados eram criações alemãs promovidas pelo Departamento de Relações Exteriores. Dois outros países sob o domínio do Departamento eram a França de Vichy e a Dinamarca. Seu motivo para submissão foi o poderio militar extremamente superior da Alemanha. Três países foram reduzidos à condição de satélites porque haviam se aliado à Alemanha com a finalidade de ampliação territorial: Bulgária, Romênia e Hungria. (Um olhar ao mapa indicará as fronteiras peculiares que esses três países tinham sob o regime nazista.) Por fim, havia um estado que caíra de parceiro igualitário para a posição de satélite impotente em poucos anos: Itália. Esse era o único aliado da Alemanha na Europa que era considerado uma potência e expandira consideravelmente seus domínios na área do Mediterrâneo antes e durante a Segunda Guerra Mundial. As ilhas Dodecaneso foram adquiridas pela Itália em 1912, e a Albânia em 1939. "Nova Albânia", Montenegro, parte da costa da Dalmácia, região ocidental da Eslovênia, a maior parte da Grécia continental juntamente com algumas ilhas gregas foram assumidas em 1941, e a região da França adjacente à Itália, por cerca de 65 quilômetros continente adentro, em 1942. Em 1943, no entanto, a Itália tinha sofrido um colapso e se tornou um país ocupado sob o domínio alemão.

A influência do Departamento de Relações Exteriores não ficou confinada às áreas satélites. O ministério de Ribbentrop tinha muito a dizer também nos territórios militares. Falando de modo geral, os Departamentos de Relações Exteriores sempre olharam de cima para os esforços militares de governar territórios. Os diplomatas sempre estavam prontos a ajudar com sugestões e conselhos em uma área governada pelo exército e dispostos a contribuir com sua engenhosidade e habilidade para conduzir o governo militar. O propósito de toda essa preocupação é, na maioria dos casos, uma transferência de jurisdição. Embora o Departamento Alemão de Relações Exteriores não tenha se apoderado de nenhum território do exército, essa tendência continuava a ser discernível. Os homens de Ribbentrop estavam ocupados no sudeste, dando conselhos e participando de decisões, enquanto no oeste, o curso das relações Alemanha-França era ditado em grande medida pela Embaixada Alemã em Paris. Mesmo nas áreas civis, em que não podia ser tolerada uma competição aberta com o Departamento, os representantes desse departamento (*Vertreter des Auswärtigen Amts*, abreviado como VAA) relatavam em detalhes todos os acontecimentos que ocorriam diante de seus olhos observadores. Não é de surpreender então que algumas autoridades do Departamento considerassem todo o arco semicircular como um tipo de área do Departamento de Relações Exteriores. No que dizia respeito às questões judaicas, isso era quase verdadeiro.

Quem eram os diplomatas do Departamento de Relações Exteriores encarregados da implementação da "Solução Final" nas áreas satélites? A Tabela 8.10 é um esquema abreviado mostrando o aparato do Departamento de Relações Exteriores em 1940 e em 1943. Como pode ser visto no esquema, a divisão mais ocupada com as questões judaicas era a *Abteilung Deutschland* (Alemanha) e sua sucessora, *Inland II*.[9] A peculiar designação *Deutschland* vinha da época da República de Weimar, quando o departamento era um órgão de ligação com o Reichstag.[10] Depois de 1933 não havia mais um Reichstag em funcionamento, mas laços administrativos são difíceis de extinguir. Ainda chamado de *Deutschland*, encontramos o departamento em 1936 como um *Referat* sob o chefe de protocolo. Ali, ele lidava com questões diversas e de pouca importância como mapas, prédios, levantamentos, e assim por diante.

Em 1938, o *Referat Deutschland* foi assumido por Martin Luther. Ao contrário de seus antecessores e assistentes, Luther não era um funcionário público. Ele era um homem do partido, mais especificamente um protegido do novo ministro de Relações Exteriores, Ribbentrop. Sob Luther, o *Referat Deutschland* foi elevado a divisão. O órgão começou a se ocupar de questões partidárias e, em 1940, também tinha assumido a jurisdição sobre as questões judaicas.

A divisão de Luther não se localizava na Wilhelmstrasse, no prédio principal do Departamento de Relações Exteriores, mas na Rauchstrasse, a alguns quarteirões de distância. O isolamento físico, como qualquer administrador sabe, promove a independência, e existe alguma evidência de que Luther aproveitou seu endereço separado.[11] No entanto, ele sempre pedia que a Divisão Política assinas-

---

9 Exceto onde indicado, a descrição do *Abteilung Deutschland* foi extraída da obra abrangente de Paul Seabury, *The Wilhelmstrasse: A Study of German Diplomats under the Nazi Regime* (Berkeley, 1954), pp. 71-74, 107-8, 131-33.

10 Depoimento do *Staatssekretär* Weizsäcker, Caso nº 11, tr. p. 8571.

11 Luther relutava em informar Weizsäcker sobre as coisas que aconteciam ou sobre as ações que tomava. Ver a correspondência entre Luther e Weizsäcker em setembro de 1941 sobre o decreto

TABELA 8.10 Estrutura do Departamento de Relações Exteriores em 1940 e 1943

AGOSTO DE 1940	SETEMBRO DE 1943
Ministro do Exterior:	
(von Neurath) Ribbentrop	Ribbentrop
Gabinete do ministro de Relações Exteriores (Büro RAM):	
dr. Paul Otto Schmidt	dr. Schmidt
dr. Erich Kordt	dr. von Sonnleithner
dr. von Sonnleithner	dr. Bruns
dr. Bruns	dr. Johann Georg Lohmann
	Bergmann
	Hilger
Staatssekretäre:	
Encarregado:	
(von Bülow, von Mackensen)	
von Weizsäcker	Steengracht van Moyland
Para propósitos especiais:	
Keppler	Keppler
Organização do partido no exterior:	
Bohle	Bohle
Ministro para propósitos especiais:	Embaixadores para propósitos especiais:
dr. Ritter	dr. Ritter
	von Rintelen
	Gaus
	Hewel
Recursos Humanos: Kriebel	Schröder
Protocolo: von Dörnberg	von Dörnberg
Tarefas especiais: Wagner	
	Inland I (Partido): Frenzel
Alemanha: Luther	
Partido: Luther	Inland II (SS e Polícia): Wagner
Assistente: Kramarz	II A (judeus): von Thadden
II (SS e polícia): Likus	II B (RSHA, ORPO, adidos policiais): Geiger
Assistente: Picot	
III (judeus): (dr. Schumburg) Rademacher	
Política: Wörmann	Hencke
Assistente: Ritter	von Erdmannsdorff
Segundo assistente: von Rintelen	Embaixador especial: dr. Prüfer
	Ministro especial: dr. von Hentig
	I (Inglaterra): dr. Weber
II (Inglaterra,	II (França,
França	Bélgica,
Bélgica,	Países Baixos,
Países Baixos,	Suíça): von Bargen
Suíça): Dr. Schlitter	

Continua

TABELA 8.10 Estrutura do Departamento de Relações Exteriores em 1940 e 1943

AGOSTO DE 1940	SETEMBRO DE 1943
III (Espanha, Portugal, Vaticano): dr. Haidlen	III (Espanha, Portugal): dr. Heberlein
	XV (Vaticano): dr. Hoffmann
IV (Itália, Bulgária, Grécia, Iugoslávia, Albânia, Romênia, Eslováquia, Hungria): dr. Heinburg	IV (Itália): dr. Mey
	IV b (Bulgária, Grécia, Croácia, Sérvia, Montenegro, Albânia, Romênia, Eslováquia, Hungria, Protektorat): Feine
V (Polônia, Rússia): dr. Schliep	von Tippelskirch
VI (Escandinávia): von Grundherr	von Grundherr
VII (Oriente Próximo): dr. Melchers	dr. Melchers
VIII (Extremo Oriente): dr. Kroll	dr. Braun
IX (Estados Unidos, América Latina): Freytag	Reinebeck
Economia política: Wiehl Assistente: dr. Clodius	
Jurídico: dr. Gaus Assistente: dr. Albrecht I (Direito internacional): dr. Conrad Rödiger V (Trabalho): Gustav Rödiger	dr. Albrecht dr. Sethe dr. Conrad Rödiger
Cultura: dr. von Twardowski	dr. Six
Imprensa: dr. Paul Schmidt	dr. Paul Schmidt

Nota: Quadros organizacionais do Departamento de Relações Exteriores, datados de agosto de 1940 e de setembro de 1943, NG-35.

se em conjunto *todas* as instruções.[12] Assim, antes de uma ordem de deportação ser despachada para uma missão do Departamento de Relações Exteriores em um país estrangeiro, o documento era enviado para a mesa apropriada na Divisão Política (por exemplo, Pol. IV), de onde era enviado para o diretor assistente da divisão e para o chefe da divisão.[13] Luther queria que seus colegas partilhassem a responsabilidade das decisões assustadoras que tomava.

Em 1943, Luther desenvolveu delírios de grandeza. Ele queria substituir seu antigo chefe, Ribbentrop. Em uma carta a Himmler, Luther revelou confidencialmente que Ribbentrop estava insano. Himmler apoiou Ribbentrop. Luther passou o resto de sua carreira em um campo de concentração, e sua divisão foi abalada.[14] Horst Wagner, o sucessor de Luther para as questões judaicas, continuou o trabalho incansavelmente.

Como Luther era um homem do partido e uma força impulsionadora nas deportações, quase todos os seus subordinados também o eram. Isso significa que a "Solução Final" nas áreas satélites era um assunto do partido? Não exatamente. O Departamento de Relações Exteriores não era um clube do partido. O chefe da Divisão Política, dr. Ernst Wörmann, era um antigo funcionário civil;[15] seu assistente Otto von Erdmannsdorff também era funcionário civil;[16] e o chefe da Pol. IV (responsável pelos Bálcãs), que foi descrito por Wörmann como um de seus especialistas em questões judaicas, nem era um membro nominal do

----

da estrela judaica no documento Weizsäcker 488. A relutância de Luther em fornecer informações também afetou Ribbentrop. Ver memorando de Luther de 21 de agosto de 1942, NG-2586-J; ver também a advertência de Ribbentrop a Luther para que não agisse de modo independente em uma carta de von Rintelen a Luther, 25 de agosto de 1942, NG-2586-K.

12 Testemunho juramentado do dr. Karl Klingenfuss. 7 de novembro de 1947, NG-3569. Klingenfuss era um subordinado de Rademacher (D-III).

13 Testemunho juramentado do dr. Kurt Heinrich Franz Heinburg, 5 de setembro de 1947, NG-2570. Heinburg era o chefe da Pol. IV (Itália e Bálcãs).

14 Segundo Seabury, que fez um estudo exaustivo da carreira de Luther, o chefe da divisão sobreviveu a esse encarceramento, mas morreu logo depois da guerra. Seabury, *The Wilhelmstrasse*, pp. 131-33.

15 Testemunho juramentado de Wörmann, 27 de maio de 1947, NG-1639. Wörmann entrou para o partido em 1937.

16 Testemunho juramentado de von Erdmannsdorff, 21 de novembro de 1947, NG-3650. Von Erdmannsdorff entrou para o partido em 1937.

partido.[17] Na própria *Abteilung Deutschland*, o chefe do *Referat* judaico, Rademacher, era um funcionário civil.[18] O sucessor de Luther, o chefe da *Inland II*, parece ter começado na Divisão de Protocolo.[19] Seu *Referent* nas questões judaicas, von Thadden, "era um homem do Departamento de Relações Exteriores que conhecia seu trabalho".[20] Encarregado de todas as divisões, o poderoso *Staatssekretär* von Weizsäcker havia chegado ao Departamento de Relações Exteriores vindo da Marinha, onde havia servido como um adido.[21] No Departamento, assim como na RSHA, os fanáticos do partido e os especialistas em eficiência burocrática haviam dado as mãos.

A "Solução Final" colocou o Departamento de Relações Exteriores em associação próxima à estrutura de Heydrich. Em 30 de outubro de 1941, a RSHA enviou os cinco primeiros relatórios mensais de resumo das atividades do *Einsatzgruppen* ao Departamento, onde *Botschaftsrat* Hilger os folheava e de onde eram distribuídos para serem lidos pelos especialistas em várias divisões antes de serem apresentados a Ribbentrop em uma forma resumida adequada.[22] Com o início das

---

17 Interrogatório de Wörmann por Kempner, 9 de junho de 1947, NG-4158. Testemunho juramentado de Heinburg, 5 de setembro de 1947, NG-2570.

18 Seabury, *The Wilhelmstrasse*, p. 108. Sobre Rademacher e seu *Referat*, ver Christopher Browning, *The Final Solution and the German Foreign Office* (Nova York, 1978), em especial pp. 23-24.

19 Quadro organizacional do Departamento de Relações Exteriores, agosto de 1940, NG-35.

20 Depoimento do *Staatssekretär* von Steengracht, *Trial of the Major War Criminals*, X, 133. Von Thadden era um assessor na Pol. antes da guerra. Quadro organizacional do Departamento de Relações Exteriores, 1º de junho de 1938, Departamento de Estado, *Documents on German Foreign Policy, 1918-1945*, Ser. D, II, 1031-40.

21 Testemunho juramentado de Ernst von Weizsäcker, 21 de novembro de 1947, NG-3708. Weizsäcker era *Leitender Staatssekretär* (*Staatssekretär* encarregado), distinguindo-se de Keppler e Bohle, que eram *Staatssekretäre* encarregados de tarefas especiais. Weizsäcker tornou-se *Staatssekretär* em 1938. Ao mesmo tempo, ele entrou para o partido e se tornou um SS-*Oberführer* honorário.

22 RSHA ao Departamento de Relações Exteriores, 30 de outubro de 1941, com os cinco primeiros relatórios anexos; memorando do *Büro* RAM, 12 de novembro de 1941; Picot via Luther para D [Alemanha] III, Pol IV, Pol V, Pol VI, Cultura e Informações, 15 de novembro de 1941, com relatórios anexos; Picot para Büro do *Staatssekretär*, 8 de janeiro de 1942, anexando o resumo preparado pelo *Legationssekretär* von Hahn (D III) em 10 de dezembro de 1941; todos no NO-2650. Ver também Browning, *The Final Solution and the German Foreign Office*, pp. 72-76.

deportações em toda a Europa, os contatos entre os diplomatas e os homens de Heydrich tornaram-se ainda mais próximos, especialmente no campo. A Tabela 8.11, um quadro das missões e consulados do Departamento de Relações Exteriores, também mostra os representantes do *Referat* (RSHA IV-B-4) de Eichmann,

TABELA 8.11 Representantes na área do Departamento de Relações Exteriores

REPRESENTANTES DO DEPARTAMENTO DO EXTERIOR		REPRESENTANTES DE EICHMANN
Ministro, Dinamarca	(von Renthe-Fink) Best[a]	
VAA, Países Baixos	(Kühn) Bene	Zoepf
VAA, Bélgica	von Bargen	Asche (Erdmann)
Embaixador, Paris	Abetz	Dannecker (Röthke, Brunner)
Cônsul Geral, Mônaco	Hellenthal	
Representante, Tunísia	Rahn	
Embaixador, Itália	(von Mackensen) Rahn	Dannecker (Bosshammer)
Embaixador, Vaticano (1943–45)	von Weizsäcker	
Ministro, Sérvia	Benzler	
Cônsul, Salônica	Schönberg	Wisliceny Brunner
Plenipotenciário especial, Sudeste (Atenas, 1942–44)	Neubacher	Burger
Ministro, Croácia	Kasche	Abromeit
Ministro, Eslováquia	(von Killinger) Ludin	Wisliceny Brunner
Ministro, Bulgária	Beckerle	Dannecker
Ministro, Romênia	(Fabrizius) von Killinger	Richter
Ministro, Hungria (v. Erdmannsdorff, v. Jagow)	Veesenmayer	Eichmann Krumey Hunsche Wisliceny Dannecker Abromeit Novak Seidl

Nota: Os nomes dos diplomatas do Departamento de Relações Exteriores foram extraídos de diversos documentos e jornais. Quase todos os homens da RSHA foram relacionados por Wisliceny em sua declaração juramentada em 29 de novembro de 1945. *Conspiracy and Aggression*, VIII, 606–21.

[a] Best, Rahn, Benzler e Veesenmayer também tinham o título de "Plenipotenciário Geral" (*Generalbevollmächtigter*). A lista não inclui os emissários em viagem.

que ou eram adidos do Departamento de Relações Exteriores nas embaixadas e delegações (como em Paris, na Croácia, Eslováquia, Bulgária e Romênia) ou trabalhavam em cooperação próxima com os representantes do Departamento de Relações Exteriores (como em Salônica e em outros locais).[23]

Os representantes do Departamento de Relações Exteriores nos Bálcãs (Kasche, Ludin, Beckerle, von Killinger) haviam sido homens da SA, isto é, camisas pardas.[24] A SA incluíra a SS em suas fileiras, mas em 1934 Himmler se separou, assassinou muitos líderes da SA, aprisionou outros e, de modo geral, reduziu a organização mais antiga à impotência. Nem é preciso dizer que não havia muita amizade entre a SA e a SS depois de 1934, mas essa animosidade não teve muito efeito sobre a cooperação entre ambas nos quatro países dos Bálcãs, exceto talvez na Romênia, onde o atrito entre o ministro von Killinger e o representante de Eichmann, *Hauptsturmführer* Richter, desenvolveu-se até uma briga aberta.

A tarefa principal do Departamento de Relações Exteriores nos estados satélites era, em primeiro lugar, a introdução daqueles passos preliminares (definição, expropriações e concentração) sem os quais nenhuma deportação em larga escala poderia ser iniciada com chance de sucesso. Tanto quanto possível, as medidas introdutórias nos satélites deviam seguir o padrão das aplicadas no Reich. Isso era especialmente verdade no caso das definições, pois o Departamento interpretava qualquer desvio do princípio de Nuremberg como uma tentativa de salvar milhares de judeus.

Quando uma comunidade judia estava finalmente "madura" para a deportação, os diplomatas do Departamento de Relações Exteriores passavam para a segunda etapa. Como uma cunha penetrante, pedia-se ao governo estrangeiro que deixasse de proteger seus cidadãos judeus no Reich. Com a concordância a essa concessão "inofensiva", o momento crítico havia chegado. O país satélite então recebia a solicitação para concordar com o "reassentamento" de seus judeus no "Leste". Para reduzir a possibilidade de objeções e resistência, o Departamento não fazia alegações quanto às propriedades dos deportados.

Porém, foram feitos arranjos para "reassentar" os judeus com seus pertences pessoais, e essa bagagem mais tarde foi recolhida pelo Reich nos campos de

---

23 Para uma história desses homens em ação, ver Hans Safrian, *Die Eichmann-Männer* (Viena, 1993), e Yaacov Lozowick, *Hitler's Bureaucrats* (Londres, 2002).

24 Seabury, *The Wilhelmstrasse*, p. 127.

extermínio. Além disso, o Departamento algumas vezes exigia pagamentos de um governo satélite para reembolsar a Alemanha pelo custo das deportações. Por trás dessa demanda estava o raciocínio de que a remoção dos judeus era um favor prestado pela Alemanha a seus aliados, que podiam então desfrutar dos benefícios duradouros de permanecer para sempre *judenfrei*.

Em certo momento, os advogados internacionais no Departamento também consideraram a possibilidade de confiscar a propriedade dos refugiados do Reich que estavam residindo dos estados satélites. Essa ideia, porém, foi deixada de lado em uma conferência realizada em 30 de julho de 1942. Foi decidido aplicar o "princípio territorial": as propriedades de todos os judeus em um país estrangeiro ficariam para esse país, enquanto as propriedades de todos os judeus no Reich ficaria para o Reich.[25]

Vasculhando a Europa, um exército de especialistas estava agora em ação, tentando desenraizar todos os vestígios da comunidade judia continental. Com certeza, a máquina de destruição alemã não foi tão bem-sucedida nessas áreas quanto no próprio Reich e nos territórios do leste. No entanto, as dificuldades especiais que tiveram de ser superadas no arco semicircular pouco importavam para o principal impulsionador dessa vasta operação, Heinrich Himmler. Como o *Reichsführer* escreveu (9 de abril de 1943) ao chefe de sua Polícia de Segurança:

> Para mim, a coisa mais importante, agora como antes, é que sejam enviados para o Leste o máximo de judeus que seja humanamente possível. Nos breves relatórios mensais da Polícia de Segurança, quero ser informado apenas do que foi enviado durante o mês e do que ainda resta, em judeus, no final do mês.[26]

O NORTE

Comparado com os eventos que aconteceram na Polônia, o processo de destruição no norte da Europa foi microcósmico. Os três países do norte dentro da esfera alemã (Noruega, Dinamarca e Finlândia) continham apenas cerca de 10 mil

---

25 *Gesandtschaftsrat* Klingenfuss (subordinado de Rademacher na D-III) ao *Ministerialrat* von Normann (Escritório do Plano Quadrienal), *Ministerialrat* Lösener (Ministério do Interior), *Oberregierungsrat* Bangert (Ministério da Justiça) e *Oberregierungsrat* dr. von Coelln (Ministério da Economia), 31 de julho de 1942, NG-424.

26 Himmler a Kaltenbrunner, 9 de abril de 1943, NO-5197.

judeus. Esse número não foi acidental. A Escandinávia luterana não gostava dos judeus há séculos e muito poucos tiveram permissão para se estabelecer lá. No entanto, os poucos que tiveram permissão de morar nessa região receberam um tratamento completamente igualitário por volta de 1870.[1] Desde então, os judeus não foram meramente emancipados; eles foram de fato incorporados ao modo de vida escandinavo. Esse foi um processo no qual o Norte relutou em recuar, mesmo sob pressão nazista.

Os alemães sabiam que haveria problemas nessa região. Eles teriam de fazer esforços extenuantes para obter parcos resultados. Portanto, é compreensível que o *Unterstaatssekretär* Luther sugerisse, na conferência de 20 de janeiro de 1942, um adiamento da ação no território do norte europeu.[2] Ainda assim, um adiamento é apenas um atraso. A burocracia alemã não podia ficar apenas observando enquanto judeus viviam pacificamente dentro de seu raio de alcance. Por maior que fosse o custo, por menor que fosse o resultado, os alemães tinham de agir. Eles atacaram primeiro na Noruega subjugada e, depois, esmagaram o estado ocupado da Dinamarca. O processo de destruição nunca chegou a atingir a remota e independente Finlândia.[3]

Noruega

Em 1939, cerca de 1.800 judeus viviam Noruega sem serem importunados, a maioria deles em Oslo e Trondheim. Um meio-judeu, Hambro, havia chegado à liderança do Partido Conservador e ao posto de delegado-chefe norueguês na Liga das Nações. Um pequeno grupo político, o partido nacionalista, pró-nazista e

---

1 Hugo Valentin, "The History of the Jews in Sweden," em Hermann Bary, ed., *European Jewish Yearbook* (Frankfurt e Paris, 1953-54), pp. 290-94.

2 Resumo da conferência sobre a "solução final" de 20 de janeiro de 1942, NG-2586-E.

3 Em 6 de novembro de 1942, cinco judeus estrangeiros presos pela polícia finlandesa, sob diversas acusações, foram deportados com três familiares e um grupo de outros estrangeiros para a Estônia. Um dos judeus sobreviveu. Hannu Rautkallio, *Finland and the Holocaust* (Nova York, 1987), pp. 180-236. Os boatos na Finlândia sobre essa deportação provocaram uma reação forte o bastante para enfraquecer a posição do ministro do Interior Horelli, pró-alemão. Blücher (Ministro alemão em Helsinki) para o Departamento de Relações Exteriores, 29 de janeiro de 1943, *Akten zur Deutschen Auswärtigen Politik*, Series E: 1941-1945 (Gotinga, 1969-79), vol. 5 (1978), p. 152. A política alemã diante dos judeus, escreveu Blücher, estava alienando o povo finlandês.

antissemita "União Nacional" (*Nasjonal Samling* ou NS), que tinha 15 mil membros e era dirigido por um antigo oficial e ex-ministro da Guerra, Vidkun Quisling,[1] ressentia-se da posição de Hambro e da posição de todos os judeus no país.

Quando a Noruega foi ocupada em uma invasão fulminante na primavera de 1940, Quisling tornou-se o chefe do novo governo norueguês. É claro que ele não era um governante absoluto. Seus mestres alemães estavam acima dele: *Reichskommissar* Terboven, encarregado de todos os órgãos alemães no país; *Generaloberst* von Falkenhorst, comandante das forças armadas alemãs na área e *Obergruppenführer* Rediess da SS e da polícia. Abaixo dele, Quisling enfrentava o indomável povo norueguês, cujos elementos rebeldes se manifestavam até mesmo em seu partido.

Para entender o que aconteceu na Noruega, é preciso olhar no mapa e observar a posição da neutra Suécia, paralela à península norueguesa ao longo de uma fronteira de 1.600 quilômetros. Os suecos não podiam permanecer indiferentes ao destino dos judeus noruegueses. Afinal de contas, os judeus noruegueses eram escandinavos. Quando começaram as capturas na Noruega, a Suécia abriu sua fronteira às vítimas e lhes ofereceu refúgio.

As medidas preparatórias começaram devagar, e a iniciativa veio dos departamentos da SS e da polícia, em especial da Polícia de Segurança, dirigidos como se segue:

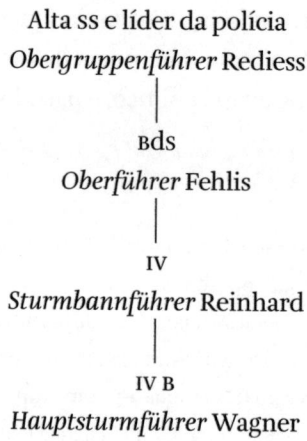

Alta SS e líder da polícia
Obergruppenführer Rediess
|
BdS
Oberführer Fehlis
|
IV
Sturmbannführer Reinhard
|
IV B
Hauptsturmführer Wagner

---

1 Memorando de Rosenberg sobre a conversa com Quisling em Berlim, dezembro de 1939, C-64. Para uma história da administração Quisling, ver Paul Hayes, *Quisling* (Bloomington, Indiana, 1972) e Oddvar K. Hoidal, *Quisling* (Oslo e Oxford, 1989).

Respondendo a uma solicitação de Rediess, o ministro da polícia norueguesa, Lie, deu ordens em 10 de janeiro de 1942, para que se carimbassem os cartões de identificação dos judeus com um J. Essa medida exigiu uma definição do termo "judeu" que seguiu o princípio de Nuremberg, com a estipulação adicional de que todos os membros da comunidade religiosa judaica fossem considerados como judeus. Pouco tempo depois, a população judia foi instruída a preencher questionários nas delegacias locais de polícia. Impulsionado por um interesse no "problema judeu", o departamento de estatística do partido de Quisling, por sua vez, compilou um registro de todos os judeus noruegueses.[2]

Durante os meses seguintes, nenhum outro movimento foi feito, exceto por um plano do *Reichskommissar* Terboven para confiscar as posses dos trezentos refugiados judeus na Noruega e, sujeito à concordância do ministério das finanças, para reter os lucros resultantes em seu departamento.[3] Porém, foi só no outono que a solução final dominou a Noruega.[4]

Em 7 de outubro de 1942, atos de sabotagem na província de Trondelag (na qual ficava a cidade de Trondheim) levaram o KDS, Flesch, a ordenar a prisão dos homens judeus com mais de catorze anos em sua área.[5] As prisões provocaram inquietação suficiente entre os judeus para provocar tentativas de fuga para a Suécia. No sábado, 24 de outubro, o *Hauptsturmführer* Wagner foi até a casa do chefe da polícia estatal norueguesa, Marthinsen, com instruções para ampliar a prisão dos homens judeus para todo o país.[6] A polícia estatal era uma pequena organização formada no verão de 1941 e composta inteiramente por homens de confiança da NS.[7] Trabalhando durante o fim de semana, eles levantaram listas com a ajuda do departamento de estatística e, em 26 de outubro, Marthinsen começou as revistas com seu próprio pessoal, auxiliado por membros da polícia

2 Samuel Abrahamsen, *Norway's Response to the Holocaust* (Nova York, 1991), pp. 94-97, 105, 120.

3 Memorando do ministério das finanças preparado pelo dr. Delbrück, com as iniciais do Ministerialräte Kallenbach, dr. Maedel e Breyhan. 2 de abril de 1942, NO-4039.

4 Um relato abrangente das ações contra os judeus na Noruega encontra-se em Oskar Mendelsohn, *Jodenes historie i Norge*, vol. 2 (Oslo, 1986), pp. 1-335, e notas.

5 Abrahamsen, *Norway's Response*, pp. 97-104. Julgamento de *OStubaf.* ORR. Gerhard Flesch, U.N. War Crimes Commission, *Law Reports of Trials of War Criminals*, VI, pp. 112-13.

6 Abrahamsen, *Norway's Response*, p. 104-5.

7 Hoidal, *Quisling*, p. 480.

criminal, polícia comum nas áreas rurais e distritos policiais, e homens da Germanske ss-Divisão Norueguesa. Os invasores, armados com cópias mimeografadas das listas de nomes e endereços e também com os questionários preenchidos pelos judeus, iam em duplas bater à porta dos judeus em Oslo, Lillehammer e outras cidades. Várias centenas de judeus foram presos e mantidos em um campo norueguês provisório em Berg.[8]

Também em 26 de outubro, a administração Quisling apressou-se a publicar uma lei confiscando as propriedades dos judeus. Contas bancárias eram fechadas; itens móveis deviam ser vendidos em leilões públicos; móveis de escritórios deviam ser distribuídos aos órgãos do governo; bens imóveis deveriam ser colocados sob administração do governo; e ouro, prata e joias deviam ser entregues aos alemães como uma contribuição ao esforço de guerra.[9]

Em 17 de novembro, o governo de Quisling ordenou que todas as pessoas que tivessem ao menos um avô judeu se registrassem na sede da polícia local.[10] Nesse momento, a rede de boatos já estava à toda velocidade.[11] Muitos judeus esconderam-se e, em dois domingos, 15 e 22 de novembro de 1942, as igrejas luteranas da Suécia celebraram cultos especiais pelos judeus presos.[12]

———

8 Abrahamsen, *Norway's Response,* pp. 105-12.

9 *Ibid.,* pp. 90-93. A lei foi assinada por Quisling, ministro do Interior, Hagelin, ministro da Justiça, Riisnaes, e um membro do gabinete de Quisling que representava a *Nasjonal Samling,* Fuglesang. A regulamentação para implementação da lei foi subsequentemente assinada pelo ministro das Finanças Prytz. O valor das propriedades era bastante inexpressivo e um observador alemão na Noruega não deixou de observar esse fato. Ele concluiu que os judeus tinham vivido de modo "tranquilo e reservado", sem conseguir ocupar uma "posição" na economia. Mendelsohn, *Jødenes historie i Norge,* vol. 2, p. 136.

10 Hayes, *Quisling,* p. 288.

11 Há relatos de que o ministro dos Transportes, Irgens, da administração de Quisling, sabotou as prisões ao avisar o front doméstico, a resistência clandestina da Noruega, de que os judeus corriam perigo. Hoidal, *Quisling,* p. 845, n. 13. Hoidal baseia-se em Mendelsohn, *Jødenes historie i Norge,* vol. 2, pp. 221, 329, 593. Irgens, cunhado do ministro do Interior, Hagelin, havia anteriormente conseguido evitar que um transporte norueguês em águas territoriais fosse colocado diante de um tribunal em Hamburgo como presa de guerra. Hoidal, *Quisling,* p. 489.

12 Hugo Valentin, "Rescue and Relief Activities in Behalf of Jewish Victims of Nazism in Scandinavia," *YIVO Annual of Jewish Social Sciences* 3 (1953), p. 232. Ver também Steven Koblik, *The Stones Cry Out* (Nova York, 1988), pp. 59-61, 103-5. Para uma recapitulação estatística detalhada do

Depois, em 25 de novembro de 1942, Günther, da RSHA, escreveu ao BdS em Oslo (Fehlis) sobre uma súbita oportunidade (*plötzlich angebotene Möglichkeit)*: a marinha alemã havia providenciado um meio de transporte para a deportação. O navio *Donau* já estava no porto.[13] Mais uma vez, a polícia secreta norueguesa, juntamente com a polícia de Oslo, a Germanske SS-Norge e membros do Hird (uma formação do partido de Quisling) saíram em revista e, desta vez, capturaram mulheres e crianças.[14] Em 26 de novembro, o *Donau* partiu com uma carga de 532 vítimas, incluindo homens e suas famílias, com destino a Stettin. Com a pressa, o oficial da embarcação, *Untersturmführer* Grossmann, esqueceu de deixar a máquina de escrever da Gestapo em Oslo, e seu superior, *Sturmbannführer* Reinhard, telegrafou pedindo-a de volta.[15] A chegada dos judeus a Auschwitz foi registrada em 1º de dezembro.[16] Não houve tempo de embarcar os judeus vindos de Trondheim.[17] Eles chegaram em Oslo algumas horas depois de o navio partir, mas isso não os salvou.

Depois de as primeiras vítimas terem sido carregadas no navio, a agitação se espalhou pela península norueguesa. A perturbação da população chegou aos círculos de colaboradores, que viam o cenário com "falta de compreensão" *(Verständnislosigkeit)*, e houve rumores de debandada entre os partidários de Quisling.[18] Em 17 de dezembro de 1942, o ministro sueco em Berlim, Richert, declarou que seu governo estava pronto para aceitar os judeus noruegueses (restantes). O *Staatssekre-*

---

destino dos judeus da Noruega, ver Oskar Mendelsohn, "Norwegen," em Wolfgang Benz, ed., *Dimension des Völkermords* (Munique, 1991), pp. 187-97.

13 RSHA IV-B-4 (assinado por Günther) para BdS em Oslo, cópia para Stapoleitstelle em Stettin, 25 de novembro de 1942, Polícia de Israel 1622.

14 Samuel Abrahamsen, "The Holocaust in Norway," em Randolph Braham, ed., *Contemporary Views on the Holocaust* (Boston e Haia, 1983), pp. 128-31.

15 BdS Oslo/IV (assinado Reinhard) para Stapoleitstelle Stettin, 26 de novembro de 1942, Israel Police 1622.

16 Protocolo de transferência *(Übergabeprotokoll)*, assinado por Grossmann e representante de Stapoleitstelle Stettin, 30 de novembro de 1942, Polícia de Israel 1622. KL Auschwitz/ Kommandantur/II, recibo *(Übernahmebestätigung)*, 1º de dezembro de 1942, Polícia de Israel 1622.

17 Abrahamsen, "The Holocaust in Norway," em Braham, ed., *Contemporary Views*, p. 135.

18 *Wehrmachtbefehlshaber Norwegen/Wehrmachtpropagandagruppe* para OKW/Abt. *Wehrmachtpropaganda*, OKW-637.

tär Weizsäcker respondeu que sequer iniciaria uma conversa sobre o assunto.[19] Em Oslo, o consulado geral sueco fez tentativas intensas para renaturalizar os judeus que haviam sido anteriormente cidadãos suecos. Para grande contrariedade dos alemães, essas tentativas chegaram ao ponto de convidar alguns dos judeus presos, cujas conexões com a Suécia eram um tanto tênues, para que se candidatassem à nacionalidade sueca. Quando os alemães protestaram contra essa interferência, um oficial consular sueco admitiu estar em posse de uma ordem oficial para estender a mão para "os pobres judeus que, afinal de contas, são apenas seres humanos".[20]

Diante de todos esses protestos, os alemães continuaram em seu curso. Em fevereiro de 1943, 158 judeus de Trondheim e de outras áreas do norte foram embarcados no *Gotenland*.[21] Em 1944, o total de deportados chegou a 770.[22] No entanto, o impulso alemão não fora totalmente bem-sucedido. Muitas vítimas em potencial haviam sido levadas em pequenos grupos e atravessado a longa fronteira para a hospitaleira Suécia. No final da guerra, 930 judeus haviam encontrado abrigo seguro ali,[23] e alguns outros haviam sobrevivido em esconderijos.

Na área de Oslo, um grupo de 64 judeus em casamentos mistos foram "alojados" em um campo (*lagermässig untergebracht*). No outono de 1944, o consulado sueco em Oslo aproximou-se do BDS com uma solicitação de permissão da passagem desses judeus para a Suécia. A questão foi levada ao assistente de Eichmann no RSHA, *Sturmbannführer* Günther, que aconselhou que a oferta sueca fosse rejeitada.[24] Von Thadden, do *Inland* II do Departamento de Relações Exteriores concordou.[25] Ribbentrop também queria que os 64 judeus permanecessem na Noruega.[26] Porém, em março de 1945, eles tiveram permissão de partir para a Suécia.[27]

─────

19 Memorando de Weizsäcker, 17 de dezembro de 1942, NG-2461. Também, Weizsäcker a Albrecht (Divisão Legal) sobre a tentativa de Richert para salvar cinco famílias que tinham no momento, ou que haviam tido antes, a nacionalidade sueca, 17 de dezembro de 1942, NG-3516.

20 Terboven para Departamento de Relações Exteriores, 18 de fevereiro de 1943, NG-5217.

21 Correspondência em documento da Polícia de Israel 1621.

22 Valentin, "Rescue and Relief Activities," *YIVO Annual*, 3:232.

23 *Ibid.*, p. 234.

24 Günther para von Thadden, 2 de outubro de 1944, NG-5217.

25 Grupo *Inland* II via Hencke e Steengracht para Ribbentrop, 11 de outubro de 1944, NG-5217.

26 Brenner (*Büro RAM*) via Steengracht para Wagner, 27 de outubro de 1944, NG-5217.

27 Valentin, "Rescue and Relief Activities," *YIVO Annual*, 3, p. 234.

No fim das contas, o caráter diminuto da operação não escapou à atenção dos nazistas. Algumas centenas de judeus haviam sido mandadas para Auschwitz para acabar nas câmaras de gás. Como justificar a morte desse grupo de pessoas? Isso só poderia ser feito explorando de algum modo a "influência" judaica no país. Em 1943, o *Ministerialrat* Huhnhäuser do Ministério da Educação, dotado com uma subvenção de 2 mil Reichsmark da organização Ahnenerbe da ss, foi para a Noruega para estudar as migrações judias e os casamentos mistos ali. Suas pesquisas nas bibliotecas, arquivos e registros dos escritórios das igrejas provocaram a ira dos colegas ss no Escritório Principal de Raça e Reassentamento, que protestaram que a pesquisa planejada de modo uniforme da genealogia judaica fora prejudicada por projetos isolados como esse.[28]

Dinamarca

No dia em que a Alemanha invadiu a Noruega, ela também ocupou, sem resistência, o reino da Dinamarca. Por não terem resistido e também por suas características "raciais", os dinamarqueses receberam um grau de autonomia incomum para uma região sob ocupação alemã. Eles tiveram permissão de manter um governo dinamarquês completo, dirigido sucessivamente pelos primeiros-ministros Stauning, Buhl e Scavenius, com um parlamento, um Departamento de Relações Exteriores e um exército. Os órgãos alemães na Dinamarca tinham funções limitadas. O *Befehlshaber der deutschen Truppen in Dänemark,* a princípio Kaupisch, depois Lüdke e, finalmente, o *General der Infanterie* von Hanneken, era um comandante de soldados, não um governador militar. O enviado alemão em Copenhagen, *Gesandter* von Renthe-Fink, era um diplomata, não um *Reichskommissar*. Qualquer interferência nos assuntos internos dinamarqueses, em especial quanto aos judeus, estava fora de questão.

No entanto, os burocratas alemães não podiam ficar sentados enquanto 6.500 judeus viviam livremente em um país dominado por armas alemãs. De tempos em tempos, portanto, os dois oficiais do Departamento mais envolvidos nas questões judaicas, o chefe do *Referat* escandinavo na Divisão Política, von Grundherr, e seu colega na *Abteilung Deutschland,* o especialista em judeus Rademacher, pressionavam o ministro em Copenhagen, von Renthe-Fink, para que

---

28 *Stubaf.* Osiander para o chefe do RUSHA *OGruf.* Hildebrandt, 3 de junho de 1943, NO-4039.

lembrasse o governo dinamarquês do problema judaico.[1] Porém, von Renthe-Fink pouco podia fazer. Sua única sugestão foi que as empresas judaicas na Dinamarca não recebessem mais alocações de carvão e combustível vindos da Alemanha.[2]

Em novembro de 1942, von Renthe-Fink foi substituído por um jovem hábil, *Ministerialdirigent* dr. Werner Best, cuja carreira nos tempos nazistas incluía nomeações em três hierarquias diferentes: como chefe administrativo do Escritório Principal da Polícia de Segurança, como um oficial da administração militar na França e agora como o ministro do Departamento de Relações Exteriores e plenipotenciário na Dinamarca.[3] Mas até mesmo Best tinha poucas ideias. Ele relatou que o primeiro-ministro Scavenius havia ameaçado renunciar com todo o seu gabinete se os alemães fizessem uma solicitação para iniciarem medidas antijudaicas. Sob essas circunstâncias, Best só podia propor o seguinte: (1) a remoção sistemática dos judeus da vida pública, relatando-os individualmente ao governo dinamarquês como intoleráveis para a continuação da cooperação, (2) a remoção sistemática dos judeus do comércio por meio de uma estipulação em todos os pedidos de empresas alemãs de que nenhum negócio deveria ser fechado com empresas dinamarquesas total ou parcialmente de propriedade de judeus, e (3) prisões de judeus individuais por atividades políticas ou criminosas.[4] Ribbentrop gostou das propostas e manifestou seu apoio a elas com um *Ja*.[5]

Porém, Best não estava muito satisfeito com suas sugestões. Ele investigou a situação para descobrir outras possibilidades de ação e descobriu que os judeus dinamarqueses na verdade tinham pouca influência no país. Não havia judeus no parlamento, e apenas 31 judeus serviam na administração pública, a maioria deles em posições de pouca importância. Trinta e cinco judeus eram advogados, 21 eram artistas, 14 eram editores, embora nenhum fosse editor-chefe. Um total de 345 judeus tinham empresas, mas aqui também os judeus não tinham um papel importante. Os oficiais de armamentos na Dinamarca descobriram que apenas seis das setecentas empresas que tinham contratos de armamentos podiam ser consideradas judaicas sob a definição alemã de uma empresa judaica. Duas dessas

---

1 Luther para Weizsäcker, 15 de janeiro de 1942, NO-3931.

2 Luther para a legação em Copenhagen, outubro de 1942, NG-5121.

3 Ver a biografia de Ulrich Herbert, *Best* (Bonn, 1996).

4 Luther para Ribbentrop, 28 de janeiro de 1943, NG-5121.

5 *Ibid.* Sonnleithner via Weizsäcker para Luther, 1 de fevereiro de 1943, NG-5121.

empresas já haviam concluído seus pedidos, e uma havia sido "arianizada" com a demissão de um membro judeu da *Verwaltungsrat*.

Essa era a influência judaica total na Dinamarca. Valeria a pena desrespeitar o governo dinamarquês para agir contra esses judeus? Best pensou que haveria uma possibilidade de agir de algum modo pelo menos contra os refugiados judeus no país. Eram 845 homens, 458 mulheres e 48 crianças, ou 1.351 no total. Mas esses judeus haviam sido privados de sua nacionalidade alemã pela 11ª Regulamentação da Lei de Cidadania do Reich. Portanto, eles eram apátridas e estavam sob a proteção da Dinamarca. Se essa regulamentação pudesse ser revogada, raciocinou Best, o Reich poderia alcançar esses judeus sem desrespeitar a soberania dinamarquesa.[6] Essa proposta, porém, pareceu complicada demais para Berlim,[7] e assim os judeus na Dinamarca não foram perturbados até agosto de 1943, quando a situação mudou radicalmente.

O que aconteceu na Dinamarca no final do verão e início do outono de 1943 é de grande interesse não por causa da extensão física da operação, que era pequena, mas por causa de um extraordinário obstáculo que surgiu no caminho da máquina de destruição alemã: uma administração dinamarquesa não cooperativa e uma população local unânime em sua resolução de salvar os judeus.

Por algum tempo em 1943, a situação na Dinamarca vinha se deteriorando. A agitação estava aumentando, e a sabotagem havia crescido a ponto de perturbar o esforço de guerra. Em agosto de 1943, Best foi chamado ao *Führerhauptquartier,* onde o próprio Hitler perguntou-lhe o que estava acontecendo. Hitler ordenou a Best que declarasse um estado de emergência militar na Dinamarca, uma decisão que significava que Best teria de entregar o controle ao comandante militar. Quando Best retornou a Copenhagen em 27 de agosto de 1943, "pálido e abalado" com a ordem que recebera, ele descobriu que o *General der Infanterie* von Hanneken e os membros da equipe da legação já estavam discutindo a imposição de um estado de emergência e o confinamento do exército dinamarquês.[8] Dois dias depois, com o exército dinamarquês em dissolução, o governo de Scavenius

---

6 Best ao Departamento de Relações Exteriores, 24 de abril de 1943, NG-5121.

7 Memorando de von Thadden, sem data, NG-5121.

8 Resumo do depoimento do *Präsident* Paul Ernst Kanstein (legação, Copenhagen), 29 de abril de 1947, NG-5208. Resumo do depoimento de von Hanneken, 10 de dezembro de 1947, NG-5208.

renunciou e deixou a direção de seus ministérios nas mãos dos funcionários públicos de carreira. A emergência havia começado.

Em 31 de agosto, o diretor do ministério do exterior dinamarquês, Nils Svenningsen, que era agora o principal porta-voz da administração dinamarquesa, estava em seu escritório quando um representante da organização da comunidade judaica telefonou para informá-lo de que os registros da comunidade com os nomes e os endereços de todos os judeus haviam sido confiscados pelos alemães. Svenningsen foi imediatamente falar com o dr. Best, mas o plenipotenciário alemão respondeu que não sabia de nada a respeito desse confisco.[9] Em 17 de setembro, o confisco do documento foi confirmado pela legação alemã. O confisco foi descrito, porém, como uma "ação muito pequena" *(eine recht kleine Aktion),* uma busca rotineira por provas de atividades antialemãs; ela não tinha nada a ver com a "questão judaica".[10]

Os judeus ainda estavam preocupados. Em 25 de setembro, o presidente da organização da Comunidade Judaica, C. B. Henriques, acompanhado pelo assistente da presidência, Lachmann, visitou Svenningsen em seu escritório e exprimiu o medo de que os alemães pudessem agora levantar a questão judaica. Svenningsen repetiu o que os alemães haviam lhe dito. Os judeus queriam saber qual seria a atitude dos chefes de departamento dinamarqueses caso os alemães iniciassem uma *Aktion.* Svenningsen respondeu que as autoridades dinamarquesas não iriam cooperar com a administração alemã sob circunstância alguma e que elas protestariam tão enfaticamente quanto possível contra qualquer movimento unilateral alemão. Lachmann então perguntou se os judeus não poderiam ser "expatriados". Svenningsen respondeu que uma tentativa de fuga para a Suécia poderia provocar os alemães a agir. Ele aconselhou contra esse movimento.[11] Essas explicações aparentemente acalmaram os líderes judeus, mas enquanto isso os alemães estavam planejando sua *Aktion.*

Em 8 de setembro, Best mandou um telegrama a Berlim, sugerindo que se tirasse vantagem da emergência presente para deportar os judeus. Para essa

------

9 Memorando de Svenningsen, 31 de agosto de 1943, NG-5208.

10 Memorando de Svenningsen sobre a conversa com o diretor dr. Stalmann, 17 e 18 de setembro de 1943, NG-5208.

11 Memorando de Svenningsen, 25 de setembro de 1943, NG-5208.

finalidade, ele precisava de polícia, soldados e navios.[12] Esse era o tipo de proposta que Berlim queria ouvir, e no dia seguinte Best foi reempossado com plenos poderes como plenipotenciário.[13] Ele era agora o ditador da Dinamarca. Em 18 de setembro, Hitler decidiu que os judeus dinamarqueses deviam ser deportados[14] e, ao mesmo tempo, Ribbentrop pediu que Best enviasse dados sobre seus planos e suas necessidades para a operação futura.[15]

Em Copenhagen, Best discutiu o projeto com seus conselheiros, em especial com Paul Kanstein e Georg Duckwitz. Ambos, como o próprio Best, tinham um histórico no partido nazista. Duckwitz havia servido no departamento de Rosenberg. Ele também havia estado na Dinamarca por um longo período antes da guerra, preocupado com os transportes. Sua reação às medidas antijudaicas foi negativa; ele supostamente aconselhou o general von Hanneken a não participar na operação.[16]

O homem encarregado da operação foi o recém-empossado BDS, *Standartenführer* Mildner. Ele recebeu 185 membros da Polícia de Segurança. Além disso, estavam disponíveis três batalhões da ORPO.[17] Quando a Polícia Secreta de Campo

---

12 Best ao Departamento de Relações Exteriores, 8 de setembro de 1943, NG-5121.

13 Resumo do depoimento de Kanstein, 29 de abril de 1947, NG-5208.

14 Sonnleithner via Steengracht para Hencke, 18 de setembro de 1943, NG-5121.

15 Von Grundherr para Best, 19 de setembro de 1943, NG-5121. Sonnleithner via Steengracht para Hencke, 18 de setembro de 1943, NG-5121.

16 Gustav Meissner, *Dänemark unterm Hakenkreuz* (Berlim, 1990), pp. 299-301, 338-41. Meissner era um adido de imprensa na legação alemã em Copenhagen durante a guerra. Duckwitz viajou para Berlim em setembro para descobrir o que aconteceria e para a Suécia com o propósito de dar notícias ao primeiro-ministro sueco, Per Albin Hansson. *Ibid.,* pp. 338-39. Leni Yahil, *The Rescue of Danish Jewry* (Filadélfia, 1969), pp. 148-51, 173-74. Harold Flender, *Rescue in Denmark* (Nova York, 1963), pp. 46-50. É improvável, porém, que Duckwitz agisse sem o conhecimento e, pelo menos, sem a aprovação tácita de Best. Tatiana Brustein-Berenstein, "The Historiographic Treatment of the Abortive Attempt to Deport the Danish Jews," *Yad Vashem Studies* 17 (1986), pp. 181-218.

17 Rasmus Kreth e Michael Mogensen, *Flugten til Sverige* (Copenhagen, 1995), pp. 22-24. Testemunho juramentado do dr. Rudolf Mildner, 16 de novembro de 1945, PS-2375. O chefe da Gestapo era Karl Heinz Hoffmann. Seu depoimento pode ser encontrado no International Military Tribunal, *Trial of the Major War Criminals,* XX, p. 156 e ss. Um posto da Gestapo na cidade portuária oriental de Helsingør foi estabelecido sob Heinz Juhl. Resistance Museum, Copenhagen. Quanto à ORPO, um pequeno batalhão esteve na Dinamarca antes de setembro, e outros dois receberam, ordens para ir para lá. OKW/WFSt/Qu Z(N), assinado por Jodl, para o Departamento de Relações Exteriores, att.

e a *Gendarmerie* de Campo buscaram aumentar suas fileiras, o general von Hanneken recusou-se a transferir seus homens para o bds.[18] O plenipotenciário dr. Best então solicitou ao general que emitisse um decreto ordenando que os judeus se reportassem aos escritórios da *Wehrmacht* para "trabalho". Mais uma vez, von Hanneken recusou. Essa recusa significava que, em vez de pegar os judeus ao lhes ordenar que se apresentassem em pontos de reunião, a polícia teria de realizar uma busca de porta em porta.[19]

Em 23 de setembro, von Hanneken escreveu a Berlim para solicitar o adiamento das deportações para um período *após* o término do estado de emergência. Ele não queria que a emergência fosse usada como desculpa para uma ação antijudaica. "A implementação das deportações judaicas durante o estado de emergência militar", escreveu ele, "prejudica o prestígio da *Wehrmacht* nos outros países".[20] O *Generaloberst* Jodl não aceitou com gentileza essa sugestão. Lendo o relatório, ele escreveu nele as seguintes palavras: "Bobagem. Essas são questões de necessidade de Estado [*Geschwätz. Es geht um staatliche Notwendigkeiten*]".[21] Derrotado, von Hanneken concordou com um mínimo de cooperação. Ele prometeu despachar um destacamento de 50 homens para proteger a área do porto como precaução contra perturbações durante o carregamento. Essa medida, raciocinou ele, envolvia o exército não em "prisões", mas apenas na manutenção da lei e da ordem.[22]

Nessa época, o próprio Best estava revendo sua posição. Apontando possíveis repercussões, ele expressou o medo de que a situação política se exacerbasse, de que houvesse tumultos e uma greve geral e que, possivelmente, o rei pudesse abdicar. Ribbentrop então levou novamente a questão a Hitler, que

---

embaixador Ritter e general von Hanneken, com cópias para *Reichsführer*-ss/*Kommandostab* e Chefe de Reposição do Exército (Fromm), 22 de setembro de 1943, uk-56. Um dos batalhões, *Polizeiwachbattailon Dänemark*, formado em 18 de junho de 1943, já havia sido destinado ao país. Georg Tessin, *Zur Geschichte der Ordnungspolizei 1936-1945* (Koblenz, 1956), pt. ii, p. 82.

18 Ritter para Best, 19 de setembro de 1943, ng-5105. Best para o Departamento de Relações Exteriores, 29 de setembro de 1943, ng-5105. Ribbentrop para Best, 29 de setembro de 1943, ng-5105.

19 Best ao Departamento de Relações Exteriores, 2 de outubro de 1943, ng-3921.

20 Befehlshaber Dänemark Abt. Ia/Qu para okw/wfst (Jodl), 23 de setembro de 1943, nokw-356.

21 Comentários com iniciais de Jodl, no relatório de von Hanneken, nokw-356.

22 Resumo do depoimento de von Hanneken, 10 de dezembro de 1947, ng-5208.

duvidava que a ação tivesse essas consequências. Os planos deveriam ser realizados conforme ordenado.[23]

Em 28 de setembro de 1943, Best relatou que a operação aconteceria na noite de 1 para 2 de outubro.[24] Dois mil judeus no interior do país seriam transportados por trem, e os quatro mil em Copenhagen, por navio.[25] Na Divisão de Operações Ferroviárias do Ministério dos Transportes (E II), o *Ministerialrat* Schnell do *Referat* 21 (trens de passageiros) foi visitado por Günther e Kryschak do RSHA. Agindo sem demora, Schnell instruiu Karl Hein do 212 para enviar telegramas ao Plenipotenciário de Ferrovias alemão na Dinamarca solicitando trinta vagões de carga, e sessenta aos departamentos de ferrovias de Hamburgo e Stettin.[26]

Em 28 de setembro, o endurecimento da decisão levou Duckwitz a revelar o plano alemão a um proeminente conhecido dinamarquês, Hans Hedtoft (que viria a se tornar primeiro-ministro da Dinamarca).[27] Hedtoft não perdeu tempo em notificar seus amigos da imprensa e ele mesmo alertou Henriques, o presidente da comunidade judaica. Depois de pedir para falar ao presidente em particular, Hedtoft informou Henriques dos detalhes da deportação iminente. Quando o dinamarquês acabou de falar, o líder judeu disse apenas duas palavras: "Você mente". Demorou bastante para Hedtoft conseguir convencer Henriques da verdade. O presidente repetiu com desespero que não conseguia entender como aquilo podia ser verdade; afinal de contas, ele tinha acabado de voltar de uma visita a Svenningsen, que lhe garantira que nada podia acontecer. Finalmente, porém, Henriques foi convencido. Na manhã seguinte, 29 de setembro, quando a congregação judaica se reuniu nas sinagogas para celebrar o Ano Novo judaico, as notícias foram comunicadas a toda a comunidade.[28]

_____

23 Memorando de Ribbentrop de 23 de setembro de 1943, com as reações de Hitler registradas em notas na margem, com iniciais provavelmente de Horst Wagner da *Inland II*. Fac-símile em Yahil, *Rescue of Danish Jewry*, p. 162-63. Ver também Erdmannsdorff a Best, 28 de setembro de 1943, NG-5121.

24 Best ao Departamento de Relações Exteriores, 28 de setembro de 1943, NG-5121.

25 Best ao Departamento de Relações Exteriores, 1º de outubro de 1943, NG-3921.

26 Depoimento de Karl Hein, 18 de abril de 1969, Caso Ganzenmüller, 8 Js 430/67, vol. XVIII, pp. 98-103. Hein substituiu Stange do 211, que estava hospitalizado na época.

27 Relato baseado no prefácio de Hans Hedtoft, em Aage Bertelsen, *October' 43* (Nova York, 1954), pp. 17-19.

28 Hedtoft em Bertelsen, *October' 43*, pp. 17-19.

Ao mesmo momento em que alertavam a comunidade para que se dispersasse, os líderes judeus informaram Svenningsen de que tinham absoluta certeza de que as deportações iriam acontecer. Svenningsen reuniu o alto escalão do funcionalismo público e, depois de uma reunião com os chefes de departamento, procurou o plenipotenciário alemão, dr. Werner Best. Svenningsen começou a conversa com Best dizendo que, costumeiramente, era adequado ignorar rumores. Os rumores das deportações iminentes, porém, eram tão persistentes e tão detalhados, que não podiam mais ser ignorados. Best tinha de entender que as consequências dessa ação não eram previsíveis. A agitação se espalhava pelo país, pois a questão era de enorme importância para a população como um todo, e para os funcionários públicos e os líderes da administração dinamarquesa em particular. Best respondeu cautelosamente fazendo algumas perguntas. O que exatamente estava sendo dito? Em que se baseavam os rumores? De onde eles se originavam? Svenningsen contou a Best o que estava sendo dito: Deportações para a Polônia. Apenas judeus puros. Navios no porto.

Então, Svenningsen lembrou a Best que quase um mês antes, os alemães haviam invadido a sede da comunidade judaica em Nybrogade e Ny Kongensgade e confiscado as listas de endereços. Tudo, portanto, indicava um plano de deportação completo. Best reiterou que não tinha planos. Ele não sabia de nada a respeito de navios. Svenningsen então perguntou ao plenipotenciário se ele estava preparado para negar a verdade dos rumores. Best respondeu que era muito difícil explicar que alguma coisa *não* iria acontecer, mas se Svenningsen insistisse, ele perguntaria a Berlim se podia emitir um desmentido.[29]

Enquanto isso, em Berlim (1º de outubro), o ministro sueco, Richert, fizera a oferta em nome de seu governo de aceitar os judeus dinamarqueses que estavam para ser deportados. O *Staatssekretär* Steengracht repetiu que não sabia de nada sobre uma operação contra os judeus.[30] Nessa mesma noite, começaram as revistas.

Svenningsen, com uma carta do rei e uma decisão da Corte Suprema dinamarquesa no bolso, tentou ver Best de novo. O plenipotenciário alemão, porém, estava indisposto, e Svenningsen entregou os documentos ao assistente de Best, o ministro Barandon. Logo depois, o promotor-chefe dinamarquês, Hoff,

---

29 Memorando de Svenningsen, 30 de setembro de 1943, NG-5208.

30 Memorando de Steengracht, com cópias para Hencke e von Grundherr, 1º de outubro de 1943, NG-4093.

foi informado pela legação de que as revistas estavam acontecendo. Pediram a Hoff que informasse a polícia dinamarquesa sobre a ação, "a fim de evitar confrontos entre a polícia e os órgãos alemães que participavam das prisões".

Svenningsen tentou então falar com Best por telefone, mas descobriu que as linhas telefônicas tinham sido cortadas. Um pouco depois da meia-noite, ele conseguiu ver o plenipotenciário. Best confirmou tudo, mas explicou que os judeus aptos para o trabalho seriam empregados e que os deportados mais velhos e incapazes seriam enviados a Theresienstadt, na Boêmia, "onde os judeus tinham um governo próprio e viviam sob condições decentes [*wo die Juden Selbstverwaltung genössen und unter anständigen Verhältnissen lebten*]". Best então deu algumas boas notícias ao funcionário dinamarquês. Os soldados dinamarqueses aprisionados seriam libertados; apenas os oficiais permaneceriam detidos. Durante a manhã seguinte, o *Präsident* Kanstein, da legação, telefonou a Svenningsen e lhe prometeu que as capturas acabariam. Ao mesmo tempo, ele solicitou que a burocracia dinamarquesa estabelecesse uma administração judicial nos apartamentos judeus vazios.[31]

Por toda a noite, a polícia alemã, armada com listas de endereço, foi de porta em porta para prender judeus. Como era preciso tomar cuidado para evitar confrontos com as forças policiais dinamarquesas, os policiais alemães tinham ordens de só prender aqueles judeus que abrissem voluntariamente a porta em resposta a um toque de campainha ou a uma batida na porta.[32] De manhã, ficou claro que menos de 10% dos judeus dinamarqueses tinham sido capturados. Apenas 477 judeus foram enviados para Theresienstadt.[33] A ação fora um fracasso.[34]

Prevendo as capturas, um pequeno número de judeus fugiu da Dinamarca por barco antes de tudo começar. Um dos primeiros refugiados foi o físico

----

31 Memorando de Svenningsen, 2 de outubro de 1943, NG-5208.

32 Best ao Departamento de Relações Exteriores, 5 de outubro de 1943, NG-3920.

33 Julgamento de Best et al. no tribunal dinamarquês, 20 de setembro de 1948, NG-5887. As estatísticas de Theresienstadt indicam 456 chegadas em 1943 e 11 em 1944. Cinquenta e dois morreram lá. H. G. Adler. *Theresienstadt* (Tubinga, 1960), pp. 42-43, 47. Os judeus dinamarqueses não foram deportados de Theresienstadt para Auschwitz, e representantes da Cruz Vermelha dinamarquesa e da Cruz Vermelha Internacional tinham permissão para visitar os deportados no gueto. Testemunho juramentado de Eberhard von Thadden, 21 de junho de 1946, Ribbentrop 319.

34 Ver Hencke para a legação em Copenhagen, 4 de outubro de 1943, NG-3920, e também Best ao Departamento de Relações Exteriores, 5 de outubro de 1943, NG-3920. Compreensivelmente, Best colocou toda a culpa sobre os militares.

meio-judeu Niels Bohr. Ao chegar à Suécia, Bohr se encontrou com o ministro do exterior sueco, Günther, e com o rei da Suécia, e lhes pediu que fizessem uma declaração pública garantindo asilo aos judeus da Dinamarca.[35] Na noite de 2 de outubro, o governo sueco emitiu um comunicado revelando a oferta feita aos alemães para receber na Suécia todos os judeus dinamarqueses.[36] Mas os judeus ainda estavam em perigo.

Quase toda a comunidade judaica se escondeu com famílias dinamarquesas. No domingo, 3 de outubro, uma carta pastoral, assinada por H. Fuglsang Damgaard em nome de todos os bispos dinamarqueses, foi lida nos púlpitos da maioria das igrejas. A mensagem afirmava que a perseguição conflitava com os evangelhos e continuava: "Lutaremos pelo direito de nossos irmãos e irmãs judeus de preservarem a mesma liberdade a que damos mais valor do que à própria vida".[37]

A luta só estava começando, pois os judeus não podiam ficar escondidos para sempre. Em 4 de outubro, o ministro sueco em Berlim, enfatizando a opinião pública em seu país, solicitou que o Departamento de Relações Exteriores alemão emitisse permissões de saída para as crianças judias. O *Staatssekretär* Steengracht desconsiderou a solicitação e, em um memorando escrito no mesmo dia, criticou a atitude "bolchevique" da imprensa sueca, que havia dado tanta publicidade à operação.[38] Nesse momento, porém, os suecos estavam decididos a agir. Em Copenhagen, o enviado sueco, Gustav von Dardel, garantiu às autoridades dinamarquesas que seria dado asilo a todos os judeus que pudessem ser levados por barco para a Suécia.[39] O que se seguiu foi uma das operações de resgate mais admiráveis na história.

———

35 Yahil, *Rescue of Danish Jewry*, pp. 327-30; Flender, *Rescue in Denmark*, pp. 75-77. Bohr havia recebido um prêmio Nobel. Os dois autores o entrevistaram depois da guerra. Ver também o relato de Stefan Rozental, "The Forties and the Fifties," em S. Rozental, ed., *Niels Bohr* (Nova York, 1967), pp. 149-90, nas pp. 168-69. Rozental, um cientista do instituto de Bohr em Copenhagen, fugiu para a Suécia ao mesmo tempo.

36 George Axelsson, "Sweden Offers Aid to Denmark's Jews," *New York Times*, 3 de outubro de 1943, p. 29. A chegada de Bohr na Suécia está registrada na mesma página. Ver também o relato em *The Times* (Londres), 4 de outubro de 1943, p. 3.

37 Texto em Jorgen H. Barford, *Escape from Nazi Terror* (Copenhagen, 1968), pp. 12-13.

38 Steengracht para von Sonnleithner, 4 de outubro de 1943, NG-4093.

39 Bertelsen, *October' 43*, p. 73. O autor, um professor dinamarquês, foi um dos organizadores do resgate.

Os organizadores da expedição eram indivíduos que se disponibilizaram para a tarefa na hora em que souberam dela. Eram médicos, professores, estudantes, empresários, motoristas de táxi, donas de casa. Nenhum era profissional em um negócio como esse. Eles enfrentaram problemas consideráveis. Para chegar à Suécia, os judeus tinham de cruzar o Sund, uma extensão de água com largura de 8 a 80 quilômetros. Os organizadores tiveram de mobilizar a frota de pesca dinamarquesa para levar os judeus para o lado oposto, tiveram de garantir o pagamento aos pescadores e tiveram de ter certeza de que os judeus eram levados às praias sem serem detectados e embarcavam em segurança nos barcos.

O comandante alemão do porto de Copenhagen, aconselhado por seu amigo Duckwitz, mandou suas lanchas para manutenção e relatou que estavam inoperáveis.[40] O controle costeiro estava então nas mãos da Polícia Costeira Dinamarquesa, que não iria interferir com o tráfego.[41] Porém, os operadores dos pequenos barcos, que fizeram centenas de viagens até a Suécia, não podiam ter certeza de sua segurança.[42]

O problema financeiro foi resolvido de modo singular. Em média, a viagem de ida custava 500 coroas (100 dólares) por pessoa e, teoricamente, os judeus deviam pagar suas passagens. Contudo, os judeus dinamarqueses não eram especialmente prósperos e muitos não tinham o dinheiro necessário. O déficit tinha de ser suprido de algum modo. Os fundos estatais dinamarqueses e as reservas da comunidade judaica não podiam ser usados por causa da vigilância alemã. Assim, era necessário depender pesadamente das contribuições dos cidadãos dinamarqueses.

Nas palavras de um dos organizadores, Aage Bertelsen, "toda a economia do auxílio aos judeus só podia se basear em um relacionamento pessoal de confiança. O dinheiro era pago e recebido sem que se dessem recibos e sem nenhum tipo de contabilidade".[43] Bertelsen enviou o pastor Krohn a um comerciante de madeira, Johannes Fog, para pegar algum dinheiro emprestado. "Sr. Bertelsen? Quem é ele?", perguntou o comerciante enquanto entregava mais de 2 mil coroas e pro-

---

40 Meissner, *Dänemark*, p. 341.

41 Kreth e Mogensen, *Flugten*, pp. 44-53, 64-85. Em 5 de outubro, Best escreveu ao Departamento de Relações Exteriores que não havia barcos disponíveis para interceptação, NG-3920.

42 Ver os detalhes das precauções contados pelos resgatadores e sobreviventes em Leo Goldberger, ed., *The Rescue of the Danish Jews* (Nova York, 1987).

43 Bertelsen, *October' 43*, p. 60.

metia mais 10 mil. Quando o pastor Krohn se virou para sair, Fog gritou atrás dele: "Diga a ele que serão 20 mil". Em dez dias, esse comerciante tinha emprestado quase 150 mil coroas para a operação.[44]

O problema financeiro não foi o único a ser resolvido. Os organizadores precisaram de muitas outras formas de auxílio, e a ajuda veio de todos os lados. A polícia dinamarquesa protegeu os operadores avisando-os dos riscos, pessoas ajudaram a vender pertences judeus, motoristas de táxi transportaram os judeus para os portos, proprietários de casas e apartamentos ofereceram abrigo às vítimas, o pastor Krohn entregou certificados de batismo em branco, farmacêuticos forneceram estimulantes gratuitamente para manter as pessoas acordadas, e assim por diante.[45]

Os judeus foram levados para os portos de pesca ao norte e ao sul da capital. No ponto mais ao norte da ilha Zelândia, a cidade de Gilleleje, cuja população em 1940 consistia em 1.682 pessoas, abrigou quase o mesmo número de judeus. Um ataque da Gestapo da cidade próxima de Helsingør (Elsinore) resultou na captura de várias dezenas de judeus que se escondiam no sótão da igreja de Gilleleje.[46] Houve outros incidentes. Alguns organizadores foram presos, alguns foram fuzilados e um, o estudante de engenharia Claus Heilesen, de vinte anos, foi morto por balas alemãs quando um grupo de embarque foi descoberto.[47] No entanto, os barcos saíram quase todos os dias de outubro e, quando a operação terminou, 5.919 judeus puros, 1.301 meios-judeus e 686 não judeus que eram casados com judeus haviam desembarcado na Suécia.[48]

Uma das ironias da operação dinamarquesa era uma propaganda de Best em 2 de outubro de 1943. Nessa declaração, ele enfatizava a necessidade das deportações, indicando que os judeus tinham "moral e materialmente incitado" o movimento de sabotagem dinamarquês. A população dinamarquesa, que era o alvo da proclamação, não foi enganada pela propaganda, mas o Departamento de Relações Exteriores alemão foi. Os burocratas do Departamento pediram fatos adicionais

---

44 *Ibid.*, p. 64 e ss.

45 *Ibid.*, p. 147-48, 64, 138, 84 e ss., 168.

46 Barford, *Escape from Nazi Terror,* p. 17-20, 23-24.

47 *Ibid.*, p. 23; Bertelsen, *October' 43,* p. 168, 172. Ver também descrições detalhadas de fugas em Yahil, *Rescue of Danish Jewry,* e Flender, *Rescue in Denmark.*

48 Hugo Valentin, "Rescue and Relief Activities in Behalf of Jewish Victims of Nazism in Scandinavia," YIVO *Annual of Jewish Social Science* 3 (1953), p. 239.

sobre a espionagem e a sabotagem judaicas. Em 18 de outubro, Best foi obrigado a relatar que realmente não existia uma sabotagem judaica, que desde o início da ocupação os judeus haviam "se contido muito", que o anúncio havia sido feito apenas para justificar as deportações (*um des Zweckes Willen*) e que ele não se baseava em nenhuma prova concreta (*ohne dass konkrete Unterlagen hierfür vorlagen*).[49]

O OESTE

A influência alemã estendera-se para o oeste e para o sul, dos Países Baixos até a Itália, como uma consequência da curta guerra de maio e junho de 1940. Durante essa campanha, os Países Baixos e uma grande parte da França ficaram dentro da esfera de poder alemão como territórios ocupados, enquanto a Itália era considerada pelos alemães como um aliado. No final, toda a França foi ocupada, e a Itália também foi pouco mais do que uma área ocupada.

Seguindo na direção anti-horária pelas regiões ocidentais, pode-se observar o progresso dessa consolidação. Desde o início, o controle alemão era mais forte nos Países Baixos, cuja administração central, desprovida de ministros, estava completamente sujeita aos ditames de um *Reichskommissar*. A Bélgica, como os Países Baixos, tinha uma administração central sem nenhuma direção política, exceto a fornecida por um governador militar alemão. Na França, o armistício marcou o estabelecimento de um regime satélite que dispunha de relações diplomáticas com o mundo externo e mantinha forças armadas em porções não ocupadas da área metropolitana e em possessões além-mar. A jurisdição francesa, porém, estava sujeita a ordens prioritárias de um governo militar alemão no território ocupado e à pressão militar e diplomática na zona não ocupada. No final de 1942, a zona livre também foi ocupada. Agora, só a Itália permanecia plenamente independente em política e ação e, depois da queda italiana de 1943, o poder alemão também passou a ser aplicado ali.

De modo geral, o grau da vulnerabilidade judaica em um território ocidental variava com o grau de controle alemão exercido nele. Assim, vemos que os judeus dos Países Baixos viviam o maior risco, enquanto os judeus da Itália ficaram por mais tempo na posição mais segura. Essas diferenças geográficas em vulnerabilidade podem ser vistas nas porcentagens de sobreviventes: a mais baixa, sem dúvida, nos Países Baixos; a mais elevada, com toda probabilidade, na Itália. Em alguma

---

49 Best ao Departamento de Relações Exteriores, 18 de outubro de 1943, NG-5092.

medida, o padrão de vulnerabilidade refletia-se também na fuga dos judeus para o sul, dos Países Baixos para a Bélgica, da Bélgica e de Luxemburgo para o norte da França, do norte da França para o sul da França e – dentro da área do sul da França – das províncias controladas pelos alemães para as regiões dominadas pelos italianos.

Dentro de cada país do arco ocidental havia também uma diferença na vulnerabilidade dos judeus que residiam no local há muito tempo e dos que tinham chegado mais recentemente. As áreas ocidentais tinham populações judaicas estabelecidas há muito tempo, totalmente assimiladas e completamente integradas, que residiam em suas casas há séculos. Mas os estados ocidentais também abrigavam um número bastante alto de recém-chegados, não assimilados e frequentemente apátridas que haviam emigrado da Polônia e da Alemanha no período entre as duas guerras. Esses imigrantes (que representavam cerca de 40% da população judaica) eram mais vulneráveis à ação antijudaica do que o segmento estabelecido. Os novos judeus tendiam a ser escoados nos primeiros transportes de deportação.

Muitos fatores contribuíram para essa situação. Os refugiados eram pobres, sozinhos e conspícuos. Acima de tudo, eles tinham muito pouca proteção. As autoridades ocidentais locais tendiam, de algum modo, a defender e proteger com menos fervor e menos determinação os judeus recém-chegados do que as comunidades judaicas antigas, bem-estabelecidas e completamente assimiladas. Na França, os imigrantes judeus foram sacrificados em uma tentativa de salvar os judeus já assimilados.

Portanto, vemos que as operações no oeste foram marcadas por variações em seu efeito destrutivo. Os alemães só podiam contar com dano máximo onde o poder e a força eram completamente seus. Onde os alemães precisavam de ajuda de fontes locais, os judeus nativos tornaram-se imunes. No quadro operacional geral, a persistência dessas variações demonstrava algo menos do que o sucesso completo. Ainda assim, os alemães conseguiram infligir terríveis ferimentos, em tamanho e profundidade, nas comunidades judaicas ocidentais.

Países Baixos

Nos Países Baixos, os judeus foram destruídos com um alcance comparável ao incansável processo de desenraizamento do próprio Reich. Desde o princípio, os judeus holandeses estavam vulneráveis por causa de sua posição geográfica. O terreno dos Países Baixos é plano e, exceto pelos mangues nas regiões costeiras, não existem grandes florestas ou outros esconderijos naturais. Ao leste, o país fazia fronteira com o Reich; ao sul, com a Bélgica ocupada; e ao norte e oeste, com o mar aberto. A comunidade judaica de cerca de 140 mil pessoas estava estabelecida principalmente nas províncias costeiras da Holanda do Norte e da Holanda do Sul, e o padrão desse assentamento era predominantemente urbano, com 80 mil judeus apenas em Amsterdã. Era como se os judeus holandeses já vivessem em uma armadilha.

Um segundo fator catastrófico na situação dos judeus foi a eficiência da administração alemã nos Países Baixos. O escritório do *Reichskommissar* era um órgão não apenas investido com poder absoluto, mas preparado para exercer seu poder com extrema crueldade e eficiência. Diversas personalidades austríacas ficaram no comando dessa máquina de destruição: *Reichskommissar* Seyss-Inquart; o *Generalkommissar* para administração, Wimmer; o *Generalkommissar* para assuntos econômicos, Fischböck; e o chefe da polícia e da ss *Brigadeführer* (depois *Obergruppenführer*) Rauter. O ministro da Propaganda, Goebbels, já havia dito, admirando os austríacos, que seu treinamento com os Habsburgo os havia dotado com habilidades especiais no tratamento de povos subjugados.[1]

Ao contrário da Noruega, os Países Baixos não tinham um regime-fantoche; o governo holandês havia deixado para trás secretários gerais nos ministérios e eles continuaram a operar a burocracia holandesa e se reuniram frequentemente entre 1940 e outubro de 1942. Eles tentavam manter a estabilidade sem se identificar com as metas alemãs, mas nesse difícil papel, foram mais flexíveis do que rebeldes.[2]

O *Reichskommissar* não perdeu tempo para começar o processo de destruição nos Países Baixos. Como o próprio Seyss-Inquart afirmou, ele agiu não devido a instruções de Berlim, mas por sua própria iniciativa.[3] Como um jurista, ele talvez não fosse totalmente sem escrúpulos ao agir de modo totalmente contrário à lei internacional, mas ele raciocinava que o armistício firmado com os Países Baixos não se aplicava ao eterno inimigo da Alemanha, os judeus. "Os judeus, para nós", disse ele, "não são holandeses. Eles são aqueles inimigos com quem não podemos chegar nem a um armistício nem à paz".[4]

No final de agosto de 1940, o *Generalkommissar* Wimmer instruiu os grupos de secretários gerais holandeses a "verificar" que não houvesse atribuições de serviço público nem promoções de pessoas que tivessem "sangue judeu". Depois de

1 Lochner, *Goebbels Diaries*, entrada de 8 de setembro de 1943, p. 426.

2 Ver Gerhard Hirschfeld, *Fremdherrschaft und Kollaboration* (Stuttgart, 1984), pp. 86-100.

3 Depoimento de Seyss-Inquart, *Trial of the Major War Criminals*, xv, 666.

4 Seyss-Inquart, "Four Years in Holland," 1944, ps-3430.

alguma discussão, o presidente dos secretários gerais, A. M. Snouck Hurgronje, e o secretário geral do interior, K. J. Frederiks, responderam a Wimmer que "no momento" não fariam promoções. Frederiks então perguntou como se deveria definir o sangue judeu e lhe disseram que a estipulação se aplicava a qualquer pessoa que tivesse um avô ou avó judeus. Em 1º de outubro, Frederiks deu ordem às autoridades provinciais para que deixassem de nomear pessoas que se enquadrassem nesse perfil. Para descobrir quem era judeu ou meio-judeu no setor público, o Ministério do Interior holandês emitiu uma circular aos órgãos provinciais e locais exigindo que todos os funcionários públicos e empregados preenchessem formulários com informações sobre a ascendência judia. A pesquisa mal tinha sido iniciada quando Snouck Hurgronje informou seus colegas, em 5 de outubro, sobre uma ordem alemã para que todos os judeus fossem afastados do serviço público. Os secretários gerais holandeses responderam a Seyss-Inquart, em 25 de novembro, que essa medida lhes parecia repugnante, mas que eles a cumpririam lealmente, pois a consideravam como uma ação provisória tomada para a manutenção da ordem e da segurança. Um total de 2.092 pessoas identificadas como judias ou meio-judias nos questionários estavam sujeitas à demissão. Não houve repercussões.[5]

Como no caso da Alemanha, também o movimento contra os não arianos no serviço público holandês seria seguido por uma definição do termo "judeu" com propósitos mais amplos em mente. Decretada em 22 de outubro de 1940, a formulação seguia o princípio de Nuremberg em todos os aspectos.[6]

A única mudança era a data a partir da qual os meio-judeus tinham de estar livres da adesão à religião judaica ou do casamento a um cônjuge judeu a fim de

---

5 Hirschfeld, *Fremdherrschaft*, pp. 90-91 e notas de rodapé nas pp. 245-46. Jacob Presser, *The Destruction of the Dutch Jews* (Nova York, 1969), pp. 16-33. O secretário geral para assuntos econômicos, Hans Max Hirschfeld, foi identificado como meio-judeu pela Polícia de Segurança. Relatório especial do BDS para 1942, p. 71, T 175, rolo 670. Louis De Jong identifica o pai de Hirschfeld como judeu e a mãe como protestante. Ver seu *Het Koninkrijk der Nederlanden in de tweede wereldoorlog* ('s-Gravenhage, 1969-82), vol. 4, pt. 1 (1972), pp. 150-53. Hirschfeld, que nasceu em Bremen e foi batizado como protestante, ganhou considerável experiência em negócios bancários e em comércio exterior antes da guerra. Ele tinha sido condecorado pelos alemães em 1939 e, diz-se que, abominava qualquer resistência ao domínio alemão durante a ocupação. Intocado, ele permaneceu no cargo. Nanda van der Zee, *"Um Schlimmeres zu verhindern..."* (Munique e Viena, 1999), pp. 203-4.
6 *Verordungsblatt für die besetzten niederländischen Gebiete*, 1940, p. 33.

serem excluídos das fileiras das vítimas judias. No Reich, a data-limite era 16 de setembro de 1935 (isto é, o dia anterior à publicação do decreto de Nuremberg), enquanto nos Países Baixos essa data era 9 de maio de 1940 (o dia que precedera o início da campanha ocidental). De modo geral, então, o decreto de definição era uma medida ortodoxa.

De modo similar, o processo de destruição econômica nos Países Baixos seguiu, em sua quase totalidade, o padrão alemão, desde as demissões de cargos e empregos até a limitação das atividades profissionais dos judeus. Só no campo das arianizações é que o padrão diferiu do usado no Reich, mas mesmo aqui os problemas de arianização não foram diferentes dos do *Protektorat*. Tanto os Países Baixos quando o *Protektorat* eram áreas em que as empresas alemãs estavam interessadas nas propriedades dos judeus, não apenas por si mesmas mas também como uma alavanca a ser usada contra concentrações industriais locais. Além do mais, os Países Baixos e a Boêmia-Morávia eram ambos lugares em que as empresas alemãs, lideradas por bancos, podiam realizar o jogo da aquisição relativamente livres de orientações oficiais e de interferência burocrática. Por fim, as transações holandesas e tchecas eram caracterizadas, pelo menos em alguns casos principais, pelas mesmas características de assentamento, em especial a concessão de permissões de saída.

Em termos econômicos, os judeus holandeses não eram uma comunidade próspera. Durante os anos de depressão, ela se tornou especialmente vulnerável ao encolhimento do comércio internacional. Em 1937, uma pesquisa entre os judeus de Amsterdã revelou que 69% dos respondentes ganhavam menos de mil florins (cerca de 530 dólares) por ano e que 50% ganhavam menos de quinhentos florins. Em Haia, 72% tinham uma renda de menos de mil florins.[7] A partir de março de 1941, 20.900 empresas nos Países Baixos foram classificadas como judias,[8] mas quase todas eram muito pequenas. Só uma parcela insignificante do investi-

---

7 Estatísticas em Bob Moore, *Victims and Survivors – The Nazi Persecution of the Jews in the Netherlands, 1940-1945* (Londres, 1997), pp. 26-28. Moore observa que, em 1935, cerca de metade dos cortadores de diamante e polidores qualificados judeus estavam desempregados. A situação era similar para os vendedores ambulantes e para os proprietários de baias nos mercados. Jos Scheren, "Aryanization, Market Vendors, and Peddlers in Amsterdam," *Holocaust and Genocide Studies* 14 (2000), pp. 415-29, na p. 416.

8 *Armament Inspectorate* Niederlande/Z/WS para OKW/Wi Rü, 11 de março de 1941, WI/IA 5. 12. *Die Judenfrage*, 15 de maio de 1942, p. 101.

mento de capital judeu representava *holdings* em grandes indústrias, e os alemães não puderam achar nenhuma influência judia nas maiores empresas, como a Unilever, Shell ou Phillips.[9] As instituições financeiras também eram principalmente não judias. Dos 25 bancos principais dos Países Baixos, apenas três parecem ter estado em mãos judias.[10] Cerca de 40% do investimento judeu estava concentrado em imóveis e o grosso estava espalhado em uma miríade de empresas no ramo de distribuição, tanto atacadista quanto varejista, incluindo quatro grandes lojas de departamento.[11] Ainda assim, os alemães estavam interessados em cada empresa judia, em cada ação judia, em cada título mobiliário judeu e em cada propriedade judia, pois não se podia saber quando uma minoria judia em uma empresa ou em um mercado poderia ser combinado com uma minoria alemã para resultar em controle.[12]

Os Países Baixos eram um mercado amplo e aberto e, em poucos meses, foram dominados por uma falange de empresários alemães em busca de oportunidades para penetração de capital. Entre as empresas com representantes nos Países Baixos estavam Siemens; Brown, Boverie et Cie; Schering A. G.; Rheinmetall-Borsig A. G.; Vereinigte Papierfabriken, Nuremberg; Reiwinkel K. G. Berlim; e

---

9 Von Jagwitz (Ministério da Economia) para *Ministerialdirektoren* Wichl (Departamento de Relações Exteriores), Gramsch (Plano Quadrienal), Berger (Ministério das Finanças), dr. Merkel (Ministério de Alimentos e Agricultura), RR dr. Diesselberg (Chancelaria do Partido), *Reichsbankdirektor* Wilhelm (*Reichsbank*), *Amtsleiter* Schwarz (AO), *MinRat* von Boekh (*Generalkommissariat* de Finanças e Economia, Holanda), *Reichsbankdirektor* Bühler (*Trustee*, Nied. Bank) e KVC Schlumprecht (MB Belg-NFr), 7 de outubro de 1941, encaminhando relatório da conferência interministerial de 23 de setembro de 1941, sobre a penetração do capital nos Países Baixos e na Bélgica, NI-10698.

10 Warburg & Co.; Lippmann, Rosenthal, & Co.; e Hugo Kaufmanns Bank. Relatório de Wohlthat (Plano quadrienal), 9 de dezembro de 1940, EC-465.

11 Relatório do governo holandês, 16 de outubro de 1945, PS-1726. *Die Judenfrage,* 15 de maio de 1942, p. 101. Os quatro maiores estabelecimentos varejistas eram Bijenkorf; Gebr. Gerzon; N. V. Hirsch & Co.; e Maison de Bonneterie. Relatório da conferência interministerial, 23 de setembro de 1941, NI-10698.

12 As arianizações representaram cerca de metade de todas as penetrações de capital (*Kapitalverflechtungen*) nos Países Baixos. Testemunho juramentado do dr. Robert Hobirk (Dresdner Bank, especialista em substituibilidade de capitais), 12 de novembro de 1947, NI-13647. As maiores aquisições diretas além disso, envolveram compras de empresas judaicas, mais do que holandesas. Rademacher para Luther, 22 de novembro de 1941, NI-8853.

muitas outras.[13] Para reunir compradores e vendedores, os bancos alemães foram para os Países Baixos e abriram filiais. A instituição financeira mais importante na arianização das empresas holandesas foi o Dresdner Bank; sua subsidiária nos Países Baixos era o Handelstrust West.[14]

Depois de alguns meses de "arianizações voluntárias" sem impedimentos, o *Reichskommissar* interferiu para assentar as bases de uma regulamentação burocrática do processo de arianização. A função do *Reichskommissar* era difícil: em sentido amplo, ele tinha de proteger os interesses alemães diante dos judeus e holandeses. Assim, a identificação e o registro de empresas tendiam a frustrar a camuflagem judaica, a obrigatoriedade de aprovação oficial das transações era um instrumento para eliminar as empresas holandesas interessadas, a indicação (sempre que necessário) de administradores judiciais responsáveis pelo patrimônio podia apressar o processo, e o depósito compulsório dos títulos judaicos garantia aos investidores alemães uma oportunidade de penetrar em diversas empresas holandesas.

Ao mesmo tempo, porém, o *Reichskommissar* também tinha de preservar um interesse mais estreito, pois tinha de proteger as pretensões do Estado diante dos interesses do setor empresarial alemão. Em última análise, os vendedores judeus estavam atuando como agentes do Estado, pois quanto menos recebessem por suas propriedades, menos poderia ser confiscado deles no final. Assim, ao tentar usar o mecanismo regulatório não só para ajudar as empresas alemãs mas também para supervisionar suas atividades, o *Reichskommissar* enfrentava uma tarefa quase impossível, pois embora os empresários alemães estivessem prontos a aceitar a ajuda oficial, eles estavam bem menos dispostos a se submeter ao controle oficial.

Em 22 de outubro de 1940, foi emitido o primeiro decreto.[15] Ele tratava do registro das empresas e da aprovação das transações. Para a aplicação dessas me-

---

13 Rinn (Dresdner Bank, diretor encarregado da Divisão de Valores Mobiliários) para Rasche, 13 de março de 1942, NI-8863. Testemunho juramentado do Dr. Robert Hobirk, 2 de outubro de 1947, NI-13743.

14 Rienecker (Handelstrust West) para Dr. Rasche (Dresdner Bank), 9 de dezembro de 1940, NI--13416. Plano de organização do Handelstrust West (assinado Stockburger), 28 de março de 1941, NI-8864. O próprio Dresdner Bank também era um comprador de títulos judaicos. Ver reunião de Vorstand, 11 de junho de 1942, NI-14841.

15 *Verordnungsblatt für die besetzten niederländischen Gebiete*, 1940, p. 33.

didas, o *Reichskommissar* criou um novo órgão, o *Wirtschaftsprüfstelle.* Esse órgão, coordenado por um burocrata do Departamento de Relações Exteriores, Konsul Kühn,[16] logo se viu em dificuldades. Nem é preciso dizer que, para tomar as decisões de aprovar o preço e o comprador nas transações propostas, o *Wirtschaftsprüfstelle* tinha de levar em conta o "trabalho preparatório" feito pelos bancos. Mas isso não era tudo. Um outro órgão foi criado com funções muito similares no *Generalkommissariat* para Questões Econômicas e de Finanças, onde era dirigido por um triunvirato formado pelo dr. Mojert (Deutsche Bank), dr. Ansmann (Dresdner Bank) e dr. Holz (*Reichskreditgesellschaft*).[17] As funções do departamento de Mojert compreendiam a aprovação de todas as transações que excediam o valor de 100 mil florins e a venda de todos os títulos judaicos.[18] Como notou um observador alemão, os dois órgãos estavam envolvidos em uma certa "duplicação" de funções (*Nebeneinanderarbeiten*).[19] Em resumo, os empresários haviam realmente conseguido neutralizar o poder do *Wirtschaftsprüfstelle* ao criar seu próprio órgão bem na administração central do *Reichskommissar.*

Uma empresa judaica na Holanda estava exposta, como no Reich, a três destinos: liquidação, "arianização voluntária", ou arianização realizada por uma administração judicial. Como uma questão de política geral, as pequenas empresas deviam ser "sangradas" por meio da interrupção de seu suprimento de mercadorias.[20] O efeito desse sangramento poderia ser a morte da empresa. A liquidação foi o destino de cerca de 10 mil empresas judaicas nos Países Baixos.[21] As empresas classificadas como judaicas em função apenas da presença de uma minoria de judeus no conselho diretor ou na administração eram incentivadas a remover a "influência judaica" por meio de "autoarianização", que aconteceu em 8 mil em-

---

16 Memorando de Dellschow (Handelstrust West), 23 de outubro de 1940, NI- 13415. Rienecker para dr. Rasche, Bardroff, dr. Hobirk, Dellschow, dr. Entzian (todos do Dresdner Bank), 5 de março de 1941, NI-8866. Nota de Dellschow, 17 de março de 1941, NI-13418.

17 Rienecker para Rasche e outros executivos do Dresdner Bank, 5 de março de 1941, NI-8866.

18 Testemunho juramentado do dr. Robert Hobirk, 12 de novembro de 1947, NI-13647, Handelstrust West para *Generalkommissariat*, aos cuidados do dr. Pfeffer, 16 de março de 1942, NI-8929, 100.000 florins = RM 132.000 = 53.000 dólares.

19 Nota em arquivo, Handelstrust West, 2 de abril de 1941, NI-13398.

20 Armament Inspectorate Niederlande/z/ws para OKW/Wi Rü, 11 de fevereiro de 1941, WI/IA 5. 12.

21 Relatório do governo holandês, 16 de outubro de 1945, PS-1726.

presas.[22] As empresas restantes, consistindo em um núcleo de cerca de 3 mil empresas judaicas cuja capacidade produtiva era adequada para aquisição, foram submetidas a um exame com vistas à possível instalação de *trustees*.

Um administrador judicial tinha o poder para agir com completa liberdade diante dos proprietários. Ele podia vender a empresa a um comprador, dependendo apenas da permissão dos dois órgãos que tinham jurisdição para aprovar as transações: o *Wirtschaftsprüfstelle* e o *Generalkommissariat*. E quem controlava os administradores judiciais? Uma pista pode ser encontrada em um relatório do Handelstrust West para sua instituição controladora, o Dresdner Bank. Segundo esse relatório, o Handelstrust West aconselhava os clientes que estivessem interessados em empresas judaicas a que indicassem nomes de possíveis administradores judiciais, incluindo recomendações do partido e da Câmara de Comércio competente, ao *Wirtschaftsprüfstelle* de Konsul Kühn.[23] Em outras palavras, a escolha inicial de um administrador judicial estava nas mãos das mesmas pessoas a quem ele iria vender a propriedade. De novo, esse era um procedimento que havia sido aplicado no Reich e no *Protektorat*.[24]

O último estágio do processo de arianização, o depósito de títulos, foi ordenado em agosto de 1941. O depositário foi um banco judaico liquidado (Lippmann-Rosenthal) que havia sido encampado pelo *Reichskommissar*. Contudo, o órgão que controlava a venda dos títulos era o já mencionado *Generalkommissariat* responsável pelos bancos. Para obter uma parte dos papéis para um cliente, o banco interessado só precisava solicitar a um oficial do *Kommissariat* que desse a ordem ao Lippmann-Rosenthal para liberar os títulos para venda.[25]

---

22 *Die Judenfrage*, 15 de maio de 1942, p. 101.

23 Handelstrust West para Dresdner Bank/Syndicate Division, 22 de março de 1941, NI-10617.

24 Os investidores alemães nos Países Baixos também contavam com os serviços do *Niederländische Aktiengesellschaft für die Abwicklung von Unternehmungen* (NAGU). O NAGU tinha sido estabelecido por três empresas de contabilidade (inclusive a Treuhandvereinigung A. G., de propriedade de diretores do Dresdner Bank). Testemunho juramentado do dr. Hans Pilder (Vorstand, Dresdner Bank), 2 de outubro de 1947, NI-13738; Handelstrust West N. V. (assinado Knobloch e Dellschow) para Dresdner Bank/Auslandssekretariat S, 29 de março de 1941, NI-13758.

25 Os bancos holandeses participaram nesse negócio. Porém, a subsidiária do Dresdner Bank, Handelstrust West, ficou com a parte do leão. Nota em arquivo, Handelstrust West, sem data, NI-13754; testemunho juramentado do dr. Walter von Karger (gerente alemão do

Faltam estatísticas para determinar exatamente quanto os investidores alemães lucraram ao embolsar a diferença entre o preço de compra e o valor real. Podemos supor que o total tenha atingido centenas de milhões de florins.[26]

Os judeus nos Países Baixos tiveram poucas oportunidades de gastar dinheiro antes que a máquina de destruição se fechasse sobre eles. Em agosto de 1941, todos os bens judaicos, incluindo depósitos em banco, dinheiro, indenizações, títulos e objetos de valor, foram bloqueados tendo em vista o confisco final. Um máximo de apenas 250 florins por mês estava disponível a cada proprietário judeu para uso particular.[27]

No entanto, houve momentos em que os mais abastados tiveram uma chance de salvar a vida e, em alguns casos, salvar também uma parte de sua riqueza. Por exemplo, no início da ocupação, quando a Alemanha ainda estava aguardando a conclusão dos tratados de paz com os países ocidentais, a emigração e até mesmo algumas alocações de moeda estrangeira ainda não eram totalmente impossíveis.[28] Durante a fase inicial das arianizações, o proprietário de uma das principais lojas de varejo, Reveillon, conseguiu obter um parecer simpático a seu pedido para emigrar com alguma moeda estrangeira.[29] Esse caso não foi o único.

Lippmann-Rosenthal), 24 de setembro de 1947, NI-13904. O próprio Dresdner Bank comprou títulos judaicos, reunião de Vorstand, Dresdner Bank, 11 de agosto de 1941, NI-14798.

26 No total, o *Reichskommissariat* confiscou 400 milhões de florins dos judeus. Depoimento de Seyss-Inquart, *Trial of the Major War Criminals*, XVI, pp. 65-66. As poucas transações individuais à nossa disposição revelam não só que os judeus aceitavam vender suas propriedades por menos do que valiam, mas que muitas vezes o recurso de pagamento a longo prazo reduzia ainda mais o pagamento efetivo. Assim, se uma empresa que valia 100 mil florins era vendida por 50 mil florins com a cláusula de que o pagamento seria feito em dez prestações anuais iguais, não mais do que cerca de 10 mil florins (um décimo do valor) podem ter sido realmente recebidos.

27 O órgão encarregado do bloqueio era Lippmann-Rosenthal. Testemunho juramentado do dr. Walter von Karger, 24 de setembro de 1947, NI-13904.

28 Memorando de Stiller (Dresdner Bank), 13 de fevereiro de 1941, NI-9915. Memorando de Knobloch (Handelstrust West), 5 de maio de 1941, NI-13771. BdS Niederlande a *Generalkommissariat* para Economia e Finanças, 14 de dezembro de 1942, NI-13768. Handelstrust West para *Kammergerichtsrat* dr. Schröder (*Reichskommissar*/Divisão de Propriedades do Inimigo) 21 de julho de 1942, NI-13770.

29 Dellschow (Handelstrust West) para Dr. Rasche, Dr. Entzian e Kühnen (todos do Dresdner Bank), 21 de dezembro de 1940, NI-13748. Reiwinkel K. G.—Das Haus für Geschenke (comprador)

Três refugiados da Alemanha, dr. Lippmann Bloch, dr. Albert Bloch e Karl Ginsberg, donos da Nord Europeesche Erts- en Pyriet Maatschappij N. V. (NEEP), uma empresa de comércio de minerais em Amsterdã, conseguiram deixar os Países Baixos em 1940 sem abrir mão do controle da empresa. Os dois Blochs conseguiram fazer isso porque eram cidadãos de Liechtenstein. Durante toda a ocupação, a empresa foi operada por um diretor holandês e dois agentes (*Prokuristen*), um dos quais era o cônsul suíço. (A Suíça cuidava dos assuntos externos de Liechtenstein.) Além disso, a empresa conseguiu pagar salários a seus empregados judeus que estavam escondidos. A única perda que os proprietários tiveram durante o período de ocupação foi a renúncia, sob pressão do Handelstrust West, da participação da empresa em um empreendimento de mineração grego. A participação foi comprada por um pagamento simbólico por Krupp.[30]

Um outro caso foi o da família Gerzon que possuía a Gebr. Gerzon Modemagazijnen N. V. Amsterdam, uma das maiores lojas de departamentos nos Países Baixos e que firmou um contrato com Helmut Horten, dono da Warenhaus Helmut Horten K. G. Duisburg, para a venda de sua empresa em troca de 100 mil dólares e permissões de saída. (Os 100 mil dólares representavam cerca de 10% do valor real.) As permissões de saída, pelo que parece, não foram totalmente concedidas, pois pelo menos um dos diretores passou o resto do período de ocupação em um campo de concentração.[31]

Em 1941, quando as perspectivas de acordos de paz estavam começando a diminuir, a emigração ficou mais difícil. Agora, os judeus que conseguissem

---

a von Richter (Dresdner Bank), 9 de outubro de 1941, NI-3948. O destino final do proprietário da Reveillon não é indicado.

30 Depoimento de Karl Ernst Panofsky (*Generaldirektor* da empresa após a guerra), 6 de novembro de 1947, NI-12694. Depoimento de Beelaerts van Blockland (diretor holandês durante a ocupação), 6 de novembro de 1947, NI-12694. Handelstrust West N. V. (assinado por Knobloch e Dellschow) à diretoria do NEEP, 29 de outubro de 1941, NI-12695. Testemunho juramentado de Blockland, 9 de fevereiro de 1948, NI-14879.

31 Testemunho juramentado de Arthur Marx (membro da família Gerzon), 24 de setembro de 1947, NI-13751. Resumo da reunião entre Marx, Worst, Horten, Dr. Hobirk e Bardroff, 10 de outubro de 1941, NI-13773. Handelstrust West para o dr. Schröder, 21 de julho de 1942, NI-13770.

escapar, mesmo sem nenhum dinheiro, podiam se considerar afortunados.[32] No verão de 1941, foram realizadas reuniões a respeito de um projeto que um executivo do Dresdner Bank chamou de "sequestro de judeus holandeses contra o pagamento de um resgate em francos suíços [*Auslösung holländischer Juden gegen Zahlung einer Busse in Schweiz. Francs*]".[33] Em outras palavras, em vez de receber parte de seu lucro em moeda estrangeira, os emigrantes em potencial agora tinham de aumentar os despojos alemães, fazendo retiradas das contas ou do crédito que possuíssem nos países neutros. Inicialmente, o valor da "multa" foi fixado em 20 mil francos suíços por família;[34] mais tarde a exigência foi elevada para 50 mil francos e, com o início das deportações, para 100 mil francos.[35] Em 28 de outubro de 1942, o Handelstrust West informou a um cliente que "o total de cem mil francos suíços que mencionou certamente não será suficiente para a partida de toda a família".[36] A sobrevivência

---

32 L. Keesing, sobre a tentativa dos Rothschild para garantir a emigração dos Países Baixos para dez membros da família em troca de um contrato de vendas com pagamento em 180 prestações mensais (quinze anos). Memorando de Stiller (Dresdner Bank), 3 de fevereiro de 1941, NI-9915; I. Correspondência de Keesing com Handelstrust West em NI-9916.

33 Entzian para Stiller, 8 de agosto de 1941, NI-9914.

34 Dresdner Bank ao Ministério da Economia, aos cuidados de RR Meck, 5 de agosto de 1941, NI-8928. Entzian para Stiller, 8 de agosto de 1941, NI-9914.

35 RSHA para Himmler, 24 de novembro de 1942, NO-2408.

36 Handelstrust West N. V. para D. J. I. van den Oever, 28 de outubro de 1942, NI-14818. Até novembro de 1942, apenas oito permissões envolvendo 36 judeus tinham sido concedidas pela RSHA. Os pagamentos dessas autorizações totalizaram 1.290.000 francos suíços, mais algumas concessões adicionais. RSHA para Himmler, 24 de novembro de 1942, NO-2408. O dinheiro aparentemente foi retido pela ss e pela polícia para seus próprios propósitos. Foi feita uma tentativa para ampliar o esquema. Assim, foi proposto que os bancos suíços fizessem um adiantamento de 5 milhões de francos para liberar quinhentos judeus; o pagamento do empréstimo seria garantido pelo governo holandês no exílio. Os britânicos recusaram-se indignados a considerar a proposta. Departamento de Relações Exteriores Britânico/Divisão de Imprensa/Serviço Especial para Notícias Políticas/PXII, *Bulletin*, 25 de novembro de 1942, NG-3379. *Gruppenführer* Berger do Escritório Principal da ss, que precisava de 30 milhões de pengö húngaros para recrutamento de homens da Waffen-ss na Hungria, quis introduzir o método holandês na Eslováquia. Assim, os judeus eslovacos que tinham pengö poderiam comprar sua liberdade por quantias adequadas. RSHA para Himmler, 24 de novembro de 1942, NO-2408. Esses esquemas de resgate se espalharam depois da Eslováquia para a Hungria. Eles não tiveram muito sucesso por causa da oposição britânica.

havia se tornado cara nos Países Baixos. Conforme as deportações se aproximavam, apenas um punhado de judeus podia comprar sua vida dessa maneira.

O processo de arianização afetou toda a comunidade judaica. Os ricos ficaram pobres, os lojistas caíram a um nível de subsistência e milhares de trabalhadores judeus que tinham perdido o emprego foram levados pela *Werkverruiming*, um órgão do Ministério do Bem-Estar Holandês, para trabalhar segregados em fábricas ou em projetos ao ar livre.[37]

Enquanto o sistema econômico alemão nos Países Baixos empobrecia gradualmente os judeus, a máquina da ss e da polícia estava se preparando para a remoção total dos judeus para os centros de extermínio no leste. As autoridades que foram as principais responsáveis por esse estágio das operações são listadas na Tabela 8.12. Dois desses homens eram veteranos experientes das ações antijudaicas na Europa Oriental. O *Brigadeführer* Erich Naumann, que assumiu o comando da Polícia de Segurança nos Países Baixos em setembro de 1943, tinha servido anteriormente como comandante do *Einsatzgruppe B* na Rússia. Seu sucessor, Schöngarth, chegou aos Países Baixos em junho de 1944, depois de uma ampla experiência como bds no *Generalgouvernement*.[38] Na primavera de 1943,

TABELA 8.12 Máquina de deportação da ss e da polícia nos Países Baixos

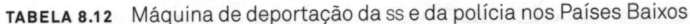
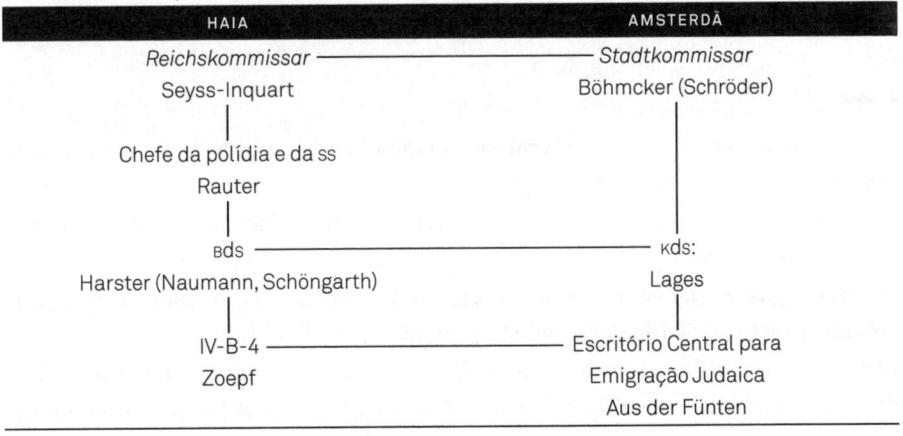

HAIA	AMSTERDÃ
Reichskommissar Seyss-Inquart	*Stadtkommissar* Böhmcker (Schröder)
Chefe da polídia e da ss Rauter	
bds Harster (Naumann, Schöngarth)	кds: Lages
IV-B-4 Zoepf	Escritório Central para Emigração Judaica Aus der Fünten

37 Relatório do governo holandês, 16 de outubro de 1945, ps-1726. Chefe da polícia e da ss Rauter para Himmler, 24 de setembro de 1942, em *Nederland in Oorlogstijd*, março de 1949, p. 7.

38 Böhmcker (ver Tabela 8.12) tinha funções não só em Amsterdã. Ele era o assistente de Seyss-Inquart para as deportações em todos os Países Baixos. Depoimento de Seyss-Inquart, *Trial of the Major War Criminals*, xvi, 3.

a força total da Polícia de Segurança nos Países Baixos era de 487 homens.[39] O Escritório Central da Emigração Judaica operava com uma equipe de vinte alemães e cem empregados holandeses.[40] O Chefe da ORPO, Daluege, relatou que tinha 3.079 homens nos Países Baixos e que a polícia holandesa tinha 12.886 homens.[41]

O primeiro passo para prender os judeus em uma malha fina de identificação e controle de movimentos foi um decreto assinado por Seyss-Inquart em 10 de janeiro de 1941, que tratava do registro das vítimas.[42] O decreto continha um aspecto interessante, embora tenha permanecido sem importância decisiva: não só os judeus eram obrigados a se registrar, mas também todas as pessoas com um dos avós judeus. O total de registros mostrou que havia 140 mil judeus e 20 mil *Mischlinge*.[43]

No escritório do presidente da polícia de Haia, uma divisão genealógica (*Genealogische Afdesling,* ou GA) mantinha um arquivo de cartões cor-de-rosa com todos os registros *Mischling*.[44] O homem encarregado do arquivo, o holandês *ss-Untersturmführer* tenente Cate, tinha certeza de que os 20 mil *Mischling* registrados representavam apenas uma fração de todas as pessoas nos Países Baixos que tinham "sangue" estrangeiro ou misturado. Ele queria criar um índice de cartões de 300 mil registros dessas pessoas e tinha reclamado que já dois holandeses da ss com nomes judaicos tinham sido mortos em ação e que seus nomes estavam sendo lidos com os

---

39 Compilação numérica de pessoal civil em áreas fora do Reich, primavera de 1943, Zentralarchiv Potsdam, Collection 07.01 Reichskanzlei, Pasta 3511.

40 Johannes Houwink ten Cate, "An Evaluation of Dutch Archival Findings Related to the Shoah," em Centre de documentation Juive contemporaine, *Les archives de la Shoah* (Paris, 1998), p. 472.

41 Daluege para Wolff, 28 de fevereiro de 1943, 1º de fevereiro de 1943, NO-2861. Sobre a polícia holandesa, ver Hirschfeld, *Fremdherrschaft,* pp. 105-16.

42 *Verordnungsblatt für die besetzten niederländischen Gebiete,* 1941, pt 2, p. 19. A aplicação da medida estava nas mãos do secretário geral holandês do Interior, Frederiks. Sobre os secretários gerais holandeses, ver depoimento de Hans Max Hirschfeld (secretário geral de Economia e Agricultura), *Trial of the Major War Criminals,* XVI, pp. 210-11.

43 Presser, *Destruction of the Dutch Jews,* pp. 33-39. Relatório do governo holandês, 16 de outubro de 1945, PS-1726.

44 *Ostubaf.* Ispert para Rauter, cópias para *Stubaf.* Aust e *Stubaf.* Osiander do RUSHA, 25 de fevereiro de 1944, NO-4038. Relatório de *UStuf.* dr. Grotefend (encarregado das *Ahnentafeln,* ou mapas de ancestrais), 23 de agosto de 1944, NO-3807.

nomes de heróis arianos nas cerimônias oficiais.[45] O *Untersturmführer* tenente Cate, que estava decidido a "capturar" em seus arquivos "a totalidade do sangue *Mischling*" (*sämtliches Mischlingsblut*) nos Países Baixos, realizou sua tarefa até setembro de 1944, quando desertou repentinamente da SS e de seus cartões.[46]

O segundo passo da administração alemã seguiu de perto da ordem de registro. Foi estabelecido um conselho judaico. Os judeus holandeses não tinham desenvolvido uma organização central abrangente até o final de 1940, quando foi fundado um Comitê Coordenador, com o recém-suspenso presidente do tribunal superior dos Países Baixos, Lodewijk Ernst Visser, na direção. Esse comitê existia há apenas alguns meses quando o *Stadtkommissar* Böhmcker, de Amsterdã, convocou dois rabinos e um comerciante de diamantes, Abraham Asscher (então servindo como presidente dos judeus asquenazes), e lhes disse para criar uma *Joodsche Raad* para a cidade. Asscher aproximou-se de um professor de estudos clássicos, David Cohen, e ambos se tornaram copresidentes do novo órgão, mas Cohen foi *de facto* o presidente executivo na condução dos assuntos cotidianos.[47] O *Joodsche Raad* de Amsterdã começou com vinte membros, que incluíam rabinos, advogados e homens que eram importantes na comunidade. Alguns eram sionistas, entre eles o próprio Cohen.[48] Tanto Asscher quanto Cohen eram experientes na arte dos trâmites políticos e falavam alemão fluentemente, mas eles e o conselho como um todo estavam distantes dos judeus pobres, que eram antigos integrantes da comunidade judaica holandesa e que representavam metade da população judaica em Amsterdã.[49]

Não demorou para o conselho, em busca de poder, entrar em atrito com o Comitê Coordenador, e uma correspondência tensa foi mantida entre Visser e Cohen. Em certo ponto, Cohen escreveu que, em todas as épocas, havia dois tipos de pessoas que abriam caminho para o futuro, os revolucionários teimosos e aqueles que extraíam o melhor das coisas. Os últimos, que eram realistas, podiam admirar os primeiros, mas a admiração nunca era recíproca. Visser, por sua vez, escrevendo

---

45 Ten. Cate ao *OStubaf.* Osiander (RUSHA), 25 de dezembro de 1941, NO-3643.

46 Relatório de *OStuf.* Neumann-Reppert, 20 de setembro de 1944, NO-4033.

47 Ver Joseph Michman, "The Controversial Stand of the *Joodse Raad* in the Netherlands," *Yad Vashem Studies* 10 (1974), pp. 9-68.

48 Para lista de membros e modificações, ver Louis de Jong, *Het Koninkrijk der Nederlanden*, vol. 5 (1974), p. 493n.

49 Van der Zee, "*Um Schlimmeres zu verhindern...*", p. 130 e ss.

alguns meses antes de sua morte, perguntou se o preço não era alto demais. Era preciso pagá-lo, de qualquer modo?[50] Nesse momento, já estava claro que Cohen não era admirado, mas tinha o controle. Sua política levaria a comunidade judaica ao cumprimento de todas as exigências alemãs. Os alemães, por sua vez, ampliaram a jurisdição do Conselho, em outubro de 1941, para cobrir todos os judeus dos Países Baixos. A expansão, como a criação do Conselho, não foi feita por decreto, mas por ordem. Como Lages apontou a Cohen, o Conselho não passava de um órgão para a transmissão das ordens alemãs (*Befehlsübermittlungsstelle*). O Comitê Coordenador, supérfluo aos olhos alemães, tinha de ser dispensado.[51]

O *Joodsche Raad* recebeu não só um maior alcance territorial mas também uma maior variedade de tarefas. Ele publicava um jornal, o *Joodsche Weekblad*, contendo instruções alemãs, e emitia passes de viagem para até quatro dias. Durante o verão de 1942, ele despachou mensageiros e auxiliares que convocavam as pessoas para se apresentar e as ajudavam a empacotar seus pertences para "trabalhar" na Alemanha.[52] Em janeiro de 1943, os depósitos individuais, dos quais um máximo de 250 florins havia até então sido pago aos proprietários judeus, foram transformados em uma conta coletiva da qual eram feitos pagamentos apenas para o Conselho. A soma de 600 mil florins foi entregue ao Conselho nesse mês, e somas menores se seguiram daí por diante.[53] Durante as deportações, esse acúmulo de poder no Conselho iria revelar toda a sua importância.

Na época da formação do Conselho, uma série de incidentes em Amsterdã testou a capacidade dos alemães para esmagar toda a oposição ao processo de destruição que se desenrolava nos Países Baixos. Em um dia de fevereiro de 1941, formações militares do partido nazista holandês (NSB), "em uma extensão

---

50 Texto de cartas em Michman, "The *Joodse Raad*."

51 *Ibid.*, p. 22-29.

52 Cohen para Visser, 13 de novembro de 1941, e Visser para Cohen, 30 de dezembro de 1941, *ibid.*, pp. 61-63, 65-67. Presser, *The Destruction of the Dutch Jews*, pp. 45-65, 251-52. Relatório do governo holandês, 16 de outubro de 1945, PS-1726. *Die Judenfrage*, 10 de março de 1941, p. 43. Para aperfeiçoar o sistema, Jakub Edelstein, do conselho de Praga, e um assistente foram trazidos como conselheiros especialistas. H. G. Adler. *Theresienstadt* (Tubinga, 1960), pp. 727, 737-38, 836. De Jong, *Het Koninkrijk der Nederlanden*, vol. 5, pp. 962-68.

53 Testemunho juramentado do dr. Walter von Karger (gerente alemão, Lippmann-Rosenthal), 24 de setembro de 1947, NI-13904.

de exercícios de treinamento", se aglomeraram na cidade e invadiram o bairro judeu.[54] Nas palavras de Seyss-Inquart, "sinagogas também foram queimadas. Aparentemente, alguém tentou ambiciosamente imitar o dia 8 de novembro de 1938".[55] Os nazistas alemães, porém, enfrentaram mais dificuldades em Amsterdã do que seus colegas experimentaram durante a *Einzelaktionen* no Reich. Os invasores do NSB foram atacados por trabalhadores holandeses e por "multidões de jovens judeus que estavam equipados com todo tipo de armas". Lojas de nazistas holandeses foram atacadas, e um holandês uniformizado foi "literalmente atropelado por um bando de trinta judeus", a ponto de não poder ser identificado ao chegar ao hospital. Ele morreu devido aos ferimentos.

Então, os alemães revidaram. Seis defensores foram mortos e muitos mais ficaram feridos. A seção judaica foi isolada, e os holandeses que habitavam no bairro foram evacuados.[56] O novo Conselho Judaico apressadamente convocou todos os judeus para que entregassem suas armas.[57] Criava-se assim o gueto.

Se os alemães pensaram que tudo agora estava sob controle, eles estavam enganados. Um destacamento da polícia de segurança alemã, patrulhando o bairro judeu, entrou em um apartamento em Van Wonstreet e surpreendeu um grupo de pessoas em uma "reunião secreta". Os policiais foram atacados com balas e ácido. O chefe da polícia e da Alta ss Rauter então proclamou que, em represália pelo ataque, quatrocentos judeus de 20 a 35 anos haviam sido enviados a um campo de concentração alemão.[58] A deportação desses judeus resultou em uma série de repercussões imprevistas.

Em 25 de fevereiro de 1941, uma onda de greves começou a paralisar os transportes e a indústria nas províncias da Holanda do Norte e de Utrecht. Os bondes pararam em Amsterdã; os serviços de água, luz e telefone foram interrompidos; estaleiros foram abandonados; e a Focker Works, a Hollandschen Draaden Kabelfabrik, e a Staatsbedrijf em Hemburg interromperam suas operações. Em Hilversum, onde os alemães haviam feito reféns dez importantes físicos,

---

54 *Armament Inspectorate* Niederlande/z/ws para OKW/WI RÜ, 11 de março de 1941, WI/IA 5.12.

55 Depoimento de Seyss-Inquart, *Trial of the Major War Criminals,* XV, 667. A maioria dos invasores pertencia à *Weerafdeeling* (WA) do NSB, uma organização similar à SA alemã.

56 Armament Inspectorate Niederlande/z/ws para OKW/WI RÜ, 11 de março de 1941, WI/IA 5.12.

57 *Die Judenfrage,* 10 de março de 1941, p. 43.

58 Proclamação de Rauter, 25 de fevereiro de 1941, NG-2285.

2 mil trabalhadores entraram em greve na fábrica da Phillips. No total, só nas indústrias de armamentos, 18.300 trabalhadores estavam paralisados .

No segundo dia da greve, a ORPO alemã confrontou multidões na rua enquanto os holandeses gritavam "insultos" para a *Wehrmacht* alemã. Folhetos interceptados revelaram que o antagonismo da população diante da captura de mais de quatrocentos judeus estava ligado ao medo de que os trabalhadores nos estaleiros holandeses fossem transportados à força para trabalhar no Reich.

O comandante das forças armadas alemãs nos Países Baixos, general der Flieger Christiansen, entrou então em ação. A lei marcial, com ameaças de pena de morte, foi estabelecida nas duas províncias do norte, enquanto o general ordenava que os grevistas voltassem ao trabalho e proibia todos os encontros e reuniões. A greve foi vencida em três dias. Para punir a população holandesa por seu comportamento, foram impostas multas a três cidades: 15 milhões de florins em Amsterdã, 2,5 milhões de florins em Hilversum, 500 mil florins em Zaandam. O dinheiro foi coletado sob a forma de um imposto de renda especial das pessoas cuja renda excedia 10 mil florins por ano.[59]

Enquanto isso, 389 judeus de Amsterdã e Rotterdã chegavam a Buchenwald, onde mais de 10% deles morreu no decorrer de alguns meses. Os sobreviventes foram mandados para o campo de concentração de Mauthausen. Em junho, mais 291 judeus de Amsterdã foram enviados diretamente para esse campo.[60] Lá, os judeus holandeses foram destinados às pedreiras para carregar pedras pesadas em uma longa encosta íngreme. O "trabalho" cobrou seu preço, e os homens começaram a cair de exaustão. Depois de algum tempo, os judeus deram as mãos e saltaram, espalhando ossos, cérebros e sangue na pedreira.[61]

O comando de Mauthausen, seguindo a antiga rotina do campo de concentração, enviou os avisos de morte aos sobreviventes nos Países Baixos. Isso foi

---

59 *Armament Inspectorate* Niederlande/Z/WS para OKW/Wi RÜ, 11 de março de 1941, WI/IA 5.12. Também, memorandos de *Unterstaatssekretär Wörmann* (Divisão Política do Departamento de Relações Exteriores), 25 e 26 de fevereiro 1941, NG-2805.

60 Depoimento de Gustav Herzog, interno de Buchenwald encarregado do bloco holandês, em Nationale Mahn- und Gedenkstätte Buchenwald, *Konzentrationslager Buchenwald* (Buchenwald, 1990), p. 54. Hans Marsalek, *Die Geschichte des Konzentrationslagers Mauthausen* (Viena, 1980), p. 282. Eugen Kogon, *Der SS-Staat* (Frankfurt, 1949), pp. 209-10.

61 Kogon, *Der SS-Staat*, pp. 209-10. Kogon, um jornalista alemão, era um interno de Buchenwald.

um erro. Os avisos foram reunidos pelo Conselho Judaico e transmitidos ao governo sueco que, segundo o protocolo da guerra, estava encarregado da proteção dos cidadãos holandeses no Reich e dos alemães nas colônias holandesas. O ministro sueco em Berlim, Richert, protestando ao especialista jurídico do Departamento de Relações Exteriores, Albrecht, apontou o fato de que as mortes tinham ocorrido em dias determinados a cada vez e que todas as vítimas eram "homens bastante jovens". Portanto, ele queria visitar o campo, em cumprimento à função da Suécia como um poder protetor.[62]

Albrecht não podia recusar simplesmente o pedido sueco, pois os judeus em questão eram cidadãos holandeses em território alemão, mas ele conseguiu adiar a visita indesejada. Seu colega Luther, enquanto isso, escrevia ao chefe da Gestapo, Müller, solicitando que a ss fosse mais cuidadosa no futuro.[63] Uma longa cadeia de complicações havia sido posta em movimento pelos nazistas holandeses que, em 9 de fevereiro de 1941, haviam decidido procurar diversão no bairro judeu.

O processo de concentração então continuou com deliberação sistemática. Com o acréscimo de um J aos cartões de identificação dos judeus em julho de 1941, a máquina de Rauter começou a apertar os parafusos. As restrições de viagem foram impostas em setembro e outubro, sendo seguidas por uma desocupação parcial das províncias e pela conclusão em Amsterdã de três seções do gueto que alojavam cerca de metade dos judeus holandeses. Depois de maio de 1942, os judeus também tinham de usar a estrela nas roupas.[64] Mais uma vez, os alemães notaram sinais de oposição, mas agora o caráter da resistência havia mudado. Embora vários dias tivessem sido dados de prazo para a colocação da estrela, os judeus começaram a usar a marca amarela logo no primeiro dia. Os cidadãos holandeses demonstraram abertamente sua simpatia pelas vítimas, usando flores amarelas nas lapelas de seus casacos e, em Rotterdã, cartazes foram colados nas paredes, lembrando aos holandeses que demonstrassem respeito se vissem um judeu com uma estrela na rua.[65]

---

62 Memorando do dr. Albrecht, 31 de outubro de 1941, NG-2710.

63 Luther para Müller, 5 de novembro de 1941, NG-3700. Praticamente todos os judeus de Mauthausen morreram. Kogon, *Der ss-Staat*, p. 210.

64 Relatório do governo holandês, 16 de outubro de 1945, PS-1726.

65 *Armament Inspectorate* Niederlande/Z/WS para OKW/Wi Rü, 13 de maio de 1942, Wi/IA 5.20. Ver também BDS, "Meldungen aus den Niederlanden, nº 93, 12 de maio de 1942, T 175, rolo 670.

A população permaneceu quieta, no entanto, e as restrições antijudaicas seguiram-se em sucessão mais rápida. Um toque de recolher foi instituído para manter os judeus fora das ruas entre as 20h e as 6h, as compras só eram permitidas entre as 15h e as 17h, os transportes públicos não podiam mais ser usados sem permissão especial, telefonemas tornaram-se proibidos daí em diante e os judeus foram impedidos de entrar nas casas dos não judeus.[66] A comunidade judaica estava imóvel, desamparada, esperando seu destino.

Em 22 de junho de 1942, o chefe de deportações da RSHA, Eichmann, informou o especialista em assuntos judeus no Departamento de Relações Exteriores, Rademacher, que haviam sido concluídos acordos com as ferrovias para a deportação de 90 mil judeus dos Países Baixos, da Bélgica e da França ocupada para Auschwitz. A cota holandesa era de 40 mil.[67]

A carta de Eichmann foi uma comunicação de rotina na qual o Departamento foi solicitado a "por favor, tomar ciência" da operação da SS. Eichmann não havia recebido protestos de nenhum setor e, assim, acrescentou: "Suponho que não haja objeções contra essas medidas também por parte do Departamento de Relações Exteriores". De fato, o Departamento não tinha objeções "em princípio" quanto às deportações planejadas. Por algumas razões "psicológicas", contudo, os diplomatas desejavam que os primeiros transportes fossem compostos de judeus sem propriedades. "Existem", disse a Abteilung Deutschland, "quase 25 mil desses judeus apenas nos Países Baixos".[68]

Aparentemente os ecos da greve em Amsterdã e as intervenções do ministro sueco em Berlim ainda estavam reverberando no Departamento, embora a solução proposta fosse apenas um recurso pouco prático, pois teria sido difícil realizar capturas seletivas. Assim, em 17 de julho de 1942, o representante do

---

66 Relatório do governo holandês, 16 de outubro de 1945, PS-1726. Ver também as inúmeras outras restrições catalogadas no relatório cumulativo do BDS no final de 1942, T 175, rolo 671.

67 Eichmann para Rademacher, 22 de junho de 1942, NG-183.

68 Nota do Departamento de Relações Exteriores (iniciais de Luther) para a RSHA IV-B-4, aos cuidados de Eichmann (não datada, presumivelmente de julho de 1942), NG-183. Os judeus "sem propriedades" eram, na maioria, refugiados do Reich. Havia poucos judeus de nacionalidades estrangeiras nos Países Baixos; o grupo maior consistia de 193 húngaros. Representante do Departamento de Relações Exteriores nos Países Baixos (Bene) para Departamento de Relações Exteriores, 3 de julho de 1942, NG-23.

Departamento de Relações Exteriores na Holanda, Bene, transmitiu a Berlim uma proposta de que o *Reichskommissar* privasse todos os judeus de suas nacionalidades como um meio de impedir todas as futuras intervenções suecas.[69] A ideia foi considerada nas divisões jurídicas, políticas e de Luther. A dificuldade principal era que, aos olhos dos estados neutros, o *Reichskommissar* não podia privar as pessoas da nacionalidade holandesa; só um governo holandês poderia fazer isso.

Depois de algum tempo, o pensamento dos diplomatas foi reduzido a uma única ideia, que pode ser resumida nas palavras do especialista jurídico do Departamento, Albrecht: "Se for inevitável que os judeus holandeses sejam recolocados fora dos Países Baixos, seria conveniente que a polícia não permitisse o vazamento de nenhuma informação relativa a sua localização, especialmente nos possíveis casos de morte".[70] Rademacher, da *Abteilung Deutschland* concordou. Ele pensava que o poder protetor não tinha jurisdição sobre os territórios do leste, de qualquer forma, mas acrescentou como reforço: "Em princípio, nenhuma informação será dada ao mundo exterior pela polícia". Assim, não haveria visitas aos campos, etc.[71]

Na noite de sexta-feira, 26 de junho, o Conselho Judaico foi informado das deportações iminentes. Convocado pela Zentralstelle, Cohen (sem Asscher, que estava ausente de Amsterdã na época) encontrou-se com *aus der Fünten* e seu assistente, *Hauptsturmführer* Karl Wörlein, e foi informado de que homens, mulheres e famílias inteiras seriam colocados sob supervisão policial e enviados para campos de trabalho na Alemanha. O Conselho devia informar na manhã seguinte quantos judeus poderiam ser processados por dia. Cohen levantou a questão do direito internacional. Não tendo sucesso com esse argumento, ele perguntou qual seria o efeito da remoção de tantos judeus sobre a base financeira do conselho. Disseram-lhe que a maioria dos judeus permaneceria nos Países Baixos.[72]

Nos dias que se seguiram, houve uma discussão entre os dois presidentes do *Joodsche Raad* e *aus der Fünten* sobre os números. Os alemães insistiam em um ponto básico: 4 mil judeus teriam de ser removidos em meados de julho. Em 14 de julho, os alemães capturaram cerca de setecentos judeus nas ruas como reféns e os ameaçaram com a deportação para Mauthausen se 4 mil judeus não se

---

69 Bene ao Departamento de Relações Exteriores, 17 de julho de 1942, NG-2634.

70 Albrecht para Weizsäcker, 31 de julho de 1942, NG-2633.

71 Memorando de Rademacher, 10 de agosto de 1942, NG-2632.

72 De Jong, *Het Koninkrijk der Nederlanden*, vol. 5, pp. 1052-57.

apresentassem para os "campos de trabalho" no Reich. No dia seguinte, os primeiros deportados estavam em um transporte, e os reféns (exceto poucas dezenas) foram libertados. Um historiador da destruição dos judeus holandeses que estava nos Países Baixos na época relembrou as esperanças agitadas e os sentimentos sombrios na comunidade judaica: "Os boatos diziam que os britânicos iriam reduzir a Estação Central a ruínas. Eles não vieram. Haveria uma greve dos ferroviários. Isso não aconteceu. A invasão começaria bem a tempo. Ela não começou. Os comunistas iriam sumir com todos que fossem para a estação. Eles não fizeram isso".[73]

O representante do Departamento de Relações Exteriores nos Países Baixos observou, com satisfação, a partida dos dois primeiros trens. Ele relatou que não houve "incidentes".[74] Espalhou-se entre os judeus a lenda de que as deportações eram um verdadeiro "reassentamento". "Nos círculos judaicos, existe a opinião difundida", escreveu Bene, "de que os judeus aptos para o trabalho estão sendo deportados para preparar os alojamentos necessários para os judeus no leste".[75] Duas semanas depois, Bene notou uma mudança na situação. Os judeus, escreveu ele, descobriram os jogos que estavam sendo feitos com eles. A maioria daqueles que recebiam ordem de se apresentar não comparecia mais voluntariamente, nem ficava em seu apartamento.[76]

A partir de 6 de agosto, um batalhão da polícia holandesa foi designado para capturar os judeus e, em setembro, essa unidade foi usada intensamente. O

---

73 Presser, *The Destruction of the Dutch Jews*, pp. 135-46. Fac-símile da edição especial do *Joodsche Weekblad* com a proclamação de Asscher-Cohen de 14 de julho de 1942, sobre os setecentos ameaçados com o campo de concentração se os 4 mil não se apresentassem, na p. 145. As observações de Presser são citadas da p. 146.

74 Bene ao Departamento de Relações Exteriores, 17 de julho de 1942, NG-84.

75 Bene ao Departamento de Relações Exteriores, 31 de julho de 1942, NG-2631. Os 14 mil refugiados do Reich eram passíveis de deportação com os judeus de nacionalidade holandesa desde o início. Relatório de resumo do BdS para 1942, T 175, rolo 671. *Obersturmführer* Rajakowitsch (BdS IV-B-4 em Haia) informou o BdS em Paris e o plenipotenciário da chefia da polícia de segurança alemã em Bruxelas, em 12 de agosto de 1942, de que não havia nenhuma objeção, em seu departamento, à evacuação dos judeus holandeses e também da França e da Bélgica. Polícia de Israel 1243.

76 Bene ao Departamento, 13 de agosto de 1942, *Akten zur Deutschen Auswärtigen Politik*, Series E: 1941-1945 (Gotinga, 1969-79), vol. 3 (1974), pp. 315-16. Etty Hillesum anota rumores sobre gás em seu diário em 11 de julho de 1942, *An Interrupted Life* (Nova York, 1983), p. 147.

batalhão, recém-organizado pelo chefe de polícia da cidade, Sybren Tulp, tinha 254 homens que ficavam alojados juntos, ao estilo militar. Seus grupos de revista, segundo Tulp, eram muito eficientes. Eles sempre prendiam os judeus encontrados nos endereços informados e, se não houvesse judeus presentes, eles estendiam a busca às casas próximas. "O senhor entenderá, *Gruppenführer*", escreveu Tulp a Rauter, "que a visão da captura de cerca de 450 judeus todas as noites durante semanas faz com que os espectadores holandeses sintam simpatia e indignação". Porém, a mera presença de dois membros do batalhão foi suficiente, disse ele, para impedir qualquer expressão de discordância. Tal era o respeito, observou ele, por esses homens, em contraste com incidentes anteriores quando outros agentes da polícia tiveram de lidar com a agitação.[77]

O desconforto da população holandesa estava se espalhando. Seu moral, observou um oficial de armamentos, era tensionado pelo "confisco de bicicletas, a evacuação dos judeus para os campos de trabalho no leste e as prisões contínuas de reféns".[78] Na bolsa de valores de Amsterdã, corretores deprimidos estavam se reunindo em pequenos grupos, discutindo as medidas da Polícia de Segurança e exprimindo piedade pelos judeus.[79] As igrejas intervieram junto aos órgãos alemães, e a organização de resistência *Vrij Nederland* forjou papéis, recolheu bens de valor para guarda e fez arranjos para ocultar judeus.[80] Mas nenhuma palavra de protesto foi recebida do secretário-geral do interior holandês,[81] e logo nada foi ouvido dos holandeses comuns. "A ação judaica", relatou um oficial de inteligência do LXXXVIII Corpo, "continua quase por toda parte, sem repercussões. Praticamente não existe mais nenhuma reação a ela; as pessoas se acostumaram com isso

---

77 Guus Meershoek, "De Amsterdamse hoofcommissaries en de deportatie van den joden" em *Oorlogsdocumentatie' 40-45. Deerde jaarboek van het Rijksinstituut voor Oorlogsdocumentatie,* ed. N. D. Barnouw et al. (Zutphen, Países Baixos, 1992), pp. 9-43, em especial pp. 30-43, e seu *Dienaren van het gezagt* (Amsterdã, 1999), em especial pp. 176-79 e 250-57. A carta de Tulp a Rauter, 26 de setembro de 1942, elogiando o batalhão, é citada por Meershoek em seu livro, nas pp. 253 e 256. Tulp ficou doente e morreu em outubro. As estatísticas das revistas em Amsterdã estão nas pp. 478-79.

78 Diário de guerra, *Armament Inspectorate* Niederlande, 31 de julho de 1942, WI/IA 5.8. Ver também o relatório de agosto de 1942 do LXXXVIII Corps/Ic, 7 de setembro de 1942, T 314, rolo 1614.

79 BDS "Meldungen aus den Niederlanden" nº 103, 21 de julho de 1942, T 175, rolo 670.

80 Relatório cumulativo do BDS até o fim de 1942, T 175, rolo 671.

81 Bene ao Departamento de Relações Exteriores, 31 de julho de 1942, NG-2631.

e têm problemas pessoais suficientes. [*Die Judenaktion geht fast überall sang- und klanglos weiter. Man nimmt kaum noch dazu Stellung; man hat sich daran gewöhnt und hat mit eigenen Sorgen genug zu tun*]".[82]

Para facilitar a ação, foram instituídos adiamentos para diversos grupos especiais. A maior dessas categorias incluía os funcionários do conselho judaico e suas famílias, além dos trabalhadores em serviços médicos, farmacêuticos, barbeiros, padeiros e donos de lojas que serviam a comunidade judaica. Em dezembro de 1942, seu número era de mais de 17 mil.[83] Um segundo grupo consistia dos judeus em casamentos mistos, que totalizavam de 8 mil a 9 mil,[84] embora as primeiras estimativas fossem de 20 mil a 22 mil.[85] Os convertidos, muitos dos quais eram casados com cristãos, também receberam um adiamento. Havia mais de 1.500 deles.[86] Os trabalhadores em armamentos essenciais e suas famílias também obtiveram o adiamento em resultado de um acordo entre o *Armament Inspectorate* e o Escritório Central da Emigração Judaica.[87] Esse grupo de vários

82 Relatório do LXXXVIII Corps/Ic para outubro de 1942, T 314, rolo 1614.

83 Fräulein Slottke (funcionária da polícia, BdS IV-B-4) para *Stubaf.* Zoepf, 2 de dezembro de 1942, e anotação, provavelmente de Slottke, para Zoepf, 27 de maio de 1943, T 175, rolo 671.

84 Relatório sobre os grupos que obtiveram adiamentos a partir de 20 de março de 1943, nos arquivos do BdS, T 175, rolo 671. Os cônjuges judeus de casamentos mistos sem filhos em Amsterdã deviam ser enviados a um acampamento especial no campo de trânsito em Westerbork. Resumo da conferência realizada em 18 de maio de 1943, no *Zentralstelle* sob a presidência de Zoepf, T 175, rolo 671.

85 Ver Bene ao Departamento de Relações Exteriores, 31 de agosto de 1942, NG 2631, e Rauter a Himmler, 24 de setembro de 1942, *Nederland en Oorlogstijd*, março de 1949, p. 7. *Mischlinge*, inclusive 14.895 meio-judeus e 5.990 com um quarto de ascendência judia contados em outubro de 1941, não haviam sido tocados. Relatório sobre os grupos que obtiveram adiamento a partir de 20 de março de 1943, T 175, rolo 671.

86 Relatório cumulativo do BdS para o final de 1942, T 175, rolo 671. Houve porém uma complicação dividindo católicos e protestantes. Com as notícias das deportações iminentes, as duas igrejas indicaram que leriam uma carta de protesto nos púlpitos. Os alemães revidaram com a ameaça de deportação dos convertidos. Os protestantes voltaram atrás, mas os católicos não. Consequentemente, os judeus convertidos ao catolicismo não estavam mais protegidos por sua religião. Werner Warmbrunn, *The Dutch under German Occupation, 1940-1945* (Stanford, 1963), p. 161. Ver também os dados da Polícia de Segurança sobre os convertidos que obtiveram adiamentos em várias datas em 1942 e 1943 em T 175, rolo 671. Alguns protestantes foram deportados.

87 Diário de guerra, *Armament Inspectorate* Niederlande, 24 de junho de 1942, WI/IA 5.10. Também, diário de guerra do *inspectorate*, 30 de abril de 1942 e 14 de julho de 1942, WI/IA 5.8. O

milhares incluía empregados dos ramos de comércio de peles, couros e têxteis, além de químicos, engenheiros e assim por diante.[88] Cortadores e negociantes de diamantes foram protegidos pelo Escritório do Plano Quadrienal.[89]

Dentre os privilegiados por razões econômicas também estavam algumas dezenas de judeus empregados pelo coronel Veltjens do Plano Quadrienal para compras no mercado negro.[90] Por fim, foram feitas exceções para judeus estrangeiros, para pessoas cuja ancestralidade era questionável, para pessoas que afirmavam que por serem de origem portuguesa tinham direito à liberdade, judeus que tinham mérito especial devido a serviços prestados à Alemanha no passado, judeus por quem a administração local holandesa havia intervindo e até cerca de uma dezena de membros do movimento nazista holandês, o NSB, antes da guerra, que não tinha tido o cuidado de se manter puramente ariano antes de 1940.[91] Esse padrão de adiamentos seguiu, em grande parte, a estratégia adotada no Reich. Ao mesmo tempo, a SS e o aparato policial nos Países Baixos era tão inflexível quanto qualquer pessoa em Berlim ao fazer tentativas contínuas para diminuir e extinguir os grupos privilegiados. Acima de tudo, não se perdeu tempo em iniciar as deportações que começaram varrendo os judeus desprotegidos.

Em 10 de setembro de 1942, Rauter revelou a Himmler alguns de seus planos detalhados. A classificação dos casamentos mistos, trabalhadores de munições, cortadores de diamantes, e assim por diante, devia estar concluída em 15 de outubro. Nessa época, também, Rauter esperava ter dois grandes campos de trânsito em operação. Um deles, Westerbork, em Assen, tinha originalmente sido estabelecido pelas autoridades holandesas para refugiados judeus. Ele já estava recebendo judeus deportados. O segundo campo, Vught, estava em construção em 's-Hertogenbosch. Os dois campos deviam ter uma capacidade combinada para 40 mil judeus e deviam servir como ponto de reunião para as massas de judeus capturados em revistas repentinas e paralisantes. "Domino tudo que exerce funções de polícia ou de auxílio à polícia", disse Rauter, "e tudo em qualquer

---

armament inspector era Vizeadmiral Reimer.

88 Relatório sobre os grupos que obtiveram adiamento a partir de 20 de março de 1943, T 175, rolo 671.

89 *Ibid.*

90 *Ibid.*

91 *Ibid.*

lugar que pareça pertencer legal ou ilegalmente aos judeus será colocado nesses campos depois de 15 de outubro de 1942".[92]

Em 24 de setembro de 1942, Rauter enviou outro relatório de progresso para Himmler. "Até agora", escreveu ele, "colocamos em movimento – com os judeus enviados por motivos penais a Mauthausen – um total de 20 mil judeus a Auschwitz. Em todos os Países Baixos, cerca de 120 mil judeus estão sendo preparados para a partida, embora esse número inclua os judeus mistos [Mischjuden] que, afinal de contas, permanecerão aqui por algum tempo. Nos Países Baixos, existem aproximadamente 20 mil casamentos mistos. Porém, com a concordância do Reichskommissar, vou enviar também todos os cônjuges dos casamentos mistos, desde que esses casamentos não tenham produzido filhos. Existem cerca de 6 mil casos nessa categoria, de forma de aproximadamente 14 mil judeus em casamentos mistos permanecerão aqui no momento".

Depois, Rauter continuou: "Nos Países Baixos, existe o assim chamado Werkverruiming, um serviço de trabalho do Ministério do Bem-Estar Holandês, que envia os judeus para trabalhar em empresas e campos fechados. Não tocamos esses campos Werkverruiming até agora para deixar que os judeus se refugiem lá. Nos campos Werkverruiming existem cerca de 7 mil judeus. Esperamos chegar a 8 mil judeus nos campos em outubro. Esses 8 mil judeus têm cerca de 22 mil dependentes em todo o país. Em 1º de outubro, os campos Werkverruiminy serão ocupados por mim com um único golpe, rápido como um raio e, no mesmo dia, os parentes fora dos campos serão presos e levados para os dois grandes campos judeus recém-construídos em Westerbork, perto de Assen, e Vught, perto de 's-Hertogenbosch".

Assim, tendo contabilizado 55 mil judeus, Rauter tinha uma visão de desenraizar as vítimas restantes em uma grande caçada humana: "Todo judeu encontrado em qualquer lugar nos Países Baixos será colocado nesses grandes campos". Os arianos que tentassem ajudar os judeus a cruzar a fronteira ou que os escondessem no país teriam suas propriedades confiscadas e seriam levados para um campo de concentração. Nada iria ficar no caminho do sucesso.[93] Himmler leu o relatório com aprovação e escreveu no papel: Sehr gut. No momento, porém, ainda havia obstáculos a superar. As deportações não foram concluídas em 1942 e

---

92 Rauter para Himmler, 10 de setembro de 1942, NO-2256.

93 Rauter para Himmler, 24 de setembro de 1942, Nederland in Oorlogstijd, março de 1949, p. 7.

nem mesmo em 1943.[94] Foram precisos dois anos para terminar a tarefa, mas no final, poucos judeus continuavam vivos.

O ponto de concentração para os judeus capturados em Amsterdã era um prédio com um interior que podia ser bloqueado da visão do público: o Teatro Holandês, usado por artistas judeus para montar espetáculos assistidos por judeus e renomeado, em outubro de 1941, como *Joodsche Schouwburg,* onde podiam ser mantidas mais de mil pessoas.[95] Um dia, em meados de julho de 1942, um oficial da Gestapo chegou durante o segundo ato de uma opereta de Emmerich Kalman e, dizendo a seus policiais para se moverem em silêncio, ordenou que o teatro fosse fechado.[96] Esse seria o ponto de concentração do qual os deportados de Amsterdã seriam transportados pelas ferrovias holandesas até Westerbork.[97]

Tanto Vught, no sul dos Países Baixos, quanto Westerbork, no norte, tornaram-se instituições regulares da máquina de deportação. Embora Vught tenha sido construído pelo *Reichskommissar,* ele foi assumido em janeiro de 1943 pelo Escritório Principal Econômico-Administrativo da ss (WVHA) e colocado sob o comando do *Hauptsturmführer* Chmielewski, cuja experiência anterior tinha sido em Gusen, no complexo de Mauthausen.[98] Westerbork, já estabelecido pelo governo holandês antes da invasão como um campo para refugiados, estava sob a jurisdição do chefe da polícia e da Alta ss Rauter. Até setembro de 1942, seu comandante foi *Sturmbannführer* Deppner. O campo então foi comandado por um breve período pelo *Obersturmführer* Dischner e, finalmente, do final de 1942 até 1944,

---

94 As deportações dos Países Baixos totalizaram 38.571 pessoas em 31 de dezembro de 1942. Esse número aumentou para 52.403 em 31 de março de 1943. Relatório de Korherr, 19 de abril de 1943, NO-5193.

95 Presser, *Destruction of the Dutch Jews,* p. 163-64.

96 Eike Geisel em Eike Geisel e Henryk Broder, eds., *Premiere und Pogrom* (Berlim, 1992), p. 308.

97 Sobre os transportes pelas Nederlandsche Spoorwegen (ferrovias holandesas) ver de Jong, *Het Koninkrijk der Nederlanden,* vol. 6 (1975), pp. 251-52. Também Nederlandsche Spoorwegen para BDS/Zentralstelle, 15 de maio e 10 de junho de 1944, enviando contas de vários pequenos transportes de judeus de Amsterdã para Assen, e memorando de *Reichsbahn Bevollmächtigte* dr. Fritzen, 10 de agosto de 1944, T 175, rolo 485.

98 Pohl (chefe da WVHA) para Himmler, 17 de dezembro de 1942, T 175, rolo 18, e correspondência subsequente no mesmo rolo de microfilme. Os sucessores de Chmielewski foram o *Sturmbannführer* Grünewald e o *Sturmbannführer* Hüttig.

pelo *Obersturmführer* Gemmeker.[99] Devido à escassez de policiais, a segurança dos campos era feita pelas forças do Batalhão de Guarda Noroeste da ss Holandesa, um grupo de voluntários que tinham concordado em prestar períodos de serviço militar dentro do país.[100] Entretanto, o *Gruppenführer* Jüttner, chefe do Escritório Principal Operacional da ss, não estava satisfeito com esse arranjo. "Por meio da tarefa dada a esses homens", escreveu ele, "de guardar judeus e criminosos, o idealismo e a prontidão para o desempenho irrestrito do dever não serão estimulados na Waffen-ss". No entanto, por falta de mão de obra alemã, os holandeses continuaram a ser expostos a essa pressão sobre seu idealismo.[101]

Westerbork era o campo principal de onde os trens eram despachados para a Polônia ocupada. Os deportados de Vught (com exceção de dois transportes direcionados diretamente a Auschwitz) foram, consequentemente, desviados por Westerbork a caminho do leste. Em cada um dos dois campos, os alemães estabeleceram um elaborado conselho diretor judeu, ou *Kampleiding*. Em Westerbork, onde a *Kampleiding* operava com não menos de doze divisões, três posições chaves eram mantidas por refugiados da Alemanha: Kurt Schlesinger era chefe, Arthur Pisk era encarregado do Serviço da Ordem (*Ordnungsdienst*, em holandês, *Ordedienst*) e dos separadores de bagagens (coluna voadora ou *Fliegende Kolonne*), e o dr. F. Spanier era chefe do departamento médico.[102] Havia também escola, uma orquestra do campo e um cabaré com humor em alemão.[103] Os funcionários do *Kampleiding* em Westerbork faziam listas semanais de 1.020 pessoas e, nas noites de segunda-feira os anciões do acampamento chamavam os nomes dos escolhidos, fechados nas cabanas, em ordem alfabética. Sob os olhos do *Ordnungsdienst* judeu, que supervisionava a carga, os trens deixavam os trilhos de dentro do campo nas

---

99 De Jong, *Het Koninkrijk der Nederlanden,* vol. 8 (1978), pp. 691-94.

100 Rauter para Himmler, 10 de setembro de 1942, NO-2256.

101 Jüttner a Himmler, 27 de maio de 1943, NO-8024.

102 De Jong, *Het Koninkrijk der Nederlanden,* vol. 8, pp. 706-8. Em Vught, o ancião do campo judaico era Richard Süsskind, e seu chefe para administração interna era o dr. Arthur Lehmann. *Ibid.,* pp. 678.

103 Fotos das barracas da escola e da orquestra do campo em Presser, *Destruction of the Dutch Jews,* depois das p. 434 e 274. Sobre o cabaré, ver relato de Hans Margules, um sobrevivente de Westerbork, em Geisel e Broder, *Premiere und Pogrom,* pp. 161-70.

terças-feiras às 11h.[104] A concentração de poder nas mãos de Schlesinger, Pisk e Spanier não passou despercebida pelos judeus holandeses que esperavam para ouvir seu destino. Os refugiados, pelo que parecia, estavam deportando os locais.[105]

Incansavelmente, a máquina de Rauter levava suas vítimas para os campos de trânsito e para a morte. As categorias isentas foram dissolvidas nesse processo. Os judeus convertidos, entre os primeiros a serem capturados, foram mantidos em um grupo em Westerbork; dentre os convertidos, os protestantes foram os últimos a serem deportados.[106] Os judeus em casamentos mistos seriam radicalmente divididos em dois grupos. A Polícia de Segurança estava procurando os cônjuges judeus nos casamentos mistos sem filhos para deportá-los. Ao mesmo tempo, Seyss-Inquart concedeu aos judeus em casamentos mistos a isenção completa das medidas antijudaicas, a ponto de terem permissão de não usar a estrela, se pudessem provar que eram estéreis.[107] No entanto, quando um emissário do BDS holandês chegou a Berlim, ele descobriu uma intensa desaprovação dessas medidas entre os especialistas do *Referat* de Eichmann. No próprio Reich, *Regierungsrat* Hunsche indicou a seu visitante, a RSHA ainda estava esperando por um decreto de divórcio compulsório. Até então, os judeus em casamentos mistos não deviam, sob nenhuma circunstância, ser enviados para trabalhar no leste. O assistente de Eichmann, *Sturmbannführer* Günther, reclamou que a RSHA havia ouvido sobre as esterilizações nas transmissões de Londres.

104 Depoimento do dr. Joseph Melkman (*Michman*), transcrição do julgamento de Eichmann, 10 de maio de 1961, sess. 34, p. J1, M1. Cópias das listas eram distribuídas ao comando do campo, IV-B-4 em Haia, Zentralstelle, *Joodsche Raad* (pelo tempo em que existiu), e comandante de transporte. De Jong, *Het Koninkrijk der Nederlanden*, vol. 8, p. 718.

105 Ver em especial o diário de Philip Mechanicus, *Year of Fear* (Nova York, 1968). Mechanicus, um jornalista do *Algemeen Handelsblad*, fez suas entradas em Westerbork em 1943 e 1944. O adiamento devia-se a um primeiro casamento com uma mulher não judia e aos filhos desse casamento. Porém, ele foi deportado e não sobreviveu.

106 Bene ao Departamento de Relações Exteriores, 16 de novembro de 1942, NG-2631. Resumo de Zoepf, datado de 11 de novembro de 1943, da conferência de deportação presidida por Naumann em 10 de novembro. Polícia de Israel 1352. Seyss-Inquart a Bormann, 28 de fevereiro de 1944, Polícia de Israel 1439.

107 Harster a Zentralstelle Amsterdam, Westerbork, 'sHertogenbosch, e Aussenstellen, 6 de maio de 1943, Polícia de Israel 1356.

Insistindo que, nessas questões, o Reich tinha de "dar o exemplo" (*vorbildlich*), Günther não fez segredo de seu desprazer de que um território ocupado pudesse estar na frente da ação. A esterilização, continuou ele, não podia conferir imunidade, de qualquer maneira, porque o objetivo era a deportação final de todos os judeus, inclusive os esterilizados.[108] A partir daí, as deportações dos judeus em casamentos mistos foram interrompidas. Em relação às esterilizações, como Seyss-Inquart observou: "Nossa Polícia de Segurança realizou algumas centenas desses casos [*Unsere Sicherheitspolizei hat ein paar hundert solche Fälle durchgeführt*]".[109] Em fevereiro de 1944, um total de 8.610 judeus em casamentos mistos permaneciam nos Países Baixos, dos quais 2.256 haviam apresentado provas de sua esterilidade.[110] Várias centenas dessas pessoas haviam se submetido a uma cirurgia. A maioria dos voluntários eram homens, pois a intervenção cirúrgica no caso das judias era obviamente mais difícil.[111]

Os judeus que trabalhavam com armamentos seguiram o caminho dos judeus "indispensáveis" por toda parte. Em novembro de 1942, o setor de armamentos perdeu centenas de seus trabalhadores com peles e têxteis.[112] Em 3 de dezembro de 1942, Himmler ordenou que os cortadores de diamantes fossem

---

108 *Untersturmführer* Werner (Bds/IV-B-5, Países Baixos) sobre a discussão com Hunsche e Günther para Harster e Zoepf, 9 de julho de 1943, Polícia de Israel 591.

109 Seyss-Inquart a Bormann, 28 de fevereiro de 1944, Polícia de Israel 1439.

110 Bene ao Departamento de Relações Exteriores, 9 de fevereiro de 1944, NG-2631. A carta de Seyss-Inquart a Bormann indica um número um pouco maior de isenções e um número um pouco menor de remanescentes.

111 Carta de Seyss-Inquart. Cerca de seiscentas cirurgias podem ter sido realizadas em homens e algumas poucas em mulheres. Warmbrunn, *The Dutch under German Occupation*, p. 66. As igrejas protestaram contra as esterilizações em maio de 1943. *Ibid.*, p. 162. Seyss-Inquart argumentou que "nenhuma pressão" estava sendo exercida sobre as vítimas. Depoimento de Seyss--Inquart, *Trial of the Major War Criminals*, XVI, 45. Uma oferta de esterilização foi feita a cerca de trezentas pessoas que já estavam em Westerbork pelo comandante do campo, Gemmeker, mas algumas semanas depois, todos foram informados de que poderiam voltar a Amsterdã. Mechanicus, *Year of Fear*, entradas de 12 e 13 de junho e 3 de julho de 1943, pp. 44-46, 73. Parece que, enquanto a política estava sendo aplicada, a esterilidade do cônjuge cristão não era uma base aceitável para concessão de imunidade. Era o marido ou esposa judeus que tinham de ser estéreis.

112 Relatório do Armament Inspectorate Niederlande sobre novembro de 1942, WI/IA 5.1.

levados a Vught para trabalhar sob a supervisão da ss. A nova empresa foi apropriadamente colocada sob a direção da WVHA-WI (Oficinas de Terra e Pedras). Os cortadores de diamantes foram deportados em massa em março de 1944, e enquanto a indústria de diamantes holandesa em Amsterdã acabava sob os olhos dos alemães, em 18 de maio de 1944, havia conversas na WVHA sobre salvar 150 ou duzentos especialistas judeus para uma oficina de diamantes em Bergen-Belsen.[113] Alguns desses especialistas sobreviveram até o fim.[114]

Vimos que, na Polônia, os trabalhadores judeus frequentemente perderam as famílias antes do fim de seu próprio adiamento, e o mesmo parece ter ocorrido nos Países Baixos. Durante o final da primavera de 1943, os alemães decidiram enviar para fora do campo de Vught dois transportes com os filhos e esposas dos trabalhadores. Segundo a proclamação emitida pelo conselho diretor (o *Kampleiding*) em 5 de junho de 1943, as crianças de menos de um ano até dezesseis anos deveriam ser acompanhadas pelas mães a um "campo infantil especial".[115]

Esse campo era Sobibór, um centro de extermínio puro, no qual todas as pessoas, exceto algumas poucas, foram para as câmaras de gás logo ao chegar. Um interno de Westerbork observou os deportados serem descarregados e recarregados a caminho. O primeiro trem, com 1.750 vítimas, chegou às 4h30 da segunda-feira, 7 de junho. Pneumonia, escarlatina e problemas intestinais eram comuns entre as crianças, algumas das quais estavam sozinhas, sem os pais. O segundo transporte de Vught chegou a Westerbork um dia depois, no meio da noite. Ele continha 1.300 pessoas cansadas e sujas que foram transferidas, "em meio a rosnados, gritos, pancadas e golpes", dos sujos vagões de carga em que tinham chegado para os sujos vagões de carga que os levariam dali. "A cota", observou o interno, "tinha de estar completa. As pessoas não podiam ver um único desses trens sem xingar ou soluçar ou sentir repugnância. O trem segue o horário, e isso é uma tortura e um tormento. Ele nunca está atrasado, nunca é atingido por uma bomba".[116]

---

113 WVHA-WI (*OStubaf.* Mummenthey) para WVHA-W (*Obf.* Baier), 8 de junho de 1944, NO-1278.

114 Relatório do governo holandês, 16 de outubro de 1945, PS-1726.

115 Proclamação de *De Kampleiding* de Vught, 5 de junho de 1943, *Nederland in Oorlogstijd*, 25 de janeiro de 1947, p. 87. A ordem permitia que, no caso de pais não trabalhadores, ambos os pais podiam ir junto.

116 Mechanicus, *Year of Fear*, entradas de 7 e 8 de junho de 1943, pp. 37-38.

No final de 1942, a polícia holandesa foi pressionada ao serviço novamente[117] e, na primavera e no verão de 1943, as revistas em grande escala começaram. Em seu escritório, na sede do BDS, o *Sturmbannführer* Zoepf, um homem que sempre tentava levar em conta todos os aspectos de uma situação, estava considerando suas dificuldades. Ele havia alocado 5.780 de sua cota de 8 mil judeus de maio, e ainda faltavam 2.220. Transportar os judeus que já estavam em Vught era "tecnicamente" fácil, mas "psicologicamente" difícil, enquanto capturar mais deles em Amsterdã parecia politicamente apropriado, mas administrativamente impossível por causa da falta da ORPO.[118]

Quaisquer que fossem os obstáculos, não haveria recuo. O movimento para capturar novas vítimas aconteceu primeiro nas pequenas cidades e no interior do país. O representante do Departamento de Relações Exteriores, Bene, observando o progresso da operação, anotou que 1.320 judeus haviam se apresentado voluntariamente em Vught. "Com a ajuda do Conselho Judaico", escreveu ele, "as deportações das províncias continuaram sem nenhum incidente".[119]

Durante a semana de 19 a 26 de maio, foram feitos planos para incluir Amsterdã. A Polícia de Segurança, aumentada pela Orpo em Amsterdã e de Tilburg, a polícia holandesa em Amsterdã e de Haia, a polícia auxiliar voluntária holandesa (*Vrijwillige Hulppolitie*) e a polícia judaica (*Ordedienst*) de Westerbork foram reunidas na cidade. Os membros dos contingentes profissionais da polícia holandesa assistiram a filmes antissemitas no cinema Roxy.[120] Um grande segmento de vítimas em potencial eram os funcionários assalariados ou voluntários do próprio *Joodsche Raad*. Em 21 de maio, aus der Fünten informou o conselho de que teriam de escolher 7 mil dentre seus próprios funcionários para deportação, uma exigência que

117 Presser, *The Destruction of the Dutch Jews*, pp. 350-55. Em 2 de fevereiro de 1943, as igrejas Reformada Holandesa e Católica orientaram seus membros para que não participassem na caçada aos judeus e aos outros. A Igreja Católica posteriormente distribuiu uma definição de "coação" que incluía apenas o confronto com um campo de concentração ou a morte, não a perda do ganha-pão. Ficou subentendido que a Igreja estava pronta para auxiliar financeiramente aqueles que perdessem sua renda em resultado de se recusar a colaborar. Warmbrunn, *The Dutch under German Occupation*, pp. 160-61.

118 Zoepf a "*Judenlager*" Westerbork, 10 de maio de 1943, Polícia de Israel 590.

119 Bene ao Departamento de Relações Exteriores, 3 de maio de 1943, NG-2631.

120 Meershoek, *Dienaren van hetgezag*, pp. 289-90.

provocou o último dos debates na liderança da comunidade.[121] A revista começou no dia 26, com uma proclamação alemã convocando os judeus a se apresentarem voluntariamente e, cerca de meia hora depois, algumas pessoas apareceram com malas no ponto de reunião. Depois, a polícia se espalhou para revistar sistematicamente o bairro judeu. As deportações afetaram, além dos funcionários do conselho, diversos judeus que trabalhavam nos armamentos, e alguns cônjuges judeus em casamentos mistos.[122] Em 20 de junho, aconteceu um ataque à região sul de Amsterdã, onde foram capturados mais 5.500 judeus. Desta vez, as forças em ação foram a Polícia de Segurança, a Orpo, a polícia auxiliar holandesa e a *Ordedienst* judaica de Westerbork.[123] No final dessas operações, Bene relatou que, ao ver os funcionários do conselho entre os deportados, muitos judeus, em especial os refugiados do Reich, "não ocultavam sua sincera alegria".[124] Sem dar atenção a essas reações, Asscher e Cohen moviam-se "como astros" entre as multidões em Westerbork.[125]

Mesmo enquanto a máquina da deportação trabalhava, os judeus buscaram esconderijos. A decisão de desaparecer raramente era baseada em informações seguras. Ocasionalmente havia rumores inquietantes, como o relato no jornal clandestino *De Oranjekrant*, em janeiro de 1943, de que os judeus nos trens especiais foram "mortos a sangue-frio com gás" durante a viagem.[126]

Algumas vezes, havia relato do que acontecia na Polônia, mas a falta de comprovação levou o ancião do campo judeu de Westerbork, Schlesinger, a descartar os boatos de câmaras de gás em Auschwitz e considerá-los fábulas.[127] Sem ou com in-

---

121 Presser, *The Destruction of the Dutch Jews*, pp. 202-11. Ver também o relato de Gertrude van Tijn, 2 de outubro de 1944, documento do Leo Baeck Institute AR-C.1367/3477. Van Tijn, uma funcionária do Joodsche Raad, foi para Naharia, Palestina, ao sair de Bergen-Belsen.

122 Slottke a Zoepf, 27 de maio de 1943, T 175, rolo 671.

123 Bene ao Departamento de Relações Exteriores, 25 de junho de 1943, NG-2631. Foto da Polícia Auxiliar Holandesa uniformizada no centro iluminado de Meershoek, *Dienaren van hetgezag*.

124 Bene ao Departamento de Relações Exteriores, 25 de junho de 1943, NG-2631.

125 Mechanicus, *Year of Fear*, entrada de 1º de outubro de 1943, p. 169. Ver também pp. 167-70, 173. Asscher viveu em Bergen-Belsen, Cohen sobreviveu em Theresienstadt. Adler, *Theresienstadt*, pp. 253, 270.

126 De Jong, *Het Koninkrijk der Nederlanden*, vol. 7 (1976), p. 335. Para um boato similar na Croácia, ver Daniel Carpi, "The Rescue of Jews in the Italian Zone of Occupied Croatia," em Ysrael Gutman e Efraim Zuroff, eds., *Rescue Attempts during the Holocaust* (Jerusalém, 1977), p. 520.

127 De Jong, *Het Koninkrijk der Nederlanden*, vol. 7, p. 334.

dicações, o deportado em potencial sabia que os transportes que haviam partido não haviam dado notícias.[128] Devido a esse silêncio, um grande número de judeus foi para a morte ainda com fé na civilização alemã. Um grupo menor, mas não insignificante, optou pelas incertezas dos esconderijos. As dificuldades que esperavam essas pessoas eram claras desde o início. Era mais difícil buscar refúgio como uma família do que esconder uma criança, mais difícil achar abrigo em Amsterdã do que em uma cidade pequena, mais problemático se aproximar de estranhos do que de velhos amigos, mais frustrante buscar ajuda sem dinheiro do que com alguns meios.[129] Os holandeses que ofereciam espaço e comida também tinham problemas. Eles enfrentavam um risco constante. Frequentemente, eles não tinham concordado com um arranjo por tempo indeterminado, mas as semanas se transformavam em meses, e os meses em anos. O que os levava a carregar esse fardo? Muitas vezes, o motivo era um senso de dever moral, mesmo no caso das pessoas que não gostavam dos judeus, e muitas vezes o motivo era o dinheiro, parte do qual ainda estava sendo pago depois da libertação. Sobre os holandeses da alta classe média, dizia-se: "Os pobres oferecem abrigo, os ricos dão o endereço de outra pessoa".[130]

No final, muitos dos judeus escondidos foram pegos, como se pode deduzir das estatísticas dos judeus relatados como escondidos em períodos específicos durante a ocupação:[131]

11 de setembro de 1942	25.000
20 de março de 1943	10.000 a 15.000
25 de junho de 1943	20.000
11 de fevereiro de 1944	11.000

No entanto, esconder-se trazia maiores chances de sobrevivência, ainda mais para todos aqueles que não podiam pleitear um motivo para tratamento privilegiado.

---

128 Mechanicus, *Year of Fear,* entrada de 18 de julho de 1943, pp. 95-96.

129 Louis de Jong, "Jews and Non-Jews in Nazi-Occupied Holland," em Max Beloff, ed., *On the Track of Tyranny* (Londres, 1960), pp. 139-55. Ver também relato, com comentário favorável sobre a ajuda recebida do ramo do Joodsche Raad em Entschede, por Gedulla Menko (1958), Yad Vashem Oral History 228/15.

130 Presser, *The Destruction of the Dutch Jews,* pp. 381-405. O próprio Presser ficou escondido.

131 Relatórios de Bene ao Departamento de Relações Exteriores, com as datas citadas acima, NG-2631.

Logo antes dos Países Baixos serem esvaziados de sua população judia, alguns milhares de vítimas remanescentes tornaram-se elegíveis para deportação para um destino especial. Já no outono de 1942, Zoepf foi avisado por Eichmann de que um transporte de judeus privilegiados poderia "em algum momento [*zu beliebiger Zeit*]" ser dirigido ao "campo de propaganda [*Propagandalager*]" de Theresienstadt.[132] Em 19 de agosto de 1943, Harster solicitou a permissão de Seyss-Inquart para "reassentar" para Theresienstadt três classes de judeus: os condecorados na Primeira Guerra Mundial, os que tinham prestado serviços para a Alemanha durante a paz e os que tinham parentes no gueto do *Protektorat*.[133] Conforme as listas eram compiladas e revisadas em Westerbork, o campo se enchia com o som de "Theresienstadt, Theresienstadt, Theresienstadt, Auschwitz, Auschwitz, Auschwitz".[134] Haveria mais beneficiários da generosidade alemã. Um transporte de 1944 para Theresienstadt levou, além das 344 pessoas nas categorias de Harster, um grupo de 526 indivíduos e dependentes premiados com a aprovação de Eichmann por contribuições meritórias à "desjudeuficação" (*Entjudung*) dos Países Baixos e à operação de Westerbork.[135] No final, a contagem de judeus levados dos Países Baixos para Theresienstadt foi de 4.894,[136] mas no mínimo metade dessas pessoas foram levadas do gueto para Auschwitz em setembro e outubro de 1944. Durante os primeiros meses de 1944, outros 3.750 deportados foram transportados para Bergen-Belsen, prevendo uma possível troca por alemães das áreas controladas pelos britânicos.[137] Cerca de metade das pessoas nesse grupo também não sobreviveu.

Na contagem final, 105 mil judeus foram deportados dos Países Baixos para os seguintes pontos de chegada:

----

132 Anotação de Zoepf, 5 de outubro de 1942, Polícia de Israel 619. Anotação de Fräulein Slottke do telefonema de Günther a Zoepf, 25 de janeiro de 1943, Polícia de Israel 623, Eichmann para Zoepf, 2 de março de 1943, Polícia de Israel 621.

133 Harster para Seyss-Inquart, *19 de agosto de 1943, Nederland in Oorlogstijd*, 25 de janeiro de 1947, p. 88.

134 Mechanicus, *Year of Fear*, entrada de 9 de setembro de 1943, pp. 151-52.

135 Aus der Fünten para *Obersturmführer* Burger (Theresienstadt), 24 de janeiro de 1944, em H. G. Adler, *Die verheimlichte Wahrheit* (Tubinga, 1958), pp. 31-32.

136 Adler, *Theresienstadt*, pp. 40-44.

137 Bene ao Departamento de Relações Exteriores, 9 de fevereiro de 1944, NG-2631.

Mauthausen (1941 e 1942)	1.750
Vários campos de concentração	350
Complexo de Auschwitz	60.000
Sobibór	34.300
Theresienstadt	4.900
Bergen-Belsen	3.750

Um retornou de Mauthausen, 19 de Sobibór, mais de mil de Auschwitz e mais de 4 mil de Theresienstadt e Bergen-Belsen.[138] Aos 100 mil mortos devem ser somados cerca de 2 mil que foram assassinados, cometeram suicídio ou morreram de privações dentro do país, especialmente nos campos de trânsito de Vught e Westerbork.[139]

O processo não terminou com os transportes. Assim que as vítimas desapareceram, um aparato econômico entrou em ação para confiscar suas propriedades. Os pertences abandonados pelos judeus compreendiam principalmente papéis e objetos de valor em bancos e a mobília nas casas. Duas agências foram empregadas nos Países Baixos com o propósito de confiscar esses bens: Lippmann-Rosenthal e Einsatzstab Rosenberg.

O banco judeu liquidado Lippmann-Rosenthal, que havia sido designado como o depositário oficial dos papéis e objetos de valor judeus, agora entrava em ação para processar os despojos. Alguns dos investimentos judaicos foram transformados em dinheiro: títulos foram vendidos, indenizações foram cobradas e apólices de seguro foram resgatadas assim que possível. Regulamentações especiais foram aplicadas ao destino dos objetos de valor. No caso das joias, os itens mais valiosos foram entregues a Göring (aos cuidados do *Oberstleutnant* Veltjens). Outras joias de valor foram oferecidas àqueles que mais tinham apoiado financeiramente o Reich. Joias baratas foram entregues ao *Oberregierungsrat* dr.

---

138 Estatísticas de deportados e retornados compiladas por de Jong, *Het Koninkrijk der Nederlanden,* vol. 8, p. 673.

139 Ver relatório do governo holandês, 16 de outubro de 1945, PS-1726. O remanescente nos Países Baixos consistia de 8 mil a 9 mil judeus em casamentos mistos, um número similar de judeus que estavam escondidos, e cerca de 4 mil em categorias especiais (judeus portugueses, pessoas que buscavam medidas judiciais para determinar sua ascendência não judaica, etc.). Até 5 mil podem ter fugido ou emigrado, e as mortes no parto durante a ocupação somaram alguns milhares.

Heinemann para a *Aktion* de Natal de Göring. Joias que valiam apenas o metal deviam ser fundidas.

Diretrizes similares foram emitidas em relação aos objetos de arte. Os itens mais valiosos deviam ser oferecidos aos especialistas em arte Mühlmann e Posse, a segunda prioridade devia ser dada ao *Reichsführer-ss* Himmler, objetos de arte de valor moderado deviam ser vendidos no comércio de arte alemão, quadros baratos deviam ser disponibilizados para a *Aktion* de Natal, e "arte degenerada" devia ser vendida na Suíça, com o consentimento do Ministério da Economia. Os quadros que retratavam judeus e os pintados por judeus traziam um problema especial cuja solução parece ter sido adiada.

Coleções de selos deviam ser entregues ao Reichspost, e as moedas iriam para o Reichsbank.[140] Os depósitos judaicos em dinheiro e todo o dinheiro apurado nas vendas eram transferidos para uma agência especial do *Reichskommissar*, a *Vermögens- und Rentenanstalt*.[141] Segundo o depoimento pós-guerra de Seyss-Inquart, a quantia acumulada na *Vermögensanstalt* atingiu a soma de 400 milhões de florins.[142]

A segunda parte da operação de confisco, que compreendia a retirada dos móveis dos apartamentos vazios, foi realizada pelo ministro do leste e chefe ideológico do partido, Alfred Rosenberg. Para Rosenberg, essa atividade era praticamente uma continuação natural de seu trabalho no Reich, onde ele confiscou o mobiliário judaico a fim de equipar seus escritórios na Rússia e vender o

---

140 *Generalkommissar* para Finanças e Economia/Referência Pessoal (assinado dr. Holz) para Lippmann-Rosenthal & Co., att. dr. von Karger, 16 de outubro de 1942, enviando a diretriz de Seyss-Inquart da mesma data, NI-13772.

141 Testemunho juramentado de von Karger, 24 de setembro de 1947, NI-13904.

142 Seyss-Inquart deduziu dessa conta a soma de 14 milhões de florins para cobrir o custo da construção do campo de Vught. Depoimento de Seyss-Inquart, *Trial of the Major War Criminals*, XVI, 65-66. Segundo a taxa de câmbio oficial, 400 milhões de florins = RM 530.800.000 = $212.320.000. O acordo entre o *Reichskommissar* e a ss e a polícia chamou a atenção do Escritório de Auditoria do Reich (*Rechnungshof*) e *Ministerialrat* Kallenbach do Ministério das Finanças. Em abril de 1944, no entanto, o ministério concordou com a transação. Rainer Weinert, "*Die Sauberkeit der Verwaltung im Kriege*" (Opladen, 1993), pp. 117-19. Seyss-Inquart também usou, sem permissão do Ministério das Finanças, mais de 8 milhões *Reichsmark* dos fundos confiscados para a compra de objetos de arte que deviam ser enviados a um novo museu em Linz. Frank Bajohr, *Parvenüs und Profiteure – Korruption in der NS-Zeit* (Frankfurt, 2001), p. 130.

excedente ao *Gauleitungen* para as pessoas cujas casas haviam sido bombardeadas. No oeste, Rosenberg invocou sua posição como Reichsleiter encarregado da ideologia para pôr as mãos em todas as propriedades culturais judaicas "sem dono", uma jurisdição que logo se expandiu para abranger o mobiliário na França, Bélgica e Países Baixos.

Os confiscos nas áreas ocupadas foram confiados a um órgão especial, o *Einsatzstab* Rosenberg.[143] A maior parte do mobiliário foi entregue às pessoas do Reich que haviam sofrido bombardeios como um "empréstimo permanente".[144] Muitas das casas judaicas vazias foram desmontadas e levadas peça a peça por uma população holandesa sofredora durante o inverno de 1944-1945.[145]

Enquanto carregava os móveis judeus, o *Einsatzstab* Rosenberg não negligenciava sua missão "cultural" original de coletar, entre outras coisas, bibliotecas particulares para a Hohe Schule, a universidade ideológica do partido. O *Einsatzstab* confiscou bibliotecas de seminários rabínicos e também itens valiosos como a biblioteca da Sociedade Spinoza, que continha "obras extremamente valiosas de grande importância para a exploração do problema de Spinoza" e a Rosenthaliana, uma coleção que havia sido doada à prefeitura de Amsterdã e que foi examinada atentamente devido à luz que poderia lançar a respeito da atitude de Cromwell em relação à influência judaica sobre o desenvolvimento do serviço secreto".[146]

O confisco das propriedades judaicas nos Países Baixos foi tão completo quanto o assassinato de seus proprietários. Em nenhum outro território ocupado do grande semicírculo, os alemães conseguiram, de uma ou de outra forma,

---

143 Ver rascunho de relatórios do *Dienststelle* ocidental do *Einsatzstab* sobre a *Aktion* de mobiliário, final de 1944 ou início de 1945, L-188. Também, memorando de Dellschow (Handelstrust West), 31 de julho de 1943, NI-14822.

144 Rosenberg para Hitler, 3 de outubro de 1942, PS-41. Lippmann-Rosenthal, que reivindicou a receita gerada pela venda dos móveis, nunca recebeu nenhum pagamento. Testemunho juramentado de von Karger, 24 de setembro de 1947, NI-13904.

145 Gerald Reitlinger, *The Final Solution* (Nova York, 1953), -p. 341-42.

146 Relatório de Hohe Schule, sem data, PS-171. Relatório do Grupo de Trabalho dos Países Baixos do Einsatzstab Rosenberg, sem data, PS-176. Rosenberg tinha autoridade para confiscar todas as bibliotecas e arquivos nos Países Baixos. Keitel para von Brauchitsch e Befehlshaber nos Países Baixos, 9 de julho de 1940, PS-137.

coletar tanta riqueza judaica. O fenômeno é explicado pelo fato de que, na maioria das áreas sob o domínio do Eixo, os alemães tinham de fazer concessões de propriedades às autoridades locais a fim de obter toda a cooperação possível nas deportações. Nos Países Baixos, essas concessões não foram necessárias. Três em cada quatro judeus que habitava os Países Baixos no início da ocupação estavam mortos no final.

A situação geográfica dos Países Baixos e a natureza da administração alemã ali instalada favoreceram o trabalho de destruição. Esforços extraordinários por parte dos judeus e dos holandeses teriam sido necessários para alterar essa situação, e os judeus não conseguiram agir contra isso de modo coordenado.

Os esforços de sobrevivência judaica nos Países Baixos foram, essencialmente, um produto da iniciativa individual para benefício particular. O padrão foi estabelecido com os acordos individuais para emigração realizados pelos judeus abastados no início da ocupação. E continuou com os apelos para isenção ou adiamento com bases que iam da indispensabilidade à esterilidade. Como último recurso, uma família judia desesperada só podia ter esperanças de se salvar ao se esconder. Aqueles que não conseguiram isso foram capturados pela polícia de Rauter ou entregues aos alemães pelos colaboradores. Esse foi o destino da grande maioria.

E o que dizer do papel dos holandeses? Que tipo de fator desempenhou a população holandesa na arena da destruição? Quando os alemães atacaram os Países Baixos, em maio de 1940, os holandeses reagiram lutando abertamente alguns dias e se acomodando durante cinco anos em uma mistura de colaboração burocrática e sabotagem clandestina. Algo muito semelhante aconteceu em uma escala um pouco menor em relação aos judeus. Certa vez, na ocasião da deportação de Mauthausen, em fevereiro de 1941, os holandeses demonstraram seus sentimentos em relação a seus vizinhos judeus com uma greve geral inequívoca, mas quando os grevistas foram vencidos não houve outras demonstrações. Havia, de fato, muita cooperação administrativa, evidenciada pela participação dos bancos holandeses na venda dos valores mobiliários, pelo trabalho de registro do serviço público holandês e pelo papel da polícia holandesa. Considerável como pode ter sido essa colaboração, ela foi igualada pelo menos em parte pela tentativa de sabotagem do processo de destruição por meio de ocultação em massa de milhares de judeus em mosteiros, orfanatos e lares. Poucos judeus sobreviveram nos Países Baixos, mas esses poucos foram salvos em resultados de esforços extremos, pois os Países Baixos foram o território do oeste ocupado em que os judeus não tiveram nenhuma chance de sobrevivência.

Luxemburgo

Encaixado entre o Reich, Bélgica e França, um pequeno país foi rapidamente vencido na campanha de 1940. Esse país era Luxemburgo. O grão-ducado tornou-se um território quase incorporado sob a jurisdição do *Gauleiter* Gustav Simon do vizinho *Gau* de Koblenz-Trier.[1] Simon tinha o título de *Chef der Zivilverwaltung* (Chefe da Administração Civil) no novo território. Não havia, portanto, uma aplicação automática dos estatutos do Reich em Luxemburgo, mas Simon perdeu pouco tempo em acompanhar seu país de origem.

A contagem dos judeus do grão-ducado, no censo de 31 de dezembro de 1935, era de 3.144. Um número significativo desses residentes fugiu durante o período inicial de invasão e ocupação. Depois de uma ameaça de expulsão em massa feita por Simon, um novo êxodo – parcialmente em pequenos grupos organizados – começou em agosto de 1940 e continuou até o início de 1941, abrangendo cerca de 1.400 judeus. Em julho de 1941, sobravam menos de 800.[2] Simon moveu-se contra todos que ainda estavam a seu alcance com rapidez e presteza. Rascunhos de ordens com definições, cláusulas de expropriação e medidas de concentração foram submetidos a sua aprovação dentro de poucas semanas.[3] A parte econômica do programa foi realizada sem perda de tempo.

Em 5 de setembro de 1940, menos de um mês depois de assumir o cargo, Simon emitiu um decreto para a expropriação das propriedades judaicas. A

---

1 Ordem de Hitler, 2 de agosto de 1940, NOKW-3474.

2 Ino Arndt, "Luxemburg," em Wolfgang Benz, *Dimension des Völkermords* (Munique, 1991), pp. 95--104, nas pp. 100-101. Memorando de Berthold Storfer (Comunidade Judaica de Viena), 24 de abril de 1941, em uma reunião que ele e outros líderes judeus realizaram com Eichmann sobre a emigração de Luxemburgo, Museu Memorial do Holocausto dos EUA, Número de acesso 1997 A 0080 (Arquivos Luxemburgo), rolo 2. Também *Einsatzkommando* Luxemburg/SD *Führer* para SD *Abschnitt* Koblenz, 15 de julho de 1941, EAP 173-g-12-14/7, documento anteriormente arquivado no Federal Records Center, Alexandria, Virginia. Segundo o *Kommando*, 425 judeus estavam aptos para o trabalho e 305 eram velhos ou doentes. O total da população judia remanescente era de 796 pessoas. Alguns meses depois, a comunidade judaica de Luxemburgo estimou o total em cerca de 750. Ver o memorando de 13 de outubro de 1941, Arquivos do Museu do Holocausto, Número de acesso 1997 A 0080, rolo 2.

3 Frick para Lammers, 31 de agosto de 1940, NG-2297. Memorando da chancelaria do Reich, 6 de setembro de 1940, NG-2297.

administração dessa ordem foi confiada ao *Gauinspektor* Ackermann, "que havia anteriormente realizado, com grande sucesso, as arianizações no *Gau* Moselland [Koblenz-Trier] e que levou para a nova tarefa uma ampla experiência". A população judia foi então contada, e suas propriedades foram catalogadas.

Os expropriadores descobriram que havia 335 empresas judaicas em Luxemburgo; apenas 75 delas foram consideradas adequadas para arianização. Os administradores judiciais indicados para a direção dessas empresas foram escolhidos apenas entre os "luxemburgueses de etnia alemã". As empresas liquidadas estavam em ramos "sobrecarregados" e foram, portanto, retiradas da lista com a aprovação do diretor da Câmara de Indústria e Comércio local.

Em Luxemburgo, os judeus também possuíam 380 fazendas. Essas propriedades foram imediatamente arrendadas a novos administradores. Outros 159 hectares de terras judaicas não cultivadas seriam oferecidas a camponeses "luxemburgueses de etnia alemã" para venda.

A mobília que havia sido deixada para trás pelos judeus fugitivos foi colocada à disposição da administração, incluindo o Zivilverwaltung, o Reichsbahn, o Reichspost, a Juventude Hitlerista e outros órgãos. Uma pequena parte dos móveis foi vendida a "alemães locais".[4]

Dentro de um ano (no verão de 1941), o *Gauleiter* Simon estava à frente do Reich na implementação de suas medidas antijudaicas. Ele havia instituído diversas proibições que afetavam a liberdade de movimento, e os judeus eram obrigados a usar tarjas amarelas na manga esquerda das roupas.[5]

Uma concentração parcial começou em agosto de 1941 no mosteiro *Fünfbrunnen* em Ulflingen, no norte do grão-ducado. Muitos dos judeus presos ali, na maioria idosos, estavam em isolamento completo. O único telefone que os ligava

---

4 "Verwaltung und Verwendung des Judenvermögens in Luxemburg," *Die Judenfrage,* 31 de maio 1941, p. 97. Nem tudo, porém, podia ser disponibilizado. Algumas ações e obrigações permaneceram e, no final de junho de 1944, o dr. van Hees do Ministério da Economia ofereceu-as à venda em nome do Chefe do *Zivilverwaltung.* Nesse ponto, nem o Bank der Deutschen Arbeit nem o Dresdner Bank estavam interessados. Hees para Rinn (Dresdner Bank), 26 de junho de 1944, e correspondência subsequente nos Arquivos Federais Alemães, R 7/3169.

5 *Die Judenfrage,* 10 de setembro de 1941, p. 167. Com respeito à marcação, Simon antecipou-se a todas as jurisdições na área de deportação, exceto apenas a Polônia.

à Comunidade, na cidade de Luxemburgo, foi removido em novembro de 1941[6] e, em 10 de junho de 1942, Alfred Oppenheimer, o "ancião" judeu, pediu ao comandante da polícia de segurança *Einsatzkommando* Luxemburgo, *Oberregierungsrat* Fritz Hartmann, pela segunda vez, que lhes permitisse um breve tempo diário ao ar livre, pois não haviam tido permissão de sair do prédio por cinco meses.[7]

Nessa época, a comunidade de Luxemburgo já tinha passado pela primeira deportação. Em 5 de outubro de 1941, os líderes judeus do Grão-Ducado informaram aos judeus que um transporte estava de saída para o "leste". Pediram-lhes que enfrentassem seu destino de "cabeça erguida". Eles não estariam sozinhos, pois 20 mil irmãos e irmãs no Reich também foram afetados.[8] Dois dias depois, uma data de partida foi publicada: seria 17 de outubro.[9] Em 13 de outubro, a liderança judia, agarrando-se à esperança de que os alemães poderiam se contentar em apenas retirar os judeus de suas casas, propuseram que toda a comunidade fosse concentrada em Fünfbrunnen. Como o mosteiro não podia abrigar todos os judeus, o memorando incluía uma sugestão de que fossem construídos alojamentos por conta da comunidade.[10] Mas o trem partiu de Luxemburgo em 16 de outubro com 334 judeus, parando em Trier para carregar mais 180 deportados.[11] Seu destino era o gueto de Łódź.[12] Nenhuma carta saiu do gueto, mas a Comunidade de Luxemburgo tinha notícias de que os deportados precisavam de dinheiro.[13]

----

6 Alfred Oppenheimer (Presidente do *Israelitische Kultusgemeinde* em Luxemburgo) e seu chefe de Gabinete, Martin Meyer, para o *Einsatzkommando*/2E, 20 de novembro de 1941, Museu Memorial do Holocausto dos EUA, Número de acesso 1997 A 0080, rolo 2. O numeral arábico 2 devia ser II, uma seção dirigida pelo *Kriminalkommissar* Sebastian Ranner. E era coordenada pelo seu especialista em questões judaicas, Otto Schmalz.

7 Oppenheimer e Meyer para Hartmann, 10 de junho de 1942, *ibid.*

8 Anúncio feito por Gemeinde, 5 de outubro de 1941, *ibid.*

9 Anúncio feito por Gemeinde, 7 de outubro de 1941, *ibid.*

10 Memorando do Gemeinde, 13 de outubro de 1941, e Oppenheimer ao *Einsatzkommando*/2E, 20 de novembro de 1941, relacionando as necessidades de ferro e madeira, *ibid.*

11 "Luxemburg judenfrei," *Luxemburger Wort*, 17 de outubro de 1941. Oppenheimer à Comunidade Judaica em Colônia, 4 de dezembro de 1941, *ibid.*

12 Łódź Ghetto Collection, nº 58, p. II, 19. O número de deportados que chegaram foi 512.

13 Oppenheimer para a Comunidade Judaica em Colônia, 4 de dezembro de 1941, Museu Memorial do Holocausto dos EUA, Número de acesso 1997 A 0080, rolo 2.

Quando foi feita uma tentativa para obter permissão para envio de pequenas somas, o escritório de Ackermann rejeitou peremptoriamente o pedido.[14]

A ideia do alojamento não foi imediatamente descartada pelo *Einsatzkommando*. Até o momento, não havia campos de extermínio e, nesse ínterim, Fünfbrunnen significava completo controle da ss sobre os judeus remanescentes. Por algum tempo, o *Kommando* se correspondeu com o *Rüstungskommando* em Luxemburgo e as ferrovias em Saarbrücken para alocação e transporte de madeira,[15] mas em maio de 1942, os apartamentos judeus foram marcados[16] e, por fim, os alojamentos foram vetados porque a *Wehrmacht* precisava dos materiais.[17]

Lentamente, os judeus de Luxemburgo desapareceram. Menos de cem foram enviados para o distrito de Lublin e Auschwitz. Depois, diversos transportes levaram quase todos os outros para Theresienstadt. Cerca de 42 retornaram.[18]

Bélgica

Passando dos Países Baixos e de Luxemburgo, controlados por civis, para as áreas militares da Bélgica e da França, encontramos um tipo diferente de administração alemã. Os governos militares diferiam de seus vizinhos civis tanto em propósito quanto em caráter. Os Países Baixos e Luxemburgo eram áreas "germânicas" e, desse modo, foram transformadas respectivamente em um "protetorado" (*Schutzstaat*) e um território quase incorporado.[1] Esse status devia ser final. A Bélgica e a França, por outro lado, eram regiões "românicas". Exceto as províncias anexadas (Malmédy-Eupen na Bélgica, Alsácia-Lorena na França), esses países não estavam destinados a se tornar unidades administrativas em um Reich alemão mais amplo. Eles deviam ser colocados em uma posição separada e subordinada por uma Alemanha vitoriosa no final da guerra. Portanto, a ocupação da Bélgica e França pretendia ser temporária. Todo o aparelho

---

14 Chefe do *Zivilverwaltung/Verwaltung des jüdischen Vermögens* IV A/III (assinado *Direktor* Rabsch) para *Generalbank* Luxemburgo, 4 de novembro de 1941, *ibid.* IV-A era chefiada por Ackermann.

15 *Einsatzkommando* (assinado Cimon) a *Eisenbahndirektion* Saarbrücken, 10 de abril de 1942, *ibid.*

16 Oppenheimer e Meyer ao *Einsatzkommando*/II B 3, 20 de maio de 1942, *ibid.*

17 Diário de guerra, *Rüstungskommando* Metz, *Aussenstelle* Luxemburgo (assinado por Major Knorth), 9 de setembro de 1942, wi/Ia 6.3.

18 Paul Cerf, *Longtemps j'aurai mémoire* (Luxemburgo, 1974), pp. 198-213.

1 Stuckart, *Neues Staatsrecht*, II, 121, 84.

administrativo alemão nesses países tinha um objetivo provisório, e os oficiais encarregados desse aparelho eram senhores supremos emergenciais em época de guerra.

À luz do propósito geral da ocupação, os generais alemães na Bélgica e França tendiam a considerar sua missão como envolvendo principalmente o avanço da segurança militar e da exploração econômica. Para esses generais, a destruição dos judeus se apresentava como uma tarefa secundária. Existem até mesmo algumas evidências de que, durante o estágio de planejamento que precedeu a campanha ocidental, os militares tinham esperança de evitar completamente o envolvimento nas complicadas questões judaicas. Assim, uma ordem do *Oberquartiermeister* do Sexto Exército, datada de 22 de fevereiro de 1940, afirmava:

> Uma exposição [*ein Aufrollen*] da *questão racial* deve ser evitada porque intenções de anexação poderiam ser inferidas disso. A única circunstância de que um habitante é judeu não deve servir como base para medidas especiais dirigidas contra ele.[2]

Os generais no oeste não estavam ansiosos para agir contra a minoria judaica porque já estavam muito ocupados com as funções "comuns" de um governo militar. Porém, eles não parecem ter sido motivados por nenhuma consideração humanitária. Sua relutância diante de uma atribuição especial que interferia com as tarefas básicas da ocupação não deve ser confundida com o desejo de evitar a destruição total da comunidade judaica. O exército alemão não era o protetor dos judeus e era capaz, sob pressão, de resolver também seus problemas secundários.

Na Bélgica de antes da guerra não havia contagens de censo por religião. O mais provável é que a população judaica do país às vésperas da invasão alemã fosse de mais de 65 mil.[3] Quase todos os judeus viviam em quatro grandes cidades, principalmente em Antuérpia e Bruxelas, mais alguns milhares em Liège e

---

2 Ordem do 6º Exército/OQu/Qu 2 (assinado pelo *Oberquartiermeister* Pamberg) para "Administration and Pacification of the Occupied Areas of Holland and Belgium," 22 de fevereiro de 1940, NOKW-1515.

3 Ver Serge Klarsfeld e Maxime Steinberg, *Mémorial de la déportation des juifs de Belgique* (Bruxelas e Nova York, 1982), material introdutório sem numeração de página.

Charleroi.[4] A grande maioria dos judeus na Bélgica não tinha nacionalidade belga. Muitos eram imigrantes do leste da Europa e refugiados do Reich.[5]

Quando as forças alemãs começaram a cruzar a fronteira, milhares fugiram para o sul. O recém-criado governo militar alemão procurava um modo de aliviar ainda mais seu fardo, e não demorou muito para mais 8 mil judeus (principalmente refugiados do Reich) serem enxotados para a vizinha França.[6] Os registros posteriores de judeus chegaram a 55.670 e mais 516 em dois departamentos do norte francês, anexados ao *Militärbefehlshaber* em Bruxelas. Além disso, 1.078 cônjuges arianos em casamentos mistos também foram registrados.[7] Os administradores alemães agora tinham um quadro estatístico de suas vítimas.

As principais personalidades do cenário belga eram os representantes dos militares, a ss, o Departamento de Relações Exteriores e as empresas privadas. O setor oficial pode ser retratado resumidamente:[8]

---

4 Em 1936, cerca de 53% dos judeus belgas moravam em Antuérpia e 38% em Bruxelas. Os percentuais, calculados por R. Van Doorslar, são citados por Lieven Saerens, "Antwerp's Pre-War Attitude toward the Jews," em Dan Michman, ed., *Belgium and the Holocaust* (Jerusalém, 1998), pp. 159-94, na p. 160.

5 O número registrado na área do *Reich-Protektorat* foi de 8.216. Ver os números consolidados para 31 de outubro de 1941, preparados pelo *Reichsvereinigung* para a Gestapo, Leo Baeck Institute, microfilme 66.

6 Ministério do Interior (assinado Jacobi) para Departamento de Relações Exteriores (att. St.S. Weizsäcker), 19 de novembro de 1940, incluindo o relatório do comandante militar na Bélgica e norte da França para outubro de 1940, NG-2380.

7 Klarsfeld e Steinberg, *Mémorial,* material introdutório. Depois de 1944, o governo belga identificou 8.414 judeus que não constavam nas listas de registro alemãs, *ibid.* Na maioria, esses eram judeus que tinham fugido ou sido expulsos da Bélgica.

8 O escritório do *Militärbefehlshaber* era dividido em duas equipes: um *Verwaltungsstab,* chefiado por Reeder, e um *Kommandostab,* que se preocupava com questões puramente militares. Regionalmente, a administração militar subdividiu-se em *Feld-* e *Ortskommandanturen.* Para detalhes, ver U.S. Army Service Manual M 361-2A, *Civil Affairs Handbook Belgium* (preparado pelo Departamento de Serviços Estratégicos), 16 de maio de 1944, pp. 15-19.

Ehlers tinha sido encarregado da Seção IV do *Einsatzgruppe B* antes de sua chegada na Bélgica. Canaris (um sobrinho do almirante) era IdS da Prússia Oriental (com jurisdição sobre o Distrito de Bialystok). Em 1942, a seção judaica subordinava-se à II. Sobre o papel da Polícia de Segurança e SD

Militärbefehlshaber	von Falkenhausen
Verwaltungsstab	Reeder
Assistente	Craushaar
ss e polícia	Jungclaus
Plenipotenciário de segurança	
Polícia e SD	Ehlers (Konstantin Canaris)
IV	Straub
Seção judaica (em sucessão)	Asche, Erdmann, Weidmann
Representante do Departamento de	von Bargen
Relações Exteriores	

Cinco meses depois do início da ocupação, o trabalho desses homens refletiu-se nas primeiras medidas antijudaicas na Bélgica. Em outubro de 1940, o *Militärbefehlshaber* emitiu dois decretos que abarcavam todas as etapas preliminares do processo de destruição. O conceito de "judeu" foi definido. Advogados e funcionários públicos judeus perderam seus cargos. Empresas e ações judaicas estavam sujeitas a registro, e todas as transações eram submetidas à aprovação oficial. Finalmente, a população judia também recebeu ordens de se registrar para vigilância futura.

Era evidente o fato de que os judeus da Bélgica não tinham muitas riquezas. Um relatório do *Militärbefehlshaber* em outubro de 1940 menciona que "a influência dos judeus na vida econômica da Bélgica tem sido muito tênue. Exceto o setor de diamantes na área de Antuérpia, a participação judaica na economia belga praticamente nem merece ser mencionada".[9] Apesar da baixa quantia do possível saque, o setor empresarial alemão demonstrou interesse considerável no mercado de arianização belga. Em decorrência de uma ordem do *Militärbefehlshaber*, três bancos comerciais alemães estabeleceram-se na Bélgica: o Continentale Bank, o Hansabank e o Westbank.[10] Eles mal tinham se organizado para os negó-

---

nas deportações, ver Serge Klarsfeld e Maxime Steinberg, eds., *Die Endlösung der Judenfrage in Belgien* (Nova York e Paris, 1980).

9 Relatório do *Militärbefehlshaber* sobre outubro de 1940, NG-2380.

10 Continentale Bank/Abwicklungsstelle Reich para Devisenstelle Frankfurt, 31 de janeiro de 1945, NI-10229. Depoimento de Paul-Georges Janmart (funcionário belga do Continentale Bank), 22 de março de 1947, NI-13940. O Continentale Bank era uma empresa subsidiária do Dresdner Bank.

cios quando alguns clientes apareceram em suas listas como partes interessadas em "dicas úteis": Schultheiss Brauerei, Krupp, Siemens, Allgemeine Elektrizitäts-gesellschaft (AEG), Brown Boverie e Deutsche Asbest Zement A. G.[11]

A campanha geral de penetração de capital nos Países Baixos e na Bélgica estava sujeita, em questões políticas fundamentais, à aprovação da Divisão de Comércio Exterior do Ministério da Economia.[12] Em setembro de 1941, depois de cerca de um ano de arianização na Bélgica, o exército fez uma tentativa fracassada de garantir uma parte das empresas judaicas para os soldados. Na ocasião de uma conferência sobre penetração de capital no Ministério da Economia, o representante do *Militärbefehlshaber* na Bélgica, *Kriegsverwaltungsrat* dr. Pichier, sugeriu que trezentas empresas não arianizadas atacadistas e varejistas em seu território, com um lucro de cerca de 10 mil Reichsmark por ano, fossem reservadas para os veteranos de guerra alemães. A proposta do dr. Pichier foi enfaticamente rejeitada. Argumentaram que a guerra ainda estava acontecendo, que a administração judicial teria de ser instituída até que os veteranos voltassem, e que essas empresas, nas quais o contato pessoal entre proprietários e clientes era muito importante, não seriam adequadas para administração judicial. Portanto era aconselhável, concluíram os conferencistas, que essas arianizações fossem realizadas por empresários alemães que tinham bastante capital e podiam suportar um boicote belga.[13] Não há evidências de que o *Kriegsverwaltungsrat* Pichier tenha feito alguma nova tentativa para beneficiar os soldados na campanha de arianização.

No final de 1942, as arianizações na Bélgica estavam praticamente concluídas. Os dados na Tabela 8.13, que foram preparados no escritório do *Militärbefehlshaber*,

---

11 Fritz André (Dresdner Bank) para *Direktor* Overbeck (futuro gerente do Continentale Bank em Bruxelas), 15 de agosto de 1940, NI-13827. Para uma operação típica do Continentale Bank, ver Overbeck para Georg Stiller (*Sekretariat* dr. Rasche do Dresdner Bank), 21 de julho de 1941, enviando um relatório sobre a tentativa de adquirir a Grands Moulins de Bruxelles e outras empresas, NI-13831.

12 Ordem do Ministério da Economia, 28 de maio de 1940, NG-55. A Divisão de Comércio Exterior era chefiada pelo *Unterstaatssekretär* von Jagwitz. Os países ocidentais eram detalhados para o *Ministerialdirigent* dr. Schlotterer. O *Referat* "entrelaçamento de capital" na seção de Schlotterer era chefiado pelo dr. Gerhard Saager. Testemunho juramentado de Saager, 16 de dezembro de 1947, NI-13775.

13 Resumo da conferência do Ministério da Economia sob a presidência do *Ministerialrat* Schultze-Schlutius (substituindo o *USt.S.* von Jagwitz), 23 de setembro de 1941, NI-10699.

TABELA 8.13 Arianizações e liquidações belgas

	TOTAL	PORCENTAGEM	TRANSFERIDOS	LIQUIDADOS	AGUARDANDO VENDA
Setor têxtil	1.220	15,8	22	1,161	37
Indústria de vestuário	965	12,5	50	876	39
Agentes comerciais	685	8,9	23	599	63
Indústria de diamantes	675	8,7	13	647	15
Indústria de couros	520	6,7	8	494	18
Comércio de diamantes	500	6,5	14	469	17
Comércio de couros	453	5,9	20	399	34
Comércio de produtos alimentícios	383	4,9	12	361	10
Indústria metalúrgica	163	2,1	56	87	20
Comércio de produtos metalúrgicos	156	2,0	26	111	19
Produtos químicos	142	1,8	65	39	38
Enfermagem	137	1,8	5	124	8
Propriedades imóveis	122	1,6	9	0	113
Diversos	1.608	20,8	265	1.021	322
Total	7.729	100,0	588	6.388	753

Nota: Relatório do *Militärbefehlshaber* sobre exploração econômica, 1º de abril de 1943, Wi/IA 4.60. Ao mesmo tempo, a situação de 652 empresas judaicas nos dois departamentos franceses era a seguinte: transferidas, 33; liquidadas, 207; aguardando destinação, 412. *Ibid.*

indicam quantas empresas em cada setor foram "desjudeuficadas" (*entjudet*, isto é, transferidas), liquidadas, ou estavam "flutuando" (*in Schwebe*, isto é, aguardando a disposição) em 31 de dezembro de 1942. O valor dos bens judaicos confiscados (*überwachtes Judenvermögen*), em Reichsmark, é mostrado na Tabela 8.14.

TABELA 8.14 Valor dos bens judaicos confiscados

	FIM DE 1941	FIM DE 1942
Dinheiro em bancos	nenhum	6.150.000
Títulos e papéis	80.000.000	70.650.000
Propriedades imóveis (2.814)	36.000.000	50.000.000
Total	116.000.000	126.800.000

Nota: Relatório econômico de *Militärbefehlshaber*, 1º de abril de 1943, Wi/IA 4.60.

Deve-se observar que os bancos foram lentos em relatar as contas judaicas e que, portanto, o montante real de dinheiro que os judeus possuíam, aumentado com o rendimento da venda de quase seiscentas empresas, foi muito maior do que os 6.150.000 Reichsmark mostrados na Tabela 8.14. No entanto, o depósito total acumulado na Bélgica deve ter sido muito mais baixo do que o meio bilhão que foi ultrapassado nos Países Baixos. Os judeus belgas tinham comparativamente pouco dinheiro para começo de conversa. As cerca de seiscentas arianizações provavelmente não resultaram em grandes somas, e a venda dos títulos e das propriedades imóveis traziam dificuldades especiais para a administração militar alemã.

Durante uma conferência no Ministério das Finanças, em dezembro de 1942, o *Kriegsverwaltungsrat* Pichier revelou alguns dos esforços da administração para se livrar de propriedades imóveis, diamantes e outros itens. O público belga, disse ele, demonstrava uma "aversão" (*Abneigung*) à aquisição de propriedades judaicas do *Militärbefehlshaber*. Por esse motivo, muitos bens imóveis ficaram isentos de confisco. A venda deles foi realizada por uma instituição estatal, a Brussels Trusteeship Corporation, que aparecia nesses casos como um administrador judicial para o proprietário judeu. Depois, os rendimentos da venda eram confiscados. Até então, porém, o *Militärbefehlshaber* não tinha resolvido uma outra dificuldade na venda das propriedades imóveis. Os preços haviam sido congelados e os tetos dos preços oficiais eram apenas 40% do valor real. Para aliviar essa disparidade de preços, a Trusteeship Corporation esperava aumentar as hipotecas sobre as casas judaicas até o máximo possível. Os credores estavam disponíveis em número suficiente, e o dinheiro emprestado podia ser confiscado de imediato.

Outro item que exigia cuidado na destinação era o estoque de diamantes das lojas liquidadas na área de Antuérpia. Uma pequena quantidade, relatou dr. Pichier, tinha sido vendida em moeda estrangeira no sul da França. Também não se havia feito muito progresso na destinação do mobiliário. A Trusteeship Corporation estava entrando nos apartamentos judaicos assim que eles eram esvaziados. Ainda assim, alguns dos móveis tinham de ser vendidos para pagar aluguéis atrasados e alguns eram solicitados pelo oficial de finanças da Wehrmacht para os soldados. Os móveis de valor seriam vendidos no Reich. Os objetos de arte seriam entregues para o *Oberfeldführer* von Behr da Cruz Vermelha, diretor do Einsatzstab Rosenberg em Paris. Ouro e joias foram fundidos.

Durante a abertura dos cofres, a administração militar também tinha achado grande quantidade de títulos. Uma tentativa estava sendo feita, relatou o dr. Pichier, para coletar grandes volumes de ações a fim de garantir "desde já a influência posterior do Reich".[14] No entanto, a venda dos títulos desnecessários no mercado belga iria encontrar um grande obstáculo. O presidente da Bolsa de Valores de Bruxelas, van Dessel, recusou-se a aceitar os papéis na ausência dos proprietários judeus. Sob a direção do *Devisenschutzkommando West* (o órgão encarregado dos títulos e outros papéis na Bélgica, França e Países Baixos), as ações então receberam o carimbo "propriedade do Reich alemão" para serem vendidas na bolsa ou em leilão pelo maior lance por três bancos alemães no país.[15] Foi assim que os alemães tentaram saquear o que podiam na Bélgica.

Em outubro de 1940, quando o *Militärbefehlshaber* estabeleceu as bases para o processo de destruição econômica, e instituiu também a primeira medida

---

14 Resumo da conferência do Ministério das Finanças com participação do *MinRat* dr. Maedel e vários *Kriegsverwaltungsräte* do oeste, 11 e 12 de dezembro de 1942, NG-5369. O Ministério das Finanças era o órgão de registros definitivo para os bens confiscados em favor do Reich. Um item não mencionado nesta conferência, entre outras coisas, foi um lote de mil peles femininas que haviam sido "disponibilizadas" por empresas judaicas liquidadas para a OKW. *Diário de guerra Rü In Belgien*, 19 de maio de 1942, wi/IA 4.69.

15 Memorando do Conde Philip Orssich (Continentale Bank), sem data, provavelmente 1944, NI-5776. Para as estatísticas de transações envolvendo também títulos transmitidos para a Bélgica pelo Lippmann-Rosenthal nos Países Baixos e pelo Bank der Deutschen Arbeit em Luxemburgo, ver Inspetor-chefe do Escritório de Registros, Bruxelas (assinado Hopchet) para Comissário para Auditoria Geral, Bruxelas (Jans), 22 de março de 1947, NI-7358.

de concentração: o registro dos judeus. No ano seguinte, foram feitas tentativas para estabelecer um conselho judaico, mas todos os líderes judeus, exceto dois importantes rabinos, haviam deixado o país no início da invasão. Um desses rabinos (dr. Salomon Ullmann, antigo chefe dos capelães judeus no exército belga) foi escolhido pelos judeus como *Grand Rabbi de Belgique*, depois de consulta com os secretários gerais belgas e o cardeal van Roey. Ele devia coordenar um comitê, transformado em 25 de novembro de 1941 na *Association des Juifs en Belgique*, o *Judenrat* belga. Todos os judeus estavam sujeitos à direção dessa organização e dos comitês locais que foram criados em Bruxelas, Antuérpia, Liège e Charleroi.[16]

Em outubro de 1941, o *Militärbefehlshaber* também instituiu uma ordem de recolher e ordenou a restrição de todas as residências judaicas às mesmas quatro cidades. Como usual, a razão atribuída a essas medidas era a alegação de que os judeus "ainda ousavam se envolver em atividades do mercado negro".[17]

Em junho de 1942, os judeus foram marcados com uma estrela,[18] e milhares de homens de 16 a 60 anos, além de mulheres de 16 a 40 anos, foram levados para projetos de trabalho forçado da Organisation Todt. Em setembro, um escritório de construção regional (*Oberbauleitung*) da Organisation Todt em Audinghen usou 2 mil desses judeus.[19] As deportações, porém, já estavam agendadas e a Bélgica foi informada da cota inicial a cumprir: 10 mil.[20] Assim, a Polícia de Segu-

---

16 *Civil Affairs Handbook Belgium*, p. 38-39. Para uma história concisa da *Association des Juifs*, ver Maxime Steinberg, "The Trap of Legality: The Association of the Jews of Belgium", Proceedings of the Third Yad Vashem International Conference, *Patterns of Jewish Leadership in Nazi Europe, 1933-1945* (Jerusalém, 1979), pp. 353-76.

17 *Die Judenfrage*, 14 de outubro de 1941, p. 208.

18 Sobre a distribuição das estrelas, assumida basicamente pela *Association des Juifs*, ver Steinberg, "The Trap of Legality", *Patterns of Jewish Leadership*, p. 361.

19 Relatório final do *Militärbefehlshaber* sobre a política de salários e utilização de trabalho, sem data, depois de setembro de 1944, pp. 78-79, 254-55, wi/IA .24. O *Oberbauleitung* pertencia ao *Einsatzgruppe* da Organisation Todt no oeste. A base em Audinghen estava situada atrás de Cap Gris-Nez, projetando-se para o Canal da Mancha, na França ocupada. Franz Seidler, *Die Organisation Todt* (Bonn, 1998), p. 32. Nos registros alemães e no livro de Seidler, o local é referido como Audinghem.

20 Eichmann a Rademacher, 22 de junho de 1942, NG-183.

rança estabeleceu um campo de trânsito para possíveis deportados em Mechelen (Malines em francês), quase a meio caminho entre Antuérpia e Bruxelas, e a curta distância de ambas.[21]

Em 9 de julho de 1942, o representante do Departamento de Relações Exteriores, von Bargen, relatou que o *Militärverwaltungschef* Reeder estava conversando com Himmler sobre as deportações propostas. Von Bargen observou diversos obstáculos no caminho da administração alemã: os belgas não compreendiam (*Verständnis*) a questão judaica, os próprios judeus mostravam-se "agitados" (*Unruhe*) e os alemães sofriam com a escassez de forças policiais. Desse modo, as capturas teriam de ser dirigidas primeiro contra os poloneses, tchecos e "outros" (*sonstige*) judeus.[22] Algumas semanas depois, o *Armament Inspector*, o major-general Franssen, observou um "forte afluxo" de trabalhadores judeus para a indústria local.[23]

Os oficiais de propaganda apontaram para as "grotescas tentativas de camuflagem" (*groteske Tarnungsversuche*), como a realização de 25 a 30 casamentos mistos durante um período de 14 dias em Charleroi.[24] Um pequeno grupo de judeus *partisans* aumentou ainda mais os problemas dos ocupadores alemães, invadindo os escritórios da *Association des Juifs* para queimar listas de judeus destinados ao "trabalho", em 25 de julho de 1942, e assassinando o chefe de trabalho da associação, Robert Holcinger, em 29 de agosto de 1942.[25]

Quando a primeira cota foi completada em setembro, von Bargen relatou fugas em grande escala. Os judeus estavam se escondendo com famílias belgas.

---

21 Julgamento do *Oberlandesgericht* Schleswig para iniciar o julgamento de Ehlers e outros em Kiel, 8 de março de 1977, em Klarsfeld, *Die Endlösung in Belgien*, pp. 123, 126-28, 159.

22 Von Bargen para o Departamento de Relações Exteriores, 9 de julho de 1942, NG-5209. Eichmann para Ehlers em Bruxelas, 1º de agosto de 1942, documento da Polícia de Israel no julgamento de Eichmann 710.

23 *Armament Inspectorate* Bélgica para OKW/WI RÜ, 1º de agosto de 1942, Wi/Ia 4.64.

24 Relatório sobre o moral (*Stimmungsbericht*) *Militärbefehlshaber Belgien*/Propaganda, 9 de agosto de 1942, OKW-733.

25 Steinberg, "The Trap of Legality", *Patterns of Jewish Leadership*, pp. 364, 368. Em 19 de abril de 1943, um judeu da resistência e dois de seus amigos não judeus pararam um trem, destrancaram as portas de vários vagões e libertaram duzentos deportados. Klarsfeld e Steinberg, *Mémorial*, página não numerada na introdução.

Muitas vítimas em potencial tinham carteiras de identificação belgas, e outras fugiram para a França, tanto a ocupada como a não ocupada.[26]

No dia em que esse relatório pessimista foi enviado a Berlim, o *Obersturmführer* Asche chamou os membros da associação a seu escritório e os informou de que, como uma punição por sua resistência passiva, todos os judeus seriam evacuados da Bélgica. O rabino Ullmann e quatro de seus assistentes foram então enviados por alguns dias para o campo de concentração de Breendonck, presumivelmente para que eles pudessem pensar a respeito das possíveis consequências de sua intransigência.[27] Asche então ordenou que a associação indicasse um sucessor que pudesse assumir a direção de "um modo enérgico e ordeiro".[28]

Em 11 de novembro de 1942, von Bargen relatou que os números de deportação haviam agora chegado a 15 mil homens, mulheres e crianças, entre eles alguns cidadãos belgas que tinham ousado retirar a estrela judaica de suas roupas. Von Bargen continuou descrevendo as dificuldades crescentes enfrentadas pela máquina de destruição nas revistas.

No início, disse ele, os deportados em potencial haviam sido entregues com uma "ordem de apresentação para trabalho" (*Arbeitseinsatzbefehl*) por meio da associação. Depois de algum tempo, porém, as vítimas em potencial haviam sido dissuadidas de obedecer a ordem pelos boatos sobre o "massacre dos judeus, etc. [*Abschlachten der Juden, usw.*]". Os últimos transportes, portanto, tiveram de ser preenchidos por meio de *razzias* e *Einzelaktionen*.[29]

Logo depois de esse relatório ser recebido em Berlim, o *Unterstaatssekretär* Luther do Departamento de Relações Exteriores solicitou que von Bargen pedisse ao *Militärbefehlshaber* para deportar também os judeus de nacionalidade belga. Só a deportação completa, disse Luther, poderia dar fim à "agitação"; de qualquer

---

26 Von Bargen para o Departamento de Relações Exteriores, 24 de setembro de 1942, NG-5219. As fugas também foram relatadas em *Donauzeitung* (Belgrado), 9 de agosto de 1942, p. 2.

27 *Civil Affairs Handbook Belgium*, p. 40

28 Protocolo da 48ª reunião da *Association*, 26 de outubro de 1942, em Klarsfeld, *Die Endlösung in Belgien*, p. 49, e documentos subsequentes no volume. Ullmann, que entregou sua demissão às autoridades militares em 8 de setembro, foi sucedido em 3 de dezembro por Marcel Blum. Steinberg, "The Trap of Legality: *Patterns of Jewish Leadership*, pp. 368-70.

29 Von Bargen para o Departamento de Relações Exteriores, 11 de novembro de 1942, NG-5219.

modo, os judeus já não podiam mais ser surpreendidos e, "mais cedo ou mais tarde" tudo teria de acontecer mesmo.[30]

A administração militar parece ter se esforçado para isso. Em abril de 1943, enquanto crianças e pessoas idosas eram capturadas, o secretário geral do Ministério da Justiça belga enviou duas cartas ao *Oberkriegsverwaltungsrat* Thedieck no escritório *Militärbefehlshaber*, indicando que muitas das crianças não eram acompanhadas pelos pais e que os idosos, alguns deles com mais de 80 anos, não estavam aptos para o trabalho.[31] Fechando o cerco, a máquina de deportação estava se preparando para a captura dos judeus de nacionalidade belga (Projeto Iltis) em Bruxelas e Antuérpia. A "*Grossaktion*" devia acontecer com forte apoio do pessoal do *Devisenschutzkommando* durante a noite de 3 para 4 de setembro de 1943.[32] Apesar do planejamento elaborado, as prisões em Antuérpia resultaram em "acidentes". Em um caminhão superlotado que levava judeus para um ponto de reunião, nove vítimas morreram sufocadas. Mais uma vez, as autoridades belgas protestaram.[33]

As deportações continuaram em 1944 até 31 de julho, mesmo que as capturas fossem mais difíceis e os transportes fossem menores.[34] O fluxo decrescente é rastreável até o esconderijo de muitos milhares em instituições e lares belgas. O plenipotenciário da Polícia de Segurança e SD estimou, em junho de 1944, que 80% de todos os judeus tinham carteiras de identidade falsas. Muitos usavam roupas de trabalho azuis como camuflagem.[35] Havia também uma classe privilegiada que incluía judeus estrangeiros e em casamentos mistos, mas a imunidade dos judeus em casamentos mistos era precária. Um desses era um refugiado que tinha sido ferido durante a Primeira Guerra Mundial e fora condecorado com a Cruz de Ferro de Segunda Classe. Escrevendo sobre esse homem, em 27 de maio de 1944,

---

30 Luther para von Bargen, 4 de dezembro de 1942, NG-5219.

31 Julgamento de *Oberlandesgericht* Schleswig, 8 de março de 1977, em Klarsfeld, *Die Endlösung in Belgien*, p. 139.

32 Memorando de *Hauptsturmführer* Erdmann, 1º de setembro de 1943, *ibid.*, pp. 78-80. Asche, ainda na Bélgica, foi designado para as operações de carga.

33 Relatório do *Militärbefehlshaber* de julho-setembro e 1º de novembro de 1943, *ibid.*, p. 81.

34 Ver estatísticas, *ibid.*, pp. 84-85, 88.

35 Relatório do Plenipotenciário da Polícia de Segurança e SD (Canaris), 15 de junho de 1944, *ibid.*, pp. 86-87. O relatório observava também a descoberta, nos apartamentos em que os judeus haviam se escondido, de mapas de parede em que estava marcado o progresso das forças aliadas.

um ss especialista em raça observou: "A ideia de se submeter a uma esterilização voluntária não é repugnante a S".[36]

Em agosto de 1944, os alemães fizeram uma tentativa de capturar os funcionários da *Association des Juifs* e os internos de orfanatos, centros de bem-estar social e hospitais. Não havia mais tempo suficiente para isso.[37] A Bélgica foi invadida pelos aliados em setembro de 1944. Até essa data, os órgãos alemães na Bélgica haviam conseguido enviar cerca de 25 mil judeus ao encontro de seu destino em Auschwitz.[38]

França

Na França, o processo de destruição dos judeus foi resultado do armistício franco-alemão. Para as autoridades francesas que assumiram as rédeas do governo em Vichy em junho de 1944, a derrota foi decisiva. A guerra estava irrevogavelmente perdida. De 1940 a 1944, a relação desigual entre vencedor e vencido manifestou-se em um fluxo de demandas alemãs que não podiam ser facilmente contrariadas. A destruição dos judeus na França era uma dessas demandas.

Em suas reações à pressão alemã, o governo de Vichy tentou confinar o processo de destruição a certos limites. Tais limites foram estabelecidos, em primeiro lugar, com o objetivo de deter o desenvolvimento destrutivo como um todo. As autoridades francesas procuraram evitar ações drásticas e recuaram da ideia de adotar medidas sem precedentes na história. Em 1942, quando a pressão da Alemanha intensificou-se, o governo de Vichy recorreu a uma segunda linha de defesa. Os judeus estrangeiros e imigrantes foram abandonados e houve um esforço

---

36 Escritório do *Gruf.* Jungclaus/ss-*Führer* em Race and Resettlement Matters (assinado *Stubaf.* Aust) para RuSHA/Genealogical Records Office (*Ahnentafelamt*), 27 de maio de 1944, NO-1494.

37 Steinberg, "The Trap of Legality," *Patterns of Jewish Leadership,* pp. 375-76. Julgamento de *Oberlandesgericht* Schleswig, 8 de março de 1977, em Klarsfeld, *Die Endlösung in Belgien,* p. 155.

38 Uma lista alfabética dos deportados foi compilada por Klarsfeld e Steinberg, *Mémorial.* O número da Bélgica e de dois departamentos no norte da França é de mais de 25 mil. Menos que 1.500 retornaram. Aos 24 mil mortos devem-se somar várias centenas que cometerram suicídio, morreram ao serem presos, nas prisões e em Malines, ou por conta de privações. Não existe separação de números por cidade, mas acredita-se que Antuérpia perdeu uma porcentagem considervelmente mais elevada de seus judeus do que qualquer outra comunidade. Saerens em Michman, *Belgium,* p. 194.

no sentido de proteger os judeus nativos. Em certa medida, essa estratégia obteve algum sucesso: ao ceder uma parte, a maioria do todo foi salva.

A habilidade do regime de Vichy de barganhar com os alemães o destino dos judeus residia em um fato simples: os alemães precisavam da ajuda francesa. Em nenhum território de que falamos até agora a dependência alemã da administração local era tão grande quanto na França. Sobre os ombros da burocracia francesa pesou o fardo de realizar uma grande parte do trabalho de destruição e a lista de franceses em posições de controle dentro da máquina de destruição é impressionantemente longa. Abaixo está uma lista resumida da máquina de Vichy:

Chefe de Estado: Pétain

Vice-presidente (até abril de 1942): Laval (Darlan)

Chefe de Governo (a partir de abril 1942): Laval

    Comissário para Assuntos Judaicos (a partir de junho 1942): Darquier de Pellepoix

        Section d'enquête et de contrôle (polícia): Galien (Antignac)

            Zona Ocupada: Schweblin

            Zona Desocupada: Antignac

        Service du contrôle des administrateurs provisoires

            (Arianizações): Faramond (Bralley, Boué)

Delegado da Zona Ocupada: La Laurencie (de Brinon)

Relações Externas: Laval (Flandin, Darlan, Laval)

Forças Armadas: Darlan

    Guerra: Huntziger (Bridoux)

Interior: Peyrouton (Darlan, Pucheu, Laval)

    Comissário para Assuntos Judaicos (até maio de 1942): Vallat

    Polícia Nacional: Bousquet

    Polícia Antijudaica (*Police des questions Juives*): Schweblin

        (transferido em agosto 1942 para a *Section d'enquête et de contrôle* do Comissariado para Assuntos Judaicos)

    Delegado da Zona Ocupada: Leguay

    Delegacia de Polícia de Paris: Bussière

        Polícia Municipal: Hennequin

        Estrangeiros e Assuntos Judaicos (*Direction des étrangers et des affaires juives*), incluindo campos de internamento: François

            Arquivo: Tulard

Justiça: Alibert (Bartolomeu)

Finanças: Bouthillier (Cathala)

Produção Industrial e do Trabalho: Belin (dividido em duas états depois de fevereiro de 1941)

Service du contrôle des administrateurs provisoires:

Fournier (transferido para o Comissariado para Assuntos Judaicos até junho de 1942)

Produção industrial: (depois de fevereiro de 1941): Pucheu (Lehideux, Bichelonne)

Trabalho (após fevereiro 1941): Belin (Lagardelle, Bichelonne, Déat)

O governo em Vichy era comandando pelo marechal Pétain, um verdadeiro ícone militar. Além disso, continha políticos de direita como o comissário antijudeu Xavier Vallat, embora também incluísse tecnocratas modernistas como Pucheu, Lehideux e Bichelonne, treinados nas "Grandes Ecoles".[1] Tal governo foi, desse modo, capaz de construir as fundações do processo de destruição em várias páginas de leis e regulações antijudaicas e, por vezes, tomar iniciativas que eram mais fortes do que aquela a que a coerção alemã teria induzido.[2]

Um exame mais detalhado da máquina de Vichy revela algumas inovações administrativas. A primeira delas foi a instituição de representantes. Cada ministério em Vichy mantinha em Paris um representante especial por meio do qual controlava seu mecanismo regional no território ocupado. O representante da polícia francesa na França ocupada era Leguay. Os representantes em Paris de todos os outros ministérios eram subordinados a um representante geral (o general La Laurencie, seguido do embaixador de Brinon).

Outra peculiaridade do regime de Vichy foi a instalação de comissários para lidar com questões especiais, como soldados prisioneiros ou trabalhadores franceses na Alemanha. Um desses comissários era responsável pelos assuntos

---

1 Uma descrição concisa do governo de Vichy pode ser encontrada no trabalho de Jean-Pierre Azèma, *From Munich to the Liberation, 1938-1944* (Cambridge, Inglaterra, 1984).

2 Ver, em particular, Michael Marrus e Robert Paxton, *Vichy France and the Jews* (Nova York, 1981) e Serge Klarsfeld, *Vichy-Auschwitz*, 2 vols. (Paris, 1983, 1985). Para uma visão detalhada do impacto que as medidas alemãs e francesas tiveram sobre as vítimas, ver Renée Poznanski, *Jews in France during World War II* (Hanover, N.H., 2001). O livro tem como foco a comunidade judaica do título.

judaicos. O primeiro, Vallat, era subordinado ao Ministério do Interior; seu sucessor, Darquier de Pallepoix, servia diretamente o chefe de governo, Laval. Vários outros oficiais eram responsáveis exclusivamente pelos judeus, por exemplo, o chefe da agência de arianização (o *Service du Contrôle*), Fournier; o chefe do registro de judeus na polícia municipal de Paris, Tulard; e o chefe da Polícia Antijudaica, Schweblin. De fato, os franceses superaram os alemães ao desenvolver a especialização administrativa no que dizia respeito à destruição.

Como consequência do armistício, a maior parte da Franca foi coberta por regime de ocupação alemão composto pelos seguintes territórios de jurisdição: (1) as províncias de Alsácia-Lorena, que eram governadas quase como áreas incorporadas pelos *Gauleiters* Robert Wagner e Bürckel, respectivamente; (2) o *Oberfeldkommandantur* em Lille, sob comando do *Generalleutnant* Niehoff, subordinado ao *Militärbefehlshaber* da Bélgica; (3) a principal área ocupada comandada pelo *Militärbefehlshaber in Frankreich*. Veja, abaixo, uma lista resumida do gabinete do *Militärbefehlshaber*:[3]

> *Militärgouverneur* em Paris: *Gen.* von Bockelberg (junho a outubro de 1940)
> *Militärbefehlshaber: Gen.* Otto von Stülpnagel (outubro de 1940 a fevereiro de 1942), *Gen.* Heinrich von Stülpnagel (fevereiro de 1942 – julho de 1944)
>   Equipe administrativa: dr. Schmid (dr. Michel)
>   Administração: dr. Best (dr. Ermert)
>   Economia: dr. Michel
>   Geral: Sussdorf (Zee-Heraeus)
>   Arianizações: dr. Blanke
>   Finanças: dr. von Oertzen
>   Chefe, distrito de Paris: *Staatsrat* Turner (Glt. Schaumburg)
>   *Stadtkommissar*, Paris: *Ministerialrat* Rademacher

Transporte ferroviário geral, primeiro sob controle militar e posteriormente integrado à Reichsbahn.[4]

———

3 Ver o trabalho detalhado de Hans Umbreit, *Der Militärbefehlshaber in Frankreich 1940-1944* (Boppard am Rhein, 1968).

4 *Ibid.*, pp. 242-44. Eugen Kreidler, *Die Eisenbahnen in Machtbereich der Achsenmächte während des Zweiten Weltkrieges* (Gotinga, 1975), pp. 60, 327-28. Nuremberg Verkehrsarchiv, Pastas vv e ww.

Antes de 15 de junho de 1942 – OKH/*Chef d. Transportwesen*

Eisenbahntransportabteilung (ETRA) Ocidental: Glt. Otto Kohl
  Wehrmachtverkehrsdirektion Bruxelas (cobrindo Lille)
  Wehrmachtverkehrsdirektion Paris
    Divisão de ferrovias: *Vizepräsident* Hans Münzer

Após 15 de junho 1942 – Ministério dos Transportes/Reichsbahn

Hauptverkehrsdirektion Bruxelas: ORBR Bauer
Hauptverkehrsdirektion Paris: Münzer
  31, 34 e 37: Nunca
  33: (Möhl) Weckmann

O gabinete do *Militärbefehlshaber* era uma organização que fazia uso da burocracia francesa no território ocupado para executar as políticas alemãs. O centro administrativo para a formulação das diretivas de ocupação era a equipe administrativa. O chefe dessa equipe, dr. Schmid, era um ex-ministro do Interior e da Economia de Württemberg. Abaixo dele estava o *Ministerialdirigent* dr. Best, que, antes da guerra, também havia lidado com questões administrativas no Escritório Central de Segurança, comandado por Heydrich. Dr. Best viria a se tornar o plenipotenciário alemão na Dinamarca. Seu colega, *Ministerialdirektor* dr. Michel, que era responsável pela direção das questões econômicas na França, vinha do Ministério da Economia.

Regionalmente, o governo militar era composto por cinco *Militärverwaltungsbezirke* (distritos de administração militar): A, B, C, Bordeaux e Paris. O *Militärbezirkschef* de Paris era o *Staatsrat* Turner. Seu sucessor, *Generalleutnant* von Schaumburg, tinha o título de *Kommandant in Gross-Paris*. Abaixo do nível do distrito militar, a rede regional estendia-se em *Feldkommandanturen* e *Kreiskommandanturen*: o primeiro controlava os *départements* franceses; o segundo supervisionava os *arrondissements*. Nas grandes cidades, os alemães também haviam

---

O ETRA Ocidente também tinha jurisdição sobre a obtenção de transportes militares na Holanda, Bélgica e França. Kohl manteve essa função após 15 de junho de 1942.

estabelecido os *Stadtkommissare*. Um deles é listado: o *Stadtkommissar* de Paris, *Ministerialrat* Rademacher.[5]

Logo após o estabelecimento do gabinete do *Militärbefehlshaber* na França, duas outras agências alemãs apareceram no território ocupado. Essas agências tinham como objetivo cercear e limitar o *Militärbefehlshaber*.

Em junho de 1940, o nome do *Gesandter* Abetz apareceu na correspondência oficial do exército.[6] Abetz foi designado pelo Ministério das Relações Exteriores para o mais novo posto que a agência estabelecera em Paris e sua nomeação ocorrera em um acordo oral entre Keitel e Ribbentrop. Nas palavras de Keitel, Abetz era "ligado à equipe do governador militar". Porém, quando Keitel fez essa afirmação a Weizsäcker, esperando, talvez, receber alguma confirmação daquela interpretação do acordo, o *Staatssekretär* do Ministério das Relações Exteriores permaneceu calado. Como Weizsäcker relatou a Ribbentrop: "Não me interessa discutir esse assunto [*Auf dieses Thema liess ich mich nicht ein*].".[7]

No dia 3 de agosto, Ribbentrop enviou a Keitel uma longa lista de poderes que Abetz, recentemente elevado ao cargo de embaixador, exerceria doravante na França. No último parágrafo daquela carta, Ribbentrop escreveu: "O Führer ordenou expressamente em anexo que apenas o embaixador Abetz é responsável pelo tratamento de todas as questões políticas na França, ocupada e não ocupada. Na medida em que sua tarefa deve envolver interesses militares, o embaixador Abetz agirá somente com a concordância do *Militärbefehlshaber* na França".[8] Aquela ordem de forma alguma deixava claro que Abetz era um assistente do general von Stülpnagel; parecia, em vez disso, que o *Militärbefehlshaber* era ligado ao embaixador.

Abetz, contudo, tinha uma equipe bastante reduzida. Entre seus membros mais importantes estavam o representante Schleier; Zeitschel e Achenbach, encarregados das questões judaicas; von Krug, ocupando um posto no gabinete de

---

5 Rademacher supervisionou a administração de toda a prefeitura do Sena, que englobava Paris e as áreas suburbanas. *Pariser Zeitung*, 15 de janeiro de 1941, p. 4. Para uma descrição geral da administração alemã na França, ver *Krakauer Zeitung*, 3-4 de novembro de 1940.

6 Keitel para von Bockelberg, 30 de junho de 1940, RF-1301.

7 Weizsäcker para Ribbentrop, 22 de julho de 1940, NG-1719.

8 Ribbentrop para Keitel, 3 de agosto de 1940, PS-3614.

Vichy e Rahn na Tunísia.[9] Assim como o *Militärbefehlshaber* dependia da administração francesa para a aplicação de seus decretos, Abetz dependia do gabinete do *Militärbefehlshaber* para implementar sua política. Essa não era uma situação que conduzia a uma completa harmonia de metas. De qualquer forma, o arranjo de fato funcionava, como os judeus em breve descobririam.

A segunda agência que invadiu a jurisdição do *Militärbefehlshaber* foi a polícia e a ss. Os homens de Himmler começaram ligando-se a Abetz e acabaram dominando, nas questões judaicas pelo menos, uma grande parte da cena. Os homens da ss chegaram na França em um processo lento, especialistas primeiro, Altos Comandantes depois. O que segue é um esboço bastante resumido da organização da ss na França:[10]

Alto Comando da ss e da polícia	*Brif.* Oberg
BDS	*Staf.* Knochen
Representante	*OStubaf.* Lischka
II	Lischka
Representante	*Stubaf.* Mayer-Falk
IV	*Stubaf.* Boemelburg
J	*HStuf.* Dannecker (*OStuf.* Röthke, *HStuf.* Brunner)
VI	*Stubaf.* Hagen
Delegação de Polícia Alemã em Vichy	*HStuf.* Geissler

Oberg fora um comandante da ss e da polícia na Galícia e em Radom. Lischka dirigira a *Reichszentrale* para Emigração de Judeus em Berlim e Brunner o fazia em Viena, em Berlim e na Grécia. A condução do processo de destruição dos judeus na França ficaria, portanto, nas mãos de veteranos.

──────────

9 Abetz falava francês e era considerado um francófilo discreto. Schleier era um ex-*Landesgruppenleiter* na França. Rahn, um solucionador de problemas do Ministério das Relações Exteriores, serviu brevemente em Paris e também na Tunísia.

10 *Brif.* Thomas em Bruxelas tinha jurisdição sobre a Bélgica e a França até a chegada de Oberg, em março de 1942. Umbreit, *Der Militärbefehlshaber in Frankreich*, pp. 107-8. Tabela dos postos da BDS de 16 de junho de 1942, Centre de Documentation Juive Contemporaine, documento CCCXCV-1

O objeto de todo esse mecanismo era a destruição da grande comunidade judaica no arco oeste. No final do ano de 1939, a população judaica da França somava aproximadamente 280 mil pessoas. Apenas vivendo em Paris havia mais de 200 mil judeus. No entanto, com o início da invasão alemã em maio de 1940, várias mudanças começaram a acontecer. Primeiro, uma onda de judeus se deslocou da França para a Holanda, Bélgica e Luxemburgo. Depois, mais de 50 mil judeus abandonaram as cidades do norte da França e Paris rumo a lugares mais seguros ao sul. A terceira agitação começou quando os administradores alemães da Alsácia-Lorena decidiram realizar uma remoção completa dos judeus de suas áreas.

Em uma manobra remanescente das expulsões da Polônia, os judeus das províncias incorporadas eram transferidos para a zona não ocupada. As transferências começaram de forma repentina no dia 16 de julho de 1940, quando os judeus de Colmar (na Alsácia) foram capturados e expulsos para além da linha demarcatória.[11] Durante os meses seguintes, houve calma. Em outubro de 1940, porém, a pressão administrativa local havia sido elevada a tal ponto que o general von Stülpnagel, como diretor da Comissão Alemã do Armistício, encontrou-se com o general Huntziger, ministro da Guerra francês e diretor da Comissão Francesa do Armistício, para concluir um acordo que previa a deportação de todos os judeus de nacionalidade francesa da Alsácia-Lorena para a França não ocupada.[12] Só na Alsácia, 22 mil judeus foram abarcados nessas deportações.[13] As vítimas eram enfiadas em caminhões, levadas e despejadas no meio da noite em uma estrada rural deserta na França de Vichy.[14]

---

11 Julgamento de Robert Wagner, *Law Reports of Trials of War Criminals*, III, 34.

12 Relatório sobre deportações recebido pelo Ministério do Interior, 30 de outubro de 1940, NG-4933.

13 Julgamento de Wagner, *Law Reports*, III, 34. A maioria dos judeus da Alsácia vivia em Estrasburgo e Mulhouse. Poucos judeus viviam na Lorena. As expulsões de 1940 na Alsácia afetaram 105 mil pessoas, incluindo judeus, ciganos, criminosos, "associais", doentes mentais, franceses e francófilos. Outras categorias, incluindo todos os judeus restantes, seriam somadas a esses primeiros em 1942. Resumo da conferência da expulsão realizada em 4 de agosto de 1942, R-114. Memorando de *OStubaf.* Harders (RUSHA/Rasseamt), 28 de setembro de 1942, NO-1499.

14 Jacob Kaplan (Grande Rabino em atividade na França), "French Jewry under the Occupation", *American Jewish Year Book* 47 (1945-46): 73.

As deportações da Alsácia-Lorena, aliás, tiveram um resultado já mencionado. Os chefes da administração civil, Wagner da Alsácia e Bürckel da Lorena, decidiram, em uma interpretação bastante ampla do acordo de Stülpnagel-Huntziger, deportar não apenas os judeus franceses das províncias ocupadas, mas também os judeus alemães das *Gaue* [regiões] nacionais. Assim, aproximadamente 6.300 judeus de Baden e 1.150 judeus de Saarpfalz também foram despejados na França não ocupada.[15]

Como consequência de todas essas mudanças populacionais, surgiu uma nova situação na qual o centro gravitacional havia sido transferido consideravelmente para o sul. Na zona ocupada, restavam 165 mil judeus (148 mil só em Paris), ao passo que na zona não ocupada havia aproximadamente 145 mil, ou quase metade do total.[16]

Em Paris, o embaixador Abetz estava satisfeito com a situação e propôs que a reentrada de judeus na zona ocupada fosse proibida.[17] (Como Frank, Abetz estava pensando em Madagascar.)[18] A linha demarcatória, todavia, provou-se uma barreira de mão dupla. Era um obstáculo não apenas para os refugiados judeus, mas também para as autoridades alemãs da ocupação, que mais tarde procuraram estender a "Solução Final" para a zona não ocupada.

Nenhum país na Europa oferecia tantos desafios à implementação territorial de medidas antijudaicas quanto a França. A legislação da França de Vichy cobria tanto o território ocupado quanto o não ocupado,[19] ao passo que o regime alemão restringia-se à área ocupada. Como resultado, os judeus da zona ocupada sofriam uma opressão dupla, francesa e alemã, enquanto os judeus da zona não ocupada

---

15 Relatório ao Ministério do Interior, 30 de outubro de 1940, NG-4933. Memorando da Division Germany, 31 de outubro de 1940, NG-4934. Hencke (Comissão Alemã de Armistício) ao Ministério das Relações Exteriores, 19 de novembro de 1940, NG-4934. Von Sonnleithner para Weizsäcker, 22 de novembro de 1940, NG-4934.

16 Estatísticas da zona ocupada em carta de Dannecker para Zeitschel, 20 de outubro de 1941, NG-3264. Ao total, deve-se acrescentar outros milhares de prisioneiros de guerra judeus.

17 Memorando de Best, 19 de agosto de 1940. Centre de Documentation Juive Contemporaine, *La persécution des juifs en France*, 1947, p. 48. Abetz para Ministério das Relações Exteriores, 20 de agosto de 1940, NG-2433.

18 Hitler disse a Abetz, em 3 de agosto de 1940, sobre o plano de retirar todos os judeus da Europa. Testemunho juramentado de Abetz, 30 de maio de 1947, NG-1893; memorando de Luther, 21 de agosto de 1942, NG-2686-J.

19 Em alguns casos, as leis francesas se aplicavam na África setentrional.

eram expostos apenas às normas do regime de Vichy. Em 1942, a linha demarcatória entrou em colapso e tanto as medidas francesas quanto as alemãs foram impostas em toda a França.

Em 1940, as autoridades de Vichy promulgaram alguns decretos antijudaicos que revelavam um esboço dos primórdios de um processo de destruição. Os judeus eram definidos de acordo com o princípio de Nuremberg e demissões do funcionalismo público começaram a acontecer. Na época das expulsões dos judeus de Baden-Saarpfalz, em outubro de 1940, o governo de Vichy prenunciava sua política de separação de judeus jovens e idosos ao estabelecer uma lei autorizando a prisão de judeus estrangeiros.

Consternados com esses ataques de Vichy, os líderes judeus enviaram cartas de surpresa ao marechal Pétain. Os judeus acreditavam que o marechal havia cometido algum tipo de engano. Em uma dessas cartas, o Grande Rabino Weill, de Paris, explicava ao chefe do Estado Francês que "estudos de antropologia provaram expressamente que não existia uma raça judaica."[20] Por que, então, todos aqueles decretos?

A máquina de Stülpnagel, de sua parte, estava preparada para preencher o cenário francês de destruição com medidas pesadas na esfera econômica. No dia 27 de setembro de 1940, o general von Stülpnagel assinou um decreto que continha uma definição e uma regra para o registro de judeus. No dia 18 de outubro de 1940, vieram a definição e a regra para empresas judaicas. Esse decreto também previa a anulação de operações e o apontamento de administradores. O conteúdo dessas medidas não era novo, mas sua implementação era original.

Pela primeira vez, na experiência alemã, uma autoridade estrangeira precisou ser empregada para cumprir um papel administrativo. A tarefa inicial da burocracia francesa era a aplicação das normas de registro dos decretos alemães. Em toda a zona ocupada, os prefeitos dos *départements* e os subprefeitos dos *arrondissements* eram, agora, mobilizados para os registros. A informação recebida deveria ser coletada em listas que seriam preparadas em quatro cópias. Uma cópia seria submetida à Subsecretaria de Produção Industrial e de Trabalho de Vichy; outra iria para a Subsecretaria de Finanças; duas cópias seriam entregues ao comando alemão.[21]

---

20 Kaplan, "French Jewry", *American Jewish Year Book* 47 (1945-46): 89.

21 O delegado geral do governo francês para territórios ocupados (assinado por La Laurencie) a todos os prefeitos da zona ocupada, outubro de 1940, NOKW-1237.

No dia 1º de novembro de 1940, o diretor econômico da equipe administrativa do *Militärbefehlshaber*, dr. Michel, informou aos escritórios regionais do governo militar que a administração alemã na França ocupada estava fazendo uso das autoridades francesas porque não era grande o suficiente para enfrentar sozinha o problema da arianização. Para garantir o controle sobre o aparelho francês, os prefeitos tinham recebido ordens para submeterem duas cópias das listas aos alemães. Uma dessas cópias deveria ser mantida no *Militärverwaltungsbezirk*, a outra deveria ser retida pelo *Feldkommandantur* local. Os comandantes alemães vigiariam os colaboradores franceses e, independentemente das listas, dever-se-ia reunir e coletar informações em empresas que tivessem grandes influências judaicas ou fossem afetadas por acordos clandestinos.

No início, disse o dr. Michel, os franceses deveriam nomear seus próprios administradores. "Procurar-se-á substituir judeus por franceses para permitir à população francesa, também, beneficiar-se da eliminação dos judeus e evitar a impressão de que os alemães querem tomar apenas para si as posições dos judeus", explicou o oficial. Todavia, exceções eram feitas em todos os casos "em que importantes interesses alemães" estavam em jogo.[22]

Alguns dias após a emissão dessa diretiva, von Stülpnagel informou ao *Militärbezirkschef*s que o comandante supremo do Exército, o *Generalfeldmarschall* von Brauchitsch, havia ordenado a arianização imediata de todas as empresas judaicas do território ocupado. Os prefeitos deveriam, agora, indicar administradores para a nomeação pelo Distriktchefs. O número e a função dos administradores eram sujeitos a determinados princípios, dentre os quais o principal era a velocidade.

Von Stülpnagel determinou que empresas com apenas uma pequena participação judaica deveriam ter a oportunidade de eliminar seu caráter judaico efetuando a venda de estoques necessária ou a expulsão de funcionários. Tais empresas não precisariam de administradores.

Firmas que, em virtude da predominante influência judaica, precisassem ser colocadas nas mãos de administradores poderiam ser eliminadas de três maneiras distintas. A primeira delas era a venda voluntária realizada pelos proprietários

---

22 *Militärbefehlshaber*/Equipe Administrativa/Economia (assinado por dr. Michel) para *Militärbezirkschefs* A, B, C, Paris e Bordeaux e todo o *Feldkommandanturen*, 1º de novembro de 1940, NOKW-1237.

judeus. Esse método era o preferido, uma vez que não implicava nenhuma "perda de tempo". Nesses casos, os administradores tinham de assegurar apenas que os *compradores* não tivessem quaisquer influências judaicas. Acordos suspeitos poderiam, obviamente, ser anulados pelo *Militärbefehlshaber*. Se os proprietários se recusassem a vender a firma, o administrador, com aprovação prévia do *Militärbefehlshaber*, poderia concluir a transação. Se a venda não fosse possível em virtude de uma falta de demanda, o administrador, após garantir a autorização do *Militärbefehlshaber*, poderia proceder o fechamento da empresa. Para assegurar que a alienação de todas as empresas judaicas fosse tratada com imediatismo, os administradores eram instruídos a entregar um relatório sobre o progresso das negociações de vendas em até quatro semanas após a reunião.[23]

Em questão de alguns meses, o aparelho de administração transformou-se em uma máquina formidável, mas, em certo sentido, havia ganhado vida de maneira descentralizada. O governo francês, com sua longa tradição de centralização administrativa, decidiu fazer algo a respeito. Desse modo, o regime de Vichy estabeleceu dentro do Ministério da Produção Industrial e do Trabalho um *Service du Contrôle* especial comandado por um ex-dirigente do Banco da França, o presidente Fournier. O Service du Contrôle lidava centralmente com as nomeações de administradores; notificava administradores e deliberava sobre a legalidade das transações. Na *Verwaltunysslub* alemã, o dr. Michel imediatamente reconheceu que a nova agência amenizaria o fardo dos alemães sem destituí-los da palavra final. Ele, portanto, instruiu sua organização regional a fazer uso desse aparelho, que os franceses haviam criado com um espírito de "colaboração", para o cumprimento do processo de arianização.[24]

---

23 *Militärbefehlshaber*/Equipe Administrativa/Economia (assinado por Stülpnagel) aos chefes de distritos militares, 12 de novembro de 1940, NOKW-1237. Von Brauchitsch queria ação, pois achava que a oportunidade poderia ser perdida no evento de um tratado de paz. Ulrich Herbert, "Die deutsche Militärverwaltung in Paris und die Deportation der franzosischen Juden", in Christian Jansen, Lutz Niethammer e Bernd Weisbrod, eds., *Von der Aufgabe der Freiheit* (Berlim, 1995), pp. 427-50, em pp. 432-33.

24 Michel para *Militärverwaltungsbezirke* e *Feldkommandanturen*, 28 de janeiro de 1941, NOKW-1270. Sobre os depositários e os sutis conflitos entre alemães e franceses acerca do controle estratégico das empresas judaicas, ver declaração de Xavier Vallat, 14 de novembro de 1947, in Hoover Institution, *France during the German Occupation, 1940-1944* (Stanford, 1957), vol. 2, pp. 626-49, em especial

Sem dúvidas, o desejo dos alemães de se beneficiarem da colaboração dos franceses tinha limites. Os prefeitos franceses e seus superiores em Vichy não lidavam com as nomeações de agentes fiduciários em instalações industriais de propriedade de judeus. As fábricas eram competência do *Militärbefehlshaber* através de seus canais próprios.[25] O objetivo dessa importante reserva era blindar a oportunidade de os interesses comerciais alemães adquirirem empresas industriais judaicas.[26]

Duas grandes dificuldades surgiram durante a administração do programa de arianização. Uma foi causada pela falha dos pareceristas legais em distinguir os judeus franceses dos judeus estrangeiros. Nem é preciso dizer que essa falha era intencional: uma agência alemã não podia admitir que as proteções proporcionadas pelas leis elementares do direito internacional também se aplicavam aos judeus. Porém, os especialistas em Paris decidiram enviar instruções não publicadas aos escritórios de campo isentando os judeus americanos da exigência (contida no decreto de 27 de setembro) de marcarem suas lojas com uma estrela de Davi.[27]

Ao que tudo indica, a isenção não foi tão eficaz, pois em dezembro os Estados Unidos reclamaram de vandalismo contra estabelecimentos de propriedade de cidadãos americanos.[28] Quando o protesto foi levado ao conhecimento de Ribbentrop, ele declarou que, em primeiro lugar, nenhuma isenção deveria ter sido concedida aos judeus americanos. Depois, apontando o fato de que protestos de nações amigas, como Espanha e Hungria, haviam sido rejeitados, ele ordenou que

---

pp. 633-36. Para uma discussão mais ampla dos interesses da arianização na França, ver Marrus and Paxton, *Vichy France and the Jews*, pp. 152-60.

25 *Militärbefehlshaber*/Equipe Administrativa/Economia (assinado por Stülpnagel) para o Ministério Francês de Produção Industrial e Trabalho, 9 de dezembro de 1940, NOKW-1237.

26 A este respeito, ver, por exemplo, os documentos sobre os esforços de Krupp para a aquisição, por meio de locação, da empresa de automóveis Austin, de posse de Rothschild, em Liancourt. Testemunho juramentado de Alfried Krupp, 30 de junho de 1947, NI-10332; Ing. Walter Stein (diretor geral da Krupp SA na França) para Schürmann, 8 de novembro de 1943, NI-7013; Stein para *Direktor* Schröder, 25 de novembro de 1943, NI-7012

27 Schleier (Paris) para Schwarzmann (gabinete de Ribbentrop), 9 de outubro de 1940, NG-4893.

28 Luther para a embaixada em Paris, 18 de dezembro de 1940, NG-4893.

nenhuma resposta fosse dada à nota dos Estados Unidos.[29] A obstinação de Ribbentrop preocupava o *Staatsminister* dr. Schmid em Paris e o especialista americano do Ministério das Relações Exteriores, Freytag, em Berlim. Ambos temiam repercussões antigermânicas nos Estados Unidos.[30] Ribbentrop, contudo, recusou-se a ceder. A isenção aos judeus americanos teve de ser cancelada.[31]

Mais séria em sua importância imediata do que suas repercussões estrangeiras foi a atitude dos próprios franceses. No dia 28 de janeiro de 1941, o especialista em economia dr. Michel, da equipe administrativa do *Militärbefehlshaber*, avisou os escritórios de comando regionais que uma campanha de propaganda criada para deter compradores potenciais e enfraquecer os agentes fiduciários estava sendo divulgada nos círculos empresariais franceses. "Em particular, vêm ocorrendo tentativas no sentido de levantar dúvidas a respeito da validade legal dos contratos concluídos pelos administradores após o fim da ocupação", escreveu o dr. Michel.

Ele acreditava que essa propaganda poderia ser combatida com os seguintes argumentos: (1) A autoridade do *Militärbefehlshaber* para promulgar leis derivadas da lei internacional e do acordo de armistício. (2) As disposições adequadas no tratado de paz garantiriam ação contra a anulação subsequente. (3) Os contratos eram legalmente bastante complexos, de modo a dificultar sua anulação (4) O governo francês estava colaborando com as arianizações; portanto, as vendas cram baseadas, por assim dizer, também na legislação francesa. De resto, o dr. Michel achava melhor que os próprios judeus vendessem suas empresas, o que, segundo ele, "aliviaria a consciência do comprador francês".[32]

Os argumentos do dr. Michel não eram fortes o suficiente para vencer a relutância dos franceses em adquirir propriedades judaicas. A maioria das primeiras transações dizia respeito a vendas a ex-funcionários por alguns trocados [*für*

---

29 Nota de Rademacher, 19 de dezembro de 1940, NG-4893. Luther para a Embaixada em Paris, 23 de dezembro de 1940, NG-4893.

30 Schmid (chefe da equipe administrativa da agência *Militärbefehlshaber*) para o *Staatssekretär* Weizsäcker do Ministério das Relações Exteriores, 22 de fevereiro de 1941, NG-1527. Freytag (Pol. IX) via Erdmannsdorff para Wörmann, 27 de fevereiro de 1941, NG-4406.

31 *Militärbefehlshaber*/Equipe Administrativa/Administração para Bezirkschefs A, B, C, e Bordeaux, Kommandant Gross-Paris, Feld- e Kreiskommandanturen, abril de 1941, NOKW- 1270.

32 *Militärbefehlshaber*/Equipe Administrativa/Economia (assinado por dr. Michel) para *Militärverwaltungsbezirke* e *Feldkommandanturen*, 28 de janeiro de 1941, NOKW-1270.

ein Butterbrot].[33] Após 21 meses de arianizações na zona ocupada (e um ano de tais operações em território não ocupado), a imprensa alemã publicou estatísticas revelando a situação no mercado de arianização (ver Tabela 8.15).

TABELA 8.15 O progresso das arianizações em agosto de 1942

	ZONA OCUPADA	PARIS	PROVÍNCIAS	ZONA NÃO OCUPADA
Sob administração	31.699	24.914	6.785	1.500
Vendas	4.000	3.000	1.000	
Fechamento	2.800	1.700	1.100	
Tutela pendente	2.000			
Status indeterminado	600			

Nota: Deutsche Ukraine Zeitung (Lutsk), 4 de agosto de 1942, p. 4; 11 de agosto de 1942, p. 4.
Donauzeitung (Belgrado), 28 de agosto de 1942, p. 5. Relatou-se que empresas de seguros, serviços públicos e do próprio Estado francês tiveram participação importante na compra de imóveis judeus. As 2 mil empresas que ainda não tinham sido colocados sob tutela eram descritas como "insignificantes" (*allerdings bedeutungslos*). As arianizações foram estendidas para o território não ocupado por meio da lei francesa de 22 de julho de 1941.

Em resumo, apenas 21% das empresas judaicas sob administração de agentes fiduciários na zona ocupada haviam sido eliminadas por meio de vendas e liquidações em agosto de 1942. Embora a operação não tivesse terminado, seu progresso continuou se arrastando. Em outubro de 1943, 11 mil casos (ou aproximadamente um terço do total) tinham sido "concluídos" na zona ocupada; outros 4 mil foram finalizados na área de Vichy. Os cautelosos compradores franceses estavam formando uma associação de "proprietários de antigas empresas judias".[34] Evidentemente, esses franceses temiam ter de enfrentar algum problema. No entanto, o dr. Michel não tinha tais preocupações; seu pensamento limitava-se às estatísticas das vendas. No verão de 1944, num momento em que as forças Aliadas já estavam lutando em solo francês e quando os especuladores estavam pressionando por aquisições de última hora, o dr. Michel expressou sua satisfação com o fato de que a "desjudeização da economia francesa" estava

---

33 Relatório do *Militärbefehlshaber* na França/Divisão de Propaganda (assinado pelo Major Schmidtke) para 7-14 de abril de 1941, OKW-578.

34 *Donauzeitung* (Belgrado), 20 de outubro de 1943, p. 8; 14 de janeiro de 1944, p. 1.

operando sem mudanças.[35] Em 1º de agosto, um total de 42.739 empresas (incluindo imóveis) haviam sido colocadas sob administração de agentes fiduciários. Mais de 7.500 foram fechadas e um número similar foi vendido por 2.1 bilhões de francos (140 milhões de Reichsmark).[36]

Sob o impacto das demissões e das arianizações, um fardo cada vez mais pesado caiu sobre a rede de organizações judaicas na França. A mais importante dessas instituições era o *Consistoire Central des Israëlites de France*. Até 1940, o *Consistoire Central* era presidido pelo barão Edouard de Rothschild, um rebento da família que vinha ocupando papéis centrais nos negócios franceses e na vida judaica há cem anos. O barão Edouard fugiu para os Estados Unidos durante a invasão e seu cargo foi ocupado por Jacques Helbronner, que permaneceu no posto até outubro de 1943, quando foi preso e substituído por Léon Meiss.[37] Sob comando de Helbronner, no inverno de 1940-1941, as organizações judaicas consolidaram suas fontes com o objetivo de ajudar os judeus miseráveis. O resultado dessas consolidações foi o Comitê Coordenador Judaico. O Comitê logo tinha bastante trabalho a fazer.

No dia 28 de maio de 1941, o *Militärbefehlshaber* determinou para a zona ocupada que os judeus não tinham mais permissão de dispor de seus fundos (em quantias que excediam as transações normais) sem a permissão do *Service du Contrôle*. No dia 1º de julho de 1941, o conselheiro da ss na embaixada, o *Obersturmführer* Dannecker, relatou que, com a ajuda de Abetz, Schleier e Zeitschel, ele persuadira o *Militärbefehlshaber* a não tratar com nenhuma organização judaica a não ser o Comitê Coordenador. Ao mesmo tempo, um acordo havia sido feito com o sistema de bem-estar francês (o *Bureau de Secours National*) para privar todos os

---

35 Relatório de *Militärbefehlshaber* na França/MVZ Group 3 (assinado pelo chefe da administração militar Dr. Michel) para 22-29 de julho de 1944, sobre administração e economia, 30 de julho de 1944, Wi/I.288. Relatório de Michel, 6 de agosto de 1944, wi/I.288.

36 Umbreit, *Der Militärbefehlshaber in Frankreich*, p. 263. Ver também a compilação completa de 30 de junho de 1944, retirada dos documentos CXIXa-7 and CXIXa-112 do Centre de Documentation Juive Contemporaine por Joseph Billig, *Le Commissariat Général aux Questions Juives*, vol. 3 (Paris, 1960), pp. 326-29.

37 Kaplan, "French Jewry", *American Jewish Year Book* 47 (1995-46): 71-72, 75, 93, 109.

judeus da ajuda humanitária francesa.[38] No dia 22 de julho de 1941, a lei francesa de arianização foi decretada. Nela, havia uma cláusula que previa o bloqueio automático das receitas recebidas pelos administradores no processo de alienação das empresas judaicas. Uma parte do dinheiro bloqueado deveria ser retida para liquidar custos administrativos; o restante deveria ser usado para os judeus necessitados.[39]

A liderança judaica agora enfrentava uma questão difícil: a receita de contas bloqueadas geradas com a venda de empresas judaicas deveria ser usada para ajudar os judeus pobres e famintos? Os capitalistas do *Consistoire Central* e os rabinos sob sua direção decidiram contra tal utilização, uma vez que aquilo "constituiria uma nova fase na espoliação da riqueza dos judeus". Nesse sentido, eles lançaram uma intensa campanha para levantar fundos intitulada "Fundo do Grande Rabino da França". Ao mesmo tempo, os judeus franceses contaram com a ajuda do Comitê Judaico-Americano de Distribuição Conjunta, que prometeu igualar a quantia arrecadada.[40]

O dilema dos líderes judeus não era apenas financeiro. Eles se viram em uma França cada vez mais próxima dos alemães na campanha contra a comunidade judaica, fomentando um clima antijudaico, promulgando leis antijudaicas e estabelecendo um regime antijudaico. A encarnação desse desenvolvimento foi a criação de um escritório central para assuntos judaicos. O embaixador Abetz solicitou o estabelecimento da agência no início de março de 1941.[41] O almirante Darlan tinha a tarefa de convencer um relutante Pétain a aderir a esse passo. Quando Pétain concordou,[42] um comissariado de assuntos judaicos foi estabelecido em 29 de março de 1941. Como comissário, foi nomeado o conhecido

38 Relatório não assinado por *OStuf.* (acredita-se ser de Dannecker), 1º de julho de 1941, RF-1207. Apesar do "acordo", o escritório continuou oferecendo ajuda aos judeus com problemas. *Die Judenfrage*, 15 de novembro de 1942, p. 249.

39 Lei de 22 de julho de 1941, assinada por Pétain, Darlan, Barthélemy, Bouthillier, Lehideux, Platon (colônias) e Pucheu, *Journal officiel*, 26 de agosto de 1941. No artigo 22 da lei, o rendimento após as deduções era chamado de *surplus* e tinha como propósito transformar-se em um fundo de auxílio a judeus indigentes.

40 Kaplan, "French Jewry", *American Jewish Year Book*, 47 (1945-46): 78, 96.

41 Abetz para o Ministério das Relações Exteriores, 6 de março de 1941, NG-2442.

42 Abetz para o Ministério das Relações Exteriores, 3 de abril de 1941, ng-2432.

antissemita Xavier Vallat, cujas funções eram inspecionar o trabalho dos administradores e das organizações judaicas e propor uma nova legislação antissemita. Dessa segunda função, surgiram restrições econômicas cada vez mais fortes que culminaram com a lei de arianização de Vichy e o controle de fundos, de 22 de julho.

Para a liderança judaica, esses desenvolvimentos eram, em certo sentido, inacreditáveis, um pesadelo sem sentido. No dia 31 de julho de 1941, o Grande Rabino Kaplan, de Lion, enviou uma carta a Xavier Vallat com o objetivo de convencê-lo de uma vez por todas que aquelas ações eram um disparate. Kaplan apontou que um pagão ou ateu difamar o judaísmo não eram algo estranho ou ilógico. "Mas", perguntava, "da parte dos cristãos, será que tal atitude não parecia espiritualmente tanto ilógica quanto ingrata?" Kaplan, então, respondeu ele mesmo a sua pergunta: a religião judia, disse, era a mãe da religião cristã; os dez mandamentos eram a tábula moral e religiosa da civilização humana; Jesus Cristo e seus apóstolos eram judeus. Consequentemente, Kaplan concluiu triunfante, será que Vallat não percebia que quando atacava os judeus ele estava, ao mesmo tempo, agredindo os fundadores do Cristianismo? Kaplan, então, inseriu várias citações de Pascal, Bossuet, Fénelon, Montesquieu, Russeau, Chateaubriand, Guizot, Renan, Léon Bloy, Inácio de Loyola, Papa Pio XI, Lacordaire e de Sasy.

Após fazer sua argumentação, Kaplan passou à discussão do recorde militar dos judeus na Primeira Guerra Mundial, citando estatísticas e homenagens. Embora não tivesse os números da Segunda Guerra Mundial, Kaplan assegurou Vallat que "quando a história final for escrita, será revelado que os judeus cumpriram seus deveres como todos os outros cidadãos franceses." A carta terminava com uma afirmação de que, em vista dessa prova incontestável, Vallat indubitavelmente veria a luz e perceberia que chegaria o dia em que a razão prevaleceria uma vez mais e o antissemitismo fracassaria.

No dia 5 de agosto de 1941, Vallat respondeu através de seu *Chef de Cabinet*, Jarnieu, com o seguinte:

Caro Rabino,

Tenho a honra de confirmar o recebimento de sua carta de 31 de julho, na qual você cita um determinado número de textos que são, obviamente, bastante conhecidos. Eles não teriam sido refutados em nenhuma legislação francesa se não tivesse havido, durante os últimos anos, uma invasão de nosso território por uma tropa de judeus sem laços quaisquer com nossa civilização.

Após tratar desse argumento, Jarnieu passou para o segundo:

Não pretendo refutar em detalhes vários de seus argumentos, em particular as estatísticas que você oferece dos judeus que entraram para as forças armadas e morreram pela França. Essa é uma questão que merece demasiado respeito para se tornar objeto de disputa.

Não bastante satisfeito com o rumo daquela resposta, Jarnieu concluiu abruptamente:

Permita-me simplesmente apontar que, na atitude do governo, não há antissemitismo, simplesmente a aplicação de razões políticas.

Ao final, adicionou as saudações:

Esteja certo, Rabino, de meu genuíno respeito,

JARNIEU[43]

A carta de Jarnieu revelava que a perseguição antissemita havia gerado dentro da burocracia francesa um certo clima de inquietação e uma atitude defensiva. Em agosto de 1941, os administradores franceses tiveram de se perguntar até onde, como cristãos, eles podiam agir contra os judeus, e aquela questão teve de ser encarada nos estratos mais altos do regime de Vichy. Apenas dois dias após Jarnieu enviar sua resposta a Kaplan, o próprio marechal Pétain mandou uma ordem ao embaixador francês na Santa Sé, Léon Bérard, para investigar a atitude do Vaticano no que dizia respeito às leis antissemitas.

O embaixador respondeu com uma exposição detalhada dos escritos de São Tomás de Aquino, que muito tempo atrás havia recomendado que os judeus fossem barrados de atividades no governo e tivessem limitado o exercício de suas profissões. Regras para vestimentas especiais, disse Bérard, também não eram novidade para a Igreja Católica. À luz daquela política tradicional, uma "pessoa autorizada no

---

43 Texto da correspondência em Kaplan, "French Jewry", *American Jewish Year Book* 47 (1945-46): 113-17. Ver também declaração de Vallat em Hoover Institution, *France during the German Occupation*, vol. 2, pp. 626-30.

Vaticano" havia assegurado ao embaixador que "eles não têm intenção de debater conosco o estatuto dos judeus". O Vaticano havia apenas expressado o desejo de que nenhuma disposição fosse promulgada no que dizia respeito ao casamento [misto] e que os preceitos da justiça e da caridade fossem observados no fechamento dos estabelecimentos comerciais.[44] Claramente, o governo francês ainda não havia cometido "pecados", mas estava próximo de alcançar os limites da ação "permissível".

Praticamente desde o início da ocupação, o regime de Vichy sentiu que, sob a crescente pressão alemã, teria de mudar para uma segunda linha de defesa. Se o processo de destruição não pudesse ser interrompido em determinado ponto, esforços teriam de ser feitos no sentido de desviar a força total do ataque dos judeus já antigos e assimilados para os imigrantes e refugiados recém-chegados. No dia 6 de abril de 1941, o comissário antissemita recentemente nomeado, Xavier Vallat, declarou perante membros da imprensa que não havia algo como "solução padrão" da questão judaica na França. Até onde os judeus do Norte da África sabiam, sequer havia uma questão judaica. "Devemos também considerar as antigas famílias judias, a maioria das quais de origem alsaciana, que parecem ter sido assimiladas", disse Vallat. Outro grupo excepcional era composto pelos soldados da linha de frente de 1914-1918 e 1940. Os judeus do leste, todavia, "que nos últimos anos inundaram a França", Vallat concluiu sem se dar conta da inteira importância de suas palavras, "serão muito provavelmente forçados de volta".[45]

Os soldados judeus da linha de frente eram, em certa medida, privilegiados em todos os países do Eixo. Diferentemente dos veteranos do Reich, que buscavam todos os privilégios que podiam, os veteranos judeus do exército francês sentiam-se inclinados a declarar sua solidariedade ao resto da comunidade judaica. No dia 11 de agosto de 1941, uma delegação composta por dezoito veteranos e comandada pelo general André Boris, ex-inspetor geral de Artilharia e membro do *Consistoire Central*, entregou a Xavier Vallat uma declaração que abrigava o ponto de que a legislação antijudaica era "válida apenas na medida em que nós somos legalmente forçados a concordar com ela e, de nossa parte, não significa um acordo." Após afirmar sua atitude geral o mais forçadamente possível, os veteranos continuaram seu protesto com as seguintes palavras: "O comissário geral para

---

44 Excertos do relato do embaixador Berard ao Marechal Pétain em Leon Poliakov, *Harvest of Hate* (Syracuse, 1941), pp. 299-301.

45 *Die Judenfrage*, 5 de maio de 1941, pp. 70-71.

Assuntos Judaicos consideraria subversivo uma afirmação [...] nos seguintes termos: 'Solenemente declaramos que renunciamos a quaisquer benefícios excepcionais de que podemos gozar de nossa condição de ex-militares'?".[46]

O problema dos veteranos judeus não se restringia a seu tratamento na França propriamente dita, uma vez que ainda havia um contingente de vários milhares de soldados judeus em cativeiro alemão. Não há registros de nenhuma intervenção francesa em nome desses soldados. Na verdade, as normas alemãs contra os prisioneiros de guerra judeus capturados dos exércitos ocidentais não eram, de forma alguma, comparáveis às medidas drásticas que foram aplicadas aos prisioneiros judeus do Exército Vermelho. Os únicos prisioneiros judeus ocidentais sujeitos ao fuzilamento eram os imigrantes do Reich, que eram fuzilados imediatamente mediante verificação de sua identidade nos pontos de coleta de prisioneiros do exército (*Armeegefangenensammelstellen*), ou seja, antes da transferência de prisioneiros para os Stalags permanentes.[47] Os judeus do Reich que eram pegos nesse procedimento estavam além de qualquer ajuda, mas o principal corpo de prisioneiros judeus gozava de relativa imunidade. Recrutas nos *Stalags* e oficiais nos *Oflags* deviam ser separados de outros prisioneiros franceses e recrutas judeus deviam ser enviados a mutirões especiais. Entretanto, os judeus não deviam carregar nenhuma marca.[48] Sem dúvida, o medo de represálias continha os generais alemães em suas operações contra os prisioneiros de guerra judeus.

———

46 Kaplan, "French Jewry" *American Jewish Year Book* 47 (1945-46): 91-92.

47 Diretiva do Grupo B do Exército, conforme transmitido pelo 4º Exército Ic/AO Abw I (assinado pelo chefe do Estado-Maior *Gen. d. Inf.* Brenecke) para as divisões, 18 de junho de 1940, NOKW-1483. O comandante do Grupo B do exército era von Bock, ao passo que o 4º Exército era comandado por von Kluge. Não há registros disponíveis do número de tiroteios, e é provável que nenhum tenha sido realizado após a conclusão da campanha francesa. Em 1944, uma diretiva do OKW/Chef Kgf., que tinha jurisdição apenas sobre campos permanentes na retaguarda, apresentou apenas os corpos de prisioneiros judeus que haviam sido despojados da nacionalidade alemã pela 11ª portaria da Lei de Cidadania do Reich. Esses corpos deveriam ser enterrados sem honras militares. OKW/Chef Kriegsgefangenenwesen, Befehlssammlung nº 48 (assinado por Meurer), 15 de dezembro de 1944, OKW-1984.

48 OKW/Chef Kgf., Sammelmitteilungen nº 1 (assinado por Obstl. Breyer), 16 de junho de 1941, OKW-1984. Befehlssammlung nº 11 (assinado por von Graevenitz), 11 de março de 1942, OKW-1984. Befehlssammlung nº 48 (assinado por Meurer), 15 de dezembro de 1944, OKW-1984. Uma delegação da Cruz Vermelha reportou, em março de 1941, ter visto aproximadamente cinquenta

Durante entrevista à imprensa concedida no dia 6 de abril de 1941, Vallat também havia mencionado não conseguir ver nenhum problema judeu na África. Essa declaração vai completamente ao encontro do que esperaríamos, pois a influência e o interesse dos alemães na África eram, comparativamente, remotos. Para os alemães, os judeus africanos deveriam ser deixados em paz. Mas não foram. A hierarquia militar católica em Vichy tomou suas próprias medidas contra aquelas pessoas.

Uma das primeiras medidas de Vichy na África foi a abolição do chamado *Crémieux Decree*, por meio do qual os judeus da Argélia gozavam do status de cidadãos franceses desde 1870. Em seguida, os judeus argelinos foram atingidos por uma série de disposições das leis francesas que eram promulgadas para a área metropolitana, mas aplicadas também na Argélia, uma vez que aquele território era uma parte "integrante" da França. Sob essas disposições, foram efetuadas demissões do serviço público, estabelecidas limitações à atividade profissional liberal e introduzidas arianizações nos negócios e empresas. Por fim, um pacote de medidas na Argélia e nos "protetorados" vizinhos de Marrocos e Tunísia foi preparado pelos militares franceses que residiam nessas áreas e controlavam o norte da África no início da década de 1940:

Representante Geral na África, general Maxime Weygand
    General Residente do "Protetorado" de Marrocos, general Noguès (200 mil judeus)
    Governador Geral da Argélia, Almirante Abrial (120 mil judeus)
    General Residente do "Protetorado" da Tunísia, Almirante Esteva (80 mil judeus)

Sob o comando do general Weygand, pequenos comissariados judaicos foram estabelecidos na Argélia e no Marrocos. A maioria das discriminações em curso na Argélia eram agora aplicadas por meios de "decretos" do sultão em Marrocos. Além disso, o sultão proibia que seus judeus praticassem atividades como empréstimos, ao passo que o general residente de Marrocos, o general Noguès, ocupava-se com

---

prisioneiros judeus em Stalag XIa, com a grande e indelével inscrição *Jud* nos uniformes franceses. Relatório da Cruz Vermelha Internacional (assinado por dr. Marti e dr. Descoeudres), 16 de março de 1941, NG-2386. O relatório pode ter contribuído para a proibição.

planos para o estabelecimento de guetos compulsórios e campos de concentração até o momento em que as forças Aliadas invadiram seus domínios.[49]

A aplicação de demissões e arianizações na Tunísia provocou problemas com os italianos, que insistiam na proteção de 5 mil judeus italianos que viviam naquela região. Esses judeus, uma ramificação do século 17 da comunidade mercantil italiana de Livorno, eram importantes para os italianos. A proporção de cidadãos franceses e italianos na Tunísia já havia favorecido a França na década de 1930, e os italianos estavam especialmente receosos, temendo que as empresas dos judeus italianos caíssem nas mãos dos franceses.[50] O embaixador Abetz, consequentemente, viu-se em uma posição peculiar de defender os franceses perante o general Gelich, da comissão italiana de armistício. Abetz queria saber que tipo de impressão era criada quando a França perseguia judeus e a Itália os protegia. Ele afirmou que, na Tunísia, os judeus italianos controlavam praticamente todas as atividades comerciais e tentou convencer Gelich de um esquema que permitiria que os italianos arianos tomassem conta das propriedades dos judeus italianos.[51] Italianos arianos qualificados, porém, não puderam ser reunidos em um prazo tão curto[52] e o governo italiano se recusou a aderir a tal acordo.[53] Consequentemente, pouco aconteceu na Tunísia até as tropas alemãs chegarem ao Protetorado em novembro de 1942.

O comentário mais importante feito por Vallat à coletiva de imprensa após sua nomeação como comissário dizia respeito aos imigrantes judeus que haviam "inundado" a França entre as duas guerras e que estavam agora sendo "forçados de volta". Naquele comentário residia a cunha que viria a se tornar o ponto de partida da "Solução Final" na França. No momento em que Vallat assumiu o comissariado, a política

---

49 Ver *Donauzeitung* (Belgrado), 17 de agosto de 1941, p. 2, e *Die Judenfrage*, 10 de setembro de 1941, p. 168; 15 de fevereiro de 1942, p. 37; 15 de abril de 1942, p. 76; 15 de maio de 1942, p. 101; 15 de outubro de 1942, p. 223.

50 Daniel Carpi, *Between Mussolini and Hitler – The Jews and the Italian Authorities in France and Tunisia* (Hanover, N.H., 1994), pp. 200-227.

51 Abetz para o Ministério das Relações Exteriores, 4 de julho de 1942, NG-133.

52 Carpi, *Between Mussolini and Hitler*, pp. 223-24, 314 n., citando um adendo "olhos apenas" a um telegrama de Ciano, ministro das Relações Exteriores, de 9 de agosto de 1942, ao embaixador da Itália em Paris.

53 Weizsäcker para Luther, divisões política e legal, 2 de setembro de 1942, incluindo nota da mesma data do embaixador Alfieri, da Itália , NG-54.

geral concernente aos judeus estrangeiros e apátridas já havia sido fixada. Com a lei de 4 de outubro de 1940, os prefeitos ganhavam o poder de ordenar a esses judeus uma residência forçada (*résidence forcée*) ou enviá-los a campos especiais (*camps speciaux*).[54] Visto que aproximadamente metade de todos os judeus, incluindo diversos imigrantes pós-guerra do Leste da Europa e os mais recentes refugiados da Alemanha Nazista, não possuíam nacionalidade francesa,[55] a política de Vichy concernente aos não cidadãos tornou-se cada vez mais importante. Durante os anos de 1941 e 1942, categorias e subcategorias de judeus não franceses eram descritas com cada vez mais refinamento em várias leis, decretos, circulares e anúncios. Basicamente, os judeus eram classificados, dos mais aos menos favorecidos, em algo como:[56]

– Judeus de nacionalidade francesa, incluindo principalmente os nascidos na França ou naturalizados há algum tempo.
– Judeus estrangeiros protegidos por um país estrangeiro.
– Judeus estrangeiros ou apátridas desprotegidos que entraram na França em 1º de janeiro de 1936, ou antes.
– Judeus estrangeiros ou apátridas desprotegidos que entraram na França depois de 1º de janeiro de 1936, mas que eram veteranos condecorados ou feridos do exército francês ou dos exércitos "ex-Aliados" entre 1939-1940, ou que tivessem recebido certificados de boa conduta da Legião Estrangeira.

54 Lei de 4 de outubro de 1940, assinada por Pétain, Peyrouton, Bouthillier e Alibert, *Journal Officiel*, 18 de outubro de 1940.

55 Ver Zosa Szajkowski, "Glimpses on the History of Jews in Occupied France", *Yad Vashem Studies* 2 (1958): 133-57, nas pp. 150–57. Szajkowski apresenta os números de 85.664 judeus franceses e 64.070 judeus estrangeiros no departamento do Sena em 20 de outubro de 1940 e 59.344 judeus franceses e 50.639 judeus estrangeiros na zona não ocupada de 15 de março em 1942. Os dados para a zona sul, todavia, provavelmente estão incompletos, na medida em que os judeus estrangeiros internados nos campos podem não ter sido incluídos. Outra complicação é a lei de 22 de julho de 1940, segundo a qual todas as naturalizações concedidas após 10 de junho de 1927, fossem a judeus ou a não judeus, estavam sujeitas a reexame e cancelamento. Como resultado, milhares de judeus estavam prestes a serem transferidos da coluna de cidadãos para as de não cidadãos.

56 Ver em particular Pucheu para prefeitos regionais na zona sul, 2 de janeiro de 1942, em Centre de Documentation Juive, *Les juifs sous l'occupation* (Paris, 1982), pp. 129-33. Na zona ocupada, o prefeito de um dos departamentos em uma região foi colocado no comando de toda a polícia regional. Como resultado dessa designação, ele se tornou um prefeito regional.

– Todos os judeus que entraram na França após 1º de Janeiro de 1936 e que não possuíam nenhum status de veterano favorecido.

As últimas dessas categorias eram subdivididas de acordo com critérios econômicos, dos mais favorecidos aos menos favorecidos, da seguinte maneira:

– Judeus empregados de forma útil na economia deveriam ser autorizados a continuar em seus postos de trabalho.
– Judeus sem tais empregos, mas com alguns meios, deveriam ser atribuídos a residência forçada (termo remodelado como *résidence assignée*). Esses judeus eram elegíveis para isenção. As residências deviam ser estabelecidas em pequenas localidades e os judeus não deveriam deixar essas localidades sem autorização. Essa medida foi aplicada principalmente na zona sul.
– Homens judeus sem meios de sobrevivência e com idades entre 18 e 55 anos deveriam ser atribuídos ao *Groupements des travaillers etrangers* (GTE), uma organização de empresas de trabalho para estrangeiros que incluía não apenas os judeus, mas também os refugiados republicanos espanhóis, holandeses ou belgas refugiados poloneses. Os judeus eram, finalmente, segregados em empresas "palestinas". Os campos de trabalho do GTE localizavam-se principalmente na zona sul. Fora do âmbito do GTE, a Organização Todt utilizava judeus na zona ocupada em projetos de trabalho desde as Ardenas até as Ilhas britânicas do Canal ocupadas. Alguns dos trabalhadores da Organização Todt haviam sido recrutados pelo Comitê de Coordenação Judaico na crença de que um destino pior aguardava os judeus ociosos e indigentes.
– Outros judeus sem meios de subsistência deveriam ser enviados à residência forçada ou a um campo.[57]

---

57 Sobre as residências designadas, o GTE e os campos, ver Marrus and Paxton, *Vichy France and the Jews*, pp. 165-76; John F. Sweets, *Choices in Vichy France* (Nova York, 1986), pp. 112-17, 120-27 (especificamente sobre o Puy-de-Dôme na zona sul, que incluía Clermont-Ferrand); e Zosa Szajkowski, *Analytical Franco-Jewish Gazetteer* (Nova York, 1966). Szajkowski identifica localidades contendo residências forçadas, companhias de trabalho e campos em seu índice e oferece pelo menos breves descrições dessas instituições no próprio dicionário geográfico. Esse dicionário é ordenado alfabeticamente pela prefeitura. Ver também Charles Cruickshank, *The German Occupation of the Channel Islands* (Londres, 1975), pp. 197, 203-4, para a história de várias centenas de judeus em casamentos

Os 7.500 judeus do Reich que haviam sido despejados na França não ocupada de Baden e de Saarpfalz foram imediatamente aprisionados em um campo em Gurs. De acordo com um relatório do Rabino Kaplan, esses judeus "viviam em barracões superlotados, dormiam no chão, eram devorados por vermes, passavam fome e frio em uma região barrenta e úmida. Durante o inverno de 1940--1941, houve oitocentas mortes".[58] Em 1941, o governo de Vichy estabeleceu no sul da França uma rede de campos: Gurs, Riversaltes, Noé, Récébédon, La Vernet e Les Milles.[59] Além dos judeus de Baden-Saarpfalz, os campos comportavam também transportes recém-chegados da região do Reich, Áustria, Protetorado e Polônia e, ainda, diversos judeus "apátridas" de todos os tipos. O número total de prisioneiros chegava a 20 mil.[60]

Em Paris, a administração alemã assistia a esses desenvolvimentos com bons olhos, pois enxergavam na medida francesa uma base para uma ação similar no território ocupado.[61] Sob a direção do ss *Obersturmführer* Dannercker, especialista em assuntos judaicos na embaixada, a polícia municipal de Paris compilou uma arquivo no qual todos os judeus estavam listados (1) em ordem alfabética; (2) de acordo com os endereços; (3) segundo a profissão; (4) de acordo com o crucial critério da nacionalidade.[62]

A lista foi inicialmente colocada em uso em maio de 1941, com uma captura de judeus poloneses, e novamente em agosto, com a prisão de judeus que estavam envolvidos com "crimes comunistas de gaullistas e tentativas de assassinato de membros da *Wehrmacht*".[63] As vítimas dessas capturas policiais eram

---

mistos que foram retirados do campo de concentração ao norte de Drancy e enviados, em 1943, ao trabalho forçado sob a Organisation Todt em Alderney, uma das ilhas britânicas distantes da costa da França e sob controle militar alemão até o fim da guerra.

58 Kaplan, "French Jewry", *American Jewish Year Book* 47 (1945-46): 84.

59 *Ibid*.

60 Schleier (embaixada em Paris) ao Ministério das Relações Exteriores, 11 de setembro de 1942, NG-5109.

61 Resumo da conferência na qual estiveram presentes Abetz, Dannecker, Achenbach e Zeitschel, 28 de fevereiro de 1941, NG-4895

62 Dannecker para o RSHA IV-B, 22 de fevereiro de 1942, NG-2070.

63 Kaplan, "French Jewry", *American Jewish Year Book* 47 (1945-46): 82-83. Schleier para o Ministério das Relações Exteriores, 30 de outubro de 1941, NG-3264.

apenas homens e eles foram enviados a três campos. Após um atraso considerá-vel, descobriu-se que os números de prisões totalizaram 7.443, distribuídas da seguinte forma:[64]

Drancy	4.331
Pithiviers	1.560
Beaune la Rolande	1.552

De acordo com a nacionalidade, a separação era a seguinte:[65]

"Ex" poloneses	3.469
Franceses	1.602
"Imigrantes"	368
Turcos	365
Outras nacionalidades	1.015
Nacionalidade indeterminada	624

As prisões de alguns judeus estrangeiros levaram a protestos dos cônsules estrangeiros em Paris. O gabinete do *Militärbefehlshaber* e a ss concordavam que a libertação de judeus individuais criaria "precedentes", o que, obviamente, não era desejável, e os burocratas alemães achavam que a lei francesa era suficiente o bastante para cobrir todas as prisões.[66]

Todavia, o *Staatssekretär* Weizsächer, do Ministério das Relações Exterio-res, acreditava que era perigoso deter judeus de várias nacionalidades americanas. Ele queira que esses judeus fossem libertados, temendo que as prisões desenca-deassem represálias contra os alemães na América, caso em que "levaríamos o pior".[67] Ribbentrop, em cuja mente o pensamento de represália também vagava, imediatamente colocou no memorando seu *Ja* [sim]. A Embaixada de Paris seguiu o exemplo, embora de uma forma um tanto quanto relutante. Quando, seis me-ses depois, o Ministério das Relações Exteriores foi incitado pelo protesto chileno pela libertação de um certo Norbert Goldflus, o dr. Zeitschel, da embaixada, res-

---

64 Dannecker para Zeitschel, 20 de outubro de 1941, NG-3264.

65 *Ibid.*

66 Schleier para Ministério das Relações Exteriores, 30 de outubro de 1941, NG-3264.

67 Memorando de Weizsäcker, 1º de novembro de 1941, NG-3264.

pondeu que Goldflus era um judeu, que seu status não havia sido alterado com o batismo em Viena 22 anos antes, que sua cidadania era francesa e que seu casamento com uma "chilena da alta sociedade" realmente não vinha ao caso. Apesar disso, a embaixada faria tudo o que estivesse a seu alcance para conseguir a libertação daquele homem, embora a recente frequência de pedidos não estivesse causando uma "boa impressão" na ss.[68]

Uma vez que os campos de prisão eram comandados por equipes francesas, um delicado problema também ganhou corpo no que dizia respeito à administração. A *Deutsche Ukraine Zeitung* em Lutsk certo dia publicou um artigo intitulado "Feliz Campo de Concentração [*Fröhliches Konzentrationslager*]". O campo em questão era o de Beaune la Rolande. Ao que parecia, o gerenciamento daquele campo estava nas mãos de um capitão francês aposentado que concedia licenças a prisioneiros mediante uma determinada soma de dinheiro. Assim, a lista de chamada dos prisioneiros havia caído para 384. A "corrupção" das equipes francesas também havia se revelado nas tentativas bem-sucedidas de parentes e amigos dos judeus de contrabandear alimentos para os prisioneiros. Seguramente, escreveu a *Ukraine Zeitung*, os judeus não têm motivos para ficarem insatisfeitos em um campo de concentração assim.[69]

O fato de as vítimas prisioneiras serem pais de família desencadeou, ainda, outro problema. Um informante francês do *Rüstungskontrollinspektion* alemão (o Inspetorado de Controle de Armamentos na zona não ocupada) disse que a prisão dos homens sem suas mulheres e filhos fora um erro. Aquelas mulheres, disse o informante francês, estavam agora vagando pelas ruas de Paris e ganhando a simpatia de "franceses desconhecidos". Outros judeus, ele disse, estavam desaparecendo em Paris e nas províncias sob nomes falsos.[70]

No dia 29 de novembro de 1941, o regime de Vichy impôs aos judeus uma nova constrição decretando que todas as organizações judaicas (com exceção das associações religiosas, incluindo o *Consistoire*) deveriam ser dissolvidas e suas propriedades entregues a um novo conselho, a *Union Générale des Israëlites de France*

---

68 Zeitschel para Ministério das Relações Exteriores, 30 de abril de 1942, NG-5348.

69 *Deutsche Ukraine Zeitung* (Lutsk), 28 de março de 1942, p. 5.

70 *Rüstungskontrollinspektion*/Z (assinado por Glt. Stud) para *Waffenstillstandskommission*/Rü em Wiesbaden, 4 de dezembro de 1941, incluindo relatório especial de Sonderführer (Z) Rohden, Wi/IA 3.74.

(UGIF).[71] A UGIF deveria ser o *Judenrat* da França e, por causa da convocação dos líderes judeus tradicionais para servir em seus postos, os apelos de Vichy causaram dificuldades e dissidências. Os potenciais candidatos debateram a questão em dezembro e alguns deles rejeitaram a oferta, apresentando algumas explicações, ao passo que outros apoiaram o aceite, mas mediante algumas condições. A implicação de um status especial da comunidade judaica francesa, mais de cem anos após sua emancipação, impeliu os resistentes a se afastarem de quaisquer envolvimentos com a nova organização, mas o perigo do controle direto alemão induziu os compromissados a preferirem a administração francesa. Em determinado ponto, os participantes da conferência, estimulados por René Mayer e pelo professor David Olmer, consideraram apresentar uma carta de renúncia. O primeiro agitador entre aqueles que estavam inclinados a cooperar era Raymond-Raoul Lambert, um homem de 47 anos, veterano de ambas as guerras e funcionário do *Comité d'Assistance aux Réfugiés* (CAR). No dia 30 de dezembro, após "uma semana de diplomacia judaica", como Lambert denominara o debate interno, a formação da UGIF foi garantida. René Mayer, o perdedor, não participou. Ele viria a ser premiê da França no pós-guerra. Lambert, o vencedor, podia, agora, ser um líder dos judeus. Antes de a guerra terminar, ele seria morto em uma câmara de gás em Auschwitz.

A UGIF absorveu as organizações de bem-estar judaicas e suas equipes, mas foi uma controladora instável desde o início. Quando o presidente do CAR, Albert Lévy, foi nomeado presidente da UGIF, foi chamado de marionete de Lambert. Além disso, a UGIF era dividida em seções norte e sul, que correspondiam às zonas ocupada e não ocupada, e era conduzida pelos seguintes nomes:[72]

---

71 Lei de 29 de novembro de 1941, assinada por Pétain, Darlan, Barthélemy, Pucheu e Bouthillier, *Journal officiel*, 2 de dezembro de 1941.

72 Raymond-Raoul Lambert, *Carnet d'un témoin*, ed. Richard Cohen (Paris, 1985), pp. 138-49. O "carnet" (caderno) é um diário com entradas resumindo os eventos de uma semana ou mais. As entradas sobre a formação do UGIF são de 28 de dezembro de 1941 e 8 de janeiro de 1942. Ver também Szajkowski, *Analytical Franco-Jewish Gazetteer*, pp. 39-63; Jacques Adler, *Face à la persécution* (Paris, 1985), pp. 71-95; Kaplan, "French Jewry", *American Jewish Year Book*, 47 (1945-46): 78, 93-96; e a declaração de Vallat na Hoover Institution, *France during the German Occupation*, vol. 2, pp. 636-42. Sobre as políticas da UGIF, ver Cynthia Haft, *The Bargain and the Bridle* (Chicago, 1983); seu "L'Union Générale des Israëlites de France et la politique de 'réduction'", *Contemporary French Civilization* 5 (1981): 261-74; Yehuda Bauer, *American Jewry and the Holocaust* (Detroit, 1981), pp. 164-69, 236-40; e Richard Cohen, *The Burden of Conscience* (Bloomington, 1987). Baur e Lambert se tornaram vítimas

Président général (em sequência)

    Albert Lévy (em Marselha; renunciou)

    Raymond-Raoul Lambert (em Marselha; em exercício [provisório] a partir de março de 1943, preso em agosto de 1943 e deportado em dezembro de 1943)

    Georges Edinger (em Paris)

Vice-président: André Baur (em Paris; preso em julho de 1943 e deportado para Auschwitz em dezembro de 1943)

NORTE

    Representante Administrativo (*Administrateur délégué*): Marcel Stora (deportado em 1943 e substituído por Albert Weil)

SUL

    Adjunto administrativo (posteriormente *Directeur général*) em Marselha: Lambert (substituído por Raymond Geissmann, em exercício)

Desde os primeiros dias de sua existência, a UGIF enfrentou problemas crescentes. No dia 14 de dezembro de 1941, o *Militärbefehlshaber* usou como pretexto uma tentativa de assassinato de um oficial alemão para impor aos judeus uma "multa" de um bilhão de francos e, no dia 17 de dezembro, encarregou a UGIF da tarefa de coletar o dinheiro.[73] Todas as decisões da UGIF no cumprimento dessa diretiva deveriam ser sustentadas pela administração francesa de acordo com os estatutos tarifários da França. A Supervisão estava nas mãos do dr. Michel, em particular de seu Grupo IX (Economia). Michel, convencido de que nem as agências francesas nem as judaicas teriam quaisquer interesses em levantar tal quantia de forma rápida, pediu emprestados ao Ministério da Fazenda do Reich dez especialistas que pudessem intervir quando necessário.[74]

---

de deportação em 1943. Baur foi deportado após a chegada de Alois Brunner. Sobre a prisão de Lambert, ver Röthke para Knochen, 15 de agosto de 1943, em Klarsfeld, *Die Endlösung der Judenfrage in Frankreich*, pp. 210-13. Todos os documentos do volume de Klarsfeld são do Centre de Documentation Juive Contemporaine.

73 Decreto do *Militärbefehlshaber*, 17 de dezembro de 1941, *Verordnungsblatt des Militärbefehlshabers in Frankreich*, 20 de dezembro de 1941.

74 Michel para Central Division (Haug), 15 de dezembro de 1941, in Klarsfeld, *Die Endlösung der Judenfrage in Frankreich*, p. 17.

O Ministério das Finanças francês não estava, de fato, cooperando, mas a UGIF, temendo represálias dos alemães, levantou um empréstimo na quantidade necessária, comprometendo toda a receita das arianizações de propriedade judaicas como garantia para tal transação.[75] No final, a UGIF comprometeu 895 milhões de francos, mais ou menos 40% do total acumulado com as arianizações, para financiar o pagamento da multa.[76]

Uma segunda redução de recursos acometeu a UGIF quando a ocupação alemã do sul da França em novembro de 1942 cortou a comunidade judaica francesa das principais fontes de auxílio externas, notadamente os Estados Unidos.[77] Embora aquele fosse o momento de mergulhar no fundo de arianizações para ajudar os judeus indigentes, os chefes da comunidade receberam ordens para restringir os saques ao mínimo. Em 1943, os líderes judeus obtiveram das autoridades francesas um decreto autorizando a UGIF a estabelecer um imposto mensal por cabeça para todo judeu adulto. O imposto totalizava 120 francos na área ocupada original e 360 francos na antiga zona de Vichy.[78] Seu rendimento era complementado por saques dos fundos bloqueados de 80 milhões de francos.[79] No final do ano de 1943, as contas bloqueadas totalizavam 485 milhões de francos.[80]

Mesmo quando a UGIF lutava com problemas financeiros, os alemães orquestravam planos mais macabros para um futuro próximo. No início de outubro de 1941, a administração militar na França procurou o *Reichsminister* Rosenberg,

75 Szajkowski, *Franco-Jewish Gazetteer,* p. 61, citando minutas do encontro da UGIF em 11 de março de 1942.

76 Umbreit, *Der Militärbefehlshaber in Frankreich,* p. 263. Marrus e Paxton, *Vichy France and the Jews,* pp. 110-11.

77 Os gastos do Comitê Judaico-Americano de Distribuição Conjunta na França foram próximos de $800.000 em 1941 e próximo a $900.000 em 1942. Bauer, *American Jewry and the Holocaust,* p. 159. A oferta de fundos (por meio da Suíça) foi fortemente reduzida em 1943-44, mas houve alguns empréstimos locais em troca de promessas de pagamentos vindos do exterior no pós-guerra. *Ibid.,* pp. 236-44.

78 Decreto do Comissariado de Assuntos Judaicos, assinado por Darquier de Pellepoix, 11 de maio de 1943, *Journal officiel,* 5 de junho de 1943.

79 Kaplan, "French Jewry", *American Jewish Year Book* 47 (1945-46): 78-79, 95-96. *Donauzeitung* (Belgrado), 13-14 de junho de 1943, p. 2.

80 *Donauzeitung* (Belgrado), 14 de janeiro de 1944, p. 1.

do Ministério dos Territórios Ocupados do Leste, para saber da possibilidade de transferir os judeus para o leste.[81] Nada poderia ser feito naquele momento, mas quando Stülpnagel escreveu ao *Generalquartiermeister* em 5 de dezembro de 1941 sugerindo a "multa", adicionara dois outros pontos: ele queria que cem judeus, comunistas e anarquistas fossem fuzilados e propôs que mil judeus e quinhentos comunistas fossem deportados para o Leste.[82] Hitler aprovou os três pedidos na carta de Stülpnagel.[83]

No dia 12 de dezembro, cerca de 750 judeus foram presos em Paris e levados para Compiègne juntamente com outros trezentos do campo de prisão em Drancy.[84] Dois dias depois, von Stülpnagel publicou sua ordem. O representante geral francês no território ocupado, embaixador de Brinon, protestou imediatamente contra o fuzilamento de uma centena de "judeus, comunistas e anarquistas" como reféns. Sua nota não mencionava a "multa" de 1 bilhão de francos nem a proposta de deportação de mil judeus.[85] O momento das deportações, todavia, foi mal escolhido. A OKH informou ao *Militärbefehlshaber* que dezembro e janeiro eram meses tumultuados para o comando de transporte militar e que os judeus teriam de esperar até fevereiro ou março.[86] Para o *Sturmbannführer* Lischka, esse atraso não era uma boa notícia. A deportação, ele escreveu ao RSHA IV-B-4,

---

81 Resumo da discussão realizada em 13 de outubro de 1941 entre Rosenberg e o *Generalgouverneur* Frank, datado de 14 de outubro de 1941, Diário de Frank, Arquivos Nacionais, Grupo de registro 242, T 992, rolo 4.

82 Von Stülpnagel para OKH/GenQu, 5 de dezembro de 1941, NG-3571. Von Stülpnagel havia ficado preocupado com as grandes quantidades de reféns de tiroteios e pensava em substituir as deportações de judeus por um aumento nas represálias contra os franceses. Ver Herbert, "Die deutsche Militärverwaltung", in Jansen, Niethammer e Weisbrod, *Aufgabe,* pp. 439-40, 447. Os judeus foram subsequentemente deportados, mas não houve mitigação para os franceses. Derrotado, von Stülpnagel renunciou.

83 Gen. para o embaixador Ritter (Ministério das Relações Exteriores), 12 de dezembro de 1941, NG-3571.

84 Kaplan, "French Jewry", *American Jewish Year Book* 47 (1945-46): 82-83.

85 Memorando de Welck sobre conversas telefônicas com o *Legationsrat* Strack, contendo texto do protesto francês, 16 de dezembro de 1941, NG-5126.

86 *Militärbefehlshaber* na França/Equipe Administrativa/Adm. (assinado por Best), para representantes do RSHA em Paris, 6 de janeiro de 1942, R-967.

era necessária com urgência (*dringend erforderlich*), do contrário, as autoridades francesas veriam a demora como uma fraqueza dos alemães (*deutsche Schwäche*).[87]

Durante o período de espera, o chefe do movimento "social revolucionário" francês, Eugene Deloncle, decidiu explodir algumas sinagogas em Paris. Nas demolições que se seguiram, vários membros da *Wehrmacht* foram feridos e, como resultado, o *Militärbefehlshaber* solicitou furiosamente retirar a BdS da alçada do recém-nomeado dr. Knochen. A embaixada agora precisava intervir para proteger esse homem "politicamente experiente" que seria de fundamental importância nas operações seguintes e von Stülpnagel concordou em aceitar um pedido de desculpas.[88] Mais calmo, o *Militärbefehlshaber* poucos dias depois emitiu um ordem impondo um toque de recolher aos judeus.

Em 9 de março de 1942, o problema do transporte foi resolvido. Eichmann escreveu a seu equivalente no Ministério das Relações Exteriores, *Legationsrat* Rademacher, perguntando se os diplomatas tinham alguma objeção contra as deportações.[89] Nem Luther em Berlim, nem Schleier em Paris tinham quaisquer objeções.[90]

Nesse ínterim, o representante de Eichmann em Paris pensava que as coisas estavam demasiado lentas. Em uma reunião ocorrida nos aposentos de Eichmann em 4 de março, o *Hauptsturmführer* Dannecker sugeriu que seria necessário propor ao governo francês "algo realmente positivo, como a deportação de vários milhares de judeus [*etwas wirklich Positives, wie etwa den Abschub mehrerer tausend Juden*]". Eichmann pensou que, submetidas à aprovação de Heydrich, algumas negociações preliminares poderiam ser organizadas com os franceses para a deportação para o Leste de aproximadamente 5 mil judeus.

Eichmann tinha em mente homens judeus com no máximo 55 anos e que pudessem trabalhar (em resumo, os judeus presos nos campos). As negociações com os franceses, ele acreditava, teriam também de incluir a pauta da "taxa de

---

87 Lischka para o RSHA IV-B-4, 26 de fevereiro de 1942, in Klarsfeld, *Die Endlösung der Judenfrage in Frankreich*, p. 46.

88 Embaixada em Paris para o embaixador Ritter no Ministério das Relações Exteriores, 2 de fevereiro de 1942, NG-119.

89 Eichmann para Rademacher, 9 de março de 1942, NG-4954.

90 Luther para a Embaixada em Paris, 10 de março de 1942, NG-4954. Schleier para o Ministério das Relações Exteriores, 13 de março de 1942, NG-4954.

serviço" que os alemães deveriam coletar da remoção dos judeus. Para determinar a quantia a ser coletada, seria necessário, em primeiro lugar, ter uma ideia do total da riqueza dos judeus no país. Este e outros detalhes, ele disse, teriam de ser combinados nos meses seguintes.[91]

No dia 11 de março, Eichmann decidiu obter a permissão do Ministério das Relações Exteriores para deportar 5 mil judeus para Auschwitz, juntamente com outros mil cuja deportação já estava agendada.[92] Esse pedido também passou de mão em mão e foi aprovado por Rademacher, Luther, Schleier, Weizsäcker e Wörmann.[93]

A febre de deportação agora aumentava nos altos escalões da burocracia alemã em Paris. No dia 18 de março de 1942, um oficial da embaixada comentou que uma designação de um Alto Comandante da ss e da Polícia na França (Oberg) teria "um efeito especialmente favorável sobra a Solução Final" no país.[94] No dia 27, o primeiro trem deixou Conpiègne rumo à Auschwitz.[95] No dia 5 de maio de 1942, Heydrich chegou a Paris. Dirigindo-se a um pequeno grupo de oficiais da administração militar, ele disse algo a respeito das implicações da reunião sobre a solução final ocorrida em 20 de janeiro de 1942 e revelou que, embora as operações com as vans-câmaras de gás rendessem resultados parcos, soluções mais promissoras e eficientes estavam sendo elaboradas.[96] Em uma conversa com o chefe da polícia francesa, ele anunciou que havia, agora, transporte suficiente para retirar os

_____

91 *HStuf.* Dannecker para *OStubaf.* dr. Knochen e *Stubaf.* Lischka, 10 de março de 1942, RF-1216. Dannecker, nascido em 1913, não era um fanático antes de período nazista. Ver a biografia escrita por Claudia Steur, Theodor Dannecker (Stuttgart, 1997). Na década de 1930, ele foi um *Oberscharführer* no *Referat* Judaico do Escritório Central do SD, onde chefiou a seção "Assimilacionista", ao lado da seção "Sionista", de Eichmann.

92 Eichmann para Rademacher, 11 de março de 1942, NG-4954.

93 Correspondência em NG-4954.

94 Memorando da Embaixada, 18 de março de 1942, NG-4881.

95 Serge Klarsfeld, *Memorial to the Jews Deported from France, 1942-1944* (Nova York, 1983). O volume contém listas de nomes com nacionalidades, idades e locais de nacimento, por trem em ordem cronológica de partida. No primeiro trem, ver também ordem de *Wehrmachtverkehrsdirektion* Paris/Divisão de Ferrovias/33 (assinado por Möhl), 24 de março de 1942, Case Ganzenmüller, Düsseldorf, 8 Js 430/67, Volume Especial IV, parte IV, p. 5.

96 Herbert, "Die deutsche Militärverwaltung", in Jansen, Niethammer e Weisbrod, *Aufgabe,* pp. 448, 430 n.5.

judeus apátridas presos em Drancy na zona ocupada. Apático, o chefe de polícia francês perguntou a Heydrich se ele também não podia retirar os judeus apátridas que já estavam presos há um ano e meio na zona não ocupada. Heydrich respondeu que era tudo uma questão de transporte.[97]

Nessa situação, o *Generalleutenant* Kohl, do ETRA Ocidental, acabou se mostrando mais do que disposto a ajudar. O general recebeu Dannecker pessoalmente e, em uma conversa de mais de uma hora, revelou ao *Hauptsturmführer* que era um inimigo absoluto dos judeus e um apoiador incondicional de uma "Solução Final para a questão judaica" que visasse a completa aniquilação (*restloser Vernichtung*). Kohl, então, declarou "textualmente" (*wörtlich*): "Estou feliz de termos nos conhecido e estarmos em contato. Você deve discutir o transporte futuro com meu especialista apropriado. Se me disser 'quero transportar 10 mil ou 20 mil judeus da França para o leste', então pode contar sempre com meus esforços para distribuir as locomotivas e os vagões necessários". Posteriormente, o general declarou que, no que dizia respeito às questões judaicas, ele adotaria uma posição radical (*einen radikalen Standpunkt*) mesmo que (*auf die Gefahr hin*) certas pessoas o considerassem "bruto" (*roh*).[98]

No dia 3 de junho, a *Wehrmachtverkehrsdirektion* de Paris enviou o segundo transporte, DA 301, que, no dia 5, deveria deixar Compiègne rumo à Auschwitz via Metz, onde os vagões alemães substituiriam os franceses. Em uma importante nota suplementar, a ordem afirmava que os custos ficariam a cargo do *Militärbefehlshaber*.[99]

Encorajado por esses avanços, os burocratas começaram os preparativos para concentrações e deportações em grande escala. No meio de maio, o gabinete do *Militärbefehlshaber* trabalhava arduamente em um decreto que obrigava todos os judeus, a partir do aniversário de 6 anos, a usarem uma estrela de Davi

---

97 Schleier para o Ministério das Relações Exteriores, 11 de setembro de 1942, NG-5109.

98 Dannecker para Knochen e Lischka, 15 de maio de 1942, in Klarsfeld, *Die Endlösung der Judenfrage in Frankreich*, p. 56. O encontro aconteceu no dia 13.

99 *Wehrmachtverkehrsdirektion* (WVD) Paris/Divisão de Ferrovias/33 (assinado por Möhl) para Paris-Nord, Paris-Ost, Nancy, Lille, WVD Brussels, RBD Saarbrücken, *Generalbetriebsleitung Ost*/P e PW, Ministério dos Transportes/21, e *Wehrmachttransportleitung* Paris, 3 de junho de 1942, Case Ganzenmüller, Volume Especial IV, parte VI, p. 12. Sobre o despacho do trem, com nomes, ver Klarsfeld, *Memorial*.

com a inscrição *Juif* (judeu em francês).[100] Embora o decreto devesse ser aplicado a franceses e estrangeiros igualmente, o tratamento de algumas nacionalidades estrangeiras tinha de ser conduzido com certa cautela. Após consultas com o Ministério das Relações Exteriores, ficou determinado que as seguintes nacionalidades seriam eximidas dessa medida: judeus do Reich, poloneses, holandeses, belgas, franceses, croatas, eslovacos e romenos.[101]

O decreto foi divulgado no dia 29 de maio e entrou em vigor no dia 7 de junho. Porém, as dificuldades em sua aplicação foram sentidas de imediato. Alguns dos judeus decidiram não usar a estrela; outros usavam-na de forma incorreta; outros, ainda, usavam várias em vez de apenas uma. Alguns judeus colocavam em suas estrelas inscrições adicionais. Por fim, diversos não judeus começaram a usar a estrela ou algo parecido. Furiosos, os alemães prenderam alguns infratores judeus e seus apoiadores franceses para enviá-los a um dos campos.[102]

Em Berlim, a máquina se fortalecia. No dia 11 de junho, Eichmann convocou seus especialistas de The Hague, Bruxelas e Paris para discutir as novas medidas. Os especialistas estavam estudando as estatísticas que seriam usadas nas negociações com o ETRA Ocidental. O número era, inicialmente, 100 mil. Os transportados deveriam ser homens e mulheres com idades entre 16 e 40 anos, e a soma de 700 Reichsmark por pessoa foi mencionada como taxa de transporte a ser cobrada do Estado francês. O primeiro trem deveria partir no dia 13 de julho.[103]

Em questão de dias, um grande obstáculo surgiu no horizonte: o ETRA Ocidental não poderia fornecer o transporte. O acúmulo da ofensiva de primavera resultara em uma repentina transferência, da zona ocupada para o Reich, de 37 mil vagões de carga, 800 vagões de passageiros e mil locomotivas. Esse equipamento era necessário com tanta urgência que os trens precisaram ser transportados

---

100 Abetz para Ministério das Relações Exteriores, 15 de maio de 1942, NG-2455.

101 Zeitschel para *Militärbefehlshaber* von Stülpnagel e Alto Comando da ss e Líder Policial Oberg, 22 de maio de 1942, NG-3668.

102 Anúncio no *Pariser Zeitung*, 26 de junho de 1942, p. 4. Os propagandistas na administração militar pensavam que, para todos os efeitos, os judeus também deveriam ser barrados nas cafeterias, bulevares e assim por diante. Relatório moral (*Stimmungsbericht*) do *Militärbefehlshaber* na França/ Divisão de Propaganda, 8 de julho de 1942, OKW-733.

103 *HStuf.* Dannecker para *Staf.* dr. Knochen e *OStubaf.* Lischka, 15 de junho de 1942, RF-1217.

vazios. Os veículos restantes mal eram suficientes para o transporte dos 350 mil trabalhadores franceses do *Gauleiter* Sauckel para o Reich. Outra complicação, ainda, foi a repentina transferência da jurisdição sobre os transportes do ETRA Ocidental para a Reichsbahn. A implementação da mudança (durante a qual a *Wehrmachtverkehrsdirektion* militar em Paris estava sendo transformada na civil *Hauptverkehrsdirektion*) ainda estava em progresso em 16 de junho de 1942 e, para o *Hauptsturmführer* Dannecker, a perspectiva de futuros transportes de judeus havia se tornado incerta.[104]

O ímpeto, porém, não fora rompido. No dia 17 de junho de 1942, Dannecker observou que, apesar de todas as dificuldades, três trens especiais deixariam Drancy, Pithiviers e Beaune la Rolande, onde 3 mil judeus estavam "prontos para marchar" (*marschbereit*).[105] No dia seguinte, a "*Wehrmachtverkehrsdirektion*" em Paris o informou as datas das partidas: 22, 25 e 28 de junho. De Novak (especialista em transportes do RSHA IV-B-4), Dannecker ouviu que o Ministério dos Transportes estava preparado para realizar o transporte de judeus da França "em grande escala" (*im grösseren Umfange*).[106] Antes do final do dia, mais mensagens chegaram. Um total de 36 trens estava agora sendo preparado.[107] Os três transportes para Auschwitz, Eichmann informou Knochen, haviam sido cancelados pelo Ministério dos Transportes, e detalhes técnicos poderiam ser obtidos com a *Hauptverkehrsdirektion* de Paris (*Herr* Niklas).[108] No dia 19 de junho, a ordem detalhada para os três trens foi despachada pela *Hauptverkehrsdirektion* de Paris.[109]

---

104 Dannecker para o RSHA IV-B-4, 16 de junho de 1942, RF-1218, recitando estatísticas de material circulante. Ordem de DorpMüller para o *Wehrmachtverkehrsdirektionen* Paris e Bruxelas, 13 de junho de 1942, in Kreidler, *Eisenbahnen*, pp. 356-57

105 Dannecker para o RSHA, 17 de junho de 1942, Caso Novak, Landesgericht für Strafsachen, Viena, 1416/61, vol. 17, p. 297 e ss.

106 Dannecker para o RSHA, 18 de junho de 1942, *ibid.*

107 Dannecker para Novak, 18 de junho de 1942, *ibid.*

108 Eichmann para Knochen, 18 de junho de 1942, *ibid.*

109 HVD Paris/33 (assinado por Never) para *Eisenbahndirektionen* Paris-Nord, Paris-Ost, Paris-Süd e Nancy, com cópias para *Generalbetriebsleitung West (Essen)* e Ministério do Transporte/21, 19 de junho de 1942. Centre de Documentation Juive Contemporaine, documento XXV b-39. Os trens partiram na data agendada. Klarsfeld, *Memorial*.

O principal programa de transportes estava descrito em uma diretiva assinada pelo chefe de operações da *Reichsbahn*, Leibbrand, no dia 23 de junho de 1942. Essa ordem cobria 90 mil judeus deportados da França, Bélgica e Holanda. A quota francesa era de 40 mil, incluindo 35 mil de Paris, mil de Rouen, mil de Nancy, mil de Dijon e 2 mil de Bordeaux. Da Bélgica deveriam partir 10 mil; da Holanda, 40 mil. A *Generalbetriebsleitung* Ocidental era encarregada de realizar os transportes juntamente com a *Generalbetriebsleitung* do leste usando o máximo possível os horários existentes. Seria desejável, disse Leibbrand, começar no dia 13 de julho com seis ou sete trens por semana, cada um levando mil pessoas. Na medida do possível, os vagões deveriam ser fornecidos pela *Hauptverkehrsdirektion* ocidental e sujeitos à regulação pela *Generalbetriebsleitung* do Leste/PW.[110] Leibbrand, o reconhecido especialista em transportes, não menos do que Kohl, o implacável inimigo dos judeus, estava encontrando formas de realizar as deportações do Ocidente.

Agora, os homens da ss podiam levar adiante seus planos. No dia 26 de junho de 1942, Dannecker esboçou um conjunto de diretrizes (*Richtlinien*) para a deportação dos judeus franceses. Fixou os limites de idade em no mínimo 16 e no máximo 45 anos e decidiu que as deportações poderiam abarcar tanto judeus de nacionalidade francesa, quanto aqueles "apátridas" que, com efeito, não eram protegidos por uma potência estrangeira. Em seguida, ele preparou uma lista de coisas que as vítimas deveriam levar consigo: dois pares de meias, duas camisas, dois pares de ceroulas, uma toalha, um copo, uma colher, etc. Para orientação do comando de transportes, Dannecker discriminou as quantidades de comida a serem estocadas no vagão de mantimentos de cada trem. Uma vez que os trens deveriam ser compostos por vagões de carga, ele orientou que cada vagão fosse munido de um balde [para necessidades físicas]. Por fim, tratou da questão dos

---

110 Ministério do Transporte/21 (assinado por E II *Chief* Leibbrand) para *Generalbetriebsleitung* West (Essen), *Generalbetriebsleitung Ost*/L e PW, *Hauptverkehrsdirektionen* Paris e Bruxelas, Plenipotenciário das Ferrovias em Utrecht, e *Reichsbahndirektion* Oppeln, 23 de junho de 1942; e Schnell (21) para 16, 11 de julho de 1942, incluindo directivas para propósitos financeiros, Caso Ganzenmüller, Volume Especial IV, parte III, pp. 57-58. Note também o espírito complacente demonstrado por Möhl (HVD Paris/33) na discussão sobre outros transportes com *Stubaf*. Mayer-Falk, conforme notado no memorando de Möhl de 2 de julho de 1942, Centre de Documentation Juive Contemporaine, documento XXV b-45.

guardas, que deveriam ser fornecidos pela *Feldgendarmerie* do exército na razão de um oficial e quarenta homens por trem até a fronteira do Reich.[111]

Garantias ferroviárias também permitiram à ss preparar uma grande estratégia para a França. Até o final do mês, acreditava-se que em pouco tempo (*in Kürze*) 50 mil judeus pudessem ser transferidos da zona ocupada da França. Esperava-se que não houvesse entraves (*reibungslos und klar*) para a implementação do plano. A operação deveria começar nas cidades das províncias. O primeiro transporte deveria deixar Bordeaux no dia 13 de julho de 1942. As partidas dos transportes seguintes estavam agendadas em intervalos de dois dias: Bordeaux novamente, depois Angers, Rouen, Châlons-sur-Marne, Nancy e Orléans. A máquina de deportação deveria, então, descer rumo a Paris.[112] A quota parisiense era de 22 mil judeus, que deveriam ser apreendidos em cada *arrondissement* proporcionalmente à distribuição dos judeus na cidade.[113]

Agora que a dificuldade com os transportes estava parcialmente superada, os homens da ss em Paris enfrentavam ainda outra carência: a polícia. Em toda a França ocupada, a Polícia de Ordem alemã tinha apenas três batalhões e 3 mil homens no total. (A debilidade dessas forças em relação à tarefa que tinham é algo que pode ser vislumbrado no fato de que a Holanda tinha mais de 5 mil homens.)[114] Claramente, a Polícia de Ordem não podia ser chamada para ajudar. Para a relativamente simples operação de guardar os trens, o RSHA havia garantido o apoio da *Feldgendarmerie*, mas para a tarefa central de conduzir as prisões, os homens da ss tiveram de recorrer à polícia francesa.

Na zona ocupada, a força da polícia francesa tinha um corpo de 47 mil homens.[115] Os franceses eram requisitados particularmente em Paris, uma cidade

---

111 Diretiva de Dannecker, 26 de junho de 1942, RF-1221. A *Feldgendarmerie* acabou não sendo necessária, porque a *Gendarmerie* francesa estava disponível. Röthke para o *Kommandant* de Gross--Paris/*Kommandostab* Ia/*Stabsoffizier der Feldgendarmerie*, 16 de julho de 1942, pedindo a alocação de um oficial e oito homens para a supervisão do pessoal francês para o trem saindo em 19 de julho. Centre de Documentation Juive Contemporaine, documento xxv b-72.

112 Memorando assinado por Eichmann e Dannecker, 1º de julho de 1942, RF-1223; Dannecker para Knochen e Lischka, 1º de julho de 1942, RF-1222.

113 Memorando de Dannecker, 4 de julho de 1942, RF-1224.

114 Daluege para Wolff, 28 de fevereiro de 1942, NO-2861.

115 *Ibid.*

que em 1941 pode ter tido aproximadamente 2 milhões de habitantes, incluindo 140 mil judeus.

Para assegurar o completo apoio da polícia francesa, o *Standartenführer* Knochen, do BDS, foi ao gabinete do chefe do Governo Francês, Pierre Laval, e o informou que o governo alemão havia decidido deportar todos os judeus (homens, mulheres e crianças) que viviam na França. Não seria feita nenhuma distinção entre os judeus de nacionalidade francesa e os outros. O prefeito da polícia de Paris já havia sido notificado pelas autoridades alemãs dessa decisão. Em consequência disso, Laval procurou o alto comandante da Polícia e da SS, Oberg, para intervir na situação.

Oberg fez uma proposta de compromisso: se a polícia francesa cooperasse na operação, os aprisionamentos ficariam restritos, por enquanto, apenas aos judeus apátridas. "Os trens estão prontos", explicou o homem da SS. "Eles precisam ser carregados a qualquer custo. O problema judeu não tem fronteiras para nós. A polícia deve nos ajudar e devemos fazer as prisões sem nenhuma distinção entre os judeus franceses e os outros". Oberg, então, ofereceu a garantia de que os judeus seriam enviados para a Polônia, onde um "Estado judeu" seria estabelecido para eles.

Laval, agora, tinha de tomar uma "decisão rápida" e decidiu salvar os cidadãos franceses e envolver sua polícia nas capturas. Após a liberação, quando esperava a execução, Laval defendeu em suas memórias sua decisão com as seguintes palavras:

> Fiz tudo o que pude, considerando o fato de que meu primeiro dever era com os companheiros de origem judaica cujos interesses eu não podia sacrificar. O direito ao asilo não foi respeitado nesse caso. De outra forma, como eu poderia ter estado em um país que estava ocupado pelo exército alemão? Como os judeus poderiam ter sido mais bem protegidos em um país onde a Gestapo gerava revoltas e motins?[116]

O compromisso, que levara imunidade temporária aos judeus de nacionalidade francesa, teve um efeito perturbador na estratégia alemã de deportação. Por exemplo, um transporte marcado para partir de Bordeaux no dia 15 de julho teve de ser cancelado porque apenas 150 judeus apátridas foram encontrados na cidade. O cancelamento aborreceu particularmente o *Obersturmbannführer*

---

116 Citação e relato de encontros com Knochen e Oberg de Pierre Laval, *Diary* (Nova York, 1948), pp. 97-99.

Eichmann, que convocou seu especialista Röthke, de Berlim, para dar explicações sobre aquele fiasco. O RSHA havia conduzido demoradas negociações com o ministro dos Transportes do Reich para obter os vagões e, agora, Paris cancelava o trem, algo que jamais havia acontecido. Ele sequer podia reportar o ocorrido ao chefe da Gestapo, Müller, pois temia que a culpa caísse em suas costas. Revoltado, Eichmann ameaçou abrir mão da França como uma terra de evacuação.[117]

Se Laval causou um buraco no plano dos alemães ao salvar os judeus franceses, ele compensou a perda entregando-lhes os filhos dos judeus apátridas. A questão das crianças judias que ainda restavam no território ocupado não o "interessava".[118] Os alemães e seus colaboradores entre a polícia francesa podiam, agora, prosseguir com o aprisionamento de homens, mulheres e crianças indistintamente.

Na véspera da captura de Paris, um "comitê de trabalho" reuniu-se pela primeira vez para discutir os detalhes "técnicos" da operação. O comitê era composto por Dannecker e pelos seguintes franceses: o comissário antijudaico, Darquier de Pollepoix; o representante do chefe da polícia francesa na zona ocupada, Leguay; o diretor dos campos de trânsito, François; o diretor da Polícia de Rua, Hannequin; o diretor do registro judaico na prefeitura de polícia de Paris, Tulard; um representante do prefeito do *département* de Seine, diretor Garnier; o diretor da Polícia Antijudaica, Schweblin; o *Chef de Cabinet* do Comissariado Antijudaico, Galien; e um oficial da Polícia de Rua, Guidot.[119]

Durante as capturas, a polícia francesa prendeu aproximadamente 12.884 judeus "apátridas, etc." na capital. Muitos desses 3.031 homens, 5.802 mulheres e 4.051 crianças (com idades entre 2 e 15 anos), pensava o *Obersturmführer* Röthke, pertenciam a um "estrato mais baixo" (*aus der untersten Schicht*). Judeus com dinheiro, supôs, haviam sido advertidos pela polícia francesa, embora ele não tivesse nenhuma prova disso. Seis mil pessoas (homens solteiros, mulheres e casais sem filhos) foram enviadas diretamente para Drancy. Famílias com crianças

117 Memorando de Röthke sobre conversa telefônica com Eichmann, 15 de julho de 1942, RF-1226. Eichmann havia telefonado às 7 horas da noite de 14 de julho. Ver também Dannecker para Röthke, 21 de julho de 1942, Polícia de Israel 65. Testemunho de Eichmann, transcrição do julgamento de Eichmann, 12 de julho de 1961, sess. 94, pp. Nn1, Oo1.

118 Dannecker para o RSHA IV-B-4, 6 de julho de 1942, Centre de Documentation Juive Contemporaine, *La persécution des Juifs en France*, p. 128.

119 Dannecker para Lischka, Knochen e Oberg, 8 de julho de 1942, *ibid.*, p. 144.

foram encaminhadas do *Vélodrome d'Hiver* para Tithiviers e Beaune la Rolande. A Polícia de Segurança de Paris ainda não havia recebido a aprovação para deportar as crianças e, durante esse hiato, os representantes da polícia francesa pediam repetidamente (*wiederholt*) aos alemães para transportarem as crianças com os adultos. (O sinal verde veio de Eichmann no dia 20 de julho.)[120] No Vélodrome d'Hiver, predominava o caos, com cenas de multidões sem comida, crianças não identificadas (muitas acometidas com diarreia) e cinquenta judeus morrendo em um canto do estádio.[121] Há alguns indícios de que a UGIF (que tinha de se responsabilizar pelos internos e que se envolvera com outras tarefas, incluindo o fornecimento de oitocentos baldes para os trens) tomou conhecimento da captura mais ou menos um dia depois de seu início.[122] Quando André Baur, diretor da divisão norte da UGIF, apareceu no estádio na tarde do dia 16, ele foi vaiado.[123]

Após as prisões, os especialistas em propaganda da *Wehrmacht* alocados em Paris comentaram que uma parte da população ainda "não tinha compreendido" (*kein Verständnis*) os procedimentos e que os gabinetes e polícias francesas haviam indicado, por meio de sua conduta, "que não conseguiam reconhecer a necessidade de tais medidas [*dass sie die Notwendigkeit dieser Massnahmen nicht anerkennem*]".[124] Pouco tempo depois, agências públicas encarregadas pelo seguro e pagamento de pensões foram abordadas pela Prefeitura da Polícia de Paris para certificação dos novos endereços das vítimas mortas.[125] Eichmann enviou uma nota dizendo que em nenhuma circunstância quaisquer menções a evacuações ou deportações deveriam ser feitas. Se absolutamente necessário, como no caso

---

120 Röthke para Knochen e Lischka, 18 de julho de 1942, in Klarsfeld, *Die Endlösung der Judenfrage in Frankreich*, pp. 91-92. Telefonemas de Eichmann e Novak aprovando a deportação de crianças foram registrados por Dannecker em seu memorando de 21 de julho de 1942. *Ibid.*, p. 96.

121 Para uma vívida descrição da captura, ver Claude Levy e Paul Tillard, *Betrayal at the Vel d'Hiv* (Nova York, 1969).

122 *Ibid.*, pp. 66-67. Os baldes são mencionados em um memorando de Röthke, 11 de julho de 1942, in Klarsfeld, *Die Endlösung der Judenfrage in Frankreich*, pp. 89-90.

123 Levy e Tillard, *Vel d'Hiv*, p. 67.

124 *Militärbefehlshaber* na France/Propaganda para OKW/W Pr If, 13 de agosto de 1942, incluindo relatório de 8 de julho a 11 de agosto de 1942, OKW-733; outrora no Federal Records Center, Alexandria, Virgínia. O relatório acrescentava que havia diversas denúncias diárias de judeus.

125 Röthke para o RSHA IV-B-4-a, 18 de novembro de 1942, Polícia de Israel 253.

da liquidação de uma propriedade, a informação deveria restringir-se à determinação de que "o judeu havia desaparecido e sua atual residência era desconhecida [*dass der Jude z. Zt. verzogen u. sein gegenwärtiger Aufenthalt unbekannt ist*]".[126]

Durante o período de atividade efervescente, os alemães não se esqueceram da área não ocupada. Já em 27 de junho de 1942, o *Hauptsturmführer* Dannecker mencionara em uma conversa com o *Legationsrat* Zeitschel que precisaria de 50 mil judeus da zona de Vichy "o mais rápido possível". Zeitschel comunicara a questão imediatamente ao embaixador Abetz e ao *Gesandtschaftsrat* Rahn.[127] Os diplomatas e os homens da ss agora juntavam forças para aplicar a necessária pressão (*Druckarbeit*) em Laval.

Mas não foi necessária muita pressão. Laval declarou-se pronto para entregar os judeus estrangeiros da zona não ocupada e propôs que os alemães também "levassem junto" as crianças com menos de 16 anos.[128] Os alemães ficaram eufóricos, mas também surpresos. Após uma reunião, um negociador alemão, *Gesandtschaftsrat* Rahn, não pôde deixar de observar a Laval que aquilo era repulsivo. Irritado, Laval respondeu a Rahn: "Bem, o que devo fazer? Ofereci esses judeus estrangeiros aos Aliados, mas eles não os tiram de minhas mãos."[129]

Rumores sobre as iminentes deportações chegaram ao administrador da ugif na zona sul, Lambert. No dia 28 de julho, em Vichy, Lambert obteve a confirmação dos relatórios da polícia nacional: dez mil judeus que tinham estabelecido residência na França após 1º de janeiro de 1936 deviam ser deportados. Durante essa crise, nenhuma decisão coletiva foi tomada pela liderança judaica no sul da França. Os membros do conselho administrativo da divisão sul da ugif estavam dispersos em várias cidades e, ao longo do mês de agosto, o conselho não se reuniu. Lambert encontrou-se com Laval por acaso no dia 31 de julho, mas não usou a ocasião para levantar nenhum questionamento. Ao escrever em seu diário, semanas mais tarde, alegou que tal intervenção era uma prerrogativa exclusiva de Lévy, presidente da ugif, e Helbronner, presidente do *Consistoire*. No dia 2 de agosto, em Lyon, Lambert declarou essa posição a Helbronner, estimulando-o a tomar alguma

---

126 Eichmann para bds em Paris, 9 de dezembro de 1942, Polícia de Israel 253.

127 Zeitschel para Knochen, 27 de junho de 1942, RF-1220.

128 Dannecker para o rsha IV-B-4, 6 de julho de 1942. Centre de Documentation Juive Contemporaine, *La persécution des Juifs en France*, p. 128.

129 Testemunho de Rudolf Rahn, Caso Nº II, tr. pp. 17581-83.

atitude. Helbronner – advogado, político, primo de dois Rothschild e 20 anos mais velho do que Lambert –, então, disse as seguintes palavras "criminosas": "Se Laval quer me ver, basta me chamar, mas, por favor, diga-lhe que entre 8 de agosto e 1º de setembro, estarei de férias e nada no mundo me fará voltar [*Si M. Laval veut me voir, il n'a qu'à me convoquer, mais dites-lui bien qu'à partir du 8 août et jusqu'en septembre je pars en vacances et que rien au monde ne pourra me faire revenir*]".[130]

Um dia após essa conversa, Leguay informou Darquier de Pellepois sobre as datas das deportações futuras de ambas as zonas. Os alvos ainda eram os judeus estrangeiros e, em primeiro lugar, deveriam ser deslocados aqueles já presos, incluindo as crianças que permaneceram nos campos após os pais serem alocados em transportes anteriores.[131] Uma diretiva de 5 de agosto oferecia especificações precisas. Eram deportáveis os judeus de dez nacionalidades e que estavam nos campos, os *groupes travailleurs étrangers*, acolhidos pela UGIF e outras instituições de ajuda. Os judeus ainda vivendo em suas casas não deveriam ser enviados para fora da zona não ocupada se pertencessem a uma de onze categorias, incluindo pessoas com mais de 60 anos, pais de uma criança com menos de 5 anos e crianças desacompanhadas com menos de 18 anos. As instruções deveriam ser mantidas estritamente confidenciais e listas deveriam ser preparadas até o dia 16 de agosto.[132]

Apesar do sigilo, o conteúdo das regulações foi filtrado para as organizações judaicas em operação dentro da estrutura da UGIF. Assistentes sociais dessas

---

130 Lambert, *Carnet d'un temoin*, entrada de 6 de setembro de 1942, pp. 177-80. Ver também Yerachmiel (Richard Cohen), "A Jewish Leader in Vichy France, 1940-43: The Diary of Raymond-Raoul Lambert", *Jewish Social Studies* 43 (1981): 291-31, particularmente pp. 292, 300 e 309. Helbronner, que havia se encontrado repetidas vezes com Pétain durante a ocupação, teve a impressão de que podia confiar no marechal e em suas garantias. Nesses encontros, Pétain não revelou o papel que tivera na criação do estatuto antijudaico e outras questões. Em um nível inferior, a aparente receptividade de oficiais franceses aos argumentos judeus era igualmente enganosa. Com efeito, a tática induziu a uma narcose nos representantes judaicos. Subestimando o perigo, o Consistoire atribuiria medidas antijudaicas aos "antissemitas". Ele protestava contra as crescentes restrições, mas instruía a comunidade judaica a obedecê-las, pois eram emitidas como atos de Estado. Ver Poznanski, *Jews in France during World War II*, pp. 76, 79, 88-94, 271.

131 Leguay para o Darquier de Pellepoix, 3 de agosto de 1942, texto em Klarsfeld, *Vichy-Auschwitz 1942*, pp. 310-11.

132 Diretiva da Polícia Nacional/Direction de la Police du Territoire et des Etrangers/9th Bureau (assinado por H. Cado) para prefeitos regionais, 5 de agosto de 1942, in *ibid.*, pp. 318-19.

agências, que foram admitidos nos campos de prisão do sul para fornecerem assistência às famílias presas, começaram a retirar as crianças dos campos com o objetivo de qualificá-las para isenção. Os jovens tinham de ser arrancados de seus pais.[133]

Enquanto isso, a máquina de deportação se estabelecia. No dia 13 de agosto, Leguay declarou em uma reunião com Dannecker e Röthke que o primeiro transporte com judeus da zona não ocupada cruzaria a fronteira no dia 17 de agosto. Estava acordado que os trens do sul da França seriam direcionados para Drancy, onde os deportados seriam "misturados" com crianças de Pithiviers e Beaune la Rolande. Os alemães sugeriram que crianças judias também poderiam ser enviadas da zona não ocupada. Leguay respondeu que prisões de judeus "apátridas" já haviam começado lá e que ele faria o possível para garantir um número suficiente. Os alemães, então, declararam que, como já haviam deixado claro para Laval, aquela era uma questão de uma "ação permanente" [*permanent Aktion*], que eventualmente teria de incluir os judeus de nacionalidade francesa.[134]

No dia 18 de agosto, Bousquet reduziu para seis as onze categorias de judeus isentos na zona sul. Daquele momento em diante, crianças pequenas sob proteção de um pai seriam poupadas apenas se tivessem menos de dois anos. Além disso, a permissão de deixar crianças mais velhas até dezoito anos na zona livre havia sido revogada. (*"Faculté de laisser enfant de moins de 18 ans en zone libre supprimée."*)[135]

Até 1º de setembro, as autoridades de Vichy na área não ocupada tinham entregado mais de 5 mil judeus e prendido outros 7.100.[136] Judeus que sentiam o perigo iminente fugiram para as fronteiras espanhola, suíça e italiana até os

---

133 Hillel Kieval, "Legality and Resistance in Vichy France: The Rescue of Jewish Children", *Proceedings of the American Philosophical Society* 124 (1980): 339-66, em especial pp. 357-59.

134 Resumo da reunião de Leguay com Dannecker e Röthke (assinado por Röthke), 13 de agosto de 1942, RF-1234. Transportes exclusivos de crianças eram proibidos pelo RSHA, mas as crianças não eram necessariamente distribuídas igualmente por vagões. Os números do trem de 21 de agosto estão disponíveis: 90 crianças/7 adultos; 55 crianças/ 1 adulto, 74 crianças/2 adultos e assim por diante. Ver Klarsfeld, *Memorial*, pp. 191-92.

135 Polícia Nacional/9º Escritório (assinado por Bousquet) para prefeitos regionais nas zonas não ocupadas, 18 de agosto de 1942, in Klarsfeld, *Vichy-Auschwitz 1942*, p. 339.

136 Schleier para o Ministério das Relações Exteriores, 11 de setembro de 1942, NG-5109.

homens de Bousquet se cansarem de escalar "montanhas" (*zum grossen Teil vom Bergsteigen schon ermüdet*).[137]

Vichy não podia ocultar suas operações de dispersão e, conforme a conscientização crescia, aumentava também um conjunto de reações em vários bairros. No *Consistoire*, a resposta foi limitada. O secretário pessoal de Helbronner, Robert Kiefe, que era um famoso advogado, fizera várias visitas a oficiais franceses e, conforme a crise se desenvolvia, abordou um secretário de Laval em 14 de agosto apenas para reiterar uma ideia antiga, recomendada por Helbronner, de que os cidadãos franceses judeus recebessem permissão para serem transferidos da zona ocupada para a não ocupada. Ele foi informado que tal transferência estava agora fora de questão. Onze dias depois, em 25 de agosto de 1842, o Consistoire enviou a Laval e publicou um longo "protesto solene" (*protestation solennelle*) não assinado. Nesse documento, o *Consistoire*, que cada vez mais se preocupava com todas as crianças, mulheres e cidadãos franceses, pedia que, se as deportações não podiam ser revogadas, as isenções que foram aplicadas aos cinco primeiros transportes reganhassem a efetividade.[138] Aqueles trens, que haviam sido enviados na primavera, levavam apenas rapazes que não tinham nacionalidade francesa.

Na cidade sulista de Toulouse, o arcebispo instruiu o clero de sua diocese a protestar de seus púlpitos contra a deportação dos judeus. Ao ficar sabendo dessas instruções, Laval chamou um representante do núncio, monsenhor Rocco, e exigiu que ele esclarecesse ao Papa e ao secretário de Estado, cardeal Maglione, que a determinação do governo francês não permitia interferências desse tipo nos assuntos internos do Estado francês. Laval, então, advertiu Rocco que, na eventualidade de quaisquer tentativas, por parte do clero, de proteger judeus deportáveis em igrejas e conventos, ele não hesitaria em arrancar os judeus desses lugares com a ajuda da polícia francesa. Para concluir, Laval expressou surpresa com o fato de a igreja ter uma atitude tão inflexível. Afinal de contas, disse referindo-se ao "chapéu amarelo", medidas antijudaicas não são exatamente uma novidade para a Igreja.[139]

---

137 Röthke para Knochen, Lischka e Hagen, 9 de setembro de 1942, Polícia de Israel 1260. O objetivo era entre 14 mil a 15 mil prisões.

138 Poznanski, *Jews in France*, pp. 290-91. O texto do protesto está em Klarsfeld, *Vichy-Auschwitz 1942*, pp. 360-61.

139 Abetz para o Ministério das Relações Exteriores, 28 de agosto de 1942, reportando conversa de 27 de agosto com Laval, NG-4578.

Laval cumpriu sua ameaça. Na diocese de Lyon, vários padres foram presos por ler declarações de protesto para suas congregações e por esconder crianças judias nos porões das igrejas.[140] Entre os presos estava o jesuíta Elder Chaillet, "braço direito" do arcebispo de Lyon, Gerlier. Chaillet foi acusado de esconder oitenta crianças judias.[141]

Enquanto lutava contra a Igreja, Laval era pressionado também pelos Estados Unidos e pela Suíça. As relações diplomáticas entre os Estados Unidos e a França de Vichy persistiram durante os meses do verão de 1942, mas a relação já era tensa quando, em agosto daquele ano, os americanos assistiram ao regime de Vichy se preparar para devolver os judeus refugiados ao Reich alemão. Quando o representante do Comitê de Serviço dos Amigos Americanos protestou contra as deportações iminentes, Laval disse-lhe "que aqueles judeus estrangeiros já tinham sido um problema para a França e que o governo estava feliz que uma mudança na atitude dos alemães tenha oferecido à França uma oportunidade para se livrar deles". Laval, então, perguntou ao representante Quaker por que os Estados Unidos não recebiam aqueles judeus e concluiu com uma "discussão geral e bastante amarga do problema judeu".[142]

A pressão continuava. Donald Lowrie (Comitê Internacional, Associação de Jovens Cristãos) descobriu que, "apesar da intenção, por parte da polícia, de manter sigilo", havia planos de deportar 10 mil judeus da França não ocupada para a Polônia.[143] De posse dessa informação, o *chargé d'affaires* americano reclamou com Laval, mencionando as 4 mil crianças com idades entre dois e quinze anos que haviam sido separadas dos pais nos campos de concentração da zona ocupada. Ao falar sobre o destino dos judeus, Laval disse que eles eram muitos na França

---

140 Bergen (embaixador da Alemanha no Vaticano) para o Ministério das Relações Exteriores, 14 de setembro de 1942, NG-4578. Textos das proclamações do Arcebispo de Toulouse, Jules Gérard Saliège; Arcebispo de Lyon, Cardeal J. M. Gerlier e Bispo de Montauban, Pierre Marie Théas anexado por BDS/*Kommando* em Orléans para BDS em Paris/IV J, 22 de janeiro de 1943, Polícia de Israel 1258.

141 Abetz para o Ministério das Relações Exteriores, 2 de setembro de 1942, NG-5127.

142 Thompson (Segundo Secretário na Missão Diplomática na Suíça, temporariamente na França) ao Secretário de Estado Hull, 7 de agosto de 1942, *Foreign Relations of the United States 1942*, vol I (general, etc.), pp. 463-64.

143 Lowrie para Tracy Strong (Secretário Geral, Comitê Mundial, YMCA), 10 de agosto de 1942, Leo Baeck Institute, *Konzentrationslager* Frankreich, AR 1584/3987, pasta VI.

e, questionando os relatórios sobre as crianças, pediu provas.[144] Nos Estados Unidos, o secretário de Estado, Hull, informou ao *chargé* no dia 28 de setembro que, dependendo da aceitação do governo de Vichy, os Estados Unidos estavam preparados para conceder mil vistos para crianças e que 5 mil outros poderiam ser autorizados.[145] Nessa altura, as crianças já haviam sido deportadas.

O governo da Suíça, lançando os olhos sobre os desenvolvimentos na vizinha França, vislumbrou momentaneamente no horizonte uma invasão em massa de refugiados. Conforme judeus amedrontados do sul da França e potenciais convocados pela *Wehrmacht* da Alsácia-Lorena começaram a atravessar a fronteira, as autoridades federais enviaram de volta alguns dos judeus recém-chegados ao país com a desculpa de que os judeus não se qualificavam para asilo "político". Confrontado com considerável crítica a essa ação, o chefe da Justiça Federal e do Departamento de Polícia declarou que "não podemos transformar nosso país em uma esponja para a Europa e receber, por exemplo, 80 ou 90% dos refugiados judeus".[146]

Enquanto a polícia suíça estava trabalhando para reforçar a fronteira, o ministro suíço em Vichy, Walter Stucki, na qualidade de representante do Comitê da Cruz Vermelha Internacional para a França, foi ao gabinete de Pétain e, batendo na mesa, reclamou com o marechal francês. Relata-se que Pétain teria "lamentado" a situação, acrescentando que se tratava de uma questão de "interesse interno". Stucki teria respondido que discordava e que, por baixo das medidas de deportação, crianças estavam sendo levadas das instituições onde eram cuidadas pela caridade suíça.[147]

Para os alemães, o crescente volume de deportações criava um problema diferente: o transporte de tantos judeus representaria uma grande despesa. Uma concessão foi feita pela divisão financeira da Reichsbahn, que emitiu uma diretiva no dia 14 de julho de 1942 permitindo (no caso de trens especiais para Auschwitz

---

144 Tuck para o Secretário de Estado, 26 de agosto de 1942, *Foreign Relations of the United States 1942*, vol. II, pp. 710-11.

145 Hull para Tuck, 28 de setembro de 1942, *Foreign Relations of the United States, 1942*, vol. II, p. 713.

146 Harrison (ministro americano na Suíça) para Hull, 5 de setembro de 1942, *Foreign Relations of the United States, 1942*, vol. I, 469-70.

147 Harrison para Hull, 26 de setembro de 1942, *ibid.*, p. 472. Ver também as conversas realizadas pelo Pastor Protestante francês Boegner com Bousquet, Darlan e Laval, em Alexander Werth, *France, 1940-1955* (Nova York, 1956), pp. 61-62.

vindos da Holanda, da Bélgica e da França) uma taxa coletiva que somava metade do preço normal para a terceira classe para a distância a ser coberta no território do Reich. A cobrança e o recebimento dessa taxa deveriam ser realizadas pelo departamento oficial de turismo (*Mitteleuropäisches Reisebüro*).[148] Apesar disso, os custos ainda eram consideráveis. No dia 17 de agosto de 1942, o especialista em orçamento da Polícia de Segurança no RSHA, dr. Siegert, escreveu ao Ministério das Finanças informando que dezoito trens da França para Auschwitz tinham custado 76 mil Reichsmark até a fronteira alemã, e 439 mil Reichsmark da fronteira alemã até Auschwitz. Um campo na Alemanha ocidental estava, de fato, sendo planejado para reduzir esses custos. Enquanto isso, o comandante militar na França declarou seu desejo de financiar os transportes até a fronteira e a própria Polícia de Segurança estava providenciando fundos para a continuação dos trens no território do Reich de modo que não houvessem interrupções na "evacuação". Siegert queria saber quanto dos custos seria arcado pelo Comando Militar.[149] Pelo menos uma parte da resposta era clara. "A remoção dos judeus (*Entfernung der Juden*) era uma despesa da ocupação[150] e o *Ministerialdirigent* Litter achava que toda a soma deveria ser cobrada do Comando Militar. Essa visão, todavia, não era compartilhada pela maioria de seus colegas.[151] No final, o Ministério das Finanças decidiu que os francos franceses fossem disponibilizados como despesas de ocupação pelo Comando Militar para as distâncias em seus domínios e que a despesa restante fosse paga pela Polícia de Segurança.[152]

Apesar das despesas, os alemães ainda não estavam completamente satisfeitos com o ritmo das deportações. Durante uma reunião de especialistas em assuntos judaicos do RSHA ocorrida em Berlim no dia 28 de agosto de 1942, foi lançado um comentário de que outros países estavam à frente da França nas questões da

---

148 Reichsbahn/16 para *Reichsbahndirektionen* Karlsruhe, Cologne, Münster e Saarbrücken, cópias para *Haupteisenbahndirektionen* em Bruxelas e Paris, Plenipotenciário em Utrecht e Amtsrat Stange, 14 de julho de 1942, Caso Ganzenmüller, Volume Especial IV, pt. III, p. 56.

149 Siegert para Ministério das Finanças, 17 de agosto de 1942, Arquivos Federais Alemães, R 2/12158.

150 Kallenbach via Bender e Bussmann para o *Ministerialdirigent* Litter, 25 de agosto de 1942, R 2/12158.

151 Resumo da conferência do Ministério das Finanças de 17 de setembro de 1942, datado de 22 de setembro de 1942 (assinado por Litter), R 2/12158.

152 Esboço da carta de Kallenbach para Himmler, 28 de setembro de 1942, R 2/12158.

"solução final" e que o setor francês teria de alcançá-los.[153] Alguns dias mais tarde, o *Untersturmführer* Ahnert enviou a Oberg uma compilação de números que revelavam que até o dia 2 de setembro, um total de 18 mil judeus tinham sido deportados da zona ocupada e 9 mil da área não ocupada. Embora as operações devessem ser intensificadas em setembro, disse Ahnert, os alemães enfrentavam uma clara dificuldade com a insistência francesa na distinção entre judeus franceses e estrangeiros. Seria, portanto, necessário efetuar pelo menos uma revogação francesa das naturalizações concedidas a judeus após 1933.[154]

No decorrer das semanas seguintes, Knochen, do bds, conversou com o chefe da Polícia Francesa, Bousquet, e com o premiê Laval sobre a possibilidade de concentração de judeus de nacionalidade francesa. As conversas, porém, foram infrutíferas. Pétain opunha-se à deportação de judeus franceses e a burocracia de Vichy relutava em agir contra sua vontade. O Alto Comandante da ss e da Polícia Oberg, então, informou Himmler da situação. Voltando atrás, Himmler concordou que, por enquanto, nenhum judeu de nacionalidade francesa fosse deportado. Todos os esforços deviam agora se concentrar na deportação daqueles judeus estrangeiros que viviam na França e eram protegidos apenas pelos estados do Eixo: os quinhentos judeus italianos, os 2 mil húngaros e os 3 mil romenos.[155]

Novamente, os alemães foram consultados. As negociações com os romenos e húngaros mostraram-se um assunto instável. Os romenos concordariam em entregar seus judeus, mas voltariam atrás em seguida. Pressionados, os negociadores romenos concordariam, com a condição da cooperação prévia dos húngaros, ao passo que os húngaros insistiriam que os romenos fossem retirados primeiro. Em parte pelo menos, essa relutância devia-se aos italianos, que se recusavam a sair sob quaisquer circunstâncias. O Ministério de Relações Exteriores alemão fez tudo o que estava a seu alcance para persuadir os italianos a cooperarem. Da caneta do *Unterstaatssekretär* Luther saíram cartas e mais cartas sobre a necessidade

---

153 Röthke para Knochen e Lischka, 1º de setembro de 1942, RF-1228.

154 Ahnert via Hagen para Oberg, 3 de setembro de 1942, RF-1227. O número de 18 mil para a zona ocupada inclui as deportações dos 5 mil judeus que haviam sido capturados em 1941. Schleier para o Ministério das Relações Exteriores, 11 de setembro de 1942, NG-5109.

155 Knochen para o RSHA IV-B-4, 25 de setembro de 1942, NG-1971. Schleier para o Ministério das Relações Exteriores, 13 de março de 1942, in Randolph Braham, ed., *The Destruction of Hungarian Jewry* (Nova York, 1963), p. 67.

de se fazer algo,[156] mas o principal parceiro da Alemanha no Eixo permanecia completamente inflexível.

Em Paris, o cônsul geral italiano, dr. Gustavo Orlandini, exigiu do *Obersturm-mführer* Röthke um acordo segundo o qual nenhum italiano na França seria tocado pelos alemães sem prévio consentimento dos italianos. Em contrapartida, os cônsules italianos seriam guiados pelas "leis raciais" italianas e pelas diretivas superiores recebidas de Roma.[157] E, em Roma, até mesmo nos círculos mais altos não havia simpatia pelo assassinato de judeus.

As crescentes dificuldades enfrentadas pela tentativa de deportação de judeus de nacionalidades francesa ou do Eixo refletiam-se no decrescente número de transportes deixando a França rumo ao leste. Em vez de "alcançar" o resto da Europa, o setor francês parecia ficar cada vez mais para trás. E então, no início de novembro, um acontecimento no norte da África abalou o equilíbrio. Tropas aliadas tinham começado a desembarcar no Marrocos e na Argélia. Os alemães, em um contra-movimento relâmpago, ocuparam a França de Vichy e o Protetorado da Tunísia. A linha demarcatória havia desaparecido.

Uma imensa nova área estava agora sob controle alemão. Porém, juntamente com as oportunidades recém-adquiridas também vieram um conjunto de novos obstáculos. O primeiro deles era o fator geográfico. Se a ss e a polícia contavam com poucos homens na antiga zona ocupada, agora havia dezenas de milhares de outros quilômetros para cobrir. Outro obstáculo apresentava-se na forma da oposição italiana, pois, se a influência italiana era sentida em Paris, tinha muito mais intensidade a leste do Rhône e na Tunísia. Uma terceira e talvez mais importante dificuldade era a percepção de Vichy de que a Alemanha havia perdido a guerra.

Na Tunísia, a esfera alemã de atividade era mais restrita. Por um lado, a posição geográfica da área era proibitiva. Os alemães sabiam que, no evento de um ataque Aliado, eles não seriam capazes de evacuar o exército de lá. Como, então, poderiam despachar 80 mil judeus tunisianos? Além disso, a Tunísia ficava na África,

---

156 Luther para Weizsäcker, 24 de julho de 1942, NG-5094. Luther para Weizsäcker e Wörmann, 17 de setembro de 1942, NG-5093; Luther via Weizsäcker para Ribbentrop, 22 de outubro de 1942, NG-4960. Somente cerca de 500 judeus italianos viviam na zona ocupada, "mas isso", dizia Luther, "não dimuniu a importância da questão". Luther para Ribbentrop, 22 de outubro de 1942, NG-4960.

157 Orlandini para Röthke, 4 de agosto de 1942, in Léon Poliakov, ed., *La condition des Juifs en France sous l'occupation italienne* (Paris, 1946), p. 149.

e a "Solução Final", em sua própria definição, era aplicável apenas ao continente europeu. Essas considerações, todavia, não impediriam os burocratas alemães de infligir sofrimento aos judeus tunisianos. Os burocratas estavam determinados a começar o mais rapidamente possível e foram o mais longe que puderam.

A Tunísia era uma área militar e as forças alemãs lá estavam sob o comando do *Oberbefehlshaber Süd*, *Generalfeldmarschall* Kesselring, em Roma. O primeiro comandante local foi o general Nehring. Durante o primeiro mês (até 9 dezembro de 1942, o estabelecimento foi simples. No dia 10 de dezembro, as forças alemãs na Tunísia tinham sido elevadas ao ponto de permitir o estabelecimento do Quinto Exército de Blindados, comandado por von Arnim. A esse exército juntou-se outro vindo da Líbia, o Exército de Blindados da África, comandado por Rommel. Em 23 de fevereiro de 1943, os dois exércitos foram alocados sob um grupo do exército, em uma organização que permaneceu até o fim da guerra:

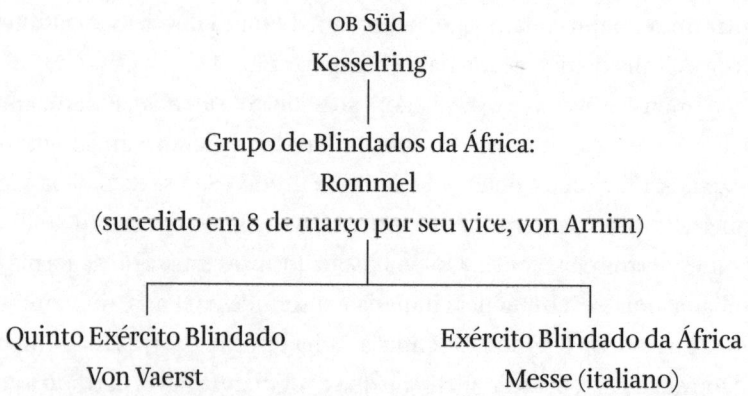

OB Süd
Kesselring

Grupo de Blindados da África:
Rommel
(sucedido em 8 de março por seu vice, von Arnim)

Quinto Exército Blindado
Von Vaerst

Exército Blindado da África
Messe (italiano)

Embora estivessem no controle da situação, os generais não estavam sozinhos. O Ministério das Relações Exteriores era representado por um de seus mediadores, o ministro Rahn; a ss e a polícia tinham enviado um *Einsatzkommando* que respondia ao *Ostubaf.* Rauff; os franceses ainda possuíam seu general residente, o almirante Esteva; e os tunisianos ainda tinham seu governador turco.

Assim que o exército alemão estabeleceu-se na Tunísia, o *Einsatzkommando* prendeu os líderes da comunidade judaica. As prisões tinham acabado de ser realizadas quando o *Generalfeldmarschall* Kesselring enviou uma ordem para mobilizar mão de obra judaica para o trabalho de fortificação. O comandante local, *General der Panzertruppen* Nehring, então consultou o ministro Rahn, o general residente Esteva e os homens da ss em busca de uma forma de executar a ordem.

Ficou decidido que os líderes da comunidade judaica teriam de ser libertados para organizar o serviço de mão de obra. Para matar dois coelhos com um único golpe, ficou decidido, também, cobrar da comunidade judaica uma "multa" de 20 milhões de francos como condição da libertação.[158] Uma vez que, de acordo com o relatório oficial, a "comunidade judaica internacional" era responsável pelo ataque anglo-americano no Norte da África, o dinheiro foi entregue a um comitê misto formado por árabes, italianos e franceses e deveria ser usado na assistência às vítimas dos bombardeios.[159] Os líderes judeus libertados tornaram-se responsáveis, sob pena de morte, pela criação de frentes de trabalho.

A ordem, emitida por Nehring no dia 6 de dezembro de 1942, especificava que os líderes judaicos deveriam selecionar a mão de obra e que as comunidades judaicas deveriam fornecer equipamento e alimentação para esses homens. As colunas de trabalho deveriam ser detalhadas aos comandantes alemães nas cidades de Bizerta, Tunísia do Norte e Tunísia do Sul para trabalharem na principal linha de defesa (*Hauptkampfflinie*).[160] Inicialmente, os trabalhadores somavam 3 mil, depois, em janeiro, passaram para 4.500 e, em meados de março, o número caiu para 2.500.[161] Por causa do protesto do cônsul geral italiano, os judeus italianos tiveram de ser isentos.[162] Ademais, os italianos empregaram cerca de mil judeus, mas o regime italiano parece ter sido mais complacente.[163]

Os alemães na Tunísia não podiam avançar além do sistema de trabalho forçado. O Escritório de Propaganda da Wehrmacht do OKW queria que a equipe de propaganda na Tunísia fomentasse ataques e saques às lojas judaicas, mas o ministro

---

158 Rudolf Rahn, *Ruheloses Leben* (Dusseldorf, 1949), pp. 203-4. Testemunho de Rahn, Caso nº 11, tr. pp. 17578-79.

159 Rahn para Ministério das Relações Exteriores, 22 de dezembro de 1942, NG-2676.

160 Ordem de Nehring, encaminhada para Rahn, 6 de dezembro de 1942, NG-2271. Rahn para Ministério das Relações Exteriores, 6 de dezembro de 1942, NG-2099. Nehring era ex-comandante do Afrika Korps.

161 OKH/Chef GenSt (assinado por Pomser) para Rahn, com cópia para o 5º Pz. Army/Ia, 9 de dezembro de 1942, NG-2360. Rahn para o Ministério das Relações Exteriores, 9 de dezembro de 1942, NG-3150. O Cônsul General Italiano na Tunísia era Giacomo Silimbani.

162 Carpi, *Between Mussolini and Hitler*, pp. 234-36. Rauff lidava com a Comunidade Judaica nessa questão.

163 *Ibid.*, p. 237.

Rahn fez vistas grossas para essas instruções, pois as achava impraticáveis até que as tropas alemãs alcançassem "pelo menos" a fronteira com a Argélia.[164]

Na ilha de Djerba, na costa leste da Tunísia, os alemães conseguiram apresentar aos judeus um presente de despedida. Cerca de 4.500 judeus viviam em dois antigos guetos que haviam lá. Relata-se que um major encarregado do *Kommandantur* na ilha abordou o rabino do gueto principal, Hara Khebira, e solicitou o envio, dentro de duas horas, de 50 quilos de ouro, sob ameaça de bombardeamento por dois aviões alemães. O major partiu com 47 quilos, deixando a comunidade empobrecida.[165]

A expedição tunisina chegava ao fim e os 80 mil judeus foram deixados lá, paralisados pelo ciclone alemão que os havia acometido.

Embora estivessem, na África, restritos a saques e exploração de mão de obra, os alemães esperavam realizar algo a mais nas recém-ocupadas regiões metropolitanas da França. O alto comandante da Polícia e da ss, *Brigadeführer* Oberg, enviou seus *Einsatzkommandos* para o sul. No Rio Rhône, encontrou um obstáculo: uma grande área a leste do rio estava ocupada por tropas italianas. Supondo que as forças italianas estavam sob comando alemão, Oberg pediu ao *Generalfeldmarschall* von Rundstedt, *Oberbefehlshaber* do Ocidente, para "preparar o caminho" com os italianos para seus *Einsatzkommandos*. Rundstedt, contudo, não tinha jurisdição sob tal questão. As divisões italianas estavam sob o comando o Quarto Exército Italiano, instalado em Turim.[166] Na nova zona de ocupação italiana, os judeus receberiam proteção e, conforme os alemães se voltaram para os Pireneus, a Espanha também se tornou um lugar de refúgio para alguns judeus.[167]

---

164 Rahn para o Ministério das Relações Exteriores, 22 de dezembro de 1942, NG-2676. Testemunho de Rahn, Caso nº II, tr. pp. 17583-84. A ss e a polícia em Paris entraram em contato com a embaixada com um pedido similar de que uma estação de rádio clandestina, sob controle da embaixada, transmitisse em dialetos árabes para a África do Norte, buscando incitar os nativos a se rebelarem contra as autoridades de ocupação judaicas e americanas. Schleier para o Ministério das Relações Exteriores, 24 de novembro de 1942, NG-57.

165 Mane Katz (pintor parisiense), "Bei den Juden von Djerba", *Aufbau* (Nova York), 3 de setembro de 1954, p. 9.

166 Oberg para Himmler, 16 de novembro de 1942, NO-3085.

167 Abetz para von Krug em Vichy, 14 de novembro de 1942, Schleier para a divisão de Vichy da embaixada, 20 de novembro de 1942, NG-3192. O pequeno Estado de Andorra, nos Pireneus, estaria cheio de refugiados judeus. *Die Judenfrage,* 15 de abril de 1943, p. 136.

Os alemães, então, tentaram levar para o sul o maior número de efetivos policiais que conseguiram reunir de imediato. Os 3 mil homens da Polícia de Ordem espalhados desde a fronteira belga até o mediterrâneo receberam o reforço de um regimento sob o comando do coronel Griese e, em janeiro de 1943, outros 2 mil homens com armas pesadas estavam a caminho.[168]

Em seguida, o chefe da polícia francesa, Bousquet, foi pressionado a cooperar e pareceu concordar. "A polícia Francesa está preparada para reunir os judeus dentro das prefeituras, de onde podemos transportá-los para o leste", reportou Himmler.[169] Como que para mostrar sua boa vontade no que dizia respeito àquela questão, o regime de Vichy proibiu, "por decisão própria", os judeus de viajarem na zona recém-ocupada e ordenou que um "J" fosse impresso nas identidades e nos cartões de racionamento. A Embaixada alemã, contudo, temia que sem a cooperação dos italianos ao leste do Rio Rhône os judeus pudessem simplesmente fugir para a zona de ocupação italiana.[170] Do final de 1942 ao verão de 1943, portanto, os alemães tentaram garantir a colaboração de seu aliado no Eixo. Eles, porém, falharam.

No dia 4 de dezembro de 1942, o Comando Supremo em Roma havia garantido ao adido militar alemão que todos os judeus na recém-ocupada zona italiana seriam presos.[171] Os prefeitos franceses, em posse de suas próprias ordens para capturar os judeus, tentaram prosseguir. Em poucas semanas, as autoridades de Vichy depararam-se com uma sólida barreira de oposição por parte do Quarto Exército Italiano, da Comissão Italiana de Armistício e do próprio Ministério de Relações Exteriores italiano. O chefe da polícia francesa, Bousquet, então, deu meia-volta e entregou aos alemães uma nota escrita do governo italiano datada de 20 de dezembro de 1942. Naquela nota, os italianos expressavam seus protestos contra a tentativa do prefeito francês dos Alpes Marítimos (Marcel Ribière) de prender refugiados judeus em sua área.[172] A prefeitura, que contemplava

168 Daluege para Wolff, 28 de fevereiro de 1943, NO-2861.

169 Himmler para Ribbentrop, janeiro de 1943, NO-1893.

170 Schleier para o Ministério das Relações Exteriores, 15 de janeiro de 1943, NG-3453. *Staf.* Knochen via Stülpnagel para *Gfm.* von Rundstedt, 3 de fevereiro de 1943, NG-2268.

171 OKW/WFSt/Qu via RSHA para *OGruf.* Wolff e embaixador Ritter, 4 de dezembro de 1942, NO-1118.

172 Schleier para Ministério das Relações Exteriores, 23 de janeiro de 1943, NG-4959. Knochen via Stülpnagel para Rundstedt, 3 de fevereiro de 1943, NG-2268. Ver também Carpi, *Between Mussolini and Hitler*, pp. 87 e ss. A ordem da prefeitura afetou os judeus que haviam entrado na França depois de 1937.

as cidades costeiras de Menton, Nice e Cannes, possuía uma população total de aproximadamente 22 mil judeus. Como consequência dessa intervenção italiana, a controvérsia foi transferida para a Embaixada alemã em Roma, que deveria discutir a questão com o ministro das Relações Exteriores italiano, o conde Ciano.

No dia 16 de janeiro de 1943, o embaixador von Mackensen explicou a Ciano o "ponto de vista" alemão sobre a questão do tratamento dos judeus no ocidente ocupado. Ciano ouviu cautelosamente e observou que, pessoalmente, podia entender o ponto de vista alemão, o qual, de modo geral, compartilhava; a implementação dessas medidas, porém, tocava diversas outras agências e levantava várias outras questões. Diante dessas complicações, Ciano sugeriu que a questão fosse discutida em outra ocasião por subordinados.[173] O assunto seria novamente levantado, mas em níveis mais elevados.

A oportunidade para os novos movimentos alemães foi um relatório recebido do *Intendant de Police* francês em Lyon, no dia 20 de fevereiro de 1943, concernindo sua tentativa de colocar em prática uma ordem de Vichy de prender entre duzentos e trezentos judeus na prefeitura regional de Lyon. Os judeus deveriam ser levados para um campo de prisão para serem transportados para Aushcwitz "como mão de obra". O general italiano em Grenoble protestou contra a ordem e exigiu a libertação dos judeus e o intendente da polícia foi forçado a obedecer. Ao ver esse relatório, o *Standartenführer* Knochen escreveu para o Müller, chcfc da Gcstapo, o seguinte: "Quero sublinhar novamente que o governo francês, que aborda a solução da questão judaica a contragosto, está, na verdade, alentado nessa atitude pelas medidas da administração italiana". A área italiana já estava "inundada" com judeus e havia rumores de que as intenções italianas eram permitir não apenas partidas ilegais para a Suíça, mas também a emigração para a Itália.[174]

No dia 25 de fevereiro de 1943, o próprio Ribbentrop expôs o relatório do intendente em uma reunião com Mussolini. O líder italiano observou que estava ciente da posição "radical" dos alemães com relação à questão judaica. Ribbentrop respondeu dizendo que os judeus precisavam ser evacuados. Agora ele percebia que, nos "círculos militares", tanto alemães quanto italianos, a questão judaica

---

173 Von Mackensen para o Ministério das Relações Exteriores, 16 de janeiro de 1943, NG-5459.

174 Knochen para Müller, 22 de fevereiro de 1943, em Poliakov, *La condition des Juifs en France sous l'occupation italienne*, pp. 150-52. Nota de Bergmann (Ministério das Relações Exteriores), 24 de fevereiro de 1943, NG-4956.

não fora completamente apreciada. Aquela era a única explicação que ele podia oferecer para o cancelamento da ordem francesa operado pelo Comando Supremo na zona italiana. Nesse momento, Mussolini o interrompeu para contestar a precisão do relatório. Ele tentou culpar as "táticas francesas para causar discórdia entre a Alemanha e a Itália". Os judeus, pensava Mussolini, estavam concentrados na área italiana, mas o ministro das Relações Exteriores estava certo quando dizia que os militares não entendiam aquelas coisas, uma vez que tinham uma educação especial e uma mentalidade própria. Ribbentrop, então, retornou ao "perigo judaico", afirmando que a retenção de 10 mil judeus na área era equivalente à introdução de 100 mil agentes do serviço secreto.[175]

Uma semana após essa discussão, outro incidente ocorreu. Após um ataque a dois oficiais alemães em Paris, a polícia francesa recebeu a solicitação de disponibilizar 2 mil judeus para, como "punição", serem enviados para o Leste. A *gendarmerie* francesa prendeu judeus em várias cidades, incluindo Grenoble e Annecy, na zona italiana. Na área de Grenoble, o exército alemão prontamente "sitiou" os cem judeus presos para evitar que eles fugissem. Em Annecy, tropas italianas cercaram as barracas da *gendarmerie* francesa e forçaram a libertação dos judeus que estavam sendo mantidos presos lá.[176]

No dia 18 de março de 1943, o embaixador von Mackensen abordou Mussolini com a nova prova da interferência italiana. Mussolini o agradeceu pelos documentos e observou que, se seus generais haviam causado dificuldades, aquilo acontecera porque seu "modo de pensar" os impossibilitava de compreender o escopo de todas aquelas medidas. Aquilo deveria ser entendido não como uma expressão de más intenções, mas simplesmente como uma "consequência lógica de seu modo de pensar". Para remover a possibilidade de quaisquer outras dificuldades, o chefe do Comando Supremo, coronel general Ambrosio, receberia ordens para não permitir quaisquer interferências da polícia francesa.[177]

Durante as 24 horas seguintes, Mussolini designou o que à primeira vista pareciam ser grandes mudanças na zona ocupada italiana. Primeiro, transferiu a jurisdição sobre os assuntos judaicos do Exército italiano para o Ministério

---

175 Resumo da conferência de Mussolini-Ribbentrop, realizada em 25 de fevereiro de 1943, na presença de Bastianini, Alfieri e von Mackensen, 27 de fevereiro de 1943, D-734.

176 Rademacher e Bergmann para Pol. II, 3 de março de 1943, NG-5087.

177 Relatório de von Mackensen, não datado, NG-2242.

do Interior em Roma. O Ministério, então, estabeleceu um Comissariado para Questões Judaicas em Nice e nomeou um inspetor da polícia com posto de general como comissário, Lo Spinoso. A *gendarmerie* italiana colocada sob sua ordem foi transformada em uma *Polizia Raziale* (polícia racial). Lo Spinoso era um experiente oficial da polícia que servira no consulado italiano em Nice por doze anos antes da guerra. Ele sabia como levar a cabo sua tarefa.[178]

A tarefa de Lo Spinoso, como instruíra-lhe Mussolini em 19 de março de 1943, era a remoção de todos os judeus da área costeira para o interior dentro de um mês. Um dia após receber essas instruções, Lo Spinoso e o coronel Cremese, do Estado-Maior Geral, encontraram-se com o oficial de operações do Quarto Exército na zona italiana, general Trabucci. Na ocasião, Cremese disse que o propósito da operação era salvar os judeus.[179]

Oficialmente, os judeus foram obrigados a uma *residenza forzatta* (residência forçada) em cidades facilmente vigiáveis. Os elementos "perigosos" entre os judeus deveriam ser presos em um campo de concentração em Sospello. Entretanto, quando o embaixador von Mackensen perguntou no Ministério de Relações Exteriores italiano o que aconteceria a todos os judeus após eles serem concentrados, "isto é, se havia a intenção de deportá-los", o oficial italiano, Bastianini, respondeu dizendo que "isso não estava sendo avaliado no momento".[180]

O comentário de Bastianini era uma indicação da forma como os italianos conduziriam o assunto. No início de abril, Lo Spinoso enviou o tenente Malfatti, da Embaixada italiana em Paris, para discutir alguns problemas com Knochen, do BDS. O *Standartenführer* Knochen recusou-se a tratar com Malfatti. Indignado, escreveu a Müller, da Gestapo, dizendo que havia se recusado a "discutir um problema assim tão importante com um primeiro tenente [*dieses immerhin wichtige Problem mit einem Oberleutnant zu erörtern*]."[181]

---

178 Carpi, *Between Mussolini and Hitler*, p. 141.

179 *Ibid.*, pp. 134-44.

180 Relatório de von Mackensen na conferência de 20 de março de 1943, com Bastianini, NG-2242. Também: oficial de ligação italiano com OB West (*Div. Gen.* Marazzani) para *Stubaf.* Hagen, 19 de março de 1943, in Poliakov, *La condition des Juifs en France sous l'occupation italienne*, p. 154. *OStuf.* Moritz (*Einsatzkommando* Marselha) para *OStuf.* Röthke, 26 de maio de 1943, *ibid.*, p. 156. *Stubaf.* Muehler do Ekdo. Marselha para BDS IV-B, 10 de julho de 1943, *ibid.*, p. 161.

181 Knochen para Müller, 8 de abril de 1943, *ibid.*, p. 155

Em maio, os alemães ficaram desconcertados com a notificação de que o chefe assistente de Lo Spinoso era meio-judeu. O assistente, Donati, era um homem que, durante a Primeira Guerra Mundial, servira como um agente de ligação entre os exércitos francês e italiano e, posteriormente, fora gerente do Banco Franco-Italiano em Paris. Como reportou o *Obersturmführer* Röthke, "Donati possivelmente é um judeu completo [*möglicherweise sogar ein Volljude*]" e "mantém excelentes relações com oficiais italianos."[182]

Descobertas posteriores deixaram os alemães ainda mais apreensivos. O elusivo Lo Spinoso não queria conversar com os alemães. Em uma ocasião em julho, o chefe do *Einsatzkommando* em Marselha, *Stubaf.* Mühler teve de se contentar com uma entrevista de Tommaso Luceri, vice-questor da Polícia Racial, que prontamente declarou que não tinha poder para tomar nenhuma decisão sobre assuntos judaicos. A Polícia Racial, disse Luceri, havia registrado 22 mil judeus na área costeira da zona italiana; esses judeus estavam agora a caminho de sua residência forçada em Megève, St. Gervais, Castellane e outros locais. Para Mühler, essas cidades pareciam "resorts famosos". Os italianos, ele concluiu, não eram sérios, revelando sua atitude pró-judaica "de forma bastante aberta". Desse modo, a polícia francesa era forçada repetidamente a libertar judeus que já tinham sido presos e assim sucessivamente.[183]

Para a Polícia de Segurança em Paris, o principal vilão nessa situação parecia ser Donati. Nesse sentido, foi criado um plano para sequestrá-lo de Nice e levá-lo para Marselha. O plano, todavia, não obteve sucesso, pois os agentes alemães, que tinham instruções para proceder com "todo cuidado", não conseguiram pegar sua vítima antes de ele partir para Roma em uma viagem de negócios.[184]

Os alemães fizeram tudo o que estava a seu alcance para reduzir esses grupos protegidos. Por exemplo, no dia 19 de março, o Escritório IV-B do BdS transmitiu à prefeitura de polícia de Paris uma solicitação para deportar uma lista de 720 judeus que trabalhavam com peles, aqueles cujas nacionalidades os tornava elegíveis para prisão. No mesmo comunicado, a Polícia de Segurança exigia a prisão de

---

182 *OStuf.* Moritz (Marselha) para Röthke, 26 de maio de 1943, *ibid.*, p. 156. Röthke para Knochen, 27 de maio de 1943, *ibid.*, p. 160. Sobre Donati, judeu italiano, ver Klarsfeld, *Vichy-Auschwitz, 1943-1944*, pp. 132, 407.

183 Mühler para BdS IV-B, 10 de julho de 1943, *ibid.*, p. 161.

184 Röthke para RSHA IV-B-4, 26 de setembro de 1943, *ibid.*, pp. 163-65.

judeus estrangeiros empregados pela UGIF.[185] Alguns judeus iranianos tentaram protelar a deportação alegando que pertenciam apenas à religião judaica, e não à raça. Em uma carta de duas páginas e meia, Eichmann explicava ao Ministério de Relações Exteriores que o problema judaico no Irã datava desde o "caso de Esther" (*der Fall Esther*), que no século XVII os judeus do Irã haviam recebido uma marca vermelha e sido segregados e que, sob o decreto do *Militärbefehlshaber* de 24 de março de 1942, deveriam ser considerados judeus todos aqueles que pertences- sem à comunidade judaica.[186] Durante esse período de raspar o fundo do tacho, os burocratas do Ministério das Relações Exteriores em Paris e em Vichy não hesita- ram em tentar deportar um judeu de 75 anos, Edward Leyba, um nativo das Anti- lhas Holandesas que era agora *chargé d'affaires* do Paraguai. Apenas o temor pela segurança do "germanismo no Paraguai" impediu o Ministério de Relações Exte- riores alemão de violar a lei de imunidade diplomática e "expulsar" aquele ho- mem ou "torná-lo inócuo".[187]

A ocupação da França de Vichy não havia sido um verdadeiro avanço, uma vez que as crescentes oportunidades de exercer pressão sobre ela haviam sido contrabalançadas por novos obstáculos. Não houvera recuperação na França. Em vez disso, a Polícia de Segurança alemã em Paris havia ficado mais e mais para trás. As estatísticas das deportações revelam toda a extensão da situação na França em comparação com o estado das coisas na bem menor Holanda. Em 31 de dezem- bro de 1942, 41.911 judeus haviam sido deportados da França, e 38.511 da Holanda. Três meses mais tarde, os números eram respectivamente de 49.906 e 52.343.[188]

---

185 BdS na França IV-B para a polícia da prefeitura de Paris, 19 de março de 1943, Occ 17.

186 Eichmann para Klingenfuss, 8 de dezembro de 1942, Polícia de Israel 321. Pouquíssimos dos judeus orientais acabaram deportados. Ver Klarsfeld, *Memorial*, para nomes e o artigo de Warren Green, "The Fate of Oriental Jews in Vichy France", Wiener Library Bulletin 32 (1979): 40-50. Ver também dois relatórios pessoais: Levi Eligulashvili, sobre os judeus da Geórgia, "How the Jews of Gruziya in Occupied France were Saved", e Asaf Atchildi (médico nascido na Samarcanda), "Res- cue of Jews of Bukharan, Iranian and Afghan Origin in Occupied France (1940-1944)", in Yad Vashem Studies 6 (1967): 251-55, 257-81. Por outro lado, judeus nascidos no norte da África, Síria e Turquia eram regularmente deportados. Ver lista em Klarsfeld, Memorial.

187 Schleier para o Ministério das Relações Exteriores, 31 de janeiro de 1943, NG-3377.

188 Relatório de Korherr, 19 de abril de 1943, NO-5193. O relatório de Korherr especifica a "Fran- ça ocupada". Todavia, o número de 49 mil é apresentado para toda a França em um relatório

O lento progresso alemão dava esperança ao presidente em exercício da UGIF, Lambert. Em abril de 1943, ele rejeitou a sugestão de um associado de que os judeus de Marselha fossem alertados para se dispersar.[189] Confiando na lei e na honra francesas, Lambert concentrou-se em efetuar a libertação de judeus presos até, um dia, ele próprio ser preso. De Drancy, então, escreveu cartas a um assistente, fazendo uma referência velada à Auschwitz e insistindo para que as crianças judias nos abrigos da UGIF fossem dispersadas.[190]

Aos olhos dos alemães, a principal pedra no caminho era a relutância das autoridades de Vichy em cooperar com a deportação de judeus de nacionalidade francesa. Quando dois transportes foram marcados para 2 mil judeus, dos quais 1.500 eram cidadãos franceses (embora com "delitos"), Leguay declarou sob ordens de seu superior, Bousquet, que "nesse caso" (*in diesem Fall*), a polícia francesa pedia para ser dispensada da participação na operação. O *Sturmbannführer* Hagen achou aquela atitude "estranha" (*verwunderlich*), uma vez que, afinal, judeus estavam envolvidos (*da es sich doch um Juden handele*).[191]

---

de Röthke datado de 6 de março de 1943, RF-1230. Em julho, o número de Röthke era de 52 mil, incluindo cerca de 12 mil pessoas da zona não ocupada antes de sua ocupação. Memorando de Röthke, 21 de julho de 1943, Polícia de Israel 664.

189 Cohen, *The Burden of Conscience*, p. 127.

190 Cartas para Maurice Brener, 10 e 26 de outubro de 1943, in Lambert, *Carnet d'un témoin*, pp. 241-42, 244-45. Ver também Cohen, "Diary of Lambert", *Jewish Social Studies* 43 (1981): 304-5. A publicação judaica clandestina de esquerda *J'accuse* havia chamado a atenção para o gás em 20 de outubro de 1942. Em sua edição de 25 de dezembro de 1942, a publicação chamou a Polônia de *vaste abattoir des juifs*. Textos em Stephane Courtois e Adam Rayski, *Qui savait quoi?* (Paris, 1987), pp. 155, 162. A credibilidade, porém, era baixa. Susan Zuccotti, *The Holocaust, the French, and the Jews* (Nova York, 1993), p. 149.

191 Hagen para Knochen e Oberg, 25 de março de 1943, em Klarsfeld, *Die Endlösung der Judenfrage in Frankreich*, pp. 190-91, e Yad Vashem 0-9/23. A conversa aconteceu em 22 de março. Havia uma administração francesa em Drancy sob o comando do Comissário de Política Guibert. Röthke para Lischka e Hagen, 23 de março de 1943, Yad Vashem 0-9/23. Um Serviço de Ordem Judaica estava funcionando em Drancy desde setembro de 1942. Depois de 30 de junho de 1943, a administração francesa retirou-se inteiramente do campo. O Serviço de Ordem tornou-se a principal força de guarda, e o UGIF foi responsável por abastecer. O novo regime em Drancy coincidiu com a chegada do *Hauptsturmführer* Brunner (Viena, Berlim e Grécia). Haft, *The Bargain and the Bridle*, pp. 80-91, e sua "L'Union Générale," *Contemporary French Civilization* 5 (1981): 267-69.

No dia 18 de junho de 1943, o *Standartenführer* Knochen procurou pessoalmente o médico particular e confidente do marechal Pétain, dr. Ménétrel, e reclamou que o governo francês estava dificultando a implementação das evacuações. Knochen disse que tinha a impressão de que o marechal "não concordava" com a solução do problema judaico. Ménétrel respondeu dizendo que o marechal desejava uma solução segundo a qual os judeus da nova geração fossem privados de todas as possibilidades de ocupar postos importantes na França. Era preciso compreender que, em sua idade, o marechal naturalmente preferia uma solução "humana" a uma mais "radical". Ele, portanto, não gostaria de arrancar todos os judeus de seus postos de trabalho e deixá-los morrer de fome (*um sie evtl. vor Hunger krepieren zu lassen*). Ménétrel acrescentou "confidencialmente" que, de sua parte, "admirava" a resolução alemã de conduzir a "erradicação final da judiaria".[192]

Antes do final de junho, Laval e o ministro da Justiça, Gabolde, assinaram um rascunho de um decreto cancelando as naturalizações concedidas aos judeus desde 10 de agosto de 1927. Knochen, cujas forças da Polícia de Segurança somavam pouco menos de 2 mil homens,[193] imediatamente pediu outros 250 homens com "alguma habilidade com línguas" (*eine Sprachkenntnisse*). Seu objetivo era fazer prisões "abruptas" (*schlagartig*) no dia da declaração do decreto.[194] Mas ele fizera seu pedido cedo demais. Quando os franceses ficaram sabendo do plano alemão de prender imediatamente os judeus recém-elegíveis, Laval declarou ao *Sturmbannführer* Hagen que não poderia se expor ao peso de emitir decretos que enviariam os judeus diretamente para as mãos dos alemães (*Er könne sich den Vorwurf nicht aussetzen, dass er Gesetze erlasse, um uns Juden zuzutreiben*).[195]

No dia 14 de agosto, o *Hauptsturmführer* Geissler e o *Obersturmführer* Röthke encontraram-se com Laval em Vichy para discutir o assunto novamente. O premiê francês agora alegava que não sabia o que havia assinado, que sequer sonhava

---

192 Memorando de *Stubaf.* Hagen, 21 de junho de 1943, Occ 21.

193 Compilação numérica de pessoal civil fora do Reich, primavera de 1943, listando 2,047 homens da Polícia de Segurança na França. Zentralarchiv Potsdam, Coleção 07.01 Reichskanzlei, Pasta 3511.

194 Knochen para Müller, 28 de junho de 1943, Polícia de Israel 1217. O chefe da Gestapo, em uma carta muito cordial, prometeu um oficial e três oficiais não comissionados. Müller para Knochen, 2 de julho de 1943, Polícia de Israel 1218.

195 Memorando de Hagen, 11 de agosto de 1943, em Klarsfeld, *Die Endlösung der Judenfrage in Frankreich*, p. 209.

que os alemães estavam planejando prender judeus desnaturalizados em massa, que uma lei de tal gravidade teria de ter o consentimento do Conselho de Ministros, que o marechal Pétain teria de aprová-la, que, em última análise, nada poderia ser feito enquanto houvesse oposição dos italianos e que, mesmo sem os italianos, após a promulgação, seria necessário aguardar três meses para que a lei entrasse em vigor, de modo a permitir aos cidadãos judeus o direito a recurso.

Quando ouviram esses argumentos, os negociadores alemães concluíram que o governo francês "não queria mais segui-los" no que dizia respeito à questão judaica. Com clareza inconfundível, Laval lhes havia dito que não era nem "antissemita" nem "pró-semita". Os alemães eram perspicazes o suficiente para compreender esse comentário. "Não é mais possível", eles concluíram, "contar com nenhuma ajuda em larga escala da polícia francesa para prender os judeus, a menos que, daqui alguns dias ou semanas, a situação militar na Alemanha mude radicalmente a nosso favor."[196]

Porém, a situação militar não mudou exatamente a favor da Alemanha. No início de setembro, a Itália se rendeu aos Aliados e os alemães ficaram como incontestáveis, embora sobrecarregados, mestres de toda a França. Em questão de dias, a Polícia de Segurança tomou conta da zona desocupada pelos italianos. Milhares de judeus foram capturados em Nice. Várias centenas de famílias que haviam fugido para Mônaco deixaram seu refúgio com medo da invasão alemã. Muitas dessas vítimas caminharam para a própria destruição enquanto tentavam alcançar a fronteira da Suíça ou da Espanha.[197] Várias centenas de judeus que haviam se refugiado além dos Alpes na Itália foram capturadas em Borgo San Dal-

---

196 Röthke para Knochen, 15 de agosto de 1943, in Poliakov, *Harvest of Hate*, pp. 178-81, fn. Também Pierre Laval, *Diary*, p. 96.

197 Entre a Polícia de Segurança e o Ministério das Relações Exteriores, surgiu uma longa correspondência sobre a aconselhabilidade de se conduzir confiscos dentro de Mônaco: Von Thadden para Hencke, 21 de setembro de 1943, NG-4978. Steengracht para o Consulado Geral em Mônaco, 23 de setembro de 1943, NG-4978. Von Thadden para Eichmann, 25 de outubro de 1943, NG-4978. Cônsul Geral Alemão em Monte Carlo (assinado por Hellenthal) para Ministério das Relações Exteriores, 14 de julho de 1944, NG-4964. Do verão de 1942 até o fim da ocupação, em 1944, um máximo de 7.500 judeus escaparam para ou pela Espanha. Haim Avni, *Spain, the Jews, and Franco* (Filadélfia, 1982), pp. 94-147. A Suíça registrou 21.858 judeus que escaparam da França, Itália e Alemanha. Alfred Häsler, *The Lifeboat Is Full* (Nova York, 1967), p. 332.

mazzo, transportados para Nice e, de lá, para Drancy. Juntamente com outras vítimas, foram enviados para Auschwitz.[198]

Apesar da deflagração temporária de atividades na antiga zona italiana, a emergência de grandes obstáculos forçou a máquina de destruição alemã na França a diminuir o ritmo. Por causa da crescente relutância francesa em cooperar com as detenções e capturas, a polícia alemã foi gradualmente forçada a contar com recursos próprios. Invasões eram levadas a cabo em alvos arbitrários e sem muito respeito pela natureza das vítimas. Um desses ataques foi descrito com detalhes pelo kds em Lyon. Nas primeiras horas da manhã do dia 6 de abril de 1944, a Polícia de Segurança no setor de Lyon havia invadido o orfanato em Izieu-Ain e levado 51 pessoas, incluindo cinco mulheres e quarenta e uma crianças com idades entre 3 e 13 anos. Segundo o relato, dinheiro e outros bens de valor não puderam ser protegidos.[199]

Enquanto os alemães avançavam em seu intento, os judeus, com a ajuda de organizações francesas, começaram a se ocultar.[200] A crescente tendência dos judeus de não marcharem cegamente rumo à morte é ilustrada por um incidente relatado por um sargento da Orpo que vigiava um transporte para Auschwitz. Em Lerouville, relatou o policial, dezenove judeus haviam saltado do trem durante a noite. Em defesa própria, o sargento observou que aqueles judeus eram os mesmos que haviam antes tentado escapar do campo de trânsito de Drancy cavando um túnel. Aqueles homens, continuava o relato, devem ter se arrastado nus. O relatório data de 3 de dezembro de 1943.[201]

A crescente teimosia da administração francesa e o ocultamento organizado de massas de judeus finalmente resultaram na decisão alemã de empregar todas as forças disponíveis da Polícia de Segurança para uma rígida ação contra os judeus restantes. A fase final das deportações francesas foi inaugurada com uma

---

198 Alberto Cavaglion, *Nella notte straniera* (Cuneo, 1981).

199 KdS Lyon IV-B (assinado por *OStuf.* Barbie) para BdS Paris IV-B, 6 de abril de 1944, RF-1235.

200 Marie Syrkin, *Blessed Is the Match* (Filadélfia, 1947), pp. 294-95, 301. Kaplan, *American Jewish Year Book* 47 (1945-46): 97-98. *Einsatzkommando* Marselha (assinado por *Stubaf.* Muhler) para BdS IV-B, 18 de novembro de 1943, Occ 20. Sweets, *Choices in Vichy France*, pp. 127-36. Sobre as deportações de Marselha, ver Donna Ryan, *The Holocaust and the Jews of Marseille* (Chicago, 1996), pp. 176-206.

201 Meister der Schupo Friedrich Köhnlein (5./PI. Wachbatl. V) para *OStuf.* Röthke. 3 de dezembro de 1943, Occ 19.

ordem assinada pelo BDS, *Standartenführer* Knochen, e pelo *Hauptsturmführer* Brunner no dia 14 de abril de 1944, pouco mais de quatro meses antes dos alemães perderem a França. A ordem orientava a prisão de todos os judeus de nacionalidade francesa, com exceção apenas daqueles em casamentos mistos. Os alvos dos assaltos deveriam ser orfanatos, prisões, campos de trabalho e, nas áreas residenciais, bairros e vilas inteiras. De forma bastante significativa, a ordem advertia os policiais a não avisarem de sua chegada em prisões e em campos sob controle francês, temendo que os franceses libertassem ou transferissem os prisioneiros antes da chegada dos alemães.

Os judeus em casamentos mistos deveriam ficar nos postos dos judeus deportáveis nos campos da Organisation Todt. Para chegar aos judeus escondidos, foram oferecidas recompensas aos franceses que revelassem esconderijos ou entregassem esses judeus. A quantia da recompensa deveria ser maior na área urbana do que na área rural e os pagamentos deveriam ser feitos, após a prisão, com os bens dos judeus presos. A vigilância das pessoas presas e seu transporte para Drancy deveriam ser realizados observando-se cuidados especiais, pois, no passado, os transportes recém-chegados no campo de trânsito haviam perdido um ou dois judeus no caminho. Para evitar fugas, Knochen e Brunner recomendaram que os judeus fossem amarrados uns aos outros com uma grande corda.[202]

Quando a última captura alemã foi realizada, dezenas de milhares de judeus estavam escondidos em Paris, dormindo no Metrô, debaixo de pontes, em cima de telhados e em casas abandonadas.[203] Contudo, outros 30 mil ainda viviam abertamente na cidade, muitos dos quais dependendo da ajuda da UGIF.[204] Ao mesmo tempo, cerca de 1.500 crianças ainda eram mantidas sob os cuidados da UGIF. No dia 21 de julho, Brunner capturou trezentas delas.[205]

Mais de 6 mil judeus foram deportados na fase final. Três dos transportes partiram no intervalo entre 6 de junho, quando os Aliados invadiram a França novamente, e a tomada de Paris pelos Aliados, no final de agosto. Os alemães tinham feito o que puderam.

---

202 Ordem de Knochen e Brunner, 14 de abril de 1944, NO-1411.

203 Declaração de Margarete Schachnowsky, janeiro de 1965, Yad Vashem Oral History 2334/209. A depoente, uma alemã socialista casada com um judeu, tinha uma cantina em Paris.

204 Cohen, *The Burden of Conscience*, p. 98.

205 *Ibid.*, pp. 97-98.

Considerando as duas zonas e os departamentos incorporados na área belga ocupada, o número total de deportados somava mais de 75 mil, ou aproximadamente um quarto da população residente e refugiada que havia na França durante o verão do ano de 1940. Dois terços daqueles que foram deportados tinham sido presos na zona norte; metade de todas as vítimas tinha sido capturada apenas em Paris. Considerando a distribuição dos habitantes judeus na época do início das deportações, esses números básicos indicam que a vulnerabilidade dos judeus era um pouco maior no norte do que no sul.

Pelo menos dois terços dos deportados eram estrangeiros que não possuíam cidadania francesa. Tratava-se de poloneses, alemães, russos, romenos, gregos, turcos, húngaros e assim por diante. O restante era composto por crianças judias estrangeiras e apátridas nascidas na França, franceses naturalizados e antigos cidadãos franceses.

No total, havia quatro homens para cada três mulheres. Crianças com menos de 13 anos era aproximadamente 9% e adolescentes entre 13 e 18 anos um pouco menos de 6% dos deportados. Dois terços das crianças deportadas foram transportadas em 1942; a maioria das pessoas com mais de 59 anos, por sua vez, foi despachada nos anos de 1943 e 1944. Embora as crianças tivessem sido alvos especiais dos perseguidores alemães e franceses desde o início, elas também beneficiaram-se dos esforços clandestinos de protetores franceses e judeus no final. Vale a pena ressaltar o fato de que a porcentagem de crianças entre os deportados eram mais baixa na França do que na vizinha Bélgica.

Seria difícil estabelecer uma separação de acordo com a renda, posses ou riqueza, mas, segundo quaisquer definições, os judeus pobres e falidos eram claramente uma maioria desproporcional entre as vítimas. A natureza das capturas de julho de 1942 em Paris; as deportações de residências forçadas, as empresas e campos de trabalho; as prisões realizadas nos abrigos da UGIF e nas instalações dos escritórios da UGIF onde pessoas iam procurar auxílio, tudo aponta para um processo de seleção que invariavelmente começava e, com frequência, terminava com a prisão dos elementos mais vulneráveis da comunidade. Judeus estrangeiros e apátridas tinham a tendência a ser os mais pobres, e aqueles que haviam chegado por último na França geralmente eram os primeiros a partirem.

O principal destino dos deportados era Auschwitz, que recebeu 69 mil deles. Lublin (Majdanek) recebeu 2 mil, Sobibor 2 mil, Kaunas aproximadamente mil e Buchenwald e Bergen-Belsen várias centenas. Menos de 3 mil sobreviveram.

Não se deve esquecer os mais de 3 mil judeus que morreram na França. Aproximadamente 2.500 das mortes ocorreram nos campos, notadamente Gurs, onde o número de mortos foi mais de mil. Outros mil judeus foram fuzilados, alguns como reféns. Além disso, muitos morreram como resultado de miséria ou suicidaram-se fora da rede de campos franceses e no Norte da África.[206]

O número de mortos não impressionou o *Reichsstatthalter* Mutschmann, da Saxônia, que escreveu a Himmler no dia 25 de julho de 1944 uma carta na qual fazia referência a um relatório da imprensa sobre o efeito que os judeus haviam causado em partes da Normandia ocupada pelos exércitos americano e britânico. Mutschmann expressava sua perplexidade (*bin tatsächlich erschrocken darüber*) com o fato de ainda haver judeus na França após todos aqueles anos de ocupação alemã. Aqueles judeus, continuava o *Reichsstatthalter*, deveriam ter sido removidos há muito tempo. Enquanto um único judeu continuasse vivendo na Europa, escreveu Mutschmann em sua carta a Himmler, partidários, criminosos e sabotadores sempre teriam líderes atrás do front alemão.[207] O envergonhado Himmler pôde apenas dizer que a remoção total dos judeus da França era "extremamente difícil" por causa das "relações demasiado tensas" (*sehr misslichen Verhälnisse*) com a *Wehrmachtbefehlshaber* de lá. Entretanto, continuava Himmler no mesmo parágrafo, na Hungria a ss estava obtendo mais sucesso e a operação ainda seguia.[208]

Na Holanda, os alemães haviam deportado mais de três quartos de todos os judeus; na França, as estatísticas eram exatamente o contrário. Paralisados em seus esforços para efetuar uma deportação total dos judeus franceses, os alemães lançaram-se nas propriedades da comunidade. Nessa área, a administração alemã foi um pouco mais bem-sucedida, uma vez que, embora vários judeus conseguiam se esconder, não conseguiam esconder suas propriedades. Em resumo, a operação de confisco pode ser dividida em três partes. Começou com uma caça a obras de arte, expandiu-se para o aprisionamento de mobília e terminou com o sequestro de patrimônio líquido.

---

206 Todos os dados são retirados de Klarsfeld, *Memorial*.
207 Mutschmann para Himmler, 25 de julho de 1944, NO-2779.
208 Himmler para Mutschmann, 31 de julho de 1944, NO-2778.

A compilação de obras de arte pode ser atribuída a uma ordem emitida no início de junho de 1940 pelo próprio Hitler.[209] A coleta de obras de arte era, aliás, uma das tarefas originais do embaixador Abetz.[210] A equipe da embaixada, em cooperação com o *Devisenschutzkommando* e com o *Einsatzstab* Rosenberg, conduzia buscas por objetos de arte deixados para trás por judeus ricos que tinham deixado o país.[211] Durante essas operações, alguns objetos acabaram se tornando, para frustração do *Staatssekretär* Weizsäcker, decoração nos escritórios da Embaixada de Paris.[212] Dos tesouros enviados para o Reich, alguns dos melhores itens foram pegos por Göring e Hitler para suas coleções pessoais.[213] Na outra ponta da escala, itens não desejados deveriam ser destruídos pelo Ministério das Finanças, que tinha "experiência" nesse assunto.[214] A maior parte dos espólios era mantida armazenada para ser catalogada e estudada pelos especialistas de Rosenberg.[215]

Como no caso dos confiscos de bens na Holanda, o *Einsatzstab* Rosenberg passou das obras de arte à mobília. Todos os apartamentos deixados vazios pelos judeus que partiram ou foram deportados deviam ser esvaziados pelo *Einsatzstab* Rosenberg "o mais discretamente possível" (*möglichst wenig Aufsehen*).[216] O

---

209 Keitel para *Gen.d.Art.* Bockelberg, 30 de junho de 1940, RF-1301.

210 Weizsäcker para Ribbentrop, 22 de julho de 1940, NG-1719. Ribbentrop para Keitel, 3 de agosto de 1940, PS-3614. Abetz para von Brauchitsch, 16 de agosto de 1940, NG-90.

211 Abetz para major Hartmann do *Devisenschutzkommando*, 10 de setembro de 1940, NG-2849. Memorando de Galleiske (*Devisenschutzkommando*), 19 de março de 1941, NG-4091. Zeitschel para BdS e *OStuf.* Dannecker, 20 de junho de 1941, NG-2851. Zeitschel para Gesandter Schleier, 29 de julho de 1941, NG-2855. Schleier para o Ministério das Relações Exteriores, 26 de abril de 1943, NG-3452. Relatório de Einsatzstab Rosenberg (assinado por Bereichsleiter Scholz) sobre a captura de obras de arte, julho de 1944, PS-1015-B.

212 Schleier para Ministério das Relações Exteriores, 31 de julho de 1942, NG-2970. Weizsäcker para o *Ministerialdirektor* Schröder (Divisão de pessoal do Ministério das Relações Exteriores), 1º de outubro de 1942, NG-2971.

213 Dr. Bunjes (Einsatzstab Rosenberg) para Staatsrat Turner (distrito militar, Paris), fevereiro de 1941, PS-2523. Rosenberg para Hitler, 20 de março de 1941, PS-14. Göring para Rosenberg, 30 de maio de 1942, PS-1015-I. Rosenberg para Hitler, 16 de abril de 1943, PS-15.

214 Mayer para Patzer, 26 de março de 1941, NG-4063.

215 Relatório de Scholz, julho de 1944, PS-1015-B.

216 Schleier para o Ministério das Relações Exteriores, cópia via Strack para Abetz, 30 de janeiro de 1942, NG-5018. Schleier para o Ministério das Relações Exteriores, 6 de fevereiro de 1942, NG-3444.

relatório final do escritório ocidental do *Einsatzstab* revela que 71.619 apartamentos de judeus foram apreendidos, 38 mil apenas em Paris. Para encaixotar toda aquela mobília e poder enviá-la para a Alemanha, o escritório contou com transportadoras de Paris, que diariamente disponibilizavam 150 caminhões e entre 1.200 e 1.500 trabalhadores franceses. Porém, a "sabotagem" por parte da equipe francesa era tão grande que o *Einsatzstab* teve a ideia de empregar setecentos judeus para as operações de separação, empacotamento e carregamento. Para evitar a sabotagem dos franceses, belgas e holandeses que trabalhavam nas ferrovias, o *Einsatzstab* persuadiu a *Reichsbahn* a fornecer pessoal alemão. Um total de 29.436 vagões lotados foram transportados em 735 trens de carga para distribuição para os seguintes destinatários:[217]

Cidades e *Gaue*	18.665
Depósitos	8.191
Reichsbahn	1.576
Divisões da ss	577
Polícia	231
Reichspost (Correios do Reich)	196
Total	29.436

Muito da mobília era, porém, decepcionante. Em Frankfurt an der Oder, o primeiro carregamento foi bom, mas os objetos tinham sido tirados de casas melhores e não cabiam nos pequenos apartamentos. As cargas posteriores consistiam em peças velhas; fornos e outros objetos menores que, por causa do sacolejo no transporte, tinham sido danificados e viraram sucata. Em Hamburgo, onde a mobília era leiloada para vítimas de bombardeios, houve reclamações similares. Alguns dos itens estavam gastos e danificados e os colchões estavam inclusive infestados de piolho – nem mesmo revendedores comprariam aquelas mercadorias.[218]

Schleier para o Ministério das Relações Exteriores, 10 de fevereiro de 1942, NG-3444. Luther via Rintelen para Ribbentrop, 19 de maio de 1942, NG-5018. Von Russenheim (Chancelaria do Reich) para Ministério das Relações Exteriores, 16 de junho de 1942, NG-5018. O chefe do Einsatzstab era Gerhart Utikal. Ver testemunho juramentado de Utikal, 27 de agosto de 1947, NO-5178.

217 Relatório final de Dienststelle West de Einsatzstab Rosenberg, não datado, L-188.

218 Relatório do Serviço de Segurança do Reich, 27 de setembro de 1943 e 6 de janeiro de 1944 em Heinz Boberach, ed., *Meldungen aus dem Reich 1938-1945* (Herrsching, 1984), pp. 5821, 6228.

No final do ano de 1942, o *Militärbefehlshaber* inaugurou a fase final dos confiscos. Tendo já arrecadado uma multa de 1 bilhão de francos, decretou o confisco pelo Reich da propriedade de todos os judeus apátridas cuja última nacionalidade fora alemã.[219] No dia 15 de setembro de 1943, estendeu o decreto à propriedades dos "antigos" judeus da Polônia e do Protetorado. Um comissário especial, Ferdinand Nierdermeyer, foi nomeado para administrar esses bens. Seu relatório final, realizado no dia 28 de fevereiro de 1945, dentro da Alemanha, listava todos os itens dos quais havia tratado, incluindo joias, prataria, moedas e selos.[220]

Itália

Passando da França para a Itália, é possível observar que o regime antijudaico na região italiana foi estabelecido sem a participação alemã e que o estatuto dos judeus na Itália não era um assunto fácil nas negociações entre Alemanha e Itália durante todo o período em que durou a parceria do Eixo.

As primeiras medidas italianas eram tão rigorosas como quaisquer outras que tinham sido elaboradas pelas mãos alemãs, mas o governo italiano falhava em seguir seus decretos e, frequentemente, até mesmo em aplicá-los. Em determinados aspectos básicos, a abordagem italiana às perseguições aos judeus eram similares à atitude italiana com relação à guerra. Os italianos queriam acompanhar o poderoso aliado alemão; esforçavam-se, acima de tudo, para serem levados a sério, como os alemães. Como o ministro das Relações Exteriores, Ciano, colocou certa vez, "os alemães nos amam, mas não nos respeitam".[1] No final, todavia, os italianos não se igualavam aos alemães no que dizia respeito à ferocidade e ao derramamento de sangue. Diferentemente dos nazistas alemães, os fascistas italianos assumiam compromissos com palavras, mas não os

219 Decreto de 2 de dezembro de 1942, *Verordnungsblatt des Militärbefehlshabers in Frankreich*, 1942, p. 451. Da multa em bilhões de francos, a soma de 50 milhões de francos foi disponibilizada nessa época para o governo francês, em apoio às famílias cujos arrimos estivessem trabalhando na Alemanha. Schleier para o Ministério das Relações Exteriores, 9 de dezembro de 1942, NG-3335. Nada parece ter sido imputado ao Estado francês pelo transporte dos judeus.

220 Relatório de Niedermeyer, 28 de fevereiro de 1945, T 501, rolo 184

1 Galeazzo Ciano, *Ciano's Hidden Diary, 1937-1938* (Nova York, 1953), entrada de 17 de novembro de 1938, p. 195.

colocavam em prática com ações, pois em sua visão, os italianos eram inúteis para os alemães e para o modo de vida alemão. "Nós os respeitamos, mas não os amamos", disse Ciano.[2]

Em um sentido mais estrito, há outra razão pela qual a operação italiana contra os judeus nunca decolou de fato. O governo fascista italiano não era apenas um opressor ideal, como também os judeus italianos não eram as vítimas ideais. Isso não quer dizer que os italianos eram incapazes de ferir pessoas; houve incidentes, demasiados sérios para serem desconsiderados, contra iugoslavos, gregos e africanos. Tampouco os judeus na Itália eram mais capazes de cuidarem de si próprios do que os outros judeus do resto da Europa. Os judeus italianos mostraram-se tão vulneráveis ao ataque *alemão* quanto os judeus dos outros países do Eixo. Todavia, a relação entre judeus e italianos havia progredido a um ponto que tornava a perseguição dos judeus pelos italianos tanto psicológica quanto administrativamente difícil. Os judeus rápida e meticulosamente tinham sido absorvidos na vida italiana.

A comunidade judaica na Itália tinha 2 mil anos. No final do século XV, os judeus tinham sido expulsos da Sardenha e da Sicília, controladas pela Espanha; e, em 1541, do reino de Nápoles, posteriormente também sob controle espanhol. Apenas um pequeno grupo de judeus estabeleceu-se nessas regiões do sul durante os quatrocentos anos seguintes. Mas eles continuaram vivendo no centro e no norte da Itália, apesar das medidas antijudaicas que primeiro seriam promulgadas, depois estreitadas e ampliadas, anuladas e reimpostas. Distritos urbanos reservados para judeus tornaram-se residências compulsórias e, em Veneza, um bairro judeu estabelecido em uma fundição foi colocado sob custódia em 1516: o "gueto" original que dera a esse tipo de instituição seu nome permanente.[3]

Mesmo assim, a comunidade judaica italiana não era separada de seus vizinhos italianos, cuja linguagem e cultura ela adotara. E os judeus não foram separados quando o gueto papal de Roma foi abolido em 1870 pela Itália unida. Em nenhum outro lugar durante o século XIX os judeus foram absorvidos mais rapidamente no tecido da vida cotidiana e em nenhum outro lugar uma comunidade judaica tão pequena produzira tantos indivíduos distintos nas artes, ciências,

---

2 *Ibid.*

3 Ver Cecil Roth, *The History of the Jews of Italy* (Filadélfia, 1946).

comércio e governo. Essa emancipação concluiu-se sem demora ou impedimentos. No final, não havia mais de 50 mil judeus na Itália, incluindo refugiados, alguns dos quais tinham cruzado a fronteira da Alemanha sem os documentos apropriados confiando na "elasticidade" do funcionalismo italiano.[4]

A situação dos judeus italianos reflete-se, em certa medida, nas estatísticas. Desde 1938, casamentos mistos somavam quase 7.500 e os descendentes dessas uniões consistiam em 2 mil judeus e 7 mil católicos.[5] Em uma cidade como Trieste, aproximadamente 50% de todos os judeus casados tinham companheiros católicos.[6] Significante também era a distribuição ocupacional, que em 1910 já era a seguinte:[7]

41,5% em atividades industriais e comércio
23% profissionais, serviço público e militar
8,1% na agricultura

Os judeus ocupavam postos administrativos não apenas nas forças armadas, mas também em altos escalões do governo. O Instituto de Assuntos Judaicos fornece uma lista de judeus que, na curta história da Itália moderna, ocuparam os cargos de primeiro-ministro, ministro das Relações Exteriores, ministro da Guerra, ministro das Finanças, ministro do Trabalho, ministro da Justiça e ministro da Educação.[8] Esses, em seguida, tornaram-se as vítimas de um repentino ataque hostil no ano de 1938. Como foi que isso aconteceu?

O chamado diário (1937-1938) secreto de Ciano preservou uma história interna da evolução das leis antijudaicas italianas. No dia 3 de dezembro de 1937, exatamente quando os italianos começaram a sentir uma forte brisa soprando do norte, Ciano escreveu o seguinte em seu diário:

---

4 Sergio della Pergola, "Appunti sulla demografia della persecuzione antiebraica in Italia", *La Rassegna Mensile di Israel* 18 (1981): 120-37.

5 Meir Michaelis, *Mussolini and the Jews* (Oxford, 1978), p. 233. Ver também estatísticas detalhadas no artigo de Sergio della Pergola.

6 Em 1927, Trieste tinha 255 casamentos mistos por cem casamentos judaicos. Arthur Ruppin, *Soziologie der Juden* (Berlim, 1930), vol. I, p. 213.

7 *Ibid.*, p. 348.

8 Institute of Jewish Affairs, *Hitler's Ten-Year War on the Jews* (Nova York, 1943), p. 286.

Os judeus estão me inundando com cartas anônimas com insultos, acusando-me de ter prometido a Hitler que os perseguiria. Isso não é verdade. Os alemães jamais mencionaram esse assunto para mim; tampouco acredito que devamos divulgar uma campanha antissemita na Itália. Esse problema não existe aqui. Não há aqui muitos judeus e, guardadas algumas exceções, nenhum mal lhes é feito.[9]

Algumas semanas depois, Ciano se recusou a apoiar uma campanha antijudaica encampada por Giovanni Preziosi, ex-padre e editor do periódico antissemita *La vita italiana*.[10] No dia 6 de fevereiro de 1938, Ciano observou em uma conversa com seu sogro, o duque Benito Mussolini, que era a favor de "uma solução que não levantasse um problema que, felizmente, não existe aqui". Mussolini concordou. "Ele derramará água nas chamas, embora não o suficiente para apagá-las por completo", escreveu Ciano.[11] Alguns dias depois, o duque já estava derramando tanta água a ponto de se declarar (na *Informazione diplomatica* n. 14) a favor de um Estado judaico. Ciano achou que aquilo estava indo longe demais.[12]

No dia 3 de junho de 1938, Mussolini, por sua vez, ficou furioso com Roberto Farinacci, um membro do Grande Conselho Fascista e líder de um movimento antissemita na Itália, por ele próprio ter uma secretária judia, Jole Foa. Aquilo era o tipo de coisa "que os estrangeiros veem como prova da falta de seriedade em muitos italianos", escreveu Ciano.[13]

Em julho, o Papa Pio XI fez um discurso "violentamente crítico" ao racismo. Os comentários do Papa foram recebidos mal pela liderança fascista, para a qual o racismo implicava não uma mera afirmação de poder frente à comunidade judaica, mas, mais importante ainda, um sentimento de superioridade sobre as populações africanas recentemente conquistadas pelo império. Ao tomar conhecimento da crítica papal, o ministro das Relações Exteriores, Ciano, convocou o núncio, Borgongini-Duca, para expressar seu descontentamento. Ciano

---

9 Ciano, *Hidden Diary*, p. 40.
10 *Ibid.*, entrada de 29 de dezembro de 1937, p. 52.
11 *Ibid.*, entrada de 6 de fevereiro de 1938, p. 71.
12 *Ibid.*, entrada de 18 de fevereiro de 1938, p. 75
13 *Ibid.*, entrada de 3 de junho de 1938, p. 93.

destacou que o Duce considerava a questão racial fundamental. Era a falta de precaução racial que causara a insurreição de Amhara, na Etiópia. E a entrada de Ciano continuava: "Falei muito claramente com Borgongini, explicando as premissas e objetivos de nossa política racial. Ele pareceu bastante convencido e devo acrescentar que se mostrou ele mesmo bastante antissemita. Deve se reunir com o Santo Padre amanhã."[14] O próprio Mussolini estava preocupado com a ofensiva católica e, em um estado de agitação, dera ao genro, Ciano, uma ordem para que uma medida antijudaica fosse tomada. Ele queria que todos os judeus fossem riscados da lista diplomática.[15]

Em setembro de 1938, o Ministério do Interior, sob direção do Duce, estava trabalhando em um documento antijudaico. De setembro a novembro, o Grande Conselho Fascista reuniu-se diversas vezes para discutir a lei.[16] Na reunião do dia 6 de outubro, os marechais Italo Balbo e Emilio De Bono, assim como o presidente do Senado, Federzoni, falaram em favor dos judeus, mas o ministro da Educação, Giuseppe Bottani, opôs-se a quaisquer suavizações da medida antijudaica. "Eles nos odiarão, pois os expulsamos. Vão nos desprezar se os deixarmos voltar", disse Bottani. Entre os discursos, o Duce virou-se para seu genro e comentou que, por enquanto, estava sendo conciliatório, mas que, depois, seria rígido.[17] Quando, no dia 10 de novembro, em uma reunião do Conselho de Ministros, o tenente-general Achille Starace, na condição de secretário geral do partido fascista, sugeriu a expulsão sumária de todos os judeus do partido, Mussolini, ainda não preparado para a rigidez, rejeitou a ideia sem delongas.[18]

Em meados de novembro, as normas antijudaicas estavam prontas. Continham uma curiosa mistura de todas as influências em funcionamento na cena italiana: "racialismo", xenofobia, clericalismo e paternalismo burocrático. A definição do termo "judeu" fora forjada de tal maneira que qualquer um era afetado (a) se ambos os pais pertencessem à religião judaica; (b) se um dos pais pertencesse à religião judaica e o outro fosse estrangeiro; (c) se a mãe pertencesse à religião

---

14 *Ibid.*, entrada de 30 de julho de 1938, p. 141.

15 *Ibid.*, entrada de 8 de agosto de 1938, p. 141.

16 *Ibid.*, entradas de 1º e 4 de setembro, 6 e 26 de outubro, 6 e 10 de novembro, pp. 149-51, 174, 184, 190, 192.

17 *Ibid.*, entrada de 6 de outubro de 1938, p. 174.

18 *Ibid.*, entrada de 10 de novembro de 1938, p. 192.

judaica e o pai fosse desconhecido; (*d*) se um dos pais fosse judeu e o outro italiano, desde que, porém, em 1º de outubro de 1938, os filhos pertencessem à religião judaica, ou fosse um membro da comunidade judaica ou "de alguma outra forma participasse em algum empreendimento judaico."

Os decretos antijudaicos, então, passaram a impedir os judeus de se juntarem às forças armadas, aos serviços públicos e ao partido, além de possuírem ou administrarem empresas de armamentos de qualquer tipo que empregassem pelo menos cem italianos. Os judeus também foram proibidos de possuir imóveis com valor acima de 20 mil liras e propriedades agrícolas com valor acima de 5 mil liras. Entretanto, veteranos de guerra, fascistas antigos e seus filhos, netos, pais e avós não foram afetados pelas restrições em empresas e imóveis.

Em um decreto posterior, datado de 29 de junho de 1939, profissionais liberais, incluindo médicos, advogados, auditores, engenheiros, arquitetos, etc., eram proibidos, "exceto em casos de comprovada necessidade e urgência", de atenderem judeus. Novamente, todavia, havia exceções para veteranos de guerra, fascistas antigos e outros.

No campo de concentração social, a legislação italiana era bastante detalhada. Casamentos entre judeus e italianos eram proibidos, exceto no leito de morte ou com o objetivo de legalizar um filho.[19] O emprego de funcionários domésticos que não fossem judeus era proibido. A adoção ou cuidado, por parte de judeus, de crianças não judias, eram proibidos e havia previsão de tirar o filho cristão de pais judeus em havendo provas de que a criança não obtinha uma educação consoante com os princípios cristãos ou objetivos nacionais. A lei básica e os decretos que se seguiram previam expulsões das escolas, revogação de mudanças de nome e registro em listas civis. A exigência de registro tinha um significado latente além das concepções de 1938. Tratava-se de uma potencial arma para capturas. Administrada centralmente por um gabinete demográfico do Ministério do Interior (renomeado como *Direzione Generale per la Demografia e la Razza*), a medida resultou no estabelecimento de arquivos nas principais cidades, com endereços e informações sobre cidadania, idade, ocupação e elegibilidade para isenção.

---

19 A sugestão do Papa de que uma exceção fosse feita para os judeus convertidos foi rejeitada. *Ibid.*, entrada de 6 de novembro de 1938, p. 190.

Por fim, a lei de 17 de novembro de 1938 ordenava a anulação de todas as naturalizações concedidas a judeus após 1º de janeiro de 1919, além de estipular que todos os judeus estrangeiros e desnaturalizados deixassem a Itália e todos os seus bens até o dia 12 de março de 1939.[20]

Quando o esboço das duas primeiras leis ficou pronto, Benito Mussolini teve uma conversa com o homem que havia assinado seu nome em todos os decretos antijudaicos, o rei Victor Emanuel. Três vezes durante a conversa, o rei observou que sentia "uma enorme pena dos judeus". Citou casos de perseguição, entre os quais o do general Pugliese, "um velho de oitenta anos, cheio de medalhas e cicatrizes, que havia sido privado de sua governanta". Aborrecido, o Duce apontou que havia "20 mil fracos" na Itália que ficavam comovidos pelo destino dos judeus. O rei respondeu que era um deles.[21]

Talvez seja desnecessário sublinhar que o código italiano antijudaico não era completamente ameno. Suas vítimas devem tê-lo sentido bastante, justamente porque, no passado, tinham encontrado naquele país uma aceitação tão completa. As previsões contra o emprego no estado e a posse de fazendas, por exemplo, tiveram uma consequência bem mais séria do que decretos similares em outros lugares, pois, na Itália, um número comparativamente grande de judeus tinham encontrado uma forma de sobrevivência como funcionários públicos e

20 Textos completos dos decretos de 17 de novembro de 1938/XVII nº 1728 (lei básica); 15 de novembro de 1938/XVII nº 1779 (escolas); 22 de dezembro de 1938/XVII nº 2111 (pensões militares); 29 de junho de 1939/XVII nº 1054 (profissões); 13 de julho de 1939/XVII nº 1055 (mudanças de nomes); ver *Gazetta Ufficiale*, 1938 e 1939. Traduções completas para o alemão em *Die Judenfrage (Vertrauliche Beilage)*, 15 de outubro de 1942, pp. 78-80; 1º de dezembro de 1942, pp. 91-92; 15 de dezembro de 1942, pp. 94-96; 1º de março de 1943, p. 20. Para resumos e explicações, ver também Emilio Canevari, "Die Juden in Italien", *Die Judenfrage*, 1º de outubro de 1940, pp. 143-46. Sobre a administração de propriedade agrícola expropriada, ver Rademacher para Luther, 14 de novembro de 1940, NG-3934. Sobre as listas, ver Sergio della Pergola, "Appunti sulla demografia", *La Rassegna Mensile di Israel* 18 (1981): 122 n. Para comentários sobre o impacto das leis, ver Camera dei deputati, *La legislazione antiebraica in Italia e in Europa* (Roma, 1989). O principal trabalho sobre o destino dos judeus italianos é o de Renzo De Felice, *Storia degli Ebrei italiani sotto il fascismo* (Turim, 1988), publicado pela primeira vez em 1961.

21 Ciano, *Hidden Diary*, entrada de 28 de novembro de 1938, p. 199.

fazendeiros. Sem dúvidas, as leis italianas permitiam diversas exceções e a implementação da legislação como um todo era tanto lenta, quando frouxa.

Talvez não haja uma ilustração melhor do efeito total das leis italianas do que os números de emigrações judaicas apresentados na Tabela 8.16. Dos judeus estrangeiros, a maioria dos quais foram obrigados a deixar o país, apenas aproximadamente 27% tinham partido até 1941; dos judeus nativos, porém, que não tiveram de partir, 13% também tinham deixado o país até aquela data. Havia também sinais menos óbvios do declínio e da insegurança na comunidade judaica italiana, tais como um excesso de mortalidade em partos – alcançando várias centenas por ano – e uma fuga aos milhares para o catolicismo.[22]

TABELA 8.16 Emigração judaica da Itália

	EMIGRADOS ATÉ 15 DE OUTUBRO DE 1941	POPULAÇÃO JUDAICA NO FINAL DE 1941
Cidadãos	5.966	39.444
Estrangeiros	1.338	3.674
Total	7.304	43.118

Nota: Die Judenfrage, 15 de março de 1942, p. 56.

Durante o período de guerra que se seguiu, foram tomadas medidas contra refugiados judeus, judeus de nacionalidade italiana e judeus habitantes na Líbia. Em maio de 1942, cerca de mil judeus estrangeiros foram presos em campos em Salerno, Cosenza e em um campo para mulheres em Chieti.[23] No final do verão de 1842, os judeus de nacionalidade italiana foram chamados para trabalhar em Roma, Bolonha, Milão e na colônia africana de Trípoli.[24] Os judeus de Roma foram forçados a lavar o muro de contenção do Rio Tibre; para os judeus de Milão, foi construído um campo de trabalho na cidade. Perto de cidade de Giado, em Trípoli, entre 2 mil e 3 mil judeus foram encarcerados em um campo no deserto. Quando os britânicos chegaram em Giado no início do ano de 1943, descobriram que o

---

22 Sergio della Pergola, "Appunti sulla demografia", *La Rassegna Mensile di Israel* 18 (1981): 131, 134. O número de conversões entre 1938 a 1945 foi de 5.705.

23 *Die Judenfrage*, 1º de maio de 1942, p. 92.

24 *Ibid.*, 1º de agosto de 1942, p. 172; 15 de setembro de 1942, p. 197; 15 de outubro de 1942, p. 223; 1º de setembro de 1942, p. 183.

lugar estava sendo acometido por uma epidemia de tifo.[25] De acordo com fontes judaicas, 318 judeus de Giado morreram.[26]

Do ponto de vista alemão, todavia, todas essas medidas eram extremamente inadequadas. Uma grande parte de judeus italianos praticamente não foi afetada pela ação antijudaica e o ritmo do processo de destruição desde as primeiras leis serem promulgadas em 1938 e 1939 era muito lento para sugerir que os italianos algum dia chegariam por força própria a um ponto crítico em que as deportações se tornariam uma conjectura factível. Na Itália, não havia ainda quaisquer privações de propriedades judaicas e nenhum regulamento infalível de residência e movimentos judaicos. Ainda assim, os alemães relutavam em interferir. A Itália ainda era o principal aliado alemão e os alemães não se esqueciam disso.

No dia 24 de setembro de 1942, Ribbentrop telefonou para Luther para lhe dar instruções sobre a estratégia de deportação em vários países da Europa. Com relação à Itália, Luther não deveria fazer nada. Aquela questão deveria ficar reservada para uma discussão entre o Führer e o Duce ou entre o ministro das Relações Exteriores e o conde Ciano.[27]

A próxima conversa importante, todavia, aconteceu durante uma visita de Heinrich Himmler a Roma. No dia 11 de outubro de 1942, ele se reuniu com o Duce por quase duas horas. Mussolini, preocupado com a população italiana no inverno que se aproximava, falou sobre alimentos, e Himmler levantou a questão dos judeus. Eles estavam sendo removidos (*herausgenommen*), disse Himmler, da Alemanha, do *Generalgouvernement* e de todos os países ocupados, uma vez que estavam envolvidos com espionagem e sabotagem em todos os lugares. Na Rússia, um número expressivo (*eine nicht unerhebliche Zahl*) tanto de homens quanto de mulheres foram fuzilados porque estavam levando mensagens para partidários. O Duce observou, de sua parte (*von sich aus*), que aquilo era a única solução possível. Himmler continuou explicando que judeus envolvidos politicamente estavam sendo enviados para campos de concentração e outros estavam trabalhando

---

25 *Maj. Gen.* Lorde Rennel de Rodd, *British Military Administration of Occupied Territories in Africa during the Years 1941-1947* (Londres, 1948), p. 272. Os judeus da Cirenaica, região oriental da Líbia, eram suspeitos de alimentar atitudes pró-britânicos. A Cirenaica, temporariamente ocupada por tropas britânicas, foi recapturada pelas forças do Eixo antes da vitória aliada no Norte da África.
26 Institute of Jewish Affairs, *Hitler's Ten-Year War*, pp. 294-95
27 Luther para Weizsäcker, 24 de setembro de 1942, NG-1517.

na construção de estradas, embora (*allerdings*) com alta taxa de mortalidade uma vez que eles nunca haviam trabalhado na vida. Judeus idosos que estavam em Theresienstadt podiam levar suas vidas de acordo com o próprio gosto (*nach eigenen Geschmack*). O Duce amigavelmente indagou sobre a estadia de Himmler em Roma e mandou lembranças a Hitler.[28]

Em janeiro de 1943, a ss estava mostrando sinais de impaciência. Os judeus estavam sendo deportados de toda a Europa, mas os judeus italianos nas áreas controladas pelos alemães continuavam imunes e essa imunidade os tornava cada vez mais visíveis. Sendo assim, no dia 13 de janeiro de 1943, Ribbentrop instruiu o embaixador von Mockensen a informar o ministro das Relações Exteriores Ciano de que, aos olhos dos alemães, os judeus de nacionalidade italiana também eram judeus. Nos territórios controlados pela Alemanha, pelo menos, os alemães queriam completa liberdade de ação após o dia 31 de março de 1943.[29]

Em fevereiro, Ribbentrop, ao se preparar para uma visita a Roma, perguntou quais eram os desejos da ss no que dizia respeito à questão judaica. Himmler respondeu imediatamente dizendo que gostaria que os italianos parassem de sabotar as medidas do RSHA em áreas sob ocupação alemã. Na própria Itália, ele queria que medidas semelhantes àquelas em vigor na Alemanha fossem tomadas.[30] Os desejos da ss não destinavam-se a serem cumpridos rapidamente. Os italianos não eram suscetíveis quando o assunto era a destruição.

Em maio de 1943, o dr. Zeitschel, da embaixada de Paris, escreveu uma carta a seu amigo, dr. Knochen, BDS na França. Nessa carta, ele colocava suas impressões sobre o que observara durante uma visita a Roma. A embaixada alemã em Roma escreveu que durante anos possuíra instruções de Berlim para, em nenhuma circunstância, tomar quaisquer medidas que pudessem macular a relação amistosa entre a Itália e a Alemanha. Parecia, portanto, praticamente impossível, continuou, que a embaixada alemã em Roma fosse algum dia compreender fortemente a questão judaica na Itália. O governo italiano, de sua parte, "não tinha

---

28 Himmler para Ribbentrop, 22 de outubro de 1942, incluindo memorando da discussão com Mussolini, T 175, rolo 69.

29 Ribbentrop para a Embaixada em Roma, 13 de janeiro de 1943, NG-4961. Bergmann para a Embaixada em Roma, 18 de fevereiro de 1943, NG-4958. Rademacher para o representante do Ministério das Relações Exteriores em Bruxelas, 27 de fevereiro de 1943, NG-4955.

30 Ministro Bergmann para o escritório de Ribbentrop, 24 de fevereiro de 1943, NG-4956.

interesse" na questão judaica. Como o representante do RSHA em Roma, o *Obers-turmbannführer* dr. Dollmann, dissera a Zeitschel, as forças armadas italianas "ainda tinham um ou outro judeu e incontáveis meios-judeus [*noch mit Volljuden and zahllosen Halbjuden durchsetzt*]". Do partido fascista em si, podia-se esperar alguma ação apenas a partir de ordens diretas do Duce.[31]

Entretanto, no dia 25 de julho de 1943 o Duce foi deposto e, três dias depois, o partido fascista foi dissolvido. Apesar disso, o novo governo do marechal Badoglio não fez nenhum movimento. A guerra ainda continuava e as leis antijudaicas ainda estavam em vigor.[32] Então, repentinamente, o governo de Badoglio rendeu-se aos Aliados. Os alemães reagiram imediatamente. As forças italianas foram desarmadas e a Itália tornou-se um país ocupado.

Conforme moviam-se pela província de Novara, no norte, as tropas alemãs (principalmente unidades da SS) assassinaram judeus em diversos lugares e saquearam propriedades, incluindo depósitos bancários. No Lago Maggiore, corpos de judeus com pedras amarradas nas pernas enchiam a praia.[33] Aquilo era apenas o início.

Durante setembro de 1943 e no período que seguiu, uma horda de burocratas alemães transferiu-se para a Itália para assumir o controle. De diversas agências alemãs que então existiam na península italiana, destacamos as três que parecem ter exercido funções decisivas na tentativa de destruir os judeus italianos:

O Plenipotenciário Geral e embaixador Alemão: Rahn
    Adido policial (RSHA): *OStubaf.* Kappler
O Plenipotenciário Geral Alemão e Alto Comandante da Polícia e da SS:
    OGruf. Wolff
    Comandante da Administração Militar: *Gruf.* Wächter
    BdS: *Brif.* Harster
      IV: *Stubaf.* Kranebitter

---

31 Dr. Carltheo Zeitschel para BdS na França, 24 de maio de 1943, in Léon Poliakov, *La condition des Juifs en France sous l'occupation italienne* (Paris, 1946), pp. 157-58.

32 "Judengesetze in Italien noch in Kraft", *Donauzeitung* (Belgrado), 7 de agosto de 1943, p. 1.

33 *Militärkommandantur* 1021/*Verwaltungsgruppe* (Grupo Administrativo) em Novara para o Comando Militar do Norte da Itália em Riva, 21 de outubro de 1943, T 501, rolo 342. Ver também a lista de 50 nomes em Liliana Picciotto Fargion, *Gli ebrei in provincia di Milano* (Milão, 1992), pp. 115-16.

IV-B-4 (*Einsatzkommando*): Dannecker, sucedido por Bosshammer. Sob comando de Dannecker, em 1943, o *Einsatzkommando* invadiu várias cidades, incluindo Roma, Florença e Milão.

Regional

Grupo da Alta Itália Ocidental: *Staf.* Rauff, com *Aussenkommandos* (AK) em Gênova, Milão e Turin.

Aussenkommandos estavam sob comando direto do BDS em Roma, Florença, Veneza e outras cidades. AK em Roma era comandando pelo adido policial Kappler

Oberbefehlshaber Süd e comandante do Grupo C do Exército: Kesselring

Comandante, 14º Exército: general von Mackensen

Comandante, Roma: general Stahel (Mälzer)

A Itália, assim, tinha um soberano alemão: o mediador do Ministério das Relações Exteriores, ministro (posteriormente, embaixador) Rahn, cujo último posto foi na Tunísia. Havia, ainda, um governador militar que também desempenhava as funções do alto comandante da Polícia e da SS: o chefe da equipe pessoal de Himmler, Wolff. Seu chefe de administração militar, Wächter, viera da Polônia, onde servira como governador da Galícia. Por fim, havia o comandante das forças armadas, *Generalfeldmarschall* Kesselring.

Mas isso não era tudo. Em áreas que antes do fim da Primeira Guerra Mundial tinham sido austro-húngaras, os alemães instalaram dois soberanos especiais que portavam o título de *Der Oberste Kommissar* [comissário-chefe]. Nesses *Kommissar*, havia o *Gauleiter* de Tyrol, Hofer, e sua área adicionada era o sul de Tyrol. O outro era o *Gauleiter* de Carinthia, Rainer, que ficou com a zona operacional *Adriatisches Küstenland*, onde localizava-se a importante cidade de Trieste. Sob comando de Rainer, Himmler estabeleceu um comandante da Polícia e da SS especial, ninguém menos do que Odilo Globocnik, que posteriormente iria para Lublin, mas agora estava em sua terra natal.

A nova máquina começou a funcionar imediatamente. Como era característico, os alemães não esperaram pelo reestabelecimento de um governo fantasma sujeito a Benito Mussolini. Se antes os italianos tinham sido bastante resistentes, agora eram demasiado fracos para serem consultados. No dia 25 de setembro de 1943, o RSHA enviou uma circular para todas as suas divisões na Alemanha e no exterior especificando que, "de comum acordo com o Ministério das Relações Exteriores", todos os judeus das nacionalidades enumeradas podiam agora ser incluídos no programa de deportações. A Itália encabeçava a lista. E a circular continuava: "As medidas necessárias deverão ser tomadas no que diz respeito a (*a*) judeus de nacionalidade italiana imediatamente..."[34]

Renascido, o regime de Mussolini era formado por fascistas de confiança. O Ministério do Interior fora colocado nas mãos de Guido Buffarini que, como seu ex-subsecretário, era um veterano nas atividades antijudaicas, embora especializado também na política de concessão de isenções. O novo chefe da polícia era Tullio Tamburini. A *Direzione Generale per la Demografia e la Razza*, seção do ministério, foi reconstruída, e seus registros de judeus, mantidos para "vigilância e controle", tornaram-se uma ferramenta corriqueira para capturas e deportações.[35]

A comunidade judaica italiana tinha sua União de Comunidades Judaicas, uma organização instituída nos termos da lei em 1930, à qual todos os judeus professos tinham de pertencer e que tinha competência tributária.[36] Em 1943, o presidente da *Unione* era Dante Almansi, um homem que levara para o gabinete suas credenciais de alto oficial da polícia no período anterior a 1938. A *Giunta* de Roma estava nas mãos de Ugo Foa, ex-magistrado. A *Unione* operava uma agência de ajuda aos judeus refugiados na Itália, a *Delegazione Assistenza Emigranti Ebrei* (Delasem), com escritórios em Roma e Gênova. O presidente da Delasem era Renzo Levi e seu secretário era Settimo Sorani. Por fim, os judeus também tinham seus rabinos, entre os quais o rabino-chefe de Roma, Israel (posteriormente Eugenio) Zolli.[37]

Roma, com sua comunidade judaica com aproximadamente 10 mil membros (o número do censo de 1931 é de 11.280), era o primeiro alvo principal. Muitos dos judeus na capital eram vulneráveis, particularmente a metade pobre que vivia no antigo gueto e em um bairro adjacente do outro lado do Tibre. Uma sensação de perigo não estava, de todo, descartada. Em virtude das posições que ocupavam na Delasem, Levi e Sorani estavam cientes do que havia acontecido em outros lugares da Europa e o rabino-chefe Zolli, de origem estrangeira, estava tão

---

34 Von Thadden para missões no exterior, 12 de outubro de 1943, incluindo circular do RSHA datada de 23 de setembro de 1943, NG-2652-H.

35 Sobre o uso das listas, ver Liliana Picciotto Fargion, *L'occupazione tedesca e gli ebrei di Roma* (Roma e Milão, 1979), p. 18.

36 Michaelis, *Mussolini and the Jews*, pp. 53-54.

37 Os oficiais judeus são descritos por Robert Katz, *Black Sabbath* (Nova York, 1969), pp. 16-20, 31-34, 39-42, 77-78, 142-47.

temeroso que se escondeu imediatamente. Ele relata que pediu em vão ao chefe da *Unione*, Almansi, e para o presidente da *Giunta*, Foa, para eles fecharem as sinagogas, esconderem as listas de membros e fazerem o possível para dispersar a população judaica em monastérios e conventos. Foa nega ter sido procurado por Zolli e o filho de Almansi afirma que não há registro de nenhuma iniciativa por parte do rabino.[38] De certo há apenas o fato de que a liderança judaica agarrou-se ao *status quo*, determinada a não fazer nada que pudesse provocar os alemães e alarmar os judeus. O templo foi mantido aberto durante todo o mês de setembro, com serviços no Ano Novo Judaico sendo conduzidos por outro rabino.[39] Quando Zolli retomou seus deveres durante as festas de 1944 em uma Roma já libertada, teve uma visão de Cristo e, logo em seguida, foi batizado e tornou-se cristão.[40] Nos anos de intervenção, os judeus de Roma sofreram grandes perdas.

O pontapé inicial foi dado por Kepple no dia 26 de setembro de 1943, quando ele pediu 50 quilos de ouro, ameaçando, como pena pela não entrega, fazer duzentos reféns. Como muitos dos membros prósperos da comunidade já estavam escondidos, houve temor de que aquela quantia não fosse inteiramente levantada. Renzo Levi, da Delasem, foi enviado para o Vaticano para negociar um empréstimo de 15 quilos, com o qual o Papa concordou. No final, a ajuda do Vaticano não foi necessária. Italianos comuns, homens e mulheres, foram às ruas fazer doações e foram coletados 80 quilos no total. Quando a quantidade exigida foi entregue, os alemães insistiram em uma pesagem exata e os judeus pediram um recibo.[41]

Kappler mal havia conseguido o ouro quando um segundo golpe foi dado. Invadindo sede da *Giunta* em 29 de setembro, um destacamento da Polícia de Segurança acompanhado pela Polícia de Ordem confiscou os registros dos membros que pagavam encargos à comunidade. Os alemães podiam agora compará-lo

---

38 *Ibid.*, pp. 7-15, 31-34. Eugenio Zolli, *Before the Dawn* (Nova York, 1954), pp. 140-55. Para a negação de Foa, ver Zolli, *ibid.*, p. 203. Comentários do dr. Renato Almansi sobre seu pai em duas cartas a Guenter Lewy, 6 de julho e 10 de novembro de 1964, por cortesia do prof. Lewy.

39 Katz, *Black Sabbath*, pp. 42-43.

40 Zolli, *Before the Dawn*, pp. 182-84.

41 Katz, *Black Sabbath*, pp. 79-102. Não foi dado recibo. Zolli afirma que, após ouvir o dilema, ele também negociou com o Vaticano. Zolli, *Before the Dawn*, pp. 159-61, 206-7. O episódio do ouro era conhecimento comum no corpo diplomático alemão em Roma. Testemunho de Albrecht von Kessel (Embaixada no Vaticano), Caso nº 11, tr. p. 9518.

com a lista religiosa, que era incompleta quando vista de acordo com o princípio de Nuremberg, mas atual em 1943, com o registro racial italiano, que era suficientemente abrangente como critério, mas não necessariamente atualizado.[42] A situação já era mais ameaçadora e os líderes judeus tiveram de enfrentar com crescente frustração seus antigos modelos de sobrevivência. Os judeus de Roma não permaneceriam intocados, mas a operação agora iminente teria um impacto público bem maior do que deportações similares em outras áreas da Europa.

Roma era a cidade da Igreja Católica e, o que quer que acontecesse lá, não podia deixar de ser um problema do próprio Papa. Os alemães em Roma estavam cientes dessa situação e não estavam exatamente entusiasmados com a perspectiva de um conflito maior com a Igreja. No dia 6 de outubro, o cônsul Moellhausen enviou pessoalmente uma carta a Ribbentrop para lhe dizer que o *Obersturmbann-führer* Kappler havia recebido ordens de Berlim para prender 8 mil judeus de Roma e transportá-los para o norte da Itália, "onde deveriam ser liquidados [*wo sie liquidiert werden sollen*]". O general Stahel havia declarado sua intenção de permitir a implementação dessa *Aktion* apenas se o ministro das Relações Estrangeiras alemão estivesse de acordo. Segundo escreveu Moellhausen: "Pessoalmente, sou da opinião de que seria melhor para os negócios [*dass es besseres Geschäft wäre*] mobilizar judeus para a construção de defesas, como na Tunísia, e vou propor isso juntamente com Kappler ao *Generalfeldmarschall* Kasscrlring. Por favor, envie instruções".[43] A resposta de Berlim afirmava que, com base em uma ordem de Hitler, os judeus de Roma deveriam ser levados para o campo de concentração Mauthausen, na Áustria, como reféns. Rahn e Moellhausen não deveriam em nenhuma circunstância interferir nesse assunto (*sich auf keinen Fall in diese Angelegenheit einzumischen*).[44]

---

42 Arquivos no escritório de registro de nascimentos também foram usados. De todas essas listas, ver principalmente Katz, *Black Sabbath,* pp. 105-9, 301-3. Ver também Michael Taglicozzo em Picciotto Fargion, *L'occupazione tedesca,* pp. 153-55. Sobre os arquivos do diretório de demografia e raça da cidade de Roma, ver Sergio della Pergola, "Appunti sulla demografia", *La Rassegna Mensile di Israel* 18 (1981): 122n. Ver também entrevista de Maresciallo Mario di Marco (polícia de Roma), que preparou cartões de identidade falsos para judeus, em *Aufbau* (Nova York), 5 de setembro de 1952, p. 11.

43 Konsul Moellhausen (Roma) pessoalmente para Ribbentrop, 6 de outubro de 1943, NG-5027. Sobre Moellhausen, cuja mãe era francesa e que cresceu falando italiano em Trieste, ver Katz, *Black Sabbath,* pp. 56-58.

44 Von Sonnleithner para Bureau do ministro das Relações Exteriores, 9 de outubro de 1943, NG-5027. Von Thadden para Moellhausen, 9 de outubro de 1943, NG-5027.

No dia 16 de outubro de 1943, o bispo Hudal, pároco da igreja alemã em Roma, enviou um apelo de última hora ao general Stahel:[45]

Acabei de ser informado por um alto oficial do Vaticano que participa do círculo próximo do Santo Padre que as prisões de judeus de nacionalidade italiana começaram nesta manhã. No interesse das boas relações que têm existido até agora entre o Vaticano e o alto comando militar alemão – que, em primeira instância, devem ser creditadas à visão política e à grandeza do coração de Sua Excelência e que, algum dia, vai entrar para a história de Roma –, eu ficaria imensamente agradecido se o senhor desse uma ordem para cessar essas prisões em Roma e proximidades imediatamente; temo que, de outra forma, o Papa tenha de se posicionar publicamente, o que servirá à propaganda antialemã como uma arma contra nós.

Mas a *Aktion* não podia mais ser cessada. Começou durante a noite entre os dias 15 e 16 de outubro e terminou em menos de 24 horas. Para sua implementação, o general Stahel disponibilizou para o *Obersturmbannführer* Kappler a Corporação 5 do 15º Regimento de Polícia, a Corporação 3 do 20º Regimento de Polícia e a Corporação 11 do 12º Regimento de Polícia. Uma vez que a Corporação 5 estava realizando tarefas de guarda para o general Stahel, ele destacou uma unidade do 2º Regimento de Paraquedistas para ajudar os policiais. Durante a *Aktion*, não houve "incidentes". Ao todo, 1.259 pessoas foram presas na captura. Após a libertação de alguns meio-judeus e judeus em casamentos mistos, um total de 1.007 pessoas foram despachadas no dia 18 de outubro de 1943 para o centro de extermínio de Auschwitz.[46]

A grande maioria dos habitantes judeus da cidade conseguiu se esconder durante a *Aktion*. O próprio Vaticano abrigou alguns deles. Assim, um ataque da polícia do questor de Roma na Basílica de São Paulo Extramuros durante a noite de 3 para 4 de fevereiro de 1944 resultou na prisão de desertores militares, vigaristas,

---

45 Gumpert para Ministério das Relações Exteriores, incluindo mensagem de Hudal, 16 de outubro de 1943, NG-5027.

46 Diário de guerra, comandante alemão em Roma (*Gen.* Stahel), 16 de outubro, 17 de outubro e 18 de outubro de 1943, NO-315. O número 1.007 foi retirado dos relatórios de Kappler para *OGruf.* Wolff, 18 de outubro de 1943, NO-2427. A chegada dos judeus de Roma em Auschwitz, em 22 de outubro de 1943, foi registrada por um médico judeu no local, Otto Wolken. Ver Filip Friedman, *This Was Oswiecim* (Londres, 1946), pp. 24-25.

guardas desleais da polícia italiana e judeus.[47] Os alemães, contudo, ficaram aliviados com o fato de seus maiores temores não terem se concretizado. O Papa, apesar das súplicas, permaneceu em silêncio.

Um dia depois do término da captura, o embaixador alemão no Vaticano e ex-*Staatssekretär* do Ministério das Relações Exteriores, Weizsäcker, relatou a Berlim que o Colégio de Cardeais ficara particularmente chocado porque o acontecimento, por assim dizer, transcorrera debaixo das janelas dos aposentos do Papa. (*Die Kurie ist besonders betroffen, da sich der Vorgang sozusagen unter den Fenstern des Papstes abgespielt hat.*) A reação, dizia Weizsäcker, poderia ter sido abafada se os judeus tivessem sido capturados na Itália e enviados para o trabalho forçado. Agora, círculos antialemães em Roma estavam pressionando o Papa a quebrar seu silêncio. "Há rumores de que os bispos nas cidades francesas onde aconteceram eventos similares [*wo ähnliches vorkam*] tomaram uma posição bastante clara", reportou Weizsäcker. O Papa, como líder da Igreja e bispo de Roma, não poderia agir de modo diferente. Já há quem compare o atual pontífice e o "bem mais temperamental Pio XI", completou Weizsäcker.[48]

As pressões, todavia, não obtiveram sucesso. "Mesmo solicitado por todos os lados", escreveu Weizsäcker, "o Papa não se permitiu ser induzido a fazer qualquer declaração contra a deportação dos judeus de Roma. Embora ele tenha de ter em mente que essa atitude será usada contra ele por seus opositores e aproveitada pelos círculos protestantes nos países anglo-saxões para propósitos propagandísticos contra o catolicismo, o Papa, no que diz respeito a esse delicado assunto, tem feito de tudo para não onerar as relações com o governo alemão e com as agências alemãs em Roma". O *Osservatorio Romano* (jornal pró-Vaticano de Roma) publicou um comunicado sobre a "atividade benevolente do Papa [*über die Liebestätigkeit des Papstes*]", mas essa declaração era tão "ornada e obscura [*reichlich gewunden und unklar*]" que pouquíssimas pessoas seriam capazes de ler em suas entrelinhas uma referência especial à questão judaica. O negócio todo podia, portanto, ser dado como "liquidado".[49]

---

47 Comandante alemão em Roma/Administração para o General Plenipotenciário do Wehrmacht na Itália/Administração, 14 de fevereiro de 1944, T 501, rolo 334.

48 Weizsäcker para o Ministério das Relações Exteriores, 17 de outubro de 1943, NG-5027.

49 Weizsäcker para o Ministério das Relações Exteriores, 28 de outubro de 1943, NG-5027.

Em novembro, vários judeus em toda a Itália ocupada já estavam escondidos. Em Florença, o proeminente crítico de arte americano Bernard Berenson ficou sabendo que o recém-empossado prefeito fascista vinha advertindo os residentes judeus a deixarem suas casas e se esconderem. Berenson observou que dez ou doze judeus haviam encontrado refúgio em uma única vila próximo a Siena. Logo em seguida, ouviu rumores sobre o gás.[50] A fuga, contudo, não era assim tão simples. O êxodo para vilas e pensões no interior, apartamento em cidades pequenas ou quartos alugados por vizinhos amistosos era uma opção principalmente para os judeus falantes de italiano que possuíam algum dinheiro; às vezes, esses fugitivos da classe média obtinham documentos de identidade falsos e, em alguns casos, podiam se passar por refugiados de zonas de guerra. Vários milhares de judeus com menos recursos e oportunidades receberam ajuda de padres, monges e freiras. Para aqueles extremamente pobres, doentes, velhos e estrangeiros em geral, o panorama era mais desolador.[51] Esses indivíduos tornaram-se os alvos mais vulneráveis do itinerante *Einsatzkommando* e colaboradores italianos de Dannecker, incluindo as recém-formadas legiões fascistas autônomas,[52] algumas das quais apoiadas pelo Ministério do Interior, e homens recém-recrutados do partido fascista *Milizia Volontaria per la Sicurezza Nazionale*, sob direção do veterano fascista Renato Ricci.

No dia 30 de novembro de 1943, o Ministério do Interior italiano emitiu instruções a chefes provinciais estipulando que todos os judeus fossem colocados em campos de concentração e que seus bens fossem sequestrados em benefício das

50 Bernard Berenson, *Rumor and Reflection* (Nova York, 1952), entradas de 4 e 9 de novembro de 1943, pp. 143, 147-48. Em Florença, um grupo de judeus ouviu a BBC e "escutou sobre a câmara de gás". Testemunho do Dr. Chulda Campagnano, transcrição do julgamento de Eichmann, 11 de maio de 1961, sess. 36, pp. WI-XI.

51 Susan Zuccotti, *The Italians and the Holocaust* (Nova York, 1987), pp. 201-8. Ver também Alexander Stille, *Benevolence and Betrayal* (Nova York, 1991), que explorou, em seus estudos de caso, também a composição psicológica das vítimas e que lida com denúncias, que podiam enganar tanto ricos quanto pobres.

52 Legiões notáveis eram: "Ettore Muti", sob o coronel Francesco Colombo em Milão, uma legião em Florença sob o comando de Mario Carità e outra em Roma (posteriormente em Milão) sob o comando de Pietro Koch. Zuccotti, *The Italians*, pp. 148-49.

vítimas italianas de ataques aéreos.[53] A partir daquele momento, todo o aparato das forças policiais italianas foi disponibilizado para capturas: as legiões, as milícias e os *Carabinieri* foram agrupados em uma *Guardia Nazionale Repubblicana*, sob comando de Ricci; os membros do Partido Fascista organizaram-se no verão de 1944 em Brigadas Negras (*Brigate Nere*), sob comando do secretário do Partido Fascista, Alessandro Pavolini; e os policiais comuns agiam à paisana e uniformizados.[54] Ao mesmo tempo, contudo, a ordem de 30 de novembro foi transmitida pelo rádio, tornando-se, desse modo, tanto um aviso quanto uma ameaça.[55] Por toda parte, italianos foram pegos de surpresa e judeus entraram em pânico. Em Florença, Berenson escreveu de seu esconderijo informando que "mesmo um dominicano de origem judaica teve de fugir de seu monastério temendo ser preso e agora estava ali". Ele relatou outro incidente no qual um pároco fora preso por esconder um judeu. O próprio Elia Dalla Costa, cardeal de Florença, teria intervindo nesse caso, declarando-se culpado e pedindo para ser preso no lugar do pároco.[56] Em Veneza – onde 150 judeus, incluindo os residentes de um asilo, foram levados pela polícia italiana durante a noite de 4 para 5 de dezembro –, o patriarca, cardeal Adeodato Piazza, teve uma reação diferente. Ele se opôs às prisões realizadas pelas autoridades italianas, considerando-as injustas, pois judeus velhos e doentes eram presos enquanto pessoas ricas recebiam permissão para permanecerem em liberdade. Para ele, a solução desse problema era a implementação de medi-

---

53 Prefettura di Roma para Questore di Roma, 2 de dezembro de 1943, incluindo circular do Ministério do Interior. Fac-símile in Picciotto Fargion, *L'Occupazione tedesca,* página não numerada. Julgamento contra Bosshammer, p. 19.

54 Zuccotti, *The Italians,* pp. 148-53, 189-200. Ver também o excerto na ordem do Prefeito de Ferrara, 1º de fevereiro de 1944, em Liliana Picciotto Fargion, "The Anti-Jewish Policy of the Italian Socialist Republic (1943-1945)", *Yad Vashem Studies* 17 (1986): 17-49, na pp. 31-32. Carabinieri era considerado monarquista e, de modo geral, não confiável. Em Roma, foram desarmados. Sobre as variedades de polícia italiana, ver um quadro da organização do Alto Comando da ss e Líder da Polícia, 9 de abril de 1945, T 501, rolo 339.

55 Berenson, *Rumor and Reflection,* p. 163, referindo-se a uma transmissão na manhã de 1º de dezembro. "Konzentrationslager für Juden – keine Ausnahmen mehr", *Donauzeitung* (Belgrado), 2 de dezembro de 1943, p. 2. A medida recebeu ordens do Doque depois de um manifesto do Partido Fascista que estigmatizou os judeus como "inimigos estrangeiros". *Ibid.,* 10 de dezembro de 1943, p. 2.

56 Berenson, *Rumor and Reflection,* p. 218.

das antijudaicas apenas por escritórios alemães. Mais apropriado seria, disse ele, a criação de um gueto.[57]

Durante novembro e o início de dezembro, os primeiros dois transportes do norte da Itália partiram levando um total de mil judeus para Auschwitz.[58] Em Berlim, o chefe do *Inland* II do Ministério das Relações Exteriores, Wagner, avaliava essa situação com um misto de esperança e inquietação. O RSHA acabara de notificá-lo que a prisão dos judeus na Itália falhara em obter sucesso digno de nota (*zu keinem nennenswerten Ergebnis geführt*), pois os atrasos italianos tinham permitido que a maioria dos judeus encontrasse refúgios em pequenas vilas, etc. As forças disponíveis da SS e da Polícia não eram suficientes para uma busca minuciosa em todas as comunidades italianas. Porém, agora que o governo fascista havia promulgado uma lei para a transferência de todos os judeus para campos de concentração, o *Inland* II propunha, de acordo com o RSHA, "que o embaixador Rahn fosse instruído a transmitir ao governo fascista a alegria [a palavra *Freude* foi riscada no rascunho e substituída pela palavra *Genugtuung* (satisfação)] do Reich" diante desse novo decreto italiano. Era aconselhável também, pensava Wagner, informar o governo italiano da necessidade da rápida construção de campos de concentração no norte da Itália e da disponibilidade do Reich em fornecer aos italianos "conselheiros experientes" (*erfahrene Berater*) para esse propósito. Wagner acreditava que, dessa maneira, o *Einsatzkommando* na Itália poderia ser "incorporado" ao governo italiano, de modo que todo o aparato fascista pudesse ser mobilizado na aplicação das leis antijudaicas.

---

57 *Militärkommandantur* 1004/*Verwaltungsgruppe* em Pádua para o General Plenipotenciário do Wehrmacht na Itália/Administração, 14 de março de 1944, citando um relatório da Polícia de Segurança de Veneza de 4 de fevereiro de 1944, T 501, rolo 339. Sobre a captura de Veneza, ver Picciotto Fargion, "Anti-Jewish Policy", *Yad Vashem Studies* 17 (1986): 22-23.

58 O primeiro transporte, de Florença e Bolonha, partiu em 9 de novembro e chegou a Auschwitz no dia 14. O segundo, de Milão e Verona, partiu em 6 de dezembro e chegou a Auschwitz no dia 11. Para uma lista dos transportes da Itália, com datas e números, ver Centro di Documentazione Ebraica Contemporanea (CDEC), *Ebrei in Italia* (Florença, 1975), pp. 12-30. Dados desse estudo, pesquisados por Giuliana Donati, tomam como base as listas de transporte, que não são completas, e relatos de testemunhas oculares. Ver também o gráfico preparado por Donati e publicado pelo CDEC de Milão, 1975. Ademais, ver acusação formal de Friedrich Bosshammer em Berlim, 23 de abril de 1971, I Js I/65 (RSHA), pp. 262-63, e julgamento no caso Bosshammer, Landgericht Berlim, (500) I Ks I/71 (RSHA) (26/71), p. 19.

O RSHA, continuava Wagner, também propusera que se pedisse aos italianos que eles entregassem os judeus às agências alemãs para serem enviados para o Leste. O *Inland II*, contudo, era da opinião de que tal pedido fosse adiado, uma vez que seus especialistas acreditavam que a concentração procederia com menos atrito se as transferências para os campos parecessem constituir uma "Solução Final" em vez de uma "medida preparatória na evacuação para os territórios do leste". O RSHA, adicionou Wagner, não contestaria esse procedimento radical.[59]

O *Botschaftsrat* Hilger respondeu em nome do ministro das Relações Exteriores dizendo que Ribbentrop estava de acordo com aquelas propostas. "Seu consentimento", escreveu Hilger, "aplica-se ao conteúdo das instruções ao embaixador Rahn discutido no parágrafo 2 da proposta, bem como à recomendação, no parágrafo final da proposta, para o Grupo *Inland* adiar por ora o pedido de remoção dos judeus para os territórios do leste".[60]

A avaliação cautelosa no Ministério das Relações Exteriores foi confirmada pela evolução dos acontecimentos na Itália. No dia 10 de dezembro, o chefe da polícia italiana, Tamburini, emitiu normas que, aos olhos dos alemães, eram projetadas para reduzir o alcance das capturas. Ele deferia judeus em casamentos mistos e judeus isentos de nacionalidade italiana se gravemente doentes ou com mais de 70 anos.[61] Os representantes da Polícia de Segurança alemã imediatamente tomaram contramedidas. Após discussões e diretivas para os oficiais da polícia italiana, eles insistiram na prisão de toda família que consistisse em judeus completos, independente da saúde ou da idade dos membros.[62] Quando o ministro do Interior italiano reafirmou sua posição, os alemães reiteraram as suas, e quando os oficiais italianos

---

59 Grupo *Inland II* (assinado por Wagner) via Hencke para Ribbentrop, 4 de dezembro de 1943, NG-5026.

60 Hilger via Steengracht e Hencke para Grupo *Inland II*, 9 de dezembro de 1943, NG-5026.

61 Ministério do Interior da Itália/Chefe de Polícia para chefes das províncias e *Questore* de Roma, 13 de dezembro de 1943, confirmando, por carta, as instruções enviadas anteriormente por telégrafo. Fac-símile em Picciotto Fargion, *L'Occupazione tedesca*, página não numerada. Mais tarde, o próprio Tamburini transformou-se em prisioneiro privilegiado em Dachau. Ver fac-símile de uma lista, 25 de abril de 1945, com nomes de internos proeminentes a serem transportados para Innsbruck, em Barbara Distel e Ruth Jakusch, eds., campo de concentração Dachau (Bruxelas e Munique, 1978), p. III.

62 *Hauptsturmführer* Wilbertz (*Aussenkommando* Bologna) para o questor de sua área, 20 de dezembro de 1943, em grande excerto do julgamento contra Bosshammer, Landgericht Berlin, pp. 20-21.

adicionaram referências à definição italiana do termo "judeu", a Polícia de Segurança soletrou a concepção alemã e ordenou que todos aqueles judeus fossem presos, mesmo os católicos. Claro, se um mestiço era considerado judeu apenas pela lei italiana, não haveria objeção a sua prisão. Os italianos foram advertidos a reportar à Polícia de Segurança toda sexta-feira os números de prisões que tinham realizado.[63]

Frequentemente, a Polícia de Segurança não confiava na rede de informações italiana, mas agia com pessoal próprio. Em Roma, após o transporte de outubro, outros oitocentos judeus foram presos[64] e, em várias cidades, judeus em casamentos mistos foram levados sob custódia, apesar de a Polícia de Segurança ter consentido que permanecessem em liberdade.[65]

A detenção, geralmente, era improvisada e, às vezes, havia fugas. Em Florença, um garoto de doze anos escalou um muro de 5,5 metros e pulou. Ferido, ele foi ajudado por um italiano que por acaso passava no local de bicicleta.[66] Entretanto, prisões sólidas, com celas, também eram usadas: San Vittore, em Milão,[67] Regina Coeli, em Roma.[68]

Um pequeno número de judeus presos em Regina Coeli, em Roma, tornaram-se vítimas de uma conspícua operação. No dia 23 de março de 1944, uma bomba explodiu no meio de uma corporação de polícia alemã que marchava pela rua Rosella. Trinta e três homens morreram. Naquela mesma noite, uma ordem

---

63 Excertos da diretiva do Ministério do Interior da Itália, 7 de março de 1944, e excertos da diretiva do *Aussenkommando* em Bolonha para questores em Bolonha, Forli, Ravenna, Ferrara, Modena, Parma, Reggio Emilia e Piacenza, 4 de abril de 1944, *ibid.*, pp. 26-31.

64 Números por mês e compilados por Picciotto Fargion, *L'Occupazione tedesca,* p. 41.

65 Julgamento de Bosshammer, pp. 24-36.

66 Depoimento de Mina Goldmann, 12 de dezembro de 1961, Yad Vashem Oral History 1794/135. O garoto, que sobreviveu, era filho dela. O irmão dele também escapou. Outro sobrevivente relata que ela foi presa por Carabinieri em abril de 1944, disse a eles, quando questionada sobre sua identidade, que era judia, e foi educadamente solta. Depoimento de Ester Zohar, sem data, com diário anexado, novembro de 1941 até março de 1945, Yad Vashem Oral History 2453/72.

67 Acusação de Bosshammer, p. 305.

68 Várias centenas de cartões de prisão originais com datas estão no Yad Vashem. Ver também fac-símiles em Picciotto Fargion, *L'Occupazione tedesca,* páginas não numeradas. Muitas prisões foram realizadas pelo pessoal do IV-B. Regina Coeli ficou responsável por uma das Instituições de Prisão das Forças Armadas (*Wehrmachtshaftanstalt*). Em Verona, os judeus foram mantidos nos porões dos quartéis da ss. Julgamento contra Bosshammer, p. 35.

foi transmitida de Hitler a Kesselring para "matar dez italianos para cada alemão". Uma segunda ordem emitida naquela mesma noite determinava que Kesselring encarregasse o SD dos fuzilamentos. Ambas as ordens foram passadas para o general von Mackensen, comandante do 14º Exército, e para o general Mälzer, então comandante militar de Roma. O remetente final daquelas instruções foi Kappler. Uma vez que as ordens do Führer incluíam a previsão de execuções "imediatas", Kappler tinha de completar aquela tarefa dentro de 24 horas. Os militares desejavam que, tanto quanto possível, apenas pessoas sentenciadas à morte fossem incluídas entre as vítimas. Kappler, porém, não tinha um número suficiente de condenados à disposição. Ele, portanto, fez uma lista de pessoas que, por diversas razões, ele considerava "merecedores da morte". Os fuzilamentos foram realizados no dia 24 de março em Fosse Ardeatine. Quando o trabalho estava terminado, engenheiros do exército explodiram a entrada da caverna. Kappler tinha fuzilado 335 pessoas (cinco a mais do que o pedido) porque acontecera um erro na contagem. Entre as vítimas, mais de setenta eram judias. Um deles era Aldo Finzi, um cristão convertido que fora oficial do alto escalão do Ministério do Interior durante os primeiros dias do regime fascista.[69]

Enquanto isso, as deportações eram estimuladas incessantemente. Um trem partiu de Milão e de Verona no dia 30 de janeiro de 1944.[70] Para concentrar os judeus para o transporte, um campo de trânsito foi estabelecido sob comando da autoridade italiana em Fossoli di Carpi (próximo a Modena, no centro da Itália ocupada pelos alemães) em dezembro de 1943. O campo foi colocado sob comando alemão no início da primavera de 1944.[71] De Fossoli di Carpi mais transportes

---

69 Julgamento dos Generais von Mackensen e Mälzer, e julgamento de Albert Kesselring, *Law Reports of Trials of War Criminals*, vol. 8, pp. 1-2, 9-10, 13. Robert Katz, *Death in Rome* (Nova York, 1967). Centro di Documentazione, *Ebrei in Italia*, p. 32. Das vítimas, 57 foram mortas como judeus, mas o número total de judeus identificados por Donati em *Ebrei in Italia* é 78. Ela não inclui Finzi como vítima judia. Sobre Finzi, ver Katz, *Death in Rome*, pp. 67-68, 118, 264, e Michaelis, *Mussolini and the Jews*, p. 51.

70 Julgamento contra Bosshammer, p. 22. Centro di Documentazione, *Ebrei in Italia*, pp. 15-18, e quadro de Donati.

71 Acusação de Bosshammer, particularmente, pp. 303, 331 e ss. Relatos de prisões feitos por questores italianos para o campo Fossoli di Carpi, fevereiro-março de 1944, Yad Vashem B 1415. O comandante alemão de Fossoli di Carpi, *Untersturmführer* Karl Titho, fora motorista de Harster.

partiram para Auschwitz.[72] No final de fevereiro de 1944, os judeus que ainda viviam na Itália estavam começando a supor que aqueles que tinham sido deportados estavam mortos.[73] De fato, poucas tentativas foram realizadas por parte dos alemães para esconder o destino. Certa vez, a palavra Auschwitz foi escrita a giz no vagão de um trem.[74] Em maio, a Polícia de Segurança vasculhou hospitais, sanatórios e conventos à procura de judeus.[75] Em julho, os judeus com nacionalidades de países neutros eram presos[76] enquanto os burocratas italianos ocupavam-se do confisco de propriedades abandonadas.[77] Durante a ofensiva de verão dos Aliados, quando a linha de frente aproximava-se de Florença, Carpi foi evacuado. Nos dias 1º e 2 de agosto de 1944, o último transporte deixou o campo em duas partes: vagões cheios de judeus (incluindo aqueles em casamentos mistos) foram enviados

---

72 Os transportes partiram em 22 de fevereiro, 5 de abril, 16 de maio, 26 de junho e 1 e 2 de agosto. Deportados das prisões foram acrescentados ao transporte de 5 de abril em Mantua e Verona, ao transporte de 26 de junho em Verona e ao de 2 de agosto em Verona. O tamanho médio desses transportes era de 600 a 700 pessoas. Ademais, várias centenas de judeus foram enviadas a Bergen-Belsen. Centro di Documentazione, *Ebrei in Italia*, pp. 18-26, e quadro de Donati. Trens foram adquiridos por Bosshammer do *Wehrmacht Transportkommandantur* regional. Julgamento de Bosshammer, p. 42. *Transportkommandanturen* sob o *Wehrmachtverkehrsdirektion* foram criados em Roma, Milão, Bolonha e Trieste. Embora os transportes de judeus fossem uma porção minúscula do tráfego da Itália para a Alemanha, bombardeios Aliados frequentes criavam muitos problemas. Em certos momentos, a maior parte do frete tinha de passar pelo norte da Suíça, mas essa opção naturalmente não estava disponível para a deportação de judeus. Sobre a situação geral do tráfego, ver o relato do General Plenipotenciário do Ministério do Armamento na Itália (*Generalmajor* Leyers), 27 de maio de 1944, T 501, rolo 338.

73 Gabinete do questor em Gênova para o Ministério do Interior da Itália, 28 de fevereiro de 1944, em grande excerto no julgamento de Bosshammer, pp. 25–26.

74 Declaração de Eugen Keller (guarda), 29 de outubro de 1970, reproduzido no grande excerto na acusação de Bosshammer, pp. 353–58.

75 Julgamento contra Bosshammer, p. 38.

76 Steengracht para von Papen (Turquia), 29 de julho de 1944, NG-4993.

77 Em Florença, onde 500 de 1.600 judeus foram presos, uma quantia de 600 milhões de liras ($3,250,000) em propriedades foi sequestrada. *Deutsche Zeitung* (Budapeste), 16 de maio de 1944, p. 3. Sobre as propriedades agrícolas e os imóveis, ver *Deutsche Zeitung* (Budapeste), 17 de maio de 1944, p. 2, e *Donauzeitung* (Belgrado), 23 de junho de 1944, p. 2.

para Auschwitz; mestiços para Bergen-Belsen.[78] Ainda outro campo foi estabelecido em Bolzano, nos Alpes, e dois pequenos transportes foram reunidos durante o outono. Ainda houve tempo para despachar um deles para Auschwitz.[79]

O campo de extermínio de Auschwitz também foi o destino dos judeus de Trieste e redondezas, onde o encarregado era o alto comandante da Polícia e da ss, Globocnik. Dentro dessa zona, judeus e não judeus foram amontoados em um campo de trânsito em San Sabba e transferidos em lotes. O número de judeus que foram vítimas de Globocnik chegava a centenas – não as centenas de milhares com as quais ele estava acostumado na Polônia, mas, de qualquer forma, um número significativo para Trieste.[80]

No fim, mais de 7.500 judeus foram deportados da Itália.[81] Entre os mortos em Auschwitz estava o almirante Augusto Capon, 70 anos de idade, de muletas, deportado em 1943 de Roma,[82] e o tenente-general Armando Bachi, comandante de um corpo motorizado até a demissão forçada em 1938, deportado em 1943 de Milão.[83] Cerca de 800 deportados sobreviveram.[84]

---

78 Julgamento de Bossehammer, pp. 27-28, 40, 56-58. Florença sucumbiu em agosto, mas Bolonha foi defendida até abril de 1945. Ver também Giulia, Marisa e Gabriella Cardosi, "La questione dei 'matrimoni misti' durante la persecuzione razziale in Italia 1938-1945", Estratto dalla Rivista, *Libri e documenti* 3/80-1/81 (Milão). As autoras tratam da deportação de sua mãe, Clara Pirani Cardosi, cujo marido era cristão.

79 Acusação de Bosshammer, p. 387. Para a história e a descrição detalhadas de Bolzano, que acolheu principalmente prisioneiros não judeus, ver Juliane Wetzel, "Das Polizeidurchgangslager Bozen", *Dachauer Hefte*, vol. 5 (Munique, 1994), pp. 28-39.

80 Centro di Documentazione, *Ebrei in Italia*, pp. 29-30, e a tabela de Donati. Donati calculou 837 deportados de Trieste, mas os números incluem 204 judeus iugoslavos levados para lá da Croácia ocupada. Ver Daniel Carpi, "The Rescue of the Jews in the Italian Zone of Occupied Croatia" in Israel Gutman e Efraim Zuroff, eds., *Rescue Attempts during the Holocaust* (Jerusalem, 1977), p. 502.

81 Ver Centro di Documentazione, *Ebrei in Italia*, pp. 7-41, e uma lista de 6.746 nomes (incluindo refugiados da França em Borgo San Dalmazzo deportados para Drancy e refugiados da Croácia em Trieste deportados para Auschwitz) in Fargion, *Il libro della memoria*, pp. 94-632. Fargion não conseguiu identificar entre 900 e 1.100 outros deportados. Ela adiciona 303 fuzilados na Itália ou mortos em prisões ou campos de trânsito. *Ibid*, p. 28.

82 Katz, *Black Sabbath*, p. 190.

83 Entrada do Tenente-Coronel Mordechai Kaplan das Forças de Defesa de Israel na *Encyclopedia Judaica*, vol. 4, colunas 52-53. Também, Fargion, *Il libro della memoria*, p. 123.

84 Fargion, *Il libro della memoria*, p. 27.

OS BALCÃS

Dentro da esfera de influência alemã, a maior concentração de judeus estava nos Balcãs. Aproximadamente 160 mil judeus viviam no sudeste da Europa. As deportações naquela região foram realizadas com menos dificuldades na área militar controlada da Sérvia e da Grécia. Os judeus desses dois países foram aniquilados.

A Croácia e a Eslováquia, dois satélites que deviam sua própria existência à Alemanha, apresentaram para os alemães o maior obstáculo: a instituição de "arianos honorários" (*Ehrenarier*), "cartas de proteção" (*Schutzbriefe*) e outras ferramentas para a isenção de judeus batizados, indispensáveis ou influentes. O motivo para essas isenções é que tanto a Croácia quanto a Eslováquia eram países Balcãs, um tanto quanto atrasados e rigorosamente católicos.

Na Bulgária, na Romênia e na Hungria, os alemães encontraram dificuldades consideráveis. Esses três países estavam no campo alemão por oportunismo e todos perseguiam uma política de ganho máximo e perda mínima. Além disso, não compreendiam o princípio alemão do tudo ou nada. Como perceberam antes da própria Alemanha quem estava ganhando a guerra, tentaram fazer acordos nesse sentido. Aquele oportunismo teve, portanto, importância fundamental para o desenvolvimento do processo de destruição nos três países.

Os romenos, búlgaros e húngaros não compartilhavam a concepção alemã do "problema judaico"; eles entendiam os judeus, em primeiro lugar, como uma commodity estratégica para ser negociada em troca de ganhos políticos. Os governos em Bucareste, Sofia e Budapeste sabiam que a Alemanha queria destruir a comunidade judaica europeia, mas também acreditavam que os Aliados queriam salvar os judeus. Consequentemente, quando a Alemanha estava ascendendo e entregando territórios para seus aliados do Eixo, medidas antijudaicas foram tomadas em um espírito de proximidade com os alemães. Quando a Alemanha estava perdendo e a necessidade de algum contato com os Aliados ficou aparente, medidas antijudaicas foram rechaçadas com o objetivo de apaziguar os Aliados.

É, portanto, compreensível que, em todos esses três países, o processo de destruição tenha sido interrompido assim que a maré favorável mudou incontestavelmente seu rumo. Os alemães descobriram que, em certo ponto, foram completamente derrotados na Romênia e na Bulgária. Por fim, esses dois países deixaram o Eixo e juntaram-se aos Aliados como força contra a Alemanha. A Hungria também tentou mudar, mas não obteve sucesso. Em uma manobra audaciosa e desesperada, os alemães foram para a Hungria. O aliado insatisfeito da

Alemanha foi mantido na luta e, no final da primavera de 1944, a massa formada pela comunidade judaica húngara estava destruída.

Área Militar "Sudeste"

A seção servo-grega dos Bálcãs era, depois da zona de ocupação militar na Rússia e dos governos militares no Ocidente, o terceiro maior bastião do exército alemão no Eixo. O planejamento e a criação de operações antijudaicas nessa área seguiram o padrão do ocidente, embora as condições nos Bálcãs assemelhassem-se mais à situação no leste da Rússia. Aliás, tantas eram as semelhanças circunstanciais que, na Sérvia, a operação começou a parecer cada vez mais uma réplica dos assassinatos móveis na União Soviética ocupada.

A organização militar "Sudeste" foi estabelecida na Sérvia e na Grécia após o esmagamento da resistência iugoslavo-grega na curta campanha balcânica de abril de 1941. A Tabela 8.17 indica as mudanças no comando sudeste de 1941 a 1944. Até o dia 26 de agosto de 1943, o governo militar, isto é, o poder sobre os civis (*die vollziehende Gewalt*) e o comando de tropas, ou força sobre as unidades militares na área, concentravam-se em uma única figura: primeiro List, posteriormente Löhr. A mesma "união pessoal", ou concentração de dois escritórios em um único homem, aplicava-se também aos comandantes territoriais de escalão mais baixo. Entretanto, de agosto a dezembro de 1943, o governo militar e o comando de tropas foram gradualmente separados.

Como resultado dessa separação, o poder sobre os civis passou a ser exercido por Felber (que era responsável, apenas em assuntos do governo militar, por Keitel) e o *Generalfeldmarschall* von Weichs ficou restrito ao comandos de tropas. Von Weichs, desse modo, não tinha poderes no governo militar exceto em novos territórios arrebatados dos italianos como consequência do colapso da Itália em 8 de setembro de 1943. Por fim, muitos dos novos territórios também foram colocados, no que dizia respeito a assuntos civis apenas, sob comando do *Militärbefehlshaber Südosti*, Felber. A terra grega recém-ocupada foi transferida do Grupo E do Exército de Löhr (na verdade, um exército e não um grupamento) para o general Felber no dia 30 de outubro de 1943. Seis semanas depois, no dia 12 de dezembro, Montenegro e a Albânia, até agora sob comando do Segundo Exército Panzer de Rendulic, foram igualmente subordinadas a Felber.

Até onde a correspondência militar indica, von Weichs deteve o controle do governo militar apenas nas ilhas Corfu, Creta e no leste do grupo egeu de Rhodes, Kos e Léros. As ilhas permaneceram sob comando de um grupo do exército em

TABELA 8.17 Área Militar Alemã Sudeste

	1941 A AGOSTO DE 1942	AGOSTO A DEZEMBRO DE 1942	JANEIRO A AGOSTO DE 1943	AGOSTO DE 1943 A 1944
	Wehrmachtbefehlshaber Südost (12° Exército) List	*OB Südost*	*OB Südost* (Grupo E do Exército) Löhr	Hitler — Chef OKW: Keitel / *Militärbefehlshaber Südost* Felber
	Oberbefehlshaber Südost Kuntze	Löhr		*Oberbefehlshaber Südost* (Grupo F do Exército) von Weichs
				Grupo E do Exército Löhr — 2° Exército Panzer Rendulic — Felber
Sérvia:	Schröder, Danckelmann, Böhme, Bader — Bader	Bader	Bader	
Salonica-Egeu:	von Krenzki	von Krenzki	Studnitz, Haarde	
Sul da Grécia:	Felmy	Felmy, Speidel	Speidel	
			Grécia: Speidel — Outubro de 1943 Speidel	
Croácia:			Lüters	Glaise-Horstenau
Creta:	Bräuer		Bräuer	Bräuer
Montenegro:				Keiper — Dez. 1943 — Keiper
Albânia:				von Geib — Dez. 1943 — von Geib
Leste do Egeu:				Kleemann
Corfu:				Jäger

Nota: Böhme para Promotoria dos Estados Unidos, Nuremberg, 3 de fevereiro de 1947, NOKW-743. Depoimento de Speidel, 10 de fevereiro de 1947, NOKW-742. Relatório do OB Südost/Ia, 1º de janeiro de 1943, NOKW-832. Ordem do OB Südost (assinada por Förtsch), 30 de outubro de 1943, NOKW-1010. Ordem de Keitel, 12 de dezembro de 1943, NOKW-1471.

virtude da posição (eram demasiado expostas). Em sua totalidade, o sudeste parecia nunca ter sido conquistado permanentemente.

Sérvia

Na Sérvia havia apenas 16 mil judeus.[1] Apesar de a área ficar sob controle alemão por quase quatro anos, a destruição da comunidade judaica foi concluída em maio de 1942, com exceção da liquidação de algumas propriedades judaicas. A máquina que conduziu aquela operação cataclísmica pode ser dividida em cinco escritórios.

1. A pedra fundamental na estrutura administrativa era o comando militar na Sérvia: (sucessivamente) Schröder, Danckelmann, Böhme, Bader. Os dois primeiros eram chamados *Befehlshaber in Serbien* [comandante da Sérvia]. No outono de 1941, o general der Gebirgstruppen, Franz Böhme, ex-chefe da Equipe Geral Austríaca, assumiu o comando. Ele agora tinha o título de "Plenipotenciário Comandante Geral da Sérvia" (*Bevollmächtigter Kommandierender General in Serbien*). Quando examinamos os documentos, é importante mantermos em mente esse título, pois havia também o "Comandante Geral da Sérvia" (sem "Plenipotenciário"). Esse segundo era o general Bader. Quando Böhme deixou o posto no final do ano, Bader tornou-se o oficial mais alto na Sérvia, mas não herdou o título de Böhme. Em forma de diagrama, a estrutura do comando sob Böhme era a seguinte:

Böhme → Chefe de Equipe: Pemsel
            Chefe de Equipe Administrativa
↓   (governo Militar): Turner

Bader → Chefe de Equipe: Geitner

---

1 Rademacher registrou uma estimativa de 20 mil judeus e 1.500 ciganos. Ver seu memorando de 25 de outubro de 1941, NG-4894. Um relatório posterior da *Oberbefehlshaber Südost* mencionava 16 mil judeus e ciganos. OB Südost/Ia para WB Südost/Ic, 5 de dezembro de 1941, NOKW-1150. O OB Südost era o *General der Pioniere* Kuntze. O *Donauzeitung* (Belgrado), 3 de julho de 1943, p. 3, apresentou um número de 15 mil judeus "de acordo com os últimos relatos [*nach letzten Angaben*]".

Duas divisões, a 113ª e a 342ª, estavam sob comando direto de Böhme; as outras unidades eram comandadas por Bader. O *Staatsrat* Turner, ex-funcionário público que fora chefe do distrito de Paris, na França, permaneceu como chefe da equipe administrativa após a partida de Böhme e teve um papel fundamental na destruição dos judeus sérvios.

2. Assuntos econômicos, particularmente arianizações, eram tratados por um escritório especial fora da hierarquia militar e subordinado a Göring: o Plenipotenciário Geral para a Economia na Sérvia (dr. Franz Neuhausen).

3. Um olhar atento sobre os desenvolvimentos políticos gerais era mantido pelo Plenipotenciário do Ministério das Relações Exteriores, ministro Benzler.

4. A segurança política era função da ss e da polícia. Como diversos territórios recém-invadidos, a Sérvia tinha um Eisatzgruppe do RSHA, comandado pelo *Standartenführer* dr. Fuchs. Em janeiro de 1942, um alto comandante da Polícia e da ss (Meyszner) instalou-se na Sérvia. Sob seu comando, um Comandante da Polícia de Segurança e SD (*Ostubaf.* dr. Schäfer) tomou o posto do comandante do *Einsatzgruppe*, Fuchs. A Polícia de Ordem na Sérvia era formada por alemães (aproximadamente 3.400) e da Guarda Estadual Sérvia (*Serbische Staatswache*, aproximadamente 20 mil homens).[2]

5. Por fim, a Sérvia também teve, após agosto de 1941, um regime fantoche liderado pelo ex-ministro da Guerra iugoslavo, o general Milan Nedić.

O processo de destruição recaiu sobre os judeus da Sérvia com força imediata. Em uma reunião no dia 14 de maio de 1941, representantes das equipes militar e econômica, além da ss e da polícia e da missão diplomática chegaram a um rápido acordo sobre a política.[3] No dia 30 de maio de 1941, a administração militar emitiu uma definição dos judeus (princípio de Lösener), ordenou a retirada dos judeus do serviço público e privado, previu o registro de propriedades judaicas, introduziu o trabalho forçado, proibiu a população sérvia de esconder judeus (*Beherbergungsverbot*) e ordenou que a população judaica usasse a estrela de Davi.[4] Em outras palavras, os três primeiros passos do processo de destruição

---

2 Daluege para Wolff, 28 de fevereiro de 1943, NO-2861.

3 Walter Manoschek, "*Serbien ist judenfrei*" (Munique, 1993), pp. 35-39.

4 Na cidade de Grossbetscherek (Petrogrado), uma unidade da ss (não identificada) e o comandante militar local previam as coisas. Cerca de apenas duas semanas após a ocupação da cidade,

foram introduzidos em um único dia. Obviamente, o confisco das propriedades judaicas foi um processo um pouco moroso.

A arianização compulsória foi decretada no dia 22 de julho de 1941. O Plenipotenciário Geral para a Economia, dr. Neuhausen, lentamente começou a colocar em prática seu negócio que previa a transferência de empresas judaicas para interesses "arianos". Os interesses "arianos", nesse caso, eram predominantemente, se não exclusivamente, os interesses alemães. Por exemplo, os dezesseis administradores (*kommissarische Leiter*) listados na *Donauzeitung* de Belgrado de julho de 1941 a março de 1942 não incluíam sequer um com nome iugoslavo. Os alemães étnicos tinham as rédeas novamente. Quando casas, estoques de lojas e bens pessoais de valor foram vendidos, os alemães que serviam como pessoas de ocupação tiveram permissão de comprá-los a preços baixos.[5]

As receitas das vendas das empresas judaicas – e, em última instância, também da mobília dos judeus deixada para trás – foram confiscadas. Os sérvios que possuíam qualquer tipo de propriedade judaica receberam ordens para registrar tais ativos. Créditos e débitos também deveriam ser registrados. Oficialmente, o beneficiário dos ativos confiscados era o "estado sérvio" do general Nedić.[6] Os alemães, contudo, retiveram 60% dos fundos; ou seja, 600 milhões de dinares de cerca de 1 bilhão para cobrir alegações por danos de guerra sofridos pelos alemães do Reich na Sérvia.[7]

Enquanto a contabilidade mal pode ser completada antes do término da ocupação em 1944, os donos das propriedades receberam tratamento bem mais

---

os "prósperos" judeus locais tiveram de pagar uma "multa" de 20 milhões de dinares (1 milhão de Reichsmark), e uma comunidade judaica inteira (2.000) recebeu ordens para usar uma estrela e se mudar para um gueto. Hauptmann Rentsch (Comandante, *Ortskommandantur* I/823) para Militärbefehlshaber na Sérvia, 23 de abril de 1941, NOKW-1110.

5 Frank Bajohr, *Parvenüs und Profiteure – Korruption in der NS-Zeit* (Frankfurt am Main, 2001), p. 129.

6 *Donauzeitung* (Belgrado), 30 de agosto de 1942, p. 3.

7 *Militärbefehlshaber Südost/Chef der Militärverwaltung*/Wi para Reichsmarschall Göring, à atenção de *Ministerialdirigent* dr. Ing. Görnnert, 16 de março de 1944, Südost 75000/31. Um bilhão de dinares sérvios = RM 50.000.000 = $20.000.000, na taxa de câmbio oficial de novembro de 1941. A pilhagem foi de 1.260 propriedades e 580 firmas. Para números finais de vendas e liquidações, ver Karl-Heinz Schlarp, *Wirtschaft und Besatzung: Serbien 1941-1944* (Wiesbaden e Stuttgart, 1986), pp. 294-302.

rápido. Na Sérvia, houve menos atraso na operação de extermínio do que em praticamente qualquer outro lugar, pois ali a máquina alemã de destruição funcionava com um zelo particularmente dedicado e um esforço febril para "resolver o problema judaico".

Na Rússia, o exército alemão estava bastante nervoso com os partidários e aquele mesmo flagelo atingira os alemães na Sérvia. Os sérvios praticamente não gostavam de nenhuma forma de dominação estrangeira e a Sérvia ocupada pelos alemães era, consequentemente, cenário de contínuas campanhas partidárias. Como no caso da Rússia, também na Sérvia, o exército alemão reagiu aos surtos de rebelião fuzilando reféns, especialmente reféns judeus.

No início, os fuzilamentos foram conduzidos em uma escala relativamente baixa. Por exemplo, dez comunistas e três judeus foram fuzilados no dia 5 de julho de 1941 após pacotes contendo explosivos serem encontrados em uma praça pública onde estava acontecendo uma reunião de alemães étnicos[8] e 122 comunistas e "intelectuais judeus" (principalmente esses últimos) foram fuzilados no dia 28 de julho sob acusação de que alguém havia tentado incendiar um automóvel alemão.[9] Durante o final do verão de 1941, entretanto, dois campos foram estabelecidos, um em Belgrado e o outro em Šabac. Ao mesmo tempo, capturas sistemáticas de homens judeus foram iniciadas em todo o território sérvio.[10] Aparentemente, os militares já estavam começando a pensar em termos de fuzilamentos de judeus em larga escala.

Essas medidas atraíram a atenção no Ministério das Relações Exteriores. No início de setembro, um enviado de Berlim juntou-se ao Plenipotenciário do Ministério das Relações Exteriores em Belgrado, Benzler. O viajante era Edmund Veesenmayer, membro do partido, empresário e mediador do Ministério das Relações

---

8 Befehlshaber no *Serbien Kommandostab Ia* (assinado por Heimann) para *Wehrmachtbefehlshaber Südost* (12º Exército), 5 de julho de 1941, NOKW-1057. Diário de Guerra, comandante geral e Befehlshaber em Serbien Ia, 5 de julho de 1941, NOKW-902.

9 Befehlshaber em Serbien Ic para *Wehrmachtbefehlshaber Südost* (12º Exército), 27 de julho de 1941, NOKW-1057. Benzler para o Ministério das Relações Exteriores, 28 de julho de 1941, NG-111. *Donauzeitung* (Belgrado), 29 de julho de 1941, p. 3.

10 Befehlshaber em Serbian Ia para *Wehrmachtbefehlshaber Südost* (12º Exército), 17 de setembro de 1941, NOKW-1057.

Exteriores.[11] No dia 8 de setembro de 1941, Veesenmayer e Benzler enviaram um despacho conjunto para o Ministério das Relações Exteriores apontando que os judeus vinham cada vez mais participando em atos de sabotagem e terrorismo. Por conta disso, Veesenmayer e Benzler propunham que 8 mil homens judeus fossem removidos da Sérvia, talvez em barcaças Danúbio abaixo rumo a seu delta na Romênia.[12]

Dois dias depois, os dois diplomatas enviaram uma mensagem ainda mais urgente a Berlim:

> Um arranjo rápido e draconiano da questão judaica sérvia é necessário com urgência. Solicitamos autorização do ministro das Relações Exteriores para exercer máxima pressão no *Militärbefehlshaber* na Sérvia. Nenhuma oposição deve ser esperada do governo [fantoche] da Sérvia.[13]

O ministro das Relações Exteriores Ribbentrop não ficou entusiasmado com o plano. Ele indicou que não se poderia empurrar os judeus sérvios para o solo romeno sem o consentimento da Romênia.[14] Sem se deixar abater pela falta de aprovação superior, Benzler enviou outra mensagem a Berlim explicando que o campo de Šabac, que então comportava 1.200 judeus, estava praticamente na linha de fogo e que os judeus precisavam ser deportados.[15]

Após receber essa mensagem, o especialista em assuntos judaicos da Abteilung Deutschland, Rademacher, consultou o *Sturmbannführer* Baatz (RSHA IV-D-4), que lidava com assuntos da Gestapo em territórios ocupados, sobre a viabilidade daquela proposta. Baatz apontou que deportações estavam fora de questão; nem mesmo os judeus do Reich podiam ser deportados ainda. Rademacher, então, procurou o conselho de Adolf Eichmann. O especialista em assuntos judaicos do RSHA

---

11 Sobre a carreira de Veesenmayer, ver seu testemunho juramentado de 27 de maio de 1947, NG-1628. À época de sua chegada à Servia, ele tinha 34 anos.

12 Veesenmayer e Benzler para Ministério das Relações Exteriores, 8 de setembro de 1941, NG-3354.

13 Veesenmayer e Benzler para Ministério das Relações Exteriores, 10 de setembro de 1941, NG-3354.

14 Sonnleithner via Wörmann para Weizsäcker, 10 de setembro de 1941, NG-3354. Luther para Benzler, 11 de setembro de 1941, NG-3354.

15 Benzler para o Ministério das Relações Exteriores, 12 de setembro de 1941, NG-3354.

tinha uma solução: "Eichmann propõe o fuzilamento".[16] A ideia agradou bastante Rademacher, que no dia 13 de setembro escreveu a Luther dizendo que não havia necessidade de deportar os 1.200 judeus do campo de Šabac. O fuzilamento de "um grande número" de reféns resolveria o problema de forma igualmente satisfatória.[17]

No dia 28 de setembro de 1941, contudo, outra mensagem da Sérvia foi recebida. Benzler agora explicava que o general Böhme, comandante geral plenipotenciário, queria deportar 8 mil homens judeus da Sérvia. Böhme não podia alocar 8 mil pessoas nos campos; além disso, o general ouvira que as deportações estavam sendo conduzidas com sucesso em outros lugares, como o Protetorado.[18] O tom da carta entusiasmou Luther, da Abteilung Deutschland. Escrevendo para o *Staatssekretär* Weizsäcker no dia 2 de outubro de 1941, ele apontou:

> Minha opinião é que o comandante militar é responsável pela eliminação imediata daqueles 8 mil judeus. Em outros territórios [Rússia] outros comandantes militares têm cuidado de números consideravelmente maiores de judeus sem mencionar isso [a deportação].

Luther, então, propôs discutir com Heydrich (que então era *Reichsprotektor* em Praga, mas que poderia ir a Berlim a qualquer momento) com o objetivo de esclarecer a questão.[19] Porém, naquele mesmo dia, 2 de outubro de 1942, as coisas já estavam acontecendo na Sérvia.

Na cidade de Topola, um comboio de caminhões da Companhia 2 do 521º Batalhão de Sinal foi emboscado por partidários. Vinte e um homens foram mortos imediatamente, outros morreram em seguida. Dois dias depois, o general Böhme instruiu a 342ª Divisão e o 449º Batalhão de Sinal a fuzilarem 2.100 prisioneiros dos campos de Šabac e Belgrado.[20] O gelo estava quebrado.

---

16 Anotação de Rademacher sobre o relatório de Benzler, NG-3354. Para detalhes sobre esse episódio, ver Christopher Browning, *The Final Solution and the German Foreign Office* (Nova York, 1978), p. 58.

17 Rademacher para Luther, 13 de setembro de 1941, NG-3354.

18 Benzler para Rademacher, 28 de setembro de 1941, NG-3354.

19 Luther para Weizsäcker, 2 de outubro de 1941, NG-3354. Também Luther para Rademacher, 3 de outubro de 1941, NG-5224.

20 Böhme para o Chefe da Administração Militar, 342ª Divisão de Infantaria, 449º Batalhão de Sinal, 4 de outubro de 1941, NOKW-192. *Wehrmachtbefehlshaber Südost* Ic/AO para OKW/

Os fuzilamentos começaram no dia 9 de outubro. Para se certificar de que as vítimas eram judeus e ciganos, um destacamento do *Einsatzgruppe* na Sérvia rastreou os prisioneiros e os preparou para serem fuzilados. Isso era uma inversão de funções, uma vez que, nos campos russos, a *Wehrmacht* fazia o rastreamento e os *Einsatzgruppen*, os fuzilamentos. Agora, o exército fazia o "trabalho sujo".[21]

No dia 10 de outubro, Böhme decidiu ir até o fim: ordenou a "imediata" (*schlagartige*) prisão de todos os comunistas e suspeitos de serem comunistas, de "todos os judeus" (*sämtliche Juden*) e de "determinado número" de "habitantes com inclinações democráticas e nacionalistas". As vítimas presas deveriam ser fuziladas de acordo com as seguintes diretrizes: para cada soldado alemão ou alemão étnico morto, cem reféns; para cada soldado alemão ou alemão ferido, cinquenta reféns. (Essa era a diretriz que Böhme aplicara como resposta à emboscada em Topola.) Limitando o papel da ss nos assassinatos, Böhme especificava que os fuzilamentos deveriam ser conduzidos por tropas e que, se possível, as execuções deveriam ser realizadas pela unidade que sofrera as perdas.[22] Vingança direta contra os judeus. No início, houve algumas dúvidas se a ordem também se aplicava às mulheres, mas a questão foi logo esclarecida: apenas homens deveriam ser fuzilados.[23]

O exército estava agora completamente envolvido no processo de destruição. Depois de introduzir os primeiros passos na Sérvia, os militares estavam, agora, a ponto de completarem também os últimos. As divisões foram mobilizadas para a *schlagartige Aktion*, a captura repentina e rápida da população judaica

---

Wehrmachtführungsstab/Abteilung Landesverteidigung (Warlimont), 9 de outubro de 1941, NOKW-251. RSHA IV-A-I, Relatório Operacional União Soviética nº 120, 21 de outubro de 1941, NO-3402. Relatórios do *Einsatzgruppe* na Sérvia foram misturados a relatórios do *Einsatzgruppen* na Rússia. Böhme valeu-se das instruções de Keitel para atirar em comunistas mantidos reféns. Browning, *The Final Solution and the German Foreign Office*, pp. 60–61.

21 RSHA IV-A-I, Relatório Operacional União Soviética nº 108, 9 de outubro de 1941, NO-3156. RSHA IV-A-I, Relatório Operacional União Soviética nº 119, 20 de outubro de 1941, NO-3404.

22 Ordem do General Comandante Plenipotenciário na Sérvia/Chefe da Administração Militar (assinado por Böhme), 10 de outubro de 1941, NOKW-557.

23 Tenente general Max Pemsel (Chefe do Estado-Maior de Böhme) para Gfm. List, 19 de outubro de 1941, NOKW-197. Staatsrat Turner para todos os *Feldkommandanturen* e *Kreiskommandanturen* na Sérvia (20 cópias), 26 de outubro de 1941, NOKW-802.

masculina. O *Feldkommandanturen*, o *Kreiskommandanturen*, a polícia e os prefeitos sérvios foram pressionados para trabalharem.[24]

O *Staatsrat* Turner, chefe da administração pública sob comando de Böhme, explicou aos comandantes de campo a necessidade da *Aktion*. "Basicamente, é preciso se lembrar de que os judeus e os ciganos de maneira geral são um elemento de insegurança e, portanto, um perigo à ordem pública e à paz. Foi o intelecto judaico o responsável por essa guerra e ele deve ser aniquilado." E Turner continuava: "Os ciganos não podem, em virtude de sua composição interior e exterior [*Konstruktion*], ser membros úteis de uma sociedade internacional [*Völkergemeinschaft*]".[25]

Atendendo aos problemas mais imediatos da operação, Böhme emitiu "instruções especiais para a implementação de fuzilamentos [*Einzelanordnungen für Durchführung von Erschiessungen*]." Essas instruções equiparam-se em detalhes a quaisquer ordens que os *Einsatzgruppen* já tiveram antes. Os destacamentos de fuzilamento deveriam ser conduzidos por um oficial, os fuzilamentos deveriam ser realizados com rifles a uma distância de 8 a 10 metros e havia a previsão de alvejar no peito e na cabeça. "Para evitar tocar desnecessariamente nos cadáveres", Böhme ordenou que os candidatos ao fuzilamento ficassem de pé diante de uma cova. Em fuzilamentos em massa, ele dizia, seria apropriado colocar os reféns de joelho de frente para a cova. Cada *Kommando* deveria ser acompanhando por um médico militar que daria a ordem de quaisquer tiros de misericórdia. As roupas e os sapatos deveriam ser entregues ao oficial militar local e sob nenhuma circunstância os bens pessoais deveriam ser distribuídos para a população.[26]

A experiência do exército com os fuzilamentos era similar àquela dos *Einsatzgruppen* na Rússia. Temos um relato de tal operação feito por um comandante de campanha, *Oberleutnant* Walther, cuja unidade (Companhia 9 do 433º Regimento) havia tomado parte em diversos assassinatos no campo de Belgrado. Quando a Companhia 9 removia os reféns das instalações do campo, as esposas dos judeus juntavam-se do lado de fora, "chorando e gritando" (*die heulten und schrien, als wir abfuhren*). Malas e bens das vítimas eram coletados e entregues por caminhão à NSV (*Volkswohlfahrt* ou Agência de Bem-Estar). No local de extermínio, três

---

24 Testemunho juramentado de Tenente General Friedrich Stahl (Comandante, 714ª Divisão), 12 de junho de 1947, NOKW-1714.

25 Turner para Feld- e *Kreiskommandanturen* (20 cópias), 26 de outubro de 1941, NOKW-802.

26 Böhme para o Corpo LXV, 704ª Divisão, 764ª Divisão, 25 de outubro de 1941, NOKW-907.

metralhadoras e doze homens armados com rifles faziam a segurança. "Cavar as covas demora bastante, ao passo que o fuzilamento em si é bastante rápido (100 homens, 40 minutos)", observou Walther.

Walther, então, observou algumas diferenças no comportamento de judeus e ciganos. "O fuzilamento de judeus é mais fácil do que o de ciganos", disse. "É preciso admitir que os judeus são homens bastante serenos quando vão para a morte [*sehr gefasst in den Tod gehen*] – eles permanecem parados, ao passo que os ciganos gritam, berram e ficam se mexendo o tempo todo, mesmo quando já estão de pé no local do fuzilamento. Alguns deles pulam na cova antes da saraivada e fingem estar mortos."

Quanto aos efeitos dos fuzilamentos em seus próprios homens, Walther tinha o seguinte a dizer: "No início, meus homens não ficaram impressionados [*nicht beeindruckt*]. Entretanto, no segundo dia tornou-se óbvio que um ou outro não tinha estrutura para conduzir fuzilamentos ao longo de um grande período. Minha impressão pessoal é de que, durante o fuzilamento, não se tem bloqueios psicológicos [*seelische Hemmungen*]. Mas esses bloqueios começam se, após vários dias, começa-se a refletir durante a noite, quando se está sozinho [*Diese stellen sich jedoch ein, wenn man nach Tagen abends in Ruhe darüber nachdenkt*]".[27]

Enquanto os fuzilamentos aconteciam, a administração militar não ignorava uma contradição básica: os insurgentes eram sérvios e croatas; os reféns eram

---

27 734º Regimento de Infantaria para a 704ª Divisão, 4 de novembro de 1941, incluindo relatório de Oblt. Walther (Comandante, 9ª Companhia, 433º Regimento), datado de 1º de novembro de 1941, NOKW-905. Ver também testemunho juramentado de uma testemunha ocular iugoslava, Milorad-Mica Jelesic, 25 de fevereiro de 1945, documento de Nuremberg J-29. Jelesic, um camponês contratado para coletar itens de valor em um fuzilamento, observou judeus e ciganos presos a estacas. Ele relata que os alemães tiraram muitas fotografias do evento. Para informações e detalhes acerca da operação de fuzilamento, ver Manoschek, "*Serbien ist judenfrei*", pp. 55-102, 185-89. Manoschek aponta que havia muitos austríacos no serviço militar na Sérvia. Também cita que, entre as vítimas, havia muitos homens judeus do chamado transporte Kladovo. Alguns milhares de homens e mulheres judeus haviam deixado Viena em novembro de 1939 rumo à Palestina em um barco via Danúbio. Quando o rio congelou, em dezembro, o grupo permaneceu na Iugoslávia e foi abrigado em Kladovo. Aproximadamente duzentos conseguiram chegar à Palestina, e o restante foi pego na invasão alemã. A história do transporte é descrita por Gabriele Anderl e Walter Manoschek, *Gescheiterte Flucht* (Viena, 1993).

judeus e ciganos. A consciência disso foi revelada em uma carta particular do *Staatsrat* Turner para o Alto Comando da Polícia e da ss em Danzig, *Gruppenführer* Hildebrandt, no dia 17 de outubro de 1941. Turner agradecia Hildebrandt pelo presente de aniversário, um pequeno livro, "que será uma distração bem-vinda na monotonia eterna [*in dem owigen Einerlei*] de meu atual trabalho".

Após a introdução, Turner escreveu: "Que o Diabo está à solta por aqui, você provavelmente sabe [*Dass hier. Der Teufel los ist, weisst Du já wohl*]". Havia assassinato, sabotagem, etc. Cinco semanas antes, Turner fuzilara seiscentos homens, depois 2 mil e, mais recentemente, mil; "e, no meio [*zwischendurch*], mandei fuzilar 2 mil judeus e ciganos durante os últimos oito dias de acordo com a porcentagem 1/100 por soldados alemães brutalmente assassinados, e 2.200, outra vez, quase que exclusivamente judeus, serão fuzilados nos próximos oito dias. Esse não é um trabalho bonito [*Eine schöne Arbeit ist das nicht*]. De qualquer forma, tem de ser feito, pelo menos para deixar claro para essas pessoas o que significa atacar um soldado alemão e, no mais, a questão judaica se resolve mais rapidamente assim".

E continuava: "Na verdade, é falso, se se quiser ser preciso a respeito disso [*wenn man es genau nimmt*], que para alemães assassinados, em cuja conta a razão 1/100 deveria realmente ser suportada por sérvios, cem judeus são fuzilados; mas os judeus que temos nos campos – afinal de contas, eles também são de nacionalidade sérvia e, além disso, precisam desaparecer. De qualquer forma, não preciso me acusar que, de minha parte, tenha havido quaisquer faltas de ações implacáveis necessárias [*Rücksichtslosigkeit des Durchgreifens*] para a preservação do prestígio alemão e a proteção dos membros da Wehrmacht alemã."[28]

Em Berlim, o *Staatssekretär* Weizsäcker do Ministério das Relações Exteriores foi incomodado por ainda outra questão: Não teria o ministro alemão, Benzler, ido longe demais? Os fuzilamentos eram um assunto do Ministério das Relações Exteriores? Em uma nota cuidadosamente redigida para a Abteilung Deutschland,

---

28 Turner para Hildebrandt, 17 de outubro de 1941, NO-5810. Relatórios sobre o prestígio alemão foram, incidentalmente, recolhidos pelo OKW/Ausland-Abwehr. Assim, um informante, que era advogado e membro da diretoria de várias firmas alemãs, escreveu, após uma viagem à Hungria, que "os fuzilamentos de judeus em Belgrado foram reportados a mim por três húngaros diferentes, às vezes com alguns comentários amistosos [*Die Judenerschiessungen in Belgrad wurden mir von 3 verschiedenen Ungarn berichtet, teils mit wenig freundlichen Kommentar*]". Relatório da Amt Ausland-Abwehr, 13 de dezembro de 1941, wi/IF 2.24.

Weizsäcker apontou que Benzler não se interessava pelo transporte de judeus *da* Sérvia *para* outros países. "Por outro lado", dizia Weizsäcker, "está além das tarefas de Benzler e do Ministério das Relações Exteriores tomar uma parte ativa em decisões sobre como as jurisdições militar e do interior competentes devem resolver a questão judaica dentro das fronteiras sérvias." As agências envolvidas estavam recebendo instruções de outros lugares que não o Ministério das Relações Exteriores. Weizsäcker dissera exatamente isso ao ministro Benzler naquele dia e achava apropriado repetir a repreensão na carta.[29]

Dessa vez, porém, Luther protegeu Benzler sob suas asas. Afinal de contas, era Benzler quem insistira na deportação e era Luther quem impusera a "solução territorial". Luther, portanto, respondeu dizendo que, em vista da decisão de Ribbentrop de submeter à questão dos 8 mil judeus a uma discussão com Heydrich (algo agora não mais necessário), Benzler estava agindo de acordo com os desejos de Ribbentrop quando interviera "nesse assunto certamente bastante delicado.[30]

O motivo do incômodo de Weizsäcker e da referência de Luther à "delicadeza" do assunto era, obviamente, o fato de a publicação dos fuzilamentos ter provocado protestos de países neutros e Weizsäcker ser o alvo de tais protestos. Em 1941, de qualquer forma, a maioria dos países ainda tinha a impressão de que o fuzilamento desmesurado de reféns era contrário à lei internacional, e o Ministério das Relações Exteriores foi, consequentemente, inundado com representações de estados como México e Haiti.

No dia 5 de dezembro, o representante papal estava prestes a fazer um protesto. Nas palavras de Weizsäcker: "Hoje, o núncio tocou no tema bem conhecido dos reféns com o objetivo de determinar se uma discussão entre ele e eu sobre a questão do fuzilamento de reféns – recentemente na Sérvia – seria frutífera [*erspriesslich*]. Respondi-lhe que, entre todos os governos estrangeiros que se preocuparam com esse assunto, o Vaticano vinha se posicionando de forma bastante inteligente [*am Klügsten*], na medida em que entendeu o recado que eu havia furtivamente estendido ao Conselheiro Papal Colli em uma ocasião social. Se, contudo, o Vaticano se sentisse impelido de retornar àquele tema, serei obrigado a dar ao núncio a mesma resposta que o México, o Haiti e outros governos já tiveram. O

---

29 Weizsäcker para Abteilung Deutschland, 22 de novembro de 1941, NG-3354.

30 Luther para Weizsäcker, 12 de dezembro de 1941, NG-3354.

núncio entendeu completamente o ponto e observou que, na verdade, não havia tocado naquele tópico e que não tinha intenção de fazê-lo."[31]

Enquanto completava o fuzilamento de 4 a 5 mil homens judeus no auge de suas vidas,[32] o exército alemão parou de assassinar idosos, mulheres e crianças, pois "era contrário ao ponto de vista [*Auffassung*] do soldado alemão e do funcionário público tomar mulheres como reféns", a menos que as mulheres fossem, na verdade, esposas ou parentes de insurgentes lutando nas montanhas.[33] As mulheres e crianças judias, consequentemente, tinham de ser "evacuadas".

No final de outubro, o ministro Benzler, o *Staatsrat* Turner e o *Standartenführer* Fuchs, juntamente com o especialista em assuntos judaicos do Ministério das Relações Exteriores, Rademacher, já estavam considerando vários métodos de remover rapidamente as mulheres e as crianças. Os burocratas planejaram um gueto na cidade de Belgrado, mas o *Staatsrat* Turner, que não gostava de guetos, solicitou a urgente remoção dos judeus para um campo de trânsito em uma ilha danubiana em Mitrovica, não muito distante da capital sérvia.[34] Quando descobriu-se que a ilha danubiana proposta estava submersa, a escolha recaiu sobre Semlin (Zemun), uma cidade (em frente Belgrado) originalmente sob jurisdição do Befehlshaber na Sérvia, mas agora transferida para a Croácia. O governo croata, amigável, deu permissão para a construção do campo de Semlin.[35] O lugar consistia em antigos recintos de exposição, que foram convertidos em galpões pela Organisation Todt. A conta foi enviada para Turner e paga por Neuhausen, provavelmente com recursos de propriedades judaicas confiscadas.[36]

No dia 3 de novembro de 1941, Turner instruiu o *Feldkommandanturen* e o *Kreiskommandanturen* a começarem a contar as mulheres e crianças judias em

---

31 Weizsäcker para Wörmann, von Erdmannsdorff, e *Legationsrat* Haidlen, 5 de dezembro de 1941, NG-4519.

32 Não 8 mil, como havia sido planejado originalmente – ver memorando de Rademacher, 25 de outubro de 1941, NG-4894.

33 Turner para *Feld-* e *Kreiskommandanturen*, 26 de outubro de 1941, NOKW-802.

34 Memorando de Rademacher, 25 de outubro de 1941, NG-3354. Nessa missão, Rademacher estava acompanhado pelo *Sturmbannführer* Suhr do gabinete de Eichmann. Browning, *The Final Solution and the German Foreign Office*, p. 62.

35 Rademacher para Luther, 8 de dezembro de 1941, NG-3354.

36 Christopher Browning, *Fateful Months* (Nova York, 1986), p. 70.

todas as cidades sérvias.[37] Os preparativos terminaram em dezembro.[38] Unidades de tropas começaram a deslocar as famílias dos reféns mortos para Semlin, onde o Comandante da Polícia de Segurança e SD (BdS) Schäfer esperava por suas vítimas. Conforme chegavam, os judeus eram acomodados no campo. O prefeito de Belgrado, Jovanovic, enviou alimentos,[39] principalmente batatas e repolhos, muitos dos quais podres, cerca de 200 gramas de pão diário por pessoa e aproximadamente 42 litros de leite diários para trezentos crianças.[40] Os guardas no perímetro externo vieram do 64º Batalhão de Reserva da Polícia. Do lado de dentro, um *Scharführer*, Enge, era o encarregado. No final de janeiro, seu posto foi ocupado por um *Unterbannführer*, Andorfer, que era subordinado ao chefe de Schäfer na Gestapo, o *Sturmbannführer* Sattler. Andorfer, um austríaco, às vezes jogava cartas e bebia café com mulheres judias presas no campo. No início de março, um veículo especial chegou de Berlim – era uma van-câmara de gás.[41]

"Certamente não foi fácil para mim", Andorfer explicou vinte anos depois, "continuar a estar com aquelas pessoas, com as quais eu me dava bem e entre as quais eu já conhecia uma ou outra, e fingir em minhas conversas com elas que elas seriam enviadas para trabalharem quando eu já sabia que elas seriam mortas."[42] Todos os dias, com exceção dos domingos e dos feriados, grupos de mulheres e crianças eram colocados dentro das vans e conduzidos por alguns quilômetros para uma velha ponte sobre o Rio Sava, onde o tráfego tinha de mudar. Do lado de Belgrado, a mangueira era conectada ao interior da van e o veículo, com judeus agonizantes, era levado pela cidade até uma fila de fuzilamento onde covas tinham sido cavadas

---

37 Turner para *Feld-* and *Kreiskommandanturen* (20 cópias), 3 de novembro de 1941, NOKW-801.

38 *Oberbefehlshaber Südost*/Ia para *Wehrmachtbefehlshaber Südost* (12º Exército)/Ic, 5 de dezembro de 1941, NOKW-1150.

39 Browning, *Fateful Months*, pp. 70-71.

40 Menachem Shelach, "Sajmiste – An Extermination Camp in Serbia", *Holocaust and Genocide Studies* 2 (1987): 247, 257 n. Sajmiste = Semlin.

41 Browning, *Fateful Months*, pp. 75-80. Manoschek, "*Serbien ist judenfrei*", pp. 175-84. Sobre correspondência acerca do veículo, ver *OStubaf*. Schäfer para *Stubaf*. Pradel (RSHA II-D-3-a), que era o Gabinete Técnico/*Referat* de Veículos Motorizados da Polícia de Segurança, 9 de junho de 1942, PS-501.

42 Declaração de Herbert Andorfer, 12 de julho de 1967, *Landesgericht für Strafsachen*, Viena, 27e Vr 2260/67, em *Dokumentationsarchiv des österreichischen Widerstandes*, E 20951.

por prisioneiros sérvios. Um pequeno destacamento de homens do 64º Batalhão de Polícia, sob comando do *Polizeimeister* Wetter, supervisionava o enterro.[43]

O despovoamento do campo procedia rapidamente. Em março de 1942, a conta de prisioneiros estava entre 5 e 6 mil.[44] Em abril, o número caiu para 2.974 e, no dia 10 de maio, a operação havia terminado.[45] Mais de 8 mil morreram no campo ou na van.[46] Contando aqueles que eram fuzilados, a lista aproxima-se de 15 mil. Satisfeito, o dr. Schäfer reportou que, além dos judeus em casamentos mistos, não havia mais qualquer problema judaico na Sérvia (*keine Judenfrage mehr*).[47] Ao mesmo tempo, devolveu a Berlim a van-câmara de gás, que prestaria serviços futuros na Rússia Branca.[48]

---

43 Browning, *Fateful Months*, pp. 79-85. Manoschek, "*Serbien ist judenfrei*", pp. 175-84. Declarações detalhadas da corte produzidas por Edgar Enge e outros podem ser encontradas no Dokumentationsarchiv des österreichischen Widerstandes, E 20951.

44 Bader para *Wehrmachtbefehlshaber Südost*, cópias para o Plenipotenciário geral para a Economia, Plenipotenciário do Ministério das Relações Exteriores, Alto Comando da ss e Líder da Polícia, *Abwehrstelle* (Gabinete de Contra Inteligência) Belgrado, Ia, Qu, Ic, Adm., Diário de Guerra, 10 de março de 1942, NOKW-1221. Bader para WB Südost (mesma distribuição), 20 de março de 1942, NOKW-1221. Bader para WB Südost (mesma distribuição), 31 de março de 1942, NOKW-1221.

45 *Kommandierender General* e *Befehlshaber Serbien*/Chefe do Estado-Maior (assinado por Oberst Kewisch) para WB Südost, 20 de abril de 1942, NOKW-1444. *Kommandierender General* e *Befehlshaber Serbien*/Chefe do Estado-Maior (assinado por Obstlt. Kogard) para WB Südost, *Kampfgruppe* (Grupo de Combate) General Bader, Plenipotenciário do Ministério das Relações Exteriores, Plenipotenciário Geral para a Economia, Alto Comando da ss e Líder da Polícia, Equipe de Ligação Alemã com o 2º Exército Italiano, Gabinete da Contra Inteligência em Belgrado, Oficial de Ligação Alemão com o Corpo de Ocupação da Bulgária, Equipe Administrativa, Ia. OQu, Ic, Diário de Guerra, 30 de abril de 1942, NOKW-1444.

46 Entre as vítimas do gás estavam 700 pacientes e indivíduos capturados no hospital judaico de Belgrado e alguns homens judeus de outro campo. Shelach, "Sajmiste", *Holocaust and Genocide Studies* 2 (1987): 253. Sua análise numérica levando a um total de 8 mil está em *ibid.*, pp. 254-56. Para a contagem de presos nos relatórios do exército alemão não usados por Shelach, ver NOKW-1221, NOKW-977 e NOKW-1444.

47 Relatório de Hauptmann Leeb (OB Südost/Id), junho de 1942, NOKW-926.

48 Schäfer para Pradel, 9 de junho de 1942, PS-501. Rauff (diretor, RSHA II-D) para BdS Ostland, 22 de junho de 1942, PS-501.

Quando o *Generalloberst* Löhr assumiu como *Oberbefehlshaber Südost* em agosto de 1942, o *Staatsrat* Turner fez algumas anotações para um relatório pessoal de seu novo chefe. Em seu relatório, Turner detalhava todas as conquistas da administração anterior. Com considerável satisfação, registrou uma realização singular: "A Sérvia é o único país no qual *a questão judaica e a questão cigana estão resolvidas [Serbien einziges Land in dem Judenfrage und Zigeunerfrage gelöst.]*".[49]

Grécia

Quando foi invadida em 1941, a Grécia foi desmembrada em três seções. No norte, uma grande parte da Trácia, que comportava entre 5 e 6 mil judeus, foi incorporada à Bulgária. O destino desses judeus seria decidido no contexto das relações da Alemanha com os búlgaros. Fora da Trácia, o país foi dividido em zonas italiana e alemã e um governo fantoche em Atenas conduzia a administração grega em ambas as áreas. A região italiana era maior do que a alemã em reconhecimento ao interesse preliminar da Itália na Grécia. O exército italiano tinha sido o primeiro a atacar os gregos e, apesar dos revezes naquela frente, a Itália ainda era o aliado mais importante da Alemanha.

Embora os italianos comandassem a maior parte do território grego, os alemães tinham adquirido a maior parte dos judeus gregos. Aproximadamente 13 mil judeus viviam na zona italiana, mas o número de habitantes judeus na Macedônia e na Trácia oriental (Salônica-Egeu), ambas dominadas pela Alemanha, ultrapassava 55 mil. Somente na cidade de Salônica a população judaica pré-guerra era de 53 mil. Aquele era um destino geográfico.[1]

Os judeus de Salônica não estavam mais em seu pico em 1941. No início do século, antes das Guerras Bálcãs, eles eram o maior grupo em uma cidade de judeus e turcos e constituíam um enclave de falantes de ladino* no que então ainda era parte do Império Otomano. Durante a Primeira Guerra Mundial, sob domínio grego, começou o declínio desse grupo. Em 1917, um incêndio destruiu a cidade e os judeus ficaram literalmente desabrigados. Durante

---

49 Nota de Turner pelo relato pessoal a Löhr, 29 de agosto de 1942, NOKW-1486. A Nedic, ele expressou um sentimento similar. Memorando de Turner, 28 de março de 1942, Südost 75000/2.

1 Baseado nas estatísticas compiladas por Josef Nehama em Michael Molho, ed., *In Memoriam — Hommage aux victimes juives des Nazi en Grèce* (Salônica, 1948), vol. 2, p. 164.

* Variante do espanhol falada por comunidades judaicas da Europa central e meridional. (N.E.)

os anos seguintes, grande parte das terras particulares foi expropriada para a reconstrução e os proprietários foram pagos com uma moeda desvalorizada. Uma troca populacional com a Turquia resultou em um êxodo das cidades turcas e um influxo de gregos da Ásia Menor. Episódios antissemitas ocorreram e milhares de judeus, entre os quais profissionais e trabalhadores qualificados, emigraram para a Palestina e outros lugares.[2] A comunidade, reduzida, tornou-se objeto do ataque alemão.

No início do mês de outubro de 1941, Himmler obteve de Hitler a autorização para agir contra os judeus de Salônica,[3] mas por um longo período não houve qualquer ação. O retardamento pode muito bem ter sido resultado de vários fatores, incluindo a escassez de pessoal da Polícia e da ss, as logísticas de transporte de judeus para a Polônia e o desejo de coordenar medidas com os italianos. Finalmente, até onde dizia respeito aos italianos, os esforços alemães foram tão infrutíferos quanto haviam sido em todos os outros lugares.

No dia 13 de julho de 1942, o comandante alemão em Salônica-Egeu (*Generalleutenant* von Krenzki) desferiu o primeiro golpe na *Judenmetropole* grega ("metrópole judaica"). Naquele dia, às 8 horas da manhã, entre 6 e 7 mil homens judeus com idades entre 18 e 48 anos foram enfileirados em grandes blocos na "Praça da Liberdade", em Salônica, para serem registrados para trabalho forçado.[4] Um grande número dos judeus "adequados" foi enviado para trabalhar em pântanos infestados com malária, onde várias vítimas morreram tanto daquela doença quanto de fome.[5] Outros trabalhavam em minas de crômio.[6] Alguns meses mais tarde, a Comunidade Judaica de Salônica pagou uma soma de dinheiro ao *Militärbefehlshaber*

---

2 Steven Bowman, "The Jews in Wartime Greece", *Jewish Social Studies* 48 (1986): 45-62. "Salonika", *Encyclopædia Judaica*. "Solonicco", *Enciclopedia Italiana*.

3 Diário de Gerhard Engel (ajudante militar no quartel de Hitler), entrada de 2 de outubro de 1941, in Hildegard von Kotze, ed., *Heeresadjutant bei Hitler* (Stuttgart, 1974), p. III. Keitel estava presente nessa reunião; a data é aproximada.

4 *Donauzeitung* (Belgrado), 14 de julho de 1942, p. 3. Fotografia na *Donauzeitung* de 26 de julho de 1942, p. 3.

5 Cecil Roth, "The Last Days of Jewish Salonica", *Commentary*, Julho de 1950, pp. 50-51. O autor, um historiador, entrevistou sobreviventes e examininou os registros da comunidade após a guerra.

6 Memorando da reunião entre Gabel (Ministério da Ecomonia/Minas) e o Major dr. Baetz, 31 de outubro de 1942, Arquivos Federais Alemães, R 7/890.

para comprar a liberdade da mão de obra forçada.[7] Quando os judeus na mina de crômio foram libertados, o *Oberberghauptmann* Gabel, do Ministério da Economia, reclamou da perda daquela força de trabalho necessária com tanta urgência.[8]

Enquanto o sistema de trabalho forçado era colocado em funcionamento, os judeus de Salônica começaram a emigrar para a zona italiana.[9] Os alemães procuraram verificar esse fluxo convidando a administração italiana a cooperar introduzindo o uso da estrela de Davi. Os italianos, porém, recusaram-se.[10]

Em janeiro de 1943, o representante de Eichmann, Günther, chegou a Salônica para avaliar a situação. Em seguida, no início de fevereiro, dois emissários do RSHA, o *Hauptsturmführer* Wisliceny e o *Hauptsturmführer* Brunner (Viena), acompanhados por um pequeno grupo de subordinados, também chegaram para conduzir a operação.[11] Assim que chegaram, Wisliceny e Brunner reuniram-se com o *Generalkonsul* Schönberg, do Ministério das Relações Exteriores, *Kriegsverwaltungstat* Merten (representando o *Befehlshaber* de Salônica-Egeu, posto então ocupado pelo *Generalleutnant* Haarde) e o *Kriminalkommissar* Paschleben, comandante local da Polícia de Segurança e do SD. Não havia problemas específicos a serem discutidos. Merten pedia apenas a retenção temporária de 3 mil judeus para a construção de uma linha ferroviária pela Organisation Todt. De acordo com a proposta, esses judeus seriam liberados para deportação antes da finalização da *Aktion*.[12] A operação pôde, então, começar.

O processo de desenraizamento e deportação em Salônica foi realizado com rapidez sem precedentes no espaço de poucos meses. Três homens foram fundamentais para levar a *Aktion* a tal célere conclusão: *Kriegsverwaltungsrat* Merten, *Hauptsturmführer* Wisliceny e o rabino-chefe Koretz. A relação hierárquica entre esses três oficiais é mostrada na Tabela 8.18.

---

7 Testemunho de Yitzhak Nehama, julgamento de Eichmann, Jerusalém, 22 de maio de 1961, sessão 47, pp. S1, U1.

8 Memorando da reunião entre Gabel e Baetz, 31 de outubro de 1942, Arquivos Federais Alemães, R 7/890.

9 Luther via Weizsäcker para Ribbentrop, 22 de outubro de 1942, NG-4960.

10 *Ibid.*

11 Testemunho de Wisliceny, *Trial of the Major War Criminals*, VI, 363. Hans Safrian, *Die Eichmann-Männer* (Viena, 1993), pp. 229-235.

12 Testemunho juramentado de Wisliceny, 29 de novembro de 1945, *Conspiracy and Aggression*, VIII, 606-621.

TABELA 8.18 Máquina de deportação em Salônica

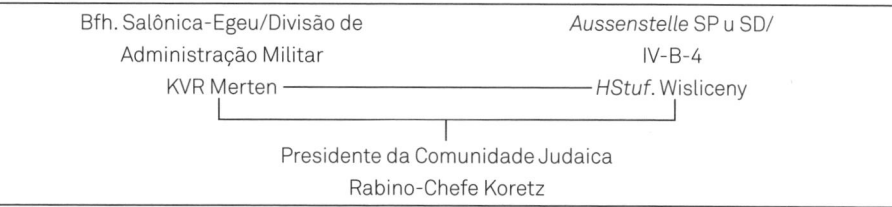

Bfh. Salônica-Egeu/Divisão de Administração Militar KVR Merten	*Aussenstelle* SP u SD/ IV-B-4 *HStuf.* Wisliceny
	Presidente da Comunidade Judaica Rabino-Chefe Koretz

Nota: O *Befehlshaber* era, então, o general Haarde. O chede do Aussenstelle era Paschleben. Durante meados de março, Wisliceny tornou-se independente de Paschleben ao assumir a direção de um *Sonderkommando für Judenangelegenheiten* em Salônica.

O dr. Merten era encarregado de todos os assuntos civis no distrito. Ele tinha completa responsabilidade pelo que estava acontecendo aos civis em sua área e jamais renunciou a tal responsabilidade. Na verdade, muitas das ordens recebidas pela comunidade judaica vinham do próprio dr. Merten. Todas as outras eram emitidas pelo *Hauptsturmführer* Wisliceny em conformidade com uma autorização expressa do *Kriegsverwaltungsrat*.[13]

Wisliceny era, claro, um especialista em assuntos judaicos. Sua tarefa exclusiva era fazer com que todos os judeus fossem deportados o mais rapidamente possível. Para cumprir essa empreitada, ele fez uso máximo da liderança da comunidade judaica. O líder judaico, rabino-chefe dr. Koretz, era um judeu do leste com uma educação ocidental; os judeus de Salônica o haviam escolhido como porta-voz porque sentiam que um emissário falante de alemão seria mais eficiente com os soberanos alemães. Em Koretz, os judeus na realidade tinham um líder que acreditava em "respeito inquestionável".[14] Ele era uma ferramenta ideal para os burocratas alemães.

A operação de Salônica foi iniciada pelo *Kriegsverwaltugsrat* Merten com uma ordem à comunidade judaica datada de 6 de fevereiro de 1943.[15] A diretiva continha duas disposições operacionais: (1) Todos os judeus, com exceção apenas daqueles em posse de passaportes estrangeiros, deveriam ser marcados; igualmente, as lojas judaicas deveriam ser identificadas por placas contendo inscrições

---

13 Befehlshaber, Salônica-Egeu/Administração Militar (assinado por Merten) para comunidade judaica em Salônica, 6 de fevereiro de 1943, em Molho, *In Memoriam*, vol. 1, p. 135.

14 Roth, "Salonica", *Commentary*, julho-1950, p. 51.

15 Merten para a comunidade judaica, 6 de fevereiro de 1943, em Molho, *In Memoriam*, vol. 1, p. 135.

em grego e em alemão; (2) Todos os judeus, novamente excetuando-se os judeus estrangeiros, deveriam ser transferidos para um gueto. Ambas as ordens deveriam ser aplicadas até 25 de fevereiro de 1943.

Nos dias seguintes, a implementação dessas diretivas desabou sobre a comunidade judaica. No dia 12 de fevereiro, Wisliceny comunicou ao rabino Koretz uma definição segundo a qual todos eram judeus se tivessem três ou quatro avós judeus ou tivessem dois avós judeus e (a) pertencessem à religião judaica em 1º de abril de 1941 (ou seja, antes da invasão alemã da Grécia) ou (b) fossem fruto de uma relação extramatrimonial e tivessem nascido após a data citada.[16] Na mesma carta a Koretz, o metódico Wisliceny também descrevia a estrela de Davi, seu tamanho, material e assim por diante. Recomendava, ainda, que a comunidade judaica entregasse um cartão de identidade junto com cada estrela. Os cartões deveriam ser numerados consecutivamente e o número em cada um deles deveria ser inscrito na estrela de pano amarela que deveria ser usada pelo portador do cartão. Wisliceny ordenava que todo judeu com mais de cinco anos usasse a estrela e que, no caso de casamentos mistos, o parceiro judeu fosse marcado. "Pedidos de dispensa da identificação são inúteis", escreveu o todo-poderoso Wisliceny.[17] Em uma diretiva posterior, ele definiu o termo "empresa judaica", ordenou aos médicos e advogados judeus que colocassem estrelas em seus consultórios e escritórios e exigiu que inquilinos judeus identificassem seus apartamentos.[18]

Enquanto a comunidade judaica distribuía 100 mil estrelas a toque de caixa,[19] vieram ordens para a transferência para um gueto. O gueto de Salônica deveria ser dividido em várias seções não contínuas, completamente separadas umas das outras[20]. Os judeus eram proibidos de deixarem suas seções. O uso de bondes, ôni-

---

16 Havia uma pequena omissão na definição: Wisliceny deixara de fora os meios-judeus cristãos casados com judeus.

17 Wisliceny para Koretz, 12 de fevereiro de 1943, em Molho, *In Memoriam*, vol. 1, pp. 136-137. Apesar do último pronunciamento de Wisliceny, as petições não eram inteiramente inúteis. Ver, por exemplo, o certificado assinado por Merten e datado de 30 de março de 1943, isentando o judeu grego Morris Raphael de usar a estrela de Davi pelo fato de ser casado com uma francesa não judia com quem "possuía quatro filhos". *Ibid.*, p. 37.

18 Wisliceny para Koretz, 17 de fevereiro de 1943, *ibid.*, p. 140.

19 Aparentemente, duas estrelas por pessoa. Roth, "Salonica", *Commentary*, julho de 1950, p. 52.

20 *Ibid.*, p. 53.

bus e táxis também era proibido. Os telefones públicos eram fechados para judeus e todos os telefones particulares tiveram de ser entregues à companhia telefônica grega, acompanhados do pagamento de todas as contas por vencer.[21]

A divisão do gueto em seções era parte de um plano determinado. Os judeus mais pobres eram enviados ao bairro Baron de Hirsch, próximo à estação ferroviária. Essa seção em particular era cercada e nas três entradas havia placas proibindo a entrada escritas em alemão, grego e ladino.[22] Os judeus de Baron de Hirsch deveriam ser os primeiros a partir e, esvaziado, o bairro seria, então, lotado com vítimas de outras seções do gueto. Em resumo, os judeus de Salônica deveriam ser deportados, seção por seção, via Baron de Hirsch, que serviria como um funil levando aos transportes mortais.

No dia 13 de fevereiro, Merten investiu Koretz de autoridade sobre todos os judeus na área alemã do *Befehlshaber*, tanto dentro quanto fora da cidade, com o objetivo de facilitar uma "solução uniforme" da questão judaica em todo o distrito.[23] Logo em seguida, Merten chamou Koretz para uma reunião. O oficial alemão explicou ao rabino que a população judaica não tinha motivos para se preocupar. O gueto de Baron de Hirsch teria de ser esvaziado porque um grande número de comunistas naquela seção estava ameaçando a segurança do exército de ocupação, mas aqueles judeus não seriam feridos. Os emigrantes teriam uma vida nova na cidade polonesa de Cracóvia, onde a comunidade judaica local os receberia de braços abertos.[24]

Koretz voltou ao gueto em informou às vítimas da futura viagem para a Polônia, garantindo-lhes que eles encontrariam lá novos lares, que a comunidade judaica na Cracóvia os receberia de braços abertos, que todos os homens teriam emprego e assim por diante. Foi uma explanação perturbadora, mas os judeus começaram os preparativos. Dinheiro polonês foi distribuído, os itens permitidos foram empacotados e os deportados marcharam para os trens.[25]

---

21 Merten para comunidade judaica, 13 de fevereiro de 1943, em Molho, *In Memoriam*, vol. 1, p. 138. Médicos e oficiais da comunidade judaica tiveram permissão para manter seus carros.

22 Roth, "Salonica", *Commentary*, julho de 1950, p. 53. O ladino, um dialeto espanhol misturado com hebraico, era falado pelos judeus gregos em Salônica.

23 Merten para Koretz, 13 de fevereiro de 1943, em Molho, *In Memoriam*, vol. 1, p. 139.

24 Albert Menasche, *Birkenau* (Nova York, 1947), p. 12. Menasche, um médico judeu que morava em Salônica, foi um sobrevivente.

25 Roth, "Salonica", *Commentary*, julho de 1950, p. 53.

Dentro de algumas horas os alemães atacaram novamente. A seção do gueto no distrito de Aghia Paraskevi foi cercada e seus habitantes foram levados para o bairro de Baron de Hirsch. Novamente, o rabino foi convocado para comparecer à sede alemã. Dessa vez, foi-lhe dito que todas as seções comuns estavam infestadas de comunistas, mas que as classes médias vivendo no centro da cidade não tinham nada a temer. Outra vez, preparativos frenéticos tomaram conta de Baron de Hirsch. Pertences familiares foram empacotados, planos foram feitos e jovens casais casaram-se às pressas para enfrentarem uma vida juntos no leste.[26] Quando os judeus de Aghia Paraskevi foram deportados, os alemães prenderam a classe média.

Durante essas capturas, a Polícia de Segurança prendeu um médico judeu, dr. Cuenca, que, como empregado da Cruz Vermelha Internacional, fora isento de usar a estrela. Esse homem e sua esposa foram rapidamente enviados para Auschwitz. Quando o representante da Cruz Vermelha Internacional, Roger Burckhardt, perguntou sobre os Cuenca, os alemães asseguraram-lhe de que o médico havia fugido.[27] Após esse incidente, um mensageiro especial levou uma mensagem de Merten ao rabino Koretz.[28] O *Kriegsverwaltungsrat* anunciava que 25 reféns seriam presos para serem fuzilados mediante o mínimo sinal de qualquer "oposição" (*Zuwiderhandlung*) judaica futura. A partir daquele momento, os judeus tinham permissão para ficarem na rua apenas entre as 10 às 16 horas e qualquer um pego fora desse período seria fuzilado imediatamente pelas polícias grega e alemã. Apenas a polícia judaica (*Ordner*) e os judeus estrangeiros, ele especificava, estavam isentos dessa diretiva.

Em meados de março, ninguém mais estava seguro, nem os judeus privilegiados, nem os profissionais liberais e nem os próprios líderes da comunidade judaica. Os alemães, porém, não cessaram suas tentativas de manter a população calma. No final de maio, um transporte deu a entender que seu destino era Theresienstadt. As notícias causaram grande comoção e houve uma corrida para trocar *zloty* por Reichsmark.[29] A organização da comunidade judaica estava sendo mantida ocupada: ela ficou responsável pela apreensão de todos os bens móveis deixados pelos

---

26 *Ibid.* Menasche, *Birkenau*, p. 13.

27 Safrian, *Die Eichmann-Männer*, p. 245.

28 Merten para a comunidade judaica, 21 de março de 1943, em Molho, *In Memoriam*, vol. 1, p. 144.

29 Menasche, *Birkenau*, pp. 15-17. O autor estava nesse transporte, que chegou a Auschwitz.

"judeus reassentados" (*ausgesiedelte Juden*)[30] e, no dia 29 de março, Wisliceny enviou ao rabino-chefe uma tabela completa de reorganização da comunidade judaica, com um pedido para que Koretz submetesse até o dia 1º de abril uma declaração de pessoal necessário e uma programa de trabalho para o futuro.[31] É impossível esconder, porém, a utilidade dos novos escritórios para as deportações:

Koretz
Comitê Consultivo
Secretariado Central
Divisão de Finanças
Divisão de Registros (para manter os registros do "movimento populacional")
Divisão de Reassentamento e Comissão para Atribuição de Trabalho no Campo
　　"Baron Hirsch"
Divisão de Saúde e Cemitérios
Divisão de Cozinhas Públicas e Abastecimento
Divisão de Polícia Judaica (*Ordner*)
Divisão de Fundos e Valores (a ser dirigida pessoalmente por Koretz)

Após outra reunião com Wisliceny e Brunner no dia 4 de abril, Koretz concluiu que as deportações não podiam parar. Agora, ele procurava a ajuda do governo fantoche grego e, após uma semana de requerimento, ele pôde se encontrar com o Premier Rhallis no palácio do Metropolitano de Salônica. Lá, ele aparentemente perdeu a compostura e, ao prantos, pediu pela intervenção de Rhallis, temendo que a comunidade judaica de dois mil anos fosse liquidada. O premier respondeu em poucas palavras que não podia fazer nada a respeito daquilo.[32] Após falhar em sua humilde tentativa de salvar a comunidade, Koretz foi preso e enviado para Bergen-Belsen, onde sobreviveu, vindo a morrer logo depois de ser libertado.[33]

---

30 Merten para Koretz, 13 de março de 1943, em Molho, *In Memoriam*, vol. I, p. 142. Wisliceny para Koretz, 15 de março de 1943, *ibid.*, p. 143.

31 Wislinecy para Koretz, 29 de março de 1943, *ibid.*, p. 145.

32 Wisliceny para Merten e para o Cônsul Geral Schönberg, 15 de abril de 1943, e Schönberg para o ministro (*Gesandter*) Altenburg, em Atenas, 16 de abril de 1943, T 175, rolo 409.

33 Werner Weinberg, "The Lost Transport", *Yad Vashem Studies* 15 (1983): 283-326, em pp. 314, 316. O transporte, com judeus "privilegiados", entre os quais Koretz e outros moradores de

O vice-cônsul italiano Merci, preocupado com os cidadãos italianos entre as vítimas, seguiu as deportações diariamente. Em 5 de abril, Wisliceny reclamou com ele que os soldados italianos tinham entrado no gueto e beijado garotas judias na rua. Uma semana depois, Merci observou em seu diário que os judeus, guardados pelas polícias alemã e grega, foram "levados às pressas e em grande confusão", para vagões à espera.[34] Os guardas alemães eram policiais especialmente importados das ruas de Viena[35] e alguns condutores das locomotivas eram gregos.[36]

De março a agosto, a operação estava a todo vapor e os trens, uma seguido do outro, iam de Salônica via Belgrado e Viena para Auschwitz.[37] Aproximadamente 46 mil judeus foram deportados ao todo.[38]

Salônica, deixou Bergen-Belsen no dia 10 de abril de 1945, rumo a Theresienstadt e foi surpreendido pelo Exército Vermelho a leste do Rio Elba, onde Koretz morreu.

34 "Excerpts from the Salonika Diary of Lucillo Merci", compilado por Joseph Rochlitz, com introdução de Menachem Shelach, *Yad Vashem Studies* 18 (1987): 293-323, em pp. 305-308.

35 Safrian, *Die Eichmann-Männer*, p. 242.

36 Mark Mazower, *Inside Hitler's Greece* (New Heaven, 1993), pp. 245-246.

37 Testemunho de Wisliceny, *Trial of Major War Criminals*, IV, 365. Wagner para o Cônsul alemão em Sofia, 30 de abril de 1943, NG-4924. Testemunho juramentado de Heinburg (Ministério das Relações Exteriores/Pol. IV), 5 de setembro de 1947, NG-2570. Relatório de Korherr, 19 de abril de 1943, NO-5193. Um investigador polonês concluiu que houve 19 trens de Salônica para Auschwitz. Ver dados detalhados de Danuta Czech, "Deportation und Vernichtung der griechischen Juden im KL Auschwitz", *Hefte von Auschwitz* 11 (1970): 5-37. Vinte trens especiais levando judeus dos territórios ocupados da Grécia e da Bulgária são mencionados em um relatório para março e abril pelo *Reichsbahndirektion* Viena/33H (assinado por Eigl) para Dezemat 18, 18 de maio de 1943. Três outros transportes gregos são registrados por Eigl em seu relatório para maio-junho de 1943, datado de 12 de julho de 1943, e dois outros (sem indicação da origem) em seu relatório para julho-agosto, datado de 23 de setembro de 1943. Zentrale Stelle der Landesjustizverwaltungen Ludwigsburg, pasta *Verschiedenes* 301 AAe 112, pp. 260-265.

38 Os ataques foram como segue:

Cidade de Salônica	43.850
Cidades vizinhas a Salônica	1.132
Área Leste-Egeu (diante da fronteira com a Turquia)	1.002
Total	45.984

Compilado a partir de uma lista de deportação detalhada por cidade e preparada por Josef Nehama em Molho, *In Memoriam*, vol. 2, p. 164. Os números são baseados em estatísticas da

Uma breve disposição da propriedade dos judeus deportados foi realizada. A quantia em dinheiro de 2,8 milhões de drachmas (aproximadamente 3,5 milhões de Reichsmark ou 1,5 milhões de dólares) foi entregue à administração militar.[39] Os apartamentos vazios dos judeus foram transferidos ao *Generalgouvernement* grego da Macedônia, Simonides,[40] e as lojas judaicas abandonadas foram generosamente cedidas ao governo para serem administradas por "tutela" pelo Agrarian Bank of Salonika em nome do estado grego.[41] Porém, nem os apartamentos, nem as lojas puderam ser distribuídos de forma ordenada. Muitos dos apartamentos tinham se tornado inabitáveis depois que saqueadores removeram grande parte das paredes e pisos; nas 1.898 lojas, uma grande quantidade de mercadorias desapareceu quando foi vendida pelos administradores, dos quais a maioria fora nomeada, diante da insistência da Administração Militar e da Polícia de Segurança, por suas qualificações políticas.[42]

Nenhum pagamento pelos transportes foi realizado. As tarifas devidas às ferrovias gregas, como despachantes dos trens para o benefício de todos os sistemas participantes (grego, sérvio, croata e alemão) ao longo da rota, somavam 1.938.488 Reichsmark. A Polícia de Segurança, invocando o princípio de autofinanciamento judeu, queria que o pagamento fosse realizado pelo Comando Militar com os fundos confiscados dos judeus. Como estavam em moeda grega, esses fundos não estavam disponíveis. As exportações alemãs para a Grécia eram tão baixas que as contas locais nas mãos dos alemães eram reservadas, por meio de regulamentação do Ministério das Finanças, para as compras mais essenciais no

---

comunidade judaica. Aproximadamente 45 mil desses judeus foram enviados para Auschwitz. Apenas algumas centenas de privilegiados e judeus estrangeiros (discutidos abaixo) foram enviados para Bergen-Belsen. Roth, "Salonica", *Commentary*, julho de 1950, p. 55. Wisliceny menciona cerca de 55 mil deportados. Ver seu testemunho juramentado de 9 de novembro de 1945, *Conspiracy and Aggression*, VIII, 606-621. De acordo com a tabela de Nehama referida acima, não mais do que 55 mil judeus moraram na área do leste egeu de Salônica em 1940. Houve uma pequena queda da população entre 1940 e 1943, devido ao excesso de mortes pré-natais. Além disso, vários milhares de judeus haviam escapado para a zona italiana ou estavam escondidos em Salônica.

39 Testemunho de Wisliceny, *Trial of Major War Criminals*, IV, 363.

40 *Donauzeitung* (Belgrado), 22 de junho de 1943, p. 3.

41 Merten para o Governo da Macedônia/Escritório para Propriedade Judaica em Salônica, 15 de junho de 1943, em Molho, *In Memoriam*, vol. 2, p.179.

42 Mazower, *Inside Hitler's Greece*, p. 246-248.

mercado grego. As deportações de judeus já realizadas não se qualificavam para despesas de acordo com esta argumentação. O general intendente do Exército, de sua parte, recusou qualquer responsabilidade da Wehrmacht para compensar a Reichsbahn por seus serviços.[43]

Havia, ainda, outros problemas, causados por dois representantes estrangeiros: o cônsul-geral italiano em Salônica e o encarregado de negócios espanhol em Atenas. Por meio dos esforços desses homens, o destino dos judeus de Salônica foi alterado para pelo menos dois grupos especiais.

Em fevereiro, o RSHA despachou para o Ministério das Relações Exteriores uma nota reclamando que o cônsul-geral italiano estava distribuindo documentos de italianos de naturalização a judeus gregos em Salônica. O RSHA pedia, então, que o Ministério das Relações Exteriores intercedesse com o governo italiano para cessar aquela prática imediatamente e efetuar a revogação de todas as naturalizações.[44] Em abril, chegaram notícias de que o cônsul-geral italiano estava protegendo 281 judeus cuja cidadania italiana era incontestável, além de outros 48 que tinham perdido a nacionalidade italiana e para os quais ele queria recuperar a cidadania. Wagner, da *Inland II*, imediatamente instruiu o cônsul alemão, general Schönberg, a recusar o pedido italiano. O cônsul-geral italiano, contudo, não desistiu. Com uma "sugestão" aos "direitos especiais dos italianos na esfera grega", ele fez o pedido novamente, e Wagner, então, decidiu dispensar os 48 judeus em questão "por ora". Pedindo apoio, ele escreveu para o *Unterstaatssekretär* Hencke, da Divisão Polícia, e para o próprio *Staatssekretär* Steengracht para garantir que eles aprovassem a deportação daqueles judeus. Hencke e Steengracht rabiscaram um "acordo" (*einverstanden*) no memorando.[45] Enquanto isso, o côn-

---

43 Ministério dos Transportes/17 (assinado por Rau) para o Alto Comandante do Exército, 1º de março de 1944, OKH/GenQu para *Militärbefehlshaber Südost*, 6 de maio de 1944; rascunho do memorando do Ministério das Finanças para o Ministério das Relações Exteriores, 28 de setembro de 1944; e outras correspondências nos Arquivos Federais Alemães, R 2/14133.

44 Bergmann (Gabinete do ministro das Relações Exteriores) e Wörmann para a embaixada em Roma, 15 de fevereiro de 1943, NG-4957. O Cônsul Geral italiano era Guelfo Zamboni e, a partir de junho, Giuseppe Castruccio. Ver Daniel Carpi, "Notes on the History of the Jews in Greece during Holocaust. The Attitude of the Italians (1941-1943)", *Festschrift in Honor of dr. George S. Wise* (Universidade de Tel Aviv, 1981), pp. 25-62.

45 Wagner via Hencke para Steengracht, 29 de abril de 1943, NG-5052.

sul-geral italiano estava, ele próprio, tomando algumas medidas: ele colocou os cidadãos italianos incontestáveis e os contestáveis em um trem italiano de tropa e os contrabandeou para a zona italiana na Grécia.[46]

A comunidade judaica em Salônica também tinha aproximadamente 600 judeus que eram cidadãos espanhóis. Quando as deportações começaram, o RSHA interceptou mensagens do encarregado de negócios espanhol em Atenas (Eduardo Gasset) para o Ministério das Relações Exteriores espanhol, em Madrid. Essas mensagens revelavam que, com o auxílio e a cumplicidade do chefe da Divisão Política do Ministério das Relações Exteriores espanhol (Doussinague), Gasset estava tentando veementemente salvar os judeus espanhóis. Parecia que no dia 1º de abril de 1943 o governo espanhol havia aberto uma filial do Falange (partido político exclusivo de Franco) em Atenas. A filial era dirigida pelo conselheiro da missão diplomática espanhola, Eugen Palssewsky, e financiado por "judeus ricos".[47]

Consequentemente, o Ministério das Relações Exteriores alemão tentou pressionar o governo espanhol para o envio de seus seiscentos judeus para a Espanha. Ao fazer essa proposta, o Ministério das Relações Exteriores desferia um golpe, pois os espanhóis não queriam aceitar um número tão grande de judeus. De Madrid, Gasset foi informado de que seu governo estaria disposto a receber no máximo 50 judeus. Em Berlim, um membro da embaixada espanhola informou oralmente o *Inland II* que Madrid provavelmente transferiria aqueles 600 judeus para a jurisdição alemã se "fosse garantido que eles não seriam liquidados [*wenn man sicher wäre dass sie nicht liquidiert würden*]". O *Inland II*, então, propôs como uma solução provisória o transporte dos judeus para algum campo no Reich. Eichamann recebeu instruções para tratar os judeus espanhóis de uma maneira que, no caso de sua grande emigração, não causasse uma "indesejável propaganda de atrocidade".[48]

Ao longo dos meses seguintes, os alemães e os espanhóis continuaram negociando os judeus. O governo espanhol recebeu "dois ou três" meses para tomar uma decisão.[49] No dia 22 de dezembro de 1943, o secretário da embaixada espa-

---

46 Von Thadden para a embaixada em Roma, 30 de abril de 1943, NG-5053. Os judeus italianos foram, na verdade, expulsos em pequenas quantidades. Memorando de Erdmannsdorff, 10 de junho de 1943, NG-5207.

47 Odf. Schellenberg (RSHA-VI) para Konsul Geiger (Inland II-B), 22 de junho de 1943, NG-5352.

48 Von Thadden para Eichmann, 24 de julho de 1943, NG-5050.

49 Wagner para consulado em Salônica, 26 de julho de 1943, NG-5050.

nhola em Berlim, Diez, pediu que todos os judeus espanhóis "fossem tratados como cidadãos espanhóis e tivessem a permissão de emigrar livremente, pois eles eram, afinal de contas, neutros e não inimigos da Alemanha". Von Thadden respondeu dizendo que "todos os judeus eram inimigos da Alemanha, mesmo que, por acaso, tivessem um passaporte espanhol". A livre emigração de Salônica estava fora de questão, mas, como uma concessão extraordinária, um transporte coletivo poderia ser organizado.[50] O resultado final dessas negociações foi o transporte dos judeus espanhóis de Salônica para um "campo de residência" bastante favorecido na Alemanha, Bergen-Belsen.[51] Trezentos e sessenta e cinco daqueles seiscentos judeus chegaram à Espanha no final da guerra.[52]

Embora tivesse em suas mãos uma grande quantidade de judeus estrangeiros em Salônica, o Ministério das Relações Exteriores não deixou de lado os judeus gregos na área italiana. Antes do início das deportações na zona alemã, o embaixador von Mackensen, em Roma, e o ministro Altenburg, em Atenas, tentaram em vão persuadir o governo italiano a deportar os 13 mil judeus sob sua jurisdição.[53] No dia 13 de março de 1943, von Mackensen reportou ao Ministério das Relações Exteriores que o governo italiano havia decidido internar seus judeus ou nas Ilhas Jônicas, ou na Itália.[54] Ribbentrop estava cético. Ele queria saber se a ss estava satisfeita com aquela medida e, em caso afirmativo, se os italianos de fato planejavam levar a cabo aquela decisão. "Se esse não for o caso, nós, de nossa parte, teremos de tomar algumas medidas", disse Ribbentrop.[55] O *Obersturmbannführer* Eichmann apontou de forma inequívoca que a medida era "insatisfatória" e que a experiência havia mostrado a necessidade de duvidar seriamente da "sinceridade da implementação" por parte dos italianos. O especialista em assuntos judaicos do Ministério das Relações Exteriores, Rademacher, concordava inteiramente com aquela avaliação.[56]

---

50 Memorando de von Thadden, 22 de dezembro de 1943, NG-5262.

51 Von Thadden para von Erdmannsdorff, 11 de janeiro de 1944, NG-5332.

52 Nehemiah Robinson, "Die Juden in Franco-Spanien", *Aufbau* (Nova York), 11 de setembro de 1953, p. 3.

53 Relatório do ministro Bergmann, 24 de fevereiro de 1943, NG-4956.

54 Von Mackensen para Ministério das Relações Exteriores, 13 de março de 1943, NG-5051.

55 Von Sonnleithner (Gabinete do ministro das Relações Exteriores) via Weizsäcker para o ministro Bergmann, 16 de março de 1943, NG-5051.

56 Bergmann via Weizsäcker para Ribbentrop, 17 de março de 1943, NG-5051.

No dia 7 de março de 1943, o novo chefe do *Inland II*, Horst Wagner, escreveu um memorando no qual expressava a opinião de que os italianos não podiam ser persuadidos a concordarem com a deportação de seus judeus para o Leste. Sob aquelas circunstâncias, Wagner acreditava ser aconselhável que o RSHA pelo menos se certificasse que os italianos realizassem as promessas que haviam feito. Os italianos, disse, estavam agora começando a achar desculpas – como falta de meios de transporte – para voltarem atrás em sua palavra. Se os judeus não pudessem ser removidos imediatamente, Wagner continuava, os italianos poderiam pelo menos ser convencidos a coagir os judeus ao trabalho forçado, como a construção de estradas, trabalhos de fortificação e projetos de melhoria da malha ferroviária.[57]

Após a circulação desse memorando no Ministério das Relações Exteriores, Wagner repetiu sua proposta na forma de um rascunho de instruções que foi enviado à Embaixada em Roma. Os italianos, ele reiterava, devem ser pressionados a realizar "a deportação dos judeus para as Ilhas Jônicas ou para a Itália"; nesse ínterim, o uso dos judeus em batalhões para trabalho em fortificações e ferrovias resultaria em grande economia nos custos da ocupação.[58] Antes de essas instruções serem despachadas para Roma, o novo *Staatssekretär*, Steengracht van Moyland, fez uma mudança expressiva em seu significado: na frase "deportação dos judeus para as Ilhas Jônicas ou para a Itália", ele rasurou as palavras "para as Ilhas Jônicas ou para a Itália", deixando apenas "deportação dos judeus".[59] Steengracht ainda não tinha perdido as esperanças.

No final de julho, Mussolini foi sucedido pelo marechal Badoglio e, em 8 de setembro de 1943, a Itália deixou de ser parceira do Eixo. O exército alemão agora se virava contra seu antigo aliado. Em toda a área do Mediterrâneo, guarnições italianas eram oprimidas e desarmadas. Toda a Grécia, juntamente com a Albânia, Montenegro e Ilhas Dodecaneso caíram sob domínio alemão. Cerca de 16 mil judeus viviam nessas regiões.

O novo território da Grécia era suficientemente importante para a atribuição de um plenipotenciário especial do Ministério das Relações Exteriores, o ministro Neubacher, e para a nomeação de um alto comandante da Polícia e da ss,

---

57 Wagner via Hencke para Steengracht, 7 de maio de 1943, NG-5048.
58 Wagner para Embaixada de Roma, 4 de junho de 1943, NG-5048.
59 *Ibid.* Bielfeld para Wagner, 13 de maio de 1943, NG-5048.

Gruppenführer Walter Schimana. Todo o aparelho civil grego, o governo fantoche da Albânia e a administração civil italiana nas Ilhas Dodecaneso (*Ost-Aegnaeis*) – que era responsável pelo novo regime fascista no norte da Itália – foram agora colocados sob direção de uma organização militar expandida no sul. O novo suserano militar na Grécia era o *Generaloberst* Löhr (sob direção de Weichs). Em outubro de 1943, ele transferiu os assuntos civis para o *Militärbefehlshaber* na Grécia, Speidel (sob direção de Felder). No entanto, o Grupo E do Exército, sob comando de Löhr, não passou da cena; ele manteve controle completo nas ilhas. O *Almirante Aegaeis* era responsável pelo transporte que enviava os judeus da ilha para o continente. Em terra firme, as divisões e os corpos de comandantes continuavam achando uma questão natural o fato de cada movimento contra os judeus ser levado a seu conhecimento.[60]

No dia 3 de outubro de 1943, o alto comandante da Polícia e da SS, Schimana, ordenou o registro de todos os judeus. Em Atenas, o organização da comunidade judaica foi encarregada da supervisão desse registro; no resto do país, os oficiais gregos locais foram designados para tal tarefa. Ao que parece, os registros não aconteceram como o esperado. Em Atenas, por exemplo, o número de registrados foi de 1.200. Schimana, evidentemente mal-informado, esperava 8 mil. (Havia 3.500 judeus na cidade.) Para "punir" os judeus por falharem em se registrar, o *Militärbefehlshaber* na Grécia, general der Flieger Speidel, de comum acordo com o Plenipotenciário do Ministério das Relações Exteriores, Neubacher, confiscou as propriedades judaicas e as transferiu para o estado grego.[61]

No continente, os judeus estavam bastante espalhados e, por essa razão, foi necessário mobilizar caminhões e guardas para capturas.[62] Em março de 1944, o RSHA estava pronto para ordenar a prisão súbita (*schlagartige*) de todos os judeus (exceto aqueles em casamentos mistos). As prisões deveriam ser realizadas em três dias, de 23 a 25 de março.[63] É possível ter uma ideia do trabalho de pre-

---

60 Ver XXII Corpo de Montanha/Ic (assinado pelo Comandante do Corpo, Lanz) para Grupo E do Exército/Chefe de Estado-Maior, 8 de novembro de 1943, NOKW-1915.

61 *Militärbefehlshaber* na Grécia/Administração Militar para *Militärbefehlshaber Südost* (Felber), 18 de dezembro de 1943, NOKW-692.

62 Diário de Guerra, Grupo E do Exército, 15 de março de 1944, NOKW-923.

63 *Militärbefehlshaber* na Grécia/Administração Militar Ic/Ia (assinado por Speidel) para *Militärbefehlshaber Südost* Ia, Ic, e chefe da administração militar, cópias para Grupo E do Exército e

cisão que estava envolvido nessa operação a partir de um relatório sobre a re-moção dos judeus da cidade de Janina.

A operação de Janina foi realizada pelo major Hafranek, da Polícia de Ordem, juntamente com seus homens, a polícia grega, o exército *Feldgendarmerie* (polí-cia militar), a polícia secreta de campo (contrainteligência) e soldados deslocados posicionados na área. Às 3 da madrugada, Hafrenek cercou o gueto e, às 5, o pre-sidente da comunidade judaica foi informado que dentro de três horas todos os judeus deveriam se juntar em pontos determinados para "evacuação". Cada famí-lia podia levar 45 quilos de bagagem. A polícia grega e os membros do conselho judaico transmitiram o anúncio aos residentes do gueto. Grandes destacamentos da Polícia de Ordem patrulhavam as ruas. Não houve "nenhum incidente" (*kein Zwischenfall*).

Às 10 horas da manhã, 1.725 judeus foram transferidos para Treblinka. Apro-ximadamente cem foram retidos para limpeza. Toda a mobília e todos os alimen-tos encontrados nos apartamentos vazios foram entregues a agências gregas para serem distribuídos para a população grega. O motivo dessa generosidade era o combate à propaganda hostil realizada pela organização insurgente EAM (pró-co-munista). Da EDES (organização nacionalista anticomunista) só se podia esperar "total aprovação" (*volle Zustimmung*).[64]

Quando o exército alemão tinha pela primeira vez se movido para a zona italiana da Grécia, a população judaica da prefeitura de Janina era estimada em aproximadamente 2 mil pessoas.[65] Seis meses depois, mas de 90% dessas pessoas estavam presas no gueto de Janina. Sem dúvidas, aquele tipo de realização não podia ser repetido com o mesmo sucesso em todos os pontos no continente, mas os ataques de março de fato resultaram na deportação de cerca de 5.400 judeus.[66]

Alto Comando da Polícia e da ss, 14 de abril de 1944, NOKW-2520.

64 Relatório do suboficial Bergmayer (Grupo 621 da Polícia Secreta de Campo com XXII Corpo de Montanha), 27 de março de 1944, NOKW-1915. A história dos movimentos insurgentes gregos ELAS--EAM e EDES é bastante complexa. Na primavera de 1944, o primeiro era orientado por Moscou; o último foi preparado para lutar contra o EAM, o que mais tarde fez.

65 Memorando do Major Brandner (1ª Divisão de Montanha), 13 de setembro de 1943, NOKW-1104.

66 Nehama em Molho, *In Memoriam*, vol. 2, p. 164. Na área de Vólos-Tríkkala-Lárisa, assim como em Atenas e Peloponeso, as prisões tiveram menos de 50% de sucesso. Dos vários milhares de judeus escondidos, um número indeterminado encontrou refúgio com – e, em alguns casos,

As capturas espalharam-se da porção continental da Grécia para as áreas vizinhas. Em abril de 1944, o comandante geral na Albânia reportou que a Divisão Skanderbeg da ss (colaboradores albaneses) havia prendido trezentos judeus em Pristina ("nova" Albânia, no território iugoslavo, próximo à fronteira do domínio do Befehlshaber na Sérvia).[67] Entre 28 de maio de 5 de julho de 1944, a divisão da ss capturou outros 510 "judeus, comunistas, partidários e suspeitos" na região. Daquele grupo, 249 foram deportados.[68]

A remoção dos judeus da ilha era mais complicada do que as deportações na porção continental. Aproximadamente 2 mil judeus falantes de italiano viviam na ilha jônica de Corfu, cerca de trezentos em Zante, um pouco mais de trezentos em Creta e cerca de 2 mil nas ilhas ao leste do Egeu de Rhodes e Kos. Todas essas ilhas estavam sob controle completo do Grupo E do Exército (*Generaloberst Löhr*).

No dia 25 de abril de 1944, o funcionário da inteligência em Corfu reportou que os judeus em sua ilha tinham sido registrados (*karteimässig erfasst*) e que, de seu ponto de vista, não existiam quaisquer objeções fundamentais (*keine grandsätzliche Bedenken*) à remoção daqueles judeus.[69] Essas impressões foram confirmadas pelo oficial do corpo de inteligência que visitara Corfu em 23 e 24 de abril, ele achava que a deportação dos judeus amenizaria a situação alimentar e pediu para que o grupo de exército "realizasse medidas de implementação" entrando

---

juntaram-se aos – partidários do movimento ELAS-EAM. Ver Bowman, "The Jews in Wartime Greece", *Jewish Social Studies* 48 (1986): 49, 54-57. Ver também o panfleto do EAM, "The Fighter", de 24 de abril de 1944, que alegava que os "cães de Hitler" estavam levando propriedades judaicas para a Alemanha e que classificava como mentiras as afirmações alemãs de que os judeus eram responsáveis pelos aumentos de preços. T 314, rolo 1458. Para suspeitas alemãs de apoio judeu para partidários na área de Janina, ver relatório da Iª Divisão de Montanha de 15 de agosto de 1943, T 311, rolo 179, e o relatório do pelotão Abwehr 377, 5 de março de 1944, T 314, rolo 1458.

67 *Militärbefehlshaber Südost* (assinado pelo Chefe de Equipe von Geitner) para Grupo F do Exército, cópias para OKH/GenQu, OKW/WFSt, 2º Exército Panzer, Plenipotenciário Geral alemão na Albânia, Plenipotenciário Geral alemão na Croácia, Comando da Luftwaffe na Croácia, V Corpo de Montanha da ss, 16 de abril de 1944, NOKW-668.

68 Relatório do XXI Corpo de Montanha (assinado pelo Chefe de Estado-Maior von Klocke), 13 de julho de 1944, NOKW-838.

69 *Oberleutnant König* (Ic-Aussenstelle Korfu) para Grupo de Corpo de Janina Ic, 25 de abril de 1944, NOKW-1916.

em contato com a Polícia de Segurança e a SD.[70] No dia 12 de maio, a Polícia de Ordem em Atenas abordou o grupo de exército com um pedido de navios para transportar os judeus de Corfu para Patras e os de Creta para Pireus. O Grupo E do Exército/Operações aprovou o pedido com a condição de que a situação tática não fosse prejudicada pelo desvio de transporte.[71]

Dois dias depois, o comandante de Corfu, *Oberst* Jäger, enviou um longo memorando ao XXII Corpo de Montanha. Jäger reportava, primeiro, que o *Almirante Aegaeis* havia pedido para despachar os navios. No dia anterior, (13 de maio), um representante de Himmler, *Obersturmführer* von Manowsky, havia desembarcado na ilha; ele partira logo em seguida. Jäger, então, chegou ao ponto principal: ele estava desconfortável com todo aquele empreendimento. Na verdade, encontrara sete bons motivos porque os judeus *não* deveriam ser removidos de Corfu. Ele pensava que os "italianos de Badoglio" (soldados italianos dispersados) deveriam ser tirados da ilha primeiro, uma vez que eram "bem mais perigosos do que os judeus, sobre os quais, a propósito, ele nunca tivera reclamações". Os judeus já haviam sido avisados e ele temia que eles fossem para as montanhas. Havia, ainda, o perigo de os judeus subornarem a polícia grega. A *Aktion* não poderia ser realizada de forma suficientemente rápida. A resistência passiva de marinheiros gregos era uma nítida possibilidade.

Em seguida, Jäger mencionou uma análise mais importante. De acordo com um acordo entre os nazistas e os Aliados, navios da Cruz Vermelha tinham permissão de entrar nos portos gregos com alimentos para combater o agravamento da fome entre os gregos. Havia, naquele momento, um desses navios da Cruz Vermelha no porto de Corfu, onde os visitantes podiam observar tudo e ver com isso que muita "propaganda de atrocidades" espalhava-se a respeito desse assunto. Por fim, Jäger lembrou o XXII Corpo de Montanha que Corfu era uma área exposta (*militärisches Vorfeld*). Por todas essas razões, ele insistia em um adiamento indefinido da Aktion. Então, adicionou em linguagem estenográfica: "Apenas se ação súbita (*schlagartige*) possível, do contrário, desvantagens".[72]

---

70 Grupo de Corpo de Janina Ic para Grupo E do Exército Ic/AO, 28 de abril de 1944, NOKW-1985.

71 Diário de guerra, Grupo E do Exército Ia, 12 de maio de 1944, NOKW-885.

72 Jäger para XXII Corpo de Montanha, 14 de maio de 1944, NOKW-1915.

Os quartéis dos Corpos do Exército levaram essas objeções a sério e as enviaram para o Grupo E do Exército.[73] Todavia, no dia 15 de maio o *Obersturmführer* Burger (Theresienstadt) chegou a Corfu. As deportações não podiam mais ser impedidas; a máquina de destruição estava em ação. No dia 24 de maio, uma frota de seis navios aportou e no dia 16, à espera da chegada da equipe da Polícia de Segurança, o comandante da ilha ordenou a impressão de cartazes convocando os judeus a se juntarem. No dia 28 de maio, sem sinais da Polícia de Segurança, o *Almirante Aegaeis* retirou os navios – vazios.

No dia seguinte, o *Obersturmführer* Burger finalmente chegou com uma companhia de *Feldgendarmerie* e de Polícia Secreta de Campo despachada para a Janina, e o comandante da ilha imediatamente preparou uma antiga fortaleza para acomodar os judeus. No dia 30 de maio, o *Kapitän zur See* Magnus chegou. Anunciando que noutra frota estava a caminho, prometeu usar os navios para a "evacuação" apesar do gasto de mais 2.600 litros de gasolina.[74] Em 11 de junho, a *Aktion* estava "em andamento" (*im Rollen*).[75] No dia 17 de junho, a Polícia de Segurança pode reportar que 1.795 judeus de Corfu tinham sido presos e transportados da ilha. Suas propriedades foram entregues ao governo grego de Corfu para serem distribuídas para os habitantes da ilha.[76]

Mais de 160 km ao sul de Corfu, 270 judeus deixaram a ilha jônica de Zante e escaparam pelo mar para a Itália. De Creta, porém, os alemães deportaram aproximadamente 260 judeus, de acordo com o plano.[77]

Nas ilhas orientais do Egeu, o responsável era o comandante da 999ª Divisão (*Sturmdivision Rhodos*), *Generalleutnant* Ulrich Kleemann. Ele respondia diretamente ao *Generaloberst* Löhr, comandante do Grupo E do Exército. As Ilhas orientais do Egeu eram um território exposto. Em setembro de 1943, mais ou menos duas semanas após o colapso italiano, as forças britânicas tinham desembarcado em Sámos, Léros e Kos. No entanto, os britânicos não podiam defender as ilhas.

---

73 XXII Corpo de Montanha/Ic para Grupo E do Exército, 18 de maio de 1944, NOKW-1915.

74 Memorando de *Oberst* Jäger (Comandante, 1017º Regimento de Infantaria e Comandante da Ilha, Corfu) e *Kapitän zur* See Magnus (Comandante Naval, Grécia Ocidental), 1º de junho de 1944, NOKW-1915.

75 Jäger para XXII Corpo de Montanha, 11 de junho de 1944, NOKW-1997.

76 BdS Grécia/Aussenstelle Janina IV-B para XXII Corpo de Montanha/Ic e Feldkommandantur 1032/Ic, 17 de junho de 1944, NOKW-1915.

77 Nehama em Molho, *In Memoriam*, vol. 2, pp. 68-69, 72-74, 164.

Kleemann contra-atacou e, dentro de dois meses, derrotou as três guarnições britânicas, uma por uma. Ele, então, voltou sua atenção para os judeus.

Os judeus falantes de ladino de Rhodes eram uma comunidade isolada. As autoridades italianas haviam confiscado rádios da população não italiana em 1941 e, de acordo com um líder da comunidade judaica sobrevivente, os judeus residentes na ilha tinham sido mantidos às escuras sobre o destino que havia recaído sobre a comunidade judaica continental.[78] Eles eram, portanto, vítimas ideais.

Em junho de 1944, dois oficiais da ss chegaram de avião em Rhodes para se reunirem com Kleemann.[79] No dia 13 de julho, Kleemann emitiu uma ordem designando que a cidade de Rhodes e as cidades de Trianda, Cremasto e Villanovo eram pontos de coleta de judeus. Toda a população judaica de Rhodes tinha de se apresentar naquelas cidades até 17 de julho ao meio-dia.[80]

A ordem repercutiu não apenas entre os judeus, mas também entre as tropas. No dia 16 de julho, Kleemann foi, assim, forçado a emitir outra ordem na qual declarava que a questão judaica em Rhodes havia aparentemente levantado "dúvidas" (*Zweifeln*). Um soldado, Kleemann observou, não podia julgar esse assunto a partir de sua estreita perspectiva de soldado. No que dizia respeito às medidas agora emitidas, a questão judaica em Rhodes em sua solução não deveria mais ser assunto de conversas cotidianas entre as tropas.[81]

No dia 19 de julho, todos os homens judeus com 16 anos ou mais receberam ordens para se apresentarem à Gestapo na manhã seguinte com a carteira de identidade e de trabalho para serem registrados. Após a reunião, todos foram privados de seus documentos e os diretores da comunidade judaica receberam a notícia de que todos os homens tinham de voltar com suas famílias e bens de valor. Os judeus deviam se preparar para mudarem-se para uma ilha vizinha, onde viveriam de suas economias. O diretor da comunidade sobrevivente afirma: "Nosso pânico intensificou-se tanto que perdemos a capacidade de pensar e reagir de

---

78 Declaração de Maurizius Soriano, setembro de 1961, Yad Vashem Oral History, documento 1745/67.

79 Testemunho juramentado de Erwin Lenz (membro da artilharia, Sturmdivision Rhodos), 10 de maio de 1947, NOKW-1715.

80 Ordem de Kleemann, 13 de julho de 1944, NOKW-1802.

81 Kleemann para unidades subordinadas, 16 de julho de 1944, NOKW-1801.

modo funcional." As famílias foram levadas junto e os bens de valor (incluindo relógios) foram tirados deles sob ameaças de fuzilamento.[82]

Um soldado que, na época, tinha ido à cidade de Rhodes para arrumar os dentes viu homens, mulheres e crianças de pé, com os rostos virados para a parede sob um sol escaldante. Gregos e turcos que queriam oferecer comida e bebida para os deportados eram afastados. (Havia também uma escassez de alimentos em Rhodes.) O soldado visitante percebeu que as vítimas tinham poucas bagagens. Ele começou a conversar com os soldados alemães que faziam a guarda e ficou sabendo que os judeus não precisavam de nenhuma bagagem, uma vez que, afinal de contas, não viveriam muito tempo mais.[83]

Os judeus chegaram a Auschwitz, a cerca de um quilômetro e meio de Rhodes, em meados de agosto.[84] Os espólios que eles tinham deixado para trás foram objeto de contenda entre os oficiais alemães e italianos locais.[85] Quando tropas britânicas ocuparam a ilha em maio de 1945, apenas alguns judeus esperavam seus libertadores na cidade de Rhodes.[86]

Mais de 60 mil judeus foram deportados da porção continental, da "Nova Albânia" e das ilhas. Talvez 12 mil tenham restado.

Satélites por excelência

Durante a marcha alemã através da Europa, alguns territórios eram ocupados e outros atribuídos aos aliados do Eixo. Duas áreas estavam em uma categoria

———

82 Declaração de Soriano, setembro de 1961, Yad Vashem Oral History 1745/67. Soriano e sua esposa escaparam de barco para a Turquia. Os outros dois diretores eram Franco (diretor) e R. Cohen.

83 testemunho juramentado da testemunha ocular Lenz, 10 de maio de 1947, NOKW-1715. Na população italiana, reclamava Kleemann, os alemães eram chamados até de "bárbaros" (*Vereinzelt wurden die Deutschen sogar als Barbaren bezeichnet*) e, na ilha vizinha de Kos, tanto escritórios gregos quanto italianos eram visivelmente relutantes em ajudar quando os judeus foram "expulsos" (*auf Cos war das Bemühen zu erkennen, sich beim Abschub der Juden weitgehend zurückzuhalten*). Rascunho do relatório do comandante do leste egeu Ic (assinado por Kleemann) para o Grupo E do Exército Ic/AO, Südost 75000/34.

84 Danuta Czech, "Kalendarium der Ereignisse im Konzentrationslager Auschwitz-Birkenau", entrada para 16 de agosto de 1944, *Hefte von Auschwitz* 8 (1964): 58.

85 *Kreiskommandantur* Rhodos para Sturmdivision Rhodos Ic, 3 de setembro de 1944, NOKW-1795.

86 Major General Lord Rennell de Rodd, *British Military Administration of Occupied Territories in Africa During the Years 1941-1947* (Londres, 1948), p. 513.

especial. A Alemanha não queria incorporá-las, mas elas não podiam ser absorvidas por seus parceiros. Consequentemente, essas regiões em si tornaram-se países. As novas entidades – estados por definição e satélites por excelência – eram a Croácia e a Eslováquia.

Croácia

Embora o Estado da Croácia fosse uma criação alemã, seu estabelecimento não foi planejado com muita antecedência. Aliás, foi um trabalho feito às pressas. No dia 25 de março de 1941, a Iugoslávia seguiu os passos de alguns de seus vizinhos e juntou-se ao Eixo. Dois dias depois, um novo governo em Belgrado repudiou o acordo e, naquele mesmo dia, Hitler decidiu destruir a Iugoslávia.[1] As operações militares contra os iugoslavos começaram no dia 6 de abril. Em 10 de abril, o exército alemão havia ocupado a cidade croata de Zagreb. Um dia depois, o mediador Veesenmayer, do Ministério das Relações Exteriores, chegou à cidade para discutir com os líderes croatas um "plano completo para a tomada do poder".[2] No dia 16 de abril, havia um governo croata, cujas personalidades mais importantes eram:[3]

Chefe de Estado e do movimento Ustasha	dr. Ante Pavelić
Primeiro-ministro	dr. Pavelić (sucedido em 4 de setembro por Nikola Mandić)
Ministro das Relações Exteriores	dr. Pavelić (Mladen Lordović)
Comandante das Forças Armadas e da Gendarmerie	Marechal Slavko Kcaternik
Ministro do Interior e chefe do Gabinete de Controle da Ustasha (*Ustaško Nadzorna Služba*)	dr. Artuković (sucedido em setembro de 1943 por Nikšić)

---

1 Resumo da Reunião com o Führer, 27 de março de 1941, PS-1746.

2 Veesenmayer para Ribbentrop, 11 de abril de 1941, NG-5875.

3 Ladislaus Hory e Martin Broszat, *Der Kroatische Ustascha-Staat 1941-1945* (Stuttgart, 1964), pp. 75-92, 134-37. Edmond Paris, *Genocide in Satellite Croatia, 1941-1945* (Chicago, 1961), pp. 60, 70-71, 128-29. *Donauzeitung* (Belgrado), *passim*. O movimento Ustasha tinha um comando com 12 homens, que incluía vários membros do gabinete. As formações do Ustasha no Ministério do Interior (de maio de 1942, também a *Gendarmerie*) foram gradualmente transferidas para o Diretório para Segurança Pública.

Diretor de Segurança Pública	Eugen Kvaternik (filho do marechal, até o fim de 1942; em seguida, dr. Crvenković, Jurčić)
Ministro da Justiça	Sušić
Ministro das Finanças	Košak
Ministro de Minas	Frković
Ministro de Transportes	Bešlegić
Ministro da Cultura e Educação	Budak

A filosofia assumida pelo estado era fascista-católica. Seu movimento, o Us-tasha, era uma organização que, no Ministério do Interior, desenvolveu uma for-ça uniforme, de certa maneira análoga à ss, que desempenhava funções policiais e dirigia campos de concentração.

Na época de sua criação, o novo estado croata possuía fronteiras bastante in-certas. Ao norte, os alemães anexaram uma boa parte da Eslovênia, indo parar a apenas alguns quilômetros de Zagreb. A oeste, os italianos anexaram a Liubliana, grande parte da costa da Dalmácia e algumas ilhas adriáticas. A leste, o coman-dante alemão na Sérvia tomou a cidade de Semlin (Zemun), ao passo que a noro-este, os húngaros anexaram a bacia entre o Danúbio e o Tisza. O estado croata em si estava ocupado. A maior parte do país abrigava o exército alemão, mas na parte sudeste, unidades italianas haviam se estabelecido.

Apesar dessas condições incertas, o governo croata não perdeu tempo em agir contra seus 35 mil habitantes judeus. Em 30 de abril de 1941, com apenas três semanas de existência, o estado croata emitiu sua primeira lei antijudaica, uma definição do termo "judeu". Como esperado, as autoridades croatas obediente-mente seguiram – e até mesmo aperfeiçoaram – a definição original de Lösener (ver Tabela 8.19).

Precisamos apenas recordar os problemas que a definição alemã dera origem para perceber que a definição croata, com todos os seus aperfeiçoa-mentos, fora forjada pelas mãos de um especialista. Porém, o decreto-lei cro-ata continha uma importante cláusula de exceção que dava poderes ao chefe de estado para conceder a todos não arianos que tivessem dado contribuições valiosas à causa croata antes de 10 de abril de 1941 todos os direitos de arianos.[4]

---

4 *Die Judenfrage*, 1º de março de 1943, p. 74-75.

TABELA 18.19 Definições alemã e croata de "judeu"

ALEMÃ	CROATA
1. Uma pessoa que tivesse pelo menos três avós judeus	1. Uma pessoa que tivesse pelo menos três avós judeus
2. Uma pessoa que tivesse dois avós judeus e que	2. Uma pessoa que tivesse pelo menos dois avós judeus e que
(a) pertencesse à comunidade judaica em 15 de setembro de 1935, ou tenha se associado a ela em uma data posterior ou	(a) pertencesse à comunidade judaica em 10 de abril de 1941, ou tenha se associado a ela em uma data posterior ou
(b) fosse casada com um judeu completo ou com um indivíduo que fosse ¾ judeu em 15 de setembro de 1935, ou tenha se casado com um em uma data posterior ou	(b) fosse casada com um judeu em 30 de abril de 1940, ou tenha se casado com um judeu ou meio judeu em uma data posterior ou
(c) fosse fruto de uma relação extramatrimonial com um judeu completo ou um indivíduo que fosse ¾ judeu, e tivesse nascido fora do casamento após 31 de julho de 1936	(c) fosse fruto de uma relação extramatrimonial com um judeu e tivesse nascido fora do casamento após 31 de janeiro de 1942 ou
	(d) fosse considerado judeu por decisão do Ministro do Interior croata de acordo com uma recomendação de uma comissão "político-racial" ou
	(e) tivesse nascido fora da Croácia e fosse filho de pais não residentes na Croácia
	3. Todos os filhos cuja mãe fosse judia e solteira
	4. Todas as pessoas (incluindo ¼ judeus e arianos completos) que contraíssem matrimônio com um judeu após 30 de abril de 1941.

Nota: *Die Judenfrage*, 1º de março de 1943, pp. 74-75.

Como frequentemente, a porta da frente trancada a sete chaves ocultava uma entrada ampla e aberta nos fundos.[5]

    Em um período bastante curto, o governo croata também agiu para aplicar todas aquelas medidas sobre as quais os burocratas alemães vinham trabalhando há oito anos: a proibição de casamentos mistos, de empregar mulheres

———

5 O número de arianos honorários aumentava de forma contínua mês a mês. RSHA IV-E-3 (assinado por Schellenberg) para Himmler, setembro de 1942, Arquivos Himmler, pasta 120.

com menos de 45 anos, de levantar uma bandeira croata; a modificação total das mudanças de nomes adotadas desde 1º de dezembro de 1918; a marcação de lojas judaicas e de pessoas judias; o registro das propriedades; a remoção de judeus da burocracia e da vida profissional; o fechamento de atividades de negócios e a transferência de empresas.[6] O processo de empobrecimento espalhou-se com grande rapidez. Ao final de agosto de 1941, após apenas 4 meses de governo croata, a maioria das empresas judaicas que valiam menos de 200 mil kuna (10 mil Reichsmark ou 2.500 dólares) tinham sido "arianizadas".[7]

Os decretos mal foram emitidos quando a população judaica foi arrastada das cidades para ser deportada para campos de detenção. Nas três principais cidades, as maiores capturas foram as seguintes:[8]

Zagreb
  Maio de 1941, para Danica
  Verão de 1941, prisões em massa
  Maio de 1943, a maioria dos judeus restantes foi removida
Sarajevo
  Início de setembro de 1941, para Kruščica
  Outubro de 1941, prisões em larga escala
  Novembro de 1941, prisões em larga escala
  Agosto de 1942, prisões de trabalhadores qualificados
Osijek
  Junho de 1942, para Tenje

---

6 *Die Judenfrage*, 1º de março de 1943, pp. 74-75.

7 *Donauzeitung* (Belgrado), 23 de agosto de 1941, p. 3.

8 Zdenko Löwenthal, ed., *The Crimes of the Fascist Occupants and Their Collaborators against Jews in Yugoslavia* (Belgrado, 1957), pp. 10-14. *Die Judenfrage*, 15 de outubro de 1941, p. 209. Lionello Alatri (*Unione della communità israelitiche*, Roma) para o Cardeal Maglione (Secretário de Estado do Vaticano), 14 de agosto de 1941, sobre as prisões, in Secrétairerie d'État de sa Sainteté, *Actes et documents du Saint Siège relatifs à la seconde guerre mondiale*, vol. 8 (Vaticano, 1974), pp. 250-52. Sobre Zagreb, ver Ivo Goldstein, *Holokaust u Zagrebu* (Zagreb, 2001), pp. 247-476. Para a ação contra os judeus de Sarajevo nos dias 26 e 27 de outubro de 1941, elementos da 718ª Divisão de Infantaria alemã foram destacados para isolar a cidade. Diário de guerra da divisão, 26 de outubro de 1941, NOKW-1014. O *Generalmajor* Hans Fortner comandava a divisão.

Os campos, que eram controlados pelo Diretório para Segurança Pública e guarnecidos pelo Ustasha, continham sérvios, ciganos e prisioneiros políticos croatas, além de judeus. Numericamente, os sérvios vinham em primeiro lugar como prisioneiros e mortos, mas para judeus e ciganos, a morte era praticamente certa. Os judeus eram concentrados nos seguintes recintos:[9]

Primeiros campos

Fábrica de Danica (em Koprivnica, próximo à fronteira húngara). Fechado em julho de 1941. Os prisioneiros sobreviventes foram transferidos para Jadovno.

Ilha Pag. Campos de homens e de mulheres. Fechado em agosto de 1941, quando os italianos ocuparam a ilha. Os homens foram enviados para Jadovno e as mulheres para Kruščica.

Jadovno (Montanhas Velebit, aproximadamente 16 km da costa). Os prisioneiros foram mortos e o campo foi fechado em agosto de 1941.

Kruščica (Bósnia). Fechado no final de setembro de 1941. Os prisioneiros sobreviventes foram enviados para Jasenovac.

Campos posteriores

Đakovo (Eslavônia, entre os rios Sava e Drava). As mulheres e crianças sobreviventes foram transferidas em fevereiro de 1942 para Stara Gradiška. Os homens sobreviventes foram transferidos em junho de 1942 para Jasenovac.

Tanje (próximo a Osijek). Apenas judeus, de Osijek e áreas adjacentes. Em agosto de 1942, um transporte foi enviado para Auschwitz, seguido por

---

9 Löwenthal, ed., *Crimes against Jews in Yugoslavia*, pp. 11, 14-20, 23. Testemunho de Alexander Arnon (antes, como Alexander Klein, Secretário da Comunidade Judaica de Zagreb), transcrição do julgamento de Eichmann, 19 de maio de 1961, sess. 46, p. Q1. *Deutsche Ukraine-Zeitung* (Łuck), 22 de fevereiro de 1942, p. 5. Paris, *Genocide in Satellite Croatia*, pp. 127-61. Paris afirma que o General do Ustasha, Vjekoslav Luburic, dirigia a rede de campos. *Ibid.*, p. 128-29, 132. Dois comandantes de Jasenovac identificados por testemunhas eram Ljubo Miloš (1941-42) e o frade franciscano Miroslav Filipović-Majstorovic (da segunda metade de 1942). Ver os livros de Löwenthal e Paris, *passim*. Sobre os franciscanos no Ustasha, ver Carlo Falconi, *The Silence of Pius XII* (Boston, 1970), p. 298.

um segundo transporte em agosto para Jasenovac. Um terceiro transporte foi direcionado via Loborgrad para Auschwitz.

Loborgrad (cerca de 40 km ao norte de Zagreb). Mulheres e crianças. Um transporte foi para Auschwitz. O campo foi fechado em outubro de 1942.

Campos de Extermínio

Jasenovac (no rio Sava ao longo da linha ferroviária Zagreb-Belgrado). Os campos I e II foram inundados pelo Sava em novembro de 1941. O campo III existiu até 1945.

Stara Gradiška (penitenciária situada a 32 km de Jasenovac rio abaixo). Mulheres e crianças.

Mais de metade da comunidade judaica croata foi entregue a esses campos. Transportados de um para outro, os judeus eram submetidos ao desgaste e à aniquilação. Nesse processo, eles morreram de tifo, fome, fuzilamentos, torturas, afogamentos, esfaqueamentos e marteladas na cabeça.[10] Uma indicação do que estava acontecendo foi dada pelo ministro italiano das Relações Exteriores, Ciano, no dia 16 de dezembro de 1941, durante uma visita de uma delegação do alto escalão croata a Veneza. Naquela ocasião, Pavelić mencionou que a população judaica da Croácia já havia caído para pouco mais de um terço de seu tamanho original. Em um memorando da conversa registrada nos documentos diplomáticos de Ciano, a seguinte sentença foi adicionada entre parênteses: "O jovem Kvaternik explica essa diminuição com a palavra 'emigração' acompanhada por um sorriso que não deixa espaço para quaisquer dúvidas".[11] Em julho de 1942, quando o representante do Vaticano em Zagreb, o Abade Giuseppe Marcone, tentou descobrir algo a respeito do destino de determinados judeus que haviam desaparecido, deparou-se com um "inexplicável silêncio" nos gabinetes croatas.[12] De acordo com um cálculo realizado após a guerra por um

---

10 Ver em especial as fotografias em Löwenthal, ed., *Crimes against Jews in Yugoslavia*, e Paris, *Genocide in Satellite Croatia*.

11 Malcolm Muggeridge, ed., *Ciano's Diplomatic Papers* (Londres, 1948), p. 471. Pavelić oferece o número de 35 mil judeus antes da guerra, e que caiu para 12 mil.

12 Marcone para Maglione, 17 de julho de 1942, *Actes*, vol. 8, p. 601, e em John F. Morley, *Vatican Diplomacy and the Jews during the Holocaust, 1939-1945* (Nova York, 1980), p. 152.

demógrafo croata, o número de judeus mortos nos campos no final das contas chegou a 19.800, incluindo 13 mil apenas em Jasenovac.[13]

No verão de 1942, a reduzida comunidade estava propícia para ser deportada. Um emissário do RSHA, *Hauptsturmführer* Abromeit, reuniu-se com o ministro alemão Kasche na capital croata.[14] Milhares de judeus já haviam migrado a pé para a zona da Croácia ocupada pelos italianos[15] e para a iugoslava Backa, anexada pela Hungria,[16] em busca de refúgio. Agora, porém, o Ministério das Relações Exteriores alemão avançava com impressionante precisão.

Em algum momento no final de 1941 ou no início de 1942 o governo croata foi convidado a expressar seu desinteresse no destino de algumas dezenas de judeus croatas que moravam no Reich. Esse pedido era sempre colocado na forma da seguinte pergunta cordial: O governo croata tem planos de convocar seus judeus ou concorda com a deportação?[17] O governo croata expressou "sua gratidão pelo gesto do governo alemão", mas indicou que "gostaria que seus judeus fossem deportados para o leste".[18]

Essa resposta condenava não apenas os diversos judeus croatas na Alemanha, mas também a maioria dos judeus que tinham permanecido na Croácia, pois, dado o consentimento à morte mesmo de uma vítima, a fronteira havia sido cruzada e o envolvimento decisivo, iniciado. O assassino de uma pessoa não é menos assassino do que aquele de mil pessoas e, por outro lado, o assassino em massa não é mais culpado do que aquele que matou apenas uma vez. Os especialistas do RSHA e o Ministério das Relações Exteriores alemão conheciam esse princípio melhor do que ninguém; eles, portanto, sempre começavam uma campanha estrangeira pressionando para a deportação daqueles poucos judeus que já estavam no Reich.

---

13 Josip Kolanovic (Croatian State Archives), "Shoah — In Croatia Documentation and Research Perspectives", in Centre de Documentation Juive Contemporaine, *Les archives de la Shoah* (Paris, 1998), pp. 575-76. Kolanovic cita o demógrafo Vladimir Zerjavic.

14 testemunho juramentado de Wisliceny, 25 de novembro de 1945, *Conspiracy and Aggression*, VIII, 606-621.

15 *Ibid.*

16 *Deutsche Ukraine-Zeitung* (Lutsk), 28 de janeiro de 1942, p. 8.

17 Rademacher via Luther para Weizsäcker, 28 de outubro de 1941, NG-182. Memorando de Luther, 21 de agosto de 1942, NG-2586-J.

18 Memorando de Luther, 21 de agosto de 1942, NG-2586-J.

A renúncia àqueles judeus por parte do governo croata não exigia nenhuma confirmação administrativa e nenhuma ação burocrática a não ser uma palavra de consentimento. Assim, a iniciação na fase de extermínio foi realizada com facilidade, quase que de forma imperceptível. O segundo pedido afetava um grupo bem maior de pessoas, mas já era rotina. O governo croata concordou e os alemães tiveram carta branca.[19]

O representante do Vaticano, Marcone, estava bem informado sobre esses desenvolvimentos. Ele tivera algumas conversas sobre as iminentes deportações com o rabino-chefe de Zagreb e com o chefe de segurança da Croácia, Kvaternik. Esse último dissera-lhe abertamente que os alemães já haviam matado dois milhões de judeus.[20] O abade implorou por adiamentos, mas a máquina de deportação já estava preparada para agir.

No dia 31 de julho de 1942, o diretor croata de Segurança ordenou que todos os judeus se registrassem.[21] Em 7 de agosto, o representante de Eichmann, Günther, escreveu a Abromeit informando que a Reichsbahn havia confirmado as datas de partida para seis trens, classificados DA 60/1, DA 60/2 e assim consecutivamente. Cada um deles levaria dois dias para chegar a Auschwitz via Maribor.[22] Em Zagreb, houve prisões já no dia seguinte[23] e o DA 60/1 partiu com 1.200 judeus no dia 13 de agosto.[24]

Porém, havia uma complicação: os milhares de judeus vivendo na zona italiana. Até aquele momento, nem mesmo as leis croatas aplicadas na capital de Zagreb dominada pelos alemães puderam ser implementadas na área italiana. O comandante italiano em Mostar, por exemplo, havia prometido tratamento igual a todos os habitantes, e tinha inclusive se recusado a despejar inquilinos judeus

---

19 *Ibid.*

20 Marcone para Maglione, 17 de julho de 1942, *Actes*, vol. 8, pp. 601-602, em Morley, *Vatican Diplomacy*, p. 153.

21 *Donauzeitung* (Belgrado), 1º de agosto de 1942, p. 3.

22 Günther para Abromeit, 7 de agosto de 1942, em um compêndio de investigações do promotor-chefe em Kammergericht em Berlim Ocidental contra Friedrich Bosshammer e outros, 30 de abril de 1969, 1 Js/65 (RSHA), pt. C, pp. 719-20, Zentrale Stelle Ludwigsburg, 1310/63.

23 Declaração de Mitzi Abeles (sobrevivente), 1958, Yad Vashem Oral History 530/32.

24 Günther para Auschwitz e Abromeit, 14 de agosto de 1942. Compêndio de investigações no Caso Bosshammer, pt. B, p. 315.

para abrir espaço para a organização alemã Todt. Quando lhe pediram uma explicação, ele declarou que medidas antijudaicas eram "incompatíveis com a honra do exército italiano".[25] Os especialistas do Ministério das Relações Exteriores tentaram incitar os italianos à ação e também na Croácia o Ministério das Relações Exteriores falhou.

O ministro alemão em Zagreb, Kasche, sugeriu que a máquina de deportação começasse a reunir judeus na zona italiana sem fazer quaisquer perguntas. "Devemos arriscar e ver se quaisquer complicações surgem durante a operação", disse.[26] O *Vortragende Legationsrat* von Sonnleithner (escritório de Ribbentrop) e o *Staatssekretär* Weizsäcker pensavam que talvez o embaixador alemão em Roma, von Mackensen, devesse ser ouvido primeiro.[27] No dia 20 de agosto de 1942, Kasche escreveu ao Ministério das Relações Exteriores informando que o homem-chave na zona italiana era o comandante italiano, general Roatta. Aquele era o homem cuja colaboração era necessária e, portanto, era preciso convencer o governo de Roma a enviar as diretivas apropriadas a ele.[28]

Em Roma, o príncipe Otto von Bismark (encarregado de negócios da embaixada alemã) havia, na verdade, apresentado tal necessidade ao ministro de Relações Exteriores italiano, que no dia 21 de agosto transmitiu a questão a Mussolini para uma decisão. O Duce, possivelmente impulsionado pelos sucessos do Eixo na África e na União Soviética, escreveu seu *nihil obstat* no memorando e o Ministério de Relações Exteriores italiano transmitiu as palavras de Mussolini às forças militares italianas. Os generais não interpretaram a permissividade do Duce como uma ordem peremptória. Uma vez que a região italiana na Iugoslávia era dividida em territórios anexados e territórios ocupados (Zona A e B), a comunicação do Ministério das Relações Exteriores foi interpretada no sentido de ser aplicável, em todo caso, apenas na Zona B. Entre os judeus daquela zona havia cidadãos italianos e elegíveis para cidadania italiana que tinham de ser protegidos.

---

25 Memorando de Luther, 21 de agosto de 1942, NG-2586-J.

26 *Ibid.*

27 Anotação de Weizsäcker escrita à mão, sem data, NG-3560. Lohmann (Gabinete de Ribbentrop) via Weizsäcker para Luther, 8 de agosto de 1942, NG-3560.

28 Kasche para o Ministério das Relações Exteriores, 20 de agosto de 1942, NG-2368.

O status dos judeus teria de ser determinado caso a caso e teria de haver tempo para tais investigações.[29]

Nesse meio tempo, Ribbentrop deliberara contra novas pressões em Roma. De acordo com seu ponto de vista, as deportações dos judeus da zona italiana eram "uma questão que dizia respeito ao governo croata"; desse modo, ele pensava que o governo croata era a autoridade adequada para conduzir as negociações com os italianos.[30]

Aparentemente, o governo croata não conduziu muitas negociações, pois em 24 de setembro de 1942, às vésperas de uma reunião entre o Duce e o Führer, o ministro Kosche foi instruído a rascunhar um memorando para Hitler talvez apresentar a Mussolini. O memorando deveria tratar de dois assuntos: os judeus e o fornecimento de bauxita de Mostar. O embaixador Ritter sugeriu: "A linguagem diplomática correta deve ser adotada, de modo a não ofender a Itália ou o Duce".[31]

As negociações entre alemães e italianos continuaram por vários meses. O rumo dessas discussões mostra uma semelhança notável com o curso das negociações gregas. Os italianos primeiro ofereceram levar os judeus para a Itália.[32] Em seguida, os negociadores consideraram a possibilidade de remover as vítimas para a ilha de Lopud, na costa da Dalmácia.[33] Por fim, o governo italiano prometeu concentrar os judeus no local. Porém, recusou-se a permitir confiscos croatas de propriedade judaica e, mais importante, negou um pedido alemão por "batalhões judaicos de trabalho".[34] Naquele momento, o Ministério de Relações Exteriores italiano havia recebido uma mensagem bastante breve, porém alarmante, do comandante dos *Carabinieri* na Croácia, general Pièche, segundo a qual os deportados judeus da zona alemã da Croácia tinham sido "eliminados" com gás venenoso dentro do trem

---

29 Daniel Carpi, "The Rescue of Jews in the Italian Zone of Occupied Croatia", in Ysrael Gutman and Efraim Zuroff, eds., *Rescue Attempts during the Holocaust* (Jerusalém, 1977), pp. 465-526. O Duce tinha escrito *nulla osta* (sem objeção).

30 Rintelen para Luther, 25 de agosto de 1942, NG-2586-K.

31 Nota de Ritter, cópia para Kasche, 24 de setembro de 1942, NG-3165.

32 Kasche para Ministério das Relações Exteriores, 20 de outubro de 1942, NG-2814. Klingenfuss (D-III) para Embaixada alemã em Roma, 24 de outubro de 1942, NG-2366. Kasche para Ministério das Relações Exteriores, 10 de novembro de 1942, NG-2814.

33 Kasche para Ministério das Relações Exteriores, 20 de novembro de 1942, NG-2345.

34 *Ibid.*

no qual haviam sido presos.[35] Em última instância, o Ministério das Relações Exteriores alemão estava com seus esforços bloqueados. Vários milhares de judeus tinham sido concentrados na ilha de Rab, ocupada pelos italianos, de onde fugiram para áreas comandadas por partidários em setembro de 1943.[36]

Na zona alemã, contudo, as deportações continuavam. Quatro trens com 4.927 judeus haviam partido no verão de 1942.[37] O governo croata se beneficiou dessas partidas para publicar sua versão da IIª Portaria para a Lei de Cidadania do Reich. Todos os judeus deixando o país deveriam perder sua cidadania croata a fim de que perdessem também suas propriedades pessoais. Novamente, houve um aperfeiçoamento do decreto alemão original: quaisquer dependentes deixados para trás pelos deportados também perderiam a nacionalidade.[38] No dia 9 de outubro de 1942, o ministro das Finanças Košak concordou em pagar ao governo alemão 30 Reichsmark por cada judeu deportado como compensação pela contribuição alemã para a "solução final do problema judaico" na Croácia. Os detalhes foram acertados por Kasche e pelo ministro das Relações Exteriores, Lordović.[39]

Uma tentativa de deportar os judeus croatas remanescentes na zona alemã foi realizada no início de 1943. Os judeus que tinham sobrevivido a Jasenovac e Stara Gradiška deveriam ser "reassentados" e aqueles que moravam nas cidades também deveriam ser removidos.[40] Em março de 1943, o representante da Reichsbahn em Zagreb concordou em fornecer os vagões, que seriam conectados aos trens regulares, para a deportação de 2 mil judeus via Áustria para Auschwitz.[41] Na ocasião dessas deportações, outra tentativa vã foi feita no sentido de induzir os

---

35 Nota do Ministério das Relações Exteriores italiano, 4 de novembro de 1942, com o selo "*Visto dal Duce*", fac-símile in Carpi, "Rescue", in Gutman and Zuroff, eds., *Rescue Attempts*, p. 520.

36 Carpi, *ibid.*, pp. 499-504.

37 Relatório de Korherr, 19 de abril de 1943, NO-5193.

38 *Donauzeitung* (Belgrado), 13 de agosto de 1942, p. 3.

39 Kasche para Ministério das Relações Exteriores, 14 de outubro de 1942, NG-2367.

40 *Sturmbannführer* Helm para Diretório de Segurança Pública croata (Dr. Crvenković), com cópia para Eichmann, 27 de janeiro de 1943, Polícia de Israel 1081.

41 Kasche para Ministério das Relações Exteriores, 3 de março de 1943, NG-2348. Os transportes partiram em maio. Sua chegada em Auschwitz nos dias 7 e 13 de maio foi percebeida pelos internos do campo. Danuta Czech, "Kalendarium der Ereignisse im Konzentrationslager Auschwitz-Birkenau", *Hefte von Auschwitz* 4 (1961): 97-98. Ver também Ministério das Relações Exteriores/

italianos a cooperarem em sua zona.[42] Em julho de 1943, o chefe do *Inland II*, Wagner, pediu para Kasche fazer o possível para deportar cerca de 800 mulheres e crianças judias que ainda permaneciam nos campos de concentração croatas.[43] Em setembro, a zona italiana desapareceu e o RSHA despachou para a Croácia um *Sonderkommando* composto por 14 homens subordinados ao *Obersturmbannführer* Krumey com o objetivo de capturar os judeus na área.[44]

Em abril de 1944, Kasche e o adido da polícia, *Obersturmbannführer* Helm, enviarem seu relatório final para Berlim. A questão judaica na Croácia, dizia Kasche, fora resolvida, mas havia três exceções gerais: os judeus reconhecidos como arianos honorários, os judeus em casamentos mistos e os *Mischlinge* (mestiços). O adido da polícia, Helm, adicionava que o problema dos arianos honorários reconhecidamente não tinha solução, pois alguns deles ainda exerciam cargos e ocupavam funções. Ele acreditava que um judeu, Alexander Klein, havia inclusive sido enviado para a Hungria e para a Itália pela sede do Ustasha como um oficial de aquisições. Com respeito aos casamentos mistos e aos *Mischlinge*, Helm observou que um bom número de líderes croatas tinham laços fortes com judeus (alguns membros do gabinete eram casados com judias). Ademais, Helm apontou, aquela questão também não tinha sido resolvida no Reich. Mesmo assim, ele prometia fazer todos os esforços para garantir uma "revisão" de cada caso privilegiado.[45] Nem Kasche, nem Helm mencionaram que vários judeus haviam encontrado

---

Inland II-A para Eichmann, 26 de maio de 1943, Polícia de Israel 342, referindo-se a partida de um segundo transporte no dia 11 de maio.

42 Wagner para missão diplomática em Zagreb, 10 de abril de 1943, NG-2347.

43 Wagner e von Thadden para Kasche e adido policial em Zagreb, 15 de julho de 1943, NG-2413. As propriedades judaicas nas áreas croatas arrancadas dos italianos tornaram-se objeto de disputas entre alemães e croatas. Ver Plenipotenciário Geral alemão na Croácia/Ia para XV Corpo de Montanha, 6 de dezembro de 1943, contendo anexo o relatório de Vladimir Jonić (comissário do Ustasha e representante da administração civil croata na Dalmácia), 8 de novembro de 1943, NOKW-1419.

44 *Sturmbannführer* dr. Ploetz (RSHA/Attaché Group) para Helm, 16 de setembro de 1943, Polícia de Israel 1094. Ploetz para Helm, [15?] de outubro de 1943, Polícia de Israel 1095.

45 Kasche para Ministério das Relações Exteriores, 22 de abril de 1944, incuindo anexo o relatório de Helm, datado de 18 de abril de 1944, NG-2349. Klein (Secretário da Comunidade Judaica em Zagreb) tinha viajado para Budapeste para conseguir ajuda financeira para os judeus. Yehuda Bauer, *American Jewry and the Holocaust* (Detroit, 1981), p. 282.

refúgio entre os partidários do marechal Tito, que naquela época já havia liberado uma porção considerável do território iugoslavo.[46] Quando a guerra chegou ao fim, cerca de 20% dos judeus da Croácia tinham sobrevivido.[47]

Eslováquia

Os alemães criaram dois satélites na Europa: a Croácia e a Eslováquia. A partir do acordo de Munique, firmado no outono de 1938, o estado da Tchecoslováquia foi objeto de desmembramento. Os alemães ocuparam a região dos Sudetos, no oeste do país, os húngaros marcharam para o sul da Eslováquia e os poloneses adquiriram uma pequena área em Tešín-Bohumin. No final do ano de 1938, o resto desmembrado da Tchecoslováquia, assim, consistia na Boêmia-Morávia, boa parte da Eslováquia e a maior parte dos Cárpatos ucranianos. Já em outubro de 1938, o Ministério das Relações Exteriores alemão estava trabalhando em planos para a divisão final do território tchecoslovaco. Os alemães decidiram tomar para si a Boêmia-Morávia (e foi assim que nasceu o "Protetorado"). Os húngaros tiveram permissão de anexar os Cárpatos ucranianos. Restava, portanto, apenas a Eslováquia. Os alemães não queriam incorporá-la completamente; tampouco queriam transferi-la para os ucranianos, que estavam prontos para assumir o controle de qualquer coisa. Como consequência, a Eslováquia tornou-se um estado "independente", um satélite.[1]

---

46 Testemunho juramentado de Wisliceny, 25 de novembro de 1945, *Conspiracy and Aggression*, VIII, 606-621. Relatório do XV Corpo de Montanha Ic, 2 de dezembro de 1943, sobre a 4ª Brigada Partidária, que continha um destacamento de 160 judeus comandados pelo capitão Aaron Kabiljo (capitão, exército iugoslavo) de Sarajevo, NOKW-1375.

47 Em 1946, houve uma contagem de quase 12.500 sobreviventes (incluindo prisioneiros retornados da guerra) em solo iugoslavo, e uma estimativa de 2 mil judeus iugoslavos na Itália e em outros lugares. Harriet Passe Freidenreich, *The Jews of Yugoslavia* (Filadélfia, 1979), p. 193. Em sete grandes cidades da Iugoslávia, o número era de cerca de 8.500. Três dessas cidades, que eram da Croácia (Zagreb, Sarajevo e Osijek), continham até 3.900. Partindo do princípio de proporcionalidade na distribuição da população das cidades pequenas e de fugitivos, a parcela croata dos sobreviventes teria sido mais do que 6 mil. Dados em carta não datada do pós-guerra da Federação de Comunidades Judaicas da Iugoslávia (assinado por Bata Gedalja e dr. Friedrich Pops) para o Comitê Judaico Americano, Arquivos do Comitê Judaico Americano, EXO-29, arquivo Morris D. Waldman (Iugoslávia).

1 Wörmann via Weizsäcker para Ribbentrop, 5 de outubro de 1938, NG-3056.

Sem esperar a dissolução completa da Tchecoslováquia, os alemães encorajaram a formação de um governo eslovaco "autônomo" em Bratislava. No inverno de 1938-1939, enquanto o estado eslovaco estava em estágio pré-natal, Göring reuniu-se com o vice-premiê do governo autônomo, dr. Ďurčanský. O representante eslovaco prometeu que os judeus na Eslováquia receberiam tratamento semelhante ao que eram submetidos na Alemanha.[2] Na véspera da destruição da Tchecoslováquia (11 de março de 1939), o mediador do Ministério das Relações Externas alemão, Veesenmayer, enviou de Bratislava um telegrama informando que as coisas estavam indo bem e que ele tinha "todos os judeus nas mãos [alle Juden in der Hand]".[3] Alguns dias depois, a Eslováquia tornou-se "independente".

Os eslovacos eram agora convocados a pagar suas dívidas aos alemães e uma dessas dívidas era "a solução do problema judaico".[4] Os oficiais do governo eslovaco que estavam envolvidos mais intimamente com a "questão judaica" são listados abaixo:[5]

Presidente: dr. Jozef Tiso
Primeiro-ministro: Tuka (sucedido em 1944 por Stefan Tiso)
Ministro das Relações Exteriores: dr. Ďurčanský (após 1940, Tuka)
Ministro do Interior: Mach
    Especialista em assuntos judaicos: (Konka) dr. Vašek
Ministro da Guerra: Čatloš (Haššik)
Ministro da Economia: Medricky

---

2 Resumo da reunião ente Göring e Ďurčanský, sem data, PS-2801. Do lado alemão, participaram da reunião Seyss-Inquart e o chefe dos alemães étnicos na Eslováquia, Karmasin. Ďurčanský estava acompanhado de Šaňo Mach, posteriormente ministro do Interior da Eslováquia.

3 Seyss-Inquart para o ministro Schmidt (Ministério das Relações Exteriores), 11 de março de 1939, NG-5135.

4 Sobre a história do destino dos judeus da Eslováquia, baseada em fontes eslovacas, ver Ladislav Lipscher, *Die Juden im Slowakischen Staat 1939-1945* (Munique, 1980). Ver também Livia Rotkirchen, *The Destruction of Slovak Jewry* (Jerusalém, 1961), contendo textos de documentos, a maioria deles traduzidos em hebraico.

5 Para uma descrição do governo eslovaco, ver Jozef Lettrich, *History of Modern Slovakia* (Nova York, 1955).

Ministro das Finanças: Prŭzinský
Ministro dos Transportes e Obras Públicas: Stano
Agência Central de Economia: Morávek (diretor)

A Agência Central de Economia era uma instituição interessante. Estabelecida em agosto de 1940 com o objetivo exclusivo de aplicar medidas antijudaicas, seus poderes *não* se limitavam a assuntos econômicos, mas estendiam-se, também, a quaisquer questões depositadas em sua esfera de competência pelo gabinete: expropriações, certificados de trabalho, direção da organização da comunidade judaica e assim por diante. Em certo sentido, a Agência de Economia era quase um Ministério de Assuntos Judaicos. (Já vimos uma organização assim na França e podemos encontrar agências semelhantes também em outros países.) Entretanto, o ministro do Interior, Šaňo Mach, tinha mais poderes do que os oficiais do Ministério da Economia. Sua jurisdição compreendia a definição de problemas, os campos de trabalho forçado, concentração e deportação. Uma vez que Mach era também comandante da Guarda Hlinka (equivalente eslovaca à SS), ele unia em seus escritórios os poderes que na Alemanha eram exercidos por Frick e Himmler. Na Eslováquia, então, a comunidade judaica ficava entre duas espadas, Morávek e Mach, pelos quais os judeus eram atacados alternadamente.

Permanecendo no pano de fundo, mas sempre presente, estava a missão diplomática alemã em Bratislava, que fornecia a iniciativa. De julho a dezembro de 1940, a missão foi comandada pelo aristocrata da SA, von Killinger, que foi sucedido pelo não aristocrata também da SA, Hans Elard Ludin. No dia 1º de agosto de 1940, von Killinger pediu os serviços de um "conselheiro sobre assuntos judaicos".[6] O conselheiro, *Hauptsturmführer* Dieter Wisliceny, do RSHA, chegou à Eslováquia em 1º de setembro de 1940[7] e, com sua chegada, a máquina de destruição naquela região foi completada.

Medidas antijudaicas foram consideradas inicialmente enquanto a Eslováquia ainda era autônoma. Uma comissão, dirigida por Karel Sidor, realizou reuniões entre 23 de janeiro e 5 de março de 1939 para recomendar uma

---

6 Von Killinger para Luther, 1 de agosto de 1940, NG-4399.

7 Testemunho juramentado de Wisliceny, 7 de outubro de 1940, NG-2867. Von Killinger para Himmler, 9 de janeiro de 1941, Arquivos Himmler, Pasta 8.

definição do termo "judeu", uma quota para profissionais judeus e o controle majoritário das empresas por arianos.[8] Logo após a Eslováquia declarar sua independência, vários decretos recaíram sobre a comunidade judaica, embora seus efeitos fossem limitados. Basicamente, a burocracia eslovaca não era uma máquina alemã. A Igreja Católica, cujo interesse maior era o status de convertidos, era outro fator limitante. A economia subdesenvolvida era um obstáculo intrínseco à arianização ou eslovaquianização imediatas. Por fim, nem todos na liderança governamental queriam que a Eslováquia fosse uma cópia fiel da Alemanha Nazista. Desse modo, a Itália Fascista moderada, embora não fosse um vizinho imediato, poderia servir como um modelo alternativo. De qualquer forma, para os homens da ss em Berlim as hesitações eslovacas em agirem imediatamente contra os judeus eram motivos suficientes para suspeitas de uma influência italiana em ação.[9]

A posição da Igreja refletia-se no primeiro decreto antijudaico. A medida, adotada pelo estado Eslovaco, então com apenas um mês de existência, no dia 18 de abril de 1939, continha uma definição que claramente não podia ter sido elaborada em Nuremberg. Ao examiná-la, um redator alemão observou, como um mestre que verifica a primeira obra de seu aprendiz, que a medida continha um "defeito básico" (*grundlegenden Fehler*). No geral, ela abarcava apenas pessoas que eram judias por religião, aqueles meios-judeus que não pertenciam a nenhuma religião e "recém" convertidos ao cristianismo que tinham assumido sua nova fé a partir de 30 de outubro de 1918.[10]

O "defeito" não foi removido até setembro de 1941, quando uma nova definição foi adotada como parte do Código da Comunidade Judaica (*Judenkodex*), assim chamado porque continha nada menos do que trezentos parágrafos antijudaicos. A Tabela 8.20 compara as formulações originais alemãs com as novas

---

8 Lipscher, *Die Juden im slowakischen Staat*, pp. 25-28.

9 Gruf. Berger (Diretor, Escritório Central da ss) para Himmler, 9 de abril de 1942, NO-3069.

10 *Donauzeitung* (Belgrado), 10 de dezembro de 1941, p. 3. A frase "der grundliegende Fehler" aparece também em um longo relatório sem data do Serviço de Segurança cobrindo os anos 1939-1942 de Viena para o Staf. Ehlich (RSHA III B), recebido em dezembro de 1942, T 175, rolo 583. O texto alemão do decreto está em T 175, rolo 584. O texto lembra uma primeira definição húngara, igualmente baseada em um compromisso com a Igreja Católica.

TABELA 8.20   Definições alemã e eslovaca de "judeu"

ALEMÃ	ESLOVACA
1. Uma pessoa que tivesse pelo menos três avós judeus	1. Uma pessoa que tivesse pelo menos três avós judeus
2. Uma pessoa que tivesse dois avós judeus e que	2. Uma pessoa que tivesse pelo menos dois avós judeus e que
(a) pertencesse à comunidade judaica em 15 de setembro de 1935, ou tenha se associado a ela em uma data posterior ou	(a) pertencesse à comunidade judaica em 20 de abril de 1939, ou tenha se associado a ela em uma data posterior ou
(b) fosse casada com um judeu completo ou com um indivíduo que fosse ¾ judeu em 15 de setembro de 1935, ou tenha se casado com um em uma data posterior ou	(b) fosse casada com um judeu em 20 de abril de 1939, ou
(c) fosse fruto de uma relação extramatrimonial com um judeu completo ou um indivíduo que fosse ¾ judeu, e tivesse nascido fora do casamento após 31 de julho de 1936	(c) fosse filho de uma mãe solteira judia e tivesse nascido após 20 de fevereiro de 1940, ou fosse fruto de uma mãe solteira não judia e um comprovado pai judeu e tivesse nascido após 20 de fevereiro de 1940, ou
	(d) fosse fruto de um casamento misto realizado após 20 de abril de 1939
	3. Uma pessoa que tivesse um avô judeu e que pertencesse à religião judaica em 20 de abril de 1939, ou tivesse se associado a ela em uma data posterior

Nota: *Krakauer Zeitung*, 19 de setembro de 1941, p. 3.

eslovacas. Agora os alemães não tinham motivo para reclamar; para o Vaticano, porém, a mudança era um grande retrocesso.[11]

Com a nova definição vieram as expropriações. A Eslováquia era um país pequeno, com uma população de 2.650 milhões de habitantes e um número total de judeus apontado pelo censo de 15 de dezembro de 1940 de 88.951.[12] Aproxi-

---

11 Ver Secretário de Estado Cardeal Maglione para o ministro eslovaco do Vaticano, Sidor, 21 de novembro de 1941, apontando que a legislação era contrária à doutrina da igreja e expressando esperança pela mitigação e, por fim, revogação. Texto em John F. Morley, *Vatican Diplomacy and the Jews during the Holocaust, 1939-1945* (Nova York, 1980), pp. 221-23. Para uma longa discussão das relações entre o Vaticano e a Eslováquia sobre assuntos judaicos, ver Morley, *ibid.*, pp. 71-101.

12 *Wirtschaft und Statistik*, vol. 21, 2 de junho de 1941, p. 244. Mais de 7 mil judeus emigraram entre 14 de março de 1939 e o fim de 1941. Lipscher, *Die Juden im slowakischen Staat*, p. 49. Vários

madamente 12.300 judeus eram proprietários de "empresas" (ou seja, eram lojistas), outros 22 mil trabalhavam em empresas particulares e alguns milhares eram funcionários públicos e profissionais liberais.

Na Alemanha, as medidas de expropriação começaram com a demissão de funcionários públicos. Os primeiros decretos eslovacos começaram de maneira similar. Os judeus deveriam ser dispensados do serviço público e do exército, e uma quota de 4%, sujeita à acessibilidade, foi estabelecida para profissionais liberais, em especial advogados.[13] A demissão de funcionários públicos judeus foi reiterada em setembro de 1941, mas mesmo naquele momento havia exceções. Alguns judeus permaneceram em seus cargos no governo, embora com salários reduzidos.[14] Entre os profissionais liberais, médicos foram mais lentamente impedidos de exercerem a função do que advogados, mas a partir de 31 de março de 1939, a Eslováquia tinha apenas 1.414 médicos, dos quais 621 eram judeus, e em 1941-1942, várias centenas de médicos judeus ainda estavam exercendo sua profissão.[15]

Os empresários judeus deveriam ser destituídos. O objetivo foi estabelecido em 1939, e no final de 1940, a Agência Central de Economia foi habilitada para ordenar a liquidação ou arianização de quaisquer empresas judaicas.[16] Assim, em janciro de 1942, 9.950 empresas tinham sido completamente liquidadas, 2.100 tinham sido transferidas e alguns poucos casos "complicados" aguardavam disposição.[17] A liquidação, que ocorreu em todos os setores de atividade comercial e

---

milhares de convertidos ao cristianismo definidos como judeus em 1941 ainda não tinham sido contados como judeus no censo de 1940. Oficiais eslovacos falavam em 100 mil judeus em seu país.

13 Veja os textos das leis alemãs em T 175, rolo 584.

14 *Donauzeitung* (Belgrado), 11 de setembro de 1941, p. 3, e 26 de setembro de 1941, p. 3.

15 Lipscher, *Die Juden im slowakischen Staat*, p. 33n.Ver também *Die Judenfrage*, 10 de dezembro de 1941, pp. 231-32.

16 *HStuf.* von Nachtmann (Viena) para sD-Leitabschnitt em Viena, 21 de novembro de 1942, incluindo anexo discurso de Vašek, T 175, rolo 583.

17 Sobre a história da arianização eslovaca, ver *Krakauer Zeitung*, 4 de setembro de 1940, página *Wirtschafts-Kurier*; 18 de outubro de 1941, p. 7. *Donauzeitung* (Belgrado), 11 de setembro de 1941, p. 3; 26 de setembro de 1941, p. 4; 21 de outubro de 1941, p. 3; 10 de dezembro de 1941, p. 3; 25 de janeiro de 1942, p. 3. *Deutsche Ukraine-Zeitung* (Łuck), 27 de janeiro de 1942, p. 8.

industrial,[18] foi o principal benefício concedido aos pequenos empresários eslovacos. A arianização, por outro lado, era reservada às grandes empresas eslovacas. As aquisições de corporações ou ações judaicas podiam ser um meio de enaltecimento desses interesses eslovacos e, não por acaso, uma estratégia de defesa contra as firmas do Protetorado ou as infiltrações e intrusões econômicas dos alemães.[19] Sem dúvidas, o capital e o *know-how* eram escassos na Eslováquia e, com frequência, negociações eram realizadas entre proprietários judeus e arianizadores eslovacos completamente inativos de tal forma que pouco ou nenhum dinheiro era pago aos judeus, no entendimento de que os proprietários e gerentes judeus poderiam continuar no negócio como parceiros nominais ou funcionários dos eslovacos. Observadores alemães perceberam que aquele arianizadores eslovacos incompetentes, que estavam interessados apenas em uma vida confortável sem ter de trabalhar, estavam drenando os recursos das empresas e, dessa forma, criando endividamentos em bancos e atrasando o pagamento dos impostos.[20]

A agricultura tinha regras especiais. Nesse setor politicamente delicado, deveria ocorrer uma "reforma". Com efeito, terras de propriedade de judeus foram submetidas ao confisco do estado. Algumas partes foram leiloadas, grandes porções foram vendidas para proprietários rurais maiores e algumas propriedades significantes foram alugadas de volta para seus antigos proprietários judeus.[21]

Exatamente como o Ministério das Finanças alemão, o governo eslovaco queria participação nos lucros. Assim, em setembro de 1941, os judeus receberam ordens para registrarem suas propriedades para que o governo pudesse saber quanto os judeus possuíam. Na Alemanha, todos os judeus que possuíssem mais de 5 mil Reichsmark tinham de prestar contas. Na Eslováquia, a quantia foi fixada em 5 mil coroas (ou seja, 430 Reichsmark, ou menos de 200 dólares). Em 1941, 52 mil judeus eslovacos tinham propriedades que valiam 200 dólares ou mais, e a quantia total

---

18 Veja tabela, a partir de 31 de dezembro de 1941, in Lipscher, *Die Juden im slowakischen Staat*, p. 67.

19 *Ibid.*, pp. 68-73.

20 Relatório sem data do Serviço de Segurança de Viena, T 175, rolo 583. Lipscher, *Die Juden im slowakischen Staat*, pp. 73-75.

21 Lipscher, *Die Juden im slowakischen Staat*, pp. 73-75. Um fundo especial, dirigido por Franz Bošnak, foi criado em setembro de 1942 para administrar propriedades agrícolas judaicas confiscadas. Serviço de Segurança em Bratislava para Serviço de Segurança em Viena, 11 de junho de 1943, T 175, rolo 584.

registrada, após a dedução das dívidas, foi de 3.164.000.000 coroas (270 milhões de Reichsmark, ou pouco mais de 100 milhões de dólares a taxas de câmbio oficiais).[22]

Mais de ¼ dos bens dos judeus (861 milhões de coroas) estavam investidos em propriedades imobiliárias, que o governo eslovaco decidiu confiscar.[23] Não é necessário dizer que os imóveis não representaram uma aquisição em dinheiro; as casas e terras tiveram de ser alugadas ou vendidas para levantar fundos para o tesouro. O governo eslovaco esperava vender a grande maioria das casas com o propósito duplo de levantar dinheiro e reduzir a inflação. No outono de 1943, contudo, o programa mal havia começado.[24] Aparentemente, imóveis eram itens tão difíceis de serem alienados na Eslováquia quando se mostraram ser nas áreas ocidentais do próprio Reich.[25]

Como os alemães, os eslovacos também estavam interessados em bens de valor e outros bens móveis. Em dezembro de 1941, a polícia de Bratislava começou a coletar máquinas de escrever e calculadoras que pertenciam aos judeus.[26] Em seguida, a Guarda Hlinka empreendeu uma "ação de peles" para ajudar as tropas eslovacas que lutavam no inverno russo.[27] Por fim, a Agência Central de Economia "descobriu" que os judeus possuíam grandes quantidades de roupas e outros produtos têxteis. Consequentemente, os judeus receberam ordens para entregar os "bens acumulados".[28]

Embora a coleta desses itens fosse o prenúncio de uma considerável redução na aquisição de pertences pessoais nos centros de extermínio, os alemães não interferiram naquela *Aktion*. Apenas quando o cônsul-geral eslovaco em Praga

---

22 *Donauzeitung* (Belgrado), 10 de dezembro de 1941, p. 3. Para estatísticas mais detalhadas, ver Lipscher, *Die Juden im Slowakischen Staat*, p. 64-66.

23 *Donauzeitung* (Belgrado), 11 de outubro de 1941, p. 3; 10 de dezembro de 1941, p. 3; 25 de janeiro de 1942, p. 3. *Deutsche Ukraine-Zeitung* (Łutsk), 27 de janeiro de 1942, p. 8.

24 Relatório de um general alemão com o Ministério da Defesa eslovaco/Grupo Economia de Armamentos, 20 de novembro de 1943, WI/IF .2.

25 Isto era verdade mesmo que as hipotecas eslovacas fossem provavelmente inferiores. A principal causa da dificuldade era provavelmente psicológica. Propriedades móveis podiam ser escondidas em caso de um retorno dos antigos proprietários; imóveis não podiam.

26 *Donauzeitung* (Belgrado), 18 de dezembro de 1941, p. 4.

27 *Ibid.*, 17 de janeiro de 1942, p. 3.

28 *Ibid.*, 7 de março de 1942, p. 3.

decidiu estender a coleta de peles e roupas a judeus eslovacos residentes no Protetorado o Abteilung Deutschland do Ministério das Relações Exteriores ficou alarmado. Mesmo assim, Luther sentiu-se inclinado a não interromper as atividades eslovacas, contanto que os judeus do Reich na Eslováquia não fossem obrigados a entregar seus bens, pois, no casso desses últimos, os confiscos eslovacos no Protetorado estavam "naturalmente fora de questão".[29]

O governo eslovaco não estava satisfeito com o confisco de propriedades, imóveis e móveis. Como outros governos, os eslovacos precisavam de dinheiro e os judeus haviam registrado bens avaliados em aproximadamente 3,164.000.000 coroas. Esses bens eram agora sujeitos a um imposto sobre propriedades, fixado nos tradicionais 20% e pagável em cinco parcelas. A ingestão de líquidos esperada, entre 600 e 700 milhões de coroas (de 50 a 60 milhões de Reichsmark), deveria ser coletada pela organização da comunidade judaica e entregue ao Ministério das Finanças.[30]

A Eslováquia tinha aproximadamente 12.300 judeus lojistas e 22 mil judeus funcionários em diversas atividades. A Agência Central de Economia empreendeu a tarefa de rever o status de todos esses funcionários com o objetivo de realizar a eliminação gradual de trabalhadores não essenciais. Em outubro de 1941, o número de judeus que ainda possuía permissão de trabalho estabilizou-se em aproximadamente 3.500. O salário máximo permitido foi fixado em 1.500 coroas (129 Reichsmark, ou 52 dólares).[31] A despeito do baixo salário que recebiam, os 3.500 judeus que continuavam no mercado de trabalho eram privilegiados em vários aspectos: eles não eram sujeitos a trabalho forçado em um campo e foram, por um longo período, isentos de medidas de concentração e deportação. Um processo de destruição é um procedimento feito passo a passo e é geralmente impossível aplicar o passo 4 antes de implementar os passos 1, 2 e 3. Os alemães tinham ciência disso e olhavam os judeus privilegiados com olhos desconfiados.

Os campos de trabalho forçado surgiram no outono de 1941, quando a maioria dos judeus já estava desempregada. A rede de campos era comandada por um

---

29 Luther e Rademacher para o representante do Ministério das Relações Exteriores em Praga (Gerlach), 5 de fevereiro de 1942, NG-4555.

30 *Donauzeitung* (Belgrado), 11 de setembro de 1941, p. 3; 16 de setembro de 1941, p. 3; 15 de agosto de 1942, p. 3. Lipscher acredita que o verdadeiro pagamento foi consideravelmente menor por causa do progressivo empobrecimento dos judeus. *Die Juden im slowakischen Staat*, pp. 77-78.

31 *Krakauer Zeitung*, 18 de outubro de 1941, p. 7. *Donauzeitung* (Belgrado), 21 de outubro de 1941, p. 3.

comissário do governo no Ministério do Interior, que supervisionava os comandantes dos campos. A organização da comunidade judaica estava a postos como um "órgão auxiliar",[32] como mostrado abaixo:

	Organização Judaica Central de Bratislava
Comissário do governo no Ministério do Interior →	Chancelaria Central para Campos de Trabalho
↓	↓
Comissário do Campo e Comandante do Campo da Guarda Hlinka →	Conselho Judaico do Campo

Havia três campos (Sered, Nováky e Vyhne) e oito centros de trabalho satélites para trabalhadores fortes. Uma organização de trabalho paralela era mantida pelo Ministério da Defesa. No entanto, diferentemente dos campos de trabalho, que continham famílias inteiras, o Ministério da Defesa empregava apenas homens jovens que, caso contrário, estariam sujeitos ao serviço militar. (É importante ressaltar o fato de que o sistema de trabalho forçado não foi dissolvido com o advento das deportações. Cerca de 3.500 judeus ainda estavam nos campos em 1943 e o número de prisioneiros ainda aumentava quando o Ministério da Defesa transferiu seus trabalhadores para o Ministério do Interior em um movimento de consolidação.)[33]

O governo eslovaco também foi tardio na aplicação da concentração. Uma das primeira medidas importantes de guetificação foi a criação de uma organização judaica central, a *Judenzentrale*, ou *Ústredň a Židov* (ÚŽ),* a qual todos os judeus estavam sujeitos.[34] A organização foi dirigida consecutivamente por Heinrich Schwartz, um *starosta* eleito; Arpad Sebestyén (nomeado pela Agência Central de Economia);

---

32 Relatório do governo eslovaco, 30 de junho de 1943, Occ E 7b-8.

33 *Ibid.*

34 *Krakauer Zeitung*, 2 de outubro de 1940, p. 2; *Die Judenfrage*, 20 de fevereiro de 1941, pp. 28-29. Sobre a história da ÚŽ, ver Oskar Neumann, *Im Schatten des Todes* (Tel Aviv, 1956). Ele descreve os departamentos da ÚŽ nas páginas 38-48.

* Título eslavo, que pode ser traduzido livremente por "ancião", usado para designar tanto uma posição oficial quanto uma posição não oficial de liderança (N. T.).

e Orkar Neumann, outra escolha judaica.[35] Como vimos, a ÚŽ tinha importantes funções no processo de expropriação: ela coletava o imposto sobre propriedade e ajudava a administrar os campos de trabalho. Para financiar sua própria manutenção e pagar os fundos de auxílio aos pobres, também impôs um imposto de 20% sobre rendimentos.[36] No entanto, as funções da ÚŽ nas concentrações e deportações eram ainda mais importantes. Na verdade, uma das primeiras tarefas da máquina judaica foi a emissão de carteiras de identidade para os judeus.[37]

O segundo grande passo rumo à concentração consistiu nas medidas de identificação. A marcação dos judeus começou localmente no leste da Eslováquia.[38] mas essa regra não foi estendida para o resto do país até a aparição do Código da Comunidade Judaica, em setembro de 1941. Mesmo o código não era completamente inclusivo, pois isentava judeus que ainda estavam no mercado de trabalho e judeus (juntamente com suas famílias) que continuavam ocupando cargos no funcionalismo público. Apenas no dia 9 de março de 1942, quando a estrela de Davi teve seu diâmetro aumentado de 6 para 10 centímetros, foi que os trabalhadores judeus e os familiares dos funcionários públicos (mas não os próprios) foram forçados a usar aquela identificação.[39]

O código de setembro de 1941 previa a marcação não apenas das pessoas, mas também das correspondências. Em todas as cartas enviadas por um judeu deveria ser afixada uma estrela de Davi e a polícia tinha o poder de abrir e destruir tais cartas, uma medida que não fora pensada sequer pelos burocratas alemães no Reich. Além disso, o código previa diversas normas já tradicionais na Alemanha, mas novas na Eslováquia. Pela primeira vez, casamentos mistos eram proibidos, judeus eram limitados a viajar nos vagões de terceira classe dos trens, não tinham permissão de dirigir carros e assim por diante. Mais importante, contudo, era a previsão que dava poderes à Agência Central de Economia para atribuir novas residências para os judeus.[40] Em outubro, aqueles poderes já estavam sendo colocados em prática.

---

35 Testemunho do dr. Ernst Abeles, transcrição do julgamento de Eichmann, 23 de maio de 1961, sess. 49, pp. Nn1, Oo1.

36 *Ibid.*, p. Pp1.

37 *Die Judenfrage*, 20 de fevereiro de 1941, pp. 28-29.

38 *Donauzeitung* (Belgrado), 30 de agosto de 1941, p. 3.

39 *Ibid.*, 7 de março de 1942, p. 3.

40 *Krakauer Zeitung*, 19 de setembro de 1941, p. 3.

Em outubro de 1941, os judeus foram expulsos de Bratislava. A capital eslovaca possuía uma população judaica de aproximadamente 15 mil pessoas, mas apenas 10 mil foram expulsas. Os 5 mil restantes, comportando portadores de permissões de trabalho, funcionários públicos, empresários e profissionais liberais (e familiares), tiveram permissão para ficar. Todos os outros foram escalados para partirem para cidades do interior, campos e centros de trabalho.

Para realizar a aplicação gradual do reassentamento (aliás, um reassentamento de fato e não um "reassentamento"), a organização da comunidade judaica teve de criar uma nova divisão para o processamento de questionários que todos os judeus de Bratislava deveriam responder. Os questionários eram, então, entregues à divisão de estatística da ÚŽ e, de lá, para uma *Referat* especial para serem verificados novamente. A divisão administrativa da ÚŽ designava a nova residência para a vítima e a entregava para a polícia. O último passo do procedimento envolvia o despacho da *Ordner* [polícia judaica] da ÚŽ para os apartamentos dos futuros expulsos. Lá, essa *Ordner* dividia os bens em duas categorias: objetos pessoais que podiam ser levados e pertences que deveriam ser deixados para confisco pelo Estado.[41] Na terça-feira, 28 de outubro de 1941, o primeiro transporte de 238 judeus deixou Bratislava. Durante os três meses seguintes, aproximadamente metade dos judeus da capital foram expulsos.[42]

Todos esses acontecimentos eram acompanhados de perto em Berlim. Quando o processo de concentração na Eslováquia atingiu o auge, o RSHA começou a questionar o Ministério das Relações Exteriores visando a deportação dos judeus eslovacos no Reich. O especialista em assuntos judaicos do Ministério das Relações Exteriores, *Legationsrat* Rademacher, decidiu que, em vista das duras medidas tomadas pela própria Eslováquia, o pedido do RSHA podia ser concedido. Ele propôs que a Eslováquia fosse submetida a uma consulta educada.[43] Sua proposta era endossada pelo *Staatssekretär* Weizsäcker, pelo *Unterstaatssekretär* Wörmann, da Divisão Política, e pelo diretor da Divisão Jurídica. Logo em seguida, o

---

41 *Die Judenfrage*, 10 de dezembro de 1941, pp. 231-32.

42 *Donauzeitung* (Belgrado), 2 de novembro de 1941, p. 4. *Deutsche Ukraine-Zeitung* (Łutsk), 27 de janeiro de 1942, p. 8. Os números da ÚŽ chegavam a 6.720. Lipscher, Die Juden im slowakischen Staat, p. 84. Outros tantos milhares foram expulsos em mais de cinquenta cidades por serem obrigados a se mudar de qualquer rua rebatizada em homenagem a Hlinka ou Hitler. Ibid., p. 76.

43 Rademacher via Luther para Weizsäcker, 28 de outubro de 1941, NG-182.

enviado alemão à Eslováquia, Hanns Elard Ludin, relatou que o governo eslovaco havia consentido com a deportação de seus judeus do Reich. Os eslovacos apenas resguardavam o direito de confiscar as propriedades daquelas pessoas.[44] O passo seguinte foi a deportação dos judeus da própria Eslováquia.

Já no início de junho de 1940, o governo eslovaco havia prometido enviar 120 mil trabalhadores para a Alemanha.[45] Naqueles dias, vários países ainda tinham um excesso de mão de obra e o Reich podia recrutar os "melhores desempregados." Em 1º de outubro de 1941, o número de trabalhadores eslovacos na Alemanha era, na verdade, 80.037.[46] Naquele ponto, todavia, a situação da mão de obra na Eslováquia havia mudado e, em novembro de 1941, o governo eslovaco ofereceu substituir entre 10 e 20 mil judeus eslovacos por eslovacos.[47] Os alemães, ainda em busca de lugares para onde deportar os judeus do Reich, não responderam à oferta. Em janeiro de 1942, os eslovacos repetiram a proposta, mencionando 20 mil judeus. Desse vez, Himmler aproveitou a oportunidade e instruiu o RSHA a fazer uma solicitação através do Ministério das Relações Exteriores para a deportação de "20 mil judeus jovens e fortes" para o leste. O Ministério das Relações Exteriores, então, rascunhou novas instruções para sua missão diplomática em Bratislava.

Novamente, os papéis passaram de mesa em mesa, dessa vez para serem assinados e avalizados por Weizsäcker, Luther, Wörmann e Heinburg. Quando o governo eslovaco expressou seu "feliz acordo" com a deportação dos "20 mil judeus jovens e fortes", Himmler propôs, sem esperar pela deportação dessas vítimas, que a Eslováquia fosse livrada de judeus. As instruções foram, então, rascunhadas pela terceira vez e a Eslováquia concordou uma vez mais.[48]

O acordo de deportação continha duas previsões especiais: uma era uma concessão aos eslovacos, a outra, uma extorsão por parte dos alemães. A concessão era a estipulação de que nenhuma dificuldade interna deveria surgir das deportações, ou seja, não deveriam ser tomadas quaisquer medidas que contrariassem as igrejas

44 Memorando de Luther, 21 de agosto de 1942, NG-2586-J.

45 Yehuda Bauer, *Jews for Sale?* (New Haven, 1994), p. 65.

46 Edward Homze, *Foreign Labor in Nazi Germany* (Princeton, 1967), pp. 57, 65.

47 Ivan Kamenec, "The Deportation of Jewish Citizens from Slovakia in 1942", em Dezider Toth, org., *The Tragedy of Slovak Jews* (Banka Bystrica, 1992), pp. 81-105, on pp. 83-86. Bauer, *Jews for Sale?* pp. 65-67.

48 Memorando de Luther, 21 de agosto de 1942, NG-2586-J.

a ponto de ameaçar a estabilidade da Eslováquia. A extorsão consistia em uma conta apresentada pelo Reich ao governo eslovaco para "alojamento, alimentação, vestuário e requalificação profissional [*Unterbringung, Verpflegung, Bekleidung und Umschulung*]".[49] A cobrança por essas despesas fictícias era nada menos do que 500 Reichsmark por cabeça, ou 45 milhões de Reichsmark se todos os 90 mil judeus eslovacos fossem deportados. Uma vez que a quantia total coletada pelo governo eslovaco com os impostos sobre os bens judeus registrados era de apenas 56 milhões de Reichsmark, os alemães estavam pedindo aproximadamente 80% dos espólios adquiridos pelo governo eslovaco com os impostos. Porém, como foi explicado pelo RSHA, essa soma era pedida porque a produtividade de trabalhadores judeus nas etapas iniciais era sempre extraordinariamente baixa.[50] Para surpresa do Ministério das Relações Exteriores, as autoridades eslovacas concordaram "sem nenhuma pressão por parte dos alemães".[51] Apenas posteriormente os alemães vieram a descobrir que a combinação de um pagamento previsto com uma concessão da igreja era uma diplomacia ruim, pois agora os eslovacos ficavam sabendo que, na verdade, podiam poupar dinheiro isentando judeus batizados.

Após chegar a um acordo inicial, a cooperação teuto-eslovaca moveu-se para a fase seguinte: o agendamento dos transportes. No dia 20 de março de 1942, Luther escreveu para Ludin acerca de uma reunião sobre ferrovias que aconteceria em Passau dentro de alguns dias e cujo objetivo era planejar os primeiros vinte trens para março e abril. Um representante do Ministério dos Transportes da Eslováquia deveria participar daquela conferência.[52] Os alemães queriam vagões eslovacos e o ministro dos Transportes da Eslováquia, Stano, alegou que não os tinha. Como a falta de vagões eslovacos era verdadeira, os alemães não podiam

---

49 Luther para missão diplomática em Bratislava, 20 de março de 1942, Caso Novak, Landesgericht für Strafsachen, Viena, 1416/61, vol. 17, p. 289.

50 Wisliceny para *Ministerialrat* dr. Grüninger (missão diplomática), incluindo em anexo seu rascunho de um acordo para verificar os formulários da propriedade, 25 de abril de 1942, Polícia de Israel 282. *Stubaf.* RR Suhr do IV-B-4 era esperado na Eslováquia para as negociações. Ministério das Relações Exteriores/Pol. IV-2 para missão diplomática alemã em Bratislava, 21 de abril de 1942, Polícia de Israel 1272.

51 Memorando de Luther, 21 de agosto de 1942, NG-2586-J.

52 Luther para missão diplomática em Bratislava, 20 de março de 1942, Caso Novak, vol. 17, p. 289.

ter certeza se se tratava de um motivo ou uma desculpa.[53] Em meados de maio, contudo, o *Sturmbannführer* Günther, do escritório de Eichmann, pode reportar que, para o grande alívio dos alemães, que enfrentavam uma situação de tráfego intenso na Reichsbahn, os eslovacos forneceriam os equipamentos ferroviários necessários.[54] Em junho, discussões sobre transportes adicionais foram transferidas para Bratislava. Para essas deliberações, os seguintes representantes do escalão alemão chegaram à capital eslovaca:[55]

Reichsbahndirektor Koesters	Diretor, GBL Ost/Operações/M (locomotivas)
Reichsbahnrat Bebenroth	Diretor, GBL Ost/Operações/L
Abteilungspräsident Scharrer	Diretor, Gebod/Operações/Locomotivas
Oberreichsbahnrat Meyer	Diretor, Gebod/Operações/33
Oberreichsbahnrat Röhmer	Diretor, RBD Oppeln/Operações/33
Hauptsturmführer Novak	RSHA IV-B-4

Havia, ainda, um componente financeiro nos acordos de transportes. O Ministério dos Transportes da Eslováquia tinha de ressarcir a *Reichsbahn* pela maior parte das distâncias cobertas nas deportações, a saber, todos os quilômetros percorridos na Alta Silésia e (para os trens para Lublin), também as rotas no *Generalgouvernement*. Na tentativa de poupar algum dinheiro, o ministério pediu por uma redução de 50% na tarifa de grupo, e tanto a Reichsbahn quanto o Ostbahn concordaram.[56] Um pequeno bônus para o grande contribuição da Eslováquia.

----

53 Relatório do Serviço de Segurança alemão na Eslováquia, 25 de março, T 175, rolo 584.

54 RSHA IV-B-4-a (Günther) para Rademacher, 15 de maio de 1942, Polícia de Israel 839.

55 Ministério das Relações Exteriores para missão diplomática em Bratislava, 7 de junho de 1942, Caso Novak, vol. 17, p. 294. Veja também resumo da reunião das ferrovias sobre os trens DA em Bratislava, 10 de novembro de 1942, Yad Vashem M-5/18 (2).

56 RBD Viena (assinado por dr. Bockhorn) para Ministério dos Transportes eslovaco, cópias para RBD Dresden, RBD Oppeln, VK I Viena e Mitteleuropäisches Reisebüro, 27 de abril de 1942, Yad Vashem M-5/18 (1). Ministério dos Transportes eslovaco para Gedob, Krakau e RBD Viena, 12 de agosto de 1942, M-5/18 (1). RBD Viena (assinado por dr. Zacke) para Ministério dos Transportes eslovaco, 22 de agosto de 1942, M-5/18 (pasta não numerada). Gedob para Ministério dos Transportes eslovaco, 23 de setembro de 1942, M-5/19 (1).

Várias semanas antes do primeiro trem deixar o território eslovaco, os judeus tinham recebido leves indícios do que estava acontecendo. Eles foram colocados de sobreaviso por medidas preparatórias, discursos oficiais e rumores. No início de março, a estrela de Davi usada por potenciais pessoas a serem deportadas teve seu tamanho aumentado e os judeus foram proibidos de mudar de endereço.[57] O motivo dessas medidas era claro, pois normas idênticas haviam precedido as deportações que estavam acontecendo no próprio Reich. Também só então o ministro do Interior, Mach, dirigindo-se a uma convenção de *Gauleiter* eslovacos na cidade de Trencín, declarou que o povo eslovaco estava impaciente para resolver o problema judaico, mas que ele seria resolvido definitivamente agora.[58] Em Budapeste, o núncio papal, monsenhor Angelo Rotta, recebeu uma mensagem judaica vinda de Bratislava sem assinatura e sem data que dizia: "Estamos condenados à destruição. Temos certeza que seremos transportados para a Polônia (Lublin)".[59] Em meados de março, havia rumores na Eslováquia que davam conta de que as deportações estavam prestes a acontecer.[60]

No dia 25 de março, o Serviço de Segurança informou que um representante do Vaticano, Burzio, entregou uma nota de protesto ao presidente Tiso, ele mesmo um padre. Além disso, os bispos católicos, luteranos e ortodoxos gregos também escreveram para Tiso. Todos os preparativos para as deportações estavam completos agora e quando o ministro do Interior, Mach, disse ao Presidente que estava determinado a seguir em frente, Tiso teria pedido a Mach um tanto quanto vagamente para não lhe reportar mais nada sobre aquele assunto; ele não queria saber nada sobre aquilo.[61]

---

57 *Donauzeitung* (Belgrado), 7 de março de 1942, p. 3.

58 *Ibid.*

59 Rotta para Cardeal Maglione, 13 de março de 1942, incluindo nota judaica, in Secrétairerie d'État de sa Sainteté, *Actes et documents du Saint Siège relatifs à la Seconde Guerre Mondiale*, vol. 8 (Vaticano, 1974), pp. 457-58. Ver também Secretário de Estado do Vaticano para missão diplomática eslovaca, 14 de março de 1942, expressando angústia pela iminente deportação de 80 mil judeus para a Galícia e para Lublin independentemente da religião. *Ibid.*, pp. 459-60.

60 *Donauzeitung* (Belgrado), 21 de março de 1942, p. 3.

61 *UStuf.* Urbantke (Serviço de Segurança na Eslováquia) para *HStuf.* Herrmann (Serviço de Segurança em Viena), 25 de março de 1942, T 175, rolo 584. Esse relatório não é idêntico ao outro da mesma data.

No dia 26 de março começaram as deportações.[62] A captura foi conduzida amplamente por voluntários da Guarda Hlinka pagos por dia, pela *gendarmerïe* eslovaca trabalhando em tempo integral e por alemães étnicos da ss (*Freiwillige Schultzstaffel*, ou FS). Dos guardas da Hlinka, alguns dos "elementos mais obscuros" tinham se voluntariado para o trabalho. Eles espancavam aleatoriamente os judeus e tomavam deles todos os tipos de bens pessoais sob o pretexto de que tudo o que não fosse pego pelos eslovacos agora seria coletado pelos alemães posteriormente. No entanto, muitos espectadores viam a maior parte das vítimas como trabalhadores comuns, como eles próprios, e durante esse breve momento final, os pobres tendiam a ficar do lado dos pobres.[63]

O próprio Serviço de Segurança alemão criticou manifestadamente a corruptibilidade da Guarda Hlinka, de advogados e de membros do clero e ironizou um advogado eslovaco por chorar como uma criança e dizer que os judeus iriam para a Ucrânia, onde os gordos seriam transformados em sabão e os magros transformados em esterco sintético.[64] Ao mesmo tempo, o Serviço de Segurança compartilhava a avaliação dos telespectadores locais de que a massa de deportados consistia em pobres, judeus com "túnicas surradas", sem influência, aqueles que pareciam mendigos, carregando nos ombros sacos (*Pinkeln*) contendo todos os seus bens. Os "grandes criminosos judeus ricos" (*Grossverbrecher*) tinham fugido.[65]

O que os judeus faziam diante da catástrofe? O Conselho Judaico Central foi atraído para dentro da operação com todos os seus recursos. De abril de 1941 até o final de 1943, a organização foi dirigida por Arpad Sebestyén, ex-diretor de uma escola judaica ortodoxa e um homem fraco o suficiente para inspirar uma piada judaica segunda a qual, se ele alguma vez tivesse recebido ordens para enforcar todos os judeus da Eslováquia, teria apenas perguntado se a própria Ústredňa *Židov* deveria fornecer as cordas. A piada, de acordo com seu sucessor, tornou-se realidade quando Wisliceny anunciou ao Conselho Central as iminentes deportações

---

62 *Donauzeitung* (Belgrado), 21 de maio de 1942, p. 3.

63 Relatório sem data de Žilina, do Serviço de Segurança, concernindo a concentração de judeus, em T 175, rolo 584.

64 Relatório do Serviço de Segurança preparado por Žilina em 20 de março de 1942, *ibid.* O advogado, Robert Kubiš, atuava na cidade.

65 Relatório sem data de Žilina, do Serviço de Segurança, cobrindo as deportações no final de março; Urbantke para Herrmann, 22 de agosto de 1942, *ibid.*

e Sebestyén declarou que a Zentrale faria seu melhor para realizar todas as tarefas e deveres que lhe fossem requisitados.[66]

Dentro da úž, duas divisões tornaram-se importantes durante esse período. Uma, sobre emigração, dirigida por Gisi Fleischmann, tentava facilitar a fuga de judeus e reportava o movimento dos trens para a Alta Silésia em cartas para representantes judeus em Genebra.[67] A outra, para tarefas especiais e sob direção de Karel Hochberg, fazia listas de vítimas em campos de trânsito em Žilina, Nováky e Patronka. Hochberg, como descrito pelo sucessor de Sebestyén (Neumann), era um jovem que implorara a úž por um emprego para poder sustentar a si e a mãe. Ele foi colocado na divisão de estatísticas e logo revelara-se um histérico, paranoico, sedento por poder e dado à intrigas. Ele adulava Wisliceny e, segundo Neumann, devia sua posição ao homem da ss. De qualquer maneira, a úž foi incapaz de remover Hochberg ou impedir seu trabalho.[68]

Os relatórios frequentes da divisão de tarefas especiais revelam algo sobre esse papel. Em 12 de junho, por exemplo, Hochberg escreveu que o transporte mais recente tinha sido o "melhor que já reunimos das aproximadamente 13 mil pessoas registradas até agora". Ele atribuía seu sucesso à triagem prévia. Todos os indivíduos que, até a metade do processo, tivessem reivindicações bem fundamentadas para isenção foram poupados para um transporte posterior. Consequentemente, nenhum nome entre os mil na lista foi, depois, cortado. De fato, a divisão de tarefas especiais tinha pela primeira vez aumentado o limite de idade para mais de 60 anos e as categorias, logo, eram as seguintes:[69]

A	Homens capazes de trabalhar, de 14 a 60 anos	172
K	Crianças até 14 anos	278
F	Mulheres com mais de 14 anos	414
—	Homens com mais de 60 anos	136
		1.000

---

66 Neumann, *Im Schatten des Todes*, pp. 90-91.

67 Fleischmann para dr. Adolf Silberschein (Gênova), 27 de julho de 1942, Yad Vashem M-7/2-2.

68 Neumann, *Im Schatten des Todes*, pp. 74-78.

69 Relatório de atividades vi de *Ústredňa Židov*/Divisão de Tarefas Especiais/Grupo i Leste em Nováky (assinado por Hochberg), 12 de junho de 1942, Yad Vashem M5/18(7). Ver também outros relatórios na mesma pasta.

A maioria dos judeus da Eslováquia foram pegos nessa teia, primeiro no momento da prisão e, depois, em um campo de trânsito, impotentes, à espera do transporte. Uma minoria, crescendo de forma constante, buscou refúgio nas florestas, na Hungria e nas igrejas. Nas florestas de Homenau, no leste da Eslováquia, a máquina de deportação sofreu o que foi provavelmente sua única baixa: o membro da *Gendarmerie* eslovaca, Andreas Pazicky, foi baleado e morto enquanto procurava judeus escondidos.[70] A fuga para a Hungria prosseguiu lenta e continuamente até que, no final do ano, 7 mil judeus – perto de um décimo da comunidade judaica eslovaca – haviam encontrado refúgio naquele país.[71] Muitos judeus que não se esconderam nas florestas ou fugiram para a Hungria procuraram proteção em casa tornando-se cristãos. Não há estatísticas por meio das quais seja possível calcular o número exato de conversões durante a fase de deportações, mas é certo que a soma ultrapassa os milhares.[72]

Embora a principal igreja na Eslováquia fosse a Católica, reportagens de jornais indicam que a principal parcela das conversões concernia às igrejas Protestantes e Grega Ortodoxa.[73] Os judeus não estavam interessados na teologia e não abraçavam o Protestantismo ou a Ortodoxia Cristã no lugar no Catolicismo por motivos que envolviam dogmas de crença. De forma bastante simples, a escolha era ditada em grande parte pela Igreja Católica, pois ela não concedia o batismo levianamente mas, esperando que o voluntário fosse sincero, insistia em instrução

---

70 *Donauzeitung* (Belgrado), 17 de abril de 1942, p. 3. *Die Judenfrage*, 15 de maio de 1942, p. 102.

71 *Donauzeitung* (Belgrado), 1º de maio de 1942, p. 3. Morávek do gabinete Central de Economia relatou que 5 mil tinham fugido em meados de maio. *Ibid.*, 21 de maio de 1942, p. 3. dr. Vašek (relatório judaico, Ministério do Interior eslovaco) relatou 7 mil além da fronteira em novenbro. *Ibid.*, 3 de novembro de 1942, p. 3. Oficiais sionistas em Budapeste contaram entre 6 e 8 mil refugiados no final de 1943. Rezsö Kasztner (Rudolf Kastner), "Der Bericht des jüdischen Rettungskomitees aus Budapest 1942-1945", (pós-guerra, mimeografado, na Biblioteca do Congresso), p. 9. Kastner era presidente associado da Organização Sionista na Hungria.

72 Vašek estima o número de judeus cristãos convertidos após 1939 e não deportados até novembro de 1942 em 6 mil. *Donauzeitung* (Belgrado), 3 de novembro de 1942, p. 3. Veesenmayer estimava o número total de judeus convertidos na Eslováquia no final de 1943 em 10 mil. Memorando de Veesenmayer, 22 de dezembro de 1943, NG-4651. Uma estimativa um tanto quanto anterior em *Donauzeitung* (Belgrado), 18 de maio de 1943, p. 3, aponta 15 mil. Nenhuma dessas fontes relava quantos judeus tinham se convertido antes de 1939 e quanto judeus cristãos foram deportados durante 1942.

73 *Donauzeitung* (Belgrado), 1º de setembro de 1942, p. 3; 20 de junho de 1943, p. 3.

religiosa, preparação e meditação.[74] No início das deportações, os judeus não podiam satisfazer essas exigências – eles não podiam perder tempo.

Pode-se perguntar por que os judeus se davam ao trabalho de se tornarem cristãos de qualquer denominação que seja. Que proteção eles podiam esperar obter das igrejas? O código eslovaco de 1941 definia o termo "judeu" nos termos do princípio de Lösener e a religião da vítima não era ajuizada naquela definição. De fato, os novos convertidos foram deportados para Auschwitz e Lublin com o resto da comunidade judaica para morrer como cristãos. Apesar disso, as conversões não pararam. Os judeus estavam pulando em um bote furado, embora todos os "novos cristãos" a seu redor estivessem se afogando.

De qualquer forma, as conversões alarmaram o governo eslovaco. Em 26 de março de 1942, o dia em que as deportações começaram, o ministro do Interior, Mach, falou no rádio. O público eslovaco, declarou, não se deixava influenciar pelo choro dos judeus que, naquele dia, queriam provocar pena, embora eles não corressem nenhum risco a não ser o de trabalhar. Ninguém podia salvar os judeus daquele compromisso de trabalho, nem mesmo os homens do clero que agora estavam batizando os judeus. A questão judaica na Eslováquia, concluiu Mach, seria resolvida de forma humana, sem violar nenhum princípio cristão.[75]

Do *Grenzbotz*, órgão alemão étnico, a crítica foi mais ruidosa. Os batismos foram chamados de blasfêmia e os clérigos envolvidos foram acusados de ter motivos financeiros.[76] Dois pastores calvinistas, Puskas e Sedivy, foram, então, presos e Sedivy foi acusado de ter realizado nada menos do que 717 batismos.[77]

Enquanto isso, o que as igrejas faziam para proteger os *antigos* convertidos que já eram cristãos antes do início das deportações? As igrejas não estavam de braços cruzados, pois, no dia 15 de março de 1942, algo aconteceu: o Parlamento Eslovaco emitiu uma lei de deportação. Era uma medida para o confisco da propriedade judaica abandonada; em outras palavras, o equivalente ao 11º Decreto da

---

74 Veja a descrição da atitude de diversas igrejas cristãs no relatório de Urbantke para Herrmann, 3 de setembro de 1942, T 175, rolo 584.

75 *Donauzeitung* (Belgrado), 27 de março de 1942, p. 3.

76 *Ibid.*, 21 de março de 1942, p. 3; 17 de abril de 1942, p. 3.

77 *Ibid.*, 27 de março de 1942, p. 3; 30 de agosto de 1942, p. 3. As conversões protestantes são mencionadas em uma nota de Sidor para o Secretário de Estado, Cardeal Maglione, 23 de maio de 1942. Texto em Morley, *Vatican Diplomacy*, p. 233-35.

Lei de Cidadania do Reich. Porém, a medida eslovaca tinha uma previsão que foi quase que um choque para os alemães: uma nova definição do termo "judeu". Essa revisão era um pouco tardia, pois 30 mil judeus já haviam sido deportados.[78] De qualquer forma, a medida teve um efeito imediato sobre a operação que se desenvolvia, uma vez que 60 mil judeus ainda estavam no país. A lei previa que, daquele momento em diante, um judeu era uma pessoa que pertencesse à religião judaica ou que tivesse se convertido após 14 de março de 1939.[79]

É importante lembrar que a terceira definição mal lembrava a primeira e que sua leniência até mesmo a excedia. A lei ainda não isentava *todos* os judeus convertidos, mas de fato isentava todos os judeus convertidos antes da fundação do estado Eslovaco, e aquela formulação era bem mais palatável para as igrejas do que o decreto de setembro de 1941. Além disso, a lei continha algumas outras isenções que eram numericamente até mesmo mais importantes. Para começar, as isenções conferidas aos judeus cristãos foram automaticamente estendidas para os membros de sua família, incluindo esposa (ou esposo), filhos *e* pais. Ademais, a lei isentava da deportação as chamadas categorias essenciais – profissionais liberais, portadores de certificados de trabalho e empresários remanescentes. Essas pessoas tiveram permissão para ficar, juntamente com esposas e filhos. Por fim, a lei isentava todos os judeus em casamentos mistos.[80]

Para as autoridades eslovacas, havia se tornado claro que as deportações tinham seus custos. Um era a pressão da igreja; outro, o pagamento exigido pelos alemães para cada judeu deportado; um terceiro era o crescente reconhecimento de que substituir os deportados e os fugitivos não seria uma tarefa fácil. Assim, um vendedor de madeira a atacado relatou ao Serviço de Segurança, após uma viagem à Eslováquia, que funcionários eslovacos especializados em vendas, como contadores, estavam pedindo e recebendo "salários fantásticos" (*Phantasie Gehälter*).[81]

O Vaticano, deve-se ressaltar, apesar dos abrandamentos, não estava contente. O parlamento eslovaco havia colocado seu selo de aprovação nas deportações

---

78 *Donauzeitung* (Belgrado), 21 de maio de 1942, p. 3. O número, compreendendo as deportações de 26 de março a 15 de maio, foi oferecido por Morávek.

79 *Die Judenfrage*, 1º de junho de 1942, pp. 108-9.

80 *Ibid.*

81 Serviço de Segurança em Hamburgo para Serviço de Segurança em Viena, 25 de junho de 1942, T 175, rolo 583.

e os padres que eram membros da legislatura ou votaram a favor da lei, ou se abstiveram. Para o Secretário de Estado Cardeal Maglione, tal colaboração do clero era repugnante.[82]

Os próprios alemães não sabiam inicialmente quantos judeus eram isentos pela lei de deportação e a máquina de destruição se arrastava até que, no final de junho, diminuiu a velocidade e quase parou. No dia 25 de junho, o primeiro-ministro Tuka, enviado alemão à Ludin, e seu especialista em assuntos judaicos, *Hauptsturmführer* Wisliceny, reuniram-se. Grande parte da fala foi feita por Wisliceny, que resumiu a situação das deportações até aquele momento. Um total de 52 mil judeus tinham sido deportados e restavam ainda 35 mil. Muitos dos judeus restantes estavam em posse de "cartas de proteção" (*Schutzbriefe*) que certificavam que o portador era essencial para a economia. Aquelas cartas, Wisliceny apontou, teriam de passar por uma revisão antes que ele pudesse seguir em frente. A revisão deveria ser realizada convidando o funcionário eslovaco a testemunhar sobre dispensabilidade de seus trabalhadores judeus. Wisliceny, então, elogiou a Divisão de Assuntos Judaicos do Ministério do Interior eslovaco (Divisão 14) que, ele disse, funcionava muito bem, com exceção de seu diretor (dr. Vašek). O Ministério dos Transportes eslovaco também vinha cooperando bastante.

O primeiro-ministro Tuka interveio dizendo que, em uma reunião do gabinete que ocorrera no dia anterior, o governo decidira que todos os ministérios que haviam emitido cartas de proteção para judeus deveriam notificar ao Ministério do Interior os envolvidos, de modo que o ministério pudesse realizar uma "revisão". Tuka, então, quis saber qual era o problema com o diretor da Divisão de Assuntos Judaicos do Ministério do Interior (dr. Vašek), que Wisliceny se recusara a agradecer.

Wisliceny respondeu dizendo que, enquanto Morávek (o chefe do Ministério da Economia) era "impecável e intransigente" (*sauber und kompromisslos*), o dr. Vašek era um conciliador que havia feito acordos com todos, de modo que suas mãos estavam atadas. Na opinião de Wisliceny, Vašek seria incapaz de realizar a revisão das cartas de proteção.[83] Com essa observação ácida, a reunião chegou ao fim.

No mesmo dia, Ludin escreveu ao Ministério das Relações Exteriores informando que 35 mil judeus haviam recebido uma legalização oficial, que as

---

82 Morley, *Vatican Diplomacy*, p. 86.

83 Resumo da reunião sobre a deportação eslovaca ocorrida no dia 26 de junho de 1942, datado de 30 de junho de 1942, NG-4553.

deportações eram impopulares e que a contrapropaganda britânica havia começado a agir na Eslováquia. Apesar disso, a carta continuava, Tuka estava disposto a prosseguir e, aliás, havia pedido a Ludin que providenciasse uma pressão diplomática mais veemente sobre o governo eslovaco.[84]

O estranho pedido de um primeiro-ministro por pressão em seu próprio governo pode ser compreendido apenas em termos da mentalidade satélite. Um satélite oficial não gosta de questionar seu mestre. Ele, portanto, diz, com efeito: "Gostaria de fazer isso, mas meus colegas são contrários. Pressione-os". Assim que a pressão é exercida em outra pessoa, o jogo recomeça. De qualquer forma, o Ministério das Relações Exteriores alemão decidiu atender aquele pedido. Uma nota foi, então, rascunhada, e nela era dito que a decisão eslovaca de isentar 35 mil judeus da deportação estava "causando uma impressão bastante ruim" na Alemanha, particularmente em vista da cooperação eslovaca anterior. Porém, aquele rascunho foi julgado muito rigoroso e as palavras "impressão muito ruim" foram rasuradas. Em vez disso, o Ministério das Relações Exteriores disse que a exclusão dos 35 mil judeus era recebida como uma "surpresa" pelos alemães.[85] E, em certo sentido, era, de fato, uma surpresa.

Após esses esforços do Ministério das Relações Exteriores no final do mês de junho, a operação continuou num ritmo decrescente. Em julho, algumas das vítimas mais vulneráveis foram reunidas, incluindo pessoas hospitalizadas e institucionalizadas.[86] De acordo com o registro final de contas do Ministério dos Transportes eslovaco, 57 transportes tinham partido de março a outubro de 1942. Juntos, eles levaram 57.752 judeus. Dezenove dos trens foram despachados com 18.746 deportados para Auschwitz, e trinta e oito, com 39.006, para Nałęczów, uma estação a cerca de 20 km a oeste da cidade de Lublin.[87] No Distrito de Lublin, aproximadamente 9 mil, principalmente homens jovens, foram enviados para o campo de Lu-

---

84 Ludin para o Ministério das Relações Exteriores, 26 de junho de 1942, NG-4407.

85 Weizsäcker para Ludin, 30 de junho de 1942, NG-4407.

86 Kamenec, "Deportation", in Toth, *Tragedy*, p. 95.

87 Vlasta Kladivova, "The Fate of Jewish Transports from Slovakia to Auschwitz", in Toth, *Tragedy*, p. 143-73. O estatístico da SS, Korherr, listou 56.691 em uma tabulação para 31 de dezembro de 1942, e 57.545 para 31 de março de 1943. Veja seu relatório, 19 de abril de 1943, NG-1943. Um número judeu é 57.839. Testemunho de dr. Bedrich Steiner (Divisão de Estatística, ÚŽ), transcrição do julgamento de Eichmann, 24 de maio de 1961, sess. 50, p. W1.

blin (Majdanek) e 30 mil, a maioria idosos e famílias com crianças pequenas, foram distribuídos em pequenas cidades e vilas de onde os judeus poloneses já haviam sido deportados.[88] Um total de 24.378 desses 30 mil foram levados para Sobibor para as câmaras de gás.[89] Durante esse período, cerca de 6 mil judeus fugiram para a Hungria e, no final, 24 mil permaneciam na Eslováquia.[90]

Os diplomatas alemães nunca pararam de pressionar, mas até mesmo tentaram fazer uma concessão. Voltando ao pagamento de 500 Reichsmark per capita, o Ministério das Relações Exteriores adotou uma atitude benevolente. Talvez, pensou-se, se os eslovacos pudessem arrecadar um pouco mais de dinheiro, os alemães recebessem mais alguns judeus.

Durante as negociações referentes à propriedade dos judeus eslovacos na Alemanha e à propriedade dos judeus alemães na Eslováquia, o Ministério das Relações Exteriores (de acordo com o procedimento estabelecido) propôs a adoção do "princípio territorial". Os eslovacos ficaram desconfiados, pois pensavam que podiam perder na troca. Em consequência disso, os alemães sugeriram que o princípio territorial pudesse ser aceitável para os eslovacos se o pagamento per capita pelos judeus deportados fosse reduzido de 500 para 300 Reichsmark. A diferença, argumentou-se, certamente mais do que cobriria quaisquer discrepâncias nos valores das propriedades abandonadas.

Nesse ponto, todavia, o Ministério da Economia percebeu que a Alemanha já devia à Eslováquia 280 milhões de Reichsmark e, portanto, não poderia "abrir mão" de qualquer moeda estrangeira (auf keine Devisen verzichten).[91] Não declarada na correspondência alemã oficial era outra questão, a saber, se uma redução de 200 Reichsmark induziria, em todo caso, o governo eslovaco a entregar mais judeus, já que os eslovacos suspeitavam da verdadeira natureza do "reassentamento". A esse

---

88 Jozef Marszalek, *Maydanek* (Reinbek bei Hamburg, 1982), pp. 74-75. De Majdanek, 1.400 judeus eslovacos foram transportados para Auschwitz após uma breve parada. Danuta Czech, *Kalendarium der Ereignisse im Konzentrationslager Auschwitz-Birkenau 1939-1945* (Reinbek bei Hamburg, 1989), entradas para 22 de maio e 30 de junho de 1942, pp. 215 e 238.

89 Adalbert Rückerl, NS-*Vernichtungslager* (Munique, 1977), p. 156.

90 Kamenec, "Deportation", em Toth, *Tragedy*, p. 101.

91 Luther via Divisão de Negócios Políticos para Weizsäcker, 29 de janeiro de 1943, NG-5108. Enquanto isso, o Slovak National Bank parece ter alocado apenas 100 milhões de coroas (aproximadamente um terço da quantia devida) para o pagamento. Lipscher, *Die Juden im slowakischen Staat*, p. 119.

respeito, o primeiro-ministro eslovaco, Tuka, já havia feito um pedido peculiar no dia 18 de abril de 1942. Ele queria que Ludin concluísse um tratado com a Eslováquia no qual a Alemanha ficaria obrigada a não devolver os judeus evacuados e que também previa uma renúncia alemã a todas as reivindicações de bens judeus na Eslováquia.[92] Uma tal proposta poderia ser interpretada como uma medida de precaução um tanto quanto redundante para retirar todos os obstáculos ao confisco eslovaco da propriedade judaica abandonada. Porém, e se a manobra fosse impulsionada por um desejo de estabelecer uma fachada de ignorância? Com um acordo assim em mãos, Tuka sempre poderia alegar que desconhecia completamente o verdadeiro destino dos judeus. Por que outro motivo ele teria exigido uma garantia de que eles não seriam devolvidos? O ministro alemão, por sua parte, foi pego de surpresa pelo pedido por condições escritas. O Reich não concluía tratados sobre tais questões, apontou Ludin, embora estivesse preparado para pedir permissão para estender a Tuka as garantias desejadas na forma de uma nota verbal.[93]

Algum tempo depois do início das deportações, o Vaticano entrou em cena. Duas notas foram entregues a Tuka. Nessas notas, o Vaticano explicava que não era correto supor que os judeus estavam sendo enviados para o Governo Geral para servirem de mão de obra; a verdade era que eles estavam sendo aniquilados lá.[94]

Logo, mais notícias sobre os assassinatos surgiram na Eslováquia, não apenas entre os círculos do governo, mas também entre o público em geral. Em julho de 1942, um grupo de 700 alemães éticos "associais" da Eslováquia foram "reassentados". Quando os "associais" estavam para partir, começou a circular um boato de que o "reassentamento" significava que eles seriam "transformados em sabão" (zur Seife verkocht werden).[95] Aquele boato referia-se à crença popular de que os alemães dos centros de concentração estavam usando gordura humana para fazer sabão.

Os alemães não estavam despreparados para relatos e rumores que davam conta de que os judeus eslovacos estavam mortos. Para combater aquelas

---

92 Ludin para Ministério das Relações Exteriores, 18 de abril de 1942, NG-4404.

93 *Ibid.* Nota verbal da missão diplomática para o Ministério das Relações Exteriores eslovaco, 1º de maio de 1942, Polícia de Israel 835.

94 Testemunho juramentado de Hans Gmelin, 15 de junho de 1948, NG-5291. Gmelin era membro da missão diplomática alemã em Bratislava.

95 Karmasin (Diretor dos Alemães Étnicos na Eslováquia) para Himmler, 29 de julho de 1942, NO-1660.

revelações, os próprios alemães espalharam seus relatos falsos. Bastante detalhadamente, as histórias alemãs pintavam uma vida tolerável da comunidade judaica eslovaca no exílio. Dizia-se que os judeus tinham rabinos, médicos e oficiais. Os judeus convertidos tinham padres. Havia água quente e um refeitório para as crianças. Havia quantidades suficientes de carne, leite e legumes. Os guetos eram equipados com lojas. Havia até mesmo um café judaico. Os judeus eslovacos estavam se sustentando com o próprio trabalho e seu chefe de justiça, Moszek Merin, estava recebendo um salário mensal.[96]

Tais histórias não conseguiram refrear o mal-estar e as dúvidas sobre o destino dos judeus deportados. O núncio em Bratislava, Monsenhor Giuseppe Burzio, teve uma longa conversa com Tuka no início de abril de 1943. Temendo mais deportações, Burzio introduziu o assunto dos "tristes relatos" sobre os deportados judeus na Polônia e na Ucrânia (sic). Todos falavam sobre aquilo (Tutto il mondo ne parla). Tuka respondeu dizendo que não se deixaria influenciar pela propaganda judaica, da qual nem mesmo o Vaticano estava imune. Ele participava da missa todos os dias, recebia a comunhão e confiava em sua consciência e em seu confessor. Exasperado, Burzio escreveu para o Cardeal Secretário de Estado: "Vale a pena continuar explicando a Sua Eminência o resto de minha conversa com esse demente?".[97]

Nessa época, porém, Tuka estava sendo pressionado também pelos bispos eslovacos. Voltando-se para Ludin, afirmou que um bispo havia trazido relatos de judeus fuzilados em massa na Ucrânia e que não apenas homens, mas também mulheres e crianças eram mortas. Antes da execução, os judeus tinham de cavar suas próprias covas. Aqueles que não eram enterrados, eram transformados em sabão. Tuka queria que uma comissão eslovaca, composta por um representando do parlamento, um jornalista e talvez um padre católico, inspecionasse os campos para os quais os judeus tinham sido enviados. A missão diplomática transmitiu o pedido para o especialista em assuntos judaicos do Ministério das Relações Exteriores, von Thadden. Impotente, o Legationsrat transferiu o fardo para Eichmann.[98] Essa foi a resposta de Eichmann, datada de 2 de junho de 1943:

---

96 *Donauzeitung* (Belgrado), 21 de novembro de 1942, p. 3.

97 Burzio para Maglione, 10 de abril de 1943. Texto em Morley, *Vatican Diplomacy*, pp. 239-43.

98 Ludin para Ministério das Relações Exteriores, 13 de abril de 1943, e cópia de von Thadden para Eichmann, 15 de maio de 1943, Polícia de Israel 1016. Para Ludin, Tuka mencionou também sua conversa com Burzio, sobre o padre. Esse último, ele disse, havia lhe perguntado se podia

No que se refere à proposta apresentada pelo primeiro-ministro dr. Tuka ao ministro alemão em Bratislava de enviar uma comissão eslovaca mista a um dos campos de judeus nos territórios ocupados, gostaria de declarar que uma inspeção dessa natureza já foi realizada recentemente por parte da Eslováquia, por Fiala, editor-chefe do periódico *Der Grenzhote* [jornal alemão étnico].

No que concerne à descrição das condições nos campos de judeus solicitados pelo primeiro-ministro dr. Tuka, deve-se atentar à abrangente série de artigos desse editor que apareceram acompanhados de diversas fotografias, etc., nos periódicos *Der Grenzbote, Slovak, Slovenska Politika, Gardiste, Magyar Hirlap* e no *Pariser Zeitung...*

Quanto ao resto, para combater os rumores fantásticos em circulação na Eslováquia sobre o destino dos judeus evacuados, deve-se atentar às comunicações postais desses judeus com a Eslováquia, que são encaminhadas diretamente através do consultor para assuntos judaicos com a missão diplomática alemã em Bratislava [Wisliceny] e que, a propósito, soma mais de mil cartas e cartões-postais nos meses de fevereiro e março deste ano. Referente à informação aparentemente almejada pelo primeiro-ministro dr. Tuka sobre as condições nos campos de judeus, nenhuma objeção deve ser levantada por esse escritório contra quaisquer possíveis exames da correspondência antes de ela ser encaminhada para seus destinatários.[99]

Algumas semanas após essa resposta não muito tranquilizadora às dúvidas de Tuka, os alemães retomaram as pressões. Em Bratilsava, um porta-voz do Ministério de Relações Exteriores, ministro Schmidt (evidentemente o Schmidt porta-voz, não o executante), "discutiu" a "questão judaica" com a imprensa nos seguintes termos: "A questão judaica não é uma questão de humanidade ou uma questão de religião, mas uma questão de higiene política. A judiaria deve ser combatida onde quer que seja encontrada, pois ela é um infectante político, o fermento da desintegração e da morte de todo organismo nacional".[100]

---

considerar o reassentamento dos judeus como um trabalho de ajuda à nação. Quando a resposta foi sim, o padre de Tuka ficou satisfeito. *Ibid.*

99 Eichmann para von Thadden, 2 de junho de 1943, documento Steengracht 64. O Ministério das Relações Exteriores, descontente, comentou sobre o efeito negativo dessa recusa. Von Thadden para RSHA, 14 de janeiro de 1944, Polícia de Israel 1017. Veja cópias, datadas de 15 de outubro de 1943, de diversos cartões postais enviados por Else Grün do "Campo de Trabalho Birkenau" (o campo de extermínio de Auschwitz) no Serviço de Segurança em Bratislava, T 175, rolo 583.

100 *Donauzeitung* (Belgrado), 3 de julho de 1943, p. 3.

No início de julho de 1943, Ribbentrop decidiu não colocar nenhuma pressão "oficial" no Presidente Tiso da Eslováquia. Por outro lado, o ministro das Relações Exteriores não tinha nenhuma objeção contra uma tentativa "não oficial" de influenciar o presidente eslovaco a agilizar a "limpeza" (*Bereinigung*) da questão judaica. No linguajar do Ministério das Relações Exteriores alemão, a principal diferença entre pressão "oficial" e "não oficial" era que a primeira era escrita, ao passo que a segunda era oral. Obviamente, o método "não oficial" garantia maiores oportunidades de manobra. Além disso, o emissário "não oficial" tinha de ser um orador. O especialista apontado para essa missão foi Edmund Veesenmayer.[101] Os líderes eslovacos não se renderam. Eles não eram mais protegidos pela ignorância; ademais, sabiam que a guerra estava perdida.

Em dezembro, Veesenmayer foi novamente à Bratislava. De pé na sala de espera de Ludin, ele pediu um relatório estatístico para Wisliceny, a quem, enquanto verificava os números, disse que tinha uma ordem do Führer para fazer uma visita ao presidente eslovaco. Dessa vez, Veesenmayer disse, ele falaria com Tiso "de modo franco" (*Franktur reden*).[102]

Após o final da "conversa" entre Veesenmayer e Tiso, o presidente eslovaco concordou em colocar em campos de concentração entre 16 ou 18 mil judeus *não convertidos* que ainda restavam. Nenhuma isenção seria concedida nessa operação, que deveria ser completada até o dia 1º de abril de 1944. Os judeus batizados não foram mencionados. (Tiso era padre.) No entanto, os judeus cristãos foram tratados em uma conversa posterior entre Veesenmayer e o primeiro-ministro Tuka em que ficou acordado que os mais ou menos 10 mil judeus batizados seriam concentrados em um campo próprio.[103]

Lentamente, a administração eslovaca começou os preparativos. Em janeiro de 1944, todos os judeus de Bratislava receberam ordens para se registrarem na polícia[104] e, em fevereiro, novas mudanças de judeus para a Hungria foram observadas pelas autoridades húngaras eslovacas.[105] Porém, em 1º de

---

101 Veesenmayer para von Sonnleithner, 3 de julho de 1943, NG-4749. Sonnleithner via Wagner para Steengracht, 5 de julho de 1943, NG-4749. Wagner para Ludin, 21 de julho de 1943, NG-4749.

102 Testemunho juramentado de Wisliceny, 11 de junho de 1947, NG-1823.

103 Memorando de Veesenmayer, 22 de dezembro de 1943, NG-4651.

104 *Donauzeitung* (Belgrado), 28 de janeiro de 1944, p. 3.

105 *Ibid.*, 6 de fevereiro de 1944, p. 3.

abril de 1944, os judeus não tinham sido concentrados. Os eslovacos estavam claramente hesitantes.

No início de maio, partidários se fizeram notar no leste da Eslováquia e o governo eslovaco decidiu evacuar os judeus e os tchecos daquela região para partes centrais e ocidentais do país.[106] Quando Tiso visitou Hitler naquele mês, o Führer teria reassegurado o presidente eslovaco, adicionando que mais teria de ser realizado no campo econômico e que "agora alguma coisa teria de ser feita com os judeus" (*Man müsse jetzt etwas mit den Juden unternehmen*).[107]

Em junho, quando as deportações já estavam em andamento na Hungria, Veesenmayer (então ministro alemão em Budapeste) desejava se encontrar com Ludin, ministro em Bratislava, para um planejamento conjunto da remoção dos judeus húngaros e dos judeus eslovacos remanescentes.[108] A reunião não aconteceu, pois Ludin a havia condicionado à presença de seu indispensável assistente em assuntos judaicos, Wisliceny, que estava naquele momento em Budapeste servindo, de forma igualmente indispensável, Eichmann.[109]

Os judeus eslovacos agora tiveram outra prorrogação, mas o destino dos refugiados na Hungria estava selado. Os alemães e os húngaros pressionaram o governo eslovaco a abrir mão de proteger seus judeus na Hungria. Os eslovacos declararam que estavam interessados na repatriação de alguns judeus, mas "não tinham interesse" no destino dos refugiados, especialmente as "crianças órfãs que recentemente tinham cruzado a fronteira de maneira ilegal".[110]

Conforme os meses de verão seguiam, o Exército Vermelho aproximava-se mais e mais da fronteira leste da Eslováquia. No final de agosto, uma revolta explodiu na Eslováquia e dentro de quarenta e oito horas, o governo eslovaco passou de um regime fantoche a uma sombra. O exército eslovaco foi dissolvido e

---

106 Relatório do Serviço de Segurança em Bratislava, 13 de maio de 1944, T 175, rolo 583.

107 *HStuf.* Böhrsch (Serviço de Segurança em Bratislava) para RSHA III-B (Staf. Ehlich), 18 de maio de 1944, T 175, rolo 583.

108 Altenburg para Veesenmayer, 14 de junho de 1944, NG-2829. Altenburg para Ludin, 16 de junho de 1944, NG-2261. Von Thadden para Divisão de Pessoal, 5 de julho de 1944, NG-2261.

109 Testemunho juramentado de Wisliceny, 11 de junho de 1947, NG-1823.

110 Veesenmayer (em Budapeste) para Ministério das Relações Exteriores, 13 de junho de 1944, NG-2563. Apenas algumas centenas de refugiados judeus sobreviveram na Hungria. Testemunho juramentado de dr. Rudolf Kastner, 13 de setembro de 1945, PS-2605.

uma força de segurança composta por diversos elementos, incluindo guardas da Hlinka, foi constituída em seu lugar.[111] Os alemães tinham o controle total.

Uma nova personalidade havia, agora, chegado: o ss *Obergruppenführer* Gottlob Berger, chefe do Escritório Central da ss, chefe do *Führungsstab Politik* do Ministério para os Territórios Ocupados do Leste, chefe dos campos de prisioneiros de guerra da Wehrmacht e, agora, *Wehrmachtbefehlshaber* na Eslováquia. Berger permaneceu na Eslováquia por apenas quatro semanas, mas essa estadia foi decisiva.[112] Juntamente com Berger, outro oficial da ss havia chegado à Bratislava: *Obersturmbannführer* Witiska, Comandante da Polícia de Seguranca e do SD, Eslováquia, e chefe do *Einsatzgruppe H.*[113] Os *Sonderkommandos* de Witiska avançaram na nova zona de combate, enquanto, na retaguarda, capturavam todos os judeus. Auxiliando Witiska estava um veterano nas questões de deportação: *Hauptsturmführer* Brunner (Viena, Salônica e França).[114]

Desesperados, os líderes judaicos em Bratislava sugeriram aos alemães um plano de resgate. Eles propuseram que seus irmãos no exterior pagariam em moeda estrangeira em troca da segurança da comunidade restante. Os alemães recusaram a proposta. Durante anos, o Ministério das Relações Exteriores e a ss haviam pregado aos aliados e aos satélites que a deportação dos judeus era uma necessidade, que, se um judeu não fosse deportado, haveria desassossego, problemas e revoltas. Agora, *havia* uma revolta. A ss precisava bastante de moeda estrangeira, mas Himmler precisava ainda mais da confirmação de sua teoria não testada. Berger reportou a Himmler que os judeus haviam tido uma participação decisiva na revolta. Aquilo foi uma confirmação suficiente para o *Reichsführer-ss*, que nunca duvidara da palavra de seu velho confidente.[115] É importante ressalvar

---

111 Ver o memorando do OKW/WFST/Op (H), 26 de fevereiro de 1945, T 77, rolo 1419.

112 Testemunho juramentado de Hans Gmelin (missão diplomática, Bratislava), 15 de junho de 1948, NO-5921.

113 *Ibid.* Berger foi sucedido pelo *OGruf.* Höfle no dia 20 de setembro de 1944.

114 Testemunho juramentado de Wisliceny, 29 de novembro de 1945, *Conspiracy and Aggression*, VIII, 606-21.

115 Testemunho juramentado de Kurt Becher, 1º de março de 1948, NO-4548. Becher era *Standartenführer* que tinha jurisdição sobre assuntos de resgate. Ver também testemunho juramentado de dr. Rudolf Kastner (vice-presidente executivo do Jewish Relief Committee em Budapeste), 4 de agosto de 1947, NO-4824. Lipscher calculava 1.397 homens e 169 mulheres com nomes judaicos em unidades partidárias. Incluída aí estava uma unidade judaica no dissolvido campo de trabalho de Nováky. O número de mortes chegou às centenas. *Die Juden im slowakischen Staat*, p. 163-76.

que os judeus "de fora" na Suíça, que ignoravam a atitude inflexível de Himmler, falharam ao oferecer uma quantia em dinheiro em todo caso.

O *Einsatzgruppe H*, expandido pela polícia eslovaca e pelos guardas da Hlinka, atacou a região de Nitra no dia 7 de setembro. Dessa vez, o quartel da guarda Hlinka parecia estar menos ansioso do que em 1942, preferindo permanecer em segundo plano e permitindo que os alemães assumissem o papel de liderança.[116] A população eslovaca mostrou reações diversas. Quando a captura se espalhou para a capital eslovaca no dia 29 de setembro, "metade de Bratislava" estava assistindo ao "show", feliz que a partida dos judeus das empresas agora forçaria os arianizadores novos ricos a fazerem algum trabalho eles mesmos.[117] Ao mesmo tempo, as classes mais elevadas da sociedade eslovaca foram "atingidas como que por um raio" pela ação e outros se perguntavam por que os alemães estavam fazendo aquilo sem consultar o governo eslovaco.[118]

Enquanto isso, o novo primeiro-ministro eslovaco, Tiso (não há relação com o presidente) começou a ficar preocupado com os movimentos dos alemães. No dia 4 de outubro de 1944, ele disse a Ludin que, algumas semanas antes, teria concordado com a concentração de judeus dentro do território eslovaco. Agora, no entanto, tinha ouvido dizer que os alemães, sem sequer notificar o governo eslovaco, estavam prestes a transportar os judeus do país. Sem dúvidas, tal movimento resultaria em dificuldades diplomáticas, uma vez que se poderia esperar protestos do Vaticano e da Suíça. (Por "Suíça, Tiso na verdade queria dizer os Aliados Ocidentais.) Ludin respondeu dizendo que a "questão judaica" teria agora de ser "radicalmente resolvida de qualquer forma" [*auf alle Fälle radikal gelöst werden müsse*]." No caso de protestos estrangeiros, Tiso deveria apontar que o Reich demandara da Eslováquia uma solução radical. "Nessa eventualidade, devemos estar preparados para admitir a responsabilidade pelas medidas antijudaicas executadas aqui", disse Ludin.[119] Ribbentrop e Hitler acharam a explicação de Ludin muito boa.[120]

---

116 Relatório do *Einsatzgruppe* H/III (assinado por Nagel), 10 de setembro de 1944, T 175, rolo 583.

117 Relatório do Serviço de Segurança em Bratislava, 29 de setembro de 1944, *ibid.*

118 Relatório do Serviço de Segurança em Bratislava, 3 de outubro de 1944, *ibid.*

119 Ludin para Ministério das Relações Exteriores, 4 de outubro de 1944, NG-5100.

120 Reinebeck (Gabinete do ministro das Relações Exteriores) via Steengracht e Hencke para Wagner, 10 de outubro de 1944, NG-5100.

Aproximadamente seiscentos pedidos das autoridades eslovacas e de pessoas comuns em nome de determinados judeus inundaram a missão diplomática alemã. Todas as intervenções eram em vão, pois Witiska sequer as consideraria. Ele tinha ordens, disse, de enviar todos aqueles que fossem "suspeitos" ou que "simpatizassem" com os rebeldes para o campo de concentração em Sered.[121]

Entre 13 e 14 mil judeus aproximadamente foram presos nas capturas. Dessas vítimas, 7.936 foram transportados para Auschwitz, 4.370 foram enviados para Sachsenhausen e para o "Gueto de Idosos" de Theresienstadt. Outros, ainda, foram fuzilados na própria Eslováquia.[122] Alguns milhares conseguiram se esconder.

Nas horas finais da guerra, o Ministério dos Transportes eslovaco recebeu uma conta da Reichsbahn pelos custos das deportações do ano de 1944, conforme o movimento dos judeus fora realizado no território alemão. Os eslovacos alegaram que os trens tinham partido como transportes militares alemães (*auf Wehrmachtfahrschein*). O Plenipotenciário alemão (*Bahnbevollmächtigter*) no Ministério dos Transportes eslovaco apontou que os trens tinham sido processados com a designação da Wehrmacht apenas para agilizá-los e não para quaisquer abatimentos nas responsabilidades financeiras eslovacas. O pagamento, ele escreveu, deveria ser realizado com fundos das propriedades judaicas confiscadas, e a agência apropriada que tinha jurisdição sobre esse assunto era a Divisão 14 do Ministério do Interior eslovaco.[123]

No total, aproximadamente 70 mil judeus foram deportados da Eslováquia; 65 mil não retornaram.[124] E essa foi a "Solução Final" nesse estado fantoche.

---

121 Testemunho juramentado de Gmelin, 15 de junho de 1948, NG-5291.

122 Testemunho do dr. Bedrich Steiner, transcrição do julgamento de Eichmann, 24 de maio de 1961, sess. 50, pp. WI, XI. Entre essse presos, havia 172 ciganos. Relatório da BDS-IVC, 9 de dezembro de 1944, in Lettrich, *Slovakia*, pp. 308-9. Eles também foram objeto de deportação. Testemunho de Adolf Rosenberg (sobrevivente), transcrição do julgamento de Eichmann, 24 de maio de 1961, sess. 51, p. PpI.

123 Plenopotenciário para o Ministério dos Transportes eslovaco, 1º de março de 1945, in Rotkirchen, *The Destruction of Slovak Jewry*, fac-símile, p. 224.

124 Testemunho de Steiner, 24 de maio de 1961, transcrição do julgamento de Eichmann, sess. 50, pp. WI, XI.

Os satélites oportunistas

Sempre é possível aprender alguma coisa sobre o processo de destruição em um país do Eixo ao analisar sua atitude com relação à guerra. De certa forma, o destino dos judeus em um Estado-satélite alemão estava sempre ligado ao nível de entusiasmo desse Estado para com a guerra. A implementação do programa de destruição e o processo da guerra mostram paralelos próximos, em especial porque tanto os judeus quanto a guerra eram uma medida do desejo e da capacidade de um satélite de resistir às demandas alemãs. Em nenhum outro país esse fato ficou mais evidente do que na Bulgária.

Bulgária

Os búlgaros eram em parte Aliados, em parte satélite. Diferentemente da Eslováquia ou da Croácia, a Bulgária não *devia* sua existência à Alemanha, mas estava no campo alemão apenas por motivos oportunistas. Como resultado de duas disputas perdidas (a Segunda Guerra dos Bálcãs e a Primeira Guerra Mundial), a Bulgária tinha questões territoriais com todos os seus vizinhos.

Sob o patrocínio alemão, as esperanças de reparação búlgaras foram realizadas muito mais extensamente do que qualquer otimista em Sófia poderia razoavelmente esperar. Em setembro de 1940, a Bulgária recebeu da Romênia o Sul de Dobruja. Em março de 1941, o Exército alemão foi recebido no país, que, durante o mês seguinte, recebeu a Macedônia da Iugoslávia e a Trácia da Grécia. O domínio búlgaro agora se estendia, a oeste, até o Lago Ohrid (na fronteira com a Albânia) e, ao sul, até o Mar Egeu.

É importante ressaltar o que os búlgaros fizeram depois de alcançarem essas conquistas. Havia, obviamente, as tropas de ocupação do país na Macedônia e na Trácia. Todavia, os búlgaros foram muito cuidadosos em limitar suas contribuições militares aos limites territoriais da "Grande Bulgária". Nenhuma força armada búlgara foi despachada para lutar em frentes fora do país e nenhuma força expedicionária foi enviada à Rússia. Quando a Alemanha abriu sua campanha no Leste, a Bulgária sequer declarou guerra ao "inimigo bolchevique". Também no Oeste, os búlgaros se mostraram relutantes em fazer inimigos desnecessários. As declarações de guerra contra as potências ocidentais foram adiadas até quando possível – ou seja, até os Estados Unidos se tornarem um país beligerante.

De sua parte, os Estados Unidos não tiveram pressa em responder as declarações de guerra vindas dos Bálcãs. Em 2 de junho de 1942, ao recomendar ao Congresso que reconhecesse a condição de guerra entre os Estados Unidos e os Bálcãs, o presidente Roosevelt declarou:

Os governos da Bulgária, Hungria e Romênia declararam guerra aos Estados Unidos. Percebo que os três governos agiram não por iniciativa própria ou em resposta aos desejos de seus povos, mas como instrumentos de Hitler.[1]

Esse era o tipo de percepção que a Bulgária se mostrava ansiosa por nutrir porque, acima de tudo, queria manter a segurança. Os búlgaros não estavam dispostos a se envolver em nada que fosse irrevogável. Era vital que as portas do fundo estivessem abertas e uma rota de escape, disponível. Eles queriam, em suma, fazer um jogo em que houvesse chance de ganho, mas nenhum risco de perda. E, quando as potências do Eixo finalmente foram derrotadas, os búlgaros deixaram para trás sua aventura sem a Trácia grega nem a Macedônia iugoslava, mas mantiveram o Sul de Dobruja, que haviam anexado em 1940.[2]

A recusa da Bulgária em se tornar um parceiro de guerra de pleno direito do Eixo foi espelhada em uma relutância similar de tomar medidas irrevogáveis contra os judeus. Nos territórios ocupados da Macedônia e da Trácia, onde a Bulgária estava, por assim dizer, realmente em guerra, os judeus foram entregues em mãos alemãs para serem deportados para a Polônia. Na Antiga Bulgária, por outro lado, o processo de destruição se desenvolveu por meio de definição, expropriação e concentração, porém era interrompido antes do estágio de deportação. Era como se o grau de envolvimento já tivesse sido predeterminado. A operação foi cessada como se existisse um aviso invisível dizendo "até aqui e nada além".

A Antiga Bulgária tinha cerca de 50 mil judeus[3] e aproximadamente 15 mil outros foram levados à esfera de poder do país nos territórios recém-conquistados da Macedônia e da Trácia. Durante a guerra, uma organização sionista americana organizou um livro[4] no qual os autores lamentavam o destino das comunidades judaicas europeias citando as notáveis contribuições de grandes judeus à Alemanha, França, Itália e assim por diante. Quando os editores chegaram

---

1 Departamento de Estado, *Bulletin,* 6 de junho de 1942, pp. 509-10.

2 Pelos termos de paz, a Bulgária tinha de pagar, como reparação, 25 milhões de dólares à Iugoslávia e 45 milhões de dólares à Grécia. Contudo, o país havia realizado algumas pilhagens nos territórios ocupados. Também é verdade que a Bulgária se tornou um satélite comunista, mas este foi um destino que, na Europa Oriental, recaiu tanto sobre vencedores quanto sobre vencidos.

3 O censo de 1934 apontava 48.565 judeus.

4 Institute of Jewish Affairs, *Hitler's Ten-Year War on the Jews* (Nova York, 1943).

à seção referente à Bulgária, não encontraram nada especial para dizer sobre a comunidade judaica daquele país. Então, apontaram de forma um tanto ressentida que os judeus búlgaros não tinham nenhuma realização "espetacular".[5]

De fato, os judeus da Bulgária não eram "essenciais". Não eram "indispensáveis". Não tinham nenhum talento especial nem se encontravam em posições de grande destaque. Não atraíam nem simpatia extraordinária, nem hostilidade excepcional. Não havia motivos para querer preservá-los; tampouco para destruí-los. Os judeus do país eram um peão nas mãos de um poder oportunista. Eram como uma mercadoria excedente a ser negociada em troca de vantagens políticas. O Reich não podia destruir completamente os judeus da Bulgária porque não conseguia oferecer ganhos suficientes para os cautelosos governantes búlgaros.[6]

Do lado alemão, os principais protagonistas que ajudaram a decidir o destino dos judeus búlgaros foram o ministro Beckerle, o conselheiro para Questões Judaicas Dannecker e o adido policial Hoffmann. Beckerle, assim como os demais emissários alemães enviados aos Bálcãs, era um homem da SA. Todavia, suas relações com a SS eram muito boas. De fato, Beckerle era presidente da polícia de Frankfurt quando o Ministério das Relações Exteriores o retirou da hierarquia de Himmler e o apontou como ministro na Bulgária.[7] Dannecker só visitou a Bulgária em janeiro de 1943; antes disso, permaneceu na França. O outro homem da SS, Hoffmann, representou o Grupo de Adidos do RSHA na Bulgária.[8]

As principais personalidades do governo búlgaro na questão judaica eram as seguintes:[9]

---

5 *Ibid.*, p. 113.

6 Para uma história detalhada do destino dos judeus búlgaros, ver Frederick B. Chary, *The Bulgarian Jews and the Final Solution, 1940-1944* (Pittsburgh, 1972). Em grande parte, o livro de Chary tem fontes búlgaras como base.

7 Ver memorando de Weizsäcker, 5 de abril de 1941, NG-2064. O antecessor de Beckerle foi Richthofen.

8 Um adido de polícia era equivalente a um adido militar. Uma invenção de Himmler, os adidos de polícia foram despachados a algumas embaixadas e missões diplomáticas em virtude de um acordo entre o próprio Himmler e Ribbentrop. Himmler aos quartéis principais e aos líderes da SS e Polícia, 23 de maio de 1942, contendo o acordo entre ele e Ribbentrop de 8 de agosto de 1941 e acordo complementar entre Weizsäcker e Heydrich de 28 de agosto de 1941, NO-763

9 Ver lista de ministérios búlgaros compilada por Chary, *The Bulgarian Jews*, pp. 216-18.

Rei: Bóris

Primeiro-ministro: Filov (Bojilov)

Ministro das Relações Exteriores: Popov (Filov, Kirov)

Ministro do Interior: Gabrovski (Christov)

Ministro da Justiça: Mitakov (Partov)

Ministro das Finanças: Bojilov

Comissário para Questões Judaicas (a partir de 1942): Belev (Stomonjakov)

Como país do Eixo, a Bulgária tinha algumas particularidades. Existia um parlamento em Sófia (o Sobranje) que realmente aprovava leis. Diferentemente do parlamento eslovaco, não se tratava de um corpo de fachada, mas era efetivamente um espaço de discussão, debates, protestos e até mesmo emendas de políticas. Em junho de 1942, o Sobranje concedeu ao ministério plenos poderes na questão judaica, reservando somente um veto legislativo sobre as decisões tomadas no ramo executivo.[10] A essa altura, todavia, outro fator de considerável importância permanecia na arena política: o rei Bóris. O rei da Bulgária (ou czar) era respeitado por sua perspicácia até mesmo por Hitler.[11] Bóris mostrou essa perspicácia nas questões judaicas.

Uma das personalidades mais importantes da lista era o comissário Belev, cujo posto foi criado em agosto de 1942. Enquanto o rei Bóris permanecia acima do Gabinete, Belev estava abaixo e não tinha autoridade ilimitada nessa esfera. Precisava receber autorização em lei. Às vezes, a lei estabelecia que ele não podia agir em uma questão particular sem o consentimento do ministério e, em algumas ocasiões, o consentimento do ministério era frustrado pela ação do monarca. Dessa forma, a máquina búlgara era desenhada com precisão para atrasar e procrastinar as táticas, algo que os alemães não descobriram imediatamente.

A primeira lei antijudaica passou em primeira leitura no Parlamento em novembro de 1940, enquanto "representantes e ministros acusavam uns aos outros de terem recebido dinheiro dos judeus".[12] A lei foi promulgada em 21 de janeiro de 1941,

---

10 *Ibid.*, p. 53.

11 Picker, *Hitler's Tischgespräche im Führerhauptquartier 1941-1942*, entrada de 2 de abril de 1942, p. 223.

12 Gabinete de Censura de Correspondências Internacionais (*Auslandsbriefprüfstelle*) Vienna (assinado por Obstlt. Gross) a OKW/Wi Rü, atenção de Oblt. Beyer e Ministério da Economia, atenção de MinRat Schultze-Schlutius, 19 de dezembro de 1940, contendo carta de Petraschka, em Sófia, a

época em que o regime da Bulgária se aproximava dos braços dos alemães, durante o período após a aquisição do Sul de Dobruja, mas antes da ocupação da Macedônia e da Trácia. A lei tinha um escopo amplo. Continha disposições para a definição, a expropriação e a concentração de judeus. Em seu efeito, não era exatamente uma lei amena, pois os búlgaros no foram amenos no início. O freio só foi puxado posteriormente, quando as perspectivas de uma vitória alemã começavam a desaparecer. Mas, é claro, a lei não havia sido escrita pelos alemães. A autoria búlgara pode ser percebida na definição, que diferia consideravelmente da versão de Lösener.

De acordo com a lei da Bulgária, uma pessoa com três ou mais avós judeus não era considerada judia se tivesse se casado com um búlgaro em um ritual cristão até 1º de setembro de 1940 e se tivesse sido batizada até o momento da publicação da lei (21 de janeiro de 1941). A lei do país também especificava que um indivíduo com dois avós judeus não seria considerado judeu, mesmo se casado com uma pessoa judia, se tivesse sido batizado antes de 1º de setembro de 1940. Todavia, a lei permitia que uma pessoa com um quarto de sua ascendência familiar judia fosse classificada como judia se sua mãe ou seu pai meio judeu não tivesse sido batizado antes da cerimônia de casamento ou se o próprio indivíduo não tivesse sido criado na fé cristã como sua primeira religião.[13] Em suma, a definição búlgara era um pouco mais amena do que a alemã em seu efeito, mas mais aguda em algumas de suas disposições. Os alemães, por exemplo, isentavam algumas pessoas porque elas não pertenciam à religião judaica; os búlgaros liberavam alguns de seus meio judeus apenas se elas pertencessem à religião cristã. Esta é uma distinção importante, pois revela dois modos de pensar fundamentalmente distintos.[14]

Jordan Tassef, em Berlim, 30 de novembro de 1940, Wi/IC 5.19. Ver também relatório em "Bulgarian Press Circles" recebido pelo Reichsstelle für Aussenhandel em Sófia, em 18 de novembro de 1940, Wi/IC 5.35.

13 *Donauzeitung* (Belgrado), 24 de junho de 1942, p. 3. O grande vigário e presidente do Santo Sínodo da Igreja Ortodoxa Búlgara, neófito de Vidin, ao escrever ao primeiro-ministro, em 15 de novembro de 1940, expressava insatisfação com a ideia de fazer qualquer distinção entre cristãos convertidos e nascidos. Ademais, ele se opunha a qualquer ação tomada contra os judeus "como minoria nacional". Ver a carta, em grande excerto, em Tzvetan Todorov, *The Fragility of Goodness* (Princeton, 2001), pp. 54-57.

14 Caracteristicamente, as correspondências interceptadas vindas de Sófia revelevam que uma "epidemia de conversão" ocorria de forma desenfreada na capital. Auslandsbriefprüfstelle em

Outra divergência em relação aos alemães pode ser apontada. Os búlgaros, assim como eslovacos e croatas, tinham judeus privilegiados – voluntários de guerra, todos veteranos com algumas condecorações, inválidos de guerra e órfãos de guerra. Esse grupo somava aproximadamente mil indivíduos sem dependentes, ou, se as famílias fossem incluídas, um pouco menos de um décimo da comunidade judaica.[15]

Nas expropriações, a lei apresentava a demissão sumária de funcionários públicos judeus e a introdução do *numerus clausus* entre os trabalhadores autônomos – ou seja, a redução da participação de judeus nas profissões e empresas à proporção do número de judeus na população. Eles somavam 1% da população; portanto, o *numerus clausus* básico também era de 1%.

Qual era o efeito dessa quota? Como a Bulgária era predominantemente agrícola e a comunidade judaica quase totalmente urbana, a aplicação do *numerus clausus* poderia ter significado uma expropriação quase total. Na verdade, entretanto, o *numerus clausus* acabou alterado posteriormente de modo a ter como base a população judaica em cidades individuais, uma mudança bastante significativa.[16]

A lei também especificava que judeus privilegiados deveriam ter preferência "ao competir com" judeus não privilegiados. Essa formulação foi interpretada pelo Ministério do Interior como uma diretiva para incluir o maior número possível de judeus privilegiados entre os profissionais e empresários judeus sobreviventes. Todavia, o tribunal administrativo supremo regia que os judeus privilegiados simplesmente não fossem incluídos no *numerus clausus*.[17] Essa decisão, que teria sido inconcebível em um tribunal alemão, marca outra diferença importante.

Consequentemente, as estatísticas finais foram as seguintes:[18]

Viena a Zentralauswertestelle, 18 de fevereiro de 1941, wi/IC 5.35. Em 1942, a definição ficou mais aguda, pois os meios-judeus passaram a ser tratados como três quartos judeus. A ênfase básica na religião cristã, todavia, continuou existindo. *Donauzeitung* (Belgrado), 28 a 30 de agosto de 1942.

15 *Donauzeitung* (Belgrado), 24 de junho de 1942, p. 3.

16 *Ibid.*, 25 de julho de 1941, p. 3.

17 *Ibid.*, 24 de junho de 1942, p. 3.

18 *Ibid.*, também 20 de fevereiro de 1942, p. 3. A discrepância de dois no número de 149 não é explicada.

	Profissões	Empresas comerciais
Antes da lei	521	4.272
Admitidos pelo *numerus clausus*	76	498
Privilegiados	71	263
Total remanescente	149 [sic]	761

Portanto, mesmo com as alterações, uma redução considerável havia acontecido. O que aconteceu com as empresas que não puderam continuar existindo? Foram sujeitadas à venda forçada ou, como seria conhecido no Reich, à "arianização compulsória".

Os decretos de implementação impuseram restrições adicionais aos judeus na esfera econômica. Eles foram totalmente afastados de algumas atividades comerciais, o tamanho de suas empresas foi limitado a um valor definido, as chamadas "empresas mistas" (de judeus e búlgaros) foram dissolvidas e assim por diante.[19] Por fim, o capital judeu acumulado das vendas compulsórias foi confiscado pelo governo de forma bastante parecida àquela como o Ministério das Finanças alemão recolhia o dinheiro de empresários judeus no Reich. A medida búlgara, todavia, não era chamada de "multa". Era simplesmente um imposto sobre a propriedade, e rendia um total de 575 milhões de levs (17,5 milhões de Reichsmark ou 7 milhões de dólares).[20]

Os judeus da Bulgária não eram ricos, e sim, em sua maioria, trabalhadores. Portanto, não é de surpreender que, simultaneamente à expropriação da propriedade judaica, acontecesse uma exploração do trabalho judeu. Inicialmente, os judeus trabalhavam com os búlgaros no serviço regular mantido pelo *establishment* militar, usando os mesmos uniformes e fazendo o mesmo trabalho que os búlgaros.

O Serviço do Trabalho alemão (*Reichsarbeitsdienst*) protestava contra esse estado das coisas e se recusava a cooperar com o Serviço do Trabalho búlgaro em qualquer função enquanto os judeus estivessem recebendo um tratamento tão favorável. O ministro alemão Beckerle passou essa queixa a Popov, o ministro das Relações Exteriores da Bulgária, que concordou em fazer seu melhor. Os judeus seriam separados do Serviço do Trabalho búlgaro, deixariam de usar o uniforme

---

19 *Ibid.*, 16 de dezembro de 1941, p. 3; 4 de fevereiro de 1942, p. 4; 15 de fevereiro de 1942, p. 4; 24 de junho de 1942, p. 3; 13 de agosto de 1942, p. 3; 28 a 30 de agosto de 1942.

20 *Ibid.*, 20 de agosto de 1941, p. 4; 5 de setembro de 1941, p. 3; 21 de novembro de 1941, p. 3; 24 de junho de 1942, p. 3.

e seriam mobilizados para "trabalhos especialmente pesados" (*verschärft zu besonders schweren Arbeiten herangezogen*).[21] Em agosto de 1941, já existia um serviço do trabalho especial para os judeus.[22] Eles não usavam mais uniformes; em vez disso, tinham de usar uma estrela – a primeiro exemplo de marcação na Bulgária.[23]

Inicialmente, esse projeto de trabalho afetou todos os judeus com idades entre 21 e 31 anos.[24] Depois, acabou estendido aos homens com idades entre 31 e 47.[25] Numericamente, se expandiu de 3,3 mil, em junho de 1942, para cerca de 10 mil na primavera de 1943.[26] Como em todo o restante da Europa, os judeus no trabalho forçado construíam estradas e ferrovias para o Eixo.[27]

As primeiras medidas de concentração na Bulgária têm suas raízes na lei de 21 de janeiro de 1941, a qual proibia, entre outras coisas, casamentos entre judeus e búlgaros. De fato, era a essa disposição que a lei devia seu título, "Lei de Proteção da Nação" (a equivalente búlgara da "Lei de Proteção do Sangue e da Honra Alemães"). No entanto, a lei de 21 de janeiro de 1941 também continha algumas estipulações mais importantes, em especial a proibição de viajar sem permissão da polícia e uma cláusula permitindo que o Gabinete, agindo de acordo com a petição do Ministério do Interior, designasse aos judeus novos endereços em cidades e vilarejos específicos.[28]

Num primeiro momento, essas duas disposições não foram efetivamente colocadas em prática. A polícia concedia muitas vezes autorizações de viagem a judeus. Na primavera de 1942, todavia, essas permissões passaram a ser negadas.[29] A designação de novos endereços, que só poderia se tornar de fato operante depois da aplicação das proibições a viagens, era uma medida potencialmente perigosa, pois, em sua natureza, poderia se unir com as deportações. Já vimos que, na Eslováquia, a expulsão dos judeus de Bratislava para cidades e campos no inte-

---

21 Beckerle ao Ministério das Relações Exteriores, 31 de julho de 1941, NG-3251.

22 *Krakauer Zeitung*, 22 de agosto de 1941, p. 4.

23 *Donauzeitung* (Belgrado), 13 de maio de 1942, p. 3.

24 *Ibid.*

25 *Die Judenfrage*, 15 de julho de 1942, p. 151.

26 *Donauzeitung* (Belgrado), 19 de maio de 1942, p. 3. *Die Judenfrage*, 1º de junho de 1942, p. 113; 15 de julho de 1942, p. 151. *Donauzeitung* (Belgrado), 28 de maio de 1943, p. 3.

27 *Die Judenfrage*, 15 de julho de 1942, p. 151. *Donauzeitung* (Belgrado), 28 de maio de 1943.

28 *Donauzeitung* (Belgrado), 24 de junho de 1942, p. 3.

29 *Ibid.*

rior levou a mais deportações desses locais para a Polônia. Na Bulgária, esse perigo era ainda maior porque, enquanto um sexto dos judeus da Eslováquia viviam em Bratislava, mais da metade dos judeus da Bulgária viviam em Sófia.

Porém, mas mãos dos búlgaros, essa medida acabou se tornando uma arma de atraso e procrastinação, uma justificativa para frustrar todas as deportações. Enquanto isso, os alemães ignoravam completamente a possibilidade de os búlgaros deixarem de segui-los antes do fim da guerra.

Em 26 de novembro de 1941, Popov, ministro das Relações Exteriores da Bulgária, teve uma discussão com Ribbentrop, durante a qual mencionou que o governo búlgaro vinha enfrentando dificuldades para executar sua legislação antijudaica. Em particular, um grande número de países, incluindo a Hungria, a Romênia e a Espanha, protestava contra a inclusão de alguns de seus cidadãos na aplicação dessas leis. Popov sugeriu que esta sem dúvida era uma questão que todos os países europeus deveriam solucionar em conjunto.[30]

Os especialistas da Abteilung Deutschland mostraram-se bastante entusiasmados ao lerem a proposta de Popov, pois acreditaram que o ministro das Relações Exteriores búlgaro tinha pedido a ajuda da Alemanha a fim de conseguir uma carta branca para lidar com os judeus estrangeiros na Bulgária.[31] De fato, os especialistas começaram a trabalhar imediatamente e trouxeram à luz o "princípio territorial" de eliminação de propriedade.

O próprio Ribbentrop assegurou ao ministro das Relações Exteriores da Bulgária "que, ao final da guerra, todos os judeus teriam de deixar a Europa [*dass am Ende des Krieges sämtliche Juden Europa würden verlassen müssen*]". "Esta é uma decisão inalterável do Führer [*Dies sei ein unabänderlicher Entschluss des Führers*]." Portanto, não havia necessidade de ouvir os protestos dos países estrangeiros. Os alemães, de qualquer maneira, não ouviam mais protestos, nem mesmo aqueles vindos dos Estados Unidos.[32]

A declaração de que, "ao final da guerra", todos os judeus teriam de deixar a Europa era uma referência à lenda de reassentamento em sua forma mais

---

30 Resumo da discussão entre Ribbentrop e Popov ocorrida em 26 de novembro de 1941 em Berlin, 27 de novembro de 1941, NG-3667.

31 Ver memorando preparado pela Abteilung Deutschland para Weizsäcker e Ribbentrop, 1º de dezembro de 1941, NG-4667.

32 Resumo da discussão de Ribbentrop e Popov, 27 de novembro de 1941, NG-3667.

elaborada. Os judeus seriam deportados para a Polônia como uma "medida intermediária". Na Polônia, os deportados seriam empregados em projetos que envolviam trabalho pesado e esperariam até o fim da guerra, quando seriam empurrados para fora da Europa. Ao afirmar que esse plano era uma "decisão inalterável do Führer", Ribbentrop estava, com efeito, declarando aos búlgaros que não esperava se deparar com apelos ou dificuldades e que, quando chegasse a hora, se esperava naturalmente dos búlgaros que entregassem seus judeus à custódia do Reich, conforme outros países europeus vinham fazendo.

Todavia, ainda não tinha chegado a hora. Os centros de extermínio alemães ainda não estavam em operação, e a Bulgária não se encontrava suficientemente avançada em suas medidas antissemitas para se qualificar como um país deportador. A medida que os alemães instintivamente esperavam era a concentração dos judeus, a designação de novos endereços. Em junho de 1942, surgiram sinais de que um movimento estava por vir. Um jornal da Bulgária queixou-se da falta de moradias em Sófia e sugeriu que uma solução paliativa seria a concentração dos judeus.[33] Mais tarde naquele mesmo mês, Gabrovski, o ministro do Interior, pediu autorização para expulsar os judeus da capital e de outras cidades do país.[34]

De Berlim, Luther rapidamente enviou instruções (aprovadas por Ribbentrop, Weizsäcker, Wörmann e seus subordinados e pela Divisão de Comércio e Política) pedindo a Beckerle para sondar, em Sófia, como os búlgaros se sentiam com relação às deportações. Beckerle não concluiria nenhum acordo nem definiria datas; ele deveria apenas descobrir qual era a posição dos búlgaros com relação ao assunto. O ministro alemão fez a pesquisa e informou que os cidadãos estavam prontos para concordar com as deportações.[35] Em 6 e 7 de julho, aconteceu uma troca de notas para definir quais judeus búlgaros no Reich seriam tratados como judeus do Reich e quais judeus alemães na Bulgária seriam tratados como judeus búlgaros.[36] O principal golpe agora estava perto de ser desferido, mas os alemães seguiam esperando.

----

33 *Donauzeitung* (Belgrado), 3 de junho de 1942, p. 3.

34 *Deutsche Ukraine-Zeitung* (Lutsk), 27 de junho de 1942, p. 2.

35 Memorando de Luther, 21 de agosto de 1942, NG-2586-J. As instruções de Luther foram enviadas em 19 de junho. Não há informações sobre a aquiescência da Bulgária.

36 Rintelen a Luther, 25 de agosto de 1942, NG-2586-K. Memorando de Klingenfuss, 19 de novembro de 1942, NG-3746.

Em agosto de 1942, os búlgaros deram vários passos. A definição foi estreitada. O Escritório do Comissário para Questões Judaicas foi formado. Fundos bloqueados nos bancos foram transferidos para um "fundo da comunidade judaica". (O objetivo dessa reserva era ajudar judeus pobres e aqueles que realizavam trabalhos forçados; e, mais importante, financiar o reassentamento.) Todos os judeus desempregados em Sófia receberam ordens para deixar a cidade até 1º de setembro. Restrições de moradias foram anunciadas para os judeus remanescentes: para uma família de duas pessoas, um cômodo; para uma família de três ou quatro, dois cômodos; para uma família de cinco ou seis, três cômodos; para uma família de mais de seis, quatro cômodos. Ao mesmo tempo, a estrela de Davi, já usada pelos judeus que realizavam trabalhos forçados, foi instituída para toda a população judaica. De fato, na questão da estrela, os búlgaros pareciam estar em um frenesi. Tudo que pudesse ser judeu tinha de ser marcado: casas, lojas, correspondências comerciais, contas e até mesmo produtos.[37]

Na Alemanha, esses desenvolvimentos eram observados de perto. Assim que o regulamento das marcações surgiu, Müller ordenou que seus oficiais da Gestapo tornassem os judeus da Bulgária sujeitos a marcações e restrições de movimentação no Reich.[38] Ao mesmo tempo, o RSHA abordou o Ministério das Relações Exteriores com um pedido para agir. A missão diplomática já havia sondado os búlgaros e informado que Sófia estava pronta para "chegar a um acordo conosco".[39]

Em 11 de setembro de 1942, Luther despachou um relatório cuidadoso a Weizsäcker e Ribbentrop. Primeiro, mencionou um incidente que considerava perturbador. O Consistório Judeu Central da Bulgária havia enviado desejos de feliz aniversário ao jovem príncipe herdeiro, e o czar havia, logo em seguida, enviado um telegrama a Josef Geron, presidente do Consistório, com sinceros agradecimentos a ele e aos judeus búlgaros pelos cumprimentos. Todavia, continuava Luther, a política antijudaica na Bulgária havia alcançado um progresso notável.

---

37 *Donauzeitung* (Belgrado), 27 a 30 de agosto de 1942; 2 de setembro de 1942, p. 3; 5 de setembro de 1942, p. 3; 9 de setembro de 1942, p. 3. *Die Judenfrage*, 1º de outubro de 1942, pp. 209-10.

38 Müller para escritórios da polícia estadual; escritórios centrais para emigração judaica em Viena e Praga; comandantes da Polícia de Segurança e SD em Praga, Metz, Estrasburgo, Velde, Marburgo e *Einsatzkommando* Luxemburgo, 4 de setembro de 1942, NG-3715.

39 Memorando de Luther, 21 de agosto de 1942, NG-2586-J.

Em seguida, Luther resumia todas as recentes medidas tomadas na Bulgária, incluindo as ordens de expulsão aos judeus de Sófia. "Esses planos de reassentamento", escreveu Luther, "levaram o Escritório Central de Segurança do Reich a questionar se o Reich não deveria, tendo em vista as atitudes adotadas anteriormente pelo governo búlgaro, se interpor nesse momento e oferecer seus serviços nas ações de reassentamento [*sich jetzt einschalten und seine Dienste bei der Aussiedlungsaktion anbieten soll*]." Assim, Luther perguntou as decisões de Weizsäcker e Ribbentrop "sobre se o ministro Beckerle deveria apresentar ao Ministério das Relações Exteriores da Bulgária, da forma cuidadosa que era adequada, a questão do reassentamento dos judeus da Bulgária".

Luther pensava que os búlgaros agora aceitariam com prazer a oferta alemã de assumir a questão judaica (*zur Übernahme der Juden*). Ribbentrop, por outro lado, achava que ainda não havia chegado a hora, então escreveu duas palavras no relatório de Luther: "*noch warten*" (espere um pouco mais).[40] Duas semanas depois, mudou de ideia e deu o sinal do governo,[41] mas essas duas semanas fizeram diferença.

Enquanto Berlim aguardava, Sófia agia com calma. As expulsões prosseguiam lentamente, e a marcação passou a enfrentar dificuldades. Em 9 de novembro de 1942, o chefe de Inteligência Estrangeira do RSHA, Schellenberg, enviou a Luther um relatório detalhado dos acontecimentos antissemitas na Bulgária. Nesse relatório, que já revelava evidências de procrastinação proposital, o governo búlgaro era mostrado como tendo chegado à conclusão de que, com os mais recentes decretos antissemitas, o "ponto de tolerância" (*das Mass des Erträglichen*) havia sido ultrapassado. Para os observadores do RSHA, a atitude da Bulgária havia se manifestado de várias formas. Em 27 de setembro, por exemplo, aproximadamente 350 judeus se reuniram no pátio do Ministério do Interior para entregar uma petição pelo aumento do prazo para a expulsão. Gabrovski, o ministro do Interior, foi até o pátio e, "para a surpresa de todos os seus oficiais e funcionários que observavam através das janelas, fez um discurso de

40 Luther via Weizsäcker para Ribbentrop, 11 de setembro de 1942, NG-2582. Von Sonnleithner via Weizsäcker para Luther, 15 de setembro de 1942, NG-2582. Luther para Rademacher, 15 de setembro de 1942, NG-2582.

41 Luther para Weizsäcker, Wörmann, von Erdmannsdorff, Pol. I, Pol. IV, D II, D III, divisões políticas Jurídica e Comercial, 24 de setembro de 1942, NG-1517.

meia hora no sentido de acalmar os judeus". Além disso, declarou que "o pior já tinha passado" e aceitou pessoalmente o pedido dos judeus. No dia seguinte, instruiu a imprensa a deixar de discutir a questão judaica, fundando sua ordem no fato de ela já ter sido regulada e afirmando que o povo estava satisfeito com as medidas tomadas contra os judeus. Ademais, Gabrovski "sugeriu" repetidas vezes ao comissário Belev que o ministério e o czar queriam que as atividades antijudaicas fossem aliviadas. De acordo com a política de alívio, Gabrovski havia se recusado a assinar um decreto introduzindo certas restrições ao movimento na capital.

A procrastinação búlgara, de acordo com o relatório, era particularmente perceptível nas marcações. O governo búlgaro tinha originalmente introduzido uma estrela de Davi, "ainda que uma estrela pequena" (einen "allerdings nur kleinen" Judenstern). Até aquele momento, todavia, pouquíssimos judeus a usavam. A evasão contra a estrela havia sido lançada pelo arcebispo "anglófilo" Stefan, de Sófia, que, em 27 de setembro, realizara um sermão apontando que Deus já punira os judeus por terem "pregado Cristo na cruz" ao fazê-los ter de ir de um lugar a outro e não permitindo que eles tivessem um país próprio. Dessa forma, Deus havia determinado o destino dos judeus, e os homens não tinham o direito de torturá-los e persegui-los. Isso se aplicava em especial aos judeus que haviam aceitado o cristianismo. Assim, o arcebispo conseguiu poupar todos os judeus batizados de usar a estrela. O primeiro-ministro Filov havia, sozinho, libertado os judeus em casamentos mistos. Nesse contexto, em 30 de setembro, Partov, o ministro da Justiça, exigiu que o uso da estrela não fosse obrigatório e que todas as expulsões fossem interrompidas.

No início de outubro, continuava o relatório, aproximadamente um quinto dos judeus búlgaros usava o emblema, e, a essa altura, o governo da Bulgária interrompeu a produção da estrela cortando a energia elétrica da fábrica que as fornecia. Essa medida foi justificada com base no racionamento de energia. Muitos judeus que já usavam a estrela deixaram de usá-la, ao passo que outros passaram a usá-la de maneira "arrogante", presa ao lado de um símbolo patriótico como uma imagem do czar ou da rainha.

Os especialistas do RSHA pensavam que uma explicação parcial para esses acontecimentos poderia ser encontrada nas ações de algumas potências estrangeiras – entre as quais a Itália, a Hungria, a Romênia, a França de Vichy e a Espanha –, que vinham "pressionando" o governo da Bulgária. A Itália em particular recebeu quatro ou cinco notas de protesto do Ministério das Relações Exteriores da Bulgária. Popov havia reunido todas essas notas e as entregado ao comissário Belev para lhe mostrar em que direção o vento andava soprando.[42]

Alguns dias após receber esse relatório do RSHA, a Abteilung Deutschland teve uma oportunidade em primeira mão de observar que alguma coisa havia falhado. Em 18 de novembro, o secretário da missão diplomática búlgara questionou o tratamento dispensado aos judeus estrangeiros no Reich. O *Legationsrat* Klingenfuss apontou que essa questão havia sido solucionada por uma troca de notas em julho, mas o búlgaro respondeu que nunca tinha ouvido sobre nenhuma troca de notas.[43]

Restava, todavia, um ponto de acesso na cena búlgara: os territórios ocupados da Macedônia e da Trácia. Em 10 de junho de 1942, um decreto búlgaro que regulava a aquisição de cidadania nos novos territórios havia entrado em vigor. Esse decreto era especificamente inaplicável aos judeus. De acordo com "fontes bem informadas", a omissão significava que os judeus não passariam muito tempo naquelas províncias.[44]

Em janeiro de 1943, um representante de Eichmann, o *Hauptsturmführer* Dannecker, chegou à Bulgária, vindo da França, e fez contato com o adido da polícia alemã na missão diplomática. A tarefa de Dannecker consistia em deportar o máximo possível de judeus, começando com aqueles dos territórios ocupados. O ministro do Interior da Bulgária agora se declarava disposto a deportar 14 mil judeus da Macedônia e da Trácia. O comissário Belev, "um antissemita convicto", então propôs incluir 6 mil dos "principais judeus" da Antiga Bulgária (*die jüdische Führungsschicht*). Gabrovski também aprovou esse plano, e o Ministério concordou com sua decisão. Em 22 de fevereiro de 1943, o *Hauptsturmführer* Dannecker pôde, portanto, concluir, com o comissário Belev, um acordo que promovia a deportação de 8 mil judeus da Macedônia, 6 mil da Trácia e 6 mil da Antiga Bulgária – somando um total de 20 mil.

O acordo também continha definições para bagagem, confisco de propriedade, isenção de judeus em casamentos mistos e assim por diante. O lado alemão exigia que a Bulgária pagasse 250 Reichsmark por cada judeu deportado, mas os búlgaros consideravam esse preço um tanto elevado, então a questão foi

---

42 Schellenberg para Luther, 9 de novembro de 1942, NG-5351.
43 Memorando de Klingenfuss, 19 de novembro de 1942, NG-3746.
44 *Donauzeitung* (Belgrado), 11 de junho de 1942, p. 3.

amigavelmente deixada de lado. Em 2 de março de 1943, o ministério búlgaro aprovou a alocação de transportes e, ao mesmo tempo, esboçou uma lei abordando a perda da nacionalidade búlgara pelos deportados que cruzassem a fronteira. A lei da nacionalidade foi aprovada pelo Sobranje, mas não foi publicada no Diário Oficial.[45] As deportações podiam começar.

Os judeus dos novos territórios foram concentrados, e suas posses relativamente pequenas foram confiscadas. Os bens confiscados (sem contar dinheiro e objetos de valor apreendidos) somavam 57 milhões de levs (700 mil dólares), ao passo que os custos do recolhimento e transporte, financiados por essas somas, totalizavam 21 milhões de levs.[46] Os judeus macedônios deixaram a cidade de Escópia em três trens rumo a Treblinka. As passagens foram compradas pelo *Commissariat* na Balkan, uma agência de viagens da Bulgária.[47] Os judeus da Trácia foram levados em dois trens até o porto de Lom, no Danúbio, e colocados em quatro navios búlgaros que passaram por Belgrado e Budapeste até chegarem a Viena, de onde foram levados de trem até Treblinka. Os alemães cobraram dos búlgaros todos os transportes que a Reichsbahn providenciou.[48] Em 5 de abril, o adido de polícia Hoffmann reportou um total de 11.343 deportados, incluindo 7.122 da Macedônia e 4.221 de Trácia.[49] O *Legationsrat* Wagner apon-

45 Hoffmann (adido de polícia em Sófia) para RSHA/Grupo de Adidos, 5 de abril de 1943, NG-4144. O relatório de Hoffman foi marcado como "Visto: Beckerle". Memorando de Wagner, 3 de abril de 1943, NG-4180. Sobre as políticas da Bulgária que levaram a deportações, ver Chary, *The Bulgarian Jews*, pp. 76-100. Ver também textos do acordo Dannecker-Belev de 22 de fevereiro de 1943, e da garantia do Ministério de 2 de março de 1943, *ibid.*, pp. 208-11. Apenas alguns judeus na Macedônia e na Trácia tinham nacionalidade búlgara.

46 Chary, *The Bulgarian Jews*, pp. 126-28.

47 *Ibid.*, pp. 122-26. Para detalhes sobre essa deportação, ver Alexsandar Matkovski, "The Destruction of Macedonian Jewry in 1943", *Yad Vashem Studies 3* (1959): 203-58.

48 Chary, *The Bulgarian Jews*, pp. 101-22. Ver também relato sobre Lom da testemunha ocular búlgara Nadejda Slavi Vasileva, "On the Catastrophe of the Thracian Jews", *Yad Vashem Studies 3* (1959): 295-301. Também ver *Bahndiensttelegramm* de Gedob/9 (Tariffs/Passenger Trains), 28 de março de 1943, requisitando o número exato de deportados da Bulgária e da Grécia que chegaram a Treblinka. Fac-símile em Jüdisches Historisches Institut Warschau, *Faschismus – Getto – Massenmord* (Berlim, 1961), p. 353.

49 Hoffmann para o Grupo de Adidos, 5 de abril de 1943, NG-4144. O número de Wagner é de 11.459. Ver o memorando de Wagner de 3 de abril de 1943, NG-4180. Korherr listou 11.364 em seu

tou que os judeus membros da inteligência, em especial os médicos, haviam sido dispensados no último instante.[50]

O comissário Belev agora ordenava a internação de judeus "influentes" das cidades de Plovdiv, Kyustendil, Ruse e Varna. Porém, a oposição crescia rapidamente. Uma delegação de Kyustendil, comandada pelo vice-presidente do Sobranje, Peshev, interveio junto ao Ministério do Interior. Peshev, apoiado por quarenta deputados, então apresentou ao Sobranje uma resolução de censura acusando o governo de atrocidades que supostamente teriam ocorrido durante as deportações. Peshev recebeu votos contrários e foi destituído do cargo, mas sua intervenção foi seguida por outra, descrita apenas como "uma sugestão do mais alto posto" (presumivelmente do czar), pedindo o cessar de todas as deportações planejadas para a Antiga Bulgária. Judeus "proeminentes" que já tinham sido internados foram novamente libertados.[51]

Na conclusão de seu relatório sobre as deportações, o adido de polícia Hoffmann explicou que, considerando o fato de que nada havia sido realizado até agora na "Itália, Hungria, Espanha, etc.", os búlgaros tinham se saído muito bem. Ademais, o "problema judeu", na forma como havia existido na Alemanha, era na verdade desconhecido na Bulgária. A deportação de 11.343 judeus era, consequentemente, bastante "satisfatória" (*zufriedenstellend*). Com base no total acordado de 20 mil, o número significava uma conquista de 56%, uma "redução" bastante normal em um país balcânico.[52]

Ribbentrop, todavia, de modo algum estava satisfeito com tais reduções. Quando o rei Bóris visitou Berlim no início de abril, o ministro das Relações Exteriores alemão teve uma chance de expressar sua insatisfação. Bóris explicou que havia dado a ordem limitando as evacuações à Macedônia e à Trácia e que pretendia deportar "apenas um pequeno número de elementos comunistas-bolcheviques" da Antiga Bulgária porque precisava dos judeus restantes para a construção de estradas. Ribbentrop respondeu que, "em nosso modo de ver, a única solução

---

relatório de 19 de abril de 1943, NO-5193. Chary calcula 11.393, incluindo 7.160 da Macedônia, 158 de Pirot e 4.075 da Trácia. Chary, *The Bulgarian Jews*, p. 127.

50 Memorando de Wagner, 3 de abril de 1943, NG-4180.

51 Hoffmann para Grupo de Adidos, 5 de abril de 1943, NG-4144. Ver também memorando de Wagner, 3 de abril de 1943, NG-4180, e Chary, *The Bulgarian Jews*, pp. 90-100, 214-15.

52 Hoffmann para Grupo de Adidos, 5 de abril de 1943, NG-4144.

correta para o problema dos judeus era a mais radical [*dass nach unserer Auffassung in der Judenfrage die radikalste Lösung die allein richtige sei*]".[53]

Sob a aplicação da nova pressão da missão diplomática alemã em Sófia, o comissário Belev, um homem com lealdades divididas, preparou dois planos alternativos: um providenciava a deportação de todos os judeus para a Polônia; o outro permitia a completa evacuação dos judeus de Sófia para o interior. Os dois planos foram enviados a Bóris, que escolheu o último.[54] A nova ordem de expulsão foi publicada em 25 de maio.[55]

Para os alemães, não havia mais muito a ser feito. Todavia, o RSHA pressionou o Ministério das Relações Exteriores a pressionar Beckerle, que, por sua vez, deveria pressionar o governo da Bulgária. Em 7 de junho, Beckerle respondeu: "Eu gostaria de assegurar de que nós, aqui, estamos fazendo tudo o que está ao nosso alcance para chegar, de modo adequado, à liquidação final da questão judaica". Infelizmente, continuava Beckerle, a pressão direta não funcionava. Os búlgaros vinham vivendo com povos como armênios, gregos e ciganos havia tanto tempo que simplesmente não conseguiam apreciar o problema dos judeus.[56]

O adido de polícia Hoffman era mais otimista. Reportou que a expulsão de todos, exceto 2 mil ou 3 mil judeus privilegiados de Sófia agora estava quase concluída. Os judeus expulsos eram abrigados por famílias judias ou em escolas no interior. Essas escolas, ele lembrava, teriam de ser reabertas no outono. Assim, ainda havia uma oportunidade para deportar os judeus búlgaros.[57]

---

53 Ribbentrop para Beckerle, 4 de abril de 1943, NG-62. O teor do encontro é confirmado em uma conversa do rei com o primeiro-ministro Filov. Diário de Filov, 5 de abril de 1943, em Todorov, *The Fragility of Goodness*, pp. 89-90.

54 Hoffmann para Grupo de Adidos, 7 de junho de 1943, NG-2357. Ver também Chary, *The Bulgarian Jews*, pp. 147-51, para os esforços dos rabinos em Sófia e o papel do arcebispo Stefan na questão. Sobre Bóris, ver também seu discurso ao sínodo, demonstrando rigidez antissemita, e seus encontros com Filov, nos quais defendia manter os judeus na Bulgária. Todorov, *The Fragility of Goodness*, pp. 102-3 e 90-91.

55 *Donauzeitung* (Belgrado), 26 de maio de 1943, p. 3; 28 de maio de 1943, p. 3; 1º de junho de 1943, p. 3.

56 Beckerle para Ministério das Relações Exteriores, 7 de junho de 1943, NG-2357.

57 Hoffmann para Grupo de Adidos, 7 de junho de 1943, NG-2357.

Em 24 de junho, Beckerle comunicou que, com a remoção de 20 mil judeus de Sófia, a expulsão havia sido concluída. E repetiu que, a essa altura, a pressão não funcionaria, mas que se identificava com a visão de seu adido de polícia de que a interrupção da "operação da solução final" (*Endlösungsaktion*) era apensa temporária, que os judeus seriam um incômodo tão grande no interior a ponto de não demorar a entrar em cena o "fator precipitante para mais um acontecimento em nosso favor".[58]

Porém, o verão terminou sem qualquer alteração na política búlgara e, em 31 de agosto de 1943, o chefe da *Inland* II, Wagner (sucessor de Luther), escreveu pessoalmente o fim da *Aktion* na Bulgária. A Kaltenbrunner, ele escreveu que o RSHA havia abordado repetidas e repetidas vezes o Ministério das Relações Exteriores com pedidos para pressionar os búlgaros. O RSHA havia apontado que, a cada semana que se passava, "uma solução radical se tornaria mais difícil". E também havia dito ao Ministério das Relações Exteriores que a dispersão dos judeus por todo o país era imprudente (*bedenklich*) do ponto de vista da contraespionagem e que, no evento de os Aliados desembarcarem nos Bálcãs, esses judeus seriam muito perigosos.

O Ministério das Relações Exteriores, continuava Wagner, havia em seguida pedido ao ministro Beckerle para explorar mais a questão, mas o enviado tivera a clara impressão de que toda "oferta" (*Antrag*) alemã, independentemente de quão bem colocada, seria rejeitada pelos búlgaros. Wagner então explicou o verdadeiro motivo da recusa da Bulgária em deportar os judeus: os búlgaros estavam com medo das potências inimigas. Havia, no país, um "medo insano de ataques aéreos". Assim como os búlgaros não publicaram o fato de que seus aviões de caça haviam participado do abatimento de bombardeiros americanos durante o ataque a Ploiești e assim como qualquer propaganda antibolchevique era proibida na Bulgária (particularmente as dirigidas contra a pessoa de Stalin), o governo da Bulgária não se mostrava inclinado a "permitir a continuação da questão judaica".

Wagner concluiu que somente um fator poderia influenciar a decisão da Bulgária – uma "nova ativação do esforço de guerra alemão [*eine neue Aktivierung der deutschen Kriegsführung*]". Sem dúvida os búlgaros haviam sido influenciados pela atitude dos romenos e dos húngaros, pois a Bulgária naturalmente não queria receber atenção como uma potência antissemita. Entretanto, essas influências desapareceriam quando os sucessos alemães estivessem "novamente em primeiro plano".

---

58 Beckerle para RSHA/Grupo de Adidos, 24 de junho de 1943, NG-2753.

Enquanto isso, Wagner não podia fazer nada além de pedir a Kaltenbrunner material adicional sobre o perigo e a perniciosidade da judiaria na Bulgária.[59]

Durante doze meses, os judeus búlgaros continuaram sujeitos a todo tipo de discriminação e perseguição do processo de destruição interrompido.[60] Então, em 30 de agosto de 1944, um ano depois de Wagner ter escrito sua carta e na véspera da invasão soviética à Bulgária, os jornais matinais de Sófia ostentaram manchetes proeminentes sobre a decisão do ministério de revogar todas as leis antissemitas.[61]

Romênia

Assim como os búlgaros, os romenos uniram-se ao Eixo por motivos oportunistas. Porém, diferentemente da Bulgária, a Romênia tornou-se aliada da Alemanha somente depois de uma perda considerável de território: o Norte da Bucovina e a Bessarábia para a União Soviética, o Norte da Transilvânia para a Hungria e o Sul de Dobruja para a Bulgária. Essas perdas territoriais foram golpes pesadíssimos ao longo de um período de dois meses.[1] A Romênia agora tinha inimigos a leste e a oeste; a Rússia e a Alemanha eram responsáveis por suas perdas. Os romenos uniram-se ao Eixo e reconquistaram as províncias orientais. Quando a sorte na guerra virou e a Bucovina e a Bessarábia foram dadas como irremediavelmente perdidas, os romenos, movendo-se com a maré, uniram-se aos russos e recuperaram a Transilvânia.

Todavia, havia mais do que mero oportunismo nas ações da Romênia. Os romenos deram mais do que uma contribuição simbólica ao combater a União Soviética. Em números absolutos, o país era o mais importante aliado alemão no Leste. Seus exércitos não se pouparam no combate em Odessa e Stalingrado, e, quando os romenos mudaram de lado, demonstraram a mesma ferocidade em batalhas contra alemães e húngaros.

Nas questões judaicas, a atitude da Romênia também era em parte oportunista e em parte algo mais. Houve momentos em que, por exemplo, os alemães

---

59 Wagner para Kaltenbrunner, 31 de agosto de 1943, NG-3302.

60 *Donauzeitung* (Belgrado), 8 de outubro de 1943, p. 3; 13 de outubro de 1943, p. 3; 27 de outubro de 1943, p. 3; 9 de novembro de 1943, p. 3; 3 de dezembro de 1943, p. 3; 14 de dezembro de 1943, p. 3; 16 de dezembro de 1943, p. 3.

61 *Ibid.*, 31 de agosto de 1944, p. 3.

1 A Bucovina e a Bessarábia foram perdidas em 28 de junho de 1940; A Transilvânia, em 30 de agosto de 1940; Dobruja, em 12 de setembro de 1940.

reclamaram que os romenos eram extremamente lentos. Em certa ocasião, Eichmann chegou a querer afastar seu especialista em questões judaicas de Bucareste, alegando que os romenos não seguiam os conselhos apresentados. No entanto, houve outras ocasiões nas quais os alemães tiveram de entrar em cena para reduzir o ritmo das medidas romenas. Em momentos como esses, os romenos se movimentavam com agilidade excessiva para os padrões da burocracia germânica. Os alemães requeriam medidas minuciosas, e não apressadas.

Se os romenos ultrapassavam as barreiras do oportunismo na velocidade de suas ações, praticamente esqueciam todos os motivos de ganho em suas medidas. O mais significativo no caso dos romenos não é apenas quão rapidamente eles se moviam, mas quão longe iam.

Na Antiga Romênia (ou seja, a Romênia sem as províncias perdidas), os judeu raramente ficavam concentrados. Embora as deportações da Antiga Romênia tenham sido planejadas, o governo mudou de ideia de repente e de uma hora para a outra praticamente deteve o processo de destruição que vinha se desenrolando. A leste do rio Prut, por outro lado, a situação era bem diferente. Na Bucovina e na Bessarábia, que haviam sido recuperadas da Rússia em 1941, os romenos tomaram as ações mais drásticas. Nessas províncias, os judeus eram transportados para o que poderia ser chamado de "Leste" da Romênia, o território da Transnístria (na Ucrânia soviética), que estava sob ocupação romena. Nessa região, os romenos também assassinaram mais de 100 mil judeus nativos nas regiões de Odessa e Golta. Nenhum país, com exceção da Alemanha, se viu envolvido em massacres semitas de tamanha escala.

As características de atividades de grupo e os comportamentos individuais nem sempre são similares, mas, no caso da Romênia, havia similaridades pronunciadas. Diferentemente dos alemães, que em geral não praticavam na vida particular o comportamento exigido por seus cargos, os romenos eram muito mais consistentes. O oportunismo era praticado na Romênia não apenas em nível nacional, mas também nas relações pessoais. Era um país corrupto, o único Estado do Eixo no qual oficiais de altos cargos, como ministros e o prefeito da capital, tiveram de ser afastados por transações "obscuras" envolvendo propriedades expropriadas de judeus.[2]

---

2 Os oficiais dispensados foram o prefeito de Bucareste, Modreanu; seu vice, Dohary; e o ministro da Colonização, general Zwiedeneck, que era de etnia alemã. Missão diplomática alemã em

A busca por ganho pessoal na Romênia era tão intensiva que provavelmente deve ter permitido a muitos judeus comprar o alívio da perseguição. A instituição do suborno era, de fato, tão bem estabelecida que este chegava a ser desviado para benefício do Estado. O governo do país permitiu aos judeus *comprar* isenções de medidas antissemitas tais como trabalho forçado e restrições a viagens. Assim como o oportunismo pessoal era verdadeiro na Romênia, também era verdadeiro o envolvimento pessoal em assassinatos. Várias vezes os cidadãos do país se lançaram nas *Aktionen*. Testemunhas e sobreviventes que observaram a forma como os romenos conduziam suas operações de extermínio falam de cenas singulares na Europa do Eixo. Até mesmo em relatórios alemães há críticas a essas operações – e, em alguns casos, os alemães chegaram a interceder pela interrupção de assassinatos que pareciam ofensivos até mesmo a uma instituição tão dura quanto o Exército nazista.

O exame do aparato burocrático da Romênia pode passar a impressão de uma máquina não confiável, que não respondia adequadamente aos comandos e que agia de formas imprevisíveis, às vezes hesitando, às vezes fugindo do controle. Essa ação brusca, não planejada, irregular, esporádica e errática, era resultado de um oportunismo que se misturava com destrutividade, uma letargia periodicamente interrompida por explosões de violência. O produto dessa combinação foi um registro decididamente único de ações antissemitas.[3]

Em dezembro de 1930, a Romênia contava com a terceira maior população de judeus da Europa. A contagem do censo apontava 756.930. Se as fronteiras criadas em 1940 em volta dessa população fossem sobrepostas, a distribuição se daria da seguinte forma:[4]

Bucareste/adido militar (assinado por Spalcke) para a OKH/Divisão de Adidos, 12 de dezembro de 1941, WI/IC 4.66, p. 274.

3 Um trabalho em três volumes sobre a destruição dos judeus na Romênia foi publicado na língua romena. Ver Matatias Carp, *Cartea Neagră – Suferintele Evreilor din Romania 1940-1944* (Bucareste, 1946-1948). Os volumes de Carp contêm documentos e comentários. Ver também conjunto complementar de fac-símiles selecionados e editados por Jean Ancel e publicados pela Fundação Beate Klarsfeld de Paris e Nova York, *Documents Concerning the Fate of Romanian Jewry during the Holocaust*, 12 vols. (sem data, concluídos em 1986).

4 Memorando do Institutul Central de Statistica/Oficiul de Studii (sem data) contendo o censo detalhado de 1930 e cálculos levando em conta as alterações territoriais de 1940, em Ancel, *Documents,*

Dentro de regiões posteriormente perdidas	427.962
para a União Soviética (Norte da Bucovina,	
Bessarábia e Delta do Danúbio)	278.943
para a Hungria (Norte da Transilvânia)	148.173
para a Bulgária (Sul de Dobruja)	846
Dentro das regiões mantidas pela Romênia	328.968

Em cada uma dessas áreas, os judeus tiveram um destino diferente. Os da Antiga Romênia sobreviveram todos; os da Transilvânia foram levados com as deportações húngaras; já nas duas províncias orientais da Bucovina e da Bessarábia, que foram entregues em 1940 e reconquistadas em 1941, os judeus se viram sujeitos ao ímpeto principal do processo de destruição romeno.

Na época em que as primeiras medidas antissemitas foram lançadas, a Romênia mal tinha deixado para trás um sistema anterior de guetoização. A emancipação dos judeus era uma ocorrência recente na maior parte da Europa, mas particularmente recente na Romênia. A maioria dos judeus havia conseguido a cidadania romena no fim da Primeira Guerra Mundial, nos termos de um Tratado das Minorias assinado pela Romênia com as potências Aliadas como parte do preço que o país tinha de pagar pelos territórios recém-recebidos. Havia um sentimento considerável na Romênia contra o pagamento desse preço, e, em 1930, a ascensão da Guarda de Ferro pró-nazista e antissemita lançou uma sombra sobre a segurança dos judeus no país. Em dezembro de 1937, quando a Romênia teve seu primeiro regime pró-nazista com o primeiro-ministro Octavian Goga, cerca de 120 mil judeus perderam a cidadania.[5]

---

vol. 10, pp. 46-64. Durante a década de 1930, houve um declínio pequeno da população judaica. O crescimento natural, de menos de 7 mil, foi ultrapassado pela emigração líquida, um número ligeiramente maior. *Ibid.* O declínio foi perceptível no Norte da Bucovina e na Antiga Romênia. Um censo conduzido na Antiga Romênia em 6 de abril de 1941, apontou um total preliminar de apenas 302.092 judeus, mesmo tendo sido usado como critério a "descendência", que supostamente incluiria os convertidos ao cristianismo. Ver dados anexados pelo instituto de estatística (assinado por Golopenția) para o *Hauptsturmführer* Richter da missão diplomática alemã, 25 de junho de 1941, T 175, rolo 662. Um número aparentemente revisado de abril de 1941 era de 315.509. Publikationsstelle Wien, "Die Bevölkerungszählung in Rumänien 1941" (Viena, 1943), em Ancel, *Documents*, vol. I, pp. 325-50.

5 *Die Judenfrage*, 21 de maio de 1938, p. 10; 22 de dezembro de 1938, pp. 1-2.

O regime Goga caiu. "Legionários" da Guarda de Ferro foram presos aos milhares, e os líderes, massacrados enquanto "tentavam escapar". Porém, os judeus não foram totalmente esquecidos. Durante o período dos sucessores de Goga, engenheiros judeus se viram excluídos das ferrovias,[6] o sistema de cotas foi introduzido na indústria do trabalho forçado[7] e demissões tiveram início no serviço público.[8] Essas medidas, incidentalmente, aplicavam-se apenas aos "judeus", ou seja, às pessoas que pertenciam à religião judaica.

Depois de as fronteiras romenas a leste se desintegrarem sob um ultimato russo, o governo do primeiro-ministro Gigurtu decidiu aproximar-se dos alemães e dar um largo passo na direção da destruição dos judeus. Em 8 de agosto de 1940, foram proclamadas duas leis que já continham as sementes da continuidade administrativa, e que, por esse motivo, podem ser vistas como a inauguração do processo de destruição na Romênia. Pela primeira vez, o governo romeno adotou uma definição que incluía, além dos judeus seguidores da religião, alguns judeus batizados, como os filhos batizados de pais judeus não batizados e as esposas batizadas de maridos cristãos no caso de mulheres cujo batismo não tivesse ocorrido mais de um ano antes da formação da unidade partidária do rei Carlos.

Na esfera econômica, os judeus foram dispensados do Exército e do funcionalismo público. Perderam suas posições como editores e membros da diretoria de empresas e tiveram restringido seu direito de exercer a advocacia e outras profissões. Perderam a permissão de vender bebidas alcóolicas e ficaram proibidos de adquirir imóveis, indústrias nas províncias e assim por diante. Duas medidas de guetoização também foram incluídas nas leis de 8 de agosto: a proibição de casamentos mistos e a revogação de mudanças de nomes.

Ainda assim, o efeito de todas essas medidas sobre os judeus não foi necessariamente decisivo. As leis estabeleciam três categorias de judeus. Os mais privilegiados eram aqueles que tinham possuído cidadania romena antes de 30 de dezembro de 1918 e seus descendentes, assim como aqueles que haviam lutado na linha de frente durante a Primeira Guerra Mundial e seus descendentes – em torno de 10 mil pessoas no total. Apenas parte das discriminações se aplicava a esse grupo. A próxima categoria englobava os judeus que eram residentes (mas não cidadãos)

6 *Ibid.*, 14 de julho de 1938, p. 5.

7 *Ibid.*, 26 de fevereiro de 1940, p. 20.

8 *Krakauer Zeitung,* 29 de junho de 1940; 3 de agosto de 1940, p. 1.

da Antiga Romênia antes de 30 de dezembro de 1918. A categoria menos favorecida, que ficava sujeita a todas as restrições, era composta pelos judeus das províncias anexadas após a Primeira Guerra Mundial e os imigrantes.[9] Portanto, de modo geral, as medidas do governo Gigurtu ainda eram muito moderadas se comparadas ao padrão alemão. Todavia, a administração Gigurtu não durou muito.

No início de setembro de 1940, enquanto as tropas húngaras ocupavam a Transilvânia, entrava em cena na Romênia um novo governo, que duraria quatro anos. À frente desse governo estava um homem que se autodenominava "chefe de Estado": o general (e posteriormente marechal) Ion Antonescu. Seu ministério era chamado de "regime dos legionários" porque nunca antes os líderes da Guarda de Ferro tiveram tantas posições de poder: o vice-premiê era o próprio comandante da Guarda de Ferro, Horia Sima; o ministro das Relações Exteriores era o conde Mihai Sturdza, também da Guarda; o Ministério do Interior estava nas mãos de outro "legionário", o general Petrovicescu; o ministro do Trabalho era o comandante da Guarda de Ferro em Bucareste, Iasinschi.[10] Apesar da composição desse regime, o centro de poder logo se mostrou estar em outras mãos.

Os judeus reagiram com apreensão ao novo governo. No outono, milhares deixaram a Romênia, alguns com destino à Palestina em navios sem condições de navegar no mar.[11] Durante esse período, mais decretos legislativos antissemitas foram promulgados. Um deles definia que os judeus fossem privados de propriedades agrícolas.[12] Outra lei nomeava romenos para operar empresas de judeus sob curatela.[13] Uma terceira medida definia a demissão paulatina de judeus empregados em todas as empresas privadas.[14] As expropriações e demissões eram agrupadas sob o nome de "romenização". Esse termo foi escolhido

---

9 *Ibid.,* 3 de agosto de 1940, p. 1; 10 de agosto de 1940, p. 2. *Die Judenfrage,* 15 de setembro de 1940, pp. 126-28.

10 *Krakauer Zeitung,* 17 de setembro de 1940, p. 2.

11 Ira A. Hirschmann, *Lifeline to a Promised Land* (Nova York, 1946), pp. 11-13. O autor era representante do Conselho para Refugiados de Guerra dos Estados Unidos na Turquia.

12 Texto do decreto legislativo agrícola, 4 de outubro de 1940, assinado pelo marechal Antonescu e por Leon, ministro da Economia, em Ancel, *Documents,* vol. 8, pp. 196-99.

13 Decreto legislativo dos fiduciários, 4 de outubro de 1940, assinado por Leon, *ibid.,* pp. 200-202.

14 Romenização do decreto legislativo do trabalho de 12 de novembro de 1940, assinado pelo marechal Antonescu, ministro do Trabalho Iasinschi, ministro das Finanças Cretzianu, ministro

em detrimento de "arianização" por um motivo. Muitas empresas estavam nas mãos ou de interesses estrangeiros ou de membros de minorias étnicas locais. Esses proprietários domésticos privados de antepassados romenos ou de proteção política eram alvos naturais de aquisição, e incluíam não apenas judeus, mas também gregos e armênios.[15]

Todavia, nenhuma tentativa foi feita no sentido de criar uma lei para a transferência compulsória de todas as empresas comerciais e industriais dos judeus. Havia um regulamento secreto do Ministério das Finanças bloqueando parcialmente os créditos destinados a fornecedores judeus,[16] e a Guarda de Ferro de fato realizou tentativas de forçar o progresso das arianizações voluntárias. Observadores alemães, porém, assistiam a essas transações com ceticismo – aparentemente, os novos proprietários não tinham nem o capital nem o talento para os negócios. "Homens sábios erguem um dedo de aviso e acenam negações com a cabeça", comentou um escritor alemão. Ele apontava que, em particular, a comunidade étnica alemã não tinha tido uma chance justa. Mas essas coisas, concluía com indulgência, eram atributos inevitáveis de uma "revolução".[17]

Nesse meio tempo, a "revolução" da Guarda de Ferro ainda era uma questão aberta. Para começar, a Guarda era apenas uma minoria no Gabinete. Ademais, o chefe de Estado não era um membro do movimento, mas um general do Exército. Em 20 de janeiro, a Guarda de Ferro deu início a uma rebelião para derrubar o general Antonescu. Durante três dias, as ruas de Bucareste foram tomadas por conflitos. O golpe foi esmagado, mas, antes de chegar ao fim, havia se transformado em um massacre.

Membros da Guarda de Ferro tinham invadido o bairro judeu, queimando sinagogas, demolindo lojas e devastando residências. Os guardistas deixaram, por

---

da Justiça Mihai Antonescu, e o recém-empossado ministro da Economia Cancicov, *ibid.*, pp. 209-15. Textos de outras medidas durante esse período aparecem no mesmo volume.

15 *Donauzeitung* (Belgrado), 3 de fevereiro de 1942, p. 3.

16 Para detalhes, ver Auslandsbriefprüfstelle Vienna para OKW/Abw. III (N), atenção de Obstlt. Jacobsen, 22 de novembro de 1940, Wi/IC 4.66.

17 Michael Maier, "Beginnende Neuordnung in Rumänien", *Volk im Osten* (Bucareste), janeiro de 1941, p. 37. As queixas dos alemães étnicos com relação à discriminação romena na distribuição de propriedades judaicas continuaram existindo até meados de 1942. Ver relatório de VOMI para o adido de Himmler, Rudolf Brandt, 3 de agosto de 1942, Arquivos de Himmler, pasta 8.

milhas em volta da cidade, rastros de sua revolução. Em 24 de janeiro, viajantes na estrada que ligava Bucareste a Ploiești descobriram, em Băneasa, um número considerável de corpos de judeus despidos. Dentes de ouro haviam sido arrancados das bocas dos mortos. (Os ciganos foram acusados de terem sido os saqueadores.) Na estrada para Giurgiu, as pessoas viam outro grupo de judeus mortos. Na cidade, o adido militar alemão ocupou-se reunindo relatos de mortes. "No necrotério de Bucareste", escreveu, "é possível ver centenas de cadáveres, mas há principalmente judeus [*doch handelt es sich meistens um Juden*]." Fontes judaicas afirmavam que as vítimas não tinham sido meramente assassinadas, e sim massacradas. No necrotério, os corpos estavam tão arrasados que já não lembravam seres humanos, e no matadouro municipal os cadáveres permaneciam dependurados como carcaças de gado. Uma testemunha viu uma menina de cinco anos dependurada como um bezerro pelos pés, o corpo todo manchado de sangue. Os judeus mortos somavam 118.[18]

Duas semanas após o golpe, o líder da Guarda de Ferro, Horia Sima, culpou os judeus por sua derrota. Queixou-se a Himmler por Antonescu ser na verdade amigo dos britânicos. Em seguida, acrescentou: "Sem senso político, o general Antonescu não percebeu que foi simplesmente usado como um instrumento pelos judeus e pelos maçons".[19] Mas Himmler não interferiu, pois, a cada dia, Antonescu se aproximava do lado alemão. Seu regime era forte e inabalável. Em questão de meses, viria a se tornar uma temível ferramenta de guerra e destruição.

As principais personalidades do regime estabilizado de Antonescu eram:[20]

---

18 H/MA Auslandsdienst, Relatório nº 185/41, 27 de janeiro de 1941, Wi/IC 4.2-b. Relatório sobre matadouros em Institute of Jewish Affairs, *The Jews in Nazi Europe* (Nova York, 1941), p. 11. Ministro norte-americano na Romênia (Franklin Mott Gunther) para Hull, Secretário de Estado norte-americano, 30 de janeiro de 1941, *Foreign Relations of the United States, 1941*, vol. II (Europa), p. 860. Relatórios publicados na imprensa listavam 118 judeus mortos e 26 feridos; 118 romenos mortos e 228 feridos. *Krakauer Zeitung*, 6 de fevereiro de 1941, p. 2.

19 Sima para Himmler, 6 de fevereiro de 1941, NO-488.

20 Com base em listas no *Donauzeitung*, documentos e Carp, *Cartea Neagră*, vol. 3, pp. 17-21. A pasta do ministro da Defesa pertencia formalmente ao próprio marechal Antonescu. O Estado-Maior Geral (*Marele Stat Major*), posteriormente transformado em "Grande Quartel" (*Marele Cartier General*), era o OKW romeno. O chefe do Estado-Maior romeno (*Statul Major of Armatei*) ocupava uma posição similar à do Chefe do Estado-Maior Geral no Exército alemão.

Chefe de Estado, ministro das Relações Exteriores e ministro da Defesa: marechal Ion Antonescu

Presidente interino do Conselho de Ministros e ministro interino das Relações Exteriores: Mihai Antonescu

Ministro interino da Defesa (em ordem de sucessão): general Iosif Iacobici, general Constantin Pantazi

Chefe do Estado-Maior Geral: general Ilie Steflea

Chefe do Estado-Maior do Exército: general N. Tătăranu

Interior: general Dumitru Popescu

Subsecretário de Polícia e Segurança Pública (em ordem de sucessão): general Ion Popescu, general Constantin Vasiliu

Justiça (em ordem de sucessão): Stoicescu, Marinescu

Economia (em ordem de sucessão): Leon, Cancicov, Potopeanu, Marinescu, Fintescu, Dobre

Subsecretário de Romenização (de propriedade): Zwiedeneck (posicionado diretamente abaixo do Conselho de Ministros em 1941)

Finanças (em ordem de sucessão): G. Cretzianu, Stoenescu, Neagu

Transporte (em ordem de sucessão): Georgescu, Bușilă, Constantinescu

Trabalho, Saúde e Bem-estar: Iasinschi, Tomescu

Subsecretário do Trabalho e do Bem-estar (em ordem de sucessão): Voiculescu, Danulescu, Enescu

Romenização (do trabalho): Cronţ (sucedido por Petrescu)

Campos de Trabalho e Colunas: Mociulschi

Subsecretário de Romenização, Assentamentos e Inventários (em ordem de sucessão): Zwiedeneck, Dragoş, Vladescu

Escritório Central de Romenização/Diretor do Comitê Administrativo (em ordem de sucessão): Gorsky, Rizescu

Diretor-geral de Romenização (em ordem de sucessão): Theodorescu, Reuss, Cardaş, Popa

Plenipotenciário para Questões Judaicas: Radu Lecca (reduzido a comissário geral e colocado sob o ministro do Trabalho ao final de 1943)

Chefes territoriais em províncias conquistadas durante 1941:

Governador, Bucovina (em sucessão): general Alexandru Rioşanu, general Corneliu Calotescu, general coronel Dragalina

Governador, Bessarábia: general Constantin Voiculescu

Governador, Transnístria (em ordem de sucessão): Gheorghe Alexianu, general Gheorghe Potopeanu

Pode-se apontar que o novo governo tinha dois Antonescus, o marechal e Mihai. Uma descrição reveladora desses dois homens figura em um relatório secreto produzido por um jornalista alemão, dr. Hans-Joachim Kausch, que visitou a Romênia em 1943. Kausch escreveu:

> Em muitos bairros, recebemos informações de que o Marechal Antonescu tem sífilis, uma doença notoriamente tão comum entre oficiais da cavalaria romena quanto a gripe na Alemanha [*der Schnupfen*], mas que ataca muito fortemente o marechal a cada poucos meses e causa fortíssimas perturbações em sua visão. A figura política mais importante na Romênia nesse momento é seu substituto, Mihai Antonescu, que, na prática, controla todo o aparato administrativo e tem uma boa relação com o Rei e a Rainha Mãe. Ele se preocupa com todos os detalhes de todos os acontecimentos políticos; e, embora concorde com uma batalha defensiva contra o perigo soviético, com relação ao conflito com as potências ocidentais ele se mantém anglófilo.[21]

Na esfera da produção de decretos contra os judeus, o novo governo romeno seguiu os passos de seus antecessores. Decidiu dar mais um passo econômico, para o qual não previa custos diretos ou indiretos. Dessa vez, o objeto eram os imóveis pertencentes aos judeus, e a data do decreto legislativo foi 27 de março de 1941.[22] As casas deveriam ser adquiridas pelo Estado por um valor total equivalente a oito vezes a renda bruta anual dos aluguéis, e os proprietários receberiam títulos com uma taxa de juros anual de 3%. As propriedades expropriadas seriam oferecidas para venda a romenos étnicos que poderiam pagar em parcelas com juros fixos de 5%. O governo tinha de assumir as hipotecas e, antes da venda, tinha de preencher os imóveis vagos. A administração desse empreendimento foi entregue a um subsecretário (*subsecretar*) de Romenização, Assentamento e Inventário. Num primeiro momento, essa agência foi comandada por Zwiedeneck, que posteriormente foi sucedido por Dragoș. O subsecretariado, que também era responsável pelo controle de propriedades agrícolas expropriadas sob as mesmas regras aplicáveis às propriedades urbanas, foi equipado com um comitê

---

21 Relato de Kausch, 26 de junho de 1943, Occ E 4-11.
22 *Die Judenfrage*, 25 de abril de 1941, pp. 57-58.

executivo, comissões interministeriais e um diretor geral.[23] O tamanho dessa elaborada organização e a rotatividade de pessoal (alguns demitidos por escândalos) são sinais da natureza e da duração das operações nas quais ela esteve envolvida. Posteriormente, as atividades foram expandidas, e passaram a abranger o confisco de propriedades da comunidade judaica, incluindo escolas, hospitais, asilos, matadouros e algumas sinagogas e cemitérios.[24]

A posição dos negócios judeus nessa época continuou praticamente inalterada. Correspondências particulares censuradas em Viena revelaram que as empresas judaicas frequentemente podiam ser compradas apenas em dólares, libras ou francos suíços. Ademais, os romenos enfrentavam problemas para administrar suas empresas recém-adquiridas.[25]

Em junho de 1941, o ritmo deliberado da máquina de destruição romena de repente se transformou em ação rápida. É significativo que os eventos da segunda metade de 1941 e da primeira metade de 1942 tenham acontecido sob um regime militar que apenas alguns meses antes tinha se livrado daqueles elementos (a Guarda de Ferro) que – como a Guarda de Hlinka eslovaca, a Utasha croata e a SS alemã – eram os principais proponentes e impulsionadores da atividade antissemita. Aparentemente, a presença de ideólogos uniformizados não é necessária para a realização de todas as ações drásticas. A mola mestra dessas ações não está na mera agitação das formações de partido. O ímpeto vem de um ponto mais profundo do caráter nacional.

A gota d'água imediata para o novo holocausto foi a guerra contra a Rússia. Na véspera do início do conflito, o ministro do Interior ordenou a remoção dos judeus das áreas de fronteira como uma medida de "precaução" contra "sabotagem e espionagem". Isso significava que os judeus seriam transportados em uma direção *ocidental* dentro da Antiga Romênia, dos distritos fronteiriços para o interior do país. Nessa atmosfera bastante carregada, na noite de 25 de junho de 1941 (três

---

23 Decreto legislativo de 3 de maio de 1941, assinado por marechal Antonescu, Mihai Antonescu, Stoicescu e Stoenescu, T 175, rolo 659.

24 Ver o *Bukarester Tageblatt*, 4 de julho de 1942, 25 de julho de 1942, 27 de novembro de 1942, e relatórios de informações do Conselho Judaico oficial (o *Centrala Evreilor din Romania*, que foi criado ao final de 1941), 7 de julho de 1942, 27 de julho de 1942 e 29 de agosto de 1942, T 175, rolo 661.

25 Relatórios do Auslandsbriefprüfstelle em Viena, 1º de abril de 1941 e 30 de abril de 1941, WI/IC 4.2-b.

dias depois do início da guerra), circulava em Iași um rumor de que paraquedistas soviéticos haviam pousado perto da cidade. O Exército ordenou uma busca imediata nas casas de judeus.

A essa altura, alguns desertores que se escondiam em Iași e acreditavam que a busca havia sido criada para prendê-los começaram a atirar nas tropas. Então, um relato de que judeus estavam atirando nos soldados passou a circular; por conta disso, o Exército e a polícia incrementaram sua reação.[26] Nesse momento, a 14ª Divisão Romena estava parada na cidade, e seu comandante, o general Stavrescu, ordenou que os judeus fossem recolhidos. A população judaica foi levada às dezenas de milhares aos centros de detenção. A maioria das mulheres e crianças foi imediatamente liberada, mas um número considerável de homens acabou fuzilado e muitos outros foram mantidos presos. Em 30 de junho, dois trens de carga, um deles com mais de 2,5 mil judeus e o outro com algo entre 1,8 mil e 1,9 mil judeus, foram despachados para o interior. Os vagões de gado foram fechados com cadeado e os trens viajaram durante dias atravessando o interior sem destino. Os judeus morriam de fome e sufocados dentro dos vagões. De tempos em tempos, os corpos eram retirados para ser enterrados em covas coletivas. Por fim, o maior dos trens parou em Călărași e o menor, em Podul Iloaiei. Cada um perdeu pouco mais da metade dos deportados. Depois de alguns meses, os sobreviventes foram levados de volta a Iași.[27] O ministro alemão em Bucareste, von Killinger, relatou uma perda de 4 mil indivíduos, sem especificar quantos morreram na cidade e quantos morreram no trem.[28]

---

26 Eugene Levai, *Black Book on the Martyrdom of Hungarian Jewry* (Zurique e Viena, 1948), p. 68. Embora a maior parte do livro seja dedicada à Hungria, as páginas 58 a 73 abordam a questão na Romênia.

27 Carp, *Cartea Neagră*, vol. 2a (inteiramente dedicado a Iași). Ancel, *Documents,* vol. 2, pp. 433-35, 448-50. Curzio Malaparte (correspondente e testemunha italiana), *Kaputt* (Nova York, 1946), pp. 122--24, 126-29, 137-43, 165-74. Ancel, "The Jassy Syndrome", *Romanian Jewish Studies* (primavera, 1987): 33-49, e (inverno, 1987): 35-52. Radu Ioanid, *The Holocaust in Romania* (Chicago, 2000), pp. 62-90.

28 Von Killinger para Ministério das Relações Exteriores, 1º de setembro de 1941, NG-4962. A tabulação preliminar do censo de abril de 1941 mostrou 32.943 judeus na cidade (número posteriormente revisado para 33.127) e 4.327 nos arredores. Golopenția para Richter, 25 de junho de 1941, T 175, rolo 662. Um censo judaico conduzido em maio de 1942 revelou um total de 34.006 no distrito de Iași. Estatísticas do Centrala, em Ancel, *Documents,* vol. 1, p. 305.

Todavia, essas ocorrências na Antiga Romênia eram apenas um prenúncio do que estava por vir. Uma agitação muito maior aguardava os judeus da Bessarábia, da Bucovina e do distrito de Dorohoi.

O censo romeno de 1930 indicava uma população judaica de mais de 300 mil pessoas nessas regiões conforme a seguir:[29]

Bessarábia		206,958
Cidade de Chișinău	41.405	
Bucovina (Norte)		69.144
Cidade de Cernăuți	42.932	
Bucovina (Sul)		23.844
Distrito de Dorohoi		12.932
Região de Herța		1.940

A União Soviética ocupou a Bessarábia e o Norte da Bucovina em 1940 e, dessas duas regiões, os soviéticos deportaram milhares de pessoas, judias e não judias, em um expurgo que teve início somente em meados de junho de 1941. As deportações aconteceram quando a invasão do Eixo teve início.[30] Com a aproximação dos exércitos romeno e alemão, a reação dos judeus em Cernăuți (Bucovina) foi marcadamente distinta daquela dos judeus da Bessarábia em Chișinău. Os judeus de Cernăuți haviam sido cidadãos do Império Austro-Húngaro até 1918, e muitos deles pertenciam à classe média. Ainda falavam alemão. Quando os soviéticos deram início a uma evacuação de funcionários públicos e membros do partido e instruíram os estudantes universitários a ir embora, uma discussão acalorada da ordem se deu na universidade, e somente alguns alunos judeus partiram com o Exército Vermelho em retirada. Os demais permaneceram na cidade,[31] assim como a vasta maioria dos habitantes judeus de Cernăuți. Em Chișinău, todavia, apenas 4 mil judeus foram encontrados na época da captura da cidade, em

---

29 Carp, *Cartea Neagră*, vol. 3, p. 42.

30 Solomon M. Schwarz, *The Jews in the Soviet Union* (Syracuse, NY, 1951), p. 224. Israel Chalfen, *Paul Celan* (Kassel, 1979), p. 113.

31 Chalfen, *Celan*, pp. 113-14. O poeta Celan era aluno da universidade na época.

17 de julho.[32] Esse número logo subiu para mais de 10 mil conforme famílias judias em fuga, alcançadas pelas tropas alemãs e romenas, retornavam para suas casas.[33]

Não existem números precisos de deportados, evacuados e refugiados judeus do Norte da Bucovina e da Bassarábia durante as últimas semanas de governo soviético, mas é provável que o total ultrapasse 100 mil. E outro grande número de indivíduos ainda estaria sujeito ao processo de destruição alemão-romeno.

Desde o início da ofensiva romena, em 2 de julho, houve tiroteios do *Einsatzgruppe D* e também dos soldados e da polícia romena em operações esporádicas por toda a região.[34] O *Einsatzgruppe* também exerceu influência sobre comandantes romenos no sentido de realizar a guetoização das comunidades judaicas. Assim, levou os créditos pela criação por parte dos romenos do gueto de Chişinău[35] e pela concentração de judeus em Tighina.[36] Nessa época, todavia, um evento pegou até mesmo os alemães de surpresa.

---

32 RSHA IV-A-I, Relatório Operacional União Soviética nº 63 (48 cópias), 25 de agosto de 1941, NO-4538. O *Einsatzgruppe D* atribuiu o baixo número à fuga de judeus; Solomon Schwarz enfatizou as deportações soviéticas em junho.

33 *Ibid.* Uma comissão investigativa romena listou 11.252 judeus em Chişinău. Ver relatório da comissão de dezembro de 1941, assinado por G. Niculescu e cinco outros, em Carp, *Cartea Neagră*, vol. 3, pp. 61-65.

34 O *Einsatzgruppe* fuzilou 682 judeus, em especial personalidades de destaque apreendidas com base em listas, em Cernăuţi. *Einsatzkommando* 10b para Grupo Sul do Exército, 9 de julho de 1941, NOKW-587, e RSHA IV-A-I, Relatório Operacional União Soviética nº 40 (45 cópias), 1º de agosto de 1941, NO-2950. O *Einsatzgruppe* também fuzilou 551 judeus em Chişinău e 155 em Tighina. RSHA IV-A-I, Relatório Operacional União Soviética nº 45 (47 cópias), 7 de agosto de 1941, NO-2948. Na região entre Hotin e Yampol, as operações foram mais intensivas. RSHA IV-A-I, Relatório Operacional União Soviética nº 67 (48 cópias), 29 de agosto de 1941, NO-2837. O número de mortos aparentemente era de 4.425 em 19 de agosto e cresceu cada vez mais depois dessa data. RSHA IV-A-I, Relatório Operacional União Soviética nº 89 (48 cópias), 20 de setembro de 1941, NO-3148. A contribuição romena ao extermínio provavelmente foi maior. Ver relatórios dos *Einsatzgruppen*, *passim*, e estimativas para 2-12 de julho, de aproximadamente 6 mil, em Carp, *Cartea Neagră*, vol. 3, pp. 29-36.

35 Ohlendorf para o IIº Exército Ic/AO, 4 de agosto de 1941, contendo relatório de *Stubaf.* Zapp (Skdo. IIa) para Ohlendorf, datado de 4 de agosto de 1941, NOKW-3233.

36 RSHA IV-A-I, Relatório Operacional União Soviética nº 45 (47 cópias), 7 de agosto de 1941, NO-2948.

Em 8 de julho, o marechal Ion Antonescu declarou, em uma reunião do Conselho de Ministros, que "agora existe em nossa história um momento muito favorável" para a migração forçada de judeus da Bessarábia e da Bucovina.[37] Naquele mesmo dia, o comandante da Gendarmaria na Bessarábia, coronel Meculescu, ordenou a prisão de todos os judeus nas áreas rurais da província.[38] Durante a última semana de julho, os romenos, agindo por iniciativa local, começaram a expulsar 25 mil judeus do Norte da Bessarábia para o outro lado do rio Dniestre, ao que ainda era uma área militar e esfera de interesse alemão (*deutsches Interessengebiet*).[39] Em 29 de julho, o *Ortskommandantur* em Yampol, uma pequena cidade na margem leste do rio, relatou que vários milhares de judeus haviam chegado ali. Eles foram "deixados à própria sorte [*ihrem Schicksal überlassen*]", sem terem como comprar comida. Em busca de abrigos, invadiram casas abandonadas.[40]

O Décimo Primeiro Exército Alemão, percebendo uma forte concentração do lado bessarábio do Dniestre, tentou bloquear o tráfego através do rio. Pontes deveriam ser fechadas.[41] Em 7 de agosto, o *Sonderkommando* 10b reportou que havia evitado a travessia de uma grande coluna de judeus em Mogilev Podolsky.[42] O pessoal do *Einsatzgruppe D* na Bessarábia observou "infinitos préstitos de judeus maltrapilhos guardados por soldados romenos [*endlose Züge zerlumpter Juden, bewacht von rum. Soldaten*]", que foram forçados pelas tropas alemãs e pela Polícia de Segurança a retornar no Dniestre. O *Einsatzgruppe* pensou que os romenos estavam propositalmente levando os judeus de um lado para o outro – como resultado, de tempos em tempos homens e mulheres mais velhos e frágeis caíam

---

37 Ver excerto dos comentários de Antonescu em Carp, *Cartea Neagră*, vol. 3, p. 92.

38 *Ibid.*

39 II° Exército, Ic/AO (assinado por von Schobert) para OKH/GenQu, 19 de agosto de 1941, Rumänien 30498/3. Pasta anteriormente encontrada no Centro de Registros Federais, Alexandria, Va. RSHA IV-A-I, Relatório Operacional União Soviética n° 67 (48 cópias), 29 de agosto de 1941, NO-2837.

40 *Ortskommandantur* II/915 em Yampol para área 553 da retaguarda do Exército (*Oberfeldkommandantur* 553), 29 de julho de 1941, T 501, rolo 50.

41 II° Exército, Ic/AO (assinado pelo chefe do Estado-Maior Wöhler) para Corpo LIX, *Einsatzgruppe D*, II° Exército/OQU, e Oberbaustab 19, 29 de julho de 1941, Rumänien 30498/3. Ordem de Wöhler, 3 de agosto de 1941, NOKW-2302.

42 RSHA IV-A-I, Relatório Operacional União Soviética n° 45 (47 cópias), 7 de agosto de 1941, NO-2948.

na lama e na sujeira (*dass in Abständen gebrechliche Greise und alte Frauen im Dreck liegen blieben*).[43]

Do outro lado do Dniestre, os alemães faziam diminuir a enorme coluna que os romenos já haviam levado para a área militar. O *Einsatzgruppe D* reportou ter fuzilado 1.265 judeus e empurrado para trás outros 27,5 mil. Em Mogilev, 8 mil desses judeus tiveram de retornar depois de um impasse com um comandante romeno parado do lado ocidental da ponte. De Yampol, uma unidade de campo da Gendarmaria enviou dois relatos declarando que 18 mil judeus haviam sido forçados a retornar em 17 de agosto e outros 2 mil mais tarde naquele mês.[44]

Enquanto os alemães tentavam impedir o fluxo de judeus (*Judenstrom*) para sua área, os romenos faziam planos ainda mais ambiciosos. Em 5 de agosto de 1941, o chefe de polícia de Bucareste, general Pălăngeanu, ordenou que todos os judeus com idade para o serviço militar se apresentassem.[45] Alguns dias depois, chegou a Berlim um relato de que o marechal Antonescu havia dado ordens para que 60 mil judeus fossem transportados da Antiga Romênia para a Bessarábia com o objetivo de "construir estradas".[46] Os alemães agora se encontravam realmente alarmados. Começavam a enxergar o espectro de mais de meio milhão de judeus sendo levados para o outro lado do Dniestre, para a área logo atrás de um *Einsatzgruppe D* enfraquecido e já sobrecarregado com a pesada tarefa de eliminar os judeus do Sul da Ucrânia. Os seiscentos homens do *Einsatzgruppe* estariam cercados por judeus, pela frente e por trás.

---

43 *Einsatzgruppe D* para 11º Exército, 2 de setembro de 1941, Rumänien 29222.

44 RSHA IV-A-1, Relatório Operacional União Soviética nº 64 (48 cópias), 25 de agosto de 1941, NO--2840. RSHA IV-A-1, Relatório Operacional nº 67 (48 cópias), 29 de agosto de 1941, NO-2837. Sobre o incidente na ponte em Mogilev, ver o testemunho juramentado de Felix Rühl (oficial do Estado-Maior, *Sonderkommando* 10b), 26 de maio de 1947, NO-4149. Relatório de Yampol pela 1ª Companhia, 683d mot. Batalhão de Campo Gendarmaria (Abteilung), 17 de agosto de 1941 (assinado pelo Oberleutnant Wasikowski) e 31 de agosto de 1941, T 501, rolo 56. Do lado romeno, os relatos indicam que apenas 12,5 mil ou 13 mil judeus foram recebidos em Cosăuți (em frente a Yampol) em 17 de agosto. Ver relatórios da Gendarmaria romena de 17 e 19 de agosto de 1941 em Ancel, *Documents*, vol. 5, pp. 44-47, 49-51.

45 *Krakauer Zeitung*, 5 de agosto de 1941, p. 2. *Donauzeitung* (Belgrado), 6 de agosto de 1941, p. 4; 7 de agosto de 1941, p. 3.

46 Rademacher para *Reichsbahnoberinspektor* Hoppe and *Ministerialdirektor* Wohlthat (Plano Quadrienal), 12 de agosto de 1941, NG-3104.

Os alemães se moviam rapidamente. Menos de uma semana depois da ordem de mobilização para o trabalho, a missão diplomática alemã aconselhou o vice-premiê Mihai Antonescu a "prosseguir com a eliminação do elemento judeu apenas de forma lenta e sistemática". O Antonescu mais jovem respondeu que já havia recomendado uma revogação da ordem, pois o marechal havia claramente, de toda forma, "superestimado" o número de judeus capazes de trabalhar. Os prefeitos de polícia, haviam, portanto, recebido ordens para cancelar a medida.[47]

Logo depois dessa intervenção, o chefe da missão do Exército alemão na Romênia, major general Hauffe, tomou algumas medidas para evitar o movimento de judeus para a área do *Einsatzgruppe D*. Com o objetivo de dar ao *Einsatzgruppe* uma pausa para se preparar, ele traçou uma linha para além da qual os judeus não deveriam ser transportados pela duração da guerra contra a Rússia. (Esperava-se que o fim chegaria logo.) Como a área entre os rios Dniestre e Bug (Transnístria) seria transferida para o controle romeno e como o *Einsatzgruppe* já estava cruzando o Bug, Hauffee abandonou o Dniestre e se concentrou no Bug. Em 30 de agosto de 1941, Hauffee e o general romeno Tătăranu assinaram um acordo na prefeitura de Tighina, cidade da Bessarábia. O pacto definia que nenhum judeu deveria ser levado, "no momento presente", ao outro lado do Bug. Para garantir que os judeus permaneceriam na Transnístria até "o fim das operações", Hauffe também especificou que os judeus teriam de ser colocados em campos de concentração.[48]

As deportações aconteciam em um território maior do que as províncias reconquistadas e incluía o Sul da Bucovina e Dorohoi, distrito que havia sido incorporado à Bucovina em 1983. A Tabela 8.21 mostra a redução da comunidade judaica em toda a região no curso de um ano.

Na época do acordo de Tighina, o número de judeus contados (incluindo o número do censo do mês de abril anterior do Sul da Bucovina e Dorohoi) era

---

47 *Ibid.* O governo romeno estava então negociando com a organização da comunidade judaica um empréstimo de 2,5 bilhões de léus. Relato do agente da inteligência militar alemã, Código Ru nº 62, Wi/IC 4.2-a, pp. 211-16.

48 Bräutigam (chefe adjunto, Divisão Política, Ministério Leste) para Ministério das Relações Exteriores, março de 1942, incluindo o acordo Hauffe-Tataranu assinado em Tighina (Bessarábia) em 30 de agosto de 1941, PS-3319.

TABELA 8.21 A agitação na Bucovina e na Bessarábia

Judeus na área de deportação, início de julho de 1941		cerca de 185.000
Fuzilamentos de julho	mais de 10.000	
Mortos em agosto		
Em campos de trânsito	aprox. 7.000	
Em movimentos de e para a Transnístria	aprox. 10.000	
Judeus remanescentes, 1º de setembro de 1941		aprox. 156.000
Contagem em 6 de abril de 1941, Sul da Bucovina e Dorohoi	29.687	
Contagem em 1º de setembro de 1941		
Norte da Bucovina	53.809	
Bessarábia	72.625	
Mortos em setembro e outubro nos campos de trânsito	aprox. 18.000	
Contagem das travessias, de setembro até o fim de 1941	118.847	
Censo dos judeus remanescentes, 20 de maio de 1942		19.576
Bessarábia	227	
Norte da Bucovina	16.854	
Sul da Bucovina e Dorohoi	2.495	
Deportações, junho de 1942	aprox. 5.000	
Remanescentes, meados de 1942		aprox. 14.000

Nota: Números de 6 de abril de 1941, 1º de setembro de 1941 e 20 de maio de 1942 em Carp, *Cartea Neagră*, vol. 3, pp. 41-42. Número de travessias em um relatório de Broșteanu (inspetor da Gendarmaria na Transnístria) de 15 de dezembro de 1941 a 15 de janeiro de 1942, *ibid.*, pp. 319-20. Uma estimativa de 25 mil mortos ou desaparecidos em trânsito foi relatada na Comissão de Inquérito das Irregularidades do Gueto de Chișinău (assinado por G. Niculescu e cinco outros oficiais), dezembro de 1941, *ibid.*, pp. 61-65. Deportações em 1942 estimadas por Carp. *ibid.*, pp. 231-32.

de aproximadamente 156 mil. Durante o verão e início do outono, os judeus foram concentrados em guetos e em campos de trânsito da Bessarábia. A partir de meados de setembro, foram levados a pontos de cruzamento do rio Dniestre. A maioria dos movimentos acontecia a pé através dos campos ao longo das rotas mostradas na Tabela 8.22.

Marchas e campos de trânsito eram fontes de muito atrito entre os deportados. Em Edineți, onde uma população de internos era estimada em 10 mil em 9 de agosto, um oficial romeno relatou que as possibilidades de abastecimento eram

TABELA 8.22 Deportações para o Dniestre – Principais rotas

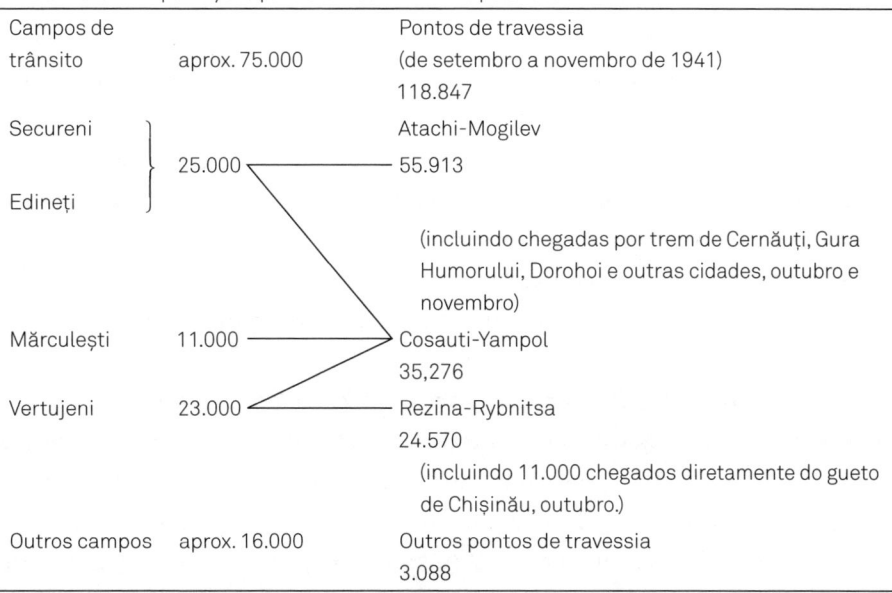

Campos de trânsito	aprox. 75.000	Pontos de travessia (de setembro a novembro de 1941) 118.847
Secureni	25.000	Atachi-Mogilev 55.913
Edineți		
		(incluindo chegadas por trem de Cernăuți, Gura Humorului, Dorohoi e outras cidades, outubro e novembro)
Mărculeşti	11.000	Cosauti-Yampol 35,276
Vertujeni	23.000	Rezina-Rybnitsa 24.570 (incluindo 11.000 chegados diretamente do gueto de Chişinău, outubro.)
Outros campos	aprox. 16.000	Outros pontos de travessia 3.088

Nota: Recapitulações dos números de campos de trânsito no relatório da Comissão de Inquérito, dezembro de 1941, Carp, *Cartea Neagră*, vol. 3, pp. 61-65. Cruzamento de dados com o relatório de Brosteanu, *ibid.*, pp. 319-20. Ver também mapa, *ibid.*

mínimas (*posibilitate de aprovizionare minime*).[49] Em Secureni, que contava com um total de 20.852 judeus em 11 de agosto, alimentá-los era "impossível" (*Alimentarea lor este imposibila*).[50] Tampouco havia medicamentos disponíveis nesses campos quando as epidemias começaram a se alastrar.[51] Mărculeşti, uma comunidade agrícola judia, foi desertada quando milhares de deportados de Cernăuți, Storojineț e outras localidades chegaram. Os judeus locais haviam, evidentemente, sido assassinados. Um sobrevivente recorda-se de que havia uma sepultura na frente de cada casa (*vor jedem Haus befand sich ein Grab*).[52] Vertujeni, o maior dos campos de trânsito, abrigava 13.500 judeus levados de Transnístria em agosto e

49 Jean Poitevin (*Armata 3-a Es 2 Serviciul Pretoral*) para *Serviciul Marelui Pretor* (general Topor), 9 de agosto de 1941. Carp, *Cartea Neagră*, vol. 3, p. 100.

50 Coronel Manecuța (chefe da Gendarmaria da Bessarábia) para *Marele Pretor*, 11 de agosto de 1941. *Ibid.*, p. 102.

51 Manecuța para Topor, 16 de setembro de 1941, *ibid.*, pp. 114-16.

52 Declaração de Moshe Brunwasser, julho de 1959, Yad Vashem Oral History 916/74.

outros 9 mil ou 10 mil que ainda não haviam sido deportados para o outro lado do Dniestre.[53] Aqui, assim como em outras vilas transformadas em campos de trânsito, a superlotação era tamanha que as pessoas tinham de viver em porões, sótãos, galinheiros ou sarjetas. Muitos dos internos ficaram nesses campos por quase dois meses antes de as evacuações começarem, em meados de setembro. Um sobrevivente de Edineți lembra-se do caminho até o rio. Um oficial romeno, com o revólver na mão, recolhia ouro e outros itens de valor dos indivíduos que se deslocavam. Pelo caminho, na lateral da estrada, havia "um número incontável de cadáveres" (*unzählige Leichen*) e membros separados dos corpos (*einzelne Glieder*) de adultos e crianças de transportes anteriores.[54]

Em 4 de outubro, o marechal Antonescu decidiu que todos os judeus da Bucovina seriam deportados para o outro lado do Dniestre em um período de dez dias.[55] Em 6 de outubro, percebendo que ainda restavam aproximadamente 10 mil judeus na Bessarábia (Chișinău), falou de sua expulsão para a Transnístria e, se as circunstâncias permitissem, para os Montes Urais.[56] No dia 9, trens com deportados começaram a partir de várias cidades da Bucovina rumo a Atachi.[57] Pouquíssimas pessoas tentaram se esconder.[58]

Os judeus de Cernăuți foram sujeitados à guetoização. A decisão foi tomada em 9 de outubro. Na manhã do dia 11, um pôster assinado pelo general Calotescu, governador da Bucovina, apareceu nas ruas de Cernăuți anunciando que um decreto relacionado aos guetos seria lido aos líderes judeus nos quartéis militares da cidade e dos arredores às sete horas da manhã, que os termos desse decreto seriam transmitidos à população judaica entre oito e nove horas da manhã e que

---

53 Poitevin para Topor, 23 de agosto de 1941, em Carp, *Cartea Neagră*, vol. 3, pp. 105-6. Outros 1.698 judeus que retornaram à Bessarábia foram contados em Secureni. Manecuța para Topor, 16 de setembro de 1941. *Ibid.*, p. 116.

54 Declaração de Josef Schieber, maio de 1959, Yad Vashem Oral History 825/22.

55 *Marele Cartier General II-a* para o Comando de Cernăuți, 4 de outubro de 1941, em Carp, *Cartea Neagră*, vol. 3, p. 143.

56 Excerto dos comentários de Antonescu no Conselho de Ministros, 6 de outubro de 1941, *ibid.*

57 *Ibid.*, p. 135.

58 A questão é destacada em declarações de Adolf Henner (deportado de Gura humorului), abril de 1959, Yad Vashem Oral History 794/34, e do dr. Gabriel Stier (deportado de Rostoki), junho de 1963, Yad Vashem Oral History 2081/188.

a mudança seria realizada às seis horas da tarde.[59] A ordem causou consternação, mas não ocorreu a ninguém não se mudar para o gueto (*Es fiel jedoch niemanden ein, nicht ins Ghetto zu ziehen*).[60] A seção designada aos judeus tinha capacidade para 10 mil pessoas, e agora abrigava 50 mil. Os judeus ficavam em corredores, porões, garagens e debaixo de pontes. As condições sanitárias pioraram rapidamente. As deportações, no entanto, começariam alguns dias depois, rua a rua. No último instante, o marechal Antonescu, em uma conversa por telefone com o governador Calotescu, concordou em isentar 20 mil judeus. As listas seriam preparadas pela comunidade judaica. A maioria dos nomes foi aprovada no escritório de Calotescu; os demais, pelo prefeito Popovici.[61] De acordo com diversos relatos, a concessão de isenções foi produto de uma enorme dose de corrupção.[62]

Durante os meses de outubro e novembro, trem após trem deixou Cernăuți rumo a Mărculești, seguindo diretamente até o ponto de travessia do Dniestre em Atachi. Um dos deportados, um engenheiro que mantinha um diário, relata que, às seis horas da manhã de 29 de outubro, soldados, tocando tambores, acordaram os judeus e lhes disseram para estar na estação de trem às dez horas. Durante o embarque, o caos se instalou. Alguns pagaram suborno para viajar em vagões menos lotados. Enquanto o trem estava a caminho, avançando e parando, as portas foram desparafusadas por fora e malas caíram. Mãos introduzidas nos vagões puxavam mais malas para fora, enquanto os deportados ouviam gritos assustadores de mulheres desaparecerem no horizonte. No Dniestre, os judeus receberam ordens para pular como lebres para fora do trem, e as bagagens foram lançadas em uma vala cheia de água. O grupo do engenheiro teve de subir uma colina íngreme. Algumas pessoas rastejavam de quatro, arrastando consigo seus pertences, enquanto eram espancadas. Ele viu duas mulheres que tinham caído, sendo que uma delas já estava com a cabeça enterrada na lama enquanto a outra tentava erguer levemente a sua, mas não conseguia porque algumas mechas de seus

---

59 Texto em Julius Fischer, *Transnistria* (Nova York, 1969), pp. 65-66.

60 Declaração de Regina Lewyn, julho de 1959, Yad Vashem Oral History 915/69.

61 Declaração do dr. Traian Popovici (prefeito de Cernăuți em 1941), Carp, *Cartea Neagră*, vol. 3, pp. 158-82. Excerto em Fischer, *Transnistria*, pp. 67-69.

62 Declaração de Popovici em Carp, *ibid*. Testemunho juramentado de Lewyn, julho de 1959, Yad Vashem Oral History 915/69. Diário de Leopold Rauch (11 de outubro – 8 de novembro de 1941) certificado pelo dr. Ball-Kaduri, 23 de dezembro de 1959, Yad Vashem Oral History 1024/55.

cabelos brancos estavam presas debaixo do sapato de outro indivíduo. Mil pessoas tiveram de ficar esperando na lama. Uma vala no centro de um quadrado de terra aparentemente levava a uma passagem subterrânea. Ele deslizou aproximadamente 2 metros para dentro do buraco para se aliviar, mas desistiu ao ver cadáveres nus, parcialmente apodrecidos, jogados uns sobre os outros. Os judeus do campo de Edineți já haviam estado ali.[63]

A travessia para a Transnístria se deu através de pontes e balsas superlotadas, das quais pessoas caíam.[64] Um sobrevivente relata que uma mulher em uma das balsas segurava um bebê envolvido em um travesseiro. Ao chegar ao outro lado, a mãe percebeu, horrorizada, que o travesseiro estava vazio. A criança havia caído e sido pisoteada.[65]

As deportações eram observadas à distância, em Bucareste, pelos alemães. Em 17 de outubro de 1941, a seguinte nota foi escrita por um oficial da missão (provavelmente o *Hauptsturmführer* Richter):

> De acordo com informações recebidas hoje do *Generaldirektor* Lecca, 110 mil judeus estão sendo evacuados da Bucovina e da Bessarábia para duas florestas na região do Rio Bug. Pelo que ele descobriu, essa *Aktion* tem como base uma ordem emitida pelo Marechal Antonescu. O objetivo dessa ação é a liquidação desses judeus [*Sinn der Aktion sei die Liquidierung dieser Juden*].[66]

Ecos da Transnístria também foram ouvidos em outras áreas de Bucareste. Panfletos judeus circulavam na capital durante o desfile da vitória em Odessa, afirmando que "nossas garotas da Bessarábia estão sendo arrastadas para casas de prostituição no front oriental."[67] O adido militar alemão em Bucareste reportou que um de seus agentes, que tinha se misturado a vários romenos uniformizados durante uma licença do front, havia descoberto que todos aqueles oficiais

---

63 Diário de Rauch, Yad Vashem Oral History 1024/55. Ele não sobreviveu.

64 Declaração de Hermann Picker, junho de 1959, Yad Vashem Oral History 868/88.

65 Declaração de Klara Horn, 24 de fevereiro de 1958, Yad Vashem Oral History 299/12.

66 Memorando de um *HStuf.* (provavelmente Richter), 17 de outubro de 1941, PS-3319.

67 Tradução para o alemão do panfleto anexado a uma carta por um empresário alemão, dezembro de 1941, Wi/IC 4.66, pp. 278-85. O destino dessas mulheres é confirmado pelo correspondente de guerra italiano Curzio Malaparte. Ver seu *Kaputt*, pp. 288-300.

romenos tinham muitos anéis, peles, seda e outros itens de valor subtraídos de milhares de judeus deportados.[68]

Em 9 e 11 de outubro, enquanto os judeus da Bucovina e de Chișinău eram levados, o presidente da Federação de Comunidades Judaicas, Filderman, direcionou dois breves apelos ao marechal Antonescu. Filderman era um peticionário experiente; apenas alguns anos antes, havia protestado na Liga das Nações contra as violações da Romênia ao Tratado das Minorias. Agora, insistia na frase: "Isto é morte, morte, morte sem culpa, sem culpa além da de serem judeus [*Este moartea, moartea, moartea fără vină, fără altă vină decât aceea de a fi evrei*]".[69]

Em 19 de outubro, Antonescu apresentou uma longa resposta a Filderman, confirmando o recebimento das duas petições e citando a passagem na qual a morte era mencionada três vezes. "Você fala em tragédia", dizia o marechal, "e faz um apelo em nome dos judeus. Entendo a sua dor, mas você deveria ter entendido, com o tempo, a dor de toda a nação romena." Os romenos, dizia Antonescu, haviam pagado com seu sangue pelo ódio dos judeus. Em Odessa, os judeus haviam "incitado" as tropas soviéticas a uma resistência prolongada e desnecessária, "meramente para causar a morte de nossos homens". Na Bucovina e na Bessarábia, tinham recebido o Exército Vermelho com flores e, durante o "terror comunista", denunciado romenos – causando, assim, sofrimento a muitas famílias do país. Mas, quando o Exército romeno retornou, ele não foi recebido com flores. "Por que", perguntava Antonescu, "os judeus atearam fogo a suas casas antes de abandoná-las? Por que encontramos crianças judias de quatorze ou quinze anos com granadas nos bolsos?" O marechal citava, incansavelmente, atrocidade após atrocidade. Então concluiu: "Tenha misericórdia pelas mães que perderam seus filhos, e não pena daqueles que causaram esse mal".[70]

O marechal Antonescu não gozava da firmeza nas ações que caracterizava Hitler. O Führer alemão não tinha de responder a petições, pois nenhuma era endereçada a ele. Os judeus alemães não "protestavam". Filderman fez uma petição

---

68 Embaixada da Alemanha em Bucareste/Adido Militar (assinado por Spalcke) para OKH/Divisão de Adidos, 2 de dezembro de 1941, Wi/IC 4.66, pp. 255-56.

69 Ver cartas de Filderman em Carp, *Cartea Neagră*, vol. 3, pp. 152-53. É na segunda carta, falando de Chișinău, que a palavra "morte" é repetida.

70 Fac-símile em Carp, *ibid.*, e excertos em inglês em Fischer, *Transnistria*, pp. 72-74. A carta de Antonescu foi divulgada à imprensa. Ver *Donauzeitung* (Belgrado), 28 de outubro de 1941, p. 3.

e recebeu uma retorno. Em sua resposta, o marechal Antonescu achou necessário especificar os motivos de suas ações, e até mesmo concluiu com um apelo retórico à aprovação de Filderman. Dois anos depois, o marechal estaria ainda menos autoconfiante.

Transnístria foi um desastre prolongado. Um total de aproximadamente 160 mil judeus foram apreendidos para deportação na Bessarábia, Bucovina e Dorohoi; 135 mil deles chegaram vivos à costa leste do Dniestre. O número de travessias líquidas inclui aproximadamente 4 mil judeus com as chamadas "autorizações de Popovici", os quais foram expulsos de Cernăuți em junho de 1942, além de centenas de outros que foram presos em Bucareste e deportados para Vapniarca (Vapnyarka), um campo especial na Transnístria.[71] A maior parte dos judeus que chegava a Mogilev e outros pontos de cruzamento era levada para mais longe, a vilas e cidades no Norte da Transnístria.[72] Em algumas ocasiões, subornos eram pagos para se conseguir um "bom local".[73] Por fim, os judeus acabaram distribuídos em mais de uma centena de cidades, vilas e *kolkhozes*, com as maiores concentrações nas cidades de Mogilev, Bershad e Shargorod.[74] Os judeus locais, largamente superados em número pelos deportados, tornaram-se parte dessas comunidades, que foram transformadas em domicílios fixos por um decreto de 11 de novembro de 1941, assinado pelo governador Alexianu da Transnístria. Cada "colônia" deveria eleger um "chefe" e, em todas elas, os judeus estavam sujeitos à realização de trabalho forçado.[75]

Os alemães acreditavam que os romenos planejavam empurrar esses judeus para o outro lado da fronteira oriental da Transnístria, para a Ucrânia (então ocupada pela Alemanha). No início de fevereiro de 1942, o Ministério para os Territórios Ocupados do Leste informou ao Ministério das Relações Exteriores alemão que os romenos haviam, de uma hora para a outra, deportado 10 mil judeus para o outro lado do Bug, na região de Voznesensk, e que se esperava que outros 60

---

71 Sobre as deportações de 1942, ver Carp, *Cartea Neagră,* vol. 3, pp. 232-40.

72 *Ibid.,* pp. 260-63.

73 Declaração de Hermann Picker, junho de 1959, Yad Vashem Oral History 868/88.

74 Relatório da Comissão Judaica, assinado por Fred Saraga, 31 de janeiro de 1943, Yad Vashem M 20. Os distritos mais fortemente colonizados foram Mogilev, Tulchin e Balta. Os distritos eram governados por prefeitos que também eram coronéis do Exército romeno. Para uma lista dos prefeitos, ver Carp, *Cartea Neagră,* vol. 3, pp. 17-21.

75 Decreto de Alexianu, 11 de novembro de 1941, in Carp., *ibid.,* pp. 395-97.

mil brevemente tivessem o mesmo destino. O ministério pediu às Relações Exteriores que solicitasse ao governo romeno evitar essas deportações por conta do perigo da epidemia de tifo.[76] As vítimas de fato eram os judeus de Odessa em Berezovka, mas três especialistas de Berlim passaram a pensar juntos e criaram o acordo de Tighina. Eram o Amtsgerichtsrat Wetzel do Ministério do Leste, o *Legationsrat* Rademacher do Ministério das Relações Exteriores e o *Obersturmbannführer* Eichmann do RSHA.[77] Eichmann mostrava-se ambivalente em sua atitude para com os romenos. Não podia condená-los por convocar os alemães para assassinar alguns judeus, mas sentia que estavam fazendo isso de forma desordenada. As deportações romenas, ele escreveu ao Ministério das Relações Exteriores, "estão aprovadas como uma questão de princípio", mas são indesejáveis por conta de seu caráter "improvisado e prematuro".[78]

Em Bucareste, o vice-premiê Mihai Antonescu convocou o governador Alexianu para falar sobre o assunto.[79] Nessa época, a massa foi fuzilada em Berezovka. O *Generalkommissar* em Nikolayev reportou que o movimento de judeus atravessando a fronteira havia cessado. Aqueles que já estavam do outro lado foram levados de volta ao porto de Odessa, na Transnístria.[80]

As colônias improvisadas na Transnístria agora se tornavam uma instituição romena. As condições eram sombrias desde o início. Na cidade superlotada de Mogilev, um líder judeu escreveu uma carta desesperada em 6 de janeiro de 1942 a um escritório sionista em Genebra declarando que, das 12 mil pessoas, 5 mil estavam sendo alimentadas com uma única fatia de pão em uma cozinha pública e que sessenta pessoas morriam diariamente.[81] Milhares de judeus de Mogilev tinha tifo, e a taxa de mortalidade entre os doentes era de 30%.[82] Os romenos

---

76 Luther via Weizsäcker para Ribbentrop, 11 de fevereiro de 1942, NG-4817.

77 Bräutigam para o Ministério das Relações Exteriores, março de 1942, PS-3319.

78 Eichmann para o Ministério das Relações Exteriores, 14 de abril de 1942, NG-4817.

79 Rademacher para o Ministério do Leste e Eichmann, 12 de maio de 1942, NG-4817.

80 Bräutigam para o Ministério das Relações Exteriores, 19 de maio de 1942, NG-4817.

81 Feiwel Laufer para Gabinete Hechalutz em Genebra, 6 de janeiro de 1942, Yad Vashem M 20. As anotações nas correspondências afirmam que Laufer morreu em 16 de janeiro.

82 Ver relatório de Jaegendorf (chefe da colônia judaica), dr. N. Winkler (diretor do hospital), dr. M. Wolf (coordenador médico), e dr. J. Kessler (secretário) sobre tifo em Mogilev, 10 de junho de 1942, em Carp, *Cartea Neagră*, vol. 3, pp. 362-63.

decidiram expulsar alguns dos deportados de Mogilev para vilas nos arredores; o prefeito da cidade, coronel Năsturaş, emitiu uma ordem na qual invocava a honra da nação romena a favor da guetoização dos judeus em seu distrito.[83]

Um dos guetos era Djurin. Antes da guerra, as casas dilapidadas dessa cidade já estavam à beira do colapso.[84] Os judeus viviam ali em cinco ou seis pessoas por cômodo, e, depois da chegada daqueles que haviam sido expulsos, a densidade tornou-se ainda maior. A polícia judaica foi colocada dentro das fronteiras do gueto, que não tinha banheiros dentro das casas e era cercado por latrinas. "Aqui fede", declarou um interno em seu diário "até o céu, no sentido literal da palavra."[85] Um sobrevivente da superlotada cidade de Shargorod relatou que, na falta de banheiros ou esgoto, uma lagoa servia como único lugar de alívio para milhares.[86] Dos 27 médicos na colônia de Shargorod, 23 tiveram tifo e doze morreram.[87]

Nos guetos da Polônia, a maior fonte inicial de renda de muitos dos deportados consistia na venda de bens pessoais.[88] Em Mogilev, Jägendorf, um engenheiro e líder enérgico da colônia judaica, organizava a produção,[89] mas, em muitas das colônias, a desorganização e a corrupção na máquina do conselho eram comuns. Uma mãe relata que, quando foi abandonada, com tifo e não totalmente consciente por conta da doença, seus três filhos morreram.[90] Outro sobrevivente relata: "Quem não possuísse nada ou não pudesse mendigar morria de fome".[91]

1942, em Carp, *Cartea Neagră,* vol. 3, pp. 362-63.

83 Sobre as expulsões, ver Carp, p. 267-69, 272-73, 287. Ordem de Năsturas, 16 de junho de 1942, *ibid.,* p. 359.

84 Mirjam Korber, *Deportiert* (Constança, 1993), com um texto de seu diário de Djurin, entradas de 15 de dezembro de 1941 e 1º de março de 1942, p. 63, 85.

85 Rolf Rosenstock, "Die Chronik von Dschurin", em *Dachauer Hefte* 5 (1994): 40-86, entradas de 3 de agosto, 14 de agosto e 8 de setembro de 1942, pp. 65-67.

86 Declaração de Selig-Ascher Hofer, julho de 1959, Yad Vashem Oral History 918/41.

87 Ver listas de médicos, assinadas pelo responsável pela colônia, dr. Meyer Teich, em Carp, *Cartea Neagră,* vol. 3, p. 350.

88 Declaração de Hofer, Yad Vashem Oral History 918/41.

89 Declaração de Moshe Koerner, 18 de julho de 1958, Yad Vashem Oral History 460/43. Relatório de Jägendorf para *Centrala Evreilor din Romania,* 16 de setembro de 1942, em Carp, *Cartea Neagră,* vol. 3, pp. 365-66. Ver também as memórias: Siegfried Jagendorf, *Jagendorf's Foundry,* ed. Aaron Hirt-Mannheimer (Nova York, 1991).

90 Declaração de Anna Loebel, setembro de 1959, Yad Vashem Oral History 958/12.

91 Declaração de Baruch Rostoker (colônia Kupaygorod), Yad Vashem Oral History 1224/74.

O trabalho forçado em projetos de construção da Organisation Todt teve início em 1942. Judeus eram capturados para esse trabalho pela polícia judaica das colônias. Mais uma vez, havia espaço para privilégios, e aqueles que eram "proeminentes" ou que tinham dinheiro podiam comprar isenção.[92] Alguns locais de trabalho (no distrito de Tulchin e, ao sul, em Trichati [Trikhaty]) ficavam na Transnístria; outros, na Durchgangsstrasse IV, ficavam do outro lado do Bug, no *Reichskommissariat* Ucrânia. Várias empreiteiras alemãs operavam nessas áreas – entre as quais estavam a Dohrmann-Schütte, a Horst Juessen e a Ufer.[93] Um sobrevivente da pedreira da Horst Juessen no distrito de Tulchin relata que os internos se levantavam para trabalhar às 4h30 da manhã e que, ao meio-dia, o almoço era composto por uma fatia de pão e um prato de sopa de repolho e ervilha apodrecida.[94]

Mesmo com a escassez de mão de obra, os alemães realizavam fuzilamentos. Em Bar (*Reichskommissariat* Ucrânia, próximo à fronteira com a Transnístria), milhares de judeus, incluindo deportados romenos, foram assassinados.[95] Um sobrevivente que estava do lado da fronteira controlado pela Romênia lembra-se de ter ouvido os gritos de pessoas sendo massacradas.[96]

---

92 Declaração de Hermann Picker (Shargorod), junho de 1959, Yad Vashem Oral History 868/88. Declaração de Hofer (Shargorod), Yad Vashem Oral History 959/91.

93 Sobre Tulchin, ver declarações de Julius Kronenfeld, julho de 1959, Yad Vashem Oral History 869/73, e sra. Saly Gutmann, 18 de agosto de 1958, Yad Vashem Oral History 510/42. Sobre Trichati, ver declaração de Jehuda Moskowitz, março de 1959, Yad Vashem Oral History 742/42; nota de Carp, *Cartea Neagră*, vol. 3, p. 294; e Benjamin Ferencz, *Less Than Slaves* (Cambridge, Massachusetts, 1979), pp. 100-102. Sobre projetos no *Reichskommissariat* da Ucrânia, ver Zentrale Stelle Ludwigsburg, relatório conclusivo do caso contra Franz Christoffel e outros, II (4) AR-2 20/63, 29 de agosto de 1963 (assinado por Schuster). Sobre Teplik (Ucrânia), ver declaração de Regina Lewyn, julho de 1959, Yad Vashem Oral History 915/69.

94 Declaração de Kronenfeld, Yad Vashem Oral History 869/73.

95 Carp, *Cartea Neagră*, vol. 3, p. 286.

96 Declaração de Cilli Foerster, maio de 1959, Yad Vashem Oral History 830/81 F. Sobre os fuzilamentos na região de Teplik (firma Ufer) realizado pelos batalhões da Lituânia, ver Zentrale Stelle Ludwigsburg, relatório final do caso contra Christoffel, pp. 44-45. As seleções para fuzilamentos afetavam particularmente aqueles com menos de quinze e mais de cinquenta anos. Testemunha Prangenberg (firma Dohrmann) no relatório final do caso Christoffel, pp. 35-36, e declaração de Kronenfeld, Yad Vashem Oral History 869/73.

Também havia dois campos de concentração comandados por romenos na Transnístria. Vários milhares de judeus foram encarcerados em Picziora (Peciora), onde a fome era tanta que os internos comiam cascas de árvores, folhas, grama e a carne dos seres humanos mortos.[97] O outro campo, Vapniarca, foi reservado para cerca de mil a 1,4 mil presos políticos judeus, muitos vindos da Antiga Romênia, e também a jovens solteiros. Vapniarca era espaço de uma política nutricional exclusiva da Romênia. Os internos regularmente recebiam quatrocentos gramas de uma espécie de grão de bico (*Tathyrus savitus*) que os agricultores soviéticos vinham usando para alimentar porcos. A leguminosa era cozida com água e sal, misturada a duzentos gramas de cevada e preenchida com 20% de palha. Nenhum outro alimento era permitido. O resultado veio na forma de cãibras musculares, andar instável, espasmos arteriais na pernas, paralisia e incapacitação. Aproximadamente um terço dos judeus morreram e a maioria dos restantes acabou sendo assassinada.[98]

No verão de 1942, os deportados da Transnístria haviam se tornado sobreviventes de longas marchas, epidemias, fome e fuzilamentos. Seu destino final seria decidido pelo governo Antonescu, que considerava a demanda fundamental alemã pela "Solução Final".

Nesse meio tempo, na Antiga Romênia, o clímax dos eventos ainda não havia chegado. Os acontecimentos nessa área ficavam atrás da rápida deportação e das operações de extermínio nas províncias orientais. Na época em que os primeiros judeus da Bessarábia estavam sendo levados ao outro lado do Dniestre, o processo de destruição na Antiga Romênia ainda estava limitado ao confisco de propriedades agrícolas e imóveis e à romenização da força de trabalho. Depois de abandonarem o plano de levar os judeus da Antiga Romênia ao outro lado do Dniestre, os romenos seguiram o conselho alemão de adotar uma abordagem mais metódica para a "solução da questão judaica". Assim, o governo apertou suas medidas econômicas contra a comunidade semita e instituiu um conselho judaico.

———

97 Declaração de Kronenfeld, Yad Vashem Oral History 869/73. Também Carp, *Cartea Neagră*, vol. 3, pp. 284-85.

98 Declaração do dr. Arthur Kessler (médico e sobrevivente de Vapniarca), agosto de 1959, Yad Vashem Oral History 957/78, e Nathan Simon (sobrevivente), "*[...] auf alle Vieren werdet ihr hinauskriechen*" (Berlim, 1994). Também Carp, *Cartea Neagră*, vol. 3, pp. 366-67, 373-76, 378-79. Os comandantes do campo foram (em sequência de sucessão): major I. Murgescu, capitão Sever Buradescu, capitão Christodor Popescu. *Ibid.*, p. 21.

Na esfera econômica, os judeus foram destituídos do setor rural. Os números mais altos relatados das expropriações da Antiga Romênia incluíam 141 mil acres de terras agrícolas e 163 mil acres de florestas, além de 110 serrarias.[99] Terras abandonadas, somando 979 mil acres na Bessarábia e 87 mil acres no Norte da Bucovina, também foram tomadas.[100]

A expropriação de propriedades na Antiga Romênia englobava 31 mil construções com um total de 75 mil apartamentos. Os inquilinos judeus nessas casas estavam sujeitos ao despejo,[101] exceto aqueles que tinham possuído cidadania romena há muitos anos ou eram médicos ou dentistas essenciais, ou que haviam sido condecorados como veteranos da Primeira Guerra Mundial.[102] Os veteranos, incidentalmente, tinham de ter se voluntariado para o serviço no Exército romeno, que enfrentou o Império Austro-Húngaro e a Alemanha na Primeira Guerra Mundial, e não para o serviço no Exército austro-húngaro, que era aliado da Alemanha – uma ironia que não deixou de ser notada pelos observadores alemães. Os inquilinos judeus não privilegiados tiveram de colocar uma nota em suas portas indicando que a propriedade estava aberta, em alguns horários definidos, à inspeção de romenos interessados. Duas vezes por ano durante 1941 e 1942, os judeus podiam ser despejados para abrir espaço para requerentes romenos.[103]

Propriedades abandonadas na Bessarábia formavam um total de 38 mil construções, entre as quais estavam 4 mil foram destruídas. Das estruturas restantes, 9 mil eram urbanas, 9 mil rurais e o restante eram banheiros externos e similares.[104]

---

99 Richter para Eichmann, 23 de março de 1943, T 175, rolo 659.

100 *Excelsior*, 27 de junho de 1943, T 175, rolo 659.

101 Relatório semanal confidencial de Südosteuropa-Gesellschaft (Viena), 3 de dezembro de 1943, T 175, rolo 659.

102 Relatório informativo do Centrala, 1º de abril de 1943, T 175, rolo 660. *Bukarester Tageblatt*, 26 de março de 1943, T 175, rolo 659.

103 Relatório informativo do Centrala, 2 de junho de 1942, T 175, rolo 661. Relatório informativo do Centrala, 1º de agosto de 1942, T 175, rolo 659. Para estatísticas parciais sobre apartamentos e lojas alugados a romenos, ver *Excelsior*, 27 de junho de 1943, T 175, rolo 659.

104 *Excelsior*, 27 de junho de 1943, T 175, rolo 659.

O Estado também expropriou 146 embarcações de judeus e mestiços de judeus,[105] mas fabricantes e distribuidores, apesar de certa pressão e de uma quantidade de "romenização voluntária" financiada pelo Estado, continuaram em atividade.

A presença contínua de empresas judaicas irritava os concorrentes alemães. Um empresário alemão na Romênia, proprietário de uma serraria com 3 mil funcionários, queixou-se amargamente de que "os judeus" eram, em grande parte, responsáveis por uma inflação que havia triplicado os preços em um período de dois anos. As agências de aquisições alemãs carregavam o peso da inflação, ao passo que o governo romeno complacentemente lucrava com ela, recebendo mais 2,5 bilhões a 3 bilhões de léus provenientes de impostos, o suficiente para financiar todo o esforço de guerra do país.[106] Os alemães tentaram expulsar os empresários da economia romena por meio de acordos comerciais, mas, em grande parte, esse esforço não foi bem-sucedido.[107] Até então, os recursos locais, fossem na forma de capital ou na forma de know how, não eram suficientes para uma substituição completa dos judeus.

A romenização do trabalho era outro problema. Essa operação foi realizada pelo Ministério do Trabalho, que tinha seu próprio gabinete de romenização. O objetivo de se desfazer de funcionários judeus foi, a princípio, definido para 31 de dezembro de 1941, uma data que se mostrou inviável para tal objetivo. Os romenos tentaram uma tática de "duplicação", ou seja, o emprego simultâneo do judeu que seria substituído e do romeno que estava aprendendo o trabalho.[108] Em meados de 1942, todavia, conforme exposto na Tabela 8.23, ainda era longo o caminho a percorrer.

Conforme a quantidade de judeus empregados diminuía, o trabalho forçado se tornava mais útil. Todos os homens judeus em idade para o serviço militar,

---

105 Relatório de Südosteuropa-Gesellschaft, 3 de dezembro de 1943, T 175, rolo 659. *Bukarester Tageblatt,* 30 de novembro de 1941, T 175, rolo 659.

106 Carta de um empresário alemão (assinatura cortada com uma tesoura do documento original), dezembro de 1941 Wi/IC 4.66, pp. 278-85. Os recibos dos impostos sobre vendas parecem ter sido contados mensalmente.

107 Ver memorando do *Wehrwirtschaftsoffizier Rümanien/Abteilung Rohstoff* sobre a Fabricǎ de Cauciuc em Braşov, 16 de março de 1943, WI/IC 4.51, Anlage 17.

108 *Bukarester Tageblatt,* 2 de outubro de 1942, T 175, rolo 659.

TABELA 8.23 Desemprego entre os judeus em meados de 1942

		EMPREGADOS	PORCENTAGEM	DESEMPREGADOS	PORCENTAGEM
Total		57.570	55,6	47.482	44,4
Artesãos		24.608	62,9	14.506	37,1
Funcionários administrativos		14.434	46,3	16.725	53,7
Empresários		9.903	47,6	10.908	52,4
Profissões		3.417	63,9	1.931	36,1
Médicos	1.602				
Dentistas	230				
Veterinários	10				
Farmacêuticos	269				
Engenheiros	755				
Arquitetos	93				
Advogados	212				
Diversos	246				
Professores e religiosos		2.809	83,2	566	16,8
Outros		4.399	60,7	2.846	39,3

Nota: Compilado pela Organização Judaica Central da Romênia, documento de Yad Vashem M 20. Para a redução de empregados judeus nas empresas, ver *Donauzeitung* (Belgrado), 4 de junho de 1942, p. 3, e C. Usatiu-Udrea, "Der Abwehrkampf des rumänischen Volkes gegen das Judentum", Volk im Osten (Bucareste), maio-junho de 1943, p. 38.

definida como sendo entre dezoito e cinquenta anos, estavam sujeitos a servir, mas isenções podiam ser compradas do Estado romeno por todos aqueles que ainda tinham emprego ou rendas de propriedades ou que possuíssem diplomas acadêmicos ou profissionais.[109] A administração do sistema de trabalho compulsório ficou inicialmente nas mãos de um oficial do Ministério do Trabalho (Mociulschi). Depois, foi transferida para o Ministério da Defesa.[110] Os judeus convocados foram empregados em várias atividades, como a construção de estradas (pelo Ministério dos Transportes), a construção de casas para trabalhadores (pelo

---

109 Esse arranjo foi instituído após uma discussão entre o marechal Antonescu e líderes judaicos não especificados. Ver memorando do Estado-Maior Geral (assinado por general N. Mazarini e coronel Borcescu), 7 de fevereiro de 1942, T 175, rolo 663.

110 Lei de 22 de junho de 1942, assinada pelo marechal Antonescu, Pantazi, Stoicescu e Tomescu, T 175, rolo 662.

Ministério do Trabalho) e retirar neve, escombros e outras tarefas similares (pelos municípios).[111] Depois que o Ministério da Defesa assumiu o controle, os judeus que possuíam diplomas foram selecionados para realizar trabalhos intelectuais no Ministério.[112] Num primeiro momento, o serviço ficava limitado a três meses, mas, em 1943, os judeus deixaram de ser automaticamente liberados. Aproximadamente 40 mil homens estavam envolvidos em trabalhos realizados diariamente perto de suas casas. Às vezes, esses indivíduos eram instruídos a comparecer de manhã com picaretas e pás. Ocasionalmente, recebiam ordens para levar o próprio almoço. Por conta da pouca ajuda da comunidade judaica, a condição física dessas pessoas decaiu e suas famílias se viram desamparadas. Eles vagavam pelas ruas pedindo dinheiro a judeus mais afortunados e cada vez mais seus pedidos vinham acompanhados de ameaças. Outros 20 mil recrutados foram enviados a 31 campos de trabalho. Apenas um "leve burburinho" desses homens foi ouvido pela liderança do conselho judeu, o Centrala, em Bucareste.[113]

Os judeus privilegiados que pagaram por certificados de isenção do trabalho (*carnete de scutire*) somavam mais de 26 mil em 1943. Esse grupo era composto por 12 mil assalariados, 9 mil proprietários, mais de 3 mil indivíduos associados com a Centrala, 1,6 mil profissionais e quatrocentos empregados das ferrovias romenas.[114]

Os cortcs nas quantidades de alimentos acompanhavam o desenvolvimento do regime de trabalho forçado.[115] Doze categorias privilegiadas, incluindo os veteranos de guerra, os judeus em casamentos mistos e outras, foram isentadas.[116]

----

111 *Donauzeitung* (Belgrado), 11 de março de 1942; *Die Judenfrage*, 15 de março de 1942.

112 Governo do general Pantazi, 3 de julho de 1942, T 175, rolo 663.

113 Ver o relatório de David Rosenkranz, chefe de reestruturação ocupacional do Centrala, 6 de agosto de 1943, T 175, rolo 660. As picaretas são mencionadas no Relatório Informativo do Centrala de 27 de fevereiro de 1942, e os almoços, no relatório de 14 de abril de 1942, ambos em T 175, rolo 663. Para uma lista de destacamentos judeus em 31 campos, ver T 175, rolo 663. As ferrovias romenas foram os maiores contratantes do trabalho dos judeus nos campos.

114 Nota arquivada, sem data, no Centrala, em Ancel, *Documents*, vol. 7, p. 583.

115 *Bukarester Tageblatt*, 26 de maio e 9 de setembro de 1942, T 175, rolo 658. Relatórios de informação do Centrala, 26 de maio e 22 de agosto de 1942, T 175, rolo 658.

116 Relatório informativo do Centrala, 19 de julho de 1943, e Relatório Informativo não datado do Centrala (outubro de 1943), T 175, rolo 660.

O governo da Romênia não negligenciava as oportunidades de recolher dinheiro e bens pessoais. As somas envolvidas não eram enormes para os padrões alemães, mas tampouco eram insignificantes para as condições romenas.

A primeira dessas medidas foi um imposto militar exigido de homens com idade entre dezoito e cinquenta anos, fossem ou não levados a realizar trabalhos forçados. O imposto consistia de uma soma que era mais alta para os mais jovens e mais baixa para os mais velhos e, para aqueles com 21 anos ou mais, somava-se um valor adicional, uma porcentagem (que também diminuía com a idade) de impostos diretos sobre a renda.[117] Os certificados de isenção de trabalho, cujos preços eram, em geral, proporcionais aos recursos do comprador, sem dúvida mostravam-se mais lucrativos para o Estado – provavelmente renderam 3 bilhões ou mais de léus, e, ao que tudo indica, meio bilhão desse valor retornou ao Centrala para se transformar em ajuda aos necessitados. (Cada bilhão de léus era equivalente a 16,7 milhões de Reichsmark de acordo com a taxa de câmbio oficial.)[118] Um empréstimo forçado para financiar a "reintegração" da Bucovina e da Bessarábia recaiu sobre os judeus na primavera de 1942. A soma nominal fixada era de 2 milhões de léus, e a lista de assinaturas esperadas trazia números bastante altos, incluindo 400 milhões de léus de Max Ausnit e 200 milhões de léus do barão Franz von Neumann.[119] Os pagamentos líquidos efetivamente realizados parecem ter sido muito menores.[120] Havia, porém, um imposto recolhido de todos os romenos ricos pela "reintegração", e os judeus deveriam pagar quatro vezes esse valor, exceto se tivessem aceitado tal soma à época do empréstimo.[121] Por fim, em 1943, o Estado romeno desenvolveu uma arrecadação especial cujo objetivo era extrair quatro bilhões de léus da comunidade judaica. A medida foi lançada na forma de um imposto sobre propriedades

---

117 Decreto legislativo de 20 de janeiro de 1941, assinado por marechal Antonescu, Mihai Antonescu e Cretzianu, ministro das Finanças, em Ancel, *Documents*, vol. 8, pp. 222-24. Na faixa etária entre dezoito e 21 anos, os jovens e seus pais foram conjuntamente responsáveis.

118 Ver números de 1943 e 1944 do Centrala, *ibid.*, vol. 7, pp. 750-51.

119 A lista está em T 175, rolo 661.

120 Ver números do Centrala em Ancel, *Documents*, vol. 7, pp. 750-51.

121 Decreto legislativo de 8 de novembro de 1942, assinado por marechal Antonescu, Neagu e Fintescu, T 175, rolo 662.

recaindo sobre 40 mil judeus.[122] A liquidez era então um problema, e somente três quartos de bilhão de léus foram coletados.[123] O déficit foi parcialmente compensado, no entanto, com "contribuições" e "doações" somando 1 bilhão de léus que foram extorquidos da Centrala.[124]

As taxas dos certificados de isenção de trabalho somadas ao imposto especial foram utilizadas para uma variedade de gastos extraorçamentários, incluindo projetos de bem-estar social, a reforma da ópera e cigarros para o Exército romeno. As "contribuições" eram também destinadas a esses propósitos.[125]

A apreensão de bens pessoais teve início da primavera de 1941 com uma campanha de roupas que recolheu 1.583.000 de itens, principalmente para uso do Exército romeno.[126] Esses itens não se limitavam a sobrevestimentas; pijamas e shorts também foram recolhidos.[127]

As medidas econômicas eram uma preocupação do país, e o governo romeno não precisava da ajuda da Alemanha para inventar impostos e extorsões. A concentração dos judeus ocorreu de forma distinta. Diferentemente das demissões, dos confiscos e dos impostos – que poderiam gerar benefícios de curto prazo e serem aperfeiçoados para limitar os custos e maximizar os lucros –, o processo de concentração foi um passo metódico que os especialistas alemães consideravam essencial em qualquer intensificação de ações contra os judeus. Nessa empreitada, os alemães ofereceram sua ajuda experiente.

Ao final de 1941, o conselheiro Richter da ss e o plenipotenciário para Questões Judaicas romeno, Lecca, visitaram Mihai Antonescu e o convenceram a criar um conselho judaico.[128] Sem aviso, o problemático presidente da rede de organizações da comunidade judaica, Filderman, foi afastado de seu posto, e sua federação, dissolvida. O recém-criado conselho, batizado de *Centrala Evreilor din Romania*, passou a contar com um presidente nominal, Henry Streitmann, um judeu tão

_____

122 *Die Judenfrage*, 15 de junho de 1943, p. 205. *Donauzeitung* (Belgrado), 27 de junho de 1943, p. 3; 29 de julho de 1943, p. 3.

123 Números do Centrala em Ancel, *Documents*, vol. 7, pp. 750-51.

124 *Ibid.*

125 Ver correspondências em Ancel, *Documents*, vol. 7.

126 *Donauzeitung* (Belgrado), 24 de outubro de 1941, p. 4; 18 de julho de 1942, p. 3.

127 Relatório Informativo do Centrala, 5 de maio de 1942, T 175, rolo 661.

128 Richter para von Killinger, 15 de dezembro de 1941, T 175, rolo 662.

pró-Alemanha que até mesmo Lecca o considerava infantil. O verdadeiro líder do Centrala era um jovem médico, com pouco mais de trinta anos, chamado Nandor Gingold – um homem que tinha ambições, mas não ideias próprias. Ele recebia ordens de Lecca e as executava. O dr. Gingold escrevia memorandos justificando o sistema de trabalho forçado e os impostos especiais como contribuição dos judeus para o esforço de guerra. Afinal, os judeus não estavam lutando no fronte. Citando um velho ditado popular, ele dizia que aquele que perdia dinheiro não perdia nada, aquele que perdia a honra perdia alguma coisa e aquele que perdia a vida perdia tudo. Havia outros funcionários no Centrala que, como Gingold, permaneciam patrioticamente romenos; porém, também existia um grupo, proveniente de organizações da antiga federação, que continuava identificando-se com Filderman.[129]

O Centrala estava envolvido em muitas atividades. Conduziu um censo da população judaica, lembrava os judeus de seus deveres e recolhia o pagamento pelos certificados de isenção de trabalho, o empréstimo compulsório e os "4 bilhões", repassando o dinheiro conforme as instruções de Lecca.[130] Para seu orçamento próprio, a organização também recebia permissão para acrescentar sobretaxas aos "4 bilhões" e obtinha descontos do recolhimento pelos certificados de isenção de trabalho. Porém, seus gastos com os deportados da Transnístria, os destacamentos de trabalho e os judeus desamparados eram esparsos.[131] O chefe da Divisão de Restruturação do Trabalho do Centrala, Rosenkranz (um homem de Filderman), ao escrever sobre os apuros dos trabalhadores forçados, enfatizou a insuficiência dos fundos e, de modo ácido, apontou as torres de marfim almofadadas das quais a liderança judaica não conseguia ouvir nada.[132]

Não surpreendentemente, Filderman continuou ativo, tentando repelir ameaças e desastres. Na época dos "4 milhões", ele e um de seus aliados, Schwefelberg, encontraram-se com Gingold. Depois desse encontro, Filderman e Schwefelberg

---

129 O comentário aparece em um relato não datado de Gingold, T 175, rolo 661. Sobre as avaliações alemãs dos líderes judeus, ver T 175, rolo 660. Uma lista de gabinetes e seus incumbentes no Centrala aparece em T 175, rolo 660.

130 Ver Ancel, *Documents*, vol. 7. Ver também o indiciamento pós-guerra de Gingold e outros feitos pela Romênia, 21 de agosto de 1945, *ibid.*, vol. 6, pp. 159-94.

131 *Gazeta Evreiasca*, 4 de junho de 1943, T 175, rolo 661. Recapitulação dos números do Centrala em Ancel, *Documents*, vol. 7, pp. 750-51.

132 Memorando de Rosenkranz, 6 de agosto de 1943, T 175, rolo 660.

escreveram memorandos defendendo que aquela soma era impossível.[133] Filderman e seus seguidores também organizaram uma assistência privada à Transnístria. Os doadores dos léus, incluindo o próprio Filderman, eram compensados por agências estrangeiras de alívio aos judeus com moeda forte mantida fora do território do Eixo.[134]

Enquanto essa complicada estrutura política judaica surgia com líderes antípodas – o desafiador Filderman e o aquiescente Gingold –, o governo romeno não fez muito mais para impor restrições físicas aos judeus. O movimento era dificultado, mas não proibido. Os judeus tinham de comprar permissões para viajar pelas ferrovias romenas[135] e, em várias cidades, eram barrados em mercados e outros estabelecimentos durante certas horas do dia.[136] Grande parte do espaço para habitação foi retirado deles. Milhares de famílias perderam seus aposentos em casas romenizadas, e os judeus que moravam em vilas foram expulsos de suas casas depois que o país entrou na guerra, sendo derramados nas capitais de distritos superlotadas.[137] De fato, a população rural judaica praticamente desapareceu.[138] Ainda assim, não existiam guetos na Antiga Romênia, e tampouco havia uma política coerente para instalar os judeus em construções ou áreas específicas da cidade. Os judeus desabrigados, se tivessem dinheiro, podiam e tentavam requerer apartamentos vazios. É claro que a maioria encontrava-se afligida pela pobreza, e sua única esperança era ser abrigada por parentes ou amigos ou então dividir instalações com outras famílias pobres.

---

133 O encontro é mencionado em uma nota de Richter, 26 de maio de 1943, T 175, rolo 660. Sobre o protesto de Filderman, ver *Donauzeitung* (Belgrado), 29 de maio de 1943, p. 3, e *Die Judenfrage*, 15 de junho de 1943, p. 205. O memorando de Schwefelberg, 9 de maio de 1943, está em T 175, rolo 660.

134 Memorando de Richter, 31 de janeiro de 1944, e correspondência judaica entre Bucareste e Suíça interceptada pelos alemães, T 175, rolos 659 e 660.

135 *Donauzeitung* (Belgrado), 15 de setembro de 1942, p. 3.

136 Ver Relatórios Informativos do Centrala, 8 de abril de 1942, 5 e 18 de maio de 1942, e 21 de julho de 1942, T 175, rolo 658.

137 Relatórios Informativos do Centrala, 3, 5, 10 e 16 de março de 1942, T 175, rolo 658.

138 Em abril de 1941, passado o ápice, a soma era de 24 mil. Publikationsstelle Wien, "Die Bevölkerungszählung", em Ancel, *Documents*, vol. 1, p. 331. Em maio de 1942, eram 2,4 mil. Contagem do Centrala, *ibid.*, p. 285.

Por toda a Europa do Eixo, a estrela de Davi era um forte indicador do estágio que o processo de destruição havia alcançado. Em julho e agosto de 1941, os comandantes territoriais militares da Romênia em regiões adjacentes à Bucovina e à Bessarábia ordenaram que os judeus usassem o emblema,[139] e, no início de setembro, o Ministério do Interior expandiria o uso da estrela para todo o país.[140] Em 8 de setembro, Filderman foi recebido pelo marechal Antonescu. Quando ele abordou o assunto da estrela, o marechal cancelou a ordem.[141]

A Romênia nunca teve uma definição dominante para o termo "judeu". Quando o Centrala foi formado, todos aqueles que tinham ao menos um avô judeu tinha de se registrar na organização.[142] Ao mesmo tempo, as antigas leis, com suas definições e isenções separadas, permaneciam nos registros sem qualquer reformulação.[143]

Apesar dessas medidas preparatórias bastante incompletas, os alemães começaram a pressionar a Romênia para que deportasse seus judeus para a Polônia. Os alemães não podiam se permitir esperar indefinidamente. Tinham de aproveitar a prontidão do governo romeno para tomar as medidas mais drásticas contra os judeus. Em um processo de destruição, assim como em uma operação militar, às vezes faz-se necessário aproveitar um momento favorável para atacar, ainda que a fase de preparação esteja incompleta.

---

139 Ver o fac-símile de uma proclamação feita pelo chefe de polícia do subdistrito de Bacau, assinada pelo Subinspetor I. Cuptor, 4 de julho de 1941, em Ancel, *Documents*, vol. 2, p. 441, e o fac-símile de uma portaria do comandante militar do Quarto Comando Territorial (que incluía os distritos de Iaşi, Baia, Botoşani, Bălti e Soroca) assinada pelo general Cernatescu, 25 de agosto de 1941, *ibid.*, vol. 3, p. 75.

140 Ordem do general Ion Popescu, [3 de] setembro de 1941, *ibid.*, vol. 3, p. 105.

141 Nota assinada por Filderman e pelo arquiteto Clejan (um judeu que construiu uma vila para o marechal), 8 de setembro de 1941, *ibid.*, pp. 130-32. Prefeito da polícia de Bucareste ao presidente da Comunidade Judaica Sefardita em Bucareste, 10 de setembro de 1941, *ibid.*, p. 137. Posteriormente, a estrela foi intrudizda no Gueto de Cernăuţi.

142 *Donauzeitung* (Belgrado), 15 de fevereiro de 1942, p. 3.

143 Ver a análise alemã, não assinada e não datada, das definições em T 175, rolo 658. Numericamente, as diferenças entre as definições não eram significativas. Na Antiga Romênia, havia apenas 4 mil casamentos mistos e 3 mil meios-judeus. Ironicamente, mais de mil dos casamentos mistos envolviam indivíduos de etnia alemã. Dados de 1942 do Centrala em Ancel, *Documents*, vol. 1, p. 294.

Em novembro de 1941, quando as operações romenas na Transnístria estavam em seu ponto alto, a missão alemã em Bucareste pediu ao governo romeno que expressasse seu desinteresse pelo destino dos judeus romenos no Reich. Embora o número de judeus envolvidos estivesse longe de ser negligenciável,[144] os romenos consentiram imediatamente e sem reservas.[145] Os alemães acreditavam que a aprovação romena automaticamente abrangia os judeus romenos que estavam vivendo fora do Reich, no Protektorat e em outros territórios ocupados pela Alemanha.[146] Todavia, essa suposição se provou incorreta. Como resultado, intervenções e protestos tiveram início em vários consulados da Romênia, assim como na missão diplomática romena em Berlim.

De fato, as deportações de cidadãos romenos do Reich e dos territórios ocupados tinha chegado a um impasse. Em 18 de julho de 1942, o primeiro-secretário da missão diplomática romena em Berlim, Valeanu, apontou que os judeus húngaros não haviam sido afetados pelas deportações e que, por uma questão de prestígio, a Romênia não podia consentir com um pior tratamento a seus judeus. Ademais, alegava Valeanu, o país não mantinha nenhum acordo com o Reich; assim, a missão não tinha poderes para permitir a remoção daquelas pessoas. Tomado de surpresa, o especialista alemão Klingenfuss, da Abteilung Deutschland, respondeu que o problema judaico requeria uma "solução europeia" e que, se a missão romena não tinha recebido diretivas, então ela deveria informar ao governo romeno sobre as questões envolvidas.[147] Por fim, em 17 de agosto de 1942, Luther comunicou que a questão havia sido resolvida nas discussões com Davidescu, secretário geral do Ministério das Relações Exteriores da Romênia. Os judeus objeto da controvérsia podiam agora ser deportados.[148]

Os alemães não podiam dar sequência imediata a seu sucesso inicial de novembro de 1941 (quando, pela primeira vez, garantiram um acordo para a

---

144 Mais de mil judeus romenos foram contados no censo do Reich em 1939.

145 Von Killinger para o Ministério das Relações Exteriores, 13 de novembro de 1941, NG-3990.

146 O número de judeus nos territórios ocupados era muito grande; 3 mil judeus romenos foram contados somente na França. *Staf.* Knochen para RSHA IV-B-4, 25 de setembro de 1942, NG-1971.

147 Memorando de Klingenfuss, 21 de julho de 1942, sobre a conversa com Valeanu ocorrida em 18 de julho, NG-2355.

148 Luther via Wörmann e Weizsäcker para Ribbentrop, 17 de agosto de 1942, NG-3558; Klingenfuss para Eichmann, 20 de agosto de 1942, NG-2198.

deportação de judeus romenos no Reich) pressionando pela deportação de todos os judeus da Romênia. Em novembro de 1941, ainda não existiam centros de extermínio. As instalações para assassinatos em massa só foram criadas nos campos da Polônia em 1942, e, em sua maior parte, só entraram em atividade na primavera do mesmo ano. Assim, houve uma demora inevitável de alguns meses no momento em que os romenos se mostraram mais receptivos às pressões alemãs. Durante esse intervalo, alguns judeus tentaram escapar.

Em 16 de dezembro de 1941, um navio arruinado, o ss *Struma* (de registro panamenho) chegou a Istambul, na Turquia, com 769 judeus da Bucovina, da Bessarábia e da Antiga Romênia a bordo. O navio não conseguia prosseguir. Estava em estado lastimável. Os passageiros, todavia, não podiam desembarcar, pois não tinham permissão para entrar nem na Turquia nem na Palestina. Em 24 de fevereiro de 1942, o governo turco ordenou que o navio deixasse o local. A embarcação não seguiu a ordem, e então foi rebocada para fora do porto e solta a 8 quilômetro da encosta. Naquele dia, o ss *Struma* afundou. Muito possivelmente foi atingido, após ser confundido com um transporte do Eixo, por um torpedo do submarino soviético sc-213. Um homem e uma mulher sobreviveram; 767 pessoas se afogaram.[149] Na Romênia, não existiam restrições à saída; mesmo assim, os judeus do país estavam tão presos quanto os judeus do Reich.[150]

Em 26 de julho de 1942, o Eichmann Referat do rsha reportou que seu representante em Bucareste, *Hauptsturmführer* Richter, havia conseguido avançar. "Os preparativos políticos e técnicos para uma solução da questão judaica na Romênia foram concluídos pelo representante do Escritório Central de Segurança do Reich a tal ponto que os transportes de evacuação poderão agir em breve", relatou Eichmann. "O plano consiste em remover os judeus da Romênia em uma

---

149 Hirschmann, *Lifeline to a Promised Land*, pp. 3-8. Para uma descrição do afundamento e identificação do submarino soviético, ver Jürgen Rohwer, *Die Versenkung der jüdischen Flüchtlingstransporte Struma und Mefkure im Schwarzen Meer* (Frankfurt, 1965), em especial pp. 31-34, 98, 112, 128.

150 Quando o ministro turco em Bucareste sugeriu ao ministro norte-americano que cerca de 300 mil judeus romenos fossem transportados via Turquia para a Palestina, a Divisão Europeia do Departamento de Estado Norte-Americano reagiu à ideia com bastante antipatia. Ver memorando de Cavendish W. Cannon, da Divisão Europeia, 12 de novembro de 1941, *Foreign Relations, 1941*, vol. II, 875-76. Sobre a política britânica no caso *Struma*, ver Bernard Wasserstein, *Britain and the Jews of Europe, 1939-1945* (Oxford, 1979), e Martin Gilbert, *Auschwitz and the Allies* (Nova York, 1981).

séric dc transportes, com início por volta de 10 de setembro de 1942, rumo ao distrito de Lublin, onde o grupo capaz de trabalhar será utilizado e o restante ficará sujeito a tratamento especial."

Medidas tinham sido tomadas a fim de garantir que os judeus romenos perdessem sua nacionalidade após cruzarem a fronteira. As negociações com a Reichsbahn acerca dos horários dos trens já estavam em estágio avançado, e o *Hauptsturmführer* Richter já tinha em mãos uma carta pessoal de Mihai Antonescu confirmando todos os arranjos. Assim, agora Eichmann pedia permissão para "realizar o trabalho de remoção da maneira planejada. [*Ich bitte um Genehmigung, die Abschiebungsarbeiten in der vorgetragenen Form durchführen zu können*]".[151]

Luther escreveu ao chefe da Gestapo, *Gruppenführer* Müller, afirmando que "a princípio" o Ministério das Relações Exteriores não tinha "qualquer objeção" (*keine Bedenken*) à deportação dos judeus romenos para o "Leste". Todavia, Luther sentia que ainda restavam dúvidas acerca do círculo de pessoas deportáveis e da "atitude do governo romeno" com relação a toda a questão. Aguardando esclarecimentos sobre essas questões, ele pediu ao RSHA para não agir.[152] Ao mesmo tempo, Luther pediu à missão diplomática em Bucareste para "esclarecer a questão fundamental do transporte dos judeus da Romênia". Ademais, ele queria saber se a tantas vezes adiada visita a Berlim do comissário romeno para Questões Judaicas, Radu Lecca, dessa vez aconteceria.[153]

Em 17 de agosto de 1942, Luther comunicou a Wörmann, Weizsäcker e Ribbentrop que Mihai Antonescu e o marechal Antonescu agora haviam dado seu consentimento à deportação dos judeus e concordado que os transportes começassem a partir dos distritos de Arad, Timişoara e Turda. Lecca, o "Ministerialdirektor" romeno, queria visitar Berlim para discutir os detalhes com o Ministério das Relações Exteriores e o RSHA.[154] Alguns dias depois, Luther escreveu à missão diplomática em Bucareste informando que Lecca definitivamente visitaria a capital alemã.[155]

---

151 Rintelen para Luther, 19 de agosto de 1942, incluindo relatório de Eichmann de 26 de julho de 1942, NG-3985.

152 Luther para Müller, 11 de agosto de 1942, NG-2354.

153 Luther para a missão diplomática em Bucareste, 11 de agosto de 1942, NG-2354.

154 Luther via Wörmann e Weizsäcker para Ribbentrop, 17 de agosto de 1942, NG-3558.

155 Luther e Klingenfuss para missão diplomática em Bucareste, provavelmente 20 de agosto de 1942, NG-2198.

Na Romênia, a notícia vazou e chegou aos ouvidos de Filderman. Misu Benvenisti, presidente da Organização Sionista da Romênia até sua dissolução oficial e subsequentemente conselheiro no Centrala, ouviu um Radu Lecca descuidado falando ao telefone sobre as deportações iminentes. Um engenheiro ferroviário judeu viu um plano detalhado que se referia a Arad, Timişoara e Turda.[156] Essas três cidades ficavam no Sul da Transilvânia e no Banato, em áreas fechadas para a fronteira húngara e habitadas por fortes minorias falantes do húngaro. Os escritórios distritais do Centrala nesses lugares já estavam cientes das intenções romenas quando eles, e não os outros escritórios distritais, foram instruídos, durante o início do verão, a elaborar tabelas dos judeus de acordo com sexo, idade, ocupação e assim por diante. A ausência de resposta fez os judeus nos territórios afetados respiraram aliviados, mas logo rumores começaram a ser publicados nos jornais. Em pânico, os judeus do Sul da Transilvânia começaram a vender móveis e joias, e seus representantes viajaram a Bucareste para apelar aos políticos romenos da Transilvânia, em especial a Iuliu Maniu, o antigo líder liberal do movimento camponês e simpatizante da ideia de que nenhuma distinção devia ser feita entre os habitantes do Sul da Transilvânia e os moradores da Moldávia e da Valáquia, no coração da Romênia. Alguns desses emissários sugeriram que um transporte levasse não judeus de uma região, mas judeus indesejáveis de todo o país. A essa altura, um homem acostumado a agir de forma independente, o barão Franz von Neumann, chegou a Bucareste vindo de Arad. Neumann, um católico de 31 anos cujo pai, também católico, havia emigrado para os Estados Unidos, tinha ascendência judaica. Era o principal acionista da empresa Textilia Aradana e dizia-se que tinha o hábito de ir de avião até a filial em Bucareste. Nesta viagem, teria gastado uma grande soma de dinheiro tentando persuadir altos oficiais da Romênia a adiarem ou desistirem da ação.[157]

---

156 Testemunho de Theodor Löwenstein-Lavie (ex-diretor de Educação e Cultura do Centrala), transcrição do julgamento de Eichmann, 23 de maio de 1961, sess. 48, p. S1.

157 Relatório não assinado, escrito na primeira pessoa do singular, datado de 1º de setembro de 1941 nos arquivos de Richter, T 175, rolo 657. No mesmo arquivo, há correspondência indicando que o principal informante era A. Willman (Matei [Mathias] Grünberg-Willman), um oficial pró-Alemanha do Centrala. Ver memorando de Richter, 8 de setembro de 1942, T 175, rolo 657. Ver também o memorando de Richter de 1º de setembro de 1941 apontando um relato de que o

Nessa época, Lecca estava em Berlim. Aparentemente, sua visita era tida pela Abteilung Deutschland como uma mera formalidade. Os dois Antonescus já tinham, afinal, verbalizado que estavam de acordo, e Lecca não era considerado um personagem romeno importante. Assim, Lecca acabou deixado de lado em Berlim. Isto foi um erro. Quando ele retornou à Romênia, por volta de 27 de agosto, os diplomatas alemães já sabiam que as coisas haviam dado errado. O Ministério das Relações Exteriores prontamente despachou uma carta à missão diplomática em Bucareste, culpando o ministro von Killinger por sua falha em conduzir as negociações preliminares e acusando-o de deixar essa importante questão para o *Hauptsturmführer* Richter. O texto da carta do Ministério das Relações Exteriores não está disponível, mas é possível deduzir seu conteúdo com base na resposta enviada por von Killinger a Berlim em 28 de agosto.[158]

Von Killinger escreveu que não conseguia entender como o Ministério das Relações Exteriores podia supor que ele havia deixado exclusivamente nas mãos de um líder da ss a solução de uma questão tão importante. Referindo-se à carta que Mihai Antonescu entregara a Richter, von Killinger apontou: "Herr Mihai Antonescu pode escrever cartas a quem quiser; isso não me diz respeito, de forma alguma". Era natural, dizia ele, que o consultor da ss fizesse o "trabalho preliminar" sob suas "ordens". Então, ao chegar ao ponto mais importante, ele declarou: "Não pode haver dúvida acerca da conclusão das negociações". Quando Lecca retornou a Bucareste, queixou-se de vários insultos em Berlim. Luther não o tinha recebido e, durante uma conversa entre Lecca e Rademacher, este último havia sido chamado a outro lugar – "aparentemente de propósito".

Sob essas circunstâncias, von Killinger imediatamente entregou uma nota ao governo romeno, na qual anunciava que negociações preliminares haviam sido concluídas e perguntava ao governo sua opinião acerca de todas as questões remanescentes. Aparentemente, todavia, essa nota não havia reparado os danos. "Se personagens tão importantes quanto o *Ministerialdirektor* Lecca vierem a Berlim", ele escrevia, "peço que não sejam deixados de lado de tal forma que possa afetar a boa relação entre a Alemanha e a Romênia." Von Killinger então fez alguns comentários sobre os "homens da ss" (*Herren der ss*) e particularmente sobre

---

"notório judeu" von Neumann teria oferecido 400 milhões de léus ao Exército romeno para evitar deportações de judeus do Sul da Transilvânia e do Banato, T 175, rolo 657.

158 Von Killinger para o Ministério das Relações Exteriores, 28 de agosto de 1942, NG-2195.

"Herr Eichmann", que, dizia ele, não havia achado necessário contatar o Ministério das Relações Exteriores. "Ademais", continuava, "eu gostaria de assinalar que todas as questões que reporto à Abteilung Deutschland devem chegar às mãos da SD o mais rapidamente possível."

Em 7 de setembro, von Killinger escreveu uma segunda carta expressando pesar por o Ministério das Relações Exteriores não ter tomado conhecimento de seus "contra-argumentos" acerca da questão.[159] A essa carta, o chefe de pessoal do Ministério das Relações Exteriores, Schröder, acrescentou o comentário: "Nesse momento, Herr von Killinger *não quer* entender".[160]

A tentativa alemã tinha falhado, e os judeus continuavam onde estavam. A reversão romena não era parcial, mas completa. Trivialidades como a relação do ministro von Killinger com os *Herren der ss* (von Killinger era um homem da SA) e a subsequente recepção esnobe de um "Ministerialdirektor" romeno poderiam afetar a decisão de levar mais de 300 mil judeus à morte? A resposta é que trivialidades não importam, mas até mesmo o menor incidente pode ser decisivo em uma situação cujo equilíbrio já é delicado. Em agosto de 1942, os romenos não estavam mais no ápice de seu entusiasmo. Já haviam exaurido sua exuberância, e sua receptividade às demandas alemãs por uma ação destrutiva tinha chegado ao fim.

Num primeiro momento, os alemães se recusaram a aceitar o fato de que a reversão romena era decisiva. Essa recusa em reconhecer a derrota fica evidente na declaração de von Killinger de 28 de agosto de que "não pode haver dúvida acerca da conclusão das negociações". Em 24 de setembro, Luther fez um relato oral a Ribbentrop "sobre a corrente evacuação dos judeus da Eslováquia, Croácia, Romênia e territórios ocupados [*über die im Gange befindliche Judenevakuierung aus der Slovakei, Kroatien, Rumänien und den besetzten Gebieten*]",[161] como se a Romênia já tivesse entrado para o clube,[162] e, em 26 e 28 de setembro, o *Reichsbahnoberinspektor* Bruno Klemm da Generalbetriebsleitung Ost de Berlim presidiu reuniões sobre um projeto de trens especiais (um a cada dois dias, transportan-

---

159 Von Killinger para o Ministério das Relações Exteriores, 7 de setembro de 1942, NG-2195.

160 Anotação de Schroder, 13 de setembro de 1943, NG-2195.

161 Luther para Weizsäcker, com cópias para Wörmann, von Erdmannsdorff, Pol. I, Pol. IV, divisões políticas Jurídica e Comercial, D-II e D-III, 24 de setembro de 1942, NG-1517.

162 Ver também discussão sobre a Romênia entre Wisliceny e um oficial húngaro em Budapeste, 6 de outubro de 1942, NG-4586.

do 2 mil judeus por vez) da Romênia a Bełżec, embora os representantes das ferrovias romenas, que haviam pedido um adiamento da conferência, não tenham participado das discussões.[163]

Em outubro, os alemães estavam completamente frustrados. No dia 7 do mesmo mês, um von Killinger furioso confrontou Mihai Antonescu. O que precipitou a visita foi um evento na capital em que autoridades romenas, numa busca realizada no prédio da antiga missão diplomática soviética, tinham descoberto listas de pessoas que, por um motivo ou por outro, haviam se candidatado a receber permissões para entrar na Bucovina e na Bessarábia durante a ocupação soviética dessas províncias, em 1940-1941. Com base nessas listas, os romenos tinham prendido centenas de judeus para serem deportados para a Transnístria.[164] Todavia, alguns desses judeus haviam sido soltos. Von Killinger acusou os captores romenos de enviar somente os judeus que não podiam comprar a liberdade. E continuou dizendo estar bem informado sobre a questão judaica na Romênia e ter ciência dos lacaios dos judeus (*Judenknechte*) que estavam sabotando a solução. Algum dia, ele afirmava, essas pessoas receberiam a conta. Mihai Antonescu respondeu que o próprio marechal acreditava que a situação de então era delicada demais para que ações mais concretas fossem tomadas.[165]

Em 22 de outubro, Richter apresentou seus argumentos. Mihai Antonescu, argumentando em círculos com o homem da ss, explicou que era a Alemanha quem vinha se mostrando inconsistente: por um lado, os alemães haviam insistido em um "reassentamento" da Antiga Romênia, mas, por outro, opuseram-se às deportações para o outro lado do rio Bug.[166]

A irrevocabilidade da reversão romena não ficou imediatamente aparente, pois nenhum dos passos preparatórios havia sido abandonado. A comunidade judaica ainda sofria nas garras das medidas econômicas, enquanto milhares de famílias judias buscavam um teto para se abrigar e trabalhadores forçados andavam descalços. Todavia, mesmo com a continuação pública de expropriações e extorsões,

---

163 Ver tradução para o romeno do resumo da reunião em Carp, *Cartea Neagră*, vol. 3, pp. 252-53. O original, em alemão, não sobreviveu.

164 *Donauzeitung* (Belgrado), 13 de setembro de 1942, p. 3.

165 Anotação de Richter, 8 de outubro de 1942, T 175, rolo 661.

166 Von Killinger para o Ministério das Relações Exteriores, 26 de novembro de 1942, incluindo relatório de Richter, polícia de Israel 572.

o governo romeno, em seus movimentos não publicados, começava a olhar numa direção diferente. O novo objetivo era, na verdade, um objetivo antigo: a emigração.

Em 12 de dezembro de 1942, von Killinger informou ao Ministério das Relações Exteriores que Lecca havia lhe contado sobre um plano do marechal Antonescu para permitir que entre 75 mil e 80 mil judeus emigrassem para a Palestina em troca de um pagamento feito por judeus ao Estado romeno de 200 mil léus (ou seja, 3.340 Reichsmark ou 1.336 dólares) por imigrante. Von Killinger acrescentava que, em sua opinião, Antonescu queria recolher 16 bilhões de léus (267 milhões de Reichsmark ou 107 milhões de dólares) e, ao mesmo tempo, livrar-se de um grande número de judeus "de uma maneira confortável". O enviado alemão concluiu sua mensagem com as seguintes palavras: "Não estou em posição de julgar daqui se seria aconselhável opor-se a tal plano".[167] O *Unterstaatssekretär* Luther e um de seus especialistas, *Gesandtschaftsrat* Klingenfuss, responderam que o Ministério das Relações Exteriores se recusava a acreditar na seriedade de tal projeto, mas que ele precisava ser evitado de qualquer forma. Então, esboçaram uma série de argumentos a serem usados por von Killinger (ou seja, que aqueles 80 mil judeus eram inimigos do Eixo, que a ação acabaria demonstrando uma falta de unidade entre os membros do Eixo, e assim por diante).[168]

A sensação de alarme na Abteilung Deutschland era, de certa forma, prematura. Embora os judeus agora pudessem comprar sua fuga, qualquer possibilidade de emigração em massa era frustrada por dois grandes obstáculos: a falta de meios de transporte e a falta de um destino. Não havia navios, nem do Eixo nem dos Aliados, disponíveis para o transporte dos judeus. Apenas embarcações menores, inadequadas para o mar e de registro neutro poderiam ser usadas, e as passagens, mesmo em tais navios, eram de difícil obtenção por conta dos altos custos e da falta de disposição da Alemanha em lhes conceder salvo-conduto. Porém, mesmo se os navios pudessem ser providenciados e a viagem, garantida, eles não tinham aonde ir. As restrições à entrada nos países neutros, nos países aliados e na Palestina eram bastante rígidas. O destino do ss *Struma* ainda era uma memória viva.

Os judeus tentavam driblar a falta de navios usando as rotas por terra que atravessavam a Bulgária. Tentavam abrir as portas da Palestina restringindo a emigração a crianças, que não podiam ser recusadas com tanta facilidade por

---

167 Von Killinger para Ministério das Relações Exteriores, 12 de dezembro de 1942, NG-3986.

168 Luther e Klingenfuss para von Killinger, 3 de janeiro de 1943, NG-2200.

conta da falta de documentos de imigração. De forma bastante limitada, essa solução funcionou. Em 11 de março de 1943, Rademacher e o cônsul Pausch enviaram a von Killinger um comunicado no qual informavam que 72 crianças judias da Hungria haviam chegado a Atlit, na Palestina, atravessando a Romênia, a Bulgária e a Turquia; que essas eram, aparentemente, parte das 270 crianças judias da Hungria e da Romênia mencionadas na Câmara dos Comuns britânica como tendo chegado à Palestina; e que von Killinger deveria fazer tudo que estivesse a seu alcance para evitar qualquer outra emigração de judeus para a Palestina.[169] Uma carta similar foi enviada por Rademacher ao consulado alemão em Sófia.[170]

Aparentemente, todavia, o Ministério das Relações Exteriores não obteve sucesso, já que, em 13 de maio de 1943, o exilado grande mufti de Jerusalém, Amin el Husseini, que havia unido forças com o Eixo, escreveu ao Ministério das Relações Exteriores relatando que 4 mil crianças judias acompanhadas por quinhentos adultos haviam recentemente chegado à Palestina e que, por esse motivo, pedia ao ministro das Relações Exteriores da Alemanha para "fazer tudo o que fosse possível" (*das Äusserste zu tun*) a fim de evitar futuras emigrações da Bulgária, Romênia e Hungria.[171] Os alemães então deram seu máximo. Quando, duas semanas mais tarde, von Killinger comunicou que um representante da Cruz Vermelha Internacional havia procurado o marechal Antonescu com um pedido de permissão de emigração de judeus nos navios da Cruz Vermelha,[172] o Ministério das Relações Exteriores da Alemanha freou os movimentos ao negar salvo-condutos e proclamar que a Palestina era um país árabe.[173] Em seguida vieram diversas correspondências adicionais sobre os navios da Cruz Vermelha e sobre crianças, mas essas trocas não surtiram nenhum efeito.[174]

Enquanto o Ministério das Relações Exteriores combatia os esquemas de emigração da Romênia, a ss e a hierarquia policial decidiram deixar a o país. Depois de um relatório particularmente pessimista articulado por Müller, chefe da

---

169 Rademacher e Pausch para von Killinger, 11 de março de 1943, NG-2184.

170 Rademacher para consulado em Sófia, 12 de março de 1943, NG-1782.

171 Amin el Husseini via embaixador Prüfer para Ribbentrop, 13 de maio de 1943, G-182.

172 Von Thadden via Divisões Jurídica e Política e *Staatssekretär* Steengracht para Ribbentrop, 1º de junho de 1943, NG-3987.

173 *Ibid.*, e correspondência no documento NG-5049.

174 Correspondências nos documentos NG-5049, NG-4786, NG-5138, NG-1794 e NG-2236.

Gestapo, em janeiro de 1943, Himmler concluiu que a situação era irremediável. Na Romênia, ele escrevia, nada mais podia ser feito (*gar nichts zu machen*). Assim, sugeria que o especialista em judaísmo de Bucareste fosse afastado. Nada, dizia Himmler, aconteceria ali, e, se o especialista continuasse no posto, o único resultado "é que seremos acusados de alguma coisa".[175] A avalição de Himmler estava correta. Os outrora colaboradores romenos estavam pouco a pouco desaparecendo, e os anos de 1943 e 1944 revelaram acontecimentos ainda mais significativos do que a disposição do marechal Antonescu de vender os judeus da Antiga Romênia aos Aliados. Esses acontecimentos tiveram início na Transnístria.

Os judeus na Transnístria ainda eram prisioneiros, mas uma leve melhora em sua situação surgiu como resultado do fato de o marechal Antonescu ter aceitado ofertas dos judeus de enviar roupas, remédios e dinheiro às vítimas. O dinheiro tinha de ser trocado em moeda local (*Reichskreditkassenscheine*) com uma perda de dois terços, mas o envio desses fundos foi de grande importância tanto para os judeus quanto para os aproveitadores romenos.[176] O governo até mesmo permitiu que uma comissão criada por Gingold visitasse a Transnístria em janeiro de 1943. A delegação judaica, comandada por Fred Saraga, foi acompanhada por um delegado do Conselho de Ministros, Iuliu Mumuianu, que descreveu as deportações como uma "fatalidade histórica" (*historische Fatalität*). Os judeus pediram que as correspondências regulares entre habitantes judeus da Antiga Romênia e deportados da Transnístria fossem permitidas, apontando que todas as cartas a Vapniarca haviam sido rejeitadas. Também pediram um senso dos sobreviventes nas 101 colônias para que pudessem oferecer ajuda mais efetiva.[177]

O censo, concluído em 1º de setembro de 1943, revelava que, dos deportados de Bessarábia, Bucovina e Dorohoi, restavam 50.741 (sendo aproximadamente 5 mil órfãos), além de algumas centenas de "judeus comunistas" em Vapniarca.[178]

---

175 Himmler para Müller (cópia para Wolff), 20 de janeiro de 1943, Arquivos de Himmler, Pasta 8. Os arquivos não contêm o relatório de Müller, datado de 14 de janeiro.

176 Levai, *Martyrdom*, p. 67.

177 Relatório de Saraga, 31 de janeiro de 1943, Yad Vashem M 20.

178 Relatório do inspetor geral da Gendarmaria (general Tobescu), 16 de setembro de 1943, em Carp, *Cartea Neagră*, vol. 3, pp. 438-42, e relatório não datado (subsequente) do Ministério do Interior/polícia (general Vasiliu), *ibid.*, pp. 447-51. Ambos os documentos listam uma estatística de chegada de apenas 110.033 da Bessarábia, Bucovina e Dorohoi.

O significado dessa estatística era inconfundível. Se aproximadamente 25 mil judeus tinham morrido a caminho do Dniestre e aproximadamente 10 mil haviam sido mortos pelos alemães em agosto de 1941, seguidos por 119 mil travessias entre setembro e novembro daquele ano e vários outros milhares (especialmente de Cernăuți) em 1942 – um total de 160 mil –, então os 51 mil sobreviventes eram menos de um terço do total que fora tragado pela convulsão.

Quando os membros da missão diplomática alemã souberam que os romenos estavam relaxando as medidas contra os deportados remanescentes, ficaram alarmados. O cônsul alemão em Odessa pediu um relatório. Era incapaz de amenizar a ansiedade de seus supervisores. Os judeus na Transnístria, ele escrevia, estavam sendo tão mal tratados quanto antes (*"Die Juden in Transnistrien bekommen noch genau so viel Prügel wie früher"*).[179]

No governo romeno, contudo, a preocupação contrária crescia. Uma parte enorme do Exército Vermelho havia cruzado o rio Dniepre, recapturado Kiev e Dnepropetrovsk e agora se aproximava do Bug. Nervoso, o marechal Antonescu explorou as possibilidades de devolver os judeus presos à Antiga Romênia, pois agora temia que os alemães, em sua retirada pela Transnístria, pudessem assassinar essas vítimas.

O temor de Antonescu é suficientemente significativo, mas ainda mais notável é o fato de o marechal já não conseguir recordar por que tantos judeus tinham morrido na Transnístria. Ele estava perturbado e pouco à vontade por ter tantos judeus mortos em suas mãos e, ainda assim, parece ter esquecido quem era responsável por todas aquelas mortes. Suas observações sobre essa busca parecem ter sido uma tentativa de encontrar um culpado que tivesse perpetrado esse truque sujo sobre ele, mas não encontrou esse culpado em si mesmo. Excertos literais de sua histórica conferência sobreviveram. Uma cópia foi enviada ao comissário geral para as Questões Judaicas, que imediatamente repassou o manuscrito, acompanhado de seus comentários, aos alemães. Além do marechal Antonescu, o subsecretário de Segurança do Ministério do Interior, general Vasiliu, e o governador da Bucovina, general Dragalina, participaram da discussão. A conferência foi aberta com uma estimativa do número de sobreviventes na Transnístria, um problema estatístico complicado com o qual os romenos não sabiam lidar.

---

179 Cônsul alemão em Odessa (assinado por Stephany) para a missão diplomática alemã em Bucareste, 9 de setembro de 1943, T 175, rolo 663.

MARECHAL ANTONESCU: Agora quero passar à questão judaica. De acordo com as mais recentes estatísticas, temos agora na Transnístria pouco mais de 50 mil judeus. [Nota de Lecca: "Existem 80 mil."]

GENERAL VASILIU: Acrescente a esse número 10 mil de Dorohoi, o que dá 60 mil.

ANTONESCU: Acho que há entre 70 mil e 80 mil. Mas, se só restam esses, isso significa que estão morrendo rápido.

VASILIU: Houve algum um erro. Conversamos com o Coronel Radulescu, que realizou um censo. Agora existem exatamente 61 mil. [Nota de Lecca: "Impreciso."]

ANTONESCU: Esses judeus da Transnístria estão agrupados em Vapniarca.

VASILIU: De Vapniarca, eles foram levados a Grosulovo, que fica perto de Tiraspol.

ANTONESCU: O que significa que estão salvos!

VASILIU: Em Vapniarca, existem muitos comunistas, 435 judeus de Târgu-Jiu.

ANTONESCU: Aqueles que são judeus comunistas, eu não os trago para dentro do país.

VASILIU: Os demais ficaram onde estavam.

ANTONESCU: Também aqueles do campo de Tiraspol não entram no país se forem comunistas.

VASILIU: Temos outro campo em Slivina, próximo a Oceacov. Ali estão criminosos que foram acusados quinze vezes ou mais, condenados, etc.

ANTONESCU: Não estou interessado nem nos comunistas nem nos criminosos. Estou falando dos outros judeus, [por exemplo] aqueles que foram removidos à força de Dorohoi.

VASILIU: Eles [os judeus] decidiram em uma conferência regular quem deve ter prioridade nas evacuações. Querem começar com os órfãos, que somam aproximadamente 5 mil.

ANTONESCU: Queremos criar um grande sanatório em Vijnita, onde havia um enorme centro judeu que foi dissolvido há muito tempo. Também levaremos para lá muitos judeus. Com relação àqueles que correm o risco de serem mortos pelos alemães, você precisa tomar medidas e avisar aos alemães que eu não tolero isso, porque, em última análise, ficarei com má reputação por esses terríveis assassinatos. Em vez de deixar isso acontecer, nós os levaremos de lá para essa área, onde serão organizados com segurança em um campo, de modo que possamos preencher Bucovina outra vez. Eles devem ser organizados para trabalhar lá. Pagaremos a eles. Até se organizarem, todavia, receberão suprimentos da comunidade judaica. Acabo de falar com o sr. Lecca, e lhe disse que deveria chamar os membros da comunidade judaica. Ele disse que já recolheu 160 milhões de léus [2.672.000 Reichsmark, ou pouco mais de 1 milhão de dólares] para que roupas e alimentos sejam disponibilizados. Ao mesmo tempo, os países estrangeiros devem ser informados, para que possam também enviar alimentos – assim como os suprimentos enviados aos prisioneiros de guerra americanos –, da Suíça, e também roupas, porque não tirarei nada dos suprimentos alocados para os soldados, trabalhadores e funcionários públicos romenos para vestir os judeus. Tenho compaixão pelos judeus, mas minha compaixão pelos romenos é maior. Portanto, eles [os judeus] serão supridos com seus próprios recursos. Não contribuiremos com nada. Eles já têm 160 milhões. Se um infortúnio acontecer e tivermos de recuar de Vijnita, então eles ficarão lá. De Vijnita, não darei um passo sequer rumo ao interior do país.

VASILIU: Não há espaço para todos lá.

ANTONESCU: Entre 30 mil e 35 mil costumavam viver lá.

VASILIU: Na cidade, eram 5 mil. É uma cidade pequena. Nós os levamos somente às cidades de onde eles vieram, cidades que ficam na Bucovina e na Bessarábia.

ANTONESCU: Como?

VASILIU: Eles precisam retornar aos lugares de onde vieram.

ANTONESCU: Não somente aqueles que vieram da Antiga Romênia?

VASILIU: Além desses. Mas a maioria é da Bucovina e da Bessarábia.

ANTONESCU: E serão levados de volta aos locais de origem?

VASILIU: Não podemos levá-los a outros lugares porque não temos espaço.

ANTONESCU: Vamos levá-los a Vijnita. Sob quais condições? Também disse a Lecca que ele deve enviar-lhes suprimentos. Orezean[u] me disse que vai colocar trens à disposição para os levarmos para lá.

[Parece haver uma lacuna aqui.]

ANTONESCU: Ouvi dizer que aqueles em Golta [província] foram assassinados.

VASILIU: Não é verdade, Marechal.

ANTONESCU: De qualquer forma, os alemães devem ser avisados de que não tolerarei tais assassinatos.

VASILIU: Os alemães apenas pegaram algumas colunas de judeus e as levaram ao outro lado do Bug.

ANTONESCU: Por favor, diga ao Serviço Secreto alemão que eu não tolero a ideia de assassiná-los.

VASILIU: Você quer enviar todos os 60 mil judeus a Vijnita?

ANTONESCU: Isso não é possível, uma vez que não há espaço suficiente. Os que estão nas vilas devem permanecer onde estão até a linha de frente ser estabilizada.

VASILIU: O Distrito de Mogilev, que tem 39 mil judeus, precisa ser aliviado. Depois vem Balta, com 10 mil. Tulchin e Iampol também.

ANTONESCU: Alivie Mogilev e leve os judeus a Vijnita.

VASILIU: Aqueles que vieram de Dorohoi voltarão para lá.

ANTONESCU: Aqueles da Antiga Romênia, que foram removidos por engano, serão levados de volta às suas casas.

VASILIU: Dorohoi era vista como parte da Bucovina.

GENERAL DRAGALINA: Em Dorohoi, todas as lojas judaicas estão fechadas.

ANTONESCU: Agora você não dará permissão para eles abrirem suas lojas. Em Vijnita, eles vão negociar entre si.

VASILIU: Os judeus de Mogilev então irão a Vijnita; os outros ficarão onde estão. Selecionaremos apenas os intelectuais e os trabalhadores qualificados [dos outros grupos de judeus].

DRAGALINA: Deve-se observar que os judeus na Bucovina estão tentando viajar sorrateiramente a Bucareste. Primeiro, eles pedem uma permissão para viajar durante trinta dias, depois, solicitam uma prorrogação. Eu os impeço sempre que posso.

ANTONESCU: Deveria proibi-los completamente.

VASILIU: Verificamos todas as autorizações e os enviamos de volta assim que elas expiram.

ANTONESCU: Mas como eles viajam? Pensei que simplesmente não viajassem.

DRAGALINA: Eles precisam passar por cirurgias, ir a médicos.

ANTONESCU: Sim, se os enviamos ao campo, eles logo dizem que precisam de médicos e dentista. O sr. Tatarescu agora está com hérnia. Quando fez o que fez, não havia nada errado com ele. Cavalheiros, definimos o modo de evacuação para todas as categorias. Esse capítulo agora está encerrado.[180]

---

180 Basarabeanu (Conselho de Ministros) para Lecca, 25 de novembro de 1943, incluindo minutas da reunião da Transnístria realizada em 17 de novembro de 1943, em tradução para o alemão nos arquivos da missão diplomática de Bucareste, Occ E 5a-5. A confusão acerca dos números surge da falha na distinção entre os 51 mil deportados e um total maior que incluía deportados e

As vítimas e os órfãos de Dorohoi foram enviados de volta à Romênia.[181] No início de 1944, um total de 43.065 deportados permaneceram na Transnístria. Essa soma incluía 31.141 da Bucovina, 11.683 da Bessarábia e 241 da Antiga Romênia.[182] Os números deixam exposto, de forma bastante assustadora, o desastre ocorrido em especial aos judeus da Bessarábia.

O medo do marechal Antonescu de que os alemães retomariam suas operações contra os judeus durante a retirada não era sem fundamento. No início de maio de 1944, a marcação foi introduzida pela primeira vez na província da Moldávia, que era adjacente à Bessarábia na Antiga Romênia.[183] O comandante alemão nesse setor, o general Wöhler, ficou muito irritado ao descobrir que ainda havia tantos judeus vivos. A cidade de Iaşi, ele afirmou, deveria ter sido evacuada, mas isso era impossível porque os judeus haviam feito enormes pagamentos de um imposto especial. Em outra cidade da Moldávia, Bârlad, Wöhler relatou que os judeus tinham tentado comprar roupas e alimentos de seus homens. "Ordenei a prisão dessas criaturas", escreveu. Concluindo, declarou: "Os judeus devem desaparecer [*Zusammenfassung: Juden müssen verschwinden*]".[184] Algumas semanas mais tarde, Wöhler organizou um sistema de trabalho forçado para os judeus da Moldávia – o último presente do Exército alemão aos judeus da Romênia.[185]

Nos últimos dias do esforço de guerra romeno ao lado dos alemães, outro encontro foi convocado em Bucareste, dessa vez presidido por Mihai Antonescu.

---

judeus nativos sobreviventes. Ver Lecca para marechal Antonescu, 20 de novembro de 1943, em Ancel, *Documents*, vol. 7, p. 547.

181 Gingold para Lecca, [11 de] janeiro de 1944, apontando 6,2 mil repatriados, quase todos judeus de Dorohoi, em dezembro de 1943, *ibid.*, pp. 610-11.

182 Tabulação não datada nos arquivos do Centrala, provavelmente anexada por Vasiliu e Tobescu a uma carta enviada ao Centrala, 10 de fevereiro de 1944, *ibid.*, pp. 680-81. Em março, 1.696 órfãos tiveram aprovação para retornar. Tobescu para o Centrala, 3 de março de 1944, *ibid.*, p. 721.

183 *Donauzeitung* (Belgrado), 9 de maio de 1944, p. 3.

184 Armeegruppe Wöhler/Ia (assinado por Wöhler) para o Grupo do Exército no Sul da Ucrânia, 31 de maio de 1944, NOKW-3422. Um *Armeegruppe* era um exército improvisado organizado no campo. Wöhler é o mesmo general que três anos antes queixara-se das atrocidades romenas.

185 Armeegruppe Wöhler OQu/Qu 2 para Corpo do Exército Mieth, Corpo Kirchner, Corpo XVII, Corpo XL, Corpo Montanha XLIX, Retaguarda do Exército e Engenheiros Comandantes do Exército, cópia para Ia, 15 de julho de 1944, NOKW-3118.

A pauta era a emigração judaica, em especial a emigração de crianças repatriadas da Transnístria. O registro dessa conferência, ditado por Mihai Antonescu, é ainda mais memorável por sua distorção de eventos passados do que as minutas da conferência da Transnístria. O texto quase parece ter sido preparado para o consumo pós-guerra. Quando entregou uma cópia à missão diplomática alemã, Radu Lecca, um participante da discussão, apontou que suas supostas declarações, assim como as de Mihai Antonescu e as de três outros participantes (o ministro do Interior Popescu, o subsecretário Vasiliu e o subsecretário da marinha Sova) simplesmente não haviam sido feitas, mas inventadas pelo vice-premiê romeno.[186] Independentemente de se a distorção da história havia efetivamente acontecido durante a conferência ou se fora criada posteriormente como um resumo falso, o registro dessa discussão permanece como um verdadeiro indicador de como Mihai Antonescu e talvez também seus colegas se sentiam acerca dos eventos que haviam acontecido sob seu comando, ao longo dos quatro anos anteriores.

Mihai Antonescu, de acordo com seu próprio resumo, abriu a conversa ao apontar que, já em 1940, uma decisão havia sido tomada para não impedir qualquer emigração de judeus. As exigências de von Killinger e Richter para colocar o regime romeno antissemita sob o controle alemão haviam sido rejeitadas. O Escritório do Comissário para Questões Judaicas (Lecca) nunca fora um escritório público. Quando Ribbentrop tentara cercear a emigração em 1943 citando os árabes, os romenos responderam que a Romênia tinha o mesmo direito dos árabes de ser poupada dos judeus. O inquérito do governo britânico acerca de se o governo romeno permitia a emigração foi respondido "positivamente". Apenas as dificuldades de transporte tinham frustrado uma emigração em massa. A Romênia naturalmente não podia alocar seus próprios navios, que eram necessários para a defesa nacional; portanto, recaiu sobre os judeus a organização de sua própria emigração. Porém, pouquíssimos navios tinham ido a Constança. As companhias marítimas estrangeiras que enviaram esses navios haviam recolhido "somas fantásticas" dos judeus e também exercido má influência sobre os serviços romenos. O marechal Antonescu consequentemente havia mantido os navios em Constança para verificar casos de abusos.

---

186 Von Killinger para o Ministério das Relações Exteriores, 17 de julho de 1944, anexo resumo de Mihai Antonescu datado de 15 de julho de 1944, NG-2704. A reunião foi realizada em 9 de junho de 1944.

O general Vasiliu advertiu que nenhum obstáculo havia sido colocado no caminho da emigração judaica. O governo romeno tinha apenas recolhido 40 mil léus por pessoa (668 Reichsmark, ou 267 dólares), um valor muito baixo tendo em vista as isenções do serviço militar e do trabalho. Ademais, as empresas tinham de pagar ao Estado um imposto sobre seus lucros.

O general Sova, subsecretário da Marinha, apontou que navios romenos efetivamente podiam transportar emigrantes judeus. Radu Lecca acrescentou que, desde o afundamento do ss *Struma*, o Grande Quartel General das Forças Armadas havia proibido o transporte em navios romenos, mas essa proibição não se aplicava a navios estrangeiros. Os judeus, dizia Lecca, tinham pagado seiscentos dólares (em moeda americana) pela passagem em um navio búlgaro ou turco. Mas Lecca também concordava que não havia motivos para evitar o uso de navios romenos. A emigração, ele argumentava, poderia ser organizada pelo líder judeu Zissu (representante romeno da Agência Judaica para a Palestina).

Popescu, o ministro do Interior, também não via motivos para os navios romenos ancorados em Constanța não serem usados para transportar os judeus, em particular crianças da Transnístria e refugiados da Hungria. Qualquer excesso de capacidade poderia ser usado por emigrantes escolhidos pelos senhores Zissu e Lecca em conjunto. Todos concordaram satisfeitos com essa solução.[187]

Não, os burocratas romenos nunca tinham feito nada aos judeus, e agora até mesmo ofereciam seus próprios navios para os sobreviventes emigrarem. Porém, esse projeto nunca chegou a ser concretizado, pois logo em seguida o Exército Vermelho invadiu a Antiga Romênia. Em 24 de agosto de 1944, o país se rendeu.

Hungria

Conforme o processo de destruição alemão se espalhava pela Europa do Eixo, uma comunidade judia após a outra desaparecia. Em um país após o outro, os judeus eram pegos pela máquina de destruição e morriam, desamparados, em suas garras. Em 1944, somente uma área importante continuava intocada pelas deportações, apenas uma comunidade seguia intacta: a Hungria e os 750 mil judeus que haviam sobrevivido dentro de suas fronteiras.

---

187 Mihai Antonescu informou os resultados da reunião em um resumo a Zissu, 17 de junho de 1944, NG-2704.

Quando os judeus húngaros olhavam para o mapa da Europa do Eixo, no início de 1944, ainda conseguiam ver que, à sua volta, comunidades judaicas haviam sido atacadas e destruídas. O processo de destruição cataclísmico da Alemanha atingira os judeus a leste até a Rússia; a norte até a Noruega; a oeste até a França; e a sul até a Grécia. Em contrapartida, quando um oficial alemão analisava seu mapa em Berlim, via que, em todos os lugares, "o problema judaico" havia sido "solucionado", exceto em uma área relativamente pequena: a Hungria. E, quando olhava para a Hungria, via a maior concentração de judeus ainda vivos na esfera de influência alemã. Na verdade, os judeus húngaros estavam vivendo em uma ilha em terra firme, cercados e protegidos por uma barreira política. Os judeus dependiam dessa barreira para sobreviver, e os alemães tinham de destruí-la. Em março de 1944, as fronteiras húngaras começaram a desmoronar. Os alemães invadiram o país e a catástrofe abateu-se sobre os judeus.[1]

Tendo-se em conta que as comunidades judaicas tinham sido destruídas uma a uma, o que havia de tão incomum no destino dos judeus húngaros? Somente um fator distingue o caso húngaro dos demais: ali, os judeus *tinham* sobrevivido até meados de 1944. Eles foram mortos no último ano de Hitler no poder, quando o Eixo já rumava para a derrota. Em nenhum dos países analisados até agora a "Solução Final" começou tão tardiamente. A Hungria era o único país onde os perpetradores sabiam que a guerra estava perdida quando deram início a suas operações. Os judeus húngaros foram praticamente os únicos avisados e cientes do que estava por vir enquanto sua comunidade continuava ilesa. Por fim, as deportações em massa húngaras são notáveis também porque não podiam ser escondidas do mundo exterior; elas ocorreram abertamente, diante dos olhos do mundo todo. O sucesso dessas operações, no crepúsculo do Eixo, diz muito sobre os alemães, que deram início à empreitada, sobre os húngaros, que foram envolvidos por elas, sobre os judeus, que as sofreram, e sobre as potências externas, que ficaram estáticas, assistindo ao desenrolar de tudo aquilo.

---

1 Diversos livros já foram escritos sobre a destruição dos judeus da Hungria. Um dos primeiros e mais impressionantes relatos é o de Eugene Levai, *Black Book on the Martyrdom of Hungarian Jewry* (Zurique e Viena, 1948). Mais abrangente é *The Politics of Genocide* (Nova York, 1981), 2 vols., de Randolph Braham. O papel da Alemanha é o foco de Christian Gerlach e Götz Aly, *Das letzte Kapitel* (Munique, 2002).

Por que, então, os judeus da Hungria estavam fadados à destruição final? Na raiz desse desenvolvimento repousava a relação entre a Alemanha e a Hungria, desde antes da guerra. Os húngaros eram oportunistas que tinham se unido aos alemães com o objetivo de conquistar territórios. Desejavam fortemente se expandir em três direções: norte (Tchecoslováquia), leste (Romênia) e sul (Iugoslávia). Com a ajuda da Alemanha, essa expansão tripla foi alcançada em menos de três anos, mas, uma vez comprometidos com o lado nazista, descobriram que não havia uma forma fácil de escapar do emaranhamento fatal. A Hungria estava perto demais da Alemanha, indispensável demais aos esforços alemães, para ser capaz de simplesmente se render ao outro lado.

Assim, em 1943 e cada vez mais em 1944, a Hungria se viu sujeitada à vontade alemã. O governo húngaro era incapaz de responder a essa ameaça com a linguagem da força. O país tinha suas capacidades ofensivas limitadas por seu tamanho e localização, por suas tradições e perspectivas. O regente da Hungria, o almirante Horthy, eram um homem de mais de setenta anos. A espinha dorsal do regime era uma classe de generais e proprietários de terra há muito tempo estabelecida e há muito tempo decadente. Esses homens não podiam, em última análise, suportar a pressão alemã. Oscilavam e vacilavam sob as exigências nazistas. Desde o inicio de 1938 até o final de 1944, a reação hesitante da liderança húngara foi refletida em uma sucessão de primeiros-ministros que se mostravam, alternadamente, personalidades pró-Alemanha e colaboradores relutantes (ver Tabela 8.24).

TABELA 8.24   Primeiros-ministros húngaros

ANTES DA INTERVENÇÃO ALEMÃ	
Até março de 1939	Imrédy (pró-Alemanha)
Março de 1939 a abril de 1941	Teleki (colaborador relutante)
Abril de 1941 a março de 1942	Bárdossy (pró-Alemanha)
Março de 1942 a março de 1944	Kállay (colaborador relutante)
APÓS A INTERVENÇÃO ALEMÃ	
Março a agosto de 1944	Sztójay (pró-Alemanha)
Agosto a outubro de 1944	Lakatos (colaborador relutante)
Outubro de 1944 até o fim da guerra	Szálasi (pró-Alemanha)

Esse padrão não era apenas uma questão de reversões periódicas. Com o passar do tempo, os primeiros-ministros pró-Alemanha tornavam-se cada vez mais pró-Alemanha, e os colaboradores relutantes tornavam-se cada vez mais relutantes. O contraste aumentava a cada sucessão, pois refletia uma crescente divergência de interesses alemães e húngaros. Para a Alemanha, era tudo ou nada; a Hungria, por sua vez, tinha objetivos mais limitados. Os alemães queriam fazer história; os húngaros só buscavam anexar territórios. Os alemães queriam lutar até o fim; os húngaros preferiam se retirar quando o fim surgisse no horizonte. Os ministros pró-Alemanha, nomeados sob pressão nazista, serviam à crescente necessidade alemã de manter a Hungria na linha. Os colaboradores relutantes, que eram nomeados quando a Alemanha se distraia, serviam ao crescente desejo húngaro de escapar do turbilhão da derrota total. Na conta final, a pressão alemã triunfou.

Conforme sucediam-se os ministros, o destino dos judeus da Hungria também mudava. Havia uma correlação próxima entre a sucessão de governantes húngaros e o ritmo da ação antissemita. Os primeiros-ministros moderados diminuíam o ritmo e detinham a catástrofe; os extremistas a apressavam. O processo de destruição na Hungria foi, portanto, um desenvolvimento errático no qual períodos de quase tranquilidade se alternavam com estouros de atividade destrutiva. Os judeus passaram por ciclos de esperança e desapontamento, alívio e choque. Nenhuma outra comunidade judaica na Europa esteve sujeita ao tratamento quente-frio por tanto tempo e de modo tão abrangente. Os judeus da Hungria sentiram da maneira mais intensa, e até o fim, os efeitos da reação húngara vacilante à esmagadora força alemã.

A destruição dos judeus da Hungria teve início como uma empreitada húngara voluntária, e as primeiras medidas do país foram decretadas sem muito estímulo alemão e sem nenhuma ajuda alemã. A primeira lei foi esboçada em 1938, quando a Hungria procurou o Reich em busca de ajuda para seus planos contra a Tchecoslováquia.[2] A segunda lei foi apresentada a Ribbentrop em 1939, em um momento quando o governo de Budapeste suplicava ao Ministério das Relações Exteriores por apoio na libertação das minorias húngaras na Romênia e na Iugoslávia.[3] Um terceiro grupo de medidas foi tomado quando a Hungria se uniu à Alemanha na guerra contra a Rússia.

Nesses primeiros decretos, que cobrem o período de Imrédy, Teleki e Bárdossy, podem-se notar poucos pontos que separam a Hungria de seus vizinhos.

---

2 Ribbentrop para Keitel, 4 de março de 1938, ps-2786.

3 Resumo da discussão ocorrida em 29 de abril de 1939 entre Ribbentrop, o primeiro-ministro Teleki e o ministro das Relações Exteriores Csáky, elaborado por von Erdmannsdorff em 30 de abril de 1939, D-737. A lei na verdade foi usada como ponto de barganha nessa discussão.

Imrédy começou o processo de destruição, Teleki permitiu-se ser arrastado por ele e Bárdossy trabalhou mais rapidamente em direção a um objetivo "final". Do ponto de vista alemão, os húngaros naqueles dias correspondiam às expectativas. Naquele momento inicial, havia poucos sinais das agitações futuras que ocorreriam no cenário do país.

Como todos os outros povos, os húngaros começaram definindo o termo "judeu". Escreveram sua primeira conceituação na primeira lei antissemita. Essa definição foi ligeiramente alterada na segunda lei. (Ambas as leis, incidentalmente, eram produto do regime Imrédy, embora a de 1939, elaborada nos dias finais de seu governo, só viesse a ser promulgada no período de Teleki.) Uma terceira lei, escrita em 1941, representava um distanciamento radical das formulações anteriores. Era uma tentativa de abordar e, em alguns aspectos, até mesmo ultrapassar o princípio de Nuremberg. A Tabela 8.25 é um resumo das três leis, acompanhadas das definições alemãs correspondentes.

Um olhar mais atento a essas definições húngaras revela que elas eram produto de um conflito entre elementos pró-nazismo e a Igreja Católica. Uma comparação das primeiras duas leis mostra que as alterações de 1939 representavam uma vitória parcial para ambos os lados. De acordo com a lei de 1938, por exemplo, uma pessoa que havia sido convertida aos doze anos em 1900 não era considerada judia. Sob a lei de 1939, esse mesmo indivíduo era reclassificado como judeu. Claramente, uma mudança assim era uma vitória para os favoráveis ao nazismo e uma derrota para a Igreja. Agora, todavia, analisando o caso de um homem jovem nascido cristão em 1920, cujos pais eram convertidos quando ele nasceu e cujos antepassados haviam sido habitantes da Hungria havia um século, pode-se notar que de acordo com a lei de 1938 esse homem era judeu, mas, segundo a lei de 1939, não era. Havia aqui, portanto, uma derrota aos favoráveis ao nazismo e uma vitória para a Igreja. Mas essa vitória da Igreja seria permanente? De forma alguma, pois a lei de 1941 voltou a classificar esse mesmo indivíduo como judeu.

A definição de 1941 foi adotada após uma controvérsia declarada na Câmara Alta do Parlamento. A Câmara Alta da Hungria contava com 254 membros, incluindo uma delegação da realeza habsgurga, um delegação de nobres, representantes nomeados pelo regente Horthy, representantes de corporações públicas e membros que detinham posições importantes na vida pública – entre eles, 34 representantes da Igreja. Em 1941, os representantes da comunidade judaica (uma corporação pública) não estavam mais presentes, mas, entre os demais

TABELA 8.25 Definições húngara e alemã de "judeu"

LEI DE 1938	LEI DE 1939	LEI DE 1941	LEI ALEMÃ
1. Judeu por religião	1. Judeu por religião	1. Indivíduo com três ou mais avós judeus	1. Indivíduo com três ou mais avós judeus.
2. Indivíduo que deixou a comunidade judaica ou se converteu após 31 de julho de 1919	2. Qualquer convertido que tenha se tornado cristão no ou após seu sétimo aniversário	2. Indivíduo com dois avós judeus: (a) que tenha nascido judeu, ou (b) cujo pai ou mãe não tenha sido batizado à época do casamento, ou (c) cujo cônjuge tivesse um avô ou avó judeu.	2. Indivíduo com dois avós judeus: (a) ele mesmo pertencente à religião judaica em 15 de setembro de 1935 ou depois, ou (b) que tivesse se casado com um judeu por definição em 15 de setembro de 1935 ou depois
3. Indivíduo nascido de pais judeus após 31 de julho de 1919, independentemente de sua própria religião	3. Qualquer outro convertido (incluindo aqueles que se tornaram judeus antes do sétimo aniversário) que cujo pai ou mãe não tenha se convertido até 1° de janeiro de 1939 ou que não tenha vindo de uma família residente na Hungria desde 1849	3. Filho de mãe judia e pai desconhecido	3. Filho de mãe judia e pai desconhecido (somente em alguns casos)
		4. Filho de mãe meio-judia e pai desconhecido se, à época do nascimento, a mãe ou filho não tivessem sido batizados	4. Descendente de um casamento misto proibido ou de uma relação extraconjugal
		5. Indivíduo com um único avô ou avó judeu, desde que o pai meio-judeu fosse judeu por definição, e desde que o filho tenha nascido depois da lei entrar em vigor	

Nota: Die Judenfrage, 14 de julho de 1938, p. 5. Israel Cohen, "The Jews in Hungary", *Contempory Review* (Londres, novembro de 1939): 571–79. Veesenmayer ao Ministério das Relações Exteriores, 7 de abril de 1944, contendo textos das leis húngaras traduzidas para o alemão, incluindo o parágrafo 9 do artigo xv, 1941, que contém a terceira definição, Occ. E 6b-2.

membros, ainda havia onze pessoas com ascendência judia, incluindo oito bati-zados.[4] Consequentemente, esse era um esforço único. A Igreja travou sua batalha como componente integral do aparelho legislador, e onze legisladores foram di-retamente afetados pelo resultado da discussão. (Incidentalmente, os judeus con-tinuaram participando das sessões da Câmara Alta mesmo depois de a disputa ter sido perdida, pois os húngaros eram lentos com o processo de afastamento.)

Quando a lei de 1941 foi adotada, a Igreja sofreu uma terrível derrota. De todas as definições na Europa, a húngara provavelmente era a de maior escopo; estendia-se mais que as outras em sua aplicação a pessoas que não aderiam à fé judaica. Na Alemanha, por exemplo, um filho de mãe ou pai judeu que não per-tencesse à religião e fosse casado com uma mulher que tivesse uma avó ou um avô de origem judaica não era considerado judeu. Na Hungria, pela lei de 1941, um mestiço de judeu na mesma posição era considerado judeu.

O caráter abrangente da nova definição húngara é mais discernível nas esta-tísticas. Em 1941, aproximadamente 725 mil pessoas na Hungria pertenciam à re-ligião judaica,[5] mas estima-se que 787 mil tenham sido afetadas pela lei. Ou seja, 62 mil indivíduos não eram judeus por religião, mas ainda assim eram judeus por definição.[6] Supondo que a parcela de cada Igreja nessas 62 mil vítimas fosse di-retamente proporcional à parcela no total da população cristã, então a lei se apli-caria a mais ou menos 43 mil católicos, 12 mil calvinistas, 3 mil luteranos e 3 mil cristãos de outras vertentes.[7] Inquestionavelmente, muitos desses cristãos já ha-viam sido classificados como judeus pela lei de 1938 ou pela lei de 1939, mas a lei

---

4 *Donauzeitung* (Belgrado), 9 de agosto de 1941, p. 3.

5 Veesenmayer (ministro alemão na Hungria) para o embaixador Ritter, 8 de junho de 1944, in-cluindo estatísticas do censo de 1941, NG-5620. *Donauzeitung* (Belgrado), 15 de agosto de 1944, p. 3, também citando estatísticas do censo. O número de Veesenmayer é 724.307; o *Donauzeitung* aponta 725.007. A discrepância permanece sem explicação.

6 *Donauzeitung* (Belgrado), 15 de agosto de 1944, p. 3. O número de pessoas que tinham pelo me-nos um dos avós judeus, mas que não eram abrangidas pela definição foi estimado em 15 mil. (A Hungria não tinha pessoas mistas.) *Ibid.*

7 De acordo com o censo de 1941, reportado por Veesenmayer em NG-5620, existiam 9.775.310 católicos, 2.785.782 calvinistas e 729.289 luteranos. Pessoas de outras religiões não judaicas e pes-soas não religiosas somavam 665.059. A população total (além de judeus por religião) era, portan-to, de 13.955.440. A população total da Hungria era de 14.679.747.

de 1941 ainda foi como um golpe às Igrejas. Tendo em vista especialmente seu sucesso parcial em 1939, elas não esperavam nada desse tipo.

Ao travar a luta pelos judeus batizados, a Igreja havia implicitamente deixado de lado o esforço pelos judeus como um todo. Ao insistir que a definição excluísse os cristãos, tinha declarado a condição que aceitaria para que um grupo de pessoas fosse destinado à destruição. Essa decisão era apenas um prenúncio do que estava por vir. Quando o processo de destruição húngaro alcançou seu apogeu, em 1944, a Igreja batalhou ainda mais ferozmente por seus judeus cristãos e ainda menos ardentemente pelos judeus que não estavam em seu seio.

Os húngaros completaram apenas o primeiro passo do processo de destruição sob seu próprio poder. O processo de implementação dos passos subsequentes se deu de forma muito mais lenta. As operações de expropriação começaram na mesma época da primeira definição, mas demoraram muito mais para amadurecer.

Os judeus da Hungria, diferentemente daqueles da maioria dos outros países, não eram meramente parte da classe média. Eram, em grande parte, a única classe média, a espinha dorsal de todas as atividades profissionais e comerciais do país. Na década de 1930, mais da metade dos médicos particulares, quase metade dos advogados, mais de um terço da população comerciante e quase um terço dos jornalistas eram judeus.[8] Os judeus eram realmente indispensáveis para a vida econômica normal, portanto, os húngaros abordaram o problema da expropriação de forma bastante cautelosa, e ninguém se mostrava mais atento às consequências do que o próprio Horthy. Ao escrever a Teleki, ele afirmou que havia sido um antissemita durante toda a vida e que a imagem de "todas as fábricas", bancos ou empresas nas mãos de judeus era, para ele, "intolerável". Porém, se os judeus fossem substituídos, em um ou dois anos, por "elementos incompetentes, em sua maioria espalhafatosos", o país iria à falência. As mudanças adequadas, ele sentia, requereriam no mínimo uma geração e, embora ele "talvez" tivesse sido o primeiro a professar o antissemitismo, não podia olhar com indiferença para a desumanidade e humilhações sem sentido enquanto a Hungria ainda precisasse dos judeus. A comunidade judaica era mais leal a seu "país de adoção" por interesse

---

8 Israel Cohen, "The Jews in Hungary", *Contemporary Review* (Londres, novembro de 1939): 571-79.

do que os membros da extrema direita, que entregariam a Hungria aos alemães, poderiam jamais ser motivados por suas convicções confusas.[9]

Tais considerações haviam estimulado os húngaros a começar seu movimento antissemita com a regulamentação de cotas especificando que, em vários segmentos da atividade econômica, a participação de judeus não deveria exceder uma porcentagem máxima fixada pela lei. Todavia, os veteranos de guerra e suas famílias foram, num primeiro momento, isentados das cotas. Uma sensação de honra nacional ditava que os veteranos de guerra não deveriam ser foçados a competir pela sobrevivência econômica no processo de redução que estava por vir. As cotas, conforme estabelecidas pelo regime de Imrédy nas leis de 1938 e 1939, são brevemente resumidas na Tabela 8.26.

Se as porcentagens na tabela parecerem generosas em relação à composição numérica dos judeus húngaros, que era de aproximadamente 5% da população do país, é necessário se ter em conta que o efeito de uma cota deve ser medido não pelo número de pessoas que esse sistema acomoda, mas pelo número de pessoas que ele exclui. Considerando as estatísticas da posição econômica dos judeus na Hungria durante a década de 1930, fica claro que os legisladores húngaros previam reduções de pelo menos 50% nas empresas e no emprego de judeus.[10] Ademais, as cotas cram, em todos os casos, limites máximos. Não havia nada na lei que impedisse que a administração húngara empregasse seus processos de licenciamento com o propósito de restringir ainda mais as atividades judaicas ou de expulsar totalmente os judeus de certos ramos de atividade. A única dificuldade era a necessidade prática de substituir os judeus por húngaros – e esse era, em muitos casos, um obstáculo intransponível.

Em janeiro de 1941, o Amt Ausland-Abwehr do OKW recebeu um relatório de um executivo "de confiança" de uma empresa de exportação alemã que tinha acabado de retornar de uma viagem à Hungria. O executivo (um *Prokurist*) trabalhava na indústria têxtil e estava muito interessado nas mudanças que vinham

---

9 Horthy para Pal Teleki (rascunho), 14 de outubro de 1940, em Miklos Szinai e Laszlo Szucs, eds., *The Confidential Papers of Admiral Horthy* (Budapeste, 1965), pp. 150-52.

10 As reduções se tornaram ainda mais rigorosas quando os veteranos de guerra que não eram inválidos ou condecorados (originalmente isentos) foram colocados sob o sistema de quotas, em 1939, e quando pessoas classificadas como não judias em 1938 e 1939 foram reclassificadas como judias, em 1941.

TABELA 8.26 Cotas de judeus na Hungria

ÁREA	COTA DE JUDEUS SEGUNDO A LEI DE 1938	COTA DE JUDEUS SEGUNDO A LEI DE 1939
Licenças de comercialização		6%
Licença para a venda de produtos de monopólio estatal		Retirada completa dentro de cinco anos
Contratos públicos		20% (depois de 1943, redução automática para 6%)
Propriedade agrícola		Arianização compulsória autorizada sem prazo limite
Profissões	20%	6% (exclusão total de funcionários públicos, jornalistas, administradores de estabelecimentos de entretenimento)
Estudantes universitários		6%
Empresários da iniciativa privada na indústria, comércio e setor bancário	20% da força de trabalho em empresas específicas (objetivo para cinco anos)	12% da força de trabalho em empresas específicas (objetivo imediato)

Nota: Baseado em Cohen, "The Jews of Hungary", Contemporary Review (Londres, novembro de 1939): 571-79

acontecendo no setor têxtil húngaro. Ele rapidamente concluía que não havia comparação entre a arianização na Alemanha e o que estava acontecendo naquele momento na Hungria. Para a implementação da arianização, ele argumentava, os húngaros careciam de dois pré-requisitos: capital e inteligência. A classe alta tinha aversão a todo tipo de participação na atividade comercial. Por exemplo, um húngaro proeminente havia confessado que, em seu círculo, era visto como alguém que havia se "desvirtuado" porque agora trabalhava como atacadista de tecidos. Aproximadamente 1,5 mil novas licenças do setor têxtil haviam sido entregues aos arianos. Acreditava-se que os dignos de crédito e confiança nesse grupo somavam trinta ou quarenta, ao passo que fontes confiáveis afirmavam que nomes de mais de cem mulheres de má reputação figuravam nas novas licenças comerciais do setor têxtil ("*während, wie ich von ernst zu nehmender Seite hörte, die Namen von über hundert übelberüchtigter Frauen auf den neuen Textilgewerbescheinen vertreten seien*"). Os empresários judeus, enquanto isso, enfrentavam dificuldades cada vez maiores na obtenção de autorizações de importação. Como resultado, os fornecedores alemães começavam a se resignar com uma perda parcial do mercado húngaro. "Não se pode esperar que qualquer exportador alemão estabeleça contatos com as questionáveis firmas arianas descritas acima",[11] escreveu sem rodeios o *Prokurist*.

Na visão dos alemães, a arianização na Hungria era uma proposta sem futuro. Em julho de 1942, quando o assunto foi trazido à tona pelo ministro Clodius (chefe adjunto da Divisão de Política Comercial do Ministério das Relações Exteriores) em discussões com Baranyai, do Banco Nacional Húngaro, o oficial húngaro apontou explicitamente que a eliminação dos judeus e do capital judeu da economia húngara estava fora de cogitação. Enquanto houvesse um governo húngaro independente, nenhuma figura responsável no país daria esse passo. Para garantir a independência da moeda húngara, era vital manter as exportações aos países livres da influência alemã e, se necessário, diminuir as exportações à Alemanha. O dr. Clodius só conseguiu responder que, nesse caso, o Reich poderia bloquear o trânsito de bens húngaros pelos territórios dominado pelos alemães.[12]

Apesar de tudo, as autoridades magiares pouco a pouco conseguiram fazer algumas incursões na vida econômica judaica. Os judeus estavam sendo prejudicados e totalmente afastados de alguns setores do comércio. A interrupção completa das atividades econômicas judaicas nos segmentos abaixo foi relatada em maio de 1942 e janeiro de 1943:[13]

Maio de 1942	*Janeiro de 1943*
Comércio de gado	Comércio têxtil
Exportação de batata	Comércio de gordura e suínos
Venda de açúcar por atacado	Comércio de ovos e leite
Exportação de frutas	Comércio de itens religiosos
Venda de gasolina por atacado	Restaurantes
Venda de forragem por atacado	Comércio de cimento

---

11 Abwehr-Nebenstelle em Colônia para OKW/Ausland-Abwehr/Abw. Abt. I (I Wi), 20 de janeiro de 1941, incluindo relatório de um *Prokurist* de uma "conhecida empresa têxtil no Reno, de confiança" WI/IF 2.24.

12 Relatório confidencial de Franz Jung (representante em Budapeste da Südosteuropa-Gesellschaft e. V. [SOEG], Viena, uma agência de inteligência econômica) ao "pequeno círculo" da SOEG e Clodius, 31 de julho de 1942, T 71, rolo 63.

13 *Donauzeitung* (Belgrado), 23 de maio de 1942, p. 3; 20 de novembro de 1942, p. 3; 6 de janeiro de 1943, p. 3.

Maio de 1942
Venda de carvão por atacado
Venda de couro por atacado
Venda de leite por atacado

Janeiro de 1943
Comércio de cebola e vinho
Exportação de feno e palha

Curiosamente, exportadores e importadores alemães não parecem ter contribuído para esse acontecimento. Os alemães precisavam da moeda húngara e não estavam em condições de conter o envio de remessas a clientes judeus.[14] O boicote a fornecedores judeus na Hungria era uma opção ainda mais distante, pois a indústria de armamentos judaica dentro do país estava longe de poder ser negligenciada em seu volume e importância. A natureza da dependência alemã de produtores judeus pode ser vislumbrada no excerto abaixo, extraído de um relatório que o diretor econômico alemão na Hungria enviou ao OKW em 15 de janeiro de 1944:

> A firma judaica Tungstram A. G., no curso das negociações conduzidas, negou-se a aceitar mais ordens de tubulações da Wehrmacht, baseando sua recusa na necessidade de exportar seus produtos ao mercado neutro estrangeiro.[15]

Um exemplo ainda mais forte da necessidade que forçava os alemães a fazerem negócios com os judeus era o aproveitamento da produção de bauxita húngara para a indústria aérea alemã. Para aumentar a oferta húngara de bauxita, 30 milhões de Reichsmark seriam investidos por três firmas de alumínio alemãs em três empreendimentos de bauxita húngaros. Para esse propósito, em 1943, cada

---

14 Quando os alemães interromperam os envios, em 1941, fornecedores italianos e suíços aproveitaram a lacuna. Auslandsbriefprüfstelle Viena para Zentralauswertestelle/Major dr. Huth, 4 de novembro de 1941, Wi/IF 2.24. Também havia um problema no sentido de que firmas húngaras podiam fazer as compras para os judeus. Hans Vermehren Import-Fabrikation-Export (Berlim) para OKW/WWi, 18 de dezembro de 1941, Wi/IF 2.24. *Donauzeitung* (Belgrado), 22 de junho de 1943, p. 3. Em abril de 1943, as exportações alemãs para empresas de judeus na Hungria aparentemente continuavam fortes. Escritório do Ministério da Economia alemão na Hungria para OKW/Wst wi/Ausland (rascunho), 17 de maio de 1943, Wi/IF 2.13.

15 Ministério da Economia alemão (WO) na Hungria para OKW/Wst Ausland, 15 de janeiro de 1944, Wi/IF.2.

empresa alemã envolvida se uniria a uma companhia húngara. A maior e de longe a mais importante dessas associações era a Vereinigte Aluminiumwerke (VAW), presidida pelo *Generaldirektor* dr. Westrick unida à húngara Aluerz, administrada pelo *Generaldirektor* judeu dr. Hiller. Embora o "Generaldirektor técnico" da Aluerz fosse um alemão étnico, Westrick dependia totalmente de Hiller e de seus administradores, sendo a maioria deles judeus.[16]

Enquanto as arianizações chafurdavam no setor industrial, elas aconteciam mais tranquilamente na agricultura. Os húngaros interessavam-se mais pela terra; os judeus estava menos envolvidos com ela. Apenas cerca de 4% ou 5% da terra estavam nas mãos de judeus quando a lei de 1939 autorizou o governo a ordenar a venda de propriedades agrícolas judaicas. De 1939 a 1942, a entrega de terra (em acres) havia alcançado as seguintes proporções:[17]

	Total em 1939	Vendidos em 1942
Florestas	373.000	213.000
Terras agrícolas	914.000	299.000
Total	1.287.000	512.000

As florestas foram entregues ao Estado; as terras agrícolas, a interessados do setor privado. Os 299 mil acres de terras agrícolas foram divididos da seguinte forma:[18]

Mantidas como crédito para veteranos: 89 mil acres
"Venda livre": 85 mil acres

---

16 O acordo de investimento da VAW-Aluerz foi assinado em 10 de setembro de 1943. *Ministerialrat* dr. Arlt e Bergrat Teicher (Ministério da Economia/Gabinete do Oberberghauptmann Gabel) para Westrick, 30 de outubro de 1943, Arquivos Federais Alemães, R 7/761. Quando as forças alemãs entraram na Hungria, em março de 1944, Westrick ficou preocupado, pois o destino de Hitler estava em xeque. Arlt e Teicher para o *Staatssekretär* dr. Hayler, 4 de abril de 1944, R 7/761.

17 Oficial do Ministério da Economia alemão na Hungria para OKW/WST Ausland, 14 de dezembro de 1943, citando números apresentados pelo primeiro-ministro Kállay ao Parlamento, Wi/IF .2. O relatório não deixa claro se os números totais de 1939-1942 incluem os territórios anexados. O *Joch* húngaro foi convertido aqui em acres utilizando a razão de 1 Joch = 1,067 acres.

18 *Ibid.*

Pequenos produtores: 85 mil acres

Fundo de terras: 27 mil acres

Herdeiros cristãos de proprietários judeus: 13 mil acres

Em outubro de 1942, a administração planejava distribuir outros 276 mil acres de terras agrícolas de acordo com o seguinte princípio: porções de até cinco acres (somando um total de 27 mil acres) estavam disponíveis para qualquer indivíduo; porções de entre cinco e 107 acres (139 mil acres no total) foram alocadas a veteranos; e porções de mais de 107 acres (90 mil acres ao todo) foram para latifundiários.[19] Evidentemente, a classe alta da Hungria, que tinha certo desprezo pelos negócios, não demonstrou igual aversão à ideia da aquisição de terra. As expropriações agrícolas no país não compuseram exatamente um programa de reforma agrária.

Enquanto se viam expostos ao aumento das restrições econômicas, os judeus se preparavam para poupar seus recursos. No processo de acomodação subsequente, tentaram realizar uma mudança profissional em grande escala. Os números abaixo, mostrando as matrículas de judeus em escolas de comércio e negócios de Budapeste, são um indicativo parcial do que estava acontecendo:[20]

	1936	1942
Escolas de comércio	454	17
Escolas de negócios	614	2.379

Todavia, a mudança profissional não preenchia a lacuna cada vez maior entre a força de trabalho judaica disponível e as oportunidades restantes de emprego remunerado. Essa lacuna foi finalmente preenchida por uma medida do governo: o trabalho forçado.

A base para o sistema de trabalho forçado húngaro era uma disposição da lei de mobilização, de acordo com a qual os judeus eram passíveis de convocação para o Exército, onde realizariam "serviço auxiliar", distinto do "serviço

---

19 *Donauzeitung* (Belgrado), 18 de outubro de 1942, p. 3. Para outras estatísticas, ver o mesmo jornal, 30 de dezembro de 1941, p. 3; 1º de março de 1942, p. 3; 2 de abril de 1942, p. 6; 24 de maio de 1942, p. 3; 10 de setembro de 1942, p. 3; 14 de fevereiro de 1943, p. 3.

20 *Ibid.*, 31 de outubro de 1942, p. 3.

armado".[21] Convocações em larga escala começaram a surgir depois da entrada da Hungria na guerra, durante o período do ministro da Guerra [*Honvéd*] Bartha e seu chefe de Estado-Maior, coronel general Werth. Num primeiro momento, a idade de convocação máxima era de 25 anos. Em abril de 1943, o limite de idade foi alterado para 37;[22] em abril de 1944, foi elevado para 48 anos;[23] e, em outubro do mesmo ano, para sessenta.[24] Cumulativamente, a força de trabalho auxiliar, incluindo homens e mulheres que se apresentaram em outubro de 1944 e que mantiveram o status de civis, ultrapassava 100 mil indivíduos. Quando a guerra chegou ao fim, aproximadamente 50 mil tinham morrido.[25]

A força de trabalho judaica era empregada dentro do quadro de engenheiros do Exército – em projetos de construção, operações de remoção de minas e outros trabalhos pesados. Milhares de judeus foram enviados para o front, onde serviam na força de um batalhão por divisão húngara.[26] Muitos outros batalhões foram dispersados atrás das linhas e dentro da Hungria.

A concentração de uma força de trabalho tão grande em mãos húngaras inevitavelmente atrairia as atenções de Berlim. A crescente falta de mão de obra na

---

21 *Die Judenfrage*, 15 de março de 1942, p. 58. *Donauzeitung* (Belgrado), 11 de junho de 1942, p. 3; 28 de junho de 1942, p. 3; 16 de julho de 1942, p. 3; 11 de março de 1943, p. 3.

22 *Donauzeitung* (Belgrado), 3 de abril de 1943, p. 3.

23 Veesenmayer (ministro alemão na Hungria) via embaixador Ritter para Ribbentrop, 14 de abril de 1944, NG-5626.

24 *Donauzeitung* (Graz), 24 de outubro de 1944, p. 3.

25 Randolph Braham, *The Hungarian Labor Service System* (Nova York, 1977). Ver também Gavriel Bar Shaked, ed., *Names of Jewish Victims of Hungarian Labor Battalions*, 2 vols. (Jerusalém, [1992]). Os nomes listados estão nos registros húngaros de homens desaparecidos ou mortos no front oriental entre 1942 e outubro de 1944, além dos feridos e doentes que foram soltos. Não estão listados os mortos na Sérvia e a maioria dos mortos sob controle alemão ao final da guerra. A média de idade dessas pessoas era relativamente alta.

26 Funcionalmente, a posição desses judeus era equivalente à dos auxiliares russos (*Hilfswillige* ou *Hiwis*) no Exército alemão. É importante ressaltar, todavia, o fato de que o Segundo Exército Húngaro na Rússia mantinha uma companhia técnica altamente capacitada (análoga aos batalhões técnicos no Exército alemão) para reparos e demolições de utilidade pública, que, em sua composição de pessoal, contava com 75% dos membros judeus. Oberst von Oheimb (da equipe de economia alemã com o Segundo Exército Húngaro) para Wirtschaftsstab Ost, janeiro de 1943, WI/I.217.

Alemanha e nos territórios ocupados pelos alemães levou esse interesse a um grau agudo. Do início de 1943 ao início de 1945, um homem em particular tentou integrar o a força de trabalho judaica do Exército húngaro à sua máquina industrial. Esse homem era o ministro de Armamentos do Reich e diretor da Organisation Todt, Albert Speer. Alguns acontecimentos importantes durante a fase da "Solução Final" do processo de destruição húngaro devem-se a seus esforços. Em 1943, todavia, Speer fez apenas um pedido: sua Organisation Todt precisava de trabalhadores para as minas de cobre em Bor, na Sérvia.[27] Como todos os judeus do país haviam sido mortos no ano anterior e não havia nenhuma outra força de trabalho disponível no território, Speer (com o consentimento de Himmler) procurou o Ministério das Relações Exteriores com um pedido de 10 mil judeus húngaros.[28] As negociações foram moderadamente bem-sucedidas. Os húngaros concordaram em entregar 3 mil judeus em troca de cem toneladas de cobre em estado bruto por mês.[29] Em setembro de 1944, relatos dão conta de 6 mil judeus em Bor.[30]

Enquanto um forte movimento de exploração se desenvolvia no setor de Speer, uma reação assassina acontecia no front leste. Alguns alemães se sentiram incomodados ao verem milhares de judeus em uniformes húngaros, andando sem serem incomodados e praticamente lado a lado com as unidades alemãs. Quando o grande recuo começou, no inverno de 1942-1943, esse incômodo veio à tona. Os russos atacaram os húngaros em Voronezh e os levaram na direção de Kursk. Na vasta planície entre os rios Don e Donets, exércitos húngaros, italianos,

---

27 Em 1941, as minas de cobre eram uma preocupação francesa, da Compagnie des Mines de Bor. Ver anúncio em *Donauzeitung* (Belgrado), 15 de novembro de 1941, p. 9.

28 Bergmann (gabinete do ministro do Ministério das Relações Exteriores) via Divisão de Comércio e Política, Wörmann e Weizsäcker para o gabinete do ministro das Relações Exteriores, 23 de fevereiro de 1943, NG-5629.

29 Ministério da Economia alemão na Hungria para OKW/WST Ausland, 15 de junho e 15 de julho de 1943, Wi/IF 2.13.

30 *Oberbefehlshaber Südost*/chefe do Estado-Maior Geral (assinado por *general der Gebirgstruppen* Winter) para OKW/WFSt/OP (H) (*Generalmajor* Horst Buttlar-Brandenfels), 10 de setembro de 1944, NOKW-981. O *Oberbefehlshaber Südost* era Gfm. von Weichs. O campo de Bor foi liquidado alguns dias depois. Cerca de 2 mil judeus partiram marchando. Em Cservenka (sob jurisdição húngara), foram fuzilados por homens da SS. Ver a história de um sobrevivente que se arrastou para fora de uma vala comum em "The Memoirs of Zalman Teichman" *Yad Vashem Studies* 2 (1958): 255-94.

romenos e alemães recuavam em pânico e confusão. Perdas significativas recaíram sobre as companhias de trabalho judaicas e muitos judeus, assim como seus chefes húngaros, foram levados como prisioneiros.[31]

De Kursk, um especialista em agricultura alemão trabalhando para o Inspetorado da Economia reportou que os húngaros tinham liberado parte dos batalhões de construção judaicos que, usando peças de uniformes alemães, agora se movimentavam "como saqueadores" pelo interior, adotando o lema: "Os húngaros estão derrotados, os alemães também; agora os russos e nós somos os donos da situação".[32]

Em Budapeste, o coronel Kéri, primeiro auxiliar do ministro da Guerra, procurou o adido militar alemão e lhe informou que o Exército planejava convocar todos

---

31 As perdas das companhias de trabalho no front oriental, que incluíam um pequeno número de baixas em companhias de pacifistas, etc., foram oficialmente as seguintes:

	Mortes verificadas	Feridos	Prisioneiros de guerra confirmados	Desaparecidos	Total [sic]
1942					2.149
1943	3.786	1.035	1.633	19.003	25.451
1944	1.656	571	1.039	10.471	13.737

Somente em janeiro de 1943, o número total de mortes foi de 23.308; em fevereiro, 2.003. Depois do tumulto de janeiro e fevereiro de 1943, os húngaros ficaram praticamente fora da guerra. Voltaram a agir depois da ocupação alemã, em março de 1944. Em meados de outubro de 1944, as companhias de trabalho judaicas foram transferidas para o oeste, para dentro da Alemanha. Dados das perdas de Tamas Stark, "Hungary's Casualties in World War II", em György Lengyel, ed., *Hungarian Economy and Society during World War II* (Nova York, 1993), pp. 171-260. É provável que vários milhares dos desaparecidos tenham sido assassinados ou tenham morrido por conta de ferimentos, mas a maioria foi capturada ou seguiu para o lado soviético. Para informações sobre o tratamento dos prisioneiros, ver George Barany, "Jewish Prisoners of War in the Soviet Union during World War II", em *Jahrbücher für Geschichte Osteuropas* 31 (1983): 161-209. Ao fim da guerra, aproximadamente 15 mil prisioneiros foram reportados como vivos. *Report by the Anglo-American Committee of Enquiry Regarding the Problem of European Jewry and Palestine* (Londres, 1946), Cmd. 6808, p. 59. Contando aqueles que morreram em campos de prisioneiros de guerra soviéticos, o número total de fatalidades no front oriental provavelmente ultrapassou 20 mil.

32 Sonderführer Bertram para o Inspetorato da Economia Don-Donets, 2 de fevereiro de 1943, wi/ID 2.206.

os homens judeus com até 37 anos. Os húngaros, ele dizia, teriam gostado muito de enviar às divisões de segurança alemãs (*Sicherungsdivisionen*) na Ucrânia doze batalhões de construção compostos por companhias de trabalho judaicas. Budapeste, todavia, tinha algumas reservas (*gewisse Bedenken*) por conta do tratamento excepcionalmente ruim que os gabinetes alemães haviam dispensado às companhias judaicas durante a retirada (*Rückmarsch*) do Don. Ademais, "na confusão geral da retirada" (*in den allgemeinen Trubel des Rückzuges*) e no curso das operações partidárias, os alemães, em particular a SD, haviam atirado em membros das companhias judaicas. Portanto, seria "difícil" (*schwierig*) destacar companhias de trabalho judaicas para a Ucrânia. Porém, as "dificuldades" (*Schwierigkeiten*) poderiam ser afastadas com uma garantia do adido militar de que "nada ruim" (*nichts Böses*) seria feito aos judeus. O alemão foi evasivo. Não podia negar as afirmações húngaras, pois sabia, com base em relatórios de oficiais de ligação alemães no Alto Comando Húngaro, que havia pelo menos uma "possibilidade" de judeus terem sido fuzilados por alemães.[33]

A atitude alemã com relação à mão de obra judaica revelou-se repetidas e repetidas vezes em uma série de pequenos incidentes. Aparentemente, os alemães tinham pouca dificuldade em se refrearem na presença dessas pessoas. Na Cracóvia, por exemplo, o representante do Ministério das Relações Exteriores no *Generalgouvernement* reportou que um batalhão de construção composto por judeus húngaros fora aquartelado em Stanisławów, Galícia. Os judeus inicialmente vestiam roupas civis, mas agora vestiam uniformes húngaros. Havia uma suspeita, declarou o homem do Ministério das Relações Exteriores, de que, entre os membros do batalhão de construção, existissem judeus da Galícia que haviam fugido para a Hungria em 1941. Um judeu tinha se aproximado de um sargento de polícia alemão e declarado no ídiche falado na Alemanha: "Sargento, sou judeu e você não pode fazer nada comigo porque sou um soldado húngaro".[34]

Outro episódio envolvendo a força de trabalho foi reportado no início de março de 1944, quando membros do Departamento de Propaganda ligados ao *Generalkommissar* em Volínia-Podólia tiveram de deixar as instalações em Brest-Litovsk. Seguindo para o sul, em direção a Stanisławów, os propagandistas

---

33 Missão diplomática em Budapeste/adido militar para OKH/GenStdH/Divisão de Adidos, 5 de abril de 1943, NG-5636.

34 Von Thadden para RSHA/Gruf. Müller, 6 de janeiro de 1944, incluindo relatório da VAA GG (assinado por Klötzel), 23 de novembro de 1943, NG-3522.

avançaram esgueirando-se por várias cidades onde os ucranianos estavam prestes a assassinar as populações polonesas locais (*die an Ort ansässigen Polen abzuschlachten*). Enquanto a chacina acontecia, os oficiais alemães observavam que os judeus pertencentes ao Exército húngaro e agindo explicitamente de acordo com as ordens de oficiais húngaros tinham "a audácia" (*erdreisten sich*) de "roubar tudo a seu alcance, de potes e panelas a gado". Procurando, em vão, unidades da Wehrmacht para colocar um ponto final nesses roubos, os propagandistas finalmente assumiram a situação e "com sucesso, contiveram a ralé judia [*dem jüdischen Raubgesindel erfolgreich entgegengetreten*]".[35]

Ao que tudo indica, a simples existência de uma força de trabalho composta por judeus ofendia os observadores alemães. Isso era verdadeiro especialmente porque muitos desses homens estavam fora da Hungria e, assim, eram particularmente notados. Mas se os homens da força de trabalho atraíam atenção porque eram os únicos judeus num território que outrora contara com muitos habitantes judeus, os judeus húngaros como um todo se tornavam cada vez mais conspícuos em um continente europeu que rapidamente perdia sua população judaica.

A história da "Solução Final" na Hungria é longa. Teve seu início em 1941 e no início de 1942, enquanto o país era governado pelo primeiro-ministro Bárdossy, favorável à Alemanha. Durante esse período, tinha-se a impressão de que a Hungria emergiria como o primeiro satélite do Eixo a tornar-se "livre de judeus". Dois grandes incidentes ocorreram sob o regime de Bárdossy: a deportação dos "judeus do Leste", dos Cárpatos-Ucrânia, e o extermínio dos judeus da Iugoslávia em Novi Sad.

Em agosto de 1941, o governo Bárdossy repentinamente deu início a uma apreensão dos judeus do Leste que tinham migrado da Galícia para a Hungria muitos anos antes e que não tinham adquirido cidadania húngara, objetivando empurrá-los para as áreas recentemente ocupadas por militares, tomadas da União Soviética.[36] Os judeus dos Cárpatos-Ucrânia, área que os húngaros haviam tomado dos tchecos em 1939, foram particularmente afetados porque a lei

---

35 *Generalkommissar* Volhynia-Podolia/Gabinete da Propaganda (assinado por Maertius) para Ministério da Propaganda/Divisão Oriental, 31 de março de 1944, Occ E 4-2. Excertos do relatório de Maertius foram enviados pela Divisão Oriental do Ministério da Propaganda para o OKW em 14 de abril de 1944, Occ E 4-2.

36 *Krakauer Zeitung*, 5 de agosto de 1941, p. 2. *Donauzeitung* (Belgrado), 5 de agosto de 1941, p. 3; 15 de agosto de 1941, p. 3.

antissemita de 1939 negava a naturalização aos judeus que não pudessem provar que seus antepassados tinham vivido ali desde 1867.[37] Os alemães não estavam preparados para o impulso húngaro. A situação das unidades de extermínio próximas à fronteira com a Hungria, todavia, era diferente da posição do *Einsatzgruppe D*, que operava em frente aos romeno. Os judeus romenos, deve-se lembrar, foram empurrados de volta – o que não aconteceu com os deportados húngaros.

Em 25 de agosto de 1941, oficiais do Exército alemão e representantes do recém-criado Ministério do Leste se encontraram no gabinete do *Generalquartiermeister-OKH*. O resumo da reunião indica que os participantes refletiram rapidamente sobre o problema criado pelo surgimento repentino dos judeus húngaros nos novos territórios. O registro declara: "Próximo a Kamianets-Podilskyi, os húngaros empurraram aproximadamente 11 mil judeus para o outro lado da fronteira. Nas negociações ocorridas até agora, não é possível delinear nenhuma medida para o retorno desses judeus. O Alto Comandante da SS e Líder da Policia [*SS-Obergruppenführer* Jeckeln] espera, todavia, ter concluído a liquidação desses judeus em 1º de setembro de 1941".[38] Três dias depois, o Einsatztrupp Tarnopol (uma unidade pertencente ao BdS da Cracóvia) reportou ter devolvido mil judeus que haviam sido empurrados para o outro lado do Dniestre pelo Décimo Batalhão de Caça Húngaro.[39] Vários milhares de judeus húngaros expulsos, confinados à região Sul da Galícia, foram subsequentemente concentrados no gueto de Stanisławów, onde foram sujeitos a fuzilamentos em 1942. Uma testemunha local relembra que uma sepultura estava prestes a ser fechada por bombeiros judeus do gueto quando um homem em meio aos mortos gritou: "Sou um médico húngaro, estou vivo!".[40] Ao final do verão, os judeus húngaros expulsos não estavam mais vivos.

---

37 Cohen, "The Jews in Hungary", p. 578.

38 Resumo da reunião realizada em 25 de agosto de 1941 no OKH/Qu sobre a transferência da jurisdição na Ucrânia, 27 de agosto de 1941, PS-197. O presidente era o major Schmidt von Altenstadt. Os demais participantes eram: *Ministerialdirigent* dr. Danckwerts, Oberst von Krosigk, *Regierungspräsident* Dargs, *Oberregierungsrat* dr. Labs, Hauptmann dr. Bräutigam e major Wagner.

39 RSHA IV-A-I, Relatório Operacional União Soviética nº 66 (48 cópias), 28 de agosto de 1941, NO-2839.

40 Declaração de Marek Langer (judeu sobrevivente), 28 de janeiro de 1948, na compilação de relatos de Stanisławów de T. Friedmann, Haifa, outubro de 1957, pp. 37-39. Ver também declaração de Marie Dürr (sobrevivente judia local), 1º de dezembro de 1947, na mesma compilação, pp. 25-26.

Um segundo evento digno de destaque aconteceu na Iugoslávia ocupada quando um comandante húngaro, o general Feketehalmy-Czeydner, prendeu vários milhares de sérvios e judeus na cidade de Novi Sad.[41] Sobreviventes judeus se lembram de que, em 20 de janeiro de 1942, a população local recebeu ordens para fechar as cortinas enquanto as vítimas eram levadas aos banhos públicos e fuziladas nuas em pranchas, de modo que os corpos caíssem diretamente pelos buracos no gelo do Danúbio.[42] Esse massacre teve um resultado curioso. Depois da declaração de Moscou sobre criminosos de guerra em 1943, um governo húngaro assustado indiciou o general e dois de seus cúmplices pelas mortes de 6 mil sérvios e 4 mil judeus. Feketehalmy-Czeydner e seus ajudantes fugiram para a Alemanha antes do julgamento, buscando refúgio sob a proteção da Gestapo.[43] Os húngaros pediram a extradição, e o próprio Hitler decidiu conceder asilo para mostrar a toda a Europa sua prontidão em ajudar aqueles que agiam contra os judeus.[44]

O entusiasmado regime de Bárdossy, responsável pela organização das companhias de trabalho, pela deportação dos judeus do Leste e pelo extermínio das vítimas em Novi Sad, chegou ao fim em março de 1942. Durante os dois anos seguintes, entre março de 1942 e março de 1944, a Hungria seria governada por um colaborador relutante, o primeiro-ministro Kállay. O governo Kállay, portanto, se estendeu pelo período durante o qual a Alemanha tentava organizar deportações de todas as partes da Europa para o "Leste". Naturalmente, os alemães queriam incluir também a Hungria nesse esquema. Kállay foi, portanto, o primeiro primeiro-ministro húngaro a quem foi pedida a deportação dos judeus do país. Cedendo em incrementos os menores possíveis, ele ampliou o processo de expropriação e aumentou as companhias de trabalho, mas recusou-se a entregar um único judeu.

---

41 O governo Nedić citou até 13 mil vítimas; os húngaros, não mais de 3.775. Hencke via Steengracht para Hilger, 21 de janeiro de 1944, ng-2954. A maioria das vítimas eram judias.

42 Testemunho juramentado de Gabriela Balaz, 15 de março de 1961, Yad Vashem Oral History 1567/132. Testemunho juramentado de Slavko Weiss, 8 de maio de 1961, Yad Vashem Oral History 1627/86. Testemunho juramentado de Eliezer Bader, 21 de dezembro de 1962, Yad Vashem Oral History 2001/180.

43 Werkmeister (missão diplomática alemã em Budapeste) para Ministério das Relações Exteriores, 16 de janeiro de 1944, NG-2594.

44 Hewel para Ribbentrop, 19 de janeiro de 1944, NG-2594.

Durante os dois anos de seu reinado, Kállay resistiu à pressão alemã. Quando foi finalmente deposto, o dique que continha a enchente alemã foi derrubado.

As negociações tiveram início em agosto de 1942. No dia 11, o ministro húngaro em Berlim, Sztójay, queixou-se ao *Unterstaatssekretär* dr. Martin Luther da *Abteilung Deutschland*, afirmando que os judeus de nacionalidade húngara estavam sendo marcados com a estrela de Davi na França, ao passo que os judeus romenos não eram afetados. Sztójay acrescentou que a transmissão desse protesto lhe era muito desagradável. Ele sempre se considerara um antissemita de primeira linha (*ein Vorkämpfer des Antisemitismus*). Luther respondeu que a aceitação desse protesto de fato era uma tarefa desagradável também para ele, afinal, como Sztójay sabia, o Führer havia ordenado a rápida solução do problema judaico na Europa. A Eslováquia e a Croácia já tinham concordado com a evacuação dos judeus, e até mesmo o governo francês vinha contemplando a introdução de medidas antijudaicas em seu território (áreas desocupadas).

Luther mostrou-se especialmente surpreso com a ideia de a Hungria ter apoiado seu protesto no fato de que os judeus romenos na França não tinham de usar a estrela de Davi porque, alguns dias antes, o governo romeno havia se queixado afirmando que os judeus húngaros haviam sido isentados. Nenhum progresso seria alcançado daquela maneira. Sztójay então solicitou às agências alemãs em Bruxelas que evitassem o confisco de propriedade de judeus húngaros. Seu governo pretendida usar tais propriedades para fins próprios. Luther prometeu que a questão seria resolvida de forma satisfatória e que as medidas de então tinham como único objetivo salvaguardar a propriedade.[45]

Em 24 de setembro de 1942, Ribbentrop ordenou ao Ministério das Relações Exteriores que pressionasse por evacuações na Bulgária, Dinamarca e Hungria.[46] Oito dias depois, em 2 de outubro, Luther teve outra conversa com Sztójay. Abriu a discussão solicitando que a Hungria permitisse que seus judeus em áreas ocupadas pela Alemanha fossem deportados até 31 de dezembro de 1942. O ministro húngaro questionou se os judeus italianos receberiam o mesmo tratamento. Quando Luther respondeu afirmativamente, Sztójay afirmou que seu governo provavelmente consentiria com a evacuação dos judeus húngaros dos territórios ocupados; a Hungria naturalmente não pretendia ficar atrás dos outros Estados. Então, Luther prome-

---

45 Memorando de Luther, 11 de agosto de 1942, NG-5085.

46 Luther para Weizsäcker, 24 de setembro de 1942, PS-3688.

teu que as propriedades dos judeus envolvidos seria colocada sob curatela e que a Hungria poderia receber uma participação na cessão das propriedades.

Em seguida, Luther pressionou para que os judeus húngaros fossem deportados do Reich. Propôs o mesmo prazo (31 de dezembro de 1942), mas acrescentou que as propriedades deveriam ser entregues ao Reich, de acordo com o "princípio territorial". Mais uma vez, o enviado húngaro quis saber se os mesmos arranjos estavam sendo feitos para os judeus italianos. Quando Luther lhe assegurou que os judeus italianos receberiam o mesmo tratamento, Sztójay insistiu que seu governo colocava grande ênfase no princípio da nação mais favorecida.

Por fim, o *Unterstaatssekretär* alemão mencionou os judeus na Hungria. Exigiu que o país introduzisse uma legislação visando eliminar todos os judeus da vida econômica, insistindo que os judeus fossem marcados e evacuados para o Leste. Pela terceira vez, o ministro húngaro perguntou se as mesmas medidas seriam tomadas na Itália, e, mais uma vez, Luther respondeu na afirmativa. Sztójay então declarou que o primeiro-ministro Kállay estava incomodado com alguns rumores (nos quais ele, Sztójay, naturalmente não acreditava) relacionados ao tratamento dos judeus no Leste, e que ele, Kállay, não gostaria de ser acusado de ter exposto os judeus húngaros à indigência (ou coisa pior) depois da evacuação. Em resposta a essa observação, Luther garantiu que os judeus húngaros, assim como todos os judeus evacuados, seriam primeiro usados na construção de estradas e posteriormente instalados em uma reserva judaica.[47]

Alguns dias depois dessa "reunião das pressões", outro tipo de discussão aconteceu em Budapeste. O conselheiro da ss na missão diplomática alemã em Bratislava, *Hauptsturmführer* Wisliceny, tinha chegado à capital húngara para uma "visita particular". Em 6 de outubro de 1942, almoçou no clube de golfe com o secretário pessoal do primeiro-ministro Kállay, um certo barão "von Fay". O húngaro estava especialmente interessado "na solução do problema judaico na Eslováquia". Wisliceny contou-lhe rapidamente, "sem entrar em detalhes", como o "problema judaico" estava sendo solucionado na Eslováquia.

Von Fay então quis saber o que Wisliceny pensava sobre o problema judaico na Hungria. O homem da ss respondeu com cuidado, afirmando conhecer o problema judeu na Hungria apenas por "fontes literárias". O húngaro então deu

---

47 Memorando de Luther, 6 de outubro de 1942, NG-5086. O governo Kállay não ratificou as concessões provisórias de Sztójay na questão dos judeus húngaros em territórios alemães.

início a uma longa descrição das medidas antijudaicas de seu país, criticando-as por serem insuficientes, mas explicando que um "reassentamento" só poderia ser realizado em fases. Em seguida, o barão perguntou se os judeus romenos já estavam sendo reassentados. Wisliceny respondeu que, pelo que sabia, preparativos nesse sentido estavam sendo realizados na Romênia.

De forma repentina, Fay perguntou se a Hungria também poderia ser incluída em um programa geral de "reassentamento". Os húngaros, conforme explicou, queriam primeiro deportar todos os 100 mil judeus dos Cárpatos-Ucrânia e da Transilvânia. Como um segundo passo, as planícies húngaras teriam de ser limpas e, por fim, Budapeste. Boquiaberto, Wisliceny explicou que estava na Hungria apenas para uma visita particular e que não podia oferecer uma resposta a tal pergunta. Não sabia se existiam "possibilidades de recepção" de judeus húngaros nos territórios do Leste. Dois dias depois dessa conversa, Wisliceny enviou um relato a Ludin, que, depois de alguma demora, encaminhou o memorando a Berlim.[48]

Mesmo antes do recebimento do relatório no Ministério das Relações Exteriores, a pressão em Berlim havia se intensificado. Em 14 de outubro de 1942, o *Staatssekretär* Weizsäcker entrou em cena. Falando a Sztójay, o *Staatssekretär* citou Ribbentrop, segundo o qual os judeus estavam espalhando o pânico pela Hungria.[49] Em 20 de outubro, quando o ministro húngaro estava prestes a fazer uma visita de rotina a Budapeste, Weizsäcker pediu a Sztójay para trazer, em sua viagem de volta, a resposta do governo húngaro às propostas alemãs acerca da questão judaica.[50]

A resposta esperada não chegou. Os alemães não estavam conversando com o governo húngaro. Vinham se dirigindo a alguns antissemitas fanáticos da Hungria, que tinham ouvido complacentemente a todas as exigências alemãs, mas que não tinham o poder de colocá-las em ação. A verdadeira posição do governo

---

48 Ludin (Bratislava) para o Ministério das Relações Exteriores, 17 de outubro de 1942, incluindo relatório de Wisliceny, datado de 8 de outubro de 1942, NG-4586. O relatório foi visto por Luther, Rademacher e Hofrat Jüngling, todos da Abteilung Deutschland. O "von Fay" mencionado por Wisliceny poderia ser Gedeon Fay-Halasz do Ministério das Relações Exteriores, que tecnicamente era secretário de Kállay, ou, tendo em mente o significado do "von", o barão László Vay, membro antissemita do Parlamento. Ver Braham, *The Politics of Genocide*, p. 283-84.

49 Memorando de Weizsäcker, 14 de outubro de 1942, NG-5085.

50 Memorando de Weizsäcker, 20 de outubro de 1942, NG-5727.

Kállay ficou muito clara algumas semanas depois, quando um deputado no Parlamento húngaro, o conde Serényi, exigiu que os judeus fossem encarcerados em campos de trabalho e guetos. A essa demanda, o primeiro-ministro respondeu por escrito que "a prisão de judeus nos campos de trabalho e nos guetos não pode ser realizada dentro dos parâmetros definidos pelas normas legais existentes".[51]

Os alemães não desistiram. Todas as formas de aproximação foram exploradas e todos os visitantes favoráveis, recebidos. Em 11 de dezembro de 1942, o chefe da ss, Berger, reportou que o arquiduque Albrecht von Habsburg tinha chegado a Berlim, vindo da Hungria, na esperança de encontrar-se com todas as personalidades importantes, de Hitler para baixo. Berger não podia evitar um encontro com o arquiduque. Albrecht havia se queixado de que o governo húngaro não vinha tomando ações sérias contra os judeus e que os batalhões de trabalho era apenas para efeito de aparência, e sugeriu que Hitler pressionasse Horthy e o primeiro-ministro da Hungria. Berger passou a recomendação a seu chefe, Himmler.[52] Em março de 1943, um membro do ministério de Kállay, Lukács, chegou a Berlim para conversar com Bormann. O Ministério das Relações Exteriores aproveitou a oportunidade para pedir a Bormann para chamar a atenção do visitante húngaro a três desejos alemães: (1) exclusão dos judeus húngaros da vida econômica; (2) marcação com a estrela; e (3) evacuação para o Leste.[53]

Durante o mês seguinte, em 7 de abril de 1943, toda a questão foi reaberta por Hitler e Ribbentrop em uma conversa do mais alto nível com o regente húngaro, o almirante Horthy. Nos preparativos para a conversa, a equipe de Horthy lhe ofereceu argumentos detalhados do *status-quo*: a extensão das medidas já tomadas, inclusive a distinção da Hungria de ter sido o primeiro país a instituir cotas em universidades (1920), a impossibilidade de introduzir a estrela de Davi sem provocar protestos e a falta de qualquer base legal ou técnica para evacuações.[54] Quando Horthy chegou ao castelo de Klessheim, estava sozinho. Hitler, com Ribbentrop e o

---

51 *Donauzeitung* (Belgrado), 8 de dezembro de 1942, p. 3.

52 Berger para Himmler, 11 de dezembro de 1942, NO-1117.

53 Bergmann (Gabinete do Ministro das Relações Exteriores) via Weizsäcker para Ribbentrop, 5 de março de 1943, NG-5628. Bergmann para Bormann, 9 de março de 1943, NG-5628.

54 Notas de Andor Szentmiklóssy (Ministério das Relações Exteriores da Hungria/Divisão Política), início de abril de 1943, in Szinai e Szucs, eds., *Papers of Admiral Horthy*, p. 362-73, em especial p. 371-73.

intérprete oficial Schmidt ao seu lado, abriu a discussão afirmando que os ingleses estavam sofrendo perdas maiores do que os alemães durante os ataques aéreos às cidades germânicas, pois os aviadores eram peças chaves e também o melhor tipo de material humano. Ademais, várias medidas alemãs haviam feito cessar todos os crimes cometidos durante os apagões. Horthy comentou que medidas enérgicas também haviam sido tomadas na Hungria, mas que, estranhamente, crimes da mesma natureza continuavam acontecendo. Hitler afirmou que isso era trabalho de elementos associais. Prosseguiu descrevendo o sistema de racionamento alemão e afirmou que o mercado negro havia desaparecido. Horthy explicou que não podia dominar o mercado negro, e Hitler respondeu que os judeus eram os culpados.

Quando Horthy perguntou o que deveria fazer com os judeus agora que tinha removido a base da existência econômica daquele povo – afinal, ele não podia assassinar todos eles –, Ribbentrop declarou que os judeus tinham de ser ou aniquilados (*vernichtet*) ou colocados em campos de concentração. Não havia alternativa. Após a resposta de Horthy de que a Alemanha tinha um trabalho mais fácil nesse sentido, já que não abrigava tantos judeus, Hitler citou estatísticas para provar quão forte havia sido a influência judaica no Reich. Horthy respondeu que tudo aquilo era novidade para ele, e Hitler então passou a dar um sermão sobre duas cidades: Nuremberg e Fürth. A primeira delas ostentava toda a sua glória, pois tinha poucos judeus. A segunda havia decaído, pois abrigava judeus em excesso. Sempre que os judeus eram deixados sozinhos, produziam miséria e depravação brutais. Eram verdadeiros parasitas. Na Polônia, essa situação havia sido totalmente solucionada. Se lá os judeus não quisessem trabalhar, eram fuzilados; se não pudessem trabalhar, tinham de apodrecer (*verkommen*). Tinham de ser tratados como o bacilo da tuberculose que ameaçava um corpo saudável. Isso não era tão cruel quando se tinha em mente que até mesmo criaturas inocentes como lebres e cervos tinham de ser mortos para evitar danos. Por que as bestas (*Bestien*) que queriam instalar o bolchevismo seriam tratadas de forma diferente? As nações que não fossem capazes de se defenderem contra os judeus tinham de desaparecer. O melhor exemplo disso era o declínio de povos outrora tão cheios de orgulho quanto os persas, que agora tinham de continuar sua miserável existência como armênios.[55]

---

55 Resumo da reunião de Klessheim em 17 de abril de 1943, assinada por Schmidt, 18 de abril de 1943, D-736. No testemunho diante do tribunal militar internacional, Ribbentrop alegou que

Com as palavras de Hitler ainda ecoando nos ouvidos de Horthy, os alemães esperavam ansiosamente uma resposta favorável. O chefe do Escritório Central da ss, Gottlob Berger, permanecia cético. Os húngaros, ele escreveu a Himmler, não consentiriam com a "liquidação" dos judeus durante a guerra. Pelo contrário, argumentava, o governo Kállay, em um esforço para se reconciliar com os "anglo--americanos", ofereceria aos judeus o melhor tratamento possível.[56] Ribbentrop também achava que a reunião de Klessheim não havia alcançado êxito e, portanto, decidiu acompanhar os passos do ministro húngaro Sztójay.

Não foi difícil convencer o enviado. Em 23 de abril de 1943, ele escreveu uma carta com um tom quase suplicante a Kállay. Em várias ocasiões, escrevera Sztójay, ele havia reportado que o Reich se considerava "envolvido em uma luta de vida ou morte" contra os judeus e que o Reichskanzler havia "decidido livrar a Europa dos judeus". Hitler decretara que, no verão de 1943, todos os judeus da Alemanha e dos países ocupados pelos alemães já deveriam ter sido removidos para o Leste. A maioria dos governos do Eixo já vinha cooperando com essa tarefa. "Em meu relatório Nº 23/Pol. 1943, menciono que o quartel alemão competente me disse de forma muito direta, sem fazer qualquer alvoroço, que a questão judaica era, por assim dizer, o único obstáculo para tornar a relação entre Hungria e Alemanha mais íntima". Várias intervenções alemãs já tinham acontecido. Dessa vez, o Ministério das Relações Exteriores alemão havia discutido a questão judaica com Sztójay em uma conversa que "se estendeu até muito depois da meia-noite". Ribbentrop havia reclamado que o governo húngaro não vinha aprovando nenhuma nova lei antissemita e que as existentes tinham caído em "uma certa estagnação". A situação não poderia continuar daquele jeito porque os judeus estavam minando o moral do povo, etc.

Ademais, Ribbentrop havia mencionado que, "de acordo com informações confiáveis, nosso ex-ministro em Londres, M. Barcza, há não muito tempo foi recebido em uma audiência com Sua Santidade, o Papa". Na ocasião, Barcza declarara que a Hungria não estava em guerra ou enfrentando potências anglo-saxônicas. Para apoiar essa tese e enfatizar a posição húngara na questão, "ele teria declarado

---

jamais havia feito um comentário no sentido de que os judeus precisavam ser aniquilados e que Schmidt tinha o hábito de escrever resumos das discussões vários dias depois de elas acontecerem. Testemunho de Ribbentrop, *Trial of the Major War Criminals*, x, 409-10. O resumo da conferência de Klessheim foi escrito um dia após o evento.

56 Berger para Himmler, 19 de abril de 1943, NO-628.

– supostamente por ordens do governo – que a Hungria oferece asilo seguro não apenas para seus próprios judeus, mas, além disso, para 70 mil judeus que buscaram refúgio no país". Sztójay só conseguiu dizer que, conhecendo a "mentalidade" dos principais círculos alemães, essa questão precisava ser resolvida rapidamente e de uma forma que excluísse a possibilidade de outras intervenções alemãs.[57]

A carta de Sztójay não deixou de produzir um efeito perturbador na capital, pois, em 21 de maio de 1943, o enviado húngaro mencionou ao sucessor de Luther, Wagner, que Kállay naquele momento estava pronto para "considerar uma séria implementação de medidas antijudaicas decisivas". Porém, o primeiro-ministro húngaro insistia que os judeus tivessem "uma oportunidade de existir" (*Existenzmöglichkeiten*). Kállay, informou o enviado húngaro, estava ansioso e preocupado porque o Führer e Ribbentrop tinham passado a desconfiar dele por conta de suas intenções terem sido "interpretadas de forma errada (*dass er in Verkennung seiner Absichten bei dem Führer und RAM in einem sehr schlechten Ruf gekommen wäre*)".[58]

Porém, em Berlim não havia nenhuma interpretação errada das intenções, e, mesmo se houvesse, Kállay removeu o último vestígio de dúvida sobre sua postura no discurso público feito no fim de maio. Um jornal alemão, com aquele gesto de elogio automático tão característico de uma imprensa totalitária, imprimiu os comentários palavra por palavra sob a manchete "O grande discurso de Kállay [*Die Grosse Rede von Kallays*]". O que ele disse foi:

> Mais judeus vivem na Hungria do que em toda a Europa Ocidental. [...] É autoexplicativo o fato de precisarmos tentar solucionar esse problema; por isso a necessidade de medidas temporárias e de uma regulamentação apropriada. A solução final [*endgültige Lösung*], todavia, não pode ser outra que não o completo reassentamento [*restlose Aussiedlung*] da judiaria. Mas não posso me levar [*Ich kann mich aber nicht dazu hergeben*] a manter esse problema na agenda enquanto o pré-requisito básico da solução, ou seja, enquanto a resposta à pergunta [*die Beantwortung der Frage*] sobre onde os judeus devem ser reassentados [*wohin die Juden auszusiedeln sind*] não for dada. A Hungria jamais se afastará dos preceitos de humanidade que, no curso de sua história, sempre foram mantidos em questões raciais e religiosas.[59]

---

57 Ver texto completo da carta em Levai, *Martyrdom*, p. 33-36.

58 Wagner para Steengracht van Moyland, 21 de maio de 1943, NG-5637.

59 *Donauzeitung* (Belgrado), 1º de junho de 1943, p. 3.

Na terminologia encoberta do mundo do Eixo, um homem não poderia ter dito um "não" mais claro do que Kállay nesse discurso. De fato, a fala marcava o fechamento do esforço diplomático envolvendo os judeus da Hungria. A fase de conversas da campanha de pressão alemã havia chegado ao fim e, de agora em diante, o regime de Kállay se encontraria diante de desafios totalmente diferentes.

Os alemães já estavam convencidos de que a recusa húngara em cooperar com a "questão judaica" tinha como base não apenas considerações humanitárias. Eles percebiam, nessa recusa, o sinal de um desejo húngaro de alcançar a paz com os aliados. A confirmação dessa percepção chegava quase diariamente a Berlim através de relatórios sobre os atrasos no esforço de guerra húngaro, o uso limitado das divisões húngaras no front e até mesmo tentativas furtivas de fazer contato com os Aliados ocidentais na Turquia. Assim, os alemães começavam a pensar que perderiam a Hungria e que a fronteira com a Alemanha seria aberta a um avanço aliado, a não que o regime de Kállay fosse derrubado. E esse pensamento rapidamente foi traduzido em ação.

Logo depois da reunião de Klessheim, Veesenmayer, o solucionador de problemas do Ministério das Relações Exteriores, que já havia passado pela Sérvia e pela Eslováquia, chegou a Budapeste para investigar a situação.[60] Fez uma segunda visita no final do ano, dessa vez para fazer contato com forças contrárias a Kállay.[61] Quando Horthy tomou ciência das atividades de Veesenmayer, jurou nunca mais dar a ele um visto de entrada.[62] Porém, a máquina alemã continuava em atividade. No início de março de 1944, o Escritório Central de Segurança do Reich sentiu que havia chegado o momento de intervir. O pessoal da Polícia de Segurança esboçou uma lista de membros aceitáveis do ministério húngaro e cuidadosamente pesou os métodos alternativos para a derrubada do regime de Kállay.[63]

Em 15 de março, Horthy foi chamado ao castelo de Klessheim sob o pretexto de discutir com Hitler a retirada das abatidas e mal equipadas divisões húngaras

---

60 Ver relatório de Veesenmayer para Himmler, 30 de abril de 1943, NG-2192.

61 Testemunho juramentado do dr. Karl Werkmeister (Legationsrat na missão diplomática de Budapeste durante 1943), 23 de setembro de 1947, NG-2969.

62 *Ibid.* O ministro alemão na Hungria, Jagow, também não se mostrou feliz com a presença de Veesenmayer.

63 Memorando do RSHA distribuído a Kaltenbrunner, Höttl, Urban, Krallert e Weneck, março de 1944, D-679.

do front russo. Em Klessheim, uma surpresa o aguardava. De forma direta, Hitler lhe ofereceu uma escolha: a ocupação militar alemã ou um governo aprovado pela Alemanha. Horthy escolheu a segunda opção.[64] Ao chegar a Budapeste, em 19 de março, ele teve outra surpresa: um vagão-dormitório havia sido anexado ao trem, e esse vagão levara o novo ministro alemão para a Hungria, o honorário *ss-Standartenführer*, dr. Edmund Veesenmayer.[65]

Imediatamente após seu retorno, Horthy informou ao Conselho da Coroa o que tinha acontecido. Contou-lhes o que Hitler exigira e acrescentou amargurado: "Hitler também se opõe ao fato de a Hungria ainda não ter introduzido os passos necessários para a solução da questão judaica. Fomos acusados, portanto, do crime de não ter realizado os desejos de Hitler, e fui acusado de não ter permitido o massacre dos judeus".[66] Após o relato, Kállay, afastado, buscou refúgio na missão diplomática turca, e Horthy passou a negociar com Veesenmayer a nomeação de um novo primeiro-ministro. Veesenmayer sugeriu Imrédy; Horthy indicou o ministro húngaro em Berlim, Sztójay. O último foi escolhido. Durante os dias seguintes, Veesenmayer e Sztójay criaram uma lista de ministros; essa lista foi aprovada por Horthy.[67]

O novo governo húngaro assumiu em 22 de março de 1944 e incluía os importantes oficiais abaixo:[68]

Primeiro-ministro e ministro das Relações Exteriores: Döme Sztójay
Economia: Imrédy
Guerra: Csatay
Finanças: Reményi-Schneller
Agricultura e abastecimento: Jurcsek
Justiça: Antal

---

64 Testemunho de Horthy, Caso nº II, tr. pp. 2703-4.

65 Testemunho juramentado de Werkmeister, 23 de setembro de 1947, NG-2969.

66 Citação das minutas do encontro do Conselho da Coroa em 19 de março de 1944, de Levai, *Martyrdom*, p. 78.

67 Testemunho de Horthy, Caso nº II, tr. pp. 2707-8, 2724-25.

68 *Deutsche Zeitung* (Budapeste), 23 de março de 1944, p. 1. Testemunho juramentado de Staf. Kurt Becher, 7 de fevereiro de 1946, NG-2972. Testemunho juramentado de Kastner, 18 de setembro de 1945, PS-2605. O ministro da Economia, Imrédy, foi apontado na sequência.

Comércio: Kunder

Indústria: Szász

Interior: Jaross

    Secretário de Estado encarregado de questões políticas (judaicas): Endre

    Secretário de Estado encarregado da *Gendarmerie*: Baky

    Oficial da *Gendarmerie* encarregado das deportações: tenente coronel
        Ferenczy

O novo governo húngaro não era meramente uma criação dos alemães; ele responderia aos alemães por cada passo que desse. Em 19 de março de 1944, um exército de formuladores de políticas, supervisores, coordenadores e conselheiros alemães chegou ao país. Esse grupo de oficiais – formado por representantes do Ministério das Relações Exteriores, da ss e polícia, do Exército, equipe dos aviões de caça e indústrias privadas – apresentou as questões de uma série de setores húngaros na capital e nas províncias. À frente dos gabinetes desse governo-sombra estava a missão diplomática alemã.

O homem no controle dessa missão, que também alegava ser o coordenador supremo de todas as agências alemãs dentro da Hungria, era o ministro e general plenipotenciário Veesenmayer. O *chargé d'affaires,* seu substituto, era o Vortragende *Legationsrat* Feine. No papel de especialista em economia da missão diplomática estava o dr. Boden. Os judeus estrangeiros no país foram administrados pelo *Legationsrat* Hezinger (a partir do fim de maio, pelo *Legationsrat* Grell). O especialista da missão diplomática húngara (particularmente da legislação antijudaica) era von Adamovic, um homem de utilidade limitada porque sofria de artrite e ciática. Também havia três propagandistas: Triska, Brunhoff (imprensa) e Ballensiefen (Instituto Antijudaico). Por fim, a missão diplomática tinha um funcionário de ligação, o cônsul Rekowsky.[69] Resumindo:

---

69 A composição da missão é descrita em uma carta de von Thadden para Wagner, maio de 1944, NG-2980. Também, von Thadden para Wagner, 8 de junho de 1944, NG-2952. Sobre a nomeação de Veesenmayer como ministro e plenipotenciário, ver Steengracht para o Ministério do Leste, 20 de março de 1944, incluindo ordem de nomeação enviada por Hitler, 19 de março de 1944, NG-1543. A ordem também definia a (teórica) relação entre Veesenmayer e outras agências da Hungria. Sobre a formação, educação e carreira de Veesenmayer, ver seu registro pessoal na ss, NG-3004. Sobre o papel de Adolf Hezinger, ver seu testemunho juramentado de 16 de janeiro de 1948, NG-4457.

Veesenmayer

Feine

Economia: Boden

Judeus estrangeiros: Hezinger (Grell)

Propaganda:

    Triska

    Brunhoff

    Ballensiefen

Cônsul Rekowsky

Ao lado da missão diplomática – e talvez ainda mais importante – estava a ss e polícia. Essa organização fez sua estreia na Hungria em 19 de março e havia tantas agências da ss e polícia representadas no país que foi necessário apontar um alto comandante da ss e polícia. A organização de Himmler na Hungria aparece esquematizada na Tabela 8.27.

TABELA 8.27 A Organização de Himmler na Hungria

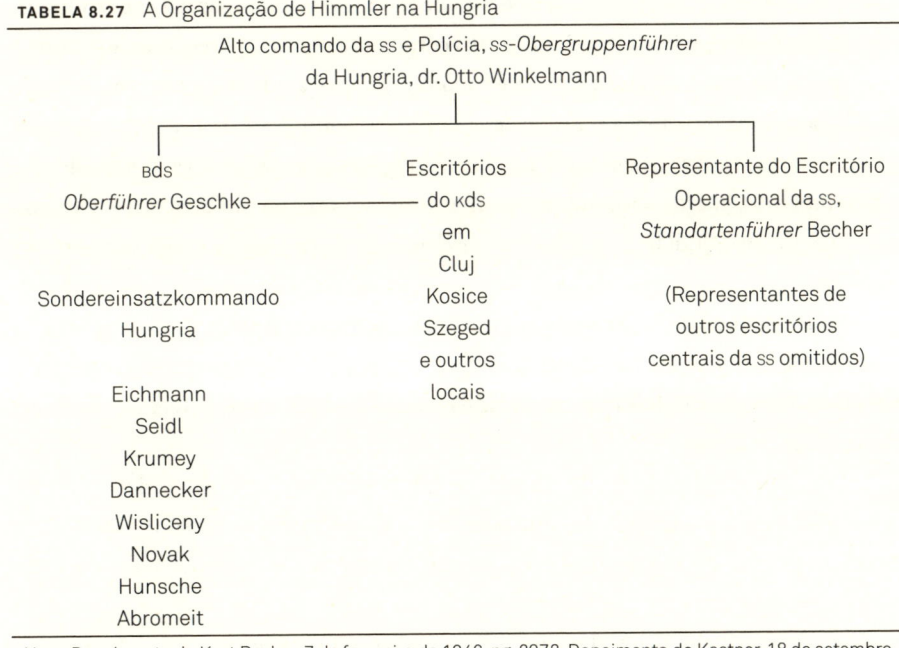

Alto comando da ss e Polícia, ss-*Obergruppenführer* da Hungria, dr. Otto Winkelmann

BdS *Oberführer* Geschke	Escritórios do KdS em Cluj Kosice Szeged e outros locais	Representante do Escritório Operacional da ss, *Standartenführer* Becher
Sondereinsatzkommando Hungria		(Representantes de outros escritórios centrais da ss omitidos)
Eichmann Seidl Krumey Dannecker Wisliceny Novak Hunsche Abromeit		

Nota: Depoimento de Kurt Becher, 7 de fevereiro de 1946, ng-2972. Depoimento de Kastner, 18 de setembro de =1945, ps-2605. Depoimento de Wisliceny, 29 de novembro de 1945, *Conspiracy and Aggression*, vol. 8, pp. 606–21. Depoimento de Wisliceny, 11 de junho de 1947, ng-1823.

O *Sondereinsatzkommando,* formado pouco antes de 19 de março no campo de concentração de Mauthausen, era o mais formidável componente da máquina de destruição na Hungria. Ali, sob o comando do próprio Eichmann, os principais especialistas em deportação do RSHA haviam sido concentrados em uma única e fortemente devastadora unidade. Esses homens mal tinham chegado e o regime alemão na Hungria mal tinha sido estabelecido quando o processo de destruição foi colocado em movimento com velocidade e eficiência que demonstravam a experiência acumulada ao longo de vários anos de deportação por toda a Europa.

Em dois rapidíssimos movimentos, os alemães levaram a liderança da comunidade judaica à total submissão e mobilizaram o governo húngaro para uma ação destrutiva instantânea.

Para ganhar a cooperação dos líderes da comunidade judaica, Eichmann tinha de dissipar as dúvidas de um grupo de homens que sabia exatamente o que podia esperar. Nas palavras do dr. Rudolf Kastner, ex-presidente associado da Organização Sionista da Hungria:

> Em Budapeste, tivemos uma oportunidade única de acompanhar o destino dos judeus europeus. Nós tínhamos visto como estavam desaparecendo, um após o outro, do mapa da Europa. No momento da ocupação da Hungria, o número de judeus mortos somava mais de cinco milhões. Conhecíamos muito bem o trabalho dos *Einsatzgruppen.* Sabíamos mais do que o necessário sobre Auschwitz. [...] Tínhamos, já em 1942, um panorama completo do que vinha acontecendo, no Leste, com os judeus deportados a Auschwitz e a outros campos de extermínio.[70]

Esse "panorama" completo agora tinha de ser dissipado por completo. O *Sondereinsatzkommando* de Eichmann foi bem-sucedido em fazer precisamente isso. Essa história foi descrita com muitos detalhes, depois da guerra, pelo historiador Eugene Levai.

Durante a noite de 19 de março, os líderes da comunidade judaica receberam ordens para participar de uma reunião com o *Sondereinsatzkommando* às 10 horas da manhã do dia seguinte. Os judeus chegaram no horário definido e, depois de esperar durante algumas horas, foram recebidos por uma pequena delegação de homens da ss. Os alemães foram corteses. O presidente da comunidade

---

70 Testemunho de Kastner, Caso nº II, tr. pp. 3620-22.

judaica, dr. Samuel Stern, foi tratado como *Herr Hofrat*. Quando Krumey percebeu que os judeus tinham malas, sorriu e disse: "Ninguém será preso". Eles então receberam a informação de que teriam de formar um Judenrat. Fora isso, os alemães só queriam uma lista discriminando os imóveis da comunidade judaica. Após um lembrete para permanecerem na cidade, os judeus foram dispensados.

No dia seguinte, os judeus receberam ordens para entregar alguns cobertores e colchões. Os líderes semitas foram então abordados por Wisliceny, que lhes disse: "Tudo continua como de costume [*Alles geht weiter wie bisher*]". Durante os dias subsequentes, vieram outros pedidos alemães de cobertores, máquinas de datilografar, espelhos, roupa íntima feminina, colônias, paisagens originais de Watteau e assim por diante. Em certo momento, o *Hauptsturmführer* Hunsche declarou alegremente que seu sonho era possuir um piano. Hunsche mal tinha terminado de pronunciar as palavras e oito pianos lhe foram entregues. Aquilo o fez rir e comentar: "Mas cavalheiros, não quero abrir uma loja de pianos, só quero tocar piano [*Meine Herren, ich will ja kein Klaviergeschäft eröffnen, ich will nur Klavier spielen*]".

O próprio Eichmann expressou interesse pela cultura judaica. Queria inspecionar o Museu Judaico e a Biblioteca Judaica. Então, em 31 de março, convidou os membros do Conselho Judaico para participarem de uma conferência no Hotel Majestic. Durante o encontro, Eichmann fez uma das maiores apresentações de sua carreira. Nas palavras de Levai, "ele praticamente hipnotizou o Conselho Judaico e, por meio desse corpo, toda a judiaria húngara".

Eichmann abriu seu discurso dando as más notícias aos judeus reunidos. Em primeiro lugar, disse, os batalhões de trabalho judaicos teriam de ser aumentados. Todavia, garantiu a seus ouvintes que os trabalhadores judeus seriam bem tratados e que poderiam até receber permissão para voltar para casa à noite. Em segundo lugar, um Judenrat teria de ser formado, abrangendo todos os judeus da Hungria. Esse Judenrat funcionaria como um canal para o recebimento das ordens alemãs, como uma agência central de financiamento e tributação e um depósito central de informações que diziam respeito aos judeus húngaros. Em terceiro lugar, o Judenrat teria de publicar um jornal contendo todas as ordens alemãs. Esse jornal teria de ser autofinanciado e até mesmo gerar lucros. Nesse momento, um representante dos judeus ortodoxos perguntou se seu grupo poderia publicar um jornal distinto. Eichmann rejeitou o pedido. Em quarto lugar, o Judenrat teria de cumprir todas as ordens dos alemães. Os artigos encomendados, todavia, seriam ou devolvidos, ou comprados.

Eram apenas esses, dizia Eichmann, os pedidos dos alemães. Ele não tinha nada a acrescentar, exceto que os judeus não tinham nada a temer, desde que não se recusassem a cooperar. Ninguém seria fuzilado por cooperar. Ninguém deveria tentar enganá-lo, pois ele tinha muita experiência em situações como aquela. As medidas eram todas temporárias. Depois da guerra, os alemães seriam amáveis [*gutmütig*] outra vez. Até lá, ele não toleraria qualquer abuso de judeus e queria que qualquer incidente lhe fosse comunicado.

Os judeus ficaram aliviados. Agora sabiam o que fazer. Reunindo-se em grupos, começaram a esboçar planos para o Judenrat. Discussões acaloradas tiveram início e grandes quantidades de memorandos foram produzidas. Por fim, o esforço judeu foi coroado com sucesso: o Judenrat foi aprovado por Eichmann. Imediatamente, o novo conselho enviou uma carta aos presidentes de várias comunidades judaicas nas províncias, convocando-os a obedecer todas as instruções emanadas de Budapeste.

Ao mesmo tempo, o Conselho enviou um manifesto à população judaica, pedindo que mantivessem a disciplina e obedecessem às ordens:

> Ao receber ordens do Conselho Central, é obrigação de todas as pessoas aparecer no local e horário estipulados. Ao Conselho Judaico Central foi concedido o direito de dispor de toda a riqueza espiritual e material dos judeus e toda a força de trabalho judaica. Vocês, mulheres e meninas, homens e meninos, são seguidores das instruções emitidas pelo Conselho Central. Devem perceber que toda decisão, por mais importante que possa ser, é resultado de intervenção oficial, e que a vida de todos os indivíduos e a existência da comunidade como um todo depende da plena observação dessas instruções. Que Deus os guie e lhes dê força para cumprir fielmente sua obrigação![71]

O impossível havia sido alcançado: a liderança da comunidade judaica era um peão nas mãos dos alemães. Agora, restava apenas a conversão do governo húngaro em uma ferramenta da máquina de destruição alemã, e essa era uma

---

71 O relato precedente tem como base o relato de Levai em *Martyrdom*, pp. 79-98. O pianista, identificado por Levai como Novak, na verdade era Hunsche. Quanto ao encontro de 31 de março com Eichmann, Levai afirma que o vice-presidente do Conselho Judaico, Ernö Boda, tomou notas estenográficas e produziu um resumo dos comentários de Eichmann.

tarefa simples. A cooperação húngara foi assegurada por meio de um acordo celebrado por Veesenmayer e Sztójay na presença de Winkelmann e Eichmann durante as deliberações que precederam a formação do ministério.[72] Os húngaros então poderiam receber ordens para prosseguir com a legislação antijudaica necessária. Em 29 de março, o novo ministério, reunindo-se sob a presidência de Sztójay, discutiu a legislação em um longo encontro que se estendeu, com apenas uma interrupção, das onze horas da manhã às dez da noite.[73]

Ao final do mês, Endre, o novo secretário de Estado no Ministério do Interior, que cuidava das questões judaicas, declarou com ar satisfeito que o novo antissemitismo húngaro não era "nenhuma imitação" (*Der ungarische Antisemitismus keine Nachahmung*).[74] Apenas para garantir que as leis húngaras não se tornassem originais demais, todavia, Veesenmayer instalou um homem do RSHA no escritório de Endre, com o objetivo de aconselhar os húngaros "em contato pessoal constante" (*in dauernder persönlicher Fühlungnahme*) naa elaboração e implementação das ordenanças.[75]

A legislação foi emitida com o que Veesenmayer descreveu como "uma agilidade incomum para as condições locais [*mit einer für hiesige Verhältnisse ungewöhnlichen Schnelligkeit*]".[76] O processo de empobrecimento tão arduamente iniciado nos anos 1930 agora havia sido concluído, e com alguns passos gigantescos. Os húngaros demitiram ou apagaram dos registros os judeus restantes, que eram jornalistas, funcionários públicos, notários, advogados de patentes, contadores, advogados e até mesmo dezessete músicos da Ópera Real Húngara de Budapeste.[77]

É significativo que os decretos de março e abril não trouxessem definições contra os médicos. Embora o Ministério do Interior nutrisse um forte desejo de

---

72 Testemunho juramentado de Rudolf Kastner, 13 de setembro de 1945, PS-2605.

73 *Deutsche Zeitung* (Budapeste), 31 de março de 1944, p. 1. Uma breve reunião ocorreu em seguida, em 31 de março, entre dez horas da manhã e duas horas da tarde. *Ibid.*, 1º de abril de 1944, p. 3.

74 *Ibid.*

75 Veesenmayer para o Ministério das Relações Exteriores, 22 de abril de 1944, NG-5725.

76 Veesenmayer para o Ministério das Relações Exteriores, 7 de abril de 1944, incluindo textos dos primeiros decretos húngaros, Occ E 6b-2.

77 *Ibid.* Para estatísticas, ver: Veesenmayer para o Ministério das Relações Exteriores, 31 de março de 1944, NG-5528. *Deutsche Zeitung* (Budapeste), 1º de abril de 1944, p. 3; 2 de abril de 1944, p. 3; 25 de abril de 1944, p. 6; 6 de maio de 1944, p. 4. *Donauzeitung* (Belgrado), 1º de abril de 1944, p. 3; 2 de abril de 1944, p. 3; 9-10 de abril de 1944, p. 3.

limitar a prática de médicos judeus a pacientes judeus, uma "implementação prática" desse princípio não seria possível enquanto 4 mil dos 13 mil médicos da Grande Hungria fossem judeus.[78] Assim, o governo húngaro decidiu usar seus médicos judeus enquanto pudesse. O fato de as deportações de médicos terem sido fortemente sentidas é indicado pela nomeação, em junho de 1944, de um comissário com o objetivo de garantir uma utilização mais eficiente da oferta de médicos.[79]

Em seguida, os húngaros voltaram sua atenção às lojas dos judeus. Seguindo o modelo usual, foi publicado um decreto exigindo que os judeus registrassem suas propriedades. As negociações com ativos registrados foram proibidas, e todas as transações, exceto as normais, concluídas após 22 de março de 1944 foram declaradas nulas e sem efeitos legais.[80] Pouco mais de uma semana depois da emissão dos registros, o Ministério do Comércio ordenou que os judeus fechassem suas lojas, oficinas e armazéns. De um total de 110 mil estabelecimentos na Hungria, 40 mil foram reportados como sendo judeus. A maioria dessas lojas deveria permanecer fechada. Somente algumas reabririam sob o controle de administradores nomeados pelos prefeitos locais, após consultas com as Câmaras de Indústria e Comércio locais.[81]

Em Budapeste, com 30 mil lojas no total, o fechamento de 18 mil estabelecimentos de judeus causou "incômodos consideráveis" (*empfindliche Störungen*).[82] Mesmo assim, os húngaros seguiram com seu plano. Os bens perecíveis nas lojas fechadas tiveram de ser vendidos imediatamente a empresas de donos não judeus,[83] e os itens não perecíveis foram negociados por comissões governamentais, em cooperação com as devidas associações comerciais, a comerciantes não judeus.[84] Essas vendas aconteceram quando a maioria dos proprietários judeus já estava morta.

---

78 Entrevista do secretário de Estado Endre no *Deutsche Zeitung* (Budapeste), 18 de abril de 1944, p. 4.

79 *Donauzeitung* (Belgrado), 11 de junho de 1944, p. 3; 14 de junho de 1944, p. 3.

80 *Deutsche Zeitung* (Budapeste), 16 de abril de 1944, p. 3.

81 *Ibid.*, 22 de abril de 1944, p. 3. *Donauzeitung* (Belgrado), 25 de abril de 1944, p. 3; 28 de abril de 1944, p. 4

82 Oficial do Ministério da Economia na Hungria (*Korvettenkapitän* Krautsdorfer) para OKW/Feldwirtschaftsamt, 14 de maio de 1944, Wi/IF .2.

83 *Deutsche Zeitung* (Budapeste), 23 de abril de 1944, p. 6.

84 *Ibid.*, 22 de junho de 1944, p. 4; 6 de julho de 1944, p. 3; 30 de setembro de 1944, p. 5.

Tendo fechado as lojas judias, o governo húngaro também fechou as contas bancárias dos judeus.[85] Depois, estendendo as mãos para tomar algumas posses pessoais, confiscou também automóveis, rádios, livros, objetos de arte e roupas velhas, sem distinção.[86] Por fim, o Ministério da Agricultura trabalhou para concluir as expropriações de terras agrícolas, uma medida que deixou "sem nenhuma administração de fato" (*ohne eigentliche Führung*) mais de 600 mil acres de terra que pertenciam ou eram gerenciados por judeus.[87] Como se em retaliação, o Ministério da Agricultura emitiu instruções para privar os judeus de manteiga, ovos, páprica, arroz e sementes de papoula e também para restringir a oferta de carne a alguns poucos gramas de carne bovina ou de cavalo por semana, e para reduzir as quantidades alocadas de açúcar, gordura e leite. Horários especiais para compras viriam a ser instituídos posteriormente em Budapeste.[88]

Enquanto os húngaros se apressavam para capturar e consumir os estoques de pertences dos judeus, os invasores alemães rapidamente tomaram para si, bem debaixo dos narizes húngaros, os melhores bens dos judeus. No início do golpe, por volta de 19 de março, Himmler despachou para a Hungria um representante do Escritório Central de Operações da ss com uma missão especial. Esse agente, o *Obersturmbannführer* (posteriormente *Standartenführer*) Kurt Becher, deveria garantir para a ss a maior empresa de munição da Hungria, a Manfred Weiss Works, controlada por judeus.[89]

Em segredo, sem informar sequer a missão diplomática de Veesenmayer, Becher entrou em negociações com os proprietários judeus. O agente da ss queria capturar a empresa antes que os húngaros tivessem a oportunidade de frustrar o plano; os judeus queriam deixar o país antes que fosse tarde demais. Esta foi a base da barganha.

---

85 *Donauzeitung* (Belgrado), 28 de abril de 1944, p. 4. *Deutsche Zeitung* (Budapeste), 6 de maio de 1944, p. 4.

86 Veesenmayer para o Ministério das Relações Exteriores, 11 de abril de 1944, Occ E 6b-2. Veesenmayer para Ministério das Relações Exteriores, 8 de junho de 1944, NG-5620. *Deutsche Zeitung* (Budapeste), 12 de abril de 1944, p. 4; 16 de junho de 1944, p. 4. *Donauzeitung* (Belgrado), 3 de maio de 1944, p. 3; 19 de maio de 1944, p. 3; 7 de junho de 1944, p. 3.

87 Oficial do Ministério da Economia alemão na Hungria para OKW/Feldwirtschaftsamt/Ausland, 14 de maio de 1944, Wi/IF .2.

88 *Deutsche Zeitung* (Budapeste), 23 de abril de 1944, p. 7; 7 de junho de 1944, p. 4.

89 Testemunho juramentado de Becher, 7 de fevereiro de 1946, NG-2972.

A família Weiss-Chorin, proprietária do objeto da negociação, era composta por judeus proeminentes que haviam, em grande parte, se casado com cristãos. Os membros "arianos" da família detinham 55% das ações. Essas ações "arianas" – que supostamente não eram afetadas por restrições húngaras que recaíam sobre a transferência de propriedades de judeus – foram entregues a Becher, para serem mantidas pela ss sob "tutela" por um período de 25 anos. Em troca dessas ações, a ss permitiu que 48 membros da família, incluindo "aproximadamente 26 judeus e doze arianos" emigrassem para Portugal, mantendo, contudo, nove membros da família como reféns para garantir o bom comportamento dos judeus que emigraram. Além disso, a ss concordou em disponibilizar aos emigrantes 3 milhões de Reichsmark em moeda estrangeira como pagamento parcial pelos "lucros cessantes".[90] Chorin, ao deixar a Hungria, escreveu uma carta a Horthy apontando que o "acordo de cavalheiros" com os alemães, prevendo a tutela, havia garantido o caráter húngaro da empresa.[91]

Nesse meio tempo, Himmler teve de dar a notícia a Veesenmayer. Sua explicação, conforme transmitida por meio do cônsul Rekowsky, da missão diplomática, foi algo como: A ss, disse Himmler, havia se comprometido incondicionalmente durante a guerra. Era por isso que ele tinha decidido adquirir a fábrica que asseguraria a seus homens da ss um fornecimento confiável das melhores armas durante o tempo restante da guerra e que ofereceria a base para equipar o máximo possível as Waffen-ss durante o esforço de reconstrução pacífica (*Friedensaufbauarbeit*) que viria em seguida. Em suma, a ss se tornaria autossuficiente. Para esse propósito, ele havia assumido o controle da instalação industrial mais importante da Hungria sob um acordo de tutela que duraria 25 anos. Contratos de caráter vinculativo já haviam sido assinados, e a maioria das ações já estava em suas mãos.

Quando o cônsul Rekowsky retornou a Budapeste com essa explicação, Veesenmayer escreveu pessoalmente uma carta a Ribbentrop apontando que a transação de Himmler poderia colocar em risco tudo o que havia sido realizado até o momento na Hungria.[92] Mesmo assim, Veesenmayer enviou seu assistente, Rekowsky, e seu especialista em economia, dr. Boden, a Becher para acalmar a situação

90 *Ibid.* Ver também memorando não datado (presumivelmente dos arquivos da ss), NO-1254.
91 Ferenc Chorin para Horthy, 17 de maio de 1944, in Szinai e Szucs, eds., *Papers of Admiral Horthy*, pp. 291-93.
92 Veesenmayer para Ribbentrop, pessoalmente, 26 de maio de 1944, NG-2770.

com os húngaros. Os três celebraram um acordo com o ministro da Economia de Imrédy. O acordo não tratava de todas as questões em aberto, mas validava o princípio do acordo.[93] Com a conclusão das negociações, Himmler indicou quatro homens ao novo Aufsichtsrat: o empresário e honorário *Brigadeführer* barão von Schröder; o chefe do Escritório Central de Operações da ss, *Obergruppenführer* Jüttner; o chefe do Escritório Central Econômico-Administrativo da ss, *Obergruppenführer* Pohl; e o *Generalfeldmarschall* Milch, da Força Aérea.[94]

Enquanto a ss afundava os dentes no mais rico prêmio do processo de destruição na Hungria, a administração do país continuava produzindo decretos contra os judeus. Quase nada havia sido feito antes de 19 de março de 1944 no sentido de produzir uma separação física entre judeus e cristãos. O regime de Bárdossy havia dado o primeiro passo rumo ao processo de concentração quando, como subproduto da lei de definição, proibiu casamentos e relações extraconjugais entre judeus e não judeus.[95] Ao final de março de 1944, o governo Sztójay partiu de onde a administração Bárdossy havia parado: em 29 de março, o emprego de não judeus em casas judaicas foi proibido.[96] Dentro de um mês, os judeus ficaram sujeitos a um conselho judaico central, à estrela de Davi, a restrições de movimentação e, por fim, à guetoização em casas, bairros e cidades designadas. O Conselho Central, incidentalmente, emitiu ordens durante algumas semanas antes de os húngaros conseguirem legalizá-las.[97] O decreto da estrela, uma medida pela qual os alemães havia muito tempo esperavam, foi emitido em 29 de março. As marcações

---

93 Testemunho juramentado de Becher, 7 de fevereiro de 1946, NG-2972.

94 Cartas idênticas da nomeação de Himmler para Schröder, Jüttner, Pohl e Milch, 16 de agosto de 1944, NO-601. Himmler para Schröder, 16 de agosto de 1944, NI-44. Schröder para Himmler, 23 de agosto de 1944, NI-45. *Staf.* Rudolf Brandt (oficial general, *Reichsführer-ss*) para o dr. Schmidt-Rohr (um inquiridor curioso), 25 de setembro de 1944, NO-595. Aparentemente, Himmler havia contemplado a ideia de também indicar o *Staatssekretär* Pleiger para o Aufsichtsrat, mas Pohl se opôs fortemente à ideia de dividir o prêmio com um homem de Göring. Pohl para Himmler, 15 de junho de 1944, NO-603.

95 Veesenmayer para Ministério das Relações Exteriores, 7 de abril de 1944, incluindo texto do parágrafo 9 da Lei xv de 1941, Occ E 6b-2.

96 Veesenmayer para Ministério das Relações Exteriores, 7 de abril de 1944, incluindo Portaria nº 1200/1944 ME (assinada por Sztójay) de 29 de março de 1944, Occ E 6b-2.

97 Levai, *Martyrdom*, p. 130.

não eram novidade na Hungria. As companhias de trabalho judaicas haviam, em alguns momentos, sido marcadas com uma braçadeira amarela,[98] e, já em 1941, os estudantes judeus da Faculdade Técnica de Budapeste haviam feito um acordo "voluntário" com os estudantes "arianos" para usarem um emblema especial.[99] Agora, todavia, o decreto especificava que todos os judeus com mais de seis anos de idade tinham de usar uma estrela de Davi em um pedaço de tecido amarelo medindo dez por quinze centímetros. Os únicos isentos da aplicação do decreto eram os veteranos da Primeira Guerra Mundial que estivessem 75% inválidos ou, no caso dos alistados, aqueles que tivessem recebido uma medalha dourada ou duas prateadas (o equivalente, nos Estados Unidos, à Distinguished Service Cross ou à Estrela de Prata), ou, no caso dos oficiais, aqueles que tivessem as condecorações equivalentes.[100]

O decreto da estrela atingiu a Igreja católica com um impacto considerável. Agora, ficara aparente que dezenas de milhares de cristãos, incluindo até mesmo membros do clero, logo apareceriam nas ruas usando um símbolo judaico. Isso era demais para a Igreja aceitar calada. Imediatamente após a publicação do decreto, em 31 de março, o cardeal Jusztinián Serédi, primaz da Hungria, escreveu uma carta a Sztójay na qual ameaçava proibir seus clérigos de usarem a estrela de Davi.[101] Sztójay recuou. Em 4 de abril, um dia antes de os judeus serem obrigados a costurar o emblema às roupas, foi emitida uma ordem isentando membros do clero cristão, esposas, viúvas e filhos de veteranos isentos e viúvas e órfãos de *soldados* (não dos homens nos batalhões de trabalho) da *Segunda* Guerra Mundial. Também estavam isentos judeus em casamentos mistos, viúvas judias de cristãos (contanto que ela pertencesse à religião cristã e não tivesse filhos judeus) e judeus estrangeiros.[102]

O cardeal Serédi agora trabalhava para proteger o restante dos judeus convertidos. Em 23 de abril de 1944, entregou a Sztójay uma nota na qual exigia que

---

98 *Die Judenfrage,* 15 de março de 1942, p. 58. Judeus convertidos usavam braçadeiras brancas. Relatório da Transocean, 26 de dezembro de 1942, em Randolph Braham, ed., *The Destruction of Hungarian Jewry* (Nova York, 1963), p. 97.

99 *Donauzeitung* (Belgrado), 22 de novembro de 1941, p. 3.

100 Veesenmayer para Ministério das Relações Exteriores, 7 de abril de 1944, incluindo Portaria nº 1240/1944 ME (com assinatura de Sztójay), 29 de março de 1944, Occ E 6b-2.

101 Levai citando excertos da carta de Serédi, em *Martyrdom,* p. 92.

102 Veesenmayer para Ministério das Relações Exteriores, 7 de abril de 1944, incluindo Portaria nº 1450/1944 ME (com assinatura de Sztójay), 4 de abril de 1944, Occ E 6b-2.

os regulamentos que dissessem respeito às pessoas de fé judaica não fossem aplicados aos cristãos. Ele considerava particularmente ofensivo que pessoas da fé cristã fossem representadas pelo mesmo conselho que as pessoas seguidoras da fé judaica. "Não é certo", argumentou, "que judeus tenham um poder particular sobre padres ou frades católicos ou mesmo sobre os cristãos em geral". Em seguida, exigiu que "os cristãos não sejam mais obrigados a usar a estrela de Davi" porque "a exposição desse símbolo pelos cristãos é equivalente à apostasia". Por fim, Serédi pedia que padres católicos, idosos e enfermos tivessem o direito de contratar empregados domésticos não judeus e que a propriedade de famílias em casamentos mistos permanecesse intocada.[103]

Dessa vez, todavia, o cardeal não obteve sucesso. Ficava claro que a isenção no uso da estrela resultaria em isenção da deportação, e Sztójay sabia muito bem que os alemães não renunciariam a milhares de vidas sem protestar. Com esse raciocínio em mente, ele recusou o pedido de Serédi e a Igreja foi vencida. Um boato quase previsível chegou ao cônsul alemão em Košice, segundo o qual o cardeal, como último recurso, havia pedido que os judeus convertidos recebessem permissão de trocar a estrela de Davi por uma cruz branca.[104]

Dias após a emissão do decreto da estrela, a comunidade judaica teve seus deslocamentos limitados. Em um de seus primeiros atos "oficiais", o recém-formado Judenrat proibiu os judeus de entrar ou sair de Budapeste sem o seu consentimento.[105] Alguns dias depois, a defesa civil/comissário de evacuação da capital húngara ordenou que ninguém que tivesse de usar a estrela poderia, a partir de então, deixar a cidade,[106] e em 7 de abril o governo húngaro proibiu todos os judeus de viajar sem permissão da polícia municipal ou da Gendarmaria rural.[107] Os judeus que solicitassem permissão para viajar teriam de pagar uma tarifa de 10 pengö (6 Reichsmark ou 2,40 dólares) e, no caso de a permissão ser concedida,

---

103 A carta de Serédi é citada na íntegra em Levai, *Martyrdom*, pp. 118-20.

104 Testemunho juramentado do conde Hans Josef Matuschka (cônsul alemão em Košice), 26 de agosto de 1947, NG-2440.

105 *Donauzeitung* (Belgrado), 2 de abril de 1944, p. 3; 16 de abril de 1944, p. 3.

106 *Deutsche Zeitung* (Budapeste), 5 de abril de 1944, p. 1.

107 O mesmo decreto continha restrições ao uso de vagões de bondes e garantia o direito de dirigir automóveis de todos os judeus, exceto os médicos. Veesenmayer para Ministério das Relações Exteriores, 11 de abril de 1944, incluindo Portaria nº 1270/1944 ME, 7 de abril de 1944, Occ E 6b-2.

outra taxa, dessa vez de 20 pengö.[108] Cada vez mais cidades impunham um toque de recolher que impedia os judeus de circular pelas ruas durante a noite.[109] Em conjunto com todas essas restrições à movimentação, a empresa de correios e telégrafos húngara confiscou todos os telefones em posse de judeus.[110]

O último estágio do processo de concentração teve início com uma enorme onda de prisões. O *Sondereinsatzkommando* de Eichmann, em cooperação com a máquina do BdS e da polícia húngara, capturou todos os judeus que tentavam entrar ou sair de Budapeste sem permissão, além de um grande número de judeus que se acreditava serem particularmente perigosos.[111] O número de prisões chegou a 3.364 em 31 de março e saltou para 8.142 em 28 de abril.[112] Muitos desses judeus foram selecionados para estar entre as primeiras vítimas das deportações.

A concentração total de judeus foi realizada com base em regiões. Todo o território húngaro foi dividido em cinco zonas, além da cidade de Budapeste. Em cada uma dessas áreas, uma rápida guetoização seria seguida por deportação imediata. A prisão e o transporte deveriam prosseguir de uma zona para a outra, em operações consecutivas, de acordo com o esquema mostrado na Tabela 8.28. Havia uma exceção: no Sul da Hungria, aproximadamente 14 mil judeus foram capturados em abril e maio com a ajuda da Polícia Uniformizada Alemã.[113]

---

108 *Deutsche Zeitung* (Budapeste), 30 de abril de 1944, p. 4.

109 *Donauzeitung* (Belgrado), 16 de abril de 1944, p. 3; 9 de maio de 1944, p. 3; 30 de junho de 1944, p. 3.

110 *Deutsche Zeitung* (Budapeste), 30 de março de 1944, p. 2. *Donauzeitung* (Belgrado), 31 de março de 1944, p. 3. O uso de telefones públicos não foi restrito antes de agosto de 1944. *Ibid.,* 12 de agosto de 1944, p. 3.

111 Testemunho juramentado de Kastner, 13 de setembro de 1945, PS-2605. 22ª Divisão da Infantaria para XXII Corpo de Exército de Montanha, 7 de abril de 1944, NOKW-1995. Veesenmayer para Ritter, 10 de maio de 1944, NG-5601. Veesenmayer para Ritter, 20 de maio de 1944, NG-5605.

112 Veesenmayer para o Ministério das Relações Exteriores, 31 de março de 1944, NG-5527. Veesenmayer para o Ministério das Relações Exteriores, 28 de abril de 1944, NG-5595.

113 Ver os relatórios do Segundo Batalhão do Regimento de Polícia 5, abril-maio de 1944, sobre a captura e a guarda de judeus em Siklos, Barcs e Darda e sua concentração em Barcs. Arquivos do Museu Memorial do Holocausto dos EUA, RG 48.004 (Instituto Histórico Militar, Praga), rolo 2, Polizeiregiment Mitte. Os 14 mil presos no sul foram deportados ao mesmo tempo que aqueles das Zonas I e II e incluídos nas estatísticas dessas duas zonas. Stark, "Hungary's Casualties", in Lengyel, ed., *Hungarian Economy and Society,* pp. 208-9.

TABELA 8.28 Cronograma da concentração

	ÁREA	INÍCIO DA CONCENTRAÇÃO SISTEMÁTICA	FIM DA DEPORTAÇÃO
Zona I	Cárpatos	16 de abril	7 de junho
Zona II	Transilvânia	4 de maio	7 de junho
Zona III	Norte de Budapeste, de Košice à fronteira com o Reich	7 de junho	17 de junho
Zona IV	Leste do Danúbio, exceto Budapeste	17 de junho	30 de junho
Zona V	Oeste do Danúbio, exceto Budapeste	29 de junho	9 de julho
Budapeste		Início de julho	Fim de julho

Nota: Veesenmayer para o Ministério das Relações Exteriores, 23 de abril de 1944, NG-2233. Veesenmayer para o Ministério das Relações Exteriores, 4 de maio de 1944, NG-2262. Von Thadden para Wagner, 25 de maio de 1944, NG-2980. Veesenmayer para o Ministério das Relações Exteriores, 10 de junho de 1944, NG-2237. Veesenmayer para o Ministério das Relações Exteriores, 13 de junho de 1944, NG-5619. Veesenmayer para o Ministério das Relações Exteriores, 30 de junho de 1944, NG-2263. Veesenmayer para o Ministério das Relações Exteriores, 11 de julho de 1944, NG-5615.

A ordem das zonas foi determinada levando-se em conta três fatores. O primeiro era a aproximação do Exército Vermelho, que ameaçava entrar na Hungria através dos Cárpatos.[114] O segundo, a convicção de que a cooperação da Hungria poderia ser mais facilmente assegurada na deportação dos judeus que haviam recentemente se sujeitado à bandeira húngara e que, portanto, se identificavam menos com a nação húngara. Nesse sentido, devemos ter em mente que, em 1943, a secretário particular do primeiro-ministro Kállay havia aconselhado o *Hauptsturmführer* Wisliceny a iniciar operações em novos territórios (Zonas I e II) e depois partir para as províncias antigas (Zonas III e V), concluindo a empreitada na capital. O terceiro motivo para proceder do perímetro exterior para o centro tomava como base a premissa de que os judeus teriam de ser enganados pelo máximo de tempo possível. Enquanto os judeus dos Cárpatos-Ucrânia e da Transilvânia estivessem sendo removidos, os da Antiga Hungria poderiam ter certeza de que medidas radicais dirigiam-se somente aos elementos não magiares da população húngara e que os judeus húngaros bem estabelecidos não tinham nada com que

---

114 *Die Lage* (circular confidencial do escritório de propaganda do partido e do Ministério da Propaganda), 23 de agosto de 1944, D-908.

se preocupar.[115] Nesse sentido, o plano alemão era uma aplicação bastante literal da regra "dividir e conquistar".

Formas e meios de implementar o plano de concentração foram definidos pelo *Sondereinsatzkommando* de Eichmann e pelo Ministério do Interior da Hungria no início de abril.[116] Para as zonas individuais, os planejamentos ocorreram em reuniões periódicas que vieram logo em seguida. As capturas seriam realizadas pela polícia e Gendarmaria húngaras. Os homens de Eichmann deveriam permanecer no pano de fundo e agir como conselheiros.[117] A princípio, todos os judeus vivendo em cidades com menos de 10 mil habitantes deveriam ser transferidos para cidades e campos maiores. Para essa parte da operação, o *Sondereinsatzkommando* precisava de um mapa sociográfico, o qual foi solicitado ao Conselho Judaico.

Em 23 de abril, esse mapa ainda não havia sido entregue, e os judeus foram convocados para uma reunião. Wisliceny, Novak e Hunsche sentaram-se em volta da mesa enquanto os judeus se viram forçados a permanecer em pé. Wisliceny anunciou que nenhum judeu permaneceria em cidades com menos de 10 mil habitantes, e então perguntou, furioso, por que o mapa não havia sido preparado. Criticando o conselho por sua lentidão, apontou o contraste com o presidente Löwenherz, da comunidade de Viena, que era "um bom homem" (*ein braver Kerl*). Löwenherz continuava em Viena. Por outro lado, Wisliceny sabia muito bem o que tinha de fazer com líderes judeus desobedientes – eles seriam enviados a Dachau, como o "Führer judeu" de Berlim.[118]

Amedrontado e desanimado, o Conselho Judaico agora observava o desenrolar do processo de guetoização. Trens partiam das cidades pequenas e despejavam os judeus em campos improvisados. Nas cidades maiores, eles eram enfiados em guetos improvisados. Em Oradea, Szeged e Sighet, guetos foram criados em áreas urbanas. Em Cluj, Uzhorod e Košice, os judeus eram deixados em galpões de fábricas. Em

---

115 Um anúncio nesse sentido realmente circulou pela máquina judaica. Relato de von Thadden, 26 de maio de 1944, NG-2190.

116 Ver texto de instruções do ministro do Interior da Hungria à Polícia Real e Gendarmaria, 7 de abril de 1944, em Levai, *Martyrdom*, pp. 111-13.

117 Diretiva do Ministério do Interior da Hungria, 7 de abril de 1944, em Levai, *Martyrdom*, pp. 111-13. Testemunho de Horthy, Caso nº 11, tr. p. 2735. Testemunho juramentado de Kastner, 18 de setembro de 1945, PS-2605.

118 Levai, *Martyrdom*, p. 123. Baeck, o "Führer" judeu em Berlim, que havia obedecido a todas as instruções, foi enviado a Theresienstadt.

Baia-Mare, Târgu Mureș e Dej, as vítimas eram concentradas a céu aberto.[119] Enquanto alguns trabalhadores essenciais e, em algumas cidades, também os indispensáveis médicos deixavam de ser recolhidos, as massas de homens, mulheres, crianças, judeus convertidos e judeus estrangeiros eram indiscriminadamente agrupados atrás de cercas de arame farpado.[120] Um único oficial da missão alemã, o *Legationsrat* Hezinger (posteriormente Grell), circulava pelos campos e guetos para separar os judeus estrangeiros.[121] As autoridades húngaras, enquanto isso, reduziam as porções diárias de alimentos das vítimas encarceradas a cem gramas de pão e duas xícaras de sopa, pois acreditavam que esses judeus não permaneceriam muito tempo na Hungria.[122]

Quando o recolhimento de judeus nas províncias aproximava-se da conclusão, a compressão da população judaica também teve início na capital. Budapeste, porém, não teria guetos. Os húngaros temiam que a criação de um distrito fechado para os judeus pudesse ser um convite, como retaliação dos aliados, a ataques aéreos a partes não judaicas da cidade. Para impossibilitar esse desdobramento, o secretário de Estado Endre decidiu superlotar com judeus casas próximas a fábricas, estações ferroviárias e outros possíveis alvos de "terroristas".[123]

Os especialistas da propaganda alemã não ficaram muito contentes com essa manobra húngara, que era quase um experimento para testar a teoria do governo judaico mundial. Se os ataques realmente fossem organizados pela judiaria mundial, presumivelmente a capital húngara seria, então, poupada; se, por outro

---

119 Testemunho juramentado de Kastner, 18 de setembro de 1945, PS-2605. Testemunho juramentado do conde Hans Josef Matuschka, 26 de agosto de 1947, NG-2440. *Donauzeitung* (Belgrado), 21 de maio de 1944, p. 3.

120 Sobre os trabalhadores essenciais, ver ordem do Ministério do Interior da Hungria em Levai, *Martyrdom,* pp. III-13. Sobre a isenção dos médicos, ver: Veesenmayer para Ritter, 6 de maio de 1944, NG-5600. *Donauzeitung* (Belgrado), 21 de maio de 1944, p. 3.

121 Veesenmayer para o Ministério das Relações Exteriores, 4 de maio de 1944, NG-2262. Relatório de von Thadden, 26 de maio de 1944, NG-2190. Testemunho juramentado de Adolf Hezinger, 16 de janeiro de 1948, NG-4457. A concentração e deportação de judeus eslovacos na Hungria recebeu protestos da missão diplomática eslovaca em Budapeste. Os eslovacos, todavia, expressaram seu desinteresse pelos judeus que haviam cruzado a fronteira com a Hungria ilegalmente, "em especial os órfãos" (*namentlich elternlose Kinder*). Veesenmayer para o Ministério das Relações Exteriores, 13 de junho de 1944, NG-2583.

122 Testemunho juramentado de Kastner, 18 de setembro de 1945, PS-2605.

123 Explicação de Endre no *Deutsche Zeitung* (Budapeste), 18 de abril de 1944, p. 4.

lado, os judeus aliados fossem impotentes, os de Budapeste seriam bombardeados. Em 4 de maio de 1944, o escritório de propaganda do Reich em Munique avisou aos jornais que a transferência dos judeus de Budapeste a áreas ameaçadas por bombardeios "por enquanto, não é assunto que valha a pena ser mencionado na imprensa alemã".[124] As apreensões dos especialistas da propaganda acabaram se mostrando bem fundadas quando, ao final de junho, em dois ataques consecutivos, bombardeios dos Aliados destruíram onze das casas divididas pelos judeus, matando 116 e ferindo outros 342.[125]

A retórica oficialmente proclamada de que os judeus deveriam sofrer "sua parcela" do "terror anglo-americano"[126] não era, entretanto, a única consideração nas mentes dos planejadores húngaros. No início de maio, eles previam uma mudança dos judeus dos bairros mais ricos para os mais pobres, das largas avenidas para as ruelas laterais e de casas pequenas para construções maiores. Regulamentos municipais emitidos em junho revelavam uma intenção adicional de afastar os judeus dos bairros periféricos, levando-os para o centro.[127] No início de julho, um total de 2.639 casas contendo 33.294 apartamentos com um total de 70.197 quartos foram reservadas à população judaica. Cerca de 19 mil apartamentos de judeus foram entregues a húngaros vítimas dos bombardeios. A densidade nos apartamentos divididos por judeus chegaria a três pessoas por cômodo. A princípio, uma família judia comum podia ter apenas um quarto, embora médicos, advogados e engenheiros estivessem autorizados a se candidatar a ter dois quartos. Todos os apartamentos judeus deveriam ser marcados com uma estrela de Davi de trinta centímetros.[128]

---

124 Instruções confidenciais (*Vertrauliche Informationen*) do Ministério da Propaganda do Reich (uma agência do partido), 4 de maio de 1944, NG-3413.

125 *Donauzeitung* (Belgrado), 30 de junho de 1942, p. 3. Ver também o relatório de um ataque em 2 de julho, o qual demoliu uma única casa e deixou 98 judeus mortos e 8 desaparecidos. Veesenmayer para o Ministério das Relações Exteriores, 5 de julho de 1944, em Braham, *The Destruction of Hungarian Jewry*, p. 658.

126 Declaração do prefeito de Budapeste (dr. Doroghi-Farkas) em *Donauzeitung* (Belgrado), 18 de junho de 1944, p. 3.

127 Tim Cole e Graham Smith, "Ghettoization and the Holocaust: Budapest 1944", *Journal of Historical Geography* 21 (1995): 300-316, pp. 305-8.

128 *Donauzeitung* (Belgrado), 18 de junho de 1944, p. 3. Budapeste tinha 1 milhão de habitantes e 270 mil apartamentos. Seus 200 mil judeus haviam sido reduzidos a 52,3 mil. *Ibid.*, 23 de agosto de 1941, p. 3.

Por todo o território húngaro, a captura em cada zona deveria ser seguida por deportações imediatas. Não se deveria esperar até que o último dos 200 mil judeus de Budapeste fosse enviado à sua casa especial. As deportações deveriam ter início nas Zonas I e II antes da guetoização na Zona III começar, e os judeus deveriam ser enviados para fora da Zona III antes de a captura na Zona IV começar. Os guetos da Zona IV deveriam ser esvaziados antes de a captura na Zona V começar. E os judeus da Zona V deveriam ser deportados antes de os judeus de Budapeste estarem prontos. Esse tipo de operação requeria o preparo imediato de transportes.

TABELA 8.29 Densidade nos apartamentos de Budapeste

		APARTAMENTOS	
	POPULAÇÃO	AGOSTO DE 1941	JULHO DE 1944
Total	1.000.000	270.000	270.000
Judaica	200.000	52.300	33.294

Nota: Com base nas estatísticas em *Donauzeitung* (Belgrado), 23 de agosto de 1941, p. 4; 11 de julho de 1944, p. 3.

Em 20 de abril, Veesenmayer escreveu ao ministro das Relações Exteriores relatando que estava enfrentando enormes dificuldades para encontrar vagões de carga.[129] O primeiro avanço seria a partida para Auschwitz de dois transportes com "judeus para trabalho", que haviam sido disponibilizados pelo Ministério da Guerra húngaro nos campos de prisão de Kistarcsa, próximo a Budapeste, e Topola, no território capturado da Iugoslávia. O transporte de Kistarcsa partiu com 1,8 mil judeus em 28 de abril; o de Topola ficou programado para 29 de abril, e levaria 2 mil indivíduos.[130] Os recém-chegados foram forçados a escrever cartas de encorajamento, as quais teriam supostamente sido enviadas de "Waldsee", para seus parentes na Hungria. As notas foram enviadas por um mensageiro da SS a Budapeste, para serem distribuídas pelo Conselho Judaico.[131] Ao examinar as

---

129 Veesenmayer para o Ministério das Relações Exteriores, 20 de abril de 1944, NG-5546.

130 Veesenmayer para o Ministério das Relações Exteriores, 27 de abril de 1944, NG-5535. Veesenmayer para o Ministério das Relações Exteriores, 28 de abril de 1944, em Braham, *The Destruction of Hungarian Jewry*, p. 363.

131 Declaração de Richard Hartenberger (mensageiro, RSHA IV-B-4), 22 de setembro de 1961, Caso Novak, Landesgericht Viena, 1416/61, vol. 6, pp. 129-41. Testemunho juramentado de Kastner, 18 de setembro de 1945, PS-2262.

cartas, todavia, os membros do Conselho procuraram aquele lugar no mapa, mas não conseguiram encontrar. Por fim, perceberam que, em um cartão, havia o traço da palavra "Auschwitz", escrita e apagada.[132] A essa altura, porém, as deportações seguiam a todo vapor.

Para concretizar o rápido desaparecimento dos judeus húngaros, os alemães não perderam tempo. Uma reunião sobre as estradas de ferro foi planejada para 4 e 5 de maio em Viena. O objetivo era debater o envio a Auschwitz de quatro transportes diários, cada um com 3 mil judeus, a partir de meados de maio.[133] O Ministério das Relações Exteriores previa dificuldades nas rotas: Lvov talvez não estivesse disponível por motivos militares, o trecho Budapeste-Viena era indesejável porque a comunidade judaica na capital húngara poderia se alarmar, e a missão diplomática alemã em Bratislava mostrava-se apreensiva diante da possibilidade de os transportes atravessarem o território da Eslováquia.[134] Os funcionários da ferrovia, em uma reunião nos escritórios da *Wehrmachttransportleitung Südost*, concordaram com o projeto de transporte pela Eslováquia, o caminho mais curto. A reunião de dois dias foi dedicada a todos os aspectos da circulação dos trens na região Sudeste: tubérculos, trabalhadores estrangeiros, judeus. Considerando os auspícios militares sob os quais o encontro aconteceu, os oficiais uniformizados do transporte eram a maioria dos presentes. Vários especialistas civis da Reichsbahn, dois húngaros especialistas em horários e dois delegados das ferrovias eslovacas também estavam presentes. *Hauptsturmführer* Novak e seu substituto, *Untersturmführer* Martin, tinham chegado do IV-B-4 do RSHA, e o capitão Lullay representava a Gendarmaria húngara. A deportação dos judeus era um assunto importante da pauta. Os participantes aparentemente discutiram o número de trens (quatro ou cinco por dia) e, por fim, optaram por quatro veículos diários. Quarenta e cinco vagões foram definidos para cada transporte, e locomotivas de motor forte eram necessárias para transportar essa carga. Os alemães forneceriam grande parte dos trens, e os húngaros colocariam os deportados nos

---

132 Testemunho de Pinchas (Philip von) Freudiger (membro ortodoxo do Conselho), transcrição do julgamento de Eichmann, 24 de maio de 1961, sess. 51, pp. LI, MI.

133 Von Thadden para a missão diplomática em Bratislava, 2 de maio de 1944, NG-5565. Veesenmayer para Ministério das Relações Exteriores, 4 de maio de 1944, NG-2262.

134 Von Thadden para missão diplomática alemã em Budapeste, 5 de maio de 1944, em Braham, *The Destruction of Hungarian Jewry*, p. 369.

vagões.[135] No primeiro dia da reunião, a captura na Zona I foi concluída com a concentração de 200 mil judeus em dez guetos e campos.[136] A hora estava chegando.

Na véspera dessas deportações, alguns dos participantes do processo de destruição sentiam clara e profundamente o significado e as implicações do que estava por acontecer. Na cidade de Dej, dois oficiais regionais, o *Obergespan* e o *Vizegespan* do *Komitat Szolnok-Doboka*, entraram em licença médica. Esses dois homens, o conde Béla Bethlen e o dr. János Schilling, não "aprovavam" a *Judenaktion* que acontecia em seu distrito. O conde Bethlen declarou que não queria se tornar um assassino em massa e que preferia renunciar (*Graf Bethlen hat erklärt dass er nicht zum Massenmörder werden wolle und lieber zurücktrete*).[137] A Igreja católica também começava a entender que estava diante de um de seus maiores desafios e protestava dentro dos limites impostos por sua história de 2 mil anos.

Em termos estritos, havia duas personalidades que representavam centros de influência católica na Hungria: o núncio papal, Angelo Rotta, e o primaz, cardeal Serédi. O núncio deu o primeiro passo. Em 15 de maio, dia em que as deportações tiveram início na Zona I, os representantes do Vaticano entregaram a nota abaixo ao Ministério das Relações Exteriores da Hungria:

> O governo húngaro está preparado para deportar 100 mil pessoas. [...] O mundo todo sabe o que a deportação significa na prática.

135 Testemunho de Franz Novak, 16 e 18 de novembro de 1964, 26 e 28 de setembro de 1966, 4 de dezembro de 1969, 20 e 21 de março de 1972, transcrições de julgamentos, 20 Vr 2729/63 Hr 28/64, Caso Novak, vol. 13, p. 39-68; vol. 14, p. 293, 303-24; vol. 15, p. 303, 304; vol. 18, p. 96, 155-60. Declaração do dr. László Lullay (também grafado Lulay), 18 de fevereiro de 1948, e seu interrogatório de 17 de julho de 1960, Caso Novak, vol. 15, seguindo p. 425. Vários *Wehrmachttransportleitungen* (WTL) regionais foram criados pelo *Chef/Heerestransportwesen* para o tráfego militar em 1943 e 1944. A WTL Südost foi dirigida pelo coronel Ludwiger. Um resumo da reunião de 4 e 5 de maio não foi encontrado, e a suspeita de que os judeus húngaros foram transportados em trens designados como "militares" por motivos de prioridade não pode ser confirmada com base na documentação disponível. Gerlach e Aly apontam que, de qualquer forma, as necessidades militares haviam diminuído em maio e junho. *Das letzte Kapitel*, pp. 271-74.

136 Veesenmayer para o Ministério das Relações Exteriores, 4 de maio de 1944, NG-2262. A Zona I incluía os Cárpatos-Ucrânia com áreas contíguas no antigo território romeno.

137 Veesenmayer para Ritter, 8 de maio de 1944, incluindo relatório do alto comandante da SS e líder da polícia, Winkelmann, NG-5510.

A Nunciatura Apostólica considera ser sua obrigação protestar contra tais medidas. Não por um falso senso de compaixão, mas em nome de milhares de cristãos, ela apela mais uma vez ao Governo Húngaro para que não continue com esta guerra contra os judeus além dos limites das leis da natureza e dos mandamentos de Deus, e para que evite quaisquer procedimentos contra os quais a Santa Sé e a consciência de todo o mundo cristão seriam forçados a protestar.[138]

Enquanto esse protesto era entregue ao regime Sztójay, o cardeal permaneceu em silêncio. Estava cansando da briga. O desafio, porém, não ficara para trás. Em 27 de maio e novamente em 17 de junho, o bispo Apor de Györ pediu que o cardeal emitisse uma declaração pública, para que o "rebanho" não entendesse o silêncio como aquiescência. Irritado, Serédi respondeu à segunda carta com as seguintes palavras:

Também tenho consciência e estou ciente de minha responsabilidade. Por isso, durante a discussão [com o governo], não quis fazer o que vossa Excelência pede nem colocar em prática as ações que eu mesmo preparei. Agora vou agir, mas tampouco espere resultados desse passo.[139]

Alguns dias mais tarde, uma carta da pastoral foi esboçada por Serédi, seu vigário János Drahos, "que abrandou as expressões mais fortes", e um grupo de arcebispos e bispos que sugeriram mudanças menores. Em sua forma final, assinado por Jusztinián Serédi e datado de 29 de junho de 1944, o documento tinha mais de três páginas. A carta abria com uma discussão de tópicos como remunerações, horas definidas de trabalho, seguros e bombardeio de cidades húngaras, incluindo "a invalidez de crianças inocentes causada por brinquedos explosivos lançados de aviões". Uma passagem dedicada aos judeus dizia:

Não negamos que vários judeus tiveram uma influência ruim e destrutiva sobre a vida econômica, social e moral da Hungria. Também é fato que outros não protestaram contra as ações de seus correligionários nesse aspecto. Não duvidamos que a questão judaica tenha de ser solucionada de forma justa e de acordo com

---

138 Texto em Levai, *Martyrdom*, p. 197.
139 Serédi para Apor, 20 de junho de 1944, *ibid.*, p. 207.

a lei. Consequentemente, não temos objeções a ações serem tomadas no que diz respeito ao sistema financeiro do Estado. Tampouco protestamos contra a eliminação dessa influência questionável. Pelo contrário, aliás: queremos que ela desapareça. Porém, estaríamos negligenciando nossas obrigações morais e episcopais se não nos posicionássemos contra os danos sofridos e contra nossos cidadãos húngaros e nossa fé católica serem injustiçados apenas por conta de sua origem. [...]

Não conseguimos conquistar o que mais desejávamos – ou seja, que as limitações ilegais aos direitos civis e, em especial, que as deportações cessassem. Porém, apoiados no cristianismo e na humanidade dos membros do governo, não perdemos as esperanças, mesmo com os poucos resultados alcançados até agora. Por esse motivo, não lhe emitimos nenhuma proclamação, mas nos limitamos, por enquanto, a tomar todas as medidas para alcançar nosso propósito. [...] Agora vemos, todavia, com grande consternação, que, apesar de nossos esforços, todas as nossas negociações sobre os pontos mais importantes até agora se mostraram quase ineficazes. Assim, solenemente recusamos qualquer responsabilidade pelas consequências. [...] Ore e trabalhe por todos os nossos cidadãos húngaros, especialmente por nossos irmãos católicos, nossa Igreja Católica e nossa amada Hungria.[140]

Como a carta teve de passar pela censura postal húngara, apenas setecentas cópias foram recebidas por pastores para serem lidas durante a cerimônia do domingo, 1º de julho, um dia após a Zona IV se ver livre de judeus. Em 6 de julho, enquanto a Zona V recebia a Gendarmaria húngara, o cardeal Serédi e o ministro da Justiça, Antal, se encontraram para discutir as queixas da Igreja. Antal garantiu que as deportações de judeus cristãos estava, doravante, cessada e, no dia seguinte (sábado), Serédi deu instruções para que a carta da pastoral fosse suprimida. Houve um longo debate a respeito da publicação de uma carta substituta, mas nenhuma outra foi publicada.[141]

---

140 Texto completo da carta com discussão de sua história, *ibid.*, pp. 207-10.

141 *Ibid.*, pp. 211-12. Para uma impressão pessoal de Serédi, ver a entrevista do líder judaico-cristão Sandor Török, em Sandor Szenes e Frank Baron, eds., *Von Ungarn nach Auschwitz* (Münster, 1994), pp. 95-96. Em junho, Török propôs a Serédi que a Sagrada Comunhão fosse negada a gendarmes, policiais, funcionários públicos ou funcionários das ferrovias que ajudassem os alemães

O cardeal já tinha suportado o suficiente, mas, ainda assim, a Igreja não foi deixada em paz. Agora ela era incomodada por novos desafios. Em meados de julho, o chefe de Veszprém do Partido da Cruz Flechada, que tinha ideias muito similares às dos nazistas, exigiu que os franciscanos conduzissem uma missa de agradecimento a Deus pela remoção dos judeus. O bispo, declarando que havia muitos cristãos entre as vítimas deportadas, condenou a ideia, mas a pressão dos homens do Partido da Cruz Flechada só fez crescer. Por fim, a Igreja cedeu, conduzindo uma cerimônia sem o *Te Deum*.[142]

Outra ameaça surgia do desejo dos judeus de Budapeste de adquirir a proteção da Igreja por meio do batismo. As conversões não eram exatamente uma novidade no país; desde 1941, a Sociedade da Santa Cruz húngara vinha realizando cursos de dois meses (com duas aulas por semana) para aqueles que quisessem se tornar cristãos.[143] Durante a semana que se seguiu à conferência entre Serédi e Antal, mais judeus buscaram o batismo do que a soma dos que haviam procurado o cristianismo nos quinze anos anteriores.[144]

Rindo do dilema enfrentado pelo clero, o secretário de Estado Baky, do Ministério do Interior, ordenou que a polícia cuidasse dos judeus enfileirados na frente de igrejas, para que a ordem pública não fosse perturbada.[145] Logo depois, o vigário de Budapeste emitiu duas ordens: uma definia a necessidade de um curso preparatório de três meses para o recebimento do batismo;[146] a outra, a exigência de um certificado de liberação assinado por um rabino.[147]

Enquanto a Igreja se via diante de uma batalha pela sobrevivência moral, os judeus enfrentavam ameaças à própria existência física. Nos guetos, porém, ainda havia esperança. Em 6 de maio de 1944, Veesenmayer reportou ao embaixador

---

nas operações antissemitas. Serédi respondeu: "Se Sua Santidade, o Papa, não está fazendo nada contra Hitler, o que eu, com minhas limitações, posso fazer?", e, irritado, jogou o barrete no chão.

142 Veesenmayer para Ritter, 20 de julho de 1944, NG-5613.

143 Veesenmayer para Ritter, 20 de maio de 1944, NG-5604.

144 Declaração de um representante do arcebispo no *Deutsche Zeitung* (Budapeste), 14 de julho de 1944, p. 4.

145 *Ibid.*, p. 2.

146 *Ibid.*, 27 de julho de 1944, p. 3.

147 *Ibid.*, 30 de julho de 1944, p. 8. As Igrejas evangélica e unitária seguiram o exemplo, proibindo conversas rápidas. *Ibid.*, 5 de agosto de 1944, p. 3; 15 de agosto de 1944, p. 3.

Ritter que, em meio aos judeus de Târgu Mureș (Transilvânia), que haviam sido arrastados sem aviso para um gueto às cinco horas da madrugada de 3 de maio, o entusiasmo era alto. Eles ainda tinham esperanças de uma "concentração temporária" (*zeitlich begrenzte Unterbringung*) e de uma "solução favorável" (*günstige Lösung*).[148] No gueto de Oradea, 20 mil internos foram sujeitados ao questionamento sistemático da Gendarmerie Húngara por conta de uma suspeita de que os judeus, provavelmente devido à expectativa de um retorno rápido às suas casas, haviam escondido itens de valor com famílias cristãs da cidade.[149]

Também existiam indícios de apreensões dentro da comunidade judaica. Um número considerável de judeus agindo individualmente tentava, de várias formas, escapar do golpe iminente. Um jornal de Budapeste, o *Magyar Szo*, denunciou que muitos cidadãos vinham informando, nos últimos tempos, a perda de documentos pessoais e familiares. Esses indivíduos, alegava a publicação, eram húngaros que haviam vendido suas certidões de nascimento a judeus.[150] Em 30 de abril, Veesenmayer reportou que muitos judeus vinham tentando se refugiar nas companhias de trabalho e sugeriu que muitos não sujeitos à indução poderiam ter comprado um lugar por meio de subornos.[151]

Nas Zonas I, II e III, vários judeus tentaram fugir para a Eslováquia e para a Romênia.[152] O movimento rumo à Eslováquia parece ter sido grande o suficiente para induzir Veesenmayer a solicitar ao Ministério das Relações Exteriores que medidas preventivas fossem tomadas, como a deportação do restante dos judeus eslovacos.[153] Nos guetos de Mukachevo, Oradea e Tiszabogdány, os judeus se escondiam dentro das paredes e em buracos na terra. A Gendarmaria húngara ainda encontrava esses esconderijos muito tempo depois de os guetos terem sido evacuados.[154]

---

148 Veesenmayer para Ritter, 6 de maio de 1944, NG-5600.

149 *Deutsche Zeitung* (Budapeste), 1º de junho de 1944, p. 6.

150 *Donauzeitung* (Belgrado), 9 de maio de 1944, p. 3.

151 Veesenmayer para Ritter, 30 de abril de 1944, NG-5597.

152 Veesenmayer para Ritter, 2 de maio de 1944, NG-5598. Veesenmayer para Ritter, 8 de maio de 1944, NG-5510. Veesenmayer para Ritter, 17 de junho de 1944, NG-5567. Veesenmayer para o Ministério das Relações Exteriores, 11 de julho de 1944, NG-5586.

153 Veesenmayer para Ministério das Relações Exteriores, 14 de junho de 1944, NG-5533. Altenburg para Veesenmayer, 14 de junho de 1944, NG-2829. Altenburg para Ludin, 16 de junho de 1944, NG-2261.

154 Veesenmayer para Ritter, 20 de julho de 1944, NG-5613.

Todavia, de modo geral, os judeus não conseguiam se desprender dessa rede. Foi assim que um observador ocular da ss, o *Sturmbannführer* Höttl, descreveu a reação das vítimas:

> Sem resistência e em submissão, eles marchavam às centenas em longas colunas até as estações de trem e se empilhavam nos vagões. Apenas alguns gendarmes supervisionavam a operação; teria sido fácil fugir. Nos Cárpatos-Ucrânia, que continha numericamente o maior assentamento de judeus, as montanhas e florestas hostis ofereciam uma oportunidade para esconderijos duradouros. Mas somente alguns fugiram assim de sua destruição.[155]

Em Budapeste, o Conselho Judaico Central (ou União dos Judeus Húngaros, como passou a ser chamado) se viu em uma encruzilhada. Os líderes judeus sentiam que precisavam fazer alguma coisa, mas até mesmo as petições haviam se tornado difíceis para eles. Em 3 de maio, o Conselho escreveu ao ministro do Interior Jaross:

> Declaramos enfaticamente que não estamos buscando esta audiência para lançar queixas sobre o mérito das medidas adotadas, mas apenas para solicitar que sejam realizadas de forma humana.[156]

Em 12 de maio de 1944, o Conselho enviou o seguinte comunicado a Jaross:

> No dia 9 do presente mês, os judeus que viviam em Heves foram transportados a uma distância de oitenta quilômetros, até as minas abandonadas de Bagölyuk, próximo a Egerseki. [...] Gostaríamos de tomar a liberdade de mencionar que a cidade de Heves tem, de acordo com o censo de 1941, uma população de 10.597.[157]

De meados de maio a meados de junho, o Conselho assistiu à remoção das Zonas I, II e III. Em 23 de junho, finalmente enviou uma carta desesperada a Horthy: "Na última hora de nosso trágico destino, apelamos para que você, em nome

---

155 Walter Hagen (pseudônimo de Höttl), *Die Geheime Front* (Zurique, 1950), p. 39. Não está clara a quantidade de denúncias sofrida pelos judeus foragidos por parte da população húngara. Ver Altenburg para Veesenmayer, 17 de maio de 1944, NG-2425. Também Veesenmayer para Ritter, 20 de maio de 1944, NG-5604.

156 Levai, *Martyrdom,* p. 134.

157 *Ibid.,* p. 135.

da humanidade, influencie o Governo Real Húngaro no sentido de cessar imediatamente a deportação de centenas de milhares de inocentes". A carta considerava "falsas" as explicações apresentadas aos judeus, segundo as quais as
deportações eram ditadas por necessidades militares e os deportados estariam
envolvidos em trabalho forçado. Os judeus, escreveu o Conselho, estavam sendo enviados a uma "jornada fatal, da qual nunca retornarão". A carta era encer-
rada com uma apresentação detalhada das estatísticas das deportações e um
apelo para que os judeus pudessem usar sua força e seu trabalho "com o objetivo de defender nosso país e no interesse da produção".[158]

As massas de judeus deportados, entorpecidos, cheios de fantasias e ilusões, reagiam com cooperação mecânica a todas as ordens alemãs. O Conselho Judaico, esperando contra todas as esperanças um adiamento do inevitável,
acordou tarde demais para agir. A última chance dos judeus da Hungria, portanto, dependia de um grupo de homens que estava acordado desde o início e disposto a agir. Esse grupo de fato existia na Hungria quando os alemães chegaram,
mas seus planos de ação dependiam de auxílio vindo do exterior.

Em janeiro de 1943, vários sionistas (em sua maior parte da Transilvânia)
haviam formado um comitê de assistência e resgate (*Vaadat Ezra v'Hazalah*)
com o propósito de ajudar os judeus que fugissem para a Hungria vindos da Eslováquia, da Polônia e da área do *Reich-Protektorat*. As principais personalidades
desse comitê eram:[159]

Presidente: dr. Ottó Komoly
Vice-presidente executivo: dr. Rudolf Kastner
Finanças: Samuel Springmann
Tijul (resgate secreto de judeus da Polônia): Joel Brand

Komoly representaria o comitê em negociações com o governo húngaro,
ao passo que Kastner lidaria com os alemães.[160] Ao final de 1943, o comitê já tinha chegado à conclusão de que o trabalho de resgate e alívio logo teria de abrir

---

158 *Ibid.*, pp. 192-96.
159 Rezsö Kasztner (Rudolf Kastner), "Der Bericht des jüdischen Rettungskomitees aus Budapest
(1942-1945)" (pós-guerra, mimeografado, na Biblioteca do Congresso dos Estados Unidos), p. 7.
160 *Ibid.*, pp. XII, 20. Ottó Komoly não sobreviveu.

espaço para a tarefa muito maior de lidar com a ameaça alemã na Hungria. Para o comitê, a realização dessa tarefa se apresentava em três formas alternadas, que foram colocadas em prática concomitantemente.

O primeiro plano exigia a criação de uma organização de resistência. Os membros do comitê não achavam que podiam criar sozinhos tal organização, então pediram ajuda à Agência Judaica na Palestina. Esse movimento teve início antes de 1943.[161] A Agência Judaica, depois de longas negociações com os ingleses, conseguiu o consentimento britânico para o envio de alguns paraquedistas à Europa. Porém, o acordo previa que os paraquedistas deveriam realizar seus compromissos militares antes de se preocuparem com o problema dos judeus. Esses termos foram "estritamente honrados".[162]

Três paraquedistas saltaram na Croácia em 14 de abril de 1944 e cruzaram a fronteira com a Hungria em 13 de junho. Sob observação contínua da ss e das Forças Armadas húngaras, os três foram capturados em Budapeste, e Veesenmayer comunicou as prisões em 8 de julho de 1944, um dia antes de a Zona v estar completamente livre de judeus.[163] Esta foi a extensão da atividade de resistência na Hungria.

Outro esquema foi desenvolvido em maio de 1944, quando um oficial da ferrovia da Eslováquia entregou ao comitê de alívio dos judeus em Bratislava informações sobre o número e a direção dos trens reservados para levar os judeus húngaros para Auschwitz. O comitê de Bratislava prontamente transmitiu os detalhes ao comitê em Budapeste.[164] Na capital húngara, os líderes judeus reconheceram que um bombardeio sistemático por aviões Aliados de dois ou três entroncamentos ferroviários na linha Košice-Prešov-Žilina-Bohumin poderia atrapalhar todo o programa de deportação e possivelmente salvar centenas de milhares de vidas. Por solicitação do comitê de alívio de Budapeste, os judeus de Bratislava enviaram à Suíça, por telégrafo, um pedido de bombardeio desses entroncamentos ferroviários. Todavia, nenhuma resposta veio dos Aliados.[165]

---

161 *Ibid.*, pp. 15, 70-73.

162 Sobre o lado palestino das negociações e a missão dos paraquedistas, ver Marie Syrkin, *Blessed Is the Match* (Filadélfia, 1947), pp. 18-35.

163 Veesenmayer para Ritter, 8 de julho de 1944, NG-5616.

164 Testemunho juramentado de Kasztner, 13 de setembro de 1945, PS-2605.

165 Kasztner, "Bericht", pp. VI-VII. Em 2 de junho, bombardeiros atacaram as instalações das vias férreas em Miskolc, Debrecen, Oradea, Cluj, Szeged e Szolnok, causando danos de

O terceiro esforço do comitê de alívio tinha como base uma abordagem direta dos alemães. No início de abril, o vice-presidente no comando das negociações alemãs, dr. Rudolf Kastner, e o especialista em resgate Joel Brand estabeleceram contato com o *Hauptsturmführer* Wisliceny do *Sondereinsatzkommando* de Eichmann. Existem duas versões para as conversas que se seguiram.

De acordo com Kastner, o homem da ss prometeu que, por 6,5 milhões de pengö (aproximadamente 4 milhões de Reichsmark ou 1,6 milhão de dólares, usando a taxa de câmbio oficial), seiscentos judeus receberiam autorização para viajar à Palestina. O comitê imediatamente buscou ajuda no Conselho Central, que, depois de semanas de prospecção, conseguiu reunir os 5 milhões de pengö com os judeus ricos. O próprio comitê acrescentou mais 1,5 milhão. Os alemães então aumentaram o número de possíveis emigrantes em mil.[166] Eichmann declarou em suas memórias que Krastner "concordou em evitar que os judeus resistissem às deportações – e até mesmo a manter a ordem nos campos – se eu fizesse vistas grossas e permitisse que algumas centenas ou alguns milhares de judeus jovens emigrassem ilegalmente para a Palestina. Era uma boa barganha".[167]

A liderança judaica agora tinha de selecionar, entre os 750 mil judeus húngaros condenados, os 1,6 mil que sairiam vivos. Sua primeira reação foi a de selecionar apenas crianças. Wisliceny, todavia, vetou o plano com base no fato de que os húngaros achariam estranho um transporte apenas de crianças. Os judeus então passaram a compilar uma lista de dez categorias: judeus ortodoxos, sionistas, judeus proeminentes (*Prominente*), órfãos, refugiados, revisionistas e assim por diante. Uma das categorias era a de "pessoas pagantes". A distribuição geográfica era um pouco desequilibrada: 388 pessoas, incluindo o sogro de Kastner, vinham da cidade de Cluj, na Transilvânia. "Eichmann sabia", afirma Kastner, "que tínhamos um interesse especial por Cluj" (*dass Klausenburg uns besonders nahestand*). O

---

graves. Veesenmayer para Ritter, 2 de junho de 1944, 4 de junho de 1944, 14 de junho de 1944, em Braham, *The Destruction of Hungarian Jewry*, pp. 598-99, 600-601, 608-9. Os alvos formam um triângulo, sendo uma das laterais paralela ao Danúbio, seguindo aproximadamente 100 quilômetros para o oeste ao sul de Budapeste. A área já tinha sido, em certa extensão, atingida pelas deportações, que totalizavam 247.856 até essa data. Transportes subsequentes não parecem ter sido impedidos por esses ataques.

166 Kasztner, "Bericht", pp. 24-27, 58, 63.
167 *Life*, 5 de dezembro de 1960, p. 146.

transporte partiu, no ápice das deportações, rumo a Bergen-Belsen. No outono de 1944, alguns dos judeus resgatados chegaram à Suíça.[168]

Em 8 de maio, uma semana antes de as deportações começarem, Eichmann procurou Joel Brand, colega de Kastner, para discutir uma nova proposta. Eichmann agiu de acordo com as ordens diretas de Himmler e, como de costume, sem conhecimento da missão diplomática alemã. Ele propôs um esquema por meio do qual as vidas dos judeus húngaros poderiam ser salvas por um preço a ser pago em bens. As seguintes quantidades foram mencionadas: 200 toneladas de chá, 200 toneladas de café, 2 milhões de saboneteiras, 10 mil caminhões para a Waffen-ss, a serem usados no front leste, além de quantidades não especificadas de tungstênio e outros materiais de guerra. A ss estava muito interessada nos caminhões. Para adquirir esses itens, Brand deveria ir a Istambul, na Turquia, e fazer contato com os Aliados Ocidentais. Os judeus, enquanto isso, seriam enviados a Auschwitz para se tornarem vítima do gás até uma resposta favorável ser recebida.[169]

Em 17 de maio, dois dias depois de os primeiros transportes deixarem a Hungria, Brand, acompanhado por Grosz, um judeu que havia trabalhado para o gabinete de Canaris, mudou-se de Budapeste para Viena; de lá, os dois foram para Istambul. Pegos por agentes britânicos, Brand e Grosz foram transportados para o Cairo, onde o vice-ministro de Estado lorde Moyne ordenou que os dois fossem mantidos na solitária por vários meses.

Em Budapeste, a liderança judaica esperou, em vão, alguma contraoferta dos Aliados que pudesse induzir os alemães a abandonar o uso das câmaras de gás. O comitê de alívio não esperava que os Aliados realmente entregassem material bélico à máquina de guerra alemã. Em vez disso, esperava uma manobra verbal – um gesto, uma promessa – que pudesse abrir espaço para negociações prolongadas enquanto os judeus deportados em Auschwitz permanecessem "congelados", aguardando a chegada do Exército Vermelho. Porém, as semanas foram se

---

168 Kasztner, "Bericht", pp. 41, 43-44, 46, 56, 90. Wagner via Hencke e Steengracht para Ribbentrop. 29 de setembro de 1944, NG-2994. Wagner para Ribbentrop, 11 de novembro de 1944, NG-2994.

169 Testemunho juramentado de Kastner, 13 de setembro de 1945, PS-2605. Kasztner, "Bericht", pp. 33, 36-37. Diretor executivo, War Refugee Board (William O'Dwyer), *Final Summary Report* (Washington, D.C., 1945), pp. 39-40. Veesenmayer via Ritter para Ribbentrop, 22 de julho de 1944, NG-2994.

passando e não houve nenhuma aceitação, nenhuma resposta, nenhuma movimentação. Apenas silêncio. Em Auschwitz, a morte cercava os judeus húngaros.[170]

O comitê de alívio em Budapeste estava novamente entregue a seus próprios recursos. Não recebera apoio dos Aliados nem ajuda da judiaria mundial. Havia, em Budapeste, uma recriminação particular aos judeus que estavam de fora e não tinham feito seu máximo. "Eles estavam de fora", declarou Kastner, "nós estávamos dentro. Eles não foram imediatamente afetados; nós fomos as vítimas. Eles moralizavam, nós temíamos a morte. Eles tinham compaixão por nós e acreditavam ser impotentes; nós queríamos viver e acreditávamos que o resgate *tinha* de ser possível".[171]

De certa forma, os alemães também acreditavam que a ideia do resgate ainda não estava morta. Por conta dessa convicção, pensavam que os Aliados, que afinal lutavam na guerra pelos judeus, não deixariam de resgatá-los naquela hora de desespero. Todavia, por trás desse pensamento, havia a consideração de que os Aliados realmente temiam a Rússia comunista e, no último minuto, não se oporiam a um acordo com o Reich a fim de deter a maré Vermelha. Por esse motivo, a ss e Polícia aguardavam com muito interesse a reação ocidental à proposta de que 10 mil caminhões fossem entregues para uso exclusivo no front oriental. Os alemães não sabiam, obviamente, que os Aliados levavam muito mais a sério sua aliança com a Rússia soviética do que o destino dos judeus húngaros. Nesse meio tempo, porém, a ss esperava, e, durante essa espera, Himmler esteve suscetível a todo tipo de discussão financeira.[172]

Em 7 de junho de 1944, o prefeito de Viena, o honorário *ss-Brigadeführer* Blaschke, pediu a Kaltenbrunner que levasse os judeus húngaros a fábricas na região de Viena carentes de mão de obra.[173] No mesmo momento, os especialistas

170 Kasztner, "Bericht", pp. 36-38. Ira Hirschmann (agente especial do Conselho para Refugiados de Guerra), *Journey to a Promised Land* (Nova York, 1946), pp. 109-27.

171 Kasztner, "Bericht" pp. 88-89.

172 Quando, durante a segunda metade de julho, a rádio de Londres transmitiu uma resposta indignada à oferta de resgate, o *Legationsrat Grell*, na missão diplomática de Budapeste, conjecturou que os Aliados ainda encontravam-se dispostos a entrar na transação e que o relato de Londres negando essa intenção era uma camuflagem com o objetivo de enganar os russos. Veesenmayer via Ritter para Ribbentrop, 22 de julho de 1944, NG-2994.

173 Kaltenbrunner para Blaschke, 30 de junho de 1944, PS-3803.

em finanças do comitê de alívio haviam entendido que bens avaliados em 4 ou 5 milhões de francos suíços (algo como 2,5 milhões de Reichsmark ou 1 milhão de dólares) ainda poderiam ser mobilizados na Hungria. Essa soma foi imediatamente oferecida ao *Sondereinsatzkommando*. Em 14 de junho, Eichmann declarou-se pronto para transportar até 30 mil judeus para a região de Viena. Por 5 milhões de francos suíços, ele daria início a essa operação, e os outros judeus (um máximo de 30 mil) seriam enviados para a Áustria conforme somas adicionais fossem entregues. O comitê agora prometia oferecer tudo o que pudesse reunir. O relatório de Kastner não deixa totalmente claro quanto foi entregue ao *Kommando*. Cerca de quinze toneladas de café ("um pouco rançoso") foram imediatamente colocadas à disposição dos alemães, 65 mil Reichsmark foram pagos em espécie e trinta tratores suíços foram prometidos (embora jamais tenham deixado a Suíça). Mais uma vez, as fontes judaicas não fazem menção a "manter a ordem nos campos". Somente Eichmann fala disso. De qualquer forma, o acordo protegeu entre 17,5 mil e 18 mil judeus, o equivalente a seis transportes.[174]

O comitê agora tinha a complicada tarefa de selecionar os judeus que seriam salvos. Listas foram feitas em Budapeste e nas províncias. Essas listas foram alteradas, ampliadas, reduzidas. Havia listas originais e listas de substituição. No final, um incidente também teve seu papel. Um homem da ss, seja por equívoco ou por "brincadeira", trocou dois trens. Um transporte de Györ, e com ele o rabino da comunidade municipal, dr. Emil Roth, foi enviado a Auschwitz. Em vez do trem de Györ, um outro trem, que deveria ter ido a Auschwitz, chegou a Viena.[175]

Os judeus húngaros na Áustria foram colocados "na geladeira". Ficaram sob a alçada do *Sondereinsatzkommando*, que despachou o *Obersturmbannführer* Krumey para cuidar da nova "filial" (*Aussenstelle*) em Viena. Os judeus viviam ali sob um regime rigoroso. Usavam estrelas, não estavam autorizados a portar dinheiro, nem a fazer compras ou fumar, e eram forçados a trabalhar de graça na indústria.

---

174 Kasztner, "Bericht", p. 50. A história de Eichmann, *Life*, 5 de dezembro de 1960, p. 146. Em agosto, o número de judeus era de 14,7 mil. Ministério da Economia II 2/1 para o Ministério das Relações Exteriores, 3 de agosto de 1944, em Braham, *The Destruction of Hungarian Jewry*, pp. 465-66. Ver também listas de entregas em uma carta de Andreas Biss para Sally Mayer (Suíça) e Kasztner, 30 de agosto de 1944, Polícia de Israel 1053.

175 Kasztner, "Bericht", pp. 48-55, 76, 151-52.

Mil dessas pessoas morreram. Algumas foram enviadas a Bergen-Belsen, algumas a Auschwitz.[176]

Eichmann, embora fosse o principal negociador, cumpriu sua tarefa com um sentimento de frustração. No fundo, ele preferia judeus mortos a judeus vivos. Corriam rumores de que, a certa altura, havia se tornado tão arrogante que Himmler teve de lhe dizer que ele, Himmler, havia criado o Escritório Central de Segurança do Reich e que, se fosse sua vontade, Eichmann seria transformado em babá dos judeus.[177]

O comitê, nesse espaço de tempo, tinha poucos motivos para comemorar. Considerando a impotência dos judeus húngaros e a falta de todo tipo de apoio exterior, seu sucesso era notável, mas, se comparado à magnitude do desastre, então essas conquistas se tornavam muito limitadas. Quando o que está em jogo é salvar vidas, falhas significam mortes. Centenas de milhares de judeus agora enfrentavam um pesadelo a caminho do extermínio.

Enquanto vagões de carga vazios chegavam às estações ferroviárias nas várias cidades de partida, a Gendarmaria húngara agia para concluir a concentração, esvaziando hospitais e instituições, lançando doentes, recém-nascidos, cegos, surdos, deficientes mentais e presidiários nos guetos.[178] Eles tinham de marchar para fora de onde estavam em quatro filas e colunas de quinhentas pessoas; membros dos conselhos judaicos locais, pessoas doentes e aquelas de nacionalidades duvidosas ao fundo. Apenas os médicos essenciais e suas famílias podiam continuar onde estavam.[179] A Gendarmaria submetia os deportados a revistas completas, ansiosamente tentando evitar que os itens de valor caíssem nas mãos dos alemães em Auschwitz. Na estação, uma média de setenta vítimas era amontoada, com um balde de água, nos vagões de gado, e então as portas eram fechadas.[180] O número exato de

---

176 *Ibid.*, pp. 151-52.

177 Testemunho juramentado de Becher, 7 de fevereiro de 1946, NG-2972.

178 Testemunho juramentado de Kastner, 13 de setembro de 1945, PS-2605.

179 Resumo da reunião da polícia húngara em Munkacs (não datado, primeira quinzena de maio de 1944), nos arquivos do prefeito de Nagybánya, polícia de Israel 1318. A Polícia de Segurança Alemã, reagindo a essas instruções, quis que idosos e doentes fossem enviados primeiro. Relatório de Ferenczy, 29 de maio de 1944, Polícia de Israel 1319.

180 Pode-se chegar ao número setenta com base em um relatório de Veesenmayer para o Ministério das Relações Exteriores, 13 de junho de 1944, NG-5619.

pessoas em cada vagão era escrito a giz do lado de fora.[181] Os trens tinham de deixar Košice à noite, pois o pátio ferroviário da olaria onde os judeus eram mantidos ficava ligado à linha principal por um trilho que atravessava uma das principais ruas da cidade. A população frequentemente ouvia os gritos de mulheres e crianças que não conseguiam suportar o calor sufocante dentro dos vagões.[182]

Sob guarda húngara, os trens, 45 vagões a cada transporte, seguiam rumo à fronteira eslovaca.[183] Lá, a Polícia de Ordem alemã substituía a Gendarmaria húngara, às vezes abrindo as portas e contando novamente os deportados.[184] Enquanto os trens passavam pelo interior, o serviço de inteligência eslovaco reportou um acidente perturbador. Em 24 de maio, guardas alemães entraram em três trens na estação ferroviária de Kysak, e, ameaçando atirar, tomaram o dinheiro e os objetos de valor dos judeus. Os alemães então foram ao restaurante da estação para comer e se embriagar. Quando um dos trens deixou Kysak, os judeus jogaram joias, anéis e dinheiro – a maioria das notas acabou rasgada –, que foram recolhidos por crianças e funcionários da estação. A notícia dessa ocorrência se espalhou como fogo.[185] Em outras ocasiões, porém, os alemães refletiam sobre o destino dos judeus. Um dos guardas começou a rezar em voz alta assim que seu trem começou a se aproximar de Auschwitz.[186] Na rampa, a polícia que acompanhava o comboio percebeu que alguns idosos e crianças pequenas não haviam sobrevivido à viagem.[187]

Em Budapeste, o comitê de alívio pediu *Sondereinsatzkommando* um abrandamento do sofrimento suportado pelos deportados. Kastner apontou ao *Hauptsturmführer* Hunsche que centenas de judeus morriam pelo caminho por falta de

---

181 Resumo da reunião da polícia em Munkacs, maio de 1944, Polícia de Israel 1318.

182 Testemunho juramentado do conde Hans Josef Matuschka (cônsul alemão em Košice), 26 de agosto de 1947, NG-2440.

183 Comprimento do trem especificado no relatório de Veesenmayer para o Ministério das Relações Exteriores, 13 de junho de 1944, NG-5619. Um trem comum transportava 3.150 pessoas.

184 Testemunho de Hans Alt, 6 de abril de 1972, Caso Novak, transcrição, vol. 18, pp. 325-27. Em alguns casos, os guardas húngaros podem ter ficado nos trens durante todo o trajeto até Auschwitz. Olga Lengyel, *Five Chimneys* (Chicago e Nova York, 1947), pp. 114-15. A autora foi deportada de Cluj.

185 Ludin (ministro alemão na Eslováquia) para o Ministério das Relações Exteriores, 15 de junho de 1944, NG-5569.

186 Testemunho de Ernst Göx, que descreve um camarada piedoso de Mannheim, 6 de abril de 1972, Caso Novak, transcrição, vol. 18, pp. 330-32.

187 *Ibid.*

alimento e água. Hunsche prometeu cuidar do problema. Alguns dias depois, falou a Kastner: "Pode parar de me aborrecer com suas histórias de terror? Eu investiguei. Aqui estão os relatórios. Apenas entre cinquenta e sessenta pessoas por transporte morrem no caminho".[188]

Para Hunsche e Eichmann, as mortes nos compartimentos de carga eram um pequeno detalhe administrativo com o qual não valia a pena se preocupar. Os homens da ss estavam interessados somente no panorama geral; eles viam o holocausto com olhos estatísticos e calculavam que aquilo logo chegaria ao fim. Das Zonas I e II, uma média de 12 mil pessoas eram deportadas diariamente.[189] Somente em 1º de junho, quase 20 mil judeus foram deportados.[190] As províncias eram rapidamente esvaziadas e, no início de julho, o cinturão já se fechava nos arredores de Budapeste. A Tabela 8.30 mostra os resultados das Zonas I a v.

TABELA 8.30 Deportações da Hungria

ZONA	DATA DE CONCLUSÃO	NÚMERO DE DEPORTADOS
I e II	7 de junho	289.357
III	17 de junho	50.805
IV	30 de junho	41.499
V	9 de julho	55.741
Todas as cinco zonas	9 de julho	437.402

Nota: Estatísticas das Zonas I e II reportadas por Veesenmayer ao Ministério das Relações Exteriores, 13 de junho de 1944, NG-5619. Estatísticas das Zonas III e IV reportadas por Veesenmayer ao Ministério das Relações Exteriores, 30 de junho de 1944, NG-2263. Estatísticas da Zona v reportadas por Veesenmayer ao Ministério das Relações Exteriores, 11 de julho de 1944, NG-5615. É quase certo que os judeus enviados à Áustria estejam incluídos no total. É provável que os dois transportes de abril de Kistarcsa e Topola não estejam incluídos. Ao final de junho, quando as primeiras quatro zonas encontravam-se quase esvaziadas, Veesenmayer solicitou ao Ministro do Abastecimento da Hungria, Jurczek, que enviasse ao Reich remessas de alimentos correspondendo à quantidade que os judeus deportados teriam consumido. Os húngaros atenderam o pedido. Os alemães agora estavam prontos para o fim.

Ao fim de junho, quando as primeiras quatro zonas estavam praticamente vazias, Veesenmayer solicitou ao ministro húngaro de Abastecimento Jurczek que enviasse para o Reich remessas de alimentos equivalentes as que os judeus

---

188 Kasztner, "Bericht", p. 47.

189 Veesenmayer para o Ministério das Relações Exteriores, 13 de junho de 1944, NG-5619.

190 Veesenmayer para Ritter, 1º de junho de 1944, NG-5622. Veesenmayer para Ritter, 2 de junho de 1944, NG-5621.

teriam consumido se não tivessem sido deportados. O húngaro atendeu ao pedido.[191] Os alemães estavam agora prontos para a reta final.

A evacuação dos 200 mil judeus de Budapeste foi planejada para julho. Em um único dia, os judeus da capital seriam transferidos para uma ilha ao norte da cidade. O tráfego de ônibus e bondes deveria ser suspenso. O *Sondereinsatzkommando*, as unidades fortes da Gendarmaria húngara provenientes das províncias e todos os carteiros e limpadores de chaminés de Budapeste trabalhariam nessa captura.[192] O Ministério das Relações Exteriores se mostrava um pouco incomodado com a operação, uma vez que Budapeste estava em evidência, frequentemente no centro das atenções mundiais. Em Berlim, o ministro dr. Schmidt (Ministério das Relações Exteriores, divisão de imprensa) apontou ao *Staatssekretär* Steengracht que a ação contra os judeus de Budapeste resultaria em "propaganda de atrocidades" no exterior. Schmidt então achou aconselhável "encontrar" explosivos em clubes judeus e sinagogas, expor gestos de sabotagem judaica, conspirações, ataques contra a polícia, transações monetárias ilegais e assim por diante.[193]

Em 6 de junho, dia do desembarque dos Aliados na França, von Thadden sugeriu que a *Aktion* de Budapest fosse programada de modo a ser abafada pelas notícias da invasão.[194] Veesenmayer, porém, não via a necessidade de precauções especiais, pois não achava que o mundo ficaria impressionado.[195] Contudo, Veesenmayer *estava* preocupado com a possibilidade de repetidos relatos na imprensa sobre concentrações e evacuações levarem a uma "perturbação do elemento judaico", e queria que os judeus permanecessem em silêncio.[196] Em 30 de junho, Veesenmayer percebeu que alguma coisa estava errada. Horthy estava inquieto e se mostrava contrário às deportações. O esforço de Budapeste teria de ser adiado por algum tempo.[197] Logo depois, a Gendarmaria húngara começou a chegar à capital, afirmando que participaria de um festival. Horthy ordenou o afastamento dos gendarmes.[198]

---

191 Veesenmayer para Ministério das Relações Exteriores, 25 de junho de 1944, NG-5571. Altenburg para Veesenmayer, 28 de junho de 1944, NG-5571.

192 Relatório de von Thadden, 26 de maio de 1944, NG-2190.

193 Schmidt para Steengracht, 27 de maio de 1944, NG-2424.

194 Von Thadden para Wagner, 6 de junho de 1944, NG-2260.

195 Veesenmayer para Ministério das Relações Exteriores, 8 de junho de 1944, NG-2260.

196 Veesenmayer para Ministério das Relações Exteriores, 8 de junho de 1944, NG-5568.

197 Veesenmayer para Ministério das Relações Exteriores, 30 de junho de 1944, NG-5576.

198 Testemunho de Horthy, Caso nº II, tr. p. 2713.

Na noite de 4 de julho, Veesenmayer teve uma discussão de duas horas com o regente húngaro. Horthy começou a falar sobre Sztójay e indicou que não estava satisfeito com o primeiro-ministro. Então, caracterizou Imrédy como um político do partido. Aos dois secretários de Estado do Ministério do Interior, Endre e Baky, Horthy reservou suas críticas mais afiadas. O regente descreveu Endre como não muito normal e acrescentou, "confidencialmente", que dois tios de Endre tinham morrido em um sanatório. Não se podia esperar nada de Baky, alertava Horthy, pois Baky era uma bandeira que se movia na direção do vento político: hoje ele estava conosco; amanhã, talvez estivesse com os bolcheviques.

No que concernia à questão judaica, Horthy mencionou que era bombardeado diariamente por telegramas vindos de todos dos lados, do Vaticano ao rei da Suécia, da Suíça e da Cruz Vermelha. Ele, Horthy, certamente não era amigo dos judeus, mas, por motivos políticos, tinha de intervir em nome dos judeus convertidos, dos médicos judeus, das companhias de trabalho judaicas, dos trabalhadores judeus essenciais à guerra. Horthy então falou de memórias passadas e mencionou a possibilidade de renúncia. Veesenmayer respondeu que a evacuação dos judeus era totalmente necessária para a condução da guerra. Ademais, era precisamente o nome de Horthy que havia sido associado à batalha contra a judiaria e o bolchevismo desde a Primeira Guerra Mundial, e agora os alemães não faziam nada além de sustentar totalmente essa imagem do regente.[199]

O desconforto de Horthy era, de certo modo, um reflexo das intervenções dos Estados neutros em nome dos judeus húngaros sobreviventes. Os países neutros, em particular Suíça e Suécia, agora apresentavam demandas específicas. As negociações tiveram início com o propósito de permitir que milhares de judeus emigrassem e passaportes estrangeiros de proteção fossem emitidos para judeus individuais de Budapeste, com o objetivo de resguardá-los da aplicação de medidas destrutivas. Ficava claro que, por meio desses canais neutros, o Ministério das Relações Exteriores britânico e o Conselho para Refugiados de Guerra dos Estados Unidos faziam pressão. O governo Sztójay, agora não mais tão seguro de si, queria ceder. Veesenmayer, por sua vez, pensava que a proteção de alguns milhares de judeus era um preço pequeno a ser pago pela evacuação em massa dos judeus de Budapeste. Até mesmo Wagner da *Inland* II sentia que o argumento húngaro

---

199 Veesenmayer via Ritter para Ribbentrop, 6 de julho de 1944, NG-5684.

apontando para possíveis represálias americanas contra pessoas de descendência húngara nos Estados Unidos era "pesado" (*schwerwiegend*).²⁰⁰ Mas Ribbentrop não concordava.

Na noite de 5 de julho, um dia depois da conversa com Horthy, Veesenmayer mostrou a Sztójay um telegrama de Ribbentrop avisando aos húngaros que "não era oportuno" aceitar várias ofertas do exterior para ajudar os judeus de Budapeste. Impressionado pelo telegrama, Sztójay estimulou uma inversão dessa visão alemã pelos seguintes motivos: em primeiro lugar, declarou o primeiro-ministro húngaro, nada estava acontecendo aos judeus da Romênia. Em segundo lugar, nada estava acontecendo com eles na Eslováquia. Em terceiro, a chegada dos judeus milionários (a família Manfred Weiss) a Lisboa havia causado uma "sensação" sobre as medidas antijudaicas da Hungria. Se o Reich podia permitir a emigração de judeus, por que a Hungria não poderia? Em quarto lugar, o governo húngaro fora "inundado" por telegramas do rei da Suécia e do papa. O núncio telefonava "várias vezes" todos os dias. Os governos turco, suíço e espanhol também tinham intervindo. Tudo isso não incluía os protestos de húngaros influentes.

Por fim, o primeiro-ministro húngaro usou seu mais forte argumento. Em total segredo, Sztójay leu a Veesenmayer três mensagens de teletipo secretas enviadas pelas missões americana e britânica em Berna aos seus governos e decifradas pela contrainteligência húngara. Elas continham uma "descrição detalhada" do destino dos judeus deportados. Mencionavam que 1,5 milhão de judeus (*sic*) tinham sido mortos antes de a ação húngara começar. As mensagens então sugeriam o bombardeio e a destruição dos pontos de destino e de vias férreas, "o bombardeio de todas as agências húngaras e alemãs que estivessem colaborando, com nome da rua e número exato das casas em Budapeste", e, por fim, citavam "propaganda mundial com descrições detalhadas do estado das coisas". Em outra mensagem de teletipo, os nomes de setenta personalidades húngaras e alemãs que seriam os principais culpados eram mencionados.

Sztójay apressou-se em acrescentar que essa ameaça não o afetava porque, no caso de uma vitória do Eixo, ele não achava a questão interessante e, no caso oposto, ele havia concluído sua vida. Porém, Veesenmayer teve a impressão de que o primeiro-ministro Húngaro ficou incomodado com as mensagens

---

200 Wagner via Hencke e Steengracht para Ribbentrop, 6 de julho de 1944, NG-2236.

interceptadas. Posteriormente, Veesenmayer ouviria que elas haviam sido submetidas ao Conselho Ministerial, onde também produziram seu "devido efeito".[201]

A história interage de forma estranha com seus participantes. O comitê de alívio aos judeus em Budapeste havia enviado três pedidos a Berna para que fossem transmitidos por meio de canais diplomáticos às capitais Aliadas, onde nenhuma ação foi tomada sobre eles. Mas o destino interveio. Os húngaros, em sua ansiedade, haviam interceptado as mensagens e haviam conseguido assustar a si mesmos.

Em 6 de julho, Veesenmayer foi informado por Sztójay de que o regente havia ordenado que as deportações cessassem.[202] Três dias depois, o ministro do Interior húngaro, Jaross, disse a Veesenmayer que estava preocupado porque unidades da ss poderiam ser introduzidas em Budapeste para realizar a *Judenaktion*. Nesse contexto, Jaross mencionou que havia concluído as deportações na Zona v e nos subúrbios de Budapeste, violando, assim, as diretivas do regente. Ele também estava disposto a esvaziar Budapeste contra a vontade de Horthy, mas, para evitar dificuldades, teria primeiro de remover os judeus para as províncias. Quando esse blefe estivesse concluído, o segundo passo da jornada seria mais fácil. Veesenmayer ouviu com deleite esse plano e imediatamente prometeu ajudar. Escrevendo a Ribbentrop, solicitou ao ministro das Relações Exteriores que cuidasse para que nenhum homem da ss fosse enviado à capital, pois a missão diplomática tinha "todas as cordas políticas bem seguras na mão [*alle politischen Drähte fest in der Hand*]".[203]

Em questão de dias, porém, as cordas deslizaram rapidamente das mãos controladoras de Veesenmayer. Em um movimento rápido, Horthy dispensou os secretários de Estado Endre e Baky e emitiu mandados de prisão para os dois homens. Veesenmayer protestou imediatamente, apontando de forma ameaçadora as possíveis consequências da ação. Horthy recuou, reintegrando os oficiais, mas não sem se queixar de que aparentemente sua influência pessoal tinha se tornado nula e ele sequer conseguia efetivar o afastamento de dois secretários de Estado.

---

201 Veesenmayer via Ritter para Ribbentrop, 6 de julho de 1944, NG-5523. Ver também mensagem da missão diplomática britânica em Berna para o Ministério das Relações Exteriores em Londres, interceptada pelo Ministério das Relações Exteriores alemão e enviada como anexo por Wagner a Kaltenbrunner, 5 de julho de 1944, em Braham, *The Destruction of Hungarian Jewry*, pp. 734-35.
202 Veesenmayer via Ritter para Ribbentrop, 6 de julho de 1944, NG-5523.
203 Veesenmayer via Ritter para Ribbentrop, 9 de julho de 1944, NG-5532.

Repetindo que estava inundado por mensagens sobre os judeus, afirmou que tinha escrito uma carta pessoal sobre a questão judaica a Hitler.[204]

Enquanto isso, fora de Budapeste, Eichmann se mostrava preocupado. Agindo com rapidez, deportou 1,7 mil judeus do campo de prisão de Kistarcsa, localizado a cerca de trinta quilômetros da capital. Horthy descobriu a existência do transporte e deu ordens para que o trem fosse parado antes de chegar à fronteira. Interceptados em Ratvang, os judeus foram enviados de volta a Kistarcsa.[205] Alguns dias depois, o perseverante Eichmann chamou o Conselho Judaico a seu gabinete e, enquanto os líderes judeus eram detidos, esvaziou os campos de prisão de Kistarcsa e Szarva.[206]

Em 16 de julho, Ribbentrop decidiu desfazer o impasse. Instruiu Veesenmayer a entregar a Horthy um ultimato declarando em termos diretos a atitude alemã com relação ao governo Sztójay e os termos alemães com respeito aos judeus de Budapeste.[207] O aviso dizia:

> Com enorme surpresa, o Führer notou, na carta do *Reichsverweser* [Horthy] transmitida pelo Plenipotenciário do Reich [Veesenmayer], que ele planeja revogar o atual governo de Sztójay. [...] Com surpresa ainda maior, o Führer descobriu, com base no relatório do Plenipotenciário do Reich, que o *Reichsverweser* emitiu mandados de prisão para certos ministros secretários de Estado do governo de Sztójay que recentemente haviam tomado medidas contra os judeus.

Apontando que qualquer movimento desse tipo resultaria em uma ocupação militar total da Hungria, o ultimato continuava:

> O Führer espera que medidas contra os judeus de Budapeste sejam agora colocadas em prática pelo governo húngaro sem mais demora, com as exceções concedidas ao governo húngaro pelo governo alemão por princípio, com base nas sugestões do ministro Veesenmayer [os judeus protegidos]. Nenhuma demora

---

204 Veesenmayer para o Ministério das Relações Exteriores, 13 de julho de 1944, NG-5577. Ribbentrop para Veesenmayer, 16 de julho de 1944, NG-2739.

205 Testemunho de Horthy, Caso nº II, tr. p. 2713.

206 Testemunho de Kastner, Caso nº. II, tr. p. 3626.

207 Ribbentrop para Veesenmayer, 16 de julho de 1944, NG-2739.

de nenhum tipo na execução das medidas gerais contra os judeus deve acontecer por conta dessas exceções; caso contrário, o Führer seria forçado a retirar seu consentimento a essas exceções.

Veesenmayer entregou esse telegrama ao governo húngaro em 17 de julho.[208] A ameaça não obteve sucesso. As tropas russas já se espalhavam pelos arredores da vizinha Galícia, e todo o front sul estava em retirada. O ministro do Interior Jaross e seus dois secretários de Estado perderam seus postos. Em 27 de julho, o governo Sztójay, ainda em atividade mas agora sem energia, declarou sua prontidão em transferir os judeus de Budapeste aos campos dentro do território húngaro.[209] Em 2 de agosto, o alto comandante da ss e líder da polícia Winkelmann enviou uma nota a Veesenmayer, na qual expressava a opinião de que um governo mais confiável deveria se formar imediatamente na Hungria.[210] Mais uma vez, os alemães fizeram listas de candidatos. Mas Veesenmayer não formou um novo governo. Foi Horthy quem o fez.

Durante 23 e 24 de agosto, um evento na Romênia abalou totalmente a posição alemã na Hungria. O Exército soviético havia passado pelas linhas teuto-romenas na Bessarábia e na Moldávia. Em 23 de agosto, o rei Mihai informou aos alemães que precisava concluir um armistício e que eles tinham três dias para retirar seu Exército do país. Uma hora após o recebimento desse ultimato, bombardeiros alemães atacaram o palácio real de Bucareste, com consequências desastrosas para o Reich. Dentro de algumas semanas, 26 divisões alemãs foram destruídas pelos soviéticos e seus novos aliados, os romenos. O pessoal da missão diplomática alemã foi preso e seu chefe, von Killinger, cometeu suicídio.[211] Foi durante a reviravolta romena, em 25 de agosto, que Horthy empossou um novo primeiro-ministro: o general Geza Lakatos.[212] Mais uma vez, a Hungria era governada por um colaborador relutante.

---

208 Memorando de Altenburg, 21 de julho de 1944, NG-2739.

209 Testemunho juramentado de Kastner, 13 de setembro de 1945, PS-2605.

210 Veesenmayer para o Ministério das Relações Exteriores, incluindo nota de Winkelmann, 3 de agosto de 1944, NG-2973.

211 Rudolf Rahn, *Ruheloses Leben* (Düsseldorf, 1949), p. 268, 262. Reino da Romênia, Ministério de Relações Exteriores, *Memorandum on the Military and Economic Contribution of Roumania to the War against Germany and Hungary* (Bucareste, 1946).

212 Testemunho juramentado de Lakatos, 10 de junho de 1947, NG-1848.

De fato, o governo do general Lakatos não estava disposto a cooperar de nenhuma forma com o Reich. Quando viu o acordo concluído com Sztójay para remover os judeus de Budapeste para as províncias, Lakatos alegou que não havia transporte, que não havia guardas e que não havia campos.[213] Encorajado pela incapacidade alemã de reagir, instruiu seu ministro em Berlim a exigir "uma carta branca na questão judaica".[214] Em seguida, Lakatos afirmou a soberania húngara pedindo que os alemães retirassem o *Sondereinsatzkommando* de Eichmann.[215] O *Kommando* foi desmembrado no final de setembro,[216] mas, por precaução, uma de suas principais personalidades, Wisliceny, ficou para trás. A presença de Wisliceny perturbava tanto o Conselho Judaico que eles enviaram uma comitiva ao oficial Ferenczy, da Gendarmaria húngara, com um pedido de remoção dos judeus de Budapeste para os campos de trabalho do país como forma de prevenir quaisquer deportações para Auschwitz.[217] Enquanto isso, Lakatos buscava, com algumas medidas simbólicas, mostrar sua posição exata. Assim, o toque de recolher foi abrandado[218] e as lojas judaicas foram autorizadas a reabrir, contanto que um dos gerentes fosse um não judeu.[219]

Os alemães sabiam o que esses desenvolvimentos significavam. A missão diplomática e a ss e polícia observavam de perto cada movimento do governo húngaro, como a fuga secreta de oficiais de alto escalão do Exército húngaro para destinos não revelados. Ficava claro que o regime Lakatos havia sido apontado com um único propósito: chegar a um armistício com os Aliados. Também ficava claro que este objetivo estava sendo buscado pelo próprio Horthy.

---

213 *Ibid.*; Veesenmayer para o Ministério das Relações Exteriores, 10 de outubro de 1944, NG-4985.

214 Hoffmann (ministro húngaro em Berlim) para Hennyey (ministro húngaro das Relações Exteriores), 22 de setembro de 1944, NG-2604.

215 Testemunho juramentado de Kastner, 13 de setembro de 1944, PS-2605.

216 Feine para Veesenmayer, 29 de setembro de 1944, NG-4985.

217 Grell para Veesenmayer, 30 de setembro de 1944, NG-4985.

218 *Deutsche Zeitung* (Budapeste), 22 de setembro de 1944, p. 3.

219 *Ibid.*, 30 de setembro de 1944, p. 5. Significativamente, a reversão teve início nos últimos dias do regime Sztójay, quando uma portaria foi aprovada com o objetivo de conferir isenções do efeito dos decretos antissemitas a judeus específicos que haviam feito contribuições de destaque nos campos das ciências, artes e economia. *Ibid.*, 23 de agosto de 1944, p. 4.

No início de outubro, o Exército Vermelho invadiu o Sul da Hungria, tomando Hódmezövásárhely e Szeged. A vanguarda do Segundo Exército soviético da Ucrânia agora estava a apenas 160 quilômetros da capital. Em 14 de outubro, os alemães enviaram a Budapeste a 24ª Divisão Panzer com quarenta tanques Tigre. A tarefa da divisão, todavia, não era reforçar a enfraquecida linha de frente, mas sim derrubar Horthy e Lakatos. Com a divisão, três personalidades bem conhecidas chegaram para assumir o controle: o chefe antipartidário *Obergruppenführer* von dem Bach-Zelewsky; o provocador do Ministério das Relações Exteriores, embaixador dr. Rudolf Rahn; e o homem do RSHA responsável por tarefas especiais, *Obersturmbannführer* Skorzeny.

Na manhã de 15 de outubro, Skorzeny conseguiu atrair o filho de Horthy para uma construção cercada. O jovem foi rapidamente envolvido em cobertores, jogado em um caminhão e levado a um aeroporto, de onde seria enviado ao campo de concentração de Mauthausen. Naquele mesmo dia, enquanto o serviço de rádio húngaro se preparava para transmitir um pedido de armistício, Veesenmayer disse ao regente que, ao menor sinal de "traição", seu filho seria fuzilado. O velho Horthy cedeu à tensão. "Horthy chorou como uma criancinha, segurou a mão de Rahn, prometeu revogar tudo, correu para o telefone – mas não telefonou para ninguém – e, de modo geral, parecia estar totalmente perturbado". Durante a manhã seguinte (16 de outubro), sob a mira dos tanques Tigre, Horthy e Lakatos se renderam.[220]

O novo "Führer" húngaro, que combinava os postos de regente e primeiro-ministro, era Szálasi, líder do Partido da Cruz Flechada. Szálasi não tinha nada de aristocrata. Outrora major, havia sido desonrosamente exonerado e, na vida civil, passara três anos na prisão.[221] Certamente, o regime Szálasi não fora escolhido por sua respeitabilidade, mas porque, em outubro de 1944, ele era o único candidato pró-nazismo na Hungria. Para os judeus, o golpe só poderia ter uma consequência: eles agora enfrentariam outro pesadelo. Novas provações estavam por vir.

Quando o governo Szálasi chegou ao poder, o centro de extermínio de Auschwitz estava próximo da liquidação. Ao mesmo tempo, novas ondas de escassez

---

220 Para a história completa do golpe, ver Winkelmann para Himmler, 25 de outubro de 1944, NG-2540. Testemunho de Ernst Kienast (Hauptsturmführer sobre a equipe de Winkelmann), Caso nº II, tr. p. 7153. Rahn, *Ruheloses Leben*, pp. 265-71.

221 Testemunho de Horthy, Caso nº II, tr. p. 2715.

de mão de obra fizeram-se sentir fortemente. Do outro lado da fronteira, no Reich, o chefe de construção do Serviço Econômico-Administrativo da ss, *Gruppenführer* Kammler, construía grandes instalações subterrâneas para a montagem de aviões de caça e foguetes V2. Kammler precisava de dezenas de milhares de trabalhadores e, agora que o controle alemão estava mais uma vez estabelecido na Hungria, as câmaras subterrâneas seriam alimentadas com a mão de obra dos judeus de Budapeste. Existia apenas um obstáculo: o sistema de transporte havia parado de funcionar. Trens não podiam mais circular, e os judeus teriam de marchar a pé.

Em 18 de outubro, Veesenmayer e o novo ministro do Interior da Hungria, Gábor Vajna, chegaram a um acordo. Um total de 50 mil judeus, homens e mulheres, deveriam ser enviados ao Reich. Todos os outros judeus capazes de trabalhar deveriam ser concentrados em quatro campos de trabalho. Para os demais, um gueto seria criado na periferia ou nos arredores da cidade. Em seu relatório ao Ministério das Relações Exteriores, Veesenmayer acrescentou confidencialmente que Eichmann pretendia fazer pressão para que 50 mil judeus fossem enviados posteriormente.[222] Eichmann não teria paz até que todos os judeus húngaros estivessem em seus túmulos. Não houve nenhuma objeção de Ribbentrop. A vitória alemã na Hungria deveria ser explorada sem limites, e os húngaros agora tinham de "prosseguir com a maior severidade contra os judeus [*auf das allerschärfste gegen die Juden vorgehen*]".[223]

Na manhã de 20 de outubro, a polícia húngara bateu nas portas marcadas com a estrela e capturou todos os homens com idades entre dezesseis e sessenta anos capazes de trabalhar, convertidos ou não convertidos, protegidos ou não protegidos. Ao cair da noite, 22 mil indivíduos haviam sido capturados.[224] Durante os próximos dias, o golpe se estendeu às mulheres com idades entre dezesseis e quarenta anos, e, em 26 de outubro, a reserva de força de trabalho havia crescido em 25 mil homens e 10 mil mulheres.[225]

Os requerimentos alemães deveriam ser atendidos, primeiro, pelas companhias de trabalho forçado empregadas pela indústria e pelo próprio Exército

---

222 Veesenmayer para Ministério das Relações Exteriores, 18 de outubro de 1944, NG-5570.

223 Ribbentrop para Veesenmayer, 20 de outubro de 1944, NG-4986.

224 Veesenmayer para o Ministério das Relações Exteriores, 20 de outubro de 1944, NG-5570.

225 Veesenmayer para o Ministério das Relações Exteriores, 26 de outubro de 1944, NG-5570.

húngaro. Em 26 de outubro, o Ministro da Guerra húngaro autorizou o emprego de setenta dessas companhias.[226] Os judeus "civis" deveriam seguir a pé.

Ao final do mês, a marcha começou. Sem alimentos, os trabalhadores escravos andaram por mais de 150 quilômetros debaixo de neve, chuva e chuva com neve, rumo à Áustria. Seguindo na direção oposta, em direção a Budapeste, o chefe do Escritório Central da ss, *Obergruppenführer* Jüttner, avistou a longa coluna de judeus conduzida por soldados húngaros. A maioria dos indivíduos, pelo que Jüttner conseguia ver, eram mulheres. Conforme seu carro passava pelas pessoas em marcha, ele notou homens e mulheres exaustos em valas.[227] Em 13 de novembro, Veesenmayer reportou que 27 mil judeus de "ambos os sexos" haviam partido. Ele contava com o recebimento de outros 40 mil judeus em "taxas diárias" de 2 mil a 4 mil. Os demais judeus de Budapeste, cerca de 120 mil no total, deveriam ser concentrados em um gueto. Em tom ameaçador, Veesenmayer acrescentou que o "arranjo final" desses judeus dependia da disponibilidade dos meios de transporte.[228]

As marchas não continuaram por muito tempo, pois Szálasi mostrava-se incomodado. Em 17 de novembro, referiu-se aos viajantes como tendo sido "emprestados" aos alemães (*Leihjuden*).[229] Quatro dias depois, cancelou todas as demais marchas a pé por conta da taxa de mortalidade das mulheres judaicas. O homem da ss encarregado da mão de obra judaica no Danúbio, *Obersturmbannführer* Höss, consolou Veesenmayer informando-lhe que, de qualquer forma, ele não podia usar as mulheres. Ele só podia empregar homens preparados para o trabalho pesado subterrâneo. Em sua mensagem ao Ministério das Relações

---

226 Texto da ordem em Braham, *The Politics of Genocide*, pp. 1187-88. Os usuários industriais eram Manfred Weiss, Peti Nitrogen, mineradores de Bor, duas cervejarias, etc. Ver também correspondências sobre a retirada de duas companhias das minas de manganês de Urkut, janeiro-março de 1945, Arquivos Federais Alemães, R 7/764.

227 Testemunho juramentado de Jüttner, 3 de maio de 1948, NG-5216.

228 Veesenmayer para o Ministério das Relações Exteriores, 13 de novembro de 1944, NG-5570. *Wehrmachtführungsstab*/Qu 2(Ost) para RSHA, 23 de novembro de 1944, T 77, rolo 1415.

229 Grell para o Ministério das Relações Exteriores, 20 de novembro de 1944, incluindo resumo das decisões do governo Húngaro tomadas por Szálasi em 17 de novembro. Braham, *The Destruction of Hungarian Jewry*, pp. 528-31.

Exteriores, Veesenmayer concluiu que 30 mil viajantes haviam sido enviados até então e que dificilmente seria possível chegar ao número de 50 mil.[230]

O atrito nos contingentes de mão de obra era extraordinariamente alto. Trabalhadores foram fuzilados durante a retirada do Eixo e, por fim, grande parte deles teve de marchar para Mauthausen e, mais a oeste, para um campo em Gunskirchen, nos arredores de Wels, na Áustria.[231] Quando as forças americanas se aproximaram de Gunskirchen, em 4 de maio de 1945, um fedor terrível os cercou, e o chão encontrava-se "espumando, com uma consistência de massa de vidraceiro que se moldava aos pés, lama misturada com fezes e urina". Esqueletos vivos, todos com a mesma aparência e "loucos" de fome, receberam os americanos com "cumprimentos, gemidos e gritos de terror". Alguns comiam a carcaça crua de um cavalo que havia morrido já há alguns dias. Libertados, eles ainda "morriam como moscas".[232] E esse foi o fim dos marchadores.

Os judeus restantes na capital húngara foram levados a um gueto quase dentro do alcance da artilharia soviética. A decisão foi comunicada ao Conselho Judaico em 18 de novembro e proclamada em 29 de novembro. O gueto de Budapeste foi fechado em 10 de dezembro e, em janeiro de 1945, abrigava aproximadamente 70 mil pessoas. Mas um grande número de judeus com documentos falsos ou vivendo na clandestinidade não havia se mudado para lá. Uma cerca foi erguida em volta do gueto, com os custos pagos pelos judeus e com força de trabalho judaica,

---

230 Veesenmayer para o Ministério das Relações Exteriores, 21 de novembro de 1944, NG-4987. A SS, todavia, não deixou de tentar. Em dezembro, o ministro do Interior da Hungria, Gabór Vajna, participaria de conferências com Himmler, Berger e Kaltenbrunner sobre outras remoções de judeus de Budapeste por trem. As dificuldades de transporte frustraram esses planos. Testemunho juramentado de Gabór Vajna, 28 de agosto de 1945, NO-1874. Sobre o emprego de judeus nos projetos de fortificações no Oeste da Hungria, ver Grupo de Exército Sul/Wi (assinado por Zörner) para OKW/Feldwirtschaftsamt, 10 de janeiro de 1945, Wi/I.226.

231 Gisela Rabitsch, "Das KL Mauthausen", em Institut für Zeitgeschichte, *Studien zur Geschichte der Konzentrationslager* (Stuttgart, 1970), p. 891. Jenö Lévai, *Eichmann in Hungary* (Budapeste, 1961), p. 238-40. Yehuda Bauer, "The Death Marches, January-May, 1945", *Modern Judaism* 3 (1983): 1-21.

232 Panfleto apresentado pelo major general Willard G. Wyman (comandante da 71ª Divisão), *The Seventy-First Came...*, não datado, impresso em Augsburgo, com testemunho, desenhos e fotografias. Material citado de um relato do capitão J. D. Pletcher, pp. 5-11. Cortesia do general Douglas Kinnard, então tenente na divisão.

e uma administração judaica, com direito a polícia portando cassetetes de borracha, foi instalada no interior do gueto.[233]

Enquanto esse movimento era preparado, algumas dezenas de milhares de judeus ainda se agarravam a "passaportes de proteção". Esses passaportes, porém, ofereciam pouquíssima proteção. O governo Szálasi se recusou a reconhecer a validade dos documentos,[234] e os alemães o apoiaram. Assim, quando o ministro Português em Berlim intercedeu em nome de seus "protegidos", o *Staatssekretär* Steengracht respondeu que não poderia aceitar intercessões porque o governo húngaro era "soberano" e "qualquer intervenção de nossa parte nas questões húngaras está fora de cogitação".[235]

Na capital da Hungria, os representantes de nações neutras recorreram a alguns métodos nada ortodoxos para salvar os judeus. Uma equipe da missão diplomática suíça alcançou uma coluna de viajantes a pé e lhes entregou passaportes de proteção, os quais foram honrados por guardas húngaros.[236] Um jovem secretário da missão diplomática sueca, Raoul Wallenberg, que era membro de uma família industrial sueca e havia sido nomeado para a missão diplomática com o propósito especial de resgate, organizou os judeus para ajudarem outros judeus, criando cozinhas para o preparo de sopas e, "de um jeito ou de outro", recuperou 2 mil dos viajantes.[237] O cônsul honorário da Espanha era um italiano, Giorgio Perlasca, que havia se voluntariado para a guerra na Etiópia e lutado ao lado de Franco com as tropas italianas na Espanha. Seus recursos eram muito mais limitados do que os de seus colegas suíços e suecos, mas ele fez o que podia, entregando passaportes espanhóis a "sefarditas" ou pessoas que tinham qualquer tipo de ligação empresarial com a Espanha. Quando o chefe espanhol da missão, Angel Sanz Briz, deixou Budapeste, Perlasca permaneceu na cidade,

---

233 Ver Braham, *The Politics of Genocide*, pp. 844-75. Também Andreas Biss, *Der Stopp der Endlösung* (Stuttgart, 1966), pp. 245-46, 259-60, 263-64, 278-87.

234 Declaração de Vajna, apresentada em *Donauzeitung* (Graz), 21 de outubro de 1944, p. 3.

235 Memorando de Steengracht, 10 de novembro de 1944, NG-4988.

236 Wagner (Inland II) para Ribbentrop, 6 de novembro de 1944, e Ribbentrop para Veesenmayer, 9 de novembro de 1944, em Braham, ed., *The Destruction of Hungarian Jewry*, pp. 803-5.

237 Ver Steven Koblik, *The Stones Cry Out* (Nova York, 1988), particularmente o texto do memorando de Wallenberg de 29 de julho de 1944, seu relato a Iver Olsen (Conselho para Refugiados de Guerra), 7 de outubro de 1944, e relato de 8 de dezembro de 1944, pp. 255-58, 261-62 e 267-69.

assumindo o que havia restado da missão diplomática. Trabalhando todos os dias, ele reuniu órfãos judeus, adicionou nomes à lista de protegidos e distribuiu medicamentos até janeiro de 1945.[238] Vinte mil passaportes foram entregues pelo núncio papal aos judeus batizados. Esses judeus, declarou Veesenmayer em seu relatório, podiam marcar suas casas no gueto com uma cruz, em vez de usarem a estrela de Davi.[239]

Agora muitos judeus de Budapeste tinham autorização para emigrar. Durante essa última fase, o regime Szálasi mostrou-se mais submisso às pressões estrangeiras do que o Reich, conforme pode ser notado nas estatísticas abaixo, que mostram as autorizações de saída emitidas, respectivamente, pelo Reich e pela Hungria:[240]

	Reich	Hungria
Para a Palestina	7.000	8.800
Para a Suécia	400	4.500
Para a Espanha	3	300
Para Portugal	9	700

A lista do Reich era a que havia originalmente sido prometida a Sztójay. É desnecessário dizer que uma autorização de saída, assim como um passaporte de proteção, já não significava nada, pois os judeus não tinham para onde ir. Os Estados neutros mostraram-se lentos em aceitá-los, e o Exército soviético cercava rapidamente a capital húngara.

Os judeus estavam sitiados por captores que agora se viam aprisionados. O regime Szálasi declarou que tudo aquilo que fosse posse dos judeus – com a exceção de artigos religiosos, sepulturas, fotografias de família, móveis, utensílios e alimento e combustível para quatorze dias – havia se transformado em propriedade do Estado.[241] Mesmo enquanto o Exército Vermelho fechava o cerco em volta de Budapeste, em 24 de dezembro, os judeus com documentos es-

---

238 Enrico Deaglio, *Die Banalität des Guten* (Frankfurt, 1994). O livro contém as entradas do diário de Perlasca de 2 de dezembro de 1944 a 13 de janeiro de 1945.

239 Veesenmayer para o Ministério das Relações Exteriores, 21 de novembro de 1944, NG-4987.

240 Veesenmayer para o Ministério das Relações Exteriores, 18 de novembro de 1944, NG-4987.

241 *Donauzeitung* (Graz), 5 de novembro de 1944, p. 3.

trangeiros em casas protegidas ao longo da margem leste do Danúbio e aqueles com documentos falsos escondidos onde quer que conseguissem tornavam-se cada vez mais vulneráveis aos homens do Partido da Cruz Flechada que vagavam pelas ruas.[242] Os corpos de várias centenas de vítimas enchiam casas, ruas e o rio. Os judeus amontoados no gueto sofriam com o frio e a fome. O gueto, assim como toda a área oriental da cidade (conhecida como Peste) estavam em mãos soviéticas em 17 de janeiro. A luta continuou na margem oeste até 13 de fevereiro, quando, cercadas, as tropas teuto-húngaras se renderam.[243]

──────────

242 Testemunho juramentado de Wilhelm Höttl (*OStubaf*. RSHA na Hungria), 24 de abril de 1947, NG-2317.

243 Para a história completa dos judeus de Budapeste durante o regime de Szálasi, ver Levai, *Martyrdom*, pp. 335-421 e fotografias. Os judeus pegos fora do gueto constituíram grande parte das vítimas.

Fontes: Amalia e Akkurat
Papel: Pólen Bold 70gm^2
Impressão: R. R. Donnelley